F. Voigt

Geschichte des Brandenburgisch-Preussischen Staates

F. Voigt

Geschichte des Brandenburgisch-Preussischen Staates

ISBN/EAN: 9783741183515

Hergestellt in Europa, USA, Kanada, Australien, Japan

Cover: Foto ©ninafisch / pixelio.de

Manufactured and distributed by brebook publishing software (www.brebook.com)

F. Voigt

Geschichte des Brandenburgisch-Preussischen Staates

des

...burgisch-preu...

Staates.

—

Von

F. Voigt,

...niglichen Realschule und Mitglied des Vereins für
der Mark Brandenburg zu Berlin.

_____

Berlin,

18..

Vorwort.

Die bedeutenden Ergebnisse, welche das Quellen-Studium der vaterländischen Geschichte in neuerer Zeit zu Tage gefördert hat, sind noch immer so wenig verwerthet worden, daß die Aufforderung nahe lag, dieselben, wenn auch nur in gedrängter Uebersicht, zusammenzustellen. In vorliegendem Werke ist dieser Versuch gemacht worden. Um einerseits dasselbe für den Gebrauch handlicher, andrerseits der Verlagshandlung es möglich zu machen, bei der anständigen Ausstattung den Preis mäßig zu stellen, habe ich mich auf die Haupt-Thatsachen beschränkt und zwar überall den innigen Zusammenhang der märkischen mit der deutschen Geschichte festgehalten, doch nur insoweit es zum gegenseitigen Verständniß beider nothwendig war. Daß dabei die wichtigsten Punkte, namentlich die, welche früher nur unklar oder sogar unrichtig dargestellt wurden, größere Ausführlichkeit erhalten haben, das wird, wie ich hoffe, dem Werke nicht zum Vorwurf, sondern zum Vortheil gereichen.

Die äußere wie die innere Ausbildung des Staates dem Leser in einfacher Sprache vorzuführen, war der Grundgedanke bei dieser Arbeit. Zu dem Ende legte ich besonderen Nachdruck auf das geographische Element, wenngleich ich in Bezug auf

Specialitäten auf meinen historischen Atlas der Mark Brandenburg (Berlin 1845 bei G. Reimer) verweisen muß, gab je nach seiner Wichtigkeit jedem Gebiete, das im Laufe der Zeit sich der Mark anschloß und sie zum preußischen Staat ausbilden half, eine historische Uebersicht seiner früheren Verhältnisse und zog für die Zeiten, wo die Beziehungen der Mark zu den Nachbarländern nur ein untergeordnetes Interesse haben, die räumliche Anordnung der chronologischen vor. Statt weitläufiger Raisonnements suchte ich durch rein objective Darstellung der Thatsachen dem Leser ein klares Bild von Persönlichkeiten wie von einzelnen Zeiträumen zu verschaffen, und statt des wohl sonst üblichen Anekdotenwerkes benutzte ich sorgfältig den Raum, das innere Leben des Staates in allgemeinen Zügen zur Anschauung zu bringen.

Da ich es vermied, dem Werke durch Citate einen gelehrten Anstrich zu geben, so habe ich auf mehrfach gegen mich ausgesprochenen Wunsch diejenigen Hauptwerke in dem Anhange genannt, welche vorzugsweise das im Texte Aufgeführte begründen. Eben so sollen die genealogischen Tabellen nur das Verständniß erleichtern; sie machen deshalb keinen Anspruch auf Vollständigkeit.

Berlin im Juli 1860.

F. Voigt.

Inhalt.

Einleitung. S. 1—5.
Deutsche und Slawen 1
Die Slawenstämme 3
Die Karolinger 4

I. Gründung der Nordmark. S. 6—18.

König Heinrich gegen die Polaken 6
Markgraf Gero 8
Wendische Marken 10
Die Wenden 11
Religion der Wenden 13
Bisthümer im Wendenlande . . 15

II. Die ältesten Markgrafen der Nordmark. 965 - 1134. S. 18—20.

Abfall der Nordmark 18
Die Markgrafen 19

III. Die Markgrafen von Brandenburg aus dem Hause Anhalt. 1134—1319. S. 21—58.

Die Anhaltiner 21
1. Albrecht d. Bär. 1134—1170. 23
Prignitz, Zauche, Havelland . 24
Brandenburg reichsunmittelbar 25
Der Wendenfürst Jaczo . . . 26
Wiederherstellung der Bisthümer 27
2. Otto I. 1170—1184 . . . 28
3. Otto II. 1184—1205 . . . 29
Lehnsauftrag an Magdeburg . 30
4. Albrecht II. 1205—1220 . 32
Kampf mit Pommern . . . 33

5. Johann I. 1220 — 1266 und Otto III. 1220—1267 . . . 34
Erwerbung d. Barnim u. Teltow 35
Alte und neue Lande . . . 36
Krieg mit Magdeb. u. Halberstadt 37
Pommersche Verhältnisse . . . 38
Neue Erwerbungen 39
6. Die letzten anhaltinischen Markgrafen 42
Erwerbung v. Coburg u. Landsberg 45
Verhältniß zu Magdeburg . . 46
Brome, Lüchow und Wesenberg 47
Abtretung von Stargard . . 48
Kämpfe um Pommern . . . 50
Kämpfe mit Meißen 53
Streitigkeiten mit den Bischöfen 56
Ausgang der Askanier . . . 57

IV. Innere Zustände der Mark unter den Askaniern. S. 58—77.

Der Adel 59
Dörfer und Städte 60
Abgaben 63
Der Hof 65
Das Recht 67
Das Münzwesen 69
Die Bürgerschaft 71
Handel 72
Die Geistlichkeit 73
Hospitäler 77

V. Das Interregnum in der Mark. 1319—1323. S. 78—81.

Die Prätendenten 78

VI. Die bayerschen Markgrafen. 1323—1373. S. 82—100.

1. Ludwig I. b. Aeltere. 1323—1351 . 82
    Verhandlungen mit den Nachbarn . 82
    Streitigkeiten mit dem Papste . . 85
    Karl IV. römischer König . . . 89
    Der falsche Waldemar 90
2. u. 3. Ludwig II. und Otto . . 95
    Abtretung der Lausitz 97
    Abtretung der Mark 98

VII. Die Luxemburger. 1373—1415. S. 101—113.

1. Wenzel. 1373—1378 . . . 101
2. Siegmund. 1378 1397 und 1411—1415.
3. Jobst. 1397—1411.
4. Johann. (1378) 1388—1396 . 102
    Verkauf der Neumark 107
    Siegmund römischer König . . 108
    Burggraf Friedrich 110

VIII. Die inneren Verhältnisse der Mark unter den bayerschen und luxemburg. Markgrafen. S. 113—120.

Die Städte 114
Das Münzwesen 115
Der Adel 117
Die Geistlichkeit 118

IX. Die Kurfürsten von Brandenburg aus dem Hause Hohenzollern. S. 120—336.

Abstammung der Hohenzollern . . 120

A. Die Kurfürsten vor der Reformation. S. 123—188.

1. Friedrich I. 1415—1440 . 123
    Tridentiner Concil 123
    Belehnung Friedrich's 126
    Neue Unruhen in der Mark . . 127
    Hussitenkriege 129
    Aussterben d. Askanier in Sachsen 131
    Streitigkeiten mit den Nachbarn 132
    Die Hussiten vor Bernau . . 136
2. Friedrich II. 1440—1470.
    Friedrich, Markgr. 1440—1463 139

Stellung zu Böhmen 140
Stellung zu Sachsen u. Magdeb. 142
Krieg mit Pommern . . . 144
Erwerbung der Neumark . . 146
Aufstand in Berlin 147
3. Albr. Achilles. 1470—1486 150
    Schuldentilgung 151
    Der schlesische Krieg . . . 153
    Der pommersche Krieg . . . 156
    Karl der Kühne 159
    Dispositio Achillea 160
4. Johann Cicero. 1486—1499 161
    Anlauf von Zossen 162
    Bierziese 163
5. Joachim I. 1499—1535 . 164
    Zossen, Crossen und die Neumark 164
    Verhandlungen mit Pommern . 166
    Grafschaft Ruppin 168
    Holstein 170
    Wahl Karl's V. 171
    Die Reformation 172
    Gerechtigkeitspflege 174
    Reformation der Städte . . . 176
    Universität Frankfurt . . . 177
    Constitutio Joachimica . . . 178

X. Die inneren Verhältnisse der Mark unter den Hohenzollerschen Kurfürsten vor der Reformation. S. 178—188.

Raubwesen 179
Die Städte 180
Die Geistlichkeit 181
Kriegswesen 183
Das Münzwesen 184
Wissenschaften 185

XI. Die Kurfürsten von Brandenburg aus dem Hause Hohenzollern.

B. Die Kurfürsten nach der Reformation. S. 188—309.

6. Joachim II. } 1535—1571 188
    Johann, Markgr.
    Reformation in der Mark . . 190
    Schmalkaldischer Krieg . . . 193
    Das Interim 194
    Magdeburg geächtet 195
    Die Rebellion 196

Inhalt. VII

	Seite.
Augsburger Religionsfrieden	196
Crossen, Eigenthum der Mark	199
Beeskow und Storkow	200
Erbverbrüderung mit Liegnitz	200
Belehnung mit Preußen	202
Finanzwesen	204
7. Johann Georg. 1571–1598	207
Finanzwesen	208
Unterrichtswesen	209
Verhältniß zu Pommern u. Magdeburg	210
8. Joach. Friedrich. 1598–1608	212
Erwerbungen in Schlesien	213
Preußen und Jülich	216
Religiöse Wirren in Deutschland	217
Der geheime Staatsrath	218
9. Johann Sigismund. 1608 bis 1619	219
Erwerbung Preußens	219
Belehnung der Preußen	221
Eroberung von Preußen	222
Germanisirung Preußens	225
Innere Einrichtung des Ordens	227
Schlacht bei Tannenberg	228
Aufstand gegen den Orden	230
Preußen ein Herzogthum	233
Die Rheinlande	234
Das Herzogthum Jülich-Cleve	236
Streit um die Jülich'sche Erbschaft	239
Herrschaft Schwedt	242
Uebertritt Johann Sigismund's zur reformirten Kirche	242
Charakter Johann Sigismund's	244
10. Georg Wilhelm. 1619 bis 1640	245
Ausbruch des 30jährigen Krieges	247
Schlacht auf dem weißen Berge	248
Krieg in Nord-Deutschland	249
Siege des Kaisers	250
Restitutions-Edict	252
Gustav Adolf	253
Belagerung Magdeburgs	255
Eroberung der Stadt	256
Schlachten bei Leipzig und Lützen	257
Ermordung Wallenstein's	258
General Banner	259
Neue Verheerung der Mark	260
Verträge wegen Cleve	261

	Seite.
11. Friedrich Wilhelm der Große. 1640–1688	262
Waffenstillstand mit Schweden	264
General Torstenson	264
Westfälischer Frieden	266
Pommern. Cammin	267
Magdeburg und Halberstadt	270
Fürstenthum Minden	273
Schwedisch-polnischer Krieg	275
Schlacht bei Warschau	277
Preußen, souveränes Herzogthum	278
Bütow, Lauenburg und Draheim	278
Unruhen in Preußen	280
Jülich'scher Erbfolgestreit	282
Krieg mit Frankreich	283
Die Schweden in der Mark	285
Ueberfall von Ratenow	286
Schlacht bei Fehrbellin	287
Eroberung Pommerns	289
Einfall der Schweden in Preußen	291
Frieden zu St. Germain	293
Colonien in Guinea	294
Schwiebus, Tauroggen u. Serrey	295
Brandenburger gegen die Türken	296
Bündnisse Friedrich Wilhelm's	298
Aufnahme vertriebener französischer Protestanten	301
Erbvergleich mit Hohenzollern	302
Friedrich Wilhelm als Vermittler in Europa	302
Das Heer	304
Einführung der Accise	305
Einwanderungen	306
Postwesen	307
Kunst u. Wissenschaft. Die Kirche	308
Tod Friedrich Wilhelm's	309

XII. Die inneren Verhältnisse der Mark unter den Hohenzollerschen Kurfürsten nach der Reformation. S. 309—336.

Das Kriegswesen	310
Die Landstände	318
Das Creditwesen	321
Prinzessinnen-Steuer	322
Der Adel	323
Die Städte	325
Gerichtsbarkeit. Zünfte	327
Gewerbe und Handel	328

	Seite
Zölle, Abgaben	329
Das Münzwesen	330
Kunst und Wissenschaft	331
Kirchenzucht	332
Aberglauben	333
Schwelgerei und Vergnügungen	334

XIII. Die Könige von Preußen.
S. 337 — 406.

1. Friedrich als Kurfürst III 1688 — 1701, als König I. 1701 — 1713	337
Zurückgabe von Schwiebus	338
Limburg und Speckfeld	338
Das Stift Quedlinburg	339
Nordhausen, Petersberg und Tecklenburg	340
Lingen	342
Die Familie Nassau	343
Fürstenthum Mörs	344
Fürstenthum Orange und Neufchatel mit Valengin	345
Grafschaft Geyern	347
Theilnahme am englischen u. französischen Kriege	348
Streitigkeiten in Deutschland	351
Brandenburger gegen die Türken	352
Erhebung Preußens zu einem Königreiche	353
Der spanische Erbfolgekrieg	356
Der nordische Krieg	360
Abgaben	361
Kunst und Wissenschaft	363
Preußen, Beschirmer des Protestantismus	364
v. Danklemann und v. Wartenberg	365
Friedrich's Charakter und Tod	366
2. Friedrich Wilhelm I. 1713 bis 1740	368
Frieden zu Utrecht, Rastadt und Baden	368
Das Herzogthum Geldern	369
Der nordische Krieg	371
Preußens Theilnahme am Kriege	373
Frieden zu Stockholm u. Nystadt	374
Friedrich Wilhelm's Stellung zum Reiche	376

	Seite
Gespanntes Verhältniß der Großmächte	378
Bündniß zu Herrenhausen	380
Vertrag zu Wusterhausen	381
Kriegsrüstungen	382
Vertrag zu Berlin	384
Vertrag zu Sevilla	385
Belehnung mit Ostfriesland	386
Löwenwoldescher Vertrag	387
Polnischer Erbfolgekrieg	388
Verwaltung des Landes	391
Das Heer	392
Abgaben	394
Finanz-Verwaltung	397
Cultivirung des Landes	398
Einwanderungen	399
Gewerbfleiß	400
Wissenschaft	402
Schule und Kirche	403
Gerechtigkeits-Pflege	404
Lebensweise des Königs	405

XIV. Preußen als Großmacht.
S. 407 — 637.

3. Friedrich II. der Große. 1740 — 1786	407
Friedrich's Jugendzeit	407
Sein Aufenthalt in Rheinsberg	411
Sein Regierungs-Antritt	412
Streit wegen Herstall	413
Tod Kaiser Karl's VI.	414
Geschichte von Schlesien	415
Die schlesischen Bisthümer	417
Die Theilungen in Schlesien	418
Schlesien ein böhmisches Lehn	420
Die schlesischen Stände	422
Das Recht	424
Reformation in Schlesien	425
Religiöse u. politische Bedrückungen	426
Erster schlesischer Krieg	429
Oesterreichischer Erbfolgekrieg	433
Frieden zu Breslau und Berlin	435
Zweiter schlesischer Krieg	437
Frieden zu Dresden	440
Oesterreich's Haß gegen Preußen	441
Bündniß gegen Friedrich	442
Der siebenjährige Krieg	443
Gefangennehm. d. Sachsen bei Pirna	444

Inhalt.

	Seite
Schlacht bei Lowositz	444
Schlachten bei Prag und Kollin	446
Schlacht bei Groß-Jägerndorf	447
Schlacht bei Hastenbeck	448
Schlacht bei Roßbach	449
Schlacht bei Leuthen	450
Neue Rüstungen	451
Belagerung von Olmütz	452
Schlacht bei Zorndorf	453
Ueberfall bei Hochkirch	454
Entsatz von Neiße und Dresden	455
Schlacht bei Krefeld	456
Rüstung zum neuen Feldzuge	457
Schlachten bei Kay u. Kunersdorf	458
Verlust von Dresden	459
Niederlage bei Maxen	460
Sieg bei Minden und Fulda	461
Bedrängte Lage des Königs	462
Niederlage bei Landshut	463
Sieg bei Liegnitz	464
Besetzung von Berlin	465
Schlacht bei Torgau	466
Krieg in Pommern und Hessen	468
Feldzug von 1761	469
Lager bei Bunzelwitz	470
Verlust von Kolberg	471
Sieg bei Billingshausen	472
Frieden mit Rußland u. Schweden	473
Sieg bei Burkersdorf	474
Schlacht bei Freiberg. Frieden mit dem Reiche	475
Frieden zu Hubertsburg	476
Besitznahme von Ostfriesland	477
Die Lage Preußens	480
Polnische Angelegenheiten	481
Erste Theilung Polens	483
Bayerscher Erbfolgekrieg	484
Bewaffnete See-Neutralität	487
Deutscher Fürstenbund	487
Das Heerwesen	490
Der Bauernstand und der Adel	493
Landbau, Handel und Gewerbe	494
Die Régie	496
Kanalbauten	497
Das Finanzwesen	498
Das Justizwesen	499
Wissenschaften und Künste	500
Religiosität Friedrich's	501
Thätigkeit und Tod Friedrich's	502

	Seite
4. Friedrich Wilhelm II. 1786 bis 1797	503
Erstes Auftreten des Königs	505
Türkisch-polnische Angelegenheiten	507
Vertrag zu Reichenbach	510
Lütticher Angelegenheiten	510
Vertrag zu Wien	511
Besprechung zu Pillnitz	512
Zweite Theilung Polens	512
Dritte Theilung Polens	514
Die französische Revolution	516
Die Preußen in der Champagne	519
Kampf in den Niederlanden und am Mittelrhein	520
Vertrag im Haag	523
Auflösung des Bündnisses	525
Frieden zu Basel	526
Frieden zu Campo Formio	527
Anfall von Anspach-Bayreuth	527
Innere Verhältnisse	529
5. Friedrich Wilhelm III. 1797 bis 1840	532
Zweite Coalition	533
Frieden zu Luneville	534
Reichs-Deputation	534
Besetzung Hannovers durch die Franzosen	535
Dritte Coalition	536
Frieden zu Presburg	538
Auflösung des deutschen Reiches	539
Krieg Preußens gegen Napoleon	540
Schlachten bei Jena u. Auerstädt	542
Auflösung der preußischen Armee	543
Uebergabe der Festungen	544
Der Feldzug von 1807	546
Frieden zu Tilsit	548
Innere Verhältnisse	549
Das Heer	550
Die Verwaltung	551
Das Volk	552
Die Noth des Landes	553
Stein's Reformen	554
Frieden zu Wien	561
Aufstände in Deutschland	562
Napoleon's Bruch mit Rußland	563
Der russische Feldzug	564
Convention zu Poscherun	566
Erhebung Preußens	567
Schlacht bei Möckern	569

	Seite.		Seite.
Schlacht bei Groß-Görschen	570	Abdankung Napoleon's	608
Schlacht bei Bautzen	571	Zweiter Pariser Frieden	609
Der Waffenstillstand	572	Entschädigung Preußens durch sächs.	
Verlust Hamburgs. Bedroh. Berlins	573	Länder	610
Bündniß zu Reichenbach	574	Grafschaft Mansfeld	613
Der Congreß zu Prag	575	Austausch mit Hannover u. Dänemark	615
Der Feldzugsplan der Verbündeten	576	Rheinisch-westfälische Besitzungen	616
Schlacht an der Katzbach	577	Das Bisthum Münster	618
Niederlage bei Dresden	578	Das Bisthum Paderborn	620
Sieg bei Kulm und Groß-Beeren	579	Das Erzbisthum Cöln	620
Treffen bei Hagelberg	580	Die Erzbisthümer Trier und Mainz	622
Sieg bei Dennewitz	581	Erwerbung v. Abteien u. Reichsstädten	624
Elbübergang bei Wartenberg	582	Sayn, Solms und Wied	625
Rückzug Napoleon's nach Leipzig	583	Nassauische u. kurpfälzische Gebiete	627
Schlacht bei Leipzig	584	Innere Verhältnisse	629
Schlacht bei Hanau	587	Finanzen	630
Neue Verhandlungen u. Rüstungen	588	Zollverein	631
Winter-Feldzug in Frankreich	589	Kirche und Schulen	632
Schlachten bei Brienne u. La Rothière	590	Das Heer	632
Unglück der schlesischen Armee	591	Deutscher Bund	633
Schlacht bei Bar a. d. Aube	592	Landstände	635
Schlacht bei Laon	593	Bewegungen in Europa	636
Zug auf Paris	594	Tod Friedrich Wilhelm's III.	637
Pariser Frieden	596		
Congreß in Wien	597		
Napoleon's Rückkehr	600	Anhang. S. 638—653.	
Feldzug von 1815	601	A. Benutzte Hülfsmittel	638
Schlacht bei Ligny	602	B. Größe des Staates	641
Schlacht bei Belle Alliance	604	C. Stammtafeln	644
Einnahme von Paris	607		

Einleitung.

Ob in dem heutigen nordöstlichen Deutschland Deutsche oder Slawen die ursprüngliche Bevölkerung gebildet haben, darüber sind die Meinungen noch bis heut getheilt. Die eigentlichen Germanen oder Sassen sind nach den römischen Nachrichten auf den Raum des heutigen Deutschlands beschränkt gewesen, der im Norden von der Nordsee, im Westen vom Rhein bis zur Mündung des Main begrenzt wurde. Im Südosten lief die Grenze vom unteren Main quer hinüber zur Unstrut, folgte dieser bis zu ihrer Einmündung in die Saale, dann diesem Flusse und der Elbe bis zum Meere, doch so, daß die Sitze der Sassen auch über den größten Theil des heutigen Holstein sich ausdehnten. Die Verfassung dieser alten Germanen ertheilte nur denen volles Bürgerrecht, also namentlich das Stimmrecht in den Volks-Versammlungen, welche Grundbesitz hatten, und da das väterliche Erbe immer nur auf einen Sohn vererbt werden durfte, so waren die Brüder dieses Erben zwar freie Männer, aber nicht Mitglieder der Gemeinde. Sie hatten demnach eine ähnliche Stellung wie diejenigen bei den Griechen, welche einen Vater aus der herrschenden Klasse, aber eine Mutter aus der unterworfenen hatten, persönlich zwar frei waren, aber kein Bürgerrecht besaßen. Wie nun diese es vorzugsweise waren, welche sich in der Fremde durch Anlegung von Colonien eine neue Heimath gründeten, so wanderte auch vielfach die freie, doch besitzlose germanische Jugend aus, um anderswo ihren häuslichen Heerd zu gründen. Die junge freie Mannschaft sammelte sich unter bewährten Führern, überschritt die Grenzen des Vaterlandes und suchte bei den Nachbarn durch Eroberung sich Grundbesitz zu verschaffen. Namentlich seit der Zeit, daß die Römer unter Julius Cäsar (seit 58 v. Chr.) die Auswanderung der Deutschen über den Rhein nach Gallien verhinderten, wandte sich der ganze Auswanderungsstrom nach den östlichen Gegenden, jenseit der Elbe und Saale. Deshalb finden wir diese ausgewanderten Germanen oder Sueven beim Beginn der Völkerwanderung (375 n. Chr.) sogar nördlich vom schwarzen Meere bis zum Don, der damaligen Ostgrenze Europa's, ausgebreitet. Ueberall mußte von den

Unterworfenen wenigstens ein Drittel ihres Gebiets ihren neuen Herren abgetreten werden außer dem Tribut, den sie für das ihnen gelassene Land zu entrichten hatten. Da Tacitus östlich der Elbe über die Oder bis zur Weichsel hin nur suevische Germanen nennt, so geht nun die eine Meinung dahin, daß dieselben die hier ursprünglich ansässige slawische Bevölkerung sich unterworfen hätten. Zur Zeit der Völkerwanderung hätten jene deutschen Stämme diese ihre Sitze verlassen und sich dem großen Zuge ihrer Landsleute ins römische Reich angeschlossen. Die bis dahin dienstbare slawische Bevölkerung sei nun wieder frei geworden und hätte diese Freiheit zu bewahren gewußt, bis das erstarkende Deutschland seit König Heinrich I. seine Herrschaft über diese Slawen aufs neue auszubreiten suchte. Die Slawen hätten mithin die ursprüngliche Bevölkerung dieser Gegenden ausgemacht auch zu der Zeit, aus welcher uns die ältesten Nachrichten über diese Gebiete erhalten sind (etwa im J. 100 nach Chr.) und seien erst 1000 Jahre später allmählich den Deutschen unterthänig gemacht oder völlig ausgerottet worden.

So die eine Meinung. Die zweite, entgegengesetzte behauptet, daß ursprünglich in den Gegenden zwischen Elbe und Weichsel nur Deutsche gewohnt hätten. Von diesen seien nach Abzug der großen Schaaren, welche während der Völkerwanderung innerhalb des römischen Reiches sich neue Wohnsitze erobert, nur Wenige zurückgeblieben, so daß sie dem Vordringen slawischer Völker von der Weichsel her nicht hätten Widerstand leisten können. Vielmehr hätten diese Slawen seit dem fünften Jahrhundert die veröbeten Gegenden in Besitz genommen und sich hier häuslich niedergelassen.

Glücklicher Weise bleibt es für die Geschichte dieser Gegenden und also der Mark Brandenburg insbesondere ganz gleichgültig, welche von beiden Meinungen die richtige sei. Die Frage hat nur ein antiquarisches Interesse und mit der nachmaligen politischen Geschichte nichts zu thun. Wir finden, und das genügt uns, zu der Zeit, wo das Licht der Geschichte über diese östlichen Gegenden des heutigen Deutschlands aufgeht, im Osten der Elbe, Saale und Raab slawische Völker ansässig, und zunächst ist es der Kampf der Deutschen gegen diese Slawen, so wie zugleich des Christenthums gegen das Heidenthum, der unsre Aufmerksamkeit auf sich zieht. Gewaltsam setzen sich hier die Deutschen fest und gewaltsam verbreiten sie das Christenthum, dadurch wird aber zugleich der politische Charakter der Staaten nothwendig bedingt, die sich hier entwickelt haben. Die Grundzüge dieser gewaltsamen Besitznahme laufen wie ein rother Faden durch die ganze Folgezeit hindurch und haben auch in der Jetztzeit noch nicht ihre Bedeutung verloren.

Noch heut wohnt von der Mitte Deutschlands, von dem Ostfuße des Böhmer Waldes bis etwa zum Uralgebirge hin ein großer Volksstamm, der seit den ältesten Zeiten durch das östliche Europa verbreitet war und mit dem Namen der Slawen belegt wird. Woher dieser Name abzuleiten und welche Bedeutung er habe, ob er von einer kleinen Landschaft auf das ganze weite Gebiet übertragen ist, oder ob er die Ruhmreichen oder ob er Leute bezeichne, die sich einer Sprache bedienen oder endlich die Redenden im Gegensatze von den Niemci d. h. den Stummen, mit welchem Namen die Deutschen von den Slawen belegt wurden, darüber sind auch slawische Gelehrte nicht einig. Daß aber ein so weit ausgebreitetes Volk in eine Menge von Stämmen, seine Sprache in zahlreiche Dialekte zerfallen muß, bedarf keiner Nachweisung. In unsern Gegenden trennte zu der Zeit, wo dieselben in die Geschichte eintreten, die Oder und der Bober die beiden nordwestlichsten Slawenstämme von einander, die Polen im Osten, die Polaben im Westen dieser Flußlinie. Letztre stießen im Süden an das Erz- und Riesengebirge, durch welche sie von den Czechen, den Bewohnern Böhmens getrennt wurden, im Norden an die Ostsee, deren Inseln Wollin, Usedom, Rügen und Femern ihnen zugehörten. Im Westen machte im allgemeinen die Saale, die Elbe, die Bille, die Trawe und die Schwentine die Grenze, welches letzte Flüßchen bei Kiel von Süden her das Meer erreicht; doch auch noch vielfach über diese Flußgrenzen nach Westen hinüber waren Slawen ansässig.

Die Polaben, mit denen wir es hier zunächst zu thun haben, tragen ihren Namen von der Elbe, die slawisch Labe genannt wird, so daß dieser Name also An der Elbe Wohnende bezeichnet. Sie waren bei den Deutschen auch allgemein unter dem Namen der Wenden bekannt und zerfielen selber wieder in drei Abtheilungen. Die südlichsten von ihnen zwischen Saale und Bober, von den böhmischen Gebirgen nördlich etwa bis dahin, wo die Elbe eine weite Strecke hin auf der Südseite des hohen Flemmings nach Westen läuft, waren die Serben oder die Sorben. Die nördlichsten von ihnen dagegen an den Küsten der Ostsee, südlich etwa bis zur Elbe und Peene, also in dem heutigen östlichen Holstein und in Mecklenburg, hießen die Abotriten, Obotriten oder Bodrizer. Endlich in der Mitte von diesen beiden, zwischen der Elbe und Oder und im Nordosten ebenfalls ans Meer stoßend, waren die Lutizier, Welataben, Weleten oder Wilzen seßhaft. Alle drei Völker lebten in beständigen Kriegen mit einander, die mit großer Erbitterung geführt wurden. Da überdies jedes derselben in mehrere Stämme zerfiel, an deren Spitze Fürsten und Könige standen, und die nur selten zu gleichem Zweck verbunden waren, so war es den angreifenden Deutschen leicht gemacht, erobernd bei ihnen aufzutreten, bis die Noth namentlich die Lutizen einigte, die dann noch Jahrhunderte lang ihre Freiheit bewahrten.

Diese Polaben treten erst in die Geschichte ein, als Kaiser Karl der Große länger als dreißig Jahre mit den Sachsen kämpfte. Wie Julius Cäsar bei der Unterwerfung Galliens zweimal über den Rhein ging, um die Germanen abzuschrecken, den Galliern Hülfe zukommen zu lassen, so verfuhr auch Karl gegen die Wenden, als sie die Sachsen gegen ihn unterstützten. Es war zuerst im Jahre 789, als er an zwei nicht näher nachzuweisenden Stellen die Elbe überbrückte und den Ober-König der Wilzen Dragewit angriff. Vorher hatte er sich zu dem Zwecke mit den Abotriten und den Sorben verbunden. Erstere hielten auch noch in späteren Zeiten treu zu dem fränkischen Reiche, die Sorben jedoch stellten sich feindlich, als Karl seitdem die Oberherrschaft über sie zu führen suchte. Deshalb war Karl genöthigt, seine Züge ins Polaben-land oftmals zu erneuern und die Grenzen durch Burgen zu sichern, von wo aus die Neuunterworfenen leicht im Gehorsam gehalten werden konnten. Es wird uns namentlich eine solche an der Saale genannt, um welche später die Stadt Halle erwuchs, eine andere bei Magdeburg, wie man glaubt bei dem heutigen Dorfe Schartau zwischen der Stadt Burg und der Elbe, eine dritte endlich an der Ostgrenze von Nord-Albingien d. h. dem Sachsenlande nördlich der Elbe, also im heutigen Holstein, Hochbuchi genannt, die man früher für Hamburg hielt, jetzt viel wahrscheinlicher für das Dorf Buchberg oder Boberg in der Nähe von jener Stadt an der Einmündung der Bille in die Elbe. Die außerordentliche Tüchtigkeit Karl's bewährte sich auch hier; vielleicht sämmtliche Polaben wurden durch wiederholte Feldzüge tributpflichtig gemacht, der Kaiser als Oberhaupt anerkannt, wenn auch die Polaben ihre Regierungsformen, ihre Gesetze und ihre Religion beibehielten.

Um dies Abhängigkeits-Verhältniß der Wenden zu wahren, begnügte sich Karl nicht mit dem Bau von Burgen allein, sondern er traf noch großartigere Maßregeln. Wie im Süden seines Reiches, in Spanien, so auch an der Ostseite, in dem weiten Raume zwischen dem adriatischen Meere und der Ostsee richtete er eine Militairgrenze ein, ähnlich wie sie z. B. Oesterreich noch heut gegen die Türkei besitzt. Bei der weiten Erstreckung dieser Ostgrenze war die Eintheilung in mehrere Marken nothwendig. In jeder derselben war ein commandirender General (dux oder Herzog), der mehrere Grafen (legati oder comites) in den kleineren Unterbezirken unter seinem Befehle hatte. Es waren mithin diese Herzöge und Grafen ursprünglich nur Militairbeamte, nicht erbliche Herren im späteren Sinne. Sie hatten die Reichsgrenze zu schützen und den Tribut von den benachbarten unterworfenen Völkern einzutreiben. Von diesen Grenzmarken haben besonders diejenigen für uns

Interesse, welche gegen die Polaben angelegt wurden. Eine davon lag auf der Westseite der Saale in Thüringen, die **thüringische Mark** gegen die Sorben, daher auch **limes Sorabicus** (der sorbische Grenzstrich) genannt. Der Commandirende oder der Herzog hatte seinen Sitz in Erfurt. Längs der Elbe waren gegen die **Wilzen** sogar drei Marken angelegt, deren Hauptorte **Magdeburg**, **Zelle** an der Aller und **Bardewyk** (ein auch später noch wichtiger Handelsort an der Ilmenau unterhalb Lüneburg) waren. Endlich gegen die **Abotriten** war zwischen Bille und Steckenitz im heutigen Lauenburg eine Mark angelegt, die insbesondere die **sächsische** (limes Saxonicus) genannt wurde. Die genannten Hauptorte, in welchen die Commandirenden ihren Sitz hatten, waren zugleich die Hauptstapelorte des Handels zwischen den Deutschen und Slawen, die Hauptsteuerämter, die kein Kaufmann umgehen durfte.

Schon bald nach Karl's Tode versuchten die Polaben sich wieder der fränkischen Herrschaft zu entziehen. Daher werden zur Zeit des Kaisers **Ludwig des Frommen** (814—840) fortwährend Aufstände und blutige Unterwerfungen gemeldet. Als durch den Vertrag von Verdun 843 Deutschland vom übrigen Frankenreiche getrennt und auf enge Grenzen beschränkt wurde, mußte es **Ludwig dem Deutschen** (840—876) noch schwerer fallen, die Oberherrschaft über die Slawen zu behaupten. Die Bande, welche diese Slawenländer an Deutschland knüpften, wurden so lose, daß nach unglücklichen Kämpfen kaum der Name der Oberherrschaft gerettet werden konnte. **Kaiser Karl der Dicke** (876—887) war nicht der Mann, der bessere Verhältnisse hätte herbeiführen können, und obgleich sein Neffe und Nachfolger **Arnulf** (887—899) als kräftiger Fürst geschildert wird, so blieb ihm doch vor andern verwickelten Staatsgeschäften keine Muße, die deutsche Oberhoheit über die Slawen wieder aufzurichten. Die Wenden erkämpften sich rühmlich ihre Freiheit, und die traurigen Zeiten des letzten Karolingers in Deutschland, **Ludwig des Kindes** (899—911), so wie des deutschen Königs aus dem Stamme der Franken **Konrad's I.** (911—918) waren noch weniger geeignet, jene Oberherrlichkeit wieder zu gewinnen. Dazu kamen seit etwa 900 die verheerenden Streifzüge, die fast jährlich von den Magyaren oder Ungarn nach Deutschland gemacht wurden, wo auch sonst innere Zwietracht herrschte, so daß das ganze Reich auseinanderzufallen drohte. Da erstand der Retter des unglücklichen Deutschlands in dem kräftigen Könige **Heinrich**, aus sächsischem Stamme. Er und sein Sohn Otto I. sind besonders als die Gründer der deutschen Macht und Herrlichkeit anzusehen; mit den sächsischen Kaisern beginnt für Deutschland eine neue Zeit.

I. Gründung der Nordmark.

Dem Könige Heinrich I. (919—936) und seinem Sohne Kaiser Otto I. (936—973) gebührt das Verdienst, nicht nur in den Kämpfen gegen die Magyaren und Slawen die Ostgrenze des Reiches gesichert, sondern auch durch Eroberung in den Slawenländern die Herrschaft der Deutschen weit nach Osten hinausgerückt zu haben. Bald nach Antritt seiner Regierung brach Heinrich 921 in das Land der Sorben ein, und nachdem er siegreich über die Elbe bis in die Lausitz vorgedrungen war und die Bevölkerung tributpflichtig gemacht hatte, legte er 922 den Grund zu dem nachmals so wichtig gewordenen Misni oder Meißen, um von hier aus die gewonnene Herrschaft behaupten zu können. Darauf nahmen die lothringischen Angelegenheiten vorzugsweise seine Aufmerksamkeit nach Westen hin in Anspruch, so daß die Ungarn aufs neue ihre Einfälle durch die Slawenländer nach Thüringen und Sachsen unternahmen. Im J. 924 war Heinrich so glücklich, diese Verwüster zu schlagen und einen ihrer Anführer gefangen zu nehmen. Er benutzte diesen Umstand einen neunjährigen Waffenstillstand gegen Erlegung eines jährlichen Tributs mit den Ungarn einzugehen, und diese Zeit des Waffenstillstandes war es, welche der König so vortrefflich anzuwenden wußte. Zweierlei Absichten führte er mit großem Glücke durch, einmal die Beschützung des Landes durch feste Burgen, dann aber die Einführung eines neuen Kriegswesens, das er durch ausgezeichnete Waffenthaten zur Geltung brachte. Die alten Chroniken erzählen, der König habe zum Schutz des Landes Burgen angelegt, die zwar nur aus Erdwall und Graben bestanden, von deren hölzernen Wartthurm man aber bequem die Ankunft der Feinde schon aus größerer Ferne beobachten konnte. Jeder Burg (castrum, urbs) wurde ein bestimmtes Gebiet, ein Burgwart (burgwardium), zugetheilt. Von den Bewohnern dieses Burgwarts wurde je der neunte Mann zur Besatzung der Burg herangezogen, und diese hatten für die nothwendigen Wohnungen und Magazine innerhalb der Burg zu sorgen, da die außen Wohnenden den dritten Theil alles Feld-Ertrages dorthin zu liefern hatten, einmal die Besatzung mit Lebensmitteln zu versehen, dann aber in Zeiten der Gefahr selber von den aufgespeicherten Vorräthen zehren zu können. Fand ein feindlicher Ueberfall Statt, so rettete man sich mit seiner beweglichen Habe in die Burg. Natürlich waren die im Vortheil, welche in der Nähe der Burg wohnten; man siedelte sich deshalb gern unter ihrem Schutze an. So entstanden um die Burg häufig Ortschaften und Städte, und deshalb kann Heinrich gar wohl der Städte-Erbauer genannt werden, wenn auch dieser Beiname zunächst aus dem Irrthum entstanden ist, den oben erwähnten mittelalterlichen Ausdruck urbs in seiner ursprünglichen Bedeutung für Stadt zu nehmen.

Um gegen die leichten Reiterschaaren der Ungarn vortheilhafter kämpfen zu können, übte Heinrich besonders den Kriegsdienst zu Pferde. Man hat ihm deshalb wohl sonst die Einführung der Turniere zugeschrieben. Auch stellte er den alten Heerbann oder das allgemeine Aufgebot wieder her, so daß er mit diesem und nicht bloß mit den Dienstmannen seine Siege über die Slawen und Ungarn erfocht.

Die ersten Siege mit seinem neugebildeten Heere gewann Heinrich über die Slawen. 927 brach er über die Elbe in ihr Gebiet ein, besiegte in mehreren Schlachten die Heveller d. h. die Bewohner des Havellandes, fand aber kräftigen Widerstand an ihrem Hauptorte Brennaborg oder Branneburch (Brandenburg), dessen geschützte Lage jeden Angriff unmöglich machte. Als aber der strenge Winter die Gewässer mit festem Eise belegte, sah sich der Hevellerfürst durch Hunger, Schwert und Kälte zur Ergebung gezwungen. Den Besiegten wurde ein jährlicher Tribut auferlegt, der Sohn des Fürsten aber, Tugumir, als Geißel abgeführt; überdies wurde ihnen das Versprechen abgenommen, daß sie zum christlichen Glauben übertreten würden. Darauf wandte sich Heinrich 928 mit eben demselben Glücke gegen die nördlich vom Havellande wohnenden Redarier und nach deren Besiegung gegen die Sorben in der Nieder- und Ober-Lausitz; ja indem er nach Prag vorrückte, zwang er den Böhmen-Herzog oder König Wenzel seine Oberherrschaft anzuerkennen.

Nach diesen glücklichen Erfolgen wurden die Grafen, denen die Verwaltung der benachbarten Grafschaften im Westen der Elbe und Saale anvertraut war, mit der Beaufsichtigung und Bändigung der neu unterworfenen Wenden beauftragt. Doch nur ungern ertrugen die Slawen diese Abhängigkeit, und schon im folgenden Jahre 929 brachen die Redarier über die Elbe, verheerten Alles und brannten namentlich die Stadt Wallislevo (jetzt das Dorf Walsleben in der Altmark an der Uchte nicht weit von Osterburg) gänzlich nieder, nachdem sie die sämmtlichen Bewohner niedergemetzelt hatten. Den nächsten Grafen dieser Gegenden, Bernhard und Ditmar, welche mit ihren geringen Streitkräften so heftigem Andrange nicht gewachsen waren, wurde vom Könige ein Heer zu Hülfe geschickt. Mit demselben überschritten sie ihrerseits 930 die Elbe und belagerten Lunkini oder Lenzen. Ein feindliches zahlreiches Heer zog zum Ersatze herbei; man blieb, als die Nachricht hiervon kam, die Nacht unter Waffen, um vor Ueberfall geschützt zu sein. Mit Tages-Anbruch griff das kleine deutsche Heer die gewaltige Menge der Feinde mit solchem Ungestüm an, daß dieselben, nachdem Viele von ihnen erschlagen waren, die Flucht ergriffen, aber in den Wellen der Elbe oder der benachbarten Seen größtentheils ihren Tod fanden. 120—200,000 Umgekommene zählten die Chroniken. Lenzen selber mußte sich ergeben, die Bevölkerung wurde gefangen genommen und später enthauptet, die Stadt furchtbar geplündert.

So wohl vorbereitet waren die Deutschen im Stande, es auch mit den Ungarn aufzunehmen. 933 errang Heinrich den großen Sieg über sie bei Merseburg, durch welchen zuerst ihre wilde Kraft geschwächt wurde.

Daß durch denselben die Herrschaft über die Slawen befestigt wurde, liegt nahe; er gab sogar die Veranlassung, daß Heinrich dieselbe noch weiter ausbreiten konnte, indem er 934 die bis dahin noch nicht unterworfenen Ukrer bis zur Oder und dem Haff hin tributpflichtig machte. Es war seine letzte Heldenthat. Im Sommer des Jahres 936 starb er; seine Leiche wurde in seinem Lieblingsorte, dem Kloster Memleben, beigesetzt.

Der Tod des Königs Heinrich brachte die Feinde des Reiches in Bewegung, vor allen die Ungarn, die 937 ihre Einfälle aufs neue begannen, 938 aber im Thrimmening (dem Drömling, dem großen Sumpfe an der Ohre und Aller auf der Westgrenze der Altmark) ihre geführt eine große Niederlage erlitten. Eben so versuchten auch die Slawen theils mit Gewalt, theils durch List ihre frühere Unabhängigkeit wieder zu erwerben. Eine Anzahl ihrer Häuptlinge verband sich 939, den damaligen Oberaufseher der Slawen-Gegenden, den Herzog und Markgrafen Gero, zu ermorden. Dieser kam ihnen jedoch zuvor; er lud dreißig derselben zu sich und erschlug sie; nur einer rettete sich durch die Flucht und steckte nun die Fahne der Empörung auf. Der allgemeine Abfall der Wenden war die Folge; das Christenthum, das sich auszubreiten angefangen hatte, wurde ausgerottet. Doch durch List wußte Gero auch ferner den Aufruhr zu stillen. Er veranlaßte jenen Tugumir, der als Geißel nach Sachsen geführt worden war, nach Brandenburg zu gehen und die väterliche Gewalt in Anspruch zu nehmen. Tugumir, durch Belohnungen und noch größere Versprechungen gewonnen, that es, wurde als Herrscher anerkannt, lockte seinen Neffen und einzigen Erben an sich, tödtete ihn und übergab Stadt und Land unter die Oberherrlichkeit des Königs. Seinem Beispiele folgten die übrigen und unterwarfen sich aufs neue.

Die Ruhe, die seitdem auf längere Zeit eintrat, benutzte König Otto, dem Christenthum eine dauernde Grundlage zu verschaffen. Wir werden unten sehen, wie er deshalb 946 die Bisthümer Oldenburg und Havelberg, 948 Meißen, 949 Brandenburg gründete. Das Land wurde in Gaue oder Provinzen eingetheilt und deutschen Grafen untergeordnet, und als zwischen 947—949 Tugumir starb, nahm der König von seinem Lande Besitz und stellte es wie die benachbarten Bezirke unter die Oberaufsicht von Gero. Mochten nun bei diesen Einrichtungen die Interessen der Slawen mannichfach verletzt sein, oder waren noch andere Veranlassungen schuld, kurz ein neuer Aufstand der Ukrer rief 954 Gero herbei, der jedoch denselben mit leichter Mühe erstickte.

Doch schon im folgenden Jahre 955 entbrannte von neuem der Krieg. Ein sächsischer Graf Wichmann, der wegen seiner Gewaltthaten vom Könige gefangen gesetzt worden war, entfloh und regte die beiden Brüder Nako und Stoinef oder Stoinnegin, Fürsten der Abotriten, zum Kampfe gegen die Deutschen auf. Ihnen schlossen sich die benachbarten Wilzenstämme an. Das deutsche Heer ging deshalb über die Elbe, berannte jedoch vergeblich die Stadt oder Burg Suithleiscranne, wohin sich Wichmann und die Wendenfürsten geworfen hatten. Wo dieser Ort gelegen habe, läßt sich nicht nachweisen; er wird entweder bei Boizenburg oder bei Wittstock gesucht oder auch für Kyritz gehalten. Kaum waren die Deutschen unverrichteter Sache abgezogen, als die Slawen ihrerseits über die Elbe in Sachsen eindrangen, die Burg oder Stadt Cocarescem einnahmen und die Bewohner treuloser Weise niedermetzelten. Auch über diesen Ort ist man in Zweifel; vielleicht war es das heutige Kacherien gleich südlich von Dömitz in der Nähe der Elbe. Der König Otto, der unterdeß auf dem Lechfelde bei Augsburg den großen Sieg über die Ungarn erfochten hatte, zog mit einem bedeutenden Heere heran, um jene Treulosigkeit und Empörung zu bestrafen, drang in das Slawenland ein, überschritt die sumpfige Taxa d. h. Dosse und schlug an der Raxa (der Rackstebte, einem Bach, der bei Wittstock in die Dosse mündet) die Feinde gänzlich, nachdem Gero seitwärts die Sümpfe überschritten hatte und ihnen in den Rücken gekommen war. Stoinef wurde auf der Flucht getödtet, Wichmann entfloh und rettete sich nach Frankreich. Bald aber kehrte er zurück und fachte aufs neue den Krieg an. Doch auch diesmal blieben die Deutschen siegreich, und Wichmann söhnte sich durch Gero's Vermittlung mit dem Kaiser aus. Die Slawen aber nahmen das ihnen aufgedrungene Christenthum an und zahlten willig Tribut.

Als Gero in den nördlichen Gegenden des Slawenlandes die deutsche Herrschaft siegreich behauptet hatte, so wandte er sich gegen die Lusizer, die er ebenfalls 963 dem Reiche unterwarf. Es war dies aber seine letzte Waffenthat; denn in diesem Kriege fiel sein einziger Sohn Siegfried, der Erbe seiner großen Macht, und damit sank auch seine Lebenskraft. Deshalb beschloß er, sich aus dem bewegten Leben zurückzuziehen, ging nach Rom, legte dort sein siegreiches Schwert auf den

Altar des heiligen Petrus, schloß sich auf der Rückkehr der Brüderschaft des heil. Gallus an und starb hochbetagt 965. Er wurde in dem von ihm gestifteten Kloster Gernrode am Harz beigesetzt.

Das große Gebiet, das Gero verwaltet hatte, fast das ganze Land der Polaben umfassend, wurde nach seinem Tode nicht wieder unter Einen Herrscher gestellt. Es zerfiel seitdem in drei, anfänglich sogar in fünf Marken, aus denen sich im Laufe der Zeit die brandenburgischen, anhaltinischen und sächsischen Lande gebildet haben.

1. Das oben näher begrenzte Land der Wilzen oder die Sprengel der beiden Bisthümer Brandenburg und Havelberg wurden zur Nordmark geschlagen. Der erste Markgraf, der darüber gesetzt wurde, Dietrich, besaß überdies eine Grafschaft im Derlingau d. h. in dem Lande zwischen der oberen Aller und der Ocker; seine späteren Amtsnachfolger erhielten jedoch ein größeres Gebiet zu ihrer Verwaltung unmittelbar an der Elbe, das die drei sächsischen Gaue Nord-Thüringen, Belesem und Osterwalde begriff, so wie die nördlich der beiden letzteren gelegenen wendischen Gegenden bis etwa zur Mündung der Jeetze in die Elbe. Davon umfaßte Nord-Thüringen das Land zwischen der Ohre, einem Nebenfluß der Elbe, und der Bode, dem Nebenfluß der Saale; es reichte von der Elbe westlich über die obere Aller bis an den Derlingau. Der Gau Belesem oder Belra oder das Balsamer Land umfaßte alles Land westlich der Elbe bis an die Milde bei Gardelegen und Calbe, erstreckte sich von der Ohre, die damals bei Wollmirstedt mündete, bis zur Havelmündung bei Werben. Endlich der Theil des Landes zwischen Milde und Ohre, also westlich von Belesem war der Gau Osterwalde. Diese drei Gaue wurden als der Verwaltungssprengel der Markgrafen der Nordmark zusammengefaßt und bildeten nachmals die Altmark.

2. Eine zweite Mark, die Ostmark, lehnte sich an den Schwabengau, zu dem noch ein Stück von Nord-Thüringen gezogen wurde. Ersterer war das von der Bode und Saale umschlossene Gebiet, das südwärts bis Mansfeld reichte. Von den Slawenländern war dieser Mark ein breiter Streifen nach Osten zu beiden Seiten der Elbe zuertheilt, das nachmalige anhaltinische Land östlich der Saale und das Land Wittenberg oder der Kurkreis. Eben so gehörte zu dieser Mark die Nieder-Lausitz, so daß sie im Osten an den Bober stieß und den nördlichen Theil des Sorbenlandes umfaßte.

3. Die dritte Mark endlich, die Mark Meißen, umfaßte eine Zeit lang den übrigen, größeren südlichen Theil des Sorbenlandes, nachdem 985 die beiden andern Zeiz und Merseburg mit ihr vereinigt worden waren. Sie enthielt in diesem weiten Umfange die Bisthümer Meißen, Merseburg und Zeiz. Auch sie stützte sich westlich der Saale

auf rein deutſches Gebiet, den Heſſengau und das Frieſenfeld, ſüdlich vom Schwabengau bis zur Helme und Unſtrut, weſtlich bis nach Sangershauſen.

Mit dem Jahre 965 beginnt alſo ein wichtiger Abſchnitt für die Geſchichte der Mark Brandenburg, ja erſt ſeit dieſer Zeit kann überhaupt von einer Geſchichte der Mark die Rede ſein, da ſie von dem übrigen Wendenlande gelöſ't eine ſelbſtändigere Stellung einnahm. Es wird deshalb nicht unpaſſend ſein, hier einige kurze Bemerkungen über die Wenden einzuſchalten, bevor wir von der Einrichtung der Bisthümer ſprechen, welche die Aufgabe hatten, die Einwohner für das Chriſtenthum zu gewinnen.

Es würde ein großer Irrthum ſein, ſich die Wenden als ein rohes, ungebildetes Volk zu denken; ſie ſtanden in der Zeit, wo ſie mit den Deutſchen zuſammentrafen, in Bezug auf Bildung dieſen wenigſtens gleich. Sie wohnten in Städten und Dörfern beiſammen, obgleich wir nicht wiſſen, worin bei ihnen der Unterſchied zwiſchen Stadt und Dorf beſtanden hat. Faſt ſämmtliche Städte der Mark ſind urſprünglich von Slawen angelegt, wie ſchon die Namen beweiſen; kein Wunder, daß wir faſt von keiner das Stiftungsjahr angeben können. Eben ſo rührt die ungleich größere Zahl der Dörfer aus der Slawenzeit her, wenn auch bei vielen der ſlawiſche Name dem deutſchen hat Platz machen müſſen. Ueber die innere Verwaltung und über die Bauart der Städte wiſſen wir faſt nichts; es wird uns nur mitgetheilt, daß ſie mit Wällen und Gräben umgeben waren, große Marktplätze enthielten und nicht ſelten durch koſtbare Tempel geſchmückt wurden. An ſchwer zugänglichen Punkten, zwiſchen Sümpfen und Gewäſſern, ſchützten feſte Burgen das Land und gaben nachmals den ſiegreichen Deutſchen die Veranlaſſung, von eben dort aus das eroberte Land im Zaume zu halten und zu beherrſchen.

Der Reichthum des Landes an Wäldern und Gewäſſern bot den Bewohnern reiche Nahrung an Wildpret und Fiſchen, die vielfachen Wieſengründe begünſtigten die Viehzucht, dabei aber wurde die Cultur des Bodens nicht vernachläſſigt. Honig fand ſich bei der allgemein gebräuchlichen Bienenzucht in außerordentlicher Menge vor und wurde zu dem beliebten Getränk, dem Meth, verwendet. Auch Gartenbau und Obſtzucht wurde mit vielem Fleiße getrieben. Kurz der Reichthum an Lebensmitteln war ſo bedeutend, daß ein alter Chroniſt ſagt, es fehle dem Lande nur Oel und Wein, um das gelobte Land genannt zu werden. Ein Beweis wenigſtens, daß er hier mehr Cultur gefunden, als er es erwartet hatte.

Der Handel theils mit Natur-, theils mit Kunstprodukten war ein außerordentlich lebhafter, zumal da er durch Flüsse und Seeküsten vielfach begünstigt wurde, wenn auch derselbe oftmals nur in Tauschhandel bestand. Wollene Zeuge namentlich wurden in großer Menge bereitet, auch Metalle zu Waffen und zu sonstigem Geräth und Schmuck verarbeitet. Einige Tempel waren mit außerordentlich künstlichem Schnitzwerk so reich ausgestattet, daß sie die Bewunderung der Deutschen erregten.

Der Charakter der Wenden wird uns selbst von Geistlichen, die wenig unparteiisch sie nur als Feinde des Christenthums betrachteten, ja sogar verabscheuten, als so vortrefflich geschildert, daß ihnen nur der christliche Glaube fehlte, um sie als Menschen hinzustellen, die mit edlen Eigenschaften begabt wären. Raub, Diebstahl waren ihnen unbekannt; kein Schloß und Riegel verwahrte das Haus, alle Schätze lagen offen da; die Wenden wunderten sich nicht wenig, daß die Deutschen ihre Reisekoffer selbst ihren Begleitern verschlossen. Lüge und Trug wurden von ihnen verabscheut; das Wort genügte statt des Eidschwurs. Dabei waren sie milde gegen Arme; Wohlthätigkeits-Anstalten verhinderten, daß Bettler die Güte der Begüterten anflehen mußten. Eben so zeichneten sie sich durch ihre Gastfreundschaft aus; ja um Fremde zu bewirthen, scheute man sich nicht, von den Vorräthen eines Andern zu nehmen; Niemand hielt das für Diebstahl. Im Hause jedes einigermaßen Wohlhabenden stand der Tisch stets gedeckt und mit allem reichlich besetzt, was der Vorrath vermochte. Dabei lobten selbst verwöhnte deutsche Zungen die Speisen, deren oft zwanzig verschiedene bei großen Schmausereien aufgetragen wurden.

Die kräftige körperliche Beschaffenheit rief kriegerischen Sinn, dieser eine ungemessene Liebe zur Freiheit hervor. Nur diesen Eigenschaften ist der zähe, unermüdliche Kampf der Wenden zuzuschreiben, der Jahrhunderte hindurch, auch nach den schwersten Niederlagen fortgesetzt wurde. Viel trug allerdings der religiöse Glaube dazu bei, daß die in der Schlacht Gefallenen höherer Freuden nach dem Tode theilhaftig werden würden. Ja der gewaltsame Tod wurde für so erwünscht und beglückend gehalten, daß Kranke und Schwache nicht Anstand nahmen, ihrem Leben ein Ende zu machen. Aus eben dieser Ansicht nur läßt sich auch die Sitte erklären, daß die Kinder ihre kranken, altersschwachen Eltern tödteten, während sonst die Pietät bei diesem Volke rühmend hervorgehoben wird; und auf gleiche Weise läßt es sich bei der großen Sorge der Eltern für die Kinder begreifen, daß man einen Theil der Töchter tödtete, falls deren Anzahl in einer Familie zu groß wurde.

Zum Kriege war jeder verpflichtet, und es fehlte nie an Kriegslustigen, welche sich freiwillig mit Spieß und Schwert oder mit Bogen und Pfeil oder auch nur mit einfacher Keule bewaffnet unter den Befehl berühmter Führer stellten, die anfänglich auch nur für die Zeit des Krieges gewählt wurden wie bei den alten Deutschen, später aber eine erbliche Herrschaft sich aneigneten. Die Abgaben, welche die Slawen ihren Fürsten zahlten, waren gering, desto schwerer fiel es ihnen daher, ihren neuen deutschen Herren Tribut zu entrichten, den Zehnten an die Geistlichkeit zu zahlen, ja selbst die Gerechtigkeit durch theure Gerichtssporteln zu erkaufen. Daher ihr hartnäckiger Widerstand, der wiederum die feindliche Gesinnung der Deutschen gegen sie aufs höchste spannte, daher der Haß zwischen Deutschen und Wenden, der erst mit dem Untergang der einen Nationalität gestillt werden konnte.

Was die Religion der Wenden betrifft, so war dieselbe wie die altasiatischen eine Natur=Religion. Die Naturkräfte waren der Gegenstand ihrer religiösen Verehrung, deshalb waren das Licht und das Feuer ihre Gottheiten. Man hat daher die Götterlehre der Slawen mit der der Inder und Perser verglichen, ja wohl von diesen hergeleitet. Die Sonne, die Alles befruchtet, Alles erzeugt und Alles ernährt, galt für den obersten Gott, den Bog, der gleich dem Wodan den Himmel personifizirte. Da aber das Licht und das Feuer nicht nur erleuchtet, erwärmt und erzeugt, sondern auch verheert und zerstört, so wurde die Gottheit in doppelter Beziehung aufgefaßt, als gute (Belbog d. h. weißer oder guter Gott) und als böse (Czernybog d. h. schwarzer oder böser Gott). Da jedoch der allgemeine Begriff der Gottheit für die große Menge zu hoch lag, dieser sich unter keinem bestimmten Bilde oder Symbol darstellen ließ, so wurden einzelne Eigenschaften gesondert hervorgehoben und dadurch der Gott in einzelne Gottheiten aufgelöst. So entstanden die drei Gottheiten Perkun, Rabegast und Siwa.

Perkun war der Gott des Himmels, der Regierer des Weltalls, der Licht= und Feuergott. Nicht in geschlossenen Räumen, in Tempeln, wurde er verehrt, unter ehrwürdigen Eichbäumen, in heiligen Hainen wurde ihm ein ewiges Feuer unterhalten. Nur durch Reiben von Hölzern an einander durfte das Feuer entzündet werden; Todesstrafe dem, der dasselbe auslöschte. Der Gott hieß auch wohl Jessen d. h. der Leuchtende, die Sonne und als seine Gemahlin wurde die Baba d. h. der Mond genannt. Als böser Gott schuf er den Blitz und Donner und wurde auf Berghöhen verehrt. Er war auch als solcher die Wintersonne, wie die Baba der Mond, der sich verborgen hatte, der Neumond.

Rabegast wird seinem Namen nach als Erzeuger, Rathgeber, der Freundliche erklärt; er war der Gott der Kraft, Stärke und Weisheit. Er galt deshalb zugleich als Kriegsgott; sein Symbol war der Stier, der bei so vielen Völkern als Sinnbild der Kraft gebraucht worden ist.

Er wurde besonders zu Riebegast und Rethre verehrt. Bei den höchst dürftigen Nachrichten steht es nicht einmal fest, ob unter diesen Namen zwei verschiedene Orte zu verstehen sind, oder ob beide Namen einen und denselben Ort bezeichnen. Noch weniger läßt sich nachweisen, wo dieser Ort gelegen habe, der einen Haupttempel des Wendenlandes enthielt. Man giebt zwar häufig das Dorf Prillwitz an, südlich vom Tollenser am Liepser See in Mecklenburg zwischen Strelitz und Penzlin, doch bleibt die Sache sehr fraglich, zumal da die Alterthümer, die man dort aufgefunden haben will, und die den sichersten Beweis liefern sollen, daß dort Rethre gestanden, sich nicht zweifellos als solche bewiesen haben.

Siwa endlich, das leuchtende und erwärmende Feuer darstellend, wurde sowohl als weibliche und als männliche Gottheit gedacht, als auch für einen Belbog und Czernybog gehalten. Als weibliche gute Gottheit stellte sie die Sommer- oder Morgensonne dar, die den Frühling und die Fruchtbarkeit verkündete, weshalb sie auch zugleich die Göttin der Jugend und Schönheit, die Beschützerin der Liebe und der Ehe war. Als männliche gute Gottheit hieß sie Ziwi d. h. der Erzeuger und verwandelte sich im Frühsommer in einen Kuckuck, den man um die Lebensdauer zu befragen pflegte. (Einen Kuckuck zu tödten galt deshalb für ein todeswürdiges Verbrechen. Aber auch als Czernybog oder böse Gottheit wurde Siwa verehrt und gefürchtet. Die Marzana war als Tod dem Menschen, als Winter der Natur feindlich. Dem Pikal, dem Tödtenden, wurden Gefangene geschlachtet, ihm wurden die Alten und Kranken und Schwachen oder die Ueberzahl von Mädchen in der Familie geopfert.

Eine höhere geistige Anschauungsweise faßte die drei Gottheiten wieder zu Einem Wesen zusammen, dem Triglaf d. h. dem Dreiköpfigen, der die Herrschaft des Himmels, der Erde und der Unterwelt behauptete. Seine Tempel z. B. zu Stettin und zu Brandenburg werden als besonders großartig und kostbar beschrieben. Ein schwarzes Roß war ihm heilig, das die Gabe der Weissagung besaß. Neun Lanzen, je eine Elle von einander entfernt, wurden auf den Boden gelegt, und das Roß dreimal darüber hin- und zurückgeführt. Berührte das Roß mit seinem Hufe keine der Lanzen, so war das Zeichen günstig. Namentlich beim Beginn eines Krieges wurde dies Orakel befragt.

In andern slawischen Gegenden wurden andere Gottheiten oder doch jene unter andern Namen verehrt. Als Gott des Lichts galt der Wit, die Sonne, der Allwissende und Allgütige. So hoch wurde er geachtet, daß man selten den Namen allein sprach, sondern ihn gewöhnlich den Swantewit d. h. den heiligen Wit nannte. Auch ihm war das Pferd heilig; ein weißes Roß, herrlich gesattelt und aufgezäumt, stand zu seinem Dienste bereit. Sein Haupttempel stand in Arkona auf

Rügen und wurde 1168 von dem Dänenkönig Waldemar zerstört. Die Priesterschaft dieses Gottes stand in außerordentlichem Ansehn, so daß kein Kaufmann auf Rügen landen durfte, der nicht dem Gott von seinen besten Waaren opferte. Ja selbst die Bewohner hatten regelmäßigen Tribut zu zahlen, und das Land war in mehrere Tempelbistrikte eingetheilt. Auch dieser allgemeine Begriff des Göttlichen wurde dadurch der Fassungskraft des Volkes näher gebracht, daß man ihn in einzelne Begriffe auflös'te. Danach war der Gierewit die Frühlings- oder Morgensonne, der Rugewit die Sommersonne, der Porewit die Wintersonne. In Charenz, dem heutigen Garz auf Rügen, waren in einem Tempel alle drei Gottheiten neben einander aufgestellt, der erste mit fünf, der zweite mit sieben, der dritte mit drei Gesichtern an Einem Kopfe, der letzte trug überdies noch ein Gesicht auf der Brust. Der Gierewit hieß auch wohl als Morgensonne Jutrebog, und da die Morgensonne die Raubthiere in ihre Schlupfwinkel zurücktreibt, so wurde er auch als Honidlo für den Beschützer der Heerden gehalten, er war der Hirtengott. Dem Rugewit, der auch Vitelubbe genannt wurde, waren auf Höhen große hölzerne Säulen errichtet, die s. g. Julsäulen; mehrere Orte in der Mark, in Pommern, die den Namen Stolp führen, verdanken wohl der Verehrung dieses Gottes ihr Entstehen, da „Stolp" im Deutschen „Säule" bezeichnet. Der Porewit endlich war als ein Czernebog der Gott des Schreckens, der als Waldgeist in dichten Wäldern hauste, oder er war auch wohl der Gott des Todes.

Auch noch andere böse Gottheiten gab es, die Tod und Verderben mit sich brachten z. B. die Pest, welche als Göttin Dzuma personifizirt wurde. Der Topielec war der böse Wassergeist, der gern die Menschen ins Wasser zog und davon seinen Namen trug „der Untertaucher."

Wie Karl der Große dadurch die Sachsen an sein Reich zu knüpfen suchte, daß er sie zum Christenthum herüberführte und deshalb nicht weniger als acht Bisthümer bei ihnen anlegte, so war auch das Bemühen besonders des Kaisers Otto dahin gerichtet, die Slawen zu Christen zu machen. Da diese Bekehrung durch Waffengewalt erfolgte, so war es sehr natürlich, daß das Christenthum wenig günstigen Boden fand, denn nothwendig verband sich bei den Slawen mit der Vorstellung „Christ werden" zugleich auch die, „den Deutschen unterthan werden." Wenn es deshalb auch dem Kaiser gelang sechs Bisthümer und ein Erzbisthum in dem Polabenlande zu errichten, so werden wir doch sehen, daß nur zu bald das Christenthum von den Polaben, namentlich von den Abotriten und Wilzen wieder vollständig ausgerottet wurde.

Von diesen Bisthümern sind Oldenburg, Havelberg, Meißen und Brandenburg schon oben genannt worden, dazu kamen noch 968 die Bisthümer Merseburg und Zeiz, so wie das Erzbisthum Magdeburg.

1. Das erste derselben wurde 946 in Oldenburg oder slawisch Stargard im östlichen Holstein oder in Wagrien angelegt; es umfaßte das Land der Abotriten, das Karl der Große 786 dem damals errichteten Bisthum Verden zuertheilt hatte, sein Sohn Ludwig aber 834 zum Erzstifte Hamburg gezogen. Seine Grenze war also südlich die Elbe, welche bei Dömitz die Elbe erreicht, und die Peene, während es im Norden ans Meer stieß. Die heutigen Länder Mecklenburg und das schwedische Pommern gehörten zu seinem Gebiete.

2. Von größerer Wichtigkeit für uns sind die beiden wilzischen Bisthümer. Das eine, Havelberg, wurde (wenn nicht schon früher) 946 gestiftet und erhielt zu seinem Unterhalte in folgenden wilzischen Provinzen oder Gauen Güter angewiesen. Zuerst in dem Gau Zamziζi, im Norden der Stremme, die bei Milow in die Havel mündet, ferner in Lieziζi, dem übrigen Theile des Dreiecks zwischen Elbe und Havel oder dem nachmaligen Lande Klyp, dann in Nieletiζi, dem Lande um Havelberg, und endlich in der Provinz Dosseri oder Dassia, dem Lande an der Dosse, das jedoch vermuthlich außer der östlichen Prignitz auch noch die Grafschaft Ruppin bis an die Havel bei Zehdenick und Oranienburg umfaßte. In Nieletiζi war es namentlich die Stadt Havelberg selber, in Dassia die Stadt Wizaca oder Wittstock, der nachmalige Sitz der Bischöfe, die dem Bisthum als Eigenthum übertragen wurden. Außer diesen vier Provinzen umfaßte der bischöfliche Sprengel noch folgende Gaue, die ihren Zehnten nach Havelberg zu entrichten hatten: Linagga, der übrige westliche Theil der Prignitz, Murizζi, das Land zu beiden Seiten des großen Müritz-See's in Mecklenburg, Tollenzi oder das Land zwischen der oberen Peene und der Tollense, Plot oder Rabuir oder das nachmalige Land Stargard, das jetzige Mecklenburg-Strelitz, Miserez und Groswin oder der Theil von Pommern südlich der Peene bis an die Uker, endlich die Provinzen Wanzlow oder die Insel Usedom und Woltze oder Wazrose d. h. die Insel Wollin.

3. Drei Jahre später als Havelberg wurde 949 das Bisthum Brandenburg eingerichtet. Zu seinem Unterhalte bestimmte König Otto mehrere Besitzungen in dem Gaue Hevelbun oder Stoborania, dem heutigen Havellande und der Zauche. Namentlich war es die halbe Stadt Brandenburg und die Stadt Ezeri oder jetzt Ziesar, wo nachmals die brandenburgischen Bischöfe ihren Sitz nahmen. Außerdem waren es folgende Provinzen, die zum Sprengel Brandenburg gehörten und von denen die Bischöfe daselbst den Zehnten einzufordern hatten:

Die Bisthümer im Wendenlande.

Morazani, das Land zwischen der Zauche und der Elbe, Ciervisti, das Land Zerbst nördlich des westlich gerichteten Elblaufes, Ploni, das Land an der obern Plane und Nuthe, den Zuflüssen der Havel, oder die nachmaligen Länder Belzig und Jüterbog, Zpriavani, das Land zu beiden Seiten der unteren Spree oder die Länder Barnim und Teltow, und endlich Uweri oder die Ukermark, die bis an die Oder und das Haff reichte.

Der ursprüngliche Umfang dieser drei aufgezählten Bisthümer, wie er hier angegeben ist, erlitt nachmals besonders nach Nordosten hin bedeutende Veränderung, als das Christenthum eine Zeit lang wieder völlig ausgerottet und erst durch die Eroberungen des Herzogs Heinrich des Löwen, so wie des Markgrafen Albrecht des Bären neu gepflanzt wurde. Zur Nordmark gehörten außer den deutschen Gauen auf der Westseite der Elbe die beiden Bisthümer Havelberg und Brandenburg (letztes mit Ausnahme des Zerbiter Landes), und wie unter dem Namen der Heveller oftmals der größere Theil der Bevölkerung in dem brandenburgischen Sprengel verstanden wurde, so auch unter dem Namen der Redarier der größere Theil des havelbergischen.

In dem südlichen Theile des Polabenlandes, bei den Sorben, stiftete Kaiser Otto 968 drei Bisthümer, die wir hier nur kurz berühren wollen. Ihnen entsprachen die oben erwähnten gleichnamigen Marken; es waren

4. das Bisthum Meißen, das nach einer andern Meinung 948 oder 967 gegründet und vom Papste 968 bestätigt wurde. Es umfaßte alles Land von der Mulde über die Elbe bis zur Oder oder später nur bis zum Bober hinüber, und von den böhmischen Gebirgen bis zu den Südgrenzen des Bisthums Brandenburg. Es gehörte also besonders dazu die Nieder-Lausitz (der Gau Lusizi) und die Ober-Lausitz oder der Gau Milzieni.

5. Das Bisthum Zeiz, dessen Sitz später nach Naumburg verlegt wurde, erhielt den südwestlichsten Theil des Sorbenlandes von der Saale bis zum Erzgebirge. Eine Linie etwa von der Mündung der Unstrut südöstlich hinüber zur Elster, Pleiße und Mulde schloß es im Nordosten ein. Endlich

6. das Bisthum Merseburg lag wie die Mark dieses Namens zwischen den beiden genannten ebenfalls schräg von der Saale zum Erzgebirge hinüber.

Sämmtliche aufgezählten Bisthümer mit Ausnahme von Oldenburg (auch Meißen wurde später selbstständig) stellte Kaiser Otto unter die Oberaufsicht des

7. Erzstiftes Magdeburg. Bereits im Jahre 937 hatte er an diesem Orte das Benediktiner-Kloster des heiligen Petrus und Moritz

geſtiftet und ſehr reich ausgeſtattet. Aus dieſem Kloſter errichtete er 968 das Erzſtift zu Ehren des heiligen Moritz, deſſen Reliquien hierher gebracht wurden. (Nach der Legende war der heil. Mauritius unter Kaiſer Maximinian tribunus militum geweſen, im Jahre 296 in Stücke zerhauen worden, weil er den römiſchen Göttern nicht hatte opfern wollen, und in S. Maurice im Canton Wallis begraben.) Um dem neuen Erzbisthume ein eignes Gebiet zu gewähren, mußte der Biſchof von Halberſtadt den öſtlichſten Theil von dem Nord-Thüringgau abtreten; auf ſorbiſchem Boden erhielt das Erzſtift den Gau Serimunt ſüdlich der Elbe bis zur Fuhne zwiſchen Saale und Mulde, ferner ſüdlich davon die Gaue Nudzizi und Neletizi bis zur Elſter, erſterer das Land um Wettin, letzterer das um Halle, und endlich jenſeit der Mulde einen Theil des Gaues Nicizi, dem Zerbſter Gau gegenüber auf der Südſeite der Elbe.

II. Die älteſten Markgrafen der Nordmark.

965—1134.

Als erſter Markgraf in der Nordmark wird Graf Dietrich von Haldensleben (965—983) genannt, der auch wegen des Oberbefehls, den er gegen die Slawen führte, den Titel „Herzog" hatte. Wie er durch ſeinen Stolz und Uebermuth ſich den Haß der übrigen ſächſiſchen Großen zuzog, ſo veranlaßte er durch ſeine Habſucht und Grauſamkeit einen allgemeinen Aufſtand der Lutizier. Als nämlich Kaiſer Otto II. (973—983) in der Schlacht bei Baſantello (982) in Unter-Italien gegen die Griechen eine blutige Niederlage erlitten (auch 1000 Wenden ſollen ſich im Heere des Kaiſers befunden haben), und die Nachricht hiervon auch zu den Slawen ſich verbreitet hatte, ſchaarten ſich 983 die Lutizier zuſammen, zerſtörten Havelberg und eben ſo Brandenburg, das ſie überfallen hatten, und von wo der Biſchof Vollmar ſo wie Markgraf Dietrich nur unter großer Gefahr entflohen. Sie zerſtörten die chriſtlichen Kirchen, ſelbſt die Leiche des früheren brandenburgiſchen Biſchofs wurde aus der Gruft geriſſen und ihres prieſterlichen Schmuckes beraubt. Darauf verfolgten ſie die Fliehenden über die Elbe, verwüſteten die Stadt Calbe an der Milde und das ganze Land mit Feuer und Schwert, bis endlich ihre Macht an der Tanger dem gemeinſamen Angriff der Deutſchen erlag. Doch waren letztere zu ſchwach, als daß sie angriffsweise in das Wendenland hätten eindringen können. Deßhalb mußten sie es geschehen lassen, daß in der wendischen Nordmark das Christenthum von Grund aus zerstört wurde, daß die Kirchen niedergebrannt, die Priester abgeschlachtet, die Besatzungen niedergemetzelt wurden. Achtzehn Jahre hatte nur die Nordmark auf wendischem Boden in dem oben angeführten Umfange Bestand gehabt, seitdem vertheidigten die Wenden fast zweihundert Jahre lang mit Löwenmuth die wieder errungene Freiheit, bis endlich den anhaltinischen Markgrafen es gelang, das Land dauernd in Unterwürfigkeit zu bringen. Eben so lange waren die bischöflichen Stühle in Havelberg und Brandenburg verödet, es wurden zwar Bischöfe hierfür ernannt, dieselben blieben aber nur in partibus d. h. sie besaßen nur den Titel.

Dietrich wurde darauf seiner Würden entsetzt und starb bald darauf. Doch keinem seiner Nachfolger bis auf Albrecht den Bären gelang es, das wieder gut zu machen, was jener verschuldet hatte. Deßhalb bietet die ganze nächste Folgezeit ein trauriges Bild beständiger Unruhen und Kämpfe dar, die durchaus kein allgemeines Interesse haben. Es kann deshalb nicht unsre Aufgabe sein, diesen wüsten Kämpfen im Einzelnen zu folgen, wir begnügen uns vielmehr mit einer kurzen, allgemeinen Uebersicht.

Da den Deutschen die Unterwerfung der Wilzen nicht gelang, so suchten sie dem Feinde durch furchtbare Verheerung möglichst großen Schaden zuzufügen. Besonders aber war es das feste Brandenburg, um welches der Kampf am grimmigsten war. Durch List und auch durch Gewalt wurden die Deutschen mehreremal Meister der Stadt, doch dauerte jedesmal ihr Besitz viel zu kurze Zeit, als daß das Christenthum daselbst wieder hätte festen Fuß fassen können. Namentlich waren die Kämpfe vom Jahre 1002 und 1018 unter Kaiser Otto III. (983—1002) und unter Heinrich II. (1002—1024) höchst verzweifelte, da das ganze Volk wieder unter Waffen stand. Günstiger schien sich das Verhältniß für die Deutschen unter den beiden ersten kraftvollen fränkischen Kaisern Konrad II. (1024—1039) und Heinrich III. (1039—1056) zu stellen, da vereitelte die furchtbare Niederlage des deutschen Heeres bei dem Schlosse Pritzlawa, in dem innersten Winkel der Einmündung der Havel in die Elbe, 1056 alle weiteren Fortschritte, zumal da bald darauf die Krankheit des Kaisers Heinrich's III., durch den Kummer und Gram über diese Niederlage sehr verschlimmert, einen tödtlichen Ausgang nahm. Die unruhige Regierung Kaiser Heinrich's IV. (1056—1106) und seines Sohnes Heinrich's V. (1106—1125) war nicht geeignet, die verlorne Herrschaft wieder zu gewinnen, und wohl mochte 1073 die Erklärung der Sachsen, daß sie dem Kaiser jede Hülfe gegen Polen verweigern müßten, da sie kaum im Stande wären, sich der andringenden Wenden zu erwehren, mehr als ein bloßer Vorwand gewesen sein. Noch heftiger wurden diese Angriffe, als der Kaiser selber die Wenden gegen die Sachsen aufhetzte. Sie schritten über die Elbe, zerstörten die festen Grenzschlösser Arneburg und Werben und verwüsteten furchtbar das dahinter liegende Land, so daß dasselbe je länger je mehr entvölkert wurde. Das Einzige, was den Markgrafen aus dem Hause Stade von wendischem Gebiet wieder zu erobern gelang, waren die Gaue Zemzizi und Liezizi d. h. also das Land zwischen Elbe und Havel nördlich vom heutigen plauenschen Kanal.

Unter solchen Umständen beschränken wir uns auf eine kurze Aufzählung der ältesten Markgrafen der Nordmark.

Nach Dietrich's Absetzung wurde der Graf Lothar von Walbeck (983 — 1003), dessen Großvater in der Schlacht bei Lenzen 930 seinen Tod gefunden, zum Markgrafen ernannt. Seinem Sohne Werner (1003 — 1009) hatte die Mutter die markgräfliche Würde für eine Geldsumme, die sie dem Kaiser zahlte, zu verschaffen gewußt, doch schon 1009 ging er seiner Lehen verlustig, da er dem Grafen Dedo von Wettin, mit dem er in Feindschaft lebte, auflauern und ihn tödten ließ. Er starb 1014 kinderlos; der Geschichtschreiber Ditmar, Bischof von Merseburg, war sein Vetter. Die Nordmark hatte der Kaiser dem Grafen Bernhard I. (1009—1018) übertragen, dem Sohn des 983 abgesetzten Dietrich, dessen Familie jedoch nur bis 1056 die markgräfliche Würde bekleidete. Sein Sohn Bernhard II. (1018—1044) war es, der als Graf in den Gauen Belesem, Osterwalde und Nord-Thüringen genannt wird, so daß unter ihm die Nordmark diejenigen sächsischen Gebiete umfaßte, die nachmals die Altmark ausmachten. Der letzte dieses Hauses, Wilhelm (1044—1056), fiel in der unglücklichen Schlacht bei Prizlawa und hinterließ keine Kinder. Mütterlicher Seits stammte der Kaiser Lothar aus dieser Familie her.

Vergeblich bemühte sich Wilhelm's Bruder Otto die Mark zu erhalten, auch er wurde erschlagen, und das Haus der Grafen von Stade bekam die markgräfliche Würde (1056—1130). Aus diesem sind zu nennen: Udo I. (1056—1057), Udo II. (1057—1082), Heinrich I. (1082—1087) und dessen Bruder Udo III. (1087—1106). Ueber den Sohn des letzteren Heinrich II. (1106—1128) führte sein Oheim Rudolf von 1106—1114 die Vormundschaft, selbst nachdem er 1112 vom Kaiser abgesetzt, und der Graf Helprich von Plötzke als Vormund bestimmt war. Eben so riß Rudolf's Sohn Udo IV. (1128—1130), nachdem Heinrich II. 1128 ohne Kinder gestorben war, die Mark an sich, wurde jedoch schon 1130 von Vasallen des Grafen Albrecht des Bären getödtet. Kaiser Lothar vergab darauf die Mark mit Uebergehung von Udo's Bruder Rudolf dem Grafen Konrad von

Plötzke, dem Sohne des vorhin genannten Helprich (1130—1133), der wegen seiner Schönheit die „Sachsenblume" genannt wurde. Doch schon 1133 wurde er in Italien, wohin er dem Kaiser gefolgt war, von den Lombarden erschossen. Da er noch unverheirathet gewesen, übertrug Lothar die Mark dem Grafen von Ballenstädt **Albrecht dem Bären**, mit welchem das ruhmvolle Geschlecht der Anhaltiner zur Regierung gelangte.

III. Die Markgrafen von Brandenburg

aus dem Hause Anhalt. 1134 – 1319.

Wenn man erwägt, ein wie geringes Gebiet die Anhaltiner als Nordmark überwiesen erhielten, in welch trauriger Verfassung sich das Ländchen befand, das Jahre lang der Schauplatz von beständigen Kriegs- und Verheerungszügen gewesen war, und wenn man dagegen das weite Gebiet überblickt, zu dem sich unter der Anhaltinischen Herrschaft die Nordmark erweitert hatte, wenn man beachtet, welch reich gestaltetes Leben in dieser frisch aufblühenden Herrschaft sich entwickelte, wenn man endlich die schwachen Mittel bedenkt, durch welche ein so bedeutendes Gebiet in verhältnißmäßig kurzer Zeit gewonnen wurde: so muß man einräumen, daß der heldenmüthige Geist, der in den anhaltinischen Fürsten lebendig war, Außerordentliches geleistet hat. Ueber die Elbe hinaus zur Oder, über die Oder bis zur Weichsel trugen diese Fürsten ihre siegreichen Waffen, fast alles Land von den böhmischen Gebirgen bis an das Meer war ihnen entweder unmittelbar zugehörig oder doch von ihnen abhängig. Und wie suchten sie das Eroberte zu schützen! Hinter dem Krieger folgte der fromme Priester und lehrte den Heiden das Evangelium. Kirchen und Klöster nahmen die Neubekehrten auf. Zahlreiche Einwanderer bauten das verödete Land an; nicht nur die alten niedergebrannten Dörfer und Städte erhoben sich aus ihren Trümmern, auch zahlreiche neue Ortschaften wuchsen kräftig empor. Denn überall wurde dem frisch aufathmenden neuen Geschlechte volle Freiheit zu seiner Entwicklung, der Gewerbfleiß hob sich gewaltig, und die Landstraßen und Wasserläufe wurden belebt durch den Handel, der ungeahnten Wohlstand, selbst Reichthum in das lange Zeit so hart bedrückte Land brachte. Prüfen wir die Wahrheit dieser Sätze in der folgenden Geschichts-Erzählung.

III. Die Markgrafen von Brandenburg aus dem Hause Anhalt.

Graf Esico von Ballenstädt, mütterlicher Seits mit der Familie des Markgrafen Gero verwandt, wird in der Mitte des 11. Jahrhunderts als Graf im Schwabengau genannt, der seine Grafschaft auf seinen Sohn Albrecht den Aelteren vererbte. Da der Stammsitz der Familie in ein geistliches Stift, später in ein Benediktiner-Kloster verwandelt wurde, nahmen die Grafen ihren Sitz in dem Schlosse Anhalt im Selkethal, und als dieses zerstört wurde, in Aschersleben, im mittelalterlichen Latein Ascaria genannt, welchen Namen man in Ascania corrumpirte. Nach diesem Wechsel ihres Sitzes veränderte auch die Familie nach damaliger Sitte den Namen. Der ältere Enkel jenes Grafen Esico, der Sohn des älteren Albrecht, war Otto der Reiche, der mit Eilike (Adelheid), Tochter des Herzogs Magnus von Sachsen, des letzten Billungen, vermählt war. Er bereits wurde wegen dieser Verwandtschaft von Kaiser Heinrich V., der dem ihm feindlich gesinnten Herzog Lothar 1111 sein Herzogthum abgesprochen hatte, mit Sachsen belehnt, doch gelang es ihm nicht, sich in den Besitz desselben zu setzen. Dagegen brach er mit dem Erzbischofe von Magdeburg vereinigt in die wendischen Gaue Ciervisti und Moraziani ein und bemächtigte sich 1114 eines großen Theiles derselben, z. B. auch der Stadt Ziesar und des Ortes Leitzkau, wo hernach ein Prämonstratenser-Kloster eingerichtet wurde, in welchem die Bischöfe von Brandenburg, damals noch immer in partibus, ihren Sitz nahmen und von dort aus das Christenthum eifrig bei den Wenden verbreiteten. Eben so glücklich war er im folgenden Jahre 1115 in dem siegreichen Gefecht bei Köthen, durch welches er die über die Elbe vorgedrungenen Wenden nicht nur zurücktrieb, sondern auch seine Eroberungen in jenen Gegenden erweiterte. Als er zu Anfang des Jahres 1123 starb, folgte ihm sein Sohn Albrecht der Schöne oder wegen seiner Tapferkeit gewöhnlich der Bär genannt, zwar noch jung (er soll 1106 geboren sein), aber durch seinen Ehrgeiz, seine Thatkraft und Klugheit einer der ausgezeichnetsten Fürsten seiner Zeit.

In demselben Jahre 1123 war der Besitzer der Ostmark und der Mark Meißen Heinrich I. von Ilburg oder Eilenburg gestorben, dessen Vater Heinrich I. 1090 beide Marken vereinigt hatte. Kaiser Heinrich V. gab die Mark Meißen an den Grafen Wiprecht von Groitzsch, der bereits seit 1117 die Nieder-Lausitz besaß, die Ostmark aber an den Grafen Hermann von Winzenburg. Herzog Lothar von Sachsen jedoch nebst den mit ihm verbündeten sächsischen Fürsten, zu denen sich auch Albrecht gesellt hatte, unzufrieden mit dieser Belehnung, bei welcher die Ansprüche näherer Verwandten mißachtet worden waren, drang in diese Marken ein und übertrug dem Grafen Conrad von Wettin die Mark Meißen, die Ostmark dem Grafen Albrecht dem Bären, der auch 1124 nach

Wiprecht's Tode die Nieder-Lausitz mit der übrigen Ostmark verband. Hierauf setzte der glückliche junge Fürst die Eroberung im Wendenlande fort, eroberte namentlich das Land Belzig, während der Erzbischof von Magdeburg das Land Jüterbog unter seine Herrschaft brachte. Es waren mithin schon damals die Theile des anhaltinischen Landes in Albrecht's Gewalt, die sich östlich der Saale befinden.

Die Sonne des Glücks schien jedoch für den jungen Markgrafen unterzugehen, als nach Kaiser Heinrich's V. Tode der Sachsenherzog Lothar selber zum Kaiser erwählt wurde (1125—1137). Seine weitaussehenden Streitigkeiten mit den Hohenstaufischen Brüdern Friedrich und Conrad, die als nächste Anverwandte des ausgestorbenen fränkischen Kaiserhauses selber die kaiserliche Würde für ihre Familie zu gewinnen gehofft hatten, veranlaßte nämlich den Kaiser Lothar die mächtigen Welfen auf seine Seite zu ziehen, um eine feste Stütze zu erhalten. Er gab deshalb 1127 seine Tochter Gertrud dem Herzoge Heinrich dem Stolzen zur Gemahlin und übertrug ihm zugleich sein Herzogthum Sachsen, in welchem die Welfen reich begütert waren, da die zweite Tochter des erwähnten Sachsenherzogs Magnus, Wulfhilde, an Heinrich des Stolzen Vater, Heinrich den Schwarzen, vermählt gewesen war. Seitdem trat in dem Verhältnisse Albrecht's zum Kaiser Lothar eine große Spannung ein, die in vollständigen Bruch ausartete, als, wie oben erwähnt, Vasallen Albrecht's den Markgrafen Udo IV. von Stade 1130 tödteten. Die Folge war, daß der Kaiser ihm 1131 die Nieder-Lausitz nahm und sie dem Heinrich von Groitzsch, einem Sohne des oben genannten Wiprecht übertrug. Albrecht sah wohl ein, daß seine Macht zu gering war, dem Kaiser Trotz zu bieten, dem sich selbst die mächtigen Hohenstaufen hatten beugen müssen; er näherte sich deshalb demselben wieder, begleitete ihn auf seinem Zuge nach Italien und wurde wegen der Verdienste, die er sich dort erworben, nach dem Tode des Markgrafen Conrad von Plötzke mit der Nordmark belehnt.

1. Albrecht der Bär. 1134—1170.

Als Albrecht die Nordmark übernahm, bestand dieselbe außer den westlich der Elbe gelegenen, oben erwähnten deutschen Gauen (der nachmaligen Altmark) nur aus den wendischen Provinzen Lieziz i und Zemziz i, die von den Markgrafen aus dem Hause Stade um das Jahr 1100 wieder erobert worden waren. Der Zeitpunkt jedoch, zu welchem Albrecht hier seine Herrschaft antrat, war ein für seine Pläne überaus günstiger. Nämlich zur Zeit des Kaisers Heinrich III. (1039—1056) hatte der obotritische Fürst Gottschalk, der im Kloster zu Lüneburg erzogen und nach der Ermordung seines Vaters durch die Sachsen von dort entflohen war, eine Herrschaft gegründet, die sich über die Länder der Obotriten und Wilzen erstreckte. Als er aber später das Christenthum in seinem Reiche zu verbreiten suchte, wurde er 1066 zu Lenzen von seinen heidnischen Unterthanen getödtet. Gleiches Schicksal traf seinen ältesten Sohn Buthue 1074, dessen Reich von dem Fürsten von Rügen Krukko in Besitz genommen wurde. Der jüngere Sohn Heinrich war durch seine Mutter nach Dänemark gerettet; von dort kehrte er in sein Reich zurück, und nahm, mit Hülfe des Herzogs Magnus von Sachsen und nach der Ermordung des Fürsten Krukko, von demselben Besitz. Als aber auch er 1126 ermordet worden war, seine Söhne über die Erbschaft des Vaters in Krieg mit einander geriethen, zerfiel sein Reich, und namentlich wurden die Lutizier unter ihren kleinen Fürsten frei, waren aber um so weniger im Stande, den Angriffen der Deutschen Widerstand zu leisten.

Diese günstigen Umstände benutzte Albrecht der Bär zur Erweiterung seiner Herrschaft. Zunächst war es die Prignitz, oder das Land der Brizaner auf der Ostseite der Elbe zwischen der Dosse, Havel und Elbe, gegen die er seine Angriffe richtete. In dem Winter 1136/7 begann er die Eroberung des Landes, die erst nach vielleicht zehn Jahren vollendet wurde; er sicherte seitdem das Eroberte durch zahlreiche Grenzfesten z. B. Lenzen, Puttlitz, Meyenburg, Freienstein ꝛc. und dehnte zugleich seine Eroberung bis zu dem Rhin hin aus.

Gleichzeitig gewann Albrecht ein anderes, nicht unbedeutendes Gebiet, das durch seine Lage noch wichtiger als durch seine Größe war. Der damalige Fürst der Heveller Pribislaw sowohl wie dessen Gemahlin Petrussa, die zu Brandenburg ihren Sitz hatten, standen in gutem Einvernehmen mit Albrecht, von dessen Besitzthum ihr Land zum Theil umschlossen war. Als letzterem 1126 oder 1127 ein Sohn geboren wurde, der nachmalige Markgraf Otto I., gab Pribislaw demselben die Südhälfte seines Landes, die Zauche, zum Pathengeschenk, und 1136 als Pribislaw selber sich taufen ließ, — er nahm seitdem den Namen Heinrich an, — setzte er, da er keine Kinder hatte, Albrecht zum Erben seines übrigen Landes ein, des Havellandes, von der Havel, dem Rhin und dem jetzigen Ruppiner Kanal umflossen. In den Besitz dieses Landes kam Albrecht nach dem Tode des Pribislaw (wahrscheinlich 1141) und nannte sich seitdem (seit 1144 historisch nachweisbar) Markgraf von Brandenburg.

Leider trübten sich bald die heiteren Aussichten, welche sich für Albrecht eröffnet hatten. Als nämlich Lothar gestorben war, hoffte sein Schwiegersohn Heinrich der Stolze, Herzog von Bayern und Sachsen, sehr zuversichtlich darauf, daß ihm die Kaiserkrone zufallen würde. Sein Stolz und Uebermuth sowie seine große Macht hatte jedoch die Fürsten bedenklich gemacht; sie wählten lieber seinen Gegner, den jüngeren der hohenstaufischen Bruder Herzog Conrad von Franken zum Kaiser (1138—1152). Auch Albrecht hatte sich zur hohenstaufischen Partei gewendet, und als Heinrich der Stolze Conrad nicht anerkennen wollte, und ihm von diesem beide Reichslehen abgesprochen wurden, übertrug der König Conrad deshalb das Herzogthum Sachsen 1138 an Albrecht, wie er das Herzogthum Bayern dem Markgrafen Leopold von Oesterreich übergab. So schien also der Wunsch sich zu erfüllen, daß Sachsen auf die anhaltinische Familie gelangen möchte. Mit starkem Heere machte er sich alsbald auf, Sachsen zu gewinnen, während König Conrad selber in Bayern kämpfte. Bremen, Lüneburg, Bardewyk, Nord-Albingien hatte er bereits unterworfen, als Heinrich der Stolze sich selber gegen ihn wandte. Derselbe trieb ihn nicht nur aus seinen Eroberungen, sondern drang auch in sein eignes Land ein. Und als Heinrich während dieses Krieges 1139 starb, führte seine Schwiegermutter, die Kaiserin Richenza, für ihren Enkel Heinrich den Löwen den Krieg mit so großem Glücke fort, daß die ganze Nordmark Albrecht entrissen wurde, wo 1140 Rudolf von Stade, der Bruder des oben genannten Udo's IV., als Markgraf eingesetzt wurde. So aller hochfahrenden Hoffnungen beraubt, konnte Albrecht nur an König Conrad selber Rückhalt finden. Dieser jedoch, der nur mit großer Mühe den Welfen Bayern hatte entreißen können, sehnte sich danach, dem unheilvollen Kriege ein Ende zu machen. Auf dem Reichstage zu Frankfurt 1142 kam auch dieser Friede zu Stande. Conrad veranlaßte, daß der Bruder des nun verstorbenen Leopold's von Oesterreich, der Bayern erhalten hatte, Heinrich Jasomirgott, die Wittwe Heinrich des Stolzen Gertrud heirathete und Herzog von Bayern blieb, daß dagegen das Herzogthum Sachsen dem jungen Heinrich dem Löwen gelassen wurde. Albrecht mußte seinen Ansprüchen auf dieses Land entsagen, wurde aber dadurch entschädigt, daß seine Mark, die ihm zurückgegeben werden mußte, von dem Verbande mit Sachsen gänzlich getrennt und als eignes, selbständiges Herzogthum hingestellt wurde. Vermuthlich wurde damals zugleich an die neue Herzogwürde die Erzkämmerer-Würde geknüpft, welche bis dahin die Herzöge von Schwaben inne gehabt hatten. Diese Erhebung Albrecht's zu einem Reichsfürsten wurde 1143 zu Quedlinburg bestätigt und dadurch die Stellung des Landes und der markgräflichen Würde wesentlich geändert. War früher der Markgraf nur ein Beamter, der unter dem Befehle des Herzogs von Sachsen stand, so war er jetzt in die Reihe der großen Erbfürsten Deutschlands getreten.

Als einige Jahre später König Conrad 1147 einen Kreuzzug unternahm, um das 1144 verloren gegangene Edessa wieder zu erobern, wurde auch gegen die näheren Feinde der Christen, die Slawen, ein solcher angetreten, an welchem sich Albrecht betheiligte. Es war besonders das Land der Obotriten, das zwar stark verheert wurde, aus dem man jedoch ohne besonderen Erfolg wieder abzog und sich mit dem Versprechen genügte, daß das Volk zum Christenthum übertreten wolle. Darauf beschäftigten den Markgrafen längere Zeit Streitigkeiten, die er mit Heinrich dem Löwen wegen des Erbanfalles ansehnlicher Güter hatte, und die 1152 dahin entschieden wurden, daß Albrecht die Güter der ausgestorbenen Grafen von Plötzkau erhielt, wie ihm auch schon 1140 durch den Tod seines Vetters Wilhelm die Orlamündische Erbschaft zugefallen war. Wichtiger noch war der 1157 ausbrechende neue Kampf gegen die Slawen, welcher die Herrschaft Albrecht's in seinem neuen Besitz in Frage stellte. Ein Krieg unter den Brüdern, die damals Polen getheilt halten, veranlaßte, daß Kaiser Friedrich I. (1152—1190) die alte Oberhoheit Deutschlands über Polen wieder geltend machen wollte. Mit großer Heeresmacht überschritt er die Oder, drang bis Posen vor und zwang die Polen zum Frieden und zur Unterwerfung. Unterdeß aber hatte der Neffe des verstorbenen Pribislaw, unwillig darüber, daß ihm die Erbschaft seines Oheims entzogen worden war, in Verbindung mit den Polen, sich der festen Stadt Brandenburg durch Verrath bemächtigt, wo Sachsen und Slawen die Besatzung gebildet hatten. Dieser Fürst hieß Jaczo, seine Residenz wird Kopnice genannt. Nun ist die Ansicht allgemein, daß er die Länder Barnim und Teltow, den alten oben erwähnten Gau Zpriavani, unter sich gehabt und in Köpnick gewohnt habe. Doch ist neuerlichst, obgleich mit wenig Wahrscheinlichkeit die Meinung aufgestellt worden, Jaczo sei Fürst in Polen, seine Residenz Kopnitz an der Obra, östlich von Züllichau gewesen. Gegen ihn rückte Albrecht im Verein mit dem Erzbischof von Magdeburg und andern Großen vor und eroberte Brandenburg wieder. Hierher gehört die Sage, daß Jaczo, von den Deutschen verfolgt, die seeartige Havel unterhalb Spandau mit seinem Pferde durchschwommen und am Schildhorn seinen Schild dem Christengotte geweiht habe, den zu verehren er gelobt hätte, wenn er ihn glücklich aus den Händen seiner Feinde rettete. Sein Versprechen habe er auch gehalten und 1160 das erste Kloster in seinem Lande zu Kagel an der Löcknitz gegründet. Albrecht aber vertrieb die rebellischen Heveller aus dem Havellande und gerade hierher wurden deshalb zahlreiche neue deutsche Ansiedler gezogen. Seitdem schützte er auch die Ostgrenzen seines Landes durch Burgen zu Kremmen, Bötzow (jetzt Oranienburg), Spandau, Potsdam und Trebbin. Neuerlichst ist die Behauptung zu begründen versucht worden, daß Albrecht auch den nördlichen Theil des Teltow bis zur Spree bei Cöln und Berlin hin unterworfen habe.

Im Jahre 1158 unternahm Albrecht einen Zug nach dem heiligen

Wiederherstellung der Bisthümer.

Lande; zur Verwaltung seiner Lande setzte er seinen ältesten Sohn Otto ein, der schon seit 1144 Markgraf genannt wird. Nach seiner Rückkehr stiftete er 1160 zu Werben eine Comthurei für Johanniter-Ritter, die er nach seinem Lande eingeladen hatte, und kurz darauf scheinen auch Tempelherren nach der Mark gekommen zu sein, um Albrecht in seinen Kämpfen gegen die Slawen zu unterstützen. Seine später wieder aufgenommenen Fehden gegen Heinrich den Löwen übergehen wir, um noch ein paar Worte über seine friedsamen Bestrebungen hinzuzufügen, sein Land in Aufnahme zu bringen.

Durch jahrelangen Krieg war dasselbe sehr entvölkert worden, und deshalb bemühte sich Albrecht, Ansiedler in sein Land zu ziehen. Wie schon gleich bei der Uebernahme der Mark, so namentlich in den Jahren 1159—1164 war es, wo zahlreiche Ansiedler, auch aus Flandern, Seeland, Holland und Friesland herbeigezogen wurden, die, sei es wegen großer Ueberschwemmungen, sei es wegen dortiger inneren Unruhen ihre Heimath verließen. Vorzugsweise in der Altmark, aber auch in früher wendischen Gegenden wurden ihnen Wohnsitze angewiesen, und zwar waren es besonders die sumpfigen Niederungen, die von ihnen angebaut wurden, während die Slawen und Deutschen bis dahin nur den leichteren Sandboden angebaut hatten.

Eben so erwarb sich Albrecht auch großes Verdienst um die Ausbreitung des Christenthums in dem eroberten Lande und suchte vor allen Dingen die zerstörten Bisthümer Havelberg und Brandenburg wieder aufzurichten. Der Apostel der Pommern, der Bischof Otto von Bamberg, der 1128 durch Havelberg und durch die Prignitz am Müritz-See vorüber nach Demmin und weiter nach Pommern hineinging, fand überall das Heidenthum vor, so daß er schon hier vielfach Gelegenheit nahm, das Evangelium zu verkünden. Bald darauf eroberte Albrecht, wie wir gesehen haben, die Prignitz, doch seine Kämpfe mit Heinrich dem Stolzen und dem Löwen von Sachsen hielten ihn lange ab, die Wiederherstellung von Havelberg ernstlich zu betreiben. Der damalige Bischof Anselm ging endlich selber nach Havelberg, und ein noch vorhandener Brief von ihm aus dem Jahre 1151 schildert mit lebhaften, wenn auch wohl scharf aufgetragenen Farben die Gefahren, unter denen die Geistlichen sich hier aufhielten, und die Armuth des neu zu begründenden Bisthums. Erst 1170 wurde die Domkirche beendigt und ihrer Bestimmung übergeben. Nicht viel besser stand es mit Brandenburg, wo erst 1161 der Bischof Willmar das Domkapitel einrichten konnte. Von diesen beiden Hauptpunkten aus wurde für die Bekehrung des Landes eifrigst gesorgt.

Albrecht's Bemühung, dem Lande deutsche Einrichtung zu geben, werden wir mit denen seiner Nachfolger unten zusammenfassen. Er starb im November 1170, also etwa 64 Jahr alt, und wurde wahrscheinlich in Ballenstädt beigesetzt. Er ist als der Gründer des brandenburgisch-preußischen Staates zu betrachten, und in wie hohem Ansehn er bei seinen Zeitgenossen stand, und wie sein Andenken hoch gehalten worden ist, spricht einfach und kräftig ein altes Volkslied aus:

> Heinrich der Leuw und Albrecht der Bar,
> Dartho Frederik mit dem roden Haar,
> Dat waren dree Heeren,
> De kunden be Welt verkehren.

2. Otto I. 1170—1184.

Albrecht hinterließ sieben Söhne, von denen zwei sich dem geistlichen Stande gewidmet hatten, so daß sein nicht unbedeutendes Erbe unter die fünf andern vertheilt wurde. Der Haupterbe war der älteste Sohn Otto I., der die Mark Brandenburg erhielt und damit auch das Erzkämmerer-Amt, außerdem einige Besitzungen im Lande Wittenberg. Der zweite Haupterbe Bernhard erhielt den größten Theil der Grafschaft Aschersleben und des Landes Wittenberg, so wie einen Theil der jetzigen anhaltinischen Lande auf der Ostseite der Saale. Ihm fiel auch das Besitzthum eines dritten Bruders Albrecht zu, der einen Theil des nachmaligen anhaltinischen Landes erhalten hatte und ohne Söhne zu hinterlassen starb. Dietrich, ein vierter Sohn, erhielt Werben an der Saale in der Nähe von Weißenfels und die großmütterlichen Güter in Engern. Der fünfte Sohn Hermann endlich erhielt die eben gedachten Güter der orlamündischen Erbschaft in Thüringen und Franken, namentlich Orlamünde, Rudolstadt, Arnstadt, Weimar, Hof, Kulmbach u. s. w. Seine Familie starb im 15. Jahrhundert aus, doch das Land ging für die anhaltinischen Fürsten verloren, weil damals Niemand mehr an diese Verwandtschaft dachte; erst in neuerer Zeit ist die Abstammung jener Grafen von den Askaniern nachgewiesen. Es ist dies nur einer der großen Verluste, die das Haus Anhalt nach einander betroffen haben. Wie wir später sehen werden, ging für dasselbe 1319 die Mark Brandenburg, 1422 das Herzogthum Sachsen-Wittenberg und endlich 1689 auch Sachsen-Lauenburg verloren, so daß die Familie nur auf das kleine Land Anhalt beschränkt blieb. Von Bernhard's Söhnen, um dies hier kurz zu bemerken, war nämlich der ältere Heinrich Erbe der anhaltinischen Länder, und seine Nachkommen regieren noch jetzt daselbst. Der jüngere Sohn Albrecht hatte das Herzogthum Sachsen geerbt; seine Familie spaltete sich so, daß der ältere Zweig Sachsen-Wittenberg, der jüngere Sachsen-Lauenburg erhielt; jener starb 1422, dieser 1689 aus.

Wir haben es unserm Zwecke gemäß nur mit der ältesten Linie des anhaltinischen Hauses in der Mark zu thun, wo Otto seinem Vater gefolgt war. Ueber seine Erwerbungen in dem Wendenlande sind so spärliche Nachrichten vorhanden, daß man nur aus späteren Umständen schließen kann, er habe wenigstens einen Theil vom Teltow hinzuerobert, so wie den Glien und das Land Löwenberg d. h. den östlichen Theil der nachmaligen Grafschaft Ruppin zwischen dem Rhin und der Havel. Daß aber auch Otto bemüht war, sein Land in Aufnahme zu bringen, davon zeugt namentlich die Stiftung des Klosters Lehnin 1180, das er mit Cistercienser Mönchen besetzte und zum Erbbegräbniß für seine Familie bestimmte. Dieser Mönchsorden war nicht nur thätig, dem Christenthum immer mehr Eingang zu verschaffen, er war auch zugleich ausgezeichnet in dem Eifer das Land anzubauen; seine Ländereien galten allgemein als Musterwirthschaften.

Mit dem Sachsenherzog Heinrich dem Löwen stand Otto anfänglich so freundlich, daß er mit ihm vereinigt gegen die Pommern zog, dieselben bei Demmin besiegen und die Stadt erobern half (1177). Doch bald schloß er sich den zahlreichen Feinden Heinrich's an und stand auf Seiten Kaiser Friedrich's I. Barbarossa. Dieser hatte nämlich 1154 an Heinrich auch das zweite Herzogthum seines Vaters Bayern zurückgegeben, wurde aber von demselben 1176 bei seinem Zuge gegen die lombardischen Städte im Stiche gelassen. Wegen dieser verweigerten Heeresfolge sprach darauf der Kaiser über Heinrich die Acht aus und nahm ihm seine beiden Herzogthümer. Bayern übergab er 1180 dem Grafen Otto von Wittelsbach, dessen Nachkommen noch heut das Land besitzen, die herzogliche Würde von Sachsen dagegen übertrug er dem jüngeren Bruder Otto's, dem oben genannten Bernhard, und knüpfte dieselbe an das Land Wittenberg, doch konnte derselbe von dem alten Sachsenlande nur das kleine Lauenburg behaupten. Otto aber machte seitdem Ansprüche auf die Oberlehnshoheit über Mecklenburg und Pommern.

3. Otto II. 1184—1205.

Otto I. hatte abermals eine Theilung seines Landes unter seine drei Söhne der Art vorgenommen, daß der älteste Otto II. Markgraf und Erzkämmerer wurde. Der zweite Sohn Heinrich erhielt Güter in der südlichen Altmark, nahm seinen Wohnsitz in Gardelegen und hieß deshalb Graf von Gardelegen oder Tangermünde. Später trat er in den geistlichen Stand über; er wie Otto hinterließ keine Kinder. Der dritte Bruder war Albrecht II., der einige Güter in dem neu erworbenen Lande, mehr noch in der nördlichen Altmark erhalten hatte. Er nannte sich Graf von Arneburg.

Otto II. war nach dem Tode des Vaters zugleich mit seinem zweiten Bruder Heinrich belehnt worden, und als dieser 1192 starb, trat wahrscheinlich der herangewachsene dritte Bruder Albrecht in seine Stelle, jedoch läßt sich seine Mitregierung nicht nachweisen. Von besonderer Wichtigkeit ist der 1196 erfolgte Lehnsauftrag, durch welchen beide Brüder den Erzbischof von Magdeburg als Oberlehnsherrn vieler ihrer Länder anerkannten. Leider ist aber der ganze Hergang so dunkel, daß er die verschiedenste Deutung erfahren hat. Markgraf Otto II. hatte das Kreuz genommen, verschob aber den Kreuzzug selber von einer Zeit zur andern. Dadurch machte er sich in den Augen der Geistlichkeit eben so strafbar, wie bald nachher Kaiser Friedrich II., der aus gleicher Veranlassung mit dem Papste in Streit gerieth und mit dem Bannfluch belegt wurde. Ferner lag Otto mit dem Bischofe von Brandenburg in Streit über die Erhebung des Zehnten in den neu erworbenen Ländern, auf welche der Bischof Ansprüche erhob, welche der Markgraf nicht zugestehen wollte. Endlich hatte, wie oben erzählt, Magdeburg im alten Gau Meraziani, Ciervisti und Plonim schon mit Otto dem Reichen gemeinschaftlich Eroberungen gemacht und beanspruchte deshalb viele Landstriche daselbst, die ihm von dem Markgrafen vorenthalten würden. Seien es diese oder noch andere Gründe gewesen, genug der Erzbischof drohte mit dem Banne, den Otto 1195 durch Abtretung von Möckern und des Landes Schollene (in dem Winkel zwischen Havel und Elbe) zu vermeiden suchte. Möglich daß dies Albrecht veranlaßte, gegen seinen Bruder die Waffen zu ergreifen, wenigstens wird erzählt, daß in einem Kriege zwischen beiden Brüdern Albrecht von Otto gefangen worden sei. Man glaubt, Otto habe erst da seinen Bruder vermocht, den unterdeß ausgesprochenen Bann zu lösen, koste es auch, was es wolle. In Folge der Unterhandlungen mit dem Erzbischofe gingen beide Brüder nach Magdeburg und versprachen vor dem Altare des heiligen Moritz, alle ihre Erbgüter (praedia oder haereditates) von dem Erzstifte zu Lehen zu nehmen, die sie in der Altmark und in den dazu gehörigen Grafschaften Villingshöhe und Sommerschenburg besäßen, ferner ihre Güter in dem Lande östlich der Elbe bei Magdeburg, das als magdeburgisches Herzogthum jenseit der Elbe bezeichnet wird, so wie die Jauche und einen Theil der Stadt Brandenburg. Darauf wurde dasselbe Versprechen von ihnen vor weltlichem Gericht, dem der Graf von Arnstein vorstand, vielleicht in der oben erwähnten Burg Schartau abgegeben und einige Tage später wegen der altmärkischen Besitzungen eben so in Gardelegen, wo der Graf von Dannenberg die Verhandlungen leitete. An allen drei Orten versprachen die Brüder, jeder für sich und mit Zustimmung des anderen, diese Ueberlassung unverbrüchlich zu halten und beschworen es mit einem Eide bei Gott und allen Heiligen. Seinerseits versprach der Erzbischof auf sein Wort, und beschworen sämmtliche Domherren so wie 50 Ministeriale des Erzbischofs, daß

Lehnsauftrag an Magdeburg.

Magdeburg diese Güter, wie es bei Lehnsaufträgen Sitte war, nicht länger als 1 Jahr und 6 Wochen behalten, dann dieselben den Markgrafen zu Lehn zurückgeben wolle. In dem folgenden Jahre 1197 bestätigte Kaiser Heinrich VI. von Sicilien aus diese Schenkung, setzte schwere Geldstrafen für die fest, welche den Vertrag angreifen würden — der Papst hatte durch seinen Legaten für solchen Fall den Bannfluch angedroht —, fügte aber die Vergünstigung hinzu, daß diese Lehen nicht nur auf die männlichen, sondern auch auf die weiblichen Nachkommen der Markgrafen übergehen, und daß diese, selbst wenn sie noch unmündig wären, doch sogleich in den Besitz dieser Lehen gelangen sollten. Nur für den Fall, daß Otto und Albrecht selber Unmündige hinterließen, wurde dem Erzbischof das Recht der Vormundschaft vorbehalten.

Wir haben diesen ganzen Vorgang ausführlicher mitgetheilt, weil wir in der Folge mehrmals sehen werden, wie das Erzstift nicht nur die Erbgüter, sondern sogar das ganze Land der Markgrafen beanspruchte, bis es sich nach fast drittehalbhundertjährigem Streite mit einzelnen Gebietstheilen begnügen mußte, die Kurfürst Friedrich II. aus dem Hause Hohenzollern 1449 an Magdeburg überließ.

Auch von Otto II. wissen wir nicht, was er während seiner Regierung den Slawen entrissen hat. Es läßt sich nur vermuthen, daß im Barnim und im Teltow der Krieg langsam fortgeführt und schrittweise Eroberungen daselbst gemacht worden seien, wohl vorzugsweise mit Hülfe der geistlichen Ritterorden, von denen bis Ende des zwölften Jahrhunderts noch viele Ritter nach der Mark übersiedelten. — Auch die alten Kämpfe gegen die Welfen mußte Otto wieder aufnehmen. Als nämlich Kaiser Friedrich I. 1189 seinen Kreuzzug unternommen hatte, um das 1187 verloren gegangene Jerusalem wieder zu erobern, hielt der frühere Sachsenherzog Heinrich der Löwe es für die passendste Gelegenheit, sein altes Besitzthum wieder zu gewinnen. Er kam deshalb von England, wohin er zum zweitenmale von Kaiser Friedrich verbannt worden war, nach Deutschland herüber und war so glücklich, daß Otto vergeblich Anstrengungen machte, seinen Oheim Bernhard, den neuen Sachsenherzog, genügend zu unterstützen. Erst durch die Dazwischenkunft Kaiser Heinrich's VI. (1190—1197) wurden seine Fortschritte gehemmt, Bernhard's Herzogthum blieb jedoch seitdem fast nur auf den Titel beschränkt.

Markgraf Otto starb 1205 ohne Kinder und wurde im Kloster Lehnin begraben.

4. Albrecht II. 1205—1220.

Seine Thätigkeit wurde nach außen bedeutend in Anspruch genommen, da er gleichsam als Erbtheil von seinem Bruder zwei Kriege überkommen hatte, welche bereits unter jenem ihren Anfang genommen. Als Kaiser Heinrich II. in seinem neu erworbenen Reiche Neapel 1197 plötzlich zu Messina gestorben war und nur einen drei Jahr alten Sohn, Friedrich, nachmals als Kaiser der Zweite, hinterlassen, hatte eine zwiespaltige Kaiserwahl Statt gefunden, die auf viele Jahre Unruhen und Kriege in Deutschland hervorrief. 1197 wählte nämlich eine Partei zu Cöln den Sohn des Herzogs Heinrich des Löwen Otto IV., Herzog von Braunschweig (1198—1215), während andere Fürsten zu Mainz die Wahl Philipp's, Herzogs von Schwaben und Bruders von dem verstorbenen Heinrich VI., durchsetzten. Wie Otto II. Philipp hatte erwählen helfen, so hielt auch Albrecht II. treu zu der hohenstaufischen Partei, bis Philipp 1208 auf dem Schlosse Altenburg bei Bamberg von dem bayerschen Grafen Otto von Wittelsbach ermordet wurde. Seitdem fand Otto IV. allgemeine Anerkennung, auch von Brandenburg, und Niemand hielt treuer zu ihm als Albrecht II., selbst als die Verhältnisse sehr gefährlich zu werden drohten. Otto war nämlich nach Italien gegangen und hatte aus den Händen des Papstes die Kaiserkrone empfangen, gerieth aber sehr bald mit demselben in Streitigkeit, so daß der Pabst 1210 den Bann über ihn aussprach und die deutschen Fürsten aufforderte, den jungen Hohenstaufen Friedrich zum Könige zu wählen. Dieser Aufforderung kamen auch mehrere Fürsten zu Coblenz nach, und Friedrich erschien darauf in Deutschland, das er jedoch erst durch das Schwert zu erobern hatte. Da der Erzbischof von Magdeburg den Bann gegen Otto IV. bekannt machte, wandte sich dieser zunächst gegen ihn und schloß 1212 zu Weißensee in Thüringen einen Vertrag mit Albrecht II., nach welchem beide sich gegenseitig Beistand gegen ihre Feinde versprachen. In den darauf folgenden Verheerungskriegen hatte besonders die Altmark hart von den Magdeburgern zu leiden. Brandenburgische Hülfsvölker stritten auch in Otto's Heer gegen Frankreich. Während nämlich die Macht Friedrich's in Deutschland immer mehr zunahm, ließ sich Otto unglücklicher Weise durch König Johann ohne Land von England zu einem Bündnisse bewegen und griff den König Philipp II. Augustus von Frankreich an, um denselben von einer Landung in England abzuhalten. Jedoch verlor er nicht nur 1214 die Schlacht bei Bovines in den Niederlanden, sondern auch sein Ansehn in Deutschland. Deshalb entsagte er 1215 der Krone, und Friedrich II. (1215—1250) fand nun allgemeine Anerkennung. Doch selbst da noch hielt Albrecht treu zur

Partei der Welfen, und erst auf den ausdrücklichen Wunsch Otto's unterwarf er sich 1217 Friedrich, der ihn seiner edlen Gesinnung wegen hoch achtete.

Einen zweiten Krieg, in den Albrecht verwickelt war, hatte er ebenfalls von seinem Bruder überkommen. Als Friedrich I. die Acht über Heinrich den Löwen aussprach, entfremdete er Pommern, das mit jenem als seinem Lehnsherrn hielt, demselben dadurch, daß er es 1181 zu einem deutschen Reichsfürstenthum und Herzogthum erhob. Nach Heinrich's Besiegung verlangte er auch von Dänemark Unterwerfung unter deutsche Oberhoheit, und als König Kanut VI. sich dessen weigerte, bewog er Pommern, denselben anzugreifen. Das glückte jedoch dem Herzog Bogislaw so wenig, daß er vielmehr, um sein Land vor gänzlicher Vernichtung zu hüten, 1185 die Oberhoheit Dänemarks anerkannte und Kanut den Lehnseid leistete. Kanut aber nannte sich seitdem, da er auch Mecklenburg in Abhängigkeit gebracht hatte, König der Slawen und Wenden. Als Herzog Bogislaw 1187 starb und zwei unmündige Söhne Bogislaw II. und Casimir II. hinterließ, übertrug Kanut dem Fürsten Jaromar von Rügen die Vormundschaft über dieselben, welche dieser benutzte, seinen Mündeln mehrere Gebiete zu entreißen. Dies veranlaßte den Markgrafen Otto II. die Ansprüche seines Hauses auf die Oberlehnsherrlichkeit über Pommern mit Gewalt durchzusetzen. In Verbindung mit dem Grafen Adolf von Holstein drang er auch 1198 siegreich bis an den Sund vor, der die Insel Rügen von dem Festlande trennt, und er würde sein Heer sogar nach der Insel hinübergeführt haben, wenn nicht Thauwetter die bis dahin feste Eisdecke unsicher gemacht hätte. Der weitere Verlauf dieses Krieges gegen Dänemark ist nicht bekannt, nur aus dem oben erwähnten Vertrage zu Weißensee ist ersichtlich, daß Albrecht noch fortgesetzte Kämpfe mit Waldemar II. dem Sieger, dem Bruder und Nachfolger Kanut's, zu bestehen hatte. Eine nachtheilige Wendung mußte natürlich dieser Krieg für Albrecht nehmen, als Kaiser Friedrich II., um sich die Nachbarn Otto's IV. zu befreunden, 1214 Waldemar alles das im Osten der Elbe zusprach, was bereits sein Bruder im Wendenlande und in Slawien besessen hatte. Als darauf der Dänen-König auch die Grafen von Schwerin, die Verbündeten Otto's IV. und Albrecht's unterwarf, drang letzterer zwar weit in Pommern ein, doch ohne bleibenden Erfolg. Bis zum Jahre 1219 zogen sich die Kämpfe hin, da forderte der Papst zu einem Kreuzzuge gegen die heidnischen Preußen auf, und vermittelte zwischen Dänemark und Albrecht einen Frieden. Die nachmalige Verheirathung der Tochter Albrecht's, Mechthilde, mit Otto von Braunschweig-Lüneburg, dem Neffen des Dänenkönigs, machte der langen und verderblichen Feindschaft ein Ende.

Während dieser Kämpfe der Markgrafen mit Dänemark hatten die beiden pommerschen Fürsten versucht, sowohl der Lehnshoheit Albrecht's als auch Waldemar's zu entgehen und ihre Selbständigkeit zu behaupten. Von dem festen Schlosse Kinz aus, in der Nähe von Soldin oder westlich der Oder, machten sie deßhalb vielfach Einfälle in das märkische Gebiet, das bis an die Oder gereicht haben muß, da Albrecht bereits 1215 das Schloß Oderberg anlegte, das einige Jahre später von Bogislaw erobert und geschleift wurde. Man nimmt an, daß damals wenigstens der Grenzstrich zwischen der Ukermark und dem Barnim erobert gewesen ist, der von der Havel bei Zehdenick und Liebenwalde über Angermünde bis zur Oder hinreichte, obgleich alle Nachrichten darüber fehlen, wann und wie derselbe in Besitz genommen wurde. Erst nach Albrecht's Tode wurde dieser Krieg mit Pommern beigelegt.

Albrecht ließ 1220 zu Frankfurt seinem Sohne die Nachfolge sichern, starb bald darauf und wurde im Kloster Lehnin beigesetzt.

5. Johann I., 1220—1266 und Otto III., 1220—1267.

Die Regierung dieser beider Brüder gehört zu den glücklichsten der Regenten aus dem Hause Anhalt, nicht allein in Bezug auf die bedeutende Vermehrung ihres Besitzes, sondern auch in Bezug auf die innere Ausbildung des Landes, das einen so raschen Aufschwung gewann, daß es auffallend ist, wie den kriegerischen Markgrafen der Sinn und die Zeit blieb, so Großes für ihr Land auszurichten.

Bei dem Tode des Vaters waren beide Brüder noch unmündig. Durch Testament war ihre Mutter Mechthilde, Tochter des Markgrafen Conrad von der Lausitz, mit der Vormundschaft betraut, die sie in Gemeinschaft mit dem Grafen Heinrich von Anhalt führen sollte. Doch der Erzbischof Adalbert II. von Magdeburg, dem nach dem Vertrage von 1196 die Vormundschaft und damit die Einkünfte aus den magdeburgischen Lehen zustanden, und dem überdies vom Kaiser Friedrich II. der Genuß der Reichslehen während der Unmündigkeit der beiden Prinzen zugesprochen worden war, wußte seine Rechte zu behaupten. Um den weit aussehenden Streitigkeiten hierüber zu entgehen, einigte sich Mechthilde mit dem Erzbischof dahin, daß sie ihm 1900 Mark Silbers als Entschädigung zahlte, dieser dagegen sich verbindlich machte, den beiden jungen Markgrafen die Belehnung bei dem Kaiser auszuwirken, sobald dieselben mündig geworden wären.

Bereits 1225 oder 1226 traten beide Brüder gemeinschaftlich die Regierung an, wie auch 1231 ihre Belehnung der Art durch Kaiser Friedrich II. Statt fand, daß zwar der ältere Johann zum Markgrafen eingesetzt, zugleich aber bestimmt wurde, daß Otto dem Bruder in der Regierung folgen sollte, falls dieser mit Tode abginge. Eben so erhielten

Erwerbung des Barnim und Teltow.

beide in jenem Jahre den Ritterschlag, und sie sind die ersten aus dem Hause Anhalt, welche diese damals in Deutschland üblich werdende Sitte auch nach der Mark übertrugen.

Gleich in den ersten Jahren ihrer Regierung wurde der Barnim und Teltow vollständig mit der Mark vereinigt, nachdem, wie oben gesagt, der größte Theil dieser Landschaften von ihren nächsten Vorfahren erobert worden war. Als damaliger Besitzer dieser Gegenden, der factisch nur noch einen kleinen Theil derselben in Händen gehabt haben kann, wird ein gewisser Barnim genannt, von dem man vermuthet, daß er der jüngere Sohn des oben genannten pommerschen Herzogs Casimir II. gewesen sei. Seine Ansprüche so wie die etwa noch in seinem Besitze befindlichen Güter wurden ihm abgekauft.

Aus dem Hause Welf war damals nur ein männlicher Nachkomme übrig, Otto das Kind, der seit 1227 mit der Schwester der Markgrafen, Mechthilde, vermählt war, und welcher der Stammvater der noch jetzt blühenden Häuser Hannover und Braunschweig geworden ist. Von den Töchtern seines Oheims Heinrich, eines andern Bruders von Kaiser Otto IV., machte namentlich Irmengard, Gemahlin des Markgrafen von Baden, Ansprüche auf die mütterliche Erbschaft und verkaufte dieselbe, da sie daran zweifelte sie durchzusetzen, an den König Heinrich, den ältesten Sohn des Kaisers Friedrich II. Doch die Bürger von Braunschweig vertrieben 1227 die kaiserlichen Truppen und erklärten Otto für ihren Herrn. Als darauf dieser in demselben Jahre seinem Oheim, dem Könige Waldemar II. von Dänemark, in dem Kriege desselben gegen den Grafen Adolf von Holstein und dessen Verbündete zu Hülfe zog, hatte er das Unglück in der für Dänemark so höchst unglücklichen Schlacht bei Bornhövet in Gefangenschaft zu gerathen, in welcher er drei Jahre zubringen mußte. Von dem Könige Heinrich aufgemuntert, benutzten viele Lehnsleute des Herzogs diese Umstände, sich unabhängig zu machen, und der Erzbischof von Magdeburg so wie der Bischof von Halberstadt fielen in sein Land ein, um es zu verheeren und Eroberungen zu machen. Da jedoch nahmen sich Johann und Otto der Sache ihres unglücklichen Schwagers an und brachen mit einem Heere gegen Magdeburg auf. Leider glückte ihnen ihr Vorhaben nicht. 1229 wurden sie an dem Flüßchen Plane von einer Ueberzahl erzbischöflicher Truppen angegriffen und zum Rückzug genöthigt. Dabei ereignete sich das Unglück, daß durch den Troß die Brücke gesperrt, ein Theil der Brandenburger von dem übrigen Heere abgeschnitten und theils ins Wasser gejagt, theils gefangen genommen wurde; mit Mühe entgingen die jungen Markgrafen der Gefangenschaft. Die Stadt Brandenburg schloß nämlich den Fliehenden die Thore, angeblich zu verhindern, daß die Sieger zugleich mit den Besiegten sich eindrängen

3*

möchten, und erst die Stadt Spandau gewährte den fliehenden Markgrafen Sicherheit. — Daburch übrigens, daß die Markgrafen nicht erlaubten, den über Kaiser Friedrich 1227 und 1228 ausgesprochenen Bannfluch in ihrem Lande bekannt zu machen, so wie dadurch, daß sie wie ihr Schwager Otto treu zum Kaiser hielten, als dessen Sohn Heinrich 1234 sich gegen den Vater empörte, — er mußte sich 1235 unterwerfen und wurde gefangen nach Italien abgeführt, wo er 1242 im Gefängniß starb, — erwarben sie sich die hohe Gunst des Kaisers, der den Herzog Otto zum Dank mit dem gesammten väterlichen Erbe belehnte.

Es ist schon oben erwähnt worden, daß seit längerer Zeit zwischen den Markgrafen und dem Bischof von Brandenburg sich ein Streit über die Erhebung des Zehnten in den Ländern erhoben hatte, welche von den Nachfolgern Albrecht des Bären erobert worden waren. Der Bischof behauptete, jene Länder hätten bereits christliche Bevölkerung gehabt, als die Markgrafen sich in den Besitz derselben gesetzt hätten; die Markgrafen dagegen behaupteten, dieselben seien noch fast allgemein heidnisch gewesen, und ihnen gebühre deshalb, nach damals geltendem Rechte, der Zehnte. Wie in einem päbstlichen Schreiben vom Jahre 1234 ausdrücklich gesagt wird, waren die Markgrafen deswegen mehrmals mit dem Bann belegt worden, und wir haben den Lehnsauftrag vom Jahre 1196 zum Theil aus diesen Verhältnissen zu erklären gesucht. Diesen Streit endlich beizulegen, beauftragte 1234 der Papst den Bischof von Merseburg mit der Vermittlung. Die schwierigen Verhandlungen zogen sich bis zum Jahre 1238 hin, und die damals getroffene Entscheidung ist in sofern von Wichtigkeit, als uns darin sehr bestimmt die Grenze zwischen den alten d. h. schon von Albrecht dem Bären eroberten Landen und den neuen d. h. erst von seinen Nachfolgern eroberten angegeben wird. Es heißt nämlich in derselben: Neue Länder seien diejenigen, welche vom Thore Spandau's aus (das Gesicht nach Osten gewendet) jenseit der Havel zur Linken (d. h. der Barnim) und jenseit der Spree zur Rechten (d. h. der Teltow) lägen bis zur Grenze der brandenburgischen Diöcese (d. h. bis zu Oder) gegen Slawien (d. h. polnische und pommersche Länder). Eben so trenne diesseit der Havel zur Linken der Malsow=Fluß von der Havel bis zum Rhin die alten Lande (d. h. das Havelland und einen Theil von Ruppin) von den neuen (d. h. dem Lande Glien und Löwenberg). Die Markgrafen Johann und Otto erhielten das Recht, die Archidiakonen für diese neuen Länder dem Bischofe zur Bestätigung vorzustellen, nahmen den Zehnten als Lehen vom Bischof, zahlten dagegen eine bestimmte Abgabe, traten einige Güter ab und statteten die Kirchen mit Ländereien aus.

Krieg mit Magdeburg und Halberstadt.

Gleich nach der Beilegung dieser Angelegenheiten wurden die Markgrafen in schwere Kriege verwickelt. Der Bischof Ludolf I. von Halberstadt war wegen der Belehnung gewisser Güter mit ihnen in Streit gerathen und hatte bei dem darüber ausgebrochenen Kriege Otto III. gefangen genommen. Erst gegen eine Lösesumme von 1600 Mark wurde der Markgraf 1238 nach halbjähriger Haft freigelassen. Der Krieg war aber damit nicht beendet, vielmehr benutzte der Bischof anderweitige Verwicklungen der Markgrafen, ihnen Schaden zuzufügen. Der Markgraf Heinrich der Erlauchte von Meißen machte nämlich 1239 Ansprüche auf Köpnick und Mittenwalde, die er als zur Lausitz gehörig ansah. Die beiden Brüder suchten die Sache durch Vermittlung des Erzbischofs Willibrand von Magdeburg gütlich beizulegen, indem sie beide Schlösser demselben übergaben. Dieser lieferte sie jedoch vor Entscheidung der Sache an Heinrich aus und veranlaßte einen harten Kampf der Markgrafen gegen Meißen. Bischof Ludolf benutzte die Gelegenheit, um vereint mit dem Erzbischofe in die Altmark einzufallen, wo Alles geplündert und verheert wurde. Doch während Otto siegreich gegen Heinrich kämpfte, ihn 1240 bei Mittenwalde schlug und die beiden Schlösser wieder in seine Gewalt brachte, siegte Johann bei dem Dorfe Gladigau an der Biese in der Nähe von Osterburg über beide Bischöfe und nahm Ludolf nebst vielen Rittern gefangen; Willibrand rettete sich, obgleich schwer verwundet, durch die Flucht. Der gefangene Bischof erhielt erst gegen 1600 Mark Silbers seine Freiheit wieder. Der Erzbischof setzte aber seine verheerenden Einfälle in die Altmark fort, überschritt Elbe und Havel, erlitt jedoch 1243 zwischen Plaue und Brandenburg eine empfindliche Niederlage; auf der Flucht noch fand ein großer Theil seiner Leute den Tod in der Havel dadurch, daß die Brücke unter ihnen zusammenbrach. Erst 1245 wurden diese Fehden mit Magdeburg und Meißen beendigt.

Zu derselben Zeit hatte auch der Krieg gegen Pommern wieder begonnen, in welchem die Markgrafen eben so glücklich waren und der Mark einen nicht unbedeutenden Zuwachs verschafften. Einige Bemerkungen über die ältere Geschichte Pommerns werden deßhalb hier am rechten Orte sein.

Die Polen bewohnten ursprünglich die weiten Ebenen von den Karpaten bis zur Ostsee. Im Westen bildeten die Sudeten, der Bober und die Oder die Grenze, im Osten der Bug und die untere Weichsel. Derjenige Theil von ihnen, der nordwärts der Warthe und der Netze zwischen der Oder und Weichsel bis an das Meer reichte, hieß die Pommern d. h. die am Meere Wohnenden. Die Persante und Lüddow trennten das damalige Vor- und Hinter-Pommern von einander, jenes Slawien, dieses Pomerellen genannt. Lange Zeit führten die Pommern harte Kämpfe um ihre Selbstständigkeit gegen Polen, breiteten aber seit etwa 1100 ihre Herrschaft westlich der Oder über die Ukermark, den Barnim bis zum Müritz-See im heutigen Mecklenburg aus, theils auf Kosten der Lutizier theils der Rügier, welche letztere sie allmählich bis zum Ryckfluß zurückdrängten. — Als erster Fürst der Pommern wird Swantibor genannt, nach dessen Tod 1107 das Land so getheilt wurde, daß die beiden älteren Söhne Vor-Pommern, die beiden jüngeren Hinter-Pommern erhielten. Der Enkel Swantibor's ist der oben genannte Bogislaw I., der von Kaiser Friedrich I. zum Herzog von Pommern ernannt wurde, und der die dänische Oberhoheit anerkennen und zugleich das Land Wolgast und die Peene-Mündung abtreten mußte. Nach der für Dänemark so unglücklichen Schlacht bei Bornhövet 1227 erneuerten die Markgrafen ihre Lehnsansprüche auf Pommern, und als sie 1231 von Friedrich II. die Belehnung ihres Landes empfingen, wurde ihnen zugleich die Lehnsherrschaft über Pommern zugesprochen. Barnim I., der Sohn Bogislaw II., erkannte dieselbe an, doch nicht Wartislaw III., sein Vetter und Sohn Casimir's II. Zu der Zeit entstanden zwischen den Bischöfen von Kamin und Schwerin harte Streitigkeiten über ihre Sprengel; jener wurde von Wartislaw, dieser von den mecklenburgischen Fürsten unterstützt, welche letzteren in dem Kriege große Eroberungen machten. Das veranlaßte Wartislaw, die Hülfe der Markgrafen in Anspruch zu nehmen, er erhielt sie jedoch nur unter harten Bedingungen. Im Vertrage zu Kremmen 1236 mußte er nicht nur die Lehnsherrschaft der Markgrafen anerkennen, sondern ihnen auch die Länder Stargard, Beseritz und Wustrow abtreten; zugleich wurde festgesetzt, daß sein Land an Brandenburg fallen sollte, falls er ohne Kinder stürbe. Sein Vetter Barnim I., der zu Stettin seinen Sitz hatte, während Wartislaw III. gewöhnlich zu Demmin sich aufhielt, willigte in diese Abtretung nicht ein, und so scheint es zwischen ihm und den Markgrafen zum Kriege gekommen zu sein, wenigstens hat wohl die Besitznahme nicht vor dem Jahre 1244 Statt gefunden, denn erst da wurde Friedland mit Stadtrecht von ihnen begabt. Das Land Stargard umfaßte den nördlichen größten Theil des heutigen Mecklenburg-Strelitz, das Land Beseritz den Werder zwischen Tollense und Datzesfluß, Wustrow oder Penzlin aber das Land am Westufer des Tollense-See's, das damals schon die mecklenburgischen Fürsten als pommersches Lehen inne hatten und es auch wahrscheinlich jetzt als brandenburgisches Lehen behielten. Das Land Arnsberg mit Strelitz, das später dem Lande Stargard beigefügt wurde, war Besitzthum des Bisthums Havelberg; die Länder Fürstenberg und Lychen waren ohne Zweifel schon früheres Besitzthum der Markgrafen, obgleich sich nicht nachweisen läßt, wie und wann es erworben wurde.

Wenige Jahre später, nämlich 1250, trat Pommern noch einen bedeutenden Landstrich, die Ukermark, an Brandenburg ab, doch sind die Verhältnisse, unter denen dies geschah, sehr unklar. Das steht zwar fest, daß eine Gemahlin des Markgrafen Johann ihm das Land Wolgast als Mitgift zugebracht habe, aber es ist fraglich, ob es durch Sophie, Tochter des Königs Waldemar II. von Dänemark, geschehen sei oder durch Hedwig, die Tochter Barnim's I. von Pommern, denn mit beiden ist er verheirathet gewesen. Eben so ist es gewiß, daß Barnim das Land Wolgast nach dem Tode der Prinzeß, deren Mitgift es gewesen, unrechtmäßig in Besitz nahm und dadurch aufs neue mit den Markgrafen in Krieg gerieth. Derselbe scheint aber sehr unglücklich für ihn ausgefallen zu sein; er mußte deshalb 1250 auf dem Schlosse Hohen Landin bei Oderberg für das Land Wolgast die Ukermark an Brandenburg abtreten. Zugleich erkannte er die Lehnsherrlichkeit Brandenburgs an, wurde aber dafür mit seinem Vetter Wartislaw III. zu gesammter Hand mit Pommern belehnt, so daß die frühere Bestimmung des Vertrages zu Kremmen aufgehoben wurde. Als Wartislaw 1264 kinderlos starb, vereinigte er deshalb ganz Pommern zu einer Herrschaft.

Der Krieg mit Pommern war auch in den später neumärkischen Gebieten auf der Ostseite der Oder geführt worden und verschaffte auch hier den Markgrafen Besitz, obgleich wir über die Einzelheiten dieser Kämpfe gar nicht unterrichtet sind. Die zunächst der Warthe, im Norden dieses Flusses gelegenen Gebiete sind beständig der Zankapfel zwischen Polen und Pommern gewesen, und dies um so mehr, da hier große Sümpfe und Wälder lagen, welche dieselben schwer zugänglich machten. Beide suchten die Grenzen dadurch zu sichern, daß sie daselbst nach der Sitte der Zeit den geistlichen Ritterorden große Schenkungen machten. So übergab Polen 1232 den Tempelherren das Land Küstrin, während ein paar Jahre später Pommern demselben Orden das Land Bahn u. s. w. einräumte. Diese Streitigkeiten veranlaßten die Markgrafen, auf Kosten beider, der Pommern wie der Polen, ihre Herrschaft hierselbst auszudehnen. Dazu kam der Umstand, daß Herzog Barnim seinem Vetter Swantepolk von Pomerellen Beistand gegen den deutschen Orden gewährte, letzterer aber die Markgrafen gegen Pommern aufreizte. So geschah es, daß Johann und Otto sich bis zum Jahre 1260 in den Besitz der Länder Königsberg, Bärwalde, Küstrin, Landsberg und Soldin gesetzt hatten, und daß dieser Besitz bereits ein gesicherter war, dafür zeugt z. B., daß die Stadt Landsberg a. d. W. 1257 gestiftet wurde.

Etwa gleichzeitig mit diesen Erwerbungen gelang den Markgrafen auch noch eine andere, nämlich die des Landes Lebus zu beiden Seiten der Oder, den jetzigen Lebuser und Sternberger Kreis umfassend. Als Kaiser Heinrich V. im Jahre 1110 einen Kriegszug gegen den Polen-König Boleslaw III. unternahm, um ihn zu seiner Lehnspflicht anzuhalten, durchzog er diese damals polnischen Gebiete und schenkte Stadt und Land Lebus dem ihn begleitenden Erzbischof von Magdeburg, obgleich dasselbe noch erst zu erobern war. Diese Eroberung scheint nicht gelungen zu sein, sondern das Land blieb polnisch und wurde später zu Schlesien gerechnet. Die Ansprüche jedoch auf dies Land gab Magdeburg nicht auf, es ließ sich vielmehr 1225 durch Kaiser Friedrich II. den Besitz desselben bestättigen und zwar zu der Zeit, als der Landgraf Ludwig IV. von Thüringen, vormundschaftlicher Regent der Markgrafschaft Meißen, in einer Fehde mit dem damaligen Besitzer Mittel- und Nieder-Schlesiens, Heinrich dem Bärtigen, 1225 das Schloß Lebus erobert hatte. Aber obgleich Ludwig seine Eroberung an Magdeburg überließ, so vermochte dies doch nicht dieselbe zu behaupten. So vererbte dies Land auf Herzog Heinrich den Frommen, der im Jahre 1241 in der Schlacht bei Liegnitz gegen die Mongolen fiel. Von seinen Söhnen führten Boleslaw von Liegnitz und Heinrich von Breslau um die Erbschaft harte Kriege gegen einander, in welchen Boleslaw das Land Lebus theils verpfändete, theils verkaufte. Da jedoch der jüngere Bruder dies Land für sich in Anspruch nahm, trat Boleslaw seine Rechte an Magdeburg und Brandenburg ab, die 1250 das Land gewaltsam dem Herzog Heinrich entrissen. Anfänglich verwalteten beide gemeinschaftlich das Land, theilten es aber 1252 unter sich, doch wissen wir nicht, wie diese Theilung gemacht worden ist.

Der westliche Theil des oben erwähnten Gaues Nord-Thüringen war die spätere Grafschaft Seehausen oder Sommerschenburg, die im Jahre 1052 von Kaiser Heinrich III. an das Bisthum Halberstadt überwiesen war. Der Bischof Ludolf II., ein verschwenderischer Mann, verkaufte 1253 ohne Einwilligung seines Kapitels diese Grafschaft an die Markgrafen, behielt sich aber die Lehnsherrlichkeit vor. Schon im folgenden Jahre jedoch wurde er abgesetzt, und jener Verkauf vom Papste für ungültig erklärt. Die Markgrafen verweigerten die Wiederherausgabe, und der neue Bischof Vollrath verkaufte die Grafschaft an Magdeburg in der Meinung, daß es diesem eher gelingen möchte, die Markgrafen zur Auslieferung zu veranlassen. Der Papst bewilligte diesen Verkauf und drohte den Markgrafen mit Bann und Interdikt. Dies bewog dieselben 1259 die Grafschaft gegen das Land Jerichow, Burg und Stadt Alvensleben und eine Summe von 3000 Mark an Magdeburg zurückzugeben.

Außer diesen Vergrößerungen kam noch ein Gebiet auf friedlichem Wege zur Mark. Otto III. war mit Beatrix, Tochter des Königs Wenzel I. von Böhmen, seit 1244 vermählt. Der Brautschatz von 10,000 Mark wurde derselben jedoch nicht baar mitgegeben, sondern es wurden dafür Gebiete in der Ober-Lausitz verpfändet. Diese Schuld vergrößerte sich durch die Hülfsleistungen, welche Otto den Böhmen zu Theil werden ließ. Zunächst nämlich unterstützte er seinen Schwiegervater, als derselbe 1248 durch seinen Sohn Ottocar vom Throne verdrängt werden sollte. Als ferner die männliche Linie der Bamberger Herzöge von Oesterreich 1252 ausstarb, machte einerseits Ottocar, der mit der Schwester des letzten Herzogs verheirathet war, andrerseits der König Bela von Ungarn Ansprüche auf das Erbe. Otto III. verhalf seinem Schwager Ottocar zum Besitz jenes Landes, indem er namentlich zum Siege über die Ungarn beitrug. Als endlich Ottocar 1254 einen Kreuzzug nach Preußen unternahm, begleitete ihn dorthin Otto als Marschall, wo der König Königsberg, der Markgraf die Stadt Brandenburg anlegte. Zur Entschädigung für allen diesen Kostenaufwand übergab Ottocar seinem Schwager die Ober-Lausitz, und schon 1255 sehen wir deshalb Otto die Stadt Görlitz erweitern und sonstige Hoheitsrechte in jenem Lande ausüben.

Daß das Ansehn der beiden markgräflichen Brüder bei so ausgezeichneten Thaten auch sonst im Reiche anerkannt werden mußte, ist sehr wohl einzusehen. Es ist oben erwähnt, daß die Schwester der Markgrafen, Mechthilde, sich mit Otto I., dem Stammvater der Herzöge von Braunschweig-Lüneburg, verheirathet hatte. Eine Tochter derselben Elisabeth wurde 1251 an den Grafen Wilhelm von Holland vermählt, der 1247 als Gegenkönig gegen Friedrich II. aufgestellt worden war. Durch diese Verwandtschaft bewogen hielten es die Markgrafen mit Wilhelm, und als dieser 1256 im Kampfe gegen die Friesen seinen Tod fand, wurde dem Markgrafen Otto III. die Königswürde angetragen, zu deren Annahme er sich auch bereit erklärte, von der er jedoch später abstand, wohl in Erwägung weit aussehender Kämpfe.

Ungeachtet dieser ruhmvollen kriegerischen Thätigkeit der Markgrafen waren sie beständig darauf bedacht, ihr Land durch Colonisirung, durch Anlage und deutsche Einrichtung zahlreicher Ortschaften, durch Verleihung von Vorrechten an dieselben in Aufnahme zu bringen und den Wohlstand des Landes in Bezug auf Gewerbe und Handel zu heben. Um ihre beiderseitigen Familien, die sehr zahlreich geworden waren, besser zu dotiren und Ordnung in dem Staatshaushalt aufrecht zu erhalten, begannen sie schon seit 1258 ihre Länder zu theilen, welche Auseinandersetzung sich bis 1268 fortzog. Die Theilung erfolgte der Art, daß die einzelnen Landschaften von dem einen Bruder in zwei möglichst gleiche

Theile zerlegt wurden, und dem andern Bruder die Wahl blieb, welche Hälfte er für sich in Anspruch nehmen wollte. So entstanden zwei Linien des askanischen Hauses in der Mark, die ältere Johanneische oder Stendalsche und die jüngere die Ottonische oder Salzwedelsche Linie. Beide regierten ihre Länder ganz unabhängig von einander.

Johann starb 1266, Otto 1267; ersterer wurde in dem von ihm gestifteten Kloster Chorin, letzterer in dem von ihm gegründeten Kloster zu Strausberg beigesetzt.

6. **Die letzten anhaltinischen Markgrafen. 1267—1319.**

Wenn auch die Erzählung, ums Jahr 1280 seien sämmtliche damals lebende männliche Mitglieder der markgräflichen Familie auf dem Markgrafenberge bei Ratenow versammelt gewesen und hätten einander geklagt, wie das Land kaum im Stande sei, ihnen standesmäßigen Unterhalt zu gewähren, billig bezweifelt werden muß, so möchte doch die Angabe, daß die Zahl der Fürsten damals neunzehn betragen habe, eine ganz richtige sein. Und doch starb diese so zahlreiche Familie im Verlauf eines halben Jahrhunderts aus, das reiche Besitzthum derselben drohte ganz auseinanderzufallen, und erst nach fast hundertjährigen Wirren war es den Hohenzollern vorbehalten, den Bau des Staates aufs neue mühsam zu beginnen und zu noch größerem Glanze und innerer Festigkeit zu führen.

Die Sitte, die Söhne schon von ihrer Mündigkeit an Theil an der Regierung nehmen zu lassen, läßt die Regierungszeit der einzelnen Generationen schwer von einander trennen. Es scheint deshalb zweckgemäß, ihre Geschichte zusammenzufassen und nach den einzelnen Richtungen ihrer Thätigkeit zu verfolgen.

Von den Söhnen Johann's I. war Johann II. der älteste und also das Haupt der Familie. Er starb jedoch schon 1281 und hinterließ einen einzigen Sohn, der in den geistlichen Stand getreten war. Seitdem regierten nur noch zwei andere Söhne gemeinschaftlich, Conrad und Otto IV. mit dem Pfeil, von denen jener 1304, dieser 1309 starb. Ein vierter Bruder Heinrich I. hatte einen abgesonderten District zur Verwaltung bekommen und im Jahre 1303 wurde ihm die Markgrafschaft Landsberg so wie die Pfalz Sachsen überwiesen, die er auf seinen Sohn Heinrich II. vererbte, der während des späteren Interregnums in der Mark vergeblich versuchte, Herr des ganzen Landes zu werden. Einen fünften Bruder Erich werden wir als Erzbischof von Magdeburg kennen lernen. Otto IV. hinterließ keine Kinder; von den Söhnen Conrad's gelangten drei zu männlichem Alter, nämlich

6. Die letzten anhaltinischen Markgrafen.

Johann IV., Otto VII. und **Waldemar**, von denen die beiden älteren seit 1291 Mitregenten waren, der jüngste, Waldemar, erst seit 1303. Da dieser seine Brüder überlebte — er starb 1319 —, so war er eine Zeit lang alleiniger Herr in den Johanneischen Landen.

Otto III., der Stifter der jüngeren Linie, hatte vier Söhne hinterlassen, von denen anfangs die beiden ältesten **Johann III.** und **Otto V. der Lange** die Regierung gemeinschaftlich führten. Doch schon 1268 starb der erstere ohne Kinder zu hinterlassen, und Otto V. nahm nun die beiden jüngeren Brüder zu Mitregenten an, nämlich 1272 **Albrecht III.** und 1280 **Otto VI. den Kleinen**. Dieser letzte trat jedoch schon 1280 von der Regierung zurück und starb 1303 als Mönch; sein Leichenstein ist noch heut in der Klosterkirche zu Lehnin zu finden. **Albrecht III.** wurde 1284 in der Art abgetheilt, daß ihm im Lande über Oder, also in der nachmaligen Neumark, die Länder Küstrin, Bärwalde, Soldin, Bernstein, Landsberg und Schievelbein, in der damaligen Neumark, späteren Mittelmark, die Vogteien Strausberg, Oderberg und Biesenthal so wie das Land Stargard abgezweigt wurden. Als er 1301 ohne männliche Nachkommenschaft starb (seine beiden Söhne waren vor ihm mit Tode abgegangen), fiel sein Land mit Ausnahme von Stargard an **Hermann den Langen** zurück, den einzigen von den Söhnen des 1298 verstorbenen Otto V., der den Vater überlebt hatte, und der also nun alleiniger Regent im Ottonischen Antheile war. Bei seinem Tode 1308 hinterließ er nur einen, noch unmündigen Sohn **Johann V.**, mit welchem 1317 die ottonische Linie des askanischen Hauses ausstarb. Waldemar, aus der älteren Linie, war seitdem alleiniger Herr der Mark.

Die Regierung dieser letzten askanischen Markgrafen fällt in die Zeit der deutschen Könige Rudolf und seiner Nachfolger bis auf Ludwig von Bayern. Bei der Wahl dieser Fürsten haben unsre Markgrafen eine nicht unwichtige Rolle gespielt. Als nämlich während des s. g. **Interregnums** (1250—1273) der eine der beiden damaligen Gegenkönige, **Richard von Cornwallis**, 1272 gestorben war, einigten sich die Fürsten zu einer neuen Wahl zu Frankfurt. Zuerst wurde dem **König Ottocar** von Böhmen die Krone angeboten, er schlug sie aus. Da gelang es dem Burggrafen Friedrich III. von Nürnberg, 1273 die Stimmen für den Grafen **Rudolf von Habsburg** zu gewinnen (1273—1291). Ottocar weigerte sich, denselben als römischen König anzuerkennen, wurde deßhalb von diesem mit Krieg überzogen und 1276 genöthigt, die österreichischen Lande abzutreten. Bei der Erneuerung des Krieges fand er 1278 in der Schlacht auf dem Marchfelde seinen Tod. Sein Neffe Otto V. der Lange wurde auf fünf Jahre zum Vormunde des noch unmündigen Thronfolgers Wenzel's II. eingesetzt, doch war seine Regentschaft eine höchst unruhige, so daß er sein Mündel in besondere Obhut nehmen zu müssen glaubte. Darüber kam es zu so heftigen Streitigkeiten, daß König Rudolf dieselben schlichten mußte. Otto erhielt 15,000 Mark baar für seinen Kostenaufwand und seine Mühwaltung und außerdem noch mehrere Schlösser und Städte für die noch zu fordernden 20,000 Mark. Als er aber 1283 die Vormundschaft niederlegte, mußte er auf kaiserlichen Befehl diese Pfänder ohne Entschädigung herausgeben.

Als nach dem Tode Rudolf's 1291 zu einer neuen Wahl geschritten wurde, und der Erzbischof Gerhard von Mainz durch kluges Benehmen dieselbe auf den Grafen Adolf von Nassau (1291—1298) wandte, scheinen zwischen Otto dem Langen und seinem Vetter Otto IV. Streitigkeiten darüber Statt gefunden zu haben, wem von ihnen die Ausübung des Erzamtes und also auch die Wahl des Königs zustehe. Otto der Lange nahm sie für sich in Anspruch und übertrug in Gemeinschaft mit Böhmen und Sachsen dem Erzbischof von Mainz die Stimme. Dagegen war bei der Wahl des Herzogs Albrecht I. von Oesterreich, des Sohnes von Rudolf von Habsburg, zum römischen König (1298—1308) Otto IV. besonders thätig, nachdem er für die Absetzung Königs Adolf gestimmt hatte. Als Albrecht seinen Gegner Adolf in der Schlacht bei Gelheim unweit Worms besiegt und getödtet hatte, und später der Papst Bonifacius VIII. die rheinischen Kurfürsten aufforderte, einen neuen König zu wählen, griff Albrecht abermals zu den Waffen, sich Anerkennung zu erzwingen. Ihm stand dabei Otto IV. treu zur Seite und brachte 1302 zu Speyer einen erwünschten Frieden zu Stande, doch dauerte dies Freundschafts-Verhältniß nicht gar lange. König Wenzel II. von Böhmen war nämlich auch in Polen zum Könige gewählt worden und hatte große Aussicht, auch Ungarn seinem Reiche hinzuzufügen. König Albrecht mit Recht besorgt, daß Wenzel übermächtig werden möchte, mischte sich in die ungarischen Angelegenheiten und sprach die Reichsacht 1304 über Wenzel aus, als dieser sich seinen Anordnungen nicht fügen wollte, und eben so über die Markgrafen, welche den König Wenzel in dem Kriege kräftig unterstützt hatten, den Albrecht gegen Böhmen führte. Der Tod des Königs Wenzel's II. 1305 machte jedoch diesen Wirren ein Ende, und die Acht, welche über Otto, Johann und Waldemar aus der älteren, so wie über Hermann aus der jüngeren Linie ausgesprochen worden war, wurde aufgehoben.

Als 1308 König Albrecht von seinem Neffen Johann ermordet worden war, waren Otto IV. und Waldemar unter der ansehnlichen Zahl derer, die sich um die deutsche Krone bewarben. Sie schlossen sich aber später den geistlichen Kurfürsten an, welche ihre Stimme dem

Grafen Heinrich von Luxemburg (1308—1313) gegeben hatten. Der junge Waldemar war wegen dieses Wahlgeschäfts persönlich in Frankfurt, von seinem damals kranken Oheim Otto IV. beauftragt. Eine neue Aussicht auf die Kaiserkrone eröffnete sich für Waldemar, als Kaiser Heinrich 1313 plötzlich in Italien starb. Doch bald sah er, daß die Verhältnisse weder für ihn noch für seinen Oheim Heinrich I. von Landsberg günstig waren. Deßhalb schloß er sich der bayrisch-luxemburgischen Partei an, die 1314 zu Frankfurt den Herzog Ludwig von Bayern (1314—1347) wählte, während die österreichische Partei Friedrich den Schönen, ältesten Sohn des ermordeten Königs Albrecht, zum deutschen König ausrief. Welch außerordentlichen Einfluß diese zwiespältige Kaiserwahl auf die Mark gehabt hat, werden wir später kennen lernen.

Gehen wir nach dieser Uebersicht der Verhältnisse der Markgrafen zum Reiche zu den Beziehungen über, in welchen sie zu ihren Nachbarn standen, so wird es die Uebersicht erleichtern, wenn wir dieselben nicht nach chronologischer, sondern nach geographischer Reihenfolge aufzählen.

Otto V. der Lange (1267—1298) hatte sich 1268 mit der Gräfin Jutta vermählt, der Tochter des Grafen von Henneberg, und nach dem Tode seines Schwiegervaters 1290 dessen Grafschaft geerbt. Dieselbe umfaßte zwischen dem Thüringer Walde und dem Main mehr als zwanzig Schlösser und Städte, unter denen Schmalkalden, Schweinfurt und Coburg die wichtigsten waren, und von welcher letzten diese Landschaft die Pflege Coburg genannt wurde. Otto's Sohn, Hermann der Lange (1298—1308), der mit der Tochter Königs Albrecht, Anna von Oesterreich, seit 1295 vermählt war, verschrieb seiner Gemahlin dieses Land zum Leibgedinge; doch nur kurze Zeit blieb es in dem Besitz der markgräflichen Familie. Eine Tochter Hermanns vermählte sich 1316 an den Grafen von Henneberg-Schleusingen und brachte demselben einen Theil dieses Landes als Mitgift zu, während alles Uebrige ihr Vormund Markgraf Waldemar eben demselben mit Zustimmung ihrer Mutter Anna, die sich 1311 mit dem Herzog Heinrich von Breslau vermählt hatte, verkaufte.

Auch eine zweite Besitzung war nur auf kurze Zeit mit der Mark verbunden. Es war dies die Mark Landsberg, ein Gebiet zwischen Mulde und Saale von Düben bis etwa nach Halle, zu der die Pfalz Sachsen um Allstädt, ferner Sangerhausen, Freyburg, Lauchstädt mit ihrem Zubehör geschlagen worden waren. In dem Streite des Landgrafen Albrecht des Unartigen von Thüringen mit seinen Söhnen, von dem unten Einiges gesagt werden wird, verkaufte Albrecht 1291 diese Gegenden an die Markgrafen, und König Adolf bestätigte 1294 diesen Kauf. Es ist schon oben erwähnt, daß Heinrich I. aus der älteren

Linie 1303 dies Land zugewiesen erhielt. Nach seinem Tode 1319 und dem seines Sohnes Heinrich des jüngeren 1320 blieb die Wittwe Agnes, Schwester Kaiser Ludwig's von Bayern, in dem Besitz des Landes, bis später ihr zweiter Gemahl, der Herzog Magnus von Braunschweig, das Land an Meißen verkaufte.

Die Verhältnisse mit dem Erzstifte Magdeburg waren auch unter der Regierung dieser letzten askanischen Markgrafen für die Mark von Bedeutung. Als 1277 der erzbischöfliche Stuhl neu besetzt werden sollte, bildete sich unter den Domherren eine Partei für Erich, den Bruder unsrer Markgrafen aus der älteren Linie. Um eine zwiespältige Wahl zu vermeiden, wurde Erich wie sein Mitbewerber durch eine Geldsumme abgefunden, und der Graf Günther von Schwalenberg erwählt. Otto IV., über diese Zurücksetzung seines Bruders aufgebracht, verband sich mit Sachsen und mehreren andern Fürsten gegen Magdeburg. Doch der neue Erzbischof besiegte die Sachsen bei Aken und den herbeieilenden Otto bei Frose 1278, wobei dieser das Unglück hatte, mit vielen Rittern in Gefangenschaft zu gerathen, aus der er sich mit 4000 Mark Silbers lösen mußte. Diese Summe soll er aus einem Schatze in der Kirche zu Tangermünde (nicht Angermünde) genommen haben, wo sein Vater denselben für dringende Fälle aufbewahrt hätte, wie dies ein alter, treuer Rath des fürstlichen Hauses, Johann von Buch, dem Markgrafen mitgetheilt. Doch schon im nächsten Jahre begann Otto IV. aufs neue den Krieg, belagerte die Stadt Staßfurt an der Bode, wo er durch einen Pfeil am Kopfe verwundet wurde, dessen Spitze er lange mit sich herumtragen mußte, weshalb er den Namen „mit dem Pfeile" erhielt. Endlich gelang es 1283 Erich bei einer abermaligen Wahl Erzbischof zu werden, doch gerieth er sehr bald mit seinen Vasallen in offenen Krieg. Bei der Belagerung von Neu-Gattersleben wurden durch einen Ueberfall viele Ritter seines Heeres gefangen, die er nur durch Hülfe seiner Brüder auszulösen vermochte. Für diese baaren Summen so wie für die geleistete Kriegshülfe sah sich Erich genöthigt 1284 den magdeburgischen Antheil an dem Lande Lebus seinen Brüdern zu überlassen, so daß erst seit diesem Jahre dies Land ganz zur Mark gehörte. Dagegen verkaufte Waldemar 1316, als er sich in großer Geldverlegenheit befand, das Schloß Wollmirstädt und die Grafschaft Billingsho an Magdeburg, letztere unter der Bedingung, daß er sie innerhalb zweier Jahre wieder einlösen dürfe. Da diese Einlösung nicht erfolgte, so blieb das Land seitdem bei Magdeburg, und die bayerschen Markgrafen leisteten 1336 ausdrücklich Verzicht auf dasselbe.

Im Jahre 1309 hatten die Markgrafen im Verein mit Herzog Otto dem Strengen von Lüneburg dem Herzog Heinrich dem Wunderlichen von Braunschweig ein Gebiet an der oberen Aller und Ohre entrissen, weil von dort aus verheerende Raubzüge in ihre Länder gemacht worden waren. 1309 wurde diese Eroberung, die bis dahin gemeinschaftlicher Besitz gewesen, der Art getheilt, daß **Vorsfelde** an der Aller und **Brome** an der Ohre mit ihrem Gebiete an Brandenburg fielen. Nach dem Aussterben der Askanier wurde jenes wieder von Braunschweig eingezogen, dieses ging an Lüneburg über.

Noch weniger ist der Mark der Anfall der **Grafschaft Lüchow** zu Statten gekommen, deren Hauptort abwärts von Salzwedel an der Jeetze lag. Diese Grafschaft war ein brandenburgisches Lehn, der Hauptort nebst Zubehör Allodialgut der Grafen. Mit dem letzten derselben einigte sich Waldemar 1317 dahin, daß auch diese Stadt nach dem Absterben des Grafen an Brandenburg fallen sollte, wogegen Waldemar die Tilgung der bedeutenden Schulden des Grafen übernahm. Als bald darauf dieser Tod eintrat, verpfändete er die Grafschaft an die Herren v. Alvensleben, zwang aber kurz nachher dieselben, dies Pfand ohne Entschädigung herauszugeben und belehnte den Grafen Günther v. Kevernburg 1319 mit diesem Lande. Doch schon im folgenden Jahre 1320 verkaufte der Graf die Grafschaft an den Herzog Otto von Braunschweig; bei den damaligen Wirren wurde des Lehns-Verhältnisses zu Brandenburg nicht mehr gedacht, und so ging dies Land auf immer für die Mark verloren.

Im Jahre 1268 trug der Graf Conrad von **Wernigerode** seine Herrschaft den Markgrafen Johann, Otto IV. und Conrad zu Lehen auf, die bis 1381 der Mark verblieb.

Mecklenburg, das eine Zeit lang bedeutend in die Geschichte der Mark eingriff, war 1166 eine Herrschaft geworden, welche Herzog Heinrich der Löwe dem Obotritenfürsten Pribislaw überließ, die jedoch nicht den Umfang des heutigen Großherzogthums hatte, da namentlich auf der Westseite die Grafschaft Schwerin ein bedeutendes Gebiet wegnahm. Nach dem Tode von Pribislaw's Enkel, Heinrich Borwin II., 1226 wurde seine Herrschaft so getheilt, daß der älteste Sohn Johann Herr von Mecklenburg d. h. dem nordwestlichen Theile des Landes wurde, der zweite Sohn Nicolaus Herr von Werle d.h. dem südöstlichen Theile, und Heinrich Borwin III. Herr von Rostock d. h. dem nordöstlichen Theile des Landes. Diese Dreitheilung wurde auch festgehalten, als nachmals durch Untertheilungen kleinere Gebiete entstanden.

Namentlich auf Kosten der Herren von Werle erweiterten die Markgrafen ihr Gebiet und gewannen 1276 das Land **Wesenberg** mit der **Lieze**, das sich von der oberen Havel schräg hinüber zur Dosse zog. Es wurde dasselbe zum Lande Stargard gezogen, das 1236 den Pommern genommen worden war, und das, wie oben erwähnt, an Albrecht III.

überlassen wurde, als dieser 1284 mit einer eignen Herrschaft ausgestattet werden sollte. 1292 vermählte er seine Tochter Beatrix an Heinrich den Löwen von Mecklenburg, dessen Vater Heinrich der Pilger 1271 nach dem gelobten Lande gezogen, jedoch lange Zeit in Kairo gefangen gehalten worden war, so daß er erst 1298 in sein Vaterland zurückkehrte. Wohl in eben diesem Jahre überließ Albrecht seinem Schwiegersohne das Land Stargard mit Zubehör als Mitgift seiner Tochter, doch so, daß derselbe noch 3000 Mark zahlen, das Land aber erst nach Albrecht's Tode ihm zufallen sollte. Als dieser nun 1300 starb, trat Heinrich den Besitz von Stargard mit Lychen, Wesenberg und der Lietze unter brandenburgischer Oberhoheit an, und als sich später zwischen ihm und dem Markgrafen Hermann dem Langen, dem Erben seines Oheims Albrecht, Streitigkeiten erhoben, wurde 1304 zu Vietmannsdorf bei Templin die Sache dahin beigelegt, daß Heinrich 5000 Mark zahlte, und daß das Land an Brandenburg zurückfallen sollte, falls Beatrix ohne Erben stürbe.

Eine zweite Tochter des Markgrafen Albrecht, Margarethe, Wittwe des erschlagenen Przemislaw von Polen (s. unten), war 1298 an Niklot von Rostock verlobt. Dieser jedoch gab diese Verbindung auf und heirathete eine pommersche Prinzeß. Den Schimpf zu rächen, brachen die Markgrafen in das Land des Niklot ein, der keine andere Hülfe wußte als sein Land vom König Erich von Dänemark zu Lehen zu nehmen. Erich behauptete siegreich das Land und stattete 1301 Niklot mit einem geringen Theile seines väterlichen Erbes aus.

Als später Herzog Heinrich der Löwe die Hochzeit seiner Tochter Mechthilde mit Herzog Otto von Lüneburg 1310 feiern wollte, verweigerte seine Stadt Wismar die Aufnahme der zahlreichen Gäste, auf das Bündniß trotzend, das sie kurz zuvor mit Rostock, Stralsund und Greifswald geschlossen hatte. Deßhalb fand bald darauf 1311 der glänzende Fürstentag bei Rostock Statt, wo König Erich eine unzählige Menge von Fürsten und Herren versammelt hatte, und wo auch Waldemar den Ritterschlag erhielt. Da auch Rostock sich geweigert hatte, die vielen Fremden bei sich aufzunehmen, so wurde hier der Krieg gegen die widerspenstigen Seestädte beschlossen. Wismar wurde auch gleich darauf durch Heinrich den Löwen gebändigt, Rostock jedoch gelang es anfangs sich siegreich gegen König Erich zu behaupten. Da nahmen aber 1312 die verbündeten Fürsten, unter denen auch Waldemar sich befand, nach langer, blutiger Belagerung Warnemünde und zwangen so Rostock zur Unterwerfung und zur Zahlung bedeutender Geldsummen.

Während Markgraf Waldemar bis dahin mit den Fürsten gemeinschaftlich Sache gegen die Seestädte gemacht hatte, stellte er sich plötzlich als Schutzherr von Stralsund, das der Fürst Witzlaw von Rügen

Abtretung von Stargard.

bändigen wollte, seinen bisherigen Bundesgenossen feindlich gegenüber. 1314 schien zwar durch den Vertrag zu Broderstorff (zwischen Gnoien und Demmin) die Sache beigelegt zu sein, doch 1315 entzündete sich aufs neue der Kampf, der vorzugsweise gegen den Schutzherrn Waldemar gerichtet war. Mit Witzlaw von Rügen verbanden sich sein Lehnsherr Erich von Dänemark, die Herzöge von Sachsen-Lauenburg, von Lüneburg und Braunschweig, die Herren von Mecklenburg und Werle, der Markgraf von Meißen, die Grafen von Holstein, Schwerin und Anhalt, die Bischöfe von Schwerin, Ratzeburg und Havelberg so wie eine große Menge andrer Herren, selbst viele Vasallen von Waldemar selber, ja sogar Schweden und Polen, während es mit Waldemar besonders die Herzöge von Pommern hielten. In eben dieser Zeit starb auch 1314 Beatrix, Gemahlin Heinrich's des Löwen, und da nur eine Tochter, die oben genannte Mechthild, die Mutter überlebt hatte, so erhob Waldemar zufolge des oben gedachten Vertrages Ansprüche auf das Land Stargard, das jetzt wieder an Brandenburg zurückfallen müsse. Deshalb war auch sein erster Angriff auf dies Land gerichtet, den er jedoch nach schweren Verlusten und nach der unglücklichen Schlacht bei Fürstensee (in der Nähe von Strelitz) 1316 aufgeben mußte, während mit größerem Glücke die Mecklenburger in die Prignitz eindrangen. Das gleichzeitig angegriffene Stralsund schlug die Verbündeten tapfer zurück, dagegen besiegten diese im August 1316 bei Schulzendorf in der Nähe von Gransee den Markgrafen Waldemar in einer so bedeutenden Schlacht wie noch nie eine im wendischen Lande geschlagen worden. Nur mit Mühe wurde Waldemar selber vor der Gefangenschaft durch die Seinigen bewahrt, die sich mit hingebender Treue für ihn aufopferten. Doch auch die Gegner hatten so stark gelitten, daß schon zu Ende des Jahres ein Waffenstillstand zu Meyenburg zu Stande kam, obgleich es fast noch ein volles Jahr dauerte, ehe der vollständige Frieden zu Templin abgeschlossen wurde, den 25. November 1317. Markgraf Waldemar mußte Stargard auf immer an Mecklenburg abtreten und einwilligen, daß die Schlösser und Gebiete von Eldenburg und Bredenhagen ebenfalls an Mecklenburg fallen sollten, falls er ohne Söhne zu hinterlassen stürbe.

Es ist oben erwähnt, daß der Herzog Barnim 1264 nach dem Tode seines Vetters Wartislaw alleiniger Herr von ganz Pommern geworden war. Da er nur einen einzigen Sohn hatte, vermählte er sich 1266 zum zweitenmale mit Mechthilde, der Schwester der Ottonischen Markgrafen, und hinterließ von ihr bei seinem Tode 1278 zwei Söhne Barnim und Otto. Sein Sohn aus erster Ehe Bogislaw, der seit der Wiederverheirathung seines Vaters mit demselben zerfallen war, beeinträchtigte die Rechte seiner Stiefmutter und Stiefbrüder, so daß sich die Markgrafen derselben kräftig annahmen. Der Krieg wurde mit großer Erbitterung geführt, so daß Bogislaw 1282 das Land Stavenhagen an den Herrn von Werle verpfändete, um dessen Beistand zu erlangen. Es ist seitdem an Mecklenburg verblieben. In dem Frieden 1284 wurden die beiden jüngeren Brüder als Mitregenten anerkannt, und als Barnim 1295 ermordet wurde, fand eine Theilung der Art Statt, daß Bogislaw Pommern-Wolgast, Otto Pommern-Stettin erhielt. Die Peene und Ihna machten etwa die Grenze zwischen beiden Gebieten, die ungeachtet dieser Theilung als ein Ganzes betrachtet wurden, wie dies ja auch in den märkischen Ländern der Fall war.

Die bereits von Johann I. und Otto III. begonnenen Eroberungen in dem Lande über Oder wurden von ihren Nachkommen mit Eifer fortgesetzt, doch sind nur spärliche Angaben darüber vorhanden. In den Kämpfen gegen Polen spielen die Schlösser Driesen und Zantoch an der Netze eine wichtige Rolle, da sie wiederholt erobert und verloren wurden. Nur das steht fest, daß bis etwa 1290 es den Markgrafen gelungen war, die Länder Friedeberg und Arnswalde den Polen zu entreißen. Die weiteren Kämpfe in diesen Gegenden stehen mit den Ereignissen in engem Zusammenhange, welche die ganze Aufmerksamkeit der Markgrafen auf Pomerellen lenkten.

Es ist bereits oben erwähnt, daß bei der Theilung des Pommerlandes nach Swantibor's Tode 1107 die beiden jüngeren Brüder Hinter-Pommern oder Pomerellen erhielten, dessen Grenze gegen Vorpommern oder Slawien zwar im allgemeinen durch Persante und Küddow bestimmt wurde, sich aber im einzelnen schwer nachweisen läßt, zumal da sie zu verschiedenen Zeiten eine verschiedene Richtung gehabt hat. Aus diesem jüngeren Zweige des pommerschen Fürstenhauses stammte der Herzog Swantepolk (1220—1266), der durch seine langen Kämpfe gegen den deutschen Orden in Preußen sich einen Namen gemacht hat. Sein ältester Sohn Mestwin II. (1266—1295) ist es nun, der durch seine einander widersprechenden Bestimmungen zu den heillosesten Wirren Anlaß gab. Schon bei Lebzeiten seines Vaters hatte er 1264 das ihm zugewiesene Land Schwetz seinem Vetter Barnim, dem damaligen alleinigen Besitzer von Vor-Pommern, vermacht und ihn als Erben alles dessen eingesetzt, was er dereinst von seinem Vater und Bruder erben würde. Als er dann nach dem Tode seines Vaters seinem jüngeren Bruder Wartislaw dessen Erbtheil Danzig entriß, übertrug er dasselbe den Markgrafen Johann II., Otto IV. und Conrad und erkannte deren Oberlehnshoheit über alle seine Länder an. Dafür unterstützten ihn diese in dem Kriege gegen seinen Bruder; Wartislaw mußte zum deutschen Orden über die Weichsel fliehen und starb daselbst 1272. Kaum war nun Mestwin alleiniger Herr des Landes geworden, so forderte er von den Markgrafen Danzig zurück, obgleich er kurz zuvor es als ihr Eigenthum anerkannt hatte. Die Markgrafen wollten es natürlich ohne Entschädigung nicht herausgeben, Mestwin rief seinen Vetter Boleslaw von Polen zu Hülfe, dem es auch gelang, 1273 Schloß und Stadt den Deutschen zu entreißen und in Gemeinschaft mit Pommern die Markgrafen aus Pommern zu verdrängen und ihnen empfindliche Verluste beizubringen. Als Mestwin später 1282 genöthigt war, das Land Mewe dem deutschen Orden zu überlassen, dem es von einem Oheim Mestwin's geschenkt worden war, verband er sich abermals mit Polen, ernannte den damaligen Herzog Przemislaw, den Neffen des Boleslaw, 1284 zu seinem Erben, der bereits ums Jahr 1290 die Erbhuldigung annahm. Die Markgrafen sowohl wie die pommerschen Herzöge und der Fürst Witzlaw von Rügen, der ebenfalls Erbansprüche hatte, protestirten vergeblich dagegen.

Unter solchen heillosen Verwirrungen starb Mestwin II. im Sommer des Jahres 1295, und mit ihm endete die jüngere Linie der pommerschen Herzöge. Der Herzog Przemislaw von Polen setzte sich unverzüglich in den Besitz des Landes und nannte sich seitdem König von Polen und Herzog von Pommern. Die Markgrafen jedoch, welche Pomerellen als eröffnetes Lehen einziehen wollten, überfielen 1296 den Przemislaw im Schlosse Rogasen und tödteten ihn, den Gemahl der schon oben erwähnten Margarethe, der Tochter des Markgrafen Albrecht. Aber Wladislaw Loktiek, Herzog von Cujavien, den darauf die Polen zum Könige wählten, behauptete Pomerellen eben so hartnäckig und verband sich sogar mit Bogislaw von Pommern-Wolgast gegen die Markgrafen, nachdem derselbe 1298 ebenfalls in Hinter-Pommern eingedrungen war, das Land zu beiden Seiten des Küstenflusses Grabow erobert und die Polen am Bukow'schen See (an der Küste zwischen Köslin und Rügenwalde) besiegt hatte. Bei diesem Bündniß wurde ausdrücklich festgesetzt, daß Bogislaw alles das behalten sollte, was er den Markgrafen abgewinnen würde. Nicht günstiger stellte sich für diese die Sache, als 1300 Wladislaw abgesetzt, und statt seiner der schon oben genannte König Wenzel II. von Böhmen auf den polnischen Thron berufen wurde. Er vertrieb die Rügier, die sich damals des Küstenstrichs zwischen der Grabow und Weichsel bemächtigt hatten, wieder aus diesen Eroberungen, und die Markgrafen erlitten gegen Pommern-Stettin eine schwere Niederlage 1303 bei Stendal an der Welse in der Nähe von Vierraden, doch war es ihnen gelungen das Land zwischen Drage und Küddow zu behaupten, wo sie bereits 1303 die Städte Arnskrone oder Deutsch Krone und Kalies anlegten. Nach Wenzel's II. Tode 1305 bot ihnen dessen Sohn und Nachfolger in Böhmen und Polen, König Wenzel III., ganz Pomerellen an, sobald sie die Markgrafschaft

III. Die Markgrafen von Brandenburg aus dem Hause Anhalt.

Meißen, von der unten gesprochen werden wird, ihm zurückgeben wollten, auf welches Anerbieten die Markgrafen jedoch nicht eingingen. Als darauf Wenzel III. 1306 ermordet, und Wladislaw Loktiek wieder allgemein als König von Polen anerkannt wurde, verhandelten die Markgrafen insgeheim mit Peter Schwenze, der schon von Wenzel III. als Statthalter in Pomerellen eingesetzt und von Wladislaw in dieser Würde anfänglich zwar bestättigt, nachmals aber sehr geringschätzig von demselben behandelt worden war. Wladislaw, von diesen Verhandlungen in Kenntniß gesetzt, führte Peter Schwenze nebst seinem Vater 1308 gefangen nach Krakau, ließ sie jedoch los, als seine beiden Brüder sich zu Bürgen stellten. Diese fanden aber Gelegenheit zu entfliehen, und alle drei Brüder schlossen sich nun offen den Markgrafen an, die mit einem großen Heere vor Danzig rückten und sich der Stadt bemächtigten. Die Burg jedoch blieb in der Gewalt der Polen. Da der Entsatz sich nicht schnell genug durch Wladislaw bewerkstelligen ließ, rief der polnische Befehlshaber mit Einwilligung des Königs den deutschen Orden herbei, der die Besatzung des Schlosses verstärkte und die Stadt gewaltsam nahm. Bald darauf verdrängten die Ordensritter auch die Polen aus der Burg und Stadt und bemächtigten sich auch andrer fester Punkte des Landes. Um diese Eroberung gegen Markgraf Waldmar zu sichern, unterhandelte der Orden mit demselben, der sich um so mehr zu dem Verkaufe entschloß, da es sich weniger um Besitzthum als um Ansprüche handelte, die er aufzugeben hatte. Deßhalb überließ er 1309 in dem Vertrage von Soldin dem Orden die drei Gebiete von Danzig, Dirschau und Schwetz gegen die Summe von 10,000 Mark Silbers und versprach, die Zustimmung der anderen Prätendenten so wie des Kaisers einzuholen. Das geschah im Jahre 1310, wo der Verkauf zu vollständigem Abschluß kam. Da der Rest des Kaufgeldes 1311 abgeführt wurde, überließ Waldemar dem Orden das Land, dessen Grenzen 1313 noch einmal genau bestimmt wurden. Die Länder zwischen Leba und Grabow, nämlich Stolpe, Bütow und Schlawe mit Rügenwalde verblieben dem Markgrafen Waldemar, fielen aber kurz darauf theils durch Waffengewalt theils durch Verträge an Wartislaw von Pommern-Wolgast, nur Bütow kam noch an den deutschen Orden.

Die Gebiete an der Nordseite des Landes über Oder Schildberg, Lippehne und Bernstein hatten ehemals dem Bisthum Kamin angehört und waren durch die Markgrafen von demselben in dem letzten Viertel des 13. Jahrhunderts theils eingetauscht, theils angekauft, Schievelbein war in eben der Zeit durch Eroberung an die Mark gekommen. Unter dem deutschen Adel, der bei der Eroberung und Cultivirung dieser östlichsten Gebiete der Mark besonders thätig war, zeichnete sich die ursprünglich altmärkische Familie v. Wedel aus, die mit der v. Jagow

Kämpfe mit Meißen.

und v. Uchtenhagen demselben Stamme entsprossen war, und welcher es gelang hierselbst ein so bedeutendes Besitzthum zusammen zu bringen, daß es an Größe einem Fürstenthum gleichkam.

Während nach dem Gesagten die Thätigkeit der Markgrafen nach Norden und Osten hin vollauf in Anspruch genommen wurde, erheischten nicht minder die Verhältnisse mit den südlichen Nachbarn ihre ganze Kraft. Mit den Herzögen von Glogau waren sie friedlicher Art. Gleich zu Anfang des 14. Jahrhunderts waren den Markgrafen der älteren Linie die Länder Schwiebus, Züllichau, Crossen und Sagan von jenen verpfändet worden, und 1319 einigte sich Markgraf Waldemar mit den Herzögen dahin, daß er das Land Sagan zurückgab, dagegen die anderen Länder für Lebenszeit erb- und eigenthümlich behalten sollte. Da dieser Vertrag am 10. August abgeschlossen wurde, Waldemar aber schon am 14. August starb, so hat er nicht in Kraft treten können, aber für die schlesischen Herzöge den Vortheil gebracht, daß sie alle drei Gebiete sogleich wieder ohne Auslösung in Besitz nehmen konnten.

Wichtiger und verwickelter dagegen waren die Angelegenheiten mit den Markgrafen von Meißen.

Die Grafen von Wettin (an der Saale unterhalb Halle) waren durch den Kaiser Lothar mit der Markgrafschaft Lausitz, Meißen und dem Osterlande (zwischen Mulde und weißen Elster) belehnt worden. Etwa 100 Jahre später hatte der aus dieser Familie schon oben genannte Markgraf Heinrich der Erlauchte von dem Gegenkönig Kaiser Friedrich's II., Heinrich Raspe, die Landgrafschaft Thüringen und die Pfalz Sachsen geerbt (1247). Derselbe hatte drei Söhne: Albrecht den Unartigen, Dietrich und Friedrich den Kleinen. Der älteste, Albrecht, dem der Vater schon 1265 Thüringen und die Pfalz Sachsen zugewiesen hatte, war mit Margarethe, Tochter Kaiser Friedrich's II. vermählt gewesen, die 1270 vor ihrem Gemahl von der Wartburg floh und bald darauf starb. Ihre beiden für die märkische Geschichte so wichtig gewordenen Söhne, Friedrich „mit der gebissenen Wange" und Diezmann, wurden von ihrem Oheim Dietrich erzogen, der mit Helene, Tochter des Markgrafen Johann I., vermählt war und seinen Sitz in Landsberg hatte, da ihm vom Vater das Osterland und ein Theil der Lausitz überwiesen worden war. Sein Besitz ging nach seinem Tode 1285 auf seinen Sohn Friedrich den Stammler (Tuta) über, der 1288 mit seinen beiden Oheimen die Erbschaft Heinrich's des Erlauchten theilte. Als dieser Friedrich Tuta kurz darauf 1291 starb, bemächtigten sich die beiden Brüder Friedrich und Diezmann des Erbes von ihrem Vetter und kamen dadurch mit dem Vater in Streit, der die Mark Landsberg und die Pfalz Sachsen an Brandenburg verkaufte, um mit Hülfe der Markgrafen seine Ansprüche durchzusetzen. Der Krieg fiel jedoch unglücklich für ihn aus, und er verkaufte deßhalb 1294 seinen Besitz in und seine Ansprüche auf Meißen dem Könige Adolf von Nassau, der auch im folgenden Jahre sich eines großen Theils von Meißen bemächtigte. Als darauf Adolf gefallen und Albrecht deutscher König geworden war, erklärte er, daß Adolf Meißen nicht für sich, sondern für das Reich erworben habe, und setzte Wenzel II. von Böhmen als kaiserlichen Statthalter ein. Friedrich und Diezmann dadurch in die größte Verlegenheit gebracht, verkauften, um Geldmittel zu gewinnen, 1301 einen Theil der Lausitz an den Erzbischof von Magdeburg, behielten jedoch das Land in vollem Besitz und setzten nur fest, daß es nach Diezmann's Tode an Magdeburg fallen sollte. Einen wirklichen Verkauf schloß aber Diezmann schon 1303 und 1304 mit den Markgrafen, die auf die Einsprüche Magdeburgs nicht achteten, dahin ab, daß dieselben das Land sogleich in Besitz nahmen, in welchem sie 1306 von König Albrecht bestättigt wurden. Gleich darauf kauften sie sogar die **Markgrafschaft Meißen**. König Wenzel II. hatte sich nämlich 1298 dadurch bewegen lassen dem Albrecht von Oesterreich seine Stimme bei der Königswahl zu geben, daß ihm dieser 50,000 Mark Silbers und als Unterpfand dafür gewisse Länder zugesagt hatte. Als solches betrachtete er Meißen und trat den wirklichen und noch beanspruchten Besitz dieses Landes 1304 für jene Summe an die Markgrafen von Brandenburg pfandweise ab, als er befürchtete, daß Albrecht seinen Neffen Johann (Parricida) mit diesem Lande statt seines Erbgutes in Schwaben belehnen möchte. Schon oben ist erzählt, daß es 1305 zum Kriege zwischen Albrecht und Wenzel gekommen sei, an welchem sich die Markgrafen betheiligten, daß aber der Tod Wenzel's demselben bald ein Ende gemacht habe. Wenzel III. hatte beim Frieden die Herausgabe von Meißen versprechen müssen; er wollte deßhalb, da es ihm an Geld fehlte, den Markgrafen jene Pfandsumme zu ersetzen, denselben Pomerellen überlassen, auf welchen Vorschlag, wie oben erzählt, diese nicht eingingen. Darauf suchte König Albrecht selber die beiden Brüder Friedrich und Diezmann aus dem Besitzthum zu verdrängen, das sie in Meißen inne hatten; er erklärte beide in die Acht, sein Heer erlitt aber 1307 bei Lucka im Altenburgischen eine große Niederlage. In demselben Jahre starb Diezmann durch Mörderhand; Friedrich wurde alleiniger Herr des Landes und brachte es nach Albrecht's Ermordung bei Kaiser Heinrich von Luxemburg 1309 dahin, daß dieser allen Ansprüchen von Seiten des Reiches auf Meißen entsagte.

Seitdem konnte Friedrich seine ganze Macht gegen die Markgrafen wenden, und es gelang ihm, während Waldemar nach andrer Seite hin vollauf zu thun hatte, einen großen Theil von dessen Besitzungen an sich zu reißen. Verhandlungen, die angeknüpft wurden, hatten keinen

Erfolg, und so brach 1312 ein ernstlicher Krieg aus, der gleich anfangs dadurch eine höchst unglückliche Wendung nahm, daß Friedrich der Gebissene und sein Sohn Friedrich der Ernsthafte bei Großenhayn gefangen genommen wurden. Zu Tangermünde, wo sie in Verwahrsam gehalten wurden, mußten sie den Ansprüchen, die sie noch immer auf die Mark Landsberg und die Pfalz Sachsen so wie auf die Lausitz und ein Gebiet zwischen Elbe und schwarzen Elster gemacht hatten, entsagen, mußten die Länder Großenhayn und Torgau abtreten und sich außerdem verpflichten, die Summe von 32,000 Mark Silbers in bestimmten Terminen zu zahlen, zu dessen Unterpfand ein anderes bedeutendes Gebiet von Meißen um Oschatz, Leipzig, Rochlitz u. s. w. an Waldemar ausgeliefert werden sollte. Erst als die Huldigung dieser Länder an Waldemar erfolgt war, wurden die meißenschen Fürsten ihrer Gefangenschaft entlassen und mußten zu Leipzig in feierlicher Gerichts=sitzung diesen Vertrag anerkennen. Ein vollständiger Friede trat erst im Sommer des Jahres 1313 ein.

Bei dem großen Bündnisse gegen Waldemar, dessen wir oben erwähnten, hatte sich auch Friedrich der Gebissene betheiligt und ohne Zweifel Eroberungen gemacht, wenn auch die Nachrichten darüber schweigen. Aus den abermaligen Friedens=Verhandlungen im Jahre 1317, die leider nur sehr unvollständig bekannt sind, ersieht man, daß die Markgrafen Waldemar und Johann die Schlösser, Städte und Länder Meißen und Freiberg an Friedrich den Gebissenen überwiesen, daß dieser dagegen Eroberungen, die er im Gebiete des Markgrafen Heinrich von Landsberg gemacht, wieder herausgab, und daß namentlich Dresden, Tharant, Großenhayn und Torgau mit ihrem Zubehör noch im Besitze Brandenburgs waren. Nach Waldemar's Tode jedoch gingen 1319 auch diese letzten Besitzungen theils an den Bischof von Meißen, theils an Friedrich den Gebissenen verloren.

Ueberblicken wir dies thatenreiche Leben der letzten askanischen Markgrafen, so muß man gestehen, daß das Ansehn derselben ein außer=ordentlich großes war. Nach allen Seiten hin griffen sie in die Bewegungen der Zeit ein; reich, mächtig und gefürchtet standen sie nach außen da, aber nicht weniger war ihre unabläßige Sorge im Innern dahin gerichtet, auch während dieser ununterbrochenen Kriege den Wohlstand des Landes zu mehren. Ehe wir jedoch zur Darstellung des Zustandes des Landes unter den Askaniern übergehen, haben wir noch Einiges von den inneren Begebenheiten nachzutragen so wie den Ausgang der askanischen Fürsten in der Mark zu besprechen.

Die Bischöfe in Deutschland standen in Bezug auf ihre weltliche Macht fast überall unmittelbar unter dem Kaiser und waren Reichsfürsten. Die von Havelberg und Brandenburg aber waren nur durch das

Kriegsglück der Markgrafen wieder in ihre Sprengel gekommen und wurden deshalb als Vasallen der Markgrafen angesehen. Ihr Streben, sich nach Möglichkeit eine freie Stellung zu verschaffen, brachte sie mit den Landesherrn in vielfachen Conflict. Ein solcher brach 1294 aus, als die Markgrafen zwangsweise Stifts-Unterthanen zu Abgaben heranzogen; derselbe wurde 1296 gütlich beigelegt, brach aber gleich darauf wegen Erhebung des Zehnten mit desto größerer Heftigkeit aufs neue aus. Namentlich waren die Markgrafen der älteren Linie hierbei betheiligt; sie wurden von den Bischöfen mit dem Bann, ihr Land mit dem Interdikt belegt, worauf so heftige Fehde entstand, daß beide Bischöfe aus ihren Sitzen nach Magdeburg gingen; der Papst aber bestätigte ihre Maßregeln. Darauf zwangen die Markgrafen die Geistlichen, den Gottesdienst nach wie vor fortzusetzen und verjagten die Widerspenstigen, vor allem den Propst des Havelberger Domstifts. Den Bettelmönchen wurde das Terminiren untersagt, falls sie in ihren Kirchen den Gottesdienst aussetzten. Als 1302 der Bischof Volrad von Brandenburg über diese Wirren hinstarb, wurde 1303 durch eine päpstliche Bulle das Interdikt aufs neue der Art eingeschärft, daß an jedem Kirchentage in den Gemeinden wiederholt werden sollte, wie die Markgrafen Otto IV. und Conrad nebst allen ihren Beamten und Anhängern dem Bann, ihre Länder dem Interdikt verfallen seien. Erst als Markgraf Conrad, der heftigste Gegner der Geistlichkeit, 1303 gestorben war, gelang es Markgraf Hermann dem Langen eine Aussöhnung Otto's IV. mit der Kirche herbeizuführen, zu welchem Ende 1305 zu Löwenberg mit beiden Bischöfen eine Auseinandersetzung erfolgte. Dem Bischofe von Havelberg namentlich wurden einige streitige Gebiete überwiesen, die Vogtei- und Zehnten-Angelegenheit wurde geordnet, den Bischöfen ihre entzogenen Güter wieder eingeräumt und Entschädigung für die Einkünfte zugesagt, welche während dieser neunjährigen Streitigkeiten von den Markgrafen mit Beschlag belegt worden waren. Darauf wurden die Markgrafen von der Excommunication, das Land von dem Interdikt befreit.

Eine andere große Aufregung entstand bald darauf 1308 im Lande nach dem Tode Hermann's des Langen aus der Ottonischen Linie. Ueber seinen noch unmündigen Sohn Johann und seine drei unmündigen Töchter hatte dieser Markgraf vier märkische Ritter zu Vormündern eingesetzt, welche zugleich die Regierung in seinen brandenburgischen Landen führen, während drei andere die Regentschaft in dem Ottonischen Theile der Lausitz bilden sollten. Otto IV., der sich durch diese Anordnung in seinem Rechte wie in seinem Vortheil verletzt fühlte, beauftragte seinen Neffen Waldemar, die Vormundschaft über jene Minorennen an sich zu bringen, und es gelang diesem in der That, die Markgräfin

Ausgang der Askanier.

Anna, die Wittwe Hermann's, zur Einwilligung zu bewegen, um so mehr als schon früher die bereinstige Vermählung Waldemar's mit Agnes, der einen von ihren Töchtern, verabredet werden war. Der junge Johann sollte am Hofe der Markgrafen seine Erziehung erhalten, und ein Theil der Landes-Einkünfte an die Markgrafen abgeführt werden. Die Vormünder erklärten sich entschieden gegen diese Maßregel, entführten den jungen Markgrafen mit Einwilligung der schwachen Mutter und brachten ihn nach dem Schloß zu Spandau in Sicherheit. Waldemar wußte jedoch die Mutter wieder zu gewinnen, überfiel das Schloß und bemächtigte sich gewaltsam des jungen Johann. Diese That machte so großes Aufsehen, daß die sämmtlichen Städte der Ottonischen Lande sich im März 1308 mit einander fest und eidlich verbanden, nöthigenfalls Gewalt gegen Gewalt zu setzen. Die Vormünder flüchteten, Anna aber begab sich nach ihrem Wittwensitz Coburg. Nachdem zu Anfang des Jahres 1309 Otto IV. gestorben, und Waldemar sein alleiniger Erbe geworden war, söhnte sich dieser mit den Vormündern aus, und als Anna nach ihrem andern Wittwensitze, nach Arneburg in der Altmark, zurückgekehrt und dort die Verlobung Waldemar's mit Agnes, der Schwester des jungen Johann, gefeiert worden war, erkannten die Ottonischen Lande Waldemar als Vormund seines jungen Schwagers an und leisteten ihm als solchen die Huldigung. Zu Ende dieses Jahres 1309 erfolgte der päpstliche Heirathsdispens und 1311 die Vermählung. Waldemar war damals 20 Jahr alt, Agnes etwa 14 Jahr. Bis zum August 1314 führte Waldemar die Vormundschaft, da wurde Johann 12 Jahr alt und nach damaligem Rechte regierungsfähig; doch nur kurze Zeit regierte er selbständig die Ottonischen Lande, da er bereits 1317 starb. Seitdem vereinigte Waldemar die gesammten märkischen Länder, denn sein Oheim Heinrich von Landsberg wurde auch da nicht Mitregent, sondern blieb auf seinen geringen Besitz beschränkt. Zu Berlin nahm Waldemar die Huldigung der ihm zugefallenen Länder an, aber auch seine Regierung dauerte nur noch kurze Zeit. Schon am 14. August 1319 starb er ziemlich plötzlich in einem Alter von 28 Jahren zu Bärwalde und wurde im Kloster Chorin beigesetzt. Seine Ehe war kinderlos geblieben.

Mit ihm erlosch das heldenmüthige Geschlecht der Askanier in der Mark, das fast zwei Jahrhunderte mit außerordentlichem Ruhme für sich, zu ausgezeichnetem Segen für das Land regiert hatte. Der Glanz und das Glück seiner Herrschaft ließ eine um so wehmüthigere Empfindung und um so größere Sehnsucht zurück, je trüber in dem nächstfolgenden Jahrhundert die Verhältnisse wurden, denen das unglückliche Land anheimfiel. Denn eine lange Leidensbahn war zu durchlaufen, ehe ein neues Herrschergeschlecht die Zügel der Regierung mit fester

Hand ergriff und von neuem den Bau begann, den die Askanier begründet hatten.

IV. Innere Zustände der Mark unter den Askaniern.

Als in den ältesten Zeiten die Germanen ihre Eroberungen machten und zur Zeit der Völkerwanderung sich auf römischem Gebiete festsetzten, bestand allgemein die Sitte bei ihnen, daß die Unterworfenen $\frac{1}{2}$ oder auch $\frac{2}{3}$ ihres Landes ihren neuen Herren einräumen mußten. Von diesen abgetretenen Ländereien nahm der Anführer oder Heerkönig der Sieger einen bedeutenden Theil für sich, da er die Kosten des Zuges bestritten hatte. Das Uebrige wurde unter die Krieger seines Heeres, die sich alle freiwillig angeschlossen hatten, erb- und eigenthümlich vertheilt, die Anführer wurden überdies noch von dem Heerkönige je nach ihren Verdiensten und ihrer Stellung mit Gütern auf Lebenszeit ausgestattet (feudum oder Lehnsgut im Gegensatz zu allodium oder Erbgut), die ihnen aus dem vom Könige vorbehaltenen Theile, dem fiscus, zugewiesen wurden. Aehnlich, aber doch auch wieder wesentlich verschieden verhielt es sich bei der Eroberung des Wendenlandes durch die Askanier. Die Bewohner der Nord- oder nachmaligen Altmark, dem Stammlande der Mark Brandenburg, waren zwar zum Kriegsdienst verpflichtet, doch nicht zur Eroberung nach außen, sondern nur zur Vertheidigung des eigenen Landes. Eroberungen im Wendenlande konnten Albrecht der Bär und seine Nachfolger nur mit denen machen, die sich im Besitz von Lehnsgütern befanden, und die das stehende Heer der damaligen Zeit bildeten, da sie auch außerhalb des Landes zum Kriegsdienst verpflichtet waren. Diese Lehnsleute oder Vasallen waren besonders zahlreich und nahe bei einander längs der Elbe ansässig, und noch bis heute ist deshalb die Zahl der Rittergüter in jenem Districte eine sehr große. Das Heer nun, das die Markgrafen aus diesen Vasallen oder Mannen bildeten, verstärkten sie ansehnlich durch Söldner. Die Ausrüstung eines Heereszuges war mithin sehr kostspielig, sie mußte von dem Markgrafen allein bestritten werden, und eben deshalb fielen ihm oder wenn man will dem Kaiser, dessen Stellvertreter er war, sämmtliche Eroberungen zu; Erbgüter waren nicht an die Krieger zu vertheilen, sie hatten ja nur um Sold oder wegen ihrer Lehnspflicht am Kriege Theil genommen. Mithin gab es keinen freien Erbbesitz in der Mark; alles Land gehörte dem **Markgrafen**, und sowohl für das, was er der ursprünglichen slawischen Bevölkerung ließ wie für das, was er an deutsche Ansiedler abtrat, mußte fortdauernd Zins gezahlt werden. Nur die Vasallen, der **Krieger- oder Ritterstand**, machte in gewisser Beziehung eine Ausnahme. So lange sie mit dem Kriegsherrn zu Felde lagen, hatte dieser für ihren Unterhalt zu sorgen. Diejenigen, welche sich auch ferner zum Kriegsdienst der Markgrafen verpflichteten, wurden in dem eroberten Lande mit Rittergütern von 4—6 Hufen Größe ausgestattet; dieser Landbesitz wurde ihnen statt des Soldes in den Zeiten der Ruhe überwiesen. Für dieses Besitzthum, sein Lehnsgut, zahlte der Ritter (miles) oder Knappe (famulus) keine Abgabe, selbst was er sonst für sich verbrauchte, bezog er zollfrei. Dafür aber war er verpflichtet, bei jeder Aufforderung des Markgrafen persönlich und in Begleitung von 2 oder 4 Mann bewaffnet und beritten zum Kriegsdienst sich zu stellen. Kaufte er nebenher noch größeren Landbesitz, so hatte er für denselben eben so Abgaben zu entrichten wie jeder andere Landbesitzer.

Diese ritterlichen Krieger wurden über das ganze eroberte Land vertheilt; ihre Wohnungen lagen mitten unter anderen Ländereien, nur durch einen Zaun umfriedigt, weshalb diese **unbeschlossenen** Besitzer auch später **Zaunjunker** genannt wurden im Gegensatz zu den **Schloßgesessenen**. Feste Schlösser oder Burgen durften nämlich nur mit landesherrlicher Bewilligung angelegt werden oder waren ein Vorrecht des **hohen Adels**, der in der Mark nur spärlich vertreten war. In dem Lande westlich der Elbe gehörten die Grafen von Osterburg, von Lüchow ꝛc. zu demselben, dagegen fehlte er fast ganz in dem früher wendischen Lande östlich der Elbe. Dort war es nur die altslawische Familie der Herren von Friesack, dann die Grafen von Lindow als Herren von Ruppin, die Herren v. Puttlitz und v. Zossen, welche feste Schlösser zu ihren Wohnsitzen hatten. Die Burgen dagegen, welche außer jenen in dem früheren Wendlande angelegt wurden, waren sämmtlich landesherrlich und dienten zur Vertheidigung des Landes. Die Markgrafen hatten auf ihnen Vögte und Hauptleute, die für bestimmte Zeit zur Vertheidigung der Burgen bestellt waren. Ihnen zur Seite standen Burgmänner (castrenses, castellani), welche ebenfalls ritterbürtig waren und das Schloß vertheidigen mußten. Zu ihrem Unterhalte erhielten sie Burglehen, wie die Vögte und Hauptleute größere Lehen inne hatten und überdies Einkünfte von den Eingesessenen der Vogtei oder des Schloßbezirks bezogen. Später als die Askanier mit ihren Eroberungen die Oder erreichten, ja dieselbe überschritten, und nun viele der Vertheidigungsschlösser ihre Aufgabe überlebt hatten, verkauften die Markgrafen solche an Städte oder Ritter.

Die Städte machten gewöhnlich von der Erlaubniß, dieselben niederzureißen, Gebrauch, da sie für ihre Freiheit fürchteten, falls dieselben in andere Hände übergingen; die Ritter aber, welche nun in den Besitz von Schlössern gekommen waren, fingen an sich für höher zu halten als jene Zaunjunker und wurden auch in der That lange vor jenen bevorzugt. Diejenigen aber, welche namentlich nach Waldemar's Tode in den Zeiten der Verwirrung sich feste Schlösser gebaut hatten, mußten auf Befehl des Markgrafen Ludwig dieselben größtentheils wieder niederreißen, als größere Ordnung eingetreten war.

Die ursprüngliche slawische Bevölkerung der Mark ist in den langen, blutigen Kriegen gegen die erobernden Deutschen furchtbar verringert worden, die Ueberlebenden wurden jedoch nicht vertrieben oder wohl gar ausgerottet, sondern behielten ihren Besitz, wenn auch geschmälert, gegen festgesetzte Abgabe bei. Zu Leibeigenen wurden sie nicht gemacht; ein solches Verhältniß hat nie in der Mark Statt gefunden. Dadurch aber, daß sehr viele Ortschaften in den verheerenden Kriegen gänzlich zerstört oder den bestehenden wendischen Dörfern ein Theil ihrer großen Feldmark entzogen wurde, hatten die Markgrafen über einen großen Theil des Grund und Bodens freie Verfügung. Von diesem Areal verkauften sie ein bestimmtes Maß, gewöhnlich 30—60 Hufen an einen Unternehmer, der sich erbot, hier ein Dorf mit deutscher Einrichtung anzulegen oder das slawische in ein solches zu verwandeln. Der Unternehmer zahlte dafür einen bestimmten Preis — die Höhe desselben wird uns nirgend mitgetheilt — und erhielt je nach der Größe des Besitzes mehrere Hufen frei ohne andere Abgaben dafür zu entrichten als in Kriegszeiten ein Lehnpferd zu stellen, eine Verpflichtung, die später in eine Geldzahlung verwandelt wurde. Eben so blieben einige Hufen für die Kirche reservirt. Seine Sache war es nun, die einzelnen Grundstücke wieder andern Käufern zu überlassen und später die Steuer von den neuen Ansiedlern aufzubringen, für welche er dem Landesherrn verpflichtet war. Mußte der Boden erst urbar gemacht werden, so wurde natürlich der neuen Pflanzung eine größere Zahl von Freijahren bewilligt als wo dies nicht der Fall war, damit der Acker erst vollständig unter den Pflug genommen, und der Bau der Häuser ausgeführt werden könnte. Der Unternehmer selber war der Erb- oder Lehnschulze (scultetus, praefectus) und vererbte dies Vorrecht in seiner Familie. Es war der Erbrichter im Dorfe für kleine Rechtssachen, bezog gewisse Einkünfte von den Gerichtsgefällen und hatte außer seinen Freihufen das Recht, eine Anzahl Schafe auf die Felder der Bauern zur Weide treiben zu lassen; eben so durfte er einen Krug oder Mühlen anlegen, die ihm Abgaben zu leisten hatten. Hatten Mehrere gemeinschaftlich die Feldmark zu einem oder mehreren Dörfern gekauft,

Dörfer und Städte. 61

so konnte nur einer von ihnen Lehnschulze im Dorfe sein, die andern, welche die Freihufen mit jenem getheilt, blieben dann Lehnbauern und hatten geringere Lehnspflichten zu erfüllen. Später kaufte oftmals der Adel die Lehnschulzen aus und ernannte dann einen Setzschulzen, der die amtliche Verpflichtung des Lehnschulzen im Dorfe zu übernehmen hatte. Diejenigen Ansiedler, welche zwar hinreichendes Ackerwerk besaßen, Zins davon zu entrichten, doch nicht ein so großes, um zu gleichen Diensten herangezogen zu werden wie die Bauern, hießen Kossäten. Die slawischen Fischerdörfer und Kietze bei den Städten besaßen keine Feldmark.

Die Gründung der altmärkischen Städte hat mit Ausnahme von Stendal und Gardelegen zu einer Zeit Statt gefunden, die jenseit historischer Kenntniß liegt. Die Städte im Wendenlande bestanden ebenfalls großentheils schon als solche zu den Zeiten, als diese Gegenden der deutschen Herrschaft unterworfen wurden, oder sie wurden erst später aus schon vorhandenen Ortschaften zu Städten erhoben. Die Umwandlung jener Städte, die Errichtung dieser neuen nach deutschem Rechte ist oft genug mit ihrer Gründung selber verwechselt worden, und doch ist diese Annahme eine durchaus falsche. Sie geschah vielmehr auf eben die Weise wie die Umwandlung der Dörfer, nur in großartigerem Maßstabe. War ein Ort für passend zur Einrichtung einer Stadt befunden, so kaufte ein Unternehmer meist wohl im Verein mit mehreren andern von dem Markgrafen zu der Feldmark des schon bestehenden Ortes ein Gebiet hinzu, das der Regel nach 100—300 Hufen Landes umfaßte. Auch hier ist der Preis durchaus unbekannt, den die Erbauer (locatores) für den Grund und Boden zu zahlen hatten. Einer dieser Erbauer, deren Zahl bei einigen Städten bis auf acht angegeben ist, war der Stadtschulze (scultetus, praefectus) und für ihn wurden je nach der Größe der Stadt oder der Schwierigkeit der Bebauung 20—80 Hufen, ja bei der Einrichtung von Deutsch Krone 1303 sogar 320 Hufen als freies und erbliches Eigenthum bewilligt. Er zahlte davon eben so wenig eine jährliche Abgabe wie der Dorfschulze von den seinigen. Es war nun ebenfalls Sache der Erbauer, das Stadtgebiet zu parcelliren; oft wurde aber auch in dem Contracte mit dem Markgrafen besonders festgesetzt, wieviel Buden oder Worthen in der Stadt angelegt werden sollten d. h. Häuser, zu denen kein Ackerwerk gehörte. Der Erbschulz blieb dem Markgrafen verpflichtet für die Abgaben, welche als Grundsteuer zu entrichten war, und eben so hatte dieser noch anderen Kosten-Aufwand zu machen, ehe er auf eine vortheilhafte Verwerthung seines erkauften Landes hoffen konnte. Er hatte das Rathhaus, das Kaufhaus (theatrum) und sonstige Gewölbe zu bauen, wo die Gewerbtreibenden ihre Waaren auslegen konnten.

IV. Innere Zustände der Mark unter den Askaniern.

Eben so war er auch wahrscheinlich der Regel nach verpflichtet, die Stadt mit Planken, Wall und Graben zu umziehen, da jede Stadt zugleich ein befestigter Ort sein mußte. Statt der Planken traten in der zweiten Hälfte des 13. Jahrhunderts steinerne Mauern und Thürme, zu deren Bau noch besondre Freijahre vom Markgrafen bewilligt wurden. Zur ersten Einrichtung des Ortes wurde der Regel nach 3—8 Jahre, ja sogar 16 Jahre völlige Abgabenfreiheit zugestanden. Zum Bau der Häuser, die durchgängig hölzern waren, wurde das Bauholz aus den reichen landesherrlichen Waldungen unentgeltlich geliefert; für Brennholz wurde meistens eine kleine Abgabe entrichtet.

Außer der Freiheit seiner ihm zugelegten Hufen und seines Hauses in der Stadt erhielt der Schulze häufig $\frac{1}{4}$ des Grundzinses der Stadt, und da er zugleich Erb-Stadtrichter war, $\frac{1}{3}$ der Gerichtsgefälle und der Strafgelder. Außerdem hatte er das Recht, Mühlen anzulegen und bezog auch $\frac{1}{3}$ von mehreren städtischen Einkünften.

Gleich nach Einrichtung der Stadt wurde zum inneren Abschluß der Gemeinde ein Rath erwählt, wahrscheinlich durch den Landesherrn und durch den Stadtrichter. Er bestand gewöhnlich aus 12 Personen (consules, Rathsherren), welchen die städtischen Angelegenheiten zur Verwaltung übergeben wurden, und die jährlich zum Theil ausschieden, nach zwei Jahren aber wiedergewählt werden konnten. Sie standen unter der unmittelbaren Gerichtsbarkeit der Markgrafen und genossen auch sonst großes Ansehen. — Gerade durch diese selbständige Verwaltung, durch ihre Umwallung und Ummauerung, ihre Dienstleistungen und Abgaben unterschied sich die Stadt von dem Flecken, der zwar auch Gewerbtreibende enthielt, Handel trieb, sich aber sonst in nichts von dem Dorfe unterschied.

Wenn auch der Markgraf durch Bewilligung von Freijahren bei Anlegung von Städten und Dörfern eine Zeit lang der Einkünfte daselbst verlustig ging, so war doch dieser Verlust mehr imaginär als wirklich. Theils war es unbebaut liegendes Land, welches in seinem wüsten Zustande ihm keinen Nutzen brachte, theils war es Land der ursprünglichen Bevölkerung, das jetzt bei dichterer Bevölkerung ganz andere Steuern tragen konnte als zuvor. Außerdem müssen durch diesen Verkauf höchst bedeutende Summen in den Säckel der Markgrafen geflossen sein, durch welche es ihnen möglich gemacht wurde, die Kosten zu weiteren Kriegs-Unternehmungen zu bestreiten. Schon dieser pecuniäre Vortheil mußte die Markgrafen veranlassen, gern die Hand zu bieten, wo sich deutsche Städte und Dörfer einrichten ließen. Zugleich aber boten die festen Städte ein vortreffliches Mittel für die Vertheidigung des Landes dar, sogar mehr noch als die zu diesem Zwecke angelegten Burgen. Deshalb sehen wir die Markgrafen überall, sobald ein Landstrich erobert war, denselben durch Städte zu schützen und zu germanisiren, obgleich sich von wenigen derselben der Stiftungsbrief erhalten hat.

Die **Abgaben**, die nach dem Verlaufe der Freijahre den Markgrafen aus den Städten und Dörfern zuflossen, bildeten nebst den **Gerichts-Einkünften** die Haupt-Einnahme der Markgrafen. Ursprünglich hatten die Markgrafen einen Theil des Tributes bezogen, den die Slawen der unterworfenen Mark dem Kaiser zu zahlen hatten. Als aber durch den Abfall des Wendenlandes diese bedeutenden Einkünfte aufhörten, wurden die Markgrafen durch die Gerichts-Einkünfte ihrer Mark entschädigt, und dazu kamen nun die nicht unbedeutenden Abgaben von den Ländereien, welche sie an die errichteten Städte und Dörfer überlassen hatten. Von jeder Hufe Landes hatte der Bauer wie Bürger jährlich einen gewissen **Zins** (census mansorum) zu zahlen, der je nach der Güte des Bodens oder nach anderweitigen Verhältnissen eine bestimmte Höhe hatte. Außerdem hatte der Bürger den **Ruthen-** oder **Worthzins** (census arearum) zu leisten, je nach der Länge, die das Grundstück, sowohl das Erbe d. h. das mit Ackerwerk ausgestattete Grundstück als auch das Haus d. h. das Grundstück ohne Ackerwerk oder auch die Worthen d. h. eingefriedigte Gärten 2c. an der Straßenfront einnahm. Dazu kam, daß eine andere Abgabe, die ursprünglich den Bischöfen zustand, nämlich der **Zehent** (decima) im Besitz des Landesherrn war, und von dem schon oben die Streitigkeiten erwähnt worden sind, welche darüber zwischen den Markgrafen und Bischöfen geführt wurden. Auch da, wo die Bischöfe im Rechte verblieben, überließen sie gern, ausgenommen in ihren eigenen Besitzungen, diese Abgabe gegen Entschädigung den Markgrafen, da die Einziehung derselben ihnen sehr lästig wurde. Diese Abgabe bestand zunächst im **Feldzehnten**, der ursprünglich in natura entrichtet, allmählich aber in eine feste Geldabgabe verwandelt wurde, die man mit dem Namen **Pacht** (pactus) bezeichnet. Aber auch von dem Schlachtvieh mußte gleicherweise der **kleine, schmale oder Fleischzehnte** (decima minuta, decima carnium) entrichtet werden entweder durch jährliche Lieferung eines Ochsen oder von zwei Hammeln, zwei Kälbern und zwei Ziegen, oder auch durch einen festgesetzten Geldbetrag. Dahin gehörte auch das **Rauchhuhn**, das jährlich von jeder Feuerstelle zu entrichten war. Außerdem mußte für das Recht, den Bedarf von Bau- und Brennholz aus den Wäldern zu entnehmen, ein **Haidezins** oder **Holzpfennig** gezahlt werden, für das Recht der Fischerei der **Kahnzins** 2c., denn die Wälder, die Gewässer, die Landstraßen waren markgräflich, und eben deshalb flossen alle **Zölle** in die markgräfliche Kasse. Nicht minder bedeutend war auch die Einnahme aus dem **Münzrecht**, das ursprünglich nur dem Markgrafen zustand, so daß alle diese Einnahmen sich auf eine bedeutende Summe belaufen mußten. Dazu kam, daß die Bauern auch bei dem Bau und der Instandsetzung von Schlössern und Brücken zur Hülfsleistung verpflichtet waren, daß sie Kriegsfuhren ꝛc. zu leisten hatten, welche Verpflichtung später auch mit Geld abgekauft oder durch Spann- und Handdienste ersetzt werden konnte.

Ungeachtet aller dieser einträglichen Jahres-Einnahmen kamen jedoch schon früh die Markgrafen nicht selten in die drückendste Geldverlegenheit, durch welche sie gezwungen wurden, an vielen Orten diese Einnahmen an Städte oder Privatpersonen für sofortige Zahlung der ihnen nöthigen Summen zu überlassen. Dadurch wurde zwar augenblicklich Hülfe gewonnen, durch das spätere Ausbleiben von Einnahmen das Uebel aber natürlich größer gemacht. Schon die askanischen Markgrafen verloren auf diese Weise den bedeutendsten Theil dieser laufenden Einnahmen, so daß sie sich zu außerordentlichen Maßregeln genöthigt sahen.

Schon früher war es Sitte gewesen, daß in besonderen Fällen die Markgrafen die Geldhülfe ihres Landes in Anspruch nahmen, doch nicht sowohl befehls- als vielmehr bittweise, weßhalb diese Abgabe Bede (precaria, petitio) genannt wurde. Die drückenden Verhältnisse hatten die Markgrafen gezwungen, wiederholt von diesem Bederecht Gebrauch zu machen, so daß sie endlich gegen Ende des 13. Jahrhunderts den Anforderungen des Adels und der Städte nachgeben und diese Abgabe regeln mußte. Für die Aufgabe des Rechtes, die Bede zu unbestimmten Zeiten beizutreiben, zahlten die Städte, mit denen einzeln verhandelt wurde, ein gewisses Pauschquantum, das Land zahlte dagegen in drei Terminen für jede Hufe, welche ein Stück (frustum) d. h. einen Wispel Hartkorn oder zwei Wispel Hafer oder $\frac{1}{4}$ Mark Silbers als Zins zu entrichten hatte, $\frac{1}{4}$ Mark. Wer kein Land besaß, mußte als Vermögenssteuer von jedem Pfunde 6 Denare oder Pfennige zahlen. Später sollte dann eine regelmäßige Bede gezahlt werden, die von jeder Hufe obiger Art jährlich zwei Schillinge oder $\frac{1}{10}$ Mark betrug; die Städte zahlten als Erbbede oder Orbede, Urbede jährlich 50—200 Mark in Gesammtsumme. Entweder wurde die ganze Summe in einem Termine oder in zwei halbjährigen jedesmal zur Hälfte entrichtet. Die Markgrafen versprachen, diese Bede niemals an Andre zu verkaufen oder zu verleihen; aber schon die Askanier sahen sich durch ihre fortdauernde Geldverlegenheit gezwungen, ihr Versprechen zu brechen. — Für außerordentliche Fälle z. B. in Kriegen, zur Auslösung gefangener Fürsten, zur Aussteuer der Prinzessinnen sollten auch ferner besondere Beden, Landschoß, Landbede oder auch Steuer genannt, beigetrieben werden. Eine besonders eingesetzte Commission hatte dann zu bestimmen, wieviel als außerordentliche Vermögenssteuer ausgeschrieben werden sollte. — Eben so wurde von den Markgrafen eine neue

Vermessung der früher verkauften Hufenzahl bei den Städten und Dörfern vorgenommen, und nachträgliches Kaufgeld für das Uebermaß eingefordert. Eben so erhielt sich auch der Gebrauch, daß namentlich bei Belehnungen von Nicht-Abligen eine Abgabe, Lehnware (laudemium), unter dem Namen eines Geschenks gezahlt wurde.

Daß die Markgrafen sich so vielfach in der bittersten Geldnoth befanden, hatte seinen Grund in mehreren Umständen. Einmal waren es die schweren, ununterbrochenen Kriege, die den Markgrafen um so größere Summen kosten mußten, als sie dazu verpflichtet waren, gefangene Vasallen auszulösen und ihnen sonst jeden Schaden zu vergüten. Dann waren es die bedeutenden Ankäufe, die sie machten, ihr Land zu vergrößern und abzurunden. Ferner waren es die bedeutenden Verschenkungen, die sie nach der Sitte der Zeit der Geistlichkeit überwiesen. Die Errichtung des Domstiftes zu Stendal 1188, zu Strausberg 1258 und zu Soldin 1298, die Begabung einer nicht unbedeutenden Anzahl von Klöstern, die Ueberlassung einer nicht geringen Anzahl von Gütern an die Tempelherren und Johanniter nahmen einen höchst ansehnlichen Theil der früher markgräflichen Besitzungen und Einkünfte fort. Rechnet man endlich hinzu die kostspielige Hofhaltung der zahlreichen markgräflichen Familie und die nicht minder theure Verwaltung des Landes, so kann es bei der damaligen kläglichen Finanzwirthschaft nicht auffallen, daß nie die Einnahmen ausreichen wollten, die so vielfachen und großen Ausgaben zu bestreiten.

Die Markgrafen hatten nicht feste Wohnsitze, sondern durchzogen unaufhörlich mit starkem Gefolge nach allen Richtungen hin ihr Land, um selber zu ordnen und zu beaufsichtigen, wie ja dies auch von den Kaisern damaliger Zeit geschah. Deshalb waren überall landesherrliche Schlösser zu ihrer Aufnahme bereit oder in einigen Städten besondere Wohnhäuser, auch hatten die Klöster die Verpflichtung, die Markgrafen und ihr Gefolge aufzunehmen und während ihres ganzen Aufenthaltes zu verpflegen. Für die Hofhaltung hatten besonders vier Beamte Sorge zu tragen. Der Truchseß oder Droste war der Aufseher über die fürstliche Tafel, Küche und die Speise-Vorräthe, der Schenk über die Kellereien und Brauereien; der Marschall hatte die Oberaufsicht über die Pferde und Waffen und war deshalb bei Kriegszügen eine sehr wichtige Person; der Kämmerer endlich hatte für die Wohnung, Kleidung u. s. w. zu sorgen, die fürstlichen Einkünfte zu vereinnahmen; ihm lagen bisweilen insbesondere die eigentlichen Regierungsgeschäfte ob, und ihm zur Seite standen die Hofcapellane und Hofnotare, welche die schriftlichen Verhandlungen abzufassen hatten. Diejenigen Beamten aber, welche mit den genannten Titeln bezeichnet wurden, führten nur vorzugsweise diese Namen, während sie eine überaus große

Anzahl untergeordneter, doch ebenfalls abliger Beamten zur Unterstützung hatten, die für gewöhnlich dem Fürsten Dienste leisten mußten; nur bei besonders feierlichen Gelegenheiten hatte der Ober=Truchseß an fürstlicher Tafel vorzulegen, der Oberschenk zu credenzen. Diese sämmtlichen Hofbeamten, das Hofgesinde, hießen Ministeriale oder Dienstleute des Fürsten, und daß ihre Zahl eine überaus große war, geht daraus hervor, daß, wenigstens in der Altmark, zu jedem markgräflichen Schlosse ein besonderes Hofgesinde gehörte, von welchem jeder einzelne nur zu 4—6 Wochen Dienstzeit im Jahre verpflichtet war.

Ursprünglich waren diese Ministeriale sowohl in Bezug auf ihre Person wie auf ihr Vermögen dem Dienstherrn eigenbehörig. Sie durften gewöhnlich nur Töchter von Ministerialen heirathen, einer ihrer Söhne war und blieb geborner Dienstmann, und starb der Ministeriale ohne Erben, so fiel sein Vermögen dem Dienstherrn zu. Wurde das Schloß, zu dem der Ministerial gehörte, verkauft, so ging er auch zugleich mit in den Besitz des neuen Herrn über. Wurde er aus diesem Dienstverhältniß nach gegenseitiger Uebereinkunft entlassen, so bestättigte wohl der Kaiser ausdrücklich, daß er nun Freiherr (homo ingenuus) geworden sei.

Man muß billig darüber erstaunen, wie es möglich war, daß eine so außerordentlich große Anzahl Angesehener von Abel ihre persönliche Freiheit aufopfern und für sich und ihre Nachkommen in solches Dienst=Verhältniß eintreten konnten. Deshalb eine kurze Bemerkung. Schon in sehr früher Zeit — bereits aus der Regierungszeit Karl des Großen liegen Beispiele vor — war die Sitte aufgekommen, daß Männer von Abel sich dem Heiligen eines Stiftes zu eigen hingaben, da die fromme Sitte der Zeit eine solche Hörigkeit nicht für schimpflich, sondern vielmehr für besonders ehrend und verdienstvoll hielt. Sie wurden demnach auch Dienstmannen des Bischofs, der durch sie das Gut der Kirche leicht vertheidigen konnte. Später fand man es eben so ehrenvoll, auch im Dienste des Kaisers, eines Fürsten, Grafen oder Herrn zu stehen, und die Vortheile, welche mit solcher Stellung verbunden waren, veranlaßten, daß der ungleich größere Theil des Adels sich zu derselben drängte. Zunächst nämlich genossen die Ministerial= und besonders die oberen Beamten den Vorrang, die natürlichen Rathgeber der Fürsten zu sein. Dann aber wurde jedem Ministerial ein Hoflehen gereicht, entweder liegende Gründe oder gewisse Einkünfte, wodurch er in den Stand gesetzt wurde, sogar zu bedeutendem Vermögen zu gelangen und sein Besitzthum zu vergrößern.

Wegen übermäßiger Anmaßung und unerhörter Verschwendung der erblichen Inhaber jener Oberhofämter hob man allmählich, besonders im Anfange des 13. Jahrhunderts jene frühere Einrichtung in ganz

Deutschland auf, und auch die Markgrafen betrauten gewöhnlich nur auf bestimmte Jahre Personen mit diesen Oberämtern, welche sich ihnen durch ihre Tüchtigkeit empfohlen hatten. Dessen ungeachtet muß bei der getheilten Hofhaltung der markgräflichen Familie die Ausstattung der zahlreichen Ministeriale eine sehr kostspielige gewesen sein. Rechnet man ferner hinzu, daß die Vögte, die Hauptleute und Burgmannen in den landesherrlichen Schlössern gleicherweise mit Lehen begabt wurden, daß die andern markgräflichen Beamten z. B. Haidereiter, denen die Aufsicht über die Waldungen oblag, Landreiter, welche namentlich die Abgaben einzutreiben hatten, Münz= und Mühlenmeister Tantiemen von den abgelieferten Summen bezogen und keine Rechnung abzulegen hatten, so wird man es nach dem Gesagten sehr begreiflich finden, wie die Finanznoth, in welche je länger je mehr die Markgrafen hinein= geriethen, eine immer bedenklichere werden mußte, je öfter der Fürst zur Bestreitung augenblicklicher Ausgaben sich genöthigt sah, Grundbesitz, Rechte und Einkünfte zu verkaufen oder zu verpfänden.

Wie in dem Reiche der Kaiser war in der Mark der Markgraf der oberste Richter; seine richterliche Gewalt konnte er auch Andern übertragen, die sie in seinem Namen auszuüben hatten. Während für den geistlichen Stand ein geschriebenes Recht gemacht wurde, bildete sich allmählich für die weltlichen Stände, den Adel, die Städte und Bauern ein Gewohnheitsrecht, das Hof= oder Lehns= oder Dienstrecht, das Stadtrecht und das Landrecht. Dasselbe war bei den verschiedenen deutschen Stämmen ein verschiedenes, ursprünglich kein geschriebenes, sondern erhielt sich durch mündliche Ueberlieferung. Erst Ekke v. Repchow sammelte die sächsischen Gewohnheitsrechte im Sachsenspiegel, den er 1215—1233 auf der Burg seines Freundes, des Grafen Hoyer v. Valkenstein, zusammenstellte. Die mündliche Ueberlieferung dieses Rechts war aber um so eher möglich, als Gerichts= sitzungen (placita) des Hof= oder Kammergerichts, des Stadt= gerichts, so wie des Land= oder Vogtei= und Dorfgerichts nur mit Ausnahme des ersten ursprünglich öffentliche waren, zu denen die Einsassen des Gerichts=Bezirks durch den Schall einer Glocke einge= laden wurden. Unter freiem Himmel war ein Raum durch Schnüre eingefriedigt mit einem Eingang auf der Ostseite. Demselben gegenüber saß der vorsitzende Richter mit bedecktem Haupte und im Mantel; vor ihm auf dem Tische lag ein abgeschälter Stab. Ihm zu beiden Seiten saßen die Schöppen oder Schöffen (scabini), gewöhnlich sieben bis zwölf, mit unbedecktem Haupte, doch auch in Mänteln. Nach sächsischem Rechte sollten die Schöffen ganz freie Leute sein; da es aber solche in der Mark nicht gab, so wurden hier zu Schöffen entweder Lehnschulzen oder andere rechtskundige Grundbesitzer genommen, welche zu dem Ende

5*

mehrere Hufen abgabefrei besaßen und während ihrer Amtszeit selbst von der Bede frei waren. Nur des Vormittags durften diese Gerichts= sitzungen beginnen; der Vorsitzende eröffnete sie unter gewissen Förm= lichkeiten, welche zuvor von den Schöffen gebilligt sein mußten. Dann trat der Vorsprech oder Anwalt auf und brachte die Sache des Sachwalts oder Klägers vor, die Zeugen wurden vernommen, und den Schöffen lag es dann ob, das Urtheil zu finden d. h. die Ent= scheidung zu geben, wobei sie in schwierigen Fällen auch die Meinung des Umstandes d. h. der umstehenden Gerichts=Einsassen zu erfahren suchten. Das gefundene Urtheil theilte dann einer der Schöffen dem Richter mit, der dasselbe öffentlich aussprach und für die Vollziehung Sorge zu tragen hatte. Es kam mithin bei diesem ganzen Verfahren nicht sowohl auf die Person des Richters an als vielmehr auf die Rechtskenntniß der Schöffen. Bei Vergehen und Verbrechen wurde auf Todesstrafe oder Verlust eines Ohres, eines Fingers, einer Hand 2c. erkannt oder auf Brandmarkung, Staupenschlag 2c., oder es wurden Geldstrafen an den Richter (Wette) oder an die klagende Partei (Buße) verordnet. Wurde das Urtheil gescholten d. h. dagegen appellirt, so war ein langer Instanzenzug möglich, der dadurch höchst kostspielig wurde, daß in Begleitung des Appellanten mehrere Personen vor den höheren Gerichtshof traten, für welche alle Kosten der Reise vom unterliegenden Theile gezahlt werden mußten. Man wandte sich zunächst an den Schöppenstuhl zu der Klinken in Brandenburg, dann zur Krepe, einer Eichenwaldung bei Stendal, dann zur Linde auf einem Berge bei Salzwedel, dann an das Hofgericht in Tanger= münde, dessen Schöffen nur ritterbürtige Personen waren; ja es stand auch die Appellation an das kaiserliche Reichsgericht frei. Dieser weitläuftige Instanzenzug wurde in den letzten Zeiten der Askanier da= durch abgekürzt, daß Brandenburg die zweite, das Hofgericht in Tangermünde die dritte Instanz bildete. Bis zu Ende des 12. Jahr= hunderts mußte in nicht zu entscheidenden Fällen der Zweikampf als Gottesgericht entscheiden, das seitdem nur unter ganz besonderen Um= ständen noch seine Anwendung fand.

 Die Hauptsitzungen der Gerichte fanden dreimal im Jahre Statt, dazwischen fielen für kleinere und Civilsachen Sitzungen alle sechs Wochen und für noch geringere Sachen alle zwei Wochen. Bei dem Dorf= und Stadtgericht hatten die Lehnschulzen den Vorsitz, bei den Landgerichten der Vogt, bei dem Hofgerichte der Markgraf selber oder der von ihm bestellte Hofrichter. Schon oben ist gesagt, daß $\frac{1}{3}$ der Gerichtsgefälle dem Schulzen zufielen; $\frac{2}{3}$ gehörten dem Mark= grafen. Später bezeichnete man auch diese Gerichts=Einkünfte mit dem Namen Gericht, dieses das höchste Gericht (judicium supremum ober summum), jenes das **unterste oder siebeste Gericht** (judicium infimum), obgleich diese Bezeichnung Ober= oder Untergerichte ursprünglich nach ihrer Befugniß gebraucht wurde. Im Laufe der Zeit überließen die Markgrafen das Vogteigericht an Vasallen, das Stadtgericht dem Rathe der Stadt, der selbst über Leben und Tod zu sprechen hatte. Die **Rolandssäulen**, die noch in einigen Städten vorhanden sind, werden oft als Beweis angesehen, daß den Städten dieses Recht überlassen worden war.

Eine nicht unwesentliche Einnahme bezogen die Markgrafen aus dem **Münzrecht**. Leider sind uns die alten Münzverhältnisse in der Mark wenig bekannt, und wir beschränken uns deshalb um so mehr auf die allgemeinsten Angaben. Die älteste Rechenmünze war das **Pfund** (libra, talentum), ursprünglich dem Handelspfunde ganz gleich. Die Münzen wurden aus reinem Silber oder Golde geprägt, von Silbermünzen gingen 20, von Goldmünzen 80 **Schillinge** (solidi) auf ein Pfund. Ein Silberschilling hatte mithin einen Werth von $1\frac{1}{5}$ Rthlr. = 1 Rthlr. 12 Sgr., und da für einen Goldschilling ($\frac{1}{80}$ Pfd.) **drei** Silberschillinge ($\frac{3}{20}$ Pfd.) gezahlt wurden, das Gold also den zwölffachen Werth des Silbers hatte, so galt ein Goldschilling 14 Rthlr. 24 Sgr. Die Schillinge wurden jedoch nie gemünzt, sondern galten nur als Rechenmünze; man prägte nur **Pfennige** (denarii), von denen 12 auf einen Schilling, also beim Silber 240 auf das Pfund gingen. Mithin betrug ein Silberpfennig $3\frac{1}{5}$ Sgr., ein Goldpfennig 1 Rthlr. 12 Sgr. unsers jetzigen Silberwerths, abgesehen davon, daß das Geld in damaliger Zeit fast zu dem dreifachen Betrage des jetzigen angenommen werden muß, da 10—12 Procent der übliche Zinsfuß war. Später sank allmählich das Gewicht der 240 Pfennige, welche ursprünglich ein Pfund wogen, sogar auf die Hälfte, auf eine Mark von 16 Loth herab, so daß der Schilling nur 21 Sgr., der Pfennig 1 Sgr. 9 Pf. Werth hatte. Zu Ende der askanischen Herrschaft im Jahre 1319 prägte man aus der Mark funfzehnlöthigen Silbers sogar 340 Schillinge, so daß also der Pfennig etwa 1 Sgr. 2 Pf., der Schilling 13 Sgr. 11 Pf., die Mark 9 Rthlr. 8 Sgr. Werth hatte.

Die Art, wie die Markgrafen bei dieser Ausprägung des reinen Silbers zu Geld Gewinn haben konnten, war eine höchst merkwürdige und gezwungene. Jedes Jahr nämlich mußte acht Tage vor Jacobi d. h. am 18. Juli das alte Geld gegen neues bei schwerer Strafe umgesetzt werden, da nur das in dem Münzjahre geprägte Geld Geltung hatte. Dieser Umtausch fand der Art Statt, daß anfänglich für 12 Pfennige neuen Geldes 13, seit 1319 aber sogar 16 Pfennige des alten Geldes gezahlt werden mußten. Mithin flossen der markgräflichen Kasse nicht weniger als 25 Procent zu, welche nach Abzug der Prägungskosten

IV. Innere Zustände der Mark unter den Askaniern.

und des durch den Gebrauch oder auch durch absichtliche Beschneidung verloren gegangenen Silbers einen nicht unbedeutenden Gewinn abwarfen. Diesen Umtausch bequemer zu bewerkstelligen, war das Land in Münzdistricte oder Münznser (Münzeisen; so hieß ursprünglich der Prägestock) eingetheilt, in deren Hauptorte sich die Münzfabrik befand. Berlin z. B. umfaßte 14 umliegende Städte und die dazwischen liegenden abligen Gebiete und Dörfer; in allen diesen hatte der Berliner Münzmeister die Auswechslung zu besorgen. Daß ein solches Verfahren außer der Unbequemlichkeit auch noch den Uebelstand hatte, daß Betrügereien aller Art ungeachtet der angedrohten überaus harten Strafen möglich waren, liegt nahe genug, und wir werden deshalb im folgenden Zeitabschnitt sehen, wie der s. g. ewige Pfennig schon in der Mitte des 14. Jahrhunderts Sitte wurde b. h. eine nicht einzuwechselnde Münze, und wie alle nur irgend wichtigere Orte dies Münzrecht dem Landesherrn abkauften, eine Vergebung von Hoheitsrechten, die unter den Askaniern nur selten vorgekommen ist.

Was den Geldverkehr ferner sehr erschwerte, war die bestehende Verordnung, daß es nicht erlaubt war, Geld auf Zinsen oder Pfand zu leihen. Man verfiel deshalb auf das Auskunftsmittel, auf Zeit zu verkaufen oder gewisse Renten aus seinem Geld zu beziehen. Wollte deshalb Jemand Geld verleihen, so schloß er einen gerichtlichen Contract der Art ab, daß er sich für 100 Pfund Silbers eine jährliche Rente von 10 Pfd. erkaufe, daß aber dem Andern das Recht vorbehalten bleibe, nach einer gewissen Zeit diese Rente gegen Zahlung von 100 Pfd. wieder zurückzukaufen. Auf ähnliche Weise wurde auch Geld auf Unterpfand, als Häuser, Güter verliehen; der Gläubiger gestand seinem Schuldner ebenfalls das Recht zu, für die empfangene Summe nach gewisser Zeit das Gut wieder an sich zu kaufen. Anderweitig wurden auch der Art Zinsen genommen, daß man Kapital und Zinsen als Gesammtsumme von dem Schuldner in dem Schuldscheine aufführen ließ, und selbst kirchliche Bestimmungen konnten dagegen nichts ausrichten. War zur Verfallzeit die Schuld nicht eingelös't, so hatte der Gläubiger das Recht der Pfändung am lebendem Inventar oder dem Grundstück, das der Schuldner besaß. Wurde dies Pfand nicht in bestimmter Zeit eingelös't, so konnte der Gläubiger zum Verkauf der beweglichen Habe, und genügte das nicht, der liegenden Gründe schreiten. Besaß der Schuldner kein Vermögen und hielt er sein gerichtlich gegebenes Versprechen nicht, so wurde er in Haft genommen. Eigenthümlich war das Verfahren, daß der Schuldner bei Uebernahme einer Schuld sich auch wohl verpflichtete, von dem Verfalltage an, wenn er nicht Zahlung leistete, entweder selber, oder gehörte er den höheren Ständen an, mit Mehreren seiner Freunde oder seines Gefolges sich an einem bestimmten Orte in einem Gasthause auf eigne Kosten so lange aufzuhalten, bis er Zahlung geleistet hätte. Diese eigenthümliche Sitte, das Einlager oder der Einritt (obstagium, obligatio ad jaciendum) genannt, die aus den ältesten Zeiten der Deutschen herstammte und sich durch sie ganz allgemein in Europa verbreitete, hat sich sogar bis ins 15. Jahrhundert erhalten.

War es von Seiten der Kirche allen Christen verboten, Geld- und Pfandgeschäfte zu betreiben, so stand doch beides den Juden frei, um deren Seelenheil sich die Kirche nicht zu kümmern hätte, da sie doch verdammt wären; nur sorgte man durch Verordnungen dafür, daß die von ihnen geforderten Zinsen einen gewissen Satz nicht überstiegen. Die Juden wurden dadurch, man möchte sagen, bevorzugt gegen die Christen und gelangten oft zu bedeutendem Vermögen. In der Mark ist überhaupt ihre Lage in jenen Zeiten mit wenigen Ausnahmen eine ganz erträgliche gewesen; sie konnten sogar das Bürgerrecht gewinnen und eigne Häuser besitzen, wenn ihnen auch besondere Kleidung oder sonstige Abzeichen vorgeschrieben waren. Ursprünglich unter dem Schutz des Kaisers oder des Markgrafen wurden sie später der Gerichtsbarkeit der Städte untergeordnet und hatten dem Rathe in denselben das Schutzgeld zu zahlen.

Das Stadtrecht, dessen sich die neuen Städte in dem früheren Wendenlande bedienten, war theils aus den altmärkischen Städten Stendal, Salzwedel, Seehausen übertragen worden, da sich dort das städtische Leben schon Jahrhunderte hindurch ausgebildet hatte, theils von Magdeburg, das namentlich seit Heinrich's I. und Otto's I. Zeiten eine außerordentlich wichtige Rolle spielte. Von hier war es namentlich nach Brandenburg übertragen worden, von dem es wieder viele andere Städte entnommen hatten, so daß, wie schon angegeben, diese Stadt eine obere Instanz im Lande für alle wichtigeren Rechtssachen bilden konnte, die man an andern Orten nicht für gesetzmäßig entschieden hielt. Der Rath in den Städten, der das Gemeindewohl zu vertreten hatte und deßhalb auch mit der Polizeigewalt beauftragt war, wurde ursprünglich aus den Bürgern gewählt, welche mit einem Erbe (s. oben) ausgestattet waren. Ein Patricierstand wie in den großen Handelsstädten Deutschlands hat sich zwar in der Mark nicht gebildet, doch waren die Verhältnisse hierselbst dem ähnlich geworden. Die reichen Grundbesitzer, Kaufleute und Gewandschneider d. h. Tuchhändler kamen allmählich allein nur zu dem Vorzuge in den Rath gewählt zu werden, und wurden als reiche Bürger bezeichnet im Gegensatz zu den armen, zu denen die meisten Handwerker und kleinen Ackerbürger gehörten. Je mehr sich aber im Laufe der Zeit die Städte hoben, desto größeres Ansehen gewannen überall die Handwerker. Sie waren zu Gilden, Gewerken oder Innungen vereinigt, welche alle unter der Controlle des Rathes standen.

IV. Innere Zustände der Mark unter den Askaniern.

Besonders sind es vier von diesen Gewerken gewesen, welche in den meisten Städten von großer Bedeutung hervortraten und oftmals mit dem Rathe in Opposition gestanden zu haben scheinen. Es waren dies meistens die Fleischer, Bäcker, Schuster und Wollenweber, und wir werden im nächsten Zeitraum zu besprechen haben, wie diese Viergewerke überall sich zur Stadtherrschaft herandrängten, so daß auch hier in der Mark in kleinem Maßstab sich die Kämpfe entwickelten, welche in dem alten Rom welthistorisch geworden sind.

Als Karl der Große die Sachsen unterworfen und damit sämmtliche deutsche Stämme seinem Reiche einverleibt hatte, bestimmte er gewisse Grenzorte, darunter Magdeburg, von wo aus allein Handel mit den weiter östlich wohnenden Wenden getrieben werden durfte. Diese alte Einrichtung wurde auch da beibehalten, als die Deutschen in dem Wendenlande siegreich vordrangen; nach einander wurden Brandenburg, vielleicht auch Perleberg, ferner Berlin, Oderberg, Frankfurt und endlich Landsberg a. d. W. so wie Eberswalde für die Wasserstraße die Orte, von wo aus allein der Handel nach den östlichen Slawengegenden getrieben wurde. Aber auch später behielten diese Städte das Recht, daß alle oder doch gewisse Waaren, welche durchgeführt wurden, niedergelegt d. h. zum Verkauf ausgestellt werden mußten. Deshalb war mit diesem Niederlagsrecht der Städte auch die Einrichtung von Handelsstraßen verbunden, welche von den Kaufleuten genommen werden mußten. So nahe es liegt einzusehen, von wie großem Vortheile für die Städte eine solche Einrichtung sein mußte, eben so klar ist auch der große Nachtheil, den der Kaufmann in jenen Zeiten bei der Betreibung seines Geschäfts zu erleiden hatte. Wenn auch in den märkischen Städten der Handel nicht die Blüthe erreichte wie in vielen andern Orten Deutschlands, so war doch der Handel mit Natur-Erzeugnissen und manchen Fabrikaten z. B. Wollenzeugen ein sehr ausgedehnter. Er wurde durch die Unsicherheit der Landstraßen, durch Zölle aller Art, sowohl zu Lande wie zu Wasser vielfach beschränkt oder gehemmt, und die Verbindung mehrerer Städte unter einander, sich freiere Bewegung zu verschaffen, war die natürliche Folge dieser Hemmnisse. Das gab die Veranlassung zur Bildung der Hanse, der sich auch mehrere märkische Städte anschlossen. Die Verbindung der märkischen Städte gegen Ende der Regierungszeit der Askanier, Handels- und politische Interessen zu verfolgen, trug nicht wenig zu ihrem Aufblühen und ihrer Machtstellung bei.

Als die beiden Bisthümer Havelberg und Brandenburg durch Albrecht den Bären wieder hergestellt wurden, erhielten sie ihre Sprengel nicht ganz in der Ausdehnung wieder, wie er ursprünglich gewesen, da den benachbarten mecklenburgischen und pommerschen Bisthümern Theile von denselben zugewiesen worden waren. Das Bisthum **Lebus**, das gleichnamige Land umfassend und erst seit 1133 bestimmt hier nachzuweisen, stand unter der Oberaufsicht von Gnesen; das Land über Oder nebst der Ukermark gehörte zum Sprengel des 1140 gestifteten pommerschen Bisthums **Kamin**, über welches Bremen die Oberaufsicht führte; die Lausitz gehörte, wie schon oben gesagt, zum **Bisthum Meißen**; in der Altmark endlich trennte Milde und Biese die Bisthümer **Verden** und **Halberstadt** von einander. Alle diese Bisthümer, nur Lebus wegen seiner geringen Größe ausgenommen, zerfielen in mehrere **Archidiakonate** und diese wieder in eine nicht unbedeutende Anzahl von **Propsteien**.

Dem Bischofe stand als Rath das **Domcapitel** zur Seite. Der erste unter den Domherren war der **Dompropst**, der als Vicar des Bischofs den größten Theil der bischöflichen Amtspflichten zu versehen hatte, falls dieser abwesend, oder der bischöfliche Stuhl erledigt war, und der zugleich der Vorstand der ganzen äußeren Verwaltung des Bisthums war. Andere Domherren waren mit anderen Aemtern betraut. Der **Küster** (custos) hatte die Aufsicht über die äußere Ordnung in den Kirchengebäuden, der **Kämmerer** (camerarius) über den Kirchenschatz, der **Kellermeister** (cellarius) über Speisen und Getränke, der **Schulmeister** (scholasticus) über den Unterricht, der **Hospitalar** über das gewöhnlich mit dem Domstift verbundene Hospital. Eben so wurden Domherren als **Notarien** oder **Capellane** am markgräflichen und bischöflichen Hofe beschäftigt. Von dem Domcapitel geschah die Wahl der Bischöfe, wobei wie bei anderen zur Abstimmung kommenden Geschäften nicht die Mehrheit der Stimmen den Ausschlag gab, sondern mehr noch die wichtige Stellung des Stimmenden. Auch bei sonstigen Verwaltungs-Handlungen des Bischofs hatte das Capitel wesentlich mitzusprechen.

Außer dem Zehnten oder der dafür von den Markgrafen zu zahlenden Gesammtsumme und den sonstigen kirchlichen Einnahmen besaß sowohl der Bischof als auch das Domcapitel besondere Güter, die theils bei der Gründung oder Wieder-Einrichtung dem Hochstifte zuertheilt, theils durch Schenkung oder Kauf erworben worden waren. Die **Schenkungen** waren aber deshalb an die Geistlichkeit so häufig, weil nach der Auffassungsweise der damaligen Zeit die Gebete, das Fasten und die Kasteiungen der Geistlichen einen so reichen Schatz der göttlichen Gnade anhäuften, daß auch dem größten Sünder, selbst wenn er im sündhaften Leben fortfuhr, voller Erlaß seiner Sünden und ewige Seligkeit gewiß war. Nicht minder wurde das Kirchenvermögen vergrößert durch den Ablaß, der denjenigen zugesichert wurde, welche zum Bau und zur Ausstattung von Kirchen, Klöstern und Hospitälern beitrugen;

IV. Innere Zustände der Mark unter den Askaniern.

ferner durch das Sehenlassen von Reliquien, wobei reiche Opfer gesammelt wurden. Der Wunderglaube jener Zeit war es, der dem Blute Christi, das in dem von dem Edlen v. Puttlitz 1230 gestifteten Kloster Stepnitz oder Marienfließ aufbewahrt wurde, heilende Kraft für körperliche und geistige Gebrechen beilegte. Das Wunderblut einer Hostie zu Zehdenick gab 1249 Veranlassung zur Stiftung des dortigen Cistercienser-Nonnenklosters, und ein ähnliches Wunder zu Pelitz 1247 verschaffte der dortigen Kirche reiche Einnahme. Eben so gab die 1287 angeblich durch einen Juden geraubte Hostie durch ihr Wunderblut Veranlassung zum Bau des Klosters Heiligen Grabe.

Der religiöse Sinn der damaligen Zeit bethätigte sich um so lieber durch Unterstützung beim Bau von Klöstern als gerade diese vorzugsweise geeignet waren, christlichen Sinn immer mehr unter dem Volke zu verbreiten. Von Klöstern der ältesten Art, nämlich Benediktiner-Ordens, waren nur wenige in der Mark, und zwar Mönchsklöster nur eins oder zwei in der Altmark, Nonnenklöster auch in Spandau, Gransee, Prenzlow und Boitzenburg. Zu der Zeit nämlich, wo die Askanier hier ihre Eroberungen begannen, war die Vorliebe für diesen Orden schon im Abnehmen begriffen, dagegen den Prämonstratensern zugewendet, und in der That wurde von den Klöstern dieses Ordens z. B. von Leitzkau, Jerichow und Gramzow aus so wie von den beiden Bischofssitzen selber sehr thätig für die Verbreitung des Christenthums Sorge getragen. Gegen Ende des zwölften Jahrhunderts wandte sich aber die Vorliebe noch mehr den Cistercienfern zu, die sich ums Jahr 1100 von den Benediktinern abgezweigt hatten. Die Klöster dieses Ordens richteten überall Musterwirthschaften für den Landbau ein, zu dessen Betreibung sie insbesondere verpflichtet waren. Ihnen hat die Mark viel zu danken, und einige von ihnen z. B. Lehnin, Chorin sind von großer Bedeutung hervorgetreten. Noch wichtiger wurden die beiden Mönchsorden, welche zu Anfang des 13. Jahrhunderts errichtet worden waren, um zunächst der damals besonders im südwestlichen Europa allgemein verbreiteten gefährlichen Ketzerei entgegenzutreten. Es waren dies die beiden Bettelmönchs-Orden der Franziskaner (graue Mönche, Minoriten) und der Dominikaner (schwarze Brüder, Predigermönche). Während letztere gelehrte Bildung sich anzueignen hatten und sich durch ihren Glaubenseifer am geeignetsten für die Inquisition erwiesen, verachteten die Franziskaner meistens alle Gelehrsamkeit und waren wegen ihrer plebejischen Sitten bei dem großen Haufen sehr beliebt, zumal da ihnen auch das Recht zustand, selbst zur Zeit des Interdikts Messen zu lesen. Da in beiden Orden weder die Klöster noch die einzelnen Mönche Eigenthum besitzen durften, beide vielmehr sich von ihrer Hände Arbeit oder noch mehr durch Betteln ernährten, so konnten Klöster der Art nur in Städten ihren Unterhalt finden, zu denen auch noch die Umgegend, oft sogar in ziemlicher Entfernung beim Terminiren oder Betteln hinzugezogen wurde. So entstanden denn im 13. Jahrhundert z. B. in Stendal, Salzwedel, Brandenburg, Berlin, Angermünde, Prenzlow u. s. w. Franziskaner-Klöster, während die Dominikaner in Seehausen, Brandenburg, Cöln, Ruppin, Soldin ꝛc. Klöster errichteten. Andere Orden außer den genannten waren in der Mark nur schwach oder gar nicht vertreten; dagegen waren Tempelherren z. B. zu Tempelhof und ließen ziemlich begütert, weniger die Johanniter und Deutschherren.

Außer diesen Religiösen d. h. durch ein bestimmtes Gelübde zu einem Orden Verpflichteten gab es auch zahlreiche Weltgeistliche. Für jede Kirche war ein Pfarrer (plebanus) bestellt, der aber sehr häufig einen Stellvertreter oder Vicar unterhielt so wie für jede, seiner Kirche zugehörige Capelle einen Capellan, sobald nur die Pfarre reich genug ausgestattet war. Besonders zahlreich aber war die Zahl der Meßpriester oder Altaristen; an einzelnen Kirchen betrug oft ihre Anzahl 20, 40 oder noch mehr. Da nämlich von Einzelnen oder von Innungen Altäre in den Kirchen gestiftet wurden, an denen Messen für ihr oder der Ihrigen Seelenheil gelesen werden sollten, und da keinem Priester erlaubt war, täglich mehr als eine Messe zu lesen, da ferner oft der Raum in den Kirchen nicht ausreichte, noch mehr Altäre zu errichten, so daß nicht selten zwei Altaristen zu dem Dienste eines Altars bestimmt wurden, so läßt sich ermessen, wie selbst in kleinen Städten sich eine zahlreiche Geistlichkeit befand. Erwägt man nun ferner, daß die Zahl der Feste die größere Hälfte des Jahres fortnahm, und daß an den 19 hohen, zum Theil mehrtägigen Festen darunter, es eben so wenig zu arbeiten erlaubt war wie an den Sonntagen, so ist leicht einzusehen, daß ein gewisses kirchliches Leben wenigstens der äußeren Form nach Platz greifen mußte, von dem wir jetzt kaum noch eine Ahnung haben. Selbst das alltägliche Leben wurde von der Kirche aus geregelt. Uhren nämlich waren selbst dem Namen nach unbekannt, nur Sonnenweiser und Sandseiger maßen die Zeit, waren aber nur in dem Besitze Weniger. Die große Menge richtete sich nach dem Geläut der Kloster- und Collegiatkirchen d. h. derjenigen Kirchen, an welchen die Geistlichen nach gewissen mönchischen Vorschriften beisammen lebten. Im Sommer um 3, im Winter um 4 Uhr jetziger Zeit erklangen die ersten Glocken der Frühmette, zwei Stunden später die der Prime; um 8 wurde die Terz, um 11 Uhr die Serte, um 4 Uhr Nachmittags die None und nach 4 Uhr die Vesper angeschlagen. Im Winter fiel das Geläute Vormittags eine Stunde später, Nachmittags eine Stunde früher, und jeder Tag schloß mit der Complete nach Sonnen-Untergang, wozu später noch „die letzten Glocken" kamen, die von allen Kirchen in drei Absätzen angeschlagen wurden. Wer sie hörte, hatte dreimal das Ave Maria zu beten. Die Geistlichen waren verbunden, zu allen diesen s. g. kanonischen Stunden zu beten oder gemeinschaftlichen Gottesdienst zu halten.

Wenn nun auch der Einfluß der Kirche auf das religiöse und bürgerliche Leben der damaligen Zeit unverkennbar uns überall entgegentritt, so ist doch der Einfluß der Geistlichkeit als Erzieherin der Nation, in Bezug auf Bildung und Wissenschaftlichkeit, in der Mark von geringer Bedeutung gewesen, da es jener selber an der eignen Bildung gebrach. Bei den wenigsten Klöstern waren Schulen vorhanden, die anderweitig ganz fehlten; man sandte deshalb auch wohl Knaben nach den Nonnenklöstern zur Erziehung, wie sich z. B. 1299 die Benediktiner-Nonnen in Spandau darüber beschwerten, daß ihnen vielfach der Lohn von Eltern vorenthalten würde für den Unterricht, den sie deren Kindern ertheilt hätten. Eben so befanden sich höchst selten Bibliotheken in den Klöstern, und die wenigen in einigen derselben vorhandenen Bücher waren nur religiösen Inhalts. Wenn es aber auch in der Mark zu jener Zeit eben so wenig Gelehrte wie Heilige gegeben, so muß doch namentlich an dem Hofe der Markgrafen auch neben der Jagd und anderen Belustigungen geistige Beschäftigung Statt gefunden haben. Die Markgrafen Otto IV. mit dem Pfeil, Otto V. der Lange, Albrecht und Waldemar werden uns als Minnesänger genannt, was zugleich den Beweis liefert, daß neben der allgemein üblichen niedersächsischen Sprache auch das Hochdeutsche im Gebrauch gewesen ist.

Bei dem zunehmenden Wohlstand des Landes und der Einförmigkeit des Lebens bildete sich in allen bedeutenderen Städten der Mark gegen Ende dieses Zeitraumes eine Einrichtung, die zur Zeit ihrer reineren Blüthe vortheilhaft auf den Charakter der Bewohner eingewirkt haben muß; es sind dies die Kalands-Verbrüderungen und die Elends-gilden, welche nur in dem alten Sachsenlande und in den von hier aus germanisirten Gegenden angetroffen wurden. Ursprünglich versammelten sich die Geistlichen einer Stadt oder eines Districts monatlich ein- oder zweimal, gemeinschaftliche Angelegenheiten zu besprechen, Seelenmessen für die verstorbenen Mitglieder der Gesellschaft lesen zu lassen ꝛc. Mit Gebet wurden diese Versammlungen eröffnet und geschlossen, und hinterher ein gemeinschaftliches einfaches Mahl eingenommen. Bald wurden auch Laien, selbst Frauen in diesen Kreis gezogen, von den eingezahlten Beiträgen der Mitglieder, die sich der Regel nach an den Kalenden d. h. am 1sten jedes Monats versammelten, wurden nicht nur Altäre in den Kirchen gestiftet, um an ihnen Seelenmessen für verstorbene Mitglieder lesen zu lassen, sondern auch Unterstützungen an

Bedürftige, namentlich Geistliche dargereicht; auch waren die Mitglieder zu sonstiger gegenseitiger Hülfreichung verpflichtet. Allerdings arteten in späteren Zeiten die einfachen geselligen Mahle in Schwelgereien aus und veranlaßten im sechzehnten Jahrhunderte die Aufhebung dieser Gesellschaften.

Wie in vielen Dingen des gewöhnlichen Lebens die Kirche ordnende Hand anlegte, so auch bei der Unterdrückung des Aussatzes, dieser furchtbaren Krankheit, die wie manche andere z. B. Pest, Pocken durch die Kreuzzüge aus dem Orient gekommen war und auch nach unsern Gegenden sich verbreitet hatte. Das beste Mittel, sich gegen dies Uebel zu schützen, war Reinlichkeit, und um dieselbe allgemeiner zu verbreiten, wurde nicht nur das Baden anempfohlen, sondern auch von der Geistlichkeit ausdrücklich als Seelenbad verordnet, das auch innerlich von aller Sünde reinige. Milde Stiftungen machten die Anlage von Bädern in Städten wie bei Klöstern möglich, so daß auch der Arme sich derselben bedienen konnte, ja er wurde sogar noch nach dem Bade mit Bier, Brod und Salz bewirthet.

Für die zahlreichen Unglücklichen, die von dieser Krankheit ergriffen waren, wurden Aussatzhäuser (domus leprosorum) errichtet, um sie von jeder Berührung mit Andern abzuschneiden, und als im 14. Jahrhundert diese Krankheit nachließ, behielt man diese Hospitäler für Pest- und andere Kranken unter dem Namen der Georgs-Hospitäler bei. Diese oder auch die Heilige Geist-Hospitäler waren regelmäßig bei den märkischen Städten zu finden. Auch diese letzteren sind in der Zeit der Kreuzzüge entstanden. Wie in dem Morgenlande Krankenhäuser für Kranke und Verwundete eingerichtet wurden, und den geistlichen Ritterorden auch die Verpflichtung oblag, der Kranken in denselben zu warten und zu pflegen, so verpflanzte sich auch diese Einrichtung nach dem Abendlande, und nach dem Beispiele Roms, wo ein solches großartiges Hospital zum heil. Geist mit reichen Einkünften angelegt worden war, entstanden auch in der Mark gleichnamige Krankenhäuser, die unendlich Vielen Zuflucht und Hülfe gewährten.

V. Das Interregnum in der Mark.
1319—1323.

Eine traurige Zeit der furchtbarsten Verwirrung begann unmittelbar nach Waldemar's Tode und brachte die Mark an den Rand des Verderbens; der Staat schien sich vollständig in seine einzelnen Bestandtheile auflösen zu wollen. Daß die Herzöge von Schlesien die Länder Crossen, Schwiebus und Züllichau zurücknahmen, geschah in Folge der Verträge, die Waldemar kurz vor seinem Tode abgeschlossen hatte, und eben so fielen rechtlicher Weise die Schlösser Elbenburg und Bredenhagen auf der Nordseite der Prignitz an Mecklenburg, und blieb die Grafschaft Billingshö bei Magdeburg. Daß ferner Friedrich der Gebissene von Meißen die Gelegenheit benutzte, den Brandenburgern alles das zu entreißen, was sie noch in Meißen besaßen, war, wenn auch nicht recht, doch wenigstens erklärlich. Das Uebel wurde aber dadurch so gefährlich, daß Niemand von der Familie der Askanier in der Mark vorhanden war, welcher gegründete Ansprüche auf die Erbfolge hatte oder die Macht besaß, dieselben geltend zu machen.

Es war zwar noch ein männlicher Sprößling der Johanneischen Linie vorhanden, Heinrich der Jüngere von Landsberg; derselbe war aber noch ein unmündiger Knabe, der das Unglück hatte, seinen Vater Heinrich den Aelteren vermuthlich wenige Tage vor Waldemar's Absterben durch den Tod zu verlieren. Ueberdies wurden die Ansprüche desselben vielfach angezweifelt, weil sein Vater vermuthlich allen Anrechten auf die Mark entsagt hatte, und obgleich seine Mutter Agnes die Schwester des Kaisers Ludwig war, so konnte er doch unglücklicher Weise gar nicht auf die Hülfe seines Oheims rechnen, da dieser zu viel mit seinem Gegenkaiser Friedrich von Oesterreich zu schaffen hatte, um die kaiserliche Würde für sich zu behaupten. Nur das Land über Oder und anfänglich auch Lebus erkannte ihn als rechtmäßigen Nachfolger in der Mark an und erklärte seinen Vetter, den Herzog Wartislaw von Pommern-Wolgast, für seinen Vormund. Die Prignitz dagegen und die Ukermark zogen es vor, da sich über die Erbfolge so große Streitigkeiten erhoben, einstweilen sich unter den Schutz von Heinrich dem Löwen von Mecklenburg zu stellen, um den Ausgang des Streites in neutraler Stellung abzuwarten.

Eben so wenig aber erkannte Waldemar's Wittwe Agnes die Rechtmäßigkeit der Nachfolge Heinrich des Jüngeren an, vielmehr machte sie selber Ansprüche auf das Land, einmal als Erbin ihres Gemahls, dann aber, und vorzüglich, da sie ja selber aus der Ottonischen Linie stammte, Kaiser Heinrich VI. aber 1197 die Mark als Erblehen auch in weiblicher Linie erklärt hatte. Schon im September 1319, also kurz nach dem Tode ihres Gemahls, hatte sie sich nach der Altmark begeben, ihrem Leibgedinge, und dort die Huldigung angenommen (nur die Vogtei Arneburg war das Leibgedinge ihrer Mutter Anna, der damaligen Herzogin von Breslau). Unter dem Beistand ihres rechtmäßigen Vormundes, des Herzogs Rudolf von Sachsen-Wittenberg, der seit 1298 mit ihrer Tante Judith vermählt war, wußte sie auch einen großen Theil der damaligen Neumark oder nachmaligen Mittelmark zu bewegen, sie als Herrin anzuerkennen, leider aber trat noch ein dritter Prätendent auf und ihr gegenüber, der seine Ansprüche auf die Mark mit den Waffen in der Hand geltend zu machen suchte.

Es war dies Heinrich, Herzog von Schlesien und Herr zu Jauer und Fürstenberg, dessen Vater Herzog Boleslaw III. von Schweidnitz mit einer andern Tante der Agnes, mit Beatrix, verheirathet gewesen war. Von dieser Verwandtschaft mit den märkischen Askaniern leitete Heinrich seine Ansprüche her, und um mit desto größerem Nachdruck seine vermeintlichen Rechte zu verfechten, verband er sich mit seinem Schwager, dem Könige Johann von Böhmen, dem er für seine Hülfe die Länder Bautzen, die Lausitz und Lebus zusicherte und für den er beim Kaiser Ludwig die Belehnung mit diesen Ländern beantragte, die noch erst erobert werden sollten.

So mächtigen Mitbewerbern gegenüber, — auch Magdeburg und Halberstadt traten mit Ansprüchen hervor, — mußte die Stellung der Agnes in der Mark eine sehr unsichre werden. Dazu kam noch, daß sie mit ihrem Vormunde Rudolf sehr bald zerfiel. Um deshalb eine feste männliche Stütze zu haben, das Gewonnene zu behaupten und möglichst zu erweitern, verheirathete sie sich wenige Monate nach Waldemar's Tode mit Herzog Otto dem Milden von Braunschweig; schon im December 1319 wird sie dessen Gemahlin genannt. Leider wurde dadurch die Verwirrung in der Mark nicht gehoben, sondern noch vermehrt, da zu den schon vorhandenen Prätendenten noch ein neuer kam. Rudolf nämlich suchte in der Mark zunächst dadurch festen Fuß zu fassen, daß er, nachdem mit Agnes' Verheirathung auch seine Vormundschaft aufgehört hatte, plötzlich zur Partei des jungen Heinrich übertrat und sich dessen Vormund nannte, obgleich doch schon Wartislaw und zwar als näherer Verwandter weit rechtmäßiger die Vormundschaft über denselben führte. Dieser Wartislaw hatte für sein Mündel zunächst die Ukermark zu gewinnen gesucht, und nachdem er Heinrich von Mecklenburg bei Prenzlow 1320 geschlagen, hatte er die Freude, daß wenigstens zunächst die Städte Pasewalk, Prenzlow und Templin

mit dem umliegenden Lande den jungen Heinrich als ihren Herrn aner=
kannten. Der junge Fürst nahm die Huldigung hierselbst ein, und sein
Oheim Kaiser Ludwig suchte dadurch ihn zu unterstützen, daß er ihn
im Juni 1320 für mündig erklärte, wodurch er selber freiere Bewe=
gung erhielt, Rudolf aber, der auf Seiten des Gegenkaisers Friedrich
von Oesterreich stand, seine Vormundschaft niederlegen mußte. Leider
riß der Tod den jungen Markgrafen schon im Juli des Jahres 1320
fort und brachte das Land in noch größere Auflösung. Denn nun
suchten auch Wartislaw von Pommern und Rudolf von Sachsen das
zu behaupten, was sie bereits als Vormünder verwaltet hatten, und auf
eigne Hand wo möglich noch weiter um sich zu greifen, indem sie theils
für den bedeutenden Kostenaufwand, den sie gehabt, sich schadlos halten
wollten, theils wie Heinrich von Jauer auf ihre weibliche Verwandtschaft,
jener von Seiten der Mutter, dieser von Seiten seiner Gemahlin ihre
Anrechte auf das Erbe gründeten.

Zu dem Ende verband sich der Herzog Wartislaw, nachdem er
sich schon früher mit seinem Oheim, dem Herzog Otto von Pommern=
Stettin, ausgesöhnt hatte, noch im Juli 1320, also gleich nach Heinrich
des Jüngeren Tode, mit Heinrich von Jauer, um gemeinschaftlich von
der Mark Besitz zu nehmen; was man erobern würde, sollte gleich=
mäßig getheilt werden. Die oben genannten ukermärkischen Städte
aber nahmen den König Christoph II. von Dänemark so wie die pom=
merschen Herzöge zu ihren Beschützern an und erklärten, so lange zu
ihnen halten zu wollen, bis ein Fürst in die Mark käme, der größeres
Anrecht auf das Land nachweisen könnte, als diese Fürsten besäßen.
Vergeblich suchten jedoch Wartislaw und Otto dem Mecklenburger zu=
nächst auch nur die Ukermark zu entreißen; ungeachtet sich ihnen auch
noch der Fürst Wizlaw von Rügen, die Herren von Werle und der
Bischof von Schwerin anschloß, kämpften sie doch in diesem wie in
den beiden folgenden Jahren so unglücklich, daß Heinrich von Mecklen=
burg selbst siegreich in Pommern bis nach Stettin vordrang und ihnen
namentlich auch Templin entriß. Rudolf von Sachsen dagegen wußte
nach Heinrich des Jüngeren Tode sich nicht nur in der Mittelmark,
sondern auch zum Theil in der Lausitz und in Lebus zu behaupten und
veranlaßte, daß 1321 sich eine große Menge von Städten in diesen
Landschaften ihm anschlossen, so wie sie auch erklärten, seine Kinder als
ihre Herren zu betrachten, selbst wenn dieselben bei seinem Tode noch
unmündig sein sollten. Der Erzbischof von Magdeburg hatte es nicht
nur 1320 bei Anna von Breslau, die, wie oben erwähnt, die Vogtei
Arneburg als Leibgedinge besaß, sondern auch eben so 1321 bei Agnes,
der Mutter des verstorbenen jungen Heinrich, welche das Erbtheil ihres
Gemahls und ihres Sohnes die Mark Landsberg und die Pfalz Sachsen

besaß, dahin zu bringen gewußt, daß beide seine Lehnsherrlichkeit anerkannten, obgleich Kaiser Ludwig schon 1320 nach seines Neffen Tode die Mark Landsberg und die Pfalz Sachsen den Grafen von Anhalt zugesagt hatte, wenn seine Schwester mit Tode abginge. Ja selbst seine Ansprüche auf die Lausitz suchte der Erzbischof dahin geltend zu machen, daß er den jungen Friedrich von Meißen, Sohn Friedrich des Gebissenen, 1321 mit diesem Lande belehnte und versprach, ihm bei der Eroberung desselben behülflich zu sein. Weniger gelang es ihm, in der Mittelmark Gebiete an sich zu reißen; Rudolf von Sachsen stellte sich ihm muthig entgegen und blieb auch in dem darüber ausgebrochenen Kriege siegreich.

Am wenigsten scheinen Heinrich von Jauer und König Johann von Böhmen Fortschritte gemacht zu haben, nachdem sie die Ober-Lausitz erobert hatten, und Johann im September 1320 von Kaiser Ludwig mit dem Lande Bautzen belehnt worden war. Heinrich von Jauer muß sogar seine Ansprüche auf die Mark gänzlich an Böhmen abgetreten haben, denn Johann suchte später allein diese Rechte geltend zu machen. Kaiser Ludwig soll ihm auch nach der Schlacht bei Mühldorf (den 28. September 1322) das Land für die treue Hülfe zugesagt haben, welche Johann in dieser Schlacht so wie überhaupt in dem Kriege gegen Oesterreich dem Kaiser geleistet hatte. Doch mit dieser Schlacht tritt für die märkische Geschichte ein Wendepunkt ein. Kaiser Ludwig hatte nicht nur gesiegt, sondern auch seinen Gegner Friedrich den Schönen von Oesterreich gefangen genommen; seitdem war er allgemein als alleiniger Kaiser anerkannt. Seine Freundschaft mit Johann von Böhmen erkaltete, Rudolf von Sachsen, der nächstberechtigte Erbe der märkischen Askanier, hatte in den Reihen seiner Feinde gestanden, deshalb übertrug er auf dem Reichstag zu Nürnberg im März des Jahres 1323 die Mark als ein eröffnetes Lehen seinem ältesten Sohne Ludwig. Die Mark erhielt somit wieder einen gesetzmäßigen Fürsten, obschon es anfänglich nur der bloße Titel war, der dem jungen Ludwig zu Theil wurde; das Land selber mußte erst durch Verträge oder durch Gewalt denen abgewonnen werden, welche sich faktisch in den Besitz desselben getheilt hatten.

VI. Die bayerschen Markgrafen.
1323—1373.
1. Ludwig I. der Aeltere. 1323—1351.

Der junge Ludwig von Bayern war etwa 8 Jahre alt, als er 1323 zum Markgrafen von Brandenburg ernannt wurde. Zu seinem Vormund setzte der Vater den Grafen Berthold von Henneberg, der mit großer Umsicht und Geschicklichkeit die Verhandlungen leitete, welche nöthig waren, auch faktisch von dem Lande Besitz zu nehmen.

Zunächst waren die Verhandlungen mit Agnes anzuknüpfen, der Wittwe Waldemar's und damaligen Herzogin von Braunschweig. König Ludwig hatte deshalb ihre Ansprüche auf die Mark nicht anerkannt, weil er die weibliche Erbfolge bei Reichslehen nicht zugestehen wollte, doch willigte er ein, daß ihr Leibgedinge, der größte Theil der Alt= mark, auch nach ihrem Tode in dem lebenslänglichen Besitz ihres Ge= mahls, des Herzogs Otto, bleiben sollte. Als sie zu Anfang des Jahres 1324 die Städte und Landschaften der Neu=(Mittel=)Mark des Eides entließ, den dieselben ihr geleistet hatten, belehnte der König im Juni desselben Jahres seinen Sohn feierlich mit der Mark. Nach dem Tode der Agnes 1334 suchte jedoch Markgraf Ludwig dem Herzog Otto, trotz jener früheren Zusage, die Altmark zu entreißen; es kam darüber zum Kriege, Ludwig erzwang 1343 durch den Sieg bei Gardelegen die Herausgabe der Altmark, versprach aber eine Entschädigungssumme von 3000 Mark, die auch, da Otto bereits 1344 starb, seinen Brüdern 1348 ausgezahlt wurde. Es vergingen mithin volle 20 Jahre, ehe das Stammland der Mark wieder erworben wurde und auch da nicht ein= mal in seinem früheren Umfang. Denn der Erzbischof von Magdeburg hatte in Folge des Lehnsauftrages von 1196 seine Ansprüche geltend zu machen gesucht, und Ludwig sah sich 1336 genöthigt, ihm Wollmir= städt, Alvensleben, Regätz, Angern und die Grafschaft Villingsho an der Südseite der Altmark als Eigenthum zu überlassen und die übrige Altmark, das Land Lebus und die Lausitz als magdeburgisches Lehn an= zuerkennen. Außerdem mußte er bedeutende Geldsummen zahlen und bis zu deren Abtragung Gebiete verpfänden, namentlich auch die Vogtei Arneburg, die durch den Tod der Herzogin Anna 1329 an die Mark zurückgefallen war.

Um sich gegen Mecklenburg und Pommern einen kräftigen Rückhalt zu verschaffen, verlobte König Ludwig schon im Juli 1323 seinen Sohn mit Margarethe, der Tochter des Königs Christoph II. von Dänemark, und bereits im folgenden Jahre wurde die Hochzeit vollzogen. Heinrich der Löwe von Mecklenburg, der mit nichts Geringerem umging als sich vom Papste die Mark zusprechen zu lassen, erkannte den dänischen König als Schiedsrichter an, als der Papst Bedenken trug seinen Wunsch zu erfüllen. 1325 versprach er die ukermärkischen Vogteien Zagow, Liebenwalde und Stolp gegen 20,000 Mark Silbers herauszugeben, behielt sie aber noch bis 1329 im Pfandbesitz, weil erst da die Zahlung erfolgte. Für die Prignitz so wie für die Städte Seehausen und Werben, die der Herzog ebenfalls in seinem Besitz hatte, mußte Ludwig zunächst die Summen zahlen, welche mehrere Vasallen darauf an Waldemar geliehen, und eben so die Schulden, die Heinrich darauf gemacht hatte. Außerdem wurden Heinrich 8000 Mark baar zugesprochen, und dafür das Land Grabow, das Schloß Strelitz 2c. zu Pfande gesetzt. Da Ludwig auch später nicht im Stande war, diese Pfandsumme zu zahlen, so blieben diese Gebiete mecklenburgisches Eigenthum.

Das Land über Oder und der Theil der Ukermark, der sich Pommern angeschlossen hatte, unterwarf sich von allen Provinzen am willigsten der bayerschen Herrschaft und wurde deshalb auch nachmals vielfach von dem Markgrafen begünstigt. Pommern war jedoch nicht Willens, seine Ansprüche aufzugeben, um so mehr als König Ludwig seinem Sohne bei der Belehnung in Nürnberg 1324 auch die Lehnsherrschaft über Pommern zugesprochen hatte, die, wie oben gezeigt, Brandenburg seit langer Zeit besessen, die aber Pommern nicht anerkennen wollte und am wenigsten jetzt, da es nur den Askaniern lehnspflichtig gewesen zu sein behauptete. Es verband sich deshalb 1325 mit Polen, Werle 2c. gegen Ludwig, und alle Verhandlungen, den Streit in Güte beizulegen, zerschlugen sich, zumal da der Kaiser Ludwig nach seiner Krönung in Rom seinen Sohn aufs neue mit der Mark belehnte und Pommern 1328 aufforderte, die brandenburgische Lehnsherrschaft anzuerkennen. Auf beiden Seiten der Oder wurde der Krieg mit großer Heftigkeit geführt, doch kämpfte der Markgraf mit großem Unglück. 1330 verlor er die Schlacht bei Prenzlow, 1331 eine zweite bei Cremmen. Pommern war insbesondere vom Papste zu so hartnäckigem Widerstande aufgefordert und hatte 1331 von demselben seine Länder zu Lehen genommen. Brandenburg mußte endlich nachgeben, und 1338 empfingen die Herzöge Otto und Barnim von Pommern-Stettin zu Frankfurt vom Kaiser die Reichsbelehnung, doch wurde das Angefälle Brandenburg vorbehalten d. h. Pommern sollte nach dem Aussterben seiner Fürsten an die Mark kommen. Daß Pommern-Stettin und Pommern-Wolgast in Erbverbrüderung mit einander standen, wurde damals gar nicht berührt, und wir werden deshalb später sehen, wie nach dem Aussterben der Herzöge von Pommern-Stettin 1464 aufs neue heftige Kriege zwischen Brandenburg und Pommern ausbrachen, in welchen die in Wolgast regierende Linie ihre Ansprüche durchzusetzen wußte.

Nicht minder wichtig waren die Verhandlungen mit dem Herzog Rudolf von Sachsen, der im Besitze von einem großen Theile der Mittelmark, von Lebus und der Lausitz war. Erst im Jahre 1328 einigte er sich mit Ludwig dahin, daß ihm für seine Ansprüche und Kosten eine Entschädigungssumme von 16,000 Mark gezahlt werden sollte, und da Ludwig diese Summe nicht sogleich baar abtragen konnte, so übergab er ihm die Lausitz so wie die Städte Beelitz, Treuenbrietzen, Görzke, Fürstenwalde und Beeskow als Unterpfand, das nach 12 Jahren eingelös't werden sollte. Aber auch da fiel es Ludwig außerordentlich schwer, dies Geld aufzubringen. Nur mit großer Mühe wurden die Städte und Mannen vermocht, neue Beisteuern zu geben, und besonders fiel es der Neumark schwer, die von ihr geforderte Summe aufzubringen, da sie im pommerschen Kriege furchtbar gelitten hatte. Bei dieser Gelegenheit war es, wo 1337 das noch vorhandene Landbuch der Neumark aufgenommen wurde. Doch wurde 1340 der Zahlungstermin glücklich inne gehalten, und Ludwig verband da endlich auch diese Pfandstücke mit der Mark.

War Herzog Rudolf genöthigt gewesen, der Macht des Kaisers nachzugeben, so kann es nicht auffallen, daß die Grafen oder Fürsten von Anhalt noch weniger ihre Erbansprüche auf die Mark durchzusetzen vermochten. Schon 1320 hatte König Ludwig die Grafen von Anhalt-Zerbst — die von Bernburg hatten sich gar nicht in diese Angelegenheiten gemischt — dadurch für sich zu gewinnen gesucht, daß er ihnen die Mark Landsberg und die Pfalz Sachsen zusicherte, wenn seine Schwester Agnes mit Tode abginge. Später jedoch 1329 erklärte er diese Länder für einen Bestandtheil der Mark und gab seinem Sohne die Anwartschaft auf dieselben; Anhalt wurde dadurch entschädigt, daß seine Fürsten zur gesammten Hand mit ihren Ländern belehnt wurden. Aber auch Markgraf Ludwig kam nicht wieder in den Besitz jener Gebiete, der Kaiser überließ sie 1333 der Sophie, der Tochter Heinrich's von Landsberg und der Agnes, die mit Magnus von Braunschweig, dem Bruder des oben genannten Herzogs Otto, vermählt war; sie vererbten laut kaiserlicher Zusage vom Jahre 1341 auf ihren Sohn Magnus mit der Kette, der sie 1347 an Meißen verkaufte.

Es ist schon oben erwähnt, daß König Ludwig den König Johann von Böhmen 1320 mit dem Lande Bautzen belehnte. Auch Görlitz überließ er ungestört dem Herzog Heinrich von Jauer, der sich jedoch 1329 genöthigt sah, dies Land der Krone Böhmen abzutreten. Nur

Streitigkeiten mit dem Papste.

die Städte Mark Lissa, Lauban, Priebus, Sorau und Triebel behielt er bis zu seinem Tode 1346, worauf auch diese Länder an Böhmen fielen.

Aus dem Gesagten ist es klar, welche Anstrengungen und welche Geldsummen es kostete, und wie lange es dauerte, die einzelnen Theile der Mark wieder zu einem Ganzen zu vereinigen, und wie es doch nicht gelang, die Mark in ihrem früheren Umfange wieder zu gewinnen. Die Mark Landsberg, Pfalz Sachsen, die Oberlausitz waren ganz verloren gegangen, die übrigen Provinzen hatten an ihren Grenzen mehr oder weniger Einbuße erlitten; abgesehen von den furchtbar verheerenden Kriegen hatte das Land überdies sehr schwere außerordentliche Steuern hergeben müssen, um die versetzten Pfandstücke einlösen zu können. War es demnach zu verwundern, daß die Herrschaft der Bayern in der Mark keine beliebte war! Dazu kam noch die überaus große innere Zerrissenheit, welche durch kirchliche Wirren herbeigeführt worden war. Die Namen Welfen für die Anhänger des Papstes und Ghibellinen für die Anhänger des Kaisers, zu den Zeiten der Hohenstaufen entstanden, spielten in dem mit großer Heftigkeit zwischen Papst und Kaiser geführten Streite eine wichtige Rolle, da auch Markgraf Ludwig und die Mark in diese Streitigkeiten mit hineingezogen wurden.

Nachdem sich nämlich Ludwig durch die Schlacht bei Mühldorf 1322 als alleiniger König in Deutschland behauptet, ja sogar seinen Gegner Friedrich von Oesterreich gefangen genommen hatte, zerfiel er bald gänzlich mit den Päpsten, die damals in Avignon residirten und in großer Abhängigkeit von den französischen Königen standen. Schon 1323 verlangte der Papst nicht weniger, als daß Ludwig die königliche Würde niederlegen und die Mark herausgeben sollte, die er unrechtmäßig an sich gerissen hätte. Da Ludwig zur Schlichtung seines Streites mit dem Papst an ein allgemeines Concil appellirte, wurde er in den Bann gethan und eben so sein Sohn, ja der Papst forderte sämmtliche Nachbarn der Mark auf, den Bayern dies Land zu entreißen. Bei diesem Zwiste zeigte sich besonders der Bischof von Lebus als unversöhnlichen Gegner des Kaisers so wie seines Sohnes, und er soll namentlich die Veranlassung geworden sein zu dem furchtbaren Einfall, den 1325 die Polen nach der Mark machten und dabei alles Land bis zur Oder furchtbar verheerten. Zu dieser Zeit geschah es, daß auch Berlin sich anfüllte mit einer großen Zahl unglücklicher Flüchtlinge, die nur mit Mühe das nackte Leben gerettet hatten. Der Markt, der gerade damals hier abgehalten wurde, hatte eine große Menge Fremder hierher geführt. Um dieselbe Zeit (wohl am 13. Juni 1325) war auch der Propst Nicolaus von Bernau hier anwesend, der als eifriger Welfe bekannt war, und dem von der aufgeregten Menge die Mitschuld zugeschrieben wurde an dem großen Unglück, welches das Land betroffen hatte. Man schleppte ihn deshalb aus seinem Hause, schlug ihn vor der Marienkirche zu Tode und verbrannte seine Leiche auf dem nahen Marktplatze. Die ruhige Besonnenheit, die nach der That eintrat, befürchtete mit Recht, daß der Papst die härtesten Maßregeln über Berlin und Cöln verhängen würde. In der That erfolgte schon 1326 über beide Städte das Interdikt. Dasselbe wieder aufheben zu lassen kostete Mühe, Zeit und vor allen Dingen große Geldsummen. Erst 1335 gestand der Bischof von Brandenburg, dem die Sache vom Papste übertragen worden, eine Aussöhnung unter der Bedingung zu, daß ein besondrer Altar in der Marienkirche errichtet würde, an welchem für den erschlagenen Propst Seelenmessen gelesen werden sollten, daß ferner ein steinernes Kreuz an der Stelle errichtet würde, wo der Mord geschehen, und daß man auf demselben eine ewige Lampe zum Gedächtniß unterhielte. Ueberdies mußte dem Bischof eine bedeutende Summe Geldes gezahlt werden. Trotz dieser Aussöhnung zogen sich die Verhandlungen in Avignon mit dem Papste um gänzliche Aufhebung des Interdikts bis zum Jahre 1346 hin, ja völligen Abschluß erhielt die Sache erst 1347, als auch der Propstei in Bernau Entschädigung gezahlt worden war. Die gewöhnliche Angabe, daß der erschlagene Propst Nicolaus Cyriax oder Cyriacus geheißen, ist dadurch irrthümlich herbeigeführt, daß sein Bruder Heinrich Pfarrer oder curatus in Eberswalde gewesen, und eine falsche Lesart daraus Heinrich Cyriacus gemacht hat.

Gleichzeitig mit diesem Vorfalle, welcher den Städten Berlin und Cöln überaus große Summen gekostet hat, war ebenfalls das Interdikt insbesondere über Frankfurt verhängt worden. Da nämlich 1326 ein zweiter Einfall der Polen in die Mark erfolgte, der wieder durch den Bischof Stephan von Lebus veranlaßt worden war, so ergriff Markgraf Ludwig entschiedene Maßregeln. Göritz, der Sitz des Bischofs, wurde erobert, die Stiftskirche so wie die Wohnhäuser der Domherren wurden zerstört, der Bischof selber gerieth in die Gefangenschaft der dabei besonders thätigen Frankfurter und wurde ein Jahr lang von ihnen festgehalten, die Domherren entflohen, und auch der Bischof begab sich später nach Breslau, wo er in der Verbannung starb. Alle Stiftsgüter wurden eingezogen, und alle Geistlichen, die wegen des Interdikts (das natürlich über Frankfurt und alle anderen Städte ausgesprochen wurde, die an der Zerstörung der Domkirche Theil genommen hatten) den Gottesdienst nicht abhalten wollten, wurden verjagt. Erst 1354 wurden Bann und Interdikt aufgehoben; das Bisthum erhielt 12,000 Mark Schadenersatz halb in baarem Gelde, halb in Gütern, die dem Stifte übereignet wurden.

Abgesehen von diesem Interdikte, das einzelne Städte besonders betraf, lag das ganze Land noch in schwerem Bann und eben so der Markgraf und alle seine Beamten. Dieser Bannfluch wurde über die Mark eben so wiederholt wie über den Kaiser, und nur durch die gewaltsamsten Maßregeln konnten es Kaiser wie Markgraf dahin bringen, daß trotz des Interdikts der Gottesdienst nicht ausgesetzt wurde. Allgemein wurden die Geistlichen verjagt, welche sich sträubten, ihrem Amte zu genügen; die Noth, die Unzufriedenheit und die Aufregung im Lande mußte dadurch je länger je mehr sich steigern. Ein Gewinn war es für die bayerschen Fürsten, daß die Franziscaner, damals mit dem Papste zerfallen, überall bereitwillig den Gottesdienst abhielten und laut erklärten, daß der Papst in weltlichen Dingen gar nichts zu bestimmen habe. Ja der Umschwung der Dinge war so weit gekommen, daß die Kurfürsten 1338 im Kur-Verein zu Rense am Rhein, um endlich den Streitigkeiten zwischen Papst und Kaiser ein Ende zu machen, die ganz Deutschland in Verwirrung brachten, erklärten, daß nur sie, die den deutschen König wählten, das Recht hätten, ihn unter Umständen abzusetzen. Die ganze Thätigkeit des Papstes sei nur die, daß er durch die Krönung des Kaisers ihrer Wahl die kirchliche Weihe verleihe; wenn er also keine Krone gäbe, so könne er sie auch dem Kaiser nicht absprechen.

Diese günstige Stimmung der Fürsten verscherzte Kaiser Ludwig nur zu bald durch seine ungemessene Ländersucht und verfeindete sich insbesondere das Haus Luxemburg, was von ganz außerordentlichem Einfluß für die märkische Geschichte geworden ist. Die Gemahlin des Markgrafen Ludwig nämlich, Margaretha von Dänemark, starb 1340, und der Kaiser selber sah sich nach einer zweiten, reichen Gemahlin für seinen Sohn um. Nun war der Tochter des Herzogs Heinrich von Kärnthen und Tyrol, Margarethe, gewöhnlich nach dem Schlosse in Tyrol, wo sie geboren war, Maultasch genannt, seit dem J. 1330 mit Johann, dem jüngeren Sohn des Königs Johann von Böhmen und Bruder des nachmaligen Kaisers Karl IV., vermählt. Als 1335 ihr Vater starb, weigerte sich Kaiser Ludwig den jungen Johann mit Kärnthen und Tyrol zu belehnen, weil er befürchtete, Böhmen möchte dadurch zu mächtig werden. Vielmehr gab er Kärnthen an Oesterreich und bot Johann für Tyrol die Mark Brandenburg, wiewohl vergebens an. Die Ehe beider war aber eine sehr unglückliche, zumal da sie kinderlos blieb, und Margarethe verhandelte mit dem Kaiser, sie zu trennen, da der Papst sich dessen weigerte. Ludwig gab ihr gern Gehör, bewog den Bischof von Freysingen die Ehe aufzulösen und zugleich Dispensation zu ihrer Vermählung mit seinem Sohne Ludwig zu ertheilen. Im Februar 1342 fand das Beilager Statt und Ludwig nahm Besitz von Tyrol. So bedeutend aber auch dadurch die Macht des bayerschen Hauses vermehrt zu sein schien, so wurden doch durch diesen Schritt dem Kaiser wie seinem Sohne neue Verlegenheiten bereitet. Der Papst sprach aufs neue über sie und ihre Länder den Bann aus und erklärte die Ehe für ungültig. Die kirchlich Gesinnten hielten deshalb die Ehe nur für ein Concubinat und reizten die Stimmung gegen Ludwig, die Fürsten aber wurden stutzig über die Umgriffe, welche sich der Kaiser erlaubte, und gaben um so williger den Aufreizungen des Papstes wie des Königs von Böhmen Gehör.

Vergeblich suchte der Kaiser, nachdem der Papst aufs neue 1343 den Bann über ihn ausgesprochen hatte, eine Versöhnung herbeizuführen. Letzterer ging darauf aus, Ludwig vom Throne zu verdrängen und Karl, den älteren Sohn des Königs Johann von Böhmen, auf denselben zu erheben. Mehrere deutsche Fürsten schlossen sich der böhmischen Partei an und ebenfalls der König Philipp von Frankreich. Aber gerade dieser Umstand brachte Ludwig Hülfe. Eduard III. von England, besorgt, daß Frankreich dadurch übermächtig werden möchte, trat nicht nur selber auf die Seite des Kaisers, sondern verschaffte ihm auch noch andere Bundesgenossen. Endlich entbrannte 1345 nach allen Seiten hin der Kampf; auch nach der Lausitz drangen böhmische Heere vor und bedrohten wiederholentlich Berlin. Doch schon im August 1345 kam es zu Spremberg zum Frieden zwischen Brandenburg und Böhmen. Markgraf Ludwig verzichtete auf die Ober=Lausitz und behielt zwar Tyrol, mußte sich jedoch zu einer Entschädigungszahlung von 20,000 Mark bequemen, die er abermals im Lande aufbrachte und dadurch die Unzufriedenheit nicht wenig vergrößerte. Dazu kam noch, daß Ludwig die Hofämter und viele Vogteien mit Bayern und Tyrolern besetzte und den märkischen Adel überall zurückstellte. Wahrlich nur eines Funkens bedurfte es für diesen Brennstoff, um das ganze Land und alle Stände gegen das bayersche Haus in die lichten Flammen des Aufruhrs und Abfalls zu versetzen.

Auch der Kaiser hatte sich wenigstens äußerlich mit Johann von Böhmen ausgesöhnt und wollte sich dem Könige Ludwig von Ungarn zu einem Zuge nach Italien anschließen, als derselbe wegen der Ermordung seines Bruders Andreas, des Königs von Neapel, Rache nehmen wollte. Auch Markgraf Ludwig hatte bereits zum Statthalter in der Mark den Burggrafen Johann II. von Nürnberg bestellt, den Großvater des Burggrafen Friedrich VI., mit welchem die Herrschaft der Hohenzollern in der Mark begann, um an dem Zuge Theil zu nehmen, als im Frühjahr 1346 ein neuer Bannfluch über den Kaiser und sein ganzes Haus ausgesprochen wurde, der auch den Markgrafen seines Landes für verlustig erklärte, die deutschen Fürsten aber aufforderte, eine neue Königswahl vorzunehmen. In der That konnte der

Kaiser es nicht hindern, daß die geistlichen Kurfürsten so wie Sachsen zu Rense Karl IV. zum römischen Könige wählten, nachdem derselbe in sämmtliche Forderungen des Papstes gewilligt hatte. Aber auch diesmal brachte Eduard III. von England dem Kaiser wieder Hülfe. Derselbe hatte, um seine Ansprüche auf die französische Krone durchzusetzen, einen Einfall in Frankreich gemacht. Karl, der sich in Deutschland nicht zu behaupten vermochte, zog mit seinem blinden Vater, dem Könige Johann, Frankreich zu Hülfe, und beide fochten 1346 in der Schlacht bei Crecy, in welcher Johann ritterlich kämpfend seinen Tod fand. Darauf kehrte Karl nach Deutschland zurück, wo ihn der Erzbischof von Cöln zu Bonn 1346 zum Könige krönte, machte einen vergeblichen Einfall in Tyrol 1347 und wurde feierlich und mit großer Pracht zum König von Böhmen gekrönt. Kurz darauf starb im October 1347 Kaiser Ludwig am Schlagfluß, und Karl war so plötzlich von diesem gewaltigen Gegner befreit. Seine ersten Schritte gingen deshalb dahin, die Macht des bayerschen Hauses möglichst zu schwächen.

Zunächst erkannte er die Ansprüche des Herzogs Rudolf von Sachsen auf die Mark an und belehnte ihn einstweilen (schon zu Anfang November 1347) mit der Altmark, die allerdings erst zu erobern war; dann durchzog er das Reich, um seinen Anhang zu stärken, da die Bayern Alles daransetzten, Karl aus seiner Stellung zu verdrängen. Zu Anfang 1348 wählten auch Ludwig, der Pfalzgraf am Rhein, der verjagte Erzbischof von Mainz und der Herzog von Sachsen=Lauenburg, den Ludwig durch schwere Summen bestimmt hatte, sich die Kurstimme von Sachsen anzumaßen, den König Eduard von England zum römischen König, und als dieser die Wahl ablehnte, versuchte Ludwig den Markgrafen Friedrich von Meißen zu überreden, daß er die deutsche Krone annehmen möchte. Karl aber kam ihm zuvor; er zahlte an Friedrich 10,000 Mk., wogegen dieser die Krone ausschlug. Eben so gewann Karl Mecklenburg dadurch für sich, daß er dasselbe zu einem Herzogthum erhob, und Pommern, daß er die Reichslehnschaft anerkannte, so wie er auch bestimmte, daß Wolgast und Stettin einander beerben sollten.

Dies war die Stellung des bayerschen und böhmischen Hauses zu einander, als ein Ereigniß die Mark in die fieberhafteste Bewegung setzte, die neues Unglück und neues Elend herbeiführte; wir meinen das Auftreten des sogenannten falschen Waldemar.

Nachdem schon längere Zeit Gerüchte verbreitet waren, daß Markgraf Waldemar noch am Leben und wieder in der Mark sei, — Gerüchte, die dadurch allerdings an Glaubhaftigkeit gewannen, daß nicht gar lange zuvor Heinrich der Pilger von Mecklenburg 1298 nach sechs und zwanzigjähriger Abwesenheit aus ägyptischer Gefangenschaft ins

Vaterland zurückgekehrt war, wo man ihn längst todt geglaubt hatte, — stellte sich eines Tages bei dem Erzbischof Otto von Magdeburg ein alter Pilger ein, der an seinem Siegelringe für den Markgrafen Waldemar erkannt sein sollte. Diesen Ring habe er, wie man erzählte, in einen Becher Weins fallen lassen, der ihm von der erzbischöflichen Tafel gereicht worden, und den Diener beauftragt, denselben dem Erzschof zu übergeben. Zum Erzbischof geführt habe er diesem erzählt, daß er, da seine Ehe kinderlos geblieben, Gewissensbisse über die nahe Verwandtschaft mit seiner Gemahlin gefühlt habe, und daß der Papst Johann XXI., an den er sich deshalb gewendet, die Absolution unter der Bedingung zugestanden habe, er solle 28 Jahre lang sein Land meiden und ohne Wissen Andrer sich den härtesten Bußübungen unterziehen. Deshalb habe er die Leiche eines Andern in Chorin beisetzen lassen und sei jetzt zurückgekehrt, nicht sowohl um selber die Regierung wieder zu übernehmen als vielmehr seinen Vettern, den Herzögen von Sachsen und den Grafen von Anhalt sein Erbe zu verschaffen, da er selber gehört und gesehen, wie unglücklich das Land unter der Regierung Ludwig's sei. Darauf habe der Erzbischof dem vermeintlichen Waldemar in Wollmirstädt einen Wohnsitz angewiesen und die askanischen Fürsten zu sich beschieden, welche wie er selber die Ueberzeugung gewonnen hätten, daß man nicht einen Betrüger, sondern den wirklichen Waldemar vor sich habe.

Waldemar erließ nun nicht nur ein Schreiben an Ludwig, daß er gekommen sei, sein Land wieder in Besitz zu nehmen, sondern forderte auch die Bewohner des Landes auf, sich wieder zu ihm zu wenden. Letztere Aufforderung unterstützten der Erzbischof von Magdeburg und die askanischen Fürsten, die überdies Waldemar mit einem Heere ausrüsteten, um nöthigenfalls Gewalt anzuwenden. Doch mit großem Gepränge nahmen zunächst die meisten altmärkischen Städte ihn auf, nur bei wenigen Schlössern mußte Gewalt angewendet werden. Nachdem auch namentlich die Herren von Ruppin ihn als ächt anerkannt hatten, schlossen sich ihm im August 1348 die Prignitz und mehrere Städte in der Mittelmark an. Darauf fand am 1. September in Cremmen eine ansehnliche Versammlung von Fürsten und Herren Statt; die Herzöge von Mecklenburg und Pommern-Stettin, die Herren von Werle, die Grafen von Holstein und Schwerin so wie Gesandte des Königs Magnus von Schweden erklärten sich für ihn. Darauf unterwarf sich die Ukermark, ferner viele Städte in Lebus, in Sternberg, in der Mittelmark und auch im Lande über Oder, andere z. B. Berlin, Spandau wurden gewaltsam unterworfen.

Unterdessen war Ludwig, der sich damals in seinen bayerschen Landen aufhielt, nicht unthätig gewesen. Er hatte die Könige von

Dänemark und Polen, den Herzog von Sachsen-Lauenburg 2c. für sich gewonnen und ein bedeutendes Heer zusammengebracht, um seine Herrschaft in der Mark zu behaupten. Mit wenigen Truppen eilte er nach dorthin voraus, aber der Beginn der Feindseligkeiten war für ihn sehr unglücklich. Der junge Pfalzgraf Ruprecht, der größere Haufen nachführte, wurde in der Lausitz nicht nur von Rudolf von Sachsen geschlagen, sondern auch selber nebst vielen Rittern gefangen genommen. Fünftehalb Jahre brachte er im Kerker zu. Dann rückte auch Karl aus Böhmen mit einem Heere heran, vereinigte sich mit dem des Waldemar und schlug sein Lager bei Heinersdorf zwischen Müncheberg und Fürstenwalde auf, wo von den versammelten Fürsten eine Commission gebildet wurde, welche über die Aechtheit Waldemar's entscheiden sollte. Da der Spruch zu seinen Gunsten ausfiel, so belehnte König Karl am 2. October 1348 Waldemar mit der Mark und ertheilte den Askaniern in Sachsen und Anhalt die Mitbelehnung, zugleich forderte er das Land auf, Waldemar als Herrn anzuerkennen. Für den Beistand, den Karl ihm geleistet, trat Waldemar demselben die Lausitz ab.

Dann brach das Heer auf, Frankfurt zu belagern, wohin Ludwig sich geworfen hatte, doch schon nach wenigen Tagen hob Karl die Belagerung auf, kehrte nach Böhmen zurück und erklärte alle die in die Reichsacht, welche Waldemar nicht anerkennen würden. Dieser aber einigte sich mit seinen Vettern, den askanischen Fürsten dahin, daß sie ihn nach seinem Tode beerben sollten, doch sollten die von Magdeburg zu Lehen gehenden Gebiete diesem anheimfallen.

Ludwig war es zwar nach dem Abzuge des Heeres gelungen, seinem Gegner mehrere Städte zu entreißen, doch fühlte er seine Kraft zu schwach gegen die des Kaisers und der Askanier. Deshalb überredete er den Grafen Günther von Schwarzburg die deutsche Krone anzunehmen, welche ihm durch die Wahl von Mainz, Pfalz, Brandenburg und Sachsen-Lauenburg im Januar 1349 übertragen wurde. Karl, besorgt um seine Krone, hielt eine Aussöhnung mit dem bayerschen Hause für das geeignetste Mittel, seine Würde zu behaupten. Er war damals Wittwer und vermählte sich im März mit einer Tochter des Pfalzgrafen Rudolf, eines nahen Verwandten von Ludwig. Die Askanier fürchteten mit Recht, der Kaiser möchte sie fallen lassen, um sich selber zu behaupten, und einigten sich dahin, daß die Fürsten von Anhalt nach Waldemar's Tode die Mark erhalten sollten, Sachsen dagegen die anhaltinischen Länder nebst einem Theil der Mark und Magdeburg die Altmark. Sämmtliche Städte, die sich ihnen angeschlossen hatten, erkannten diesen Vertrag an und gelobten den Anhaltinern Treue.

Aber auch König Günther sah nach dem Uebertritt des Pfalzgrafen zur Partei Karl's seine Macht auf ernstliche Weise bedroht. Schon krank zog er dem Erzbischof von Mainz zu Hülfe, wurde aber selber durch Karl im Schlosse Eltvil im Rheingau belagert und mit ihm Ludwig, der sich zu ihm begeben hatte. Hier nun war es, wo Ludwig mit Karl verhandelte und in Folge dessen es übernahm, Günther zur Verzichtleistung auf die Krone zu bewegen. Dieser, durch seine Krankheit eben so sehr wie durch die Treulosigkeit der Wahlfürsten gebrochen, willigte ein die Krone niederzulegen. Er that dies Ende Mai 1349, erhielt von Karl 20,000 Mk. als Abstandszahlung, starb aber schon wenige Tage nachher. Ludwig hatte versprochen, Karl als Kaiser anzuerkennen, ihm die Reichskleinodien auszuliefern, sich mit seinen Ländern von ihm belehnen zu lassen, nochmals auf die Ober=Lausitz zu verzichten und ihm freien Weg durch Tyrol zu gewähren. Dagegen verpflichtete sich Karl, bei dem Papste zu bewirken, daß Bann und Interdikt, die so oft über Ludwig und seine Länder ausgesprochen waren, aufgehoben, und seine Ehe mit Margarethe Maultasch anerkannt würde. Er mußte ihm ferner die Mark, auch die Nieder=Lausitz eingeschlossen, so wie Tyrol zugestehen und sich sogar einer neuen Wahl unterwerfen, um dadurch den Beweis zu geben, daß er nicht dem Papste, sondern den Wahlfürsten die Krone verdanke. Die Wahl wurde dann auch vorschriftsmäßig in Frankfurt vorgenommen, und Ludwig war persönlich bei der Krönung in Aachen zugegen, die im Juli erfolgte. Gleichzeitig wurde zunächst die Ehescheidung der Margarethe Maultasch von Johann, Karl's Bruder, von Seiten des Papstes ausgesprochen, da dieser sich anderweitig vermählen wollte.

Weniger günstig gestalteten sich anfangs die Dinge für Ludwig in der Mark, obgleich dies die Hauptsache für ihn gewesen war. Noch immer erkannte Karl hier Waldemar als Herrn an, und Ludwig blieb nur der Weg der Gewalt übrig. Während die Askanier kräftige Hülfe durch Mecklenburg bekamen, dem nach Waldemar's Tode eine gleiche Theilung der Mark zugesagt war, gelang es Ludwig den König Waldemar von Dänemark auf seine Seite zu ziehen, der auch die Herzöge von Pommern=Stettin und Wolgast für Ludwig gewann und mit einem Heere in die Ukermark eindrang. Doch gleich anfangs wurde er von den Mecklenburgern in Strasburg eingeschlossen, und Ludwig der Römer, der während des älteren Ludwigs Abwesenheit in der Mark war und sein Heer dem des Königs anschließen wollte, erlitt im September durch die Mecklenburger bei Oberberg eine schwere Niederlage. Bald darauf wurde jedoch ein Waffenstillstand abgeschlossen, der dadurch wichtig wurde, daß die Herren von Ruppin zu Ludwig übertraten, nachdem die beiden Städte Gransee und Wusterhausen ihnen abgetreten worden. Viele andere Vasallen und Städte folgten ihrem Beispiele.

König Waldemar hatte inzwischen bei Karl darauf gedrungen, die

Angelegenheiten der Mark zum Austrag zu bringen, und dieser sah sich genöthigt, seinem Versprechen nachzukommen. Zuvor aber traten König Waldemar, der Herzog von Lauenburg, die beiden Markgrafen Ludwig der Aeltere und der Römer in Spremberg mit Rudolf von Sachsen, den Grafen von Anhalt, dem Herzog von Mecklenburg und den Gesandten des Erzbischofs von Magdeburg zusammen; Markgraf Waldemar war nicht gegenwärtig. Man einigte sich dahin, den König Magnus von Schweden zum Schiedsrichter zu wählen; dessen Urtheilsspruche wollte man sich unterwerfen und bis zu dieser Entscheidung die Waffen ruhen lassen. Darauf brach man nach Bautzen zum Kaiser auf, der eine große Menge von Fürsten um sich versammelt hatte. Hier warf der Kaiser den Askaniern vor, daß sie widerrechtlich einen fremden König zum Schiedsrichter verlangt und ohne seine Zustimmung eine Theilung der Mark verabredet hätten, dann setzte er eine Commission ein, welche die Aechtheit Waldemar's nochmals untersuchen sollte. Daß die Askanier unter solchen Umständen sich nicht länger in der Versammlung aufhielten, ist leicht begreiflich. Jene Ritter und Herren, die den Urtheilsspruch abgeben sollten und sämmtlich der bayerschen Partei angehörten, erklärten, daß, wenn sie schwören sollten, ob Waldemar ächt oder falsch sei, sie lieber sprechen und schwören wollten, daß es der Markgraf Waldemar, Markgraf Conrad's zu Brandenburg sei. Sohn nicht wäre, als daß er es wäre. Auf diese Erklärung hin belehnte darauf den 16. Februar 1350 Karl feierlichst den Markgrafen Ludwig und seine beiden Brüder Ludwig und Otto mit der Mark und der Lausitz, mit der Kurstimme und dem Erzkämmerer-Amte und erließ an die Waldemar'schen Städte in der Mark die Erklärung, daß er Ludwig die Mark zurückgegeben habe, da dieser vor dem ganzen Reiche beweisen wolle, er, der Kaiser, sei in Bezug auf Waldemar gänzlich betrogen. Wie diese Beweisführung auf dem Reichstage zu Nürnberg im April geführt worden, ist unbekannt, nur das steht fest, daß weder die Askanier noch Ludwig zu demselben sich einfanden, daß aber Karl die Mark aufforderte, ferner nicht dem anzuhangen, den man Markgraf Waldemar nenne, da dieser unrecht sei, vielmehr Ludwig zu gehorsamen. Vergeblich baten Städte und Mannen den Kaiser, sie bei Waldemar zu lassen, dem sie auf sein Geheiß Treue geschworen; der Kaiser wies sie ausdrücklich an, von dem Unglaublichen zu lassen und Ludwig als Erbherrn anzunehmen.

Die askanischen Fürsten, vom Kaiser verlassen, suchten nach Möglichkeit wenigstens das zu behaupten, was sie von der Mark inne hatten. Die Städte und Mannen daselbst hatten zwar Waldemar gehuldigt, jetzt aber beeilten sich die Askanier die Erbhuldigung einzunehmen. Der Krieg mußte abermals Entscheidung herbeiführen, in welchem Ludwig dadurch ein bedeutendes Uebergewicht erhielt, daß es ihm gelang, Mecklenburg zu sich herüber zu ziehen; er leistete nämlich auf die Lehnsherrschaft über das Land Stargard Verzicht und überließ ihm Fürstenberg, das er erobert hatte. Noch glücklicher war er im folgenden Jahre 1351. Der Bischof von Havelberg söhnte sich mit ihm aus, die ganze Altmark und ein Theil der Prignitz schloß sich ihm theils freiwillig an, theils wurden sie gewaltsam unterworfen; auch Berlin und Cöln traten zu ihm über, und selbst der Erzbischof von Magdeburg schloß Frieden, nachdem ihm 5000 Mark als Entschädigung zugesichert waren, wofür die Vogtei Tangermünde und das Land Jerichow als Unterpfand gegeben wurden. Waldemar blieben am Schluß des Jahres 1351 nur die Ukermark, so weit sie nicht von Pommern besetzt war, und die Städte Nauen, Brandenburg und Görzke.

Jetzt erst führte Ludwig aus, was er schon zu Ende des vorigen Jahres beabsichtigt hatte. Er übergab zu Luckau die Mark seinen beiden Brüdern Ludwig dem Römer und Otto und zog sich nach Bayern zurück, um dort den Rest seines vielbewegten Lebens in Ruhe zuzubringen. Erst 1359 wurde der Bann, der noch immer auf ihm lastete, aufgehoben und seine Ehe für gültig erklärt. Er starb 1361 eines plötzlichen Todes, seine Gemahlin Margaretha Maultasch 1366.

2. Ludwig II. der Römer. 1351—1365.
3. Otto der Faule. (1351) 1365—1373.

Der dritte Sohn des Kaisers Ludwig, Ludwig der Römer, wurde 1328 in Rom geboren, als der Vater daselbst die Kaiserkrone empfing. Er folgte seinem ältesten Bruder in der Regierung der Mark nach früher geschlossenen Verträgen. Nämlich schon 1334 hatten die Brüder einen Erbvertrag der Art festgesetzt, daß sie sich gegenseitig beerben sollten, falls einer von ihnen mit Tode abginge ohne Söhne zu hinterlassen. 1338 wurde dieser Vertrag erneuert, der Vater hatte ihn bestättigt und die Söhne zur gesammten Hand mit Bayern und der Mark belehnt. Noch später, im Jahre 1349, als die Aussöhnung mit Kaiser Karl erfolgt war, wurde eine Theilung des Landes der Art vorgenommen, daß die drei Brüder Ludwig der Aeltere, Ludwig der Römer und Otto außer mehreren kleineren Besitzungen Ober-Bayern und die Mark, dagegen Stephan, Wilhelm und Albrecht Nieder-Bayern so wie die Grafschaften Holland, Seeland und Friesland, welche der Familie durch Erbschaft angehörten, erhalten sollten. Jede dieser beiden Hauptlinien sollte für sich unter einander erben, und erst dann, wenn eine ganze Linie in ihren einzelnen Zweigen ausgestorben wäre, sollte die andere eintreten. Endlich hatten die drei erstgenannten Brüder in dem erwähnten Vertrage zu Luckau 1351 eine Theilung der Art vorgenommen, daß Ludwig der Aeltere Ober-Bayern und die sonstigen Besitzungen in Süd-Deutschland erhalten, während die Mark und die Lausitz den beiden jüngeren Brüdern zufallen sollten. Stürbe einer von ihnen ohne Erben, so sollten die beiden andern sein Land theilen. Ueberdies aber hatte sich Ludwig der Aeltere die Kurwürde auf Lebenszeit vorbehalten.

Zufolge dieses Uebereinkommens nun übernahm Ludwig der Römer die Brandenburgischen Länder und empfing mit seinem noch unmündigen Bruder Otto die Huldigung. Dann begab er sich mit Beginn der besseren Jahreszeit 1352 zum Heere, um den Krieg fortzusetzen. Derselbe wurde mit schwankendem Glücke geführt und schien eine Zeit lang für Ludwig eine schlimme Wendung nehmen zu wollen, da Pommern-Wolgast und der Erzbischof von Magdeburg wieder auf die Seite der Askanier traten. Durch kluge Verhandlungen erreichte Ludwig jedoch, was seinen Waffen nicht gelungen war. 1354 trat er an Pommern-Stettin für die geleistete Hülfe die ukermärkischen Schlösser und Städte Stolpe, Angermünde, Schwedt, Zichow und Brüssow mit ihrem Gebiete ab, die es den Mecklenburgern entrissen hatte. Waldemar hatte nämlich, als Mecklenburg mit ihm verbunden war, demselben die Vogteien Jagow, Stolpe und Liebenwalde eingeräumt, von welchen Pommern jene Gebiete gewonnen; der Rest dieser Vogteien, nämlich Liebenwalde, Zehdenick, Straßburg und Fürstenwerder mit der dazu gehörigen Landschaft blieb auch bei Mecklenburg, als es sich 1350 mit Ludwig aussöhnte, so wie auch Einiges in der Prignitz. Pommern-Wolgast hatte für die neue Hülfe, die es 1354 den Askaniern gewähren wollte, ebenfalls ukermärkische Besitzungen als Unterpfand für die Summe von 10,000 Mk. überwiesen erhalten, die jene zu zahlen versprachen. Als es sich bald darauf mit Ludwig aussöhnte, wurde ihm auch von demselben der Pfandbesitz von Pasewalk und den beiden Schlössern Alt- und Neu-Torgelow gelassen. Zu gleicher Zeit trat in dem zweiten Frieden mit Magdeburg Ludwig dem Erzbischof die Stadt Sandow und die Länder Kamern, Klitz, Jerichow und Schollene d. h. das Land zwischen Elbe und Havel ab, das seitdem bei Magdeburg verblieb. Außerdem hatte Ludwig noch 3000 Mk. baar zu zahlen. Dafür belehnte der Erzbischof die beiden Brüder Ludwig und Otto mit alle dem, worüber Magdeburg die Lehnsherrschaft behauptete, und erkannte das Angefälle dieser Länder an ihre Brüder in Bayern an. Der Herzog von Sachsen endlich wurde ebenfalls durch eine Geldsumme abgefunden, für welche bis zu erfolgter Zahlung die Herrschaft Zossen und die Vogtei Saarmund verpfändet werden mußten.

Unter solchen Umständen waren die Fürsten von Anhalt auf ihre eigne Kraft angewiesen und sahen sich zu einem Vergleich mit Ludwig genöthigt. Derselbe kam den 27. Februar 1355 unter folgenden Bedingungen zu Stande. Der Markgraf Waldemar verzichtete auf die Mark und alle mit derselben verbundenen Rechte zu Gunsten Ludwig's und überließ diesem die noch in seinem Besitze befindlichen Vogteien Prenzlow und Templin, so wie die Städte Brandenburg und Görzke. Dagegen sollte Ludwig 10,000 Mk. an die Fürsten von Anhalt als Entschädigung zahlen und ihnen jene Gebiete einstweilen als Unterpfand lassen, da er unvermögend war, sogleich baare Zahlung zu leisten. Anfang März entband Waldemar die letzten treuen Anhänger ihres Eides, ging darauf nach Dessau, wo er 1357 starb; er wurde im fürstlichen Erbbegräbniß der dortigen Schloßkirche beigesetzt.

Bei der von Kaiser Karl wiederholt angestellten Untersuchung über die Aechtheit Waldemar's ist das eigenthümliche Verfahren beobachtet worden, daß das erste Mal nur von der askanischen, das zweite Mal nur von der bayerschen Partei ein Urtheil abgegeben wurde. Es kann demnach nicht auffallen, daß die Meinung über seine Aechtheit eine getheilte geblieben ist bis auf diesen Tag, da auch die neuesten Forschungen nichts thatsächlich Entscheidendes ermittelt haben. Wir haben deshalb seine Geschichte ausführlicher erzählt, damit der Leser sich selber sein Urtheil darüber bilden möge. Hier nur die kurze Bemerkung: Es liegt allerdings nahe, aus dem rücksichts- und rechtlosen Verfahren Karl's gegen die Askanier die Ansicht herzuleiten, daß er nur seine Krone habe behaupten wollen, und daß das Gefühl der Schuld ihn gedrückt; die Geisteskrankheit des wahren Waldemar's, von der ein Zeitgenosse spricht, läßt Vieles möglich finden, was sonst unglaublich erscheinen würde, aber der Nachweis fehlt ganz, daß man den ehrenwerthen, angesehenen Männern seiner nächsten Umgebung so große Schwäche und Kurzsichtigkeit zuschreiben müsse, daß auch nicht Einer sich dem Vorhaben des geisteskranken Fürsten entgegengestellt hätte, und ohne Mitwissen derselben läßt sich doch die Wegführung der Leiche von Bärwalde nach Chorin und die Beisetzung derselben an letzterem Orte nicht denken. Daß der Kaiser ihn nicht als Betrüger bestrafte, ja nicht einmal so nannte, kann sehr wohl aus seiner Mitschuld erklärt werden; er konnte die Askanier nicht des Betruges beschuldigen, dessen Urheber er gewesen sein mochte. — Die Angabe, daß ein Müller Jäkel Rehbock aus dem Dorfe Hundeluft oder ein Bäcker Maenecke aus Beelitz, der eine Zeit lang Schildknappe Waldemar's gewesen, die Rolle des Betrügers übernommen habe, bedarf wohl keiner Widerlegung.

Daß das Land schwer in diesem langen Kriege gelitten hatte und sich nach Ruhe und Erholung sehnte, liegt nur zu nahe. Die Mittel waren so erschöpft, daß man es beim Markgrafen durchsetzte, ihm einen controllirenden Rath zur Seite zu stellen, um nur einigermaßen Ordnung in die Finanzen zu bringen. Eben so mußte er auch das Versprechen geben, die Landesämter nicht mit Fremden, sondern mit Eingebornen zu besetzen, was allerdings jetzt um so eher geschehen konnte, als der innige Zusammenhang der Mark mit Bayern aufhörte, der unter Ludwig dem Aelteren bestanden hatte. Die Parteiwuth, die Jahre lang das Land zerfleischt, konnte sich auch lange nach dem Abtreten Waldemar's nicht mäßigen, ungeachtet Ludwig strenge Verordnungen erließ, daß das Geschehene nicht Gegenstand gerichtlicher Klage werden sollte. Eben so mußten harte Maßregeln gegen die Räubereien ergriffen werden, zu denen die Noth und die Verwilderung des Lebens Viele veranlaßt hatte.

Schon Kaiser Ludwig hatte einen großen Theil der Lausitz an den Markgrafen Friedrich von Meißen für eine Summe verpfändet, die er und seine Söhne von diesem aufgenommen hatten. Diese Schuld wurde während der harten Bedrängniß der Markgrafen noch bedeutend vergrößert, und vermuthlich 1355 fand deßhalb die Verpfändung der ganzen Lausitz mit Ausnahme der Herrschaft Zossen an Meißen statt. Kaiser Karl, der in dieser Landschaft 1357 Schloß und Stadt Hoyerswerda, 1359 Schloß und Stadt Spremberg an sich gekauft hatte, vermochte die Markgrafen Ludwig und Otto zu der Einwilligung, daß er oder sein Schwager Bolko von Schweidnitz die Lausitz einlösen dürften. In der That erfolgte schon 1364 diese Einlösung durch Bolko, und Markgraf Otto überließ 1367 für jene Einlösungssumme das Land an Karl's Sohn Wenzel erb- und eigenthümlich, was er auf dem Reichstage zu Nürnberg 1368 bestättigte. Die Lausitz war seitdem auf immer für die Mark verloren. Die Pfandsumme an Meißen hatte 21,000 Mk. betragen, außerdem waren 22,866 Schck. Groschen Prager Münze gezahlt worden, von denen Meißen ebenfalls noch 10,000 Schck. als besondere Kosten-Entschädigung erhielt; nur den Rest jener Summe von etwa 13,000 Schck. bekam Otto ausgezahlt. Karl und sein Sohn Wenzel zahlten überdies noch die 6000 Mk. zurück, welche Magdeburg zu Anfang des Jahrhunderts auf die Lausitz an Friedrich den Jüngeren von Meißen gezahlt hatte, und wovon oben gesprochen worden ist.

Auch nach einer andern Seite hin verlor die Mark an Umfang. 1358 hatte Pommern-Wolgast sich erboten, Pasewalk und die beiden Torgelow für 13,000 Mk. wieder auslösen zu lassen, Ludwig aber suchte 1359 mit bewaffneter Hand dies Land wieder zu gewinnen. Nachdem er bei Pasewalk eine schwere Niederlage erlitten, mußte er sich zum Frieden bequemen und in demselben versprechen, jene 13,000 Mk. in einer Summe zu zahlen. Es ist ihm jedoch nie möglich geworden, diese Summe aufzubringen, und diese Gebiete fielen deßhalb an Pommern, zu dem sie noch jetzt gerechnet werden.

VI. Die bayerschen Markgrafen.

Auch die Einlösung der den Fürsten von Anhalt verpfändeten Vogteien Prenzlow und Templin so wie der Städte Brandenburg und Görzke zog sich bedeutend in die Länge, denn bis zum J. 1369 waren erst 1000 Mk. abgetragen worden. Um die restirenden 9000 Mk. zu tilgen, griff Markgraf Otto zu einem Mittel, das zwar augenblicklich half, für die Folge aber die Einkünfte des Landesherrn empfindlich vermindern mußte. Er verkaufte nämlich an 14 Städte, darunter Frankfurt, Berlin, Cöln, Spandau ꝛc., das Münzrecht für 6500 Mk., von denen er 5000 Mk. zur Abtragung jener Schuld benutzte. 3000 Mk. mußten jene vier genannten Städte gegen besonderes Unterpfand vorstrecken, und der Rest von 1000 Mk. wurde im folgenden Jahre 1370 getilgt, so daß da erst die Ansprüche der anhaltischen Fürsten vollständig abgelös't, und jene Pfandschaften derselben an die Mark zurückgebracht wurden.

Kaiser Karl hatte nicht nur die Lausitz an sich zu bringen gewußt, sondern er ging auch damit um, die ganze Mark für sein Haus zu gewinnen. Er suchte das dadurch zu erreichen, daß er in dem bayerschen Hause Feindschaft unter den Brüdern zu erregen wußte, die zuletzt einen unheilbaren Bruch herbeiführen sollte. Schon durch die goldne Bulle, dies berühmte Reichsgesetz, durch welches er die inneren Angelegenheiten des Reiches ordnete, entzog er 1356 Ludwig dem Aelteren die Kurwürde, die sich derselbe im Luckauer Vertrage vorbehalten hatte, und übertrug sie auf Ludwig den Römer, da diese Würde stets untrennbar mit dem Lande verbunden sein sollte. Sehr erwünscht kam ihm dann nach des älteren Ludwig's Tode die Uneinigkeit unter den bayerschen Fürsten, ob Stephan von Nieder=Bayern oder Ludwig der Römer den einzigen hinterlassenen Sohn des ältesten Bruders, Meinhard, beerben sollte, falls derselbe ohne Nachkommen stürbe, obgleich nach den oben erwähnten Verträgen das Recht Ludwig's des Römer gar nicht zweifelhaft sein konnte. Als 1362 darüber unter den Fürsten ein Krieg auszubrechen drohte, trat Karl entschieden auf die Seite der märkischen Bayern und verlobte seine Tochter Elisabeth mit Otto. Bald darauf starb zu Anfang 1363 Meinhard, und während Oesterreich Tyrol in Besitz nahm, bemächtigte sich Stephan Ober=Bayerns. Dieser Gewaltstreich brachte einen völligen Bruch herbei, und schon im März 1363 schlossen Ludwig und Otto zu Nürnberg einen Erbvertrag mit dem Kaiser dahin ab, daß dieser oder seine männlichen Erben die Mark überkommen sollten, falls sie ohne solche stürben. Der Kaiser wußte die Zustimmung der meisten Kurfürsten zu diesem Erbvertrage sich zu sichern, und nahm für seinen Sohn Wenzel die Eventualhuldigung in der Mark ein.

Nichts bestättigt mehr die hinterlistige Politik Karl's gegen das bayerische Haus als seine Verhandlungen mit Herzog Stephan, indem er demselben 1364 Ober-Bayern zusprach und den märkischen Bayern keine Unterstützung zukommen zu lassen gelobte, falls diese mit Gewalt Ober-Bayern nehmen wollten. Andrerseits wußte er es bei Otto dahin zu bringen, daß dieser das Versprechen gab, er wolle, wenn seine künftige Gemahlin Elisabeth ihm die Fürstenthümer Schweidnitz und Jauer als Mitgift zubrächte, dafür die Neumark an Böhmen überlassen, und die Mannen und Städte dieses Landes mußten diesen Vertrag genehmigen. Noch mehr wußte Karl den Markgrafen Otto als Spielball zu gebrauchen, als sein Bruder Ludwig der Römer 1365 kinderlos gestorben, und er der alleinige Herr der Mark geworden war. Er veranlaßte ihn, die Altmark seinem Schutze auf zunächst 6 Jahre zu überlassen, statt seiner verlobten Braut Elisabeth deren ältere Schwester Katharina, Wittwe des Herzogs Rudolf von Oesterreich, zur Gemahlin zu nehmen und endlich die Lausitz, wie oben erwähnt, dem Kaiser erb- und eigenthümlich zu überlassen.

Daß Otto den Beinamen der Faule erhalten, ist wohl nach so unwürdiger Behandlung, die er sich von Kaiser Karl gefallen ließ, leicht erklärlich. Nachdem der Kaiser sich noch einmal 1370 von ihm den Erbvertrag hatte bestätigen lassen, führte er selber den Bruch herbei, um die Sache zum Abschluß zu bringen. Auf dem Reichstage zu Nürnberg, woselbst er seinen noch nicht 10 Jahr alten Sohn Wenzel mit Johanna, der Tochter Albrecht's von Bayern, vermählte, verlangte er von Otto, daß dieser ihm schon jetzt die Mark abtreten sollte, und als sich dieser dessen weigerte, erklärte er ihm den Krieg, ohne sich in weitere Besprechungen einlassen zu wollen. Otto suchte nun in der Aussöhnung mit seinem Bruder Stephan Rettung; ihnen schloß sich auch der Kurfürst Ruprecht von der Pfalz an, und, was von besonderer Wichtigkeit war, auch König Ludwig von Polen und Ungarn. Bereits im Frühjahr 1371 rückte ein bayersches Heer, geführt von Stephan's Sohn Friedrich in die Mark. Otto ließ diesem seinen Neffen in Folge der früheren Erbeinigung, die er mit seinem Bruder erneut hatte, vom Lande die Huldigung leisten; der Kaiser erwiderte dies dadurch, daß er von der Lausitz her in die Mark einfiel, während die Herzöge von Lauenburg, Mecklenburg und Stettin, die mit dem Kaiser verbunden waren, von der anderen Seite her Otto's Länder angriffen. Die Hülfe jedoch, die den Bayern von verschiedenen Seiten zugesagt wurde, bestimmte den Kaiser zu einem Waffenstillstand auf 1½ Jahr, während welcher Zeit er namentlich König Ludwig, wiewohl vergeblich, auf seine Seite zu ziehen suchte. Mecklenburg hatte während des kurzen Krieges an seinen märkischen Pfandschaften in der Prignitz wie in der Ukermark Verluste erlitten, der Kaiser zog es aber dadurch wieder auf seine Seite, daß er ihm namentlich das verloren gegangene Liebenwalde als Pfand für 12,000 Mk. zusicherte, die übrigen Pfänder als erbliches Lehen zusprach und ferner noch die Belehnung mit der Prignitz und die Verpfändung von Havelberg hinzufügte. Plötzlich brach er dann 1373 in die Mark ein und griff Otto an, der ebenfalls nicht müßig gewesen war, sich nach Kräften zu rüsten. Er entnahm zu dem Zwecke von seinem Bruder und dessen Söhnen 200,000 Rfl. und verpfändete ihnen dafür die Altmark und Prignitz, deren Einwohner seinem Neffen Friedrich als Pfandherrn huldigen mußten. Ehe jedoch noch Ludwig von Ungarn heranzog, hatten der Kaiser und seine Bundesgenossen den Bayern eine Feste nach der andern entrissen, ungeachtet sie kräftigen Widerstand fanden. Um nicht Alles zu verlieren, sahen sich Otto und Friedrich endlich genöthigt, am 15. August 1373 in dem Lager des Kaisers vor Fürstenwalde in die Bedingungen einzugehen, welche ihnen derselbe vorschrieb. Der Kaiser zahlte für die Mark 500,000 Gold=gulden, außerdem sollte Otto zwölf Städte und Schlösser in der Ober=pfalz erhalten, die der Kaiser mit 100,000 Goldgulden von den bayer=schen Herzögen einlösen durfte, falls Otto ohne Söhne stürbe. Otto sollte überdies die Kurwürde und das Erzkämmerer=Amt auf Lebenszeit behalten.

Nachdem Otto das Land dem Kaiser und seinen Söhnen über=wiesen hatte, zog er sich nach dem Schlosse Wolfstein bei Landshut in Bayern zurück, wo er 1379 starb. Seine Vermählung mit der Kaiser=tochter Katharina war wohl schon vor 1370 erfolgt.

So endete die Herrschaft des Hauses Bayern oder Wittelsbach in der Mark, welche diesen Fürsten wie dem Lande wenig Freude und Segen gebracht hat, welche das unter den Askaniern blühende Land schrecklich verwüstet und den sittlichen Halt der Bevölkerung gänzlich untergraben hatte. So bedeutend auch die Summe war, die den Bayern als Entschädigung gezahlt wurde, so deckte sie doch die Summen nicht, welche es gekostet, das Land zweimal für sie zu gewinnen und zu be=haupten. Alle Anstrengungen waren vergebens gewesen, und die bestän=digen Kriegswirren hatten den Bayern nicht Zeit gelassen, für das Wohl des Landes Sorge zu tragen. „Wer Unrecht säet, wird Mühe ernbten!" Dies Wort möchte man auf Kaiser Ludwig anwenden, als derselbe die Mark den Näherberechtigten entriß, um die Größe seines Hauses zu mehren; das Unrecht des Vaters, als er seinen Erstgebornen mit der Mark belehnte und das askanische Haus ganz überging, hat seinen Söhnen die bittersten Früchte getragen.

VII. Die Luxemburger.
1373—1415.

Kaiser Karl hatte die Mark für eine verhältnißmäßig schwere Summe Geldes erkauft. Das noch vorhandene Landbuch, das er in der Mark zusammenstellen ließ, um die Finanzen zu regeln, weis't nur ein landesherrliches jährliches Einkommen von 6500 Mk. nach, so daß jene 600,000 Gulden oder 150,000 Mk. nur 4¼ Procent einbrachten, während der damalige Zinsfuß 10 Procent betrug. Aber Karl brachte dies nicht unbedeutende Opfer, um seine Hausmacht zu vergrößern, sein Besitzthum abzurunden. Die Art und Weise jedoch, wie er auf Schlangenwindungen sich in den Besitz des Landes gesetzt hatte, brachte seiner Familie keinen Segen, das unrecht erworbene Gut kam nicht auf den dritten Erben. Abermals stellt sich vor unsern Augen ein trostloses Bild von unserm Vaterlande dar; noch eine lange Laufbahn der Noth und des Unglücks sollte durchlaufen werden, ehe geordnetere Zustände eintraten.

1. Wenzel. 1373—1378.

Nachdem Otto die Mark ihres Eides gegen ihn entlassen und sie an den Kaiser so wie an dessen Sohn Wenzel gewiesen, nachdem ferner Herzog Friedrich zugleich im Namen seines Vaters und seiner Brüder seinen Ansprüchen entsagt hatte (Pfalz-Bayern verzichtete erst ein Jahr später auf die Mark), belehnte der Kaiser im October 1373 seine Söhne Wenzel, Siegmund und Johann, und falls diese ohne Kinder stürben, seinen Bruder Johann, Markgrafen von Mähren, und dessen Erben mit der Mark und ließ von den Nachbarn die Uebernahme der Mark durch seine Familie noch durch besondere Verträge bestättigen. Darauf bewog der Kaiser die Stände der Mark, in die Erbeinigung der Mark mit Böhmen der Art einzuwilligen, daß das Land auf ewige Zeiten mit Böhmen vereint bleiben sollte.

Wenzel war erst 12 Jahr alt, als er zum Markgrafen von Brandenburg ernannt wurde, deshalb übernahm der Kaiser selber die Regierung hierselbst, die dem Lande zu großem Segen gereichte, so daß sein nur zu bald eintretender Tod um so mehr zu beklagen war, als dadurch die großen Pläne ins Stocken geriethen, die er zu Gunsten des neu erworbenen Landes entworfen hatte. Den Frieden nach außen sicherte er durch Verträge mit den Nachbarn, Pommern bestättigte er die Pfandschaft von Pasewalk und Torgelow, dagegen mußte Mecklenburg der Prignitz entsagen und verlor auch seine Besitzungen in der Ukermark.

Er verabredete nämlich 1376 eine Vermählung seines jüngsten Sohnes Johann mit einer mecklenburgischen Prinzeß, ließ sich die oben genannten Orte Liebenwalde, Zehdenick, Strasburg und Fürstenwerder sogleich abtreten, und versprach der Braut 6000 Mk. zu zahlen. Die Vermählung kam zwar nicht zu Stande, doch blieben die genannten Besitzungen bei der Mark, ohne daß bekannt ist, unter welchen Bedingungen. Die beiden Flüsse Oder und Elbe, welche von Böhmen und Schlesien aus für die Schifffahrt bequem gemacht wurden, ersah er als die geeignetsten Handelsstraßen zur Verbindung seiner Erbländer mit dem Meere. Wie an ersterem Frankfurt ein Hauptstapelort war, so beabsichtigte er, für die Elbe Tangermünde zu einem solchen zu erheben und knüpfte zu dem Ende auch persönlich in Lübeck Unterhandlungen mit der Hansa an. Hier in Tangermünde ließ er auch für sich ein prächtiges Schloß bauen und seine beiden jüngeren Söhne Siegmund und Johann daselbst erziehen. Um aber seiner Familie die Thronfolge in Deutschland zu sichern, veranlaßte er 1376 zu Rense die Wahl Wenzel's zum deutschen König, wobei noch Otto seine Stimme als Kurfürst abgab.

Noch bei Lebzeiten des Kaisers Karl wurde von seinen Söhnen eine Theilung der Länder der Art vorgenommen, daß Wenzel Böhmen mit Schlesien erhalten sollte, Siegmund die Mark Brandenburg und Johann, der bereits das Herzogthum Görlitz besaß, die Ober- und Nieder-Lausitz, die Neumark und die Grafschaft Luxemburg. Schon im Juni 1378 überwies deßhalb Wenzel die Mark an seinen Bruder Siegmund und bestimmte, daß, wenn dieser ohne männliche Erben stürbe, die Mark auf Johann übergehen, daß aber dann die Ober- und Nieder-Lausitz an Böhmen fallen sollten. Stürbe auch dieser ohne Söhne, so solle die gesammte Mark wieder mit Böhmen vereinigt werden.

2. Siegmund. 1378—1397 u. 1411—1415 } Kurfürsten
3. Jobst. 1397—1411 } von Brandenburg.
4. Johann. (1378) 1388—1396 Herr der Neumark, der Ober- und Nieder-Lausitz.

Markgraf Siegmund war 10 Jahre alt, als er die Regierung in der Mark selber, ohne einen Vormund antrat. Seitdem begann abermals eine wo möglich noch traurigere Zeit für das Land als je zuvor. Nur einmal ließ er sich während seiner Regierungszeit in der Mark sehen, übrigens dieselbe durch Statthalter regieren, denen es an Macht und Mitteln fehlte, Ruhe und Sicherheit im Innern wie nach außen aufrecht zu erhalten, da sämmtliche baare Einkünfte von Siegmund bezogen wurden. Zu diesem für das Land so unglücklichen Verhältnisse gab die Bewerbung Siegmund's um die reiche Prinzeß Maria

Siegmund.

von Polen und Ungarn die Veranlassung. Sie war die Tochter des obengenannten Königs Ludwig; ihre Verlobung fand 1382 statt, als Siegmund also 14 Jahr alt war, und dieser empfing gleich damals die Erbhuldigung in Polen. Leider aber starb Ludwig wenige Monate später, und vergeblich suchte nun Siegmund die Krone Polens für sich zu gewinnen. Eben so wenig glückte es ihm in Ungarn, wo zwar seine Verlobte Maria zum König gekrönt, ihm aber kein Antheil an der Regierung zugestanden wurde. Dazu kam, daß die Königin Wittwe Elisabeth ihm wenig gewogen war und Polen für ihre jüngere Tochter Hedwig zu erhalten suchte. Siegmund brach deshalb mit ungarischen und brandenburgischen Schaaren in Polen ein und suchte sich gewaltsam zum Könige aufzudrängen, doch sein Bemühen war vergeblich. Hedwig's Anhang wuchs je länger je mehr, und bereits 1384 wurde sie in Krakau als Königin gekrönt. Durch ihre Vermählung mit dem Großfürsten Wladislaw Jagiello von Lithauen 1386 wurden Polen und Lithauen zu einem Ganzen verbunden, Siegmund mußte der Hoffnung entsagen, Polen für sich zu gewinnen.

Aber auch der Besitz von Ungarn schien ihm nicht zu Theil werden zu sollen. Maria war zwar als König anerkannt und regierte mit Hülfe ihrer Mutter Elisabeth, doch die Ungarn, unzufrieden mit beiden, riefen den König Karl III. von Neapel, einen Verwandten des verstorbenen Königs Ludwig, herbei, um ihm die Krone zu übertragen. Da söhnte sich Elisabeth mit Siegmund aus, vermählte Maria mit ihm, konnte aber nicht verhindern, daß Karl III. am Schlusse des Jahres 1385 zu Ofen als König von Ungarn gekrönt wurde. Aufgebracht darüber mußte Elisabeth denselben an sich zu locken und ließ ihn bei einer Unterredung ermorden. Der Mörder wurde durch die zahlreichen Anhänger Karl's getödtet, die Königin Mutter ertränkt, Maria aber gefangen fortgeführt. Siegmund, der schon vor Karl's Krönung nach Deutschland gegangen war, Geld aufzutreiben und Truppen zu werben, eilte mit einem Heere herbei, erzwang die Freilassung seiner Gemahlin und seine Anerkennung als Generalcapitain von Ungarn und im folgenden Jahre 1387 seine feierliche Krönung.

Um diese schweren Kosten zu bestreiten, hatte Siegmund von seinen Vettern, den Markgrafen Jobst und Procop von Mähren, den Söhnen von Karl's IV. Bruder Johann, Gelder entliehen und dafür eine große Anzahl von Schlössern, Städten und Districten in Ungarn als Unterpfand einräumen müssen. Um diese einzulösen, zog er es vor, dafür die Mark zu verpfänden. 1388 beschied er Abgeordnete des Landes zu sich nach Ungarn, die jedoch nur die Zeugen dieser Verpfändung abgaben. Für 565,263 Gulden wurde die Mark dem Jobst und Procop von Mähren übergeben mit der Bedingung, daß Siegmund dieselbe innerhalb der nächsten fünf Jahre wieder einlösen könne. Geschähe dies nicht, so sollte die Mark Eigenthum der Pfandbesitzer werden, auch sollte die Kurwürde und das Erzkämmerer-Amt von dem Lande nicht getrennt werden. Um seine Brüder zu ihrer Zustimmung zu bewegen, hatte er Wenzel die Auszahlung der Jahrgelder erlassen, die ihm nach Anordnung Karl's aus Böhmen zustanden, und seinem näheren Erbrecht an der Krone Böhmen zu Gunsten Johann's entsagt. Zugleich wurde damals erst diesem jüngsten Bruder Johann das Land über Oder eingeräumt, so daß dies nicht in den Pfandbesitz der mährischen Vettern überging. Darauf ging Jobst nach der Mark, die Huldigung anzunehmen, welche im Fall seines Todes zwar auch auf seinen Bruder Procop ausgedehnt wurde, wobei jedoch Jobst sich ausdrücklich vorbehielt, die Mark bei seinen Lebzeiten auch einem andern Herrn überweisen zu können.

Die Einlösung des Landes blieb Siegmund unmöglich, und die Mark hätte deshalb 1393 mit der Kurwürde und dem Erzamte an Jobst übergehen müssen, wenn nicht die Verhältnisse letzterem so ungünstig gewesen wären, daß noch mehrere Jahre vergingen, ehe ihm der Besitz rechtlich zugesprochen wurde. Wenzel war nämlich seit seines Vaters Tode 1378 König von Deutschland geworden, seine Regierung im Reiche war aber eine eben so schwache und verächtliche, wie sie in seinen Erblanden, in Böhmen, eine tyrannische war. Während sich im südwestlichen Deutschland die Städte zu gemeinschaftlichem Schutze mit einander verbanden, und ebenso der niedere Adel in Gesellschaften zusammentrat, theils mit den Städten, theils mit dem höheren Adel in beständiger Fehde begriffen, so war auch der Herrenbund in Böhmen gegen die Gewaltthätigkeiten Wenzel's zusammengetreten und hatte die Hülfe Siegmund's in Anspruch genommen, der sich zu diesem Zwecke mit Jobst von Mähren, Albrecht von Oesterreich und Wilhelm von Meißen verband. Jobst überfiel Wenzel, setzte ihn im Mai 1394 gefangen und ließ sich zum Hauptmann von Böhmen ernennen. Damit war aber der jüngste Bruder Johann unzufrieden; er drang mit einem Heere in Böhmen ein, ließ sich die Thronfolge zusichern und erzwang die Freilassung Wenzel's im August 1394. Procop hatte sich ihm angeschlossen und gerieth darüber mit seinem Bruder Jobst in Feindseligkeiten. Dies benutzte Siegmund, sich von letzterem zum Erben der Mark einsetzen zu lassen 1395, wogegen Procop vergeblich protestirte. Kaum hatte Wenzel jedoch seine Freiheit wieder erhalten, so verfuhr er nach gewohnter Weise, zerfiel auch bald mit seinem Bruder Johann und hielt ihn einige Zeit in Prag gefangen. Schon 1396 im März starb Johann an Gift, sein Land über Oder fiel nach früherem Vertrage an Siegmund, die Lausitz an Wenzel.

Siegmund hatte sich inzwischen mit seinem Bruder ausgesöhnt, war zum General-Statthalter von demselben eingesetzt worden und hatte einen Frieden zwischen Wenzel und Jobst so wie den böhmischen Herren herbeigeführt. Ja als die Türken Ungarn bedrohten und Siegmund sich zum Kriege gegen dieselben rüstete, trat Jobst in Böhmen an seine Stelle. Diese Zeit der Freundschaft mit Wenzel benutzte Jobst, die Belehnung der seit 1393 ihm zugefallenen Mark zu erhalten. Ungeachtet er erst zwei Jahre zuvor Siegmund zum Erben in der Mark eingesetzt hatte, übertrug er diese Erbschaft 1397 auf König Wenzel, erhielt dafür von diesem die Nieder-Lausitz auf Lebenszeit, die Ober-Lausitz auf fünf Jahre überwiesen und wurde am 3. April 1397 feierlichst zu Prag mit der Mark und zugleich mit der Kurwürde und dem Erzkämmerer-Amte belehnt. Da er jedoch gleich darauf wieder mit Wenzel zerfiel, wurde ihm erst 1400 nach erfolgter Wiederaussöhnung der übliche Lehnbrief ausgestellt, und ungeachtet Wenzel sein Erbrecht auf die Mark zu Gunsten seines Bruders Siegmund aufgab, ließ er doch Jobst im Besitze der Lausitz.

Die Trägheit des Königs Wenzel — er wurde der Faule genannt — veranlaßte, daß die rheinischen Kurfürsten seine Absetzung beschlossen; sie wählten 1400 den Kurfürsten von der Pfalz, Ruprecht, zum Könige, nur war dieser leider nicht der Mann, der sich Ansehn zu verschaffen wußte. Es kam auch nicht zu Feindseligkeiten zwischen beiden Königen, ja Wenzel wollte ihm sogar die Königswürde zugestehen, wenn ihm die kaiserliche bliebe. Bald brachen dagegen zwischen ihm und Siegmund neue Feindseligkeiten aus; letzterer drang in Böhmen ein, nahm seinen Bruder gefangen und wollte sich zum Könige von Böhmen erheben. Procop, der Wenzel zu Hülfe kommen wollte, gerieth in die Gewalt von Siegmund, der ihn 1402 in Brünn verhungern ließ. Wenzel jedoch, der als Gefangener nach Oesterreich abgeführt worden war, fand Gelegenheit zur Flucht, kehrte nach Prag zurück, bemächtigte sich des Thrones wieder und führte sein zügelloses Leben nach wie vor fort.

Nach dem Erzählten wird es von selber klar sein, in welch trauriger Lage sich die Mark während dieser Streitigkeiten ihrer regierenden Häupter unter einander befinden mußte. Siegmund wie Jobst suchten nur die Einkünfte des Landes zu beziehen und überließen die Mark Statthaltern, denen sie keine Mittel gewährten Sicherheit nach außen, Ruhe und Ordnung im Innern aufrecht zu erhalten. So kam es denn, daß die Nachbarn aufs neue die Mark mit feindlichen Einfällen heimsuchten, während im Innern das Faustrecht in voller Blüthe stand. Der Erzbischof von Magdeburg nahm 1391 den Statthalter Lippold v. Bredow gefangen, eroberte 1394 Ratenow durch Verrath, plünderte es gänzlich aus, vertrieb sämmtliche Einwohner, auch Weiber und Kinder, und konnte erst 1396 durch Jobst bewogen werden, den Statthalter so wie Ratenow wieder frei zu geben. Braunschweig-Lüneburg verheerte die Altmark und Prignitz auf furchtbare Weise und entriß 1390 Schnackenburg und Gartow, 1391 Klötzen, die nie wieder zur Mark gekommen sind. Gegen Mecklenburg suchte Jobst dadurch das Land zu schützen, daß er die Herzöge zu Statthaltern einsetzte. Noch verheerender waren die Kriegszüge der Pommern nach der Mark; ihnen schlossen sich die Herren von Ruppin und viele Andere vom märkischen Adel an. Sie plünderten eine große Anzahl von Städten und Dörfern und brannten sie nieder, besonders aber waren es die Gebiete von Zehdenick, Boitzenburg, Strasburg und Prenzlow, die sie bleibend in Besitz nahmen. Erst Kurfürst Friedrich I. brachte dieselben wieder an die Mark.

Unter dem fehdesüchtigen Adel der Mark spielte keine Familie eine wichtigere Rolle als die Quitzows. Der ältere Bruder Dietrich v. Quitzow hatte das feste Schloß Friesack erkauft, der jüngere Hans das noch festere Plaue geerbt, und außer den Städten Ratenow, Strausberg und Saarmund besaßen sie eine Anzahl von Schlössern theils unmittelbar, theils hielten es viele andere mit ihnen. Ihr Ansehn und ihre Macht war so bedeutend, daß sie eine Zeit lang in der Mark und in dem Erzstifte zu Schutzherren eingesetzt wurden, daß sie 1407 mit Meißen, 1410 mit Sachsen auf eigne Hand Krieg führten, daß Dietrich es wagen konnte, 1404 den damaligen Statthalter in der Mark, den Grafen Günther v. Schwarzburg, anzufallen und auszuplündern, und daß Hans den Herzog Johann von Mecklenburg-Stargard 1407 überfiel und gefangen nach Plaue brachte. Und als dieser hülfreichen Beistand fand zu entfliehen, ihm aber die Mittel fehlten, barfuß und wenig bekleidet in der bittersten Kälte weiter zu kommen und er wieder eingefangen wurde, blieb er auch ferner in harter Gefangenschaft, im Schlosse Bötzow (jetzt Oranienburg), bis durch glücklichen Zufall sein Bruder Johann den Hans v. Quitzow gefangen nahm, und die Gefangenen gegenseitig ausgeliefert wurden. 14 Monate hatte seine Gefangenschaft gedauert.

Jobst kümmerte sich um alle diese Verhältnisse gar nicht. Er kam nur nach der Mark, wenn es ihm an Geld fehlte, und verpfändete landesherrliche Städte und Schlösser oder verkaufte sie gar. So hatte er Sternberg, Fürstenberg, Oderberg, Strausberg, Alt-Landsberg, Trebbin, Potsdam, Biesenthal, Liebenwalde, Friesack, Ratenow und Lenzen aus Händen gegeben so wie noch viele andere Orte. Angeblich diese Pfandschaften einzulösen, legte er schwere Steuern auf, kehrte aber mit dem Gelde nach Mähren zurück und überließ die Mark ihrem Schicksale. 1393 verpfändete er die Mark an seinen Schwager den

Markgrafen Wilhelm den Einäugigen von Meißen und ernannte denselben zum mächtigen (bevollmächtigten) Vorsteher der Alt- und Neu-(Mittel-)Mark. Mit Bedauern sah das Land jedoch diesen Statthalter nach wenigen Jahren wieder scheiden, der bemüht gewesen war, wenigstens einige Ordnung in diese trostlosen Zustände zu bringen.

Einen empfindlichen Verlust in dem Umfange ihres Gebiets erlitt die Mark durch den Verkauf der Neumark oder des Landes über Oder. Es ist bereits oben angeführt, daß dies Land 1396 nach dem Tode Johann's von Görlitz an Siegmund zurückfiel. Da diesem dasselbe nach dem Verlust der übrigen Mark zu unbequem gelegen war, so suchte er es zu verpfänden oder zu verkaufen. Schon 1384 war von diesem Lande die Herrschaft Schievelbein in den Besitz des deutschen Ordens in Preußen übergegangen, wenn sie auch unter brandenburgischer Lehnsherrschaft blieb. Der bisherige Besitzer nämlich Hans v. Wedel, der seit 1381 von Siegmund zum obersten Hauptmann und Verweser des Landes über Oder eingesetzt worden war, hatte diese seine Herrschaft dem Orden überlassen, wogegen dieser seine nicht unbeträchtlichen Schulden übernahm und ihm einen anständigen Unterhalt auf Lebenszeit gewährte. Später war auch der übrige Theil der Neumark wiederholt dem Orden angeboten, doch von demselben zurückgewiesen, da ihm der Kaufpreis zu hoch war. Als 1398 neue Verhandlungen eingeleitet wurden, kaufte der Orden 1400 zunächst die Herrschaft Dramburg für 7000 Schock oder 17,500 ungarische Gulden. Siegmund, in großer Geldnoth, suchte den Orden zum Ankauf des Uebrigen dadurch zu zwingen, daß er die Neumark an Polen zu verkaufen oder zu verpfänden drohte. Das wollte der Orden unter allen Umständen vermeiden, um nicht von seiner Verbindung mit Deutschland vollständig abgeschnitten zu werden. So kam denn 1402 der Verkauf der Neumark für 63,200 ungar. Gulden zu Stande, wobei nur Siegmund sich wie seinem Bruder Wenzel und seinem Vetter Jobst auf Lebenszeit den Wiederkauf für eben' diese Summe vorbehielt. Vergeblich hatte sich Jobst gegen diesen Verkauf gesträubt und eben so Wilhelm von Meißen, der namentlich ein Pfandrecht auf Küstrin in Anspruch nahm; auch der Adel des Landes mochte sich ungern dem Orden unterwerfen, der seiner Willkür Fesseln anzulegen drohte. Noch unzufriedener war Wladislaw Jagiello, König von Polen, der namentlich Driesen als polnisches Lehn beanspruchte. Der Orden hielt es deshalb für angemessen, dies Schloß seinem bisherigen Eigenthümer Ulrich v. d. Osten für 7750 Schock abzukaufen, um es selber besser zu schützen. Auch an Siegmund zahlte der Orden einige Jahre später noch 80,000 Gulden, um sich den Besitz seines neuen Landes zu sichern, auf dessen Wiedereinlösung jener 1429 gänzlich verzichtete.

VII. Die Luxemburger.

Der römische König Ruprecht hatte nicht vermocht sich Ansehn in Deutschland zu verschaffen, und man ging bereits damit um, ihn ebenfalls abzusetzen, als sein Tod im Mai 1410 ihn dieser Schmach überhob. Die Wahl eines neuen Königs war es nun, die für die Mark von so überaus großer Wichtigkeit geworden ist.

Wenzel betrachtete sich noch immer, wie schon oben erwähnt, als römischen König, auch Jobst, als Kurfürst von Brandenburg, und Sachsen stimmten ihm bei. Dagegen wollten auch jetzt die rheinischen Kurfürsten ihn nicht anerkennen und drangen auf eine neue Wahl, die Siegmund auf sich zu lenken suchte. Dem standen jedoch sehr gewichtige Bedenken entgegen. König Philipp IV. der Schöne von Frankreich hatte es nämlich durch seine Schlauheit dahin zu bringen gewußt, daß die Päpste 1309 ihren Sitz von Rom nach Avignon verlegten. Seitdem hatten sie in großer Abhängigkeit von den französischen Königen gestanden. Erst Gregor XI. war es gelungen, seinen Sitz wieder in Rom aufzuschlagen. Als er gleich darauf 1378 gestorben war, hatte die italienische Partei der Cardinäle in Rom einen Papst erwählt, während die französische Partei in Avignon auch einen Papst ernannt hatte. Beide Päpste so wie ihre Nachfolger hatten sich und ihre Anhänger gegenseitig verflucht, so daß die ganze Christenheit im Banne lag. Dieser großen Kirchenspaltung ein Ende zu machen, war 1409 in Pisa ein Concil zusammengetreten, das beide Päpste, Gregor XII. in Rom und Benedict XIII., der seinen Sitz von Avignon nach Perpignan verlegt hatte, absetzte und Alexander V. erwählte, der seinen Sitz in Bologna nahm; als er schon 1410 starb, hatte man Johann XXIII. erwählt. Leider war aber dadurch das Uebel noch größer geworden, denn jene beiden Päpste hatten ihre Absetzung nicht anerkannt, und so gab es jetzt sogar drei Päpste. Die Erzbischöfe von Mainz und Cöln nun hielten es mit Johann XXIII. und da Wenzel wie Siegmund es mit dem Papste Gregor hielten, weigerten sich beide Kurfürsten hartnäckig, einem der beiden Brüder ihre Stimme bei der Königswahl zu geben.

Somit war wenig Aussicht für Siegmund's Wahl vorhanden, sein ganzes Vertrauen setzte er jedoch in den Burggrafen Friedrich VI. von Nürnberg, den er als seinen Rath zu sich berufen hatte. Dieser wußte den noch sehr jungen Pfalzgrafen Ludwig, Sohn des verstorbenen Königs Ruprecht, so wie den altersschwachen Erzbischof von Trier für die Wahl von Siegmund zu gewinnen, so daß sich einige Aussicht für diesen eröffnete, falls Wenzel's Partei bei der Wahl unbetheiligt blieb. Der Erzkanzler für Deutschland, der Erzbischof von Mainz, hatte auf den 1. September 1410 die Wahl eines neuen römischen Königs in Frankfurt angesetzt. Dorthin kamen zu dem bestimmten Termine die drei geistlichen Kurfürsten so wie Ludwig von der Pfalz, und es gehörte zu dem guten Glücke Friedrich's, der sich ebenfalls dahin begab, daß er zur Kurversammlung zugelassen wurde, von Einigen als ungarischer Botschafter angesehen, sich selber aber für den Bevollmächtigten Siegmund's als Kurfürsten von Brandenburg erklärend. Nun haben wir zwar oben gesehen, daß Jobst 1397, als Wenzel ihn mit der Mark belehnte, auch zum Kurfürsten des Reichs ernannt worden war, dessen ungeachtet trat Friedrich kühn mit der Behauptung auf, Siegmund habe wohl das Land, aber nicht die Kurwürde abgetreten, und da weder Jobst noch Wenzel noch der Kurfürst von Sachsen in der Versammlung vertreten waren, so konnte über diese Angelegenheit bei gleicher Stimmenzahl der Anwesenden kein Beschluß gefaßt werden. Mainz wie Cöln suchten deshalb den Wahltermin hinauszuschieben, um Jobst zum Erscheinen Zeit zu gewähren, der sich für den Papst Johann XXIII. erklärte und ehrgeizig genug war, sich unter so schwierigen Umständen zur Königsgewalt zu drängen. Friedrich setzte es aber durch, daß an dem bestimmten Termin, den 20. September, zur Wahl geschritten wurde, nachdem seine Vollmacht zur Ausübung der brandenburgischen Wahlstimme von Trier und Pfalz anerkannt worden war. Da der Erzbischof von Mainz den hohen Chor der Bartholomäus=Kirche, wo die Wahl üblicher Weise vor sich gehen sollte, hatte verschließen lassen, wurde die Wahl an einem andern Altare vorgenommen, und Trier, Pfalz und Brandenburg, die allein sich eingefunden hatten, ernannten einmüthig Siegmund zum römischen König.

Vergeblich spotteten die Gegner

„Zu Frankfurt hinter'm Chor
Haben gewählt einen König
Ein Kind und ein Thor!"

zu spät hatten sie eingesehen, welchen Fehltritt sie gemacht. Eilig kamen nun Abgeordnete von Jobst, Rudolf von Sachsen, ja selbst von Wenzel nach Frankfurt und wählten in Uebereinstimmung mit Mainz und Cöln am 1. October Jobst zum König, der an Wenzel das Versprechen gegeben hatte, ihn als Kaiser anzuerkennen und sich selbst mit dem Titel eines Königs zu begnügen. Siegmund drohte jedoch in Mähren einzufallen, falls Jobst sich krönen ließe, und ehe noch Jobst seine Maßregeln dagegen treffen konnte, starb er bereits den 17. Januar 1411. Wenzel wurde darauf durch kluge Unterhandlungen für Siegmund gewonnen und eben so Sachsen und im Juli 1411 eine neue Wahl angesetzt, die Siegmund die Königswürde aufs neue zusprach. Trier und Pfalz waren bei dieser Wahl nicht zugegen, da sie wie Friedrich dieselbe für überflüssig hielten; letzterer vertrat deshalb auch nicht die brandenburgische Stimme.

VII. Die Luxemburger.

Die Freude aber, seinen sehnlichsten Wunsch erfüllt zu sehen, veranlaßte Siegmund, dem Burggrafen diesen Dienst mit königlicher Freigebigkeit zu belohnen. Nach dem Tode des Jobst nämlich war ihm nach früheren Bestimmungen die Mark als Erbe zugefallen, da jener keine Kinder hinterlassen hatte. Schon im März 1411 nahmen königliche Botschafter auf dem Landtage in Berlin für Siegmund Besitz von der Mark, und beriefen Abgeordnete der Städte und Mannen nach Ofen zum Könige, um den Huldigungseid zu leisten. Von ihnen erfuhr er die unglückliche Lage des Landes in ihren Einzelnheiten, wie alle Ordnung sich aufgelös't habe, und wie das Land an den Abgrund des Verderbens gerathen sei. Sein Entschluß wurde dadurch, da er selber mit Reichsgeschäften überladen wurde, nur bestärkt, den Burggrafen Friedrich als einen rechten Obristen und gemeinen Verweser nach der Mark zu senden, der mit klugem Sinne und kräftiger Hand das Land aus dem Verderben reißen möchte, in welches es so tief versunken war. Und damit ihm die Mittel zu solch schwieriger Stellung werden möchten, und damit er seinen Diensten den Lohn verabreiche, zu dem sein königliches Herz ihn treibe, setzte er ihm in seiner Bestallung vom 8. Juli 1411 die Summe von 100,000 Goldgulden aus, zu deren Unterpfand, da er sie zur Zeit nicht baar zahlen konnte, ihm die Mark übergeben werden sollte. Ja Siegmund ging noch weiter. Im August brachte er nicht nur eine freundliche Vereinigung Friedrich's mit dem Herzog Rudolf von Sachsen zu Stande, sondern auch einen Ehevertrag zwischen Friedrich's Sohn Johann und Rudolf's Tochter Barbara, obgleich beide Kinder noch nicht sieben Jahre alt waren, und stattete sie königlich mit 50,000 Goldgulden aus, die er ebenfalls auf die Mark verschrieb. Stürbe nach vollzogener Ehe Barbara früher als Johann, so sollte die ganze Summe letzterem zufallen; stürbe dagegen Johann früher, so sollten sieben Städte in der Zauche und dem Teltow das Leibgedinge der Wittwe sein, nach ihrem Tode aber den Erben des Johann zufallen. Von diesen Verhandlungen setzte er die Stände der Mark in Kenntniß und forderte sie zum Gehorsam gegen Friedrich auf; Wenzel aber bestättigte alle diese Anordnungen seines Bruders.

Diese großartige Schenkung hat zu dem merkwürdigen Irrthum Veranlassung gegeben, der Burggraf habe dem Könige jene Summen vorgestreckt, ein Irrthum, der seit Jahrhunderten aus einem Buche in das andere übergegangen und selbst noch in neuester Zeit wiederholt worden ist, auch nachdem die Urkunden öffentlich bekannt geworden, welche einer solchen Annahme auf das entschiedenste widersprechen.

Leider verging fast ein volles Jahr, bevor Friedrich, durch die vielfachen Reichsgeschäfte bei Siegmund zurückgehalten, nach der Mark kommen konnte. Er sandte deshalb Wend v. Ileburg als Bevollmächtigten dorthin, der den Huldigungseid zu dem Gelde für Friedrich annehmen und Vorkehrungen treffen sollte, die verpfändeten landesherrlichen Besitzungen einzulösen. Doch Städte wie Mannen weigerten sich, den Bevollmächtigten anzuerkennen, und vergeblich forderte Siegmund zum Gehorsam auf. Einerseits sah man sich in den Erwartungen getäuscht, daß durch den Burggrafen selber ein besserer Zustand herbeigeführt werden möchte, andrerseits spottete man „des Nürnberger Tandes." Endlich im Juni 1412 langte Friedrich in Brandenburg, der alten Hauptstadt des Landes, an und forderte zur Huldigung auf; doch namentlich die Altmark und die Prignitz verweigerten dieselbe, da ihnen im vorigen Jahre zu Ofen Caspar Gans v. Putlitz als Landeshauptmann gesetzt sei, der schon früher unter Jobst diese Würde bekleidet hatte. Ihnen schlossen sich auch der Bischof von Havelberg, die Herren von Ruppin und viele Adlige der Mittelmark an.

Während deshalb wiederholte Sendschreiben Siegmund's, obgleich vergebens, zur Unterwerfung aufforderten, suchte sich Friedrich mit den Nachbarn zu befreunden, um einen kräftigen Rückhalt zu gewinnen. So schloß er Verträge mit dem Erzbischof von Magdeburg, mit Braunschweig und mit Lüneburg, desgleichen mit Mecklenburg-Schwerin und Stargard, mit den Herren von Werle, dem deutschen Orden, dem Herzoge von Schlesien und Crossen, befreundete sich viele Standesherren der Lausitz und wußte auch den Grafen von Anhalt von seiner Verbindung mit dem widerspenstigen märkischen Adel abzuziehen. Auch die Herren von Ruppin erkannten ihn als ihren Lehnsherrn an. Am schwierigsten aber war es, die Angelegenheiten mit Pommern-Stettin zu ordnen. Herzog Suantibor war unter Jobst längere Zeit Statthalter in der Uker- und Mittelmark gewesen. Siegmund hatte weder mit ihm Abrechnung gehalten, noch ihn amtlich seiner Stellung entlassen. Jetzt wurden ihm sogar die Pfandschaften gekündigt, die Pommern seit geraumer Zeit in der Ukermark besaß und schon als sein Eigenthum betrachtete. Kein Wunder, daß seine Söhne Otto und Casimir durch kräftigen Angriff die Sache günstig für sich stellen wollten. Sie eroberten Templin und wollten nach Kremmen vordringen. Friedrich glaubte durch sein bloßes persönliches Erscheinen ihnen Einhalt zu thun. Er traf sie den 24. October 1412 auf dem Kremmer Damm, bei welcher Gelegenheit der Graf Johann v. Hohenloh nebst noch zwei fränkischen Herren aus dem Gefolge des Burggrafen von den Pommern erschlagen wurden. Noch heut bezeichnet ein Kreuz die Stelle, wo die Unthat geschah, und das Grabmal des Grafen ist noch in der Klosterkirche zu Berlin vorhanden. Daß auf dem Kremmer Damme Friedrich nicht etwa eine Niederlage in großer Feldschlacht erlitt, dafür zeugt am sichersten, daß gleich darauf die Städte der Altmark und Prignitz ihm huldigten. Da aber der Adel sich dessen weigerte, erfolgte im Januar 1413 eine Vorladung vor den königlichen Hof. Die Befürchtung nach dreimaliger Vorladung der Reichsacht zu verfallen, bewog sie im April zu huldigen. Caspar Gans mußte mit der Niederlegung seiner Landeshauptmannschaft auch die Vogtei Tangermünde herausgeben, mehrere andere Städte und Schlösser wurden gegen Erstattung der Pfandsumme oder auch auf bloße Schuldverschreibung vom Adel abgetreten, die übrigen Pfandschaften gekündigt, die Widerspenstigen mit Gewalt gezwungen. Darauf wandte sich Friedrich gegen die Stettiner Herzöge und entriß ihnen im Verein mit Wolgast, das sich zur Herausgabe seiner Pfandstücke willig gefunden hatte, Templin, Strasburg und einige andere Besitzungen.

Unterdeß hatte der noch immer aufsässige Adel, die Putliz und Quitzows an der Spitze, auf eigne Hand neue Plünderungskriege gegen den Erzbischof von Magdeburg so wie gegen den Bischof von Brandenburg, der fest zu Friedrich hielt, begonnen, ohne der versöhnlichen Stimme des Burggrafen Gehör zu geben. Da verhandelte Friedrich im December 1413 mit dem Erzbischof, diesem zügellosen Treiben ein Ende zu machen, zumal da zu derselben Zeit Caspar Gans in die Gefangenschaft des Bischofs von Brandenburg gerathen war, der ihn nach seinem Schlosse Ziesar bringen ließ. Auch den Herzog von Sachsen, die Herren von Werle und mehrere Andere zog er zu diesem Bündnisse, von allen Seiten brachte er Geld und Mannschaft zusammen, selbst von dem Landgrafen von Thüringen erborgte er schweres Geschütz, das wohl später unter dem Namen der „faulen Grethe" erwähnt wird, obgleich kein gleichzeitiger Schriftsteller diesen Namen nennt. Vergeblich suchten jetzt die Quitzows und ihre Anhänger eine friedliche Entscheidung der Landstände herbeizuführen; sie sahen sich zu Vertheidigung gezwungen, hofften jedoch noch ein gutes Ende, im Vertrauen auf ihre Festen. Doch gleichzeitig wurden zu Anfang des Februars 1414 ihre Hauptburgen Plaue, Friesack und Beuthen, wo die Quitzows, so wie Golzow, wo Wichart v. Rochow befehligte, umlagert, und schon nach wenigen Tagen erlag zuerst Friesack dem schweren Geschosse, doch gelang es Dietrich sich durch die Flucht zu retten. Eben so wurde Golzow durch Wichard v. Rochow übergeben, ihm selber freier Abzug zugesichert. Länger, etwa drei Wochen, hielt sich Plaue; doch auch hier vernichteten die feindlichen Kugeln die 14 Fuß starken Mauern und veranlaßten Hans v. Quitzow ebenfalls zur Flucht. Sie glückte ihm jedoch nicht; er wurde im Röhricht des Flusses aufgefunden und als Gefangener des Erzbischofs nach Calbe an der Saale abgeführt. Darauf ergab sich auch das Schloß Beuthen. Nachdem so der Adel der Mittelmark gedemüthigt war, unterwarf der Burggraf die widerspenstigen

Mannen in der Altmark und Prignitz, auch der Bischof von Havelberg schloß sich nun dem Burggrafen an. Im Juni 1414 war das ganze Land vollständig beruhigt. Der gewaltsamen Niederwerfung des aufsässigen Adels folgte die gerichtliche Verurtheilung desselben durch die Stände zu Tangermünde; zugleich setzte Friedrich hier einen Landfrieden fest, der die fernere Ruhe des Landes sichern sollte.

Die klugen und mit glücklichem Erfolge gekrönten Maßregeln Friedrich's verschafften diesem im Lande wie bei den Nachbarn ein gewaltiges Ansehn und wohl möchte es ihm gelungen sein, das Land des durchlebten Unglücks vergessen zu lassen, wenn es ihm vergönnt gewesen wäre, andauernd sich dem Wohle seines Landes zu widmen; doch wurde er aufs neue zu Siegmund berufen, um die Reichswirren schlichten zu helfen. Er setzte deshalb seine Gemahlin Elisabeth, die schöne Else genannt, zur Statthalterin ein und ihr als Rath zur Seite Johann v. Waldow, nachmals Bischof von Brandenburg, verlängerte die Bündnisse, die er schon früher mit den Nachbarn geschlossen, und suchte dadurch die Städte des Landes an sich zu fesseln, daß er ihnen für die ihm geleistete Hülfe Vergünstigungen mannichfacher Art zu Theil werden ließ. Darauf begab er sich im August 1414 zu König Siegmund, der bereits in seiner Stellung zum Reiche so bittere Erfahrungen gemacht hatte, daß er schon Willens war, seine Würde niederzulegen. Daß Friedrich ihn von diesem Schritte zurückhielt, der unsägliche Wirren über Deutschland gebracht haben würde, wurde ihm von den Zeitgenossen zu nicht geringerem Verdienste angerechnet als seine Beihülfe zur Erlangung der Königswürde für Siegmund. Friedrich begleitete darauf den König zu seiner Krönung nach Aachen und folgte ihm dann nach dem Concil zu Costnitz, das auch für die Mark eine so überaus wichtige Bedeutung erhalten sollte.

VIII. Die inneren Verhältnisse der Mark

unter den bayerschen und luxemburgischen Markgrafen.

Die landesherrliche Macht, welche als eine ursprünglich militairische eine unbeschränkte in der Mark gewesen, hatte schon in der letzten Zeit der Askanier dadurch einen bedeutenden Stoß erlitten, daß bei dem sich immer wiederholenden Geldbedürfnisse der Markgrafen die Stände d. h. die Geistlichkeit, der Adel und die Städte um ihre

Einwilligung zu neuen Steuern hatten befragt werden müssen. Die oben erwähnten Verhandlungen wegen der Bede vom Jahre 1280 hatten den Ständen eine Stellung eingeräumt, deren Vortheile weiter zu verfolgen sie nicht verabsäumten. Bei den steten Geldforderungen der bayerschen Fürsten mußte ihre Stimme noch gewichtiger werden. 1345 verweigerten sie auf dem Landtage in Berlin, zu dem sie zusammenberufen waren, um neue Steuern zu bewilligen, nicht nur diese, sondern traten auch, Mannen wie Städte, eng an einander, versprachen sich gegenseitig Beistand, um nöthigenfalls Gewalt durch Gewalt zu vertreiben. Ja zehn Jahre später hatten sie, wie oben gesagt, es durchgesetzt, daß dem Markgrafen ein controllirender Rath zur Seite gesetzt wurde; ohne Zustimmung des Hofemeisters hatte keine Verordnung des Markgrafen Gültigkeit. Eben so einstimmig hatten die Stände dem Burggrafen die Huldigung verweigert, als derselbe den Wend v. Ileburg in die Mark gesendet hatte.

So einmüthig sich aber auch Adel und Städte bei diesen Gelegenheiten mit einander zeigten, so feindselig standen sie doch sonst einander gegenüber, da beide nach Freiheiten und Rechten trachteten, welche der eine Stand nur auf Kosten des andern besitzen konnte. Die Städte hatten die Gerichtsbarkeit, selbst den Blutbann, an sich gebracht, sie hatten das Recht de non evocando erworben d. h. daß jede Stadt ihre Angehörigen selber richtete, ja sie hatten es auch dahin gebracht, daß selbst markgräfliche Diener dem Gerichte der Stadt unterworfen sein sollten, wo sie etwa eine Unthat begangen hätten. Sie hatten ferner das so wichtige Münzrecht käuflich an sich gebracht und besonders zur Zeit von Waldemar's Auftreten neue Rechte sich zu sichern gewußt. Waldemar hatte namentlich, um die Städte für sich zu gewinnen, ihnen auch das zugestehen müssen, daß sie sich selbst zu einem andern Fürsten halten dürften, wenn ihnen etwa von dem Landesherrn ihr Recht geschmälert werden möchte; ja kein neues Schloß durfte im Lande erbaut werden, wenn sie nicht zuvor ihre Zustimmung gegeben hatten. Mit eiserner Consequenz hielt man das Sonder-Interesse fest, das allgemeine Staats-Interesse fand selten Raum. Jede Stadt schloß sich vollständig für sich ab, bildete einen Staat im Staate.

An der Spitze der städtischen Verwaltung stand der erste Bürgermeister, der noch einen oder zwei Collegen zur Seite hatte und mit so großer Vollmacht regierte, daß er nicht selten nach Willkür handelte. Die Rathsherren hatten die Verwaltung getheilt, daher finden wir unter ihnen einen Vogt, der die Rathsdörfer zu beaufsichtigen hatte, einen Salzherrn, ein Wald-, einen Bierherrn ꝛc. Wo der alte Rath einem neuen Platz machte, übernahm letzterer die laufenden Geschäfte, ersterer bildete mit dem Ausschuß der Viergewerke den

größeren oder äußeren Rath. In Stendal zuerst war es 1345 zwischen dem Rathe und den Gewerken zu offenen Feindseligkeiten gekommen, indem letztere sich zur Besetzung der Rathsstellen drängten, die bis dahin nur den Geschlechtern zustanden. Ohne Zuziehung der **Gildemeister** d. h. der Häupter der Zünfte konnte keine wichtigere Verordnung vom Rathe erlassen werden, und in besonderen Fällen, z. B. bei der Einführung neuer Steuern wurde die ganze Gemeinde zusammen berufen. Jedes Gewerk war wieder für sich streng abgeschlossen; der Eintritt in dasselbe mußte erkauft werden, aber das Handwerk hatte auch recht eigentlich einen goldnen Boden. Nicht mehr Meister nahm die Zunft auf als die Stadt deren bedurfte, dagegen sorgte sie auch dadurch für die Ehre der Zunft, daß alles Gelieferte untadelhaft und nicht übertheuert sei; jeder Meister mußte seinen **guten Ruf** bewahren, widrigenfalls er sogar aus der Zunft ausgeschlossen wurde. Deshalb nahm man auch keine Lehrlinge an, welche nicht von Eltern guten Rufes herstammten. Die Söhne von Pfeifern, Zöllnern, Leinewebern, Schäfern, Müllern, Badern und Barbieren so wie die slawischer Abkunft sind lange als **unehrlich** angesehen worden d. h. unfähig, in irgend eine Zunft aufgenommen zu werden; sie konnten nur den Stand des Vaters ergreifen.

War durch zweckmäßige, wenn auch nach unsern Begriffen engherzige Einrichtungen eine gewisse Wohlhabigkeit der **Gewerbtreibenden** in den Städten gesichert worden, so hatten die Städte auch dafür zu sorgen gewußt, daß die **Handeltreibenden** sich einer nicht weniger günstigen Lage erfreuten. Wie kein Handwerk außerhalb der Städte getrieben werden konnte, so auch kein Handel im Großen wie im Kleinen. Korn, Wolle, Butter, Honig x. durfte der Producent nur in der Stadt verkaufen, und nur hier konnte er sich mit seinen Bedürfnissen versehen. Durch Anschluß mehrerer märkischen Städte an die **Hause,** dies große Bündniß von Handelsstädten, das im Laufe des **13. Jahrhunderts** sich im nördlichen Deutschland gebildet hatte, durch vielfache Befreiungen von Zöllen und Abgaben hatte der Handel in der Mark, selbst in den unruhigen Zeiten der baperschen Fürsten einen nicht unbedeutenden Aufschwung gewonnen und Wohlhabenheit verbreitet. Durch Städte-Bündnisse suchte man der Unsicherheit auf den Landstraßen vorzubeugen, während die befestigten und wohl verwahrten Städte sichre Niederlagen für die Waaren gewährten. Durch die Einführung des s. g. **ewigen Pfennigs im Jahre 1368** d. h. durch **Abschaffung** des früher üblichen jährlichen Umtausches der Münzen wurde dem Handel eine überaus große Bequemlichkeit verschafft, wenn auch dadurch die Münze verschlechtert wurde, um die Prägekosten zu bestreiten. Zu den früher gebräuchlichen Münzen kam namentlich die

Einführung der böhmischen Groschen, die seit 1300 zuerst in Böhmen geprägt wurden. Während die Kel- oder Okelpfennige und die Finkenaugen (vienken Ogen d. h. feine Augen, da sie aus reinem Silber geprägt und mit einem Zeichen versehen wurden, welches das Ansehn eines Auges hatte) wegen ihrer Dünnheit unbequem zum Zählen waren, und deshalb bei größeren Summen abgewogen wurden, bot der Dickpfennig oder Groschen (grossus denarius) größere Bequemlichkeit bei seinem Gebrauche. Ursprünglich wurden diese Groschen aus feinem Silber geprägt, und ein Schock wog eine Mark, hatte also den Werth von 14 Rthlrn., der Groschen also war = 7 Sgr. Schon Karl IV. ließ nur 14 löthiges Silber nehmen und aus der Mark 70 Groschen schlagen, so daß das Schock nur $10\frac{1}{4}$ Rthlr., der Groschen $5\frac{1}{4}$ Sgr. Werth hatte. Noch mehr verschlechterte sich die Münze zu Ende unsrer Periode, da König Wenzel sogar nur 10 löthiges Silber nehmen und aus der Mark 96 Groschen schlagen ließ. Das Schock galt demnach nur noch $5\frac{1}{4}$ Rthlr., der Groschen $2\frac{1}{4}$ Sgr. Auf ähnliche Weise verschlechterten sich aber auch die Goldmünzen, die in der Mitte des 13. Jahrhunderts zuerst in Florenz geprägt wurden und daher den Namen Floren erhielten. In Deutschland waren es zuerst die rheinischen Kurfürsten, welche rheinische Gulden prägen ließen d. h. Goldmünzen, wie sie auch unter Siegmund in Ungarn in Gebrauch kamen. Ursprünglich wurden aus der Mark fein Gold 64 Gulden geprägt, ein Gulden hatte also den Werth von 3 Rthlrn. 13 Sgr. Im Jahre 1386 einigten sich die rheinischen Kurfürsten dahin, aus der 23 karäthigen Mark 66 Stück zu prägen; jeder Gulden betrug demnach 3 Rthlr. 5 Sgr. Am Schlusse unsrer Periode prägte man sie aber nur 22 oder nur 20 karäthig, so daß also ein Gulden etwa 3 Rthlr. oder selbst nur 2 Rthlr. 23 Sgr. werth war.

Wie allgemein verbreitet der Wohlstand in den Städten gewesen sein muß, darüber giebt beispielsweise die Verordnung des Berliner Magistrats von 1335 hinlänglichen Beweis. Bei Hochzeiten sollten nicht mehr als 40 Schüsseln aufgetragen werden; auf jede Schüssel zwei Personen gerechnet durften mithin nicht mehr als 80 Gäste geladen werden. Außerdem wurden zehn Schüsseln für die Dienerschaft und drei für die Spielleute erlaubt. Bei Kindtaufen sollte man sich nur auf drei Schüsseln beschränken, und nach einer anderen Verordnung sollte nur Butter, Käse und Bier vorgesetzt werden. Zugleich suchte der Magistrat der Putzsucht zu wehren. Keine Frau oder Jungfrau sollte mehr goldenes Geschmeide an sich tragen, als eine halbe Mark schwer, eben so nicht mehr Perlen. Mit Gold durchstreifte Zeuge wurden gänzlich verboten, und eben so Zobel- und Bortenbesatz an Kleidern und Mänteln. Auch sollten die Kränze der Jungfrauen unter einer Mark Werth haben, und es wurde eine Strafe von zehn Mark für den festgesetzt, der gegen diese Vorschriften fehlen würde. Beim Kegel- und Würfelspiel durfte der Einsatz nicht fünf Schillinge übersteigen.

Der Reichthum und die Macht, deren sich die Städte zu erfreuen hatten, erregte vielfach den Neid des Adels hier in der Mark wie anderwärts; daher die beständigen Reibungen zwischen Adel und Städten. Zwar hatten die Abligen vielfach die Gerichtsbarkeit in den Dorfschaften erhalten und seitdem die geringe Zahl ihrer Hufen, die nur kärglichen Unterhalt gewährte, durch Einziehung von Bauergütern zu vergrößern und ebenfalls steuerfrei zu machen gewußt, doch war ihre Stellung im allgemeinen noch immer nur eine beschränkte zu nennen. Da nun damals Jedem die Befugniß zustand, sein Recht durch Scheltbriefe (Pasquille) oder selbst mit Gewalt durchzusetzen, wenn er von dem Richter oder Gegner dasselbe nicht erlangen konnte, so fand sich nur zu leicht für den Adel Gelegenheit, den Städten Fehde anzukündigen und sich auf ihre Kosten zu bereichern. Man beobachtete nämlich in jenen wirren Zeiten nicht die gesetzliche Vorschrift, erst den richterlichen Ausspruch einzuholen und dann nöthigenfalls zum Aeußersten zu schreiten, sondern begnügte sich höchstens mit einer andern vorgeschriebenen Form, die Fehde rechtzeitig anzusagen, mochten die Forderungen auch noch so wenig gegründet sein. Die festen Städte selber anzugreifen, dazu war eine bedeutendere Macht nothwendig als gewöhnlich der Angreifer aufzubringen im Stande war, obgleich auch Fälle der Art vorkamen. Noch heut wird z. B. in Koritz das Andenken an die Ueberfälle frisch erhalten, die 1381 und 1403 ein v. Bassewitz unternahm, der selber in Gefangenschaft gerieth, als er durch einen unterirdischen Gang, den er hatte graben lassen, mit seinen Leuten in die Stadt bringen wollte. Gewöhnlich begnügte man sich deshalb damit, die Heerden des Feindes wegzutreiben, seine Dörfer auszuplündern und sie niederzubrennen, wenn nicht noch besondere Brandschatzung gelobt wurde, die Kaufmannswaaren der Städte aufzufangen und sich einzelner Bürger zu bemächtigen, um schweres Lösegeld zu erpressen. Die Klagen der Geschichtschreiber jener Zeit über dieses überhand nehmende Faustrecht sind ganz trostlos, und eben so haben wir endlose Verzeichnisse von den Beschädigungen, die noch zur Zeit der burggräflichen Statthalterschaft vorgekommen sind.

Der Adel fand Sicherheit in seinen festen Schlössern und sonstigen festen Wohnsitzen oder Burgfrieden, die er ohne landesherrliche Erlaubniß erbaut hatte und ungeachtet aller Verordnungen sich weigerte niederzureißen. Für zahlreiche Helfer bei seinen Gewaltthätigkeiten sorgten die Städte selber reichlich. Das Strafverfahren jener Zeit war ein überaus hartes und grausames. Für Diebstähle von mehr als drei Schillinge Werth so wie für unzählige andere, selbst leichtere Vergehen ging man dem Thäter an den Hals d. h. er wurde hingerichtet; für kleinere Diebstähle oder Uebertretungen ging man ihm an Haut und Haar d. h. man verhängte Leibes- und Ehrenstrafen über ihn. Nach verbüßter Strafe wurde der Verbrecher letzter Art aus der Stadt verwiesen und mußte Urfehde schwören d. h. das eidliche Versprechen geben, sich deswegen nie rächen und nie wieder das Gebiet der Stadt betreten zu wollen. Da auch keine andere Stadt einen solchen Ausgewiesenen aufnahm, so blieb dem Heimathlosen nur übrig, das Land zu verlassen oder in Gemeinschaft mit Andern zu wegelagern. Auf solche Weise aber wurde die Mark der Schauplatz beständiger Fehden und Verwüstungen, abgesehen von den inneren und äußeren oben erwähnten Kriegen. Es war sprichwörtlich geworden, „daß, wenn man auch ungefährdet ganz Deutschland durchreis't sei, doch Niemand unberaubt aus der Mark herauskomme."

Das Elend in der Mark wurde wie in ganz Deutschland, ja Europa durch die furchtbare Pest vermehrt, welche in der Mitte des 14. Jahrhunderts mehrere Jahre lang schrecklich wüthete. Sie wurde mit dem Namen großer oder schwarzer Tod bezeichnet, wie auch noch andere verheerende Krankheiten die Zahl der Einwohner schrecklich decimirten. Das Leben, so vielfach bedroht, hatte deshalb keinen Werth; man suchte so lange und so viel wie möglich zu genießen; Sinnlichkeit und Rohheit nahmen in allen Ständen auf schreckenerregende Weise zu. Andere glaubten durch öffentliche Bußübungen den Himmel zu versöhnen, und so entstanden die zahlreichen Gesellschaften der Geißler oder Geißelbrüder, die in großen Schaaren das Land durchzogen und nicht wenig zum Verfall der Sittlichkeit beitrugen und zur Verbreitung der Krankheit, die sie durch ihre harten Geißelungen abzuwenden meinten. Die ganze Wuth des Volkes wandte sich gegen die Juden, denen der Vorwurf gemacht wurde, daß sie durch Vergiftung der Brunnen die Krankheit veranlaßt hätten. Auch hier in der Mark erduldeten dieselben die härtesten Verfolgungen; sehr Viele von ihnen wurden verbrannt und ihre Güter eingezogen. Doch gelang es endlich Ludwig dem Römer ihnen ein milderes Loos zu bereiten.

Da das ganze Streben der Zeit nur dem materiellen Interesse zugewandt war, kann es nicht Wunder nehmen, daß von Wissenschaft und Kunst in der Mark nicht die Rede war. Die Geistlichkeit war im höchsten Grade unwissend; viele von ihnen konnten kaum lesen, noch wenigere schreiben. Dabei zeichneten sie sich vielfach durch unsittlichen Lebenswandel aus, der von den Oberen entweder übersehen oder höchstens durch Geldstrafen gerügt wurde. Der weltlichen Macht aber stand

Die Geistlichkeit.

kein Recht über Geistliche zu, so daß z. B. in Ruppin, als man dort 1397 einen Pfaffen gehenkt hatte, der Kirchen= und andere Diebstähle verübt, der Graf wie die Einwohner mit dem Banne belegt wurden, den loszukaufen es große Summen kostete. Karl IV. ließ es sich zwar angelegen sein, für die Bildung der Märker Sorge zu tragen, er zog an das 1372 gegründete Domstift zu Tangermünde gelehrte Männer und forderte vielfach auf, die Söhne auf seiner 1366 errichteten Universität zu Prag studiren zu lassen; seine Regierung war aber viel zu kurz, die folgenden Zeiten zu verworren, als daß er Besonderes hätte bewirken können. Die Kenntnisse, die in den Schulen gelehrt wurden, beschränkten sich auf nothdürftiges Lesen und Schreiben so wie auf das Auswendiglernen der zehn Gebote, des Vater Unsers, des Credo ec., besonders aber des Cisio Janus. Dieser, nach seinen Anfangsworten genannt, war ein Kalender, in barbarischen lateinischen Versen abgefaßt. Für jeden Monat waren zwei Verse bestimmt, die so viel Sylben zählten als Tage in dem Monat waren. Zählte man die Sylben, so fand man, auf den wievielten Tag dasjenige Heiligenfest fiel, dessen Anfangs=Sylbe im Verse vorkam. Eigenthümlich war die Sitte der fahrenden Schüler, die häufig die Schule wechselten, um angeblich an einem anderen Orte ihre Studien fortzusetzen. Diese, Bachanten genannt, oft 20—30 Jahre alt, hatten in ihrer Begleitung je ein oder mehrere Schützen d. h. jüngere arme Knaben, die für sie betteln mußten und von ihnen unterrichtet wurden.

Bei so großem Mangel an Bildung — die Märker blieben noch lange als halbe Barbaren verschrieen — mußte der Glaube an Zauberei und Hexerei so wie an Wunder aller Art allgemein verbreitet sein. Als Beweis dafür mag hier nur das Wunderblut in Wilsnack aufgeführt werden, das lange Zeit gewaltiges Aufsehn erregt hat. Im Jahre 1383 hatte Heinrich v. Bülow in einer Fehde gegen den Bischof von Havelberg mehre Dörfer des letzteren niedergebrannt, darunter auch Wilsnack. Auch die Kirche dieses Dorfes war ausgeplündert und in Trümmer gelegt. Der Geistliche fand aber, wie man erzählte, auf dem steinernen Altar noch drei Hostien vor, durch Blut an einander geklebt. Das Wunder wurde bald ruchbar, und das heilige Blut von Wilsnack wurde von Unzähligen von nah und fern, sogar von Böhmen und Ungarn her besucht, die dort Vergebung ihrer Sünden zu finden glaubten. Der Bischof von Havelberg begünstigte diese Wallfahrten auf alle Weise, und sehr bald erwuchs das Dorf zu einem Städtchen, dessen Kirche durch ihren großartigen Bau noch jetzt den Beweis liefert, welch reiche Spenden hier niedergelegt wurden. Selbst eine Sünden= wage war aufgestellt, auf deren eine Schale theils Geld, theils Lebens= mittel gelegt werden mußten, um die Schuld des Sünders auf der andern aufzuwiegen. Jeder Wallfahrer erhielt als Andenken eine bleierne Marke, auf welcher die blutgefleckten Hostien dargestellt waren. Vergeblich wurde schon 1400 gegen diesen schamlosen Betrug geschrieben und gepredigt, — selbst der Erzbischof von Prag ließ die Wallfahrten nach Wilsnack bei Strafe der Excommunication untersagen, — vergeblich ließ 1450 der Papst die Sache untersuchen, für Betrug erklären und anbefehlen, daß die Hostien weggenommen werden sollten, der Bischof von Havelberg weigerte sich entschieden und achtete weder des Bannes, den der Erzbischof von Magdeburg über ihn aussprach, noch der Waffengewalt, zumal da Markgraf Friedrich und der Herzog von Mecklenburg ihn unterstützten. Selbst der Papst mußte nachgeben, und die Verehrung des Wunderblutes dauerte bis in die Zeit der Reformation fort. Als 1552 der evangelische Geistliche in Wilsnack dadurch der Sache ein Ende machte, daß er die Hostien verbrannte, wurde er von dem Havelberger Bischofe lange gefangen gehalten und endlich Landes verwiesen. Aber selbst da noch dauerten bis gegen Ende des 16. Jahrhunderts die Wallfahrten nach der Kirche zu Wilsnack fort.

IX. Die Kurfürsten von Brandenburg

aus dem Hause Hohenzollern.

Die erste Erwähnung der Familie Hohenzollern geschieht in der Mitte des elften Jahrhunderts. Im Jahre 1061 nämlich wird der Tod der beiden Grafen Burchard und Wezel von Zollern gemeldet. Vermuthlich waren es Brüder oder Vetter, wenigstens treten seitdem zwei Linien dieser Familie auf, von denen die ältere, die Grafen v. Haigerloch, in der Mitte des zwölften Jahrhunderts ausstarb. Dagegen spaltete sich die ältere Linie unter den Enkeln jenes Burchard wieder in zwei Zweige. Der ältere Enkel nämlich Burchard III. stiftete die Linie der Grafen v. Hohenberg, deren Besitzthum bei ihrem Aussterben 1486 nicht wieder an das Haus Zollern zurückfiel. Was aber die Familie dadurch verlor, gewann die jüngere Linie, von Friedrich I. Grafen v. Zollern abstammend, im Laufe der Zeit reichlich wieder in Folge davon, daß aus derselben Friedrich III. Burggraf von Nürnberg wurde.

Nürnberg wurde erst 1050 dadurch zur Stadt erhoben, daß Kaiser Heinrich III. dem Orte Marktgerechtigkeit verlieh. Das Schloß aber,

Abstammung der Hohenzollern.

um welches sich der Ort gebildet, ist von weit älterem Ursprunge und erhielt in dem Kriege des Kaisers Heinrich IV. mit seinem Sohne Heinrich V. 1105 seinen ersten Burggrafen. Kaiser Heinrich vertraute es nämlich dem österreichischen Grafen Gottfried v. Ragaga oder Raabs — noch heut ist das Stammschloß dieser Familie bei dem Orte Raabs an dem Zusammenfluß der deutschen und böhmischen Thaya vorhanden — zum Schutze an. Drei Generationen dieser gräflichen Familie, die mit den damaligen Markgrafen von Oesterreich aus dem Hause Babenberg oder Bamberg verwandt war, haben das Burggrafen-Amt bekleidet; der letzte Conrad II. starb vermuthlich 1190 auf dem Kreuzzuge Kaiser Friedrich's I. Seine Tochter Sophia war mit Friedrich III. von Hohenzollern vermählt und brachte demselben ihre Erbgüter in Oesterreich und Franken zu. Zugleich war diese Vermählung die Veranlassung, daß Kaiser Heinrich VI. den um ihn hochverdienten Grafen Friedrich von Zollern zum Burggrafen des erledigten Burggrafthums Nürnberg einsetzte; es geschah dies zwischen 1190 und 1192, das Datum ist nicht bestimmt. Als Burggraf heißt er Friedrich I. Seine beiden Söhne führten eine Zeit lang die Regierung gemeinschaftlich, theilten aber um das Jahr 1230 das väterliche Erbe der Art, daß der ältere Conrad III. das Burggrafthum Nürnberg und die fränkischen Güter, der jüngere Friedrich II. die Grafschaft Zollern in Schwaben erhielt. Von ersterem stammt das preußische Königshaus ab, von letzterem die nachmaligen Grafen oder seit 1623 Fürsten von Hohenzollern-Hechingen und Siegmaringen.

Seitdem spielten die Nürnberger Burggrafen eine wichtige Rolle in der deutschen Geschichte. Wie Conrad III. stets ein eifriger Anhänger der Hohenstaufen gewesen, so auch sein Sohn Friedrich III., der bereits 1242 Mitregent des Vaters wurde. Seine Verwandtschaft mit den Habsburger Grafen bestimmte ihn, nachdem er treu bis zum Untergange der Hohenstaufen zu diesen gehalten, 1273 die Wahl eines deutschen Königs auf den Grafen Rudolf v. Habsburg, seinen Oheim, zu lenken, und nicht nur diese Erhebung hatte letzterer ihm zu verdanken, sondern auch später unterstützte er ihn durch seinen klugen Rath und seine ausgezeichnete Tapferkeit. In der Schlacht auf dem Marchfelde 1278 gegen Ottocar von Böhmen trug er die Sturmfahne, seine Ueberredungsgabe bewog die Fürsten einzuwilligen, daß König Rudolf 1282 seine beiden Söhne Albrecht und Rudolf mit den Ländern Oesterreich, Steyermark, Krain und Windisch-Mark belehnte, die er dem Böhmen-Könige entrissen hatte. Fast die einzige Gunst, die ihm für alles dies von Rudolf zu Theil wurde, war die, daß der König 1273 und 1281 den Besitz aller Lehen und namentlich das Burggrafthum Nürnberg auf seine älteste Tochter und deren Erben übertrug, da er keine Söhne hatte. Doch wurden ihm in hohem Alter aus zweiter Ehe noch zwei Söhne geboren, und dadurch jene Vergünstigung überflüssig gemacht.

Sein älterer Sohn Johann I. starb bald nach ihm, sein jüngerer Friedrich IV. war mit Ludwig von Bayern nahe befreundet, ihm verdankte dieser seine Kaiserkrone. Denn ihm ist vorzüglich der Sieg bei Mühldorf 1322 zuzuschreiben, bei welchem es überdies einem seiner Mannen, einem v. Rindsmaul, gelang, den Gegenkaiser Friedrich den Schönen von Oesterreich gefangen zu nehmen. Eben so nahe stand auch sein ältester Sohn Johann II. den bayerschen Fürsten; er war eine Zeit lang von Markgraf Ludwig mit der Statthalterschaft in der Mark betraut. Sein Sohn Friedrich V. hielt es dagegen mit den Luxemburgern und stand bei Kaiser Karl IV. in so hohem Ansehn, daß derselbe 1363 ihn und seine Nachkommen zu Reichsfürsten erhob mit Vorrechten, die sonst nur den Kurfürsten zustanden. Wenn auch die Vermählung seiner Tochter mit Karl's IV. Sohn Siegmund rückgängig gemacht wurde, so vermählte doch Karl seine Tochter Margaretha mit dem älteren Sohne des Burggrafen, Johann III., der also der Schwager von König Wenzel und Siegmund wurde. Johann starb ohne Kinder zu hinterlassen, seinem jüngeren Bruder Friedrich VI. war es vorbehalten, durch die Erwerbung der Mark der Gründer des brandenburgisch=preußischen Staates zu werden.

Woher der Name des Stammschlosses Zollern oder Hohenzollern herzuleiten, ist eben so unbekannt, wie der Umfang des Gebietes, den die Grafen von Zollern ursprünglich verwalteten. Das nicht unbedeutende Besitzthum der Familie erhielt einen ansehnlichen Zuwachs, als Friedrich III., wie oben erwähnt, sich mit Sophia v. Raabs vermählte. Die Erbgrafschaft derselben in Oesterreich war unmittelbares, kaiserliches Lehen, nicht von den Markgrafen oder späteren Herzögen von Oesterreich abhängig. Die Entlegenheit dieser Güter von dem übrigen Besitzthum der Hohenzollerschen Burggrafen, die Unbequemlichkeit für diese entweder in Person oder durch einen Lehnpropst d. h. Statthalter die dortigen Lehen zu vergeben — der österreichische Adel durfte nicht außer Landes belehnt werden — gab die Veranlassung zum allmählichen Verkauf der meisten derselben; von vielen wurde zugleich die Lehnsherrschaft aufgegeben. Doch waren im achtzehnten Jahrhundert noch 14 Lehen hierselbst vorhanden; erst König Friedrich der Große versprach 1779 im Teschner Frieden die Lehnsherrlichkeit abzutreten, sobald das Burggrafthum Nürnberg mit Preußen vereinigt würde. Dies geschah 1791, als Alexander, Fürst von Anspach=Bayreuth, sein Land gegen ein Jahrgeld an Preußen überließ; König Friedrich Wilhelm II. entsagte darauf 1792 jener Lehnsherrschaft.

Welches die Erbgüter in Franken waren, welche Sophia ihrem Gemahl zubrachte, ist unbekannt, doch gehörten Fürth und das oft genannte Schloß Cadolzburg zu denselben. Zum Burggrafthum Nürnberg endlich gehörten außer der Burg — nicht der noch vorhandenen, die war kaiserliche Pfalz, das Schloß der Burggrafen lag dicht neben dieser, wurde 1427 an die Stadt Nürnberg verkauft und von den Bürgern gänzlich niedergerissen — nur das Schloß Creußen, das Städtchen Schwandt und noch zwei Dörfer. Aus diesem ursprünglichen Besitzthume bildeten sich nachmals die beiden Fürstenthümer Anspach und Bayreuth. Conrad IV., der sich auch Graf v. Abenberg nannte, verschenkte zwar aus mißverstandener Frömmigkeit fast alle seine Güter an den deutschen Orden oder an die Geistlichkeit, da seine Söhne in den geistlichen Stand getreten waren, desto mehr war aber sein Bruder Friedrich III. darauf bedacht, das väterliche Erbe zu mehren. Nicht nur erkaufte er eine große Anzahl von Gütern, sondern es fielen ihm auch durch seine Gemahlin Elisabeth, Herzogin von Meran, mit deren Bruder Otto II. 1248 dies reiche Haus ausstarb, viele Besitzungen aus dieser Erbschaft zu, darunter Stadt und Herrschaft Bayreuth und selbst die einträgliche Schirmvogtei über das Stift Besançon in der Grafschaft Burgund. Friedrich IV. brachte so bedeutende Güter an sein Haus, daß er sogar Conquestor d. h. Erwerber genannt wurde. Wir erwähnen darunter insbesondere Anspach und Wunsiedel. Johann II. erkaufte Culmbach mit der Feste Plassenburg so wie Goldcronach, Friedrich V. Schwabach und Hof und endlich Johann III. und Friedrich VI. Crailsheim und Erlangen. So war durch Erbschaft, Belehnung und Kauf schon damals der bei weitem größte Theil der nachmaligen Fürstenthümer Anspach und Bayreuth erworben, als Friedrich VI. durch König Siegmund mit der Mark Brandenburg belehnt wurde.

A. Die Kurfürsten vor der Reformation.

1. Friedrich I. 1415—1440.

Nach seiner Erwählung zum römischen König ließ es Siegmund als Schirmvogt der Christenheit seine erste Sorge sein, die langjährigen Wirren in der Kirche abzustellen, so wie die mannichfachen und großen Gebrechen im deutschen Reiche zu heben. Mit Papst Johann XXIII. hatte er sich deshalb dahin geeinigt, daß 1414 in Costnitz ein Concil berufen wurde, das eine Reformation an Haupt und Gliedern vornehmen sollte. Außer dem Papste fanden sich 5 Patriarchen hier ein, mehr als 30 Cardinäle, gegen 300 Bischöfe und Erzbischöfe, mehr als 2000 Abgeordnete von Universitäten und Doctoren, mehr als 6000 andere Geistliche, alle mit zahlreicher Begleitung; von weltlicher Seite aber außer dem Könige 70 Herzöge und Fürsten, 200 Grafen und Herren, 1500 Ritter, etwa 500 Gesandte aus fremden Staaten so wie Abgeordnete aus den Städten, ebenfalls alle mit so glänzendem Gefolge, daß die Zahl der Fremden sich auf 50—60,000 belief.

Der erste Hauptgegenstand der Verhandlungen war die Ketzerei, welche seit Jahren der Kirche mit innerer Auflösung drohte. Bereits 1374 hatte Johann Wiclef in England die Gebrechen der Kirche öffentlich angegriffen, und durch die damaligen inneren Unruhen des Landes kühner gemacht, gegen den Ablaß gepredigt, die Abendmahls= Lehre angegriffen und die Bibel ins Englische übersetzt, damit sie allge= mein vom Volke gelesen werden könnte. Seine Lehre fand zahlreiche Anhänger; auch Johann Huß, Professor an der Universität Prag, billigte Vieles in dieser Lehre und lehrte in ihrem Geiste, ungeachtet die Universität 45 Sätze der Wiclef'schen Lehre als ketzerisch verwarf. Ja der Erzbischof von Prag hatte 1410 Schriften von Wiclef öffentlich verbrennen lassen und den Bannfluch über Huß ausgesprochen, den der Papst bestättigte. Huß hatte darauf Prag verlassen und an verschie= denen Orten des Landes mit großem Beifall seine Lehre gepredigt.

Er wurde jetzt vor das Concil gefordert, um Rede zu stehen über sein ketzerisches Benehmen. Mit einem Geleitsbriefe für unbehinderte Hin= und Rückreise von König Siegmund versehen hoffte er siegreich die Anklagen seiner Gegner zu entkräften; doch nicht gar lange nach seiner Ankunft wurde er gefangen gesetzt, und vergeblich forderte Sieg= mund, der am Schlusse des Jahres 1414 in Costnitz eintraf, seine Frei= lassung, vergeblich drohte er das Concil zu verlassen, man hielt ihn durch gleiche Gegendrohung. Ja im Laufe der Verhandlungen wurde auch Siegmund durch die hartnäckige Weigerung des Huß zu widerrufen so sehr gegen dessen Ketzerei aufgebracht, daß er den geistlichen Richtern freie Hand gewährte. Da erfolgte die Verurtheilung; Huß wurde im Juli 1415 als Ketzer verbrannt, seine Asche in den Rhein geworfen, und gleiches Geschick traf ein Jahr später seinen Freund Hierony= mus von Prag, welcher der Verbreitung gleicher Irrlehren beschuldigt wurde.

Um den zweiten Hauptgegenstand der Verhandlungen durchzuführen, nämlich die Einheit der Kirche wieder zu erlangen, war es nothwendig, daß zunächst alle drei Päpste ihre Würde niederlegten. Johann XXIII. befand sich dadurch in schlimmer Lage, da er sich bei seiner Theilnahme am Concil dieser Forderung nicht entziehen konnte wie die beiden an=

deren Päpste, die ungeachtet aller Aufforderung sich nicht eingefunden hatten. Die zahlreiche Begleitung hoher Geistlicher, durch deren Stimmen er die Versammlung für sich zu gewinnen gehofft, hatte ihm deshalb keinen Vortheil gebracht, da gleich zu Anfang des Concils der Beschluß gefaßt worden war, daß nur nach Nationen (Deutsche, Italiener, Franzosen, Spanier, Engländer) gestimmt werden sollte. Sich aus dieser so peinlichen Lage zu befreien, wußte er den Herzog Friedrich von Oesterreich für sich zu gewinnen und mit dessen Hülfe gelang es ihm, im März 1415 aus Costnitz zu entfliehen. Doch kurz darauf wurde er von Freiburg, wohin er sich begeben hatte, zurückgeführt, längere Zeit gefangen gehalten, dann begnadigt und zum Cardinal-Bischof gemacht; schon 1419 starb er. Noch übler erging es dem Herzog Friedrich, der mit Reichsacht und Bannfluch beladen, erst nach harten Verlusten an Land und gegen schwere Geldsummen 1418 volle Verzeihung erhielt.

Da der römische Papst Greger XII. sich zur Abdankung bereit erklärte, sobald Benedict XIII. in Perpignan seine Würde niedergelegt hätte, brach Siegmund 1415 selber nach Spanien auf, um letzteren durch mündliche Ueberredung zu gewinnen. Sein Bemühen war jedoch vergeblich, deshalb setzte das Concil ihn wie auch Greger ab; letzterer starb schon 1417 als Cardinal-Bischof, Benedict dagegen ging nach Peniscola und nannte sich bis zu seinem Tode 1424 Papst, ohne irgendwo Anerkennung zu finden.

Nach dieser glücklichen Beendigung der großen Kirchenspaltung entstanden heftige Streitigkeiten darüber, ob erst ein neuer Papst gewählt oder die so allgemein ersehnte Kirchen-Reform vorgenommen werden sollte. Auch da war es wieder nahe daran, daß das Concil sich auflös'te. Siegmund, der selbst gewaltsame Maßregeln ergreifen wollte, zunächst Reformen durchzusetzen, sah sich endlich genöthigt nachzugeben, da auch die Engländer, die es bis dahin mit den Deutschen gehalten hatten, zu den Gegnern übertraten. Man wählte 1417 Martin V. zum Papst, der zur Abstellung der Gebrechen in der Kirche ein neues Concil zu berufen versprach und die gegenwärtige Versammlung, von der man so viel gehofft hatte, im Mai 1418 auflös'te.

Doch nicht bloß kirchliche, sondern auch Reichs-Angelegenheiten fanden auf der Costnitzer Versammlung ihre Erledigung. Die für die Mark wichtigste war die feierliche Belehnung des Burggrafen Friedrich mit Brandenburg und damit zugleich seine Erhebung zum Kurfürsten und Erzkämmerer des Reiches. Siegmund hatte bei der Uebernahme der königlichen Würde in Deutschland kein kleineres Ziel sich vorgesteckt als das kaiserliche Ansehn wieder so zu heben, daß er als Schiedsrichter in Europa gelten möchte. Deutschland konnte jedoch diese bedeutende Stellung nach außen nur gewinnen, wenn seine inneren Angelegenheiten geordnet waren, wenn ein allgemeiner Landfrieden die Ruhe und Ordnung in den einzelnen Ländern sicher stellte, das Rechtsbewußtsein befestigt war, der Kaiser im Reiche das alte Ansehen gewonnen hatte, welches die Kaiser in der Blüthezeit der deutschen Macht genossen. Als den kräftigsten und tüchtigsten Gehülfen bei der Ausführung so ehrenwerther Vorsätze betrachtete er den Burggrafen Friedrich. Dieser hatte mit wenigen Mitteln und in kurzer Zeit ein verwildertes Land zur Ordnung zurückgeführt; seiner Klugheit und seiner Thatkraft konnte man zutrauen, daß er in erweitertem Wirkungskreise Großartiges auszuführen im Stande sei. Siegmund beabsichtigte nichts Geringeres, als ihn zum römischen Könige wählen zu lassen, sich selber wollte er die Kaiserwürde vorbehalten, beide vereint wollten eine neue Blüthezeit für Deutschland herbeiführen. Den Weg zu dieser Königswürde für Friedrich bahnte Siegmund dadurch an, daß er ihm die Mark Brandenburg am 30. April 1415 übertrug. Nur das behielt sich Siegmund vor, daß er oder sein Bruder Wenzel oder ihre männlichen Erben jederzeit die Mark für die Gesammtsumme von 400,000 Gulden zurückkaufen könnten, so daß die 150,000 Gulden, welche früher schon Friedrich auf die Mark verschrieben waren, darin einbegriffen sein sollten. Eben so sollte Friedrich die Mark wieder ausliefern, sobald er durch Siegmund's Willen und Bemühung zum römischen Könige erwählt worden sei. Von einem Anlehen ist bei diesen Verhandlungen durchaus nicht die Rede, und die späteren Angaben, Friedrich habe dem Könige aufs neue 250,000 Gulden zur Reise nach Spanien vorgestreckt, zerfallen demnach in sich selber. Doch läßt sich nachweisen, daß die Summen, welche Friedrich zur Einlösung landesherrlicher Schlösser und Städte so wie zum Kriege bei Unterwerfung des widerspenstigen Adels verwendete, reichlich auf jenen Betrag sich beliefen.

Siegmund entließ hierauf die Bewohner der Mark ihres Eides und forderte sie auf, ihrem neuen Herrn zu huldigen. Die rheinischen Kurfürsten erklärten ihre Zustimmung zu dieser Vereinigung der Mark an die Hohenzollern schon im Mai und Juni, Sachsen that es erst gegen Ende des Jahres, Wenzel dagegen verweigerte als Kurfürst des Reiches seine Zustimmung, und auch noch später machten die Böhmen dem Kaiser Siegmund Vorwürfe, daß er die Mark widerrechtlich von Böhmen getrennt habe, mit welchem sie Karl IV. auf ewig verbunden hätte. Diese Verhandlungen mit Sachsen und besonders mit Wenzel, die dann von Siegmund unternommene spanische Reise, von der er erst 1417 nach Costnitz zurückkehrte, verzögerte die öffentliche Belehnung Friedrich's mit der Mark noch volle zwei Jahre. Erst am 18. April 1417 fand der feierliche Akt der Uebergabe statt, ohne an den früheren Bestimmungen des Wiederkaufs zu ändern; dadurch aber, daß Wenzel

1419, Siegmund 1437 ohne Söhne starben, wurde die Mark unbedingtes Erbeigenthum seiner Familie.

Als Friedrich zum ersten Male nach Costnitz gegangen war, schienen sich für die Mark die alten bösen Zeiten wiederholen zu wollen. Dietrich v. Quitzow, der sich nach Pommern-Stettin geflüchtet hatte, benutzte Friedrich's Abwesenheit, einen verheerenden Zug nach der Mark zu unternehmen, bei welchem namentlich Nauen in Flammen aufging. Im Verein mit Pommern suchte er dann den Barnim hart heim; Strausberg wurde nicht nur erobert, sondern auch von den Pommern besetzt gehalten. Nur mit Hülfe von Sachsen und Mecklenburg-Stargard war es gelungen, die Pommern zurückzudrängen, und Friedrich brachte es zu Costnitz bei König Siegmund dahin, daß derselbe über Otto und Casimir von Pommern-Stettin die Acht aussprach und alle Nachbarn der Mark zur Vollstreckung derselben aufforderte. Das hatte allerdings die Wirkung, daß die Pommern zu Neustadt-Eberswalde sich 1415 zu einem Frieden bequemten und dem Dietrich v. Quitzow ihren Schutz entzogen. Dieser begab sich zu Herzog Ulrich von Mecklenburg-Stargard, der noch so eben diesen Frieden hatte vermitteln helfen, bewog denselben zu einem Angriff auf die Herren von Werle und den mit ihnen verbundenen Herrn von Ruppin. Auch Pommern-Stettin und Mecklenburg-Schwerin schlossen sich ihm an. Da endlich kehrte Friedrich im October 1415 nach der Mark zurück, nahm in Berlin die Erbhuldigung der Stände an und durchreis'te die einzelnen Städte des Landes, um sich von ihnen und den Mannen huldigen zu lassen. Ueberall beeiferte man sich, ihn prächtig aufzunehmen, man bewilligte selbst eine außerordentliche Bede, um seine Geldnoth zu heben, und Friedrich suchte seinerseits diese Liebe, mit der man ihm von allen Seiten entgegenkam, durch Gnaden-Erweisungen aller Art zu vergelten. Kein Schloß oder sonstiges größeres Lehen wurde an fränkische Ritter vergeben, sondern nur an Märker, und selbst die ihm früher feindlich gesinnten Adligen suchte er durch Milde und Freigebigkeit für sich zu gewinnen. Wichard v. Rochow z. B. erhielt Golzow wieder, Gebhard v. Alvensleben Schloß und Vogtei Gardelegen, ja er wurde sogar zum Hauptmann der Altmark ernannt, Caspar Gans v. Putlitz wurde nach 2½ jähriger Gefangenschaft freigegeben rc. Etwa drei Monat verweilte Friedrich in der Mark, dann kehrte er nach Costnitz zurück, um, wie bereits erzählt, die feierliche Belehnung der Mark zu empfangen.

Diesem erfreulichen Beginn seiner Herrschaft, bei welchem das Land frei aufzuathmen anfing, entsprach leider nicht der weitere Verlauf der Dinge. Die Gewalt der Umstände war stärker als der redliche Wille, die Klugheit und die Kraft, die Friedrich nach allen Seiten hin entwickelte. Gerade das, daß er das Land in kürzester Zeit beruhigt und gesichert hatte, daß er bemüht war, dem Lande wo möglich den alten Umfang und das alte Ansehn zu verschaffen, dessen sich dasselbe zur Zeit der ruhmwürdigen aslanischen Herrschaft erfreut hatte, erweckte ihm Feinde von allen Seiten. Daß es ihm nicht gelang, sie niederzuwerfen, lag in verschiedenen Dingen. Zunächst waren es seine geringen Geldmittel, die ihm überall hindernd entgegen traten, die ihn häufig nöthigten, Anleihen zu machen, Güter zu verpfänden oder wohl gar zu verkaufen, und die deßhalb seine an und für sich geringe Kraft noch mehr schwächten, so daß er, zumal bei der mangelhaften Kriegführung der damaligen Zeit, immer wieder auf Unterhandlungen beschränkt wurde, die, wenn auch noch so klug von ihm geleitet, ihn doch nur theilweise seinen Zweck erreichen ließen. Ein andrer Uebelstand, durch den die Mark schwer zu leiden hatte, war der, daß er wegen seiner vielfachen anderweitigen Thätigkeit verhindert wurde, persönlich die Regierung in der Mark zu führen, dieselbe vielmehr Statthaltern überlassen mußte, denen seine Kraft, sein durchgreifender und entscheidender Wille fehlte. Wir werden die Nachtheile kennen lernen, die daraus dem Lande erwuchsen.

Zunächst waren es die fränkischen Besitzungen, welche einen großen Theil der Aufmerksamkeit und der Kraft Friedrich's für sich in Anspruch nahmen, besonders als sein Bruder Burggraf Johann III. 1420 ohne Söhne gestorben und Friedrich der Erbe seines Landes geworden war. Der oben genannte Herzog Stephan von Bayern, der nach Markgraf Ludwig des Aelteren Tode dessen Landes-Antheil an sich gerissen hatte und somit ganz Bayern vereinigt, hatte drei Söhne hinterlassen, die sich das Land der Art theilten, daß es in Bayern-Ingolstadt, Landshut und München zerfiel. Friedrich's Gemahlin Elisabeth war eine Prinzeß von Bayern-Landshut; ihr Bruder Heinrich war so heftig von seinem Vetter Ludwig dem Bärtigen, Herzog von Bayern-Ingolstadt, beschimpft worden, daß er 1417 zu Costnitz jenen überfiel, stark verwundete und dadurch die Feindschaft desselben gegen ihn in hohem Grade vermehrte. Da Friedrich sich seines Schwagers annahm und ein Bündniß mit ihm schloß, wandte sich der ganze Zorn Ludwig's auch gegen ihn und veranlaßte beständige Streitigkeiten und Fehden, unter welchen die Länder Friedrich's schwer zu leiden hatten. Die noch vorhandenen Briefe Ludwig's gegen Friedrich enthalten die ärgsten Bitterkeiten und bieten einen merkwürdigen Beleg zu dem Sittengemälde jener Zeiten dar. Ludwig begnügte sich übrigens nicht mit diesen Schmähbriefen, er forderte auch die Mark zum Ungehorsam, ihre Nachbarn zu Angriffen gegen Friedrich auf; er verleumdete Friedrich bei König Siegmund, und seine böswilligen Reden fanden leider dort ein geneigtes Ohr. Mit großer Macht fiel er wiederholt die fränkischen

Besitzungen an, und wenn auch diese Kriege mehrfach durch Waffenstillstand unterbrochen wurden, so wurden sie doch mit großer Wuth erneuert, bis endlich 1438 ein Frieden zu Stande kam, der dadurch größere Gewähr versprach, daß Ludwig's Sohn, Ludwig der Bucklichte, damals mit dem Vater verfallen war und eine Tochter Friedrich's, Margarethe, heirathete.

Noch mehr wurde Friedrich der Sorge für die Mark dadurch entzogen, daß er bereits 1418 von König Siegmund zum Statthalter und Verweser des deutschen Reiches ernannt wurde. So ehrenvoll diese Auszeichnung für ihn war, so glänzend die Aussicht, dereinst König von Deutschland zu werden, so nachtheilig wurde ihm doch diese Stellung, da nur zu bald das enge Freundschaftsband gelös't wurde, das ihn bis dahin an Siegmund geknüpft hatte. Der Tod des Huß hatte ganz Böhmen in die größte Aufregung versetzt, der Wenzel nach gewohnter Weise theilnahmlos zusah, überdies gegen seinen Bruder aufgebracht, daß er dem Huß das freie Geleit nicht gehalten. Darauf brach 1419 in Prag ein furchtbarer Aufruhr aus, der sich bald über das ganze Land verbreitete. Wenzel starb plötzlich vor Schreck und Zorn darüber, Siegmund wurde sein Erbe. Die böhmischen Länder huldigten ihm zwar zu Ende 1419 zu Brünn, doch ergriff er, aufgeregt durch die päpstliche Partei, 1420 zu Breslau die härtesten Maßregeln gegen die Hussiten, verlangte unbedingte Unterwerfung und wollte nur über die niedergerissenen Mauern Prag's dort seinen Einzug halten. Gerade dadurch aber wurden die Böhmen zum Widerstand gereizt, und als sogar ein Kreuzzug gegen sie gepredigt wurde, boten sie dem Könige Wladislaw Jagello von Polen die Krone Böhmens an. Friedrich, der stets Milde anempfohlen hatte, dessen Rathschläge aber nicht gehört worden waren, nahm an diesem Kreuzzuge keinen Antheil, der, obgleich er mit einem starken Heere unternommen wurde und Siegmund sogar Prag erstürmte und sich daselbst krönen ließ, doch ein schmähliches Ende nahm, da der Anführer der Böhmen, Johann v. Troznova, bekannter unter dem Namen Ziska, mit neuer Kriegskunst und entschiedenem Glücke kämpfte. Mit Siegmund's Einwilligung hielt sich in diesem Jahre Friedrich etwa 10 Monat lang in der Mark auf, dennoch wußten seine Feinde und besonders Ludwig von Ingelstabt dem Könige diese Nichttheilnahme als den schreiendsten Undank darzustellen, und die Stimmung Siegmund's gegen Friedrich wurde eine noch gereiztere, als dieser damals Verhandlungen mit Polen anknüpfte. Er beabsichtigte nämlich seinen zweiten Sohn Friedrich mit Wladislaw's Tochter Hedwig zu verloben, und ließ sich von diesem Vorhaben auch durch die sehr ernsten Mahnungen Siegmund's nicht abhalten. Dem Polen-König war früher von Siegmund das Versprechen gegeben, in seinen Anforderungen gegen den deutschen Orden in Preußen unterstützt zu werden; auf dem Tage zu Breslau 1420 jedoch hatte Siegmund gegen Wladislaw erkannt und ihn dadurch zu seinem Feinde gemacht. Als nun Friedrich 1421 zu Krakau jene Verlobung in der That zu Stande brachte, der junge Friedrich sogar mit Zustimmung der Polen zum einstigen Thronfolger bestimmt wurde, falls Wladislaw ohne Söhne stürbe, suchte Siegmund dadurch den König für sich zu gewinnen und von Friedrich abzuziehen, daß er ihm, der damals Wittwer war, seine Tochter oder, falls ihm die zu jung wäre, die Wittwe seines Bruders Wenzel zur Gemahlin anbot und Schlesien als Mitgift versprach. In der That erklärte sich Wladislaw für den letzteren Vorschlag, doch kam die Heirath nicht zu Stande.

Wladislaw hatte indeß die böhmische Krone abgelehnt, sein Vetter, der Großfürst Alexander Witold von Lithauen, dagegen sich nicht abgeneigt erklärt, dieselbe zu übernehmen. Um so stärker betrieb Siegmund seine Rüstungen, Böhmen zu unterwerfen, und gleichzeitig brachten auch die deutschen Fürsten ein bedeutendes Heer zusammen, mit welchem sie — auch Friedrich nahm an der Spitze von brandenburgischen Truppen Antheil — im September 1421 in Böhmen einrückten. Während jedoch die Fürsten an der Eger mit dem Angriff zögerten, damit Siegmund gleichzeitig von Mähren her vordränge, vermählte dieser seine Tochter Elisabeth mit dem Herzog Albrecht von Oesterreich, so daß die Hussiten ihre ganze Macht gegen die Reichstruppen richten konnten. Erst als diese in wilder Flucht das Land geräumt hatten, rückte Siegmund mit seinem Schwiegersohn in Böhmen ein, sah sich aber bald zu gleich schimpflichem Rückzug gezwungen. Zu diesem Unglück kam noch, daß Witold seinen Neffen Siegmund Korybut als Landes-Verweser nach Prag schickte, wo sich derselbe durch seine Klugheit und Tüchtigkeit, wenigstens eine Zeit lang, eines großen Ansehns erfreute. Seitdem gab Siegmund alle die großartigen Pläne für Deutschland auf, die er früher mit Friedrich gemeinsam auszuführen beschlossen hatte, und war nur darauf bedacht, Böhmen seiner Herrschaft zu unterwerfen. Auf dem Reichstage zu Nürnberg 1422 wurde ein dritter Kreuzzug beschlossen und Markgraf Friedrich wurde zum obersten Anführer so wie zum Statthalter in Böhmen bestellt. Man hatte sich aber weder über die Kosten einigen können, die zu dem „täglichen Kriege" gegen Böhmen erforderlich waren d. h. zu einem Kriege, der so lange ununterbrochen geführt werden sollte, bis Böhmen unterworfen wäre, noch war der Zuzug der Mannschaften stark genug, um den Böhmen die Spitze bieten zu können. Friedrich mußte ohne allen Erfolg umkehren. Auch das trug dazu bei, die Stellung Siegmund's gegen Friedrich immer feindseliger zu machen, und nur zu bald fand sich die Gelegenheit, denselben die ganze Ungnade des Königs fühlen zu lassen.

In demselben Jahre 1422 schloß nämlich mit dem Tode des Kurfürsten Albrecht III. von Sachsen die Reihe der askanischen Fürsten daselbst, die mit Bernhard, dem zweiten Sohne Albrecht des Bären, 1180 begonnen hatte. Mit der Tochter seines Bruders Rudolf III., Barbara, hatte, wie oben erwähnt, Siegmund den ältesten Sohn Friedrich's, Johann, verlobt, und die Hochzeit war 1416 zu Treuenbrietzen gefeiert worden, als Friedrich im Begriff war, zum zweiten Male nach Costnitz zu gehen. Für diesen beantragte nun Friedrich die sächsische Kurwürde und besetzte das Land in Folge der Aufforderung von sächsischen Mannen und Städten; sein zweiter Sohn Friedrich sollte für den Fall die Mark erben. König Siegmund erklärte jedoch, daß nicht zwei Kurwürden Einer Familie zu Theil werden könnten und wies aus gleichem Grunde die Bitten des bayerschen Pfalzgrafen Ludwig ab. Als Friedrich sich darauf mit dem Lande begnügen und die Kurwürde an Braunschweig, also an die alte berühmte Familie Welf, übertragen wissen wollte, die als Abkömmlinge der alten Herzöge von Sachsen ein Anrecht darauf hätten, gaben die Streitigkeiten dieser Herzöge unter einander dem Könige den gewünschten Vorwand, auch dies Gesuch abzuschlagen und eben so dem Herzoge Erich von Sachsen-Lauenburg, welcher, der askanischen Familie angehörig, mit größerem Recht Land und Würde beansprüchte; Siegmund gab vor, er möchte dann auch leicht Ansprüche auf die Mark erheben und dadurch neue Wirren veranlassen. Vielmehr belehnte er zu Anfang des Jahres 1423 den Markgrafen Friedrich den Streitbaren von Meißen mit dem Kurfürstenthum Sachsen, dem er bereits 1420 zu Anfang seiner Spannung mit Friedrich für seine Geld- und Kriegshülfe, die er ihm gegen die Hussiten geleistet, Anwartschaft ertheilt hatte. Friedrich mußte sich mit einer Abstandssumme von 10,000 Schock begnügen, theils für seine Kosten während der einstweilen geführten Landes-Verwesung, theils als Antheil seiner Schwiegertochter Barbara an dem Allodial-Vermögen ihres Hauses. Ein enges Bündniß mit dem neuen Kurfürsten sicherte gegenseitigen Schutz und Beistand. Wie jedoch die feindselige Stimmung Siegmund's gegen Friedrich es war, die ihn dazu veranlaßt hatte, dessen Hoffnung zu vernichten, ging besonders daraus hervor, daß er dem neuen Kurfürsten die Unterhandlungen mit den Hussiten auftrug, so wie daß er die nordischen Staaten, Pommern und den deutschen Orden gegen Friedrich zu verbinden suchte und diesen sogar vor sich forderte, um sich gegen die Anklagen des Herzogs Ludwig von Ingolstadt zu rechtfertigen.

Siegmund ging aber noch weiter. Er bestättigte 1424 aufs neue dem deutschen Orden die Neumark, als dieser befürchtete, daß Friedrich mit der Hülfe Polens dies Land an sich bringen möchte und suchte die Verlobung des jungen Friedrich, der in Polen erzogen wurde, rückgängig zu machen; er belehnte ferner den Herzog Casimir von Pommern-Stettin mit der Uckermark, die Friedrich gewaltsam den Pommern zu entreißen suchte, und erkannte ihn durch Belehnung von Seiten des Reichs als unmittelbaren Reichsfürsten an. Kein Wunder deshalb, daß Friedrich, der alle früheren Plane zur Kräftigung des Reiches durch den König gescheitert, seine Stellung selber durch jenen bedroht sah, sich 1424 der Einigung der Kurfürsten anschloß, welche Abstellung der Gebrechen in Kirche und Reich beabsichtigte, da Siegmund sich um die Reichsangelegenheiten gar nicht kümmerte. Erst als Böhmen nicht mehr an Witold oder Korybut zu fallen drohte, als Wladislaw ein Sohn geboren wurde und also nicht mehr zu befürchten war, daß der junge Friedrich dereinst König von Polen werden möchte, kam im Februar 1426 eine Versöhnung zwischen Siegmund und Friedrich zu Stande, die jedoch das alte Verhältniß nicht wieder herzustellen vermochte. Siegmund hatte bereits seinen Schwiegersohn, den Herzog Albrecht von Oesterreich, zu seinem Reichsnachfolger bestimmt, wie dieser auch dereinst seine Länder erben sollte, und alle die Uebel, welche Friedrich aus dieser langen Feindschaft erwachsen waren, konnten nicht rückgängig gemacht werden.

Diese mehrjährige Feindschaft Siegmund's und Friedrich's hatte dem Bestreben des letzteren, die früher zur Mark gehörigen Landschaften und Anrechte derselben wiederzugewinnen, nicht wenig geschadet und ihn in weitläuftige Streitigkeiten verwickelt. Namentlich die mit Mecklenburg zogen sich durch seine ganze Regierungszeit hindurch. Gleich nachdem ihm die Mark übertragen war, hatte er das alte Lehns-Verhältniß des Landes Wenden, das seit der Zeit der Askanier gänzlich in Vergessenheit gerathen war, wiederherzustellen gesucht. Die Herrschaft Wenden zerfiel damals in zwei Theile, Werle-Waren und Werle-Güstrow; jenes besaß Christoph, dies Balthasar, die beide kinderlos waren, doch hatte letzterer einen Bruder Wilhelm, der Geistlicher war. Der Heimfall des Landes schien deshalb in nicht langer Zeit bevorzustehen, und die Unterhandlungen, die Friedrich mit den Herren dieser Länder deshalb führte, hatten ohne Zweifel die Feindseligkeiten Ulrich's von Mecklenburg-Stargard veranlaßt, von denen oben gesprochen ist. Als Friedrich 1415 zu Berlin die Huldigung der Stände annahm, hatten sich auch die Herren von Wenden eingefunden und ihr Land von ihm zu Lehen genommen. In Folge dessen vermittelte er zu Prenzlow einen Frieden zwischen Werle und Stargard; letzteres versprach zugleich seine Ansprüche auf einzelne Theile der Uckermark und namentlich

Streitigkeiten mit den Nachbarn.

auf Prenzlow nicht mit Waffengewalt zu verfolgen, sondern der Entscheidung des Königs Siegmund zu überlassen. Dietrich v. Quitzow mußte entlassen werden; er begab sich zum Herzog Erich von Braunschweig-Grubenhagen. Doch gleich darauf begannen die Mecklenburger aufs neue Feindseligkeiten gegen Wenden, und Pommern-Stettin schloß sich ihnen an. Christoph von Werle-Waren hatte das Unglück gefangen genommen zu werden und mußte einen Theil seines Landes abtreten. Friedrich, als Lehnsherr von Wenden, sah sich deshalb genöthigt, Gewalt anzuwenden; er verband sich mit Lüneburg, Magdeburg und Sachsen, sammelte in der Prignitz ein bedeutendes Heer und erzwang dadurch (Mai 1416) einen vorläufigen Frieden. Der Tod des Herzogs von Stargard verschob den völligen Abschluß desselben bis in den October 1417, wo Christoph gegen ein Lösegeld freigegeben wurde. Darauf schlossen aber 1418 die beiden Mecklenburg (Schwerin und Stargard) mit den beiden Werlischen Herren eine Erbverbrüderung, ohne auf die Lehns-Abhängigkeit der letzteren von der Mark Rücksicht zu nehmen. Bei den neuen Verwicklungen, die daraus für Friedrich entstehen mußten, war jedoch der Umstand von Wichtigkeit, daß der junge Herzog von Stargard Johann III. von den Märkern zu Ende des Jahres 1418 gefangen genommen wurde, man weiß nicht bestimmt, bei welcher Gelegenheit. Ihn zu befreien verbanden sich Schwerin und die Werlischen Fürsten mit ihren Nachbarn, namentlich mit Pommern, drangen in die Ukermark ein, wurden aber 1419 vor Strasburg mit großem Verluste zurückgetrieben. Friedrich, der darauf nach der Mark zurückkehrte, griff selber Mecklenburg an und erzwang durch die Eroberung von Dömitz und Gorlosen einen Waffenstillstand, dem 1421 der Frieden zu Perleberg folgte.

Unterdeß starb Balthasar von Güstrow kinderlos, und da auch Christoph von Waren keine Kinder hatte, so trat Wilhelm, des ersteren Bruder, aus dem geistlichen Stande und vermählte sich 1422 mit päpstlicher Dispensation. Gleich darauf starb auch Johann von Schwerin mit Hinterlassung zweier unmündigen Söhne, für welche sein Vetter Albrecht von Schwerin die Vormundschaft übernahm. Dieser vermählte sich mit Margaretha, der erst 10 Jahr alten Tochter Friedrich's — derselben, welche nachmals mit Ludwig von Ingolstadt verheirathet wurde. Als Heirathsgut gab Friedrich die beiden eroberten Schlösser an Mecklenburg zurück, doch gleich darauf starb Albrecht 1423, ehe noch das Beilager vollzogen war, da die junge Prinzeß erst in Schwerin erzogen werden sollte. Die Wittwe des verstorbenen Johann, eine Prinzeß von Sachsen-Lauenburg, die nun die Erziehung ihrer Söhne leitete, blieb in treuer Freundschaft mit Friedrich und verlobte schon 1423 den einen Sohn Heinrich mit des Markgrafen etwa 3 Jahr alten

Tochter Dorothea; die Herren von Wenden verbanden sich dagegen aufs neue mit Pommern-Stettin, den noch immer gefangen gehaltenen Herzog Johann von Stargard zu befreien. Ihr Einfall in die Prignitz 1426 fiel aber höchst unglücklich aus, denn Christoph von Waren fiel in der Schlacht, welche der Kurprinz Johann ihnen bei Pritzwalk lieferte, und Wilhelm von Güstrow entrann nur durch große Aufopferung der Seinigen der Gefangenschaft. Dieser schwere Verlust führte endlich 1427 den **Frieden von Templin** herbei, dem gleich darauf der gefangene Herzog Johann beitrat. Er nahm sein Land Stargard von Brandenburg zu Lehn und erhielt gegen Zahlung von 3000 Mark oder 9000 Gulden seine Freiheit wieder, deren er etwa 9 Jahre lang beraubt gewesen war.

Seitdem trat auf einige Jahre größere Ruhe ein. Als aber 1436 der letzte Fürst von Wenden Wilhelm starb, ohne Söhne zu hinterlassen, und seine Mecklenburger Vetter sogleich von seinem Lande Besitz nahmen, drohten aufs neue die Feindseligkeiten auszubrechen. Vergeblich forderte der Kaiser sie auf, das Land an Friedrich zu überlassen, die Mecklenburger strengten einen Proceß an, über welchem Siegmund 1437 den 9. December hinstarb, so daß die Entscheidung in ungewisse Ferne hinausgeschoben wurde. Kurz darauf starb auch (Ende 1438) Johann von Mecklenburg-Stargard, ohne Kinder zu hinterlassen; sein Vetter Heinrich beerbte ihn. Doch nahm der Markgraf Friedrich der Jüngere, der damals die Statthalterschaft in der Mark bekleidete, hierdurch Veranlassung, die Ansprüche Brandenburgs zu erneuern. Er verband sich deshalb 1440 mit Pommern, drang siegreich in Stargard ein und erzwang die Abtretung von Lychen und Kloster Himmelpfort, die er erobert hatte; doch erst einige Jahre später erfolgte der vollständige Abschluß dieser Mecklenburger Angelegenheiten.

Nicht weniger hartnäckig als die Kriege gegen Mecklenburg waren die gegen **Pommern**. Als dasselbe durch die Achts-Erklärung nachzugeben sich gezwungen sah, einigte man sich 1415 dahin, daß zur Erstattung der Kosten, welche Herzog Swantibor von Pommern-Stettin als Statthalter der Mark hatte aufwenden müssen, etwa 4500 Mark von Friedrich gezahlt werden sollten, so wie 2000 Schock für die Herausgabe von Boitzenburg und Zehdenick, die den Pommern zur Zeit des Jobst verpfändet worden waren; von dem übrigen Uferlande, das sich in pommerschem Besitze befand, war zunächst nicht die Rede, dagegen wurde die Entscheidung über die Lehnsherrschaft so wie wegen des Vorfalls auf dem Kremmer Damm dem Könige vorbehalten. Die Einlösung jener Orte erfolgte auch gleich darauf, und Siegmund forderte die Stadt Strausberg insbesondere auf, Friedrich zu huldigen. Ungeachtet dieses Vertrages hatten sich die Pommern doch wieder feindlich gestellt und sich Mecklenburg angeschlossen, namentlich 1419, als man den Herzog Johann von Stargard befreien wollte. Sie waren bei der Niederlage vor Strasburg betheiligt, und während Friedrich gegen Mecklenburg von der Prignitz aus kämpfte, hatten sie sich in der Ukermark festgesetzt. Der Markgraf rückte deshalb 1420 gegen sie und eroberte zunächst Angermünde. Bei dem Versuch, die Stadt durch nächtlichen Ueberfall wieder zu nehmen, erlitten die Pommern eine empfindliche Niederlage, welche durch einen Hinterhalt, den Caspar Gans befehligte, noch bedeutend vermehrt wurde, so daß man in Volksliedern die Heldenthaten der Märker und des Caspar Gans insbesondere besang. Darauf verfolgte Friedrich seinen Sieg, eroberte Greifenberg, Prenzlow ꝛc. und schloß einen Waffenstillstand, der 1421 durch den Frieden zu Prenzlow bestättigt wurde.

Während Friedrich bei Siegmund in Ungnade stand, ließ sich Herzog Casimir, wie schon erwähnt, 1424 zu Ofen mit seinem Lande vom Könige belehnen, verband sich aufs neue mit Mecklenburg und nahm 1426 Prenzlow durch Verrath. Friedrich eilte zwar selber aus Franken herbei und begann den Feldzug mit der Belagerung von Vierraden, war aber genöthigt, vor den anrückenden Pommern und ihren Verbündeten eiligst mit schwerem Verlust an Heergeräth zurückzuziehen. Der Krieg gegen Bayern nöthigte ihn nach Franken zu eilen, und seinem Sohne Johann die Fortsetzung des Krieges gegen Pommern zu überlassen. Diesem gelang es in einer Sommernacht im Einverständniß mit den brandenburgisch gesinnten Einwohnern Prenzlow wieder zu nehmen. Ein eifriger Anhänger des Markgrafen führte nämlich den Heerhaufen des jungen Fürsten durch die Sümpfe zu einer Seitenpforte. Als er an den unwegsamsten Stellen den Kurprinzen auf seine Schultern nahm und unter der schweren Bürde umzusinken drohte, ermunterte ihn Johann mit den bekannten Worten: „Steh' fest, mein Mann, und bedenke, daß du die ganze Mark Brandenburg auf deinen Schultern trägst!" Die Stadt wurde genommen, und vergeblich war der wüthende Einfall der Pommern in die brandenburgische Ukermark. Endlich sahen sie sich 1427 genöthigt, den Frieden zu Neustadt einzugehen; sie erhielten Greifenberg zurück, verzichteten aber auf Angermünde und versprachen, sich in Bezug auf die Lehnsherrlichkeit Brandenburgs über Pommern der Entscheidung Siegmund's zu unterwerfen. Seitdem wurde das Verhältniß zur Mark ein freundliches.

Die Angelegenheiten mit Magdeburg blieben unter Friedrich's Regierung ungelös't; wegen des Grenzschlosses Plaue, das man Hans v. Quitzow genommen, einigte man sich gütlich dahin, daß Friedrich bis zum Tode des Erzbischofs in dem Besitz desselben bleiben sollte. Die freundliche Stellung des Erzbischofs zu Friedrich wurde nur vorübergehend getrübt, als der freigelassene Caspar Gans Magdeburg die Stadt Sandow entriß. Der Erzbischof darüber aufgebracht, um so mehr als ihm die Wiedereroberung derselben nicht gelang, entließ 1416 nicht nur Hans v. Quitzow aus seiner Gefangenschaft, sondern nahm auch ihn wie seinen Bruder Dietrich in seine Dienste und ließ durch beide verheerende Einfälle in die Mark machen. Doch schon 1417 kam eine Einigung zu Stande; Sandow wurde zurückgegeben, der Erzbischof dagegen entließ beide Quitzows aus seinen Diensten. Dietrich begab sich in die Nähe von Helmstädt, wo er bald darauf starb; mit Hans v. Quitzow söhnte sich aber Friedrich 1421 aus und überwies ihm namentlich Lenzen als Entschädigung für die ihm früher abgesprochenen Güter.

Im Januar des Jahres 1426 hatte Friedrich die Mark auf immer verlassen, nachdem er daselbst seinen ältesten Sohn Johann als Statthalter eingesetzt hatte. Theils die gebundene Stellung desselben, theils aber und noch mehr sein wenig energischer Charakter brachten der Mark abermals böse Zeiten. Die Fehdelust der Mannen erwachte wieder, und namentlich in den Grenzdistricten waren gegenseitige Plünderungszüge in vollem Gange, so daß die Städte der Mittelmark, der Prignitz und der Altmark Schutzbündnisse unter einander schließen mußten, um nur einigermaßen darin den Schutz zu finden, den sie vergeblich von dem Landesherrn erwartet hatten. Dazu kam der unruhige Geist in den Städten, wo die Geschlechter oder Patricier und die Gewerke vielfach scharf einander gegenüberstanden, noch mehr aber wurde jedes kräftige Eingreifen durch die Geldverlegenheiten gelähmt, welche bei der wenig durchgebildeten Steuerverfassung den Kurprinzen zu häufigen Verpfändungen nöthigten.

Friedrich's Thätigkeit wurde namentlich lange durch die Anstrengungen in Anspruch genommen, welche König Siegmund machte, die Hussiten niederzuwerfen. Dieselben hatten 1426 ein bedeutendes Heer bei Aussig geschlagen und verheerende Einfälle in die Nachbarländer gemacht. Deshalb wurde 1427 vom Reiche ein neues Heer zusammengebracht, zu welchem auch Friedrich mit zahlreichen Hülfstruppen gestoßen war. Um die Ausrüstung derselben zu ermöglichen, hatte er selbst die von den Bayern niedergebrannte Burg in Nürnberg so wie viele Gerechtsame an die Stadt Nürnberg verkauft. Aber auch dieser Feldzug verunglückte durch die Niederlagen bei Mies und Tachau, und die Neider Friedrich's schrieben ihm die Schuld davon zu, da er nichts weniger beabsichtige als König von Böhmen zu werden. Diese beständigen Niederlagen bewogen Friedrich, der 1428 abermals mit großen Vollmachten zum Oberanführer gegen die Böhmen ernannt worden war, den Weg der Unterhandlung zu versuchen, der nur in so-

Die Hussiten vor Bernau.

fern glückte, als er durch Zahlung von Geldsummen seine fränkischen und märkischen Besitzungen vor verheerenden Einfällen sicherte. Als endlich abermals die Gewalt des Schwertes die Entscheidung bringen sollte, und Friedrich mit starker Heeresmacht 1431 in Böhmen eindrang, lös'te sich sein Heer aus Furcht vor den herbeieilenden Hussiten auf, das ganze Heergeräth, alles Feldgeschütz fiel den Feinden in die Hände. In Folge dieser abermaligen Niederlage hatte auch die Mark schwer zu leiden; sie wurde 1432 von den Hussiten unter Procop hart heimgesucht. Frankfurt widerstand tapfer, dagegen wurden Lebus, Müncheberg, Strausberg, Alt-Landsberg von ihnen geplündert und niedergebrannt. Darauf belagerten sie Bernau. Die hartnäckige Vertheidigung der Bürger daselbst, die von einer Besatzung kräftig unterstützt wurden, gab dem jungen Markgrafen Friedrich Gelegenheit, mit einem Heere herbeizueilen und die Hussiten zum Rückzuge aus der Mark zu zwingen. Noch heut werden eroberte Waffen ꝛc. als Siegeszeichen in der Stadt aufbewahrt, wie auch das Andenken an jene glückliche Rettung aus so schwerer Bedrängniß gefeiert.

So sehr sich auch der Papst gesträubt hatte, den ketzerischen Hussiten Zugeständnisse zu machen, so sah man sich doch immer wieder darauf verwiesen, durch gütliche Verhandlung die Angelegenheit zu ordnen, die so schweres Unglück über Deutschland gebracht hatte. Man lud deshalb die Hussiten ein, zu dem Concil Abgeordnete zu senden, das 1431 nach Basel berufen worden war. Erst als alle Fürsten sich für die Sicherheit dieser Abgeordneten verbürgt hatten, ließen sich die Böhmen dazu bewegen, an den Verhandlungen Theil zu nehmen. Während derselben geschah es erst, daß Siegmund 1433 sich in Rom zum Kaiser krönen ließ; in Böhmen wurde er 1435 als König anerkannt, nachdem er sich den Bedingungen gefügt, welche ihm die Hussiten gestellt hatten. Friedrich's Bemühungen hierbei wären erfolglos geblieben, wenn es nicht unter den verschiedenen hussitischen Parteien zum Bruch gekommen, und in den furchtbaren inneren Kämpfen die exaltirte Partei der Taboriten unterlegen wäre.

Als man nach Siegmund's Tode (Ende 1437) zu einer neuen Königswahl schritt, bewarb sich auch Friedrich um die deutsche Krone, unterstützt von Trier und Kurpfalz. Trier wurde jedoch von seinen Gegnern gewonnen und half den Herzog Albrecht von Oesterreich (1438—39) wählen, den Gemahl der Elisabeth, der einzigen Tochter Siegmund's, der bereits in Ungarn als König anerkannt worden war. Friedrich unterstützte nach erfolgter Wahl diesen seinen früheren Nebenbuhler eifrigst, und als die Böhmen sich weigerten, denselben als König anzuerkennen, als sogar ein Theil von ihnen einen jüngeren Sohn des Königs Wladislaw von Polen, Casimir, zum König wählte, trat

Friedrich's dritter Sohn Albrecht, nachmals mit dem Beinamen Achilles, an die Spitze des Heeres, welches in Schlesien gegen die Polen kämpfte. Durch reiche Geldspenden suchte König Albrecht seinen Anhang zu mehren, doch ehe er sich noch in den Besitz von Böhmen gesetzt hatte und in Deutschland seine Krönung erfolgt war, starb er 1439, eine schwangere Gemahlin und zwei unerwachsene Töchter hinterlassend.

Bei der abermaligen Königswahl hielt es Friedrich nicht für angemessen als Thronbewerber aufzutreten; er schlug vielmehr im Verein mit Böhmen den Landgrafen Ludwig von Hessen-Kassel zum König vor. Sachsen jedoch, durch Heirath mit dem Hause Oesterreich verbunden, einigte sich mit den übrigen Kurfürsten dahin, Friedrich (III.), Herzog von Steyermark und Vetter des verstorbenen Königs Albrecht II., zu wählen (1439—1493); Markgraf Friedrich und Böhmen mußten sich der Stimmen-Mehrheit fügen. Damit aber schwanden die früher von dem Markgrafen gefaßten Pläne auf immer dahin, Deutschland durch innere Einigung und Kräftigung nach außen eine achtunggebietende Stellung zu verschaffen. Wie man nach dem Interregnum längere Zeit nur Fürsten von geringer Macht zu Königen wählte, damit die einzelnen Herren desto ungestörter ihre Territorialmacht befestigen könnten, so leitete auch jetzt derselbe Grundsatz die Wahl. Friedrich war ein schwacher Fürst; von ihm stand nicht zu befürchten, daß er die sich immer mehr abschließende Gewalt der einzelnen Reichsgebiete mit kräftiger Hand zu einem festen und mächtigen Ganzen vereinen möchte.

Noch ehe Albrecht's II. Wittwe Elisabeth 1440 einen Sohn gebar, Wladislaw den Nachgebornen (posthumus), berief ein Theil der Ungarn den König Wladislaw, den älteren Bruder des vorhin genannten Casimir, als König herbei, während eine andere Partei dem Hause Oesterreich ergeben blieb. In Böhmen war man über die Wahl um so uneiniger, als man ja Albrecht II. selber nicht hatte anerkennen wollen. Endlich sprach sich der größere Theil der böhmischen Wahlherren für Markgraf Friedrich aus; daß dieser dennoch nicht in den Besitz der Krone kam, hatte darin seinen Grund, daß er es verschmähte, sich diese Geneigtheit bei der engeren Wahl durch reiche Geldspenden zu sichern.

Bereits im Juni 1437 traf Friedrich unter seinen Söhnen eine Erbtheilung. Zwei derselben sollten die fränkischen, zwei die märkischen Länder besitzen. Der älteste Sohn Johann, der als Erstgeborner das Kurfürstenthum hätte erben müssen, ließ sich bestimmen, der Mark zu entsagen, da seine friedliche Denkweise ihn ungeeignet erscheinen ließ, die Leitung eines so unruhigen Landes zu übernehmen; seine geringe Fähigkeit hierzu hatte er während seiner Statthalterschaft hinlänglich bekundet. Ihm wurde der nördliche Theil des Frankenlandes, das Fürstenthum Bayreuth, überwiesen, während der dritte Bruder Albrecht

Achilles Herr des Fürstenthums Anspach wurde. Der zweite Sohn, der ebenfalls thatkräftige Friedrich (II.), sollte die Kurwürde erhalten, die Mark aber mit dem jüngsten, damals 15 Jahr alten Bruder Friedrich (nachmals der Fette genannt) der Art theilen, daß dem einen die Altmark und Prignitz, dem andern die übrige Mark durchs Loos zufallen sollte. Doch sollte diese Theilung erst 16 Jahre nach des Vaters Tode vorgenommen werden; die Kurwürde sollte in diesen beiden Linien nach der Folge des Seniorats wechseln. Seit dieser Erbtheilung wurde Friedrich zum Statthalter in der Mark eingesetzt, der Vater zog sich bald darauf nach dem Schlosse Kabolzburg zurück und starb mit frommer Ergebung den 21. September 1440 in einem Alter von 68 Jahren.

2. **Friedrich II. mit den eisernen Zähnen, Kurfürst. 1440—1470.**
Friedrich der Fette, Markgraf. 1440—1463.

Friedrich II. war 8 Jahr alt, als er 1421 mit der polnischen Prinzeß Hedwig verlobt und zum Erben des Königreichs bestimmt wurde; er genoß seitdem am polnischen Hofe eine ausgezeichnete Erziehung. Dadurch, daß seinem Schwiegervater Wladislaw Jagello in vierter Ehe noch drei Söhne, darunter die oben genannten Wladislaw und Casimir, geboren wurden, so wie daß Hedwig 1431 starb, noch bevor die Vermählung Statt gefunden hatte (das Gerücht beschuldigte laut die Stiefmutter als Mörderin), wurden dem jungen Prinzen die Aussichten zu der Laufbahn vereitelt, welche der Vater ihm hatte eröffnen wollen; er kehrte nach der Mark zurück, übernahm 1437 die Statthalterschaft und 1440 die Regierung daselbst und führte eine Zeit lang die Vormundschaft über seinen jüngsten Bruder Friedrich.

Schon 1447 gab er dem ungestümen Andringen desselben nach, ihn mit der Altmark und Prignitz abzutheilen, wodurch natürlich die Kurmacht nicht wenig geschwächt wurde. Die Aufgabe, das Ansehn seines Landes und seiner Familie aufrecht zu erhalten, wurde für Friedrich noch vergrößert, daß ein großer Theil der Domänen als Unterpfand in fremden Händen war. Dessen ungeachtet oder vielmehr um so eifriger war er darauf bedacht, das Streben seines Vaters zu verfolgen, die früher zur Mark gehörigen, nachmals aber entfremdeten Landestheile wieder an sich zu bringen, und er wurde dabei wenigstens durch das Wort des Königs Friedrich III. unterstützt, welcher 1444 anbefahl, daß dem Kurfürsten zurückgegeben würde, was früher zur Mark gehört habe. Dem Worte fehlte leider der Nachdruck; der Kurfürst selber mochte zusehen, diesen Befehl zur Ausführung zu bringen. Dies brachte ihn aber mit den Nachbarn in große Verwicklungen, bei denen er zufrieden sein mußte, auch nur einen Theil seiner Forderungen befriedigt zu sehen.

Am schwierigsten war seine Stellung zu Böhmen, dessen Uebermacht er nur durch die größte Gewandtheit für sich unschädlich machen konnte.

Wie oben gesagt war Wladislaw posthumus der rechtmäßige Nachfolger in Ungarn und Böhmen; doch da letzteres schon die Herrschaft seines Vaters Albrecht II. nicht hatte anerkennen wollen, so war es noch weniger auffallend, daß man Anstand nahm, dem unmündigen Sohn zu huldigen. Es wurde vielmehr eine Regentschaft eingesetzt, die aber in Schlesien und in der Lausitz nicht anerkannt wurde. Letzteres Land war von Siegmund 1422 für 16,000 Schock an Johann v. Polenz verpfändet worden; als nach dessen Tode 1440 sein Bruder Nicolaus die Vormundschaft über die beiden hinterbliebenen Söhne führte, hielt dieser bei den gewaltigen Bewegungen wegen der Thronbesetzung in Böhmen es für sicherer, sich mit Einwilligung der Stände 1441 in den Schutz Friedrich's zu begeben, um so mehr als Sachsen die Absicht hatte, dies Land an sich zu bringen. Darüber gerieth nun der Kurfürst mit Sachsen in Krieg; er verband sich jedoch mit Böhmen, welches eine große Anzahl von Schlössern von Sachsen zurückforderte, die Siegmund verpfändet hatte und nöthigte es dadurch nachzugeben. Auch die Herrschaft Cotbus, die es mit Sachsen gehalten, nahm 1443 Friedrich als Schutzherrn an, ja 1445 wurde dem Kurfürsten und seinem jüngeren Bruder und Mitregenten dies Land käuflich für 5500 Schock abgetreten.

Unterdeß waren die Söhne des obigen Johann v. Polenz, Jacob der Aeltere und der Jüngere, herangewachsen und traten 1448 ihre Pfandschaft der Lausitz für 16,000 Schock an den Kurfürsten ab, verkauften ihm Lübben insbesondere für 10,000 Gulden, wie auch Friedrich gleichzeitig die Herrschaft Peiz für 6000 Gulden an sich brachte. Die Stände der Lausitz huldigten ihm darauf zu seinem Gelde, und Böhmen bestättigte ihm 1449 die Pfandschaft, nachdem er das Versprechen gegeben hatte, daß er das Land jederzeit für die genannte Pfandsumme an Böhmen zurückgeben, dasselbe aber bis dahin an keinen Andern überlassen wollte. Zu noch größerer Sicherheit aber ließ er sich auch von der älteren Schwester des Wladislaw posthumus, Anna, Gemahlin des Herzogs Wilhelm von Sachsen, den einstweiligen Besitz des Landes bestättigen. Der damalige Kurfürst von Sachsen Friedrich der Sanftmüthige erneuerte jedoch hierbei wieder seine Ansprüche auf die Lausitz und fand in König Friedrich III., der die Vormundschaft über den jungen Wladislaw führte, eine mächtige Stütze. Dieser forderte die benachbarten Fürsten der Mark auf, sich mit Sachsen gegen

Stellung zu Böhmen.

Brandenburg zu verbinden oder doch letzteres nicht zu unterstützen. Abermals sollte der Krieg zwischen Friedrich und Sachsen entscheiden, zu welchem sich der Kurfürst mit seinen Brüdern verband; doch kam schon 1450 eine Aussöhnung der Art zu Stande, daß Friedrich die Lausitz behielt, und daß nur die Schlösser und Städte Senftenberg und Hoyerswerda in den Besitz von Sachsen kamen.

König Friedrich war zu sehr im eignen Lande bedrängt, als daß er sich weiter in diese Angelegenheiten hätte einlassen können. Er hatte sich zum Vormund des jungen Wladislaw aufgeworfen, doch weder Johann Hunyad, der Statthalter in Ungarn, noch Georg Podiebrad, der Statthalter in Böhmen, wollten ihn als solchen anerkennen, und als er zu seiner Kaiserkrönung in Rom 1452 auch sein Mündel mit sich genommen, setzte man im Herzogthum Oesterreich gleichfalls einen Statthalter ein. So sah er sich genöthigt, die Vormundschaft nieder= zulegen, und Wladislaw wurde 1453 von Ungarn und Böhmen als König anerkannt; bei seiner Huldigung in Breslau ließ sich Kurfürst Friedrich 1454 aufs neue den Besitz der Lausitz bestättigen. Doch schon 1457 starb der junge König in Prag an Gift, erst 18 Jahr alt, als er im Begriff war, dort seine Vermählung mit einer französischen Prinzeß zu feiern. Das nächste Erbrecht hatte seine ältere Schwester Anna, die Gemahlin des Herzogs Wilhelm von Sachsen, durch deren Tochter Margaretha dies Erbe an Brandenburg hätte fallen müssen, da dieselbe mit dem nachmaligen Kurfürsten Johann Cicero 1468 ver= lobt und nachmals vermählt war. Doch ihre Rechte wurden nicht anerkannt, vielmehr wählte man in Ungarn Matthias Corvinus, den Sohn des Hunyad, in Böhmen Georg Podiebrad zum Könige. Mit letzterem, den auch nach längeren Verhandlungen Schlesien und die Lausitz anerkannt hatten, schloß das brandenburgische Haus 1459 zu Eger ein enges Freundschafts=Bündniß, das jedoch schon kurz darauf wieder gelös't wurde. Die Eroberung Constantinopel's nämlich durch die Türken 1453 hatte eine heftige Bewegung in Europa und namentlich auch in Deutschland hervorgerufen. Da ein Kreuzzug gegen die Türken ohne Erfolg geblieben, war man damit umgegangen, dem Kaiser seinen Bruder Albrecht als deutschen König zur Seite zu stellen, dem der Kampf gegen diesen gefährlichen Feind obliegen sollte. Damals (1456) hatte der Kaiser dies Vorhaben zu vereiteln gewußt; jetzt aber ging Georg Podiebrad mit dem Gedanken um, deutscher König zu werden und suchte vor allem den Kurfürsten Friedrich für sich zu gewinnen. Da dieser sich weigerte, ihm behülflich zu sein, so verlangte Podiebrad nicht nur die verpfändete Lausitz, sondern auch das verkaufte Cotbus zurück, und da eine Einigung hierüber nicht erzielt werden konnte, be= gann Podiebrad 1462 den Krieg. Wenn auch anfänglich Friedrich tapfern Widerstand leistete, so waren doch seine Kräfte zu gering, es mit Böhmen aufzunehmen. In dem Frieden zu Guben (Juni 1462) mußte er die Lausitz — Einige sagen für 10,000 Schock — an Böhmen zurückgeben, dagegen blieben ihm Cotbus, Peiz, Teupitz und Bärwalde als böhmische Lehen und ebenso wurde ihm der einstige Anfall von Beeskow und Storkow zugesichert.

Seitdem war das Verhältniß des Kurfürsten zu Podiebrad ein freundliches und wurde selbst da nicht gestört, als der König mit dem Papste zerfiel und wiederholt mit dem Bannfluch belegt wurde. Auch die lockenden Aufforderungen des Papstes, den königlichen Thron in Böhmen einzunehmen, wies Friedrich 1468 nach reiflicher Ueberlegung mit seinem Bruder Albrecht und in Erwägung der Gefahren zurück, denen er, damals schon sehr kränklich, sich hätte aussetzen müssen. Er mußte um so größeres Bedenken tragen, diese Krone anzunehmen, als die Nachbarn noch immer fortfuhren, die Hohenzollern als Emporkömmlinge zu beneiden und ihnen alle nur möglichen Schwierigkeiten in den Weg zu legen.

Sachsen griff, wie wir gesehen haben, häufig feindlich gegen Brandenburg in diese lausitzischen Angelegenheiten ein. Es regierte daselbst seit 1428 der Kurfürst Friedrich II. der Sanftmüthige, der Sohn Friedrich des Streitbaren, der als der erste aus dem Meißenschen oder Wettinschen Hause 1423 die Kurwürde in Sachsen erlangt hatte. Als 1441 der erste Krieg beigelegt war, wurde nicht nur ein Bündniß zwischen beiden Fürsten geschlossen, sondern Friedrich heirathete auch die Schwester seines bisherigen Gegners, Katharina von Sachsen. Einige Jahre später 1445 suchte er seine beiden Schwager Friedrich und Wilhelm in ihrem Streite wegen der Erbtheilung auszusöhnen, konnte es aber nicht verhindern, daß im folgenden Jahre ein furchtbarer Krieg zwischen beiden Brüdern entbrannte. In demselben trat er mit seinen Brüdern auf die Seite von Wilhelm, da der sächsische Kurfürst aufs neue wegen der Lausitz mit ihm zerfiel. Die Sachsen drangen verheerend in die Mark ein und schlugen 1450 das märkische Heer bei Beelitz. Als aber gleich darauf die abermalige Aussöhnung zu Stande kam, gelang es auch dem Kurfürsten 1451 beide Brüder zu einigen, da man die Dazwischenkunft des deutschen Königs vermeiden wollte.

Seitdem stand Friedrich treulich den Sachsen zur Seite, namentlich gegen Böhmen, und noch enger wurden die Beziehungen des Hohenzollernschen und Wettinschen Hauses zu einander dadurch, daß das erstere 1457 in die Erbverbrüderung aufgenommen wurde, die bereits 1373 zwischen Sachsen und Hessen abgeschlossen worden war. Mit kaiserlicher Zustimmung wurde zu Naumburg festgesetzt, daß Sachsen und Hessen einerseits und Brandenburg andrerseits sich einander beerben

Stellung zu Sachsen und Magdeburg.

sollten, so jedoch, daß letzteres dann erst als Erbe eintreten könnte, wenn jene beiden Häuser ausgestorben wären. Die späteren Abänderungen dieser Bestimmungen werden unten besprochen werden. Ueberdies vermählte sich des Kurfürsten Bruder Albrecht Achilles 1458 in zweiter Ehe mit Anna, der Tochter des Kurfürsten von Sachsen, und es wurde ferner die Verheirathung der Ursula, der Tochter des Albrecht Achilles, mit dem jüngeren Sohne Friedrich's von Sachsen verabredet, nämlich mit Albrecht, demselben, der 1455 mit seinem älteren Bruder Ernst durch Kunz von Kaufungen aus dem Schlosse Altenburg geraubt worden war. Diese Heirath zerschlug sich jedoch später, dagegen kam die Verheirathung von Albrecht's Sohne, Johann Cicero, mit der Tochter des Herzogs Wilhelm, Margaretha, zu Stande.

Mit Magdeburg beendigte Friedrich endlich den langanhaltenden Streit wegen der seit 1196 begründeten Lehnsansprüche. Bereits 1443 war der Versuch gemacht, die Sache gütlich beizulegen, doch konnte man zu keiner Einigung gelangen. Gegen Ende des Jahres 1449 kam zu Zinna dagegen der Vergleich zu Stande, nach welchem dem Erzbischofe Wollmirstädt, Möckern, Jerichow, Sandow, Milow, Pnfow, Alvensleben, Angern, Altenhausen und Alt-Plathe so wie die Lehnsherrschaft über Wolfsburg und Regätz für immer abgetreten wurden. Der Erzbischof entsagte dafür seinerseits allen Lehnsansprüchen, die er vermöge jenes alten Lehnsauftrages auf die Altmark und Zauche festgehalten hatte. Wegen der Grafschaft Wernigerode einigte man sich erst 1450 dahin, daß dieselbe wieder brandenburgisches Lehn werden sollte. Die Grafen von Wernigerode hatten ursprünglich eine Grafschaft verwaltet, welche bei Braunschweig gelegen war; ihre eigne Herrschaft am Harze hatten sie vermuthlich schon 1268 den askanischen Markgrafen zu Lehen aufgetragen, und diese Lehnsherrschaft war auch auf die bayerschen Markgrafen übergegangen. Doch in den wirren Zeiten der Luremburger hatte sich Magdeburg 1381 der Oberhoheit bemächtigt; einer der damals lebenden vier gräflichen Brüder lös'te sich nämlich nur dadurch aus der Gefangenschaft des Erzbischofs, daß er seine Herrschaft von Magdeburg zu Lehen nahm. Dies Verhältniß war auch geblieben, als die Herrschaft Wernigerode 1429 auf die Grafen v. Stolberg vererbte. Die Lehnsherrlichkeit wurde erst zur Zeit des großen Kurfürsten in wahre Landeshoheit verwandelt.

Gleichzeitig erhielt Friedrich 1451 die Herrschaft Derenburg von dem Stifte Gandersheim als Mannlehen angewiesen; sie verblieb zwar in dem ferneren Besitz der damaligen Inhaber, der Grafen v. Regenstein, nach deren Aussterben erfolgte aber ihr Anfall an Brandenburg unter Kurfürst Joachim Friedrich.

Die Streitigkeiten mit Mecklenburg hatte Friedrich, wie oben erzählt, mit Hülfe der Pommern noch als Statthalter durch das Schwert geschlichtet, der völlige Abschluß kam aber erst 1442 zu **Wittstock** zu Stande. Der Kurfürst und Pommern gaben Woldeck und Helpte zurück, die gemeinschaftlich von ihnen erobert waren, dagegen zahlte Mecklenburg 5000 Gulden an Pommern und überließ dem Kurfürsten die Stadt **Lychen** und das Kloster **Himmelpforte**. Brandenburg entsagte allen weiteren Ansprüchen, erhielt aber dafür das Angefälle der gesammten Mecklenburger Lande. Die Erb-Huldigung der Stände nahm theils der Kurfürst in **Perleberg** an, theils seine Beauftragten in den einzelnen Städten und Landschaften. Darauf schlossen Brandenburg und Mecklenburg zu gegenseitigem Schutze ein Bündniß mit einander, der Kurfürst bestättigte dem Lande alle Rechte und Freiheiten für den Fall, daß seine bisherigen Landesherren ausstürben, und der Kaiser bestättigte diesen Vergleich.* Wenn auch seitdem noch Befehdungen einzelner Herren gegen einander Statt fanden, so wurde doch die friedliche Stellung der Fürsten nicht mehr getrübt.

Ungünstiger gestalteten sich die Angelegenheiten mit **Pommern**; der Krieg mit diesem Lande zog sich durch die ganze Regierungszeit des Kurfürsten, ohne daß dieser einen Abschluß herbeiführen konnte.

Zunächst erhob Friedrich 1445 Ansprüche auf Pasewalk und Torgelow und versuchte dieselben gewaltsam durchzusetzen, als Pommern sich weigerte, diese Gebiete herauszugeben. Durch Verrath war es ihm gelungen, in Pasewalk einzudringen, doch wurde er mit Verlust zurückgetrieben. Darauf ließ er sich in Unterhandlungen ein, doch zogen sich dieselben bis 1448 hin, da einigte man sich zu **Prenzlow** dahin, daß Brandenburg auf immer jene früher märkischen Gebiete an Pommern abtrat, nur sollten dieselben bei dem gänzlichen Aussterben des pommerschen Hauses ohne alle Entschädigung an Brandenburg fallen. Die Lehnsangelegenheiten sollte einem rechtlichen Ausspruche anheimgestellt werden.

Seitdem lebten beide Länder freundschaftlich mit einander verbündet, bis 1464 mit Otto III. die Herzöge in Stettin ausstarben. Bei der Bestattung desselben warf der Bürgermeister von Stettin, Albrecht Glinde, der gut brandenburgisch gesinnt war, Helm und Schild des Herzogs ins Grab als Zeichen, daß die Familie ausgestorben sei. Dem widersprachen jedoch Viele der Anwesenden, und Franz v. Eickstedt sprang in die Gruft und holte beides wieder heraus. Man überbrachte dieselben den Herzögen von Wolgast, die ohne Verzug von dem Lande Besitz nahmen; die Stände verweigerten jedoch die Huldigung, bis der Streit mit Brandenburg entschieden wäre. Zuerst versuchte der Kurfürst den Weg der Verhandlungen, die pommerschen Stände selber sollten Schiedsrichter sein. Georg Podiebrad und die übrigen Kurfürsten standen auf seiner Seite; der Kaiser belehnte ihn im März 1465 mit Pommern-Stettin und forderte die Herzöge von Wolgast auf, das Land an Friedrich zu überlassen, wenn sie nicht aller ihrer Besitzungen verlustig gehen wollten; eben so gebot er den Ständen, dem Kurfürsten zu huldigen. Selbst die Nachbarn Brandenburgs ermahnte er, Friedrich bei der Besitznehmung des Landes behülflich zu sein, und als die Stände sich weigerten zu huldigen, forderte er sie vor seinen Richterstuhl. Diese günstigen Aussichten trübten sich jedoch bald, da Kurfürst Friedrich es verschmähte, die kaiserlichen Räthe auch ferner durch Geldspenden sich geneigt zu erhalten, und da die pommerschen Herzöge Wege fanden, den Kaiser auf ihre Seite zu ziehen. Nun suchte Friedrich durch die ihm treu ergebene Partei in Pommern sich einiger Hauptorte zu bemächtigen, namentlich Garz und Stettin; auch das schlug fehl. Endlich kam zu Anfang des Jahres 1466 zu Soldin ein Vertrag dahin zu Stande, daß Wolgast zwar von dem Lande Besitz nehmen, dem Kurfürsten jedoch zugleich Erbhuldigung geschworen werden sollte; einstweilen, bis zum Aussterben der pommerschen Herzöge, durfte er sich des pommerschen Titels und Wappens bedienen. Eine große Anzahl von den Ständen leistete diese Huldigung, doch Stettin namentlich ließ sich durch keine Drohung dazu bestimmen. Der Kaiser vermehrte überdies durch sein zweideutiges Benehmen die Verwirrung. Er war damals mit Georg Podiebrad in Streit, und da er befürchtete, daß Brandenburg für denselben Partei nehmen möchte, befahl er den Wolgaster Herzögen bei 1000 Pfund Goldes Strafe Pommern-Stettin dem Reiche nicht zu entziehen, da dasselbe Reichslehen wäre. Vergeblich beschwerte sich der Kurfürst über diese Maßregel; die pommerschen Herzöge waren vollkommen im Rechte, die Erfüllung des Soldiner Vertrages auszusetzen und sich selber huldigen zu lassen. Erst 1468 konnte Friedrich im Verein mit zahlreichen Bundesgenossen, namentlich mit den beiden Mecklenburg, gewaltsam sein Recht verfechten. Vierraden fiel durch Verrath in seine Hände, Garz, Löcknitz, Torgelow wurden erobert und das Land schrecklich verheert. Die Pommern ihrerseits griffen die Neumark an, die weniger geschützt war, und vergalten durch gleiche Verheerung. Im Herbst endlich wurde ein Waffenstillstand vermittelt und Anfang 1469 zu Prenzlow ein neuer Vertrag abgeschlossen, nach welchem die Erbhuldigung von pommerscher Seite geleistet wurde.

Während noch in späteren Terminen Nebenpunkte geordnet werden sollten, brachen die Pommern verheerend in die Neumark ein und zwangen Friedrich abermals zum Kriege. Mit starker Macht, wie er sie früher nie beisammen gehabt, legte sich derselbe im Juli 1469 vor Uckermünde, nachdem er mit Mecklenburg für dessen Hülfsleistung

10

eine Theilung des zu erobernden Landes verabredet hatte. Selbst die Aufforderung des Kaisers, die Sache vor seinem Gerichte auszutragen, bei einer Strafe von 1000 Pfund Goldes, vermochte ihn nicht abzuhalten, sein Recht mit den Waffen in der Hand durchzusetzen. Leider nahm der mit so großen Hoffnungen unternommene Feldzug einen traurigen Ausgang. Die Pommern schnitten dem Heere die Zufuhr ab, suchten Wege und Wälder zu versperren, um das gesammte Heer einzuschließen; die Stadt aber, mit starker Besatzung versehen, schlug die vielfachen Stürme tapfer zurück. Als endlich eine Kugel, die in sein Zelt einschlug, dem schon kränklichen Kurfürsten durch den gewaltigen Luftdruck Vermehrung seines Uebels brachte, hob er die Belagerung auf; ein großer Theil seines Geschützes ging auf dem eiligen Rückzug verloren, und die Pommern verheerten Mecklenburg und die Ukermark.

König Casimir von Polen suchte darauf zu vermitteln, und der stark leidende Kurfürst war bereit, sein schon anerkanntes Recht noch einmal einem Schiedsgericht anheimzustellen, obgleich der Kaiser mit einer neuen Strafsumme drohte. Ein Waffenstillstand wurde verabredet; die Verhandlungen wurden in Petrikau geführt, doch noch während derselben übertrug der kranke Kurfürst die Regierung seinem Bruder Albrecht, da er selber keine Söhne hatte. Erst dieser machte den Streitigkeiten ein Ende, wie unten erzählt werden wird.

Glücklicher als auf der Nordseite war Kurfürst Friedrich an der Ostgrenze seines Landes, der Mark den alten Umfang wieder zu verschaffen, denn es gelang ihm, die Neumark wieder mit Brandenburg zu vereinigen. Wie sein Vater hielt er die Ansicht fest, daß nach den Bestimmungen der goldenen Bulle ein Kurland nicht verkleinert werden dürfte, und daß alle dieser Vorschrift zuwider laufenden Verträge ungültig seien. Mit Mecklenburg verbündet suchte er deshalb seine Ansprüche auf die Neumark gegen den deutschen Orden geltend zu machen, doch wußte der damalige Hochmeister Conrad von Erlichshausen es dahin zu bringen, daß der Kurfürst wie seine Brüder 1443 dem Orden den Besitz der Neumark bestättigten, nachdem ihm für diese Verzichtleistung 30,000 Gulden gezahlt worden waren. Der Hochmeister ließ sich vom Kaiser wie von den übrigen Kurfürsten diesen Vertrag bestättigen, da er ungeachtet dieser Zahlung befürchtete, daß Friedrich gelegentlich mit neuen Ansprüchen hervortreten möchte.

Bald genug sah sich dennoch der Orden genöthigt, dem Kurfürsten die Neumark zu überlassen. Als nämlich der Landadel und die Städte in ganz Preußen sich gegen den Orden erhoben und an dem Könige Casimir von Polen einen bereitwilligen Helfer fanden, fehlte es den Deutschherren sehr an Mitteln, diesen gewaltigen Aufruhr zu unterdrücken. Theils diese Geldmittel zu gewinnen, theils die Neumark sicher zu stellen, daß nicht auch diese dem Aufstande sich anschließen oder dem Könige von Polen in die Hände fallen möchte, dessen Vater schon so gern sich in den Besitz dieses Landes hatte setzen wollen, überließ er 1454 dem Kurfürsten für 40,000 Gulden die Neumark als Unterpfand mit der Bedingung, sie zu jeder Zeit für eben diese Summe wieder einlösen zu können, und gleich darauf ließ sich der Kurfürst von den Ständen des Landes zu seinem Gelde huldigen. Als die Absicht des Ordens, hierdurch den Kurfürsten mit Polen in Krieg zu verwickeln, nicht erreicht wurde, knüpfte er besondere Verhandlungen mit ihm an, während auch andrerseits der Kaiser den Kurfürsten aufforderte, einen Frieden zwischen dem Orden und Polen zu vermitteln. Der Orden trat ihm auch noch Schievelbein und Driesen ab, die er bis dahin von der Neumark zurückbehalten hatte, um ihn zum Kriege oder zu Verhandlungen bereitwilliger zu machen, und in der That ging der Kurfürst 1455 nach Bromberg, wo die Zusammenkunft mit König Casimir Statt fand. Aber auch die mündlichen Verhandlungen vermochten letzteren nicht, in einen Frieden einzugehen. So wenig Vortheil jedoch dem Orden sowohl aus diesen Verhandlungen des Kurfürsten als aus dessen wiederholter Rüstung zu einem Feldzuge hervorgegangen war, ließ er sich doch bestimmen, im September 1455 Friedrich für seinen Kostenaufwand die Neumark, Schievelbein und Driesen ausdrücklich eingeschlossen, als Eigenthum zu überlassen. Nur das behielt sich der Orden vor, daß bei einem dereinstigen Rückkauf, der jedoch nicht bei Lebzeiten des Kurfürsten Statt finden dürfte, der Preis nicht höher als 100,000 Gulden angesetzt würde. Von diesem Vorbehalt hat der Orden nie Gebrauch gemacht, denn der Krieg mit Polen, an welchem auch später der Kurfürst sich nicht betheiligte, fiel so unglücklich für ihn aus, daß er im Frieden zu Thorn 1466 sich genöthigt sah, die Hälfte seines Landes an Polen abzutreten. Dadurch wurde er so entkräftet, daß er an den Wiederkauf der Neumark nicht denken konnte; er entsagte deshalb 1517 seinen Ansprüchen für immer. Uebrigens hatte die Neumark, als sie an Brandenburg zurückfiel, nicht mehr ihren alten Umfang; während der Ordensherrschaft waren ihr bedeutende Theile zwischen Drage und Küddow durch Polen entrissen worden.

Der Geist der Widerspenstigkeit, der die Macht des Ordens für immer brach, war nicht in Preußen allein zu finden, sondern zeigte sich damals überall in Deutschland; auch die Mark war von diesen Bewegungen nicht frei geblieben, nur daß hier in Friedrich ein gewaltiger Gegner auftrat, der durch seine kräftigen Maßregeln eben so das Streben der Städte nach Unabhängigkeit zu zügeln wußte, wie sein Vater die Macht des Adels gebrochen hatte. Er hat deswegen den Beinamen „mit den eisernen Zähnen" erhalten, der sehr treffend gewählt war, die Zähigkeit und Beharrlichkeit zu bezeichnen, mit der er das einmal Unternommene rücksichtslos verfolgte. In lang fortgesetztem Kampf gelang ihm die Unterwerfung der märkischen Städte, die, wie oben erwähnt, theils unter sich, theils mit der Hanse sich verbunden hatten und der fürstlichen Macht trotzen zu können glaubten. Berlin nahm schon damals eine hervorragende Stellung ein; an dieser Stadt versuchte Friedrich deßhalb zuerst seine Macht.

Seit 1307 waren die beiden Städte Berlin und Cöln in so weit zu Einer vereinigt worden, daß sie einen gemeinschaftlichen Rath hatten und ihre Besitzungen und Einkünfte gemeinsam verwalteten; doch waren wiederholt Streitigkeiten zwischen beiden Städten so wie zwischen dem Rathe und der Bürgerschaft ausgebrochen, die von den befreundeten Städten oder dem Landesfürsten geschlichtet worden waren. Ein solcher Zwist fand auch 1442 Statt, und der Kurfürst war von den Unzufriedenen, welche auf die Aufhebung der so lange bestandenen Gemeinschaft drangen, zum Schiedsrichter aufgefordert. Mit 600 Reitern erschien er deßhalb vor der Stadt, erzwang von den bestürzten Bürgern Einlaß und forderte Rechenschaft von dem Rathe, der aber legte sein Amt nieder und überlieferte dem Kurfürsten die Schlüssel zu den Thoren beider Städte. Dieser setzte darauf für jede Stadt einen besonderen Rath ein, der jährlich unter Bestättigung des Landesherrn neu gewählt werden sollte und verbot den Städten, ohne seine Einwilligung mit irgend einer andern Stadt ein Bündniß einzugehen. Die Unzufriedenheit mit diesen gewaltsamen Maßregeln steigerte aber die Aufregung in den Städten und zwang den Kurfürsten zu noch härteren Schritten. Er nahm den Städten mehrere ihnen zugehörige Dörfer und berief die Stände, diese Streitigkeiten zu schlichten. In Folge dessen unterwarfen sich beide Städte und räumten in und neben Cöln dem Kurfürsten einen Platz ein zur Erbauung einer Burg, zu der Friedrich selber 1443 den Grundstein legte. Je mehr der Bau derselben vorschritt, desto mehr wuchs den Bürgern der alte Freiheitssinn; sie erlaubten sich allerlei Gewaltthätigkeiten und füllten den wegen des Schloßbaues niedergerissenen Theil der Stadtmauer durch einen Blockzaun. Der Kurfürst sah jahrelang mit Geduld diesem Treiben zu, bis er 1447 abermals seine Sache mit den beiden Städten der Entscheidung der Stände überwies. Vergeblich suchten letztere eine Aussöhnung herbeizuführen; die Bürger ergriffen selbst den kurfürstlichen Richter, warfen ihn ins Gefängniß, erbrachen die kurfürstliche Kanzlei im Hohen Hause (dem jetzigen Lagerhause), zerstreuten oder vernichteten die dort vorgefundenen Papiere und forderten die übrigen Städte der Mark so wie die Hanse zur Hülfe auf. Eine neue Besprechung mit den Abgeordneten der Städte blieb ohne Erfolg, deßhalb berief der

Kurfürst sämmtliche Stände nach Spandow, und von diesen wurde endlich die Sache entschieden. Beide Städte mußten sich dem Kurfürsten unterwerfen, mehrere Patricier wurden verwiesen, noch Mehrere ihrer Lehen beraubt, Bürgermeister, Rath, Richter und Schöffen wurden von dem Kurfürsten eingesetzt und mußten wie alle Bürger demselben Treue und Gehorsam schwören; jede Verbindung dieser und aller anderen märkischen Städte unter einander und mit der Hanse wurde aufgehoben. Den beiden Gemeinden ließ er ihre Güter und gab den Begnadigten in der Folge ihre Lehen zurück. Die Vollendung des Schlosses 1451 hielt fortan die Städte Berlin und Cöln in Abhängigkeit und wurde als Zügel der alten Freiheit bezeichnet. Die übrigen märkischen Städte zeigten sich seitdem gefügig.

Es ist oben erwähnt worden, daß Friedrich besonnen genug die ihm angebotene Krone von Böhmen ausschlug; ein Gleiches hatte er schon früher mit der von Polen gethan, zu der er schon einmal als Knabe bei seiner Verlobung mit Hedwig bestimmt war. Im Jahre 1444 nämlich war Wladislaw, der älteste Sohn des Wladislaw Jagello, von dem erwähnt ist, daß er nach König Albrecht's II. Tode von einer Partei in Ungarn als König herbeigerufen wurde, in der Schlacht bei Varna gegen die Türken verschwunden, und Niemand wußte, ob er sich gerettet oder das Leben eingebüßt hätte. Die Polen wählten darauf seinen jüngeren Bruder Casimir, Großfürsten von Lithauen, doch mit der Bedingung, daß er der Krone entsage, falls sein Bruder noch am Leben wäre und nach Polen zurückkehrte. Casimir schlug jedoch dies Anerbieten aus, und die Polen trugen darauf die Krone dem Kurfürsten Friedrich an. Dieser mit Recht besorgt, daß seine Herrschaft bei der Ungebundenheit der Polen eine sehr ungewisse sein werde, zumal da Casimir mehrere polnische Gebiete für sich beanspruchte, lehnte dies Anerbieten ab, indem er zuvor verlangte, daß Casimir feierlichst Verzicht leisten sollte, und bewog endlich letzteren 1447, selber die Krone anzunehmen.

Der beste Beweis von der frommen Gesinnung des Kurfürsten ist die Stiftung des Schwanen-Ordens oder des Ordens Unsrer Lieben Frauen Kettenträger, der seinen Mittelpunkt in der Marienkirche zu Alt-Brandenburg haben sollte. Er stiftete denselben für adlige Mitglieder, männlichen und weiblichen Geschlechts, und begabte ihn reichlich (1443). Eine fromme Gesinnung zu verbreiten und von innen aus die vielen Gebrechen des damaligen kirchlichen Lebens zu heben, war der Zweck dieser Brüderschaft, die nicht bloß auf die Mark beschränkt blieb, sondern auch in Franken, Sachsen, Oesterreich, Preußen ꝛc. zahlreiche Anhänger gewann. Die Mitglieder waren verpflichtet, alle Tage gewisse Gebete herzusagen, die Kirchen fleißig zu besuchen, ihre Ehre treu zu bewahren und sich einander mit Rath und That beizustehen. An bestimmten Tagen verrichteten sie gemeinschaftlich ihre Andacht in der Marienkirche zu Brandenburg oder später auch, bei größerer Ausbreitung des Ordens, in einer Tochterkirche; für die Verstorbenen waren Gebete und Seelenmessen angeordnet. — Eben diese fromme Gesinnung bewog auch den Kurfürsten, 1453 eine Pilgerfahrt nach dem heiligen Grabe zu unternehmen, wie es seine beiden Brüder Johann und Friedrich schon 1435 gethan hatten. Und eben so zeugt für seine Frömmigkeit die Stiftung des Domes in Cöln (1469), durch welche er Gott seinen Dank für den sichtlichen Beistand darbringen wollte, der alle seine Unternehmungen begleitet hätte.

Durch den Tod seines Bruders Friedrich des Fetten 1463 waren ihm, da derselbe keine Söhne hinterließ, dessen Länder zugefallen, die sich im Zustande großer Auflösung befanden, da jenem Bruder die Energie des Geistes fehlte, welche dem Kurfürsten und Markgraf Albrecht eigen waren. Ein Jahr später hatte letzterer den ältesten Bruder Johann beerbt, da auch dieser keine Söhne hinterließ. Der Kurfürst wurde durch den schnell auf einander folgenden Verlust seiner Brüder tief erregt, noch mehr aber, als kurz darauf auch sein einziger Erbprinz Johann mit Tode abging. Als ihm dann auch noch der Feldzug gegen Pommern, den er mit so großen Hoffnungen unternommen hatte, mißglückte, brach die Schwermuth, die seit dem Tode der Hedwig nicht von ihm gewichen war, mit neuer Heftigkeit hervor. Sein Gemüths-Zustand wurde so leidend, daß er zeitweise seiner Geisteskräfte beraubt wurde, was ihn bewog mit seinem noch allein übrig gebliebenen Bruder Albrecht zu unterhandeln, daß dieser die Regierung in der Mark übernähme. Nur ungern sah dieser den Bruder solchen Entschluß fassen und erst nach längeren Verhandlungen willigte er ein. Friedrich's Abschied von den märkischen Ständen im Juli 1470 war ein ergreifender. Dreißig Jahre lang hatten die Märker Leid und Freud mit ihrem Fürsten getheilt, mit tiefem, ungeheucheltem Schmerze schieden sie weinend von einander. Friedrich hatte sich außer gewissen Natural-Lieferungen ein Jahrgeld von nur 6000 Gulden ausbedungen, er nahm seinen Sitz zu Plassenburg in Franken, wo er bereits im Februar 1471 starb.

3. Albrecht Achilles. 1470—1486.

Während der älteste und der jüngste von den vier Söhnen Friedrich's I. wenig energische Männer gewesen, waren die beiden mittleren mit hohen Geistesgaben ausgerüstet. Friedrich II. stand jedoch seinem dritten Bruder noch nach, der mit unermüdlicher Geistesfrische, gestützt auf seine Körperkraft und seine bewundernswerthe Tapferkeit Gefahren aufsuchte, und wie Maximilian I. unter den deutschen Kaisern

Schuldentilgung.

so unter den brandenburgischen Fürsten so recht ein Muster mittelalterlicher Ritterlichkeit war bei dem Uebergange der Zeit in die neuere Geschichte. Sein ganzes Leben war ein fortgesetzter Krieg, in welchem er nicht nur hohen Ruhm erwarb, sondern auch eine sehr bevorzugte Stellung am kaiserlichen Hofe einnahm. Wie schon als Knabe gegen die Hussiten, so kämpfte er später in Schlesien gegen die Polen, in dem Bürgerkriege in Sachsen, besonders aber heftig und lange gegen die Stadt Nürnberg und gegen seinen Vetter Ludwig den Reichen von Bayern, dessen Vater, der oben genannte Heinrich, bereits 1447 Bayern-Ingolstadt nach dem Tode Ludwig des Bärtigen und seines Sohnes Ludwig des Bucklichten ererbt hatte. Besonders darüber gerieth Albrecht mit diesem seinen Vetter in Streit, daß der Kaiser, dessen erster Rath er war, ihm 1454 das alte Landgericht in Franken übertragen hatte, und daß seitdem sein Streben dahin ging, die alte Herzogswürde in Franken für sich zu erneuern. Mehr als einmal schien er unterliegen zu müssen, dessen ungeachtet ging er, wenn auch nicht siegreich, doch ungeschmälert in seinem Besitze aus diesen langen Kämpfen hervor, indem er den Grundsatz festhielt, „er wollte eher todt sein, denn daß er eine schändliche Nichtigung aufgenommen hätte." — Wegen dieser Tapferkeit wurde ihm der Beiname des deutschen Achilles gegeben.

In Folge der vom 2. April 1470 datirten Abtretungs-Urkunde von Seiten Friedrich's übernahm Albrecht im Mai die Regierung in der Mark. Zunächst hatte sein ältester Sohn Johann, damals 15 Jahr alt, mit Unterstützung erfahrner Räthe die Staatsgeschäfte zu leiten; erst gegen Ende 1471 kam Albrecht selber nach der Mark, um die Huldigung anzunehmen. Das geschah zunächst in Berlin, dann brach er nach der Altmark rc. auf, um sich huldigen zu lassen. Sein Erscheinen und das Benehmen seiner fränkischen Begleiter machte keinen günstigen Eindruck auf die märkischen Stände, die sich durch den Stolz derselben tief verletzt fühlten und nicht wenig darüber betroffen waren, daß sie für die Bestättigung ihrer Freiheiten nicht unbedeutende Summen zu zahlen hatten. Noch unangenehmer wurden sie berührt, als ihnen der Kurfürst im Januar 1479 erklärte, daß ihm sein Bruder aus dem pommerschen Kriege her eine Schuldenlast von 124,000 Gulden hinterlassen habe, von denen das Land 100,000 Gulden übernehmen sollte. Bis zu Ausgang August wurden die Berathungen gepflogen, ehe die Stände sich dazu verstanden, 80,000 Gulden der Art zu decken, daß die Städte die größere Hälfte, der Adel und die Geistlichkeit die kleinere übernahmen; sie zogen es jedoch vor, lieber diese Schuld innerhalb der nächsten vier Jahre durch eine außerordentliche Landbede zu tilgen als durch ein Ungeld d. h. eine indirekte Steuer auf Bier aufzubringen, wie ihnen der Kurfürst vorgeschlagen hatte. Dafür gab ihnen letzterer das Versprechen, daß er nur im Fall eines Krieges, zur Auslösung von Gefangenen und zur Ausstattung von Prinzessinnen neue Steuern auferlegen wollte.

Die 44,000 Gulden der obigen Schuld, die der Kurfürst für sich übernommen, wollte er nach dem Wunsche der Stände nicht durch eine indirekte Steuer aufbringen; als er nun aber einen Zoll auf gewisse Waaren legte, um daraus allmählich diese Summe zu beziehen, fand die Maßregel allgemeinen Widerspruch. Vergeblich berief sich Albrecht auf das Recht, das ihm vom Kaiser verliehen sei, Zölle anzuordnen; die Städte ließen es auf ein Schiedsgericht ankommen, das unter dem Vorsitz des Bischofs von Lebus aus der hohen Geistlichkeit, dem Adel, Bürgermeistern und Landschöffen zusammengesetzt wurde. Im Februar 1473 trat der Kurfürst persönlich vor demselben als Kläger auf, und seine Forderung wurde ihm als ein ihm zustehendes Recht zugesprochen. Durch gleiches richterliches Verfahren hielt er auch die Städte der Alt= mark und Prignitz an, ihre früher übernommene Verbindlichkeit zu er= füllen, als sie sich nach Einführung dieses Zolles weigerten, noch be= sonders zur obigen Schuldentilgung beizutragen. Bald darauf verließ Albrecht die Mark, indem er seinem Sohne Johann unter Beistand eines Kanzlers und einiger Räthe die Verwaltung des Landes überließ.

Der junge Markgraf befand sich in übler Lage. Die Städte weigerten sich, die Landtage zu besuchen und den Zoll erheben zu lassen. Havelberg z. B. verjagte die kurfürstlichen Zollbeamten, und viele Städte erklärten ganz offen, sie würden den Zoll nicht zahlen, was auch über sie verhängt werden möchte. Unter solchen Umständen war es auch Johann unmöglich, seinen Wunsch erfüllt zu sehen, sich mit Margarethe von Sachsen zu verheirathen. Um den dazu nöthigen Aufwand zu bestreiten, waren 10,000 Gulden erforderlich; die Städte erklärten jedoch, nicht eher etwas zahlen zu wollen, bis „die Unmög= lichkeit", der verhaßte Zoll, wieder aufgehoben wäre. Vergeblich wandte sich der Markgraf an den Vater mit der Bitte, daß er durch sein persönliches Erscheinen die Sache beilegen möchte; der Kurfürst überließ es seinem Sohne sich selber zu helfen und bewirkte nur ein kaiserliches Gebot an die Städte, bei schwerer Strafe sich dem Urtheil zu fügen, doch blieb diese Drohung ohne Wirkung. Da endlich wurde namentlich die Altmark gewaltsam angehalten, dem kurfürstlichen Befehle nachzukommen, obgleich nicht näher bekannt ist, auf welche Weise dies geschah.

Als nach beendigtem Kriege mit Pommern, der unten erzählt wer= den wird, wieder eine Schuldenlast von 100,000 Gulden zu tilgen war, wurde abermals eine Steuer auf Bier in Vorschlag gebracht, doch wie das erste Mal von den Ständen abgelehnt. Während die übrigen

Städte ihren Antheil übernahmen, erklärten sich die der Altmark nur zu einer geringen Zahlung erbötig. Deßhalb vor ein ähnliches Schiedsgericht wie früher berufen, behaupteten sie sogar, es sei gegen ihr Recht, außer Landes berufen zu werden, und die Geistlichkeit wie der Adel der Altmark stimmten dem bei; doch erkannte auch diesmal das Schiedsgericht gegen sie und verurtheilte sie zur Zahlung. So brachte Albrecht auf rechtlichem Wege in der Mark es dahin, was sein Vater wie er selber durch den Kaiser im ganzen deutschen Reiche durchzusetzen sich bemüht hatten, daß die Sonder-Interessen keinen Platz fanden, daß vielmehr, wie er es im Landfrieden von 1484 aussprach, Alle für einen Mann stehen, Alle aber in dem Herrscher ihren gemeinsamen Mittelpunkt finden sollten, zum Nutzen und Besten des Ganzen.

Zwei Kriege waren es, welche Albrecht in der Mark zu führen hatte, und welche dem Lande um so mehr Gefahr drohten als bei dem vereinten Angriff von außen her die Einigkeit im Innern fehlte, — der **pommersche** und der **schlesische**.

Albrecht hatte 1472 seine acht Jahr alte Tochter **Barbara** an den Herzog **Heinrich XI. von Glogau und Crossen** verlobt und 1474 mit demselben vermählt; doch starb Heinrich schon 1476. Als Heirathsgut waren ihr 6000 Gulden gegeben, zu denen ihr Gemahl andre 6000 als s. g. Widerlage und 8000 Gulden als Morgengabe gelegt hatte. Für diese Summe von 20,000 Gulden sollte, falls er eher stürbe und keine Kinder hinterließe, seiner Wittwe und nach deren Tode den Kurfürsten von Brandenburg das gesammte Land so lange im Besitze bleiben, bis jene Summe ausgezahlt sei. Die Stände des Landes hatten deßhalb bereits 1472 der Barbara sowohl als Albrecht Erbhuldigung geleistet, dennoch traten nach Heinrich's Tode König **Matthias von Ungarn**, **Wladislaw von Böhmen** so wie der Herzog **Hans von Sagan** als Prätendenten auf, die Brandenburg den Pfandbesitz streitig machten. Mit den Ansprüchen derselben hatte es folgende Bewandtniß.

Als König Georg Podiebrad von Böhmen mit dem Bann belegt worden, Kurfürst Friedrich II. die vom Papste ihm angebotene Krone ausgeschlagen hatte, erwählte die unzufriedene Partei im Lande 1469 zu Olmütz den König **Matthias** von Ungarn, der auch von den böhmischen Nebenländern Mähren, Schlesien und der Lausitz anerkannt wurde, zumal da Kaiser Friedrich selber auf seiner Seite stand. Dessen ungeachtet vermochte man nicht, Podiebrad aus Böhmen zu verdrängen, der seinerseits, da er keine Aussicht hatte, den Thron auf seine Söhne zu vererben, **Wladislaw**, den ältesten Sohn Casimir's von Polen, zum Thronfolger vorgeschlagen hatte. Dessen Mutter Elisabeth nämlich war die Tochter Kaiser Albrecht's II., Schwester des früher genannten

Wladislaw posthumus, auf den somit die Erbansprüche an Böhmen übergehen sollten, die seine Tante Anna, Herzogin von Sachsen, nicht hatte durchsetzen können. Diese Wahl war auch nach dem Tode Podiebrad's 1471 erfolgt, und Wladislaw wurde von seinem Vater kräftig unterstützt. Albrecht schloß zwar 1473 ein Bündniß mit Wladislaw, nahm aber an dem Kriege keinen Antheil, der lange Zeit zwischen Polen-Böhmen und Ungarn geführt wurde. Enger jedoch wurde diese Verbindung, als der Kurfürst 1476 die junge Wittwe Barbara mit Wladislaw verlobte und das Herzogthum Glogau als Aussteuer bestimmte. Auch wurde demselben bereits im Lande gehuldigt, als künftigem Gemahl der Barbara. Auf diese Weise schien allerdings der Barbara das Land erhalten zu bleiben, aber Matthias, der noch immer den Titel eines erwählten Königs von Böhmen führte, trachtete danach, das Herzogthum als eröffnetes Lehn einzuziehen. Er wollte dasselbe gern einem unächten Sohne übertragen, um es aber zunächst nur Brandenburg zu entreißen, unterstützte er den Herzog Hans von Sagan, den Vetter des verstorbenen Herzogs Heinrich, der auf diese nahe Verwandtschaft sein Erbrecht begründete. Mit einem großen Heere fiel letzterer in das Land ein und besetzte es bis auf wenige Schlösser; nur Crossen und das Schloß von Freistadt waren noch in brandenburgischem Besitz.

Der Markgraf Johann befand sich in der traurigsten Lage; ihm fehlten die Geldmittel, die Stände waren in Betreff des Zuzuges schwierig und vergeblich forderte er den Vater auf, daß dieser selber nach der Mark käme." Dieser verwies ihn auf seine eigne Kraft und hielt ihm zur Ermuthigung sein Beispiel vor, wie er im Frankenlande von allen Seiten her durch überwiegende Streitkräfte angegriffen worden sei und dennoch ein gutes Ende gewonnen habe. Die Unterstützung Wladislaw's von Böhmen reichte nicht aus, wiederholter Waffenstillstand brachte keine dauernde Hülfe; bis nach Frankfurt wurde Johann zurückgedrängt, wo die Schaaren des Hans von Sagan sogar die Brücke niederbrannten und eine bedeutende Anzahl Bürger gefangen nahmen, dann das Land Sternberg verwüsteten, aber glücklich von Drossen zurückgetrieben wurden. Dazu kam, daß Matthias, der sich mit dem Kaiser entzweit hatte, 1477 denselben zu einem schimpflichen Frieden nöthigte, Wladislaw in die Enge trieb, Pommern zu neuem Kriege gegen die Mark aufreizte, — selbst Mecklenburg machte Miene, Löcken wieder zu erobern — und den deutschen Orden bewog, sich der Lehnsherrschaft Polens zu entziehen und von Albrecht die Neumark zurückzufordern. Ein Führer des Herzogs Hans, Jan Kuck, bemächtigte sich der Stadt Belitz durch List, mordete oder vertrieb die Einwohner, und wenn auch Johann diese Stadt glücklich wieder eroberte und jenen Jan Kuck mit dem Tode bestrafte, so war er doch in so verzweifelter Lage, daß er im Verein mit den Ständen abermals den Vater bat, durch sein persönliches Erscheinen Rettung zu bringen.

Da endlich im Juni 1478 erschien Albrecht in der Mark; schon im August warf er sich mit einem zahlreich aufgebotenen Heere zunächst auf die Pommern und zwang sie in wenigen Wochen zu einem Waffenstillstand; dann eilte er gegen Herzog Hans, der Crossen belagerte und durch bedeutenden Zuzug von Matthias unterstützt worden war. Im October war es, wo er die Weichenden bei Drehnow zwischen Crossen und Grüneberg einholte und ihnen eine empfindliche Niederlage beibrachte, obgleich er nicht verhindern konnte, daß in dem folgenden Winter ungarische Schaaren die Mark verwüsteten. Als aber Albrecht im Sommer 1479 eine Schaar von 9000 Ungarn, welche durch die Mark nach Preußen ziehen wollte, zurückgeschlagen hatte, und Herzog Hans, der mit Matthias zerfallen war, sich in Glogau festsetzte, kam zu Olmütz im August 1479 zunächst zwischen dem Könige und Kurfürst Albrecht ein Frieden zu Stande, durch welchen die Ansprüche Barbara's auf 50,000 Gulden bestimmt, und ihr als Unterpfand Crossen, Züllichau und Schwiebus überlassen wurden. Darauf verließ Albrecht zu Anfang October auf immer die Mark, nachdem er auch Pommern gezwungen hatte, Frieden abzuschließen, und den deutschen Orden, auf die Neumark zu verzichten; die Beendigung des Krieges mit Herzog Hans überließ er seinem Sohne und Statthalter Johann. Dieser schloß, nachdem 1481 zwischen König Matthias und Herzog Hans eine Aussöhnung erfolgt, und letzterem das Herzogthum Glogau mit Freystadt als erbliches Lehn überlassen war, durch sächsische Vermittlung einen Vertrag zu Guben (August 1482), in welchem der Herzog auf obige Pfandschaft verzichtete, so jedoch, daß an Brandenburg statt Schwiebus die Orte Sommerfeld und Bobersberg überlassen wurden. Der gleich darauf zu Kamenz abgeschlossene Frieden beendigte die Streitigkeiten, und Matthias belehnte den Kurfürsten mit den genannten Besitzungen, behielt sich jedoch die Wiedereinlösung vor.

Hans von Sagan entzweite sich bald darauf abermals mit Matthias, wurde 1488 seines Herzogthums Glogau beraubt, das ihm auch nach Matthias' Tode 1490 nicht wieder zu Theil wurde, und lebte eine Zeit lang unter dem Schutze Johann's zu Frankfurt, wo er oft das Spottlied hören mußte

Herzog Hans ohne Leut' und Land
Hat das Maul zu Drossen und Frankfurt verbrannt.

Er starb 1504 nach langem Umherirren in Wohlau.

Der deutsche Orden hatte, wie gesagt, den Kampf zwischen Matthias und Polen benutzen wollen, nicht nur seine Unabhängigkeit wiederzugewinnen, sondern auch wo möglich die Neumark zurückzuerhalten.

Der 1477 zum Hochmeister erwählte Komthur Martin Truchseß v. Wetzenhausen versagte nicht nur an Polen die Huldigung, sondern suchte auch, von Matthias und dem Papste unterstützt, zu dem bevorstehenden Kriege Hülfe bei den deutschen Fürsten. Albrecht insbesondere wurde 1478 aufgefordert, den Hülfstruppen freien Durchzug zu gewähren und die Neumark an den Orden auszuliefern. Der Kurfürst war jedoch nicht der Mann, der selbst durch die Drohungen von Matthias hätte eingeschüchtert werden können. Mit bitterer Ironie antwortete er auf diese Forderung: „Er wisse nicht anders, als die Neumark sei jetzt sein wahres Erbe, und wer das Land haben wolle, müsse wahrscheinlich viel Geld besitzen; der Meister müsse dessen wohl viel in kurzer Zeit gewonnen haben, da er noch gar nicht lange an der Herrschaft sei." Sein Waffenglück gegen Matthias und Pommern zerstreute bald genug jede Besorgniß nachgeben zu müssen, und noch mehr sicherte er sich gegen den Orden dadurch, daß er seinen zweiten Sohn Friedrich mit der polnischen Königstochter Sophie vermählte. Der Hochmeister stand nicht nur von seiner Forderung ab, sondern sah sich auch 1479 gezwungen, aufs neue die Oberhoheit Polens anzuerkennen.

Die Verhandlungen zu Petrikau 1469, durch welche unter polnischer Vermittlung die Streitsache mit Pommern beigelegt werden sollte, führten zu keinem Resultate. Die erste Regierungshandlung Albrecht's war es deshalb, dem Kaiser die Angelegenheit zur Entscheidung vorzulegen. Dieser forderte die pommerschen Herzöge auf, vor ihm zu erscheinen, und belehnte, da dieselben ausblieben, zu Ende des Jahres 1470 Albrecht mit dem Herzogthum Pommern-Stettin, gebot auch den Ständen dieses Landes Huldigung zu leisten. Vergeblich protestirten die Herzöge auf dem Reichstage zu Regensburg 1471 hiergegen; der Kaiser wies noch einmal Albrecht das Land zu und forderte die Nachbarn der Mark auf, dem Kurfürsten bei der gewaltsamen Besitznahme desselben behülflich zu sein. Dazu kam es jedoch nicht, vielmehr vermittelte Mecklenburg 1472 einen Vergleich zu Prenzlow, nach welchem der Kurfürst Titel und Wappen von Pommern führen und das Eroberte behalten sollte. Er sollte ferner Pommern-Stettin als Lehn vom Kaiser empfangen, dasselbe aber durch Handschlag an die beiden Herzöge übertragen, die Stände endlich sollten Erbhuldigung leisten. 1473 bestättigte der Kaiser diesen Vertrag, und damit schien der Streit erledigt zu sein. Doch der jüngere der beiden pommerschen Herzöge, Wartislaw X. zu Barth, wartete nur auf die Gelegenheit sich der brandenburgischen Oberherrschaft zu entledigen, zumal da die Unzufriedenheit über den neuen Zoll in der Mark ganz allgemein war, und man laut äußerte, daß man dem Kurfürsten keine Mannschaft stellen würde, falls es zum Kriege käme. Zunächst hatte Wartislaw es auf Garz und Löcknitz abgesehen, was den Markgrafen Johann veranlaßte, in Garz ein Schloß zu erbauen, um diese Stadt selber, die gut pommersch gesinnt war, im Zaum zu halten und gegen etwanigen Angriff von außen zu sichern. Darüber starb 1474 Erich von Pommern-Wolgast, der ältere Bruder, und hinterließ einen Sohn Bogislaw X., der sich weigerte, seine Länder von Brandenburg zu Lehn zu nehmen, da der Vertrag zu Prenzlow seinem Vater abgedrungen wäre. Durch Vermittlung Mecklenburgs kam jedoch 1476 abermals zu Prenzlow ein Vertrag zu Stande, durch welchen die früheren Bestimmungen bestättigt wurden. Als aber Kurfürst Albrecht, der persönlich die Unterhandlungen geleitet hatte, Bogislaw die Hand reichte als Zeichen der Belehnung, schlug dieser dieselbe unwillig aus, entfernte sich alsbald und wurde von seinem Oheim Wartislaw zum Widerstande aufgereizt. Dem Bemühen der Mecklenburger Herzöge gelang dennoch der Abschluß der Verhandlungen, über die wir jedoch wenig unterrichtet sind. Nur das ist bekannt, daß Bogislaw 1477 die Tochter Friedrich's II., Margarethe, die weit älter war als er, heirathete und für den Krieg gegen Hans von Sagan Hülfstruppen versprach.

Der allgemeine Unwille jedoch, der noch immer in der Mark wegen der Zoll-Erhebung anhielt, die förmliche Aufsässigkeit der Stände, welche den Zuzug zu dem Kriege gegen Herzog Hans verweigerten, so wie die Aufhetzungen des Königs Matthias von Ungarn veranlaßten den Herzog Wartislaw über die Mark herzufallen. Während Bogislaw im Jahre 1477 noch mit den Märkern gemeinschaftlich in Schlesien gekämpft hatte, nahm Wartislaw im April 1478 die Stadt Garz durch eine Kriegslist, ja auch das Schloß mußte der brandenburgische Hauptmann Werner v. Schulenburg den Pommern räumen, und eben so fiel das feste Schloß Vierraden in ihre Hände. Durch dies Kriegsglück aufgemuntert erhob nun auch Bogislaw Ansprüche auf Entschädigung für die im vorigen Jahre geleistete Kriegshülfe und bemächtigte sich des Schlosses Löcknitz, ohne daß Markgraf Johann es hindern konnte. In dieser Bedrängniß war es, wo endlich Kurfürst Albrecht den Bitten der Stände wie seines Sohnes nachgab und Ende Juni 1478 in der Mark erschien. Mit außerordentlicher Energie besiegte er den Widerstand der eigenen Stände und hatte bereits im August ein bedeutendes Heer von 20,000 Mann unter Waffen. In der Neumark, wo Bogislaw eingebrochen war, wurde der Kampf begonnen, Bernstein, Bahn, Satzig genommen und Greiffenbagen belagert. Als sich jedoch Bogislaw nach Pyritz hinein geworfen hatte, brach der Kurfürst nach dorthin auf und schloß ihn in jener Stadt ein. Hartbedrängt suchte der Herzog bei einem nächtlichen Ausfall seine Person zu retten; der Versuch schlug jedoch fehl, da Albrecht Kunde erhalten und Vorkehrungen getroffen hatte. Dennoch wurde der Herzog durch einen Landmann gerettet, der ihn bei Nacht auf seinen Schultern durch das Plöner Bruch in Sicherheit brachte. Albrecht verfolgte ihn nach Pommern hinein und schloß ihn abermals im Schlosse Daber ein. Schon war Alles zum Sturme angeordnet, als Bogislaw am 23. August ins Lager zum Kurfürsten kam und um Frieden bat. Er wurde ihm gewährt, dagegen der Krieg gegen Wartislaw mit gleichem Eifer fortgesetzt. Während an den Grenzen der Neumark mit furchtbarer Wuth zwischen Pommern und Brandenburgern gekämpft wurde, warf sich Albrecht mit dem Hauptheere an dem linken Oderufer auf Wartislaw, nahm ihm Vierraden und Löcknitz, konnte zwar Garz nicht erobern, trieb ihn aber so in die Enge, daß durch polnische Vermittlung schon Ende September ein Waffenstillstand abgeschlossen wurde, wodurch Albrecht Luft bekam, auch Hans von Sagan niederzuwerfen, wie oben erzählt worden ist. Unterdeß starb Wartislaw zu Ende des Jahres 1478, ohne Kinder zu hinterlassen, und Bogislaw wurde Herr des gesammten pommerschen Landes. Da auch Sachsen mit Mecklenburg vereint dahin strebte, einen Frieden herbeizuführen und im entgegengesetzten Falle drohte, Albrecht Beistand zu leisten, kam endlich im Juni 1479 zu Prenzlow ein Frieden zu Stande, in welchem die früher den Pommern abgewonnenen Städte und Schlösser, mit Ausnahme von Garz, bei der Mark blieben; der Kurfürst führte Titel und Wappen von Pommern, und Bogislaw nahm sein Land durch Handschlag von ihm zu Lehn. Kurz darauf einigten sich Brandenburg, Mecklenburg und Pommern dahin, sich gegenseitig Hülfe zu leisten und etwanige Streitigkeiten auf gütlichem Wege unter einander auszugleichen.

So endlich wurde auch dieser harte Streit, der sich etwa 60 Jahre lang zwischen Brandenburg und Pommern hingezogen hatte, durch die Energie und Ausdauer Albrecht's zu Ende gebracht; seitdem blieb der Frieden zwischen beiden Ländern ungestört, wenn auch dieser Prenzlauer Vertrag unter den beiden folgenden Kurfürsten noch einige Abänderungen erlitt.

Daß bei den erwähnten inneren Verhältnissen und bei diesen Kriegen eine gewisse Verwilderung in das Land kam, kann für jene Zeiten nicht auffällig sein. Besonders nahmen in den Grenzgebieten Räubereien wieder überhand. Noch sind eine Menge von Klageschriften vorhanden von Mecklenburg, Braunschweig, Magdeburg 2c., in welchen Berechnung der Schäden aufgemacht, zugleich aber auch von den Maßregeln gesprochen wird, welche man gemeinschaftlich gegen die Landesbeschädiger ergriff. Es waren nicht bloß Adlige, die sich auf diese Plünderungen legten, auch Städte und einzelne Bürger wurden gleiches Vergehens beschuldigt. Wenn es auch möglich war, einzelne Ausbrüche der Gewaltthätigkeit zu verhindern, so gelang es doch nicht, das Uebel mit der Wurzel auszurotten; dem Markgrafen Johann standen zu geringe Mittel zu Gebote, als daß er hätte kräftig durchgreifen können. Die Einkünfte des Landes reichten auch in ruhigeren Zeiten kaum hin, dem Markgrafen selbst einen beschränkten Hausstand zu ermöglichen, da er den größten Theil der baaren Gefälle nach Franken zum Vater schicken mußte, dessen prachtvoller Hof merkwürdig gegen den ärmlichen des Sohnes abstach, welcher aber auch alles das verschlang, was in der Mark mühsam zusammengebracht wurde.

Auch nachdem Albrecht von seinem Bruder die Mark übernommen hatte, fuhr er fort, dem Kaiser treulich zur Seite zu stehen, wie sein Vater selbst auf Kosten seines Landes. Der schwache Kaiser Friedrich III. ohne Hausmacht, ohne Festigkeit, wechselte gar oft seine Ansichten, sobald es sein Vortheil erheischte und war unbekümmert um den Nachtheil, den diejenigen vielleicht dabei erlitten, welche bis dahin ihn unterstützt hatten. Das zeigte sich besonders in seinem Verhältnisse zu den Königen von Ungarn und von Böhmen und eben so gegen den mächtigen Herzog Karl den Kühnen von Burgund. Dieser wegen der Landschaft Bourgogne französischer Vasall, wegen der vielen von seinen Vorfahren dazu erworbenen Besitzungen, welche sich am Westufer des Rheins abwärts bis zur Mündung dieses Flusses erstreckten, deutscher Vasall, hatte nichts Geringeres im Sinne als sich zum römischen Könige erwählen zu lassen. Den Kaiser suchte er dadurch für sich zu gewinnen, daß er seine Tochter Maria mit dem Erzherzog Maximilian, Friedrich's Sohn, verleben wollte; durch Georg Podiebrad, der in seinem Interesse thätig war, glaubte er dadurch Albrecht's Stimme sich zu sichern, daß diesem der König entweder die Lausitz oder eine bedeutende Geldsumme anbot. Die Unterhandlungen mit beiden blieben jedoch erfolglos, und vergeblich war Karl's Bemühen, als er 1473 persönlich zu Trier mit dem Kaiser verhandelte, ihn dahin zu vermögen, daß er ihn als König von Burgund und als Reichsvicar der westlichen Rheinlande bis nach Italien hinein anerkannte. Karl, darüber aufgebracht, beschloß den Kurfürsten Ruprecht von Cöln, der mit seinem Domcapitel entzweit und für welchen ein Administrator Hermann von Hessen eingesetzt war, mit Gewalt wieder einzuführen. Mit großer Heeresmacht brach er ins Land und belagerte Neuß, das jedoch fast ein volles Jahr tapfern Widerstand leistete. Darüber wurde Karl als Reichsfeind erklärt, und Kurfürst Albrecht zum Oberbefehlshaber des Heeres gegen ihn ernannt. Er zwang ihn 1475 zur Aufhebung der Belagerung; der weitere Krieg wurde jedoch dadurch verhindert, daß die Verlobung zwischen dem Erzherzog Maximilian und der Maria von Burgund zu Stande kam. Karl wandte darauf seine Waffen gegen Lothringen und die Schweizer, sah aber 1476 in den Schlachten bei Granson und Murten seine Macht dahin sinken und fand am 12. Januar 1477 seinen Tod in der Schlacht bei Nancy. Die im April darauf erfolgende Vermählung seiner Tochter machte Maximilian zum Erben der Franche Comté so wie fast der gesammten Niederlande. Die Uebermacht des Hauses Oesterreich in Deutschland schien damit auf immer gegründet, denn obgleich Maria nach kurzer Ehe 1482 mit Hinterlassung zweier Kinder starb, behauptete sich Maximilian doch in dem ererbten Lande.

Albrecht war nach jenem burgundischen Kriege mit dem Kaiser zerfallen; auch er sah wie sein Vater, daß alle Anstrengungen, Deutschland durch innere Einigung zu größerer Macht zu verhelfen, vergeblich geblieben waren; wie damals Siegmund so war jetzt Kaiser Friedrich nur für die Befestigung und Erweiterung seiner Hausmacht besorgt und setzte diesem Streben die Wohlfahrt des deutschen Reiches hinten an, da die Macht der deutschen Fürsten und Städte bereits zu groß zu sein schien, als daß sie hätte eingeschränkt werden können. Albrecht's letzte Thätigkeit im Reiche zeigte sich noch zu Frankfurt bei der Wahl des Erzherzogs Maximilian zum römischen König (im Februar 1486) und bei den Verhandlungen wegen Aufbringung eines Heeres gegen Ungarn und der dazu nöthigen Geldsummen. Er war bereits so schwach, daß er zu den Versammlungen und der öffentlichen Krönungsfeier in einem Lehnstuhl getragen werden mußte; am 11. März 1486 starb er 72 Jahr alt in einem Kloster zu Frankfurt, wohin er sich nach seiner Gewohnheit zu gottesdienstlicher Feier hatte bringen lassen. Sein Leichnam wurde im Kloster Heilbronn beigesetzt.

Nicht gar lange nachdem Albrecht Herr der Mark geworden, war er darauf bedacht, eine Erbordnung in seinem Hause festzustellen, welche der Zerstückelung seiner Besitzungen vorbeugen sollte, damit nicht eine eben so große Machtlosigkeit einträte, wie das bei vielen andern Fürstenhäusern in Deutschland der Fall gewesen ist. Sechzig Jahre fast war er alt, als er 1473 jene berühmte Hausordnung entwarf, die unter dem Namen der „Dispositio Achillea" bekannt ist; seinem Vorgange folgten seitdem andre Fürstenhäuser. Albrecht hatte eine sehr zahlreiche Familie, von der damals vier Söhne am Leben waren. Mit Rath der beiden ältesten setzte er fest, daß die Mark dem Erstgebornen Johann zufallen und in seiner Nachkommenschaft ungetheilt forterben sollte. Die fränkischen Besitzungen, etwa ⅓ seines ganzen Besitzes ausmachend, sollten in zwei Theile zerlegt werden dürfen, das Fürstenthum Anspach und das Fürstenthum Bayreuth; diese beiden Theile sollten an den zweiten Sohn Friedrich und den dritten Siegmund durch das Loos vertheilt werden. Der vierte Sohn Georg sollte mit keinem Lande bedacht werden, sondern erst dann einrücken, wenn einer der älteren

Brüder ohne Söhne gestorben wäre. Er wurde deshalb für den geistlichen Stand bestimmt; bis dahin, daß ihm ein geistliches Besitzthum zufiele, sollte er mit einer jährlichen Rente bedacht werden. Mehr als drei Regierende sollten demnach nie vorhanden sein; wären nur zwei vorhanden, so sollte dem älteren das Kurfürstenthum, dem jüngeren das Frankenland angehören. Die Huldigung wie die Belehnung sollten stets zu gesammter Hand eingenommen, Töchter des Hauses nur mit Geld, nie mit Land ausgestattet werden.

4. Johann Cicero. 1486 — 1499.

Während die drei ersten Hohenzollerschen Kurfürsten fast 70 Jahre lang eine wichtige Stellung im Reiche eingenommen, der erste und dritte namentlich den Kaisern zur Seite stehend mit kräftiger Hand in die Reichs-Angelegenheiten eingegriffen hatten, war im Laufe dieser Zeiten die allgemeine Lage der Dinge eine wesentlich andere geworden. Während Friedrich I. zweimal der Hoffnung leben konnte, den Thron von Deutschland zu besteigen, hatte das Glück des Hauses Oesterreich Brandenburg weit überflügelt, und indem fortan Oesterreich auch ferner für sein eigenes Interesse Bedacht nahm, fanden die Hohenzollern keine Veranlassung, ferner in die großen Reichs-Angelegenheiten einzugreifen. Auch sie lebten fortan, wie es die übrigen Reichsfürsten schon länger gethan hatten, ihrem Lande, wo sie um so mehr auf die inneren Angelegenheiten desselben angewiesen wurden, als die Verhältnisse mit den Nachbarn durch das kräftige Auftreten und die zähe Ausdauer der beiden ersten Generationen geordnet waren.

Allerdings schien es, als ob der Kampf mit Pommern wieder anheben wollte. Bogislaw X. hatte aus seiner Ehe mit Margarethe von Brandenburg keine Kinder und war deshalb nicht nur seiner Gemahlin gram geworden, sondern beschuldigte auch die Markgrafen, daß man ihm absichtlich eine unfruchtbare Gemahlin gegeben, um desto eher in den Besitz von Pommern zu gelangen. Noch feindseliger wurde seine Stimmung, als er 1488 auf der Jagd verunglückte, und brandenburgische Gesandte nach Uckermünde geschickt wurden, um das Beileid des Kurfürsten auszusprechen. Bogislaw sah in ihnen nur Kundschafter, welche erforschen sollten, ob es mit ihm zu Ende ginge. Schon 1489 starb Margarethe vor Kummer und Gram über die Behandlung, die ihr von ihrem Gemahl zu Theil wurde. Bogislaw verheirathete sich darauf mit einer Tochter des Königs Casimir von Polen, mit der er mehrere Kinder erzeugte. Kurfürst Johann drang deshalb auf die von Bogislaw noch immer versagte Anerkennung des Lehns-Verhältnisses; dieser aber verweigerte sie ganz entschieden, da die Umstände sich günstig für ihn gestaltet hatten. Der römische König Maximilian hatte nämlich auch an die Pommern, als ob sie Reichsfürsten wären, sich um Hülfe gewandt, um Rache für den Schimpf zu nehmen, daß ihm seine Tochter Margarethe, die für den König Karl VIII. von Frankreich als Braut bestimmt war, zurückgeschickt worden, dagegen Anna, die Erbin der Bretagne, die Maximilian's zweite Gemahlin werden sollte, von dem französischen Könige heimgeführt worden war. Bogislaw, sich als Reichsfürsten betrachtend, leugnete jede Verbindlichkeit des Prenzlauer Vertrags von 1479 für sich; nur den bereinstigen Anfall des Landes an Brandenburg wollte er zugestehen. Kurfürst Johann, dem die geistige Kraft seines Vaters fehlte, befürchtete, daß Maximilian sich Pommerns annehmen möchte, und schloß deshalb im März 1493 zu Pyritz einen Vertrag mit Pommern dahin ab, daß er die pommerschen Fürsten für immer von der Verpflichtung freisprach, ihr Land von Brandenburg zu Lehn zu nehmen, dagegen von dem Herzoge und von den Ständen die Zusicherung erhielt, daß nach dem Aussterben der Herzöge das Land an Brandenburg fallen sollte. Ein neues Bündniß befestigte diese Einigung, und außerdem gab der Kurfürst alles das zurück, was sein Vater den Pommern abgewonnen, nur Löcknitz, Vierraden und Bernstein blieben bei Brandenburg und eben so wurde demselben ein Gebiet zwischen der Randow und Prenzlow überwiesen.

Wie Johann 1489 ein Freundschafts-Bündniß mit dem König Matthias von Ungarn geschlossen hatte, sich gegenseitig in dem Besitz ihrer Länder und bei Verfolgung von Friedensstörern zu unterstützen, so schloß er sich auch dem Könige Wladimir von Böhmen an, dem nach Matthias' Tode nicht nur Mähren, Schlesien und die Lausitz zugefallen, sondern der auch in Ungarn zum Könige erwählt worden war. Er hatte deshalb die Verlobung mit Barbara, der Schwester Johann's, rückgängig gemacht und sich mit Beatrix, der Wittwe des verstorbenen Matthias vermählt. Er bestättigte den Ankauf der Herrschaft Jossen, der von dem Kurfürsten gemacht worden war. Dieses Ländchen gehörte lange Zeit den Herren v. Torgau, einem Dynastengeschlechte der Lausitz, und war zugleich mit der übrigen Lausitz an Böhmen gekommen. Als Burggraf Friedrich nach der Mark kam, stellte sich Hans v. Torgau 1414 unter den Schutz desselben, und als mit seinen beiden Söhnen 1478 diese Familie ausstarb, gab König Matthias, damals Herr der Lausitz, dies eröffnete Lehn seinem Rathe Georg v. Stein, der eine Geldforderung auf das Land hatte. Derselbe behauptete sich auch in dem Besitz des Landes gegen Botho v. Ileburg, dem schon einige Jahre früher von Matthias dasselbe zugesagt war, und der es sich nun durch Waffengewalt nehmen wollte. Doch schon 1490 überließ Georg v. Stein die Herrschaft Jossen für 16,000 Gulden an Kurfürst Johann, und König Wladislaw von Böhmen

Bierziese.

willigte 1493 in diesen Verkauf, behielt sich jedoch das Recht vor, nach dem Tode des Kurfürsten und seiner Söhne das Ländchen für 22,000 Gulden wieder einzulösen.

Es ist schon oben erwähnt, daß Johann, als er noch für seinen Vater die Statthalterschaft in der Mark führte, in äußerst gedrückten, ja ärmlichen Verhältnissen lebte, was wesentlich mit dazu beigetragen hat, sein Vertrauen zu sich selber zu schwächen, zumal da bei etwanigen Mißgriffen der Vater ihn hart anließ. Seit 1468 mit Margarethe, der Tochter des Herzogs Wilhelm von Sachsen, verlobt, mußte er seine Vermählung bis zum Jahre 1476 hinausschieben, da die Stände sich lange weigerten, die 10,000 Gulden, welche zur Bestreitung des dabei nöthigen Aufwandes veranschlagt waren, aufzubringen, bevor nicht der neue Zoll abgeschafft würde. Die Geldverlegenheit war auch zu Anfang seiner selbständigen Regierung groß, und er brachte deshalb 1488 abermals die früher von den Ständen verworfene Bierziese oder Bierabgabe in Anregung, die der Art erhoben werden sollte, daß von jeder Tonne Bier, das in den Städten gebraut würde, 12 Pfennige gezahlt werden, von denen 8 Pfennige dem Kurfürsten, 4 Pfennige den Städten zufallen sollten. Die meisten Städte fügten sich dieser Auflage, nur die altmärkischen erklärten sich entschieden dagegen. Namentlich Stendal zeigte sich sehr aufsässig. Mehrere Gewerke daselbst zwangen den Rath, die Einführung der Bierziese zu verweigern; man verjagte oder tödtete die Steuerbeamten, setzte auch zwei vom benachbarten Adel gefangen und ließ sie hinrichten. Dies zwang den Kurfürsten, Gewalt zu gebrauchen. Mit Heeresmacht kam er vor Stendal, drang in die Stadt ein, bestrafte die Rädelsführer theils mit dem Tode, theils durch Einziehung der Güter, legte der Stadt eine bedeutende Strafsumme auf und nahm ihr die wichtigsten Privilegien. Diesen Verlust erlitten auch die übrigen aufsässigen Städte der Altmark und auch sie hatten bedeutende Geldsummen zur Strafe zu zahlen.

Schon seit 1494 erkrankt konnte Johann den berühmt gewordenen Reichstag zu Worms 1495 nicht persönlich besuchen. Auf demselben kam endlich durch Kaiser Maximilian, der 1493 seinem Vater Friedrich III. in der Regierung gefolgt war, der ewige Landfrieden zu Stande, an welchem schon zur Zeit des Kaisers Siegmund und des Kurfürsten Friedrich I. vergeblich gearbeitet worden war. Kein Stand sollte den andern befehden, sondern sein Recht bei dem Reichs-Kammergericht suchen, das damals errichtet wurde und zunächst seinen Sitz in Frankfurt a. M. angewiesen erhielt. Zugleich machte der Kaiser den Antrag, daß jeder Kurfürst in seinem Lande eine Universität errichten möchte. Kurfürst Johann, der eine gelehrte Bildung und wegen der Gewandtheit, sich lateinisch auszudrücken, den Beinamen Cicero

11*

erhalten hatte, ging gern auf diese Aufforderung ein, die ihm bereits von seinem Vater anempfohlen war, zu deren Ausführung es ihm jedoch theils an Geld, theils an geeigneten Gelehrten gefehlt hatte. Sein damaliger Arzt Pistoris, Professor an der Universität Leipzig, übernahm die Einrichtung der neu zu begründenden Universität, und Frankfurt a. O. wurde zum Sitze derselben bestimmt. Jedoch noch ehe die nöthigen Baulichkeiten und andere Einrichtungen beendigt waren, starb Johann den 8. Januar 1499 im vier und vierzigsten Jahre seines Alters. Er war 1498 dem bringenden Verlangen des Kaisers gefolgt, persönlich den Reichstag zu Freiburg im Breisgau zu besuchen, zugleich suchte er bei dortigen Aerzten Hülfe gegen sein schweres Körperleiden. Sie wurde ihm aber auch da nicht; langsam kehrte er in die Heimath zurück und starb in Arneburg an der Wassersucht. Er ist der erste der Hohenzollerschen Kurfürsten gewesen, der dauernd seinen Aufenthalt in der Mark gehabt hat und auch hier beigesetzt worden ist. Wenige Jahre nachher wurde sein Leichnam aus der Gruft des Klosters Lehnin nach dem Dom in Cöln a. Spr. gebracht, wo sein Enkel ihm ein Denkmal setzte, das der berühmte Nürnberger Künstler Peter Vischer gearbeitet hat, und das noch heut vorhanden ist.

5. Joachim I. Nestor. 1499—1535.

Joachim war bei dem Tode seines Vaters noch nicht volle 15 Jahr alt, und nach dem Hausgesetze Albrecht's hätte sein Oheim Friedrich in Franken die Vormundschaft über ihn führen müssen. Seine frühe Reife veranlaßte jedoch jenen, sich seines Anrechts zu begeben, und auch die Stände huldigten ihm wie zugleich seinem jüngeren Bruder Albrecht, der noch nicht 9 Jahr alt war und wenige Jahre später in den geistlichen Stand übertrat. Eben so wenig kriegerisch gesinnt wie sein Vater suchte er auf dem Wege der Unterhandlungen die Angelegenheiten mit den Nachbarn zu ordnen und zeigte hierbei eine große Gewandtheit.

Es ist oben erzählt, daß König Wladislaw von Böhmen sich das Recht vorbehalten hatte, die Herrschaft Zossen wieder einzulösen. Dieses Recht übertrug er 1515 seinem Kanzler v. Sternberg der Art, daß dieser, dem früher an Kurfürst Johann gegebenen Versprechen zuwider, jederzeit das Ländchen einlösen dürfe. Um alle Weitläuftigkeiten zu vermeiden, verhandelte deshalb Joachim mit dem v. Sternberg, diesem Rechte zu entsagen, wozu sich dieser auch 1516 gegen eine Summe von 7500 Gulden bereit fand. König Wladislaw belehnte demnächst im März desselben Jahres Brandenburg mit diesem Ländchen als einem erblichen Mannslehen, und Zossen wurde seitdem zur Mittelmark und zwar zu dem Kreise Teltow geschlagen. Die Lehnsabhängigkeit von Böhmen wurde aber erst 1742 im Breslauer Frieden aufgehoben.

Nicht so günstig stellte sich das Verhältniß in Bezug auf das Herzogthum Crossen. König Wladislaw hatte das Einlösungsrecht dieses Landes im Jahre 1514 an den Herzog Karl von Münsterberg, den Enkel des böhmischen Königs Podiebrad, übertragen. Auch hier sah sich deshalb der Kurfürst genöthigt, dem Herzoge seine Ansprüche 1517 für 6000 Gulden abzukaufen, um sich den erblichen Besitz dieses Landes zu verschaffen. Da er jedoch gewisser Steuer- und Dienstverpflichtungen gegen Böhmen überhoben sein wollte, weigerte sich der damalige König von Böhmen und Ungarn Ludwig, der seinem Vater Wladislaw 1516 in der Regierung gefolgt war, das Land an Brandenburg frei zu überlassen. Joachim verzichtete deshalb auf die Unabhängigkeit des Landes von Böhmen und versprach dem Herzog Karl noch 2000 Gulden, wenn er ihm die Belehnung bewirke. Die Sache zog sich jedoch sehr in die Länge und wurde erst unter Joachim II. geordnet. Die Herzogin Barbara hatte übrigens kurz vor ihrem Tode ihre Ansprüche auf Crossen ihren Neffen Casimir und Georg, den Markgrafen in Franken, 1510 abgetreten, und beide überließen 1524 ihren Antheil an Joachim gegen eine Zahlung von 8000 Gulden.

Auch die Angelegenheiten mit dem deutschen Orden wegen der Neumark brachte Joachim 1517 zum endlichen Abschluß. Im Jahre 1511 war zum Hochmeister des Ordens der erst 21 Jahr alte Markgraf Albrecht gewählt worden, der Bruder der eben genannten Markgrafen Casimir und Georg. Da nämlich dessen Mutter Sophia die Schwester des damaligen Königs von Polen Siegmund war, der seit 1506 den polnischen Thron bestiegen hatte, so hoffte der Orden, durch die Wahl dieses Fürsten von der lästigen Oberhoheit des Königreichs Polen befreit zu werden, die er sich weigerte anzuerkennen. Aber auch diese nahe Verwandtschaft schien den Orden nicht retten zu wollen. Siegmund bestand hartnäckig darauf, daß Albrecht ihn als Lehnsherrn anerkennen sollte, nach Laut des ewigen Friedens zu Thorn, und wurde nur dadurch an schnellem Handeln verhindert, daß der Großfürst von Moskau wiederholt Lithauen angriff. Die Hülfe, die der Orden vom Papste Leo X. und dem Kaiser Maximilian erwartete, blieb ungeachtet früherer Versprechungen aus. Maximilian hatte nämlich 1515 zu Presburg und Wien mit den beiden königlichen Brüdern Siegmund von Polen und Wladislaw von Ungarn und Böhmen sich dahin geeinigt, daß er des letzteren Sohn Ludwig an Kindes Statt annahm, ihn zu seinem Reichs-General-Vicar und General-Statthalter ernannte und ihm die Nachfolge in Deutschland zusicherte, wogegen dem Hause Oesterreich die Erbfolge in Ungarn und Böhmen zugesagt wurde, zu welchem Ende die Verlobung des 9 Jahr alten Ludwig mit der zehnjährigen Enkelin des Kaisers, Marie, und des jüngeren Enkels von Maximilian, des 12jährigen

Infanten Ferdinand, mit der eben so alten Schwester Ludwig's Anna Statt fand. Um diesen Preis erklärte der Kaiser, dem Orden hinfort weder Rath noch Hülfe ertheilen und Preußen gänzlich aus dem Reichs= Verbande entlassen zu wollen. Der Hochmeister war demnach auf seine eigne Kraft angewiesen und kam gegen Ende des Jahres 1517 nach Berlin, um durch persönliche Verhandlung Kurfürst Joachim zur Hülfs= leistung zu gewinnen, der aufs neue bei dem Kaiser für den Orden thätig gewesen war. Im Namen des Ordens entsagte er allen An= sprüchen auf die Neumark und erhielt das Versprechen der Kriegshülfe, wenn auch meist auf seine Kosten. Am Schluß des Jahres 1519 brach endlich der lange befürchtete Krieg zwischen dem Orden und Polen aus und wüthete mit großer Heftigkeit. Die Soldtruppen, welche durch die Mark nach Polen und Preußen gingen, wurden zum Theil durch die bedeutenden Vorschüsse unterhalten, welche Joachim leistete, und doch brachten sie keine wesentliche Hülfe; vor Danzig lös'te sich dies Heer auf, da der Sold ausblieb. 1521 ward endlich ein Waffenstill= stand auf vier Jahre vermittelt, während welcher Zeit sich der Hoch= meister vergeblich in Deutschland nach Hülfe umsah. Unterdeß hatte aber die Reformation sich mächtig in Preußen ausgebreitet, und Albrecht selber gerieth beim Papste in Verdacht, der lutherischen Lehre zugethan zu sein. Da schien ihm nur Eins Rettung bringen zu wollen. Er nahm als weltlicher Herzog Preußen von König Siegmund 1525 am 8. April zu Krakau zu Lehen, und die Stände Preußens huldigten ihm als solchem. Doch der Orden, dessen Hauptsitz seitdem Mer= gentheim in Franken wurde, protestirte dagegen; ja seine Protestationen haben bis zu seiner Auflösung im Jahre 1809 fortgedauert.

Die Verhandlungen wegen der Lehnsherrschaft und Erbfolge in Pommern haben sich fast durch die ganze Regierungszeit Joachim's hindurch gezogen. Bald nach Antritt seiner Regierung ließ der Kurfürst 1500 zu Pasewalk durch eine Commission die Erbverträge mit Pom= mern erneuern, und nichts schien die Einigkeit zwischen beiden Ländern stören zu wollen. Doch nur zu bald sammelte sich der Stoff zu neuen Zwistigkeiten. Pommern warf Joachim vor, daß er die Vermählung des Prinzen, nachmaligen Königs von Dänemark Christian II. mit Anna, der Tochter Bogislaw's, hintertrieben habe, um Pommern einer mächtigen Stütze zu berauben, daß er eine neue Handelsstraße durch die Neumark nach Preußen gelegt, um dem pommerschen Handel Abbruch zu thun 2c. Brandenburg dagegen war unzufrieden, daß Bogislaw es beim Kaiser dahin zu bringen gewußt hatte, eine Aenderung in seinem Wappen vorzunehmen und veranlaßte 1517 Maximilian zu der Erklä= rung, daß, wenn Bogislaw geglaubt hätte, dadurch dem Hause Bran= denburg Abbruch zu thun, jene Aenderung dem Kurfürsten und seinem

Hause nicht nachtheilig werden sollte. Schlimmer noch stellte sich das Verhältniß, als Kaiser Maximilian 1519 starb und zu einer neuen Wahl geschritten werden sollte. Erst nach längeren Verhandlungen, von denen hernach die Rede sein wird, war Joachim bewogen worden, dem Könige Karl von Spanien, dem Enkel Maximilian's, seine Stimme zu geben. Der Herzog Bogislaw benutzte das dadurch entstandene gespannte Verhältniß des jungen Kaisers Karl V. (1520—1556) mit Brandenburg, um sich 1521 auf dem Reichstage zu Worms vom Kaiser belehnen zu lassen und seinen Sitz im Collegium der Reichsfürsten einzunehmen. Der fast siebenzigjährige Bogislaw kam selber zu dem Reichstage, beschuldigte Joachim, die kaiserlichen Einladungsschriften an Pommern zu dem Reichstage unterschlagen zu haben und legte gegen die Belehnung Joachim's mit Pommern Protest ein. Als darauf der Kurfürst Worms verlassen hatte, belehnte in der That der Kaiser den Herzog Bogislaw von Seiten des Reichs, obgleich er dabei Brandenburg seine Gerechtsame vorbehielt. Auch sollte Bogislaw nicht eher Sitz und Stimme in der Reichsversammlung einnehmen, bis die Commission, welche diese pommerschen Verhältnisse untersuchen sollte, ihr Urtheil gesprochen haben würde. Joachim schrieb zwar sehr energisch deswegen an den Kaiser, sah aber im voraus, daß sehr kostspielige und langwierige Verhandlungen eintreten würden, falls nicht das Schwert eine kürzere Entscheidung brächte. Er versuchte deshalb, 1522 zu Prenzlow die Sache mit Pommern zu ordnen, die Verhandlungen zerschlugen sich jedoch. Eben so wurden auch vergeblich in demselben Jahre auf dem Reichstage zu Nürnberg von der kaiserlichen Commission Vorschläge gemacht; Joachim war bereit, dieselben mit einigen Abänderungen anzunehmen, verlangte aber für dies Zugeständniß Pasewalk, Torgelow, Klempenow und Stolzenburg; Bogislaw weigerte sich jedoch dessen ganz entschieden. So zerschlugen sich die Verhandlungen. Darüber starb Bogislaw im September 1523.

Seine beiden Söhne Georg und Barnim X., die ihm gemeinschaftlich in der Regierung folgten, setzten hartnäckig den Streit im Sinne des Vaters fort und rüsteten sich, nöthigenfalls ihre Forderung mit den Waffen in der Hand durchzusetzen. Vergeblich verhandelte man zu Jüterbock und Prenzlow so wie auf mehreren Reichstagen. Die schweren Summen jedoch, welche diese langwierigen Streitigkeiten gekostet, — Pommern allein berechnete seine Ausgaben auf 200,000 Gulden, — die Aufregung, welche besonders in Pommern wegen der Reformation Statt fand, verschafften endlich der vermittelnden Stimme der Herzöge von Braunschweig und Lüneburg Gehör. Im Jagdschlosse zu Grimnitz kam endlich im August 1529 ein Vertrag zu Stande, der den langen Streitigkeiten für immer ein Ende machte. Joachim willigte ein, daß die Herzöge von Pommern unmittelbar vom Kaiser belehnt würden, doch müßten sie drei Monate vorher den Kurfürsten Anzeige machen, damit diese persönlich oder durch einen Gesandten die Mitbelehnung empfangen könnten. Zwei Monate vor dieser Belehnung müßten die Herzöge wie die Stände Pommerns den Kurfürsten eventuelle Erb-Huldigung leisten und diesen Grimnitzer Vertrag feierlichst erneuern. Die pommerschen Herzöge sollten ferner Sitz und Stimme auf den Reichstagen haben, doch den regierenden brandenburgischen Markgrafen nachstehen; die Kurfürsten endlich sollten Titel und Wappen von Pommern führen, und nach dem Aussterben der pommerschen Herzöge sollte ihr Land an Brandenburg fallen. In Bezug auf das Heirathsgut der brandenburgischen Prinzessin Margarethe erklärte sich Pommern bereit, 50,000 Gulden in drei Terminen zu zahlen. Der Kaiser wie die pommerschen Stände bestättigten diesen Vergleich, und bei der Belehnung, die für die beiden Herzöge Georg und Barnim auf dem Reichstage zu Augsburg 1530 erfolgte, wurde an Brandenburg auf vorbeschriebene Weise die Mitbelehnung ertheilt.

Gleich nach dem Grimnitzer Vertrage wurde zwischen dem Kurfürsten und Pommern ein neues Freundschafts-Bündniß geschlossen, das im Jahre 1530 dadurch noch festere Garantie erhalten sollte, daß Margarethe, Tochter Joachim's, mit Herzog Georg vermählt wurde. 20,000 Gulden wurden als Mitgift für dieselbe von der obigen, an Brandenburg zu zahlenden Summe in Abzug gebracht; da jedoch Georg schon 1531 starb, nahm die junge Wittwe ihren Sitz in ihrem Leibgedinge Barth, Tribbsees ıc., verheirathete sich aber bereits 1534 an den Fürsten Johann von Dessau.

Während dieser Verhandlungen mit den Nachbarn erhielt die Mark bei dem Aussterben der Herren von Ruppin durch den Anfall dieses Landes ein erweitertes unmittelbares Gebiet.

Die Herren von Ruppin stammten aus der Familie Arnstein, deren Stammschloß an dem Nordabhange des Unterharzes zwischen Ballenstädt und Mansfeld jetzt in Trümmern liegt. Ein Mitglied dieses Hauses wird zuerst zur Zeit Albrecht des Bären erwähnt, mit dessen Familie die Herren v. Arnstein dadurch in enge Beziehung traten, daß der Sohn jenes erstgenannten sich mit der Enkelin des Markgrafen Albrecht vermählte. Ein Sohn aus dieser Ehe Gebhard erbte durch seine Gemahlin die Graffchaft Grieben in der Altmark und erscheint zuerst (er starb 1256) als Herr von Ruppin, wie seine Söhne sich auch Grafen von Mühlingen und Lindow nannten. Seitdem sicherte sich diese Familie dadurch ihre ausgezeichnete Stellung, daß sie nur mit regierenden fürstlichen und gräflichen Häusern sich verschwägerte. Sie wurde dadurch mit den Fürsten von Anhalt, Mecklenburg, Rügen, Pommern, Schlesien, Sachsen, den Grafen v. Holstein ꝛc. verwandt und beanspruchte in der Mitte des funfzehnten Jahrhunderts sogar, als die alte Königsfamilie in Dänemark ausgestorben war, auf Grund ihrer Verwandtschaft die Krone dieses Landes, wenn auch vergeblich.

Es läßt sich nicht mehr nachweisen, wie die Herrschaft Ruppin in den Besitz der Familie gelangt ist, ob schon bei der Eroberung des Landes durch Albrecht den Bären oder bei der Heirath in die askanische Familie oder auch durch Tausch für die erwähnte Grafschaft Grieben. Ursprünglich umfaßte diese Herrschaft nur das Gebiet zwischen Temnitz und Rhin; über letzteren nach Osten hin, wo das Kloster Lindow gegründet wurde, erweiterten die Grafen wohl dadurch ihr Gebiet, daß sie es den Wenden im Kampfe entrissen, dagegen erwarben sie das Gebiet von Gransee im Osten und das von Wusterhausen im Westen ihrer ursprünglichen Besitzungen durch Geldzahlungen an die Markgrafen, wie schon oben erwähnt worden ist. Wie und wann das Gebiet von Rheinsberg von ihnen erworben wurde, läßt sich nicht mehr nachweisen; vorübergehend und zwar pfandweise gehörten ihnen auch Ratenow, die Länder Rhinow, Friesack, Glien, Ahrensberg so wie die Orte und Schlösser Bötzow (Oranienburg), Fürstenberg, Fretzdorf und Blankensee. Sie scheinen die Absicht gehabt zu haben, ihre anderweitigen Besitzungen zu veräußern, um sich hier in der Mark ein desto größeres Gebiet zu erwerben und dadurch ihre Macht zu concentriren und zu heben. In der That waren sie während der Regierung des Markgrafen Jobst fast unabhängig nach außen wie nach innen; selbst als die Hohenzollern das fast vergessene Lehnsverhältniß wieder schärfer hervorhoben, blieb doch den Grafen eine bevorzugte Stellung. Sie verwalteten z. B. eigne Justiz; selbst als das Kammergericht 1516 eingesetzt wurde, kam Ruppin nicht unter die Oberaufsicht desselben. Die Grafen bekleideten auch das wichtigste Erbamt am Hofe des Kurfürsten, das des Erbschatzmeisters, und wurden gar häufig zur Vertretung des Kurfürsten auf Reichstagen bestimmt.

Der Titel „Grafen" von Ruppin ist zwar genau genommen keine richtige Bezeichnung für diese Herren, da nirgend in dem märkischen Lande östlich der Elbe Grafschaften bestanden haben, doch wird derselbe schon in alten Zeiten sogar amtlich gebraucht. Die Bezeichnung „Grafen" übertrug die Familie dadurch nach der Mark, daß sie in der That Grafen von Lindow waren. Diese Grafschaft, in der Nähe von Zerbst gelegen, seit unbekannter, doch alter Zeit ihr Eigenthum, verkauften sie 1373 an Kaiser Karl IV., nahmen sie jedoch schon 1376 wieder an sich, indem sie die Ländchen Rhinow, den Glien und das Schloß Bötzow dafür austauschten. Doch schon 1457 verpfändeten sie

Lindow wieder an die Fürsten von Anhalt, und das Recht der Einlösung ging nach ihrem Aussterben an die Kurfürsten über. Diese machten jedoch nie davon Gebrauch, ließen sich vielmehr nur eine Summe Geldes nachzahlen und überließen später die Grafschaft als erbliches Lehen an Anhalt, indem sie sich nur das Angefälle vorbehielten.

Zugleich mit der Grafschaft Lindow war die Herrschaft Möckern, welche die Grafen schon seit den Askaniern lehnsweise besaßen, von ihnen an Kaiser Karl IV. verkauft und wieder eingetauscht worden. Brandenburg überließ 1476 die Lehnsherrlichkeit darüber an Magdeburg, und der Erzbischof zog deshalb nach dem Aussterben der Grafen 1524 das Ländchen als eröffnetes Lehen ein. Joachim erhob zwar anfänglich dagegen Widerspruch, trat aber durch Vertrag 1533 seine Anrechte ab.

Der letzte Graf und Herr von Ruppin Wichmann II. war 21 Jahr alt, als er 1524 in Folge einer Pockenkrankheit starb. Joachim ließ durch den Kurprinzen die Huldigung des Landes einnehmen und überließ das Privatvermögen des Verstorbenen den beiden Schwestern desselben. Der Gemahl der ältern Anna, ein Graf Geroldseck, erhob zwar später beim Kaiser Ansprüche auf Ruppin als Allodial-Besitz der gräflichen Familie, wurde aber 1562 durch die eingesetzte kaiserliche Commission mit seinen Ansprüchen abgewiesen.

Die mehrfache Verschwägerung mit dem dänischen Königshause eröffnete Joachim die Aussicht auf den Besitz der Grafschaft Holstein, doch ging dieselbe nur zu bald wieder verloren. Markgraf Johann des Alchymisten älteste Tochter Dorothea war seit 1445 an König Christoph III. verheirathet, mit dem schon 1448 die alte Königsfamilie in Dänemark ausstarb. Seit der von der Königin Margarethe 1397 errichteten Calmarischen Union waren aber die dänischen Könige zugleich auch Herren von Norwegen und Schweden. Jene Dorothea vermählte sich nun in zweiter Ehe mit Christian I., Grafen von Oldenburg, der dadurch, zum Theil durch die Bemühung des Kurfürsten Friedrich II., König in den nordischen Reichen und der Stifter des noch jetzt regierenden dänischen Königshauses wurde. Als bald nach seinem Regierungsantritt 1457 die Familie ausstarb, welche im Besitz des Herzogthums Schleswig und der Grafschaft Holstein gewesen war, kam König Christian I. auch in den Besitz dieser Länder, da seine Mutter die Schwester und Erbin jenes letzten Herzogs gewesen war. Er hinterließ bei seinem Tode 1481 zwei Söhne, von denen der ältere Johann ihm in der Regierung folgte und die eine Hälfte von Schleswig-Holstein erhielt, während dem jüngeren Friedrich I. die andere Hälfte dieser beiden Länder zufiel. Dieser letztere vermählte sich mit Anna, einer Tochter des Kurfürsten Johann Cicero, welche die zweite Stamm-Mutter der jetzigen dänischen Könige geworden ist; König Johann aber

Holstein.

gab 1502 seine Tochter Elisabeth dem Kurfürsten Joachim I. in die Ehe. Bei dieser Vermählung hatte der König seine Tochter durch eine Mitgift von 30,000 Gulden abgefunden; Elisabeth wie Joachim leisteten beide auf jede andere Erbschaft an Land und Leuten Verzicht. Doch schon 1508, nachdem Joachim seinem Schwiegervater in inneren Streitigkeiten hülfreich gewesen, wurde jene Verzichtleistung dahin geändert, daß König Johann seine Tochter für erbberechtigt erklärte, wenn er oder sein Sohn Christian II. ohne männliche Nachkommen stürben. Joachim brachte es deshalb auch bei Kaiser Maximilian dahin, daß derselbe ihn 1517 mit dem Anfall von ganz Schleswig-Holstein belehnte, wenn jener Fall eintreten würde. Inzwischen war König Johann 1513 gestorben und sein Sohn Christian II. ihm in der Regierung gefolgt, der sich schon 1515 mit Elisabeth oder Isabella, der Schwester Kaiser Karl's V. vermählte. Als dieser durch das Stockholmer Blutbad 1521 die aufsässigen Schweden zu schrecken geglaubt, darüber aber dort die Herrschaft verloren hatte, gerieth er gleich darauf mit seinem Oheim Friedrich I. in Streitigkeiten, der zum Könige erwählt wurde, während er selbst 1523 aus Kopenhagen sich durch die Flucht rettete. Er ging zunächst zu seinem Schwager Joachim nach Berlin und suchte mit dessen und andrer Fürsten Hülfe sein Königreich wieder zu erobern. In der That brachte Joachim 1524 in der Prignitz ein Heer zusammen, um nach Holstein vorzurücken; die von Christian versprochenen Gelder blieben jedoch aus, da Kaiser Karl, auf dessen Unterstützung der vertriebene König gerechnet hatte, zu sehr mit eignen Angelegenheiten beschäftigt war. Das Heer mußte wieder entlassen werden. Christian unternahm aber später von den Niederlanden aus eine Landung in Norwegen, wurde gefangen genommen und schmachtete 27 Jahr lang bis zu seinem Tode 1559 im Kerker. Die Erbansprüche für Brandenburg mußten sich aber natürlich unter solchen Umständen zerschlagen.

Der Kaiser Maximilian hatte aus seiner Ehe mit Maria von Burgund nur einen Sohn Philipp den Schönen, der 1496 mit einer Tochter Ferdinand des Katholischen von Aragonien und Isabella's von Castilien, Johanna, sich vermählte, doch schon 1506 mit Tode abging. Da seine hinterbliebene Wittwe über diesen Verlust wahnsinnig wurde, ging 1516 nach dem Tode ihres Vaters die Regierung in ganz Spanien auf ihren älteren Sohn Karl über, während Kaiser Maximilian dem jüngeren Ferdinand die deutsch-österreichischen Erbländer zutheilte. Für letzteren suchte er schon 1516, ungeachtet des an Ludwig von Ungarn und Böhmen gegebenen Versprechens — dessen Vater Wladislaw war in eben diesem Jahre gestorben — die Wahl zum römischen König durchzusetzen; da jedoch der ältere Bruder Karl so wie der König Franz I. von Frankreich ebenfalls nach dem deutschen Throne trachteten, so begannen nun merkwürdige Intriguen, die sich einige Jahre fortzogen. Franz sowohl wie der Kaiser ließen es an Bestechungen aller Art nicht fehlen, um die Wahlfürsten für sich zu gewinnen, namentlich suchte jeder von ihnen Joachim an sich zu fesseln, dessen Ansehn damals ein sehr bedeutendes war. König Franz versprach seine Verwandte Renata mit dem Kurprinzen Joachim zu vermählen und derselben nicht nur eine ansehnliche Aussteuer, sondern auch noch ein besonderes Jahrgeld zu bewilligen; Maximilian dagegen wollte eben diesem Kurprinzen eine seiner Enkelinnen, Katharina, zur Gemahlin geben und ihr eine reiche Aussteuer aussetzen, von der sogar der vierte Theil mit 100,000 Rfl. durch die Fugger schon an Joachim ausgezahlt wurde. Weder die Heirath mit der einen noch mit der andern kam zu Stande, als während dieser Verhandlungen Maximilian plötzlich im Januar 1519 starb, und Joachim die Wahl auf sich selber lenken wollte. Da aber selbst sein eigner Bruder Albrecht, Erzbischof von Mainz, sich gegen ihn erklärte, der Kurfürst Friedrich der Weise von Sachsen, dem die Krone angeboten wurde, dieselbe ausschlug, und Karl von Spanien in jede gestellte Bedingung einging, erfolgte endlich am 28. Juni 1519 dessen Wahl, auch mit Zustimmung von Joachim. Der Wahlcapitulation zufolge, welche Karl angenommen hatte, wurde 1521 in Nürnberg ein Reichsregiment eingesetzt, das während seiner Abwesenheit die deutschen Angelegenheiten zu leiten hatte; doch schon 1524 ließ der Kaiser dasselbe wie die Kurfürsten-Einigung auflösen und dafür ein neues einsetzen, das nur von ihm abhängig war. Die Unzufriedenheit der Fürsten mit dieser Maßregel ging so weit, daß man darauf Bedacht nahm, einen neuen König zu wählen; Joachim schien noch einmal nahe daran zu sein, sein Streben nach der Krone erfüllt zu sehen, als der Sieg Karl's bei Pavia 1525 und die Gefangennehmung des Königs Franz dem Hause Oesterreich ein solches Uebergewicht verschaffte, daß Joachim seitdem jene hohen Bestrebungen aufgab und nur seinem Lande lebte. Durch enges Anschließen an den Kaiser suchte er dessen Gunst zu erlangen, unterstützte ihn in den Kämpfen in Ungarn und gegen die Türken, hielt auf dem Augsburger Reichstage eng zu Karl und war 1531 für die Wahl Ferdinand's zum römischen König besonders thätig. Sein Eifer für den alten Glauben ließ ihn auch 1533 mit Mainz, Georg von Sachsen, Erich und Heinrich von Braunschweig zu Halle ein Bündniß schließen, das dem Schmalkaldischen der Evangelischen das Gegengewicht bilden sollte, doch nie zu rechter Lebenskraft gediehen ist.

Bei seiner Vermählung im Jahre 1502 hatte Joachim seinen damals 12 Jahr alten Bruder Albrecht, mit dem er seit des Vaters Tode die Regierung gemeinschaftlich geführt hatte, vermocht, in den geistlichen Stand zu treten. Er hatte auch dafür gesorgt, daß demselben reiche Domherrnstellen zu Magdeburg und Trier zugewiesen wurden. Dieser Albrecht wurde 1513 zum Erzbischof von Magdeburg erwählt und zugleich zum Verweser des Halberstädter Bisthums, das damals von den magdeburgischen Erzbischöfen verwaltet wurde. Gleich darauf 1514 wurde er auch Erzbischof und Kurfürst von Mainz und erhielt durch die Unterstützung seines Bruders Joachim und noch mehr des Kaisers Maximilian die Einwilligung des Papstes Leo X. Er hatte jedoch dem Papste bedeutende Confirmations= oder Palliengelder zu zahlen, zu deren Abtragung er von den reichen Fugger in Augsburg 21,000 Gulden aufnehmen mußte; eine doppelt so große Summe hatte er von Joachim zur Einlösung verpfändeter Mainzer Güter aufge= nommen. Diese Schuld abzuzahlen unterhandelte er mit dem Papste, daß er zu dem Bau der Peterskirche in Rom einen Ablaß in seinen Sprengeln predigen lassen, daß jedoch die Hälfte des reinen Gewinnes ihm zufließen, und er dem Papste für diese Bewilligung noch 10,000 Gulden besonders zahlen wollte. Diese Einwilligung erfolgte. Der Dominicaner Johann Tetzel, der schon früher dergleichen Handel ge= trieben, übernahm es, den Ablaß zu predigen und suchte auch die Mark heim. Die Unverschämtheit jedoch, mit der er hierbei zu Werke ging, bewog den Augustiner Mönch Dr. Martin Luther, Professor an der Universität Wittenberg, am 31. October 1517 jene 95 Sätze an die Schloßkirche daselbst anzuschlagen; ein Schritt, der bekanntlich die Reformation herbeiführte, die Luther ursprünglich gar nicht beab= sichtigt hatte. Die Geneigtheit des Kaisers Maximilian und seines Landesherrn, des Kurfürsten Friedrich des Weisen von Sachsen, so wie die bald darauf erfolgende Wahlangelegenheit Kaiser Karl's V. waren dem Fortschritt der Reformation so außerordentlich günstig, daß Luther es wagen konnte, im December des Jahres 1520 die gegen ihn erlassene päpstliche Bannbulle und päpstliche Schriften öffentlich zu verbrennen. Der erste Reichstag, den Kaiser Karl in Worms 1521 abhielt, sollte diesem öffentlichen Aergerniß, wie Luther's Gegner es bezeichneten, ein Ende machen. Auch Kurfürst Joachim war hier zugegen, als Luther keinen Widerruf thun wollte und deshalb mit Bannfluch und Acht be= legt wurde; letztere wurde auch von Joachim unterzeichnet. Eben so nahm der Kurfürst thätigen Antheil an den Verhandlungen zu Speier 1529, wo die Anhänger der neuen Lehre wegen ihres Protestes gegen die dort gefaßten Beschlüsse den Namen „Protestanten" erhielten; ebenso zu Augsburg 1530, wo sie ihr von Melanchthon abgefaßtes Glaubens= Bekenntniß ablegten, und war so aufgebracht, als der Kaiser ihnen 1532 zu Nürnberg den Religionsfrieden zusicherte, daß er den= selben nicht unterzeichnete, obgleich nirgend derselbe mehr beachtet wurde als in der Mark. Doch konnte er es nicht verhindern, daß auch in seinem eignen Lande die Reformation immer festeren Fuß faßte, und wenigstens das gestand er seinen Unterthanen zu, daß sie die Bibel in der Uebersetzung lesen durften, welche der Professor Emser in Leipzig auf Betrieb des Herzogs Georg von Sachsen bearbeitet hatte. Indem er aber sah, welche Unruhen die neue Lehre durch falsche Auffassung in ganz Deutschland hervorrief, wie z. B. der Bauernkrieg 1525 gewaltige Verwüstungen anrichtete, wie selber in seinem eignen Lande gleiche Bewegungen sich vorzubereiten schienen, die er namentlich in Stendal 1530 gewaltsam in ihrem Keim erstickte: konnte seine Abneigung gegen die neue Lehre schwerlich gemildert werden, zumal da sein Bruder, der Erzbischof Albrecht, so wie die Universität Frankfurt ihn in dieser Gesinnung bestärkten. Mit Unmuth sah er deshalb seine nächsten Verwandten zur neuen Lehre übertreten. Der neue Herzog Albrecht von Preußen trat 1526 zur evangelischen Kirche über und verheirathete sich mit einer dänischen Prinzeß, Markgraf Georg von Anspach wurde ebenfalls Protestant und ließ den jungen Sohn seines 1527 verstorbenen Bruders Casimir von Culmbach, den nachmals so bekannt gewordenen Albrecht Alcibiades, in der evangelischen Lehre erziehen; ja Joachim's eigne Gemahlin Elisabeth nahm das Abendmahl in beiderlei Gestalt. Durch die Drohungen ihres Gemahls erschreckt entfloh sie 1528 zu ihrem Oheim, dem Kurfürsten Johann dem Beständigen von Sachsen, Bruder Friedrich des Weisen, der 1525 kinderlos gestorben war. Es wurde ihr das Schloß Lichtenberg bei Prettin an der Elbe zum Wohnsitz angewiesen; erst nach dem Tode Joachims kehrte sie nach der Mark zurück und lebte auf ihrem Wittwensitze, dem Schlosse zu Spandow.

Ungeachtet daß Kurfürst Joachim sich als entschiedenen Gegner der Reformation zeigte, beurtheilte Luther selber ihn doch sehr günstig, da er seiner rechtlichen Gesinnung Gerechtigkeit widerfahren lassen mußte. Joachim hatte zwar eine so vortreffliche Bildung erhalten, daß man ihm den Beinamen „Nestor" beilegte, doch konnte er wie viele andere ausgezeichnete Männer seiner Zeit alte Vorurtheile nicht überwinden. Das zeigt sich auch bei der harten Judenverfolgung in den Marken, unmittelbar nachdem er 1509 den Juden einen Schutzbrief ertheilt und ihren Handel begünstigt hatte. Ein Kesselflicker aus Bernau, Paul Fromm, hatte nämlich in dem havelländischen Dorfe Knobloch eine vergoldete kupferne Monstranz mit zwei geweihten Hostien aus der dortigen Kirche gestohlen und eine davon an einen Juden in Spandau verkauft. Dieser gestand auf der Folter, dieselbe in drei Stücke getheilt, eins für sich behalten und die beiden andern an Juden in Brandenburg und in Stendal überschickt zu haben. In Folge dieses Geständnisses wurden sämmtliche Juden in der Mark gefänglich eingezogen, aus vielen von ihnen durch die Folter die Selbstanklage gepreßt, daß sie nicht nur mit der Hostie Muthwillen getrieben, sondern auch Christenkinder geschlachtet und das Blut derselben genossen hätten. Der größere Theil der Angeklagten wurde deshalb zu Berlin lebendig verbrannt, einige von ihnen, die zum Christenthum übertraten, enthauptet; alle übrigen Juden aber wurden aus der Mark verwiesen, wohin sie jedoch schon nach wenigen Jahren zurückkehren durften.

Der Gerechtigkeitssinn, der den Kurfürsten selbst zu solchen Mißgriffen verleitete, zeigte sich während seiner ganzen Regierung. Gleich im Anfange derselben erließ er harte Befehle gegen die Landesbeschädiger und er machte dabei keinen Unterschied zwischen Vornehm und Gering, um so mehr als Viele vom Adel glaubten, die Jugend des Kurfürsten zu dergleichen Gewaltthätigkeiten benutzen zu können. Ja Mehrere aus der unmittelbaren Umgebung des Kurfürsten sollen bei Tage demselben aufgewartet, des Nachts aber sich auf Wegelagerung gelegt haben. Der Ernst und die Strenge, mit der der junge Fürst die Uebelthäter verfolgte, ging so weit, daß mehrere Adlige sich an Markgraf Friedrich in Franken um Vermittlung wandten. Joachim erklärte aber seinem Oheim, daß er den nicht für edel anerkennen könne, welcher sich Straßenraubs schuldig mache. Und doch ließ er gar häufig die Gnade der Gerechtigkeit vorwalten; einem gewissen v. Otterstädt, der 1509 mehrerer Gewaltthätigkeiten angeklagt war, erließ er nach längerem Gefängniß die Strafe, nachdem derselbe Besserung gelobt hatte. Es ist dies derjenige, von dem sonst auch wohl erzählt wird, daß er das Leben des Kurfürsten bedroht und selbst gewagt habe, die Drohworte an die Thür des kurfürstlichen Schlafgemachs zu schreiben:

Jochimken, Jochimken, höde dy,
Wo wy dy trugen, hängen wy dy!

Wie sehr Joachim auch bei der strengsten Verfolgung der Räuberei auf gesetzmäßiges Verfahren gegen die Störer des Landfriedens hielt, dafür diene folgender Vorfall als Beweis, der die Stadt Frankfurt betraf. 1504 wurden Frankfurter Bürger, welche nach Beeskow zu Markte reis'ten, von einem gewissen v. Bomsdorf überfallen und ausgeplündert. Dem Rath zu Frankfurt gelang es, sich der Person jenes Adligen zu bemächtigen, und er ließ denselben ohne weiteren Proceß am Pfingstmontag hinrichten. Der Kurfürst nahm deshalb der Stadt das Halsgericht, da sie ohne alle Rechtsform die Execution übereilt hätte, der Bischof von Lebus aber, zu dessen Sprengel Frankfurt gehörte, belegte die Stadt mit dem Interdikt, da sie einen Festtag durch eine Hinrichtung entweiht hätte. Noch schlimmer ging es einzelnen Frankfurter Bürgern, die bald darauf mit ihren Frauen und Töchtern nach Schwiebus zu Markte gingen. Sie wurden von mehreren Edelleuten, die Rache für jene Hinrichtung nehmen wollten, überfallen, beraubt und theils getödtet, theils verstümmelt. Die Stadt sah sich seitdem genöthigt, eine Anzahl Reiter zur Sicherung der Landstraßen zu unterhalten, wie auch sonst im Lande der Kurfürst gleiche Maßregeln anbefahl.

Aller Anstrengung ungeachtet gelang es jedoch auch Joachim nicht, dem Adel die Lust zu nehmen, sich selber Recht zu verschaffen. Ein recht lebendiges Bild in dieser Beziehung giebt der Ueberfall von Fürstenwalde. Es war im Jahre 1528, als ein gewisser Heinrich Queiß, ein Vasall des Bischofs von Lebus, Georg's v. Blumenthal, sich von seinem Lehnsherrn in seinem Rechte gekränkt glaubte und deshalb die Hülfe zweier lausitzischer Herren, Nickel v. Minkwitz auf Sonnenwalde und Otto v. Schlieben auf Baruth beanspruchte. Mit einem bedeutenden Reiterzuge überfielen diese am 9. Juli den Bischof, indem sie sich durch List der Stadt Fürstenwalde bemächtigten und in das dortige Schloß eindrangen. Der Bischof entrann zwar ihren Händen, dagegen wurden das Schloß, der Dom, die Wohnungen der Domherren so wie die Stadt geplündert. Der Bischof, der zum Kurfürsten geflohen war, reizte diesen auf, das Schloß Sonnenwalde zu nehmen, und in der That wurde ein bedeutendes Heer zu dem Zwecke bei Berlin zusammengezogen. Dennoch zog Joachim es vor, den Weg des gerichtlichen Verfahrens einzuschlagen, da er die Einmischung von Nachbarn in diese Streithändel befürchtete. Es erfolgte auch die Reichsacht gegen v. Minkwitz, doch brachten es 1534 seine Freunde bei dem Kurfürsten dahin, daß ihm nach geschehener öffentlicher Abbitte vom Kurfürsten sowohl wie von dem Bischof Verzeihung zu Theil wurde.

Wie Joachim darauf bedacht war, Ruhe und Ordnung im Lande aufrecht zu erhalten, so war auch seine Sorge darauf gerichtet, den Städten nach Möglichkeit aufzuhelfen, welche nach Verlust ihrer selbständigen Stellung sehr herabgekommen waren. Zu dem Ende bereis'te er die einzelnen Städte des Landes, berathschlagte im Verein mit seinen Räthen und der Stadt, wie letzterer aufzuhelfen sei, und das Ergebniß dieser Berathung, die s. g. Reformation, wurde als neues Grundgesetz für die städtische Verwaltung den Bürgern öffentlich bekannt gemacht. Dasselbe betraf die sorgfältige Rechnungsführung der städtischen Kassen, die Besteuerung, die Feuerordnung, die Verhandlungen des Rathes mit den Gewerken, Anordnungen gegen übertriebenen Aufwand, Beaufsichtigung von Maß und Gewicht ꝛc., kurz Alles, wodurch einerseits der Wohlstand der Städte gehoben, andrerseits eine größere Gleichmäßigkeit der Verwaltung herbeigeführt werden konnte.

Seine Einkünfte zu mehren und ein geordnetes Finanzwesen herzustellen, war eine der angelegentlichsten Sorgen des Kurfürsten. Er hatte demnach schon zu Anfang seiner Regierung es durchzusetzen gewußt, daß die seinem Vater bewilligte **Bierziese** auch ihm, zunächst auf mehrere Jahre zugestanden wurde. 1513 gelang es ihm die Städte des Landes auch zur ferneren Zahlung dieser Steuer zu vermögen, die ihm auf seine und seiner männlichen Leibeserben Lebenszeit in der früher festgesetzten Höhe zugesagt wurde. Dafür versprach er schriftlich den Städten, dem Lande keine neue Steuer aufzuerlegen, außer bei Ausstattung einer Prinzessin, bei kaiserlichen Belehnungen, bei Aufbringung von Geldern in **Reichsangelegenheiten** und für den Fall, daß er oder sein Nachfolger in Gefangenschaft geriethen. Da jedoch diese Steuer nicht hinreichte, die vorhandenen Schulden zu decken, so bewilligten ihm die Stände 1524 auf acht Jahre eine **Hufensteuer**, deren Ertrag nur zur Schuldentilgung verwendet werden sollte.

Zwei Stiftungen sind es, welche Joachim machte und durch welche er sich ein bleibendes Andenken gründete, die Errichtung einer **Universität** und des **Kammergerichts**.

Die bereits von Kurfürst Johann beabsichtigte Gründung der **Universität Frankfurt** brachte Joachim zur Ausführung, nachdem Kaiser und Papst ihre Einwilligung gegeben hatten. Am 26. April 1506 wurde sie feierlichst eingeweiht; als Lehrer, unter denen auch geborne Märker, waren meist Professoren von Leipzig und Tübingen berufen. Als erster Rector wurde Conrad Koch eingesetzt, zu Wimpfen in Schwaben erzogen und daher **Wimpina** genannt. Schon im ersten Jahre wurden 1000 Studenten immatrikulirt, unter ihnen auch der so berühmt gewordene Ulrich v. Hutten. Großen Nachtheil erlitt die Universität dadurch, daß sie bald nach ihrer Errichtung wegen der Pest auf einige Zeit nach Cotbus verlegt werden mußte; größeren Schaden noch erlitt sie dadurch, daß wie kurz zuvor die Universität Wittenberg (1502) so nicht gar lange nachher die Universität Königsberg in Preußen (1545) gestiftet wurde, daß sie gegen die Reformation hartnäckigen Widerstand leistete, mehrere ihrer Professoren in arge theologische Streitigkeiten unter einander geriethen, und daß sie sich durch die Zügellosigkeit einen üblen Ruf erwarb, die den Studenten nachgesehen wurde. Dennoch hat sie für Verbreitung der Wissenschaft in der Mark Großes geleistet und zur Verbesserung des Schul-Unterrichts wesentlich beigetragen. Im Jahre 1811 wurde sie nach **Breslau** verlegt.

Ein nicht geringeres Verdienst erwarb sie sich um die Ausbildung von **Rechtsgelehrten** in der Mark und unterstützte dadurch eine zweite Stiftung des Kurfürsten, nämlich die Errichtung des **Kammergerichts**, das nach dem Muster des Reichskammergerichts (seit 1515) als Ober-Tribunal und Appellationshof in der Mark dienen sollte. Bis dahin galt nämlich hierselbst allgemein das sächsische Recht, wie es im **Sachsen-**

Spiegel zusammengestellt war. Außerdem aber besaß fast jede Stadt ihre besonderen Satzungen, die namentlich im Erbrechte von dem gewöhnlichen Sachsenrecht abwichen. Hatte schon früher die Geistlichkeit die Kenntniß des römischen Rechts, wegen seines Zusammenhanges mit dem kirchlichen, nöthig gehabt, so wurde seit der zweiten Hälfte des funfzehnten Jahrhunderts das Studium des römischen Rechtes ein allgemeineres, und auch zu diesem Zwecke sollte die neue Universität Frankfurt mitwirken. Bei der vorhin erwähnten Reformation der Städte kam namentlich die Verschiedenheit zur Sprache, welche in Bezug auf die Erbfolge Statt fand, und die durch das römische Recht ausgeglichen werden sollte. Zu dem Ende wurde auch 1527 die Constitutio Joachimica erlassen, welche mit Bewilligung der Stände eine erwünschte Gleichmäßigkeit einführte. — Zu den ursprünglich zwölf Richtern des Kammergerichts ernannte der Kurfürst vier, die Stände acht Mitglieder. In der Regel versammelte sich das Gericht viermal im Jahre, nämlich einmal in Tangermünde und dreimal zu Cöln.

Joachim starb den 11. Juli 1535 in einem Alter von 52 Jahren. Auch sein Leichnam ward zugleich mit dem seines Vaters durch Joachim II. von Lehnin nach dem Dome in Cöln a. d. Spr. gebracht. Gegen die Hausordnung seines Großvaters hatte er in seinem Testamente die Verfügung getroffen, daß sein jüngerer Sohn Johann die Neumark nebst Crossen und Cotbus erhalten, der ältere Joachim sich mit den übrigen märkischen Ländern und der Kurwürde begnügen sollte. Beiden Söhnen hatte er nochmals anempfohlen, bei dem alten katholischen Glauben zu bleiben.

X. Die inneren Verhältnisse der Mark
unter den Hohenzollerschen Kurfürsten vor der Reformation.

Die unruhigen Zeiten unter den bayerschen Markgrafen, der langjährige Bürgerkrieg, der durch das Auftreten des s. g. falschen Waldemar veranlaßt wurde, die sorglose Verwaltung der Luxemburger hatten ein volles Jahrhundert hindurch die Stände der Mark dazu gezwungen, auf eigne Hand für ihr Wohl zu sorgen; kein Wunder, daß nach allen Seiten Uebergriffe versucht wurden und vielfach gelangen, daß Adel wie Städte ihre Macht zu stärken, mehr oder weniger Selbstständigkeit zu erringen suchten. Eben deshalb kann es auch nicht auffällig erscheinen, daß das kräftige Auftreten der Hohenzollern von beiden Ständen argwöhnisch und mißmuthig betrachtet wurde, und daß es selbst der Geschicklichkeit und der Kraft der Markgrafen nicht gelungen wäre, Herr dieser schwierigen Umstände zu werden, wenn sie nicht verstanden hätten, Uneinigkeit in das feindliche Lager zu bringen. Mit eiserner Faust warf Friedrich I. zunächst den Widerstand des Adels zu Boden, und zwang ihn, sich der höheren Landes-Autorität zu fügen, konnte es aber bei seinen vielfachen Reichsgeschäften nicht verhindern, daß die Fehdelust während der Statthalterschaft des Kurprinzen Johann aufs neue entbrannte. Auch Friedrich's II. sonst so kraftvolle Regierung konnte dem Unwesen der Fehden und der Räuberei so wenig ein Ende machen, daß Albrecht zu Anfang seiner Regierung 1472 den Ständen erklärte, „wie allgemein ein merklich Gerücht der Rauferei halben sei, die je zu Zeiten immer wieder auf den Landstraßen der Mark geübet und vorgenommen werde, was doch nicht wohl möglich wäre zu geschehen, wenn man getreuen Widerstand dagegen thun und einhellig dawider handeln wollte." Er als nunmehriger Regent des Landes halte sich verpflichtet, dafür zu sorgen, „daß das Gerücht gestillet würde und vermieden bliebe: was man allenthalben vermisse, das müsse man in der Mark Brandenburg suchen, und was anderswo durchkomme, das werde in der Mark genommen! Solch Nachgeschrei müsse von dem Lande abgewendet werden und dafür ein löbliches Gerücht aufwachsen."

Doch auch Albrecht war zu sehr mit Reichsgeschäften überladen und in die fränkischen Angelegenheiten verwickelt, als daß er seinem Worte hätte den nöthigen Nachdruck geben können; Johann aber, der unter den mißlichsten Verhältnissen im Innern wie nach außen nicht die Kraft finden konnte, ernstlich durchzugreifen, vermochte ebenfalls nicht, die Ordnung aufrecht zu erhalten. Zwar wurden 1483 strenge Maßregeln gegen die Räuberei getroffen und 1484 ein Landfrieden geboten, dennoch konnte er auch während seiner selbstständigen Regierung das Uebel nicht ausrotten, und in dem letzten Schreiben an seinen Erstgebornen Joachim erklärte er, daß kein Land in ganz Deutschland zu finden sei, in welchem so viel Räuberei und so viel Barbarei zu finden wäre wie in der Mark. Daß auch Joachim dem Uebel nicht ganz abhelfen konnte, wird später erzählt werden.

Mißwachs in Folge häufiger Dürre und die Pest, die in jenen Zeiten wiederholt unter vielfacher Gestalt die Mark hart betrafen, führten besonders für den niederen Adel, dessen Besitzthum ein sehr beschränktes war, so große Noth herbei, daß er sich oft genug veranlaßt sah, zur Wegelagerung zu greifen und um so mehr, als die noch immer herrschende Fehdelust keine Schande darin erblickte. Weder die strengsten Maßregeln, noch die Einrichtung des märkischen wie des Reichs-Kammergerichts, die den Landfrieden aufrecht erhalten sollten, würden deßhalb im Stande gewesen sein, diesen Geist dauernd niederzuhalten, wenn nicht für ganz Deutschland wie für die Mark insbesondere die Erfindung des Schießpulvers und die dadurch herbeigeführte gänzliche Umwandlung des Kriegswesens ungleich gewichtiger eingegriffen hätten. Mauern und Thürme schützten nicht mehr vor feindlichen Angreifern, welche schweres Geschütz mit sich führten; die Ausrüstung zum Kriege wurde weit kostspieliger als früher, wo Lanze und Schwert hingereicht hatten, den gemeinen Knecht zu bewaffnen, wo der Eisenhut und der Brustharnisch auf lange Zeit, vielleicht fürs Leben ausreichte. Der persönliche Muth genügte allein nicht mehr, das Feuergewehr wurde die Hauptwaffe. Diese Umwandlung traf selbst die Städte der Mark und namentlich die kleineren eben so hart wie den Adel, weil beide zu arm waren, als daß sie so kostspielige Kriegsausrüstungen in der nöthigen Menge bestreiten konnten. Daher verfiel in den Städten der alte, kriegerische Sinn, der Adel aber war in Gefahr wie der gemeine polnische ganz zu verfallen, wenn nicht, wie unten gezeigt werden wird, eine eigenthümliche Zähigkeit ihn diese Gefahr hätte überwinden lassen.

Die Städte hatten Friedrich I. treulichen Beistand geleistet, als es sich darum handelte, den widerspenstigen Adel, ihren alten Feind, niederzuwerfen. Schon unter dem eisernen Friedrich traf sie gleiches Geschick, als auch sie Staaten im Staate zu bilden gedachten und keck dem Landesherrn gegenübertraten. Es ist oben erwähnt worden, wie die Bemühungen, namentlich Friedrich's I., und Albrecht's, im Reiche darauf gerichtet waren, die kaiserliche Macht zu heben und das Reich dadurch zu kräftigen, daß der Einzelne sein vermeintliches oder angemaßtes Recht aufgäbe. Das Familien-Interesse Siegmund's wie des österreichischen Hauses hatte diesen wohl gemeinten und weise angelegten Plan aufgeben lassen. Derselbe Zustand wie bei den Reichsständen zeigte sich aber auch bei den Städten und Mannen jedes einzelnen Territoriums. Jeder suchte nur seinen Vortheil, unbekümmert darum, ob das Ganze dabei leiden mochte. Die Hohenzollern waren jedoch nicht gewillt, das im eignen Lande aufzugeben, was sie in dem ganzen Reiche vergeblich erstrebt hatten. Es ist wahr, der Einzelne litt bei diesen Maßregeln entsetzlich, der Adel wie die Städte verloren dadurch auf sehr lange Zeit ihre früher so günstige Stellung; die Fürsten stellten jedoch ihre Forderung nicht aus Willkür und Tyrannei, sondern um einen in sich fest abgeschlossenen, kräftigen Staat zu bilden, was um so mehr für die Mark noth that, als dies Land die einzige Wehr nach Osten hin gegen das übermächtige Vordringen des Slawenthums zu bilden hatte, nachdem der deutsche Orden sich überlebt und in Abhängigkeit von Polen gerathen war. Daß die Hohenzollern weit entfernt von despotischen Uebergriffen waren, dafür zeugt das oben erwähnte Verfahren gegen die aufsässigen Städte, dafür ist der beste Beweis der Rath, den Albrecht seinem Sohne Johann gab, „er möchte nur mit den Prälaten, den Herren, der Mannschaft und den Städten verhandeln, die wären die besten Rathgeber; was die ihm riethen, das hülfen sie ihm auch!" Es ist wahr, durch die Vernichtung der wichtigsten Privilegien, namentlich durch Entziehung des Niederlagrechtes und der Zollfreiheit, durch das Verbot, unter einander Bündnisse zu schließen und ferner mit der Hanse in Verbindung zu stehen 2c. litten die Städte so außerordentlich, daß Joachim durch persönliches Verhandeln bei der oben erwähnten Reformation der Städte Mittel suchen mußte, ihnen wieder aufzuhelfen, doch zeigte sich nicht bloß hierin seine Fürsorge, sondern er erwies ihnen wie dem Adel auch sonstige Vergünstigungen, da er die Ansicht festhielt, „der Adel wäre sein Haupt, die Städte sein Herz, die Bauern seine Füße."

Die Anordnungen, welche Joachim in Bezug auf die Städte-Ordnung traf, fanden mehr in den kleinen als in den großen Städten ihre Anwendung. Der Regel nach bestand der Rath aus zwölf Mitgliedern, die nur mit Zustimmung des Kurfürsten ihr Amt antreten durften. Zwei oder drei von ihnen führten den Titel **Bürgermeister**, der erste hatte die Stadt in vorkommenden Fällen zu repräsentiren. Die Hälfte der Mitglieder war umwechselnd ein Jahr nach dem andern als **alter und neuer Rath** in Thätigkeit; bei dem Wechsel, der Rathswandlung, fand eine Schmauserei Statt, die **Rathskost** genannt. Besoldet wurden die Rathmänner erst seit Ende des funfzehnten Jahrhunderts, bis dahin bildeten gewisse Geschenke, Natural-Lieferungen, Sporteln und einige Vorrechte Entschädigung für ihre Bemühung, die sie als Ehrenamt betrachteten. Die altmärkischen Städte mit Ausnahme von Salzwedel zeigten schon seit der Mitte des vierzehnten Jahrhunderts eine mehr demokratische Richtung, indem von den zwölf Rathsherren zehn aus den Gewerken und nur zwei aus den übrigen Bürgern genommen wurden. Von den übrigen Städten der Mark hatten nur in Lenzen, Kyritz und Pritzwalk die Zünfte das Uebergewicht erhalten; als in Berlin ein gleiches Streben hervortrat, wurde Kurfürst Friedrich II. in diese Streitigkeiten hereingezogen, und dies führte den oben erzählten Verlust der Freiheiten der Stadt nach sich. Zwar waren auch in anderen Städten die Viergewerke wichtig für die Verwaltung, da die Gildemeister als Vorstände der Zünfte das Recht der Controlle besaßen, doch übten sie keine unmittelbare Macht über den Rath aus. Seit dem Aufstande wegen der Vierziese im J. 1488 hörte auch in der Altmark mit der kurfürstlichen Beaufsichtigung der Städte die Macht der Zünfte auf.

Die drei märkischen **Bisthümer** Lebus, Brandenburg und Havelberg waren landsässig d. h. dem Kurfürsten unterworfen, ein Umstand, der namentlich zur Sprache kam, als sie 1508 zu Reichssteuern herangezogen werden sollten. Sowohl der Kurfürst als auch die Bischöfe protestirten dagegen, was später einen langen Proceß veranlaßte, der erst im Anfange des siebzehnten Jahrhunderts einschlief. Bei neuer Besetzung wurden von dem Kurfürsten drei Personen genannt, aus denen die Domcapitel ihre Wahl zu treffen hatten; eigenmächtige Wahlen wurden wiederholt von den Kurfürsten nicht genehmigt. Die Stifts-Vasallen erschienen mit den übrigen Mannen auf den Landtagen, die Bischöfe waren dem Landesherrn zu Steuern und Kriegshülfe verpflichtet, sie saßen im Rathe desselben, wurden von ihm „besondere Freunde" titulirt, nannten sich aber selber nur seine „unterthänige Caplane." Schon 1445 einigte sich Friedrich II. mit den Bischöfen dahin, daß ihre geistliche Gerichtsbarkeit nur auf wirklich geistliche Dinge sich beschränken sollte; nur in besonderen Fällen sollten sie auch andere Dinge vor ihr Forum ziehen dürfen, doch wurde ihnen vorgeschrieben, nicht mehr wie früher eines Schuldigen wegen einen ganzen Ort mit dem Interdikt zu belegen, dem Gebannten aber, der in Armuth verstarb, ohne den Kläger befriedigt zu haben, ein ehrliches Begräbniß nicht zu versagen. Der Papst bestätigte nicht nur 1458 diesen Vergleich, sondern gab auch 1471 nach), daß kein Bewohner der Mark vor ein geistliches Gericht außerhalb des Landes gezogen werden sollte.

Daß unter solchen Verhältnissen die Geistlichkeit in der Mark keine Uebergriffe machen konnte, liegt nahe genug, und wie sehr die Kurfürsten bei aller Frömmigkeit, die ihnen nachgerühmt wird, darauf hielten, daß ihre landesherrliche Macht nicht durch Eingriffe von Seiten der Geistlichkeit verletzt würde, dafür möchte das Wort Albrechts den besten Beweis liefern, das er äußerte, als 1469 auch in seinen fränkischen Landen ein Kreuzzug gegen Böhmen gepredigt wurde. Er verbot sehr entschieden, in den Städten wie auf dem Lande Ketzergeld zu sammeln und zum Kreuzzuge aufzufordern. „Die Bischöfe möchten immerhin im eignen Lande sammeln und predigen lassen, nur nicht in dem seinigen. Wenn er kriege, so kriegten sie (seine Unterthanen) auch, und wenn er Frieden hätte, so hätten sie auch Frieden, und es zieme ihnen nicht, ohne seinen Befehl Jemanden schmähen zu lassen." Ja als er 1481 eine Reichssteuer erheben ließ, und die Geistlichen in Franken dieselbe verweigerten, befahl er, sie zu pfänden, und achtete den Bann, mit welchem seine Beamten belegt wurden, so wenig, daß er auf das Beispiel hinwies, nach welchem die Leichen der im Banne Gestorbenen dem Pfarrer ins Haus gesetzt wurden, der sie wohl begraben lassen mußte, wenn er den üblen Geruch nicht leiden wollte.

Ungeachtet die Stände die Tilgung der Schulden übernommen,

so wie die Bierzise und die Hufensteuer bewilligt hatten, war es mit den Finanzen des Landes traurig bestellt. Die langen Kriege, die mit den Nachbarn zu führen waren, die kostspieligen Verhandlungen, welche besonders in Bezug auf Pommern nothwendig wurden, der häufige Besuch der Reichstage u. s. w. erforderten Ausgaben, zu denen die spärlichen Einkünfte des Landes nicht hinreichten. Erst viel später wurde diesem Uebelstände durch ein geordnetes Steuerwesen abgeholfen.

Der Adel des Landes war nach früherer Weise zum Reiterdienst verpflichtet, die Städte besonders zum Fußdienst, doch mußten auch sie für ihre Lehen Reiter ins Feld stellen; aus eben dem Grunde stellten auch die Prälaten Reiter wie Fußgänger. Die kriegerische Ordnung wurde durch das in sich fest geschlossene Zunftwesen wesentlich erleichtert, und der Wetteifer der Zünfte unter einander erhöhte den kriegerischen Muth; großer Vorübung bedurfte es nicht. Zur leichteren Zusammensetzung des Heeres diente dieselbe Einrichtung, welche die Eintreibung von Steuern erleichterte. Die kleineren Städte waren einer größeren beigeordnet und bildeten mit ihr eine S p r a c h e. In der Mittelmark waren Brandenburg, Berlin und Cöln, Frankfurt, Anprim die Hauptorte, in der Neumark Königsberg, in der Ukermark Prenzlow, in der Prignitz Perleberg, in der Altmark, wenigstens in späterer Zeit, Stendal und Gardelegen. Die geistlichen Stifter, die Länder Crossen und Cotbus bildeten Abtheilungen für sich. Zur Sprache Berlin und Cöln z. B. gehörten: Bernau, Neustadt, Stransberg, Wrietzen, Mittenwalde, Trebbin, Köpnick, Bötzow (Oranienburg), Liebenwalde, Oderberg. Der Hauptmann des aufzubringenden Contingents wurde aus dem Hauptort jeder Sprache genommen, ihm zur Seite stand der Fähnrich. Die Bewaffnung nach alter Weise war Eisenhut, Brustharnisch, Schild, Schwert oder Messer, Spieß und Armbrust. Die Hussitenkriege waren es besonders gewesen, welche eine große Veränderung im Kriegswesen veranlaßten, und die man allmählich überall nachahmen mußte. Ziska war es namentlich, der die frühere Kriegsweise gänzlich umgestaltete. Seine wenig geübten Schaaren sicherte er durch Wagenburgen vor Reiter-Angriffen und machte sie durch Geschütz der verschiedensten Art unwiderstehlich beim Vorrücken. Deßhalb wurde seitdem ein Theil des Fußvolks mit Feuergewehren bewaffnet. Jede Hauptstadt stellte überdies zwei Haubitzen (Hauffnitz) und einen Büchsenmeister, der mit dem Geschütz umzugehen wußte, die kleineren Städte je eine Haubitze; die Hauptstädte je zwei Zimmerleute, die kleineren je einen. Außerdem hatten die Städte eine angemessene Anzahl von Rüstwagen nebst Bespannung zu stellen, zu jedem einen Wagenknecht und vier Fußgänger (Trabanten) als Bedeckung, die wohl bewaffnet sein mußten. Nach dem Entwurfe, der 1479 zum Kriege gegen Pommern gemacht worden war, also damals, wo die Streitkräfte

X. Die inner. Verhältnisse d. Mark unt. d. Hohenz. Kurf. vor d. Reformation.

der Mark in höherem Grade herangezogen wurden als je zu einer andern Zeit, stellte die **Ritterschaft** in der Mittelmark 1600 Pferde, in der Altmark und Prignitz 1200 Pferde, in der Neumark 400 Pferde; die **Städte** dagegen in der Mittelmark 5000 Mann zu Roß und zu Fuß nebst 200 Trabanten, die der Altmark und Prignitz 3800 Mann nebst 400 Trabanten, die der Neumark 1000 Reiter und Fußgänger. Stadt und Ritterschaft **Cotbus** stellte 200 Mann zu Roß und zu Fuß, der **Hof**, die **Herren** und **Prälaten** stellten 4000 zu Fuß und 1200 zu Roß, und da sich überdies 2000 fremder Truppen (Gäste) angeschlossen hatten, zählte damals das verwendbare Heer 21,000 Mann.

Mit vielen anderen Vorrechten hatten die Städte seit Kurfürst Friedrich's II. Zeit auch die **Gerichtsbarkeit** verloren, namentlich aber erhielten sie das Halsgericht nicht wieder. Ueber die Veränderung des Gerichtswesens ist oben schon Einiges gesagt, hier mag nur noch hinzugefügt werden, daß die **westfälischen Fehmgerichte** seit Anfang des 15. Jahrhunderts auch nach der Mark ihre Wirksamkeit erstreckten. Vergeblich verbanden sich 1434 die Städte dagegen, und obgleich sie dabei vom Kurfürsten unterstützt wurden, so wurde doch noch 1474 z. B. der Rath von Spandau in die heimliche Acht erklärt.

Der wenigstens zeitweilige Verlust des Niederlagsrechtes so wie die verbotene Verbindung mit der Hanse mußte natürlich bedeutenden Einfluß auf den **Handel** haben. Es trug dies nicht wenig zu dem Verfall der Städte bei, dem Joachim abzuhelfen sich bemühte.

Das **Münzrecht**, das 1369 mehrere Städte von den bayerschen Markgrafen erworben hatten, beschränkte sich nur auf die Ausprägung von Pfennigen und kleineren Münzen, das Prägen von Gulden und Groschen hatten sich die Fürsten vorbehalten. Von den berlinischen Pfennigen gingen 544 auf die feine oder 408 auf die zwölflöthige Mark, einer galt also nach heutigem Gelde 9 Pf. Mehr Werth hatte der brandenburgische Pfennig, da 4 Berl. = 3 brandenburg. Pfennigen waren, letzterer also mit einem Silbergroschen übereinstimmte. Häufiger wurde jedoch noch die Rechnung in böhmischen Groschen geführt, die erst zu Ende dieses Zeitraumes ganz außer Gebrauch kamen. Ihr Werth war ein sehr schwankender. Unter König Wenzel von Böhmen (1378—1419) wurden sie aus 12 oder 10 löthigem Silber geprägt und 96 gingen auf die rauhe Mark, der Groschen war demnach 3 Sgr. 3 Pf. oder 2 Sgr. 8 Pf., das Schock mithin $6\frac{1}{2}$ oder $5\frac{1}{4}$ Rthlr. werth. Unter König Ferdinand I. (1526—1564) dagegen wurden zwar nur 90 Groschen aus der rauhen Mark geprägt, das Silber dazu war aber nur $6\frac{1}{2}$ löthig. Der Groschen betrug demnach nur etwa 1 Sgr. 11 Pf., das Schock etwa 3 Rthlr. 24 Sgr.

Auch die Goldgulden, die seit 1386 von den rheinischen Kurfürsten

Das Münzwesen.

geprägt wurden, hatten zu verschiedenen Zeiten einen sehr verschiedenen Werth. Namentlich auf dem Reichstage zu Eger 1437 wurde bestimmt, daß aus 1¼ Mark 19 karätigen Goldes 100 Gulden geprägt werden sollten, mithin hatte der Gulden den Werth von 2 Rthlrn. 18 Sgr. 3 Pf. Cour. Karl V. dagegen bestimmte 1524 zu Eßlingen, daß aus der Mark 22 karätigen Goldes 89 Gulden geprägt würden. Der Gulden war demnach nur etwa 2 Rthlr. 8 Sgr. werth. In der Mark ließ erst Joachim Gulden schlagen. Nach seinen darüber gegebenen Anordnungen wurden aus der Mark zu 18½ Karat 71 Stück geprägt, jeder Gulden also etwa im Werthe von 2½ Rthlrn.

Kurfürst Friedrich I. scheint keine Groschen geschlagen zu haben, erst unter seinen Nachfolgern kommen dergleichen vor. 1463 wurden in der Münze zu Brandenburg aus der Mark sechslöthigen Silbers 92 Gr., jeder also im Werthe von 1½ Sgr. geprägt. Unter Joachim hatten sie nur 1½ Sgr. Werth. Die Münzen, die seit dem Anfange des 16. Jahrhunderts nach der böhmischen Bergwerksstadt Joachimsthal Thaler genannt wurden, hießen früher Dickgroschen oder Guldengroschen. In der Mark ließ Joachim die ersten Thaler schlagen und zwar aus der Mark 15 löthigen Silbers 8 Stück; einer betrug also etwa 1⅔ Rthlr. Außerdem kamen Viertel= oder Ortsthaler in Gebrauch, die jedoch nur etwa 10 Sgr. Werth hatten.

Mit Wissenschaft und Kunst war es auch noch in diesem Zeitraume in der Mark traurig bestellt. Die Geistlichkeit, von der zunächst Verbreitung der Bildung hätte erwartet werden sollen, war selber unwissend und zeichnete sich vielfach durch anstößigen Lebenswandel aus. Wissenschaftlicher Sinn fehlte so ganz, daß noch Joachim klagte, ein gelehrter Mann sei seltener in der Mark als ein weißer Rabe. Auch das Beispiel der Kurfürsten, die eine gelehrte Bildung und besonders eine tüchtige Kenntniß im Lateinischen, Italienischen und Französischen besaßen, fand lange Zeit wenig Nacheiferung. Deshalb hatten auch die drei ersten Hohenzollern meist fränkische Herren als Räthe um sich, und erst seit Johann legten sich mehrere Märker vom Adel wie aus dem Bürgerstande auf das Studium der Rechtswissenschaft, da der Titel eines Doctors eine höchst ehrenvolle Auszeichnung war. Schon die Anlage der Universität Leipzig war deshalb für die Mark durch ihre größere Nähe und den geringeren Kosten=Aufwand höchst günstig, noch entschiedeneren Einfluß mußte natürlich die Errichtung der Landes=Universität gewinnen.

Leider litt nur die Wissenschaft selber an großen Mängeln. Das höchst mangelhafte Finanzwesen der damaligen Zeit hatte das Studium der Alchymie ungemein befördert, und selbst die mächtigsten Fürsten forderten zu demselben auf oder widmeten sich auch selber diesem Studium.

Man glaubte nämlich, daß Kupfer sich sowohl in Gold als auch Silber verwandeln lasse, und daß dasselbe verdünnt ein Arzneimittel bilde, wodurch das Alter wieder verjüngt, das menschliche Leben über das gewöhnliche Maß hinaus verlängert, die geistige und physische Kraft des Menschen wieder hergestellt werden könnte. Der Herzog Hans von Sagan, der Vater des oben genannten, galt für einen großen Adepten d. h. Meister in dieser Kunst, und es ist noch eine Verschreibung des Kurfürsten Friedrich I. vom J. 1437 vorhanden, in welcher jenem große Versprechungen für den Fall gemacht werden, daß er innerhalb drei Jahren dem Kurprinzen Johann die Goldmacherkunst vollständig lehre. Daß Johann seinem zweiten Bruder Friedrich II. die Regierung in der Mark überließ, hatte vielleicht seinen Grund darin, daß ihm die nöthige Zeit zu seinen umfassenden Studien bliebe. Auch Albrecht interessirte sich sehr für diese Kunst, und noch lange hielt man an dem Glauben fest, daß in der That durch dieselbe Wunderdinge zu erreichen seien.

Eine zweite wunderbare Wissenschaft war ebenfalls damals allgemein hoch geachtet, die Astrologie oder die Kunst aus den Sternen das zukünftige Schicksal zu lesen. Sie war so allgemein verbreitet, daß an allen Höfen der Fürsten besoldete Hof-Astrologen gehalten wurden. Auch Joachim hatte einen solchen, und wenn dem Kaiser Karl V. durch einen berühmten Astrologen die Mittheilung wurde, die Erde werde im Februar 1524 durch eine Sündflut heimgesucht werden, so daß ein Feldherr in Spanien von Karl verlangte, er möchte auf den höchsten Bergen seines Reiches Magazine anlegen lassen, um dort mit dem Heere Rettung zu finden: so wird man es nicht so auffallend finden, daß auch Joachim einer gleichen Prophezeiung Glauben schenken konnte. Nach Angabe seines Hof-Astrologen sollten am 15. Juli 1525 Berlin und Cöln durch ein schweres Wetter untergehen. Der Kurfürst begab sich deshalb am Morgen des genannten Tages mit seiner Familie und seinem Hofe nach dem Kreuzberge, südlich von Cöln, um dort das Unglück abzuwarten. Erst am Nachmittag ließ er sich durch seine fromme Gemahlin Elisabeth bewegen, wieder in das Schloß zurückzukehren und dort mit seinen Unterthanen gemeinschaftlich abzuwarten, was Gott über sie verhängen würde. Noch ehe er das Schloß erreichte, ereilte ihn ein schweres Gewitter, dessen Blitzstrahl die vier Pferde vor seinem Wagen nebst dem Wagenführer erschlug, sonst aber keinen Schaden anrichtete. — Noch mehrfach wiederholten sich solche Voraussagungen, und besonders waren es die Mönche, welche sich das Verdienst zuschrieben, durch ihr Gebet das Unglück abgewendet zu haben.

Schlimmer noch als diese zeitweiligen Verirrungen war der Einfluß der astrologischen Träumereien auf die Heilwissenschaft. In jene Zeit fällt nämlich auch die erste Bearbeitung von medizinischen Kalendern, welche nach astrologischen Grundsätzen die geeigneten Zeiten für Aderlaß, Schröpfen ꝛc. festsetzten; wurden doch oft genug in einzelnen Fällen die Gestirne befragt, ob der Gebrauch von Arzneimitteln heilsam sein werde. Wie traurig es demnach mit der Medizin aussah, wie zahlreich die Pest, die wiederholt in jenen Zeiten auftrat, ihre Opfer forderte, läßt sich leicht ermessen. Weder gegen den Scharbock, der zu Ende des 15. Jahrhunderts wüthete, noch gegen venerische Krankheiten, die als Epidemie furchtbare Verheerungen anrichteten, wußte man geeignete Mittel anzuwenden, und Unzählige unterlagen diesen schrecklichen Uebeln. Die letztgenannte Krankheit veranlaßte auch, daß die Sitte des Badens sich verlor, da man jede Berührung mit Andern zu vermeiden suchte, um der Ansteckung zu entgehen. Daß in dieser Zeit die erste Apotheke in Berlin angelegt worden sei, deren Besitzer 1488 von dem Rathe außer der freien Wohnung und einer Natural=Lieferung mit besonderen Verrechten begabt wurde, läßt sich nicht bestimmt behaupten, da auch bereits 1354 ein Apotheker hierselbst genannt wird, in Prenzlow sogar schon 1302. In den Apotheken wurden nicht allein Arzneien bereitet und verkauft, sondern auch Conditerei=Waaren, gefärbtes Wachs zum Siegeln, Malerfarben ꝛc., und erst in späterer Zeit beschränkten sich dieselben auf den Verkauf von Arzneien.

Eine der wichtigsten damaligen Erfindungen war bekanntlich die Buchdruckerkunst, die nicht wenig dazu beitrug, eine neue Zeit herbeizuführen. Mit großer Schnelligkeit verbreitete sich dieselbe über Deutschland, Holland und Italien. Auch in das nordöstliche Deutschland drang sie noch im 15. Jahrhundert vor, wurde bereits 1475 in Lübeck und Rostock ausgeübt, 1481 in Leipzig und dann auch in Erfurt und Meiningen, 1483 in Magdeburg und 1493 im Kloster Zinna. Die erste Buchdruckerei in der Mark legte Joachim Westphal 1488 in Stendal an, wo der Sachsenspiegel das erste wichtige Werk war, das mit Anmerkungen des Bischofs von Naumburg, Dietrich v. Burgsdorf, erschien. Von besonderer Wichtigkeit wurde dann seit 1506 zugleich mit der Errichtung der Universität Frankfurt die Buchdruckerei daselbst, die dem erwachten wissenschaftlichen Streben die vortrefflichsten Dienste leistete.

Der Kurfürst Joachim hatte den gelehrten Johann Tritheim, Abt des Benediktiner=Klosters Sponheim in der Nähe von Kreuznach, 1505 zu sich berufen, um von ihm sich noch unterrichten zu lassen. Derselbe giebt in seinen noch vorhandenen Briefen den Bewohnern der Mark das beste Lob in Bezug auf ihren Charakter und besonders auf ihre Frömmigkeit. Nur macht er ihnen den Vorwurf der Trägheit, welche durch Heilighaltung der vielen Festtage nicht wenig genährt würde; ihr einziges Vergnügen bestände in Essen und Trinken, Ausschweifungen in letzterem würden von ihnen nicht für ein Laster gehalten. Und in der That fand man nirgend anders Erholung als in den Wein= und Bier=schenken, bei Hochzeit= und Kindtaufs=Schmausereien so wie bei den Gewerksfesten. Erst unter der Regierung Joachim's wurden prachtvolle Turniere abgehalten, während an den Festen der Schützengilden die Bürgerschaft lebhaften Antheil nahm.

XI. Die Kurfürsten von Brandenburg
aus dem Hause Hohenzollern.
B. Die Kurfürsten nach der Reformation.

6. Joachim II. Hector, Kurfürst.
Johann Deconomus, Markgraf. } 1535 — 1571.

Gegen die Bestimmungen des von Albrecht gegebenen Hausgesetzes hatte Joachim I. seine Länder so vertheilt, daß der jüngere Sohn Johann die Neumark, das Land Sternberg so wie die schlesischen und lausitzischen Lehen Crossen und Cotbus, der ältere Joachim II. dagegen alles Uebrige nebst der Kurwürde erhielt. Die Theilung fand deshalb vielfach Schwierigkeit, zumal da Johann vollständige Selbständigkeit beanspruchte, die ihm der Bruder nicht zugestehen wollte. Selbst die Stände vermochten nicht, die Uneinigkeit zwischen beiden Brüdern zu heben; erst im August 1539, als auch Joachim damit umging, der neuen Lehre beizutreten, kam es zur vollständigen Ausgleichung, durch welche allerdings die Macht des Kurfürsten sowie seine Mittel nicht unbedeutend beschränkt wurden, ein Umstand, der oft genug bei der Beurtheilung seiner nachmaligen Haltung übersehen wird.

Beide Brüder hatten dem Vater das Versprechen geben müssen, nicht von dem alten Glauben abzufallen, dennoch waren die eigne Ueber=zeugung sowie die fortschreitenden Verhältnisse stärker als die kindliche Liebe, welche das dem Vater gegebene Versprechen gewahrt wissen wollte. Johann, kurz und fest in seinen Entschlüssen, ging dem älteren Bruder kühn voran. Schon gleich zu Anfang seiner Regierung erklärte er sich für die Augsburgische Confession, und als er mit dem Beginn des Jahres 1536 die Huldigung in seinem Lande annahm, gab er gern den Bitten der einzelnen Städte nach, die evangelische Lehre predigen lassen zu dürfen. Cotbus war die erste Stadt, welche dieses Gesuch stellte, ihr folgten Königsberg, Crossen ꝛc., und mit dem Schlusse des Jahres 1537 waren fast alle Städte seines Landes zur Reformation übergetreten. Die Klöster veröbeten und wurden zum Theil in markgräfliche Aemter umgewandelt; schon 1538 wurde das Domstift zu Soldin aufgehoben, ja selbst der Johanniter-Orden in der Mark trat zur evangelischen Kirche über. Während sich Johann gleich nach dem Tode des Vaters entschieden geweigert hatte, das Hallesche Bündniß zu erneuern, trat er 1538 dem Schmalkaldischen Bunde bei, und nur auf ernste Vorstellung seines Bruders entschied er sich dahin, daß er in Bezug auf Religions-Angelegenheiten mit den Verbündeten gleiche Sache machen, dagegen in anderweitiger politischer Beziehung das Bündniß nicht unterzeichnen wollte.

Anders dagegen stellten sich die Verhältnisse in der Kurmark. Joachim's milder, freundlicher Sinn suchte jedes schroffe Auftreten zu vermeiden; als Kurfürst des Reiches glaubte er dem Kaiser gegenüber sich vorsichtig bewegen zu müssen, damit nicht, wie er wiederholt aussprach, „seine Lande und Leute verstöret würden." Mit derselben Gewandtheit, mit welcher er auch sonst Unfrieden und Streit zu vermitteln wußte, z. B. in Sachsen, in Mecklenburg, zwischen Dänemark und Schweden, ging er auch in den religiösen Angelegenheiten seines Landes zu Werke, und wenn ihm gar oft der Vorwurf der Unentschiedenheit, ja selbst der Schwäche gemacht wird, so läßt sich doch nicht leugnen, daß er mit großer Umsicht die Umänderung des Religionswesens in seinem Lande einleitete und mit anerkennenswerther Beharrlichkeit durchführte, ohne in die politischen Wirren seiner Nachbarn hineingerissen zu werden.

Joachim hatte sich 1524 mit Magdalena vermählt, der Tochter des Herzogs Georg des Bärtigen von Sachsen, eines der größten Feinde der Reformation. Als diese 1534 starb, vermählte er sich 1535, einige Monate nach seines Vaters Tode, zum zweiten Male und zwar mit Hedwig, der Tochter des Königs Siegmund von Polen, dem er ebenfalls das Versprechen hatte geben müssen, bei dem alten Glauben zu verharren. Beide Schwiegerväter sowie sein Oheim, der Erzbischof Albrecht von Mainz und Magdeburg, drangen in ihn, sein gegebenes Versprechen festzuhalten, und er selber theilte noch immer mit den Evangelischen die Hoffnung, daß ein allgemeines, freies Concil die kirchlichen Wirren lösen möchte. Deshalb gab er der dringenden Aufforderung des Landgrafen Philipp von Hessen, nicht sowohl Luther anzuhangen als vielmehr dem Evangelium zu glauben und zu folgen, ausweichende Antwort und beschloß den geeigneten Zeitpunkt abzuwarten, um seinen Entschluß zu fassen.

Gleich zu Anfang seiner Regierung hatte er das fürstliche Erb=
begräbniß aus dem Kloster Lehnin nach Cöln als seiner Residenz ver=
legt und die Leichen seines Vaters und Großvaters hier beisetzen lassen.
Zu dem Ende hatte er das hiesige schwarze oder Dominicaner=Kloster
aufgehoben, die wenigen Mönche aus demselben in ein leer stehendes
Kloster zu Brandenburg versetzt und das von Kurfürst Friedrich II.
auf dem Schlosse in Cöln errichtete Domstift nach dieser Kirche verlegt,
zu deren glanzvoller Ausstattung von allen Seiten her andere Kirchen
beisteuern mußten. Gewann er hierdurch die Meinung der katholischen
Partei für sich, so war er andrerseits wiederum unablässig bemüht, für
die Protestanten einen dauernden Frieden herzustellen, namentlich be=
nutzte er die Gefahr, welche Deutschland von Seiten der Türken bedrohte,
zu Verhandlungen, die Einheit im Reiche herbeizuführen. Und in der
That schien es, als ob auf dem Reichstage, der zu Anfang des Jahres
1539 nach Frankfurt berufen war, ein dauernder Frieden zu Stande
kommen würde, doch gingen seine gehegten Erwartungen nicht in Er=
füllung.

Das war für ihn entscheidend. Da jede Hoffnung auf das lang
ersehnte deutsche Concil verschwunden war, hielt er sich jetzt für ver=
pflichtet, auf eigne Hand Reformen vorzunehmen. Nach wiederholter
mündlicher Besprechung mit Melanchthon hatte er bereits den Plan
entworfen, auf welche Weise er die Reform durchführen wollte; Johann,
erfreut über den Entschluß seines Bruders, hatte namentlich den aus=
gezeichneten Georg Buchholzer gesendet, der dem Kurfürsten mit Rath
und That zur Hand gehen sollte; der Adel wie die Städte des Landes
hielten um die Erlaubniß an, das Wort Gottes lauter und rein pre=
digen zu lassen und das Abendmahl in beiderlei Gestalt zu nehmen.
Sein Entschluß war nun der, sich äußerlich so wenig als möglich von
der alten Kirche zu trennen, — glaubten doch damals noch überhaupt
die Evangelischen nicht aus der Kirche getreten zu sein — die Lehre
selber aber von den Gebrechen zu befreien, gegen welche stets von den
Edelsten und Besten angekämpft worden war. Deßhalb konnte er seinem
Oheim Albrecht auf neue Mahnungen erwidern, daß er als christlicher
Landesherr zu Reformen auf eigne Hand gezwungen sei, da von Seiten
des Papstes nichts geschähe, und eben so konnte er seinem Schwieger=
vater, Siegmund von Polen, dahin antworten, daß er stets die herr=
schenden Mißbräuche in der Kirche gemißbilligt habe, und daß er zum
Nutzen und Frommen der Kirche selber bei seinem Entschlusse verharren
müsse. Nachdem er auf solche Weise Alles vorbereitet hatte, übertrug
er dem würdigen Bischof von Brandenburg, Matthias v. Jagow,
die nähere Anordnung des reformatorischen Werkes und trat am
1. November 1539 zu Spandow, dem Wittwensitz seiner Mutter,

öffentlich zur evangelischen Kirche über. In der dortigen Nicolai=Kirche empfing er nebst seiner Mutter, dem ganzen Hofe, einer zahlreichen Ritterschaft und vielen Geistlichen das heilige Abendmahl nach evangelischem Ritus aus den Händen des Bischofs v. Jagow, nachdem der an den Cölner Dom berufene Propst Buchholzer die feierliche evangelische Predigt gehalten hatte. Eben derselbe predigte auch am folgenden Tage, den 2. November, in der Domkirche zu Cöln, wo der Rath der Städte Berlin und Cöln nebst einer zahlreichen Bürgerschaft das heilige Abendmahl unter beiderlei Gestalt von demselben Bischof empfing.

Eine freudige Bewegung verbreitete sich darauf durch das ganze Land. Ueberall folgte man dem vom Hofe und der Residenz gegebenen Beispiele, und es fehlte anfänglich an evangelischen Seelsorgern in den Gemeinden, weshalb im folgenden Jahre eine allgemeine Kirchen=Visitation begann, welche die neuen Bestimmungen im ganzen Lande, bei den mittelbaren wie unmittelbaren Unterthanen einführen, den bisherigen kirchlichen Zustand umgestalten und den Pfarr= und Lehrstellen angemessene Dotirung gewähren sollte. Zu dem Ende wurde noch 1540 eine Kirchenordnung entworfen, welche von Luther revidirt und von den Ständen gebilligt worden war. Viele aber, unter ihnen auch der Propst Buchholzer, waren unzufrieden darüber, daß der Kurfürst als oberster Landes=Bischof noch gar viele Aeußerlichkeiten aus der katholischen Kirche beibehalten hatte. Luther, darüber befragt, äußerte jedoch, „da der Kurfürst das Evangelium lauter, klar und rein predigen lasse, so seien die äußeren Formen gleichgültig. Wenn der Kurfürst an Einer Chorkappe oder Einem Chorrock nicht genug habe, so möchten sie wie der Hohepriester Aaron drei Röcke über einander anziehen, und wenn dem Kurfürsten Eine Procession nicht genüge, so möchten sie wie Josua mit den Kindern Israel vor Jericho siebenmal herumgehen; ja wenn der Kurfürst Lust dazu habe, möchte er wie König David vor der Bundeslade spielen, springen und tanzen, wenn nur nicht solche Aeußerlichkeiten als zur Seligkeit nothwendig angesehen würden. Diese Förmlichkeiten würden allmählich von selber fallen." Deshalb nahm auch Markgraf Johann, der schon 1538 seinem Lande eine Kirchenordnung gegeben hatte, diese kurmärkische an, um eine größere Gleichförmigkeit in der Landeskirche herzustellen. Joachim aber bewog 1541 durch besonderen Vertrag den Kaiser Karl wie dessen Bruder Ferdinand seine Reformen und seine Kirchenordnung anzuerkennen, bis künftig ein allgemeines oder National=Concil Endgültiges darüber beschließen würde.

Ungeachtet dieser kaiserlichen Zusicherung, die Joachim durch anderweitige Nachgiebigkeit gewonnen hatte, war seine Stellung um so schwieriger, als er durchaus isolirt dastand. Die Evangelischen zürnten ihm, daß er nicht gänzlich mit dem Katholicismus gebrochen hatte und den Anschluß an den Schmalkaldischen Bund beharrlich verweigerte; der Kaiser wie die katholischen Stände dagegen sahen ihn als einen Abtrünnigen an, von dem man sich fern halten müßte. Dennoch hörte Joachim nicht auf, allen Fleiß darauf zu verwenden, die beiden religiösen Parteien mit einander zu versöhnen. Wie er bereits 1540 und 1541 an den Religionsgesprächen zu Hagenau, Worms und Regensburg lebhaften Antheil genommen hatte, so suchte er auch die Artikel nach Kräften zu befürworten, die der Cardinal Granvella eben so wie Luther gebilligt hatte, und die ganz geeignet gewesen wären, eine Vereinigung herbeizuführen, wenn der Papst sie genehmigt hätte. Was bei so ungünstigen Verhältnissen dennoch Vortheilhaftes für den Protestantismus geschah, das wurde durch die von den Türken drohende Gefahr herbeigeführt. Dafür daß der Kaiser die Evangelischen sicher stellte, gleichzeitig aber auch die 1538 unter den katholischen Fürsten geschlossene Ligue aufs neue bestättigte, wurde ihm 1542 auf dem Reichstage zu Speyer von allen Seiten her Hülfe gegen den Feind der Christenheit zugesagt, Joachim selber aber zum Befehlshaber der Reichstruppen bestellt. Da jedoch sowohl die versprochne Mannschaft als auch die nöthigen Gelder nur spärlich eintrafen, so nahm der Feldzug ein trauriges Ende. Böswillige Gegner schrieben zwar dem Kurfürsten den schlimmen Ausgang zu, der Kaiser jedoch, um ihn zugleich für seinen Kosten-Aufwand zu entschädigen, bewilligte ihm die Anlegung eines Elbzolls zu Lenzen, der gleich in den ersten Jahren sich äußerst ergiebig zeigte.

Gleiche Hülfe leisteten die protestantischen Stände dem Kaiser in dem neu ausgebrochenen Kriege gegen Frankreich, da ihnen abermals ein allgemeines, freies, christliches Concil zugesagt wurde. Der Feldzug hatte so glücklichen Ausgang, daß König Franz I. sich endlich 1544 zum Frieden zu Crespy gezwungen sah, durch welchen die alten Streitigkeiten mit Frankreich, die seit dem Jahre 1521, wenn auch mit Unterbrechungen, angehalten hatten, auf immer beigelegt wurden. Als darauf im folgenden Jahre auch ein Waffenstillstand mit den Türken geschlossen wurde, erhielt endlich Karl freie Hand, die religiösen Angelegenheiten in Deutschland nach seinem Ermessen zu ordnen, zumal da die Protestanten sich weigerten, das eben damals vom Papste nach Trident berufene Concil zu beschicken. Ganz offen sprachen die Katholiken davon, daß dem lutherischen Wesen ein Ende gemacht werden müsse, und bereits damals traf der Kaiser in aller Stille seine Maßregeln, um zugleich mit der Unterdrückung des Protestantismus seine Macht auf immer zu befestigen. That deßhalb je Einigkeit unter den Anhängern des Schmalkaldischen Bündnisses noth, so war es jetzt, und doch erhielt sie in eben dem Jahre einen harten Stoß.

Schmalkaldischer Krieg.

Der Herzog Heinrich der Jüngere von Braunschweig-Wolfenbüttel, Schwiegervater des Markgrafen Johann, ein erbitterter Feind des Protestantismus, hatte 1542 die über die protestantischen Städte Braunschweig und Goslar ausgesprochene, aber suspendirte kaiserliche Acht an Goslar vollstrecken wollen. Die bedrängte Stadt hatte den Schmalkaldischen Bund um Hülfe angerufen; der Kurfürst von Sachsen und der Landgraf von Hessen waren herbeigeeilt und hatten nicht nur den Herzog Heinrich geschlagen, sondern sich auch seines Landes bemächtigt. Als dieser nun 1545 den Versuch machte, sein Land wieder zu gewinnen, besiegte ihn Philipp von Hessen nicht nur abermals, sondern nahm sogar ihn wie seinen ältesten Sohn Karl Victor gefangen. Da nun auch Markgraf Johann aufgefordert wurde, zu den Kosten des Kriegszuges gegen seinen Schwiegervater beizusteuern, trat er nicht nur aus dem Schmalkaldischen Bündnisse aus, sondern schloß sich auch sogar dem Kaiser gegen dasselbe an.

Auch den Herzog Moritz hatte der Kaiser auf seine Seite zu bringen gewußt, von dem Papst aber erhielt er zufolge eines besonderen Bündnisses außer einer bedeutenden Geldsumme ein Hülfsheer von 12,000 Mann. Zwar wurde noch einmal, zu Regensburg, 1546 ein Reichstag berufen, doch schon wagten die protestantischen Fürsten nicht mehr, persönlich auf demselben zu erscheinen; bei dem Schlusse desselben, im Juni, erklärte der Kaiser, daß er seiner kaiserlichen Autorität gewaltsam Anerkennung verschaffen werde, und schon im Juli sprach er über die Häupter des Schmalkaldischen Bundes eigenmächtig die Acht aus. Luther hatte glücklicherweise nicht den Schmerz, den nun ausbrechenden Schmalkaldischen Krieg zu erleben; schon am 18. Februar 1546 war er gestorben. Die protestantischen Heere sammelten sich im südlichen Deutschland in starker Zahl, wagten aber nicht den Kaiser anzugreifen, der damals nur geringe Truppenmassen um sich hatte. Joachim aber war auch noch in diesem letzten Augenblick bemüht, den unheilvollen Krieg zu verhindern und schloß mit Moritz ein Schutz- und Trutzbündniß (im September 1546). Doch alle seine Bemühungen waren vergeblich. Der Kaiser wußte das protestantische Heer zu trennen und unterwarf Ober-Deutschland. Moritz und Ferdinand drangen indeß in Sachsen ein, wohin Kurfürst Johann Friedrich zurückeilte und Moritz in nicht geringe Gefahr brachte, so daß dieser Joachim's Hülfe anrief. Auch da noch, im Februar 1547, verhandelte Joachim persönlich zu Aussig mit Ferdinand und Moritz wegen des Friedens, fand sich aber endlich veranlaßt, der Mahnung des Kaisers an ihn und seine Stände nachzugeben, sich mit dem Kaiser zu verbinden, obgleich er nur 400 Reiter unter dem Kurprinzen zum kaiserlichen Heere stoßen ließ, für welches sein Bruder Johann 1000 Reiter geworben hatte. Bald darauf langte

Kaiser Karl selber in Sachsen an, ereilte den nach Wittenberg zurückziehenden Kurfürsten Johann Friedrich und brachte ihm am 23. April 1547 bei Mühlberg nicht nur eine Niederlage bei, sondern nahm ihn auch selber gefangen. Nach der gleich darauf erfolgenden Uebergabe der Hauptstadt Wittenberg mußte der gefangene Fürst dieses Kurland abtreten, das der Kaiser nebst der Kurwürde dem Herzog Moritz übertrug, so daß seitdem die ältere Linie des Wettinschen Hauses sich mit der sächsischen Herzogswürde begnügen mußte. Der Landgraf Philipp von Hessen, allein zum Widerstande zu schwach, ließ sich dadurch, daß sein Schwiegersohn Moritz und Kurfürst Joachim mit ihrer eignen Person ihm Bürgschaft leisteten, dazu bewegen, sich zu Halle dem Kaiser zu unterwerfen. Beruhte die Zusage an beide Bürgen, Philipp solle nicht als Gefangener zurückgehalten werden, auf einem Mißverständniß, oder war es wohlbedachte List, der Landgraf blieb Gefangener des Kaisers. Ob Joachim empört darüber sein Schwert gegen den Herzog Alba oder den Bischof von Arras gezogen habe, ist nicht ausgemacht, das aber steht fest, daß mit dieser Weigerung des Kaisers, den Landgrafen frei zu lassen, Joachim wie Moritz entschieden ihre Politik gegen den Kaiser änderten, obwohl beide schlau genug waren, den günstigen Augenblick in Ruhe zu erwarten.

Kaiser Karl stand jetzt auf der Höhe seiner Macht. Hatte Friedrich Barbarossa, als er den Welfen Heinrich den Löwen in die Acht erklärte und ihm seine beiden Herzogthümer nahm, die rechtliche Form dabei nicht nur streng beobachtet, sondern auch selbst mehr als das gethan, so hatte Karl ohne Beirath der Fürsten die Acht über zwei der angesehensten von ihnen ausgesprochen, den einen mit dem Tode bedroht und ihm Land und Würde genommen, ohne daß auch nur einer der Reichsfürsten solchen Uebergriffen entgegen zu treten wagte. Auch Joachim war genöthigt der Gewalt zu weichen; er suchte dieselbe durch zuvorkommende Unterwürfigkeit nach Möglichkeit unschädlich zu machen. Der Kaiser hatte nicht allein starke Contributionen von den Besiegten erhoben, sondern er war auch Willens dem ganzen Reiche neue Steuern aufzuerlegen und durch eine neue Eintheilung Deutschland sich leichter unterthänig zu machen, ja er nahm jetzt die Lösung der religiösen Angelegenheiten selber in die Hand, da er mit dem Papste zerfallen war. Auf dem Reichstage zu Augsburg 1548, wo Moritz mit dem Kurfürstenthum Sachsen belehnt wurde, legte er einen Entwurf vor, den auch Joachim's Hofprediger Agricola zu revidiren hatte; doch nicht diese, sondern eine andere Bearbeitung dieses s. g. Augsburger Interims wurde den Protestanten aufgezwungen, bis das Tridenter Concil endgültige Bestimmungen treffen würde. Markgraf Johann verweigerte entschieden seine Unterschrift und verließ den Reichstag, Moritz wollte erst mit seinen Ständen darüber berathen, Joachim dagegen nahm zwar dasselbe an und versuchte auch, demselben in seinem Lande Geltung zu verschaffen, ließ aber die Geistlichen unangefochten, die dies Interim verwarfen.

Ueber die Stadt Magdeburg, die dem Schmalkaldischen Bund angehört hatte, und die sich dem Kaiser nicht unterwerfen wollte, war schon im Juli 1547 die Reichsacht ausgesprochen worden. In Folge ihrer Aufforderung übernahm Joachim die Vermittlung und legte ihr Bedingungen vor, unter welchen er die Aussöhnung mit dem Kaiser zu Stande zu bringen hoffte, welche aber von der Stadt verworfen wurden. Sie weigerte sich überdies entschieden das Interim anzunehmen, ja es wurden von hier aus so kühne Schmähschriften gegen dasselbe verbreitet, daß die Evangelischen die Stadt „unsers Herrn Gottes Canzelei" nannten. Da alle Verhandlungen nicht zum Ziele führten, erneuerte Karl im Mai 1549 die Acht und forderte die Stände der beiden sächsischen Kreise auf, dieselbe zu vollstrecken. Deßhalb konnte Moritz, der als Schirmvogt von Magdeburg die Ausführung dieses Befehls wo möglich zu vermeiden wünschte, es nicht hindern, daß die nächsten Nachbarn den für vogelfrei erklärten Bürgern auf alle Weise zu schaden suchten. Namentlich geschah dies auch von der Mark aus, seitdem die zweite Achts=Erklärung erfolgt war. Daher ließ die Stadt ein paar Tausend Mann in die Mark einfallen, welche Genthin plünderten, die Heerden der Stadt Tangermünde wegtrieben und viele Adlige gefangen mit sich führten. Joachim, der seinen zweiten Sohn Friedrich gern in den gerade damals (Mai 1550) offen gewordenen Bischoffsitz von Magdeburg eingesetzt wissen wollte, suchte dadurch die Geneigtheit der Stadt für denselben zu erwerben, daß er wegen dieses Einfalls friedlich mit ihr unterhandelte und sein Fürwort bei dem Kaiser einzulegen versprach. Der Kaiser jedoch bestand auf dem im Juli 1550 eröffneten Reichstage zu Augsburg auf Vollstreckung der Acht, und folgender Vorfall beschleunigte den Ausbruch des Krieges.

Herzog Heinrich der Jüngere war nebst seinem Sohne, nachdem Philipp von Hessen sich unterworfen hatte, freigelassen worden und in sein Land zurückgekehrt. Er suchte besonders an der Stadt Braunschweig Rache zu nehmen, wurde aber vom Kaiser angewiesen Frieden zu machen; seine Söldner nahm sein Verbündeter, Georg von Mecklenburg, in Dienst, der gewisse Ansprüche gegen den Bischof von Schwerin mit Gewalt durchsetzen wollte. Als dieser bei seinem Durchzuge durch Magdeburger Gebiet die Anhänger der geächteten Stadt ausplünderte, und als die Magdeburger zur Hülfe heranzogen, schlug er diese (im September 1550) in der Nähe von Wollmirstedt vollständig, brandschatzte die ganze Gegend und schien sich hier festsetzen zu wollen.

Deshalb nun eilten Moritz und Joachim (dem kurz zuvor von seinen Ständen 50,000 Gulden bewilligt worden waren, nach kaiserlichem Befehl die Acht an Magdeburg vollstrecken zu helfen), mit Truppen herbei und schlossen, da ihnen Magdeburg die Thore nicht öffnen wollte, gemeinschaftlich mit Georg die Stadt ein. Im October begann die förmliche Belagerung; Magdeburg rief die Hülfe seiner Freunde an, und Markgraf Johann namentlich war bereit, mit fast 8000 Mann, die er zu dem Zwecke gesammelt hatte, ihr solche zu gewähren, als geheime Besprechungen mit Johann und Moritz sowie Drohungen des Kaisers ihn veranlaßten, von seinem Vorhaben abzustehen. Schon am 16. October schlossen Joachim, Moritz und das Domcapitel einen Vergleich, das s. g. Tripartit, in welchem man sich wegen Aufbringung der Belagerungskosten einigte und festsetzte, daß das Magdeburger Eigenthum unter sie vertheilt werden, und die Oberhoheit über die Stadt ihnen gemeinschaftlich zugehören sollte; auch übertrug der Kaiser den Oberbefehl an Moritz und wies Geldsummen an, die einstweilen, mit Vorbehalt der Rückerstattung, zu den Kriegskosten verwendet werden sollten. Jedoch war weder Moritz noch Joachim Willens, dies feste Bollwerk der Protestanten dem Kaiser in die Hände zu liefern, vielmehr zogen sie die Belagerung absichtlich in die Länge und schlossen endlich im November 1551 einen Vergleich mit der Stadt, der für dieselbe nur scheinbar ungünstig lautete, da bei seiner nachmaligen Ausführung die wichtigsten Punkte ermäßigt wurden; nur mußte Magdeburg die Kurfürsten von Sachsen und Brandenburg so wie den Erzbischof als gemeinschaftliche Oberherren anerkennen. Joachim einigte sich später (1554) noch insbesondere mit der Stadt wegen der Schäden, die seinem Lande von hier aus zugefügt worden waren, und gab ihr überdies gegen eine Gesammtsumme von 45,000 Gulden die Niederlags=Gerechtigkeit, die Jahrmärkte, die Zölle und den Schöppenstuhl zurück, welche der Kaiser bei der Achts=Erklärung 1547 Magdeburg abgesprochen und an Joachim verliehen hatte. — Die Acht selber wurde erst 1562 aufgehoben.

Diese Belagerung von Magdeburg wurde der Wendepunkt des Glücks für Kaiser Karl. Während derselben nämlich wurde der Plan entworfen, den Kaiser zur Freilassung der gefangenen Fürsten, zur Bewilligung freier Religions=Ausübung für die Protestanten und zur Abstellung alles dessen zu zwingen, wodurch die Rechte des deutschen Reiches verletzt worden wären. Wenn auch Moritz das Verdienst gebührt, daß er mit eben so großer Kühnheit wie Schnelligkeit diesen Plan zur Ausführung brachte, so hatten doch auch Kurfürst Joachim und Markgraf Johann nicht geringen Antheil an der Entwerfung desselben. Schon als Joachim und Moritz eingeladen wurden, den Reichstag zu Augsburg (im Juni 1550) zu beschicken, auf welchem zugleich Karl die Wahl seines Sohnes Philipp zum römischen Könige durchzusetzen gedachte, tauschten beide Kurfürsten ihre Gesinnungen gegenseitig aus und erklärten dem Kaiser, „daß sie nicht mehr wagten unter die Leute oder ans Licht zu kommen, sondern daß sie daheim im Winkel sich selbst und ihre Unehre und Infamie beklagen müßten, weil der Landgraf, für den sie gebürgt, noch nicht erledigt sei." Auch fügte Joachim insbesondere hinzu, daß er, da er sich auf das Executions-Mandat des Kaisers gegen Magdeburg eingelassen hätte, von dort aus sich eines Angriffes gewärtigen müsse und sein Land nicht verlassen dürfe. Nur durch Räthe ließ er wie Moritz sich am Reichstage vertreten. Markgraf Johann, der im Einverständniß mit Moritz schon seit 1548 vielfache Verbindungen mit anderen Fürsten angeknüpft und im October 1550 mit seinem Bruder und Moritz sich verständigt hatte, daß der Stadt Magdeburg nichts Unbilliges geschähe, verhandelte darauf im Februar 1551 zu Dresden in geheimer Zusammenkunft mit letzterem, und wenngleich man anfangs gegenseitig sehr zurückhaltend war, so kam man doch einander näher über das, was man zu thun gedachte. Dann mußte Johann auch das hessische und Ernestinische Haus zu gewinnen, und bereits im Mai 1551 verhandelte man über die Frage, in wie weit auch Frankreich zu dem Bündnisse gezogen werden sollte. Als endlich mit dem eingetroffenen französischen Unterhändler im October Näheres festgesetzt wurde, schien die ganze Sache zu zerfallen, da sich Johann mit Moritz überwarf, der für den offenen Angriff stimmte, wovon der Markgraf ganz entschieden abrieth. Während dann Moritz in aller Stille die Soldtruppen in seine Dienste nahm, welche bis dahin sich bei der Vertheidigung Magdeburg's äußerst tüchtig bewiesen hatten, wurde von den verbundenen Fürsten durch Botschafter dem Kaiser die gemeinschaftliche Bitte vorgelegt, den Landgrafen Philipp frei zu geben. Karl gab eine ausweichende Antwort.

Im Januar 1552 schloß Albrecht Alcibiades von Brandenburg-Culmbach im Namen der verbündeten Fürsten ein Bündniß mit dem Könige Heinrich II. von Frankreich dahin ab, daß dieser Truppen gegen den Kaiser führen wollte, daß ihm aber dafür die Besitznahme der lothringschen Bisthümer Metz, Toul und Verdun zugestanden würde. Jetzt war der Augenblick gekommen, den Angriff gegen den Kaiser zu wagen. Nachdem Moritz zu Magdeburg noch eine mehrtägige Besprechung mit Joachim gehabt, brach er im März auf, nahm den Kaiser in Innspruck beinahe gefangen und zwang ihn, in dem Passauer Vertrage (den 2. August 1552) die Hauptforderungen der Verbündeten zuzugestehen. Vergeblich bemühte sich darauf Karl, den Franzosen die lothringschen Bisthümer wieder zu entreißen, deren sie sich bemächtigt hatten — auch Markgraf Johann hatte dem Kaiser Hülfstruppen gesendet —; Moritz von Sachsen fand 1553 seinen Tod, als er seinen bisherigen Bundesgenossen Markgraf Albrecht, der auf eigne Hand den Krieg fortsetzte, in der Schlacht bei Sievershausen (südlich von Celle; am 9. Juli) besiegt hatte. Die Verhandlungen gingen indeß ihrem Abschluß entgegen, der **Augsburger Religionsfrieden** (1555) verbürgte den Protestanten die zugesprochenen Rechte. Kaiser Karl aber, voll Unwillens darüber, daß ihm zuletzt Alles mißglückt wäre, von Krankheit vielfach geplagt, legte 1556 die Regierung nieder, sein Bruder Ferdinand trat an seine Stelle (1556—1564).

Gegen eine Bestimmung des Augsburger Religionsfriedens hatte Joachim lange, obwohl vergeblich angekämpft, gegen den **geistlichen Vorbehalt** (Reservatum ecclesiasticum), nach welchem die noch übrigen katholischen geistlichen Stifter nicht evangelisch werden dürften, und die Bischöfe rc., wenn sie für ihre Person es würden, ihr Amt niederlegen sollten; eine Bestimmung, die den Katholicismus in Deutschland aufrecht erhalten hat. Der katholische Adel einerseits wollte um keinen Preis die Möglichkeit aufgeben, seine jüngeren Söhne in den reichen Stiftern versorgt zu sehen, andrerseits legte man Joachim bei seinen Bemühungen die Absicht unter, daß er nur darauf bedacht sei, das Erzstift Magdeburg an sein Haus zu bringen, da er zwei Söhnen nach einander hierselbst die erzbischöfliche Würde verschafft hatte (Friedrich 1550—1552, Siegmund 1552—1566). Ungeachtet sich Markgraf Johann so wie Pommern und Mecklenburg seiner energischen Protestation anschlossen, sah er sich doch zum Nachgeben gezwungen, da man ihm namentlich von sächsischer Seite vorwarf, daß durch sein Widerstreben das ganze Friedenswerk gestört oder gar rückgängig gemacht werden könnte. Als er dann später, auch durch mündliche Besprechung mit dem päpstlichen Nuntius (der 1561 nach Berlin gekommen war, ihn zum Concil einzuladen) sich hinlänglich überzeugt hatte, daß von dort kein Heil zu erwarten wäre, da er ferner den Papst nicht mehr als Oberen seiner Landeskirche ansehen konnte, so ordnete er für das ganze Land zum 5. October 1563 ein allgemeines großes **Reformationsfest** an, das jährlich gefeiert werden sollte. Damit erst sagte sich Joachim von jeder Gemeinschaft mit der katholischen Kirche los. Als eine besondre Kirchenbehörde hatte er schon 1552 das kurfürstliche **Consistorium** eingesetzt.

Der Vernichtung des Wunderblutes zu Wilsnack im Jahre 1552 ist schon oben gedacht worden, das wunderthätige Marienbild zu Göritz wurde in demselben Jahre gewaltsam entfernt; andere Wallfahrtsorte z. B. Zehdenick blieben schon seit längerer Zeit unbesucht. Die zahlreichen Klöster im Kurlande wie in der Neumark gingen allmählich ein; theils wurden sie zu Schulen, Hospitälern und zu andern frommen

Zwecken benutzt, theils an Städte und Adlige überwiesen, nur wenige in kurfürstliche Aemter umgewandelt. Die landsässigen Bisthümer gingen dadurch von selber in weltliches Besitzthum über, daß Prinzen des Kurhauses als Bischöfe eingesetzt wurden. In Havelberg war 1548 der zweite Sohn Joachim's, Friedrich, zum Bischofe erwählt; später wurde es administrirt und endlich durch Joachim's Enkel, Joachim Friedrich, gleich bei Antritt seiner Regierung 1598 völlig dem Staate einverleibt. Eben derselbe hatte seit 1555 das Bisthum Lebus unter Vormundschaft seines Vaters Johann Georg verwaltet, der es 1571 bei Anfang seiner Regierung eben so einzog wie das Bisthum Brandenburg, das er selber seit 1560 administrirt hatte.

Nicht minder thätig und umsichtig als in den religiösen Angelegenheiten zeigte sich Joachim in den politischen, und wenn auch das, was er augenblicklich zur Mark brachte, nicht so bedeutend war, so waren es desto mehr die Ansprüche auf künftigen Anfall, dessen Bedeutung weder er noch irgend ein Zeitgenoß ahnte.

Zuerst brachte Joachim das Herzogthum Crossen als volles Eigenthum zur Mark. König Ludwig von Ungarn und Böhmen, dessen oben gedacht worden, war 1526 in der Schlacht bei Mohacz gegen die Türken gefallen; seine Schwester und einzige Erbin Anna, mit dem Erzherzog Ferdinand von Oesterreich, dem Bruder Kaiser Karl's V., vermählt, hatte demselben beide Erbländer zugebracht, die seitdem Besitzthum des Hauses Oesterreich geblieben sind. Bei diesem neuen Könige wurde nun 1538 die erbliche Belehnung mit Crossen ausgewirkt und zwar zur gesammten Hand für Joachim wie für seinen Bruder Johann, nachdem Joachim im Jahre zuvor die Anrechte des Hauses Münsterberg — man weiß nicht, für welche Summe — abgekauft hatte. Der Herzog Karl von Münsterberg war nämlich 1536 gestorben, und seine vier hinterbliebenen Söhne leisteten auf Crossen Verzicht gegen eine Geldsumme, so wie gegen das Versprechen, daß der älteste von ihnen, Joachim, das erste offen werdende brandenburgische Bisthum erhalten sollte. Als darauf 1545 das Bisthum Brandenburg vacant wurde, erwählte man auf des Kurfürsten Betrieb Joachim von Münsterberg, der jedoch 1560 abtrat, seit welcher Zeit der Kurprinz Johann Georg die Administration übernahm. Crossen blieb seitdem bei der Mark, die Kurfürsten führten den Titel und das Wappen als schlesische Herzöge in Crossen, verweigerten jedoch hartnäckig, in die Verhältnisse der übrigen schlesischen Fürsten einzutreten und an den allgemeinen Landeslasten Theil zu nehmen. Erst 1742 wurde durch den Breslauer Frieden der Lehnnerus von Böhmen aufgelös't.

Als das Bisthum Lebus zweimal kurz nach einander, 1550 und 1555, vacant geworden war, hatte sich Joachim von Münsterberg vergeblich um dies einträglichere Bisthum beworben. In dem letzt genannten Jahre hatte das Domcapitel nach dem Wunsche des Kurfürsten seinen Enkel Joachim Friedrich einstimmig zum Bischof erwählt. Da derselbe erst im 10. Lebensjahre stand, überdies zur Zeit seiner Erwählung an der Krätze krank danieder lag, übernahm sein Vater, der Kurprinz Johann Georg, die vormundschaftliche Verwaltung mit Genehmigung des Papstes. Bereits im Jahre 1518 hatte das Hochstift Güter in Polen verkauft, die wegen der Entlegenheit unbequem zu verwalten waren, und hatte dafür von Ulrich v. Biberstein die beiden lausitzischen Herrschaften Beeskow und Storkow um den Preis von 45,000 Gulden an sich gebracht; der damalige König von Böhmen, Ludwig, hatte diesen Verkauf genehmigt. Da das Bisthum stark verschuldet war, verkaufte der Kurprinz als Vormund seines Sohnes gleich bei Antritt seiner Verwaltung 1555 beide Herrschaften an seinen Oheim Markgraf Johann für dieselbe Summe von 45,000 Gulden. Das Domcapitel weigerte sich jedoch, das bezügliche Verkaufs-Instrument des v. Biberstein auszuliefern, wurde aber durch Festnehmung zweier in Fürstenwalde anwesenden Mitglieder dazu gezwungen, und Markgraf Johann ließ sich in dem neuen Lande huldigen. Ferdinand, damals König von Böhmen, willigte erst in diesen Verkauf, als ihm 1557 nicht weniger als 88,000 Rthlr. und im folgenden Jahre für gewisse vorbehaltene Steuern noch 20,000 Rthlr. gezahlt worden waren. Außerdem machte er ein unverzinsbares Anlehn von 20,000 Gulden und ein zweites fünfprocentiges von 20,000 Rthlr. bei Markgraf Johann. Sein Sohn Maximilian II. entsagte 1575 dem Rechte des Wiederkaufs, und so blieben beide Herrschaften erblich bei der Mark, als böhmische Lehen ebenfalls bis 1742.

Die günstigen Aussichten, welche durch die Erbverbrüderung Joachim's mit den Herzögen von Liegnitz sich für die Mark eröffneten, gingen zwar in den beiden folgenden Jahrhunderten nicht in Erfüllung, sie wurden aber dann ein mächtiger Grundstein zur Größe Preußens, als König Friedrich II. diese alt erworbenen Rechte mit bewaffneter Hand in den schlesischen Kriegen geltend zu machen wußte.

In dem Zweige des Piastischen Fürstenhauses, der die Herzogthümer Liegnitz, Brieg und Wohlau vereinigt besaß, hatte sich Friedrich II. im Jahre 1519 mit Sophia vermählt, der Tochter Friedrich's von Brandenburg-Anspach und Bayreuth, welcher ein jüngerer Bruder des Kurfürsten Johann Cicero war. Aus dieser Ehe waren zwei Söhne Friedrich und Georg II. und eine Tochter Sophia entsprossen. Im Jahre 1537 war es nun, wo zwischen dem Hause Brandenburg und Liegnitz eine Doppelehe verabredet wurde. Sophia wurde nämlich mit dem Kurprinzen Johann Georg, damals 12 Jahr alt, verlobt, dagegen

Joachim's älteste Tochter Barbara, 10 Jahr alt, mit dem 13jährigen Georg, dem jüngeren Sohne des Herzogs Friedrich II. von Liegnitz. Die Doppelhochzeit wurde 1545 in Berlin mit großer Pracht gefeiert. Bei jener Verlobung 1537 wurde zugleich die so wichtig gewordene Erbverbrüderung zwischen beiden fürstlichen Häusern geschlossen. Man versprach sich nicht nur gegenseitig Hülfe und Schutz, sondern setzte auch fest, daß nach dem Aussterben der Herzöge von Liegnitz ihre Länder Liegnitz, Brieg und Wohlau an Brandenburg fallen sollten, wogegen nach dem Aussterben der männlichen Hohenzollern in der Mark und in Franken die böhmischen Lehnsgüter der Mark Crossen, Züllichau, Sommerfeld und Bobersberg, ferner Cotbus, Peitz, Teupitz, Zossen, Beerwalde und Groß Lübbenau an die überlebenden liegnitzischen Herzöge, so wie alles das, was Brandenburg etwa noch an böhmischen Lehen erwerben möchte. Die Lehnsherrschaft Böhmens blieb vorbehalten, die betreffenden brandenburgischen so wie die liegnitzschen Länder sollten bei jedem Regentenwechsel der erbverbrüderten Häuser Erbhuldigung leisten, und die Fürsten diese Erbverbrüderung aufs neue beschwören. König Ferdinand von Böhmen, der gern verhindern wollte, daß Brandenburg bereinst so bedeutenden Besitz in Schlesien erwürbe, veranlaßte die schlesischen Stände dagegen zu protestiren, da der Krone Böhmen Nachtheil daraus erwüchse, daß Brandenburg sich in Schlesien festsetzte. Vergeblich suchten die Herzöge von Liegnitz ihr Recht zu dem, was sie gethan, zu begründen; Ferdinand erklärte 1546 den Vertrag für null und nichtig, sprach die Bewohner der liegnitzschen Herzogthümer von ihrem an Brandenburg geleisteten Huldigungseide los und belehnte, als Friedrich II. von Liegnitz 1547 mit Tode abgegangen war, seine beiden Söhne nicht eher, als bis sie sich jenem Ausspruche gefügt hatten. Nothgedrungen thaten sie dies 1549, und ihre Unterthanen mußten dem König Ferdinand als ihrem Oberlehnsherrn Huldigung leisten.

Daß Ferdinand hierbei den Weg der Gewalt gegen die verbrüderten Fürsten betreten hatte, geht einfach aus den Verhandlungen hervor, welche in früherer Zeit wegen dieser schlesischen Herzogthümer geführt worden waren. Schlesien war ein souveraines Land des Piastischen Hauses gewesen, auch nach seiner Zerstückelung. Als es dem Könige Johann von Böhmen gelungen war, von den Herzögen von Liegnitz das Anerkenntniß seiner Lehnshoheit zu erhalten, hatte er ihnen 1329 das Recht vorbehalten, von ihrem Lande zu verkaufen und zu verpfänden, was sie wollten, nur daß den Königen von Böhmen das Vorkaufsrecht bliebe. König Wladislaw hatte dies 1505 nicht nur bestättigt, sondern auch 1511 dem Herzog Friedrich II. von Liegnitz zugestanden, daß er Land und Leute durch Testament vergeben und zueignen könnte, wem er wollte, oder auch noch bei Lebzeiten verkaufen, verpfänden und ver=

geben. Diese Vergünstigung wurde auch von Wladislaw's Sohne, dem König Ludwig, 1522 und 1524 dem Herzog wie seinen Nachkommen zugesichert, und König Ferdinand selber hatte 1529 alle die Vorrechte bestättigt, welche dem Herzoge von seinen Vorfahren zugesichert wären, sie möchten Namen haben, wie sie wollten. Und doch erklärte der König einige Jahre später jenen Erbvertrag für nichtig. Joachim protestirte vergeblich hiergegen und gab die verlangte Vertrags-Urkunde nicht heraus, doch unterblieben weitere Schritte bis zum Aussterben der Herzöge von Liegnitz 1675, als Oesterreich diese Länder als offne Lehen einzog.

Mit größter Consequenz und mit glücklicherem Erfolge verfolgte Joachim die Aussicht, die Mitbelehnung des Herzogthums Preußen von dem Könige von Polen zu erlangen. Wie oben erzählt, war 1525 das Ordensland Preußen ein weltliches Herzogthum geworden. Albrecht, der bisherige Hochmeister des Ordens, wurde im Vertrage zu Krakau zugleich mit seinen Brüdern Casimir, Georg und Johann vom König Siegmund von Polen zur gesammten Hand der Art beliehen, daß Georg und seine Nachkommen nach dem Aussterben der Albertinischen Linie den Vorzug der Nachfolge haben sollte. Joachim I., unzufrieden mit dem Uebertritt seines Vetters zur evangelischen Lehre, hatte die Mitbelehnung nicht nachgesucht; andrer Meinung war dagegen Joachim II., der gleich zu Anfang seiner Regierung sich den 1. September 1535 mit Hedwig vermählte, der Tochter des Königs Siegmund. Schon 1538, als ihm aus dieser Ehe ein Sohn, Siegmund, geboren war, suchte er für diesen von seinem Schwiegervater die Mitbelehnung zu erhalten, doch war seine Bemühung vergeblich; eben so wenig gelang ihm ein zweiter derartiger Versuch bei seinem Schwager Siegmund August, der 1548 seinem Vater auf dem polnischen Throne gefolgt war. Erst da wurden die Aussichten günstiger, als der kurfürstliche Kanzler Lamprecht Distelmeier die Sache lebhaft betrieb. 1562 erhielt Joachim von dem Könige die bestimmte Zusicherung einer Aufnahme in die gesammte Hand, jedoch nur für sich und seine männlichen Nachkommen. Durch die Bemühung der brandenburgischen Gesandten Liborius v. Bredow und Dr. Abbias Praetorius wurde 1563 von dem Reichstage zu Petrikau diese Mitbelehnung zugesagt, in Folge dessen Joachim sogar schon 1565 die Eventualhuldigung in Preußen annahm. Dieselbe wurde jedoch polnischer Seits 1566 für nichtig erklärt, da keine königliche Erlaubniß ertheilt worden war. Vielmehr erfolgte die feierliche Belehnung erst einige Jahre später, als Albrecht Friedrich, der Sohn des 1568 verstorbenen Herzogs Albrecht von Preußen, am 19. Juli 1569 belehnt wurde. Es hatte zwar die Geneigtheit einflußreißer Magnaten in Polen durch bedeutende Geschenke gewonnen werden, und auch Kaiser Maximilian II. ein Fürwort einlegen müssen, der langjährige Wunsch ging aber endlich an jenem Tage in Erfüllung, indem Joachim, sein ältester Sohn Johann Georg und ihre männlichen Leibeserben die Mitbelehnung empfingen. Der Markgraf Johann wurde jedoch in diese Belehnung nicht mit eingeschlossen.

Die Freude des Kurfürsten über dies glückliche Ereigniß war außerordentlich. Das Reformationsfest wurde im September 1569 mit einem Dankfeste für diese Mitbelehnung verbunden und mit überaus großem Glanze zu Berlin gefeiert. In feierlichem Aufzuge, in welchem der Adel, die Geistlichkeit und der Bürgerstand zahlreich vertreten waren, begab sich der Kurfürst, der Kurprinz und dessen Sohn Joachim Friedrich unter dem Donner des Geschützes aus dem Schlosse nach dem Dom, wo namentlich auch der Kanzler Lamprecht Distelmeier den Ritterschlag erhielt und mit einer kostbaren goldnen Kette von Joachim beehrt wurde, als Anerkennung für seine trefflichen Dienste. Bei dem darauf folgenden Hoffeste wurden silberne, für diese Feier geprägte Denkmünzen unter das Volk ausgeworfen.

Die bedrohlichen Verhältnisse Deutschlands und die gänzlich umgestaltete Art der Kriegsführung gaben die Veranlassung, die Mark durch Anlegung von Festungen zu schützen. Markgraf Johann, der seinen Sitz in Cüstrin genommen hatte und deshalb auch häufig „Johann von Cüstrin" genannt wird, begann schon 1537 die Befestigung seiner Residenz, obgleich erst sein Nachfolger das begonnene Werk vollendete. Er versah nicht nur den Ort reichlich mit Geschütz, sondern auch sein Zeughaus daselbst war überhaupt eins der besten in Deutschland. Um die Südgrenze seines Landes leichter zu vertheidigen, befestigte er ferner seit 1554 Peiz in einer durch Sümpfe und Moräste schwer zugänglichen Gegend. Auch Joachim dachte darauf, einen festen Hauptplatz in seinem Lande zu schaffen und bestimmte ursprünglich Zossen dazu; später jedoch änderte er den Plan und wählte Spandau, dessen Befestigung 1557 begonnen, aber erst unter seinem Nachfolger beendigt wurde.

In die Regierungszeit Joachim's fallen die letzten Spuren der Fehdelust in der Mark wie überhaupt in Deutschland. Abgesehen von den oben erwähnten Zügen von Märkern gegen das geächtete Magdeburg hatte sich Hans Kohlhase eine Zeit lang einen gefürchteten Namen gemacht. Derselbe war ein Bürger aus Cöln an der Spree, nicht ungebildet, und betrieb einen großen Pferdehandel. Als er von einem sächsischen Edelmann beeinträchtigt worden war und auf dem Wege des Rechts keine Genugthuung erhalten konnte, sammelte er eine Schaar von Knechten und führte auf eigne Hand Fehde gegen Sachsen, von der ihn selbst Luther's mündliche Ermahnung nicht abhielt. Als er sich endlich auch gegen seinen eignen Landesherrn verging, ward er gefangen genommen und 1540 in Berlin hingerichtet.

Bei einem andern Vorfall ähnlicher Art mußte auch Joachim eingreifen. Ein fränkischer Ritter, Wilhelm v. Grumbach, war von dem Bischof von Würzburg seiner Güter beraubt worden und konnte die Zurückgabe derselben nicht ermöglichen, selbst nachdem ihm von Seiten des Reichs das Recht zugesprochen war. Da endlich fand er Anhang genug sich der Stadt Würzburg zu bemächtigen und das Domcapitel zu zwingen, ihm Ersatz zuzusagen. Darauf begab er sich zu dem Herzog Johann Friedrich von Gotha, dem ältesten Sohn des unglücklichen Kurfürsten Johann Friedrich von Sachsen, dessen Gunst er in hohem Grade besaß und dem er die Kurwürde wieder zu gewinnen versprach. Wegen seiner unerlaubten Selbsthülfe jedoch wurde er geächtet, und da der Herzog seine Auslieferung beharrlich verweigerte, ward auch über ihn die Acht ausgesprochen, welche Kurfürst August von Sachsen vollstrecken sollte. Von diesem wurde er in Gotha belagert, und auch Joachim ließ Truppen zu dem Belagerungsheere stoßen. Die Besatzung lieferte endlich 1567 den Grumbach aus und übergab den Platz. Grumbach wurde hingerichtet, der Herzog aber gefangen nach Oesterreich abgeführt, wo er erst 1595 nach 28 jähriger Haft starb. Der Markgraf Johann hatte bedeutende Rüstungen gemacht und schien dem Herzog Johann Friedrich zu Hülfe kommen zu wollen; der schnelle Fall von Gotha und ernste Mahnungen des Kaisers verhinderten die Ausführung seines Plans. Die Acht, die bereits heimlich über ihn ausgesprochen worden sein soll, wurde deshalb nicht an ihm vollstreckt.

Nicht weniger bezeichnend für diese Zeit ist der abenteuerliche Zug des Herzogs Erich des Jüngeren von Braunschweig-Calenberg, des Schwestersohns von Joachim. Derselbe hatte 14,000 Mann geworben, angeblich den Polen gegen die Russen beizustehen, vielleicht wohl, um sich in den Ostseeländern ein Herrschaft zu gründen. Er verlangte 1563 Durchzug durch die Mark, und Joachim gab die Erlaubniß, daß sein Heer in einzelnen Abtheilungen durch die Altmark, Prignitz und Ukermark ging. Da es sich jedoch viel Plünderungen zu Schulden kommen ließ, verweigerte Markgraf Johann den Durchzug durch die Neumark, stellte sich mit zahlreichem schwerem Geschütz an der Oder auf und zwang Erich, seinen Weg durch Pommern zu nehmen. Da auch Herzog Albrecht von Preußen den Uebergang über die Weichsel wehrte und Polen diese Hülfe zurückwies, sah sich Erich zum Rückzuge gezwungen. Der Rest seiner Truppen, gegen welchen Prenzlow sich verschloß, löste sich auf und plünderte die dortige Umgegend der Art, daß erst durch vereinte Anstrengung von Brandenburg, Mecklenburg und Pommern das Land gesichert werden konnte.

Die Schuldenlast, welche Joachim bereits vom Vater überkommen, wurde unter seiner Regierung außerordentlich vergrößert.

Finanzwesen.

Während sein sparsamer Bruder nicht nur keine Schulden machte, sondern sogar bedeutende Summen ansammelte, obgleich er für die Sicherheit des Landes, so wie für das Aufblühen des Handels und der Gewerbe nicht wenig verwendete, befand sich Joachim fast in beständiger Geldverlegenheit. Ueberall gab er mit vollen Händen, und sein Rentmeister Thomas Matthias, zugleich Bürgermeister von Berlin, wußte oft nicht das Nöthigste herbeizuschaffen, so daß er selber von dem Seinigen hergab und darüber verarmte. Diese Rathlosigkeit gab auch die Veranlassung, daß Joachim den Juden gegen bedeutende Baarleistungen die Rückkehr in die Mark erlaubte, von denen ein gewisser Lippold als kurfürstlicher Kammerdiener und Münzmeister das Vertrauen seines Herrn in hohem Grade zu erwerben wußte, dasselbe aber auch so mißbrauchte, daß er den Haß Aller, auch seiner Glaubensgenossen, auf sich zog. Die großen Summen, welche die Regulirung der äußeren Angelegenheiten erforderte, welche ferner für den häufigen Besuch der Reichstage, für die Uebertragung des Erzstiftes Magdeburg auf zwei seiner Söhne und seinen Enkel Joachim Friedrich, für den Feldzug gegen die Türken und andere Kriegsrüstungen, namentlich auch für die Befestigung Spandau's verwendet werden mußten, konnten meist nur durch Anleihen herbeigeschafft werden, welche nicht geringe Opfer kosteten. Dazu kam ferner die Prachtliebe des Kurfürsten, die sich in Ritterspielen und Hoffesten aller Art gefiel, so wie seine Baulust, die das Schloß in Cöln und eine Menge von Jagdschlössern z. B. Köpnick, Grimnitz, Letzlingen ꝛc. neu herstellen ließ. Alles dies erschöpfte seine Mittel der Art, daß er wiederholt seine Stände um Hülfe anrufen mußte. Während seine jährlichen Einkünfte nur auf 80,000 Gulden geschätzt wurden, sollten bereits 1540 die Stände eine Schuld von wenigstens 600,000 Rthlrn. übernehmen, wozu sie nur dadurch bewogen wurden, daß ihnen bedeutende Vorrechte eingeräumt werden mußten, namentlich auch das, selber die Steuern einzuziehen und zu verwalten. Dessen ungeachtet war, besonders auch durch die Kosten des Schmalkaldischen Krieges, im Jahre 1549 die Schuld wieder auf 900,000 Gulden angewachsen, von denen die Städte die größere Hälfte, die Oberstände die kleinere übernahmen. Ueber die Art und Weise der Tilgung dieser Schulden wird unten Einiges beigebracht werden, hier genüge nur die Bemerkung, daß fortan der Kurfürst in die größte Abhängigkeit von seinen Ständen gerieth, und daß die Schwäche seiner Nachfolger in den großen Bewegungen der Zeit vorzugsweise diesem Verhältnisse zuzuschreiben ist, das erst der große Kurfürst mit eiserner Consequenz lös'te. — Joachim's unablässiges Streben, den Wohlstand des Landes auf alle mögliche Weise zu heben, war von einem glücklichen Erfolge gekrönt worden. Dafür spricht namentlich auch der gewaltige

Luxus, gegen den wiederholt harte Bestimmungen erlassen werden mußten sowohl was die Schmausereien als auch was die Kleidung betraf. Wurde doch selbst auf den Kanzeln z. B. gegen die berüchtigten „Pluderhosen" gepredigt, und mußte doch durch ein besonderes Edikt verboten werden, daß Jemand mehr als 300 Gulden verspiele.

Joachim war zwar von mehr kriegerischer Gesinnung als sein Vater, wie er denn auch schon als Kurprinz 1532 im Türkenkriege die Truppen des niedersächsischen Kreises mit so großer Auszeichnung befehligte, daß er vom Kaiser zum Ritter geschlagen wurde, und wie er auch 1542 als Oberanführer des deutschen Heeres abermals gegen die Türken kämpfte; dennoch suchte auch er mehr durch seine Gewandtheit im Unterhandeln als durch das Schwert seinen Endzweck zu erreichen. Es kam ihm dabei seine gelehrte Erziehung sehr zu statten, indem er z. B. so gründliche Kenntnisse in der Gottesgelahrtheit besaß, daß er an theologischen Streitfragen sich lebhaft betheiligen konnte. Dieser seiner nicht gewöhnlichen Bildung ist es zuzuschreiben, daß unter ihm die Kunst in der Mark — Bildhauerei, Malerei, Musik — ihre, wenn auch nur schwachen Anfänge nahm, daß das Schulwesen sich besser gestaltete, wie er auch für die Wiederaufnahme der Universität Frankfurt die eifrigste Sorge trug. Er that dies theils dadurch, daß er tüchtige Lehrer hierher berief, theils daß er die Einkünfte derselben vermehrte, indem er mehrfach eingezogene geistliche Güter derselben überwies, z. B. 1551 auch die des Domstiftes zu Stendal, ferner daß er diejenigen, welche in Frankfurt ihre Studien gemacht, bei Besetzung geeigneter Stellen besonders berücksichtigte, ja später sogar den Befehl gab, daß Märker nur in Frankfurt studiren dürften. Dafür hatte er die Freude, wohl geeignete Männer für die verschiedenen Zweige der Staats-Verwaltung zu gewinnen, was um so nothwendiger war, als dieselbe immer complicirter wurde. Vorzugsweise waren es anfänglich Männer des Bürgerstandes, welche sich auf das Studium legten, bald jedoch fand auch der Adel darin eine ehrenvolle Richtung für seine Thätigkeit, je mehr ihm die Aussicht für den Kriegsdienst schwand. So konnte ein besonderes kurfürstliches Hof- und Kammergericht für die Justiz gebildet werden, deren Pflege er sich sehr angelegen sein ließ, ferner eine Canzlei für die Verwaltung des Landes und eine s. g. Kammer, die nur mit den Finanz-Angelegenheiten beschäftigt war.

Im Jahre 1549 hatte Joachim's zweite Gemahlin Hedwig in dem Jagdschlosse Grimnitz das Unglück, mit dem Fußboden durchzubrechen und an einem Hirschgeweih in dem darunter befindlichen Saale so schwere Verletzungen sich zuzufügen, daß sie seitdem kränklich blieb und an Krücken gehen mußte, da ihre Schamhaftigkeit sie verhindert hatte, sich Aerzten anzuvertrauen. Joachim knüpfte nach dieser Zeit ein engeres

Verhältniß mit einer **Anna Sydow** an, die früher an den kurfürstlichen Zeugmeister und Stückgießer Michael Dietrichs vermählt gewesen war und unter dem Namen „**die schöne Gießerin**" bekannt ist.

Auf einer Wolfsjagd hatte sich Joachim eine starke Erkältung zugezogen, in Folge deren ein Stickfluß am 3. Januar 1571 seinem Leben ein Ende machte, im 66. Lebensjahre. Zehn Tage später, am 13. Januar, starb sein Bruder Johann, ohne Söhne zu hinterlassen; sein Land wurde wieder mit dem Kurlande vereinigt und ist seitdem nicht wieder von demselben getrennt worden.

7. Johann Georg. 1571—1598.

In dem brandenburgisch-preußischen Regentenhause sind es namentlich drei Fürsten gewesen, die in vielfacher Beziehung eine große Charakter-Aehnlichkeit gezeigt haben: der Markgraf **Johann von Cüstrin**, der Kurfürst **Johann Georg** und der König **Friedrich Wilhelm I.** Wenn auch einerseits die Bemühungen derselben um die Wohlfahrt ihrer Länder zugestanden werden, so hat doch andrerseits die energische und oft schroff hervortretende Entschiedenheit ihres Wesens vielfach ganz entgegengesetzte Beurtheilung erfahren müssen. Um so mehr wird das eigne Urtheil entscheiden müssen.

Gleich zu Anfang seiner Regierung ließ Johann Georg den Juden **Lippold** unter Anklage grober Unterschleife gefangen setzen; später wurde derselbe zum Tode verurtheilt, da man durch die Folter das Geständniß von ihm erpreßt hatte, daß er seinen Herrn, den Kurfürsten Joachim, vergiftet habe. Seine grausame Hinrichtung lag im Geiste der Zeit und befriedigte den Haß derer, welche ihm für seinen Wucher und Uebermuth ein solches Ende gewünscht hatten. Der Kurfürst konnte aber dem Kaiser Maximilian II.; als dieser sich für die Wittwe und die Kinder des Unglücklichen verwendete, mit Recht antworten, daß er, selbst nach jenem Geständnisse, großmüthig gegen die Familie gehandelt, da er ihr noch einen Theil ihres Vermögens gelassen hätte. Hart dagegen war die Maßregel, daß er abermals alle Juden aus der Mark verjagte; sie mußten Abzugsgelder zahlen und wandten sich nach Polen und Böhmen. Nicht weniger hart zeigte er sich auch gegen die „schöne Gießerin", die als Gefangene auf der Festung Spandau ihr Leben beschloß; ihre beiden Töchter wurden an kurfürstliche Beamten zwar einfach, doch anständig verheirathet. Noch gewaltsamer war sein Verfahren gegen mehrere verdiente Räthe seines Vaters, besonders aber gegen den Rentmeister **Thomas Matthias**, der anfänglich gefangen gesetzt, dann zwar als schuldlos wieder freigegeben wurde, der aber keinen Ersatz für seine Aufopferung erhielt und in

Elend starb. Mit vielleicht größerem Rechte wurden andere Günstlinge Joachim's entfernt, und der Hof in bescheidene Form zurückgeführt, um jeden unnützen Aufwand zu vermeiden. Nur der schon bei Joachim so hoch angesehene Kanzler Lamprecht Distelmeier blieb in seiner Stellung; ihm wurde sogar später der Auftrag, ein neues Gesetzbuch zu entwerfen, doch fehlte es ihm an Zeit, dieses Vorhaben auszuführen, und Entwürfe, von Andern gemacht, genügten so wenig, daß man die Idee fallen ließ.

Schon als Kurprinz hatte Johann Georg in seiner Zurückgezogenheit von dem glänzenden Hofe seines Vaters sich durch einfache Lebensweise ausgezeichnet und sich mit den verschiedenen Zweigen der Staats=Verwaltung vertraut zu machen gesucht, so daß er mit sehr wohl überdachten Planen seine Regierung beginnen konnte. Als die Stände 1572 aufgefordert wurden, die Schuldenlast seines Vaters zu decken, die auf mehr als drittehalb Million Thaler sich belief, erschraken sie zwar nicht wenig über die Größe derselben, und es fiel manch hartes Wort; dennoch fügte man sich, selbst auch die Neumark, welche die Hälfte der Schulden übernehmen sollte, von denen ihr gar nichts zu gute gekommen war. In der Kurmark übernahmen Ritterschaft und Geistlichkeit zwei Drittel, in der Neumark die Hälfte der ihnen zugetheilten Schulden=Deckung; dafür wurde dem Adel außer andern Vergünstigungen die Zusicherung, daß er vorzugsweise bei Besetzung von Canonicaten berücksichtigt, und daß zu Staatsämtern überhaupt kein Fremder oder Bürgerlicher zugelassen werden sollte, und auch den Städten wurden Begünstigungen zu Theil, durch welche die schweren Abgaben weniger fühlbar gemacht wurden. So bewilligte man denn eine neue erhöhte Bierziese so wie einen erhöhten Hufen= und Giebelschoß. Der Kurfürst aber, als er nach mehreren Jahren das Land schuldenfrei sah, änderte seine bisherige sparsame Lebensweise gänzlich. Er richtete seinen Hof glanzvoller ein, und um die häufigen Hoffeste zu verherrlichen, wurden Künstler aller Art herbeigezogen. Der Auf= und Ausbau von Schlössern wurde eifrig betrieben, die Festungen ihrer Vollendung zugeführt, ja selbst eine neue gegen Polen in Driesen angelegt, die jedoch erst unter seinem Nachfolger ihre Vollendung erhielt. Daher kam es auch, daß nach seinem Tode abermals eine Schuld von 600,000 Rthlrn. sich vorfand, die erst 1602 von den Ständen zur Tilgung übernommen wurde. Die lange Ruhe und der wachsende Wohlstand des Landes seit mehreren Menschenaltern zog eine große Menge von fremden Colonisten hierher, namentlich Niederländer, welche durch die schwere Hand König Philipp's II. von Spanien in ihrem Glauben wie in ihrem materiellen Interesse verletzt hier die freundlichste Aufnahme fanden. Manufacturen und Fabriken fingen an aufzublühen, dem Handel wurden alle möglichen

Erleichterungen verschafft, und Johann Georg war eifrig bemüht, bei allen obersächsischen Kreisständen eine Münzeinigung herbeizuführen. Die Bevölkerung mehrte sich zusehends, und es wird besonders rühmend hervorgehoben, daß im ganzen Lande kein Hof wüste, kein Haus leer geblieben sein soll. Den besten Beweis für den zunehmenden Wohlstand liefern wohl die Luxusgesetze vom Jahre 1580, nach welchen die städtische Bevölkerung in vier Stände geschieden und für jeden besondere Vorschriften in Bezug auf Kleidung, Hochzeiten ic. entworfen wurden.

Johann Georg hatte eine sehr sorgfältige Erziehung genossen und schon im 16. Lebensjahre die Universität Frankfurt besucht. Deßhalb war er auch später darauf bedacht, dieses wohlthätige Institut zu pflegen, indem er das Gehalt der Lehrer erhöhte und eine große Anzahl von Stipendien für arme Studirende gründete, — auch mehrere Städte so wie Adlige hatten gleiche Stiftungen gemacht, — und 1572 das Gebot erneute, daß jeder Märker die Universität Frankfurt besucht haben müßte, der ein Amt bekleiden wollte, zu dem akademische Studien erforderlich wären. Und nicht allein die Universität, sondern auch das **Schulwesen** überhaupt nahm seine Sorge in Anspruch — das Gymnasium zum grauen Kloster in Berlin z.B. wurde von ihm gestiftet, — wie er auch zum Unterrichte der Mädchen aufmunterte. Durch einen fremden Abenteurer **Leonhard Thurneyßer** wurde auch die Formschneide- und Buchdruckerkunst nicht wenig in der Mark befördert. Derselbe bekleidete beim Kurfürsten die Stelle eines Leibarztes und hatte sich durch seine alchymistischen Kenntnisse das besondre Vertrauen desselben erworben, bis er 1584 plötzlich die Mark verließ. In dem grauen Kloster in Berlin hatte er eine Buchdruckerei eingerichtet, aus der eine große Menge von Werken, namentlich auch der morgenländischen Litteratur hervorgegangen sind.

Ein besonderes Augenmerk richtete Johann Georg auf die kirchlichen Angelegenheiten seines Landes. Wie in den ersten Zeiten der **Ausbildung** und Verbreitung des Christenthums eine große Meinungsverschiedenheit in zahlreichen Sekten sich geltend machte, so erhoben sich auch in der neuen evangelischen Kirche viel theologische Zänkereien, die der Ausbreitung der Reformation unendlich geschadet haben. Schon 1572 ließ der Kurfürst deßhalb eine Sammlung von Kirchenlehren und Vorschriften (corpus doctrinae) entwerfen, nach der die Geistlichen in der Mark sich zu richten hätten. Wenige Jahre später 1576 veranlaßte er und der ihm eng befreundete Kurfürst August von Sachsen eine Zusammenkunft mehrerer Theologen aus verschiedenen Ländern zu Torgau, wo die s. g. **Eintrachtsformel** (formula concordiae) zusammengestellt wurde. Dieselbe wurde 1577 zu Kloster Bergen bei Magdeburg nochmals revidirt und sollte für immer jede Glaubensverschiedenheit beseitigen. Um aber größere Einheit in die äußere Form der Landeskirche zu bringen, setzte er einen General-Superintendenten ein, welcher nach der 1573 entworfenen Visitations- und Consistorial-Ordnung alle zehn Jahre eine allgemeine Kirchen-Visitation anstellen sollte, während die jenem untergeordneten Inspectoren jährlich eine solche vorzunehmen hatten.

Wie sein Vater hatte auch Johann Georg bereits als Kurprinz den Ritterschlag erhalten, als er nämlich an der Spitze der brandenburgischen Hülfsschaar unter Kaiser Karl V. im Schmalkaldischen Kriege kämpfte. Doch war er eben so wenig wie sein Vater und Großvater kriegerisch gesinnt; der Frieden des Landes wurde auch unter seiner Regierung nicht gestört. Dessen ungeachtet sorgte er für die Sicherheit des Landes nicht nur durch den Bau von Festungen, sondern ließ auch Mannschaft und Kriegsgeräth ordnen, um nicht etwa in wehrlosem Zustande überrascht zu werden. Auch fand sich für den kriegerisch gesinnten Adel mannichfache Gelegenheit zum Kampfe. Obgleich nämlich streng lutherisch und gegen den Calvinismus gesinnt, erlaubte er jenem doch Kriegsdienste bei den Niederländern zu nehmen, als diese mit Anstrengung aller Kraft sich gegen die spanische Herrschaft auflehnten, als die sieben nördlichen Provinzen 1579 die Union zu Utrecht schlossen und sich 1581 von Spanien lossagten. Eben so schlossen sich Brandenburger zahlreich dem Heere an, das die Protestanten in Deutschland 1587 ihren französischen Glaubensbrüdern zu Hülfe schickten, so wie später einem zweiten, das 1590 dem französischen Könige Heinrich IV. zuzog, als diesem nach dem Aussterben des Hauses Valois von der katholischen Ligue der Thron streitig gemacht wurde. Eben so fochten, wenngleich mit wenig Glück, Brandenburger 1595 gegen die Türken.

In Bezug auf die äußeren Verhältnisse haben nur die Verhandlungen mit Pommern größere Wichtigkeit. Dort war 1560 der Herzog Philipp von Pommern-Wolgast gestorben, und sein Oheim Barnim XI. von Stettin hatte in Gemeinschaft mit der hinterbliebenen Wittwe die vormundschaftliche Regierung über seine fünf unmündigen Söhne übernommen. Da man nach der früheren Festsetzung erst pommerscher Seits die Verträge mit Brandenburg erneuern mußte, bevor die Belehnung erfolgen konnte, man aber mehreren Beschwerden besonders über Störungen im Handel und Gewerbe abgeholfen wissen wollte, so bat man den Kaiser die Belehnung noch auszusetzen. Als jedoch die Verhandlungen zu Prenzlow 1564 nicht den gewünschten Erfolg hatten, der Kaiser aber die Belehnung für das Jahr 1566 festsetzte, kam man dahin überein, daß diesmal ausnahmsweise gegen ausdrückliche Reversalien die Belehnung vorangehen dürfte, die auch am 28. November zu Wien erfolgte, während die Erbhuldigung erst im September des folgenden Jahres Statt fand. Als darauf 1569 der Herzog Barnim XI., der keine Söhne hatte, die Regierung niederlegte, theilten sich Philipp's Söhne das pommersche Land durch das Loos; Pommern=Stettin fiel an den Herzog Johann Friedrich, den ältesten der Brüder. Dieser verlobte sich mit der ältesten Tochter des Kurfürsten Johann Georg, Erdmuth, und wußte seinen Schwiegervater zu bewegen, daß derselbe 1571 mit Einwilligung des Kurprinzen und seiner Vetter in Franken und Preußen, so wie mit Zustimmung Hessens und Sachsens, der Erb= verbrüderten, festsetzte, das pommersche Haus sollte, wenn das gesammte Haus Brandenburg ausstürbe, von den brandenburgischen Landen die Neumark, das Land Sternberg so wie Löcknitz und Vierraden mit ihrem Gebiete als Erbtheil erhalten. Bei jeder Landeshuldigung sollte auch eine Eventualhuldigung an Pommern geschehen, wogegen Pommern jedesmal die Versicherung ertheilen sollte, daß es Adel wie Städte bei den alten Gerechtsamen erhalten würde, wenn ihm das Land zufiele. Der Kaiser Maximilian II. bestättigte 1574 diesen Vertrag, und eben so genehmigten Hessen und Sachsen nachmals denselben am 9. November 1587, als man in dem Convente zu Naumburg die frühere Erbverbrüderung mit Brandenburg erneuerte. Es wurde damals festgesetzt, daß nach dem Aussterben des Gesammthauses Brandenburg jene Länder an Pommern fallen sollten, das übrige Besitzthum jedoch zur Hälfte an Sachsen, zur Hälfte nebst der Kurwürde an Hessen. Zugleich wurden die früheren Bestimmungen der Art geändert, daß, wenn Hessen ausstürbe, Sachsen zwei Drittel, Brandenburg ein Drittel des Erbes erhalten sollte; stürbe dagegen Sachsen aus, so sollte Bran= denburg ebenfalls nur ein Drittel, Hessen das Uebrige mit der Kur= würde erhalten.

Es ist oben erwähnt worden, daß Joachim's I. Bruder Albrecht 1513 zum Erzbischof von Magdeburg erwählt wurde; seitdem blieb diese Würde bei dem brandenburgischen Hause, und namentlich hatten die beiden Brüder Johann Georg's Friedrich und Siegmund nach ein= ander dieselbe bekleidet. Als letzterer 1566 gestorben war, trennte sich das Bisthum Halberstadt, das fast 90 Jahre lang einen gemein= schaftlichen Metropoliten mit Magdeburg gehabt hatte, von dem Erz= stifte, da das dortige Domcapitel noch eifrig katholisch und mit den reformatorischen Bestrebungen in Magdeburg unzufrieden war. Den Bemühungen Joachim's II. gelang es, die Wahl im Erzstifte auf seinen Enkel Joachim Friedrich, den Sohn des damaligen Kurprinzen Johann Georg zu lenken, und Kaiser Maximilian II. billigte diese Wahl. Als Protestant führte er wie seine Nachfolger nicht den Titel „Erz= bischof", sondern den eines „Administrators." Dieses nahe Verhältniß veranlaßte nun 1579 Kurfürst Johann Georg, zu Eisleben den s. g.

Permutations-Vertrag zu vermitteln, durch welchen das Tripartit aufgehoben wurde, und die Stadt Magdeburg unter die alleinige Herrschaft des Administrators zurückkehrte. Sachsen wurde durch Abtretung mehrerer Aemter entschädigt, und auch Brandenburg verzichtete auf sein Anrecht, wogegen die noch immer hinaus geschobene Zahlung von 95,000 Gulden unterblieb, durch welche es als Beisteuer für die Belagerung Magdeburgs in den Mitbesitz der Stadt hatte kommen sollen.

Johann Georg hatte das 72. Lebensjahr überschritten, als er am 8. Januar 1598 starb. Von seinen drei Gemahlinnen waren ihm 23 Kinder lebend geboren, 15 derselben überlebten ihn, und er hatte die seltene Freude, einen Urenkel (den nachmaligen Kurfürsten Georg Wilhelm) zu sehen. Sein Verhältniß zu seinem ältesten Sohne, dem Kurprinzen Joachim Friedrich, war dadurch in der letzten Zeit getrübt worden, daß er dem ältesten Sohne dritter Ehe die Länder als Erbtheil hinterlassen wollte, welche einst sein Oheim Johann von Küstrin besessen hatte. Der Kurprinz erklärte sich entschieden dagegen, ungeachtet Kaiser Rudolf II. diese Anordnung genehmigt hatte.

8. Joachim Friedrich. 1598—1608.

So kurz auch die Regierung dieses Fürsten gewesen, so bedeutend ist sie doch geworden durch Einleitung von Verhältnissen, welche für die fernere Ausbildung des brandenburgisch-preußischen Staates von entschiedener Wichtigkeit wurden.

Kurfürst Johann Georg hatte durch sein Testament vom Jahre 1596 Christian, den ältesten Sohn aus seiner dritten Ehe, zum Nachfolger in der Neumark, dem Lande Sternberg, Crossen und Cotbus eingesetzt. Kaum jedoch war der Vater gestorben, so beeilte sich Joachim Friedrich, diese Länder für sich in Besitz zu nehmen, ungeachtet Christian nicht nur dagegen protestirte, sondern auch die Bewohner des Landes so wie die Nachbarn zum thätlichen Einschreiten zu veranlassen suchte. Die Stände, die nach Berlin zusammen berufen wurden, lehnten es ab, sich in diese Familien-Streitigkeiten zu mischen und empfahlen, den Markgrafen Georg Friedrich von Anspach-Bayreuth als Vermittler heranzuziehen. Noch in demselben Jahre 1598 kamen deshalb Räthe von beiden Fürsten in Gera zusammen und entwarfen einen Vertrag, der 1599 von beiden angenommen wurde. Die beiden jüngeren Brüder des Kurfürsten zögerten jedoch mit ihrer Einwilligung und erst im Jahre 1603 kam der völlige Abschluß zu Stande. Da nämlich im April dieses Jahres Georg Friedrich von Anspach-Bayreuth ohne Erben gestorben, und sein Land an die in der Mark regierende Linie gefallen war, so wurde jener Gera'sche Vertrag zu Anspach den 11. Juni 1603 von den beiden jüngeren Brüdern genehmigt.

Erwerbungen in Schlesien.

Derselbe erneuerte das Hausgesetz von Albrecht Achilles. Die Mark mit allen ihren Bestandtheilen und Nebenländern so wie die erlangten Anwartschaften wurden dem Kurfürsten zugesprochen und sollten nie getheilt werden; die fränkischen Länder dagegen sollten in den Besitz der beiden jüngeren Brüder übergehen. Der Herzog Albrecht Friedrich von Preußen und seine Nachkommen sollten erst dann nach früher gegebener kaiserlicher Bestimmung das Recht der Nachfolge haben, wenn die deutschen Linien ausgestorben wären. Durch das Loos fiel Bayreuth an Christian, und seine Familie hat daselbst bis 1769 regiert, wo sie ausstarb; Anspach kam an den dritten Bruder Joachim Ernst. Seine Nachkommen beerbten die zweite Linie, und der letzte von ihnen, Karl Alexander, überließ die gesammten fränkischen Länder im December 1791 an Preußen gegen eine Rente von 500,000 Gulden, worauf Preußen den 28. Januar 1792 von dem Lande Besitz nahm.

Die beiden jüngeren Söhne des Kurfürsten Albrecht Achilles hatten sich nach des Vaters Hausgesetz 1486 die fränkischen Länder der Art getheilt, daß der ältere Friedrich Anspach, der jüngere Siegmund Bayreuth erhielt. Da letzterer schon 1495 ohne Kinder zu hinterlassen starb, fiel sein Land an seinen älteren Bruder Friedrich, der 1515 wegen Krankheit sein Land der Art theilte, daß der älteste Sohn Casimir Bayreuth, der zweite Georg der Fromme Anspach erhielt, während ein dritter Sohn Albrecht Hochmeister, dann Herzog in Preußen wurde. Casimir starb schon 1527 und hinterließ den berühmt gewordenen Markgrafen Albrecht Alcibiades, dessen Land 1557 dem Sohne Georg des Frommen, Georg Friedrich, zufiel, der mithin der letzte aus dieser fränkischen Linie in Deutschland war und die gesammten fränkischen Lande wieder in Eine Hand brachte. Außerdem besaß er aber auch in Schlesien nicht unbedeutendes Gebiet, das durch seinen Vater, Georg den Frommen, erworben worden war. Dieser hatte sich nämlich lange an dem Hofe seines mütterlichen Oheims, des Königs Wladislaw von Böhmen und Ungarn, aufgehalten und sich so sehr die Gunst desselben erworben, daß er 1516 von demselben zum Mitvormunde seines Sohnes Ludwig des Frühzeitigen eingesetzt wurde, von dem oben erwähnt worden ist, daß er 1526 bei Mohacz sein Leben gegen die Türken verlor. Auch bei diesem Ludwig stand Georg in großem Ansehn und mit dessen Genehmigung gelang es ihm, nicht unbedeutenden Besitz in Schlesien zu erwerben. Dort hatte zu dem Herzogthume Troppau auch das Herzogthum Jägerndorf gehört, das eine Zeit lang eine eigne Herrschaft bildete, zur Zeit des Kampfes aber zwischen Matthias von Ungarn und Wladislaw von Böhmen von König Matthias eingezogen und 1493 an den Kanzler Johann v. Schellenberg und dessen Nachkommen übergeben worden war. Der Sohn dieses

Johann, Georg v. Schellenberg, vermählte sich mit der Schwester des letzten Herzogs von Jägerndorf, die als Erbin ihres Bruders Ansprüche auf das Land erhob, und sicherte sich dadurch den Besitz desselben. Doch schon 1523 verkaufte er Jägerndorf für 58,900 ungarische Gulden mit Einwilligung seiner Söhne an den Markgrafen Georg den Frommen; König Ludwig so wie später sein Schwager und Erbe, König Ferdinand, genehmigten diesen Verkauf und zwar der Art, daß dem Markgrafen Georg freie Disposition über dies Land ertheilt wurde. Gleichzeitig aber hatte eben dieser Markgraf die Aussicht auf noch größeren Besitz erhalten. 1521 nämlich war der letzte Herzog von Ratibor gestorben, und sein Land war nach früheren Verträgen an den Herzog Johann von Oppeln gefallen. Dieser schloß mit dem Markgrafen Georg und seinem Bruder Casimir einen Erbvertrag, den König Ludwig 1524 der Art bestättigte, daß nach Herzog Johann's Tode beide Herzogthümer Oppeln und Ratibor zunächst an den Markgrafen Georg fallen sollten, und letzterer nahm die Titel und die Huldigung von beiden Ländern an. König Ferdinand war jedoch hiermit nicht einverstanden; er willigte zwar 1531 darin ein, daß Georg nach Herzog Johann's Tode beide Länder erhalten sollte, aber nur unter dem Titel eines Unterpfandes, das der König jederzeit für die Summe von 183,333 ungarische Gulden einlösen könnte; überdies sollte Schloß und Stadt Oppeln unmittelbar dem Könige zufallen. Auf solche Weise trat nun auch Georg den Besitz an, als im folgenden Jahre 1532 der Herzog Johann von Oppeln starb, und blieb in demselben bis zu seinem Tode. Mit diesen beiden Herzogthümern erhielt Georg zugleich die beiden Pfandschaften Beuthen und Oderberg, die Herzog Johann inne gehabt hatte. Nach früherer Bestimmung König Ludwig's, die später von König Ferdinand genehmigt worden war, sollte die Herrschaft Beuthen weder von Markgraf Georg noch von dessen nächsten Erben eingelöst werden; wegen der Herrschaft Oderberg dagegen war von König Ferdinand 1531 festgesetzt worden, daß sie nach Einlösung von Oppeln und Ratibor noch Georg und seinen drei nächsten männlichen Erben verbleiben, nach deren Tode aber unentgeltlich dem Könige zufallen sollte.

Als Markgraf Georg der Fromme 1543 gestorben war, übernahm Albrecht Alcibiades über dessen 3 Jahre alten Sohn Georg Friedrich die Vormundschaft, bis er 1553 in die Reichsacht erklärt wurde. Seitdem übernahm König Ferdinand als Lehnsherr die vormundschaftliche Regierung in Jägerndorf und in den übrigen schlesischen Besitzungen. Schon vorher, 1552, hatte er die Pfandschaft von Oppeln und Ratibor gekündigt, da er sie anderweitig zugesagt hatte. Da er jedoch am Zahlungstage die Pfandsumme nicht erstatten konnte, so verpfändete er für dieselbe das Fürstenthum Sagan nebst den Herrschaften Priebus,

Sorau, Triebel, Muskau und **Friesland.** Georg Friedrich, 1556 mündig, erhielt 1557 die kaiserliche Belehnung über seine Länder und schon 1558 wurde jenes Pfand eingelöst, da die katholischen Einwohner sich die Herrschaft eines protestantischen Fürsten nicht gefallen lassen wollten; dagegen blieb der Markgraf in dem Besitze des Herzogthums Jägerndorf und der Herrschaften Beuthen und Oberberg. Um alle drei Besitzungen an das Kurhaus zu vererben, da weder er noch sein Vetter Albrecht Friedrich in Preußen Söhne hatten, verhandelte er, jedoch ohne Erfolg, mit Kaiser Rudolf II. Dessen ungeachtet setzte er 1595 in seinem Testamente den damaligen Kurprinzen Joachim Friedrich zum Erben ein, der auch, als Georg Friedrich 1603 gestorben war, von diesen Ländern Besitz nahm, obgleich Kaiser Rudolf auf die Herausgabe aller drei Besitzungen drang, da sie als offen gewordene Lehen an Böhmen zurückgefallen seien.

Ein jüngerer Sohn Joachim Friedrich's, **Johann Georg**, war 1592 von den protestantischen Domherren in **Strasburg** zum Bischof erwählt worden, während die katholischen dem Cardinal-Bischof von Metz, dem Herzog Karl von Lothringen, ihre Stimmen gaben. Ersterer hatte auf den Beistand der Protestanten in Deutschland, namentlich aber des brandenburgischen Hauses gerechnet, doch Kurfürst Johann Georg war durchaus abgeneigt, die Wahl seines Enkels mit Gewalt durchzusetzen zu helfen, da bei der Gespanntheit zwischen Katholiken und Protestanten leicht ein allgemeiner, gefährlicher Krieg zu befürchten stand, und auch Joachim Friedrich, als er die Regierung in der Mark angetreten hatte, trat dieser Politik seines Vaters bei. So wurde denn nach wiederholten kriegerischen Versuchen beider Bischöfe, sich in den Besitz des Hochstifts zu setzen, 1604 die Sache dahin entschieden, daß die katholische Partei ihre Wahl durchsetzte, und daß Markgraf Johann Georg durch eine Abstandssumme von 130,000 Gulden so wie durch eine Rente von 9000 Gulden entschädigt wurde. Diesem seinem Sohne nun übertrug Kurfürst Joachim Friedrich 1607 das Herzogthum **Jägerndorf** nebst den beiden Herrschaften **Beuthen** und **Oberberg** mit der Bestimmung, daß diese Länder nach dem Absterben dieser Linie wieder an Brandenburg zurückfallen müßten. Als jedoch Johann Georg zu Anfang des dreißigjährigen Krieges sich dem zum Könige in Böhmen gewählten Kurfürsten Friedrich V. von der Pfalz anschloß, wurde er 1621 nach der unglücklichen Schlacht auf dem weißen Berge bei Prag in die Acht erklärt und sein Land vom Kaiser eingezogen. Auch seinem Sohne, dem Markgrafen **Ernst**, damals erst vier Jahre alt, wurden diese Besitzungen vorenthalten, und eben so wenig entschloß sich der Kaiser zur Herausgabe derselben, als Markgraf Ernst 1642 kinderlos starb, und das Land an Brandenburg hätte zurückfallen müssen. Deshalb erneuerte König Friedrich II. beim Beginn der schlesischen Kriege auch auf diese Länder seine Ansprüche.

Mit dem Könige Siegmund August, von dem Kurfürst Joachim II. die Mitbelehnung Preußens empfangen hatte, war 1572 der Jagellonische Königsstamm in Polen ausgestorben, und Polen wurde seitdem ein Wahlreich. Den Bemühungen der Katharina von Medici, der Wittwe des Königs Heinrich II. von Frankreich, war es gelungen, 1573 ihrem dritten Sohn Heinrich III. die Königswürde in Polen zu verschaffen; doch kaum daß derselbe nach Polen gekommen war, wurde ihm die Nachricht, daß sein Bruder, König Karl IX., gestorben, und ihm der französische Thron erledigt worden sei. Er verließ deshalb heimlich das Land, so daß weder der Herzog Albrecht Friedrich von Preußen, noch der Kurfürst Johann Georg Gelegenheit hatten, sich mit Preußen belehnen zu lassen. Bei der darauf folgenden zwiespältigen Wahl wurde von einer Partei Kaiser Maximilian II., von einer andern Stephan Bathori, Fürst von Siebenbürgen, zum Könige in Polen ernannt, der eine Schwester des letzten Jagellonen heirathete. Der Tod des Kaisers Maximilian 1576 machte Stephan zum alleinigen Herrn. Dieser beauftragte 1577 wider den Wunsch der preußischen Stände den Markgrafen Georg Friedrich von Anspach-Bayreuth mit der Vormundschaft über den gemüthskranken Herzog Albrecht Friedrich und belehnte ihn 1578 feierlich mit derselben zu Warschau; zugleich erhielt auch Kurfürst Johann Georg die Mitbelehnung. Nach dem Tode Stephan's zu Ende 1586 war abermals eine Doppelwahl in Polen; die Einen erklärten den Erzherzog Maximilian, einen jüngeren Sohn des Kaisers Maximilian II., Andere Siegmund III. aus dem schwedischen Hause Wasa, einen Neffen des letzten Jagellonen, zum Könige. Letzterer behauptete sich als solcher und ertheilte 1589 dem Kurhause Brandenburg die Mitbelehnung über Preußen. Als nun Georg Friedrich von Anspach-Bayreuth 1603 starb, bemühte sich Kurfürst Joachim Friedrich angelegentlichst, die vormundschaftliche Regierung in Preußen zu erhalten, doch bedurfte es erst großer Summen, um die Geneigtheit der polnischen Großen zu erwerben. Die märkischen Stände bewilligten dem Kurfürsten dazu 300,000 Rthlr., und am 11. März 1605 endlich wurde dieser zum Curator, Administrator und Gubernator im Herzogthum Preußen verordnet, doch gelang es ihm nicht, die Belehnung mit Preußen zu erhalten.

Das kurfürstliche Haus Brandenburg war durch diese Verleihung um ein Bedeutendes der Erfüllung des Wunsches näher gekommen, den Joachim II. gehegt hatte, als er sich um die Mitbelehnung Preußens bewarb. Zugleich aber eröffnete sich für dasselbe eine andere glänzende Aussicht, die sich in nicht langer Zeit zur Wirklichkeit gestalten sollte.

Der Herzog Albrecht Friedrich von Preußen war 15 Jahre alt, als 1568 sein Vater Albrecht starb, und die Stände Preußens, welche eine polnische Vormundschaft vermeiden wollten, erklärten ihn für genug geeignet, die Regierung selber zu führen, so daß er auch 1569 von König Siegmund August belehnt wurde. Sein kräftiges Auftreten war jedoch den Ständen und besonders der orthodoxen Geistlichkeit wenig genehm; sehr bald entstanden zwischen ihnen und dem jungen Fürsten arge Streitigkeiten, die, vielleicht verbunden mit falsch angeordneten Arzneimitteln, eine tiefe Schwermuth bei ihm erzeugten. Dessen ungeachtet vermählte er sich 1572 mit Maria Eleonore, der muthmaßlichen Erbin von Jülich=Cleve=Berg, die von ihrem Vater Wilhelm III. selber durch die Mark nach Preußen geführt wurde. Sein Gesundheits=Zustand verschlimmerte sich jedoch sehr bald so, daß er 1573 völlig gemüthskrank, und deshalb die oben erwähnte Regentschaft nöthig wurde. Dennoch zeugte er sieben Kinder, von denen die beiden Söhne ganz jung hinstarben. Mit der ältesten Tochter Anna vermählte sich 1594 der Sohn Joachim Friedrich's, Johann Sigismund, der dadurch die Aussicht erwarb, dereinst seine Schwiegermutter im Herzogthum Cleve zu beerben, eine Aussicht, die um so größer war, als deren Bruder Herzog Johann Wilhelm kinderlos und ebenfalls gemüthskrank war. Ja als der Kurfürst Joachim Friedrich 1602 seine Gemahlin Catharina durch den Tod verlor, vermählte er sich 1603, obgleich 58 Jahre alt, mit der 20 Jahre alten vierten Tochter des Herzogs Albrecht Friedrich, Eleonore, und um spätere Ansprüche auf das Erbland Cleve kräftiger durchsetzen zu können, schloß er 1605 ein Bündniß mit den Holländern, welche gegen eine jährlich zu zahlende Summe ein Hülfsheer zu stellen versprachen, das nöthigenfalls bei der Besitzergreifung der Jülich'schen Erbschaft dort einrücken sollte. Zugleich suchte er sich mit dem kurpfälzischen Hause eng zu verbinden und verabredete deshalb die künftige Vermählung seines damals 10 Jahre alten Enkels Georg Wilhelm mit Elisabeth Charlotte, der achtjährigen Tochter des Kurfürsten Friedrich IV. von der Pfalz.

Die vorhin erwähnte Ausschließung des evangelischen Markgrafen Johann Georg von der Besetzung des Hochstifts Straßburg war nicht ein einzeln stehendes Ereigniß in dem Streite zwischen den Katholiken und Protestanten; die Anzeichen eines nahen Ausbruches offener Feindseligkeiten zwischen beiden Parteien mehrten sich je länger je mehr. Der Erzbischof Gebhard von Cöln mußte 1583 sein Bisthum meiden, weil er zur reformirten Kirche übergetreten war; in Aachen und Paderborn hatten die Katholiken über die Protestanten den Sieg davon getragen, so daß mehrere protestantische Fürsten Veranlassung nahmen, 1594 zu Heilbronn näher zusammen zu treten, um nöthigen Falls

XI. B. Die Kurfürsten nach der Reformation.

gemeinschaftlich geeignete Maßregeln zu ergreifen. Als diese s. g. correspondirenden Fürsten 1603 zu Heidelberg ein engeres Bündniß schlossen, den Uebergriffen der Katholiken entgegen zu treten, nahm Joachim Friedrich keinen Antheil an demselben, um nicht Veranlassung zum Ausbruch eines Krieges zu geben und eben so wenig schloß er sich der 1608 gebildeten protestantischen Union an, als neue Verletzungen von katholischer Seite die Protestanten zu entschiedenen Schritten veranlaßten. Die Erbitterung zwischen beiden Religionsparteien war schon so gesteigert, daß die Protestanten Alles, was vom Papste kam, unbedingt verwarfen, so auch den 1582 eingeführten Gregorianischen Kalender. Was jedoch den Katholiken das Uebergewicht über die Protestanten verschaffte, war, daß letztere in hohem Grade uneins unter einander waren, und Lutheraner mit Calvinisten keine Gemeinschaft machen wollten. Joachim Friedrich selber war so gegen den Calvinismus eingenommen, daß er den Kurprinzen Johann Sigismund verpflichtete, bei der lutherischen Lehre zu bleiben; doch war er dem einseitigen und schroffen Wesen der lutherischen Geistlichkeit entschieden abhold und neigte sich in den letzten Jahren seines Lebens den reformirten Ansichten hin. Deßhalb wurden auch alle die katholischen Gebräuche, welche noch in der märkischen Kirche geblieben waren, abgestellt.

Joachim Friedrich war 7 Jahre alt gewesen, als er zum Bischof von Havelberg, und 10 Jahre, als er zum Bischof von Lebus erwählt worden war. In seinem 21. Jahre wurde er Administrator von Magdeburg. Weil damals die Erbfolge des ganzen brandenburgischen Hauses nur auf seinem Vater, damals noch Kurprinz, und ihm beruhete, vermählte er sich zu Anfang 1570 mit Catharina, der Tochter des Markgrafen Johann von Cüstrin, die durch ihren Wohlthätigkeitssinn sich ausgezeichnet und in der Gründung der Schloß-Apotheke in Berlin, aus der Arme unentgeltlich Arznei empfangen sollten, ein bleibendes Denkmal gestiftet hat. Ungeachtet die katholische Partei über diese Verheirathung großes Geschrei erhob und beim Kaiser seine Absetzung beantragte, behauptete er sich doch in seiner Stellung; ja als er 1598 nach dem Tode seines Vaters die Regierung in der Mark übernahm, wurde nach früheren Verträgen mit dem Domcapitel seine Würde auf seinen damals 11 Jahre alten siebenten Sohn Christian Wilhelm übertragen, dessen bei der Zerstörung der Stadt Magdeburg Erwähnung geschehen wird. Während seiner langjährigen weisen Administration des Erzstiftes hatte Joachim Friedrich in dem Domcapitel ein hülfreiches Raths-Collegium gefunden. Die vielfachen Verhandlungen, die er seit der Uebernahme der kurfürstlichen Regierung zu führen hatte, machten ihm eine ähnliche Einrichtung in der Mark wünschenswerth, und er ordnete deßhalb 1605 einen geheimen Staatsrath an, dem nicht nur die Leitung der äußeren Staats-Angelegenheiten anvertraut wurde, sondern inneren Landes-Verwaltung mit Ausnahme der Kirchen-, Ju[stiz-] und Landtagssachen.

Wie eifrig der Kurfürst darauf bedacht war, Gewerbe u[nd] Handel zu heben, dafür zeugt besonders die Anlage des Finow-Kanals, den er 1605 begann, um die Havel und Oder in Verbindung mit einander zu setzen; derselbe wurde jedoch erst unter seinen Nachfolgern vollendet, 1609 die Hälfte von der Havel bis zur Finow, 1620 das ganze Werk. Der dreißigjährige Krieg vernichtete die kostspielige und mühevolle Arbeit so ganz, daß sogar das Andenken an denselben aus dem Gedächtniß entschwunden war, als König Friedrich II. 1743 den Bau aufs neue begann und bis 1746, wenigstens der Hauptsache nach, zu Stande brachte. — Durch neue Verordnungen vom Jahre 1604 suchte er dem Luxus zu steuern und theilte zu dem Ende die städtische Bevölkerung in drei Stände; da jedoch neben dem Wohlstande die Ungebildetheit der Bewohner dieselben veranlaßte, nur in sinnlichem Genusse Erholung zu suchen, so ließ er sich das Schulwesen besonders angelegen sein. So ist die Gründung des Gymnasiums zu Joachimsthal bei dem Jagdschlosse Grimnitz (1607) sein Werk; er stattete diese Fürstenschule reichlich aus, z. B. auch mit den Einkünften des aufgehobenen Domcapitels zu Cöln.

Joachim Friedrich starb plötzlich am 18. Juli 1608 im 63. Jahre seines Alters.

9. Johann Sigismund. 1608—1619.

Johann Sigismund war eben auf einer Reise nach Preußen begriffen, um sich von dort aus bei dem Könige von Polen um die Belehnung zu bewerben, als er die Nachricht von dem Tode seines Vaters erhielt. Er ließ sich jedoch dadurch von seiner Reise nicht zurückhalten, sondern schickte Adam Gans v. Putlitz als Statthalter nach der Mark, während er selber seinen Weg nach Königsberg fortsetzte. Der preußische Adel drang zwar darauf, daß die vormundschaftliche Regierung von einer Regentschaft geführt werden möchte, da jedoch die Städte sowohl als auch mehrere Gesandte von deutschen Höfen die Forderung Johann Sigismund's unterstützten, so wurde der Kurfürst im Februar 1609 von Polen mit der Vormundschaft über Herzog Albrecht Friedrich betraut. Die Belehnung selber wurde jedoch noch hinaus geschoben, da man erst die von den preußischen Ständen erhobenen Beschwerden zur Untersuchung ziehen wollte. Nach langen Verhandlungen endlich fand die Belehnung im November 1611 zu Warschau Statt und zwar für den Kurfürsten, seine Brüder so wie für ihre Nachkommen, doch unter drückenden Bedingungen. Den Katholiken in Preußen sollte freie Ausübung ihrer Religion zugestanden und in Königsberg eine katholische Kirche erbaut werden, die dotirt werden mußte. Jedes Jahr sollten ferner 30,000 polnische Gulden in den polnischen Schatz gezahlt werden und überdies jedesmal eine eben solche Summe, wenn eine neue Steuer von den polnischen Ständen der Krone bewilligt würde. Zur Deckung der Küste sollte Preußen auf eigne Kosten vier Schiffe unterhalten, und bei allen Klagen über 500 poln. Gulden die Appellation an Polen zulässig sein. Ueberdies mußte auf Verlangen des Königs der Gregorianische Kalender eingeführt werden. In großem Gepränge kehrte Johann Sigismund nach Preußen zurück und nahm überall die Erbhuldigung ein. So vorbereitet konnte der Kurfürst in Ruhe dem Tode seines Schwiegervaters, des Herzogs Albrecht Friedrich, entgegen sehen; derselbe erfolgte im August 1618 und setzte Johann Sigismund in den unbestrittenen Besitz des Herzogthums.

So viel Schwierigkeit nun auch noch längere Zeit die Herstellung der vollen landesherrlichen Autorität veranlaßte, so war doch die Macht des brandenburgischen Hauses nicht wenig durch diese Erwerbung vermehrt worden, abgesehen davon, daß dieselbe die neue Grundlage des erweiterten Staates geworden ist. Es wird deshalb hier die geeignetste Stelle sein, einen kurzen Rückblick auf die frühere Geschichte des Landes zu werfen.

Die alten Preußen d. h. nach gewöhnlicher Erklärung „Nachbarn der Russen" gehörten dem lithauischen Volksstamme an. Unter ihnen wurde der Sage nach um das Jahr 600 Widewud zum Könige erwählt, dessen zwölf Söhne sich sein Reich getheilt haben sollen. Einer derselben Litwo sei von den Brüdern verstoßen worden, das heißt wohl, die Lithauer trennten sich von den übrigen preußischen Stämmen. Die anderen elf Söhne hätten dann den Landschaften die zum Theil noch jetzt üblichen Namen gegeben. Es sind dies das **Kulmerland** und **Pomesanien** auf dem Ostufer der Weichsel, **Pogesanien**, **Warmien** und **Natangen** am frischen Haff, **Samland** zwischen dem frischen und kurischen Haff, **Nadrauen** und **Schalauen** an letzterem, **Barten** zwischen Aller und Angerapp, **Sudauen** und **Galindien** längs der polnischen Grenze. In jeder dieser elf Landschaften bildete ein heiliger Hain, ein Romowe, den Mittelpunkt des Stammes, an dessen Spitze ein Kriegsanführer, ein Reils, und ein Ober-Richter und Priester, ein Griwe stand; ein Ober-Griwe scheint den Vereinigungspunkt sämmtlicher Stämme gebildet zu haben, wie auch das Romowe im Sudaischen Winkel in Samland als das Hauptheiligthum angesehen wurde. Das Land wurde durch Burgen geschützt, die Bevölkerung wohnte in Ortschaften bei einander, nährte sich von

Ackerbau, Viehzucht, Schifffahrt und Handel, und zeichnete sich durch große Emsigkeit und Sittlichkeit aus.

Die ersten Versuche, die Preußen zum Christenthum zu bekehren, geschahen von Adalbert, dem Bischofe des 973 gegründeten Visthums Prag. Im Jahre 996 fuhr er von Polen aus die Weichsel abwärts, predigte bei Danzig mit vielem Erfolge und segelte von dort nach der Mündung des Pregel, wo er schon 997 seinen Tod fand. Er galt später für den Schutzheiligen des Landes, und im 15. Jahrhundert wurde an der Stelle eine Kapelle erbaut, wo er seinen Märtyrertod gefunden haben sollte. Wenige Jahre nach ihm machte der Mönch Bruno, aus freiherrlicher Familie zu Querfurt, einen abermaligen Versuch, den Preußen das Evangelium zu predigen, doch auch er wurde 1008 von den Heiden gemordet; ihm zu Ehren erhielt nachmals die Stadt Braunsberg ihren Namen. Diese mißlungenen Versuche schreckten so sehr von neuen ab, daß volle zwei Jahrhunderte vergingen, ehe sie wieder aufgenommen wurden. Dies geschah durch den Bernhardiner Mönch Christian aus dem 1170 gestifteten Kloster Oliva. Derselbe wandte seine ersten Bemühungen denjenigen Gegenden zu, die zunächst im Osten der Weichsel gelegen waren, und zwar mit so großem Erfolge, daß er bereits 1215 vom Papste zum Bischof von Preußen bestellt und 1218 mit ganz Preußen beschenkt wurde. Doch nur zu bald verjagten die Preußen die christlichen Lehrer aus ihrem Lande, da sie mit der Annahme des Christenthums zugleich die Fremdherrschaft befürchteten, ja sie machten sogar furchtbare Einfälle in Masowien. Durch den Papst aufgefordert sammelte sich deshalb in den benachbarten Ländern ein bedeutendes Kampfheer, das in Preußen eindrang und das Kulmerland eroberte; dasselbe wurde 1222 von dem Herzoge Conrad von Masowien dem Bischofe Christian als Eigenthum übergeben, der hier seinen Sitz nahm. Kaum war jedoch 1223 das Kreuzheer abgezogen, so verheerten die Preußen das Land wie das benachbarte Masowien, die Priester wurden erschlagen, die Kirchen und Ortschaften niedergebrannt. Um dauernde Hülfe gegen Wiederholung gleicher Ueberfälle zu gewinnen, bewog Christian den Herzog Conrad sich an den deutschen Orden zu wenden. Der Herzog versprach 1228 demselben das bereits an den Bischof verschenkte Kulmerland als Eigenthum, während der Bischof, der von dieser Schenkung erst später erfuhr, ihm nur den noch uneroberten Theil dieses Landes zugestand und gleichzeitig den Orden der Ritterbrüder von Dobrin nach dem Vorbilde der Schwertbrüder in Liefland gründete, der für ihn Preußen erobern und einen Theil des Gewonnenen für sich behalten sollte. Der Herzog räumte ihm Dobrin an der Drewenz auf der Grenze des Kulmerlandes ein, doch war seine Macht zu gering, als daß er Bedeutendes hätte ausrichten können, und schon 1235 vereinigte er sich mit dem deutschen Orden.

Dieser Orden, im Jahre 1190 bei der Belagerung von Akka im gelobten Lande nach dem Vorbilde der Tempelherren und Johanniter gestiftet, bestand nur aus deutschen Rittern und erhielt die Bestättigung des Kaisers und des Papstes. Die Ritter nannten sich die deutschen Brüder der Kirche der heiligen Maria zu Jerusalem, später Brüder des Hospitals der Deutschen von St. Marien zu Jerusalem. Unter dem vierten Hochmeister Hermann v. Salza, der 1210 erwählt worden war, begann der Orden emporzublühen; der Hochmeister wurde seit 1226 als Reichsfürst angesehen, und schon damals besaß der Orden zahlreiche Besitzungen in Deutschland und Italien, aus denen er die Mittel zu seinem Unterhalte bezog. An diesen Hermann v. Salza, der sich damals in Italien aufhielt, ging 1226 das Gesuch des Herzogs Conrad um Hülfe, das von Kaiser Friedrich II. lebhaft unterstützt wurde. Der Kaiser sprach dem Orden den unumschränkten Besitz des zu erobernden Landes zu und genehmigte die Schenkung, welche Herzog Conrad ihm mit dem Kulmerlande gemacht hatte. Darauf brachen 1229 zwei Ordensritter mit 18 reisigen Knechten nach Masowien auf, um persönlich mit dem Herzog und dem Bischof zu unterhandeln, und es wurde für sie am linken Weichselufer, Thorn gegenüber, bis zur Ankunft andrer Ordensbrüder die Burg Vogelsang angelegt. Während dann Christian 1230 dem Orden das Kulmerland gegen eine gewisse Abgabe als Lehen überließ, und dieser dem Bischof ganz Preußen zu erobern versprach, schloß der Herzog insgeheim ein Bündniß mit dem Orden, durch welches letzterer in den unumschränkten Besitz des Kulmerlandes gesetzt wurde, und als darauf der Deutschmeister Hermann Balk mit größerer Truppenmacht herangezogen war, wurde noch eine zweite Burg Nessau in der Nähe von Vogelsang gegründet. Der Herzog ermächtigte nun den Orden, ganz Preußen für sich in Besitz zu nehmen, und der Papst bestättigte diese Schenkung. Bischof Christian dagegen, der von diesen Verhandlungen nichts wußte, bewilligte den Orden nur ⅓ des zu erobernden Landes, doch ebenfalls unter seiner Oberhoheit.

Der erste Angriff geschah auf das Kulmerland. Im Frühjahr 1231 setzte das schwache Ordensheer über die Weichsel und erbaute die feste Burg Thorn, von dort aus den Feind zurückdrängend. Der Umstand, daß Bischof Christian bald darauf von den Preußen gefangen genommen und erst nach 9 Jahren losgekauft wurde, gab dem Orden freie Hand, sich von den ihm lästigen Bedingungen der Lehnspflicht frei zu machen und seine Eroberungen zu seinem alleinigen Vortheil weiter auszudehnen. Mit dem Kreuzheere, das sich auf den Ruf des Papstes in Deutschland gesammelt hatte, zog eine große Schaar von deutschen Einwanderern ins Land, welche die erste deutsche Stadt Thorn hierselbst gründeten, während andere dem Kreuzheere folgten und weiter abwärts an der Weichsel Kulm erbauten, beide unter dem Schutze der gleichnamigen Burgen. Den neu angezogenen Bürgern wurden durch die „Kulmische Handfeste" große Vergünstigungen zugestanden, welche ganz dazu geeignet waren, zahlreiche Ansiedler aus Deutschland heranzulocken. Schon 1233 konnte deshalb die dritte Stadt Marienwerder, in Pomesanien, bei der gleichnamigen Burg angelegt werden. Mit Hülfe neuer Schaaren von Kreuzfahrern drang man von dieser Basis an der Weichsel östlich in das Innere des Landes und eroberte 1234 Pomesanien; schon 1237 wurde die Burg Elbing am Flusse gleiches Namens gegründet und von hier aus Pogesanien zum Christenthum und unter deutsche Herrschaft gebracht. Die vortheilhafte Lage der Burg Elbing aber veranlaßte Lübeck, daneben auch die Stadt zu gründen, die Lübeck'sches Recht erhielt. Die unterworfenen Bewohner in den eroberten Landschaften erhielten gleiche Rechte mit den eingewanderten Deutschen; wie diese hatten sie fortan ihren Grundbesitz als Ordenslehen anzusehen, für welchen sie Zins zu entrichten und persönliche Dienste zu leisten hatten. Der Papst hatte inzwischen 1234 den Orden mit Preußen belehnt und sich für seinen Oberlehnsherrn erklärt, so daß Christian, 1240 aus der Gefangenschaft befreit, auch durch die zähesten Verhandlungen nichts weiter zu erreichen vermochte, als daß den anzulegenden Bisthümern ⅓ des eroberten Landes einverleibt werden, der Orden dagegen ⅔ in voller Unabhängigkeit besitzen sollte.

Eine furchtbare Seuche, die darauf das Land heimsuchte und einen großen Theil der Bevölkerung hinwegraffte oder vertrieb, gab die Veranlassung, daß eine große Menge Polen, vorzüglich aus dem Ritterstande, sich in Preußen niederließ. Gegen das Versprechen, den Zehnten zu zahlen und Kriegsdienste zu leisten, wurden ihnen Besitzungen mit vielen Vorrechten als erbliche Lehen überwiesen, und dasselbe wurde auch denen zu Theil, welche aus Pommern her eingewandert waren. Noch mehr wurde die Kraft des Ordens dadurch vergrößert, daß sich die Schwertbrüder in Liefland 1237 mit päpstlicher Genehmigung ihm anschlossen. Dieser Orden war 1202 zur Behauptung des Christenthums gestiftet und hatte nicht bloß dies Land, sondern auch mit Hülfe der Dänen Esthland und Semgallen unterworfen; Kurland hatte sich 1230 freiwillig ihm angeschlossen und das Christenthum angenommen.

Nachdem zu Anfang des Jahres 1239 sowohl der Hochmeister Hermann v. Salza als auch der Deutschmeister Hermann Balk mit Tode abgegangen waren, wurde für Preußen ein besonderer Landmeister eingesetzt. Noch vor Ankunft desselben wurde von dem Orden die feste Burg Balga am frischen Haff erobert und dadurch ein neuer Punkt gewonnen, die dahinter liegende Landschaft anzugreifen. Aber auch die Preußen erkannten die Gefahr, die ihnen von dorther drohte, schlossen dieselbe ein und waren nahe daran sich derselben zu bemächtigen, als der Herzog von Braunschweig Otto das Kind 1239 ein neues Kreuzheer zur Befreiung herbeiführte. Nicht bloß diese gelang ihm, sondern auch die Unterwerfung von Warmien, Ratangen und dem Barterland; durch feste Burgen wurden die neuen Eroberungen geschützt, unter denen bei Braunsberg und Heilsberg sich zuerst Städte bildeten. Die Preußen jedoch sannen darauf, sich gewaltsam der fremden Herrschaft zu entziehen. Die Hand dazu bot der Herzog Suantepolk von Hinter=Pommern, der seinen Sitz in Danzig hatte und mit Unwillen die deutsche Herrschaft in den preußischen Landschaften sich ausbreiten sah. Sein Angriff 1241 auf den Orden brachte ganz Preußen unter Waffen; mit furchtbarer Wuth erhob sich ein Kampf, in welchem die Deutschherren unterliegen zu müssen schienen. Diese Kämpfe zogen sich, wenn auch mit Unterbrechungen, Jahre lang fort. Erst durch die Hülfe neuer Kreuzheere gelang es, 1249 Suantepolk zum Frieden und die abgefallenen Landschaften zur Unterwerfung zu zwingen.

Bei einem neuen Kreuzzuge 1253 wurde das Barterland aufs neue unterworfen und ohne besonderen Kampf auch Galindien. Unterdeß rüstete man sich, auch Samland zu erobern, und legte 1252, um etwanigen Zuzug der Lithauer über die kurische Nehrung zu verhindern, der Nordspitze derselben gegenüber die Memelburg an. Die Eroberung des Landes wurde durch das neue Heer ermöglicht, das König Ottocar von Böhmen in Begleitung seines Schwagers, des Markgrafen Otto von Brandenburg, 1255 in einer Stärke von 60,000 Mann nach Preußen führte. Das Hauptheiligthum des Volkes, das uralte Romowe, wurde für immer vernichtet, die heilige Eiche mit ihren alten Götterbildern verbrannt, die Samländer aufs Haupt geschlagen, das Land bis Tapiau in Besitz genommen, und der Grund zu der Burg gelegt, welche dem Könige zu Ehren Königsberg genannt wurde. Dann drang man zwar den Pregel aufwärts in das Innere des Landes ein, doch verzog sich die vollständige Eroberung noch lange Zeit. Nachdem die Lithauer 1261 dem Orden eine große Niederlage beigebracht hatten, verbreitete sich aufs neue ein allgemeiner Aufstand über das gesammte Land, und vergeblich eilten neue Kreuzheere herbei, denselben zu dämpfen. Die meisten Burgen und Städte fielen in Trümmer, der Kampf in offenem Felde blieb meistens nachtheilig für den Orden, das Unglück schien ihm einen grausenvollen Untergang zu bereiten. Erst 1272, als der Markgraf Dietrich der Weise von Meißen ein starkes Heer nach Preußen führte, ging für den Orden ein neuer Glücksstern auf. Ein schrecklicher Vernichtungskampf wurde geführt, in welchem die Häuptlinge der Preußen mit Unzähligen der Ihrigen den Tod fanden. Darauf wurde 1275 im Norden des Pregel Nadrauen erobert; doch das Land war dabei eine Wüste geworden, ein großer Theil der Bevölkerung war erschlagen oder gefangen fortgeführt, viele andere suchten im benachbarten Lithauen eine Freistätte. Zugleich wurde der Angriff gegen S chalauen begonnen, das 1276 durch große Heeresmacht unterworfen wurde; einen Theil der Bevölkerung siedelte man in das verödete Samland über. Pogesanien, das noch immer in Aufsässigkeit verharrte, wurde 1277 erdrückt, das Land durch Raub und Brand verwüstet, die Einwohner erschlagen und gefangen fortgeführt. Die letzte Landschaft, die noch immer Widerstand geleistet hatte, Sudauen, kam 1283 in die Gewalt des Ordens. Die zahlreichen Sümpfe und Seen, so wie die großen Wälder, mit denen das Land erfüllt war, machten den Krieg hierselbst höchst gefährlich und langwierig. Ein Theil der Bevölkerung wurde nach Samland verpflanzt, wo der Sudauische Winkel noch ihren Namen trägt; der größere Theil, an Sieg verzweifelnd, verließ die Heimath, um nach Lithauen überzusiedeln, und ließ auch dies Land als furchtbare Einöde hinter sich. So wurde nach 53jähriger blutiger Arbeit Preußen Besitzthum des deutschen Ordens.

Die inneren Einrichtungen, die das Preußenland nach dem letzten Eroberungssturme gewann, haben so viel Aehnlichkeit mit denen in der Mark, daß nur auf das oben Gesagte zu verweisen ist. Wie der Markgraf als Stellvertreter des Kaisers der Eigenthümer von alle dem Grund und Boden war, den er erobert hatte, so war der deutsche Orden im Namen des Papstes Besitzer alles dessen, was er durch seine eigne Kraft oder mit Hülfe der Kreuzfahrer gewonnen. Die im Lande übrig gebliebene preußische Bevölkerung blieb ruhig auf ihrem Grundstücke sitzen, gleichviel ob das Dorf unmittelbar dem Orden verblieb oder an irgend einen Edlen vergabt wurde, nur hatte sie Abgaben und persönliche Dienste zu leisten. Die letzteren wurden dadurch sehr lästig, daß die altpreußischen Bauern verpflichtet waren, bei den häufigen Befestigungen Hand anlegen zu helfen und sich zu den zahlreichen Kriegszügen zu stellen; sie bildeten den Kern des Fußheeres. Diejenigen preußischen Edlen, welche sich gewaltsam dem Orden widersetzt hatten, wurden in diesen Bauernstand überwiesen, dagegen behielten diejenigen, die treu geblieben waren, ihr ursprüngliches Gut, wenn auch als Vasallen des Ordens. Ja die vornehmsten unter ihnen, die Withinge, sahen in dem Orden in Bezug auf ihr Allodium nur den Landes-, nicht den Lehnsherrn, sie waren vollständige Freiherren. Alle diese Edlen waren nur zu Kriegsdiensten verpflichtet; ihre Hintersassen leisteten ihnen Abgaben und bäuerliche Dienste und standen unter ihrer Gerichtsbarkeit.

Ganz auf dieselbe Weise wie in der Mark verhielt es sich auch mit den deutschen Einwanderern. Auch hier wurde einem bewährten, tüchtigen Manne die Einrichtung **deutscher Dörfer** überlassen, in denen er das Schulzenamt erhielt. Er bekam gewisse Freihufen und konnte sein Amt vererben oder verkaufen. Eben so wurden der Kirche Freihufen überwiesen und zur Aufnahme des neu begründeten Ortes mehrere Freijahre bewilligt. Der Schulze hatte den Zins und Zehnten von den Angesiedelten einzufordern und abzuliefern und besaß das Dorfgericht, während die Altpreußen unter der Gerichtsbarkeit des bischöflichen oder Ordensvogtes standen. Der deutsche Bauer war zu keinem Kriegsdienste und zu keiner bäuerlichen Arbeit verpflichtet. Eine große Anzahl **deutscher Adlige**, die der Orden in seine Dienste gezogen und dafür mit Gütern ausgestattet hatte, erhielt dieselben zu erblichem Besitz mit dem hohen und niederen Gerichte über ihre Bauern; sie leisteten nur innerhalb des Landes, also zur Vertheidigung desselben Kriegsdienste. Sie bauten sich oft mit williger Erlaubniß des Ordens feste Burgen in ihrem Besitzthum und aus ihnen gingen die Landesritter hervor, die später eine so wichtige Rolle in Preußen gespielt haben.

Wie bei den Dörfern stellte sich auch bei den **Städten** das Verhältniß übereinstimmend mit dem in der Mark. Die zahlreichen deutschen Anzöglinge, welche sich nach dem Kriege in Preußen niederließen, bauten sich in Ortschaften an, welche dann mit Stadtrecht begabt wurden, wenn sie sich so weit entwickelt hatten, daß sie mit Mauer, Wall und Graben umzogen werden konnten. Die Gründung der meisten Städte in Preußen gehört dem vierzehnten Jahrhundert an, wo das Land sich schnell zu hoher Blüthe entfaltete. Besonders war es das Kulmische, Magdeburger oder das Lübecksche Stadtrecht, mit dem die neuen Städte begabt wurden, d. h. ihre innere Verwaltung wurde nach dem Vorbilde jener Städte eingerichtet. Mit rührigem Fleiße legten sich die neuen Bürger nicht nur auf den Betrieb der mannichfachsten Gewerbe, sondern auch auf den Handel, und namentlich zeichnete sich Elbing in letzterer Beziehung aus. Es schloß sich eben so der deutschen Hanse an wie Braunsberg, Königsberg, Kulm.

In Bezug auf die **kirchliche Eintheilung** des Landes war schon 1243 festgesetzt, daß vier Bisthümer errichtet werden sollten. Das Bisthum Kulm sollte das Kulmerland nebst Löbau umfassen, das Bisthum Pomesanien Pomesanien und einen Theil von Pogesanien, das Ermländische das übrige Pogesanien, Ermland, Natangen, einen Theil von Nadrauen, ferner Galindien und Sudauen, das Samländische endlich Samland, Schalauen und den größten Theil von Nadrauen. Doch erst nach Beendigung des Krieges konnte jene beabsichtigte Einrichtung vollständig ins Werk gesetzt werden, wie auch damals erst

Innere Einrichtung des Ordens.

Pomesanien und Samland Domstifter erhielten; die in Kulm und Ermland waren schon während des Krieges eingerichtet worden.

Während dieser Kämpfe in Preußen und unmittelbar nach denselben hatte die Stellung des Ordens im Morgenlande sich gänzlich geändert. Nicht nur war 1244 Jerusalem durch das türkische Volk der Khowaresmier erobert worden, sondern König Ludwig IX. der Heilige hatte auch durch einen Angriff auf Aegypten sich vergeblich bemüht, das heilige Land wieder zu erobern. Den Türken war der verheerende Sturm der mongolischen Völker gefolgt, doch nicht diese, sondern die Mamelufen, die in Aegypten herrschend geworden waren, entrissen seitdem den Kreuzfahrern einen Ort nach dem andern, den letzten, Ptolemais, 1291. Der deutsche Orden war deshalb nach Venedig übergesiedelt, von da verlegte der Hochmeister 1309 seinen Sitz nach Marienburg in Preußen, das bereits 1275 gegründet und seit 1306 prachtvoll ausgebaut worden war. Seitdem hörte die Würde des Landmeisters in Preußen auf, es gab nur noch einen solchen in Deutschland und Liefland. Der Stellvertreter des Hochmeisters war der Großkomthur, der zugleich Komthur d. h. Commandirender des Haupthauses Marienburg war. Die Kriegs-Angelegenheiten verwaltete der Oberst-Marschall, der zugleich Komthur in Königsberg war, die Oberaufsicht über das gesammte Spitalwesen führte der Oberst-Spittler, zugleich Komthur von Elbing, über Bekleidung, Bett- und Tischzeug der Oberst-Trappier, der gewöhnlich zugleich Komthur zu Christburg war, die Finanzen der Oberst-Treßler, der sich um den Hochmeister in Marienburg aufhielt. Außerdem sorgten zwei Großschäffer, einer zu Marienburg, der andere zu Königsberg, für die Beköstigung der Ordens-Mitglieder, für die Vereinnahmung der Natural-Abgaben und deren Verwerthung. In allen wichtigen Dingen beriethen die hohen Beamten des Ordens und die dazu beorderten Komthure in den s. g. Landkapiteln, allgemeine Angelegenheiten wurden in den jährlich wenigstens einmal zusammen berufenen General-Kapiteln verhandelt. Die Zahl der Ordensbrüder in jedem Ordenshause war ursprünglich zwölf, nach der Zahl der Jünger Christi, unter einem Komthur, doch wurde später dieselbe vielfach geändert, so daß nur in den kleinen Ordenshäusern 10—12, in den mittleren 18—30, in den großen 50—70 Ordensbrüder beisammen wohnten oder einen Convent bildeten. In den kleinen Ordensburgen, in denen kein Komthur und Convent sich befanden, saßen Ordensvögte. Die Komthure wie die Großwürdenträger wurden zunächst nur immer auf ein Jahr gewählt und traten, sobald sie nicht durch neue Wahl bestättigt wurden, ohne etwa dadurch an ihrem Rufe zu leiden, in die Zahl der gewöhnlichen Ordensbrüder zurück. Gehalt erhielten selbst die hohen Gebietiger nicht; eignes Geld und

und Gut konnte kein Ordens-Mitglied besitzen, da das Gelübde wie bei den Mönchen nicht bloß auf Keuschheit und Gehorsam, sondern auch auf Armuth sich erstreckte. In jedem Ordenshause befanden sich auch Priesterbrüder oder Kaplane.

Nach der Unterwerfung Preußens wandte der Orden seine Waffen gegen die ebenfalls heidnischen Lithauer, mit denen zunächst um den Besitz von Samaiten oder Samogitien das ganze folgende Jahrhundert hindurch gekämpft wurde. Noch größere Aufmerksamkeit verwendete jedoch der Orden auf die westlich der Weichsel gelegenen Gebiete, welche er auch durch kluge Benutzung der Umstände in seine Gewalt brachte. Der Orden hatte bereits theils durch Geschenke, theils durch Ankauf festen Fuß auf dem linken Ufer der Weichsel gefaßt, als durch den Tod Mestwin's II., Herzogs von Hinter-Pommern, 1295 Streitigkeiten zwischen Polen und den Markgrafen von Brandenburg sich erhoben, die, wie oben erzählt worden ist, damit endeten, daß der Orden 1309 und 1310 für 10,000 Mark die Ansprüche des Markgrafen Waldemar auf die Gebiete von Danzig, Dirschau und Schwetz an sich brachte. Ferner kaufte er noch im vierzehnten Jahrhundert die Länder Stolpe, Bütow und Schievelbein, so wie 1400 Dramburg, 1402 die Neumark und 1408 Driesen insbesondere, so daß seine Herrschaft westlich bis an die Oder reichte. Das vierzehnte Jahrhundert ist deshalb als die Glanzperiode des Ordens anzusehen; sie erlosch mit der Zeit, wo derselbe keine heidnische Nachbarn mehr hatte, gegen die er die Kraft seines Schwertes verwenden konnte.

Das war der Fall, als 1386 der Großfürst von Lithauen Wladislaw Jagello sich mit Hedwig, der Tochter Königs Ludwig des Großen von Ungarn und Polen, vermählte und damit die Vereinigung Polens und Lithauens herbeiführte. Er wie sein Volk trat zum Christenthum über und wurde seit dem Augenblick der erbittertste Feind des Ordens, dessen Macht er zu brechen suchte. Anfänglich vermittelte zwar König Wenzel von Böhmen den Frieden, doch Wladislaw und sein Vetter Witold, dem er das Großfürstenthum Lithauen abgetreten hatte, rüsteten während desselben um so stärker, wo möglich den Orden zu erdrücken. Mit einem Heere von 163,000 Mann, darunter 66,000 Reiter, nebst 60 Stück schweren Geschützes brachen 1410 beide Vetter verheerend in Preußen ein. Nur 83,000 Mann, darunter 26,000 Reiter, theils aus dem eignen Lande, theils Soldtruppen aus Deutschland hatte der Hochmeister Ulrich v. Jungingen aufbringen können, jenem doppelt so starken Heere zu begegnen. Bei dem Dorfe Tannenberg zwischen Gilgenburg und Hohenstein trafen am 15. Juli 1410 beide Heere auf einander. So tapfer auch die Ritter kämpften, Verrath im eignen Heere und die Uebermacht der Feinde verschafften dem Polenkönige den Sieg. Der Hochmeister fiel, als er noch einmal den Versuch machte, den Sieg an sich zu reißen, mit ihm der Großkomthur, der Groß=Treßler, der Groß= marschall und die meisten Komthure, andere von ihnen fielen den Polen in die Hände und wurden enthauptet. Mehr als 200 Ordensritter, mehrere Hundert andere Ritter und 40,000 vom gemeinen Kriegsvolke des Ordensheeres lagen erschlagen auf dem Schlachtfelde, wenigstens 15,000 wurden von den Polen gefangen genommen. Nur der Groß= Spittler und die Komthure von Danzig und Balga retteten sich mit den Trümmern des vernichteten Heeres aus der Schlacht. Zwar hatte auch der Polenkönig viele seiner besten Führer und 60,000 der Seinigen verloren, doch vernichtete dieser Unglückstag den Orden auf immer, wenn er auch noch etwa 100 Jahre lang ein mühseliges Dasein fristete, das zwischen Leben und Sterben schwankte.

Die Leiche des Hochmeisters wurde zwar vom Könige ausgeliefert und unter allgemeinem Jammer und Wehklagen in der Marienburg beigesetzt; doch gleich darauf brach Wladislaw auf und rückte unter furchtbaren Verwüstungen vor die Hauptburg Marienburg. Verrath und Verzweiflung hatte ihm die Burgen und Städte auf dem Wege dahin geöffnet, doch ein Held erstand dem Orden und rettete ihn vom Untergange, der Graf Heinrich v. Plauen, bis dahin Komthur von Schwetz. Er warf sich in die Marienburg und sammelte in wenigen Tagen 5000 Mann um sich; während die vier Bischöfe des Landes und fast das ganze Land mit Ausnahme weniger Hauptburgen Wla= dislaw als ihren König anerkannten, hielt er acht Wochen lang die Belagerung tapfer aus, bis Krankheit im Heere, Mangel an Lebens= mitteln und die Nachricht von dem Anzuge frischer Hülfstruppen aus Deutschland und Liefland den König zum Waffenstillstand und zum Rückzug nöthigten. Ueberall jedoch ließ er in den festen Plätzen Be= satzungen zurück.

Der Retter der Marienburg wie des Ordens, Graf Heinrich v. Plauen, wurde darauf einstimmig zum Hochmeister erwählt, viele der Schlösser und Städte den Polen wieder genommen und endlich am 1. Februar 1411 der Friede zu Thorn abgeschlossen, durch den der Orden zwar alle verlornen Plätze zurückerhielt, dagegen Samaiten abtreten mußte so wie ein paar kleinere Gebiete an der polnischen Grenze; für die Auslösung der Gefangenen sollte der Orden 100,000 Schock Groschen zahlen. Um diese Summe aufzubringen, wurden dem Lande schwere Steuern auferlegt, welche allgemeine Unzufriedenheit hervorriefen. Dazu kam die Aufsässigkeit der Ordens=Mitglieder gegen den Hochmeister (der endlich 1414 nicht nur abgesetzt, sondern auch in harter Gefangenschaft gehalten wurde), ferner neue Streitigkeiten und

Kriege mit Polen, zu deren Beilegung vergeblich 1422 der Frieden am Melno See und 1435 zu Brzesc geschlossen wurde und durch welche der Orden schwere Verluste erlitt; noch härteres Unglück aber sollte im eignen Lande ihn treffen.

Bereits im Jahre 1398 hatte sich nach dem Vorbilde deutscher Rittergesellschaften unter dem preußischen Landesadel die „Eidechsen-Gesellschaft" gebildet, deren Mitglieder sich gegenseitig Schutz und Hülfe zusagten. Ihr Bestreben war zugleich darauf gerichtet, die Macht des Ordens zu schwächen, und von ihnen war in der Schlacht bei Tannenberg der Anfang zu treuloser Flucht gemacht worden. Die nachmalige große Geldnoth des Ordens zwang dann später den Hochmeister einen Landesrath zu bilden, zu welchem 1430 Abgeordnete aus dem Landesadel und den Städten berufen wurden, und ohne dessen Genehmigung der Hochmeister keine neuen Auflagen ausschreiben durfte. Damit war der Anfang zur inneren Auflösung des Ordens gemacht, denn seitdem traten diese Abgeordneten und die Ordensbrüder in immer schärfere Feindschaft zu einander. Pest und Ueberschwemmungen hatten darauf unsäglichen Schaden im Lande angerichtet, und andrerseits war nicht selten Trotz und Widerspenstigkeit gegen den Orden hervorgetreten. Man klagte allgemein über Beeinträchtigung im Handel, über Münz-Aenderungen, Verletzung der Freiheiten, und trat um so kühner auf, als damals gewaltige Spaltungen im Orden selber entstanden waren. Der Deutschmeister und der von Liefland so wie der Großkomthur traten entschieden gegen den Hochmeister auf, mehrere Convente setzten eigenmächtig den Großmarschall ab, kurz jede Zucht und Sitte löste sich im Orden. So wuchs die Aufregung des Landes, der Landesadel trat mit den Städten zusammen und schloß 1440 zu Elbing den preußischen Bund, um gemeinschaftlich den beklagenswerthen Uebergriffen des Ordens entgegen zu treten. Allerdings hatte der Orden bei der Gefahr vor Polen und bei der veränderten Kriegsführung, die ihn zu übergroßen Ausgaben für Bewaffnung so wie für Annahme von Soldtruppen nöthigte, dem Lande stärkere Steuern auferlegen müssen; die großen Städte aber strebten danach, eine den deutschen freien Reichsstädten gleiche Stellung zu gewinnen und der Landadel trachtete ebenfalls nach einer unbehinderten Lage. Der Bund erzwang unter Hans v. Baysen's Leitung Anerkennung und durch gewaltsame Maßregeln festen Zusammenhalt. Vergeblich suchte der Hochmeister und die Geistlichkeit den Bund zu sprengen, und als endlich der Kaiser 1453 die Aufhebung desselben befahl, erklärte der Bund 1454 dem Orden den Krieg und begann zugleich die Feindseligkeiten.

Von Thorn aus verbreitete sich der Aufstand über das ganze Land; die Ordensschlösser fielen durch Verrath oder Gewalt, so daß in wenig

Aufstand gegen den Orden.

Wochen 56 derselben verloren gingen. Um jedoch eine festere Stütze zu gewinnen, unterwarf sich der Bund dem Könige Casimir von Polen, der Hans v. Baysen zum Statthalter des Landes ernannte und mit einem Heere in Preußen einfiel. Doch erlitten die Polen von einem schwachen Ordensheere im September 1454 eine völlige Niederlage vor Konitz, in Folge deren auch Hans v. Baysen die Belagerung von Marienburg aufgab, und eine große Menge von Schlössern an den Orden zurückfiel.

Die Geldnoth, in welcher sich sowohl der Orden als auch der Bund befand, schien dem Kriege ein baldiges Ende setzen zu wollen. Die Verbündeten jedoch, ungeachtet sie mit der Reichsacht wie mit dem Bannfluche belegt waren, verzweifelten an ihrer Sache nicht, sondern suchten durch schwere Steuern dem Mangel abzuhelfen, obgleich sie auch dadurch den östlichen Theil des Landes ihrer Sache entfremdeten. In schlimmerer Lage aber befand sich der Orden, der deßhalb schon 1454 die Neumark an den Kurfürsten von Brandenburg überlassen und vergebens von demselben auch fernere Geld= und Kriegshülfe gehofft hatte. Seine zahlreichen Söldner zu befriedigen, verpfändete er ihnen 1454 die festen Plätze, deren Vertheidigung ihnen überlassen war. Als es ihm nicht gelang, die nöthigen Geldsummen aufzutreiben, machten jene 1456 von dem ihnen zugestandenen Rechte Gebrauch, diese Ordensschlösser anderweitig zu verkaufen, um sich dadurch bezahlt zu machen. Für die Summe von 436,000 Gulden überließen sie an König Casimir nicht weniger als 23 feste Schlösser in Pommern und Preußen, darunter das Hauptordenshaus, die Marienburg. Aller Habe beraubt, mit Thränen des bittersten Schmerzes verließ 1457 der Hochmeister Ludwig v. Erlichshausen den alten Sitz seiner Vorgänger, und gelangte mit Mühe nach Konitz und von dort unter noch größerer Gefahr nach Königsberg. Seitdem hat kein Hochmeister mehr auf der Marienburg residirt; ein polnischer Statthalter nahm daselbst seinen Sitz; ihr Glanz war erloschen, erst nach Jahrhunderten sollte der herrliche Prachtbau wieder hergestellt werden, um als großartiges Denkmal der Nachwelt zu verkünden, welch eine Macht und welch ein Kunstsinn einst hier ihren Sitz gehabt hatten.

Mit oft wieder aufbrausender Wuth wurde seitdem der Krieg noch volle neun Jahre geführt zum Verderben des Landes, dessen Mittel in diesem langwierigen Kampfe nutzlos verschwendet wurden. Lange schwankte das Glück, als aber endlich das Land im Westen der Weichsel verloren und jede Verbindung des Ordens mit Deutschland abgeschnitten war, sah sich dieser genöthigt am 19. October 1466 den ewigen Frieden zu Thorn mit dem Könige Casimir von Polen einzugehen, der ihm auf immer seine Bedeutung raubte. Alles Land im Westen der

Weichsel, Pommern oder Pomerellen, mußte an Polen überlassen werden, auf der Ostseite des Flusses aber das Kulmerland mit Löbau und Michelau, die Gebiete von Stuhm, Christburg, Marienburg, Elbing und Tolkemit so wie das ganze Besitzthum der Bischöfe von Ermland. Für den übrigen Theil des Landes, der dem Orden verblieb, leistete der Hochmeister dem Könige von Polen Huldigung; er wurde dadurch polnischer Fürst und Reichsrath. Die Hälfte der Ordensmitglieder sollte aus Polen bestehen, Preußen forthin verpflichtet sein an allen Kriegen Polens Theil zu nehmen. Der preußische Bund hatte damit zugleich sein Ende erreicht; Preußen, diese wichtige Vormauer Deutschlands gegen die Slawen, war ein slawisches Besitzthum geworden oder drohte doch ein solches zu werden, dem brandenburgischen Staate fiel seitdem die Aufgabe zu, sich dem Andrange des Slawenthums entgegen zu stellen.

Der wilde, dreizehn Jahre lang geführte Krieg hatte das Land zu einer Wüste gemacht. Man zählte von den 21,000 Dörfern, die das Ordensland vor dem Kriege gehabt haben soll, nur noch 3000 und diese verarmt und theilweise entvölkert. Mehr als 1000 Kirchen waren verwüstet worden, die Städte waren verfallen, der Sitz des Elendes. Die Zahl derer, die das Schwert, Noth und Krankheit weggerafft hatte, wird auf wenigstens 300,000 geschätzt, denn wer konnte zählen, was dem Kriege erlegen war; eine verheerende Pest räumte nach beendigtem Kriege noch unter denen auf, die dem allgemeinen Verderben entronnen waren. Aller Wohlstand im Lande war vernichtet, alle sittlichen Bande gelockert, das Land verwildert, und noch heut finden sich Wälder und Wüsteneien, wo vor dem Kriege reiche Fruchtgefilde zu finden gewesen. Man berechnet, daß der Orden während des Krieges fast 6 Millionen Gulden baar hatte verwenden müssen, abgesehen von den Schulden, an denen er noch nachher abzutragen hatte. Andrerseits wurde der Kosten-Aufwand Polens auf 10 Mill. ungar. Gulden geschätzt, der der Verbündeten auf wenigstens 1½ Mill. Mark. Wohl mochte Casimir seufzend ausrufen, daß das ganze Land nicht so viel werth sei, als es Geld und Blut gekostet habe.

Und doch brachte dieser so theuer erkaufte Frieden keine dauernde Ruhe herbei. Der Orden, seiner Selbständigkeit und eines so großen Theiles seines Gebietes beraubt, trachtete danach, wo möglich beides wieder zu gewinnen, Polen aber suchte diese Abhängigkeit möglichst fühlbar zu machen und auch noch den Rest des Landes in seine unmittelbare Gewalt zu bringen. Mit Hülfe des Königs Matthias von Ungarn und des Bischofs von Ermland, Nicolaus v. Thungen, der mit Polen zerfallen war, suchte der Orden seine verlorne Macht 1478 wieder zu erlangen oder doch sich wenigstens eine bessere Stellung

Preußen ein Herzogthum.

zu verschaffen. Sein Bemühen war jedoch vergebens, und eben so wenig gelang es dem Hochmeister, die Huldigung an Polen zu verweigern. Man verfiel zwar auf das Mittel, einen deutschen Prinzen an die Spitze des Ordens zu stellen, um dadurch die Beihülfe des deutschen Reiches zu gewinnen, und wählte deshalb 1498 den jüngsten Sohn des Herzogs Albert von Sachsen, des Stifters der Albertinischen Linie, Friedrich, zum Hochmeister unter der Bedingung, daß derselbe nicht die Huldigung an Polen leiste; aber wenn er auch bis zu seinem Tode 1510 dieselbe zu verzögern wußte, so vermochten doch keine Verhandlungen den polnischen König, von seinem durch den Thorner Frieden erlangten Rechte abzustehen. Denselben Grundsätzen folgend wählte der Orden 1511 den Markgrafen von Brandenburg, von dem man um so mehr ein Gelingen seines Vorhabens hoffte, als derselbe der Neffe des Königs Siegmund von Polen war. Dieser wurde vom Papste, dem Kaiser und dem Reiche zwar durch Worte, doch nicht durch die That unterstützt; dessen ungeachtet verweigerte er hartnäckig die Huldigung und ließ es zu Ende des Jahres 1519 selbst zum Kriege gegen Polen kommen, in welchem jedoch der Orden den Kürzern zog. 1521 wurde endlich ein Waffenstillstand auf vier Jahre vermittelt, während welcher Zeit die Sache zum Abschluß gebracht werden sollte. Vergeblich bemühte sich der Hochmeister, von Deutschland Hülfe zu erhalten, der Landmeister in Deutschland wie in Liefland versagten Beistand, Kurfürst Joachim I. wurde auch durch die vollständige Abtretung der Neumark nicht gewonnen. Unterdeß breitete sich die Reformation in Preußen mit großer Schnelligkeit aus, neben welcher allerdings das Ordens-Institut kaum ferner Bestand haben konnte, das sich vollständig überlebt hatte. Luther wie Melanchthon ermahnten bei persönlicher Besprechung den Hochmeister, daß derselbe die Ordensregeln aufgeben, sich verheirathen und Preußen in ein weltliches Besitzthum verwandeln möchte. Alles dies bestimmte den Hochmeister Albrecht, dem Vorschlage des Königs Siegmund von Polen Folge zu geben und Preußen als weltliches Herzogthum von Polen zu Lehn zu nehmen. Am 8. April 1525 wurde demnach ein feierlicher Vertrag zu Krakau geschlossen, Albrecht erkannte den König als seinen Lehnsherrn an und empfing am 10. April unter großer Feierlichkeit die Belehnung für sich, seine Brüder und deren Nachkommen, falls er ohne männliche Erben mit Tode abginge. Im Mai wurde Albrecht darauf von den königlichen Commissarien in Königsberg eingeführt und ihm als Herzog von den Ständen gehuldigt. Die wenigen Ordens-Mitglieder, die damals in Preußen waren, legten die Ordenstracht ab, ein paar derselben, die dem Orden treu blieben, gingen nach Deutschland; Albrecht selber trat zur evangelischen Lehre über und vermählte sich mit einer dänischen Prinzeß.

XI. B. Die Kurfürsten nach der Reformation.

Dem Papste standen gegen diesen Schritt keine Mittel zu Gebote; er forderte deshalb nur den Kaiser auf, in keiner Weise den Frevel, wie er es nannte, des abtrünnigen Hochmeisters anzuerkennen. Der Deutschmeister, der wie auch seine Nachfolger vom Kaiser zugleich als Administrator des Hochmeisterthums in Preußen belehnt wurde, brachte es zwar bei dem Kaiser und dem Reichskammergericht dahin, daß der Herzog 1532 in die Acht erklärt wurde, doch blieb es bei den Worten, ohne daß jemals Maßregeln getroffen wurden, denselben Nachdruck zu verschaffen. Dennoch trug dies feindselige Verhältniß dazu bei, daß Brandenburg zur Mitbelehnung gelangte, welche 1569 bei der Belehnung Albrecht Friedrich's zu Lublin erfolgte. Preußen wurde dadurch auf der Westseite gegen den Orden in Deutschland geschützt wie durch Polen auf seiner Ostseite gegen Liefland. Ja als der Kaiser Maximilian II. 1571 bei der Belehnung des Kurfürsten Johann Georg von Brandenburg auch dem Herzog Albrecht Friedrich die Mitbelehnung der brandenburgischen Länder zur gesammten Hand ertheilte, schwand dem Orden jede Aussicht, dereinst Preußen wieder an sich zu bringen. Er begnügte sich seitdem mit Protestationen gegen die Besitznahme des Landes, selbst z. B. bei der Erhebung des Herzogthums Preußen zu einem Königreiche.

Hatte Brandenburg durch die Erwerbung Preußens einerseits nicht wenig an Kraft und Ansehn gewonnen, so mußte dieser Zuwachs andrerseits schon in der nächsten Folgezeit von außerordentlicher Bedeutung werden für die Stellung des Staates gegen seine beiden nächsten Nachbarn, Polen und Schweden. Es war vorauszusehen, daß Brandenburg hinfort das Stillleben aufgeben müsse, das es seit länger als einem Jahrhundert geführt hatte, und daß es in die großen Weltereignisse hineingezogen werden würde. Gleichzeitig aber oder sogar noch einige Jahre früher als diese Erwerbung wurde seine Aufmerksamkeit dadurch auch nach dem äußersten Westen des deutschen Reiches gerichtet, daß 1609 durch den Tod Johann Wilhelm's, Herzog von Jülich, Cleve, Berg und Grafen von Mark und Ravensberg dem Kurfürsten Johann Sigismund ein großes und reiches Erbe zufiel, das voraussichtlich nur mit großer Mühe und Gefahr zu erlangen und zu behaupten war, da nicht wenige Mitbewerber dem Kurfürsten das Land streitig machten. Zum näheren Verständniß dieser Begebenheiten wird es nöthig sein, auch hier einen kurzen Rückblick in die ältere Geschichte dieser Länder zu thun.

Die Geschichte dieser Länder wie auch der später zu Preußen gekommenen übrigen Rheinlande reicht in weit ältere Zeiten zurück als die der östlichen Stammlande. Schon mit dem Jahre 50 v. Chr. hatte J. Cäsar Gallien bis an den Rhein der römischen Herrschaft unterworfen;

von dem unteren Lauf dieses Flusses aus hatten dann die Römer versucht, in das Innere Deutschlands einzudringen. Als jedoch im Jahre 9 nach Chr. Quintilius Varus im Teutoburger Walde die große Niederlage erlitt, welche sein ganzes Heer vernichtete, beschränkten sich die Römer darauf, den Rhein als Grenze zu behaupten und die Uebergänge durch feste Plätze zu vertheidigen. Von Mainz (Moguntiacum) bis Leyden (Lugdunum Batavorum) erstreckte sich die feste Linie den Rhein abwärts, und Coblenz (Confluentes), Bonn (Bonna), Cöln (Colonia Agrippina), Neuß (Novesium), Xanten (Castra Vetera) ꝛc. sind noch Orte, deren Gründung in die Zeit der Römer-Herrschaft fällt. Als dann das weströmische Reich in sich zusammen brach, vermochte es seit dem Anfange des fünften Jahrhunderts nicht mehr diese Grenzen zu vertheidigen, da es alle noch übrige Kraft anstrengen mußte, das Hauptland Italien zu schützen, das jedoch endlich der inneren Zerrüttung unterlag. Jene Rheinfestungen, der Besatzung entblößt, fielen in die Gewalt der deutschen Frankenstämme, die zu Ende jenes Jahrhunderts fast ganz Gallien zu ihrem Eigenthum gemacht hatten. Die Söhne jenes gewaltigen Eroberers Chlodwig aus der Familie der Merowinger vollendeten die Unterwerfung des Landes, indem sie 534 die Burgunder besiegten, die sich in den Rhonegegenden festgesetzt hatten. Ihnen schlossen sich die übrigen Franken auf der Ostseite des Rhein so wie die Alemannen und Bayern an; die Thüringer, vom Harze fast bis zur Donau, wurden gewaltsam von ihnen unterworfen. Seitdem gehörten die Rheingegenden zu dem Theilreiche der Merowinger, welches den Osten umfaßte und Austrasien genannt wurde. Die Karolinger, welche in den fränkischen Reichen nicht nur zum erblichen Besitz der Würde des Majordomus gelangt waren, sondern auch sogar 752 die Merowinger entthront und die königliche Würde an sich gerissen hatten, erreichten ihren höchsten Glanz, als Karl der Große die Sachsen unterwarf, Italien an sich brachte und im Jahre 800 die Würde der römischen Kaiser im Abendlande erneute. Seine drei Enkel theilten 843 im Vertrage von Verdun das väterliche Erbe der Art, daß der Rhein, im allgemeinen wenigstens, die Westgrenze Deutschlands wurde, die Schelde, Maas, Saone und Rhone die Ostgrenze Frankreichs, und daß das dazwischen liegende Land nebst Italien eine dritte Herrschaft bildete. Doch bald fiel dieses Gebiet unter den sächsischen und fränkischen Kaisern an Deutschland, das auf diese Weise das Uebergewicht im Abendlande behauptete, und dessen Könige zugleich römische Kaiser waren. Das ganze Rheinland von Basel abwärts, westlich bis zur Maas und Schelde, bildete das Herzogthum Lothringen, das in der Mitte des zehnten Jahrhunderts in Ober-Lothringen oder das Herzogthum an der Mosel und in Nieder-Lothringen oder das

Herzogthum Ripuarien zerfiel; zu letzterem gehörten auch die jetzigen preußischen Rheinlande, während östlich vom Rhein das Herzogthum Sachsen sich ausbreitete, in welchem die Hunte und von deren Quelle an eine Linie südlich bis in die Quellgegend der Ruhr und Lenne Westfalen von Engern trennte.

In jenen ersten Zeiten des deutschen Reiches bildete sich überall in demselben die Gauverfassung aus. Die natürlichen, zum Theil schon früher entstandenen Abtheilungen oder Gaue des Karolingischen Reiches wurden zu einer politischen Eintheilung, indem zu deren Verwaltung Grafen eingesetzt wurden, doch so, daß auch oft mehrere kleine Gaue Einem Grafen untergeordnet, größere Gaue an mehrere Grafen vertheilt wurden, so daß nicht immer der Umfang eines Gaues mit dem einer Grafschaft übereinstimmend war. Diese Gauverfassung erhielt sich bis in die Zeit der Hohenstaufen; während dieser Zeit hatten sich überall erbliche Territorien gebildet, die um so mehr Bestand gewannen, als seit den Hohenstaufen die alten Volks-Herzogthümer zertrümmert wurden und also die einzelnen Fürsten, Grafen und Herren unmittelbar unter kaiserlicher Oberhoheit standen. Als die älteste unter den hier zu besprechenden Grafschaften wird uns Cleve genannt, das, wenigstens in späterer Zeit, das Land auf beiden Ufern des Rhein umfaßte, das von Duisburg an der Ruhrmündung bis nach Emmerich sich hinabzieht und westlich bis an die Maas reicht. Es bildete seit den Zeiten Karl Martel's, also gegen die Mitte des achten Jahrhunderts, Eine Grafschaft mit Teisterbant, welches an der Maas und dem Rhein sich abwärts erstreckte, also nach dem heutigen Holland hinein. Doch schon im neunten Jahrhundert wurden Teisterbant und Cleve für immer getrennt. Die alten Grafen in dieser letzteren Grafschaft starben 1368 aus, eine Erbtochter dieses Hauses, Margarethe, hatte sich mit dem Grafen Adolf IV. von der Mark vermählt und veranlaßte dadurch die Vereinigung beider Länder.

Die Grafen von der Mark führten früher den Namen v. Altena nach einem Schlosse, südlich von Iserlohn an der Lenne gelegen. Sie stammten aus der Familie der Grafen von Teisterbant und besaßen auch die Grafschaft Berg, doch wurden im 12. Jahrhundert beide Grafschaften von einander getrennt. Etwa 100 Jahre später kaufte Graf Adolf III. von Altena (1198—1249) die Burg Mark bei Hamm und nannte sich seitdem „Graf von der Mark." Aus dieser Familie heirathete Adolf IV., wie vorhin gesagt, Margarethe von Cleve, welche 1368 ihr Erbland ihrem Sohne Adolf V. übertrug. Da der ältere Sohn Engelbert, der regierende Graf in der Mark, ohne Kinder starb, beerbte der jüngere Adolf V. denselben und hinterließ beide Länder seinem Sohne Adolf VI., der vom Könige Siegmund 1417 auf dem

Das Herzogthum Jülich-Cleve.

Kostnitzer Concil zum Herzog von Cleve erhoben wurde. Eben dieser Adolf VI. hatte mit dem Herzoge Wilhelm von Berg einen schweren Krieg zu führen, den er durch den Sieg bei Cleve 1397 glücklich beendigte. Einer seiner Gefangenen, ein Graf von Salm, mußte ihm statt Lösegeld die **Herrschaft Ravenstein** für eine geringe Summe abtreten, die seitdem mit Cleve vereinigt blieb. Sie lag westlich von Cleve an der Maas und war von keinem großen Umfange. Die Grafschaft Mark zog mit ihrer Nordgrenze von der unteren Ruhr nach der Emscher und von dieser nach der Lippe hinüber bis über Hamm hinaus nach Soest, südlich erstreckte sie sich, das mittlere Ruhr- und Lenneland umfassend, etwa bis zur Sieg hinauf.

Der Urenkel eben jenes ersten Herzogs von Cleve, Johann III. (1521—1539) vermählte sich 1511 mit Maria, der Erbin von Jülich, Berg und Ravensberg und vereinigte dadurch diese Länder mit seinem nicht unbedeutendem Besitzthume.

Die Grafschaft Jülich umfaßte in ihrer nachmaligen Ausdehnung etwa das Land zwischen Erft und Maas zu beiden Seiten der Roer, die bei Moermonde die Maas erreicht. Bis in den Anfang des zehnten Jahrhunderts hinauf lassen sich die Grafen hierselbst verfolgen, der vierzehnte von ihnen, Wilhelm VII. wurde 1336 von Kaiser Ludwig zum **Markgrafen** erhoben, 1357 aber durch Kaiser Karl IV. zum Herzog von Jülich. Sein älterer Sohn Gerhard kam durch Vermählung mit Margarethe, der Erbin von Berg und Ravensberg, in den Besitz dieser Länder, starb aber schon vor dem Vater; der jüngere Sohn Wilhelm II., Herzog von 1361—1392, war mit Maria von Geldern vermählt, die ihre beiden Brüder beerbte und das Herzogthum Geldern 1372 auf ihren damals acht Jahre alten Sohn Wilhelm III. übertrug. Mit diesem Wilhelm und seinem Bruder Reinhold IV. starb (1423) diese Familie aus; das Herzogthum Jülich kam seitdem an das Herzogthum Berg, Geldern an die Familie Egmont.

Die Grafschaft Berg umfaßte den schmalen Streifen auf der rechten Seite des Rheins, der sich von der Ruhrmündung bis über die Sieg hinaus erstreckt, und trug ihren Namen von dem Schlosse Berg oder Burg an der Wipper, südlich von Solingen. Nicht gar lange nachdem sie im 12. Jahrhundert von Altena getrennt worden war, brachte die Erbtochter dieser Grafen, Irmingard, diese Grafschaft 1218 ihrem Gemahl zu, dem Herzog Heinrich IV. von Limburg, obgleich ihr Oheim, der Erzbischof Engelbert von Cöln, ihr bis zu seinem Tode 1225 das Erbe streitig machte. Schon unter Heinrich's Söhnen Adolf und Walram trat eine Trennung des väterlichen Besitzes der Art ein, daß ersterer Berg, letzterer Limburg erhielt. Der letzte Graf aus dieser Familie in Berg war Adolf IV., mit dem 1348 die Familie ausstarb.

Seine Tochter Margarethe war an den Grafen Otto IV. von Ravensberg verheirathet, durch ihre Tochter, auch Margarethe genannt, kamen Berg und Ravensberg an Jülich.

In dieser Grafschaft Ravensberg, die sich vom Weserknie über den Teutoburger Wald oder Osning etwa bis zur oberen Ems erstreckte, werden die ersten Grafen um die Mitte des elften Jahrhunderts genannt. Anfänglich führten sie den Namen v. Calverla, fast 100 Jahre später nannten sie sich jedoch nach dem Schlosse Ravensberg, bei Bielefeld gelegen. Der eben genannte Otto IV. wie sein Bruder Bernhard († 1346) hinterließen keine männlichen Nachkommen; das Erbrecht ging deshalb auf Otto's Tochter Margarethe über, die mit dem oben genannten Gerhard von Jülich vermählt war, der deshalb 1346 in den Besitz von Ravensberg kam und 1348 nach Adolf's IV. Tode in den von Berg. Gerhard's Sohn Wilhelm I. erbte von dem Vater beide Länder und erhielt 1380 von König Wenzel die herzogliche Würde von Berg, und dessen Sohn Adolf I. war es, dem 1423 nach dem Aussterben seiner Verwandten in Jülich auch dies Herzogthum zufiel. Da dieser aber keine Kinder hinterließ († 1437), wurde sein Neffe Gerhard II. Herr der drei Länder Jülich, Berg und Ravensberg. Der Sohn desselben, Herzog Wilhelm II. (1475—1511), der mit Sibylla, einer Tochter des Kurfürsten Albrecht Achilles, verheirathet war, bewog 1508 den Kaiser Maximilian, daß seine einzige, aus dieser Ehe erzeugte Tochter Maria als Erbin seiner Länder eingesetzt wurde. So gingen denn auch nach Wilhelm's II. Tode 1511 die Herzogthümer Jülich und Berg mit der Grafschaft Ravensberg an ihren Gemahl Johann III. von Cleve über, der nach dem Tode seines Vaters 1521 damit noch Cleve, Mark und Ravenstein vereinigte und von Kaiser Karl V. mit allen sechs Ländern belehnt wurde.

Gegen diese Besitznahme der Jülich'schen Länder durch das Haus Cleve protestirte Sachsen, wiewohl vergeblich. Der Herzog Albrecht von Sachsen nämlich, der Stifter der Albertinischen Linie, hatte sowohl dem Kaiser Friedrich III. große Dienste gegen den König von Ungarn geleistet, als auch dem Erzherzog Maximilian, als sich derselbe in Folge seiner Vermählung mit Maria von Burgund in den Besitz der Niederlande setzte. In dankbarer Anerkennung dieser Verdienste hatte Kaiser Friedrich ihm die Anwartschaft auf Jülich, Berg und Ravensberg 1483 zuertheilt, da mit dem Tode des damaligen Herzogs Wilhelm II. dieses Reichslehn an den Kaiser zurückfallen mußte. Maximilian übertrug dies Anfallsrecht auch auf die Ernestinische Linie des sächsischen Hauses und wiederholte noch 1495 sein Versprechen; dessen ungeachtet erklärte er schon wenige Jahre später, wie oben gesagt worden, Wilhelm's Tochter für die rechtmäßige Erbin und entriß damit

Sachsen seine Ansprüche. Um Sachsen nun für diesen Verlust zu entschädigen, vermählte der neue Herzog des Gesammtlandes, Johann III., seine ältere Tochter Sibylla 1526 an den nachmaligen Kurfürsten Johann Friedrich den Großmüthigen mit dem Versprechen, daß alle seine Länder an Sachsen fallen sollten, falls sein Sohn Wilhelm ohne männliche Erben stürbe. Seine zweite Tochter Anna vermählte Johann an den König Heinrich VIII. von England, der sich jedoch nach sehr kurzer Ehe von ihr scheiden ließ. Den langwierigen Streit mit dem Hause Egmont wegen des Herzogthums Geldern beendete er 1527 durch friedlichen Vergleich, ja es wurde ihm sogar 1538 die Nachfolge im Herzogthum Geldern und in der Grafschaft Zütphen zugesichert, sobald der damalige kinderlose Herzog Karl mit Tode abginge. Unter ihm geschah es auch, daß sich die evangelische Lehre mit großer Schnelligkeit in seinen Ländern ausbreitete.

Herzog Karl von Geldern starb 1539 bald nach Johann III. Der Sohn des letzteren, Wilhelm (1539—1592) nahm von seinem Lande Besitz; doch auch Kaiser Karl V. machte auf Geldern Ansprüche, die er von seiner Großmutter Maria von Burgund herleitete. Wilhelm suchte zwar, auf den Beistand Frankreichs hoffend, mit den Waffen in der Hand sein Recht zu verfechten, sah sich aber 1543 genöthigt, dies Land dem Kaiser zu überlassen. Bald darauf vermählte er sich sogar mit der Tochter des römischen Königs Ferdinand, der Erzherzogin Maria, und erlangte es vom Kaiser, daß seine Länder nie getheilt werden, und daß seine Töchter und deren Erben succediren sollten, falls seine männliche Nachkommenschaft ausstürbe. Diese Bestimmungen wurden auch von Kaiser Maximilian II. und Rudolf II. bestätigt. Als deshalb seine älteste Tochter Maria Eleonore sich 1573 mit dem Herzog Albrecht Friedrich von Preußen vermählte, wurde ausdrücklich festgesetzt, daß nach dem Abgange der männlichen Erben ihres Hauses diese Länder an sie, ihren Gemahl und ihre Leibeserben fallen sollten, nur sei der Herzog verpflichtet, aus eignen Mitteln den andern Schwestern eine Geld-Entschädigung zu zahlen. Von diesen vermählte sich die zweite, Anna, 1574 mit Philipp Ludwig von Pfalz-Neuburg, und es wurde bestimmt, daß sie die nächste Erbin von den Cleve'schen Ländern sein sollte, falls die älteste Schwester ohne Leibeserben stürbe. Die dritte Tochter Magdalena, die mit dem Pfalzgrafen Johann von Zweibrück, und die vierte, Sibylla, die mit Karl von Oesterreich, Markgrafen von Burgau, vermählt war, erhielten ebenfalls nur die Anwartschaft zugesichert.

Der letzte Herzog Johann Wilhelm (1592—1609) litt an gleicher Gemüths-Krankheit wie sein Vater, was um so betrübender war als der Krieg Spaniens gegen die aufständischen Niederlande auch das clevische Land hart heimsuchte. Bei seinem Tode 1609 traten nun verschiedene Prätendenten auf, welche theils die ganze Erbschaft, theils einzelne Stücke für sich beanspruchten. Es waren dies besonders 1) der Kurfürst Johann Sigismund von Brandenburg, der im Namen seiner Gemahlin Anna die Rechte geltend machen wollte, die von ihrer Mutter Marie Eleonore auf sie übergegangen seien. 2) Der Pfalzgraf Wolfgang Wilhelm von Neuburg, der die Rechte seiner Mutter Anna für sich beanspruchte, indem er behauptete, das Erbrecht sei auf seine Mutter und durch diese auf ihn vererbt, da deren älteste Schwester Maria Eleonore noch vor ihrem Bruder gestorben sei und keine Söhne hinterlassen habe. 3) Das Haus Sachsen, das nach dem oben erwähnten Vertrage regelmäßig die eventuelle Belehnung dieser Länder nachgesucht und erhalten hatte. Außerdem machten das Haus Zweibrück und der Markgraf von Burgau auf Theile der Erbschaft Anspruch; noch drei andere Erben, die ihre Abstammung von früheren Fürsten des ausgestorbenen Hauses nachwiesen, wurden in dem nachfolgenden Streit gar nicht berücksichtigt.

Schon wenige Tage nach Johann Wilhelm's Tode beeilte sich Johann Sigismund von dem Lande Besitz und die Unterthanen in Eid zu nehmen und sandte deshalb seinen Bruder, den Markgrafen Ernst, als Statthalter hierher. Der Pfalzgraf von Neuburg blieb jedoch in seinen Bemühungen nicht zurück und protestirte durch seinen ältesten Sohn Wolfgang Wilhelm gegen die brandenburgische Besitznahme. Kursachsen wandte sich um Hülfe an Kaiser Rudolf II., der die streitenden Parteien vor sich forderte und jede vorläufige Besitz-Ergreifung untersagte. Man war kaiserlicher Seits der Meinung, daß die Macht Brandenburgs auf jede Weise zurückgehalten werden müsse; unmöglich dürfte der Kurfürst, für welchen schon der Anfall von Preußen in Aussicht stände, auch am Rhein sich festsetzen. Die Absicht des Hauses Oesterreich ging deshalb dahin, die schwach begründeten Rechte Sachsens zum Vorwande zu nehmen, das reiche Erbe zunächst in Verwahrsam an sich zu bringen und sich selber in dem Besitze zu behaupten. Diese drohende Gefahr beschleunigte daher den Vergleich, der zwischen Brandenburg und Neuburg den 31. Mai 1609 zu Dortmund dahin abgeschlossen wurde, daß beide, unbeschadet ihrer besonderen Rechte, das Land bis zur Entscheidung des Streites gemeinschaftlich verwalten wollten. Der Kaiser verwarf diesen Vergleich und schickte seinen Vetter, den Erzherzog Leopold, Bischof von Straßburg und Passau, in das Land, der sich nicht nur der Stadt Jülich bemächtigte, sondern auch die Erben vor sich berief und den Unterthanen bei Verlust ihres Vermögens verbot, jenen Gehorsam zu leisten. Mit großer Mühe bewog Johann Sigismund seine Stände, ihm 400,000 Rthlr. zu bewilligen, mit welchen Truppen angeworben wurden, die sich nach dem Rhein hin in Bewegung setzten.

Frankreich, England, Holland so wie viele deutsche Fürsten ermahnten den Kurfürsten zur Nachgiebigkeit und zur Verständigung mit Sachsen, die Union versagte jede Hülfe, da es sich hier nicht um Schutz von altem Besitzthum, sondern um Erwerbung von neuem handle. Dennoch schien es, da der Kurfürst nicht nachgeben wollte, zum Kriege kommen zu sollen. König Heinrich IV. von Frankreich, der persönlich ein Hülfsheer herbeiführen wollte, wurde zwar im Mai 1610 durch Ravaillac ermordet, doch seine Gemahlin Maria von Medici ließ Truppen zu dem Heere stoßen, das die Holländer unter Moritz von Oranien ins Land gesandt hatten. Jülich wurde genommen, der Erzherzog mußte das Land verlassen, aber auch die Hülfstruppen zogen sich zurück.

Sachsen hatte unterdeß vom Kaiser die Belehnung von Cleve erhalten und Sigismund einigte sich mit demselben 1611 zu Jüterbog dahin, daß es Sachsen als dritten gemeinschaftlichen Besitzer der streitigen Länder betrachten wollte. Er entging dadurch der Gefahr, die wiederholt über seinem Haupte schwebte, vom Kaiser in die Acht erklärt zu werden. Doch obgleich der Kaiser diesen Vergleich billigte, kam derselbe nicht zu Stande, da sowohl Pfalz-Neuburg wie auch die Kurfürstin Anna Widerspruch dagegen erhob. So blieb der Zustand der Dinge bis Markgraf Ernst 1613 starb, und der Kurprinz Georg Wilhelm als Statthalter nach Cleve kam. Eigenmächtiges Verfahren desselben veranlaßte einen Bruch der bis dahin bestandenen Einigkeit zwischen Brandenburg und Neuburg; als jedoch Sachsen, das vom Kaiser Matthias abermals mit Jülich 2c. belehnt worden war, daraus Nutzen ziehen wollte, einigten sich der Kurfürst und Wolfgang Wilhelm dahin, daß durch die Vermählung des letzteren mit der ältesten Tochter des Kurfürsten, Anna Sophia, ein engeres Band zwischen beiden Häusern geknüpft werden sollte. Der Pfalzgraf verlangte als Mitgift das ganze Jülich'sche Land; darüber entstand ein heftiger Wortstreit, der endlich in Thätlichkeiten von Seiten des Kurfürsten ausgeartet sein soll. So wenigstens wurde später die Sache erzählt, wenn auch dieser Zusammenhang der Dinge aus andern Gründen bezweifelt werden muß. Nur das steht fest, daß ein vollständiger Bruch eintrat. Wolfgang Wilhelm vermählte sich im November 1613 mit Magdalene, der Schwester des Herzogs Maximilian von Bayern, und suchte an seinem Schwager und dem Kaiser eine kräftige Stütze zu gewinnen, indem er zur katholischen Kirche übertrat. Darauf besetzte er 1614 Düsseldorf, und ein starkes spanisches Heer unter Spinola nahm einen großen Theil des Landes in Besitz. Der Kurfürst, der zur reformirten Kirche übertrat, fand an den Holländern Hülfe, deren Feldherr Moritz von Oranien andere Plätze besetzte. Durch Vermittlung fremder Fürsten kam deshalb 1614 zu Xanten ein neuer Vergleich zu Stande, nach welchem eine

16

Theilung des Landes vorgenommen werden sollte. Das Loos bestimmte das Herzogthum Cleve, die Grafschaften Mark und Ravensberg so wie die Herrschaft Ravenstein für den Kurfürsten, die Herzogthümer Jülich und Berg für den Pfalzgrafen, doch sollte noch eine gemeinschaftliche Landes-Regierung dabei fortbestehen. Da jedoch weder die Holländer Jülich, noch die Spanier Wesel räumen wollten, so kam der Vertrag nicht zur Ausführung, vielmehr blieb der Zustand ein schwankender und fand seine Erledigung erst in sehr später Zeit.

Durch den Vertrag zu Jüterbog hatte sich wieder ein besseres Vernehmen zwischen Brandenburg und Sachsen gebildet. Kurfürst Johann Georg, der mit einer Schwester Johann Sigismund's vermählt war, erneuerte deshalb zu Naumburg im März 1614 die **Erbverbrüderung** nach den Bestimmungen vom Jahre 1587, was jedoch Brandenburg nicht abhielt, seine Erbansprüche auf Cleve auf eigene Hand durchzusetzen.

Noch eines kleinen Besitzthums muß Erwähnung geschehen, das im Jahre 1609 an die Mark zurückfiel; es war dies die **Herrschaft Schwedt.** Eine jüngere Linie des Grafen v. Hohenstein (an der Südseite des Harzes) besaß nämlich im 15. Jahrhundert die freie Herrschaft Heldrungen. Johann v. Hohenstein, der wegen tiefer Verschuldung diese Herrschaft den Grafen von Mansfeld verkaufen mußte, war in die Dienste des Kurfürsten Albrecht Achilles getreten, und dieser belehnte 1478 den Grafen, um seine nützlichen Dienste zu belohnen, mit den Orten Schwedt und Vierraden nebst den dazu gehörigen Dörfern, die zu einer besonderen Herrschaft verbunden worden waren. Der jüngere Sohn des Grafen, Wolfgang, veranlaßte den Kurfürsten Joachim I. 1515 dem Orte Schwedt Stadtgerechtigkeit zu verleihen, und verlegte seinen Sitz von Vierraden hierher. Mit dem Grafen Martin, der zugleich das Heermeisterthum der Johanniter zu Sonnenburg bekleidete, starb diese Familie 1609 aus, und ihr Ländchen fiel als eröffnetes Lehn an den Kurfürsten zurück.

Von besondrer Bedeutung für die Mark wurde der Uebertritt Johann Sigismund's zur reformirten Kirche. Seine Brüder Markgraf Ernst und Johann Georg von Jägerndorf hatten diesen Schritt bereits früher gethan. Am 18. December 1613 erklärte der Kurfürst vor dem versammelten Staatsrath so wie den Geistlichen von Berlin und Cöln, daß, wie er sich nicht anmaße, seinen Unterthanen irgendwie einen Zwang in Glaubenssachen anzuthun, auch er seinerseits das Recht für sich in Anspruch nehme, seiner Ueberzeugung zu folgen. Er ließe ihnen die Freiheit, die Bilder, Meßgewänder ꝛc. auch ferner in ihren Kirchen beizubehalten, verbiete aber alles Schmähen und Schimpfen auf den Kanzeln gegen Andersgläubige. Fast der ganze Staatsrath trat ebenfalls zur reformirten Lehre über, die Geistlichen jedoch erinnerten den Kurfürsten an das schriftliche Versprechen, das er seinem Vater gegeben, bei der lutherischen Lehre zu bleiben. Johann Sigismund wies aber diese Bemerkung zurück, da in Glaubenssachen eine solche Verpflichtung nicht bindend sein könne. Joachim II. und sein Bruder Johann hätten sogar dem Vater das eidliche Versprechen ablegen müssen, bei der katholischen Lehre zu bleiben, hätten sich aber dessen ungeachtet der Reformation zugewendet. — Darauf nahm er am 25. December 1613 öffentlich in der Domkirche das Abendmahl nach reformirter Weise.

Dieser Uebertritt brachte im ganzen Lande eine überaus große Aufregung hervor. Der ungeberdige Eifer, den die lutherische Geistlichkeit seit langer Zeit durch die lästerlichsten Schimpfreden in ihren Predigten gegen die Reformirten gezeigt, und der den Kurfürsten mit so gerechtem Unwillen erfüllt hatte, daß eben darin seine Abneigung gegen die lutherische Lehre gesucht werden muß, brach mit erneuter Heftigkeit aus und konnte so wenig durch eine scharfe Verordnung dagegen (Februar 1614) gedämpft werden, daß mehrere der ärgsten Eiferer von ihrem Amte entfernt werden mußten. Zur Beruhigung des Landes machte der Kurfürst im Mai 1614 sein Glaubens=Bekenntniß öffentlich bekannt, doch weder dieser Schritt noch sein Erbieten, sich über seine angeblichen Irrthümer von den lutherischen Geistlichen belehren zu lassen, vermochte die gereizte Stimmung zu unterdrücken, ja sie brach namentlich in Berlin in offenen Aufstand aus. Der Statthalter, Markgraf Johann Georg, ließ nämlich, während der Kurfürst auf einer Reise nach Preußen begriffen war, zur Osterzeit 1615 aus der Domkirche allen kirchlichen Schmuck entfernen, was den Kaplan an der Petrikirche, Peter Stuler, veranlaßte, öffentlich dagegen zu predigen, wobei er es sogar an Schimpfreden gegen den Kurfürsten und den Statthalter nicht fehlen ließ, indem er auf den Schutz der Kurfürstin rechnete, welche der lutherischen Lehre treu ergeben geblieben war. An demselben Abend jedoch, wo er zu seiner Sicherheit, wie er meinte, die Stadt verließ, erhob sich in Cöln ein Aufruhr. Ein großer Haufen von Menschen übte Unfug aller Art aus, den selbst das persönliche Erscheinen des Statthalters nicht zu verhindern vermochte; vielmehr mußte der Markgraf der Gewalt weichen und ins Schloß zurückkehren. Darauf zertrümmerte die Rotte die Wohnung des Hofpredigers Füsset, der mit seiner Familie nur durch die Flucht über das Dach seines Hauses sich rettete. Durch das Eintreffen des Kurfürsten und durch die von demselben angeordneten Vorsichts=Maßregeln wurde weitere Ruhestörung verhindert; die Unruhstifter selber blieben ungestraft, nur Peter Stuler begab sich nach Wittenberg und erfuhr später dort den Ausgang des gegen ihn beim Schöppenstuhl in Leipzig angestrengten Prozesses, der auf Landes-Verweisung erkannte. Auch in andern Städten kam es zu ähnlichen ärgerlichen Auftritten, ja die Stände verweigerten sogar neue Geldbewilligungen, die von ihnen gefordert wurden, wenn sie nicht in Bezug auf ihre religiöse Meinung zuvor sicher gestellt, und wenn nicht alle Schul= und Kirchenämter mit Lutheranern besetzt würden. Ersteres versprach ihnen der Kurfürst, Letzteres jedoch verweigerte er entschieden, da ihn nichts von dem abbringen könne, was er für wahr erkannt hätte. Wie hier in der Mark wurde auch in Preußen der Uebertritt des Kurfürsten zur reformirten Lehre mit Unwillen aufgenommen; durch das ganze Land entstand eine Spannung zwischen dem Fürsten und dem Volke, die um so gefährlicher war, je drohender sich die Verhältnisse von allen Seiten her bildeten.

Bei seinem Aufenthalt in Preußen 1618 hatte der Kurfürst das Unglück, wiederholt vom Schlagfluß getroffen zu werden. Sobald er es vermochte, reis'te er 1619 nach Berlin zurück, übergab den 22. November seinem Sohne Georg Wilhelm die Regierung, und verließ das Schloß, um als Privatmann in Berlin zu leben. Doch schon am 23. December 1619 starb er in einem Alter von 47 Jahren.

Man hat den Kurfürsten wohl der Charakterlosigkeit beschuldigt, und es läßt sich nicht leugnen, daß er oft nicht die Energie entwickelte, welche wünschenswerth gewesen wäre; dagegen muß anerkannt werden, daß er überall mit der größten Gewissenhaftigkeit zu Werke ging, daß ihn nie der Gedanke verließ, er sei „seines Gottes Diener und Statthalter", und daß es seine Aufgabe wäre, „als lieber und getreuer Knecht erfunden zu werden." Dieser fromme Sinn, der alle seine Handlungen leitete, war es, der ihn zur reformirten Kirche übertreten ließ, um „die Ruhe seines Gewissens zu wahren", an der ihm um so mehr gelegen sein mußte, je größer die Gefahren waren, die ihn von allen Seiten bedrohten. Wenn er mehr als einmal nahe daran war, der Acht zu verfallen, welche ihm einen ähnlichen Ausgang wie dem sächsischen Kurfürsten Johann Friedrich drohte; wenn er seine unbestrittenen Anrechte auf die Jülich'sche Erbschaft von allen Seiten angegriffen sah, und kein Freund ihm zur Seite stehen wollte (er war deshalb auch 1617 aus der Union getreten und nur „correspondirender" geblieben); wenn in seinem eignen Lande, auch vor seinem Religions=Wechsel, das Interesse für die neue Erwerbung ein so geringes war, daß er auch hier kaum irgend welche Hülfe finden konnte: so waren es besonders die Trostsprüche der Psalme, die ihn nicht verzweifeln ließen, denn „die auf den Herrn hofften, würden nicht fallen, sondern ewig bleiben." Und diese Hoffnung hat nicht getäuscht. Wie Johann Sigismund zu der territorialen Macht Preußens recht eigentlich den Grund gelegt, so hat er zugleich klaren, festen Sinnes den Keim zu geistiger Freiheit gepflegt, von dem ein neuer Forscher sagt, daß zwar noch furchtbare Wetter durchlitten werden mußten, ehe sein Frühling kam, daß dieser aber gekommen, und daß Gott sein Gedeihen gegeben habe.

10. Georg Wilhelm. 1619—1640.

Die Regierungszeit dieses Fürsten ist eine höchst unglückliche und verderbliche für das Land gewesen. Die Mark hatte seit dem Ende des fünfzehnten Jahrhunderts in tiefem Frieden gelebt, war mehr als 100 Jahre hindurch durch die Weisheit ihrer Fürsten vor Kriegen bewahrt worden; unter Georg Wilhelm gerieth sie in den Abgrund des entsetzlichsten Elends. Den Grund davon hat man sehr oft dem Kurfürsten selber und seinem Kanzler Adam v. Schwarzenberg zugeschrieben, ohne zu erwägen, ob die damaligen Verhältnisse nicht stärker als die Menschen waren. Das zwar ist unbestritten, daß die geringe Energie Georg Wilhelm's das Uebel vergrößerte, wenn auch seine Gesinnung an und für sich eine ehrenwerthe war. Sehr scharf zeichnete er sich selber, als er 1626 darüber klagte, „daß keiner seiner Räthe ihn mit klugem Rathe unterstütze. Hiob's Geduld werde gepriesen, weil er von Gott heimgesucht worden; die sich aber von Menschen durch Stillsitzen das Ihrige nehmen ließen, würde kein Historienschreiber loben können. Alle Welt müßte ihn für eine feige Memme halten, wenn er so ganz still sitzen sollte. Es sei besser, mit Ehren gestorben als in Schande gelebt." Je mehr ihm aber bei so richtiger Einsicht das eigne Vertrauen fehlte, daß er selber der Mann sei, von dem der Anstoß zu kräftigem Handeln ausgehen müsse, je mehr ihm die feste Beharrlichkeit abging, das einmal für richtig Erkannte mit aller Energie durchzuführen, desto mehr mußte sein zaghaftes Schwanken sein Ansehn bei Freund wie Feind verringern. Graf Adam v. Schwarzenberg, so ist vielfach die Meinung ausgesprochen, habe diese Schwäche trefflich zu benutzen verstanden, um für den Kaiser zu wirken, in dessen Interesse er, ein Katholik und Ausländer, gearbeitet habe. Es ist in neuerer Zeit nachgewiesen, daß die Anschuldigungen, die man gegen Schwarzenberg erhoben hat, theils übertrieben, theils falsch sind. Er war in Jülich-Cleve ansässig, und herzoglicher Rath Johann Wilhelm's gewesen; er hatte dem Kurhause bei der Besitznahme jener Länder so ausgezeichnete Dienste geleistet, daß er vom Kaiser deßhalb in die Acht erklärt, dagegen von Johann Sigismund mit der Leitung der dortigen so schwierigen Verhältnisse betraut worden war. Auch Georg Wilhelm hatte ihn dort als so gewandten Staatsmann kennen gelernt, daß er ihm zweimal (1625—30, 1635—40) die Regierung seiner Länder übertrug, und wenn er in dieser Stellung nicht das geleistet, was von ihm erwartet wurde, so lag der Grund davon nicht sowohl in seinem bösen Willen als in seiner Kraft, andrerseits aber in dem Widerstande andrer einflußreicher Männer, welche das Vertrauen des Kurfürsten besaßen, so wie in dem Volke selber, das gut kaiserlich gesinnt war.

Der Kurstaat hatte zwar in der letzten Zeit bedeutend an Umfang gewonnen, doch sollten die einzelnen Theile desselben erst anfangen, sich in einander einzuleben, von einer gemeinschaftlichen Kraft des Ganzen war mithin noch gar nicht die Rede. In Preußen versagten die Stände dem Kurfürsten die Erbhuldigung, da er Calvinist sei, König Siegmund von Polen verweigerte die Belehnung, weil der Kurfürst seine zweite Schwester Marie Eleonore 1620 an König Gustav Adolf von Schweden vermählt hatte, mit dem damals Polen in Krieg begriffen war; nur durch Bestechung der polnischen Landstände gelang es dem Kurfürsten, 1621 die Belehnung zu empfangen. Die Clevschen Lande wurden ihm durch den Kaiser, durch Spanien und die Pfalz streitig gemacht; sie verlangten Hülfe, konnten aber nicht herangezogen werden, eine consequente Politik des Kurfürsten durchzuführen. Dieser war also vorzugsweise auf die Mark angewiesen; hier aber stand es traurig genug. Schon früher hatten die Landstände nur ungern Gelder bewilligt, die Clevsche Erbschaft zu behaupten, so daß Johann Sigismund eine bedeutende Schuldenlast hinterlassen hatte. Der alte kriegerische Geist des Volkes war erstorben, die Scheu vor jedem Kosten-Aufwande bewirkte, daß weder der Adel noch die Städte die nöthige Mannschaft zu der Musterung stellten, die 1610 wegen der Jülich'schen Angelegenheiten angeordnet wurde. Eben so spärlich wurden aber auch die Mittel zur Anwerbung von Söldnern bewilligt, und vergeblich waren die Mahnungen des Kurfürsten beim Ausbruch der böhmischen Unruhen, sich für den Krieg zu rüsten. Eben diesen Widerwillen gegen den Krieg vermochte auch Georg Wilhelm nicht zu besiegen; ihm fehlte die rücksichtslose Energie, welche die Sache ergreift, wenn auch die Person Schaden dabei erleidet. Die Bevölkerung, noch immer mit dem Kurhause zerfallen, hoffte von dem Kaiser den Schutz, den sie in der eignen Kraft hätte suchen sollen; sie drang auf unbedingten Anschluß an den Kaiser, der doch nach den Erfahrungen des Kurfürsten dem Hause Brandenburg entgegen wirkte, und den die kaiserlichen Räthe zu bewegen suchten, in keinem Falle die Jülich'sche Erbschaft in die Hände Brandenburgs gelangen zu lassen, damit dies nicht zu mächtig und eine Stütze des Protestantismus in Nord-Deutschland werden möchte. Die Maßregeln, die darauf der Kaiser ergriff, und von denen oben gesprochen worden ist, hatten schon Johann Sigismund veranlaßt, sich — wenigstens eine Zeit lang — der Union anzuschließen, um von ihr Beistand zu erlangen. Derselbe Grund bestimmte auch Georg Wilhelm, dem

Kaiser entgegen zu treten und es, wenn auch zunächst nur im geheimen, mit den aufständischen Böhmen zu halten, von denen die Losung zu dem Kriege gegeben worden war, der **dreißig Jahre** lang unsägliches Elend über Deutschland und über die Mark insbesondere gebracht hat.

Nach dem Augsburger Religionsfrieden 1555 hatte die Weisheit des Kaisers **Ferdinand I.** (1556—1564) so wie seines Sohnes **Maximilian's II.** (1564—1576) den Frieden in Deutschland zu erhalten gewußt. Anders stellte sich jedoch die Sache, als der ältere Sohn des letzteren, **Rudolf II.** (1576—1612) die Regierung führte. Es ist schon oben der Reibungen gedacht, welche die correspondirenden protestantischen Fürsten veranlaßten, 1608 zu einer **Union** zusammen zu treten; dieselbe wurde 1609 und 1610 noch enger geknüpft, was die katholischen Fürsten bewog, 1610 zu Würzburg eine **Ligue** zu bilden, deren Haupt der energische Herzog Maximilian von Bayern war. Unterdeß waren in der kaiserlichen Familie selber Streitigkeiten ausgebrochen. Kaiser Rudolf bekümmerte sich um die Regierungsgeschäfte so wenig als möglich, Ungarn war im Begriff sich von dem Hause Oesterreich loszureißen. Die Brüder des Kaisers erklärten deshalb den Erzherzog Matthias zum Haupt der Familie, und dieser zwang Rudolf, ihm Ungarn, Mähren und Oesterreich abzutreten so wie die Nachfolge im Königreich Böhmen ihm zuzusichern. Um seine neuen Unterthanen für sich zu gewinnen, bewilligte er den Protestanten unter ihnen Religionsfreiheit; durch gleiche Vergünstigungen suchte auch Rudolf Böhmen, Schlesien und die Lausitz an sich zu fesseln, indem er ihnen 1609 den s. g. **Majestätsbrief** gab. Doch schon 1612 zwang Matthias seinen Bruder, auch diese böhmischen Länder ihm zu überlassen. Kurz darauf starb Rudolf 1612, sein Nachfolger wurde **Matthias** (1612—1619).

Die Nachsicht, die derselbe gegen die Protestanten zeigte, bewog die strengkatholische Partei dahin zu wirken, daß ihm ein eifriger Katholik als Nachfolger gegeben werden möchte, da Matthias wie seine Brüder keine Söhne hatten. Niemand war mehr dazu geeignet als **Ferdinand**, Herzog von Steyermark, Kärnthen und Krain, ein Enkel Kaiser Ferdinand's von dessen jüngerem Sohne, der mit Hülfe der Jesuiten die evangelische Lehre in seinen Erblanden ausgerottet hatte. Zu seinen Gunsten entsagten die beiden Brüder von Matthias, der Erzherzog Maximilian und Albrecht, die beide schon bejahrt waren, der Erbfolge, und Matthias wurde genöthigt, ihm 1617 die Erwählung in Böhmen zu verschaffen, 1618 in Ungarn. Darauf suchte Matthias auch die deutsche Krone für Ferdinand zu gewinnen, doch Brandenburg, die Pfalz und die Union sträubten sich, in diese Wahl zu willigen. Während sie jedoch noch einen Mitbewerber aufsuchten, erfolgte am

$\frac{13}{23}$. Mai 1618 das verhängnißvolle Ereigniß in Prag, das Deutschlands Wohlstand auf lange Zeit vernichtete.

Die Verletzung des Majestäts-Briefes veranlaßte die kraft desselben eingesetzten böhmischen Defensoren, den Grafen Heinrich Matthias v. Thurn an der Spitze, bei den kaiserlichen Räthen um Abhülfe zu bitten. Mit ihrer Klage abgewiesen warfen sie an dem vorhin genannten Tage zwei der ihnen ungünstigen Räthe nebst dem kaiserlichen Schreiber aus den oberen Fenstern des Schlosses hinaus. Mit Recht die Strafe des Kaisers fürchtend setzten sie eine Regierungs-Behörde ein und rüsteten sich zum Kriege, da sie auf den Beistand Hollands rechnen konnten. Vergeblich versuchte Matthias den Weg der Güte, die Böhmen zum Gehorsam zurück zu führen, Ferdinand wählte den der Gewalt. Darüber starb Matthias im März 1619 hin. Die Böhmen widerriefen Ferdinand's Wahl zu ihrem König, da derselbe seine Zusagen gebrochen hätte, und wollten im Verein mit Brandenburg und Pfalz den Herzog Maximilan von Bayern zum deutschen Kaiser erheben. Da letzterer jedoch auf die Wahl verzichtete, die böhmischen Abgesandten zum Reichstage nicht zugelassen wurden, traten auch Brandenburg und Pfalz der Majorität bei, welche im August 1619 Ferdinand II. gewählt hatte (1619—1637). Fast gleichzeitig hatten aber die Böhmen den Kurfürsten Friedrich V. von der Pfalz zu ihrem Könige gewählt.

Sie hatten bei dieser Wahl sowohl auf die Unterstützung der Union gerechnet als auch auf die Hülfe des Königs Jacob I. von England, dessen Schwiegersohn Friedrich V. war. Die Union blieb jedoch neutral oder wollte nur die Pfalz vertheidigen, und der König schickte nur ein Freicorps von 2—3000 Mann zu Anfang 1620 in England geworbener Truppen, welche ihren Zug auch durch die Mark nahmen, von Mangel und Elend aber aufgerieben wurden, ehe sie den Feind gesehen hatten. Markgraf Johann Georg von Jägerndorf, der sich Friedrich V. angeschlossen, warb in der Mark Truppen, und große Vorräthe von Pulver lagen in Berlin für den König bereit, als die Nachricht anlangte, daß Friedrich V. am 8. November 1620 (neuen Styls) auf dem weißen Berge bei Prag geschlagen sei. Sie erregte großen Jubel in der Mark, da man in dieser Niederlage das Strafgericht Gottes erkannte. Die 1000 Mann zu Fuß und 300 Reiter, welche Georg Wilhelm mit vieler Anstrengung zu Anfang des Jahres 1620 zum Schutze des Landes aufgebracht hatte, mußten im Sommer 1621 wieder entlassen werden, da die Stände jede weitere Geldbewilligung für dieselben als unnöthig verweigerte. König Friedrich nahm mit seiner Gemahlin seine Flucht durch die Mark, der Kaiser, von Sachsen und Bayern kräftig unterstützt, unterdrückte blutig den Aufstand in Böhmen, führte gewaltsam den Katholicismus wieder ein und nahm die Güter der geächteten Anführer in Beschlag, darunter auch das Herzogthum Jägerndorf, von wo Johann Georg sich geflüchtet hatte.

Auch über Friedrich sprach der Kaiser eigenmächtig die Acht aus, Bayern eroberte die Ober-, Spanien die Unterpfalz; die Anstrengungen, welche Ernst v. Mansfeld, Friedrich von Baden-Durlach und Christian von Braunschweig machten, sich dem Kaiser zu widersetzen, nachdem sich die Union aufgelös't hatte, und dem entthronten König wenigstens sein Erbland zu retten, schlugen fehl. Der Kaiser gab 1623 die Oberpfalz nebst der pfälzischen Kurwürde an Maximilian von Bayern als Entschädigung für seine Kriegskosten, ungeachtet Brandenburg und Sachsen dagegen protestirten, da nun das Kurfürsten-Collegium fünf katholische und nur zwei protestantische Mitglieder zählte. Deßhalb wurde vom obersächsischen Kreise der Beschluß gefaßt, Truppen aufzustellen, zu denen auch Brandenburg 6000 Mann im eignen Lande warb; doch schon nach kurzer Dienstzeit wurden dieselben wieder entlassen, da Sachsen sehr bald dadurch von dem Kaiser gewonnen wurde, daß dieser ihm die Lausitz für den Kriegs-Aufwand verpfändete.

Erst jetzt, als ganz Süd-Deutschland in den Händen des Kaisers war, und Friedrich seine Länder nicht zurückerhielt, wollte König Jacob seinem Schwiegersöhne Hülfe bringen und verwendete im Verein mit Holland ansehnliche Summen zur Aufbringung eines Heeres in Nieder-Sachsen, zu dessen Führung König Christian IV. von Dänemark als Herzog von Holstein gewählt wurde, der von Christian von Braunschweig und Ernst v. Mansfeld unterstützt werden sollte. Gegen dieselben rückte das liguistische Heer unter Tilly und das neu geworbene kaiserliche unter Wallenstein heran. Kurfürst Georg Wilhelm erklärte sich zwar für neutral, konnte es aber nicht verhindern, daß auch die Mark der Schauplatz des Krieges wurde. Die Dänen drangen nämlich in die Altmark ein, und Mansfeld rückte durch die Mittelmark gegen die Elbe vor, um die kaiserlichen Erblande anzugreifen. Das Land litt dabei so furchtbar, daß die Stände endlich 1626 dem Kurfürsten 100,000 Rthlr. auf sechs Monate bewilligten, um dafür 3000 Mann in den vier Festungen des Landes zu unterhalten. Diese konnten es natürlich nicht verhindern, daß Mansfeld, nachdem er im April 1626 bei der Dessauer Brücke von Wallenstein besiegt worden war, nach der Mark flüchtete, das Land hart bedrückte, sich hier verstärkte und dann über Frankfurt nach Schlesien zog. Mit ihm war der Administrator von Magdeburg, Markgraf Christian Wilhelm vereinigt, der Oheim des Kurfürsten, der Partei gegen den Kaiser ergriffen hatte. Beide wollten nach Ungarn, um sich mit Bethlen Gabor, dem Fürsten von Siebenbürgen und Schwager des Kurfürsten, zu verbinden. Ihnen folgte Wallenstein, der zwar die Mark nicht berührte, aber starke Natural-Lieferungen aus derselben bezog. Unterdeß wurde auch Christian IV. im August 1626 bei Lutter am Barenberge von Tilly besiegt; ein Theil des geschlagenen Heeres zog sich nach der Mark, wohin auch Tilly folgte, viele Orte besetzte und den Kurfürsten zwang, die Uebertragung der Kurwürde an Bayern anzuerkennen und sämmtliche Märker aus dem dänischen Heere zurückzurufen. Ebenfalls hierher nach der Mark kam auch Wallenstein 1627, nachdem er die Trümmer des Mansfeldischen Heeres aus Schlesien vertrieben hatte; diese aber nahmen unter dem Markgrafen Christian Wilhelm und dem Grafen v. Thurn ihren Weg nach der Neumark, wo sie von den verfolgenden Kaiserlichen gänzlich geschlagen und zersprengt wurden, so daß der erstere nach Dänemark flüchtete, der letztere in die Dienste Gustav Adolf's trat. Das Land litt bei diesen Kriegszügen fürchterlich, da es nicht nur die Truppen unentgeltlich nähren, sondern auch schwere Kriegssteuern zu ihrer Löhnung zahlen mußte. Als dann Tilly und Wallenstein vereint das dänische Heer nach Holstein verfolgten, hielt man in der Mark die Gefahr für beseitigt, und die Stände zwangen den Kurfürsten die schon geringe Zahl der Truppen auf 900 Mann zu ermäßigen, da man mit dem Kaiser freundschaftlich stände und von demselben nicht Bedrückung, sondern Schutz zu erwarten hätte.

Während Tilly nach den Wesergegenden ging, sich gute Winterquartiere zu suchen, verfolgte Wallenstein die Dänen durch Schleswig und Jütland und trieb sie nach den Inseln hinüber, ihnen noch glühende Kugeln nachsendend. Dann ging er im Winter 1627 persönlich zum Kaiser, und beauftragte seinen Feldmarschall den Grafen v. Arnim, einen gebornen Märker, nicht nur Mecklenburg, sondern auch Pommern und namentlich die dortigen Häfen zu besetzen, so sehr sich auch der Herzog Bogislaw von Pommern sträubte, kaiserliches Kriegsvolk in sein Land einzulassen. Der Kaiser aber, der schon früher an Wallenstein für seine gemachten Vorschüsse 1624 das Herzogthum Friedland und 1627 das Herzogthum Sagan überlassen hatte, räumte ihm jetzt für seine Forderung von mehr als 3 Mill. Gulden die beiden Herzogthümer Mecklenburg als Unterpfand ein. Zu dem Ende waren am 1. Februar 1628 die dortigen Herzöge ihrer Länder für verlustig erklärt worden, da sie mit den Dänen gemeinschaftliche Sache gemacht und sich gegen das Reich verschworen hätten. Wallenstein, jetzt Reichsfürst, ließ im April 1628 die Huldigung der neu erworbenen Lande für sich einnehmen.

Die Ansprüche Brandenburgs auf Mecklenburg blieben hierbei unbeachtet, und die Mark wurde aufs neue durch das Wallensteinsche Heer hart bedrängt. Dasselbe hatte sich auf wenigstens 100,000 Mann vermehrt und bezog seine Winterquartiere zum Theil in der Mark, ja sogar mußten von hier aus noch Truppen Monate lang unterhalten werden, die in Mecklenburg lagen, damit Wallenstein seinen neuen Landen einige Erleichterung verschaffen möchte. Vergeblich hatte Georg Wilhelm schon auf dem Kurfürstentage zu Mühlhausen 1627 mit dem Kaiser verhandelt und eine Aussöhnung desselben mit dem geächteten Friedrich V. herbeizuführen gesucht, und eben so vergeblich war im August 1628 die Sendung des Schwarzenberg nach Wien, um durch unmittelbare Besprechung mit dem Kaiser Erlösung von dem Drucke des Wallensteinschen Heeres zu bewirken, so wie die Zurückgabe der Fürstenthums Jägerndorf an den Sohn des geächteten Margrafen Johann Georg und Genehmigung der Theilung, die der Kurfürst mit dem Pfalzgrafen von Neuburg in Bezug auf die Jülich'sche Erbschaft eingegangen war. Alle Bitten wurden abgewiesen, dabei aber noch darüber Klage geführt, daß die Berliner Zeitungen freier und ärger gegen den Kaiser schrieben als irgend welche andre, da sie alles nur mögliche Nachtheilige von der kaiserlichen Macht erzählten, dagegen nur Gutes von deren Feinden. Eben so war schon früher mißfällig bemerkt worden, daß in der Domkirche zu Berlin die Fürbitte für den Kaiser außer Gebrauch gekommen sei.

Den Krieg gegen Dänemark zu beenden, fehlte es Wallenstein an einer Flotte; da überdies eine Landung der Schweden zu befürchten stand, so ließ er sich zum „General des oceanischen und baltischen Meeres" vom Kaiser ernennen und beschloß, selber in den pommerschen Häfen eine Flotte auszurüsten, zu der auch Spanien bedeutende Geldmittel gewährte. Auch Stralsund sollte kaiserliche Besatzung einnehmen oder sich durch große Geldsummen davon loskaufen. Die Stadt verweigerte beides und wurde durch Dänemark und Schweden unterstützt, als Graf Arnim sie deshalb belagerte. Jedoch weder diesem noch Wallenstein selber wollte es gelingen, die Stadt zu unterwerfen, ungeachtet sich letzterer vermaß, nicht eher von derselben zu weichen, bis er sie erobert hätte und „sollte er auch davor geschunden werden", da „Stralsund sein werden müsse, wäre es auch mit Ketten an den Himmel geschlossen." Nach mehrmonatlichen vergeblichen Anstrengungen mußte er die Belagerung im August 1628 aufgeben. Seitdem war er darauf bedacht, sein neues Herzogthum Mecklenburg zu schützen, und dies bewog ihn, dem Kaiser zum Frieden mit Dänemark zu rathen, der auch im Mai 1629 zu Lübeck zu Stande kam. Man verzichtete gegenseitig auf die Kriegskosten, Dänemark bekam alles Verlorne wieder zurück und versprach nur, sich ferner nicht in die deutschen Angelegenheiten zu mischen.

Der Kaiser, jetzt unbestrittener Herr in Deutschland, schien den

Ausspruch Wallenstein's wahr machen zu wollen, daß es keiner Kurfürsten und anderer Fürsten mehr bedürfe, daß er allein Herr in Deutschland sein müsse wie die Könige von Spanien und Frankreich in ihrem Lande. Wie er Wallenstein mit Mecklenburg, so hatte er Tilly und andere Generale mit Gebieten ausgestattet, deren frühere Besitzer geächtet worden waren. Eben so erließ er nun den 6. März 1629 das berüchtigte Restitutions-Edikt selbst ohne Zuziehung der katholischen Stände, kraft dessen alle seit dem Passauer Vertrag eingezogenen Kirchengüter herausgegeben — es waren darunter allein zwei Erzbisthümer und zwölf Bisthümer —, die katholischen Fürsten in Gegenreformation nicht gehindert und nur die Anhänger der unveränderten Augsburger Confession — also namentlich keine Reformirten — geduldet werden sollten. Zunächst in Süd-, dann aber auch in Nord-Deutschland wurde dieser Befehl mit militairischer Hülfe zur Ausführung gebracht. Schon früher hatte Magdeburg befürchtet, daß der Kaiser einen katholischen Erzbischof hier einsetzen möchte, da der Administrator, Markgraf Christian Wilhelm, sich offen den Dänen angeschlossen, und hatte im Januar 1628 den Prinzen August von Sachsen, Sohn des Kurfürsten Johann Georg I., zum Coadjutor gewählt. Der Kaiser genehmigte diese Wahl nicht, sondern verlangte die Einsetzung seines jüngeren Sohnes Leopold Wilhelm zum Erzbischof, der bereits mit päpstlicher Zustimmung Bischof von Straßburg, Passau und Halberstadt war und nun auch noch Erzbischof von Magdeburg und Bremen werden sollte. Da Magdeburg sich überdies weigerte, kaiserliche Besatzung aufzunehmen, so sollte es jetzt dazu gezwungen werden, und schon im März 1629 begann die Blokade; dieselbe zog sich bis Ende des September hin und brachte zwar der Stadt großen Schaden, wurde aber endlich durch Vermittlung der Hanse aufgehoben, ohne daß Magdeburg Truppen einzunehmen oder Kriegsgelder zu zahlen hatte. Dagegen wurden nun Brandenburg die drei Bisthümer Brandenburg, Havelberg und Lebus nebst dem Betrag der Einkünfte seit 50 Jahren, Sachsen die Bisthümer Meißen, Merseburg und Zeiz abgefordert. Alles Protestiren dagegen war erfolglos; der Protestantismus stand in Gefahr, gänzlich unterdrückt zu werden.

Aber auch die Ligue und namentlich ihr Führer Kurfürst Maximilian von Bayern sah, daß mit der Vernichtung der Protestanten auch ihre Stellung eine unhaltbare werden müsse. Deßhalb erklärte sie, keins der Länder, die sie in Besitz hielt, eher herauszugeben, bis sie für ihre Kriegskosten von dem Kaiser entschädigt worden sei. Von allen Seiten, namentlich aber von Brandenburg und Pommern, wurden jetzt die bittersten Klagen gegen Wallenstein und sein Heer erhoben, wie durch dasselbe ihre Länder ausgesogen und zu einer Wüste gemacht würden, die Einwohner wie die Fürsten selber zu Bettlern. Auf dem Reichstage zu Regensburg, der im Februar 1630 eröffnet wurde, verlangten die Fürsten Abhülfe ihrer Beschwerden, ehe sie über die Wahl des Sohnes von Kaiser Ferdinand zum römischen Könige beriethen. Katholiken wie Protestanten waren darin einig, daß Wallenstein abgesetzt und das Heer entlassen oder doch vermindert werden müßte, da kein Grund zur Fortsetzung des Krieges vorhanden sei. Diesen einmüthigen Vorstellungen sah sich endlich der Kaiser gezwungen nachzugeben. Wallenstein, der bereits sein Schicksal in den Sternen gelesen, kam der Aufforderung des Kaisers willig entgegen, den Oberbefehl niederzulegen. Doch behielt der Kaiser noch 40,000, die Ligue 30,000 Mann unter Waffen.

Die deutschen Fürsten waren zu diesem Widerstande gegen die kaiserliche Uebermacht besonders von Frankreich insgeheim aufgeregt worden, wo der Cardinal Richelieu mit kluger Entschlossenheit für König Ludwig XIII. die Regierung führte. Wie Heinrich II. und Heinrich IV. zur Hülfe für die deutschen Protestanten sich willig gezeigt hatten, um vereint mit denselben das kaiserliche Uebergewicht herabzudrücken, so ging auch jetzt Richelieu's Sorge dahin, daß der Kaiser nicht auf den Trümmern der deutschen Fürstengewalt eine Macht gründen möchte, die im Verein mit Spanien gefährlicher für Europa werden könnte als es die vielfach beschränkte Karl's V. gewesen war. Demnach trat Frankreich als Feind gegen Oesterreich auf, zunächst jedoch nur dadurch, daß es, da König Christian IV. von Dänemark seine Rolle schlecht durchgeführt hatte, einen andern Fürsten zum Gegner des Kaisers aussuchte, und daß es, als es denselben in dem Schweden-König Gustav Adolf gefunden zu haben glaubte, seinen ganzen Einfluß in Bewegung setzte, demselben freie Hand zu einem Kriege gegen den Kaiser zu verschaffen.

Ein Enkel des Königs Gustav Wasa und zugleich Neffe des polnischen Königs Siegmund II. war in der katholischen Lehre erzogen und 1587 als Siegmund III. zum Könige in Polen erwählt worden; nach dem Tode seines Vaters war er 1594 zugleich König von Schweden geworden. Die Schweden waren aber bei ihrer streng-protestantischen Gesinnung über den Katholicismus desselben unzufrieden, noch mehr aber darüber, daß er seinen Aufenthalt in Polen nahm. Da er weder nach Schweden übersiedeln, noch seinen ältesten Sohn Wladislaw dorthin schicken wollte, damit dieser in der protestantischen Lehre erzogen würde und später den Thron bestiege, so setzten ihn die Schweden 1600 ab und übertrugen die Krone seinem Oheim Karl IX. von Södermannland, der auch 1604 den Königstitel annahm. Dies veranlaßte Siegmund zum Kriege gegen Schweden, und dieser Krieg vererbte auf

Karl's IX. Sohn Gustav Adolf (1611—1632), der ihn namentlich durch eine Landung bei Pillau 1626 erneuerte. Er besetzte nicht nur diese Festung, um sich für den Nothfall den Rückzug zu sichern, sondern verlangte auch von dem Oberrath, dem der Kurfürst während seiner Abwesenheit die Regierung in Preußen übertragen hatte, Neutralität. Georg Wilhelm wurde dadurch in die größte Verlegenheit gesetzt. Man warf ihm polnischer Seits vor, daß er Pillau freiwillig dem Könige ausgeliefert hätte, und öffentliche Stimmen drangen darauf, daß man sich der Person des Kurfürsten sowie seines Landes bemächtigen müsse. Georg Wilhelm warb deshalb in der Mark zu Anfang 1627 ein Heer von 4000 zu Fuß und 600 Reitern, das später auf 7000 Mann gebracht wurde, und führte dasselbe nach Preußen, um dort die Grenzen gegen die Polen und Schweden zu sichern. Doch versagten die preußischen Landstände ihre Beihülfe, sie suchten vielmehr ein eignes Heer aufzubringen, um eine selbständige Stellung einnehmen zu können, und so sah sich der Kurfürst bald von Polen bedrängt, Hülfe zu leisten, bald von Schweden, neutral zu bleiben. Der Krieg aber zwischen diesen beiden wurde noch erbitterter, als Wallenstein auf des Kaisers Geheiß den Grafen v. Arnim mit vier Regimentern zu Fuß und 3000 Reitern 1629 den Polen zu Hülfe schickte. Endlich jedoch brachten es die Bemühungen des Kurfürsten, der dabei von England und besonders von Frankreich unterstützt wurde, dahin, daß ein sechsjähriger Waffenstillstand zu Stande kam, in welchem Memel, Pillau und mehrere andere Orte in Preußen von Schweden besetzt gehalten, dagegen dem Kurfürsten Marienburg und Stuhm mit den dazu gehörigen Werdern in Verwahrung gegeben wurden.

Die Unterstützung, welche der Kaiser gegen Gustav Adolf dem Könige von Polen hatte angedeihen lassen, die schimpfliche Abweisung seiner Gesandten, als diese sich im Frieden zu Lübeck für seine Verwandten, die vertriebenen Mecklenburgischen Herzöge, verwenden wollten, die Unterdrückung seiner Glaubensbrüder in Deutschland, vielleicht auch die Bitten seines Schwagers, des Kurfürsten Georg Wilhelm, so wie die Aussicht, durch Erwerbung deutscher Gebiete seinem nur armen Lande eine kräftige Stütze zu verschaffen, bewogen den Schweden-König in die deutschen Angelegenheiten einzugreifen. Im Juni 1630 landete er mit einem Heere von 15,000 Mann auf der kleinen Insel Ruden, setzte dann nach Rügen hinüber, das er schon früher von den Kaiserlichen hatte säubern lassen, ging darauf nach Usedom und Wollin, wo überall die schwachen Besatzungen sich zurückzogen, und zwang den Herzog Bogislaw XIV. von Pommern, sich ihm anzuschließen und ihm die feste Stadt Stettin einzuräumen. Zugleich wurde festgesetzt, daß nach dem unbeerbten Tode des Herzogs Pommern von ihm so lange sequestritt werden sollte, bis das Erbrecht Brandenburgs unangefochten sei. Nach Heranziehung der schwedischen Kriegsvölker, welche bis dahin noch in Preußen gestanden hatten, wurde bis zum Schluß des Jahres 1630 Pommern von den Kaiserlichen befreit; nur einige feste Plätze hielten sich noch bis zum Sommer des folgenden Jahres. Eben so wurden die Kaiserlichen aus Mecklenburg verdrängt, wohin die vertriebenen Herzöge zurückkehrten. Darauf wurde durch den schwedischen General Gustav Horn die Neumark von dem Feinde gesäubert und im Januar 1631 zu Bärwalde zwischen diesem, im Namen seines Königs, und Frankreich ein Bündniß geschlossen, wonach Schweden ein Heer von 36,000 Mann in Deutschland zu halten versprach, Frankreich sich dagegen verpflichtete, jährlich 400,000 Rthlr. Hülfsgelder zu zahlen. Im Verein mit dem Könige selber stürmten dann am 3. April 1631 die Schweden Frankfurt, brachten zwar den Kaiserlichen einen schweren Verlust bei, plünderten aber darauf die Stadt. Wenige Tage später wurde auch Landsberg genommen und die Kaiserlichen nach Schlesien getrieben.

Um dieselbe Zeit hatte auf Antrieb Sachsens und Brandenburgs ein Fürstentag zu Leipzig Statt gefunden, auf welchem der Beschluß gefaßt wurde, zur eignen Sicherheit ein Heer von 40,000 Mann aufzubringen und den Kaiser aufzufordern, das Restitutions=Edict aufzuheben und seine Truppen aus Nord=Deutschland zurückzuziehen. Der Kaiser suchte diesen Beschluß durch Drehungen unwirksam zu machen, und sein damaliger Oberfeldherr Tilly zog mit seiner Hauptmacht aus der Mark vor Magdeburg, dasselbe zu belagern, da es sich dem Leipziger Bündnisse angeschlossen hatte und weder Truppen noch den neuen Erzbischof Leopold Wilhelm aufnehmen wollte. Gustav Adolf rückte darauf von Frankfurt her nach Köpnick vor und verlangte in einer persönlichen Unterredung mit dem Kurfürsten in der Nähe Berlin's, daß ihm die beiden Festungen Spandau und Küstrin zu seiner Sicherheit übergeben werden sollten; sobald er Magdeburg entsetzt hätte, wollte er beide wieder ausliefern. Mehrere Tage vergingen, ohne daß sich der Kurfürst hierzu entschließen konnte, endlich jedoch, am 15. Mai, wurde er genöthigt, Spandau dem Könige einzuräumen und ihn mit Vorräthen ꝛc. zu unterstützen.

Darauf verlangte Gustav Adolf, daß ihm der Kurfürst Johann Georg von Sachsen die Festung Wittenberg einräumte, damit er dort eine feste Stellung nehmen könnte, von der aus er Magdeburg entsetzen möchte. Da diese Stadt jedoch den geächteten Administrator, den Markgrafen Christian Wilhelm, aufgenommen hatte, und Johann Georg befürchtete, daß dieselbe nach ihrer Befreiung nicht seinem Sohne, dem Coadjutor August, übergeben werden möchte, verweigerte er diese For=

derung, und während noch fernere Verhandlungen darüber gepflogen wurden, traf die Nachricht ein, daß Magdeburg gefallen sei.

Gustav Adolf hatte Gelegenheit gehabt, schon früher einige Truppen unter dem Obersten v. Falkenberg in die Stadt zu werfen. Tilly, der persönlich die Belagerung geleitet hatte, ohne etwas auszurichten, wurde durch die Annäherung des Königs bewogen sich zurückzuziehen, wollte jedoch an dem Morgen des 20. Mai den letzten Versuch machen, die Stadt zu stürmen. Der Sturm gelang, da die Bürger, durch die Anstalten des Abzuges getäuscht, die Gefahr bereits überstanden zu haben glaubten. Die Zerstörung der Stadt war eine so gräßliche, daß Tilly selber dem Kaiser berichtete, seit dem Falle Jerusalem's sei nichts Aehnliches vorgekommen. Bei der Plünderung ging der größte Theil der Stadt in Feuer auf, von den 35,000 Einwohnern erlagen 30,000 dem Schwerte und dem Feuer, unter ihnen der tapfre v. Falkenberg; der Markgraf Christian Wilhelm tapfer kämpfend wurde schwer verwundet und gefangen genommen. Die Sache des Kaisers hatte dadurch wieder, wie es schien, die Oberhand gewonnen.

Der König schrieb in öffentlichen Schriften die Schuld von diesem entsetzlichen Unglück den Kurfürsten von Brandenburg und Sachsen zu, die durch ihren Widerstand ihn verhindert hätten, der Stadt rechtzeitig Hülfe zu bringen. So groß aber war der Schreck und die Furcht vor der kaiserlichen Uebermacht, daß Georg Wilhelm nun vertragsmäßig Spandau zurück forderte, und in der That zog der König seine Truppen aus derselben. Jedoch bald darauf, den 18. Juni, erschien er vor Berlin, schloß die Stadt ein und fing an, dieselbe zu beschießen. Der Feldmarschall Graf v. Arnim, der 1629 die Wallensteinschen Dienste während des Feldzuges nach Preußen verlassen hatte und in das sächsische Heer eingetreten war, befand sich gerade damals in Berlin; durch seine Vermittlung kam es den 21. Juni zum Frieden. Der Kurfürst mußte den Schweden Spandau aufs neue einräumen, ihnen freien Durchzug durch Cüstrin gestatten, monatlich 30,000 Rthlr. Kriegssteuern und eine eben so große Summe für die Unterhaltung der Truppen zahlen, die zum schwedischen Heere stoßen sollten. Darauf rückte der König mit seinem gesammten Heere gegen die Elbe vor, überschritt diese bei Tangermünde, verjagte die Kaiserlichen aus der Altmark und verschanzte sich stark zu Werben. Pappenheim, der die kaiserlichen Truppen in diesen Gegenden befehligte und dem Könige nicht gewachsen war, rief Tilly zurück, der sich nach Thüringen begeben hatte, den Leipziger Bund zu sprengen, und der auch den Landgrafen Wilhelm von Hessen-Kassel von dem Bündnisse mit Gustav Adolf abziehen wollte. Tilly drang in die Altmark ein, bedrückte das Land grenzenlos und trieb die Schweden bis Werben zurück. Dann wandte er sich gegen

Sachsen und suchte durch die schrecklichsten Verheerungen den Kurfürsten zu einem Bündnisse zu vermögen. Er bewirkte jedoch dadurch das Entgegengesetzte, denn Johann Georg warf sich dem Könige unbedingt in die Arme. Schon war Tilly über die Saale bis Leipzig vorgedrungen, als Gustav Adolf sich bei Düben mit den Sachsen vereinigte und Tilly den 17. September 1631 bei Breitenfeld, nördlich von Leipzig, angriff. Der erste glänzende Sieg wurde hier über den bisher für unüberwindlich gehaltenen Tilly erfochten, sein Heer aufgelös't. Kein Feind vermochte dem siegreichen Gustav Adolf auf seinem Zuge quer durch Deutschland Widerstand zu leisten; am Rhein erst legte er sein Heer in die Winterquartiere. Seitdem athmete die Mark freier auf, der verheerende Sturm wandte sich nach dem südlichen Deutschland, doch schon 1633 kehrten die alten Leiden wieder.

Die sächsischen und märkischen Truppen hatten die Aufgabe erhalten, von Norden her in die kaiserlichen Erbstaaten einzufallen, während Gustav Adolf dies vom Rhein aus thun wollte; vor Wien wollte man sich treffen. Der Kaiser nach der Niederlage bei Breitenfeld plötzlich von allen Seiten bedrängt, glaubte nur noch in Wallenstein Rettung zu finden. Nach vielem Bitten brachte dieser ein Heer von 40,000 Mann zusammen, aber der Kaiser mußte ihm alle Forderungen bewilligen, bevor er sich bewegen ließ, den Oberbefehl über dasselbe zu übernehmen. Darauf trieb er 1632 die Sachsen aus Böhmen, zog die Trümmer des Tilly'schen Heeres an sich, das von Gustav Adolf zum zweiten Male am Lech geschlagen worden war, und stand diesem lange in einem stark befestigten Lager bei Nürnberg gegenüber, das der König vergeblich zu stürmen suchte. Dann wandte er sich nach Sachsen, wohin Gustav Adolf ihm folgte und ihm am 16. November 1632 die Schlacht bei Lützen lieferte, in welcher der König fiel, Pappenheim tödtlich verwundet wurde. Der Herzog Bernhard von Weimar übernahm darauf den Oberbefehl über das schwedische Heer und reinigte bis Ende des Jahres ganz Sachsen von den Feinden, während Wallenstein im Winter zum Jahre 1633 seine Truppen in Böhmen wieder zu sammeln und zu ergänzen suchte. Da Gustav Adolf nur eine Tochter, Christine (1632—1654), hinterlassen hatte, übernahm der schwedische Kanzler Axel Oxenstierna die Leitung des Krieges und wußte im Convent zu Heilbronn im April 1633 wenigstens die süddeutschen Protestanten an Schweden zu fesseln. Der größere Theil des Sommers ging darauf mit Unterhandlungen hin; erst im October brach Wallenstein plötzlich in Schlesien ein und vernichtete oder zersprengte bei Steinau (an der Oder) das schwedische Heer, mit dem Brandenburger und Sachsen verbunden waren. Dann zog er zu beiden Seiten die Oder hinab, besetzte unter furchtbaren Verheerungen die Hauptorte

17

z. B. Frankfurt, Landsberg ꝛc. und bedrohte bereits Berlin, von wo der Kurfürst nach der Altmark geflohen war, als Wallenstein durch heranziehende feindliche Heere so wie durch den Hülferuf des Kurfürsten von Bayern bewogen plötzlich nach der Oberpfalz zurückging. Erst bis zum Juni 1634 wurden die Kaiserlichen aus den festen Plätzen der Mark verdrängt.

Wallenstein vermied es, dem heranziehenden Bernhard von Weimar im offnen Felde zu begegnen, er verlegte vielmehr sein Heer in Böhmen in die Winterquartiere gegen den Willen des Kaisers, bei dem er des Hochverraths angeschuldigt wurde. Auf den Befehl desselben wurde er am 25. Februar 1634 zu Eger ermordet. Der Sohn des Kaisers, Ferdinand, erhielt den Oberbefehl über das Heer, unter ihm Gallas; beide drängten das schwedische Heer zurück und besiegten am 6. September den Herzog Bernhard von Weimar in der Schlacht bei Nördlingen. Ganz Schwaben und Franken wurden wieder der kaiserlichen Macht unterworfen, noch schlimmer aber war es für die Schweden, daß Sachsen nach langen Verhandlungen im Mai 1635 zu Prag einen Frieden, ja sogar ein Bündniß mit dem Kaiser abschloß. Es erhielt als Schaden-Ersatz die Ober- und Nieder-Lausitz als Eigenthum überwiesen, das Restitutions-Edikt sollte zunächst auf 40 Jahre außer Wirksamkeit treten, der Sohn des Kurfürsten, Herzog August, auf Lebenszeit Administrator von Magdeburg werden. Wie viele andere Fürsten schloß sich auch Georg Wilhelm am 27. August 1635 diesem Frieden an, da ihm vom Kaiser das Versprechen gegeben war, daß ihm nach dem Tode des Herzogs Bogislaw Pommern zufallen sollte, das Schweden für sich in Besitz nehmen wollte. Ein Bündniß ward jedoch mit dem Kaiser nicht abgeschlossen.

Vergeblich hatte Oxenstierna den Kurfürsten Georg Wilhelm bei dem schwedischen Bündniß dadurch zu halten gesucht, daß er ihm schon im Mai 1634 die Festung Spandau wieder einräumte. Nur der eigne Vortheil des Kurfürsten war es, der ihn bestimmte, den Waffenstillstand zwischen Schweden und Polen mit Unterstützung von England, Holland und Frankreich im September 1635 auf fernere 26 Jahre herbei zu führen, da ihm durch denselben Pillau ꝛc. zurückgestellt wurden. Während jedoch Frankreich, das ein neues Bündniß mit Schweden abgeschlossen hatte und offen als Feind von Oesterreich auftrat, am Rheine kämpfte, zogen die Schweden ihre Streitkräfte nach dem nördlichen Deutschland zusammen und behandelten die Mark, die sie ganz überschwemmt hatten, als feindliches Land. Der hier befehligende schwedische General Banner mußte sich zwar vor den Sachsen die Elbe hinabziehen und eben so ein anderes Schwedenheer die Oder hinab vor den Kaiserlichen, bald jedoch erfocht Banner im October 1635 bei

Dömitz und im December bei Kyritz so bedeutende Vortheile über die Sachsen, daß diese sich zurückziehen und Georg Wilhelm nach Peiz flüchten mußte. Nachdem jedoch Banner die Sachsen bis Halle zurückgedrängt hatte, trieben wiederum diese im Jahre 1636, durch kaiserliche Truppen verstärkt, ihn die Elbe abwärts durch die Alt= und Mittelmark, während andrerseits der schwedische General Wrangel die Odergegenden furchtbar verheerte. Litt das Land durch diese Hin= und Herzüge außerordentlich, so wurde seine Lage noch schrecklicher nach dem Siege bei Wittstock, den Banner am 4. October 1636 über die Sachsen und Kaiserlichen erfocht. Banner zwar verfolgte schnell die Fliehenden durch die Altmark nach Thüringen, dagegen setzte sich Wrangel in der Neu= und Mittelmark fest, nöthigte abermals den Kurfürsten zur Flucht nach Peiz, verlangte von ihm, daß ihm Spandau eingeräumt und freier Durchzug durch Cüstrin bewilligt würde, und zwang Berlin, Truppen einzunehmen, Lebensmittel und Bekleidungsstücke zu liefern so wie bedeutende Contributionen zu zahlen. Die Schweden nahmen ihre Winterquartiere in der Mark, und um das Unglück voll zu machen, brach eine verheerende Pest aus, welche in großer Zahl wegraffte, was der Krieg übrig gelassen hatte. Daß ganze Dorfschaften verschwanden, in den Städten ein großer Theil der Häuser keine Bewohner mehr hatte, war eine nur zu natürliche Folge des grenzenlosen Elends.

Im Februar 1637 starb der Kaiser; ihm folgte sein Sohn Ferdinand III. (1637—1657), der bereits im Jahre zuvor erwählt worden war. Im März starb dann auch der letzte Herzog von Pommern, Bogislaw XIV., dessen Land nach den früheren Verträgen an Brandenburg hätte fallen müssen. Die Schweden, im Besitz von ganz Pommern, wollten dasselbe als Entschädigung für die Kriegskosten behalten, die sie seit Jahren auf den deutschen Krieg verwendet hatten. Die pommerschen Landstände wollten, wie bereits kurz vor dem Tode des Herzogs beschlossen war, eine Interims=Regierung einsetzen, bis die Erbangelegenheiten des Landes geordnet wären; doch der Kurfürst verwarf dieselbe und verlangte unverzügliche Huldigung des Landes, während der schwedische Statthalter Steno Bielke durchaus untersagte, die kurfürstliche Landeshoheit irgendwie anzuerkennen. Als darauf die Stände die bisherige Regierung unter dem Titel einer „kurfürstlich=pommerschen" fortführen wollten, verbot der Statthalter sowohl dies wie jede Verbindung mit Brandenburg. Ja als der Kurfürst durch einen Boten zur Huldigung aufforderte, wurde derselbe von ihm mit dem Tode bedroht und zurückgewiesen, so daß der Kurfürst, dem keine gewaltsame Mittel gegen Schweden zu Gebote standen, sich auf Klageschriften beim Kaiser und anderen Mächten beschränken mußte.

XI. B. Die Kurfürsten nach der Reformation.

Aber auch der Kaiser mußte sich zunächst mit der Aufforderung an die Stände begnügen, Kur-Brandenburg anzuerkennen, eine Aufforderung, die natürlich ohne Erfolg blieb, während die Polen die Länder Lauenburg und Bütow als eröffnete Lehen einzogen, die 1641 vollständig mit Polnisch-Preußen vereinigt wurden.

Diese Verhältnisse bestimmten den Kurfürsten, ein Bündniß mit dem Kaiser einzugehen. Alle Märker wurden aus den schwedischen Heeren abberufen, und auf Kosten des Kaisers und des Reiches wurden 7000 Mann geworben und unterhalten, die zur Eroberung Pommerns verwendet werden sollten. Sie standen zwar unter kurfürstlichem Befehl, waren jedoch dem Kaiser und dem Reiche verpflichtet und trugen deshalb in ihren Fahnen Wappen und Namen des Kaisers. Diese Truppen vereinigten sich mit der kaiserlichen und sächsischen Armee, die Schweden aus der Mark und aus Pommern zu jagen, und waren das ganze Jahr 1637 hindurch im Vortheil. Ihre Uebermacht suchte den Banner, der aus Thüringen herangezogen war, im Juni bei Torgau einzuschließen; mit großer Gewandtheit entkam dieser jedoch quer durch die Lausitz an die Oder, die er bei Fürstenberg überschritt. Aber nicht nur Landsberg und die andern Uebergänge über die Warthe waren von Kaiserlichen besetzt, sondern der kaiserliche General Gallas war ihm auch durch Seitenmärsche über Cüstrin zuvorgekommen und schnitt ihm den Rückzug nach Pommern ab. Banner täuschte abermals die Verbündeten, ging bei Göritz auf das linke Oder-Ufer und vereinigte sich glücklich mit Wrangel bei dem Kloster Chorin. Beide zogen dann die Oder nach Stettin hinab, von Gallas verfolgt; die Mark und Mecklenburg wurden von den Schweden gesäubert, selbst ganz Vorpommern bis auf wenige Städte wurde erobert.

Als jedoch im Jahre 1638 Banner neue Verstärkungen aus Schweden erhalten hatte, brach er aufs neue siegreich hervor, nahm nicht nur den Kaiserlichen ganz Vorpommern wieder (der letzte feste Ort Demmin ergab sich erst im März 1639 den Schweden), sondern jagte sie auch über die Elbe nach der Altmark und Lüneburg, woselbst die Kaiserlichen mit unerhörter Wuth haus'ten und den Bewohnern durch die s. g. „Schweden-Tränke" das Letzte abpreßten, während andere schwedische Heerhaufen gleiche Gräuel in der Mittelmark ausübten. So verödet wurde das Land, daß, als Banner 1639 die zurückweichenden Kaiserlichen nach Sachsen und Böhmen verfolgte, er weite Umwege hierher machen mußte, wo er mit gleicher Schamlosigkeit Alles verheerte, die Ortschaften in Brand steckte. Kleinere Haufen schwedischer Truppen nahmen von der Neumark Besitz, andere durchzogen die Mittelmark, zwangen den Statthalter, den Grafen Schwarzenberg, nach Spandau zu fliehen und legten Berlin schwere Kriegssteuern auf. Auf gleiche

Weise wurde im Jahre 1640 der Krieg geführt; die Schweden plünderten die meisten kleineren märkischen Städte, in den größeren z. B. in Frankfurt setzten sie sich fest, ja sie nahmen sogar Driesen. Es fehlte in der Mark an Truppen, diesen Raubzügen zu wehren, da die meisten disponiblen märkischen Heer-Abtheilungen nach Schlesien gezogen waren, um dort die Schweden zu vertreiben, die bereits aus Böhmen hatten abziehen müssen.

Daß unter solchen Umständen Georg Wilhelm nicht daran denken konnte, Pommern in Besitz zu nehmen, ungeachtet der Kaiser ihn 1638 damit belehnt hatte, bedarf nach dem Angeführten wohl kaum der Erwähnung. Nachdem dort die Räthe ihre Aemter niedergelegt hatten, da der Kurfürst sie wegen ihrer Eigenmächtigkeit bedrohte, setzten die Schweden eine neue Regierung ein, die von ihnen ganz abhängig war; die Königin Christine übte alle Landeshoheitsrechte aus und ließ sich darin durch den Widerspruch der Landstände nicht irre machen. Der Versuch aber, von Preußen aus 1639 einen Einfall nach Liefland zu unternehmen, fiel unglücklich aus, da die Truppen-Anzahl eine viel zu geringe war.

Auch die Cleve'schen Lande hatten ähnliche Drangsale zu erdulden, seitdem sie der Schauplatz des Krieges zwischen den Holländern und Spaniern geworden waren. Da auch ein neues Bündniß mit Holland (1622) dem Kurfürsten keine Erleichterung verschaffte, einigte er sich durch einen neuen Vertrag zu Düsseldorf 1624 mit Pfalz-Neuburg dahin, daß Cleve mit Ausnahme von zwei Städten, Mark und Ravensberg an Brandenburg, das übrige Land an Neuburg fallen, und daß beide Fürsten den vollständigen Titel sämmtlicher Länder führen sollten. Doch auch dieser Vergleich hatte anfänglich eben so wenig Folgen wie der zu Xanten, da weder die Holländer noch die Spanier sich dadurch bewegen ließen, ihre Truppen aus dem Lande zu ziehen. Vielmehr wurde dasselbe von den sich zurückziehenden Spaniern auf gleiche Weise wie von den verfolgenden Holländern ausgesogen, so daß endlich die Landstände in ihrer übergroßen Bedrängniß sich 1628 an den Kaiser um Hülfe wandten. Dieser ergriff mit Freuden die Gelegenheit, nun doch diese Länder sequestriren zu lassen und beauftragte Tilly, der in Nieder-Sachsen stand, das Land zu besetzen. Derselbe vollführte nicht nur diesen Befehl, sondern fing auch an, die evangelischen Geistlichen zu verjagen und die von den Protestanten eingezogenen Kirchengüter wieder in Besitz zu nehmen. Der Kurfürst und der Pfalzgraf, beide gleichmäßig besorgt, das ganze Land zu verlieren, einigten sich deshalb abermals zu Düsseldorf 1629 dahin, daß ihr früherer Vertrag rechtsgültig sein sollte, nur sollte es dem Pfalzgrafen freistehen, binnen Jahresfrist statt des Herzogthums Berg auch Cleve zu wählen. Würde ferner in 25 Jahren kein bestimmtes Abkommen getroffen, so sollte jedes Haus die Staaten nach obiger Theilung im Besitz behalten.

Vergeblich suchten in Folge dieses Vertrages beide Fürsten die Holländer wie Spanier dahin zu vermögen, ihre Truppen aus dem Lande zu ziehen. Erst als es den Holländern gelang, Wesel durch Ueberrumpelung zu nehmen, und sie in Folge dessen die Spanier und Kaiserlichen aus dem Lande vertrieben, als ferner im October 1630 bestimmt worden war, daß Neuburg Jülich, Berg und Ravenstein behalten, Ravensberg aber nach Zahlung einer Summe gemeinschaftlich mit Brandenburg besitzen sollte, und als auf dem Reichstage zu Regensburg dieser Vertrag genehmigt worden, räumten endlich 1631 die fremden Truppen das Land und vergönnten demselben Erholung. Doch schon 1632 bemächtigten sich die Spanier der Schenken-Schanze und vertheidigten dieselbe tapfer bis zum Jahre 1636, wodurch namentlich Cleve wiederholt der Schauplatz des Krieges wurde. Die Holländer unterhielten überdies in Wesel, Emmerich und Rees Besatzungen, für welche der Kurfürst die Kosten zu tragen hatte.

Georg Wilhelm starb am $\frac{21. November}{1. December}$ 1640 in einem Alter von 47 Jahren zu Königsberg in Preußen, wo er sich in den letzten Jahren seiner Regierung bleibend aufgehalten hatte, und seine Leiche wurde später in der dortigen Domkirche beigesetzt.

11. **Friedrich Wilhelm der Große. 1640—1688.**

Friedrich Wilhelm war am $\frac{6.}{16.}$ Februar 1620 zu Cöln an der Spree geboren; unter seinen Pathen waren auch der Adel und die Städte der Mark, die aufgefordert wurden, kein anderes Pathengeschenk mitzubringen als die Treue für den künftigen Landesherrn. Schon im fünften Jahre seines Alters wurde der Prinz männlicher Leitung anvertraut und zwar zuerst dem Johann von der Borch, der bereits Hofmeister seines Vaters gewesen war, später dem Johann Friedrich Kalkuhn, genannt v. Leuchtmar. Einige Jahre hielt sich der junge Fürst seiner Sicherheit wegen in Cüstrin auf, später in Pommern, wo er auch die Leiche seines Oheims, des großen Gustav Adolf, sah, die 1633 von Wolgast nach Schweden hinüber geführt wurde. Im folgenden Jahre ward er nach Leyden geschickt, wo er mit großem Eifer geschichtliche und Sprachstudien betrieb. Durch die Pest von dort vertrieben nahm er seinen Sitz in Arnheim und verfolgte mit reger Aufmerksamkeit die von den Holländern unternommene Belagerung von Schenkenschanz. 1636 hielt er sich einige Zeit im Haag auf und zeigte schon damals so große Gewalt über sich, daß er aus eignem Antriebe der Verführung sich entzog, der Belagerung von Breda beiwohnte und hier eine vortreffliche Schule durchmachte. Als darauf die Stände von Cleve wünschten,

Friedrich Wilhelm der Große.

daß der Kurprinz die Statthalterschaft bei ihnen übernähme, und sich deshalb wiederholt mit Bitten an den Kurfürsten wandten, nahm dieser es übel auf und verlangte seine Rückkehr, da er überdies befürchtete, daß sein Sohn eine Verbindung mit der Ludovike Hollandine, einer Tochter des vertriebenen Kurfürsten Friedrich V. von der Pfalz, eingehen möchte. Doch erst 1638 trat er die Rückreise über Hamburg an und traf mit den Eltern in Spandau zusammen. Da er in Berlin nach einem Gastmahl im Hause des Grafen von Schwarzenberg erkrankte, legte nachmals der böse Leumund dem Grafen einen Vergiftungs-Versuch zur Last, wie eben diesem auch eine zweite Krankheit zugeschrieben wurde, welche den Kurprinzen gleichzeitig mit seinem Vater in Königsberg befiel, und welcher der letztere unterlag.

Friedrich Wilhelm stand im 21. Jahre seines Alters, als er die Regierung in den vom Vater ererbten Staaten übernahm, die er größtentheils in höchst unglücklicher Lage vorfand. Die Cleveschen wie die märkischen Lande befanden sich meist in fremden Händen, nur Preußen erfreute sich größerer Ruhe und Sicherheit. Der Kurfürst hielt sich dort die beiden ersten Jahre seiner Regierung auf; erst im März 1643 kam er nach der Mark — wo der Graf Schwarzenberg bis zu seinem Tode, im März 1641, Statthalter geblieben war, — um die Huldigung einzunehmen, und noch später, im October 1646, nach Cleve. Zunächst hielten ihn in Preußen die Verhandlungen zurück, die er wegen der Belehnung mit den Polen zu führen hatte. Man machte ihm so große Schwierigkeiten, ihm diese Belehnung zu ertheilen, daß er längere Zeit die Regierung in Preußen einer Regentschaft überließ. Erst am 7. October 1641 gelang es ihm, zu Warschau feierlichst belehnt zu werden, doch zum Theil unter noch härteren Bedingungen, als sie seinem Vater gestellt worden waren, und ohne daß er es durchsetzen konnte, daß auch die fränkischen Markgrafen die Mitbelehnung erhielten. Er mußte wie jener jährlich 30,000 polnische Gulden an Polen zahlen, bei Kriegssteuern die doppelte Summe und eben so jährlich 100,000 poln. Gulden aus den preußischen Seezöllen. Er mußte ferner den Katholiken größere Ausbreitung verstatten, die Calvinisten von Preußen ausschließen, Fremde weder zu Grundbesitz noch zu Aemtern zulassen, die Appellation nach Polen bewilligen, die Häfen Pillau und Memel gut befestigen und mit hinreichender Besatzung versehen, die auch dem Könige von Polen zu verpflichten wäre; er mußte endlich versprechen, den Polen Beistand zu leisten, falls sie angegriffen würden. Erst im November 1641 hielt er seinen Einzug in Königsberg und nahm in diesem wie in dem folgenden Jahre die Huldigung der übrigen Städte an.

Unter solchen Umständen konnte Friedrich Wilhelm, wie leicht einzusehen, nicht daran denken, in der Mark kräftig aufzutreten, wie ihm das wohl zum Vorwurf gemacht wird. Banner hatte im Verein mit dem französischen Feldherrn Guebriant den seit September 1640 zu Regensburg versammelten Reichstag aufheben wollen, war jedoch durch plötzliches Thauwetter zur Umkehr genöthigt worden und hatte seinen Rückzug nach der Saale nur mit schweren Verlusten bewerkstelligt. So zog sich der Krieg wieder nach der Mark, da auch der schwedische General Stalhandske ebenfalls aus Schlesien zurückging und, um den neuen Kurfürsten zu schrecken, im Januar 1641 Berlin bedrohte, von wo Schwarzenberg nach Spandau flüchtete, während der Commandant Oberst Kracht die Vorstädte niederbrennen ließ, um die Stadt besser vertheidigen zu können. Außerdem brach eine andere schwedische Heeres-Abtheilung aus Mecklenburg ins Havelland ein und brandschatzte dort furchtbar. Dieser neue Ueberfall bewog den Kurfürsten, da weder Sachsen noch die Kaiserlichen Hülfe brachten, bereits im Januar 1641 alle Feindseligkeiten gegen die Schweden zu untersagen und einen Frieden mit ihnen anzubahnen. Der neue Statthalter Markgraf Ernst, Sohn des geächteten Markgrafen Johann Georg von Jägerndorf, versicherte sich zunächst der Truppen in Berlin und Spandau, ließ sie nur dem Kurfürsten schwören und überließ die anderen Truppen dem Kaiser. Nachdem der alte Graf v. Arnim, der Willens war, auf eigne Kosten ein Heer zu werben, um damit die Schweden aus Pommern zu vertreiben, im April gestorben war, fand sich der Kurfürst um so mehr bewogen, einen Waffenstillstand mit Schweden abzuschließen. Er kam den $\frac{14}{24}$. Juli durch brandenburgische Gesandte zu Stockholm zu Stande, zunächst zwar nur auf zwei Jahre, doch wurde er später bis zum westfälischen Friedensschluß verlängert. Nach demselben räumten die Schweden die Mark bis auf Driesen, Landsberg, Crossen, Frankfurt und Gardelegen mit den dazu gehörigen Bezirken, doch verblieb die Civil-Regierung dem Kurfürsten. Den Schweden wurde der Durchzug durch die Mark zugestanden, ihren Feinden sollte er versagt bleiben.

Dieser Waffenstillstand brachte dem Lande den Vortheil, für die letzte Zeit des Krieges der Drangsale überhoben zu sein, welche lange schwer auf ihm gelastet hatten, obgleich es nicht gänzlich verschont blieb. Nachdem der größte Theil des Jahres 1641 ohne bedeutende Kriegs-Ereignisse vorübergegangen war, wurde zu Ende desselben der General Torstenson als Oberbefehlshaber der Schweden eingesetzt, der nicht nur das Heer wieder ergänzte und kräftigte, sondern auch mit wunderbarer Schnelligkeit und Kraft großartige Erfolge herbeiführte. Die Kaiserlichen waren zu Anfang 1642 in die Altmark eingerückt und hatten ihr Hauptquartier in Stendal genommen, während das schwedische in Salzwedel war. Dann suchten die Kaiserlichen die Schweden nach der Mittelmark und Mecklenburg zu ziehen, indem sie von Tangermünde aus hierher sich wandten, doch war ihr Bemühen vergeblich, und außer Stande sich in diesem ausgesogenen Lande zu halten, gingen sie nach der Saal=Mündung zurück. Da täuschte Torstenson die Feinde vortrefflich. Anfänglich scheinbar nach Niedersachsen verrückend, ging er plötzlich über die Elbe zurück, durchzog die Mittelmark nach der Lausitz, wo er den General Stalhandske an sich zog, der nur mit großer Mühe sich zwischen Frankfurt und Crossen gehalten hatte, drang siegreich durch Schlesien und Mähren bis in die Nähe Wien's vor, mußte sich jedoch vor der kaiserlichen Uebermacht, die sich gegen ihn gesammelt hatte, nach Schlesien zurückziehen. Nachdem ihm jedoch durch den General Wrangel von Pommern her durch die Mark Verstärkung zugeführt worden war, warf er sich schnell auf Leipzig, schlug dort 23. October / 2. November 1642 das kaiserliche Heer, das die Stadt entsetzen wollte, bemächtigte sich dieser Stadt und drang 1643 aufs neue durch Böhmen und Mähren siegreich bis Wien vor. Der Kaiser wußte keine andere Hülfe, als die Dänen gegen Schweden zum Kriege aufzureizen; doch plötzlich brach Torstenson im October aus Mähren und Schlesien auf, drohte mit einem Einfall in die Oberpfalz, wandte sich aber nach der Mark, ging nach Holstein, und vertrieb hier wie aus Schleswig und Jütland die Dänen; nur die Witterung hielt ihn ab, auch nach den Inseln hinüber zu gehen.

Bei so großen Erfolgen der Schweden fiel es dem Kurfürsten schwer, den Waffenstillstand zu verlängern; er erhielt zwar Crossen und Frankfurt von denselben zurück, mußte sich aber für die übrige Zeit des Krieges zur Lieferung von Lebensmitteln und zu Baarzahlungen entschließen. Deßhalb war der kaiserliche General Gallas, der im Jahre 1644 den Schweden nachrückte und seinen Weg durch die Altmark nahm, Willens, feindlich gegen den Kurfürsten aufzutreten, wenn dieser sich nicht dem Kaiser anschlösse. Nur das Unglück der Kaiserlichen rettete den Kurfürsten aus dieser Verlegenheit. Torstenson zwang nämlich den Gallas zum Rückzuge, den dieser abermals durch die Altmark nahm. Im November 1644 bei Jüterbog, im December bei Magdeburg gänzlich geschlagen, rettete sich Gallas mit 1—2000 Mann nach Böhmen, verspottet als der beste General, der es gründlich verstände, das eigne Heer zu vernichten. Torstenson folgte ihm auch nach diesem Lande, vernichtete im März 1645 bei Jankowitz ein zweites kaiserliches Heer und war im Begriff, aufs neue gegen Wien vorzurücken, als die ausbleibende Unterstützung des Fürsten Ragoczy von Siebenbürgen so wie Krankheit in seinem Heere ihn zum Rückzuge nach Böhmen nöthigte, wo er im December 1645 wegen seiner gänzlich geschwächten Gesundheit den Oberbefehl niederlegte. Dänemark hatte sich gezwungen gesehen, Frieden mit Schweden zu schließen, in welchem es nicht unbedeutende Abtretungen an Schweden machen mußte; auch der Kurfürst von Sachsen trat zur Neutralität über, um sein schrecklich verheertes Land nicht gänzlich zu Grunde gehen zu lassen.

Seitdem zog sich der Krieg nach dem südwestlichen Deutschland, wo bereits mehrere Jahre hindurch die Franzosen gegen den Kaiser gekämpft hatten; nur einzelne Durchzüge von nachrückenden schwedischen Truppen fanden in der Mark Statt. Der neue schwedische Oberfeldherr Gustav Wrangel suchte zwar 1646 den Plan Torstenson's zur Ausführung zu bringen, Wien zu nehmen, doch wurde er aus Böhmen gedrängt. Darauf vereinigte er sich mit dem französischen Feldherrn Turenne und verheerte mit ihm gemeinschaftlich Bayern auf so barbarische Weise, daß Kurfürst Maximilian einen Waffenstillstand einging und dadurch die ganze Last des Krieges auf den Kaiser allein wälzte. Nur die Uneinigkeit der beiden Heerführer rettete letzteren; Turenne ging nach dem Rhein, Wrangel nach Böhmen. Da wurde Maximilian durch die Furcht, die Kurwürde und die Oberpfalz zu verlieren, bewogen, sich 1647 abermals dem Kaiser anzuschließen, und Wrangel wurde glücklich aus Böhmen vertrieben. Doch wiederum mit den Franzosen vereinigt drang er in Bayern ein und übte fürchterliche Rache für den Bruch des Waffenstillstandes. Der schwedische General Königsmark nahm einen Theil von Prag, und eben dorthin brach das übrige schwedische Heer auf; das kaiserliche Heer war zu schwach zum Widerstande. Da endlich wurde der westfälische Frieden nach langen Unterhandlungen zum Abschluß gebracht.

Schon nach der Schlacht bei Leipzig 1631 hatte der Kaiser, nach dem Prager Frieden 1635 Schweden die Hand zum Frieden geboten. Der siegreiche Gegner hatte aber jedesmal zu große Forderungen gemacht, so daß die Sache sich zerschlug. Erst auf dem Reichstage zu Regensburg kam man 1641 überein, Friedens-Conferenzen zu Münster und Osnabrück zu eröffnen, dennoch zog sich abermals die Sache bis in den April 1643 hin, ehe die nöthigen Vorbereitungen getroffen waren. Im Juli sollten darauf die Berathungen beginnen, doch erst 1644 waren die Gesandten versammelt, und noch ein volles Jahr verging bei den Streitigkeiten über äußerliche Anordnungen, so daß die Friedens-Verhandlungen selber erst den 11. Juni 1645 ihren Anfang nahmen. Die Seele derselben war der gewandte und patriotisch-gesinnte kaiserliche Commissar Graf v. Trautmannsdorf. Die Interessen waren jedoch so vielfach, die entgegengesetzten Meinungen wurden so hartnäckig verfochten, daß erst am 24. October 1648 das Friedens-Instrument unterzeichnet und im Februar 1649 genehmigt wurde.

Was die religiösen Angelegenheiten betraf, so wurde der Augsburger Religionsfrieden vom Jahre 1555 bestättigt, derselbe aber auch,

besonders durch die Bemühungen des Kurfürsten, auf die Reformirten ausgedehnt. In Bezug auf das Restitutions-Edikt wurde das Jahr 1624 als Normaljahr angenommen, und deshalb die in den kaiserlichen Erbstaaten vor dieser Zeit verbreitete Reformation nicht wieder eingeführt. Bei Reichsdeputationen, Reichsgerichten ꝛc. sollten Katholiken und Protestanten durch gleiche Zahl vertreten werden, in Religionssachen nur gütlicher Vergleich, nicht Stimmen-Mehrheit gelten.

Außerordentliche Schwierigkeiten machten die Berathungen über die Entschädigung, welche vor allen Frankreich und Schweden beanspruchten. Letzteres namentlich verlangte ganz Pommern, in dessen Besitz es sich faktisch befand, und vergeblich waren die Anstrengungen des Kurfürsten, dies ihm rechtlich zustehende Land zu erhalten. Vergeblich bot er dem Grafen Trautmannsdorf 100,000 Rthlr. an, wenn er es dahin brächte, daß Pommern ihm zugesprochen würde; die Schweden bestanden hartnäckig auf ihre Forderung, und dem Kaiser fehlten gänzlich die Mittel, Schweden gewaltsam aus diesem Besitze zu verdrängen. So mußte man zuletzt damit zufrieden sein, daß Schweden Hinter-Pommern an den Kurfürsten der Art überließ, daß die Städte Stettin, Garz, Damm und Gollnow mit ihrem Gebiete auf dem rechten Ufer der Oder zu Vor-Pommern gezogen wurden, das nebst den Inseln Rügen, Usedom und Wollin so wie dem Oberstrome bei Schweden blieb. Die genauere Grenz-Bestimmung zwischen dem schwedischen und brandenburgischen Antheil sollte späterer gütlicher Auseinandersetzung vorbehalten bleiben, nur versprach Schweden, die von ihm in Hinter-Pommern an schwedische Generale gemachten Schenkungen zu widerrufen. Titel und Wappen von Pommern sollten sowohl Schweden wie Brandenburg zustehen, nach dem Aussterben des brandenburgischen Hauses aber für Brandenburg erlöschen und sein Antheil von Pommern an Schweden fallen, das bis dahin die Mitbelehnung empfangen sollte. Die pommersche Stimme auf den Reichstagen sollte Schweden führen, jedoch über jedes abzugebende Votum zuvor mit Brandenburg berathen. Als Entschädigung für das aufgegebene Hinter-Pommern erhielt Schweden die Stadt Wismar und die secularisirten Bisthümer Bremen und Verden; Brandenburgs Ansprüche auf Vor-Pommern dagegen wurden durch die Bisthümer Camin, Halberstadt und Minden so wie das Erzstift Magdeburg ausgeglichen. Die ebenfalls von ihm verlangten Bisthümer Hildesheim und Osnabrück wurden ihm dagegen eben so wenig zugesprochen wie die schlesischen Fürstenthümer Glogau und Sagan, die es gleichermaßen beansprucht hatte.

Was diese neu erworbenen Länder betrifft, so ist die Geschichte von Pommern so vielfach mit der märkischen verflochten, daß sie gar oft in dem Obigen herangezogen werden mußte; deshalb mag hier eine gedrängte Uebersicht genügen. Zunächst ist hervorzuheben, daß der Begriff von Vor- und Hinter-Pommern im Laufe der Zeit sich merkwürdig geändert hat. Als die erste Theilung des Landes nach Swantibor's Tode 1107 vorgenommen wurde, machte etwa die Persante und Küddow die Grenze zwischen Vor-Pommern oder Slawien und Hinter-Pommern oder Pomerellen. Letzteres fiel nach dem Aussterben seiner Fürsten zu Ende des 13. Jahrhunderts fast ganz an Markgraf Waldemar, der es dem deutschen Orden überließ; der Name Pommern für diesen Theil des Landes verlor sich ganz, als Polen sich zum Herrn dieser Gegenden machte. Dagegen breitete sich der Name Pommern westlich der Oder über die Ukermark bis nach Mecklenburg zum Müritz-See aus, nach Nordwesten aber bis zur Peene und später sogar bis zum Ryckflusse; Stettin und Demmin waren die Hauptorte in Slawien. Herzog Barnim I. besaß dies gesammte Slawien; seine beide Söhne theilten 1295 das Land der Art, daß der ältere Bogislaw IV. Pommern-Wolgast, der jüngere Otto I. Pommern-Stettin erhielt. Die Peene und Ihna machten die Grenze zwischen beiden Gebieten, so daß Stettin das südlich dieser Linie liegende Land umfaßte, Wolgast den nördlich davon gelegenen Theil. Nach dem Aussterben der Fürsten von Rügen 1325 fiel ihr Land, sowohl die Insel wie das Festland bis an den Ryckfluß, an Pommern-Wolgast. Dies wurde 1372 in das Land diesseit und jenseit der Swine getheilt, und während letzteres in die Länder diesseit und jenseit des Gollenberges oder in das Land Stargard und Stolpe zerfiel, zersplitterte sich ersteres in das eigentliche Wolgast und in Rügen, ja von diesen beiden wieder das erstere in Wolgast und Gützkow, das letztere in Rügen (die Insel) und Bart (das Festland).

Es ist ferner oben des heftigen Streites Erwähnung geschehen, welcher zwischen Brandenburg und Pommern-Wolgast ausbrach, als 1464 die Herzöge von Stettin ausstarben; dem Kurfürsten gelang es nicht, dies Land, früherer Bestimmung gemäß, einzuziehen, vielmehr vereinigte Herzog Bogislaw X. Pommern zu einem Ganzen. Sein jüngerer Sohn Barnim XI. theilte 1541 mit dem Sohne seines älteren Bruders, mit Philipp, das Land aufs neue so, daß die Oder und Swine im allgemeinen die Grenze machten, nur wurde Stettin mit seinem Gebiete auf dem linken Oder-Ufer so wie auch Garz zum Herzogthum Hinter-Pommern gezogen, während Vor-Pommern oder Pommern-Wolgast auch auf die Ostseite der Oder hinüber reichte und dort das Gebiet von Greiffenhagen, Fiddichow, Bahnen und Wildenbruch umfaßte. Diese Eintheilung wurde auch 1569 im Vertrage zu Jasenitz festgehalten, als der wohl betagte, kinderlose Barnim XI. sein Land Stettin den Söhnen seines Neffen Philipp abtrat. Durch das Loos erhielt der älteste von diesen, Johann Friedrich, Stettin, der dritte,

Ernst Ludwig, Pommern-Wolgast, der zweite Bogislaw XIII. und der vierte Barnim XII. wurden mit einer Apanage abgefunden, jener mit Bart, dieser mit Rützenwalde; dem jüngsten endlich, Casimir, wurde das Bisthum Camin überwiesen. Als Johann Friedrich von Pommern-Stettin 1600 gestorben war, übernahm der vierte Bruder die Regierung und nach dessen unbeerbtem Tode 1603 der zweite, Bogislaw XIII., da der jüngste Bruder Casimir auf die Erbfolge verzichtete. Ein jüngerer Sohn Bogislaw's XIII., Bogislaw XIV., beerbte nicht nur 1620 seine beiden älteren Brüder, sondern wurde auch schon 1625 Herzog von Pommern-Wolgast, da in diesem Jahre die dortige Linie ausstarb. Der Tod dieses letzten pommerschen Herzogs fiel in die Zeit des dreißigjährigen Krieges (1637), ein Umstand, der an und für sich für Brandenburg höchst ungünstig war, der aber dadurch von großer Bedeutung wurde, daß der Kurstaat durch anderweitige Entschädigungen nach dem Inneren von Deutschland hin an Umfang gewann, während das Streben auch für alle Folgezeit wach erhalten wurde, den noch übrigen Theil von Pommern zu gewinnen.

Als Entschädigung für das an Schweden überlassene Vor-Pommern erhielt Brandenburg zunächst das pommersche Bisthum Camin unter dem Titel eines Fürstenthums. Es umfaßte damals die Gebiete von Colberg, Cöslin und Bublitz, so wie von Gülzow und Naugard. Dies Bisthum war von dem Apostel der Pommern, dem Bischofe Otto von Bamberg, im Jahre 1128 errichtet und von dem Papste 1140 bestättigt worden. Es sollte das gesammte pommersche Land zu seinem Sprengel haben, und war ursprünglich in der damals so wichtigen Handelsstadt Julin oder Wollin gegründet; 1175 war es nach Camin verlegt worden, als Wollin von den Dänen zerstört worden war. Es war keinem Erzbisthum unterworfen, wurde aber als landsässiges Bisthum angesehen, so daß es vergeblich Sitz und Stimme auf den Reichstagen beanspruchte. Sein Besitzthum war so bedeutend, daß es $\frac{1}{7}$ der Landessteuern aufzubringen hatte. Der 25. katholische Bischof, Erasmus v. Manteufel, trat 1536 zur lutherischen Lehre über, der auch die sieben folgenden Bischöfe zugethan blieben. Seit der Mitte des 16. Jahrhunderts wurde hier wie in der Mark die Sitte festgehalten, Prinzen des regierenden Hauses als Bischöfe von dem Domcapitel wählen zu lassen, so daß der letzte Herzog Bogislaw XIV. auch zugleich Bischof von Camin war. Doch ließ dieser seinen Schwestersohn, Ernst Bogislaw, Herzog von Croy und Arschot, 1632 zum Bischof wählen, den Friedrich Wilhelm durch Geld und Güter entschädigte und dem er die Statthalterschaft über Hinter-Pommern übertrug. Eben diesem Herzoge fiel auch 1660 nach dem Tode seiner Mutter Schloß und Amt Stolpe zu, auf welches ihm früher die Anwartschaft ertheilt worden war, und

1663 die Grafschaft Naugard und die Herrschaft Massow. Der Bischof Hermann von Camin, ein geborner Graf v. Gleichen, hatte nämlich 1283 seinem Schwestersohn, dem Grafen Otto v. Eberstein, Stadt und Land Naugard zu Lehn übergeben, und Herzog Bogislaw X. hatte 1523 diesem Besitze noch die Herrschaft Massow hinzugefügt. Die Anwartschaft auf beide Länder hatte Herzog Bogislaw XIV. 1625 seinem Neffen, dem Herzoge von Croy, ertheilt, der, wie eben gesagt, 1663 nach dem Aussterben des Grafen von Eberstein in den Besitz dieser Länder gelangte. Erst bei seinem Tode 1684 gingen beide Gebiete in den unmittelbaren Besitz des Kurfürsten über.

Wie die Geschichte von Pommern ist auch die des Erzbisthums Magdeburg vielfach mit der älteren märkischen Geschichte verflochten gewesen. Die Erzbischöfe hierselbst haben theils durch kluge Verhandlungen, theils durch Ankauf ihr Besitzthum auf so bedeutende Weise zu vergrößern gewußt, daß das Land bei seiner Secularisation als ein Herzogthum an Brandenburg überlassen werden konnte. Es bestand damals und später 1) aus dem Saalkreise, der sich etwa von der Elster-Mündung über Halle, Wettin, Connern und Alsleben an der Saale abwärts erstreckte, 2) dem Holzkreise, der im Osten von der Elbe begrenzt wurde, von oberhalb Acken an bis über die Mündung der Ohre hinaus, im Westen an Braunschweig stieß, und zu dem auch das Amt Oebisfelde zwischen Aller und Ohre gehörte; 3) dem Jerichowschen Kreise, der fast das ganze Dreieck zwischen Havel und Elbe umfaßte, südlich aber bis Möckern, Loburg und Görtzke reichte; endlich 4) aus dem Luckenwaldischen Kreise, von Zinna an der Nuthe abwärts bis über Trebbin hinaus. Dieser letzte war früher von größerem Umfange gewesen, zum Theil aber an Sachsen übergegangen. Seit 1513 waren brandenburgische Prinzen mit der erzbischöflichen Würde von Magdeburg bekleidet worden, unter denen der vierte, Siegmund, jüngerer Sohn des Kurfürsten Joachim II., 1561 mit Zustimmung des Domcapitels allgemein die evangelische Lehre im Erzstifte einführte. Deshalb führte sein Nachfolger, der nachmalige Kurfürst Joachim Friedrich, auch nur den Titel „Administrator", und eben dieser Titel ging auf seinen jüngeren Sohn Christian Wilhelm über, von dem oben erzählt ist, daß er 1631 bei der Eroberung von Magdburg gefangen genommen wurde, und daß schon 1625 das Domcapitel ihm den Herzog August von Sachsen, den zweiten Sohn des damaligen Kurfürsten Johann Georg I., zum Coadjutor und 1628 zum Nachfolger bestimmt habe, um nicht den Erzherzog Leopold Wilhelm, den Sohn des Kaisers Ferdinand, als Erzbischof aufzunehmen. Im Prager Frieden 1635 war bestimmt worden, daß Herzog August lebenslänglich die Administration des Erzstiftes behalten, daß aber Christian Wilhelm durch eine jährliche Rente

Magdeburg und Halberstadt.

von 12,000 Rthlrn. entschädigt werden sollte; außerdem mußte das Erzstift die vier Aemter Querfurt, Jüterbog, Dahme und Burg erblich an Kursachsen, wenn auch unter magdeburgischer Lehnshoheit abtreten. Als dem Kurfürsten Friedrich Wilhelm im westfälischen Frieden das Erzbisthum unter den im Prager Frieden festgesetzten Bedingungen zugesprochen worden war, nahm er im April 1650 die Eventualhuldigung ein; in den unmittelbaren Besitz des Landes gelangte er jedoch erst, als der Herzog August am 4. Juni 1680 mit Tode abgegangen war. Wegen der damals dort herrschenden Pest fand erst ein Jahr später die Erbhuldigung Statt. Noch später, im Jahre 1687, einigte sich Friedrich Wilhelm mit Sachsen dahin, daß er die Lehnsherrlichkeit über die Aemter Querfurt, Jüterbog und Dahme aufgab und seinem Hause nur die Erbfolge vorbehielt; dagegen trat Sachsen Stadt und Amt Burg auf immer an Brandenburg ab, das aber noch eine Schuldzahlung von mehr als 30,000 Rthlrn. dabei übernahm.

Die Stadt Magdeburg hatte sich 1650 der Eventualhuldigung zu entziehen gewußt; alle Versuche des Kurfürsten, sie dazu zu vermögen, waren vergeblich, da die Stadt nichts weniger beabsichtigte, als sich zum Range einer freien Reichsstadt zu erheben. Daher beschloß Friedrich Wilhelm endlich, Gewalt anzuwenden. Er hatte im Jahre 1666 in Westfalen ein Heer von 15,000 Mann zusammen gebracht und im April dieses Jahres den Bischof von Münster, welcher gegen die Holländer Krieg begonnen hatte, zum Frieden gezwungen. Diese Truppen ließ er nun unter dem Feldmarschall v. Sparr ins Magdeburgische einrücken und drohte der Stadt mit einer Belagerung, falls sie sich nicht freiwillig unterwürfe. Nach kurzen Verhandlungen mußte dieselbe brandenburgische Truppen einnehmen, zu deren Unterhaltung sie jährlich 15,000 Rthlr. beizutragen hatte, und mußte am 24. Juni 1666 huldigen. Die Stadt noch besser zu befestigen, begann schon 1679 der Bau der Citadelle, der bis 1702 vollendet wurde.

Mit dem Erzstifte Magdeburg war lange Zeit das Bisthum Halberstadt vereinigt gewesen. Als letzteres unter dem Titel eines Fürstenthums an Brandenburg fiel, umfaßte es einen Streifen Landes, der sich an der Nordseite des Harzes von der Wipper über Aschersleben, die Selke, Bode und Holzemme bis zur Einmündung der Ilse in die Oker erstreckte. Außerdem gehörte zu demselben das Amt Weferlingen an der oberen Aller so wie ein zweites Gebiet an der oberen Helme und Wipper auf der Südseite des Harzes. Das Bisthum war 814 von Kaiser Ludwig dem Frommen gestiftet; sein Sprengel war nicht unbedeutend, selbst nachdem ein Theil desselben an Magdeburg und Merseburg hatte abgetreten werden müssen. Es reichte auf dem Westufer der Saale und Elbe von der unteren Unstrut bis nach Werben hinab, nach Westen bis zur Ocker. Außer dem schon früher genannten Friesenfeld, dem Hessen- und Schwabengau, Nord-Thüringen, Balsam- und Derlingau gehörten noch der Wittingau zwischen der oberen Ohre und Aller und der Harzgau an der Ilse, Holzenune und oberen Bode zu demselben. Seit dem Jahre 1479 wurde der Erzbischof von Magdeburg auch zugleich von dem Halberstädtschen Domcapitel zum Bischofe gewählt. Die Vereinigung dauerte bis zum Tode des Erzbischofs Siegmund 1566, als das Domcapitel, um sich leichter der Reformation zu widersetzen, den damals erst zwei Jahre alten Heinrich Julius von Braunschweig-Wolfenbüttel zum Bischofe erwählte, der auch diese Würde beibehielt, als er 1590 seinem Vater in der Regierung folgte. 1591 trat er öffentlich zur evangelischen Lehre über. Seitdem blieben braunschweigsche Prinzen Bischöfe von Halberstadt. Unter ihnen ist besonders Christian (1616—1624) merkwürdig, der durch sein kühnes Auftreten, die Rechte des vertriebenen Böhmenkönigs Friedrich V. von der Pfalz zu verfechten, sich in der ersten Zeit des dreißigjährigen Krieges einen großen Namen gemacht hat. Als er seiner Würde entsagt hatte, machte der Administrator Christian Wilhelm von Magdeburg auf Halberstadt Ansprüche; durch das liguistische und kaiserliche Heer wurde jedoch Halberstadt besetzt und das Domcapitel veranlaßt, den jüngeren, damals 13 Jahre alten Sohn des Kaisers Ferdinand II., Leopold Wilhelm, 1627 zum Bischofe zu wählen. In sein Bisthum ist jedoch derselbe nie gekommen, da das Land während des ganzen Krieges von den Kaiserlichen wie von den Schweden hart mitgenommen wurde und sich meistens in den Händen der letzteren befand. Das war auch der Fall, als der Friedensschluß dies secularisirte Bisthum an Brandenburg brachte. Erst im März 1650 räumten es die Schweden, und im folgenden Monat nahm Friedrich Wilhelm die Erbhuldigung an.

Mit dem Bisthum Halberstadt kam zugleich die Grafschaft Reinstein an Brandenburg. Dieselbe gehörte zu den Erbgütern des welfischen Hauses und war im Besitz einer jüngeren Linie desselben, die auch die Grafschaft Blankenburg inne hatte. Als diese Linie 1599 ausstarb, zog Braunschweig dies Land als eröffnetes Lehn ein. Da aber die Grafen von Reinstein auch halberstädtische Güter zu Lehn getragen, auf welche bereits der vorhin genannte Bischof Heinrich Julius seinem Vater, dem Herzog Julius, die Anwartschaft übertragen hatte, so gab dies später die Veranlassung, die Grafschaft Reinstein selber als halberstädtsches Lehn anzusehen. Als deshalb 1634 das mittlere Haus Braunschweig mit Herzog Friedrich Ulrich ausstarb, zog die schwedische Regierung, die damals in Halberstadt eingesetzt worden war, die Grafschaft trotz alles Widerspruchs von Seiten Braunschweigs ein, und eben so verfügte der Bischof Leopold Wilhelm, als die Kaiserlichen sich in

Halberstadt festgesetzt hatten, über dieselbe, indem er sie 1643 dem Grafen Leopold v. Tättenbach mit Einwilligung des Domcapitels als Lehn übertrug; sowohl Kaiser Ferdinand III. wie auch nachmals Kaiser Leopold bestättigten diese Belehnung. Der Sohn dieses Grafen, Erasmus v. Tättenbach, wurde 1670 hingerichtet, weil er sich in eine Verschwörung gegen das Leben des Kaisers Leopold eingelassen hatte; dies gab dem Kurfürsten Veranlassung, die Grafschaft als halberstädtisches Lehn einzuziehen. Braunschweig beanspruchte zwar dieselbe als sein Eigenthum und suchte sich gewaltsam in ihren Besitz zu setzen, doch eben so vergeblich wie durch einen Proceß, den es beim Reichskammer-Gerichte anstrengte, da dieser auch da noch nicht entschieden war, als das deutsche Reich sich auflös'te.

Ein zweites Zubehör von Halberstadt, die Grafschaft Hohnstein, kam wenigstens theilweise ebenfalls an Brandenburg, nämlich die Herrschaften Lora und Clettenberg auf der Südseite des Harzes an der oberen Helme und Wipper. Die Herrschaft Lora gehörte früher zur Landgrafschaft Thüringen, kam aber an eine Seitenlinie der Landgrafen, die schon in der ersten Hälfte des 13. Jahrhunderts ausstarb. Darauf fiel diese Herrschaft an die Grafen von Beichlingen, die sie etwa hundert Jahre später (1305) an die Grafen von Hohnstein verkauften. Sie blieb thüringisches, also sächsisches Lehn, bis Kurfürst August von Sachsen 1573 im halberstädtischen Permutations-Receß die Lehnsherrschaft über sie gegen mansfeldische Lehnsstücke an Halberstadt abtrat. An eben diese Grafen von Hohnstein war auch 1260 die Grafschaft oder Herrschaft Clettenberg nach dem Aussterben der dortigen alten Grafen gefallen; sie war kurz zuvor 1257 durch Tausch aus magdeburgischem halberstädtisches Lehn geworden. Als 1593 die ältere Linie der Grafen von Hohnstein mit Tode abging, beanspruchte die jüngere Linie, welche in der Mark die Herrschaft Schwedt besaß, das gesammte Erbe. Während jedoch die eigentliche Grafschaft Hohnstein zersplittert wurde, setzte sich Braunschweig gewaltsam in den Besitz von Lora und Clettenberg, da der Bischof Heinrich Julius seinem Vater schon früher die Anwartschaft auf beide Ländchen übertragen hatte. Doch eben so gewaltsam zog die schwedische Regierung in Halberstadt 1634 beide ein, und so kamen sie an Kur-Brandenburg, das anderweitige frühere Verträge nicht beachtete, sie vielmehr an den Grafen Johann v. Sayn-Witgenstein, den Hauptgesandten Brandenburgs bei den westfälischen Friedens-Verhandlungen, mit Vorbehalt des Wiedereinlösungsrechts vergab; von dessen Söhnen lös'te sie Kurfürst Friedrich III. 1699 für eine nicht unbedeutende Geldsumme wieder ein.

Das vierte Entschädigungsstück endlich, das dem Kurfürsten für Vor-Pommern zufiel, war das secularisirte und in ein Fürstenthum umgewandelte **Bisthum Minden.** Das Stiftungsjahr dieses Bisthums ist nicht nachzuweisen, wenigstens ist die Angabe, es sei das Jahr 803, nicht sicher. Es war eins von den drei Bisthümern in Engern, die Karl der Große während des Krieges mit den Sachsen oder nach deren Unterwerfung anlegte; es erstreckte sich von der Weser-Biegung diesen Fluß abwärts bis etwa zur Einmündung der Aller und nahm die ganze Breite von Engern ein, von der Hunte nach Osten hin bis über die Leine hinaus. 1566 traten Bischof, Domcapitel und Stände zur Reformation über. Das Gebiet, das dem Bischof zugehörte, war nur klein; es reichte an der Weser nur bis Schlüsselburg hinab, dehnte sich meist auf dem linken Ufer dieses Flusses bis zur Hunte hin aus und stieß auf dieser Seite an die Grafschaft Ravensberg. Auch in den Besitz dieses Landes hatten sich seit 1636 die Schweden gesetzt, welche es erst im October 1649 dem Kurfürsten einräumten, so daß dieser erst im Februar 1650 die Huldigung einnehmen konnte.

Außer der Entschädigung an Land hatte Schweden auch eine Geld-Entschädigung für sich durchzusetzen gewußt. Es mußten ihm nämlich noch baare 5 Millionen Thaler gezahlt werden; erst nach jedem der drei Zahlungs-Termine sollte Schweden verpflichtet sein, seine Truppen aus bestimmten Orten zurückzuziehen, bis zu diesem gänzlichen Abzuge mußten dieselben mit schweren Kosten unterhalten werden. Zur Abtragung jener Summen wurden nur sieben Kreise des deutschen Reiches herangezogen, die übrigen drei hatten die Gelder für die kaiserlichen und bayerschen Truppen aufzubringen. Der Kurfürst seinerseits beeilte sich zwar, seinen Beitrag — etwa 142,000 Rthlr. — rechtzeitig einzuzahlen, dessen ungeachtet verzögerte sich der Abzug der Schweden aus seinem Gebiet noch lange, da Schweden auch auf einen Streifen Land im Osten der Oder Ansprüche erhob, den der Kurfürst nicht abtreten wollte, so daß zuletzt die Verhandlungen darüber gänzlich abgebrochen wurden. Vergeblich hatte Friedrich Wilhelm den Schweden für Vor-Pommern alle die Gebiete angeboten, die ihm als Entschädigung für jenes Land überlassen worden waren, vergeblich hatte er ihnen noch eine außerordentliche Baarzahlung von zwei Millionen Thalern machen wollen, die Schweden beanspruchten selbst dann noch die Insel Rügen und das Bisthum Camin. Erst als der Kurfürst bei einer Zusammenkunft mit dem Kaiser Ferdinand III. in Prag (im November 1652) diesen dazu vermocht hatte, Schweden nicht eher mit seinen neuen deutschen Besitzungen zu belehnen, bevor es nicht die Ländertheile geräumt hätte, die es noch immer besetzt hielt, kam endlich im April 1653 der **Grenz-Receß zu Stettin** zu Stande, der allerdings für den Kurfürsten wenig vortheilhaft war. Er mußte nämlich den Schweden auf dem rechten Ufer der Oder die Städte Fiddichow, Bahn, Greiffenhagen, Damm, Gollnow und Camin mit einem nicht unbedeutenden Gebiet überlassen, das an einzelnen Stellen zwei Meilen Breite hatte, so daß der ganze Oderlauf durch Pommern in schwedischen Händen blieb. Er mußte ferner nicht nur die Anwartschaft auf Hinter-Pommern, sondern auch auf die Neumark, das Land Sternberg so wie auf Bierraden und Löcknitz den Schweden zugestehen. Er mußte sich ferner verpflichten, den Schweden die Hälfte der Seezölle in ganz Hinter-Pommern zu zahlen, das noch fortbestehende Domcapitel in Camin zur Hälfte durch Schweden besetzen zu lassen, und von den mehr als $\frac{1}{4}$ Million Gulden betragenden pommerschen Landesschulden $\frac{1}{3}$ zu übernehmen. So endlich konnte der Kurfürst im Juni 1653 die Huldigung in Pommern annehmen; Ersatz für die lange Vorenthaltung des Landes wurde ihm nicht gewährt.

Hatten diese Angelegenheiten dem Kurfürsten vollauf Beschäftigung und zugleich Gelegenheit gegeben, seine politische Gewandtheit zu entwickeln, so traten unmittelbar darauf Ereignisse ein, die ihm neue und noch weit größere Schwierigkeiten brachten, zu deren Ueberwindung die Kräfte seines Staates nicht ausreichten. Sein scheinbarer Wankelmuth, den Gefahren zu entgehen, hat zwar oft harten Tadel erfahren, dennoch wird man es ihm nicht verdenken können, daß auch er in einer Zeit, wo überall die nackte Selbstsucht hervortrat, dem Wohle seines Staates die Mittel unterordnete. Es war dies während des **zweiten schwedisch-polnischen Krieges**, der den Kurfürsten zu erdrücken drohte.

Im Jahre 1654 legte die Königin **Christine** von Schweden die Regierung nieder, und mit ihr endete das Haus Wasa auf dem schwedischen Throne. Zu ihrem Nachfolger hatte sie bereits früher ihren Vetter, den Sohn von Catharina, Gustav Adolf's Schwester, den Herzog **Karl Gustav von Pfalz-Zweibrück** aus dem Hause Wittelsbach empfohlen, der auch durch freie Entschließung der Stände zum Könige gewählt wurde. Damals regierte in Polen **Johann Casimir**, der zweite Sohn des Königs Siegmund, aus dem Hause Wasa, von dem oben erzählt worden ist, daß er Gustav Adolf den Thron in Schweden streitig gemacht habe. Auch Johann Casimir wollte bei dem neuen Thronwechsel in Schweden diese Ansprüche geltend machen; er erkannte wohl Karl Gustav als **König der Schweden** an, aber nicht des **schwedischen Reiches**, und verlangte wenigstens die Abtretung Lieflands, wenn der 1635 verlängerte Waffenstillstand in einen vollständigen Frieden verwandelt werden sollte. Dies benutzte der kriegerische Schweden-König Karl Gustav, wo möglich das schwedische Gebiet auf Kosten Polens zu vergrößern. Vergeblich warnte der Kurfürst den König von

Polen vor den Schweden und forderte ihn auf, sich in Vertheidigungs=
stand zu setzen, Polen verlangte nur Truppen und Gelder von ihm zur
Vertheidigung Polens. Vergeblich sah sich der Kurfürst bei dem Kaiser,
bei England, Frankreich und Holland nach Hülfe um, vergeblich lehnte
er das ihm angetragene Bündniß mit Schweden ab, vergeblich suchte
er Karl Gustav zum Frieden zu bewegen; er konnte es nicht verhin=
dern, daß ein schwedisches Heer durch Pommern und die Neumark nach
Polen eindrang (im Juli 1655), wohin der Schweden=König selber auf
demselben Wege folgte. Polen, ohne hinreichende Vertheidigungsmittel,
wurde fast ganz von den Schweden überschwemmt, Warschau und Krakau
genommen, das polnische Heer entwaffnet und König Johann Casimir
genöthigt, nach Schlesien zu fliehen.

Karl Gustav hatte den Krieg nicht nur ohne Bundesgenossen an=
gefangen, sondern sein kühner Angriff und seine reißenden Fortschritte
erweckten ihm überall Feinde oder doch Neider. Um so mehr mußte
ihm daran liegen, den Kurfürsten durch ein Bündniß für sich zu ge=
winnen. Dieser ging jedoch nicht nur nicht darauf ein, sondern brach
auch, während die Schweden glücklich in Polen kämpften, mit 8000
Mann nach Preußen auf, um mit den dort vorhandenen Truppen das
Land möglichst zu schützen. Im September 1655 überschritt er die
Weichsel und forderte das polnische Preußen auf, mit ihm gemeinschaft=
liche Sache gegen Schweden zu machen. Johann Casimir, erfreut über
diese Hülfe, machte ihm darauf die größten Versprechungen; er wollte,
falls der Kurfürst ihn kräftig unterstützte, auf die Lehnsherrschaft über
Preußen Verzicht leisten, ja ihm sogar seine Ansprüche auf Schweden
abtreten und Liefland als Lehn überlassen. Ehe jedoch noch die Ver=
handlungen hierüber zum Abschluß kamen, brach Karl Gustav von
Krakau auf und drang in Preußen mit so großer Uebermacht ein, daß
der Kurfürst bis Königsberg zurückgedrängt wurde und sich zu seiner
und seines Landes Rettung genöthigt sah, daselbst im Januar 1656 mit
Karl Gustav einen Vergleich der Art einzugehen, daß er Preußen von
ihm zu Lehn nahm. Die feierliche Belehnung sollte nach Jahresfrist
geschehen, der Kurfürst an Schweden 1000 Mann zu Fuß und 500
Reiter Hülfstruppen stellen, den Schweden freien Durchzug durch
Preußen und freie Benutzung der preußischen Häfen gewähren, die
Seezölle in Preußen mit Schweden theilen. Dafür sollte er von jeder
anderen Verpflichtung, die er früher gegen Polen gehabt, entbunden
sein und das Bisthum Ermland als weltliches Lehn erhalten, das jedoch
wie Preußen selber nach dem Aussterben der männlichen Linie des
Hauses Brandenburg an Schweden zurückfallen sollte.

Durch die Unternehmung Karl Gustav's gegen Preußen hatte Jo=
hann Casimir die Möglichkeit gewonnen, mit kaiserlicher Unterstützung

wieder in Polen auftreten zu können, wo sich ihm die polnischen Truppen anschlossen. Die wenig zahlreichen Schweden wurden überall vertrieben, Warschau wieder erobert und Preußen selber mit einem Angriffe bedroht. Dies bewog den Kurfürsten sich im Juni 1656 noch enger zu Marienburg mit Schweden zu verbinden, da er sich vergeblich anderweitig nach Hülfe umgesehen hatte. Schweden versprach ihm damals für seinen Beistand den ganzen oder theilweisen Besitz der polnischen Woiwodschaften Posen, Kalisch, Sirabien, Lenezicz und Wielun; der König von Polen war aber wegen dieses Bündnisses so sehr gegen den Kurfürsten aufgebracht, daß dieser seine ganze Kraft zur Unterstützung der Schweden aufbot. Der französische Gesandte suchte zwar zu vermitteln, doch König Johann Casimir drohte, den Kurfürsten nach einem Orte bringen zu lassen, wo ihn weder Sonne noch Mond bescheinen sollte. Unterdeß rückten die vereinigten Schweden und Brandenburger gegen Warschau vor, wo König Johann Casimir sein ungleich zahlreicheres Heer durch starke Verschanzungen gedeckt hatte. Die Stärke der beiderseitigen Heere wird sehr verschieden angegeben, das polnische soll 40,000—100,000 Mann gezählt haben, das der Verbündeten 16—28,000 Mann, doch sollen in letzterem allein 18,000 Brandenburger gewesen sein. Mit großer Hartnäckigkeit wurde drei Tage lang, vom $\frac{18-20}{29-30}$ Juli 1656, bei Warschau gekämpft; den glorreichen Sieg verdankten die Schweden besonders der Tapferkeit der Brandenburger, die unter dem Rufe „Mit Gott!" muthig in die Feinde drangen. Die Verbündeten besetzten darauf Warschau, doch zog der Kurfürst bald nach Preußen zurück, um den Einfällen der Lithauer zu wehren, wodurch Karl Gustav so geschwächt wurde, daß er seinen Sieg wenig benutzen konnte. Um den Kurfürsten deshalb noch enger an sich zu ketten, schloß er den $\frac{10}{20}$. November 1656 den wichtigen Vertrag zu Labiau mit demselben, kraft dessen ein ewiges Bündniß zwischen Schweden und Brandenburg bestehen sollte. Der Kurfürst sollte Preußen und Ermland als souveraines Herzogthum behalten, das jedoch nach dem Aussterben des brandenburgischen Hauses an Schweden fallen sollte. Der König verzichtete auf die Seezölle in Preußen und erhielt dafür ein für allemal 120,000 Rthlr. Entschädigung. Man versprach sich ferner gegenseitig bei einbrechender Gefahr 4000 Mann Hülfstruppen, und der Kurfürst wollte, falls Polen beim dereinstigen Friedensschlusse auf die Wiederherausgabe der oben erwähnten Woiwodschaften beharre, dieselben wieder zurückgeben.

Während die Brandenburger mit wechselndem Glücke gegen die Lithauer kämpften, und die Neumark auf eigne Hand mit Polen einen Waffenstillstand abschloß, um sich gegen deren verheerende Einfälle zu schützen, traten überall Feinde gegen Schweden auf. Der Kaiser ver-

XI. B. Die Kurfürsten nach der Reformation.

band sich mit Polen und entwaffnete den Fürsten Ragoczy von Siebenbürgen, der den Schweden gegen Polen zu Hülfe gekommen war, und eben so fiel Dänemark, von Holland aufgeregt, in die bremisch-schwedischen Länder ein. Karl Gustav brach deßhalb 1657 gegen Dänemark auf, trieb dessen Heer aus dem Bremischen, ja fiel in Holstein selber ein. Der Kurfürst wurde dadurch in die gefährlichste Lage gebracht. Allein der polnischen Macht nicht gewachsen, suchte er einen Waffenstillstand nach, der auch durch Vermittlung des Königs Leopold von Ungarn und Böhmen als völliger Friedensschluß mit Polen zu Stande kam. Leopold hatte dadurch die Stimme Friedrich Wilhelm's zu seiner Kaiserwahl zu gewinnen gesucht. Am $\frac{19}{9}$. September 1657 wurde im Vertrage zu Welau dem Kurfürsten Preußen als souveraines Herzogthum überlassen mit dem Vorbehalt, daß, wenn die märkische Linie ausstürbe und die fränkische erbte, Preußen wieder in das alte Lehnsverhältniß zu Polen zurücktreten sollte. Dagegen mußte der Kurfürst auf Ermland und die polnischen Woiwodschaften verzichten und in dem gegenwärtigen Kriege auf Polens Seite treten. Hierauf kam der Kurfürst persönlich mit Johann Casimir in Bromberg zusammen und schloß daselbst den $\frac{6}{16}$. November 1657 einen Vertrag dahin ab, daß er für die von ihm zu leistende Kriegshülfe und für die Herausgabe der von ihm besetzten Landschaften die beiden Herrschaften Bütow und Lauenburg erhalten sollte, deren Heimfall an Polen jedoch nach dem Abgange der kurfürstlichen Linie vorbehalten wurde. Außerdem wurde dem Kurfürsten die Stadt Elbing zugesichert, sobald man sie den Schweden entrissen hätte, in deren Besitz sie sich damals befand; nur sollte es Polen freistehen, dieselbe für 400,000 Rthlr. einzulösen. Endlich verpflichtete sich der Kurfürst, zu dem gegenwärtigen Kriege eine Hülfsschaar von 4000 Mann, zur Hälfte Reiter, zu unterhalten. Dafür wurde ihm auf drei Jahre jährlich die Summe von 40,000 Rthlrn. festgesetzt, zu deren Unterpfande ihm die Herrschaft Draheim zugesagt wurde.

Wegen der beiden Herrschaften Bütow und Lauenburg wurde bestimmt, daß zwar das Lehns-Verhältniß derselben zu Polen beibehalten werden, Brandenburg jedoch bei jedem Regierungswechsel dasselbe nur einfach anerkennen sollte. Die Herrschaft Draheim mit dem Städtchen Tempelburg hätte, da die oben erwähnten 120,000 Rthlr. nicht gezahlt wurden, nach Ablauf der festgesetzten drei Jahre an den Kurfürsten fallen sollen, derselbe hatte sich jedoch von dem damaligen Besitzer Stephan Potocky bewegen lassen, bei dessen Lebzeiten nicht davon Besitz zu nehmen. Als aber nach dem Tode desselben Polen das Ländchen einem gewissen Demetrius Wisniowitzky zusprach, setzte sich der Kurfürst 1668 in den Besitz der Herrschaft, nachdem er durch Vertrag jenem noch 15,000 Rthlr. Abstandsgelder gezahlt hatte. Auch später lös'te Polen dies Pfand nicht ein und verzichtete 1773 bei der ersten Theilung Polens auf das Recht der Wiedereinlösung.

Die Stadt Elbing wurde zwar später von den Schweden geräumt, doch nicht dem Kurfürsten, sondern den Polen übergeben. Letztere behaupteten sich in ihrem Besitz, selbst als der Kurfürst seine Forderung darauf auf 300,000 Rthlr. ermäßigte. Erst sein Sohn und Nachfolger Friedrich bemächtigte sich 1698 der Stadt mit Gewalt und zog nur da seine Truppen heraus, als ihm 1700 die polnischen Reichskleinodien zum Unterpfande gegeben wurden. Da Polen aber auch diese nicht einlös'te, so besetzte König Friedrich 1703 die Vorstädte und das Stadtgebiet, um die dortigen Einkünfte statt der Zinsen zu benutzen. So zog sich die Sache hin, da keine Auslösung erfolgte, bis die Stadt selber bei der ersten Theilung Polens an Preußen fiel.

König Karl Gustav war unterdeß in dem Kriege gegen die Dänen glücklich gewesen. Er hatte sie nicht nur vom Festlande verdrängt, sondern war auch im Winter auf 1658 über den gefrornen Belt nach den Inseln hinübergegangen, und hatte sie zu dem Frieden von Roeskilde gezwungen (auf Seeland; den $\frac{26. \text{Februar}}{8. \text{März}}$ 1658). Doch bald reute ihn dieser Frieden, und er sann auf nichts Geringeres als dem dänischen Staate ein Ende zu machen. Er wandte sich deshalb nicht, wie es anfänglich seine Absicht war, gegen Friedrich Wilhelm, über den er wegen des Bündnisses mit Polen aufgebracht war, und den er „wegen seines Abfalls" züchtigen wollte, sondern griff abermals Dänemark an. Während jedoch die Belagerung von Kronenburg und Kopenhagen sich in die Länge zog, gewannen seine Feinde Zeit, den Dänen Hülfe zu bringen. Eine holländische Flotte schlug die schwedische im Sunde, der Kurfürst vereinigte mit seinen Truppen im September 1658 kaiserliche und polnische Hülfsvölker und drang durch Mecklenburg in Holstein ein, von wo die Schweden eben so wie aus Schleswig und Jütland 1659 verdrängt wurden. Ja man setzte sogar nach Fünen hinüber und vernichtete die dort befindliche schwedische Heeres-Abtheilung oder nahm sie gefangen, nachdem in der Schlacht bei Nyborg die Brandenburger nicht wenig zum Siege beigetragen hatten (den $\frac{14.}{24.}$ November 1659). Darauf wandte sich der Kurfürst mit seiner Hauptmacht nach Pommern, weil dorthin Kaiser Leopold (1658—1705) ein Heer von 14,000 Mann gesendet hatte, und er befürchtete, daß der Kaiser die eroberten Orte im Besitz behalten möchte. Stettin vertheidigte sich tapfer gegen den kaiserlichen Angriff, dagegen wurden viele andere Orte genommen. Auch in Pomerellen und Polnisch-Preußen wurde der Krieg zum Nachtheil für Schweden geführt, ja selbst in Curland halfen Brandenburger, dies Land den Schweden zu entreißen.

XI. B. Die Kurfürsten nach der Reformation.

Unter solchen Umständen war Karl Gustav zum Frieden geneigt, zu dem bereits zu Ende des Jahres 1659 die Einleitungen getroffen wurden. Der Tod des Schweden=Königs zu Anfang des Jahres 1660, die Einsetzung einer vormundschaftlichen Regierung für seinen erst fünf Jahre alten Sohn und Nachfolger Karl XI., die Absicht Frankreichs nach dem 1659 mit Spanien geschlossenen pyrenäischen Frieden, den Schweden zu Hülfe zu kommen, Alles dies war geeignet, den Frieden zum baldigen Abschluß zu bringen. Zu Kopenhagen wurde derselbe zwischen Schweden und Dänemark vermittelt, wenn auch mit Opfern von dänischer Seite, und schon einige Tage früher der Frieden zu Oliva, einem Kloster in der Nähe von Danzig, zwischen Schweden einerseits und Polen, dem Kaiser und dem Kurfürsten andrerseits, den $\frac{21. April}{1. Mai}$ 1660. Es wurden dem Kurfürsten in demselben die Verträge von Welau und Bromberg nicht nur bestättigt, sondern die abschließenden Mächte, so wie England, Frankreich und Spanien übernahmen auch dafür die Gewährleistung, so daß seit dieser Zeit der Kurfürst allgemein als souverainer Herzog von Preußen anerkannt wurde.

So bedeutend auch das Ansehn des Kurfürsten durch die Erwerbung der Souverainität in Preußen gewonnen hatte, so schwierig wurde doch seine Stellung in diesem Lande selber. Die Stände nämlich, jetzt ihres Rückhaltes beraubt, den sie bis dahin an dem Könige von Polen gefunden hatten, fürchteten für ihre ausgedehnten Privilegien, vermöge welcher sie eine fast republikanische Verfassung besaßen, und wollten zu neuer Gewährleistung für dieselbe Bedingungen aufstellen, unter welchen Friedrich Wilhelm jede kräftige Regierung für unmöglich hielt. Die Mißgunst Polens, das nur ungern eine neue Macht neben sich auftreten sah, die traurige Lage des Landes, das in dem letzten Kriege gewaltig mitgenommen worden war, die oft rücksichtslose Härte, mit der die neuen, ungewohnten Steuern eingetrieben wurden, da der Kurfürst ein verhältnißmäßig bedeutendes Heer unterhalten mußte, alles dies vermehrte die Aufregung im Lande so sehr, daß man lebhaft an die Zeit erinnert wird, in welcher Kurfürst Friedrich I. und seine Söhne gewaltsam dem Adel und den Städten der Mark entgegen treten mußten, um das allgemeine Interesse auf Kosten der Sonder=Interessen zu stärken und zu befestigen. Wie aber dort die landesherrliche Gewalt obsiegte, so auch hier in Preußen.

Der preußische Adel sowohl wie die Städte waren vor allen Dingen unzufrieden, daß Polen seine Lehnshoheit über Preußen aufgegeben hätte, ohne daß sie darum befragt worden wären, und wollten die desfallsigen Verträge als nichtig ansehen; Preußen sei nicht durch die Gewalt der Waffen den Polen unterworfen worden, sondern es habe sich freiwillig diesem Staate angeschlossen, mithin könne dies Verhältniß auch nur unter allgemeiner Zustimmung gelös't werden. Die Bewegung war eine so bedenkliche, namentlich in Königsberg, wo die Bürger sogar Geschütz auf die Wälle brachten, daß der Kurfürst die dort während des Schwedenkrieges angelegte Schanze zur Feste Friedrichsburg erweitern ließ, um nöthigenfalls die Stadt im Zaume halten zu können, und daß er die Berufung des geforderten Landtages bis ins Jahr 1661 hinausschob, um die Gemüther ruhiger werden zu lassen. Ungeachtet er die Beamten des Landes durch Bedrohung mit Absetzung veranlaßt hatte, ihm den Eid zu leisten, wurde doch dieser Landtag ein so stürmischer, daß auf Bitten des Statthalters, des Fürsten Radziwill, der Kurfürst selber im October 1662 nach Königsberg kam, um durch seine Gegenwart die Sachen leichter zu ordnen. Der Hauptführer der Unzufriedenen, der Vorsitzer des Schöppenstuhls in Königsberg, Hieronymus Rhode, wurde durch List gefangen genommen und später nach Peiz abgeführt, wo er erst 1678 starb. Er hatte es nicht über sich gewinnen können, seine Ansichten über die Rechtmäßigkeit seines Verfahrens zu ändern.

Nachdem auch noch die neuen Schwierigkeiten, welche Polen erhob, aus dem Wege geräumt worden waren, fand endlich die Huldigung des souverainen Herzogs zu Königsberg den 18. October 1663 Statt im Beisein von polnischen Gesandten, welche die eidliche Verpflichtung entgegen nahmen, daß nach dem Ausgange des kurfürstlichen Mannsstammes Preußen wieder polnisches Lehn werden sollte. Der Kurfürst hatte durch Bestättigung der Privilegien die Gemüther zu gewinnen gewußt, und nur Einzelne waren es, welche die frühere Abhängigkeit des Landes von Polen mit polnischer Hülfe durchzusetzen versuchten. Der Oberst v. Kalkstein, der früher seiner Aemter entsetzt, wegen Drohungen gegen das Leben des Kurfürsten zum Tode verurtheilt, jedoch begnadigt worden war, verließ gegen sein gegebenes Wort Preußen und wandte sich nach Polen, um dies zu einem Einschreiten gegen den Kurfürsten zu veranlassen. Ihm gesellte sich der junge Rhode zu; er gab sich für einen von den preußischen Landständen Beauftragten aus und nahm keinen Anstand, auf dem Reichstage zu Warschau die heftigsten Schmähungen gegen den Kurfürsten vorzubringen. Da die Forderung des Kurfürsten, den v. Kalkstein auszuliefern, erfolglos blieb, bemächtigte sich 1670 der brandenburgische Gesandte v. Brand seiner Person und ließ ihn durch den Hauptmann Montgommery unter Bedeckung nach Preußen bringen. Er wurde 1672 zu Memel enthauptet. Die Aufregung, die dadurch in Polen gegen den Kurfürsten hervorgerufen wurde, wußte dieser mit großer Gewandtheit zu besänftigen.

Während dieser Vorgänge in den östlichen Gegenden des Staates drohte auch in den westlichen der Krieg auszubrechen. Friedrich Wilhelm war damit unzufrieden, daß 1629 in dem zweiten Düsseldorf'schen Vergleich und im Jahre 1630 die Grafschaft Ravensberg als gemeinschaftliches Besitzthum von Brandenburg und Pfalz-Neuburg erklärt worden war, letzteres dagegen bestand um so hartnäckiger auf diesem Mitbesitz, als der Kurfürst schon mehrere Jahre diesen Vergleich als gültig anerkannt hätte. Schon damals schien der Krieg unvermeidlich, doch einigte man sich 1647 in einem dritten Vergleiche zu Düsseldorf dahin, daß Ravensberg nebst Cleve und Mark dem Kurfürsten, alles übrige Land an Pfalz-Neuburg gehören sollte. Die Ansprüche, die Sachsen aufs neue beim Abschluß des westfälischen Friedens an die Erbschaft machte, wurden nicht berücksichtigt, sondern besonderen Unterhandlungen überwiesen. Dagegen erhob sich ein neuer Streit zwischen den beiden compossidirenden Fürsten, als der Pfalzgraf berechtigt zu sein glaubte, die evangelische Lehre in seinem Antheile gewaltsam auszurotten, und sich die zahlreichen protestantischen Einwohner um Hülfe an den Kurfürsten wandten. Vergeblich ergriff der Kurfürst Repressalien gegen die in seinem Antheil wohnenden Katholiken, das Uebel wurde dadurch noch ärger gemacht. Deßhalb erklärte er 1651 in einem Manifeste, daß er sich nothwendig einiger Orte in Jülich-Berg bemächtigen müsse, da der Pfalzgraf den Vertrag gebrochen habe, und forderte die Unterthanen auf, ihn fortan als Herrn des Landes zu betrachten und keine Abgaben ferner an Neuburg zu zahlen, wenn sie nicht für Rebellen angesehen werden wollten. Zugleich besetzten brandenburgische Truppen unter dem Freiherrn v. Sparr den nördlichen Theil des Herzogthums Berg und trieben im ganzen Lande Contributionen ein. Wolfgang Wilhelm wandte sich klagend an den Kaiser, der, auch noch durch Sachsen angeregt, den Kurfürsten aufforderte, seine Truppen zurückzuziehen. Zugleich wandten sich die Landstände an Holland, damit dies den Streit vermitteln möchte, da es bei den früheren Verträgen Gewährleistung übernommen hätte. Dies alles bewog den Kurfürsten, durch freundliche Unterredung mit dem Pfalzgrafen Wolfgang Wilhelm die Sache gütlich beizulegen. Dieselbe fand zu Angerort im Herzogthum Berg Statt, doch führte sie zu keinem Resultat, da inzwischen lothringische Hülfsvölker herangezogen, welche der Pfalzgraf herbeigerufen hatte. Eben so erfolglos waren neue Verhandlungen zu Essen, doch wurden die schon ausgebrochenen Feindseligkeiten eingestellt. Durch kaiserliche Vermittlung kam endlich im October 1651 zu Cleve ein Vergleich der Art zu Stande, daß man die Feindseligkeiten bei Verlust des Anrechtes auf jene Länder aussetzen, und daß in Bezug auf die Religions-Streitigkeiten Schiedsrichter einen endgültigen Ausspruch thun sollten. In dieser Schwebe blieben die Angelegenheiten geraume Zeit, denn erst 1666 den 9. September wurde in dem **Hauptvergleich zu Cleve** festgesetzt, daß der Kurfürst in dem Besitz der eben genannten Länder bleiben, und in Bezug auf Religion die Bestimmungen des westfälischen Friedens ihre Gültigkeit haben sollten. Wegen der **Herrschaft Ravenstein** wurden die näheren Besprechungen vorbehalten; der Kurfürst verzichtete auf dies Land gegen eine Abstandssumme von 50,000 Rthlrn., als er 1671 befürchten mußte, daß in seinem Kriege gegen Frankreich dasselbe von französischen Truppen besetzt und verheert werden möchte, nur behielt er sich den Rückfall beim Aussterben der pfalzneuburgischen Linie vor. Die Stände leisteten darauf den ihnen bestimmten Fürsten die Huldigung. In Bezug auf die kirchlichen Angelegenheiten wurden auch später noch nähere Verträge nothwendig, doch bestättigte endlich der Kaiser 1678 den Cleveschen Vergleich, obgleich Sachsen auch da noch seine Ansprüche auf diese Erbschaft durchzusetzen gesucht hatte.

Das Haus Oesterreich in Deutschland wie in Spanien hatte in dem dreißigjährigen Kriege eine gänzliche Niederlage erlitten. Während es geglaubt, das Uebergewicht, das es seit Kaiser Karl V. unbestritten in Europa besessen, noch mehr erhöhen und auf immer befestigen zu können, war es durch die Dazwischenkunft Schwedens und Frankreichs nicht nur aus dieser überwiegenden Stellung verdrängt, sondern auch aufs äußerste geschwächt worden. Jene beiden Mächte hatten seitdem ein unbestrittenes Uebergewicht gewonnen, während namentlich Spanien in dem fortgesetzten Kampfe gegen Frankreich, der erst 1659 durch den **pyrenäischen Frieden** beendigt wurde, zu einer Bedeutungslosigkeit hinabgedrückt wurde, von der es sich nie wieder hat erholen können. Schwedens Uebermacht wurde schon durch den Frieden von Oliva bedeutend gemäßigt, noch mehr geschah dies durch den weiter unten zu erzählenden Krieg mit Brandenburg. Dagegen schwang sich desto kühner und glänzender Frankreich zur ersten Stelle in Europa auf, namentlich seitdem sein junger König Ludwig XIV. (1643—1715) mit eben so viel Rücksichtslosigkeit als Glück selber 1661 die Zügel der Regierung ergriffen hatte, nachdem der Cardinal Mazarin, der Amtsnachfolger von Richelieu, gestorben war.

Seine Eroberungssucht fand bald nach dem Anfang seiner Alleinherrschaft bequeme Veranlassung, sich auf Kosten Spaniens zu bereichern. Als der dortige König Philipp IV. 1665 gestorben war, machte Ludwig im Namen seiner Gemahlin, der Tochter dieses Philipp's, Erb-Ansprüche auf die spanischen Niederlande. Um die Holländer, die damals mit England im Kriege begriffen waren, von etwaniger Einmischung abzuhalten, verband er sich scheinbar mit ihnen und fiel darauf in die spanischen Niederlande ein, welche er eben so wie die Franche Comté 1667 leicht eroberte. Holland sowohl wie England, über die reißenden Fortschritte des Königs besorgt, schlossen nicht nur schnell Frieden, sondern auch ein Bündniß mit einander, zu dem sie auch Schweden herangezogen — die Triple=Alliance, im Januar 1668 abgeschlossen — und nöthigten Ludwig von seinen Eroberungen abzustehen und sich im Aachener Frieden 1668 mit wenigen festen Plätzen in den spanischen Niederlanden zu begnügen. Seitdem arbeitete Ludwig dahin, jenes Bündniß zu trennen; er zog Karl II. von England auf seine Seite und bewog Schweden zur Neutralität. Den Kurfürsten für sich zu gewinnen, gelang ihm nicht, ungeachtet er ihm Länder und Geld versprach; dagegen schloß sich ihm der Kurfürst von Cöln und der Bischof von Münster an, selbst der Kaiser versprach, sich neutral zu verhalten.

Ungeachtet Friedrich Wilhelm die Holländer bei den Verhandlungen, welche Frankreich mit ihm gepflogen, gewarnt hatte, waren diese doch gar nicht auf den Krieg vorbereitet, der ihnen von Frankreich und dessen Verbündeten 1672 angekündigt wurde. Sie hatten das Landheer ganz vernachlässigt, da die Partei, an deren Spitze die Gebrüder de Witt standen, die oranische Partei von dem Einflusse verdrängen wollte, den diese während des Unabhängigkeits=Krieges gewonnen hatte. Als daher Ludwig im Frühjahr 1672 durch das Erzstift Cöln den Rhein hinabzog, waren die Holländer so wenig zur Gegenwehr vorbereitet, daß zunächst die festen Plätze, die sie noch immer im Herzogthum Cleve besetzt hielten, den Franzosen in die Hände fielen, und daß diese im Juli bereits Amsterdam bedrohten. Nirgends fand die Republik Unterstützung als nur bei dem Kurfürsten, der einerseits wegen seiner Cleveschen Länder, andrerseits wegen des Uebergewichts Frankreichs besorgt war. Im Juni schlossen deshalb beide ein Bündniß, nach welchem der Kurfürst ein Heer von 20,000 Mann aufbringen wollte, das zur Hälfte von Holland unterhalten werden sollte. Darauf verband er sich mit dem Kaiser, der 12,000 Mann zu seinem Heere stoßen lassen wollte, und eben so wußte er Dänemark, Braunschweig und Hessen zu bewegen, sich Frankreichs Uebergriffen entgegen zu stellen.

Als er darauf im August 1672 von Berlin aufbrach, seinen rheinischen Ländern und Holland Hülfe zu bringen, hatte unterdeß in letzterem Lande die oranische Partei die Oberhand erhalten und den Prinzen Wilhelm von Oranien als Statthalter eingesetzt, nachdem der Pöbel die Gebrüder de Witt auf schmähliche Weise ermordet hatte. Bei dem Heranzuge des deutschen Heeres warfen nun die Franzosen einen Theil ihrer Macht unter Turenne nach Deutschland, so daß der junge Statthalter Wilhelm zum Angriff übergehen konnte. Der kaiserliche Feldherr Montecuculi bewog den Kurfürsten, nicht nach Cleve vorzurücken, sondern, da Trier, Mainz und Pfalz den Durchzug verwehrten, über den Oberrhein zu gehen und die Franzosen in ihrem eignen Lande anzugreifen oder ihnen die Verbindung abzuschneiden. Aber auch diesen Plan auszuführen nahm später der kaiserliche Feldherr Anstand, deshalb rückte der Kurfürst nach seinen Landen vor, da die Münster'schen Truppen auch Mark und Ravensberg überschwemmt hatten. Jedoch von den zaudernden Kaiserlichen in allen Plänen behindert und von den Holländern nicht mit Hülfsgeldern unterstützt, mußte er vor der feindlichen Uebermacht sich nach Minden und selbst über die Weser zurückziehen. Ueberdies von seinen Mitständen verlassen sah er sich bald genöthigt, um seine eignen Lande nicht gänzlich zu Grunde gehen zu lassen, mit Frankreich einen Frieden einzugehen, der zu Vossem (zwischen Brüssel und Löwen) den $\frac{6}{16}$. Juni 1673 abgeschlossen wurde. Der Kurfürst versprach, den Holländern nicht ferner Hülfe zu leisten, dagegen räumten die Franzosen seine Länder mit Ausnahme von Wesel und Rees, die sie bis zu Ende des Krieges mit Holland besetzt halten wollten, versprachen ferner Sorge dafür zu tragen, daß ihm die rückständigen Subsidien von Holland gezahlt würden, während sie selber ihm 800,000 Livres Entschädigung zahlten, 300,000 Livres sogleich, den Rest innerhalb der nächsten fünf Jahre. Nur das behielt sich der Kurfürst vor, im Fall Ludwig das deutsche Reich angriffe, seinen Pflichten als Reichsstand nachzukommen.

Erst nach diesem Friedensschlusse sahen auch der Kaiser und Spanien die gefahrdrohende Haltung Frankreichs ein und schlossen ein Bündniß mit Holland, während England, Münster und Cöln mit den Holländern einen Frieden eingingen (in der ersten Hälfte des Jahres 1674). Dies bewog die Franzosen, Holland fast ganz zu räumen und auch dem Kurfürsten die noch besetzt gehaltenen Festungen zurückzugeben, um ihre Macht zu concentriren. Als sie darauf nach der Pfalz einbrachen, erklärte ihnen auch das deutsche Reich den Krieg, und dies veranlaßte den Kurfürsten, abermals feindlich gegen Frankreich aufzutreten, nachdem Holland und Spanien ihm in dem zu Berlin geschlossenen Bündniß Hülfsgelder für 16,000 Mann zugesagt hatten. Im August 1674 brach er mit etwa 20,000 Mann auf und vereinigte sich im October mit dem verbündeten Heere bei Strasburg. Doch die Unthätigkeit des kaiserlichen Feldherrn Bournonville ließ es auch diesmal zu keinem ernstlichen Zusammentreffen kommen, und Turenne, durch neue Truppen verstärkt, erhielt dadurch die Möglichkeit, die Verbündeten aus dem Elsaß über den Rhein zurückzudrängen. Hier erhielt Friedrich Wilhelm die Nachricht, daß die Schweden, ungeachtet er noch kurz zuvor mit ihnen ein Bündniß geschlossen, auf Antrieb Frankreichs am Schlusse des Jahres 1674 ein Heer von 16,000 Mann unter

Gustav Wrangel nach den brandenburgischen Staaten geschickt hätten, um den Kurfürsten von dem Bündnisse gegen Frankreich abzuziehen. Sie breiteten sich über Hinter=Pommern und die Neumark so wie diesseit der Oder über die Ukermark, die Prignitz und einen großen Theil der Mittelmark aus und verheerten das Land entsetzlich, ohne daß der Statthalter in den Marken, der Fürst Georg von Anhalt=Dessau, im Stande war, mit seinen schwachen Streitkräften dies zu verhindern. Die Bauern der Altmark besorgt, daß der Feind auch die Elbe überschreiten möchte, hatten sich bewaffnet, um unter kurfürstlichen Fahnen diesen Uebergang zu wehren; die Krankheit des schwedischen Oberfeldherrn überhob sie der Gefahr des Angriffs. — In der Kirche des Dorfes Dannefeld am Drömling wird noch eine Fahne aus jener Zeit aufbewahrt, welche die bekannte Inschrift trägt:

> Wir sind Bauern von geringem Gut
> Und dienen unserm Kurfürsten und Herrn mit unserm Blut.

Nachdem der Kurfürst während des Winters zu 1675 durch persönliche Unterhandlung im Haag mit Holland und Spanien sich wenigstens die Aussicht eröffnet hatte, von diesen beiden Staaten in seinem Angriffe auf Schweden unterstützt zu werden, und nachdem ihm auch vom Kaiser, von Dänemark und den Reichsständen Beihülfe zugesagt war, brach er am 26. Mai 1675 aus seinem Hauptquartier zu Schweinfurt am Main mit seinem Heere auf, um die Schweden aus seinem Lande zu verjagen. Sein Heer war damals etwa 15,000 Mann stark; schon am $\frac{11}{21}$. Juni traf er mit demselben in Magdeburg ein, dessen Thore er schließen ließ, damit den Schweden keine Kunde von seiner Ankunft würde, die ihnen bis dahin ganz unbekannt geblieben war. Ja es war sogar die Meinung bei ihnen verbreitet, der Kurfürst sei todt, ein Gerücht, das ohne Zweifel dadurch entstanden war, daß der Kurprinz Karl Emil Ende November 1674 in Strasburg an einem hitzigen Fieber gestorben war. Nachdem das Heer einen Tag gerastet hatte, brachen am $\frac{13}{23}$. Juni 6000 Reiter auf nebst zwei Dragoner=Regimentern und 1200 Musketieren, die aus dem gesammten Fußvolk auserlesen worden waren, sowie 13 Stück Geschütz. Das Fußvolk wurde auf Wagen befördert, auf denen zugleich eine Anzahl Kähne fortgeschafft wurde, die man beim Uebergange über die Havel benutzen wollte. Die Schweden hatten sich nämlich damals bis an die Havel gezogen. Der wieder genesene Gustav Wrangel hatte sein Hauptquartier in Havelberg, der linke Flügel stand in und bei Brandenburg, und man war im Begriff den Uebergang über die Elbe zu forciren, um Hannover an sich zu ziehen. Die Absicht des Kurfürsten ging dahin, diese Linie bei Ratenow zu durchbrechen, und der Ueberfall dieser Stadt am $\frac{14}{24}$. Juni gelang vortrefflich, ungeachtet wenige Tage zuvor die schwache

Besatzung um 600 Dragoner vermehrt worden war. Die Schweden wurden theils niedergehauen, theils gefangen genommen; nur Wenige retteten sich durch die Flucht.

Der linke Flügel der Schweden unter Waldemar Wrangel war im Begriff gewesen, bei Ratenow die Havel zu überschreiten, um in Gemeinschaft mit dem rechten gegen die Elbe vorzurücken, als die Nachricht von der plötzlichen Ankunft des Kurfürsten und von der Wegnahme Ratenow's sie bewog, sich eiligst zurückzuziehen und die Uebergänge über den Rhin zu gewinnen, während der Oberfeldherr nach Ruppin aufbrach. Dem Kurfürsten mußte Alles daran liegen, die Vereinigung beider Heeres-Abtheilungen zu verhindern. Er schickte mehrere Haufen ab, die mit Führern wohl versehen auf wenig betretenen Pfaden durch das große havelländische Luch nach Fehrbellin, Cremmen und Oranienburg eilen sollten, um dort mit Hülfe der Einwohner alle Brücken und Dämme zu vernichten und den Schweden den Rückzug abzuschneiden. Er selber brach am $\frac{16}{26}$. Juni von Ratenow auf, wo er 500 Musketiere zurückließ, holte ungeachtet des üblen Wetters und der grundlosen Wege den feindlichen Nachtrab bei dem Dorfe Gohlitz ein, brachte ihm bedeutenden Verlust bei, konnte aber den Abzug des Hauptheeres durch Nauen nicht verhindern; er versicherte sich jedoch noch an demselben Tage (den 17. Juni) des schmalen Dammes, der von dieser Stadt nördlich durch das dortige Bruch führte. Auf der Nordseite der Stadt erhebt sich aus dem Luch ein großes sandiges Plateau, „der Glien" genannt, an dessen Nord-Abfall Cremmen gelegen ist. Nordwestlich schließt sich an dieses Ländchen ein zweites ähnliches, doch kleineres Plateau an, „das Land Bellin", an dessen Nord-Ende das Städtchen Fehrbellin liegt. Ueber diese beiden Hochflächen nahm das schwedische Heer eiligst seinen Rückzug, um bei dem letzt genannten Orte das Luch und den Rhin zu überschreiten und sich aus dem schwierigen Terrain herauszuziehen.

Mit dem frühsten Morgen des $\frac{17}{27}$. Juni brach der Kurfürst zur weiteren Verfolgung auf, entschlossen, den Feind anzugreifen, wo er ihn fände, während der Feldmarschall Dörfflinger rieth, den Feind wo möglich auf dem Plateau einzuschließen und ihn zur Ergebung zu zwingen. Den Vortrab von 1500 Reitern führte der Landgraf Friedrich von Hessen-Homburg; er erhielt den Auftrag, den Feind zum Stehen zu bringen. Da, wo die beiden Plateaus vor dem Dorfe Linum durch einen schmalen Streifen sandigen Landes an einander stoßen, stellte Wrangel sein Heer hinter einem alten Landwehrgraben auf und lehnte beide Flügel an das unwegsame Luch. Der Prinz außer Stande, mit Reiterei allein den Feind anzugreifen, verlangte Hülfe. Ehe aber noch die Dragoner, die der Kurfürst abschickte, anlangten, hatte bereits der schwedische Feldherr seine vortheilhafte Stellung aufgegeben und sich hinter das Dorf Linum zurückgezogen. Sein linker Flügel lehnte sich an das Luch, der rechte an ein Gehölz, das er unbesetzt gelassen hatte, weil er sich dadurch hinlänglich gegen die brandenburgischen Reiter geschützt glaubte. Als dennoch der Prinz durch dasselbe die linke Flanke umging, nahm Wrangel eine neue ähnliche Stellung weiter rückwärts bei dem Dorfe Hakenberg. Unterdeß war der Kurfürst mit dem Gros seines Heeres herangekommen; er hatte überhaupt 5600 Reiter nebst 13 leichten Kanonen bei sich, — die geringe Mannschaft an Fußvolk, die der Kurfürst von Ratenow mit sich genommen, hatte dem schnellen Marsche nicht zu folgen vermocht. — Die Schweden zählten 4000 Reiter, 7000 Mann Fußvolk und 38 Stück Geschütz. Unter dem Schutze eines dichten Nebels stellte der Kurfürst einige Geschütze auf einem Hügel auf, von wo aus er den Schweden außerordentlichen Verlust zufügte. Vergeblich bemühte sich Wrangel, den Brandenburgern diese vortheilhafte Stellung zu entreißen, doch schwankte der Kampf lange. Der Kurfürst selber führte seine Truppen ins Feuer, und hier war es, wo einige seiner Reiter ihn aus einer ihn umringenden Schaar Schweden heraushauen mußten, und wo sein Stallmeister v. Froben an seiner Seite von einer Kanonenkugel tödtlich getroffen wurde. Endlich gelang es, die feindliche Reiterei auf dem rechten Flügel in die Flucht zu schlagen; das allein stehende Fußvolk war nun den wüthendsten Angriffen der Brandenburger ausgesetzt, so daß z. B. von einem Regimente vielleicht nur 30 Mann entkamen. Dies bewog endlich Wrangel, die Schlacht abzubrechen, nachdem von 8—10 Uhr Morgens mit der heftigsten Erbitterung gekämpft worden war. Die brandenburgischen Truppen, Reiter wie Pferde, waren zu erschöpft, als daß der Kurfürst das schwedische Heer hätte vernichten können. Unter dem Schutze des unerschüttert gebliebenen linken Flügels führte Wrangel seine Truppen nach Fehrbellin; da dem Kurfürsten alles Fußvolk fehlte, mußte er sich damit begnügen, diesen Rückzug zu beunruhigen und die Nachzügler aufzuheben oder niederzumetzeln. Gefangene wurden wenige gemacht, dagegen bedeckten drittehalb Tausend Schweden das Schlachtfeld, während der Verlust der Brandenburger sich nur auf 500 Mann an Todten und Verwundeten belief.

Den tapfern Obersten Henning erhob der Kurfürst auf dem Schlachtfelde in den Adelsstand unter dem Namen v. Treffenfeld und stellte ihm am folgenden Tage in Fehrbellin das Patent aus, vom 18. Juni unterzeichnet. Dem Landgrafen Friedrich von Hessen-Homburg soll er zwar Vorwürfe über sein hitziges Andrängen gegen den Feind gemacht haben, doch nichts berechtigt zu der Annahme, daß dieser seine Aufträge überschritten hätte, und diejenigen, welche ihm den Vorwurf des jugendlichen Ungestüms machen, vergessen, daß er damals im 43. Lebensjahre stand, zum zweiten Male verheirathet, bereits Vater von vier Kindern war, und daß er schon vor 17 Jahren in dem Heere der Schweden mit Auszeichnung dienend 1658 bei der Belagerung von Kopenhagen ein Bein verloren hatte, weßhalb er seitdem ein künstliches trug und den Namen „mit dem silbernen Bein" führte.

Zwar traf am Nachmittage die wenige Infanterie des Kurfürsten und von Berlin etwa 2000 Mann ein, doch waren die Truppen wie die Pferde zu ermattet, als daß man einen Angriff auf Fehrbellin hätte machen können. Erst am folgenden Morgen drang Derfflinger in die Stadt ein, die größtentheils von den schwedischen Truppen verlassen worden war, nachdem sie in Eil die zerstörte Brücke wieder hergestellt hatten. Mehrere Fahnen, Geschütze und Munitionswagen, eine große Anzahl von Gepäckwagen (1500) und ein paar Tausend Stück Vieh wurden erbeutet, den Schweden selber konnte man nicht sogleich folgen, da sie die Brücke hinter sich niedergebrannt hatten. Nach Berlin war die Nachricht von dem Siege schon am $\frac{19}{29}$. gemeldet und wurde durch eine besondere Druckschrift der Einwohnerschaft mitgetheilt; der Statthalter hatte ein Dankfest angeordnet, eben solches feierte das Heer am $\frac{10}{20}$. und brach dann zur Verfolgung des Feindes auf, der sich über Wittstock nach Mecklenburg auf Wismar zurückzog, wobei eine große Anzahl der im schwedischen Heer befindlichen Söldner desertirte. Die Mark war so in wenigen Tagen von den Feinden gesäubert, der Ruf von der Tapferkeit des brandenburgischen Heeres gegen das so gefürchtete schwedische durcheilte ganz Europa; die Schlacht bei Fehrbellin führte den brandenburgischen Staat auf glänzende Weise in die Reihe der mächtigeren Staaten Europa's ein.

Die nächste Folge war, daß Kaiser und Reich die Schweden für Reichsfeinde erklärten, und daß der westfälische so wie der ober= und niedersächsische Kreis aufgefordert wurden, die Waffen gegen Schweden zu ergreifen. Während deshalb Braunschweig=Zelle und Münster sich dem Kurfürsten anschlossen, bewog dieser auch Dänemark zum Kriege gegen Schweden, da sein Streben dahin ging, die Schweden wo möglich vom deutschen Boden zu verdrängen, und da er nur mit Hülfe einer Flotte sich der festen Plätze in Pommern zu bemächtigen im Stande war. Wegen dieser langen Verhandlungen brach er erst im September von Mecklenburg aus in Pommern ein, indem er die Tollense zur Peene hinabging, letztere überschritt und sich mit den von Westen her anrückenden dänischen und kaiserlichen Truppen verband. Das feste Stralsund wagte man zwar nicht anzugreifen, dagegen nahm der Kurfürst im November Wolgast, die Dänen mit brandenburgischer Hülfe Wismar. Gleichzeitig hatte der Fürst von Anhalt den schwedischen

19

Theil von Pommern auf dem rechten Ufer der Oder in Besitz genommen, während noch andere brandenburgische Truppen auf Wollin gelandet waren und sich zu Herren dieser Insel gemacht hatten. Ein Versuch der Schweden, Wolgast während des Winters wiederzunehmen, wurde vereitelt, ja selbst Uckermünde ging noch für sie verloren.

Die folgenden Feldzüge wurden mit weniger schnellen Resultaten gekrönt, da der Kurfürst langwierige Belagerungen zu unternehmen hatte, die um so kostspieliger für ihn wurden, als Spanien und Holland nicht die versprochenen Hülfsgelder zahlten. Im Jahre 1676 eroberte er die Insel Usedom so wie die Städte Anclam, Löcknitz, Demmin und Damm. Den größten Theil des Jahres 1677 brachte er mit der Belagerung von Stettin zu, das sich vom Juli bis Ende December mit ausgezeichneter Tapferkeit vertheidigte, endlich aber durch das überaus zahlreiche Belagerungsgeschütz — 200 Stück, die größtentheils von Berlin zu Wasser hierher geschafft worden waren — zur Ergebung gezwungen wurde. Die Eroberung dieses Hauptwaffenplatzes verschaffte dem Kurfürsten eben so große Bewunderung wie Mißgunst. Man sprach am kaiserlichen Hofe offen aus, daß man nicht einen neuen König der Wenden an der Ostsee auftreten sehen wollte, verweigerte jede weitere Unterstützung und wollte den Brandenburgern keine Winterquartiere außerhalb der Mark zugestehen. Auch die übrigen Bundesgenossen wurden lässig, nur Dänemark hielt in seinem eignen Interesse fest zum Kurfürsten. Mit Hülfe desselben entriß er 1678 den Schweden die Insel Rügen, nachdem man anfänglich daselbst mit entschiedenem Unglück gekämpft hatte, und war nun im Stande, Stralsund von drei Seiten her anzugreifen. Als die Belagerungs-Arbeiten vollendet waren, wurde die Stadt vom $\frac{1}{10}$. October an aus mehr als 150 Geschützen mit Kugeln überschüttet, die einen großen Theil des Ortes in Feuer aufgehen ließen. So sah sich der schwedische General Königsmark genöthigt, schon am $\frac{1}{10}$. October die Stadt zu übergeben. Die Besatzung zog nach Usedom ab, von wo sie nach Schweden übergesetzt werden sollte; eben dorthin folgte auch die von Greifswald, das nach eben so heftigem, wenngleich nur kurzem Bombardement am $\frac{5}{10}$. November zur Uebergabe gezwungen wurde. Die Heimkehrenden hatten das Unglück, bei Bornholm Schiffbruch zu leiden. Die Hälfte der etwa 5000 Mann starken Mannschaft fand hierbei ihren Tod, den Rest behielt Dänemark als Gefangene zurück, obgleich es die freie Ueberfahrt bewilligt hatte. Ganz Pommern aber, so weit es Schweden in Händen gehabt, befand sich in der Gewalt des Kurfürsten, dessen Bemühen natürlich darauf gerichtet war, dies theuer und ruhmvoll errungene Land auf immer zu seinem Eigenthum zu machen.

Den Kurfürsten von Pommern abzuziehen, hatte Schweden von

Liefland aus einen Einfall nach Preußen beschlossen. Durch die Nachlässigkeit des schwedischen Oberfeldherrn hatte sich die Sache verzögert; erst im November 1678 brachen 16,000 Schweden unter Heinrich Horn in Preußen ein. Der Kurfürst hatte vergeblich von Polen verlangt, ihnen den Durchzug zu wehren; dies machte sogar Anstalt, Truppen zu werben und zu den Schweden stoßen zu lassen, um wo möglich Preußen bei dieser Gelegenheit wieder zu gewinnen. Der Kurfürst schickte deshalb den General Görtzke mit 3000 Mann nach Preußen voraus, damit dieser im Verein mit den dortigen Truppen den Feind aufhalten sollte. Doch ehe er noch dort eintraf, war Horn bereits über den Memel gegangen, so daß Görtzke sich darauf beschränken mußte, sich in Welau aufzustellen, um die Hauptstadt zu decken; aber bald mußte er nach Königsberg selber zurück, da er zu schwach war, den vordringenden Schweden Widerstand zu leisten.

Im December brach das kurfürstliche Hauptheer von Pommern nach Preußen auf. Es war die gesammte Reiterei nebst Dragonern, vom Fußvolk eine Elite aus jedem Regimente, außerdem 34 Geschütze. Am Schlusse des Jahres reis'te der Kurfürst selber nach, nachdem vorher ein Buß- und Bettag im ganzen Lande angesetzt worden war, wie das auch vor der Schlacht bei Fehrbellin Statt gefunden hatte. Bei Marienwerder wurden am $\frac{1}{11}$. Januar 1679 die Truppen, 9000 an der Zahl, gemustert. Ungeachtet der heftigen Kälte und des überaus tiefen Schnee's waren Alle unverdrossen, ja brannten vor Begierde, an den Feind zu gelangen. Sobald aber dieser von dem Heranrücken des Kurfürsten hörte, brach er eiligst zum Rückzuge auf, was den General Görtzke bewog, mit 4000 Reitern und 1000 beritten gemachten Infanteristen dem Feinde zu folgen; der Kurfürst schickte ihm noch 3000 Reiter und Dragoner zu Hülfe, damit er den Feind zum Stehen brächte. Er selber setzte sein Fußvolk auf Schlitten, um desto schneller folgen zu können. So ging es von Heiligenbeil am $\frac{11}{21}$. Januar über das Haff nach Königsberg, von dort über Labiau und das kurische Haff nach der Gilge. Der Vortrab unter Görtzke und Treffenfeld brachte dem Feinde bei Splitter, in der Nähe von Tilsit, den $\frac{17}{27}$. Januar erheblichen Verlust bei, später noch einen zweiten; die Schweden büßten nicht nur viel Mannschaft ein, sondern auch viel Geschütz, Gepäck und Mundvorrath. Sie verdankten ihre Rettung nur dem Umstande, daß das Hauptheer des Kurfürsten sie verfehlte; in dem kläglichsten Zustand setzten sie eiligst ihren Rückzug durch Schamaiten nach Liefland fort. Aber auch die kurfürstlichen Truppen hatten durch die furchtbare Kälte, durch Mangel an Lebensmitteln und Obdach während der Nächte schwer zu leiden, so daß Friedrich Wilhelm sie am $\frac{23.\text{ Januar}}{2.\text{ Februar}}$ nach preußischen Quartieren zurückführte. Selbst Treffenfeld, der mit 1000 Reitern den

Schweden nachsetzte, mußte wegen Ermattung die weitere Verfolgung aufgeben. Der General v. Schöning trat darauf mit 1500 Reitern an seine Stelle und rückte bis auf zwei Tagemärsche von Riga vor, wo bereits die größte Bestürzung entstand. Von dem schwedischen Heere aber erreichten nur 1000 Reiter und 500 Mann Fußvolk die liefländische Grenze, nachdem sie fast alles Geschütz und das gesammte Gepäck verloren hatten. Mit welchen Empfindungen mag darauf in allen brandenburgischen Landen das allgemeine Dankfest für so herrlichen Sieg gefeiert worden sein!

So glänzend aber auch die Siege waren, welche der Kurfürst innerhalb der letzten vier Jahre über Schweden davon getragen hatte, so war doch leider der Erfolg derselben gar nicht den erstaunenswerthen Anstrengungen angemessen. Die Holländer, für die er zuerst das Schwert gezogen, waren geneigt, sich mit Frankreich zu Nimwegen, wo schon seit längerer Zeit die kriegführenden Mächte über den Frieden beriethen, zu einigen, da ihnen von Frankreich alles das zugestanden worden war, was sie vor dem Kriege besessen hatten. Vergeblich hatte der Kurfürst ein neues Bündniß mit ihnen zu Anfang 1678 abgeschlossen, nicht einmal seine Forderung an Hülfsgeldern konnte er durchsetzen; nur das Eine gelang, die s. g. Hoofeiserfche Schuld, welche Kurfürst Johann Siegmund im Betrage von 100,000 Rthlrn. zu Anfang der Cleve'schen Verwicklungen bei ihnen aufgenommen hatte, und welche, da keine Zinsen gezahlt worden, Zins auf Zins berechnet, auf mehr als 12 Millionen Gulden gestiegen waren, wegfallen zu sehen. Schon im August 1678 schloß Holland einseitig Frieden mit Frankreich und ihm folgte im September das gänzlich erschöpfte Spanien, das abermals mehrere Plätze in den Niederlanden so wie die ganze Franche Comté an Frankreich abtreten mußte. Eben so schloß auch der Kaiser im Februar 1679, ungeachtet der dringendsten Vorstellungen von Seiten des Kurfürsten, einen Separatfrieden; seinem Beispiel folgten die deutschen Mitstände. So blieben also Dänemark und Friedrich Wilhelm die einzigen auf dem Kampfplatze.

Um den Frieden zu Gunsten Schwedens von letzterem zu erzwingen, brach ein französisches Heer in Cleve ein und legte dem Lande schwere Kriegssteuern auf, so daß endlich am Schlusse des März ein Waffenstillstand verabredet wurde, der für den Monat April dauern sollte. Da der Kurfürst sich nicht dazu entschließen konnte, von seiner Forderung abzustehen, Vor-Pommern oder doch wenigstens Stettin zu behalten, so zogen sich die Verhandlungen in die Länge und nur gegen Einräumung von Wesel und Lippstadt bewilligte Frankreich die weitere Verlängerung des Waffenstillstandes auf zwei Wochen. Als aber auch diese Zeit ohne Resultat verstrichen war, besetzten die Franzosen

Frieden zu St. Germain.

Mark, Ravensberg und Minden, ja selbst Lüneburg führte Truppen gegen den Kurfürsten herbei, wie schon früher Zelle den Zuzug neuer brandenburgischer Truppen verhindert hatte. So sah denn der brandenburgische Gesandte sich genöthigt, den $\frac{19}{29}$. Juni 1679 zu St. Germain in die harten Bedingungen Frankreichs einzugehen. Der Kurfürst trug anfänglich Bedenken, seine Genehmigung zu ertheilen, doch sein Plan, mit Hülfe von 10,000 Dänen plötzlich gegen die Franzosen aufzubrechen, um durch Ueberraschung Meister im Felde zu bleiben und dadurch günstigere Bedingungen zu erzwingen, wurde ihm von seinem Staatsrathe und namentlich dem Grafen Schwerin widerrathen. Mit dem schmerzlichen Ausrufe, daß dereinst einer seiner Nachkommen Rache nehmen möchte an denen, die ihn zu so hartem zwängen, unterzeichnete er das Friedens-Instrument. Nach demselben gab Friedrich Wilhelm alle seine Eroberungen in Pommern an Schweden zurück, nur der Landstrich auf dem rechten Ufer der Oder, den er im Stettin'schen Grenzreceß 1653 den Schweden hatte einräumen müssen, blieb mit Ausnahme der Städte Damm und Gollnow in seinem Besitz. Die letztere Stadt sollte er jedoch so lange behalten, bis Schweden sie für 50,000 Rthlr. einlösen würde — es geschah dies erst 1693. Das Anrecht auf die Zölle in Hinter-Pommern mußte Schweden aufgeben, und außerdem verpflichtete sich Frankreich seinerseits an den Kurfürsten innerhalb zwei Jahre 300,000 Kronen als einigen Schaden-Ersatz zu zahlen.

Dänemark, jetzt ganz allein gelassen, sah sich ebenfalls zum Frieden genöthigt; als es darauf seine Streitkräfte zur Unterwerfung Hamburg's anwenden wollte, vermittelte der Kurfürst die Sache dahin, daß die Stadt die dänischen Ansprüche durch Geld befriedigte, ihm selber aber die rückständigen Hülfsgelder mit 125,000 Rthlrn. zahlte.

Während der Ruf von den Großthaten Friedrich Wilhelm's die Gesandtschaft des Czaren Feodor Alexiewisch und die noch merkwürdigere des Tatar-Chans Murad-Kierai 1679 nach der Hauptstadt Berlin herbeizog, verhandelte der Kurfürst vergeblich mit Kaiser und Reich, um für seine Anstrengungen in dem Reichskriege mit der Anwartschaft auf Ostfriesland und mit der Ueberweisung der Reichsstädte Dortmund, Mühlhausen und Nordhausen entschädigt zu werden. Eben so vergeblich verlangte er von Spanien die rückständigen Hülfsgelder von 1,800,000 Rthlrn., deren rechtmäßige Forderung Spanien zwar nicht bestritt, deren Zahlung es jedoch durch alle möglichen Ausflüchte verweigerte, da es durch seine Entlegenheit vor jedem Angriff des Kurfürsten sicher zu sein glaubte. Dieser fand hierin eine erwünschte Veranlassung, seine Flottille zu benutzen. Schon bald nach Antritt seiner Regierung hatte er nämlich den Plan gefaßt, einen Handel nach

Ostindien einzuleiten und bereits mit Dänemark verhandelt, ihm Tranquebar zu überlassen. Die Armuth seines Landes war jedoch schuld, daß er diese Pläne aufgeben mußte. Während des Krieges mit Schweden hatte er dann später durch einen holländischen Kaufmann Benjamin Raule, den er zum General-Director seiner Marine machte, mehrere Kriegsschiffe ausrüsten lassen, die den Schweden nicht geringen Schaden zufügten und selbst eine schwedische Fregatte von 23 Kanonen nahmen. Er verstärkte diese junge Marine noch mehr, als er Stettin und Stralsund belagerte, so daß er sie auf zehn Fregatten brachte; Pillau wurde als Kriegshafen eingerichtet. Von diesen sandte er sechs Schiffe mit 20—40 Kanonen unter Cornelius van Beveren 1680 aus der Ostsee, um Jagd auf spanische Schiffe zu machen, nachdem er von Frankreich die Zusage erhalten hatte, daß es die Spanier von einem Angriffe auf Cleve zurückhalten werde. Es gelang in der That, ein paar spanische Schiffe theils in der Nordsee, theils in den mexicanischen Gewässern zu nehmen, doch als die brandenburgische Flottille auch die spanische Silberflotte angreifen wollte, wurde sie von überwiegender Macht zurückgetrieben und sah sich genöthigt, nach mehrstündigem Kampfe in den portugiesischen Hafen Lagos einzulaufen.

Bald nach der Rückkehr dieser Schiffe wurden sie zum Theil zu friedlicheren Zwecken verwendet. Zwei von ihnen wurden nämlich nach der Küste von Guinea geschickt; sie schlossen einen Vertrag mit drei Negerhäuptlingen ab, in deren Gebiete ein Fort anzulegen. In Folge dessen ging 1681 der Major Otto v. d. Groeben mit zwei Schiffen nach Guinea, fand aber jene Negerstämme nicht mehr vor, da sie, wie man nachher erfuhr, im Kriege mit den Nachbarn ihren Untergang gefunden hatten. Deßhalb schloß er nun mit andern Stämmen einen neuen Vertrag und erbaute in der Nähe vom Cap Tres puntas das Fort Groß-Friedrichsburg. Später wurden noch drei andere Forts hier angelegt, um den Handel zu beschützen, den man mit den Negern trieb; eben so setzte man sich auch durch Vertrag in Arguin am Cap blanco fest. Den Handel nach diesen Colonien bequemer und vortheilhafter zu führen, bot sich gleichzeitig dem Kurfürsten erwünschte Gelegenheit dar. Die Ostfriesländer waren nämlich mit der vormundschaftlichen Regierung unzufrieden, welche Christine Charlotte für ihren jungen Sohn Christian Eberhard führte. Bei den offenen Streitigkeiten der Stände mit der Fürstin nahm der Kurfürst im Auftrage des Kaisers Partei für erstere und legte 1681 auf ihren Wunsch eine Besatzung nach Emden und Greetsyhl, die zum Theil von den Friesen unterhalten wurde. Dies gab die Veranlassung, den afrikanischen Handel hierher zu verlegen. Dänemark trat überdies einen, wenngleich sehr unfruchtbaren Theil von der Insel St. Thomas ab, und es wurde dort ein Sclavenmarkt errichtet. So große Anstrengungen aber auch der Kurfürst machte, den afrikanischen Handel zu befördern, so rentirte doch derselbe so wenig, daß schon sein Sohn Willens war, ihn aufzugeben. König Friedrich Wilhelm I. führte diesen Entschluß aus, indem er 1718 die Colonie für die geringe Summe von 7200 Ducaten an Holland überließ. Doch so groß war die Anhänglichkeit der dortigen Neger=stämme an Preußen, daß Holland sieben Jahre zu kämpfen hatte, ehe es in den ungestörten Besitz dieser Colonie gelangte.

Im Jahre 1675 war die herzogliche Familie von **Liegnitz, Brieg** und **Wohlau** ausgestorben; der Kaiser hatte diese Länder ein=gezogen, und Friedrich Wilhelm war zu sehr mit den schwedischen An=gelegenheiten beschäftigt, als daß er seine Erbansprüche darauf hätte geltend machen können. Erst 1683 verlangte er die Herausgabe dieser Länder so wie des Herzogthums Jägerndorf, für welches der Kaiser schon wiederholt Geld=Entschädigung angeboten hatte. Der Kaiser, da=mals von den Türken heftig bedroht, schloß deshalb endlich am $\frac{7}{17}$. April 1686 zu Berlin einen Vertrag mit dem Kurfürsten der Art ab, daß letzterer seine Ansprüche auf die schlesischen Fürstenthümer fallen ließ, dagegen das **Land Schwiebus** als böhmisches Lehn und eine Geldforderung an Ostfriesland überwiesen erhielt, die sich auf 1 Mil=lion Thaler belaufen sollte, später aber sich nur auf $\frac{1}{7}$ dieser Summe herausstellte. Auch versprach der Kaiser seine Verwendung, daß dem Kurfürsten die noch rückständigen Hülfsgelder von Spanien gezahlt würden. Noch ehe aber dieser Vertrag geschlossen wurde, hatte bereits im Februar der kaiserliche Unterhändler den Kurprinzen, der damals mit dem Vater zerfallen war und von den Staatsgeschäften fern ge=halten wurde, insgeheim zu dem Versprechen zu bewegen gewußt, nach Antritt seiner Regierung Schwiebus gegen ein Geldsumme von 100,000 Rthlrn. oder gegen anderweitige Entschädigung wieder herauszugeben.

Noch ein kleines Besitzthum kam am Schlusse der Regierung Friedrich Wilhelm's an Brandenburg, nämlich die lithauischen **Herr=schaften Tauroggen** und **Serrey**, von denen die erstere schon früher durch Ankauf in den Besitz des Kurfürsten Johann Siegmund gekommen, später aber an die Familie Radziwill unter Vorbehalt des Wiederkaufs veräußert worden war. Fürst Bogislaw von Radziwill, der Sohn einer brandenburgischen Prinzeß (nämlich einer Schwester Johann Friedrich's), der oben als Statthalter von Preußen erwähnt worden ist, hatte bei seinem Tode 1669 den Kurfürsten Friedrich Wil=helm als Vormund für seine einzige, damals zwei Jahre alte Tochter **Louise Caroline** eingesetzt, und nach seinem Wunsche wurde dieselbe zu Königsberg in der reformirten Lehre erzogen, zu der er sich selber be=kannt hatte. Er hatte sie für den jungen Markgrafen Ludwig zur

Gemahlin bestimmt, den jüngsten Sohn aus der ersten Ehe des Kurfürsten, doch der Reichthum der jungen Prinzeß lockte mehrere Freier an, darunter auch Jacob, den Sohn des Königs Johann Sobiesky von Polen. Kaum aber war sie 14 Jahre alt geworden, als der Kurfürst im Januar 1681 ihre Vermählung mit seinem 15 Jahre alten Sohn Ludwig in Königsberg feierte, nachdem sie schriftlich ihr Jawort gegeben hatte. Den König von Polen besänftigte Friedrich Wilhelm durch eine Summe von 40,000 Rthlrn. und durch die Versicherung, daß sein Sohn sich nie um die polnische Krone bewerben würde. Diese Prinzeß nun schenkte ihrem Gemahl kurz vor dessen Tode 1687 die oben genannten Herrschaften, die auch bei Brandenburg verblieben, als sie sich 1688 schriftlich unter Zu=Pfandsetzung ihres ganzen Besitzes mit dem polnischen Prinzen Jacob verlobte, gleich darauf aber sich heimlich mit dem Pfalzgrafen und nachmaligen Kurfürsten Karl Philipp vermählte. Sie blieben auch nach ihrem Tode (1695) in brandenburgischem Besitz und wurden dem Könige Friedrich II. dem Großen in dem Vertrage ausdrücklich zugesprochen, den er 1742 mit dem pfälzischen Hause schloß. Als aber 1793 die zweite Theilung Polens erfolgte, und Preußen den übrigen Theil von Groß=Polen unter dem Namen „Süd=Preußen" erhielt, trat es beide Herrschaften an Polen ab. In der dritten Theilung Polens 1795 fiel dann die Herrschaft Serrey (zwischen Grodno und Kauen am Niemen) mit der Besitznahme der polnischen Landschaften, die nun „Neu=Ostpreußen" genannt wurden, an Preußen, Tauroggen (hart an der preußischen Grenze bei Tilsit) dagegen an Rußland. Bei der Bildung des Herzogthums Warschau endlich durch Napoleon ging Serrey 1807 an dieses über und später, 1814, an Rußland.

Nicht nur in dem Kriege gegen Frankreich, Schweden und Polen schmückten sich die brandenburgischen Waffen mit Lorbeeren, auch in den vielfachen Kämpfen gegen den Reichs= und Glaubensfeind, die Türken, sammelten sie zu wiederholten Malen nicht geringen Ruhm ein. Schon auf dem Reichstage, den der Kaiser 1663 zu Regensburg eröffnet hatte, um Hülfe gegen die Türken zu gewinnen, und welcher der vielen Reichsgeschäfte wegen seitdem beständig versammelt blieb, bot er dem Kurfürsten den Oberbefehl über das Heer an, das von dem Reiche zu einem Türken=Feldzuge aufgebracht werden sollte. Friedrich Wilhelm leistete jedoch auf eine Stellung Verzicht, die ihm keine freie Bewegung gestattet hätte, und begnügte sich damit 2000 Mann unter dem Herzoge August von Holstein=Beck zu senden, die sich durch ihre Tapferkeit nicht geringe Ehre erwarben. Als jedoch der Kaiser eine Verstärkung von abermals 2000 Mann verlangte, zeigte sich der Kurfürst nur unter der Bedingung zu dieser Hülfe willig, daß ihm das Herzogthum Jägerndorf zurückerstattet würde. Hierauf einzugehen verweigerte der Kaiser um so mehr, als er mit französischer Hülfe die Türken besiegt und zu einem zwanzigjährigen Waffenstillstand genöthigt hatte.

Weniger Gelegenheit, ihre Tapferkeit zu zeigen, fanden die Hülfsvölker, welche Friedrich Wilhelm dem damaligen Polen-König **Michael Koributh** 1672 gesendet hatte. Im Jahre 1668 hatte nämlich König Johann Casimir aus dem Hause Wasa die polnische Krone zu Gunsten des berühmten Prinzen Louis von Condé, eines Verwandten seiner Gemahlin, niedergelegt und sich nach Frankreich zurückgezogen. Von den vielen Thronbewerbern konnte jedoch keiner allgemeine Zustimmung finden, vielmehr bot eine Partei dem Kurfürsten die Krone an. Abgesehen von allen andern Verhältnissen konnte es aber Friedrich Wilhelm nicht über sich gewinnen, auch nur dem Scheine nach zum Katholicismus überzutreten, um eine Krone zu erhalten, die ihm für solches Opfer zu theuer erkauft schien. Da wurde denn nach langen stürmischen Berathungen 1669 ein Abkömmling der alten lithauischen Herzöge, Michael Thomas Koributh Wisnowiecky, zum Könige erwählt, sogar wider seinen eigenen Willen. Es war dies derselbe, welcher die Umtriebe des jungen Rhode und des v. Kalkstein begünstigte. Um ihn für die Gewaltthat, die sich der Kurfürst gegen den letzteren erlaubt hatte, zu versöhnen, schickte ihm der Kurfürst 1500 Mann unter dem Grafen v. Dönhoff gegen die Türken zu Hülfe. Die Untüchtigkeit des Königs verhinderte sein nur schwaches Heer an jedem Erfolge. Zum Glück starb er schon 1673, und die Polen wählten 1674 den tapferen Kronfeldherrn **Johann Sobiesky**. Auch diesem, dessen Wahl er begünstigt hatte, überließ der Kurfürst 1674 ein Hülfscorps von 1200 Mann, das jedoch aus Mangel an Verpflegung wenig ausrichtete und deßhalb, fast auf die Hälfte reducirt, zurückgezogen wurde.

Als später die Türken, noch vor abgelaufenem Waffenstillstand, auf Anstiften Frankreichs aufs neue den Krieg gegen Oesterreich eröffneten, forderte der Kaiser abermals den Kurfürsten zur Hülfe auf. Letzterer erneuerte bei dieser Gelegenheit seine Ansprüche auf die schlesischen Herzogthümer, doch Kaiser Leopold bot nur für Jägerndorf eine Geld-Entschädigung und wollte in die Abtretung der übrigen, damals von ihm eingezogenen Länder nicht willigen. So unterblieb denn auch die Hülfe, nur ließ der Kurfürst 1200 Mann zu dem Heere des Johann Sobiesky stoßen, als derselbe im Bündniß mit dem Kaiser 1683 aufbrach, um diesem zu Hülfe zu kommen. Bei neuen Verhandlungen mit Kaiser Leopold sagte der Kurfürst nicht nur 8000 Mann zu, sondern wollte sogar 18,000 Mann bei Crossen zusammenziehen, sobald jener den Verfolgungen der Protestanten in Schlesien Einhalt thun wolle, und schon waren ihm sowohl Hülfsgelder zugesagt, als auch Anstalten zur Verpflegung dieser Truppen in Schlesien getroffen worden, als der Kaiser plötzlich anderen Sinnes wurde, da der französische Gesandte in Berlin ihm den Verdacht hatte beibringen lassen, daß dies Hülfscorps nichts weniger beabsichtige, als bei seinem Durchzuge durch Schlesien sich in den beanspruchten Herzogthümern festzusetzen. Durch Bedingungen der Art, daß sie der Kurfürst nicht annehmen konnte, wußte man sich so verdächtiger Hülfe zu entledigen. Sobiesky aber gelang es, das fast zwei Monate lang von den Türken belagerte Wien zu befreien, und als er seinen Sieg in Ungarn weiter verfolgte, nahmen jene Brandenburger in seinem Heere rühmlichen Antheil, besonders an der Eroberung von Gran. Auch in dem folgenden Jahre 1684 ließ der Kurfürst wieder 2000 Mann zu dem Heere der Polen stoßen, welche nach Podolien gingen, doch weniger von dem Feinde als von Mangel und Krankheiten litten. Der Kaiser aber, die Wichtigkeit der brandenburgischen Hülfe einsehend, brachte im April 1686 den Vertrag zu Stande, dessen schon oben wegen Schwiebus' Erwähnung geschehen ist, und in welchem sich der Kurfürst in Bezug auf seine Ansprüche befriedigt erklärte, da er die Unmöglichkeit erkannte, dem übermächtigen Kaiser durch Gewalt ein Mehreres abzudringen. Der Kaiser schloß mit ihm ein Freundschafts-Bündniß auf zwanzig Jahr. Er versprach, falls der Kurfürst angegriffen würde, ihm 12,000 Mann Hülfstruppen zu stellen, wogegen sich der Kurfürst verpflichtete, in ähnlichen Fällen dem Kaiser 8000 Mann zu überlassen. Dafür wollte der Kaiser in Friedenszeiten jährlich 100,000 Gulden, in Kriegszeiten eben so viel Thaler zahlen; für die gegenwärtige Ausrüstung erhielt der Kurfürst 150,000 Rthlr. Bereits im April 1686 setzte sich diese Hülfsmacht, etwa 8300 Mann zählend, von Crossen aus unter Johann Adam v. Schöning in Marsch; sie war auf das vortrefflichste ausgerüstet, stand unter ausgezeichneten Führern, und Friedrich Wilhelm hatte sich mit seiner Familie nach jener Stadt begeben, um sie noch einmal die Revue passiren zu lassen und sie den kaiserlichen Commissarien selber zu übergeben. Doch obgleich dieselbe mit großer Auszeichnung in Ungarn, namentlich bei der Eroberung von Ofen Dienste leistete, war das Mißtrauen des Kaisers so groß, daß er den Truppen keine Winterterquartiere in Schlesien einräumte, sondern sie zeitig nach Hause schickte.

Schon seit dem Frieden zu Oliva war das Ansehn des Kurfürsten ein so bedeutendes geworden, daß von allen Seiten her Gesandtschaften an seinen Hof abgeordnet wurden, während er seinerseits an den verschiedenen Höfen Verbindungen durch sogar glänzende Gesandtschaften unterhielt, die absichtlich um so mehr den Schein der Wohlhabenheit und Wichtigkeit verbreiten mußten, je mehr sich der Kurfürst seiner Schwäche bewußt war. Oft fehlten gänzlich die Mittel für sie, auf so großem Fuße zu leben, dennoch hielt er es für nothwendig, durch solchen Aufwand die Augen der Menge zu blenden, um desto leichter seine Zwecke zu erreichen und seinem Staate die Stellung zu verschaffen, die ihm als erstem und mächtigstem Reichsfürsten und zugleich als europäischem Souverain nothwendig erschien. Wie sehr ferner die erprobte Tüchtigkeit seines Heeres in den türkischen Feldzügen, noch mehr aber sein rühmlicher Kampf gegen die Schweden dazu beitragen mußte, dies Ansehn zu vergrößern, darüber bedarf es wohl hier keiner weiteren Worte. Theils im Geiste der damals allgemein geltenden Politik, theils im Gefühl der eignen Schwäche suchte er dies erlangte Ansehn durch Bündnisse aufrecht zu erhalten, um auf solche Weise die Geschicke seines und andrer Staaten zu lenken, nicht durch den Willen Andrer selber willenlos geleitet zu werden.

Deshalb schloß er zur Erkämpfung oder zur Aufrechterhaltung des Friedens nicht nur Bündnisse mit den benachbarten Reichsständen, mit Braunschweig, Lüneburg, Cöln, Münster ⲉc., sondern auch wiederholt mit Polen, Schweden, Dänemark, Holland, Frankreich und dem Kaiser, je nachdem es sein Staats=Vortheil erheischte, oder die europäischen Verhältnisse es nothwendig machten. Trifft ihn allerdings hierbei der Vorwurf der Unbeständigkeit, so muß man, um das wiederholt zu bemerken, die geringe Kraft seines Staates in Anschlag bringen, die auch mit der größten Anstrengung sich nicht so verwerthen ließ, wie es für Friedrich Wilhelm wohl oft wünschenswerth und nothwendig gewesen wäre. Namentlich mußte nach dem Frieden zu St. Germain seine Politik eine entschieden andere Richtung nehmen. Seine bewundernswerthen Anstrengungen waren nicht sowohl durch Frankreich als durch seine Bundesgenossen und namentlich durch den Kaiser erfolglos geblieben; kein Wunder, daß er sich dadurch zurückgestoßen fühlte, und daß er seitdem, wenigstens auf längere Zeit, andere Wege einschlagen zu müssen glaubte, bis sein deutscher Patriotismus und seine religiöse Toleranz ihn wieder in andere Bahnen einlenken ließ.

Ludwig XIV. ließ bald nach dem Nimweger Frieden untersuchen, ob denn auch alle Dependenzien der Gebietstheile ihm zugefallen seien, welche ihm in diesem wie in den beiden vorangegangenen Friedensschlüssen zugesprochen worden waren. Er setzte zu dem Ende 1680 in Metz, Besançon ⲉc. die s. g. Reunionskammern ein, welche nachforschen sollten, was jemals zu den Städten und Landschaften gehört habe, die durch das Recht der Eroberung in seinen Besitz gekommen waren. Darauf beeilte er sich, das ihm Zugesprochene sogleich besetzen zu lassen, und er verschonte bei diesem gewaltthätigen Verfahren selbst diejenigen nicht, die bisher freundschaftlich zu ihm gestanden hatten. Auf diese Weise zwang er z. B. viele Reichsstädte und die Reichsritterschaft im Elsaß zur Huldigung, und bemächtigte sich 1681 durch einen kühnen Gewaltstreich selbst des wichtigen Strasburg's. Die beraubten Nachbarn, Spanien und das deutsche Reich, waren zu ohnmächtig, als daß sie diesem gewaltthätigen Verfahren hätten Gewalt entgegensetzen können. Zwar wurde 1681 zu Frankfurt verhandelt, wie man solchen Uebergriffen entgegentreten könne, und 1682 verband sich zu dem Ende der Kaiser zu Larenburg bei Wien mit dem bayerschen, fränkischen und oberrheinischen Kreise, doch der erwähnte neue Krieg mit den Türken lähmte die kaiserliche Macht, und der Kurfürst, der zur Sicherung seiner rheinischen Besitzungen 1681 mit Braunschweig-Lüneburg und Kur-Sachsen Schutzbündnisse abgeschlossen hatte, beschränkte sich wie die übrigen Stände darauf, patriotisch zu sprechen statt zu handeln. Er sah nämlich ein, daß bei der Zerrissenheit Deutschlands, bei den vielfachen Interessen der früheren Verbündeten es nimmermehr zu glücklichem Erfolge führen könnte, wenn aufs neue zu den Waffen gegriffen würde, nachdem man durch den übereilten Nimweger Frieden Frankreich so große Vortheile eingeräumt und die Heeresmacht, welche damals günstigere Erfolge hätte erzielen können, hatte auflösen lassen. Er schloß sich deshalb vielmehr 1682 durch den Berliner Vertrag Frankreich an, das in demselben versprach, sich weiterer Uebergriffe zu enthalten und eine friedliche Ausgleichung abzuwarten. Zugleich verpflichtete sich Ludwig zur Zahlung von Hülfsgeldern, damit der Kurfürst sein Heer in kriegsfähigen Stand setzen könne, und desto geneigter sein möchte, Deutschland von einem Kriege abzuhalten. In den auf dem Regensburger Reichstage fortgesetzten Verhandlungen drang Friedrich Wilhelm deshalb darauf, sich mit Frankreich friedlich zu einigen, und es gelang ihm endlich, 1684 die Sache dahin zu vermitteln, daß Ludwig die bis zum Jahre 1681 gemachten Reunionen im Besitz behielt, dagegen alles Uebrige wieder herausgab, und daß ein zwanzigjähriger Waffenstillstand mit ihm abgeschlossen wurde.

Die engere Verbindung des Kurfürsten mit Frankreich bestand jedoch nicht gar lange. In England war Jacob II. trotz seines Uebertritts zur katholischen Kirche seinem Bruder Karl II. 1685 in der Regierung gefolgt. Ungeachtet er bei seiner Thronbesteigung die ausdrückliche Erklärung abgegeben hatte, die Rechte des Volkes und die protestantische Lehre aufrecht zu erhalten, ging er bald genug zu Gewaltmaßregeln über; überdies ließ seine Hinneigung zu Frankreich das Aergste befürchten. Dies veranlaßte Friedrich Wilhelm in demselben Jahre zu einem neuen Bündniß mit Holland, nachdem ihm von diesem Staate statt der früheren rückständigen Hülfsgelder eine Entschädigung von 440,000 Rthlrn. zugesichert worden war, und er schon früher zufolge eines Vertrages Schenkenschanz an die Holländer zurückgegeben hatte. Ludwig nahm dieses Bündniß sehr übel auf und suchte durch Drohungen dasselbe wieder aufzulösen; ohne jedoch einen förmlichen Bruch herbeizuführen, behauptete Friedrich Wilhelm seine Selbständigkeit. Gleich darauf entstanden indeß neue Verwicklungen. Ludwig hob nämlich 1685 das Edikt von Nantes auf, das von König Heinrich IV. 1598 zu Gunsten der Protestanten in Frankreich erlassen worden war. Er verjagte die protestantischen Geistlichen, zwang die Protestanten durch die berüchtigten s. g. Dragoner-Bekehrungen zur katholischen Kirche überzutreten, konnte es aber trotz aller Vorsichtsmaßregeln nicht verhindern, daß eine große Anzahl von ihnen auswanderte. Friedrich Wilhelm sorgte nicht nur nach allen Seiten dafür, diesen Unglücklichen eine Freistadt zu verschaffen, sondern nahm auch selber etwa 20,000 von ihnen bei sich auf und suchte ihnen auf die zuvorkommendste Weise die neue Heimath lieb und werth zu machen. Darüber war Ludwig so aufgebracht, daß er die bis dahin vertragsmäßig festgesetzten Geldzahlungen einzustellen drohte, eine Maßregel, die jedoch ihre Wirkung gänzlich verfehlte, da Friedrich Wilhelm des Geldes wegen weder seine Ueberzeugung noch seinen unabhängigen Entschluß aufgeben wollte. Seitdem geschah es, daß er sich wieder dem Kaiser näherte und sich auch mit andern Mächten verbündete, um seine Selbständigkeit zu wahren.

Den Ausgang der letzten Verbindung, welche der Kurfürst einging, das Wohl der Protestanten sicher zu stellen, erlebte er nicht; es war die mit dem Prinzen Wilhelm von Oranien, dem Neffen seiner ersten Gemahlin und Schwiegersohn Jacob's II. von England. So sehr auch Friedrich Wilhelm anfänglich demselben abrieth, gewaltsam gegen seinen Schwiegervater aufzutreten, so bestimmten ihn doch die Umstände zu einer Aenderung seiner Meinung. Jacob traf alle Maßregeln, die katholische Kirche wieder in England zur herrschenden zu machen, indem er sich auf sein Heer und auf seine enge Verbindung mit Frankreich stützte. Wilhelm von Oranien war mit diesen Schritten um so weniger zufrieden, als seine Gemahlin die berechtigte Thronerbin von England war. Der Marschall v. Schomberg, einer der aus Frankreich der Religion wegen Vertriebenen, hatte sich zu dem Prinzen begeben und suchte nicht nur diesen, sondern auch den Kurfürsten zu bewegen, schlimmsten Falls etwas zu wagen, um Wilhelm auf den englischen Thron zu setzen, doch fand man die Sache augenblicklich noch nicht reif, und der Kurfürst nahm deshalb einstweilen den Marschall in seine Dienste, bis der Prinz seiner benöthigt sein würde. Die Geburt des Prinzen von Wales zu Anfang des Jahres 1688 beschleunigte die Thron-Veränderung in England, die unter dem Namen der Revolution bekannt ist, und bei welcher Friedrich Wilhelm's Sohn, Friedrich III., thätig eingriff.

Daß die Burggrafen von Nürnberg und die von ihnen herstammenden Kurfürsten von Brandenburg aus Hohenzollerschem Stamme hervorgegangen seien, war zwar eine uralte Tradition, doch hatten sich, merkwürdig genug, weder jene noch diese des Titels „Grafen von Hohenzollern" bedient. Auf Grund dieser allgemein angenommenen Thatsache war 1623 den Grafen von Hohenzollern vom Kaiser Ferdinand II. der Fürstenstand zugesprochen. Friedrich Wilhelm nun war darauf bedacht, die alte Verbindung mit jener schwäbischen Linie wieder herzustellen und knüpfte deshalb 1669 Verhandlungen mit derselben an, in Folge deren er 1684 von dem Kaiser den Titel eines **Grafen von Hohenzollern** zugestanden erhielt. Er begnügte sich mit diesem **gräflichen Titel**, einmal um dadurch den alten Zusammenhang mit jener Familie anzudeuten, dann aber auch, um die bedeutenden Kosten zu ersparen, welche der Kaiser für die Verleihung des fürstlichen verlangte. Noch enger knüpfte Friedrich III. die Verbindung mit jenen Verwandten, indem er 1695 unter Hinzuziehung der fränkischen Markgrafen mit Hohenzollern Hechingen und Siegmaringen eine Erbverbrüderung der Art schloß, daß der jedesmalige Kurfürst als das Haupt des gesammten Hauses gelten sollte, und daß bei dem gänzlichen Abgange der Markgrafen von Brandenburg die Fürsten von Hohenzollern in den fränkischen Ländern die Nachfolge haben, dagegen das Haus Brandenburg in den Besitz der Hohenzollerschen Lande treten sollte, falls jene fürstliche Familie ausstürbe. Auf Grund dieser Einigung sind in neuster Zeit die Hohenzollerschen Lande an Preußen abgetreten worden.

Das Ansehn, das sich Friedrich Wilhelm erworben hatte, und das er durch die vielfachen Bündnisse zu kräftigen suchte, wandte er mit großem Geschick und Glück dazu an, um überall als Vermittler und Friedensstifter sich geltend zu machen. In Bezug auf die Großstaaten Europa's suchte er das Uebergewicht einer einzelnen Macht durch Gegenbündnisse zu schwächen; er leitete das politische System ein, das nachmals von Wilhelm von Oranien mit noch größerem Glück verfolgt werden konnte, als diesem die Kräfte von England und Holland zu Gebote standen, die Staaten Europa's im Gleichgewicht zu erhalten. Nicht minder wichtig war auch die Stellung des Kurfürsten innerhalb Deutschlands selber. Ihm verdankte 1658 Leopold seine Kaiserwahl, als Mainz in Verbindung mit den rheinischen Kurfürsten Bayern auf den deutschen Thron erheben wollte. Er trat als Vermittler auf, als in dem Hause Braunschweig Zwistigkeiten ausgebrochen waren, er glich die Streitigkeiten aus zwischen Cöln und Lüneburg so wie zwischen letzterem und Dänemark. Er nahm sich der Stadt Bremen gegen die Schweden an und 1685 zum zweiten Male der Stadt Hamburg gegen die Dänen; er verhalf dem Pfalzgrafen Philipp Wilhelm von Neuburg zur Kurpfalz, als 1685 die mittlere oder Simmernsche Linie des pfälzischen Hauses ausgestorben war, und die jüngere Linie, von Veldenz, mit französischer Hülfe sich der Kur bemächtigen wollte. Das Ende der Streitigkeiten im dänischen Hause, mit deren Schlichtung er ebenfalls beauftragt war, erlebte er nicht. Dort war im Jahre 1539 eine Theilung des Landes der Art erfolgt, daß die königliche oder Glückstädt'sche Linie so wie die jüngere oder die Gottorp'sche jede die Hälfte von Schleswig und Holstein erhalten hatte, von denen jenes dänisches, dieses deutsches Lehn war. Im Frieden zu Röeskilde 1658 hatte der König Karl Gustav von Schweden, der eine Gottorp'sche Prinzeß zur Gemahlin hatte, Dänemark gezwungen, den Gottorp'schen Antheil an Schleswig-Holstein für unabhängig zu erklären. Als bald darauf die Seiten-Verwandten des dänischen Hauses, die Grafen von Oldenburg, 1667 ausgestorben waren, hatte sich Dänemark jenes Landes bemächtigt, trotz des Widerspruchs des Herzogs Christian Albrecht von Gottorp, der ebenfalls Ansprüche auf jenes Erbe erhoben hatte. Der König Christian V. nahm diesen jedoch 1675 gefangen; er mußte seiner Unabhängigkeit und jenem Erbe entsagen, und als er dem später widersprach, wurde er aller seiner Länder beraubt. 1679 mußte König Christian im Frieden mit Frankreich ihm dieselben zwar zurückgeben, er bestritt ihm aber seine Unabhängigkeit, und nahm ihm 1684 abermals sein Land, als der Herzog sich dagegen auflehnte. Die Vermittlungs-Versuche, die darauf der Kurfürst zu Ende 1687 begann, blieben ohne Erfolg und wurden erst in der Folge zur Ausführung gebracht.

Um nach außen hin eine so bedeutende Stellung einzunehmen, war es für den Kurfürsten vor allen Dingen nothwendig, den Staat, den er vom Vater in so traurigen Verhältnissen überkommen hatte, in sich zu stärken und eben so die lose zusammenhängenden Theile desselben zu einem Ganzen eng in einander zu verbinden, die Sonder-Interessen niederzudrücken und dadurch die Macht des Ganzen zu heben. In beiden Beziehungen waren gewaltsame Maßregeln nothwendig, so daß seine Regierung in Bezug auf die innere Verwaltung eben keine beliebte gewesen ist. Wie oben bei den preußischen Angelegenheiten erwähnt worden ist, griff Friedrich Wilhelm mit unnachsichtiger Strenge durch, und spannte die Kraft des ermatteten oder schwierigen Volkes auf solche Weise an, daß auch wohl die Nachbarn der Meinung waren, es werde diese so straff angezogene Saite reißen, Brandenburg werde sich selber verzehren. Hat Friedrich Wilhelm in dieser Hinsicht große Aehnlichkeit mit König Ludwig XIV., in sofern beide nach absoluter Gewalt im Staate strebten, so war doch das Ziel, das jeder von ihnen zu erreichen suchte, ein wesentlich verschiedenes. Denn während der französische König nur seine Ehre und sein Ansehn zu befestigen suchte, hielt Friedrich

Wilhelm mit eiserner Beharrlichkeit den Grundsatz fest und bemühte sich denselben auch seinem Nachfolger schon früh einzuprägen, daß nicht sein eigner Vortheil, sondern nur das Wohl des Volkes bei allen Regierungs-Handlungen zu berücksichtigen sei. Diesem leitenden Grundsatz verdankt der brandenburgisch-preußische Staat sein schnelles Aufblühen.

Seine Macht konnte Friedrich Wilhelm nur gründen auf ein tüchtiges, kriegsgeübtes Heer, da die bisher übliche Landes-Bewaffnung bei der gänzlich veränderten Kriegsführung sich als durchaus unzureichend erwies. Als Grundlage der bald so berühmt gewordenen brandenburgischen Armee diente die Heeres-Abtheilung, welche Graf Schwarzenberg 1627 geworben hatte, und mit welcher Kurfürst Georg Wilhelm nach Preußen gegangen war. Doch fielen die ersten Versuche Friedrich Wilhelm's, ein größeres Heer zu werben, ungünstig aus, und erst seit 1655 behielt er fortdauernd ein großes Heer in seinem Dienste, das schon damals fast 27,000 Mann zählte. An der Aufbringung und Einübung derselben hat der General-Feldmarschall Freiherr Georg v. Derfflinger unbestrittenes Verdienst, ein Mann, der aus schwedischen Diensten in brandenburgische übergetreten war, hier durch seine ausgezeichnete Tüchtigkeit zu den höchsten Aemtern und Würden hinaufstieg, und 1695 in einem Alter von 89 Jahren starb. Er wurde der Schöpfer der brandenburgischen Reiterei, welche z. B. bei Fehrbellin Wunder der Tapferkeit verrichtete. Ihm zur Seite stand seit 1649 der geborene Märker, früher in kaiserlichen Diensten befindlich gewesene Freiherr Otto v. Sparr, der im 69. Lebensjahre 1668 als General-Feldmarschall starb. Ihm verdankt das brandenburgische Geschütz- und Befestigungswesen seine Gründung, während viele andere tüchtige Männer für die Ausbildung des Fußvolkes mit großem Erfolge wirksam gewesen sind. Die größte Stärke hatte das Heer in der letzten Zeit des Krieges mit den Schweden; es zählte damals mehr als 38,000 Mann, darunter der vierte Theil Reiter und 3—4000 Dragoner, die sowohl zu Pferde wie zu Fuß kämpfend jedesmal besonders neben der Reiterei aufgeführt werden.

Bei seinem Tode hinterließ Friedrich Wilhelm ein Heer von etwa 33,000, nach Andern 25,000 Mann, deren Unterhalt mehr als eine Million Thaler jährlich baar verlangte. Die Truppen waren gut, ja reich gekleidet. Die Reiterei trug lederne Koller, darüber einen Panzer, und meistens einen Helm; ihre Waffen waren Karabiner, Pistolen und ein langes Schwert. Beim Angriffe bedienten sie sich der Regel nach nur ihrer Feuerwaffen. Die Dragoner waren mit Säbeln, kurzen Piken und leichten Musketen bewaffnet. Das Fußvolk trug eine bequeme, weite blaue Montur, die Musketiere einen Degen und eine bunte Gabel, auf welcher beim Abfeuern die Muskete ruhte, die durch eine

Lunte abgeschossen wurde, die Pikeniere Panzer, Seitengewehr und sehr lange Piken. Jene deckten den Kopf durch einen Federhut, diese durch eine Pickelhaube. Um gegen feindliche Angriffe geschützter zu sein, führten die Musketiere tragbare spanische Reiter mit sich. Selbst als der Kurfürst in Eilmärschen von Magdeburg gegen die Schweden aufbrach, wurden diese Schutzwehren mitgenommen. — Auch Jäger-Abtheilungen, theils zu Fuß, theils zu Pferde, ursprünglich aus den Forstbeamten entnommen, wurden bereits in dem Heere verwendet. Die Artillerie kam erst unter dem großen Kurfürsten zu Ansehn und Ehre. Da vielfach Ausländer in dem angeworbenen Heere dienten, wurde auf strenge Disciplin gehalten. Feigheit galt als das Schimpflichste; die Türken nannten deshalb die Brandenburger „Feuermänner." Es wurde streng darauf gesehen, durch regelmäßigen Gottesdienst das religiöse Gefühl anzuregen; zur Ausbildung von Officieren wurden schon 1653 zu Colberg eine Ritterakademie angelegt. Zur leichteren Vertheidigung des Landes waren außer den eigentlichen Festungen eine große Anzahl von Städten befestigt, so namentlich Berlin, dessen Befestigung nach neueren Grundsätzen 1658 begonnen, aber nur sehr allmählich beendigt wurde.

Die Nothwendigkeit gebot, sich stets zum Kriege gerüstet zu halten, die Schwierigkeiten jedoch, die bedeutenden Mittel für die Kriegsmacht, aller anderen nöthigen Ausgaben nicht zu gedenken, herbeizuschaffen, konnten nur durch den felsenfesten Sinn des Kurfürsten überwunden werden. Mit äußerster Strenge mußten die Abgaben von den Wohnungen und Häusern beigetrieben, die Säumigen mit Auspfändung bedrückt werden, denn lange Zeit weigerten sich die Stände entschieden, in eine indirekte Steuer einzuwilligen, weil sie sehr richtig einsahen, daß dabei ihr altes Ansehn verloren gehen müsse. Deshalb wurde der Versuch, den der Kurfürst gleich zu Anfang seiner Regierung 1641 machte, statt der bisherigen Contributionen eine Verbrauchssteuer oder Accise einzuführen, nicht durchgesetzt, zumal da man über die Grundsätze bei derselben noch sehr im Unklaren war. Die Noth jedoch veranlaßte den Kurfürsten, 1667 mit einer neuen „Consumtions-Accise-Ordnung" hervorzutreten, die nachmals wiederholt verbessert wurde, nachdem sie zuerst in Berlin, bald aber auch in allen anderen Städten des Landes aufgenommen wurde. Denn keine Steuer erwies sich jemals angemessener und vortheilhafter als diese; sie brachte z. B. in Berlin das Zehnfache der früheren Steuer, und Niemandem fiel ihre Entrichtung schwer. Die Städte gediehen bald sichtbar und erhoben sich mit staunenswerther Schnelligkeit aus ihren Ruinen. Mit großer Freude berichtet ein Zeitgenoß, daß „zum Trost der unglücklichen, verarmten Bürger die alte verderbliche Besteuerungsart abgeschafft, dagegen die

Accise eingeführt worden sei. Dadurch seien z. B. in Berlin innerhalb zweier Jahre mehr als 150 Häuser aus ihrem verfallenen Zustande wiederhergestellt oder ganz neu aufgeführt worden." So kam es denn auch, daß, während der Staat beim Antritt der Regierung Friedrich Wilhelm's noch nicht 400,000 Rthlr. Einnahme hatte, diese zu Ende derselben mehr als $1\frac{1}{2}$ Million in baarem Gelde betrug.

Den Wohlstand des Landes zu heben, ergriff der Kurfürst in zwiefacher Beziehung geeignete Maßregeln, einmal durch **Herbeiziehung zahlreicher Einwanderer**, dann durch vielfache **Begünstigungen für Gewerbe und Handel**. Wie Friedrich Wilhelm als Beschützer des Protestantismus auftrat, dessen ist schon oben bei der Aufnahme der französischen Flüchtlinge gedacht worden. Der Vortheil, den diese Colonisten dem Lande brachten, war ein nicht geringer. Theils waren es Adlige, welche in den Militairstand traten und sich vielfach einen Namen gemacht haben, theils waren es Gelehrte und Künstler, theils Kaufleute, Fabrikanten und Gärtner. Nicht nur in Bezug auf ihre Thätigkeit haben sie großen Einfluß auf die ältere Bevölkerung gewonnen, sondern auch in Bezug auf die Sitten und den verfeinerten Geschmack wirkten sie merklich ein. Gleichzeitig wanderten auch viele Schweizer ein, ebenfalls ihres Glaubens wegen aus der Heimath vertrieben, während schon früher theils aus dem Bremischen, theils aus Holland starke Einwanderungen Statt gefunden hatten. Dieselben siedelten sich namentlich in den Bruchgegenden an und erwarben sich für Belebung des Ackerbaues und der Viehzucht wesentliche Verdienste. Für die Waldenser in den Alpenthälern Piemonts hatte sich gleichfalls der Kurfürst kräftig bei dem Herzog von Savoyen verwendet und die Schweiz, so wie Holland zu gleichen Schritten bewogen. Auch von ihnen nahm er Viele auf, als alle seine Bemühungen vergeblich blieben, und diese armen Bewohner aus der Heimath vertrieben wurden. Ja als 1670 die Juden aus den österreichischen Staaten vertrieben wurden, ließ er sich zum Widerruf des 1573 erlassenen Ediktes bewegen, durch welches ihnen der Aufenthalt in der Mark untersagt worden war, und erlaubte einer bestimmten Anzahl jüdischer Familien, sich feste Wohnsitze im Lande zu erwerben.

Andere Anzöglinge gewann ferner vielfach die Mark durch die Aufhebung der Fesseln, die bis dahin die Gewerbe in engen Schranken hielten. Er bewilligte diesen neuen Bewohnern auf gewisse Zeit Freiheit von den Abgaben, lockerte den Zunftzwang, schaffte kostspielige Gebräuche in den Zünften zum Theil gänzlich ab und ertheilte vielfach besondere Concessionen, wo der Zunftzwang hindernd eintrat. Auf gleiche Weise begünstigte er den Handel durch gleiche Ertheilung von Concessionen so wie durch Verbesserung von Landstraßen, durch die

Müllroſer Kanal.

Sorge für die Sicherheit derſelben ꝛc. Ueberdies wurde von ihm zur leichteren Verbindung ſeiner ſo weit zerſtreuten Länder die Poſt eingerichtet, die zwar ſchon früher, wenn auch ſehr unvollkommen beſtanden hatte, während des dreißigjährigen Krieges aber ganz in Verfall gerathen war. Bereits ſeit 1650 waren reitende Poſten durch den ganzen brandenburgiſchen Staat eingerichtet, von Memel über Berlin bis Cleve, und 1654 wurde Michael Matthias zum Poſt-Direktor ernannt, der ſich um das Poſtweſen große Verdienſte erworben hat.

Suchte der Kurfürſt mit großem Koſten-Aufwand Schifffahrt und Handel nach fernen Erdtheilen zu beleben, ſo war er in nicht geringerem Grade darauf bedacht, die Flußſchifffahrt im Lande möglichſt zu befördern. Von größter Wichtigkeit in dieſer Beziehung wurde die Anlage des Müllroſer- oder Friedrich Wilhelms-Kanals.

Der Handel auf der Oder fand früher nur von Frankfurt bis Stettin hin Statt, die Strecke von Frankfurt bis Croſſen war nur den Frankfurter Bürgern zu befahren erlaubt, noch weiter aufwärts bis Breslau verſperrten vielfache Wehren den Fluß und verhinderten jede Schifffahrt. Schon König Johann von Böhmen erließ 1337 die Verordnung, daß dieſe Hinderniſſe entfernt werden ſollten und Gleiches verſuchte 1349 Kaiſer Karl IV., doch die Stadt Frankfurt, die bis dahin der Mittelpunkt des ganzen Oderhandels geweſen war, und in deren Intereſſe es lag, daß die obere Oder nach wie vor geſperrt bliebe, wußte die Ausführung dieſes Befehls zu verhindern. Als ſpäter die Polen die Warte ſchiffbar gemacht hatten, um durch ſie unmittelbar nach dem Meere zu gelangen, wirkte Frankfurt, auf ſein altes Niederlags-Recht geſtützt, 1511 die Verordnung aus, daß alle Schiffe, die aus der Warte kämen, zuerſt in Frankfurt anlegen müßten, ehe ſie ihren Weg die Oder abwärts nehmen könnten; ein Vorrecht, das die Stadt in vielfache Streitigkeiten mit Stettin brachte. Einige Jahre ſpäter, 1534, verſchaffte ſich Croſſen das Recht, die Oder bis Frankfurt hin beſchiffen zu können, und im Jahre 1555 wurde auch die Beſchiffung der Oder von Frankfurt nach Breslau zeitweilig für gewiſſe Waaren zugeſtanden, nachdem König Ferdinand von Böhmen und Kurfürſt Joachim II. ſich darüber geeinigt hatten. Dieſe eröffnete Schifffahrt machte aber den Wunſch rege, die Oder durch einen Kanal mit der Spree zu verbinden, um die Elbe zu erreichen, ohne den Landtransport dabei nöthig zu haben.

Keine Gegend ſchien dazu geeigneter als die Niederung, durch welche die Schlaube bei Müllroſe zur Oder abfließt. 1556 ſchon wurden die näheren desfallſigen Unterſuchungen gemacht, und 1558 einigte man ſich dahin, daß der Kanal zwiſchen Spree und Müllroſe auf kaiſerliche, von dort zur Oder auf kurfürſtliche Koſten erbaut und unterhalten werden sollte. Doch schon 1563 wurden die vorbereitenden Arbeiten eingestellt, nachdem man etwa 40,000 Rthlr. darauf verwendet hatte, sei es daß man daran zweifelte den Kanal hinlänglich speisen zu können, sei es daß abermals Frankfurt den Bau zu hintertreiben wußte, der allerdings seinem Niederlagsrechte ungemein großen Schaden drohte. Um jedoch den Transport von Frankfurt nach Berlin und zur Elbe zu erleichtern, wurde 1588 zu Fürstenwalde eine Schleuse angelegt, durch welche es möglich wurde, das Wasser der Spree oberhalb der Stadt höher zu spannen, so daß die Frankfurter am Kersdorfer See, etwa zwei Meilen oberhalb Fürstenwalde, eine Niederlage errichteten, von wo ab die Spree für ihren Waaren-Transport benutzt werden konnte. Man glaubte dadurch den Schaden ausgleichen zu können, der durch die 1574 eingerichtete Elb-Schifffahrt der Stadt erwachsen war. Mit desto größerem Schreck sah die Stadt einige Jahre später die oben erwähnte Anlegung des Finow-Kanals; der verheerende dreißigjährige Krieg ließ zwar denselben schnell genug wieder verfallen, leider aber war auch Frankfurt so hart mitgenommen, daß der Handel dieser Stadt gänzlich darnieder lag; weder konnte noch mochte sie es wehren, daß die Oder von Breslau bis Stettin beschifft wurde, ohne daß die Waaren in Frankfurt ausgelegt werden mußten. Vergeblich suchte sie aber nach wieder hergestelltem Frieden auf Kosten aller anderen märkischen Städte ihrem Handel die frühere Bedeutung zu verschaffen, vielmehr wurde auf Anregung des Kaisers bereits im Jahre 1662 bei der Stadt Müllrose von dem Kurfürsten der Anfang des Kanals gemacht, der Oder mit Spree verbinden sollte. Der General-Quartier-Meister Philipp de Chiese hatte den Bau zu leiten, und auffallend genug war es, daß die Stadt Frankfurt kurz vor Vollendung des Kanals den Antrag machte, die Oder oberhalb Frankfurts wieder zu schließen. 1668 wurde der Bau beendet, und es wurde festgesetzt, daß die Beschiffung desselben mit keinen neuen Zöllen beschwert werden sollte. Am 18. März 1669 fuhren die ersten Oderkähne auf ihrem Wege nach Berlin durch den „Friedrich Wilhelms-Kanal" genannten Graben; der Wasserweg zwischen Breslau und Hamburg war seitdem eröffnet, der alte Handels-Wohlstand von Frankfurt konnte demnach nicht wieder aufkommen.

Mit der Zunahme der Bevölkerung und des Wohlstandes im Lande fing auch der Geschmack für Kunst und Wissenschaft an sich zu entwickeln. Berlin z. B., dessen Einwohnerzahl von 6000 bis auf 20,000 stieg, wurde selbst von kundigen Fremden als eine wohlgebaute Stadt geschildert, deren Einwohner einen wesentlich anderen Charakter zeigten, als früher an ihnen hervorgehoben wurde. Während einerseits passende Polizei-Verordnungen und sorgfältige Gerechtigkeitspflege die äußeren Lebens-Verhältnisse ordneten, suchte der Kurfürst andrerseits durch Verbreitung von Bildung vortheilhaft auf den Geist seiner Unterthanen einzuwirken. So wurde, um Einzelnes hervorzuheben, das joachimsthalische Gymnasium, das während des Krieges ganz in Verfall gerathen war, 1655 nach Berlin verlegt und ihm auf längere Zeit die nöthige Räumlichkeit im kurfürstlichen Schlosse angewiesen, das Gymnasium zum grauen Kloster in Berlin 1682 besser dotirt, und das Friedrichswerdersche Gymnasium ebendaselbst 1683 zunächst als Stadtschule begründet. Für die Universitäten Königsberg und Frankfurt wurden reichlichere Einnahmen angewiesen, und noch während der kriegerischen Unruhen 1655 zu Duisburg eine neue Universität für die rheinisch-westfälischen Länder errichtet, eben so 1661 der neu ausgestatteten Bibliothek zu Berlin passende Räumlichkeiten angewiesen. Ja selbst auf den abenteuerlichen Vorschlag ging 1666 der Kurfürst ein, eine feste Stadt neu anzulegen, welche der Mittelpunkt der ganzen europäischen gelehrten Welt, eine Universität für alle Völker, Künste und Wissenschaften werden sollte; ein Vorschlag, dessen Ausführung bald genug an unüberwindlichen Schwierigkeiten scheitern mußte.

Die Streitigkeiten zwischen den Lutheranern und Reformirten dauerten leider noch lange mit großer Heftigkeit fort, besonders da sich unter den Geistlichen viele befanden, welche von bürgerlichem Gewerbe sich nährend durchaus nicht die wissenschaftliche Vorbildung zu dem Amte besaßen, das sie seit und nach dem verheerenden dreißigjährigen Kriege verwalteten. Selbst durch die wiederholten Kirchen-Visitationen konnte diesem Uebelstände nur allmählich abgeholfen werden. Der Exorcismus bei der Taufe war namentlich ein Gegenstand des heftigsten Streites, obgleich der Kurfürst anbefahl, die Taufe ohne denselben zu vollziehen, sobald die Eltern es wünschten. Darüber so wie über die Befolgung der Vorschrift, daß alle gehässige Zänkerei in den Predigten vermieden werden sollte, mußten endlich die Geistlichen einen schriftlichen Revers ausstellen, wenn sie nicht vom Amte entfernt werden wollten. Selbst der hochgeachtete Berliner Geistliche und bekannte Liederdichter Paul Gerhardt wurde dabei nicht verschont; er wurde 1667 seines Amtes entsetzt, als er sich weigerte, ein solches schriftliches Versprechen zu geben. Auch andere Geistliche wurden aus gleicher Ursach abgesetzt, denn der Haß der Lutheraner gegen die Reformirten ging so weit, daß es nicht nur zu öffentlichen Aufläufen und Thätlichkeiten kam, sondern daß auch z. B. während des Schweden-Krieges lutherische Geistliche die Sache der Schweden verfochten, weil diese als Lutheraner ihnen brüderlich nahe ständen.

In den letzten 16 Jahren seines Lebens hatte der Kurfürst viel an rheumatischen Schmerzen gelitten und deshalb Bäder besuchen müssen.

Die Krankheit artete in vollständige Gicht und später in Wassersucht aus. Mit der größten Geduld und Standhaftigkeit ertrug er die Schmerzen, nahm von dem Kurprinzen, seiner Gemahlin und der übrigen Familie so wie von dem Staatsrathe rührenden Abschied und verschied in christlicher Ergebung den $\frac{29}{9}$. April im 69. Jahre seines Alters.

Friedrich Wilhelm ist zweimal verheirathet gewesen. Seine erste Gemahlin war Luise Henriette von Oranien, mit der er im December 1646 seine Vermählung feierte. Sie starb im December 1667 und hat sich durch ihre Frömmigkeit und Klugheit ein bleibendes Denkmal gegründet. Noch in später Zeit vermißte der Kurfürst schmerzlich ihren Rath. Ihrem Wohlthätigkeitssinne verdankt das Waisenhaus in Oranienburg sein Entstehen, an welchem Orte sie sich häufig aufhielt, und welcher 1665 seinen früheren Namen Bötzow in den jetzigen Oranienburg verwandelte. Die zweite Gemahlin war Dorothea von Holstein-Sonderburg-Glücksburg, seit 1665 Wittwe des Herzogs Christian Ludwig zu Lüneburg-Zelle. Die Vermählung fand im Juni 1668 Statt, und sie überlebte ihren Gemahl nur etwa ein Jahr. Obgleich mit großer Liebe dem Kurfürsten ergeben, konnte sie doch im Volke nicht die Zuneigung finden, deren sich die erste Gemahlin zu erfreuen gehabt hatte. Die Dorotheenstadt in Berlin führt nach ihr den Namen.

XII. Die inneren Verhältnisse der Mark

unter den Hohenzollerschen Kurfürsten nach der Reformation.

Kurfürst Friedrich Wilhelm gründete die Macht seines Staates auf ein tüchtig ausgebildetes Heer, deshalb mögen einige kurze Bemerkungen über das Kriegswesen damaliger Zeit voranstehen.

Die Reiterei in den alten Landesheeren wurde überwiegend von der Ritterschaft, das Fußvolk von den Städten gestellt, doch hatten letztere ebenfalls eine Anzahl „reisiger Pferde" und außerdem Rüst- oder nachmals Gepäckwagen, jeden mit vier Pferden bespannt, aufzubringen. Die abligen Vasallen waren nach den verschiedenen Marken und da wieder nach Geschlechtern geordnet; sie standen unter dem Oberbefehl des kurfürstlichen Marschalls. Die einzelnen Abtheilungen des Fußvolks wurden von ihren Bürger- und Gildemeistern geführt. Jede Stadt hatte ihre Fahne, und wie in der Schlachtreihe die Gewerke neben einander ihren Platz fanden, so auch wieder die Städte selber nach ihrer Wichtigkeit. Neben dem kurfürstlichen Banner folgten rechts Brandenburg, Berlin nebst Cöln und die übrigen Städte der Mittel- und Neumark, links Stendal, Salzwedel und die übrigen Städte der Altmark und Prignitz. Den Landes-Hauptleuten lag es ob, für die Bereitschaft der waffenfähigen Mannschaften Sorge zu tragen; für Bewaffnung hatte Jeder selber zu sorgen.

Der lange Frieden, dessen sich die Mark im ganzen sechzehnten und auch noch zu Anfang des 17. Jahrhunderts zu erfreuen hatte, ließ bei auch sonstiger durchgreifender Veränderung des Städtewesens den alten kriegerischen Geist der Bürger gänzlich verschwinden. Sie fühlten namentlich da ihre Ohnmacht, als seit den zwanziger Jahren des 17. Jahrhunderts zahlreiche Truppenmassen die Mark überschwemmten, deren Gewalt sie sich nicht erwehren konnten. Seitdem beschränkten sich die Städte darauf, innerhalb ihrer Mauern möglichsten Schutz zu suchen; um aber diesem lästigen Wachdienste zu entgehen, entzogen sich immer mehr Bürger der Musterung. Ueberdies sah es mit der Bewaffnung kläglich aus, seit Spieß und Schwert allein nicht mehr ausreichten. Feuergewehr sich anzuschaffen, war Vielen zu kostspielig, noch Wenigere verstanden, diese Feuerwaffen gut zu gebrauchen, ungeachtet die Kurfürsten wiederholt zum Scheiben- und Vogelschießen aufmunterten. Da auch bei der veränderten Kriegführung die alten Mauern und Wälle die Städte nicht mehr schützten, wurde das nun überflüssig gewordene Geschütz verkauft, wenn nicht schon Freund wie Feind ihre Verluste mit den tauglichsten Stücken daraus ergänzt hatten.

Zur Bewachung des kurfürstlichen Hauses war seit älterer Zeit eine Leibwache üblich, die dreifacher Art war. Zunächst war es die adlige Leibwache Reisiger, die 1596 aus vier und zwanzig jungen Adligen, „Adelsburschen", bestand und damals von Kurfürst Johann Georg auf zwölf beschränkt wurde, einige Jahre später sogar auf neun. Sie waren zu einjährigem Dienst verpflichtet, hatten für das Wohl des Kurfürsten Sorge zu tragen und jeden Schaden und Nachtheil desselben zu verhüten. Gewöhnlich hatten sie vier von ihnen abwechselnd die Wache vor des Kurfürsten Zimmer, während die übrigen unter dem Hofmarschall bei Hofe aufwarteten. Sie standen unter einem Hauptmann und zwei Rottmeistern und erhielten ihre Beköstigung bei Hofe; je zwei von ihnen hatten einen Burschen zur Bedienung, der ebenfalls mit dem Hofgesinde speis'te. Neben ihnen bestand eine Leibwache s. g. „Einspänniger" zu Roß aus gemeinen Reiterknechten, die ebenfalls zu einjährigem Dienste geworben waren. Auch sie hatten gleiche Sorge für die Beschützung und Vertheidigung des Kurfürsten zu tragen; eben so sollten sie für dessen Gemahlin und die junge Herrschaft in Nothfällen ihre Waffen tapfer führen, so lange sie diese in der Faust halten könnten. Bei etwanigen Aufträgen hatten sie Verschwiegenheit bis ins Grab zu beobachten. Sie standen unter dem Befehle eines Hauptmanns und eines Lieutenants, und 1617 waren ihrer und der Adelsburschen drei und sechzig Mann. Gleiche Pflichten wie ihnen lagen den „Trabanten" ob, welche die kurfürstliche Garde zu Fuß bildeten; auch sie standen unter einem Hauptmann und Lieutenant, welche ohne Weiteres die Säumigen aus dem Dienste entlassen konnten, falls diese wiederholt sich etwas zu Schulden kommen ließen. Ihre Zahl belief sich auf nie mehr als höchstens einige hundert Mann, und sie waren nicht sowohl für den Krieg als für den Frieden berechnet.

Am meisten hatte sich der kriegerische Sinn im Adel erhalten, aus welchem nicht Wenige in der Fremde durch Kriegsdienste Ruhm und Beute zu sammeln suchten, wozu ihnen in der Heimath die Gelegenheit fehlte. Aus allen Gegenden Deutschlands fanden sich adlige Reiterschaaren mit reisigem Gefolge zusammen, und wie sich bei ihnen ein besondrer Corpsgeist ausbildete, so geschah es auch bei den Fußsöldnern, die noch im sechzehnten Jahrhundert zunftmäßig zusammentraten, Anfängern den Kriegsdienst lehrten und ihnen förmliche Lehrbriefe ausstellten. Ein ähnliches, aber noch mehr geschlossenes Zunftwesen bildete die Artillerie. Während des dreißigjährigen Krieges änderte sich jedoch dies Verhältniß. Man nahm zu Reiterdiensten, wer sich gerüstet stellen konnte, und zu Fußgängern, wer sich anbot, ohne darauf zu achten, ob er das Kriegshandwerk verstände oder nicht. Den Officieren lag es nunmehr ob, ihn einzuexerciren oder zu drillen, und die Obersten und Hauptleute bekamen deshalb eine weit willkürlichere Macht über ihre Untergebenen. Während mithin auf diese Weise das alte Zunftwesen der Landsknechte zu Grunde ging, erhielt es sich bei der Artillerie länger, da zur Bedienung des Geschützes, bei der Anlegung der Minen ꝛc. Kenntnisse nöthig waren, die erst durch eine längere Lehrzeit erworben werden konnten. Nach einer vorgenommenen theoretischen und praktischen Prüfung erhielt dann der, welcher wohl bestanden hatte, sein Zeugniß als „Büchsenmeister." Doch auch hier trat im siebzehnten Jahrhundert die Veränderung ein, daß den Büchsenmeistern sachkundige Officiere vorgesetzt wurden, welche je länger je mehr allein noch die kriegskünstlerische Behandlung des Geschützes handhabten und dem gemeinen Mann nur die nöthigen Handgriffe überließen.

Die Erwerbung der Cleve'schen Erbschaft brachte die Mark in neue Verhältnisse; sie sollte sich bei derselben betheiligen, während sie die ganze Angelegenheit nur für eine persönliche des Kurfürsten ansah, die ihr selber durchaus fremd wäre. Als daher Johann Siegmund 1610 einen Landtag in Berlin abhielt, um die Stände aufzufordern, das neu erworbene Land durch eine gerüstete Mannschaft zu vertheidigen und die Mark selber gegen einen befürchteten Einfall des Erzherzogs Leopold von Böhmen her zu sichern, fand der Kurfürst wenig Anklang, man weigerte sich, selbst zur Anwerbung und Unterhaltung von nur 3000 Mann die Mittel zu gewähren. In einzelnen Städten kam es sogar darüber zu gefährlichen Unruhen, und erst als 1611 die Nachricht erscholl, Erzherzog Leopold rücke mit Truppen gegen die Mark heran, wurden 400 Reiter und 3600 zu Fuß zum Schutze des Landes zusammengebracht, die jedoch wieder entlassen werden mußten, als die Gefahr vorüber zu sein schien. Um Truppen nach Cleve absenden zu können, sah sich deshalb der Kurfürst genöthigt, besondere Verträge mit einem Kriegs-Obersten abzuschließen, dem er zur Deckung seiner Auslagen Anweisungen auf Cleve'sche Zölle geben mußte.

Da bei der Musterung von 1610 es sich gezeigt hatte, wie wenig auf das Landes-Aufgebot zu geben sei, indem die Ritterschaft, statt selber auf tüchtigen Streithengsten zu erscheinen, wie sie verpflichtet war, meistens unbrauchbare Leute auf schlechten Kleppern geschickt hatte, und da namentlich die kleineren Städte sich durch Geld vom Kriegsdienste loskauften, so wurde schon damals der Vorschlag zu einer allgemeinen Volks-Bewaffnung, einer Landwehr, gemacht, bei der man der Söldnerschaaren entbehren wollte. Es sollten nämlich aus den Städten tüchtige Leute zum Kriegsdienste eingeübt werden und zwar auf Kosten derer, welche untauglich seien oder auch den Dienst verweigerten, so daß man in den Zeiten der Noth ein tüchtiges, wohl eingeübtes Heer aufstellen könnte. Der Plan kam jedoch nicht zur Ausführung; man mußte sich deshalb auf die alte, ganz ungenügende Art der Landes-Vertheidigung beschränken, und nur mit vieler Mühe erhielt Georg Wilhelm 1620 die spärlichen Mittel bewilligt, auf drei Monat 1000 Fußgänger und 300 Reiter zu werben, die dem Lande in hohem Grade zu Last fielen, da man nicht sowohl alterfahrne Landsknechte als vielmehr meist brodloses Gesindel in Dienst genommen hatte. Die Ritterschaft und die Städte aber hielten sich nur zum Auszuge bereit, und den Bauern wurden Waffen in die Hände gegeben, damit man sich ihrer im Nothfall als Landsturm bedienen könnte.

Nicht besser gestalteten sich die Verhältnisse in Preußen. Zu Anfang des sechzehnten Jahrhunderts wurde zwar das Aufgebot der Reiter auf 2172, des Fußvolkes auf 17,500 Mann veranschlagt, da jedoch nur im äußersten Nothfall und mit Bewilligung der Stände eine Musterung gehalten werden durfte, verfiel auch hier der alte kriegerische Sinn so ganz, daß 1602 bei einer abgehaltenen Musterung ein großer Mangel an Waffen und Rüstung gefunden wurde. Dennoch weigerten sich die Landstände, die Kosten für eine bessere Landes-Bewaffnung herzugeben.

Erst 1626 bestellte man Officiere, welche, auch im Frieden, die Einübung einer tüchtigen Mannschaft leiten sollten. Es wurde nämlich eine gewisse Art stehender Landwehr eingerichtet, welche unter dem Namen der Wybranzen bekannt ist. Auf je zehn bebaute Hufen mußte ein Mann gestellt und unterhalten werden, der gegen Entschädigung zu gewissen Zeiten auf dem bestimmten Drillplatze erscheinen mußte, um dort mit anderen Genossen in den Waffen geübt zu werden. Wie geringen Nutzen jedoch diese Milizen gewährten, zeigte sich besonders nachmals im schwedischen Kriege.

Als der dreißigjährige Krieg auch den Grenzen der Mark sich näherte, sie sogar überschritt, behalf man sich immer nur vorübergehend auf kürzere Zeit einige Tausend Mann unter Waffen zu halten; zu der Zeit, als Brandenburg sich Schweden anschließen mußte, wurde diese Zahl jedoch auf 8000 erhöht. So blieb es vermuthlich bis zum Prager Frieden, und diese Truppen, die aus zusammen gelaufenem Gesindel bestanden, das an keine Zucht und Ordnung zu gewöhnen war, bedrückten das Land nicht weniger als die fremden und feindlichen Schaaren. Als später mit kaiserlicher und spanischer Hülfe 1638 ein Heer bei Neustadt zusammengezogen wurde, um den Schweden Pommern zu entreißen, brachte man 8000 Mann Fußvolk und gegen 3000 Reiter und Dragoner auf die Beine; doch während die Kriegsthaten dieser Truppen äußerst mäßig waren, machten sie im eignen Lande, zu dessen Schutz sie geworben, die Landstraßen unsicher, beraubten und plünderten die Bewohner oder versuchten auch wohl auf eigne Hand Einfälle bei den Nachbarn, allerdings zum Theil durch die Noth veranlaßt, da ihnen kein Sold gezahlt wurde. Schon nach zwei Jahren war dies Heer auf fast die Hälfte zusammengeschmolzen, da Viele davon gegangen, Andere ansteckenden Krankheiten unterlegen waren.

In solch ungeordnetem Zustande überkam Friedrich Wilhelm die Heer-Verfassung, und die große Erschöpfung des Landes verhinderte ihn längere Zeit, wesentliche Veränderungen vorzunehmen. Alle Versuche in dieser Beziehung bis zum Jahre 1655 waren wenig glücklich; erst der schwedisch-polnische Krieg half ihm seine neuen Ideen durchsetzen. Er verzichtete auf die Gestellung der Lehnspferde zum Reiterdienste, sobald Geld-Entschädigung dafür gezahlt wurde, und da es zu kostspielig war, das Heer durch Werbung zu ergänzen, so wurde der zwanzigste Mann zum Heere aufgeboten oder auch Geldzahlung dafür gestattet. Es muß dies als der erste Versuch des nachmaligen Aushebungs- und Kantonwesens angesehen werden.

Seit 1655 war das Heer in Regimenter getheilt; bei der Reiterei bestand ein solches aus sechs bis zwölf Geschwadern, beim Fußvolk aus sieben bis zwölf Hauptmannschaften, von denen jede wie auch jedes

Geschwader gewöhnlich 100 Mann zählte. An der Spitze des letzteren stand ein Rittmeister, jener ersteren ein Hauptmann, ihnen zur Seite ein wirklicher Stellvertreter oder Lieutenant, der besonders das Einüben der Truppen zu leiten hatte. Der Fähnrich, der die Fahne trug, hatte nicht wie jene das Strafrecht, er war vielmehr der Fürsprecher für Straffällige, um dadurch der Mannschaft Liebe zu ihrer Fahne einzuflößen. An der Spitze des Regiments stand der Oberst, ihm zur Seite sein Stellvertreter oder Oberst-Lieutenant. Der dritte im Range war der Oberst-Wachtmeister, der die äußere Verwaltung zu leiten hatte. Der Schultheiß des Regiments sorgte für die Rechtspflege und die Verpflegungs-Angelegenheit. Außerdem befanden sich bei jedem Regimente ein Prediger, ein Schreiber, ein Wagenmeister, ein Profoß, ein Scharfrichter und ein Steckenknecht. Bei den Reitern waren Pauker, bei den Dragonern Trommler, bei dem Fußvolke, namentlich bei den Garden Schallmeyer. An der Spitze des ganzen Heeres stand der General-Feldmarschall; war diese Stelle unbesetzt, so vertrat ihn der General-Feldzeugmeister oder der Befehlshaber der Artillerie. Verschiedene Generale befehligten Heeres-Abtheilungen von 6—10,000 Mann. Einer von ihnen, der General-Wachtmeister, hatte am Tage der Schlacht die Schlachtordnung aufzustellen, sonst aber die Aufsicht des Lagerwesens und der Zugordnung zu führen. Er gehörte zum Generalstabe, der dem Oberbefehlshaber des ganzen Heeres oder auch wohl dem einzeln commandirenden General zur Seite gestellt wurde. Durch große Gerechtsame, welche den Befehlshabern eingeräumt waren, durch strenge Kriegsgesetze, durch regelmäßigen Gottesdienst wurde das jetzt von dem Volke ausgeschiedene Heer sittlich zusammen gehalten, Leibesstrafen wurden gesetzlich selten angewendet, und noch kurz vor seinem Tode gebot Friedrich Wilhelm, sich aller Stockstrafen zu enthalten. So ausgezeichnet wurden die Soldaten geschult, daß 1677 der Kurfürst die Officiere für die von ihren Untergebenen begangenen Excesse verantwortlich machen konnte. — Unter dem Geschütze erforderten die schwersten Karthaunen dreißig Pferde zu ihrer Fortschaffung, die Singerinnen und Drachen (Trachen) vier und zwanzig Pferde, die Feldschlangen 2—16, die Falkonettlein zwei Pferde rc. Mit Karthaunen schoß man Kugeln von 25—50 Pfund, mit Nothschlangen von 20 Pfd., mit ganzen, halben und Viertelschlangen von 2—12, mit Falkonettlein von 1 Pfd., mit Scharpffentienlein von $\frac{1}{4}$ Pfd. Außerdem bediente man sich auch der Mörser, welche Kugeln bis 310 Pfd. Schwere warfen. Die Bedienung der Artillerie war gering, bei jedem Stücke befanden sich nur ein oder zwei Büchsenmeister und ein Handlanger; die Fortschaffung der Geschütze geschah durch aufgebrachte Lehnpferde, deren Führer zugleich bei dem Geschütz Hand anlegen mußten.

Behufs der Anwerbung von Truppen wurden Verträge mit Kriegs-Obersten abgeschlossen und für jeden Reiter (im Jahre 1656) 40—50 Rthlr., für den Dragoner 20 Rthlr., für den Fußknecht 6—8 Rthlr. Werbegelder bewilligt. Die Unterhaltung von 1000 Mann zum Fußvolk ausgehobener Landleute kostete in Preußen monatlich 4000 Gulden, von 1000 Reitern aber 10,000 Gulden. Als ein ganzes Truppencorps zusammen kam, hatten die Angeworbenen das Recht zu „garden." Die Sitte des Gardens war nämlich aus dem übrigen Deutschland auch nach der Mark verpflanzt worden. Wie dienst- und brodlos gewordene Handwerksburschen auf ihre Kundschaft reis'ten und sich vom Betteln nährten, so war es auch seit Anfang des sechzehnten Jahrhunderts bei den sich auch als zünftig ansehenden Landsknechten Sitte geworden, wenn sie beim Beginn des Winters oder nach beendigtem Kriege brod- und herrenlos geworden waren, zu garden d. h. zu betteln. Besonders fielen die „Gardenbrüder" mit ihrem „Prauken" oder Betteln dem Landmann zur Last, dem sie mit List oder Gewalt das Seine zu nehmen suchten, so daß wiederholt allgemeine Reichs- so wie besondere Landesgesetze dagegen erlassen werden mußten. Es durften nicht mehr als ihrer zehn beisammen herumziehen, sie mußten die Kundschaft ihres Hauptmanns vorweisen können und sich in jedem Dorfe damit begnügen, daß ihnen zusammen drei Reichsgroschen gegeben wurden. Gingen sie einzeln, so sollte der Bauer nicht mehr als zwei, der Kossäthe einen Pfennig geben. Dasselbe Dorf durften sie nur einmal besuchen; Gänse, Hühner oder Anderes zu nehmen, war ihnen besonders bei schweren Strafen verboten. Waren endlich die Truppen vollzählig beisammen, so wurden sie gemustert, auch diese Musterung später monatlich wiederholt, wobei ihnen zugleich die Löhnung ausgezahlt wurde. Bei diesen Musterungen wurde Kleidung und Bewaffnung sorgfältig untersucht und die vorhandene Mannschaft genau mit den Listen verglichen. Jeder Einzelne wurde befragt, ob er die Löhnung regelmäßig erhalten habe, und ob er nicht gewaltsam geworben wäre; war Letzteres der Fall, so wurde er ohne weiteres entlassen. Harte Strafe traf den Officier, der zur Musterung von seinen Cameraden sich Mannschaft borgte, so wie den Soldaten, der seine Waffen von einem Andern entliehen hatte.

Erst Friedrich Wilhelm gelang es allmählich, jene alte Verpflegungsart abzustellen, obgleich auch er vielfach zu der gewaltsamen Weise seine Zuflucht nehmen mußte, welche in dem dreißigjährigen Kriege das Land auf so furchtbare Weise verderbt hatte. Seit 1665 wurde namentlich die Löhnung der Truppen bedeutend ermäßigt, um mit den spärlichen Geldmitteln besser haushalten zu können. Es wurde damals festgesetzt, daß der Oberst der Reiterei monatlich 100 Rthlr. Selb erhielt, bei den Dragonern 95 Rthlr., bei dem Fußvolk 90 Rthlr. Die Oberst-Lieutenants erhielten respective 45, 42, 38 Rthlr., die Hauptleute 60, 50, 40 Rthlr., die Lieutenants 29, 24, 18 Rthlr., die Corporale 10, 7, 4½ Rthlr., die Gemeinen 4, 3⅐, 2¼ Rthlr. In den Quartieren durften die Truppen nur Salz, Holz und Licht von ihren Wirthen fordern; den Officieren wurde dafür Servis bewilligt. Da aber gar häufig die Gelder zur Löhnung sehr unregelmäßig oder gar nicht gezahlt wurden, so wurden die Quartiergeber gezwungen, die Truppen im Essen und Trinken zu unterhalten, und im Fall des Unvermögens hatten letztere das Recht, ihre Wirthe auszupfänden, um dadurch ihren Lebens-Unterhalt zu ermöglichen. Die mit Einquartierung belegten Ortschaften hatten die Wahl, ob sie Natural-Verpflegung oder Vergütigung in Geld reichen wollten, und es war demgemäß eine bestimmte Taxe entworfen, nach welcher die Zahlung erfolgen mußte. Namentlich zur Zeit des schwedisch-polnischen Krieges befand sich der Kurfürst in der drückendsten Geld-Verlegenheit, und obgleich der Nothstand in Preußen ein außerordentlicher war, mußte er doch den Truppen zugestehen zu nehmen, wo sie etwas fänden. — Die Beute so wie das Lösegeld für Gefangene gehörte den Soldaten, doch sorgte der Kurfürst seit 1656 dafür, daß dies Beutewesen nicht in Plünderung und Straßenraub ausartete; das eroberte Geschütz, Waffen und andere Kriegsvorräthe sollten fortan dem Kriegsherrn zufallen.

Die Festungen des Landes waren mit geworbenen Festungs-Garden besetzt, die gewöhnlich auf drei Jahre verpflichtet waren. Die Anzahl dieser Truppen war nur gering; so betrug z. B. die Besatzung von Cüstrin im sechzehnten Jahrhundert 150 Landsknechte. In den letzten Jahren der Regierung Friedrich Wilhelm's wurden die Besatzungen ungleich stärker, so daß allein in den festen Plätzen der östlichen Länder mehr als 5000 Mann sich befanden. Zugleich wurden ebendaselbst Magazine angelegt. Zuerst geschah dies im Jahre 1630 zu Spandau, zu deren Füllung seit 1637 von jedem Scheffel, der zur Mühle gebracht wurde, die s. g. Kriegsmetze, von jedem Brauen zu 36 Scheffel Malz ein Scheffel eingeliefert werden mußte, während seit 1642 auch von jeder besäeten Hufe 6 Schffl. in die Magazine gebracht werden mußten. Einige Jahre später wurde diese Abgabe in Geld umgewandelt.

Da die Landstände sich durchaus weigerten, die Mittel zum Unterhalt der Truppen zu gewähren, so hatte sich der Kurfürst Friedrich Wilhelm genöthigt gesehen, die Natural-Verpflegung in den Quartieren anzuwenden. Das Fußvolk wurde meistens in die Städte, die Reiterei auf das platte Land verlegt. Zur Errichtung der Geschwader benutzte er die Einkünfte von den Zahlungen für die Lehnspferde, während er die vielfach von fremden Mächten gezahlten Hülfsgelder zur Unterhaltung des Heeres verwendete. Das Fehlende wurde durch einen Schoß herbeigeschafft, der auf die Hufen, Höfe und Häuser der Bürger und Bauern gelegt wurde, und der die Unterthanen fast zur Verzweiflung brachte. Es ist schon oben erwähnt, daß die Einführung der indirecten Steuer der Accise von allen Städten gern angenommen wurde, nachdem man das Vortheilhafte derselben kennen gelernt hatte. Diese Abgabe gewährte überdies dem Lande die außerordentliche Erleichterung, daß allmählich sämmtliche Truppen nach den Städten verlegt werden konnten, und daß ihnen hier nur Obdach, Holz und Licht bewilligt werden brauchten, während alles Andere, selbst Betten, von ihnen bezahlt werden mußte.

In der Zeit nach der Reformation haben die Landstände der Mark ihr größtes Ansehn gewonnen und nach allen Richtungen ausgeübt, während nach mehr als 100 Jahren Friedrich Wilhelm gegen Ende unsrer Periode bei seinem Streben nach unabhängiger Stellung ihre Macht aufhob. Kurfürst Joachim II., der bei seiner häufigen Geldverlegenheit der Stände dringend bedurfte, mußte nämlich 1540 das feierliche Versprechen geben, daß er in keiner wichtigen Sache, „an der des Landes Gedeih oder Verderb gelegen wäre", ohne Zuziehung und Beirath der Stände beschließen wolle. Dies Uebergewicht, das die Stände erlangt hatten, wollte schon Joachim Friedrich vernichten. Er erklärte, als sie mit neuen Vorschlägen hervortraten: „er sei mit ihnen darin einig, daß kein Regiment ohne gute Ordnung bestehen könne; aber wenn auch wohl bei der Herrschaft menschliche Schwachheit und Irrthum mit unterlaufe, so zeige doch die Erfahrung, daß sich bei den Unterthanen dergleichen noch viel mehr ereigne und der Ungehorsam von Tag zu Tage überhand nehme; daher denn viel leichter sei Ordnungen zu machen als sie zu verwirklichen. Gern wolle er die Hand dazu bieten, eine solche gute Ordnung herzustellen." Er hatte darauf mehrere Vorlagen entworfen und ihnen vorlegen lassen, wobei er zunächst darauf drang, daß aus allen Kreisen ein stetiger Ausschuß zur Berathschlagung verordnet würde. Die Stände hatten sich aber so entschieden gegen eine solche Maßregel erklärt, daß der Kurfürst die Sache fallen ließ. Mit großer Zähigkeit behaupteten sie auch ferner ihre günstige Stellung, so daß „sie dem Kurfürsten nach Gefallen vorschrieben, was er unterschreiben sollte, und wenn er nicht eine Revolte befürchten wollte, unterschreiben mußte." Seit 1653 jedoch berief Friedrich Wilhelm keine allgemeinen Landtage mehr zusammen, und seitdem gerieth die Macht der Landstände so sehr in Verfall, daß sie nur noch vorzugsweise in Bezug auf das landständische Creditwesen von Wichtigkeit blieben. Es bedurfte von Seiten des Landesherrn eben nur dieser Maßregel, sie nicht mehr einzuberufen, um ihre Wirksamkeit aufhören zu lassen, da nur er das Recht hatte, ihren Zusammentritt anzuordnen. Als Ort der Versammlung war allmählich Berlin üblich geworden, obgleich ursprünglich darüber keine Vorschrift gegeben war; sie lebten hier auf kurfürstliche Kosten. Selten eröffnete der Kurfürst selber die Versammlung, es geschah dies nur bei besonders wichtigen Veranlassungen; gewöhnlich vertrat der Kur- oder ein andrer Prinz seine Stelle, oder der Kanzler oder Beauftragte aus dem geheimen Staatsrathe.

Ursprünglich waren es vier verschiedene Stände, die zusammentraten: die **Prälaten**, die **Grafen und Herren**, die **Ritterschaft** und die **Städte**. Als erste Prälaten galten die drei Landes-Bischöfe und zwar in sofern, als sie bedeutenden Grundbesitz vertraten. Nach Aufhebung der Bisthümer und Klöster änderte sich natürlich dies Verhältniß in soweit, daß nur die beibehaltenen Domcapitel in Havelberg und Brandenburg landständische Berechtigung beibehielten bis zur Aufhebung dieser landständischen Wirksamkeit im Jahre 1810. Da die Güter des Domstiftes zu Stendal an die Universität zu Frankfurt gekommen waren, trat diese in seine Rechte, während das Stift zum Heiligen Grabe durch den Stifts-Hauptmann bei der prignitzischen Ritterschaft vertreten wurde. Der Herrnmeister der Johanniter zu Sonnenburg in der Neumark, so wie die Comthure dieses Ordens in Lagow, Ließen, Quartschen und Werben behielten auch nach der Reformation ihre frühere Berechtigung bei. Der Herrnstand war nach dem erfolgten Aussterben der Grafen von Lindow und von Hohenstein nur spärlich vertreten, da andere Dynastengeschlechter schon früher ausgegangen waren. Vermuthlich bildeten sie stets mit den Prälaten eine Curie, während in der Neumark diese Curie ganz fehlte, da auch der Herrnmeister der Johanniter, der einzige Prälat daselbst, zur Ritterschaft übergetreten war. Der oben erwähnte Unterschied zwischen den beschlossenen und unbeschlossenen Abligen hatte in Bezug auf die Landschaft keinen Einfluß; vielmehr beschränkte sich derselbe nur darauf, daß jene durch einzelne Einladungen, diese durch Circularschreiben, ursprünglich geschlechterweis, zum Landtage berufen wurden. Sie bildeten zusammen die zweite Curie und hießen mit der ersten die „Oberstände", während die Städte „Unterstände" genannt wurden. Von den Städten der Mark hatten die Mediatstädte keinen Zutritt zum Landtage, denn sie wurden ja schon durch ihre geistlichen oder weltlichen Herren vertreten; selbst früher bischöfliche Städte, welche durch die Reformation Immediatstädte geworden waren, erhielten dadurch doch nicht die Landstandschaft. Aber auch von den „Chur- und Immediatstädten" erschienen nur die Haupt- oder größeren Städte auf den Landtagen und vertraten zugleich die ihnen incorporirten kleinen Städte ihrer Sprache.

Die Stände der Mark ordneten sich nach den Marken oder Provinzen der Art, daß die Altmark voranstand, und daß ihr die Prignitz, die Mittelmark mit Ruppin, die Ukermark und zuletzt die Neumark folgten. Oft waren auch nur die Stände einer Mark zu s. g. Kreis- oder Provinzial-Landtagen versammelt, da die einzelnen größeren Abtheilungen des Landes mit dem Namen von Kreisen bezeichnet wurden; der Name „Provinz" war nämlich nicht üblich, die Benennung von „Marken" paßte aber nicht für alle, namentlich nicht für die Prignitz. Seltener noch traten wirkliche Kreis-Versammlungen, im engeren Sinne des Wortes zusammen; die Prignitz wie die Ukermark galten dabei jede nur für einen Kreis, während die Altmark sechs, die Mittelmark nebst Ruppin sieben, und die Neumark ebenfalls sieben Kreise und außerdem fünf incorporirte Kreise umfaßte. Oft auch versammelten sich die Städte der gesammten Mark oder auch von je zwei Provinzen z. B. der Altmark und Prignitz, der Mittel- und Ukermark besonders in der Hauptstadt einer Provinz, um besondere städtische Interessen zu besprechen oder auch um sich über die Ausführung dessen zu verständigen, was auf den allgemeinen Landtagen beschlossen war. Die Ritterschaft tagte wohl auch im Verein mit den Prälaten und Herren, doch nie aus der ganzen Mark, sondern nur aus einer Provinz oder einem Districte derselben zu eben jenem Zwecke. Eben so wurden auch wohl statt der Landtage Stände-Ausschüsse oder Deputirte berufen, entweder eine gewisse Anzahl aus jeder Mark oder nur Deputirte von der ersten Curie und je zwei Abgeordnete der Ritterschaft aus jedem Kreise; die größeren Immediatstädte dagegen fanden sich vollständig dabei ein. Besonders im siebzehnten Jahrhundert waren diese Ausschußtage häufig, um die Kosten zu ersparen oder auch, wenn Sachen von geringerer Wichtigkeit vorlagen. Natürlich vertraten diese Ausschüsse eben so alle Unterthanen und Insassen des Landes wie die Landstände selber.

Allerdings war das Steuerbewilligungs-Recht eins der vorzüglichsten, das die Landstände besaßen, doch keineswegs das allein wichtige. Uebrigens erstreckte sich dies Recht der Bewilligung von Seiten der Stände nicht auf die regelmäßigen Abgaben, sondern nur auf die außergewöhnlichen. Es ist schon oben erwähnt worden, daß die Orbede, welche in den Städten, und die Bede, welche auf dem Lande von allem Besitz zu entrichten war, ursprünglich die stehende Einnahme der Markgrafen bildete, zu der dann noch viele andere Einkünfte kamen aus den Domänen, den Forsten, der hohen Gerichtsbarkeit, dem Münzregal, den Zöllen ꝛc. Da jedoch im Laufe der Zeit viele von diesen Einkünften capitalisirt und verkauft worden waren, mithin die markgräflichen Einnahmen eine bedeutende Schmälerung erlitten hatten, während die Zeitverhältnisse immer mehr Ausgaben nöthig machten, so mußten die Markgrafen zu außerordentlichen Beden ihre Zuflucht nehmen, und diese waren es, welche von der Geneigtheit der Stände erwartet werden mußten. Zugleich controllirten die Stände die von ihnen bewilligte außerordentliche Steuer. Anfänglich hatte dieselbe auch hingereicht, das außerordentliche Bedürfniß zu decken; bald aber genügte das nicht mehr, die einmalige Bewilligung konnte oft kaum die Verzinsung der Schuldenmasse decken, welche durch immer neue Aufnahme zu bedenklicher Höhe herangewachsen war. Es wurde deshalb zur Sicherheit der Gläubiger ein Tilgungsfonds nothwendig, aus welchem neben der Abtragung der Zinsen auch die Schuld selber getilgt werden sollte. Er wurde dadurch gebildet, daß die Stände gewisse Abgaben sich vom Landesherrn abtreten ließen, um daraus diese Credit-Anstalt ins Leben zu rufen. Auf dem Lande und in den kleinen Mediatstädten wurde von jeder Hufe und von jedem Giebel oder Hause eine Abgabe entrichtet, die eben davon der Hufen- und Giebelschoß genannt und von der Ritterschaft erhoben und verwaltet wurde. In den größeren Immediatstädten wurde nach der Größe des Hauses und seinem Nahrungsstande jährlich in zwei Terminen der s. g. Vor- oder Feuerschoß gezahlt, außerdem aber wurde sämmtliches Vermögen nach Schocken oder Pfunden abgeschätzt und die Höhe desselben von dem Besitzer eidlich beschworen, und davon ebenfalls jährlich in zwei Terminen der s. g. Pfundschoß entrichtet. Dieses Einkommen wurde in dem Städte-Kasten gesammelt und darauf ein Theil der Landesschuld übernommen. Zur leichteren Verwaltung des Städte-Kastens wurde derselbe 1565 in einen altmärkisch-prignitzschen und in einen mittelmärkisch-ukermärkisch-ruppinschen getrennt, wie auch die Ritterschaft den Hufenschoß zu Anfang des siebzehnten Jahrhunderts auf gleiche Weise trennte und auf jeden gewisse Landesschulden eintrug. Beide Fonds mit gesonderter Schuldenlast haben bis 1820 bestanden. Der dreißigjährige Krieg brachte aber so gewaltige Verwirrung hervor, daß Friedrich Wilhelm kein anderes Mittel zur Abhülfe sah als einen Staats-Banquerot zu erklären. Die Verzinsung der aufgenommenen Capitalien wurde untersagt, da durch langen Zinsengenuß die Gläubiger ihr Capital empfangen hätten. Das Capital, das auf den Städte-Kasten eingetragen war, wurde auf 25 Proz. herabgesetzt, das auf die Hufenschoß-Kasse versicherte sollte zu $\frac{1}{3}$ der Höhe zurückgezahlt werden.

Die Schuldenlast hatte sich schon unter Joachim II. so vermehrt, daß jene beiden Credit-Institute nicht hinreichten, dieselbe zu decken. Deshalb wurde 1551 noch ein dritter Fonds gebildet, zu dem sowohl

Land wie Städte beitragen mußten. Es war dies „der neue Biergelderfonds", der sich bis in die neuesten Zeiten, bis zur allgemeinen Umwandlung der indirecten Abgaben erhalten hat. Es wurde nämlich von jedem Gebräu zu 26 Scheffel Malz seit 1551 eine Abgabe von 2½, seit 1564 von 3 Gulden genommen. Als Johann Georg 1573 die große Schuldenmasse seines Vaters ordnete, wurde das Gebräu auf 36 Scheffel und die Abgabe dafür auf 3½ Rthlr. erhöht. Ja Georg Wilhelm versuchte 1624 diese Abgabe auf sieben Thaler zu bringen, konnte jedoch bei den Landständen nicht durchbringen, obgleich er darüber eiferte, daß er „eine monarchische Verfassung im Lande haben wolle und die demokratische nicht dulden könne, da nur zu bald derselben eine oligarchische folge." Die Neumark war bei diesen Einrichtungen nicht betheiligt, da Johann, der diesen Landestheil abgesondert regiert, auch nach seinem Tode die Finanzen in bester Ordnung zurückgelassen hatte. Seit dem Jahre 1610 kamen die Geld-Angelegenheiten dadurch in die größte Unordnung, daß wegen des Anfalls der Cleve'schen Länder die Unterhaltung von Truppen nothwendig wurde, was verbunden mit dem Beitritt des Kurfürsten Johann Siegmund zur Union neue, schwere Ausgaben herbeiführte, zu deren Bestreitung er nicht nur die erwähnte Schuld von 100,000 Rthlrn. in Holland, sondern auch, als ihm 1609 von den Ständen 400,000 Rthlr. bewilligt wurden und dies Geld nicht eilig genug zusammengebracht werden konnte, noch eine zweite von 200,000 Rthlr. in Dänemark machen mußte, welche letztere zwar 1622 zurückgezahlt wurde, aber auch die größte Noth für die ständischen Creditfonds brachte. Dann folgte der verhängnißvolle dreißigjährige Krieg, der neue außerordentliche Grundsteuern nöthig machte; dieselben wurden durch das neu geschaffene Organ der Kreis-Commissarien oder Landräthe beigetrieben und verwandelten sich später in ordentliche Contributionen. Erst durch die Accise wurde es dann möglich ein stehendes Heer zu unterhalten, indem neben den Einkünften, welche diese abwarf, auch die neu geordnete Contribution und der Servis zu demselben Zwecke verwendet wurden. Jene Abgaben, welche in die ständischen, und diese, welche in die landesherrlichen Kassen flossen, haben bis in die neusten Zeiten fortgedauert.

Das Recht der Stände, bei allen Geld-Angelegenheiten eine wichtige Stimme abzugeben und entscheidend einzugreifen, erstreckte sich nicht allein auf jene Steuerbewilligungen, sondern auch auf den Verkauf von Domänen und landesherrlichen Rechten, so wie auf die Prinzessinnen-Steuer oder die Ausstattungssumme bei Verheirathung nicht nur der Töchter der Kurfürsten, sondern auch andrer Verwandten. Die Sitte dieser Mitgift geht in die ältesten Zeiten zurück, so daß der Ursprung nicht mehr nachzuweisen ist, doch haben die Stände die Verpflichtung hierzu fast immer anerkannt. Im 15. Jahrhundert betrug diese Aussteuer 10,000, im 16. Jahrhundert 20,000 Gulden; seit dem Jahre 1719 ist sie jedoch nie von dem Lande eingefordert worden, obgleich bei allen derartigen Gelegenheiten die Könige das Recht dieser Einforderung sich ausdrücklich vorbehalten haben. Eben so hatten die Stände nicht bloß eine berathende, sondern auch entscheidende Stimme bei dem Münzregal, bei Handels-, Schifffahrts- und Gewerbe-Angelegenheiten, bei der Militair-Einrichtung und bei den damit zusammenhangenden Bündnissen und Kriegen, bei Gesandtschaften ꝛc. In Zoll-Angelegenheiten stand ihnen zwar ursprünglich kein Recht zu, doch auch hier hatten sie sich ein solches anzueignen gewußt, ungeachtet die Oberstände für Producte, welche auf ihren Gütern gewonnen wurden, und für das, was sie zu eignem Gebrauche bezogen, Zollfreiheit besaßen. Diese Zollfreiheit ging nach der Reformation auch auf die protestantische Geistlichkeit über, auch einige Immediatstädte hatten sich gleicher Begünstigung zu erfreuen. Bei Reichssteuern, z. B. bei der Türkensteuer, hatten die Stände auch nicht einmal berathende Stimme, sondern hierbei war noch das kaiserliche Ansehn allein maßgebend.

Nächst diesen finanziellen Angelegenheiten war kein Gegenstand für die Landstände so wichtig als die Einrichtung und Verbesserung des Polizeiwesens und der dahin abzielenden Gesetzgebung. Die Stände als Grundherren auf dem Lande und Vertreter der Städte standen in zu naher Beziehung mit der Polizei-Verwaltung, die ja von ihnen ausgeübt wurde. Aus eben diesem Grunde betheiligten sie sich auch bei alle dem, was auf die Rechtspflege sich bezog, während der Erlaß neuer Gesetze, namentlich in Bezug auf das Criminalwesen ihnen weit fremder blieb.

Auf keinen anderen Stand nächst der Geistlichkeit hat wohl die Reformation größeren Einfluß gehabt als auf den Adel in der Mark. Das Besitzthum von sechs steuerfreien Ritter- oder vier Knappenhufen, für welche der Lehndienst zu leisten war, würde kaum hingereicht haben, den Abligen, besonders bei stärkerer Familie, zu nähren, wenn nicht namentlich die jüngeren Söhne der Familie am Hoflager des Landesherrn oder auf dessen Schlössern oder im Gefolge andrer Großen oder in geistlichen Stiftern, Orden und Pfründen Mittel zum standesmäßigem Unterhalte gefunden hätten. Ueberdies waren in den häufigen Fehden gar viele dieser Rittergutsinhaber untergegangen, und namentlich im 15. Jahrhundert finden sich deshalb schon mehrere Rittersitze an einem Orte zu Einem vereinigt, der dadurch oft 18, 24 und mehr Hufen zählte. Dies Streben, den ursprünglichen Besitz zu mehren, um auskömmlichen Unterhalt zu gewinnen, mußte besonders da hervortreten, als der deutsche Orden das Herzogthum Preußen verlor, und durch die Kirchenreform die Aussicht schwand, die jüngeren Söhne in den Besitz von Pfründen setzen zu können. Bei der Auflösung der Bisthümer und Klöster in der Mark gingen zwar viele der geistlichen Güter in die Hände von Abligen über, doch waren es immer nur einzelne von ihnen, welche daraus Nutzen zogen, während der ungleich größere Theil des niederen Adels, der unbeschlossenen Zaunjunker, sich um so mehr auf seinen geringen Landbesitz angewiesen sah, als bei dem langen Friedens-Zustand in der Mark sich wenig oder gar keine Gelegenheit fand, Kriegsdienste zu leisten und dadurch eine angemessene Existenz zu gewinnen. Nicht minder fehlte die Gelegenheit, zu Staatsämtern zu gelangen, weil dazu ein fleißiges Studium des neuen auf das römische gegründeten Rechts nothwendig war, zu welchem dem dürftigen Adel die Mittel und auch lange die Lust fehlte. Diese Noth hatte zunächst das Gute, daß der Adlige, jetzt selber auf den Ackerbau angewiesen, Ländereien unter den Pflug nahm, die bisher müßig gelegen hatten. Da aber auch dies Mittel nicht ausreichte, so machte er von dem ihm vorbehaltenem Rechte Gebrauch, in den Dörfern, wo er irgendwelche gutsherrliche Rechte ausübte, Bauern aus ihrem Besitze für mäßigen Tarwerth auszukaufen, ein Vorrecht, das erst König Friedrich II. 1749 aufhob. Aus diesem neu erworbenen Besitz wurden Vorwerke, Schäfereien und Meiereien gebildet, auf welchen die jüngeren Söhne der Familie angesetzt wurden, und schon 1593 wurde deshalb ein Verbot dagegen erlassen, bei jedem Todesfall von Gutsherren einen Bauer auszukaufen, um dessen Gut als einen Wittwensitz einzurichten, das mit dem Tode der Wittwe zum Hauptgute geschlagen wurde und nun als steuerfreies Rittergut galt. Namentlich verschwanden auf diese Weise die Lehnschulzen-Güter, da dieselben nur in der Familie selber, nicht auf die anderen Verwandten forterbten.

Sorgte auf diese Weise der niedere Adel für seine Familie auf eine Weise, welche zwar ihm von großem Nutzen wurde, dem Staate aber gefährlich zu werden drohte, so war doch andrerseits die Gefahr nicht gering für ihn, allmählich ganz zu verbauern. Da aber trat der dreißigjährige Krieg ein, der bei allen seinen Uebeln für den Adel bessere Zustände herbeigeführt hat. Ein großer Theil des Adels nahm in den Heeren von Freund und Feind Kriegsdienste, und je mehr von ihnen dabei ihren Tod fanden, desto häufiger wurde die Gelegenheit, jene neu geschaffenen kleinen Rittersitze in Eine Hand gelangen zu lassen. Dazu kam noch, daß viele Dörfer ganz verödeten, und ihre Feldmark von den benachbarten Gutsherrn benutzt wurde, welche daselbst Landbauer mit geringerem Rechte ansetzen konnten, als die früheren gehabt hatten. Der Zuwachs des brandenburgischen Staates mit nicht geringen Länder-

Die Städte.

theilen eröffnete die Aussicht zum Staatsdienste, in welchem die alt-
ländischen Abligen vorzugsweise begünstigt wurden, und in dem stehenden
Heere, welches Friedrich Wilhelm schuf, fand der märkische Adel die
bequemste Gelegenheit, sich durch seine Tüchtigkeit eine selbst ausgezeichnete Stellung zu sichern.

Schon im vorigen Zeitabschnitt ist erzählt worden, daß in den
Städten der Mark die Zünfte mit den alten Geschlechtern in feindliche
Berührung gekommen waren, als sie das Stadt-Regiment an sich zu
bringen suchten, daß dadurch den Kurfürsten die Gelegenheit geboten
war einzuschreiten, und daß seitdem die Selbständigkeit der Städte
vernichtet wurde und damit zugleich ihr früherer Glanz und Wohlstand.
Im siebzehnten Jahrhundert verschwanden die alten patrizischen Familien ganz. Joachim I. hatte zwar durch die Polizei-Ordnung, die er
1515 erließ, dem Verfall der Städte zu wehren gesucht, und manches
Gute war dadurch möglich geworden, doch blieb die Controlle der Regierung. In Bezug auf die Ergänzung des alten Rathes durch einen
neuen wurde 1540 bestimmt, daß die alten Rathmänner jedes Jahr
wieder gewählt werden könnten, sobald sie ihr Amt treu verwaltet
hätten. Die Geschäfte des Rathes vermehrten sich übrigens durch den
schriftlichen Verkehr in allen Zweigen der Verwaltung so bedeutend,
daß sein Amt nicht mehr als eine bloße Nebenbeschäftigung angesehen
werden konnte, das der Ehre wegen übernommen wurde. Deßhalb
wurde es ganz allgemein, was früher nur vereinzelt vorgekommen war,
daß regelmäßig Gehalt gezahlt werden mußte, wogegen Natural-Lieferungen und anderweitige Einkünfte wegfielen.

Der Rath verwaltete noch wie früher, wenn auch nach Anweisung
der Regierung, die Polizei in den Städten. Er hatte also die Aufsicht
über die Löschanstalten, den Markt, die Preise der Lebensmittel, über
Sittlichkeit ꝛc. zu führen. Er entwarf Vorschriften über Einschränkung
des Luxus und theilte deßhalb die Bevölkerung in verschiedene Klassen,
eine Eintheilung, die sich auch noch im siebzehnten Jahrhundert wiederholt. Nach der Polizei-Ordnung in Berlin vom Jahre 1580 gehörten
zur ersten Klasse die Bürgermeister und Rathsherren, die Geistlichen,
Richter, Gelehrten und die alten Geschlechter. Zur zweiten Klasse gehörten die wohlhabenden Bürger, sowohl Handelsleute als Handwerker,
namentlich die Viergewerke; zur dritten Klasse die gemeinen Bürger
und Handwerker und endlich zur vierten die Hausleute, Tagelöhner und
das Gesinde. In der Polizei-Ordnung von 1604 wurde ein Theil der
zweiten Klasse mit der ersten, ein andrer mit der dritten zu einem
Stande vereinigt, so daß nur drei Stände bestimmt wurden. Doch
war diese Eintheilung nicht in allen größeren Städten dieselbe, überall

aber waren für jeden Stand genaue Vorschriften ertheilt in Bezug auf Kleidung, den Aufwand bei Hochzeiten, Kindtaufen ꝛc.

Wegen der Verwaltung des städtischen Vermögens brachen nicht selten harte Streitigkeiten zwischen dem Rathe und der Bürgerschaft aus. Schon Joachim II. untersagte deshalb die Gemeinde-Versammlungen, da gar oft durch dieselben große Unruhen entstanden waren. Die Bürgerschaft machte vielfach dem Rathe den Vorwurf, er verschwende das städtische Vermögen, entziehe sich selber den Abgaben und nehme bedeutende Schulden ohne Zustimmung der Gemeinde auf. Man bedauerte, daß das frühere Vorrecht der Vorsteher von Gilden und Corporationen, namentlich von den Viergewerken, aufgehoben sei, in allen wichtigen Angelegenheiten, besonders aber in Geldsachen dem Rathe zur Seite zu stehen. Deshalb ordnete Kurfürst Joachim II. an, ein besonderes Collegium aus der Mitte der Gemeinde zu ernennen, dessen Mitglieder dem Rathe als Stadt-Verordnete zur Seite gesetzt wurden, und das etwanige Streitigkeiten zwischen dem Rathe und der Gemeinde vermitteln sollte. Da die Mitglieder mit der Verwaltung vertraut wurden, so wurde oft aus ihnen der Rath ergänzt. Ihre Anzahl richtete sich nach der Größe der Städte, sie schwankte zwischen 6 bis 32, gewöhnlich belief sie sich auf 24; unter ihnen waren auch die Viertelsmeister d. h. die Vorstände einzelner Stadttheile, deren jede Stadt der Regel nach vier zählte. Nach kurfürstlicher Vorschrift wählte der Rath selber die Stadt-Verordneten aus den angeseheneren Bürgern, doch bedurften sie überdies landesherrlicher Bestättigung. Sie wurden namentlich hinzugezogen, sobald Schulden abgetragen werden konnten oder neue gemacht werden mußten, und sie gewährten demnach den Gläubigern die Gewißheit, daß nichts zu ihrem Nachtheile beschlossen werden könnte; doch hatten sie nicht die Befugniß, von dem Rathe Rechenschaft über seine Verwaltung zu fordern, die vielmehr die Regierung sich vorbehielt. Bei besonderen Veranlassungen wurden noch besondere Deputationen neben diesen Stadt-Verordneten aus den Bürgern erwählt, so bei Huldigungen, wo dergleichen Deputationen aus Rathspersonen und Bürgern zusammengesetzt wurden. — Daß bei den Verheerungen des dreißigjährigen Krieges, als die alte Bürgerschaft großentheils ihren Untergang fand, das alte Städtewesen ganz schwand, ist erklärlich genug; die Maßregeln, welche Kurfürst Friedrich Wilhelm ergriff, um die verödeten Städte wieder zu bevölkern, erreichten allerdings diesen Zweck, doch der frühere Werth und das alte Ansehn des Bürgerrechts konnte dadurch nicht gewinnen. Er setzte nämlich die Kosten für die Aufnahme in die Bürgerschaft oder in die Gewerke auf unbedeutende Zahlungen herab, und eben so gab er den Bewohnern der Vorstädte, die bis dahin unter Bauer-Meistern eine getrennte Verwaltung gehabt hatten, mit den Bürgern selber gleiche Rechte.

Die Städte übten noch immer die Gerichtsbarkeit aus oder hatten sie durch Kauf wieder an sich gebracht, wenngleich der Landesherr besondere Rechte sich vorbehielt, und die Städte bei jedem Regierungs-Wechsel die Belehnung mit derselben nachsuchen mußten. Im 16. Jahrhundert bildete noch der Rath die zweite Instanz, doch wurde im 17. das Kammergericht angeordnet, von dem nur noch an den Kurfürsten selber appellirt werden konnte. Bei besonders wichtigen Sachen ließ dieser den Spruch von einer Universität einholen und bestättigte denselben durch seine Namens-Unterschrift. Da man gar gern die erste Instanz, das Land- und Stadtgericht, zu umgehen suchte oder auch rechtswidrig Appellation einlegte, so setzte Friedrich Wilhelm für dergleichen Vergehen Strafgelder fest. Jene Veränderung des Instanzen-Zuges hatte aber die natürliche Folge, daß die alten Schöppenstühle allmählich außer Gebrauch kamen, obgleich z. B. der in Brandenburg erst im Jahre 1812 vollständig aufgelös't wurde.

Wie das Städtewesen überhaupt, so hatten auch insbesondere die Zünfte im Laufe der Zeit bedeutende Einschränkungen ihrer alten Gerechtsame zu erleiden; die Zeit, wo sie nicht selten ihr Innungsrecht sehr willkührlich gegen einzelne Genossen in Anwendung brachten, war vorüber, seitdem diejenigen an der Regierung einen kräftigen Rückhalt fanden, welche sich jenem Zunftzwange nicht fügen wollten. Schon Joachim II. behielt sich 1541 das Recht vor, jene Privilegien zu beschränken, sobald die Nothwendigkeit einträte. Die Städte behielten auch nicht mehr allein das Recht, daß nur in ihnen Meister sich setzen durften; schon im sechzehnten Jahrhundert kommen Fälle vor, daß z. B. Schmiede auf dem Lande wohnten, welche außer aller Verbindung mit der Zunft in der benachbarten Stadt standen, und daß von Seiten letzterer vergeblich dagegen protestirt wurde. Während die Regierung alles Mögliche that, einzelnen, in Verfall gerathenen Gewerken wieder aufzuhelfen, z. B. den Tuchmachern durch das Verbot des Verkaufs von fremdem Tuche so wie der Wollausfuhr, so wurde doch andererseits von derselben der Zunftzwang dadurch gelös't, daß eine Menge lästiger und kostspieliger Gebräuche bei den Innungen abgeschafft wurden, und auch wider den Willen der Zünfte fremde oder neue Meister sich setzen durften. Ja 1659 wurde der Befehl erlassen, Söhne von Schäfern, Vögten, Wächtern und Stadtknechten als Lehrlinge anzunehmen, die früher als unehrlich nicht zu den Gewerken gelassen wurden. Auch wurde eine Strafe von 100 Rthlrn. für denjenigen festgesetzt, der die Leinweber für unehrlich erklärte. Denn auch in der Mark rechnete man es ihnen zum Schimpfe an, daß in einigen Ländern die Leinweber verpflichtet waren, bei vorkommenden Hinrichtungen die Leiter zum Galgen zu tragen.

Besonders ließ es sich Friedrich Wilhelm angelegen sein, Gewerbe und Handel im Lande zu heben. Der Versuch, die Zufuhr von fremdem Salze zu untersagen, der 1560 gemacht worden war, als man bei Beliß Salzsiedereien angelegt hatte, fiel nicht glücklich aus, man war bald wieder auf das Lüneburger Salz angewiesen, aus dessen Verkauf Johann Georg 1583 ein landesherrliches Monopol machte. Dagegen wurde später durch Schutzzölle die Zuckerfabrikation im Lande befördert, und bereits 1658 lieferte die erste Glashütte in der Mark zu Grimnitz so viel, daß die Einfuhr fremden Glases mit Ausnahme von Trinkgläsern untersagt werden konnte; ja wenige Jahre später hatte sich dieser Industriezweig bereits so erweitert, daß überhaupt fremdes Glas verboten wurde; nur Spiegel- und Cristallgläser durften noch eingeführt werden. Auf ähnliche Weise wurden Hammerwerke gefördert, und fremde Einfuhr derartiger Fabrikate konnte untersagt werden. Daß seit der Aufnahme zahlreicher Einwanderer vielfach Gewerbszweige sich in der Mark entfalteten, welche früher hier nicht betrieben wurden, ist schon oben angedeutet worden.

Unter den Handels-Produkten spielte noch immer der Heringshandel eine wichtige Rolle. Die Heringszüge hatten sich zwar an den Küsten von Pommern im 16. Jahrhundert gemindert, dagegen an den Küsten der Nordsee desto reichlicher gesammelt, daher war denn auch der Handel auf der Elbe von Hamburg her außerordentlich gewachsen. In Lenzen wurden z. B. im Jahre 1614 gegen eine halbe Million Tonnen Heringe versteuert, wie auch dieser wichtige Zoll daselbst schon unter Joachim II. jährlich 70,000 Ducaten gebracht haben soll. Ferner war der Verbrauch von Bier so bedeutend, daß eben dieser Gegenstand als besonders geeignet angesehen wurde, darauf Steuern zu legen; am meisten zeichnete sich Gardelegen durch seine überaus bedeutende Bier-Ausfuhr aus. Ebenfalls war der Anbau des Weines nicht gering, der ein weit schmackhafteres Getränk geliefert haben muß als heut zu Tage. Der dreißigjährige Krieg hat diesen Zweig der Landescultur fast allgemein vernichtet, wozu noch der Umstand kam, daß mehrere harte Winter nach einander den Weinstöcken großen Schaden zufügten. Daß später dieser Anbau nicht wieder aufgenommen wurde, daran hinderte der seit Ende des 16. Jahrhunderts immer mehr üblich werdende Genuß von Branntweinen. Während diese früher nur als Arzneimittel in Apotheken gehalten wurden, verwandelten sie sich allmählich in ein sehr beliebtes Getränk.

Es ist schon erwähnt, daß die Oberstände von den Zollabgaben befreit waren, so weit es den Verkehr mit den auf eigenem Grund und

Zölle und Abgaben.

Boden gewonnenen Produkten betraf oder auch zollpflichtige Dinge, die sie im eignen Hausstande verbrauchten. Aber auch die Städte Alt- und Neu-Brandenburg, Berlin und Cöln, Königsberg, Treuenbrietzen und Teltow genossen Zollfreiheit d. h. diejenigen ihrer Bürger, welche Haus und Hof besaßen; die Kaufleute in diesen Städten mußten beschwören, daß sie die bezogenen Waaren auf eigne Rechnung nähmen.

Zu dem schon oben genannten Vor- und Pfundschoß, der eben sowohl von den Hausbesitzern wie von den Incolen oder Miethsleuten getragen werden mußte, kam noch seit 1620 eine neue Abgabe hinzu, die Kriegs-Contribution, welche auch nach dem dreißigjährigen Kriege zu entrichten war und von der keiner ausgeschlossen wurde. Sie wurde mit unnachsichtiger Strenge erhoben, und gegen Säumige sofortige Execution vollstreckt, welche zunächst mit Aushebung der Thüren begann und sich bis zum Personal-Arrest steigerte. Diese Abgabe wurde um so drückender, je mehr wüste Stellen vorhanden waren, die von den andern übertragen werden mußten. So waren beispielsweise gegen Ende des Krieges in Berlin mehr als 200 wüste Stellen, in Prenzlow von den früher vorhandenen 787 Häusern noch 321 übrig, von denen nur 107 bewohnt wurden, in Neustadt-Eberswalde waren von 228 Häusern 158 gänzlich verschwunden, und von den übrigen befanden sich 14 in so verfallenem Zustande, daß sie nicht bewohnt werden konnten. Daher waren Executionen an der Tagesordnung; Möbel, Zinn, Messing, Braupfannen, selbst Betten wurden den Schuldnern genommen, so daß nicht Wenige Haus und Hof im Stiche ließen, da es ihnen unmöglich war, die schweren Abgaben zu zahlen. Erst mit der Einführung der Accise hörte dieser trostlose Zustand allmählich auf, obgleich noch die Contribution so lange nebenbei erhoben wurde, bis die neue Einnahme das Bedürfniß deckte. So sehr sich deshalb auch in vielen Städten der Rath gegen diese Neuerung sträubte, so wurde er doch von der Bürgerschaft dazu gezwungen, welche dieselbe mit Freuden begrüßte. Als der Krieg mit Schweden begann, reichten jedoch die bisherigen Abgaben nicht hin, die übergroßen Staats-Ausgaben zu bestreiten. Es wurde deshalb 1677 noch eine Kopfsteuer erhoben, von der sich selbst der Hof nicht ausschloß. Der Kurfürst zahlte für seine Person 1000 Rthlr., seine Gemahlin die Hälfte und so verhältnißmäßig die kurfürstliche Familie und der ganze kurfürstliche Hof. Bis zu dem ärmsten Tagelöhner und Schüler erstreckte sich diese Steuer, deren geringster Satz 6 Gr. war, selbst auch Frauen und Kinder über zwölf Jahre waren davon nicht ausgeschlossen. Ungeachtet der Versicherung des Kurfürsten, daß diese Steuer nur einmal erhoben werden sollte, zwang ihn doch die Noth zwei Jahre später diese Abgabe abermals einzutreiben. Zu allen diesen schweren baaren Abgaben kam überdies die starke

Last der Einquartierung, die um so größer war, als auch die Soldaten-Frauen und Kinder mit einquartiert wurden. Wie bedeutend die Zahl der letzteren war, ergiebt sich z. B. aus einer Notiz vom Jahre 1669, nach welcher in Berlin und Cöln 600 Häuser 1580 Militairs und mehr als 1900 Frauen und Kinder als Einquartierung zu tragen hatten. Die beständige Geld-Verlegenheit bewog den großen Kurfürsten, alle möglichen Mittel in Bewegung zu setzen; so erließ er auch 1682 eine Stempeltare, nach welcher bei Bestallungen ꝛc. auf 100 Rthlr. zwölf Groschen Stempel erlegt wurden, bei gerichtlichen Verhandlungen für den Bogen $1\frac{1}{2}$ — 3 Groschen, bei Quittungen, Bittschriften, Pässen ꝛc. 4 Pfennige.

Die Rechnung nach Schocken kam während der Regierung des Kaisers Ferdinand I. ganz außer Gebrauch. Die böhmischen Groschen, die zuletzt geprägt wurden, waren nur $6\frac{1}{4}$ löthig, und es wurden aus der rauhen Mark 90 Stück geschlagen. Mithin galt das Schock nur noch 3 Rthlr. $23\frac{1}{2}$ Sgr., der böhmische Groschen 1 Sgr. $10\frac{1}{2}$ Pf. An die Stelle dieser Groschen traten als kleine Silber-Münzen größere Stücke ein, während größere Summen nach Gulden, Ducaten und Thalern berechnet wurden. Nach der Reichs-Münzordnung, welche Kaiser Ferdinand 1559 erließ, wurden aus der Mark $18\frac{1}{2}$ karäthigen Goldes 72 Goldgulden geprägt, von denen also jeder etwa 2 Rthlr. $10\frac{1}{2}$ Sgr. an Werth hatte. Eben so wurde bestimmt, daß aus der Mark $23\frac{1}{4}$ karäthigen Goldes 67 Stück Ducaten zu prägen seien, von denen also jeder 3 Rthlr. 7 Sgr. galt, doch wurde in der Mark selten nach dieser Münze gerechnet. Da die von Joachim I. geprägten Joachimsthaler 15löthig waren, $8\frac{7}{9}$ Stück derselben auf die Mark fein gingen, und jeder also 1 Rthlr. 20 Sgr. galt, so hätte der Viertel- oder Ortsthaler etwa $12\frac{1}{2}$ Sgr. Werth haben müssen, da jedoch 29 Stück derselben aus 11 Loth fein geschlagen wurden, so galten sie nach dem Edikt vom Jahre 1551 nur 10 Sgr. Von brandenburgischen Groschen gingen nach einer Verordnung Joachim's II. vom Jahre 1538 auf die 5löthige Mark 111 Stück, so daß einer $1\frac{1}{2}$ Sgr. galt. Der dreißigjährige Krieg brachte auch im Münzwesen bedeutende Veränderungen hervor. Die größeren guten Münzen verschwanden aus dem Verkehr, und statt derselben kamen neue in Umlauf, welche kaum noch eine Spur von Silber zeigten; die kleineren Münzsorten, deren Gehalt schon ein so geringer war, daß er kaum noch verschlechtert werden konnte, wurden dem Gewichte nach vermindert. Es ist diese Zeit als „Kipper- und Wipperzeit" bekannt. Winkelmünzer und Juden zogen die alten werthvollen Münzen ein und setzten dafür die neuen werthlosen in Umlauf, so daß die einzelnen guten Münzstücke, die etwa noch vorkamen, 1622 mit dem fünffachen Preise ihres früheren Werthes bezahlt werden mußten, die Kipper- und Wippermünzen also damals nur auf den fünften Theil ihres Nominalwerthes geschätzt wurden. Auch in der Mark wurde diese neue Münze in großer Menge geprägt, und bald fing Handel und Wandel zu stocken an, da Bäcker z. B. kein Brod mehr backen, Brauer kein Bier brauen wollten, um nicht genöthigt zu sein, die schlechte Münze anzunehmen. An vielen Orten kam es deshalb zu Gewaltthätigkeiten, so daß der Kurfürst Georg Wilhelm die Winkel-Münzstätten zerstören und die Münzer criminalisch bestrafen ließ, und im Verein mit Sachsen, Braunschweig und Pommern 1623 eine neue Münzordnung entwarf, wobei zugleich der Werth der zahlreichen Münzsorten bestimmt wurde, welche damals sehr allgemein in der Mark im Gebrauche waren. Friedrich Wilhelm hob endlich 1666 die Münzgerechtigkeit aller Städte auf und bestimmte nur Berlin und Crossen als diejenigen Orte, wo die neue Landesmünze geschlagen werden sollte. Das Silber zu den Thaler-, Drittel-, Sechstel- und Achtelstücken sollte 12löthig sein, aus der Mark aber acht Thaler geprägt werden, von denen mithin jeder etwa 1 Rthlr. 10 Sgr. Werth hatte. Die Groschen, von denen 24 auf einen Thaler gingen, sollten wie die alten Reichsgroschen etwa 8 Loth fein enthalten. Noch geringeren Gehalt hatten die Neun-, Acht-, Sechs-, Vier-, Drei-, Zwei- und Ein-Pfennigstücke, so daß namentlich die beiden letzten Sorten nur $3\frac{1}{2}$ Loth fein enthielten.

Seit Joachim I. die Universität Frankfurt eingerichtet, und sein Sohn zum Theil geistliche Güter zur Ausstattung von Schulen zu benutzen angefangen, wurde allmählich Bildung und Wissenschaft verbreitet, obgleich auch in dieser Beziehung der dreißigjährige Krieg hemmend eintrat und den Kurfürsten Friedrich Wilhelm vielfach wieder von vorn zu beginnen nöthigte. So wurde z. B. unter ihm 1659 die erste Buchhandlung in Berlin eröffnet. Noch trauriger sah es mit der Kunst aus. Joachim II. hielt nur ein paar Musiker, Johann Georg und Johann Siegmund eine nur schwache Kapelle von Musikern und Sängern. Zwar hatte Joachim's II. Prachtliebe sich auch darin gefallen, Bauten zu unternehmen, Garten-Anlagen ꝛc. zu machen, doch als Friedrich Wilhelm den Neu- und Ausbau des Schlosses in Cöln 1646 beginnen wollte, das während des Krieges sehr verfallen war, fehlte es an Steinmetzen, Bildhauern, Malern und Kunsttischlern so bedeutend, daß er geeignete Personen zum Theil erst von auswärts herbeiziehen mußte. Es fehlte ihm an Mitteln, für die Kunst Bedeutendes zu thun, wenn er auch z. B. für Musik und Malerei Einiges verwendete. Seiner Sorgfalt verdankten die Städte und namentlich Berlin ihr besseres Ansehn. Die Häuser durften nicht mehr mit Stroh gedeckt werden, feuerfeste Schornsteine und die 1665 erlassene Feuer-Ordnung ersparten vieles Unglück. Die Straßen und Plätze mußten gepflastert, reinlich gehalten und mit einbrechender Dunkelheit erleuchtet werden. Neue öffentliche Brunnen wurden angelegt, die Baumzucht im ganzen Lande empfohlen und sogar zur Pflicht gemacht.

Bei den beständigen und heftigen Streitigkeiten zwischen Lutheranern und Reformirten, von denen oben wiederholt die Rede war, und die 1662 den Kurfürsten bewogen, den Besuch der Universität Wittenberg zu verbieten, konnte es nicht auffallen, daß das wahrhaft religiöse Leben sich nicht in dem Grade entwickelte, wie man es während und unmittelbar nach der Reformation hätte erwarten sollen; man suchte deßhalb durch Verordnungen herbeizuführen, was die Frucht des Glaubens selber hätte sein müssen. So wurden schon im 16. Jahrhundert Verordnungen erlassen, die Sonn= und Feiertage mit größerer Heilighaltung zu begehen, als dies bis dahin häufig geschehen war. Namentlich sollte während der Vor= und Nachmittags=Predigt aller Verkehr und jede Lustbarkeit unterbleiben. Die wilde Zeit des dreißigjährigen Krieges hatte diese Verordnungen in Vergessenheit gerathen lassen, und Kurfürst Friedrich Wilhelm war unmittelbar nach dem Frieden, schon im Jahre 1649, darauf bedacht, sie wieder in Kraft zu setzen. Es wurde demnach bestimmt, daß keine Jahrmärkte auf Sonn= und Festtage gelegt würden, daß die Thore an diesen Tagen zu sperren seien, damit nicht die Landleute ihre Producte zur Stadt brächten, und daß alle Gaukelspiele ꝛc. an diesen Tagen verboten blieben. Noch strenger war die Verordnung vom Jahre 1676, die jedoch vielfach aufs neue eingeschärft werden mußte. Kein Markt sollte an Sonn= und Festtagen abgehalten, kein Gewerbe betrieben, keine Hochzeit oder anderes Festgelag gefeiert, keine Lustfahrt unternommen werden, weshalb auch die Thore bis fünf Uhr Nachmittags geschlossen gehalten wurden. Bis zu eben dieser Zeit blieben auch alle Wirthshäuser und Schenken geschlossen; Uebertreter wurden im Wiederholungsfalle am Leibe, ja selbst mit Landes=Verweisung bestraft. Eben so wurde 1664 bestimmt, daß jeden Mittwoch eine Betstunde gehalten, und der erste Mittwoch jedes Monats als ein Buß= und Bettag so streng beobachtet würde, daß Niemand vor Abend etwas genießen sollte. Ja bei der Türkengefahr im Jahre 1683 wurden sogar zwei wöchentliche Betstunden angeordnet. Diese Vorschriften blieben bis zur Regierung Königs Friedrich Wilhelm I. in Kraft, der streng die langen Predigten untersagte, da sie unmöglich zur Erbauung beitragen könnten, und der schon 1718 den Gastwirthen zugab, nach der Predigt Gäste zu setzen, selbst Musik, Kegelspiel ꝛc. anzuordnen. — Außerdem wurden wiederholt Edicte gegen das Fluchen, Schwören, Zaubern ꝛc. erlassen, und schwere Geldstrafen über diejenigen verhängt, welche sich einer Uebertretung schuldig machten.

Aberglauben.

Die Strafgelder wurden zum Ausbau von Kirchen oder zu gemeinnützigen Anlagen verwendet.

Die Reformation, weit entfernt, die Geister plötzlich nach allen Seiten hin aufzuklären, hat vielmehr anfangs mit der Verbreitung größerer Glaubenskraft zugleich auch den Glauben an das Wunderbare gehoben, und es hat lange Zeit gedauert, ehe die Aufklärung auch nur bei den Gebildeteren im Volke Platz griff. Die Chronikenschreiber jener Zeit berichten deshalb bei jedem Jahre von den merkwürdigsten Wunderzeichen, welche am Himmel gesehen worden seien, und welche als Vorbedeutung schwerer Zeiten aufgefaßt wurden, da besonders im 16. Jahrhundert Mißwachs und in Folge dessen pestartige Krankheiten große Verheerungen anrichteten. Schwefel=, Getreide=, Blut= und andere Wunderregen waren keine seltene Erscheinung; fanden sich zahlreich Krähen, Feldmäuse 2c. ein, kamen Mißgeburten zur Welt, welche eine lebhafte Phantasie oftmals schrecklich auszumalen verstand, so nahmen nicht selten Geistliche auf den Kanzeln Veranlassung davon, eine erbauliche Deutung zu geben. Der Glaube an Zauberei war ganz allgemein verbreitet, und Hinrichtungen, namentlich von Zauberinnen, kamen nicht selten vor. Die Thätigkeit des leibhaftigen Teufels wurde überall vermuthet; vom Teufel Besessene waren nicht bloß einzelne Erscheinungen, sondern der Glaube daran scheint besonders zu Ende des 16. Jahrhunderts fast ansteckend geworden zu sein, da in allen Orten dergleichen Unglückliche sich vorfanden z. B. in der Stadt Friedeberg zu gleicher Zeit 156 Personen. Spukgeister und Gespenster wurden deshalb von Geistlichen alles Ernstes gebannt, wenn auch meist mit geringem Erfolge, und nicht nur im Dunkel der Nacht zeigten sich die unheimlichen Gestalten, 1559 wurden sie z. B. auch an hellem Tage auf den Feldern von Berlin gesehen.

Dieser Glaube an Geister=Erscheinungen wurde von allen Ständen getheilt, und merkwürdig bleibt in dieser Beziehung die s. g. „weiße Frau" im Berliner Schlosse, die jedesmal dann sich zeigen sollte, wenn ein Todesfall in der kurfürstlichen Familie bevorstand. Die erste Erwähnung derselben datirt sich aus dem Jahre 1625, doch wurde damals die Erscheinung nicht zum ersten Male gesehen, sondern es wird ausdrücklich angegeben, daß schon seit längerer Zeit die Gestalt in weißem Gewande — der damals üblichen Trauerfarbe — jedesmal dann sich sehen ließe, wenn dem kurfürstlichen Hause ein Todesfall drohte. Erst im 18. Jahrhundert verlor sich dieser Glaube, obgleich selbst noch vor dem Tode des Königs Friedrich II. von diesem Gespenste die Rede war. Viel trug wohl das dazu bei, daß, als bei dem 1709 erfolgten Umbau des Schlosses in einer Mauer ein weibliches Skelett gefunden und auf Befehl des Königs auf dem Domkirchhof begraben worden war, die Meinung Platz gewann, daß dies die weiße Frau gewesen sei, die nun endlich in geweihter Erde Ruhe gefunden haben würde. Wer dieses ruhelose Gespenst gewesen, darüber sind verschiedene Meinungen aufgestellt worden, am meisten verbreitet ist die, daß die Anna Sydow, die schöne Gießerin, deshalb im Schlosse gespukt hätte, weil sie von Johann Georg gegen das Versprechen, das er seinem Vater Joachim II. gegeben, in hartem Gefängniß zu Spandow gehalten worden sei. Abgesehen aber davon, daß ähnliche Geister-Erscheinungen auch an anderen Höfen z. B. in Frankreich, Schweden ꝛc. berichtet werden, hängt dies brandenburgische Gespenst wohl mit der Sage zusammen, nach welcher eine gewisse Bertha v. Rosenberg, aus reichem, böhmischem Geschlechte, die 1476 in Wien verstorben, seit jener Zeit bei jedem wichtigen Ereigniß in ihrer Familie sich habe sehen lassen. Von diesem Hause aus sei nun die weiße Frau in alle die Familien übergegangen, welche durch Heirath mit der ihrigen verwandt wurden; 1561 aber heirathete ein Wilhelm v. Rosenberg eine Tochter Joachim's II. Die Vermählung fand in Berlin Statt, und seitdem siedelte das Gespenst auch nach dem kurfürstlichen Hofe über.

Der Glaube an Wunder aller Art ging Hand in Hand mit dem Glauben, aus ihnen zukünftige Dinge vorherzubestimmen. Da man überall Wunder zu sehen glaubte, so gingen gar oft die Deutungen in die größten Ungereimtheiten über, wie z. B. 1588 ein gefangener Hering von besonderer Bildung auf die Meinung brachte, aus ihm den nahen Untergang der Welt zu prophezeien. Namentlich standen die Kalendermacher in großem Ansehn, und der erwähnte Leonhard Thurneyßer hat auch in dieser Beziehung eine wichtige Rolle gespielt. Ihre Kalender waren mit Voraussagungen von Feuersbrünsten, Wassersnoth ꝛc. reichlich ausgestattet, und da ja die angezeigten Sonnen- und Mondfinsternisse auf die Stunde zutrafen, so hegte man keinen Zweifel, daß auch die anderen Voraus-Verkündigungen richtig eintreffen müßten.

Obgleich die Städte mit dem Verlust ihrer Selbständigkeit bedeutend an Wohlhabenheit eingebüßt hatten, so bewirkten doch die Maßregeln, welche schon die beiden Joachim ergriffen, um Gewerbe und Handel zu heben, eine gewisse Wohlhäbigkeit hervorzurufen. Da geistige Genüsse fast ganz fehlten, so suchte man in Kleiderpracht einander zu überbieten, und nicht allein war es die sinnlose Verschwendung der Pluderhosen, auch sonst wurde so übertriebener Aufwand gemacht, daß wiederholt Kleider-Ordnungen erlassen werden mußten, um dem Uebel einigermaßen Einhalt zu thun. Aehnliche Verordnungen ergingen zu wiederholten Malen gegen die Schwelgerei, welche bei Hochzeiten, Kindtaufen und anderen Festlichkeiten allgemein üblich war. Die Zahl der Personen wurde bestimmt, der Tischgänge, die bei Strafe nicht überschritten werden durfte, und selbst das Elend, das der dreißigjährige Krieg in seinem Gefolge hatte, konnte diese Sucht, sich zu putzen und zu schwelgen, nicht unterdrücken, so sehr auch davor gewarnt wurde, den Feinden dadurch absichtlich Veranlassung zu geben, sich auf Kosten des Landes zu nähren. Eben so mußten gegen das hohe Spiel besondere Strafen festgesetzt werden, um dieser gefährlichen Neigung entgegenzutreten; aber eben so wenig wie Predigten und Schriften gegen die verderblichen und kostspieligen Moden etwas ausrichteten, vermochten andere Flugblätter unter dem Titel des Saufteufels, des Spielteufels, des Fluchteufels ꝛc. die eingerissene Unsitte auszurotten. Später verbreiteten sich wie überall in Deutschland, so auch in der Mark französische Moden und Sitten. Es entstanden eine Menge von Schenken, wo außer Thee auch Kaffe, Chocolade, Limonade genossen wurde, die jedoch bald unter strenge Aufsicht genommen werden mußten, da sie Mittelpunkte der Sittenlosigkeit wurden. Zugleich kam die Sitte auf, Taback zum Rauchen und Schnupfen zu verwenden. Welcher Aufwand aber schon früher auf die Jagd gemacht wurde, dafür möchte eine Angabe aus dem Jahre 1624 sprechen, nach welcher für einen Jagdhund 50 Schock Bäume und für zwei Windhunde der bedeutende Preis von 8000 Rthlrn. von dem Besitzer gefordert wurde.

An dieser Völlerei und diesem Luxus hatte allerdings der Mangel an Gelegenheit Schuld, sich auf weniger sinnliche Weise zu vergnügen, nur selten wurden Vergnügungen der Art geboten. Unter Joachim II. und Johann Georg hatten noch wiederholt prächtige Turniere dem Volke ein willkommenes Schauspiel gewährt. Sehr bezeichnend für die damalige Zeit war das eigenthümliche Volksfest, das Joachim II. 1567 für die Berliner und Spandower angeordnet hatte, der s. g. „Knüttelkrieg." Nachdem man drei Tage lang auf der Havel gegen einander von Kähnen aus gefochten hatte, erfolgte auch zu Lande ein Kampf mit Knütteln, in welchem die 800 Mann starke Spandowsche Schaar die zahlreichere aus Berlin und Cöln durch List in die Flucht schlug. Die Erbitterung bei diesem Kampfe wurde zuletzt so groß, daß selbst der Kurfürst durch sein persönliches Einschreiten die Streitenden nicht aus einander zu bringen vermochte; erst die eintretende Dunkelheit beendete den Kampf. Aehnlich war 1598 der Schiffsstreit auf der Spree in Berlin, wobei zahlreiche Feuerwerke abgebrannt wurden, die auch bei andern Festen eine wichtige Rolle spielten. Aehnliche Belustigungen gewährten die Schauspiele, welche bei kirchlichen und Schul-Feierlichkeiten von Schülern aufgeführt wurden, und zu denen anfänglich der Stoff aus biblischen Erzählungen entnommen war. Unter Johann Sigismund wurden aber auch Schauspiele heitern Inhalts zur Ergötzung des Publikums aufgeführt, und ein gewisser Hans Stockfisch,

auch der englische Junker genannt, machte längere Zeit mit seiner Schau=
spieler-Truppe in Berlin so großes Aufsehn, daß er auch vom Kurfür=
sten nicht unbedeutend unterstützt wurde. Die folgenden ernsten Zeiten
bewogen jedoch Georg Wilhelm, Kunstreiter, Seiltänzer und Gaukler
der verschiedensten Art aus dem Lande zu entfernen, ja 1629 wurden
auch Aufführungen von Schülern untersagt, da unsittliche Späße dabei
Sitte geworden waren. Friedrich Wilhelm dehnte 1659 dies Verbot
auch auf die Fastnachtsspiele aus so wie auf die Aufzüge, welche mehr=
fach mit Musik auf öffentlicher Straße Statt gefunden hatten, dagegen
suchte er durch Einführung der Schützenfeste, der Christmärkte ꝛc. eini=
gen Ersatz dafür zu bieten, wie auch bei Hofe Mummenscherze eine
sehr beliebte Unterhaltung wurden.

XIII. Die Könige von Preußen.

1. Friedrich als Kurfürst III. von 1688—1701,
als König I. von 1701—1713.

Nach dem im Jahre 1674 erfolgten Tod des damaligen Kurprinzen Karl Emil war Friedrich als nächstberechtigter Sohn Erbprinz geworden. Er war den $\frac{1}{11}$. Juli 1657 zu Königsberg geboren d. h. in eben dem Jahre, in welchem Preußen durch den Vertrag zu Welau ein souveraines Herzogthum wurde, was Dichtern die Veranlassung gab, ihm die Königskrone zu prophezeien, ungeachtet damals noch gar nicht die Aussicht vorhanden war, daß er regierender Fürst werden würde. Obgleich von schwächlicher Gesundheit, in Folge eines Falles im ersten Lebensjahre, der ihm ein verwachsenes Rückgrat veranlaßte, wuchs er doch unter sorgfältiger Pflege heran, namentlich unter Aufsicht des Freiherrn Otto v. Schwerin in Alt-Landsberg, und erhielt eine vortreffliche Ausbildung durch Eberhard v. Danckelmann, der dadurch für die Folgezeit noch größere Zuneigung des Prinzen gewann, daß er denselben 1679 auf dem Winterfeldzuge nach Preußen bei einer gefährlichen Krankheit durch seine treue Sorgfalt vom Tode rettete, als schon Alle an seinem Aufkommen verzweifelten. Das gespannte Verhältniß zu seiner Stiefmutter Sophie Dorothea veranlaßte ihn, größtentheils in der Stille zu Köpnick zu wohnen, ja sogar heimlich 1685 nach Kassel zu fliehen, und eben dasselbe bewog auch Kurfürst Friedrich Wilhelm, 1686 ein Testament der Art zu machen, daß er mit seinen vier Brüdern die brandenburgischen Lande theilen sollte. Unmittelbar nach dem Tode des Vaters stieß Friedrich jedoch mit Zustimmung seines Staatsrathes und des Kaisers dies Testament um und einigte sich mit seinen Brüdern dahin, daß er sie durch anderweitige Entschädigungen auf jene Rechte Verzicht zu leisten bewog. Dem ältesten derselben Philipp Wilhelm bestimmte er durch den Erbvergleich zu Potsdam 1692 die Herrschaft Schwedt nebst Wildenbruch, die Statthalterschaft in Magdeburg und eine jährliche nicht unbedeutende Geldsumme. Schon 1788 starb diese Linie mit Philipp Wilhelm's jüngerem Sohne Heinrich Friedrich aus. Auf ähnliche Weise wurde auch der zweite Bruder Albrecht Friedrich entschädigt und namentlich wurde er 1695 nach Derfflinger's Tode zum Statthalter in Pommern eingesetzt, ein Umstand, der nachmals — seit 1744 — die Sitte aufkommen ließ, daß der jedesmalige Thronfolger auch Statthalter in Pommern wurde. Auch diese Linie starb bereits 1762 mit den drei Söhnen Albrecht Friedrich's aus. Der dritte Bruder Karl Philipp wurde 1693 Heermeister in Sonnenburg, verheirathete sich mit Katharina Maria de Balbiano, verwittweter Gräfin von Salmour, wider den Willen seines Bruders, des Kurfürsten, starb aber schon 1695 ohne Kinder. Der jüngste Bruder endlich Christian Ludwig wurde Statthalter und Dompropst in Halberstadt und hinterließ bei seinem Tode 1734 ebenfalls keine Nachkommen.

Die Erfüllung des mit dem Kaiser abgeschlossenen geheimen Vertrags, den Schwiebuser Kreis wieder herauszugeben, verzog sich bis in das Jahr 1694; erst da fand am $\frac{17}{27}$. Januar der Retrabitions-Receß zu Berlin Statt. Friedrich blieb seinem Worte getreu, indem er in diese Abtretung willigte, da der Kaiser dieselbe als Preis für die Aufhebung des ungünstigen väterlichen Testaments gefordert hatte; doch erklärte er zugleich, daß dadurch die Ansprüche seines Hauses auf Schlesien wieder in Kraft träten. Als Entschädigung für diese Abtretung, noch mehr aber für die von seinem Vater in dem Reichskriege gegen Schweden gebrachten Opfer erhielt Friedrich außer einer Summe von $\frac{1}{4}$ Million Thalern die Anwartschaft auf Ost-Friesland so wie auf die gräflichen Herrschaften Limburg und Speckfeld in Franken zugesichert. Mit der Grafschaft Limburg (am Kocher in der Nähe von Hall) war schon in früher Zeit die Herrschaft Speckfeld (zerstreute Besitzungen am mittleren Main) verbunden. Die Grafen waren Reichs-Erbschenken und hatten um die Mitte des fünfzehnten Jahrhunderts ihr Besitzthum in Gaildorf und Speckfeld getheilt. 1694 waren nur noch die beiden Grafen Eberhard und Vollrath aus der Speckfeld'schen Linie am Leben. Mit ersterem schloß Friedrich 1705 einen Vertrag dahin ab, daß dereinst nicht nur die ihm zugesicherten Reichslehen, sondern auch die Allodialgüter an ihn fallen sollten, die schwer von einander zu trennen waren, wogegen der König die hinterbleibenden Töchter zu versorgen und die Schulden zu übernehmen versprach. Dieser Vertrag wurde auch von Vollrath genehmigt, nach dessen Tode 1713 König Friedrich Wilhelm das Land in Besitz nahm. Da jedoch die weiblichen Erben das Allodialgut beanspruchten, entstand darüber ein langwieriger Rechtsstreit, der erst 1774 durch völlige Zerstückelung des Ländchens beendigt wurde. Friedrich der Große hatte unterdeß schon

1742 die limburgischen Reichslehen als Reichsafterlehen an Anspach überlassen.

Während durch den obigen Retraditions-Vertrag der Kurfürst sein Land, wenn auch nur um wenige Quadratmeilen verringerte, so ging doch auch seine Regierung nicht vorüber, ohne daß neue Erwerbungen den alten Länderbesitz vergrößerten und abrundeten; doch war es nicht sowohl die Gewalt der Waffen, welche diese Vergrößerung herbeiführte, als vielmehr das Recht der Erbfolge so wie Geldsummen, welche der Fürst ungeachtet seiner nicht geringen anderweitigen Ausgaben doch auf so zweckmäßige Weise anzuwenden erübrigte. Zunächst war es die Abtei Quedlinburg, über welche Friedrich die Schutzherrschaft an sich kaufte.

Das Stift Quedlinburg wurde um das Jahr 930 von König Heinrich I. gegründet, der Ausbau des Klosters und der Stiftungsbrief datiren aber erst aus dem Jahre 937. Kaiser Otto's I. Tochter Mathilde beginnt seit dem Jahre 966 die lange Reihe der Aebtissinnen, deren 36 bis zum Jahre 1815 an der Spitze des Stifts gestanden haben. Das Stift wurde von seinen Gründern reichlich ausgestattet, und die Lehnsherrlichkeit, welche dasselbe über die Stadt Nauen, das Land Zauche und Teltow so wie den Werder von Potsdam innerhalb der Mark für sich in Anspruch nahm, rührt aus jener Zeit der sächsischen Kaiser her. Mit dem Abfall der Slawen gingen auch diese Besitzungen verloren, und als die askanischen Markgrafen diese Gegenden wieder denselben entrissen, mochten sie nicht mehr diese Lehnsherrschaft anerkennen. Der Kaiser übte ursprünglich selber die Schutzherrschaft über das Stift aus, die später an sächsische Dynasten überging. Graf Heyer v. Valkenstein überließ sie an die Grafen von Blankenburg, von denen sie nach der Mitte des 13. Jahrhunderts die Markgrafen von Brandenburg erkauften, sie jedoch 1273 wieder käuflich an die Grafen von Regenstein überließen, doch so, daß letztere dieselbe als Afterlehn der Markgrafen von Brandenburg besaßen. Nach dem Aussterben der Askanier in der Mark 1319 übertrug die Aebtissin Jutta 1320 diese Schutzherrschaft an Herzog Rudolf von Sachsen auf dieselbe Weise, wie früher die Markgrafen sie besessen, so daß also die Grafen von Regenstein unmittelbare Schutzherren blieben. Seit 1366 wurde auf Befehl Kaiser Karl's IV. die Schutzherrlichkeit bei dem Hause Sachsen für erblich erklärt. Die Stadt Quedlinburg, welche sich der Hanse angeschlossen hatte, war durch das Streben nach Unabhängigkeit vielfach mit der Aebtissin in Hader gerathen und suchte ihre Stellung mit Hülfe des Bischofs von Halberstadt zu behaupten. Die Altstadt begab sich deshalb 1422 nach dem Aussterben der sächsischen Askanier in den Schutz jener Bischöfe, welche ihre Herrschaft im Laufe der Zeit zu erweitern suchten; doch die Aebtissin Hedwig bat bei ihren Brüdern, den Herzögen

Ernst und Albrecht, um Hülfe, welche sich 1477 der Stadt mit Gewalt bemächtigten und den Bischof zwangen, seiner Schutzherrschaft zu entsagen. 1479 übertrug darauf die Aebtissin dieselbe ihren Brüdern, und als diese 1485 eine Theilung ihrer Länder vornahmen, fielen diese Gerechtsame dem jüngeren Bruder Albrecht zu. Dies Verhältniß blieb auch, als 1539 das Stift evangelisch wurde. Vergeblich waren die Bemühungen Halberstadt's, die Schutzherrschaft wieder zu erlangen, doch nahm der große Kurfürst, als Halberstadt ihm zugefallen war, diese Ansprüche später wieder auf, und eben so nach ihm sein Sohn Friedrich III. Der Kurfürst Friedrich August von Sachsen, dem die Bewerbung um die polnische Krone bedeutende Summen kostete, einigte sich deßhalb mit Friedrich dahin, daß er 1697 die Schutzherrlichkeit über Stift und Stadt an Brandenburg für 300,000 Rthlr. überließ, ungeachtet die damalige Aebtissin Anna Dorothea, Herzogin von Sachsen-Weimar, sich entschieden dagegen erklärte. Der Kurfürst ließ deshalb zu Anfang 1698 theils durch List, theils durch Gewalt die Stadt besetzen und später die feierliche Huldigung annehmen. Die gleich darauf erfolgende Einführung der Accise steigerte noch die Unzufriedenheit mit der neuen Herrschaft, und als später die Anerkennung der neu gewählten Aebtissin Maria Elisabeth, Herzogin von Holstein-Gottorp, von Seiten Preußens verweigert wurde, brachen schwere Wirren herein. Dieselben zogen sich durch die ganze Regierungszeit des Königs Friedrich Wilhelm I., der seine oberherrlichen Rechte gegen die Aebtissin ungeachtet kaiserlicher Decrete mit unnachsichtlicher Strenge behaupten ließ, bis endlich Friedrich II. 1742 diese Streitigkeiten auf eine billige Weise beilegte. Erst in dem 1803 erfolgten Reichsdeputationsschlusse verlor das Stift seine unmittelbare Reichsstandschaft und die Aebtissin ihre Landeshoheit, doch behielt sie wie die noch vorhandenen Capitularinnen ihre bisherigen Einkünfte, bis sie 1807 durch den Tilsiter Frieden derselben verlustig ging, als das Gebiet von Quedlinburg zum Königreich Westfalen eingezogen wurde. Erst 1815 wurde die Huldigung für Preußen wieder eingenommen, doch entsagte die letzte Aebtissin Sophie Albertine, Prinzessin von Schweden, nur gegen eine jährliche Rente allen ihren Ansprüchen.

In den obigen Verkauf der Schutzherrschaft von Quedlinburg war auch die Reichsvogtei und das Reichsschultheißenamt der freien Reichsstadt Nordhausen einbegriffen, einer Stadt, die zu den ältesten im östlichen Deutschland gehört und schon im neunten Jahrhundert erwähnt wird. Jenes Vogteiamt war früher in dem Besitz der Grafen von Hohenstein gewesen und nach deren Aussterben von Kaiser Rudolf II. 1600 an das Kurhaus übertragen worden; das Schultheißenamt dagegen war ehemals von den Landgrafen von Thüringen verwaltet worden und mit der Landgrafschaft an Sachsen gekommen. Zu der Zeit, als Kurfürst Friedrich III. diese Gerechtsame über Nordhausen erkaufte, hatte der Rath der Stadt dieselben durch Pfandschaft an sich gebracht. Indem die Stadt befürchtete, daß Brandenburg sich bei dieser Gelegenheit in den Besitz derselben setzen möchte, um so mehr, als schon Kurfürst Friedrich Wilhelm sie als eine der Entschädigungen für den Schwedenkrieg vom Kaiser verlangt hatte, weigerte sie sich, die brandenburgischen Rechte anzuerkennen, doch Friedrich ließ sie 1703 militairisch besetzen, und der Rath mußte gegen die Empfangnahme des Pfandschillings die Ansprüche Brandenburgs genehmigen. Später einigte sich König Friedrich Wilhelm I. mit der Stadt dahin, daß er 1715 seine Rechte für 50,000 Rthlr. dem Rathe überließ. Erst durch den erwähnten Reichsdeputations-Hauptschluß fiel 1803 die Stadt an Preußen, wurde bald darauf nebst Quedlinburg zum Königreich Westfalen gezogen, im Wiener Congreß aber wieder Preußen zugesprochen.

Zugleich mit diesen Erwerbungen kaufte Friedrich 1697 von Sachsen das Amt Petersberg bei Halle für 40,000 Rthlr. Dasselbe wurde 1124 als Augustiner-Kloster vom Grafen Dedo von Wettin angelegt, von seinem Bruder 1136 vollendet, doch erst 1155 eingeweiht. Damals wurde der Name „Lauterberg" (mons serenus) in „Petersberg" umgewandelt und viele Markgrafen von Meißen haben daselbst ihre Grabstätte gefunden. Herzog Heinrich der Fromme von Sachsen hob 1540 das Kloster auf und verwandelte es in ein Amt.

Noch eine andere Erwerbung, die Friedrich ebenfalls durch Ankauf gewann, war die Grafschaft Tecklenburg oder nach älterer Benennung Teckeneburg. Die Grafen hierselbst werden gewöhnlich bis in die Zeit Kaiser Ludwigs des Frommen hinaufgeführt, doch läßt sich urkundlich ihre Reihe nur bis in die Mitte des 12. Jahrhunderts zurück verfolgen; etwa 100 Jahre später, ums Jahr 1262, starb dieses alte Dynasten-Geschlecht aus. Ihr Besitzthum, an der Ostseite der Ems sich herabziehend, war ursprünglich größer als die nachmalige Grafschaft, da namentlich die Herrschaft Lingen noch hinzu gehörte; auch waren sie Schirmvögte der Bisthümer Münster und Osnabrück. Die eine Erbtochter des alten gräflichen Hauses, Mechthilde, vermählte sich mit dem Grafen Otto von Bentheim, der sich seitdem Graf von Tecklenburg nannte; die andere, Elisabeth, brachte ihrem Gemahl, dem Grafen Heinrich von Oldenburg, die Herrschaft Plotho zu. Diese neue Linie der Tecklenburger Grafen blühte 300 Jahre und schloß im Jahre 1556 mit Graf Conrad, der als Schwiegersohn des Landgrafen Philipp des Großmüthigen von Hessen sich am Schmalkaldener Bunde betheiligte und nicht nur durch große Straffummen sich die Verzeihung Kaiser Karl's V. erkaufen, sondern auch auf die Herrschaft Lingen Verzicht leisten mußte. Seine einzige Erbin und Tochter Anna war an einen Grafen von Bentheim-Steinfurt verheirathet, so daß abermals die lange getrennt gewesenen Herrschaften Bentheim und Tecklenburg in Eine Hand kamen. Das nahe verwandte gräfliche Haus Solms-Braunfels erhob jedoch Erbansprüche (die älteste Schwester Conrad's, auch Anna genannt, war an den Grafen Philipp von Solms-Braunfels verheirathet, und ihr waren die Ansprüche der übrigen Geschwister zugefallen) und strengte endlich 1576 bei dem Reichs-Kammergerichte einen Proceß an, der erst nach 100 Jahren, 1686, dahin entschieden wurde, daß dem Grafen Solms ½ der Erbschaft zufallen sollten nebst den Nutzungen aus diesem Antheil seit Erhebung der Klage. Einige Jahre später einigte man sich dahin, daß der Graf Solms ¼ von der Grafschaft Tecklenburg und ¼ von der dazu gehörigen Herrschaft Rheda erhalten sollte. Als jedoch Graf Friedrich Moritz von Tecklenburg auf's neue dagegen protestirte und processirte, verkaufte der Graf Solms, um Weitläuftigkeiten zu entgehen, 1707 seinen Antheil für 250,000 oder nach andern Angaben für 300,000 Rthlr. an König Friedrich, dem die Vollstreckung des vom Reichskammergericht gefällten Urtheils übertragen worden war.

Bei diesem Ankaufe übernahm der König zugleich die Schulden, die auf dem Lande hafteten und nicht unbedeutend waren; so waren namentlich an Anhalt 80,000 Rthlr. zu zahlen, für welche Forderung ein nicht geringer Landstrich gegeben wurde, der durch die 1710 vorgenommene Ablassung des großen Aschersleber See's gewonnen worden war. Mit dem Hause Bentheim-Tecklenburg wurden 1729 die Streitigkeiten der Art beigelegt, daß Preußen gegen Herausgabe seines Antheils an der Herrschaft Rheda auch den übrigen Theil der Grafschaft Tecklenburg erhielt, wogegen dem Hause Bentheim der übrige Theil der Erbschaft so wie der Titel überlassen wurde. — Seit der Zeit ist das Ländchen bei Preußen verblieben, nur daß es nach dem Tilsiter Frieden vorübergehend eine Zeit lang zum Herzogthum Berg und später unmittelbar zum französischen Kaiserreiche gezogen wurde.

Die oben genannte, früher zur Grafschaft Tecklenburg gehörige Herrschaft Lingen, die nördlich von jener sich an der Ems hinunter zieht, war 1702 durch Erbschaft an Preußen gekommen und hat seitdem gleiche Schicksale mit dem Hauptlande getheilt. Der genannte letzte Graf von Tecklenburg, Conrad, hatte dieselbe von seinem Oheime Nicolaus, der damit abgetheilt gewesen und 1541 gestorben war, wieder an sich gebracht. Jener Nicolaus hatte jedoch früher das Unglück gehabt, von dem Bischofe von Münster aus seinem Besitzthum vertrieben zu werden, und nur mit Hülfe des Herzogs von Geldern war es ihm gelungen, sich desselben wieder zu bemächtigen; doch hatte er die Lehnsherrlichkeit des Herzogs anerkennen müssen, während das Ländchen früher freies Eigenthum gewesen war. Als Conrad nach des Oheims Tode von dem Lande Besitz nahm, verweigerte er das Anerkenntniß dieser Lehnsherrschaft, und Karl V., damals Lehnsherr, nahm daraus um so mehr Veranlassung, ihm dies Land als verwirktes Lehn abzusprechen. Er übergab es dem Grafen Maximilian von Büren, der sich an der Spitze kaiserlicher Truppen gewaltsam in den Besitz desselben setzte, und dem zugleich Ibbenbühren und einige andere Dörfer von Tecklenburg abgetreten werden mußten. Später überließ Graf Maximilian diese Herrschaft durch Tausch an Karl V., der sie mit den übrigen burgundischen Besitzungen seinem Sohn Philipp II. hinterließ. Jene eingetauschten Güter kamen durch die Vermählung der einzigen Tochter des Grafen Maximilian, Anna von Büren, mit dem Prinzen Wilhelm von Oranien in die oranische Familie, wurden jedoch bei dem Aufstande der Niederlande von König Philipp eingezogen. Dafür machte später Wilhelm's Sohn, Moritz von Oranien, seine Ansprüche auf Lingen gewaltsam geltend, und obgleich die Spanier von 1605—1632 das Land besetzt hielten, fiel es doch wieder in die Hände der Familie Oranien und kam wegen der Erbverträge zwischen den brandenburgischen Hohenzollern und den Oraniern 1702 an Preußen; die Streitigkeiten jedoch, die sich darüber erhoben, wurden erst 1732 gänzlich geschlichtet.

Diese Herrschaft Lingen ist jedoch nicht das einzige von den Erbstücken gewesen, das 1702 nach dem Tode Wilhelm's III. von Oranien, der zugleich seit 1689 König von Groß-Britannien war, an Preußen fiel; noch andere Besitzungen kamen dadurch an König Friedrich, nämlich Mörs, Orange, Neufchatel und Valengin.

Die Familie Nassau gehört zu den ältesten und angesehensten in Deutschland, deren Besitzthum durch die weit ausgedehnte Verwandtschaft ihrer zahlreichen Mitglieder eine nicht geringe Größe erreicht haben würde, wenn nicht durch die beständigen Theilungen ihrer vielen Zweige dasselbe auf unbedeutenden Umfang für jeden einzelnen zurückgebracht worden wäre. Eine Haupttheilung in der Familie fand 1255 Statt, als die beiden Brüder Walram und Otto sich auseinander setzten; sie sind die Stifter der beiden noch bestehenden Linien, der Walramischen und Ottonischen, geworden. Aus der ersten Linie ist oben der deutsche König Adolf von Nassau genannt worden, Walram's Sohn; seine Nachkommen sind die jetzigen Herzöge von Nassau, die, aus dem früher Weilburgischen Zweige herstammend, die übrigen Nebenzweige beerbt haben, deren letzter erst 1816 ausstarb. Aus der jüngeren oder Ottonischen Linie erbte Graf Renatus von Nassau durch seine Mutter Claudia 1530 das Fürstenthum Orange am unteren Rhone, das wenige Jahre später (1544) an seinen Vetter Wilhelm I. überging, der sich seitdem „Prinz von Oranien" nannte, und der in dem Aufstande der Niederlande eine so bedeutende Rolle gespielt hat. Sein jüngster Sohn Friedrich Heinrich, der seine beiden älteren, kinderlosen Brüder überlebte, bestimmte 1644 durch Testament, daß sein ganzes Besitzthum auf seinen Sohn Wilhelm II. und dessen Nachkommen übergehen sollte; falls derselbe keine Erben hinterließe, oder falls seine Nachkommenschaft ausstürbe, sollte seine älteste Tochter Louise Henriette, die nachmalige Gemahlin des Kurfürsten Friedrich Wilhelm, oder deren Nachkommen die Erbschaft unverkürzt antreten. Dieses Testament erklärte jedoch sein Enkel Wilhelm III., der einzige Sohn Wilhelm's II., 1695 für ungültig und bestimmte vielmehr einen Seiten=Verwandten der Ottonischen Linie, den Grafen Johann Wilhelm Friso von Nassau-Dietz zum alleinigen Erben seiner gesammten Nachlassenschaft. Als er 1702 starb, waren die General=Staaten von Holland zu Vollstreckern seines Testaments bestimmt.

König Friedrich nahm alsbald von Lingen und der Grafschaft Mörs gewaltsam Besitz und nannte sich „Prinz von Oranien." Von Lingen war vorher die Rede; auf die Grafschaft Mörs erhob Friedrich nicht allein als Erbe des oranischen Hauses Ansprüche, sondern auch in seiner Eigenschaft als Herzog von Cleve. Die Grafschaft Mörs am linken Rheinufer, der Ruhr= und Lippe=Mündung gegenüber, war nämlich schon im 13. Jahrhundert ein clevisches Lehen und hätte an das Herzogthum zurückfallen müssen, als 1575 die Grafen von Mörs ausgestorben waren. Durch Vergleich wurde aber damals festgesetzt, daß die Schwester des letzten Grafen, Walpurgis, im Besitze der Grafschaft bleiben, und daß, falls sie ohne Kinder stürbe, das Land an Cleve zurückfallen sollte. Nun war sie zwar in zweiter Ehe mit einem Grafen von Neuenar verheirathet (ihr erster Gemahl war der bekannte Graf Philipp von Hoorn gewesen, der zu Brüssel 1568 vom Herzog Alba hingerichtet worden war), sie überlebte aber denselben und starb 1600 ohne Kinder. Dem Vertrage gemäß hätte jetzt Mörs an Cleve fallen müssen, Walpurgis hatte jedoch, kurze Zeit vor ihrem Tode, das Land an Moritz von Oranien geschenkt, den zweiten Sohn des oben genannten Wilhelm I., der sich auch gewaltsam in dem Besitze des Landes behauptete, dessen Bruder und Erbe aber, Friedrich Heinrich, sich vergeblich bemühte, von Seiten der Reiches die Belehnung zu erhalten. Diese Verhältnisse bestimmten König Friedrich um so mehr, dies so lange vorenthaltene Land wieder zu Cleve zu schlagen. Das Reichs=Kammergericht sprach sich überdies ganz zu Gunsten des Königs aus, und Kaiser Joseph I. erhob 1707 die Grafschaft sogar zu einem Reichsfürstenthume. Da jedoch holländische Truppen die Stadt besetzt hielten, und die Bürger, darauf gestützt, die Huldigung verweigerten, ließ der König 1712 die Stadt überrumpeln, zwang sie zu huldigen und wußte sich bald darauf auf geschickte Weise der holländischen Besatzung zu entledigen.

Das kleine Fürstenthum Orange am linken Rhone-Ufer, nördlich von Avignon, gehörte ursprünglich dem Königreich Nieder-Burgund und nachmals dem Königreich Arelat zu, und bildete eine Grafschaft, deren Herren sich später „souveraine Fürsten" nannten. Die Erbin dieses Landes vermählte sich 1410 mit Johann IV., Herrn von Chalons, dessen Besitzthum an der Saone in Bourgogne gelegen war. Aus dieser Ehe stammte die Claudia von Chalons, die als Erbtochter dieses Hauses etwa 100 Jahre später, 1513, sich mit dem Grafen Heinrich von Nassau verheirathete, und deren oben genannter Sohn Renatus das 1530 ererbte Fürstenthum seinem Vetter Wilhelm I. 1544 als Erbe überwies. Ungeachtet in den späteren Kriegen König Ludwig XIV. von Frankreich dies Ländchen nebst andern dem Hause Oranien zuständigen Besitzungen an sich riß, brachte doch der Nimwegische (1678) und der Ryswicker Frieden (1697) dieselben wieder an den rechtmäßigen Herrn zurück. Als Wilhelm III. 1702 starb, nahm König Friedrich zwar den Titel von dem Fürstenthume an, wegen der Entlegenheit desselben konnte er jedoch faktisch nicht Besitz davon ergreifen, und erst im Utrechter Frieden, kurz nach Friedrich's Tode, wurde diese Angelegenheit durch König Friedrich Wilhelm I. geordnet. Letzterer begab sich aller Ansprüche auf das Fürstenthum und andere kleine in Frankreich zerstreut liegende Zubehörungen desselben, versprach auch die übrigen Erben wegen ihrer etwanigen Ansprüche darauf zu entschädigen, behielt aber den Titel und das Wappen dieses Fürstenthums bei. Als Entschädigung für diese Entsagung trat dagegen Ludwig mit Einwilligung der spanischen Krone auf ewig ab das Ober-Quartier Geldern d. h. denjenigen Theil von Gelderland, der bei Losreißung der Niederlande noch an Spanien verblieben, und auf welchen König Friedrich Wilhelm als Herzog von Cleve die oben besprochenen älteren Ansprüche aus dem 16. Jahrhundert geltend machte.

Durch die vorhin erwähnte Verheirathung des Grafen Heinrich von Nassau mit Claudia, der Erbin von Chalons und Orange, waren dem Hause Nassau-Oranien auch auf das Fürstenthum Neufchatel und die Grafschaft Valengin Ansprüche erwachsen, welche König Friedrich mit Glück für sich auszubeuten wußte. Beide Länder gehörten früher zum Königreich Hoch-Burgund und später zum Arelat, das bekanntlich 1032 mit Deutschland verbunden wurde. Ein Graf Rollin war aus Neufchatel von seinen Unterthanen verjagt worden, und König Rudolf von Habsburg hatte diese erledigte Grafschaft 1288 an den Grafen Johann von Chalons übertragen. Von diesem bekam

Rollin seine Grafschaft als Reichsafterlehn zurück, und er vererbte sie auf seinen Sohn, dieser wieder auf seine Töchter. Nach dem Tode der letzteren sollte den festgesetzten Bestimmungen gemäß das Land an die Lehnsherren, die Herren von Chalons zurückfallen; der Sohn der jüngeren Tochter jedoch, der Graf Conrad von Freiburg im Breisgau, nahm mit Hülfe der Schweizer von dem Lande Besitz und verglich sich 1397 mit dem Herrn von Chalons dahin, daß er das Land von ihm zu Lehn nahm, und daß dasselbe nach seinem oder seiner Nachkommen Tode dem Lehnsherrn zurückfallen sollte. Als aber 1458 sein Sohn ohne Erben starb, bemächtigte sich ein Verwandter desselben, der Graf Rudolf von Hochberg in Baden, und zwar abermals mit Hülfe der Schweizer des Landes, so daß es dem Hause Chalons unmöglich war, seine Rechte zur Geltung zu bringen. Nicht besser erging es zum dritten Male den Lehnsherren, als auch die gräfliche Familie von Hochberg mit der Enkelin Rudolf's 1543 ausstarb, also zu einer Zeit, wo die Ansprüche des Hauses Chalons bereits auf das Haus Nassau-Oranien übergegangen waren. Trotz alles Widerspruchs des letzteren ging Neufchatel an das Haus Longueville über, das von dem bekannten Bastard in Frankreich, dem Grafen Dunois, herstammt. Diese vierte Familie behauptete sich im Besitz von Neufchatel, nahm den Titel eines „souverainen Fürsten von Neufchatel" an und zog 1579 die Grafschaft Valengin ein, die stets Lehn von Neufchatel gewesen, und wo damals die Grafen ausgestorben waren. Bei dem 1707 erfolgten Tode des letzten Sprößlings aus dem Hause Longueville, der Maria von Nemours, waren nicht weniger als vierzehn Bewerber, welche ihre Ansprüche auf das Land von der Verwandtschaft mit jenen verschiedenen Häusern herleiteten, welche nach einander daselbst regiert hatten.

Ihnen allen gegenüber trat König Friedrich als Lehnsherr auf und behauptete das Anfallsrecht, das bereits dreimal nicht beachtet worden sei. Ihm waren von Wilhelm III. von Oranien 1694 die Rechte der Lehnsherrschaft übertragen worden, und er suchte dieselben aufrecht zu erhalten, so eifrig sich auch König Ludwig XIV. von Frankreich zu Gunsten eines französischen Prinzen von Conti verwendete, während England und Holland für Friedrich thätig waren. Die Stände des Landes sorgten jedoch vor allen Dingen dafür, ihre Freiheiten und Gerechtigkeiten sich von jedem der Bewerber versichern zu lassen, bevor noch eine Wahl unter ihnen getroffen würde, und setzten dann einen unabhängigen Gerichtshof ein, der die Ansprüche jedes einzelnen unter ihnen untersuchen sollte. Dieser Gerichtshof, aus zwölf Richtern bestehend, je vier aus jedem der drei Stände, erklärte 1707 den König von Preußen für den souverainen Herrn des Landes, worauf Friedrich die Huldigung einnehmen ließ. Frankreich erkannte diesen Besitz für Preußen auch später im Utrechter Frieden an, der, wie schon bemerkt, auch die Angelegenheit wegen Orange ordnete. Das Land wurde jedoch nie in die preußische Monarchie einverleibt, sondern blieb nur in einer Personal-Vereinigung und hatte demnach seine besondere Regierung. Daß es nach dem unglücklichen Kriege von 1806 von Napoleon dem Marschall Berthier zugesprochen, nach seinem Sturze aber im Wiener Congreß wieder Preußen zurückgegeben, jedoch gleichzeitig für einen Schweizer Canton erklärt wurde, sind bekannte Begebenheiten, die der neuesten Zeit angehören. Diese Doppelstellung des Landes erleichterte 1848 der radicalen Partei den Abfall von Preußen; letzteres hat 1857 seinen Ansprüchen gänzlich entsagt.

Schon 1711 hatte Friedrich versucht, den Einwendungen der Linie Nassau-Dietz gegen seine Erbansprüche ein Ende zu machen, und war deshalb nach dem Haag gegangen; doch kam kein Vergleich zu Stande, da Johann Wilhelm Friso auf der Reise nach eben dorthin das Unglück hatte zu ertrinken. Erst Friedrich Wilhelm I. brachte nach langjährigen Verhandlungen mit dem Sohne desselben Wilhelm Karl Heinrich Friso 1732 zu Dieren, einem Lustschlosse an der Issel zwischen Arnheim und Zütphen, einen Vergleich der Art zu Stande, daß letzterer auf die von Preußen in Besitz genommenen Länder Verzicht leistete so wie auf das Amt Montfort und einige andere in Holland gelegene Güter aus jener Erbschaft. Friedrich II. verkaufte dieselben 1754 an das Haus Nassau-Oranien für die Summe von 705,000 Gulden.

Abgesehen von der Schutzherrschaft, welche Friedrich über die Reichsstadt Dortmund und zum Theil über das Stift Herford 1705 geltend machte, ist noch ein kleines Besitzthum zu erwähnen, das ebenfalls unter seiner Regierung an Preußen fiel. Es war dies die Grafschaft Geyern in Franken, deren letzter Besitzer, Graf Heinrich Wolfgang, um die protestantische Lehre in seinem Ländchen zu sichern, sich nicht nur in den Schutz Friedrich's begeben hatte, sondern auch 1704 die Bestimmung traf, daß nach seinem Tode sein Erbe an Preußen fallen sollte. Deshalb nahm Friedrich nach dem 1708 erfolgten Ableben des Grafen von dessen Ländchen Besitz, das jedoch kein zusammenhangendes Gebiet bildete, sondern im Anspach'schen und Würzburg'schen zerstreut lag. Friedrich Wilhelm I. gab es 1729 seiner zweiten Tochter Friederike Luise als Mitgift, als diese sich an den Markgrafen Karl Wilhelm Friedrich von Anspach vermählte, behielt sich jedoch das Recht des Rückfalls vor, doch kam es schon 1791 mit dem gesammten Anspach-Bayreuth wieder an Preußen.

Wenn Friedrich bei diesen Erwerbungen eben so viel Kraft wie Geschicklichkeit zeigte, die Rechte seines Staates und seines Hauses geltend zu machen, so ist nicht minder seine protestantische und wahrhaft deutsche Gesinnung anzuerkennen, welche ihn an den großen Welt-Begebenheiten Antheil nehmen ließ, die damals Europa erschütterten. Sein Land selber hat er vor den Uebeln des Krieges zu bewahren gewußt, unter welchen es zur Zeit seines Vorgängers vielfach zu leiden hatte, doch sind während seiner ganzen Regierungszeit brandenburgisch-preußische Heere thätig gewesen und haben eben so in Ungarn wie in Italien, in den Alpen, an der Donau und dem Rhein, in den Niederlanden, ja selbst in England durch ihre ausgezeichnete Tapferkeit wie durch ihre strenge Mannszucht dem Vaterlande nicht geringen Ruhm erworben. Der Geist, den der große Kurfürst seinem Heere eingehaucht hatte, entfaltete sich auch unter ihm zu außerordentlicher Thatkraft, und indem Friedrich den Fußtapfen seines Vaters folgte, in sofern er lebhaft bemüht war, überall das Gewicht des neu aufstrebenden Staates in die Wagschale zu werfen, konnte es bei dem ungemessenen Ehrgeiz und der nicht zu stillenden Eroberungssucht des Königs Ludwig XIV. von Frankreich nicht fehlen, daß seine Heere in unausgesetzter Thätigkeit blieben, wenn auch die bescheidenen Kräfte des Staates ihm noch nicht erlaubten, zu gleicher Zeit eben so lebhaft in die Angelegenheiten einzugreifen, durch welche der Schweden-König Karl XII. den Norden und den Osten Europa's in Bewegung setzte.

König Jacob II. von Groß-Britannien, der schon vor seiner Thronbesteigung zum Katholicismus übergetreten, suchte, als er 1685 seinem Bruder Karl II. in der Regierung gefolgt war, nicht nur die katholische Lehre in seinem Reiche wieder einzuführen, sondern herrschte auch sonst, auf die Hülfe Frankreichs vertrauend, mit so großer Willkür, daß er allgemeine Unzufriedenheit erregte; doch ertrug man jede Härte, da die Aussicht vorhanden war, daß seine in der protestantischen Lehre erzogenen Töchter ihm folgen würden. Die ältere derselben Maria war mit dem oft genannten Wilhelm III. von Oranien vermählt, und es ist schon oben erwähnt worden, daß dieser mit Kurfürst Friedrich Wilhelm unterhandelt hatte, wie eine Aenderung der englischen Zustände herbeizuführen sei. Als nun zu Anfang des Jahres 1688 dem Könige Jacob II. ein Sohn geboren wurde, der nachmalige Prätendent Jacob, forderte man insgeheim Wilhelm von Oranien auf, den Protestantismus in England zu sichern, den man jetzt ernstlicher als je bedroht sah. Wilhelm wandte sich deshalb um Hülfe an seinen Vetter Kurfürst Friedrich, und nach kurzen Verhandlungen zu Minden bewilligte dieser nicht nur, daß 6000 Brandenburger in holländische Dienste traten, — erst 1713 kehrten sie nach Preußen zurück —, sondern bewog auch den Landgrafen von Hessen-Kassel, die Herzöge von Braunschweig-Zelle und Hannover auf Seiten Hollands zu stehen, falls dies von Frankreich angegriffen werden sollte. Sachsen ließ sich zwar nicht zum Beitritt bewegen, doch gelang es, den Kaiser so wie Spanien und selbst den Papst zur Zustimmung zu veranlassen, Maßregeln gegen Jacob zu ergreifen. Im November 1688 landete Wilhelm in England, einen Theil der brandenburgischen Truppen mit sich führend und begleitet von dem Marschall v. Schomberg (richtiger v. Schönberg genannt), der nun ebenfalls aus brandenburgischen Diensten in die Wilhelm's übertrat. König Jacob floh, und Wilhelm III. wurde zu Anfang des Jahres 1689 zum Könige von Groß-Britannien ernannt. Eben dieser Schomberg kämpfte auch siegreich 1690 in Irland am Boyne-Flusse, als Jacob mit französischen Truppen sich diese Insel unterworfen hatte, fand aber daselbst seinen Tod. Den Einfall eines zweiten französischen Heeres in England selber mußte Ludwig unterlassen, da Friedrich unterdessen ein starkes Heer am Rhein aufgestellt hatte, und Ludwig deshalb billig Anstand nahm, sein Heer daselbst zu schwächen. Der britische Gesandte am Berliner Hofe erkannte nachmals dankbar an, daß die Hülfe und die Rathschläge des Kurfürsten wesentlich zur Rettung und Freiheit Englands beigetragen hätten.

König Ludwig XIV. hatte gleichzeitig mit diesen Begebenheiten 1688 abermals einen Krieg begonnen, der zehn Jahre lang mit unerhörter Grausamkeit geführt wurde. Die Veranlassung zu demselben war eine zwiefache gewesen. Der Cardinal Egen v. Fürstenberg, welcher Coadjutor im Erzstifte Cöln war, wurde 1688 nach dem Tode des Erzbischofs von dem französisch gesinnten Theile der Domherren zum Nachfolger erwählt, während die Gegenpartei dem Prinzen Joseph Clemens, dem Bruder des Kurfürsten von Bayern, ihre Stimme gab. Nicht nur der Papst genehmigte die Wahl des letzteren, sondern auch Kaiser und Reich erkannten ihn als Kurfürsten an. Ludwig aber, der die Wahl des Cardinals selbst gewaltsam durchzusetzen gedroht hatte, erklärte die getroffene Wahl für eine Beleidigung, die ihm persönlich zugefügt sei. Dazu kam noch ein Zweites. 1685 war die kurpfälzische Linie Simmern ausgestorben und das Erbe auf Pfalz-Neuburg übergegangen. Die Schwester des letzten Kurfürsten, Charlotte Elisabeth, war mit dem Bruder des Königs Ludwig, dem Herzog Philipp von Orleans, vermählt und machte auf das Gesammtvermögen des verstorbenen Bruders Ansprüche, so weit es nicht Reichslehn wäre. Vergeblich wollte der Kaiser den Streit auf rechtlichem Wege entscheiden; auch hier ließ Ludwig nicht von seinen Forderungen nach, die er für seine Schwägerin machte, und im September 1688 erfolgte die Kriegs-Erklärung. Noch ehe dieselbe nach Deutschland kam, ließ er ein gewaltiges Heer über den Rhein rücken, das zunächst die Pfalz mit unerhörter Grausamkeit verwüstete und ähnliche Verheerungen bis nach Schwaben und Franken ausdehnte. Der Kaiser, damals zu sehr mit dem Kriege gegen die

Türken beschäftigt, zögerte, sich in einen Krieg mit Frankreich einzulassen; Friedrich wurde der Retter Deutschlands aus so schwerer Bedrängniß. Schon im October schloß er zu Magdeburg mit Sachsen, Hannover und Hessen-Kassel ein Bündniß, und ihr vereinigtes Heer rückte an den Rhein; vergeblich versuchte Ludwig, ihn durch große Versprechungen oder auch durch Bedrohung von Cleve von diesem Bündnisse abzuziehen. Da unterdeß Wilhelm von Oranien mit holländischen Truppen jene Landung in England machte, so wurde auch den Holländern von Ludwig der Krieg erklärt. Den Bemühungen Friedrich's war es jedoch zu danken, daß Frankreich keine Bundesgenossen gewann, und daß namentlich Dänemark sich von Ludwig abwandte und selbst Truppen zu dem Bündniß stellte, das zu Anfang 1689 zwischen dem Kaiser, dem Reiche, Holland, Spanien und England gegen Frankreich zu Stande kam. Friedrich selber kündigte noch insbesondere Frankreich den Krieg an und schickte außer den schon früher gestellten Hülfstruppen 25,000 Mann an den Niederrhein.

Anfänglich befehligte der Kurfürst selber das Heer. Im Mai nahm er die befestigte Stadt Rheinbergen, im Juni Kaiserswerth, dagegen zog sich die Belagerung von Bonn bedeutend in die Länge, da einerseits der Gouverneur Marquis v. Asfeld sich tapfer vertheidigte, andrerseits aber zwischen den Generalen v. Schöning und v. Barfus, denen der Kurfürst den Oberbefehl übergeben hatte, arge Streitigkeiten ausgebrochen waren. Erst am 10. October ergab sich der Platz. Friedrich war genöthigt gewesen, die Kosten dieses Feldzuges, die nicht weniger als 3 Mill. Rthlr. betrugen, aus eignen Mitteln zu decken, und kaum wollte man für so außerordentliche Anstrengungen seinem Heere die nöthigen Winterquartiere bewilligen. Dennoch erschien er auch im Jahre 1690 mit 20,000 Mann auf dem Kampfplatze, und die von den Holländern verlorne Schlacht bei Fleurus (in der Nähe von Namur) bestimmte die Verbündeten, am 6. September zu Lennick (bei Brüssel) einen Vertrag der Art mit ihm abzuschließen, daß er während des ganzen Krieges 20,000 Mann zu stellen versprach, wogegen ihm monatlich 100,000 holländische Gulden Hülfsgelder zugesichert wurden, von denen Spanien die eine Hälfte, Holland und England die andere übernahmen. Da auch Savoyen sich dem Bündnisse gegen Frankreich angeschlossen hatte und von einem französischen Heere angegriffen wurde, wurden 6000 Brandenburger nach Italien abgesendet, die dort unter dem Prinzen Eugen namentlich 1694 bei Casale rühmlich fochten und selbst in Frankreich eindrangen. Vorzugsweise aber leisteten die brandenburgischen Truppen am Niederrhein kräftige Hülfe und ernteten nicht geringes Lob von König Wilhelm, wenn auch ihre Tapferkeit nicht immer den Verlust der Schlachten verhüten konnte.

Streitigkeiten in Deutschland.

So kämpften sie mit in der Schlacht bei Leuze in der Nähe von Tournay 1691, bei Steenkerke in der Nähe von Mons 1692, bei Neerwinden in der Nähe von Lüttich 1693, und eben so zeichneten sie sich 1691 durch die Vertheidigung von Lüttich, 1694 durch die Eroberung von Huy und 1695 von Namur so vortheilhaft aus, daß der König gestand, er kenne keine Soldaten, welche so kriegstüchtig wären wie die kurfürstlichen, und daß er ihnen zum Zeichen seiner Dankbarkeit die Hälfte des in Huy eroberten Geschützes überließ.

Daß ungeachtet der gewaltigen Anstrengungen Brandenburgs in dem Ryswicker Frieden 1697 (Ryswick, ein Dorf beim Haag) kein günstigeres Resultat erzielt wurde, daran hatte einerseits die Ueberlegenheit der französischen Waffen, andrerseits die Uneinigkeit der Verbündeten und namentlich die Gespanntheit der deutschen Fürsten unter einander Schuld. Der Herzog Julius Franz von Sachsen-Lauenburg nämlich, aus askanischem Stamme, war 1689 gestorben, mit ihm diese Linie erloschen. Auf das Erbe machten außer dem verwandten Hause Anhalt Mecklenburg und Sachsen Ansprüche, doch Braunschweig-Zelle riß gewaltsam das Erbe an sich, und Sachsen gab 1697 seine Ansprüche gegen eine Baarzahlung von mehr als einer Million Thaler auf, während Anhalt leer ausging. Hatte diese Erbschafts-Angelegenheit große Aufregung unter den betheiligten Fürsten hervorgerufen, so geschah dies noch mehr durch die Errichtung einer neunten Kurwürde. Da nämlich durch den Uebergang der Kurpfalz nach dem Aussterben des protestantischen Hauses Pfalz-Simmern auf das katholische Haus Pfalz-Neuburg die Zahl der protestantischen Kurfürsten auf zwei, Brandenburg und Sachsen, beschränkt war, so mußte den Protestanten viel daran gelegen sein, wenigstens die frühere Zahl von drei Kurstimmen wieder zu erreichen.

Nun war unter den damaligen herzoglichen Häusern Deutschlands keins wichtiger als das Haus Braunschweig-Lüneburg. Seine Abstammung von dem übermächtigen Herzoge Heinrich dem Löwen wurde dadurch von größerer Bedeutung, daß eine von den beiden Zweigen dieses Hauses, Braunschweig-Zelle, mit dem Tode des damaligen Herzogs Georg Wilhelm erlöschen mußte, da dieser keine Söhne hatte; sein Land mußte dann an Braunschweig-Hannover fallen (was 1705 eintrat). Nun war ferner der damalige Herzog von Hannover Ernst August mit einer protestantischen Tochter des Kurfürsten Friedrich V. von der Pfalz, also mit einer Enkelin des Königs Jacob I. von England vermählt, und bei der Revolution in England, welche Wilhelm III. auf den Thron gesetzt hatte, war bestimmt worden, daß, falls die Königin Maria, seine Gemahlin, und Anna, seine Schwägerin, der als Protestantin die Erbfolge gesichert blieb, ohne Erben stürben, die Thronfolge auf das Haus Hannover übergehen sollte; es war mithin vorauszusehen, daß Hannover eine äußerst wichtige Stellung einnehmen mußte. Kein Haus war deshalb mehr geeignet zur neuen Kurwürde zu gelangen als dieses, das sich überdies durch thätige Hülfe in diesem Kriege beim Kaiser großen Anspruch auf Dank erworben hatte. Da nun überdies Ernst August der Schwiegervater des Kurfürsten Friedrich war, so that dieser sein Möglichstes, diese Erhebung durchzusetzen, und es gelang ihm in der That, auch Mainz, Bayern und Sachsen dafür zu gewinnen, während Cöln, Trier und Pfalz so wie die Mitglieder des Fürsten-Collegiums sich mit aller Macht dagegen setzten, namentlich aber das so nahe verwandte Haus Braunschweig-Wolfenbüttel, das als die ältere Linie des welfischen Hauses in dieser Erhebung eine Zurücksetzung für sich fand. Dennoch erfolgte zu Ende des Jahres 1692 die Belehnung Ernst August's. Die Gereiztheit der widersprechenden Fürsten war eine so leidenschaftliche, daß die Verhandlungen auf dem Reichstage längere Zeit unterbrochen wurden, und Friedrich's Vermittlung war es vorzugsweise zu danken, daß 1699 die oppositionellen Kurfürsten und 1708 auch Braunschweig-Wolfenbüttel ihre Einwilligung gaben, obgleich Georg Ludwig, der Sohn von Ernst August, erst 1708 ins Kurfürsten-Collegium eingeführt wurde, nachdem auch dem Kaiser als Kurfürsten von Böhmen gleiche Berechtigung mit den übrigen Kurfürsten zugesagt worden war, während bis dahin Böhmen nur bei Wahlen seine Stimme abgeben durfte.

War demnach im Innern des Reiches viel Unzufriedenheit zu bekämpfen, die Ludwig für sich auszubeuten suchte, so gelang es ihm noch mehr, die Bundesgenossen zu trennen. Savoyen schloß zuerst einen Einzelfrieden, Wilhelm gewann er dadurch, daß er ihn als König von Groß-Britannien anerkannte, und daß er gegen ihn wie gegen Holland sich äußerst gemäßigt in seinen Forderungen zeigte, selbst Spanien gab er fast alles Eroberte zurück. So mußten denn auch wohl der Kaiser und das Reich sich zum Frieden zu Ryswick bequemen, dessen übereilter Abschluß noch durch die Clausel den Protestanten besonders verderblich wurde, daß in allen Orten, in welchen die Franzosen den evangelischen Gottesdienst abgestellt hatten — es waren ihrer gegen 2000 — der Katholicismus aufrecht erhalten werden sollte. Friedrich selber wurden für seine großen Anstrengungen nur die Festsetzungen des Friedens von St. Germain bestättigt.

Während in diesen Kämpfen gegen Frankreich Brandenburg mit nicht geringer Heeresmacht auftrat, kämpfte eine andere Heeres-Abtheilung mit den Kaiserlichen vereint gegen die Ungarn und Türken, welche von Ludwig zum Kriege aufgereizt worden waren. Anfänglich gegen Hülfsgelder, später auf kaiserliche Kosten vereinigten sich 6000 Brandenburger anfänglich unter dem General v. Barfus, später unter andern Führern, mit dem Heere des Kaisers. Sie nahmen rühmlichen Antheil an dem Siege des Markgrafen Ludwig von Baden 1691 bei Salankemen, der Theiß-Mündung gegenüber, so wie 1697 an dem Siege des Prinzen Eugen bei Zentha, in der Nähe von Segedin. Nach dieser Schlacht war es, wo der Prinz den kurfürstlichen General v. Schlaberndorff umarmte und in die Worte ausbrach, daß er nächst Gott ihm und der Tapferkeit seiner Brandenburger den Sieg verdanke. Erst 1699 nach dem Frieden von Carlowitz kehrten sie nach Hause zurück.

Uebersieht man die wichtige Stellung, zu welcher der große Kurfürst seinen Staat gehoben hatte, und auf welcher sein Sohn Friedrich denselben zu erhalten wußte; erwägt man das Gewicht, das der Staat durch sein wohl geübtes Heer bereits vielfach geltend gemacht hatte, das Ansehn, das Friedrich bei allen streitigen Verhandlungen nicht nur in Deutschland, sondern auch in Dänemark, in Polen bei der Thronbesteigung des sächsischen Hauses 2c. hervorzuheben wußte; denkt man ferner daran, daß der brandenburgische Staat damals bereits einen Umfang von 2000 Quadr.-Ml. erreicht hatte und sich in Bezug auf diese Größe den Königreichen Portugal und Dänemark zur Seite stellen konnte: so wird man zugeben, daß das Streben Friedrich's nach der Königs-Würde nicht, wie so allgemein hingesprochen wird, nur aus einem ungemessenen Ehrgeiz und aus einer kleinlichen Eitelkeit hervorgegangen ist, sondern daß edlere Gründe, das Bewußtsein seiner Macht und Bedeutung ihn veranlaßten, seinen Staat aus den engen Grenzen herauszuversetzen, innerhalb welcher sein ferneres Wachsen und Gedeihen überall und stets verkümmert werden mußte. Hatte die Prachtliebe und die Eitelkeit des Fürsten bei diesem Streben ihren Antheil, so ist es billig, auch dem Geiste der damaligen Zeit hierbei Rechnung zu tragen. Der prachtvolle Hof Ludwig's XIV. hatte überall und namentlich die kleineren Fürsten zur Nachahmung angetrieben, oft genug über ihr Vermögen hinaus; französische Art und Sitte hatte so sehr, besonders in Deutschland, bei Volk und Fürsten Boden gewonnen, daß Friedrich, wenn er auch in seinen politischen Maßnahmen ein entschiedener Feind Frankreichs war und blieb, sich doch von derselben nicht freimachen konnte; erst sein so merkwürdig, wenn auch noch so einseitig genialer Sohn Friedrich Wilhelm konnte vermöge seiner eisernen Härte mit allen diesen kleinlichen Aeußerlichkeiten entschieden brechen.

Man hat oft als Beweis der Eitelkeit Friedrich's bei dem Streben nach der Königskrone angeführt: der Vorfall, daß bei einer Unterredung desselben mit König Wilhelm III. im Haag 1696 ihm als Kurfürsten der Lehnsessel in Gegenwart des Königs verweigert worden sei, habe

jenes Streben in ihm hervorgerufen; man wird aber anders über diesen
Vorfall denken müssen, wenn man sich der widerlichen und lächerlichen
Weise erinnert, mit welcher man sich seit dem westfälischen Frieden bei
Staats-Verhandlungen nicht nur um Rangordnung und Titel, sondern
selbst um Tische, Sessel und Teppiche stritt, und daß der Streit um
solche Kleinlichkeiten oft so ernst wurde, daß er die Unterhandlungen
abzubrechen drohte. Niemand wird bei ruhiger Erwägung so klein=
licher Verhältnisse Befremdendes darin finden, wenn derjenige so lästiger
Zurücksetzung überhoben zu sein wünschte, der die Macht kannte, die in
seinen Händen ruhte. Hatte Friedrich ferner selber mitgewirkt, daß
Wilhelm von Oranien auf den englischen Thron erhoben wurde, war
zum Theil durch seine Vermittlung Kurfürst Friedrich August von
Sachsen — wenn auch mit Abschwörung seines väterlichen Glaubens —
1697 zur polnischen Krone gelangt, hatte endlich das Haus Hannover,
dem Friedrich mit ausdauerndem Bemühen die kurfürstliche Stellung
in Deutschland verschaffte, die Aussicht, dereinst den englischen Thron
zu besteigen: so war gewiß sein Wunsch gegen jene nicht zurückzustehen,
denen er an Macht überlegen war, ein sehr natürlicher. Dazu kam,
daß alle Erfordernisse zu einer solchen Rang=Erhöhung vorhanden waren,
daß der Sache selber nur noch der Name fehlte. Durch den Besitz
des souverainen Herzogthums Preußen wurde die Erreichung jenes
Wunsches nahe gelegt, welche zur Unmöglichkeit geworden wäre, hätte
sein Besitzthum in nur deutschen Ländern bestanden. Als nur deutschem
Fürsten hätte ihm auch nicht einmal der Gedanke beikommen können,
den Königstitel zu beanspruchen, da seine Macht nicht ausgereicht hätte,
sich aus dem deutschen Reichs=Verbande zu lösen, was er der königlichen
Souverainität wegen hätte thun müssen.

Schon Ludwig XIV. hatte dem Kurfürsten Friedrich Wilhelm den
Rath gegeben, die Königskrone anzunehmen, doch hatte der Kurfürst
den Plan des Königs wohl durchschaut, daß er dadurch mit dem Kaiser
in Conflict gebracht werden sollte, und er hatte deßhalb klüglich darauf
Verzicht geleistet. Peter der Große nannte Friedrich bei seinem Besuche
1698 in Königsberg stets „Majestät" und versprach seine Königswürde
sogleich anzuerkennen, sobald sich nur der Kurfürst entschließen wollte,
sich diesen Titel beizulegen; Friedrich beschloß jedoch nur in Ueberein=
stimmung mit dem Kaiser einen solchen Schritt zu thun. Wann die
ersten desfallsigen Verhandlungen angeknüpft worden sind, läßt sich
nicht nachweisen, vermuthlich schon 1693; dann gerieth die Sache ins
Stocken, da der Kaiser alle möglichen Schwierigkeiten dagegen er=
hob, und erst 1699 wurden die Unterhandlungen mit neuem Eifer
aufgenommen. Sie führten zu einem glücklichen Ziele, wenn auch die
Bedingungen, welche Friedrich eingehen mußte, eben so lästig für ihn

waren als günstig für Oesterreich. Dies sicherte sich bedeutende Vortheile, während es scheinbar unwichtige Zugeständnisse machte, denn nur Wenige ahnten, welcher Nebenbuhler einstmals dem Kaiser hierdurch erwachsen würde, nur Wenige verstanden die Aeußerung des Prinzen Eugen, daß „die kaiserlichen Minister des Henkens werth seien, die dem Kaiser gerathen die preußische Krone anzuerkennen." Am ⁱⁿ⁷/₂₇. November 1700 kam nämlich der sogenannte Krontractat mit dem Kaiser Leopold zu Stande; durch denselben gab der Kaiser nicht sowohl die Ermächtigung als vielmehr nur seine Zustimmung dazu, daß Friedrich sich fortan König in Preußen nenne. Friedrich seinerseits versprach in allen Kriegszeiten, namentlich in dem zu befürchtenden wegen der spanischen Erbschaft, auf eigne Kosten dem Kaiser 10,000 Mann zu stellen, einen Theil der Garnison in Philippsburg am Rhein zu unterhalten, auf die Hülfsgelder, die er noch vom Kaiser zu fordern hatte, Verzicht zu leisten, seinen Verpflichtungen als deutscher Reichsfürst nachzukommen, die kurbrandenburgische Wahlstimme bei jeder Erledigung der kaiserlichen Würde einem österreichischen Prinzen zu geben ꝛc. Am 16. December erließ er ein Manifest an sämmtliche europäische Mächte, daß er Willens wäre sich den Königstitel beizulegen und brach am 17. December mit so zahlreichem Gefolge nach Königsberg auf, daß der Zug in vier Abtheilungen gebracht werden mußte, um die Fortschaffung zu ermöglichen. Die Zurüstungen zur Krönung waren so eifrig vorbereitet, daß schon am Sonnabend den 15. Januar 1701 prachtvoll gekleidete Herolde die Erhebung Preußens zu einem Königreich verkündeten. An dem darauf folgenden Sonntage wurde in sämmtlichen Landeskirchen der göttliche Segen zur Krönung erfleht, und am 17. der schwarze Adlerorden gestiftet, der an sechs fürstliche Personen und außerdem an zwölf verdienstvolle Männer vertheilt wurde. Der Wahlspruch auf diesem Ordenszeichen „Suum cuique" sollte den Fürsten auffordern, dem Guten wie dem Bösen gerecht zu werden, die Ausschmückung mit Lorbeer und Blitz sollten die Belohnung und Strafe bezeichnen. Endlich Dinstag den 18. Januar 1701 septe sich Friedrich in dem großen Audienzsaale mit eigner Hand die Krone aufs Haupt, krönte die Königin und empfing in der Kirche, wohin sich der Festzug begeben hatte, nach der Festpredigt die Salbung durch zwei Geistliche, die beiden Oberhofprediger, den reformirten Benjamin Ursinus v. Bär und den lutherischen Bernhard v. Sanden, welche beide zu größerer Feier zu Bischöfen ernannt und in den Adelsstand erhoben wurden. Die sich anschließenden Festlichkeiten übertrafen alles bisher Gesehene und kosteten Millionen, da der König die neue Krone auch mit dem äußeren Glanze umgeben wollte, durch den sie bei der großen Menge an Werth gewinnen mußte.

Erst in den ersten Tagen des März verließ Friedrich Königsberg, langte zwar in der Mitte des Monats in der Mark an, verschob jedoch seinen feierlichen Einzug in Berlin bis zum 6. Mai, da noch viel Vorbereitungen zu treffen waren. Erst am 22. Juni wurden alle Krönungs-Feierlichkeiten mit einem allgemeinen Dank-, Buß- und Bettag beschlossen, der in allen königlichen Landen gefeiert wurde.

Daß Friedrich sich König in und nicht von Preußen nannte, geschah, um nicht gegen Polen zu verstoßen, das noch Westpreußen im Besitz hatte. Erst als die Provinz 1772 bei der ersten Theilung Polens von Friedrich dem Großen in Besitz genommen worden war, nannte sich derselbe König von Preußen.

Die Anerkennung des neuen Königs erfolgte von den meisten Staaten noch in demselben Jahre kurz nach einander. Nur einzelne Staaten hielten damit zurück. Schweden that es erst 1703, Portugal 1704, Venedig 1710, Genua 1711, Frankreich und Spanien 1713 und die Republik Polen sogar erst 1764. Das deutsche Reich that es stillschweigend, und endlich der Papst erkannte erst 1787 die preußische Königswürde förmlich an, nachdem er früher alle römisch-katholischen Fürsten von der Anerkennung abgemahnt und gegen den preußischen Königstitel protestirt hatte. Der deutsche Orden endlich protestirte wiederholentlich gegen die Besitznahme Preußens durch die Hohenzollern und somit auch gegen die Königswürde, ohne daß er im Stande gewesen wäre, seinem Worte Nachdruck zu geben.

Was den Kaiser, nachdem er sich lange gesträubt hatte, in die Erhebung Preußens zu einem Königreiche einzuwilligen, dennoch bewog, seine Zustimmung zu geben, war der Umstand, daß wegen der spanischen Erbschaft ein Krieg unvermeidlich zu sein schien. Vergeblich hatte er sich schon dem Ryswicker Frieden zu widersetzen gesucht, um zuvor seine Erbansprüche an Spanien anerkannt zu sehen, Ludwig hatte durch seine geschickten Unterhandlungen England wie Holland für sich gewonnen und dadurch die Absichten des Kaisers vereitelt. In Spanien regierte damals Karl II., der letzte Nachkomme Kaiser Karl's V.; seine Kränklichkeit und Schwäche ließ ein baldiges Ableben befürchten, und da er keine Kinder hinterließ, so war die Frage, wer Erbe sein sollte. Das deutsche Haus Oesterreich war zwar die jüngere Linie des habsburgischen Hauses, doch war ihm die Erbfolge in Spanien nie durch Familien-Verträge zugesichert worden; diese Ansprüche mußten deshalb von späteren Verbindungen hergeleitet werden. Kaiser Ferdinand III. war mit der jüngeren Tante, sein Sohn Leopold I. mit der jüngeren Schwester König Karl's II. von Spanien verheirathet; darauf hin erhob dieser Kaiser seine Ansprüche. Aber auf ähnliche Verwandtschaft hin beanspruchte auch Ludwig XIV. die spanische Erbschaft, denn er war der

Sohn der älteren Tante und der Gemahl der älteren Schwester Karl's II. Zwar hatten beide Prinzessinnen der Erbschaft entsagt, Ludwig hielt es jedoch für angemessen, seine Ansprüche zur Geltung zu bringen, da keine näher berechtigten Erben vorhanden wären. Er empfahl deshalb seinen jüngeren Enkel, den Herzog Philipp von Anjou, zum Thronfolger in Spanien, während Leopold I. seinen jüngeren Sohn Karl in Vorschlag brachte. Beide wählten diese Secundogenitur, damit die Befürchtung vermieden würde, daß Frankreich und Spanien oder Oesterreich und Spanien dereinst in Eine Hand kämen. England und Holland, durch gemeinschaftliches Interesse verbunden, wirkten jedoch dahin, daß ein Enkel Leopold's von Karl II. zum Erben bestimmt würde. Leopold hatte nämlich aus seiner Ehe mit jener spanischen Prinzeß eine Tochter Anna, welche mit dem Kurfürsten Maximilian Emanuel von Bayern verheirathet war und ihm einen Sohn Joseph Ferdinand geboren hatte. Dieser bayersche Kurprinz nun sollte zum Erben von Spanien eingesetzt werden, und der Kaiser war um so mehr mit dieser Wahl zufrieden, als sein zweiter Sohn Karl das Herzogthum Mailand erben, während Ludwig's Enkel das Königreich Neapel und einige andere Besitzungen erhalten sollte. 1698 war dieser Theilungs-Vertrag zwischen den Seemächten, Frankreich und Oesterreich geschlossen, doch war Karl II. mit demselben nicht einverstanden, sondern bestimmte jenen Kurprinzen zum alleinigen Erben seiner gesammten Monarchie. Aber schon im Februar 1699 starb derselbe, sechs Jahr alt, an den Pocken. Deßhalb brachte Ludwig einen zweiten Theilungs-Vertrag in Vorschlag, nach welchem die spanische Monarchie zwischen Karl und Philipp der Art getheilt werden sollte, daß ersterer Spanien und die überseeischen Besitzungen, letzterer die italienischen Länder erhalten sollte. Zugleich brachte aber Ludwig den König Karl dahin, daß derselbe auf den Rath des Papstes sein gesammtes Erbe durch Testament an Philipp von Anjou übertrug. Im October 1700 wurde dasselbe von Karl unterzeichnet, wenige Tage nachher (den 1. November) war er bereits todt.

Ludwig nahm dies Testament an, und seinem jüngeren Enkel Philipp wurde bereits im Februar 1701 gehuldigt; alle Staaten Europa's erkannten ihn als König von Spanien an, nur der Kaiser protestirte dagegen. Bei seiner Schwäche und bei der inneren Zerrüttung seines Reiches mußte er sich aber damit begnügen, Mailand als eröffnetes Reichslehn zu beanspruchen. Wilhelm III. von England jedoch so wie Holland, mit Recht besorgt, daß das Haus Bourbon im Besitz von zwei großen Reichen und so bedeutenden Nebenländern ein gefährliches Uebergewicht erhalten möchte, schlossen im September 1701 ein Bündniß mit dem Kaiser, ungeachtet es noch zweifelhaft war, ob das englische Parlament seinem Könige die zu einem Kriege nöthigen Gelder bewilligen würde, da es schon früher damit unzufrieden gewesen, daß Wilhelm sich in die Angelegenheiten des Festlandes mischte. Ludwig selber gab aber durch einen übereilten Schritt jenem Bündnisse eine für ihn verderbliche Kraft; er ließ sich nämlich bewegen, nach dem damals erfolgten Tode des vertriebenen Königs Jacob II. dessen Sohn als König von Groß-Britannien anzuerkennen. Da erklärte sich auch das Parlament für jenes Bündniß, und obgleich Wilhelm bereits im März 1702 starb, verharrte doch seine Schwägerin und Nachfolgerin Anna bei demselben.

König Friedrich I. schloß sich zu Ende des Jahres 1701 jenem Bündnisse an und versprach, außer den 10,000 Mann, die er dem Kaiser zugesagt hatte, noch andere Truppen für Hülfsgelder gegen Frankreich zu stellen. Und fest hielt er hier wie überall, wo er es gegeben, an seinem Worte; während des ganzen Krieges hatte er 25—30,000 Mann unter Waffen, und er nahm selbst 6000 Mann gothaische Truppen in seine Dienste, um mit ihnen Preußen besetzt zu halten, das bei dem gleichzeitig stattfindenden nordischen Kriege vielfach bedroht wurde. Eben diese Verhältnisse veranlaßten ihn auch 1704 eine Landmiliz von 10,000 Mann (ungerechnet die in Preußen) zu errichten, die zwar nicht in Thätigkeit kam, aber wesentlich dazu beitrug, den kriegerischen Geist seines Volkes anzufachen. Vergeblich suchte Ludwig ihn von diesem Bündnisse abzuziehen; er versprach ihm das Fürstenthum Orange herauszugeben so wie zu den übrigen oranischen Erbländern zu verhelfen, gleich baar 100,000 Louisd'or und während des ganzen Krieges monatlich 100,000 Rthlr. zu zahlen, wenn er sich nur neutral verhalten wollte. Doch selbst diese verlockenden Anerbietungen konnten Friedrich nicht bestimmen, von seinem Kampfe gegen den übermächtigen Reichsfeind abzulassen.

Während der Kaiser außer England, Holland und Preußen auch noch das deutsche Reich zu seiner Unterstützung gewann, war Ludwig auf seine eigne Kraft angewiesen, da er sehr bald die Bundesgenossen verlor, die sich ihm anfänglich angeschlossen hatten. Braunschweig-Wolfenbüttel wurde durch Gewalt gezwungen, sich von Frankreich loszusagen. Der Herzog Victor Amadeus II. von Savoyen, der von einer Tochter König Philipp's II. abstammte und deshalb auch auf die spanische Erbschaft Ansprüche erhob, hatte anfänglich zu Frankreich gehalten, da der neue König von Spanien Philipp V. sich mit einer Tochter von ihm vermählte; doch schon 1703 trat er zu den Verbündeten über, die ihm große Versprechungen gemacht hatten. Gleichzeitig fiel auch Portugal von Frankreich ab. Der Kurfürst Maximilian Emanuel von Bayern, dem Ludwig die spanischen Niederlande mit voller Souverainität versprochen hatte, wurde bei dem nachmaligen

Kriegsglück des Kaisers in die Acht erklärt und ebenso der Kurfürst von Cöln und der Herzog von Mantua, da sie dem Reichsfeinde Hülfe leisteten. Zu diesen für die Verbündeten günstigen Verhältnissen kam noch das, daß ihre Heere von den berühmtesten Feldherren ihrer Zeit befehligt wurden, von dem **Prinzen Eugen von Savoyen** und dem **Herzog von Marlborough**, so daß Kaiser Joseph I., der 1705 seinem Vater Leopold in der Regierung gefolgt war, nichts Geringeres beabsichtigte, als sich der ganzen ungetheilten spanischen Monarchie zu bemächtigen.

Bei so zahlreichen Theilnehmern gewann dieser **spanische Erbfolgekrieg** (1701—1714) eine gewaltige Ausdehnung. Wurde in den nordischen Krieg die ganze Osthälfte Europa's hineingezogen, so kämpfte man in diesem mit noch größerer Erbitterung und Zähigkeit in Italien, in Deutschland, den Niederlanden, in Frankreich, auf der spanischen Halbinsel; ja selbst nach Schottland sollte ein französisches Heer hinübersetzen. Wiederholte schwere Niederlagen, ein Aufstand in Frankreich selber, der furchtbare Winter zu Anfang des Jahres 1709, der das erschöpfte Land entsetzlich verheerte, brachten den an Sieg und Glück gewöhnten König Ludwig fast zur Verzweiflung. Um Frieden zu erlangen erbot er sich, auf die ganze spanische Erbschaft Verzicht zu leisten und für die Wiedereinsetzung der vertriebenen Kurfürsten von Bayern und Cöln nicht unbedeutende Gebiete von Frankreich abzutreten, ja selbst Hülfsgelder zu zahlen, damit die Verbündeten seinen Enkel aus Spanien vertreiben möchten. Je mehr er bewilligte, desto größer wurden die Anforderungen der Sieger, welche die Gelegenheit benutzen wollten, Rache für die Unbill zu nehmen, mit der Frankreich so lange Europa heimgesucht hatte. Daß dennoch König Ludwig aus so großer Gefahr gerettet wurde und einen ehrenvollen Frieden schloß, hatte seinen Grund in zwei wichtigen Ereignissen. In England gelang es der Tory-Partei 1710 das whiggistische Ministerium zu stürzen und die Königin Anna zum Frieden geneigt zu machen, die deshalb auch später den Herzog Marlborough vom Heere abrief; in Deutschland aber folgte 1711 **Karl VI.** seinem Bruder Joseph in der Regierung. Dieser war der allein Uebriggebliebene des deutsch-österreichischen Hauses; für ihn auch noch die spanische Erbschaft gewinnen zu helfen und damit Deutschland und Spanien wieder in Eine Hand zu bringen, dazu fühlten seine Verbündeten und namentlich England keine Neigung. Nach langen blutigen Kämpfen kam man deshalb wieder auf die ursprüngliche Idee zurück, das reiche Erbe zu theilen.

Den Ruhm der Tapferkeit, den sich die brandenburgischen Truppen erworben hatten, bewährte auch das königlich preußische Heer in diesem Kriege, besonders unter der Anführung des **Fürsten Leopold von**

Anhalt=Dessau, des Grafen von Lottum und anderer tüchtiger Feldherren. In Italien und Frankreich wie in Deutschland und in den Niederlanden kämpften die Preußen mit so glücklichem Erfolge, daß Marlborough ihnen das Lob gab, der größte Antheil an den erfochtenen Siegen gebühre ihrer Tapferkeit und Entschlossenheit; namentlich habe sich der Prinz Leopold durch seine Erfahrung und durch seine unermüdliche Thätigkeit große Verdienste erworben. Nicht weniger rühmte Prinz Eugen die preußischen Truppen, die unter ihrem unerschrockenen Führer Wunder der Tapferkeit verrichtet hätten; ja er stellte sie sogar sowohl in Bezug auf Muth als auch auf Ordnung seinen eignen Truppen voran. Selbst ihre Feinde, die Franzosen, gestanden, daß die Preußen z. B. in der Schlacht bei Malplaquet wie die Teufel gefochten hätten. In den für die Verbündeten unglücklichen Schlachten 1703 bei **Höchstädt** an der Donau, 1705 bei **Cassano** in der Nähe von Mailand deckten die Preußen den Rückzug und retteten das verbündete Heer vom Untergange. Ihre Tapferkeit trug wesentlich zu den herrlichen Siegen bei, welche 1704 bei **Höchstädt**, 1706 bei **Ramillies** (nördlich bei Namur) und bei **Turin**, 1708 bei **Oudenarde** und 1709 bei **Malplaquet** (südlich von Mons) über die Franzosen erfochten wurden. Nicht minder waren vorzugsweise Preußen thätig bei der Eroberung zahlreicher fester Plätze, von denen hier nur beispielsweise aus dem Jahre 1702 Kaiserswerth, Venloo, Roermonde, 1703 Rheinbergen, Bonn, Geldern, 1704 Landau und 1708 Lüttich genannt werden sollen. Es konnte nicht fehlen, daß das neue Königthum durch diese ehernen Säulen mächtig gestützt und zu großem Glanze erhoben wurde.

Den Schluß dieses langwierigen Krieges erlebte König Friedrich eben so wenig wie das Ende dessen, der gleichzeitig den ganzen Norden und Osten Europa's in Bewegung gesetzt hatte. Rußland unter Peter dem Großen (seit 1688), Polen unter Friedrich August von Sachsen (seit 1697) und Dänemark unter Friedrich VI. (seit 1699), alle drei gleich eifersüchtig auf die Macht Schwedens, verbanden sich 1699 mit einander, um auf Kosten jenes Reiches ihre Macht zu vergrößern, da ihnen die Umstände besonders günstig zu sein schienen. Denn auf dem schwedischen Throne saß damals der erst 17 Jahre alte Karl XII. aus dem Hause Zweibrück, einer Seitenlinie des bayrisch=pfälzischen Hauses, der nicht nur wegen seiner Jugend, sondern auch wegen seiner scheinbar großen Theilnahmlosigkeit an Regierungs=Geschäften ein wenig zu fürchtender Gegner zu sein schien. Doch mit Ungestüm warf sich derselbe, als zu Anfang des Jahres 1700 jene Verbündeten in schwedisches Gebiet einfielen, zunächst auf Dänemark und besiegte dasselbe im ersten Anlauf. Friedrich zog ein Heer von etwa 12,000 Mann bei Lenzen zusammen und seinen Bemühungen gelang es, schon im August 1700 den Frieden zu Travendahl (in der Nähe von Lübeck) zu vermitteln, durch welchen Dänemark gezwungen wurde, von dem Bündnisse abzulassen und die früher an Schweden zugestandenen Bedingungen zu halten. Darauf wandte sich Karl gegen Rußland, schlug Peter 1701 in der denkwürdigen Schlacht bei Narwa und drang dann in Polen ein, da er Rußland vernichtet glaubte. Der Krieg näherte sich sonach den preußischen Grenzen, und Friedrich schloß, da Polen in seinem Innern zu vielfach zerrissen war, als daß es ihm Anhalt hätte gewähren können, mit Karl XII. im August 1703 einen Vertrag dahin ab, daß dieser die preußische Königswürde anerkannte, Friedrich dagegen versprach, während dieses Krieges nicht die Waffen gegen Karl zu ergreifen. Von diesem Versprechen konnte ihn weder der Besuch der Könige von Dänemark und Polen, der 1709 in Berlin gerade zu der Zeit Statt fand, wo Karl XII. die so höchst unglückliche Schlacht bei Pultawa gegen Rußland verlor, noch der Czar Peter, mit dem er gegen Ende des Jahres in Marienwerder eine persönliche Zusammenkunft hatte, zurückbringen; er kenne nur Einen Feind, das sei Ludwig XIV. von Frankreich; so lange ihm Karl keine Ursach biete, das bisherige Verhältniß zu ändern, würde er durchaus parteilos bleiben. Auf diese Weise vermied er sich in den nordischen Krieg einzumischen, da er zu sehr fühlte, daß seine Kräfte nicht ausreichten, zu gleicher Zeit an dem Kriege gegen Frankreich und gegen Schweden sich zu betheiligen. So groß war aber bereits das Ansehn Preußens, daß, wenn auch Friedrich den Durchzug schwedischer, russischer und sächsischer Truppen durch seine Staaten nicht verhindern konnte, diese doch alles Mögliche thaten, dem Lande nicht zur Last zu fallen, vielmehr alle Bedürfnisse baar bezahlten und die strengste Mannszucht hielten.

Die Kriege, von denen so eben die Rede gewesen, die Erwerbungen, welche zum Theil mit nicht geringen Kosten von Friedrich gemacht wurden, der Aufwand, den er schon als Kurfürst und noch mehr als König trieb, seine grenzenlose Freigebigkeit verlangten Summen, von denen es wunderbar erscheint, woher sie genommen werden konnten. Zwar wurden ihm bedeutende Subsidien zugesichert, dennoch reichten sie nicht hin, die Erhaltung eines so starken Heeres möglich zu machen, zumal da sie vielfach nicht gezahlt wurden. Während der große Kurfürst beständig in Geld-Verlegenheit war, wurden jetzt Ausgaben aller Art nicht gespart, und doch kann die Schuldenmasse, die der König seinem Sohne zu tilgen hinterließ, unmöglich so übergroß gewesen sein. Aus dem Jahre 1706 ist bekannt, daß die jährlichen Kammer-Einkünfte des Staates — mit Ausnahme der für die Unterhaltung des Kriegsheeres bestimmten — etwa $1\frac{1}{7}$ Mill. Rthlr. betragen haben, von denen

114,346 Rthlr. zu Zinsen für aufgenommene Capitalien verwendet werden mußten; und doch deckte Friedrich Wilhelm I. nicht nur sämmtliche Schulden seines Vaters aus dem Verkauf der auf ihn vererbten goldenen und silbernen Geräthe, Edelsteine und andern kostbaren Gegenstände, so wie auch eines großen Theils des Marstalls, sondern legte auch noch davon zur Gründung eines Staatsschatzes zurück, ungeachtet jene Kostbarkeiten weit unter ihrem Werthe bezahlt worden waren. Die nöthigen Summen zog also Friedrich aus dem Lande selber durch Abgaben, die zwar schwer genug, andrerseits aber doch nur dadurch möglich wurden, daß die Gewerbthätigkeit außerordentlich blühend war. Mußte doch 1696 ein Luxusgesetz gegeben werden, das dem Hange zur Pracht steuern sollte, während gerade in dieser Beziehung der Hof mit keinem guten Beispiel voranging. Zunächst war es eine allgemeine **Kopfsteuer**, die 1691 zum ersten Male erhoben und später noch ein paarmal angewendet wurde. Vom Kurfürsten an, der sich selber mit 4000 Rthlr. ansetzte, bis zu dem geringsten Tagelöhner und der Dienstmagd hinab mußte je nach Stand und Vermögen beigetragen werden, und noch öfter wurden den Beamten Abzüge von ihrem Gehalte gemacht, nur Geistliche und Lehrer ausgenommen. Ferner wurde ohne Beirath der Stände, nur auf königlichen Befehl der **Hufen- und Giebelschoß** wieder allgemein eingeführt; sodann wurden Luxus-Artikel besteuert, nicht nur Karrossen, sondern auch Perrücken so wie Thee, Kaffe, Chocolade ꝛc., ja man dehnte diese Steuer auch auf die nothwendigen Lebens-Bedürfnisse aus, ferner auf Hüte, Strümpfe, Schuhe ꝛc., abgesehen von der **Accise**, die noch erhöht wurde, und zu der noch eine lästige **Salzsteuer** kam. Dabei tauchten höchst sonderbare Projecte auf. 1708 wurde z. B. ein großartiges Geschäft mit Schweineborsten unternommen, mußte aber bereits 1711 wegen vielfacher Verluste wieder aufgegeben werden. So wurde ferner 1702 beabsichtigt, die **Domänen** statt in **Zeit-** in **Erbpacht** zu geben; namentlich war es ein gewisser Luben, der unter dem Namen v. Wulffen geadelt wurde, welcher durch den Verkauf der Inventarien auf den Gütern augenblicklich bedeutende Summen erzielte; doch bald genug gab man dies Unternehmen als ein verfehltes wieder auf. Als Merkwürdigkeit, wie man auch damals noch von der Goldmacherkunst sich günstige Erfolge versprach, dient das Beispiel eines Abenteurers **Dominico Cajetano**, der sich Graf v. Ruggiero nannte, bedeutende Summen zu seinen angeblichen Versuchen verwendete, endlich jedoch 1709 als Betrüger zu Cüstrin gehängt wurde.

Die großen Summen, welche Friedrich für seinen Hof gebrauchte, machten nur einen geringen Theil von dem aus, was noch anderweitig theils seine Freigebigkeit, theils seine Liebe zu Glanz und Pracht verwendete. Künstler aller Art, Maler, Bildhauer, Kupferstecher, Stempelschneider, Baumeister, Musiker wurden in großer Menge und mit großen Kosten herbeigezogen. Viele Orte, namentlich aber seine Hauptstadt, schmückte er mit königlicher Pracht. Es mag hier beispielsweise nur an das königliche Schloß hierselbst, an das Zeughaus, die lange Brücke mit der Bildsäule des großen Kurfürsten, welche 1703 enthüllt wurde, erinnert werden, um zu zeigen, mit welchem Geschmack sich die Kunst hier ausbildete. Der ausgezeichnete Baumeister S ch l ü t e r hat sich hierbei ein dauerndes Denkmal gegründet, und seine Stelle wurde durch Eosander v. Göthe, der ihn aus der Gunst des Königs verdrängte, nicht wieder ausgefüllt. Unter andern königlichen Bauten mag hier das Schloß und der Garten zu Ließen genannt werden, das Friedrich's zweite Gemahlin, Sophie Charlotte von Hannover, zu ihrem Sitze erler, und das nach ihr Charlottenburg genannt wurde. Aber auch für andere Bedürfnisse wurde viel gebaut, und namentlich gewann Berlin eine bedeutende Erweiterung. Die Saale wurde durch Anlegung von zweckmäßigen Schleusen bei Halle schiffbar gemacht, in Preußen durch Grabung des Friedrichs-Canals der Verkehr gehoben, während andrerseits durch Anlegung von Bergwerken, Hämmern, Manufacturen und Fabriken ein neuer Aufschwung für die Gewerbe herbeigeführt wurde. Diesem Streben leisteten die zahlreichen Einwanderungen von Franzosen, Wallonen, Pfälzern und Schweizern vortreffliche Beihülfe, die in den verschiedenen Gegenden des Landes angesiedelt und auf alle Weise unterstützt wurden, damit sie das neue Vaterland lieb gewinnen möchten.

Friedrich's zweite Gemahlin, die vorhin genannte Sophie Charlotte, mischte sich zwar nicht in Regierungs-Angelegenheiten, doch hat sie als eine trefflich gebildete, lebhafte Fürstin großen Einfluß gehabt auf die geistige Erhebung und Entwicklung des Volkes. Für die geistige Bewegung ist die Gründung der Universität Halle, zu welcher der Kaiser 1693 den Freiheitsbrief bewilligte, und welche 1694 eingeweiht wurde, die Gründung der Akademie der Künste 1699 und der Akademie der Wissenschaften zu Berlin 1700, deren Einweihung aber erst 1711 erfolgte, so wie andrer wissenschaftlichen Institute von großer Bedeutung geworden. Es darf hier nur an die Namen von Leibnitz, Thomasius, Wolff, Lange, v. Pufendorf 2c. erinnert werden, um die Geistesfrische zu erklären, welche das neue Königthum um sich verbreitete. Nicht geringer war die geistige Regsamkeit auf kirchlichem Gebiete. Die ehrwürdigen Männer S p e n e r, der Stifter des praktischen Christenthums, F r a n k e, der Gründer des halleschen Waisenhauses, v. Canstein, der sein ganzes Vermögen auf die Verbreitung des göttlichen Wortes verwendete, werden für alle Zeiten beredte

Zeugen für das lebendige Streben bleiben, welches die damalige Zeit bewegte. Beschränke man auch den Antheil, den Friedrich an diesen erfreulichen Geistes-Regungen genommen, auf das kleinste Maß, so läßt sich doch die Thatsache nicht in Abrede stellen, daß er willig zu der Herbeiführung dieses neuen Geisteslebens die Hand geboten, und daß es also mehr als Zufall war, daß gerade von Preußen diese Bewegung ausging. — Mit diesem Aufleben der Wissenschaft in Preußen stand die Einführung des neuen Kalenders im Zusammenhange. Die Unbequemlichkeit der alten Zeitrechnung war immer fühlbarer geworden; man zog es deshalb vor, den verbesserten Kalender einzuführen, wenn man auch in Bezug auf das Osterfest nicht den Bestimmungen des Gregorianischen folgte. Seit dem 1. März 1701 wurde nach ihm gezählt, während man noch am Tage zuvor nach dem alten den 18. Februar geschrieben hatte.

Die wahrhafte Frömmigkeit Friedrich's, die sich in seiner ganzen sittlichen Erscheinung aussprach und sich in dem Bau von Kirchen und in sonstigen Liebeswerken bethätigte, gab auch Veranlassung, daß Preußen immer kräftiger als der Schirm und Schild des Protestantismus hervortrat und um so mehr, seit das sächsische Kurhaus zum Katholicismus übergetreten war, um die polnische Krone für sich zu gewinnen. Fast kein Jahr ist in der Regierung Friedrich's vorübergegangen, wo er nicht in Schlesien, in der Pfalz oder sonst in Deutschland sich der bedrückten Protestanten annahm, die dadurch gewöhnt wurden, fortan Preußen als ihren Schirmherrn anzuerkennen. Und nicht war es beschränkter Glaubenseifer, der Friedrich leitete, sondern er hielt an dem Grundsatz fest, daß in Glaubenssachen volle Freiheit statt finden müsse, doch so, daß nicht Anders-Gläubige in ihrer Anschauung behindert oder gestört würden. Namentlich sprach er dies aus, als 1703 die Juden angeklagt wurden, daß sie in gewissen Gebeten Christus verspotteten. Keine Verfolgung trat ein, sondern es erfolgte nur der Befehl, diese Gebete in den Synagogen laut und ohne alle verächtlichen Geberden zu sprechen, in Privat-Versammlungen aber sie ganz zu unterlassen. Uebertreter dieses Gebots sollten aus dem Lande verwiesen werden; denjenigen, der dennoch insgeheim dagegen fehle, würde Christus schon selber zu strafen wissen.

Einen Schatten wirft allerdings auf die Regierungsweise das Getreibe, das bei Hofe Statt fand, sich einander aus der Gunst des Fürsten zu drängen. Selbst der hochgestellte, von Friedrich so hochgeschätzte Eberhard v. Dankelmann unterlag bei seinem geraden, allerdings zum Theil schroffen Sinne diesem Treiben. Gleich nach Antritt seiner Regierung hatte ihn Friedrich zum Geheimen Staats- und Kriegsrath, bald darauf zum Ober-Präsidenten und ersten Minister ernannt und ihm fast unumschränkt das Steuer der Regierung überlassen. In dieser Stellung hat Dankelmann durch Verfolgung einer festen Politik sich ausgezeichnetes Verdienst erworben, seine Stelle ist nicht wieder ausgefüllt worden. Daß er dem Kurfürsten abgerathen habe, sich zum Könige zu erheben, ist schon längst widerlegt; er arbeitete vielmehr mit aller Kraft zu diesem Ziele hin, ungeachtet ihm der Vorwurf gemacht wurde, daß er Unmögliches erstrebe. Sein ernster Charakter — man behauptet, daß er nie gelacht habe —, seine oft große Rücksichtslosigkeit gegen Friedrich gaben die Veranlassung, daß allmählich die Zuneigung desselben gegen ihn erkaltete. Er forderte und erhielt 1697 seinen Abschied, anfänglich mit bedeutender Pension; doch schon wenige Tage später mußte er Berlin verlassen und wurde sogar nach Spandau abgeführt, sein Vermögen wurde mit Beschlag belegt, noch ehe eine Untersuchung gegen ihn eingeleitet wurde. In nicht weniger als 290 Anklage-Punkten wurde ihm Pflichtvergessenheit, Eigennutz und Uebermuth zum Vorwurfe gemacht, und er wurde zu lebenslänglicher Haft in Peiz verurtheilt. 1702 wurde diese Haft in etwas ermäßigt; doch erst 1707 wurde er derselben entlassen, erhielt Kotbus als Wohnort angewiesen und ein Jahrgeld von 2000 Rthlrn. Friedrich Wilhelm I. rief ihn nach seiner Thronbesteigung nach Berlin, benutzte vielfach seinen Rath, gab ihm aber sein Vermögen nicht zurück. Er starb 1722 im 80. Lebensjahre.

In seine Stelle war der Reichsgraf Kolb v. Wartenberg getreten, der schon von dem großen Kurfürsten aus pfälzischen in brandenburgische Dienste gezogen werden sollte. Seit dem Regierungs-Antritt Friedrich's nahm er hier eine Stellung an, und häufte eine so große Menge der wichtigsten Aemter auf seine Person, daß seine Besoldung sich auf mehr als 120,000 Rthlr. belaufen haben soll. Noch ehe er den Titel eines Staatsrathes und Ober-Präsidenten führte, war er die Seele der Verwaltung. Als ein liebenswürdiger, äußerst gewandter Hofmann wußte er sich die Gunst Friedrich's in ausgezeichnetem Grade zu erwerben und zu erhalten, und dabei besaß er so große Menschenkenntniß, daß er zu den Staatsgeschäften die tüchtigsten Männer heranzuziehen wußte, die auch unter der Regierung Friedrich Wilhelm's I. ihre Stellung ehrenhaft behaupteten. Auf sie warf er mit ausdrücklicher Genehmigung Friedrich's die ganze Verantwortlichkeit der Verwaltung und sorgte nur dafür den König auf alle Weise von der Controle, namentlich der Finanzen abzuziehen. Der Uebermuth seiner Gemahlin, die aus niederem Stande durch ihren Stolz die ärgerlichsten Scenen veranlaßte, trug viel zu seinem Sturze bei. Großes Unglück im Lande ließ den Plan des Kronprinzen gelingen, den Mächtigen zu verdrängen. Eine furchtbare Feuersbrunst hatte 1708 die

Stadt Crossen in Asche gelegt, und ungeachtet eine Feuerkasse errichtet worden war, wurde ihr doch jede Unterstützung versagt, da die eingegangenen Gelder anderweitig verwendet worden waren. Dazu kam 1709 eine furchtbare Pest in Preußen, die erst im folgenden Jahre erlosch, nachdem sie ein Drittel der Bevölkerung weggerafft hatte. Es fehlte an allen Mitteln, wirksame Vorkehrungen gegen dies furchtbare Uebel zu treffen, und noch mehr, die Unglücklichen zu unterstützen. Die Mittheilungen hierüber versetzten den König in die größte Betrübniß; die Entlassung Wartenberg's wurde sogleich verfügt, und derselbe aus dem Lande verbannt, wenn ihm auch die Gnade des Königs die bedeutende Pension von 24,000 Rthlrn. festsetzte. Er starb 1712. — Seitdem lebte der König eingezogener, zumal da vielfaches Unglück ihn in der Familie betraf, und er hart von Krankheit heimgesucht wurde.

Friedrich hat das eigenthümliche Schicksal gehabt, von den Geschichtschreibern, ja unter ihnen von seinem eignen Enkel Friedrich dem Großen, vielfach verkannt und in allen seinen Regierungs-Maßregeln getadelt zu werden. Man ist hierbei so weit gegangen, daß man z. B. von ihm behauptete, seine Erziehung sei eine völlig vernachläßigte gewesen, während, wie oben erwähnt, sie den besten Händen anvertraut war. Man hat ihm unempfindliche Härte gegen die Leiden seines Volkes zum Vorwurf gemacht, das durch die schwersten Abgaben gedrückt worden sei, und doch ist selten ein Monarch so bei dem ganzen Volke beliebt gewesen wie gerade König Friedrich. Man hat ihn ferner ungemessener Freigebigkeit und Verschwendung beschuldigt, durch welche er den Wohlstand seines Volkes zu Grunde gerichtet habe, und doch hinterließ er seinem Nachfolger ein zahlreiches, wohlgeübtes, sieggekröntes Heer; aus seinem Nachlaß konnten, wie oben erwähnt, die vorhandenen Schulden bequem gedeckt, ja sogar der Anfang gemacht werden, einen Staatsschatz anzusammeln, und sein Sohn Friedrich Wilhelm mußte alle möglichen Mittel aufbieten, um dem Volke den alten Wohlstand wieder zu schaffen, den er durch Verbannung von allem Luxus demselben genommen hatte. Man hat ihn ferner wegen Trägheit, Wankelmuth und Schwäche getadelt, und doch war er thätig oft bis zur Peinlichkeit; mit der größten Beharrlichkeit verfolgte er seine Zwecke, ohne sich durch gebotene Vortheile von seinem Vorhaben oder seiner Pflicht abwenden zu lassen; sein gegebenes Wort hielt er treu, und er fügte sich selbst da der Nothwendigkeit, wo der König den Menschen verleugnen mußte. Vorzugsweise endlich ist ein heftiger Ehrgeiz, eine übergroße Eitelkeit bitter an ihm getadelt worden. Nur daher sei es gekommen, daß Friedrich sich mit so übermäßigem Kostenaufwande in endlose Kriege gestürzt habe, und doch muß man zugeben, daß gerade diese Theilnahme an den damaligen Welthändeln Preußen seine hervorragende

Stellung gegründet hat. Aus jener Eitelkeit sei das Streben nach der Königskrone hervorgegangen, und doch hat man zugestehen müssen, daß ihre Erlangung ein diplomatisches Meisterstück war, das nur durch kluge Benutzung günstiger Umstände möglich wurde; daß die Königskrone erst das Haus Brandenburg von dem Joche befreite, in welchem der Kaiser damals die deutschen Fürsten hielt, daß Friedrich damit seinen Nachfolgern einen Stachel zum Ruhme hinterließ, und daß seine Selbstkrönung aus dem Gefühl von seiner Würde und Macht hervorging. Eben jener Eitelkeit wird alles das zugeschrieben, was der König für Kunst und Wissenschaft gethan, und doch läßt sich nicht verkennen, daß er mit richtigem Tacte zu wählen wußte und daß er für einen geläuterten Geschmack Sorge getragen hat, dessen Werke noch heut die Bewunderung der Kenner erregen. — Woher es gekommen, daß das Urtheil über ihn ein so ungünstiges geworden ist, daß seine Fehler und Schwächen einen so harten Tadel erfahren haben, erklärt sein Enkel Friedrich II. selber dadurch, daß er das Unglück gehabt habe, zwischen einen Vater und einen Sohn gestellt worden zu sein, deren überwiegendes Talent ihn verdunkelt habe. Das aber haben auch seine härtesten Tadler zugegeben, daß, wenn er auch zu schwach war den französischen Einfluß von sich fern zu halten, er doch in sittlicher Beziehung rein und fleckenlos dasteht, zu einer Zeit, wo französische Maitressen-Wirthschaft mehr oder weniger an allen Höfen üblich geworden war. Sein Volk selber schrieb, bezeichnend genug, die Mißgriffe, welche unter seiner Regierung gemacht wurden, nicht ihm, sondern seinen Günstlingen zu, welche es zu verhüten wußten, daß die Wünsche und Klagen des Volkes zu seinen Ohren gelangen konnten.

Friedrich ist dreimal vermählt gewesen. Seine erste Gemahlin (seit 1679) war Elisabeth Henriette von Hessen-Kassel, die jedoch schon 1683 starb und nur eine Tochter hinterließ, Louise Dorothea Sophie, später vermählt mit dem Erbprinzen Friedrich von Hessen-Kassel, dem nachmaligen König von Schweden. Ihr Tod erfolgte schon 1705, und sie hat keine Kinder hinterlassen. Bereits 1684 vermählte sich Friedrich zum zweiten Male, mit der 16jährigen Sophie Charlotte, der Tochter des Kurfürsten Ernst August von Hannover, deren Schönheit ihrem ausgezeichnet gebildeten Geiste gleichkam. Wie sie vielfach die geistigen Bestrebungen in ihrer Umgebung wie im ganzen Lande anzuregen wußte, dessen ist schon oben gedacht worden. Von ihren beiden Kindern starb der ältere Sohn schon im ersten Lebensjahre 1686, der zweite, 1688 geborne, war der nachherige König Friedrich Wilhelm. Nach ihrem Tode 1705 ließ sich der König theils durch die Befürchtung, die königliche Familie wäre dem Aussterben nahe, theils aus Staats-Interessen 1708 zu einer dritten Ehe bestimmen, mit Sophie

Louise von Mecklenburg=Schwerin. Diese Ehe blieb kinderlos und war keine glückliche. Streng lutherisch gesinnt versuchte die Königin, auch ihren Gemahl zu dieser Lehre herüber zu ziehen und entfremdete sich dadurch gänzlich denselben, der eben so eifrig reformirt war. Sie verfiel darauf in Trübsinn, der sich später bis zum Wahnsinn steigerte. In einem Anfall desselben überfiel sie eines Tages den König, der auf einem Armstuhle schlummerte. Sie wurde zwar schnell in ihr Zimmer zurückgebracht und nachmals zu ihrer Mutter nach Grabow geschickt; den König hatte aber über den schrecklichen Auftritt das Fieber ergriffen; er glaubte die weiße Frau gesehn zu haben und gab die Hoffnung auf seine Genesung auf. Wenige Wochen nach diesem erschütternden Vorfall starb er am 25. Februar 1713.

2. Friedrich Wilhelm I. 1713—1740.

Als König Friedrich Wilhelm I. den Thron bestieg, waren noch zwei Kriege an den Grenzen seines Reiches in vollem Gange, der spanische Erbfolge= und der nordische Krieg. Den ersteren stand man im Begriff abzuschließen, in den zweiten griff Friedrich Wilhelm erst später thätig ein, nachdem er anfangs, wie sein Vater gethan, sich jeder Theilnahme enthalten hatte.

Das Glück hatte noch einmal Ludwig's Ausdauer gekrönt. Wenn es ihm auch nicht gelungen war, Friedrich I. zu bewegen, sich nach dem Tode Joseph's um die Kaiserkrone zu bewerben, der König vielmehr der erste gewesen war, der sich entschieden für das Haus Oesterreich erklärte, so war doch durch den Sturz des englischen Ministeriums für Frankreich eine entschiedene Wendung der Dinge eingetreten. England verhandelte zunächst insgeheim mit Frankreich und forderte darauf seine Verbündeten zum Beitritt auf, widrigenfalls es allein Frieden mit Ludwig schließen würde. Zugleich wurde Marlborough vom Oberbefehl abberufen, und das englische Heer enthielt sich fortan der Mitwirkung im Felde. Da kamen endlich die Unterhandlungen zu Utrecht zu Stande 1712, die im April 1713 ihren Abschluß erhielten. Philipp, Ludwig's jüngerer Enkel, wurde als König von Spanien anerkannt und trat an England Gibraltar und die Insel Minorca, an Savoyen die Insel Sicilien ab. Auch Portugal und Holland hatten sich diesem Frieden angeschlossen. Friedrich Wilhelm hatte es durchzusetzen gewußt, daß bei diesen Verhandlungen ihm die Forderungen erfüllt wurden, welche sein Vater bereits gestellt hatte. Am 15. Mai 1713 trat er diesem Frieden unter der Bedingung bei, daß Frankreich die Königswürde Preußens so wie den Besitz von Neufchatel und Valengin anerkannte, und daß ihm das bis dahin spanische Ober=Geldern, d. h. die Stadt Geldern nebst allen Aemtern, Städten, Dörfern, Lehnen und deren Zubehörungen auf ewig abgetreten wurde, wogegen er seinen Ansprüchen auf das Fürstenthum Oranje und die in der Grafschaft Burgund gelegenen Herrschaften entsagte, obwohl er Titel und Wappen dieses Landes auch ferner führen durfte. Zugleich versprach er auf sein königliches Wort, die Erben des Prinzen Johann Wilhelm Friso von Nassau=Oranien durch ein Aequivalent zufrieden zu stellen, so daß auch diese nicht befugt sein sollten, auf die an Frankreich gefallenen, aus der oranischen Erbschaft herstammenden Lande künftig Ansprüche zu erheben. Der Kaiser, der diesem Friedensschlusse nicht beigetreten war, suchte zwar Preußen dies neue Besitzthum streitig zu machen, wurde aber endlich von England zur Einwilligung bestimmt; denn auch er bequemte sich im März 1714 zu Rastadt einen Frieden mit Frankreich einzugehen, der noch immer vortheilhaft genug für ihn war. Er erhielt Neapel und die übrigen spanisch=italienischen Besitzungen nebst der Insel Sardinien so wie die spanischen Niederlande. Mit dem deutschen Reiche wurde, um doch den Schein von Selbstständigkeit für dasselbe zu wahren, noch besonders im September 1714 zu Baden in der Schweiz der Frieden abgeschlossen.

Auf das **Herzogthum Gelbern** hatte Friedrich Wilhelm oder vielmehr schon sein Vater als Herzog von Cleve Ansprüche erhoben, und es ist bereits oben die Rede davon gewesen, daß dies Land in den Complex der nicht unbedeutenden Besitzungen gehörte, welche von den Herzögen von Jülich=Cleve=Berg vereinigt worden waren. In den ältesten Zeiten ursprünglich eine Landvogtei des deutschen Reiches kam es 1061 nach dem Aussterben der älteren Besitzer in die Familie Nassau. Otto I., der die Erbtochter geheirathet hatte, wurde bereits 1079 zum Grafen von Gelbern ernannt, während ein späterer Nachfolger, Reinhold II. der Rothe 1339 zum Herzog erhoben wurde. Mit diesem Herzogthum Gelbern an der Maas, um die gleichnamige Stadt zwischen den Herzogthümern Cleve und Brabant, vereinigte die Familie Nassau im Laufe der Zeit noch die Grafschaft Zütphen an der Yssel, die Grafschaft Veluwe zwischen jener und dem Rhein so wie die Grafschaft Betuwe zwischen Rhein und Maas, wo beide Flüsse durch die Waal mit einander verbunden werden. Dieser Anwuchs des Herzogthums gab zu der Eintheilung desselben in vier Viertel oder Quartiere Veranlassung, von denen diese drei letzten Nieder=, jenes ursprüngliche erste Ober=Gelbern genannt wurde. Die Familie starb 1372 mit den beiden Brüdern Reinhold III. und Eduard aus, durch deren Schwester Maria das Land an ihren Sohn, den Herzog Wilhelm III. von Jülich, kam. Nachdem aber dieser 1402 und sein Bruder Reinhold IV. 1423 gestorben waren, ging durch ihre Schwester Johanna das Herzogthum Gelbern an die Herren von Erkel und von

Egmont über. Seitdem begann für Geldern eine traurige Zeit beständiger Kriege, die sich länger als ein Jahrhundert hinzogen. Arnold von Egmont, der Enkel jener Johanna, nämlich hatte sich zwar die Belehnung mit diesem seinen Erbe vom Kaiser Siegmund zu verschaffen gewußt, doch hatte er viel mit dem Herzog Adolf I. von Berg zu kämpfen, der als nächster männlicher Verwandter der ausgestorbenen Herzöge von Jülich nicht nur das Herzogthum Jülich in Besitz nahm, sondern auch Geldern beanspruchte und zwar, weil die Herren von Egmont nicht dem hohen Adel angehörten, also auch nicht Erben eines Herzogthums sein könnten. Er brachte es auch bei dem Kaiser dahin, daß dieser die Belehnung Arnold's für nichtig erklärte, Geldern an Adolf überwies, und nach dem Tode desselben seinen Neffen Gerhard II., Herzog von Jülich-Berg, ebenfalls mit Geldern belehnte. Diese Belehnung wurde zwar später von Kaiser Friedrich III. wiederholt, doch erkannte eben derselbe auch Arnold von Egmont als Herzog von Geldern an, dem es unter solchen Umständen gelang, sich in dem Besitze des Landes zu behaupten.

Verwickelter wurde noch die Sache, als Arnold von seinem eignen Sohne 1465 gefangen gesetzt und erst nach sechsjähriger Haft durch Herzog Karl den Kühnen von Burgund befreit wurde; denn er verpfändete diesem sein Land, der 1472 nach Arnold's Tode gewaltsam Besitz davon nahm, nachdem er sich der Person Adolf's bemächtigt hatte. Kaiser Friedrich belehnte ihn auch mit demselben, und Karl stand längere Zeit mit jenem Gerhard II. von Jülich-Berg, ihm seine Ansprüche käuflich zu überlassen, in Unterhandlungen, ohne daß jedoch von ihm die bedungene Summe ausgezahlt worden wäre. Darauf erfolgte 1477 Karl's Tod bei Nancy, und obgleich Adolf dadurch seine Freiheit wieder erhielt, so starb er doch gleich darauf, noch ehe er sich in seinem Erblande hätte festsetzen können. Erst sein Sohn Karl brachte 1492 das Land wieder an sich, das unterdeß an Karl des Kühnen Schwiegersohn Maximilian übergegangen war. Vergeblich unterhandelte auch Gerhard's Sohn, Wilhelm II. von Jülich-Berg, mit Karl, daß das Land unter beide getheilt würde; mit französischer Hülfe behauptete sich letzterer im Besitz des Ganzen und gab nur später der Uebermacht des Kaisers Karl V., des Enkels von Maximilian, in sofern nach, als er 1528 bestimmte, daß nach seinem Tode das Land an den Kaiser fallen sollte, falls er keine Söhne hinterließe. Dieser Vertrag wurde noch 1536 bestättigt; die Landstände versagten jedoch ihre Genehmigung und bestimmten 1537 Wilhelm den Reichen, Herzog von Jülich-Cleve-Berg und Enkel des vorhin genannten Wilhelm von Jülich-Berg, zu seinem Nachfolger, und Herzog Karl bestätigte 1538 diese Wahl in seinem Testamente. Gleich darauf starb er, und obgleich der Herzog Wilhelm große Anstrengungen machte von dem Lande Besitz zu nehmen, mußte er es doch 1543 an Karl V. überlassen, der es nebst der übrigen burgundischen Erbschaft seinem Sohne Philipp II. hinterließ. Bei dem Aufstande der Niederlande schloß sich Nieder=Geldern an Holland an, in welchem es noch jetzt die Provinz Geldern bildet. Der südliche getrennte obere Theil oder das eigentliche Geldern, das noch unter spanischer Oberhoheit geblieben war, wurde nun im Laufe des spanischen Erbfolgekrieges von Preußen besetzt und im Utrechter Frieden demselben theils in Folge der älteren Ansprüche, theils als Entschädigung für Oranien zugesprochen. Im Luneviller Frieden 1801 kam es an Frankreich und kehrte erst durch den Wiener Congreß unter preußische Oberhoheit zurück, so jedoch, daß der westliche Theil an Holland überging, wogegen Preußen einige Theile von Geldern erhielt, welche 1713 bei Oesterreich geblieben waren.

Während Friedrich Wilhelm sein Reich, wenn auch nicht durch eine große Erwerbung, auf der Westseite abrundete, erhielt er zugleich freie Hand, in den nordischen Krieg (1700—1721) kräftig einzugreifen, der gerade damals mehr als je Preußen berührte und zwar in seinem Kerne, dem Elb= und Oderlande. Nachdem nämlich Karl XII. von Schweden Peter den Großen 1700 bei Narwa besiegt und 1704 in Polen an Stelle des abgesetzten Königs August II. den Stanislaus Lesczinsky hatte erwählen lassen, war er durch Schlesien in Sachsen eingedrungen und hatte im Altranstädter Frieden 1706 Friedrich August genöthigt, der polnischen Krone zu entsagen und Stanislaus als König von Polen anzuerkennen. Dann war er aufgebrochen, um Rußland völlig zu demüthigen, hatte aber durch die unglückliche Schlacht bei Pultawa (1709) alle seine Plane vereiteln gesehen. Mit wenigen Begleitern hatte er sich auf türkisches Gebiet gerettet und bot mehrere Jahre hindurch in dieser freiwilligen Verbannung Alles auf, die Türken zum Kriege gegen Rußland zu bewegen. Diese lange Abwesenheit von seinem Reiche benutzten nun seine Feinde vortrefflich. Friedrich August von Sachsen nahm wieder von Polen Besitz und verband sich aufs neue mit Rußland und Dänemark gegen Schweden. Zwar war in dem s. g. Haager Concert 1710 durch Vermittlung des Kaisers, Englands und Hollands bestimmt worden, daß das deutsche Reich sich bei diesem Kriege neutral erklärte, und daß deshalb die kriegführenden Mächte das Gebiet desselben verschonen sollten; doch wurde ungeachtet dieses Abkommens, das überdies von Karl XII. nicht anerkannt wurde, Mecklenburg und Holstein der Schauplatz des Krieges, während auch Bremen und Verden durch die Dänen besetzt wurde. Der schwedische General Steenbock war bei Gadebusch feindlich mit den Dänen und Sachsen zusammengestoßen und hatte daselbst 1712 über beide gesiegt. Bald genug aber mußte er sich, nach Tönningen zurückziehen und sich

24*

sogar dort im Mai 1713 ergeben. Seitdem sah sich Schweden genöthigt, seine deutschen Besitzungen dadurch sicher zu stellen, daß es dieselben einer neutralen Macht anvertrauen wollte, und Karl gab dazu seine Einwilligung. Der präsumtive Erbe von Schweden, der Herzog Karl Friedrich von Holstein-Gottorp, einigte sich deshalb im Juni und Juli 1713 zu Hamburg und Berlin mit dem Könige Friedrich Wilhelm dahin, Wismar und Stettin im Interesse Schwedens gemeinschaftlich zu besetzen und keiner andern Macht zu überlassen, sondern sie gleich nach beendigtem Kriege in dem Zustande, wie sie dieselben erhalten, an Schweden zurückzuliefern. Der Befehlshaber in Stettin jedoch, der schwedische General Meyerfeld, weigerte sich diese Festung zu übergeben und veranlaßte dadurch eine Belagerung von Seiten der Russen und Sachsen, die ihn zur Ergebung zwang. Nach dem Vertrage von Schwedt, den Preußen im October 1713 mit Peter und Friedrich August schloß, besetzte der König gemeinschaftlich mit dem Herzoge von Holstein die Festung, die sie in keinem Falle vor Abschluß des Friedens an Schweden abtreten wollten, Preußen erklärte sich aller Theilnahme an dem Kriege zu enthalten und den Theil von Pommern, der den Schweden entrissen wäre, in Sequestration zu nehmen und zu verhindern, daß von hier aus Schweden die Verbündeten angriffe. Als Entschädigung für die Belagerungskosten übernahm Holstein-Gottorp 200,000 Rthlr. an Sachsen zu zahlen, Preußen eben so viel an Rußland. Da aber Holstein außer Stande war, seinen Antheil an Sachsen zu entrichten, übernahm Friedrich Wilhelm auch diese Schuld, ließ jedoch im August 1714 noch Verstärkung in Stettin einrücken, und eben so besetzte er das ganze Gebiet, das ihm bis zur Peene nebst Wolgast, Usedom und Wollin zur Sequestration eingeräumt worden war.

Karl XII. hatte von der Türkei aus gegen diese Vorgänge protestirt und bei dem Kaiser beantragt, ihm seine deutschen Staaten zu schützen und Stettin wiederzuverschaffen, doch waren die desfallsigen Verhandlungen des Kaisers erfolglos geblieben. Als nun Karl mit merkwürdiger Schnelligkeit auf großen Umwegen am $\frac{11}{22}$. November 1714 in Stralsund anlangte, forderte er wenige Tage nachher Preußen zu guter Freundschaft auf, vor allem aber Stettin ohne weitere Entschädigung zurück. Vergeblich bot Friedrich Wilhelm sogar ein paar Millionen Thaler baaren Vorschuß, wenn Karl den Sequestrations-Vertrag anerkenne; letzterer blieb bei seiner Forderung. Der Landgraf Karl von Hessen-Kassel, dessen Sohn Friedrich in erster Ehe mit der Schwester Friedrich Wilhelm's vermählt gewesen war und sich damals mit Karl's XII. Schwester Ulrike Eleonore verheirathete, übernahm die Vermittlung. Er erbot sich die Rückzahlung der preußischen Forderung zu übernehmen, Karl XII. von allen Feindseligkeiten auf deutschem

Gebiete abzuhalten und zu dem Ende Stettin mit hessischen Truppen zu besetzen; dagegen sollte Friedrich Wilhelm sogleich Stettin räumen und seinerseits verhindern, daß die Verbündeten schwedisch-deutsches Gebiet angriffen. Dieser verwarf jedoch die Anträge, im Einverständnisse mit Rußland und Polen. Noch während dieser Verhandlungen begann aber Karl XII. die Feindseligkeiten dadurch, daß er die Preußen auf Usedom und Wollin überfiel und durch Uebermacht zurückdrängte, da Holstein-Gottorp nur die gemeinschaftliche Besetzung von Stettin und Wismar mit Preußen verabredet hätte. Dies bestimmte denn Friedrich Wilhelm, den Schweden im April 1715 den Krieg zu erklären, und zugleich sammelte sich ein preußisches Heer von 32,000 Mann zwischen Stettin und Schwedt, von dem Fürsten Leopold von Dessau unter dem Oberbefehl des Königs selber geführt. Die holsteinische Besatzung in Stettin wurde entwaffnet und allen Preußen, die in schwedischen Diensten waren, bei schwerer Strafe geboten, ohne Säumen zurückzukehren. Damit schloß sich zugleich der König den andern gegen Schweden verbundenen Mächten an, und zu dem preußischen Heere stießen noch sächsische und dänische Truppen, so daß nicht weniger als 60,000 Mann gegen 14,000 Schweden aufbrachen.

Da man noch immer auf Nachgiebigkeit von Seiten Karl's gehofft hatte, auch die Hülfstruppen und das schwere Belagerungsgeschütz nur allmählich eintrafen, überschritt man erst im Juli die schwedisch-pommersche Grenze, und während das Hauptheer sich anschickte, Stralsund einzuschließen, wurden Usedom, Wollin, Wolgast und Greifswalde von der schwedischen Besatzung gereinigt. Doch konnte man auf keinen Erfolg der Belagerung hoffen, wenn nicht zuvor Rügen genommen war, um der Festung die Verbindung zur See abzuschneiden. Mit etwa 19,000 Mann der Verbündeten setzte Leopold von Dessau auf zahlreich zusammen gebrachten Schiffen in der Mitte des November aus der dänischen Wieck bei Greifswalde nach Rügen hinüber und landete glücklich bei Stresow (unweit Putbus); die Könige von Preußen und Dänemark waren bei dem Zuge. Vergeblich war der Angriff Karl's; er wurde mit großem Verluste zurückgeworfen und nach wenigen Tagen gezwungen, die Insel ganz zu räumen; von der 7000 Mann starken Besatzung auf derselben retteten sich nicht viel über 2000 nach Stralsund, dessen Fall durch diese Eroberung beschleunigt wurde. Am 19. December rettete sich zwar Karl selber durch das Eis und entkam glücklich nach Schweden, die Stadt jedoch wurde schon den 26. December von den Verbündeten besetzt; die Besatzung wurde kriegsgefangen mit Ausschluß von 1000 National-Schweden, die man später in ihre Heimath zurückschickte. Wie Friedrich Wilhelm zu Anfang des Feldzuges einen allgemeinen Buß- und Bettag angeordnet hatte, so ließ er nach seiner Rückkehr nach Berlin in allen Kirchen des Landes ein Lob- und Dankfest abhalten und beschenkte die Generale reichlich, die sich bei der Eroberung von Stralsund ausgezeichnet hatten.

Da im Frühjahr des Jahres 1716 sich auch der letzte Ort, den die Schweden in Deutschland besaßen, Wismar, ergeben mußte, hatte hier der Kampf ein Ende, damit aber nicht der Krieg überhaupt; erst als Karl XII., indem er den Dänen Norwegen entreißen wollte, bei der Belagerung von Friedrichshall den 11. December 1718 erschossen worden war, neigte seine Schwester und Nachfolgerin Ulrike Eleonore sich zum Frieden. Georg I., Kurfürst von Hannover, der nach der Königin Anna Tode 1714 den englischen Thron bestiegen, hatte 1715 Bremen und Verden von den Dänen käuflich an sich gebracht, nachdem er auch dafür die dänischen Ansprüche auf die holstein-gottorpschen Lande garantirt, und sich seitdem ebenfalls Karl's Feinden angeschlossen, um bei einem dereinstigen Friedens-Abschluß diese Erwerbung sicher zu stellen. Insbesondere hatte er sich eng mit Preußen verbündet und diesem seine Vermittlung zugesagt, daß ihm im Frieden Pommern mit Stettin abgetreten werden sollte. Mit diesem Könige Georg nun schloß Schweden zunächst Frieden, da es sah, daß es den vereinigten Feinden nicht gewachsen sei; gegen eine Entschädigungssumme von einer Million Thalern trat es Bremen und Verden an Hannover ab und erhielt zugleich von Georg die Zusage von Hülfe gegen Rußland, von dem Schweden damals am meisten bedroht wurde. Durch englische Vermittlung kamen darauf am 29. August 1719 zu Stockholm Friedens-Präliminarien zwischen Schweden und Preußen zu Stande, welche am $\frac{21.\ \text{Januar}}{1.\ \text{Februar}}$ 1720 zum völligen Abschluß gediehen. Danach trat Schweden an Friedrich Wilhelm außer dem, was es noch auf der Ostseite der Oder besessen hatte (Gollnow, Damm), Stettin nebst den Inseln Usedom und Wollin so wie dem Theile von Pommern zwischen Oder und Peene ab gegen eine Entschädigung von 2 Millionen Thalern, die noch vor Ablauf des Jahres zu zahlen war. Außerdem übernahm Preußen einen Theil der pommerschen Landesschulden im Betrage von etwa 600,000 Rthlrn. und versprach nicht nur Wismar an Schweden zurückzugeben, sondern auch im Verein mit England dahin zu wirken, daß Dänemark den übrigen Theil von Pommern nebst der Insel Rügen den Schweden zurückstelle. Die feierliche Huldigung der übernommenen pommerschen Landschaften erfolgte 1721, die kaiserliche Belehnung jedoch erst 1733.

Außer jenen 2 Mill. Rthlrn. hatte Friedrich Wilhelm in diesem Kriege mit Einschluß der erwähnten Belagerungskosten Stettin's einen Aufwand von 5 Millionen Thalern zu machen gehabt, den er bei seiner sorgfältigen Finanz-Wirthschaft bestreiten konnte, ohne zu einer Anleihe genöthigt zu sein. Die Summe von 7 Millionen Thalern war zwar für das erworbene Gebiet von 94 Quadr.-Ml. eine nicht geringe, und seine Absicht, die Schweden von dem Boden des deutschen Reiches zu verdrängen, war nicht ganz in Erfüllung gegangen, doch hatte er durch die Erwerbung eines so bedeutenden Hafens wie Stettin, das erreicht, jetzt „einen Fuß an dem Meere zu haben, um an dem Commercio der ganzen weiten Welt Antheil nehmen zu können." Dänemark schloß sich diesem Frieden an, gab den Schweden seine Eroberungen zurück und erhielt dagegen die schleswigschen Besitzungen des Herzogs von Holstein-Gottorp; Rußland machte seinen besondern Frieden 1721 zu Nystadt und erhielt außer einem Theile von Finnland die schwedischen Ostsee-Provinzen; mit Polen endlich wurde der Frieden 1729 unterzeichnet, doch ohne daß es bis dahin zu weiteren Feindseligkeiten gekommen wäre.

Durch diesen Krieg war die Macht Schwedens für immer gebrochen, es trat jetzt aus der Reihe der europäischen Großstaaten, und Rußland nebst Preußen nahmen seitdem seine Stelle ein. Das an und für sich arme, wenig bevölkerte Land hatte nur durch das große Genie seiner Könige eine Zeit lang sich zu so hohem Glanze erhoben, den es nach Verlust seiner besten Provinzen später auch nicht annähernd wiedergewinnen konnte. Sein Verlust mußte ihm weit empfindlicher werden im Vergleich zu Frankreich, das zwar durch den spanischen Erbfolgekrieg sein Uebergewicht in Europa verloren hatte, doch vermöge seiner inneren Hülfsquellen und seiner zahlreichen Bevölkerung auch da noch eine wichtige Rolle spielte, als Ludwig's XIV. Urenkel und Nachfolger, Ludwig XV., die Regierung denen überließ, welche den gänzlich in sinnliche Lüste untergegangenen König beherrschten.

Nach diesem Kriege wurde mehrere Jahre hindurch die Ruhe Europa's nicht wesentlich gestört, dagegen suchten die Hauptmächte durch vielfache Bündnisse sich zu stärken oder gegenseitig zu bedrohen; die diplomatischen Künste erhielten ein weites Feld für ihre Thätigkeit. Die Stellung Preußens war aber bereits eine solche geworden, daß es nothwendig in dieses Treiben hineingezogen wurde. Das Bemühen Friedrich Wilhelm's hierbei ging darauf aus, auch für sich Vortheil zu ziehen; er wollte die an Pfalz-Neuburg gefallene Hälfte der jülichschen Erbschaft ganz oder doch theilweis an sich bringen, da der Abgang dieser pfälzischen Linie in Aussicht stand. Es wurde deshalb dieser Gegenstand die Handhabe, mit welcher gewiegte Diplomaten den König zu leiten wußten, und es ist nicht zu leugnen, daß damit eine Zeit für Preußen begann, in welcher es eben keine besondere Rolle gespielt hat, so daß gar vielfach harter Tadel über den König ausgesprochen worden ist. Erwägt man jedoch den Charakter Friedrich

Wilhelm's, seine ächtdeutsche Gesinnung so wie die schwankende Stellung seines Staates, so wird man nicht umhin können, ein milderes Urtheil über seine Politik zu fällen.

In Bezug auf innere Verwaltung ist Friedrich Wilhelm der Schöpfer des preußischen Staates geworden, das haben auch seine Gegner zugestehen müssen. Mit klarem Verstande, mit vieler Umsicht, mit festem, eisernem Willen wußte er das durchzusetzen, was er als richtig und zweckmäßig erkannt hatte, von Widerspruch durfte nicht die Rede sein, und die Thätigkeit der Landstände, welche schon sein Großvater auf ein geringes Maß zurückgeführt hatte, verschwand unter ihm fast ganz. Durchaus anders stellte sich natürlich sein Verhältniß nach außen, wo es darauf ankam, durch geschickte, wenn auch nicht immer die ehrlichsten, Verhandlungen Vortheile für sich zu erwerben. Bei den Schlangenwindungen, welche gerade in jener Zeit die Politik der Großstaaten einschlug, wo der augenblickliche Vortheil heute Bündnisse schloß, die er morgen mit entgegengesetzten vertauschte, konnte ein so offner, gerader, biederer Charakter, wie Friedrich Wilhelm ihn besaß, unmöglich sich zurechtfinden und heimisch werden. Man benutzte seine Biederkeit auf die mannichfachste Weise, um selbstsüchtige Zwecke zu erreichen, und der König sah gewöhnlich zu spät, wie man ihn hintergangen hatte. Er selber fühlte deshalb auch zu wohl, wie sehr er bei diplomatischen Verhandlungen mit andern Staaten die Hülfe seiner Räthe bedurfte. Jedem bloßen Scheine, jeder Verstellung im höchsten Grade feind hatte er stets seinen innersten Gedanken auf der Zunge; er vermochte nicht anders zu reden als wie er dachte, und wo er deshalb auf eigne Hand Politik trieb, zeigte sich selten erwünschter Erfolg. Unter seinen Räthen aber galt am meisten bei ihm, dem sonst so selbständig auftretenden, der General-Feldmarschall v. Grumbkow, der vielfach von Oesterreich erkauft dessen Absichten beförderte im Verein mit dem äußerst gewandten kaiserlichen Gesandten, dem Grafen v. Seckendorf, der sich das volle Vertrauen des Königs zu erwerben gewußt hatte.

Neben der Biederkeit seiner Gesinnung war es der ächtdeutsche Patriotismus des Königs, der ihn oft wider seinen Willen und seine bessere Einsicht zu Entschlüssen hinriß, durch welche er sich selber der möglichen Vortheile beraubte, die er bei andrer Gesinnung hätte genießen können. Der Gedanke, daß Frankreich oder England in deutsche Reichs-Angelegenheiten sich mischen und dieselben leiten könnten, war ihm unerträglich; er hielt es für die heiligste Pflicht deutscher Fürsten, Leib und Gut daran zu setzen, daß nicht Fremde in Deutschland das Uebergewicht erhalten möchten. Deßhalb hielt er jederzeit treu zu Oesterreich, ungeachtet er oft genug mit so schwerer Geringschätzung von demselben behandelt wurde, daß der Unmuth darüber ihm sogar bittre Thränen abpreßte. Er wollte des Reiches wegen nicht eher von dem Kaiser lassen, bis, wie er sagte, ihn dieser mit Füßen von sich stieße. Je besser der Kaiser von dieser Gesinnung unterrichtet war, desto mehr suchte er Alles hervor, die junge aufstrebende Macht Preußens zurückzudrängen, und der sonst so gefeierte Prinz Eugen, der treue Rath Kaiser Karl's VI., benutzte jede Gelegenheit, seinen Unmuth gegen Preußen auszulassen; seiner schon erwähnten Aeußerung bei Erhebung des Kurfürsten Friedrich III. zum Könige blieb er auch in seiner späteren Stellung als Minister treu, und er hat Friedrich Wilhelm nicht geringen Kummer bereitet. Und trotz aller dieser bitteren Erfahrungen vermochte der König es nicht über sich, seinen Grundsätzen untreu zu werden; das Wohl des gesammten Reiches galt ihm mehr als das eigene.

Diese Gesinnung war es, die ihn mit einer gewissen heiligen Scheu vor den Reichs-Institutionen erfüllte, und welche ihn abhielt, aus seinem Verhältniß als Reichsfürst herauszutreten zu wollen, ungeachtet ihm die Schwächen des Reichs sehr wohl bekannt waren; er hielt dafür, daß dieselben sich leicht würden abstellen lassen, sobald man nur von allen Seiten her mit ernstem Willen daranginge. Er wünschte deshalb aufrichtig und bringend, daß Kaiser und Reichsfürsten nur persönlich zusammenkommen möchten, dann würden alle Schwierigkeiten leicht zu heben sein. Ganz gern wollte er, wenn Rangstreitigkeiten eine solche Zusammenkunft verhinderten, sich unten an setzen, um mit gutem Beispiel voranzugehen. Daß auch andere Mächte noch immer in dem Könige von Preußen zugleich den Reichsfürsten sahen, und seinen sofortigen Austritt aus dem Reichsverbande nicht für möglich hielten, dafür möchte kein Beweis schlagender sein als seine Stellung zu Frankreich. Ungeachtet Friedrich Wilhelm als König von Preußen dem Utrechter Frieden beigetreten war, fand Ludwig XIV. keine Friedensverletzung darin, daß der König sein Contingent von 6000 Mann auch ferner in der Reichsarmee gegen Frankreich Dienste leisten ließ, weil ihm als Reichsfürsten darüber keine eigenmächtige Verfügung zustände. Diese Zwitterstellung zwischen Reichsfürst und Souverain erklärt vielfach die schwankende Politik des Königs. Seine Regierung war die Zeit des Ueberganges von der einen in die andere Stellung; sie war die Lehrzeit für den jungen Königsstaat, der wohl bisweilen die Fittige zu seinem nachmaligen Adlerfluge erheben wollte, noch aber die Kraft zu dem Fluge selber sich nicht zutraute. Das eben war und ist der Unterschied in der Entwicklung und Entfaltung Oesterreichs und Preußens in ihrer Macht, daß das erstere ein so großes Uebergewicht durch die Besitzungen gewann, die außerhalb der deutschen Grenzen lagen, während das letztere rein deutsch blieb und deshalb weit längere

Zeit bedurfte, sich von den Fesseln frei zu machen, welche durch die deutsche Reichs=Verfassung ihm angelegt worden waren. Vielleicht möchte schon Friedrich Wilhelm in den letzten Jahren seiner Regierung, als er sah, wie er von Oesterreich hintergangen war und gemißhandelt wurde, eine entschiedene Wendung seiner bisherigen Politik versucht haben, wenn nicht die Kränklichkeit und Gebrechlichkeit, der sein bis dahin kraftvoller Körper zu unterliegen begann, ihn davon abgehalten hätte. Seine Worte, die er, auf den Kronprinzen Friedrich zeigend, aussprach: „Da steht Einer, der wird mich rächen!" sind wohl nicht sowohl als frommer Wunsch von ihm geäußert als vielmehr in der festen Erwartung, daß sein Sohn (von dem er bei traulicher Gelegenheit sagte: „Man wisse nur nicht, was Alles in dem Fritz liege!") dereinst ausführen würde, woran ihn seine Krankheit hinderte, wozu er aber mit dem größten Eifer die Mittel gesammelt hatte.

Die Verwicklungen, in welche Friedrich Wilhelm zunächst hineingezogen wurde, gingen von Spanien und von dem Kaiser aus. Letzterer hatte bereits im April 1713 in einer Erbfolge=Ordnung für sein Haus, in der s. g. pragmatischen Sanction, festgesetzt, daß seine sämmtlichen Länder nach dem Rechte der Erstgeburt, in Ermangelung männlicher Nachkommen, auch auf die weiblichen übergehen sollten, eine Bestimmung, die von um so größerer Bedeutung wurde, als bald nach ihrem Erlaß sein einziger Sohn, noch nicht ein Jahr alt, 1716 starb. Seitdem war Karl VI. aufs eifrigste bemüht, diese Erbbestimmungen überall anerkannt zu sehen, damit nach seinem Tode ein ähnlicher Streit um seine Erbschaft vermieden würde, wie er selber um die spanische mit durchgefochten hatte. Es gelang ihm auch, sämmtliche Erbstaaten dahin zu bringen, daß sie seine ältere Tochter Maria Theresia als Erbin seiner ungetheilten Monarchie anerkannten; schwieriger jedoch war es, die europäischen Mächte zu gleicher Anerkennung zu bewegen; zunächst war es Spanien, das er dafür zu gewinnen wußte.

Für dieses Land hatte der spanische Erbfolgekrieg das Gute herbeigeführt, daß mit der neuen Dynastie auch neues Leben sich entfalten zu wollen schien, besonders als die zweite Gemahlin Philipp's V., Elisabeth Farnese von Parma, seit 1714 die Staatsgeschäfte leitete und an dem Cardinal Alberoni und dem Baron v. Ripperda geschickte Helfer fand. In Frankreich führte damals der Herzog Philipp von Orleans für den jungen König Ludwig XV. die Regierung, der 1715 in einem Alter von fünf Jahren seinem Urgroßvater Ludwig XIV. auf dem Throne gefolgt war. Da wegen seiner schwächlichen Gesundheit sein Tod nur zu bald zu befürchten stand, hatte der Regent 1716 mit England und Holland ein Bündniß geschlossen, daß im Fall des Absterbens der Bourbonen in Frankreich nicht etwa Philipp V.

von Spanien Ansprüche auf die Nachfolge erhöbe. Ungeachtet dieser **Triple-Alliance** trat aber Spanien mit Anforderungen an seine früheren italienischen Besitzungen hervor, auf die es noch nicht Verzicht geleistet hatte, und benutzte einen Krieg des Kaisers Karl gegen die Türken, 1717 plötzlich Sardinien zu besetzen und ebenso auch 1718 den größeren Theil von Sicilien, als Victor Amadeus von Savoyen zögerte sich ihm anzuschließen. Diese Uebergriffe bewogen England im August 1718 zu einer **Quadrupel-Alliance** mit Frankreich, Holland und Oesterreich, welche zu sprengen Spanien alle Mittel vergeblich aufbot. Es war genöthigt, im **Frieden zu Haag** (Februar 1720) beide Inseln wieder herauszugeben, von denen jetzt Sicilien an Oesterreich kam, Sardinien an Savoyen, das seitdem nach ihr den Königstitel führte; dagegen erhielt die spanische Königin das Versprechen, daß ihrem ältesten Sohne, dem Infanten Don Carlos, nach dem Aussterben des Hauses Medici Toscana und nach dem Aussterben des Hauses Farnese Parma und Piacenza zufallen sollten.

Gleich darauf brachen neue Irrungen aus. Kaiser Karl VI., bemüht dem Handel seiner Unterthanen eine größere Ausdehnung zu verschaffen, hatte einer Privatgesellschaft, welche von Ostende aus einen vortheilhaften Verkehr mit Ostindien angeknüpft hatte, 1722 einen Freibrief auf 30 Jahre zu dem ausschließlichen Handel mit Ost- und West-Indien und der afrikanischen Küste ausgefertigt. Hiergegen protestirten die Seestaaten und Frankreich, die sich dadurch in ihrem Interesse verletzt sahen, und vergeblich suchte ein **Congreß zu Cambray** 1724 diese und andere schwebende Fragen zu schlichten. Vielmehr kam es jetzt zu vollständigem Bruche. Den Umstand, daß zu dieser Zeit die Vermählung von Maria Anna Victoria, der Tochter Philipp's V., mit dem jungen französischen Könige Ludwig XV. rückgängig gemacht wurde, benutzte Kaiser Karl, um den darüber erbitterten Philipp auf seine Seite zu ziehen. Schon im April 1725 kam ein geheimes Bündniß zu **Wien** der Art zu Stande, daß Spanien die pragmatische Sanction Karl's V. garantirte und einen Handels-Vertrag mit Oesterreich abschloß, der besonders der **Ostendischen Compagnie** zu gute kommen sollte. Karl dagegen bestättigte dem spanischen Prinzen Don Carlos die Anwartschaft auf Toscana, Parma und Piacenza und versprach seine Vermittlung bei England, daß dies Gibraltar und Minorca an Spanien zurückgäbe; käme es darüber zum Kriege, so wollte man gemeinschaftlich handeln. Außerdem wurde die Vermählung der Maria Theresia, der damals acht Jahre alten Tochter des Kaisers, mit Don Carlos verabredet, obgleich Karl sich noch gewisse Bedingungen vorbehielt. Spanien wollte seinen ganzen Einfluß anwenden, daß Don Carlos zum römischen Könige gewählt würde. — Ungeachtet dies

Bündniß sehr geheim gehalten wurde, war es doch England und Frankreich bekannt geworden und wie immer in solchen Fällen noch gefahrdrohender geschildert als es wirklich war. Namentlich wurde England in hohem Grade aufgeregt, da man wissen wollte, daß auch die Zurückführung des Prätendenten nach England beabsichtigt würde.

Dadurch fand sich König Georg I. veranlaßt, sich enger an Frankreich anzuschließen, und zugleich suchte er seinen Schwiegersohn, König Friedrich Wilhelm, in dies Bündniß hineinzuziehen, da man die Wichtigkeit Preußens vollkommen würdigte. Als deshalb Friedrich Wilhelm 1725 seinen Schwiegervater in Herrenhausen (bei Hannover) besuchte, wurden die desfallsigen Verhandlungen angeknüpft, und viele Umstände machten den König geneigt, in dies Bündniß einzutreten. Er fühlte sich insbesondere zur Aufrechthaltung des Protestantismus in Deutschland verpflichtet, der durch jenes spanisch-österreichische Bündniß, wie man sagte, in hohem Grade bedroht sei. Bei den Streitigkeiten Preußens mit der Aebtissin von Quedlinburg, wegen Limburg 2c. hatte der Kaiser entschieden Partei gegen den König genommen und ihm nicht geringe Kränkung zugefügt. Diese Gespanntheit zwischen dem kaiserlichen und preußischen Hofe ließ überdies befürchten, daß die Ansprüche Preußens auf die Jülich'sche Erbschaft vom Kaiser nicht anerkannt werden möchten, und gerade damals war diese Angelegenheit von großer Wichtigkeit geworden. Der regierende Kurfürst von der Pfalz nämlich, Karl Philipp, war voraussichtlich der letzte aus der Linie Pfalz-Neuburg, da er keine Söhne hatte, und seine Brüder bejahrt und geistlichen Standes waren. Er war deshalb gewillt, seinem Schwiegersohn Joseph Karl Emanuel aus der nächst verwandten Linie Pfalz-Sulzbach nicht nur die Kurpfalz als Erbtheil zu hinterlassen, sondern auch den pfälzischen Antheil an der Jülich'schen Erbschaft. Hiergegen protestirte Friedrich Wilhelm ganz entschieden, da er behauptete, nur an Pfalz-Neuburg habe Brandenburg einen Theil der Jülich'schen Lande abgetreten; nach dem Absterben dieser Linie müsse dieser Theil an Preußen fallen. Dieser Auffassungsweise war König Georg I. schon 1723 im Vertrage zu Charlottenburg beigetreten; er hatte das bestimmte Versprechen gegeben nicht zu dulden, daß Preußen beim Aussterben der Neuburger Linie Unrecht angethan würde, und auch Frankreich zeigte sich zu ähnlicher Erklärung geneigt. Dazu kam endlich noch, daß die Königin Sophia Dorothea emsig darauf hinarbeitete, durch Wechselheirath eine neue enge Verbindung zwischen der englischen und preußischen Königsfamilie zu Stande zu bringen. Kurz alle diese Umstände bewogen Friedrich Wilhelm, am 3. September 1725 zu Herrenhausen ein Bündniß, zunächst auf 15 Jahre, mit England und Frankreich abzuschließen. Die Verbündeten gewährleisteten sich gegenseitig ihre Besitzungen und Rechte;

sie verpflichteten sich zu gegenseitigem Beistand, falls einer von ihnen angegriffen würde, und versprachen ferner, daß keiner von ihnen ein anderweitiges Bündniß eingehen wolle, ohne seine Bundesgenossen davon zu benachrichtigen. Dabei wurde jedoch das Verhältniß Preußens und Hannovers zum deutschen Reiche nach Möglichkeit berücksichtigt.

Wenn man bedenkt, daß dies der erste Fall war, wo Brandenburg-Preußen sich entschloß, mit den Gegnern des Kaisers gemeinschaftliche Sache zu machen, so wird man leicht ermessen können, in welch peinlicher Lage sich Friedrich Wilhelm befand, als er hinterher erwog, welchen Gefahren er durch dies Bündniß ausgesetzt werden könnte. Kam es zum Kriege, so waren seine Lande dem ersten Angriff preis gegeben, da sie weder durch zahlreiche Festungen wie Frankreich, noch durch das Meer wie England gesichert waren. Dazu kam aber noch ein andrer Umstand. Auch Holland und Dänemark sollten in das Bündniß gezogen werden; letzteres wollte dadurch die ihm zugesprochenen schleswig-gottorpischen Besitzungen sichern, ersteres der ihm unbequemen Ostendeschen Compagnie ein Ende machen. Für Interessen der Art war Friedrch Wilhelm durchaus nicht geneigt das Schwert zu ziehen. Die Absicht Hollands hielt er nicht für Vertheidigung, sondern für einen Angriff, zu dessen Unterstützung ihn das Bündniß nicht verpflichte. So stieg denn der Verdacht in ihm auf, daß man damit umginge, die Macht Oesterreichs zu vernichten und bei dem Aussterben dieses Hauses über das Besitzthum desselben zu verfügen, wobei Frankreich oder auch England zu einem überwiegenden Einfluß gelangen möchte. Das Alles machte ihn verstimmt und ließ ihn befürchten, „daß man ihn nur dazu gebrauchen wolle, die Kastanien aus dem Feuer zu holen."

Diese Stimmung des Königs benutzte der österreichische Gesandte, der General-Feldzeugmeister Graf v. Seckendorf, mit großer Gewandtheit und Schlauheit, Preußen wieder auf die Seite des Kaisers herüberzuziehen, während Frankreich und England sowie die Königin alles Mögliche thaten, den König bei dem Herrenhauser Bündnisse festzuhalten. Nach langen Verhandlungen kam am 12. October 1726 ein Vertrag zu Königs-Wusterhausen zu Stande, in welchem Friedrich Wilhelm die pragmatische Sanction des Kaisers anerkannte, beide Monarchen sich gegenseitig zum Schutze ihrer Länder Hülfstruppen zusagten, der Kaiser 12,000 Mann, der König 10,000, wogegen der Kaiser versprach, das Haus Pfalz-Sulzbach binnen sechs Monaten dazu zu vermögen, beim Anfall der pfälzisch-neuburgischen Erbschaft auf das Herzogthum Berg zu verzichten, mit welchem sich der König begnügen wollte. Doch wurde ausdrücklich festgesetzt, daß, falls das Haus Sulzbach binnen der angegebenen Frist vom Kaiser nicht zur Abtretung bewogen werden könnte, „dieser Vertrag so gänzlich verfallen sein sollte, als wäre derselbe niemals geschlossen worden." Seckendorf hatte diesen Vertrag in der festen Ueberzeugung zu Stande gebracht, daß der Kaiser auch ernstlich Wort halten würde in dem, was er versprechen. Er hob in seinen desfallsigen Berichten mit Nachdruck hervor, daß die Ergebenheit des Königs für das kaiserliche Haus nicht genug zu rühmen sei, da er für dasselbe Gut und Blut einzusetzen bereit wäre, und bemüht sein würde, namentlich dem Kronprinzen eben solche Gesinnung beizubringen. Würde ihm aber nicht vollkommen Genüge geleistet, würde er vielmehr einsehen, daß man ihn nur habe hintergehen und bei seinen Verbündeten verhaßt machen wollen, so stände zu befürchten, daß statt der beabsichtigten Freundschaft ein ewiger, unauslöschlicher Haß entstehen, der Zorn und die Rache des Königs dann unausbleiblich sein würde. Wie wenig ehrlich jedoch der Kaiser es mit Preußen meinte, geht aus dem Vertrage hervor, den er kurz zuvor, am 16. August 1726, mit Kurpfalz geschlossen hatte. Der Kurfürst war nämlich dem Bündniß des Kaisers mit Spanien beigetreten und hatte die schriftliche Zusicherung erhalten, daß der Kaiser sich mit aller Macht demjenigen widersetzen wollte, der es unternähme, den pfälzischen Antheil der Jülich'schen Erbschaft an sich zu reißen.

Offenbar war es mit diesem doppelzüngigen kaiserlichen Versprechen eben so beschaffen wie mit dem an Spanien gegebenen. Es kam dem Kaiser nur darauf an, seine pragmatische Sanction bestättigt zu erhalten, und er überließ es der Zeit, wie er seine Versprechungen würde lösen können. Der Vorbehalt, den der König seinem Bündnisse hinzugefügt hatte, war ihm zwar ein Stein des Anstoßes, den er jedoch durch fernere Verhandlungen aus dem Wege räumen zu können hoffte, ohne daß Berg an Preußen fiele, und ohne daß die Befürchtungen Seckendorf's sich bewahrheiten möchten. Denn noch immer hielten die kaiserlichen Räthe die Grundsätze fest, die schon damals, wie oben erwähnt, aufgestellt worden waren, als der Jülich'sche Erbfolgestreit begann: die aufblühende Macht Preußens unter keinen Umständen neuen Zuwachs gewinnen zu lassen, damit es nicht eine um so festere Stütze für den Protestantismus in Deutschland werden möchte, den man noch immer zu lähmen oder wohl gar auszurotten hoffte. So gewandt man aber auch die deutsche Gesinnung Friedrich Wilhelm's und seine Anhänglichkeit an Oesterreich zu diesem wie zu ferneren Mißgriffen des Königs auszubeuten wußte, so gelang es doch nicht, Preußen zum willenlosen Werkzeug der kaiserlichen Politik zu machen.

Bereits gegen Ende des Jahres 1726 waren überall gewaltige Kriegsrüstungen gemacht worden, so daß in dem folgenden Jahre der Ausbruch des Kampfes unvermeidlich schien. England ließ an den spanischen und amerikanischen Küsten seine Flotten kreuzen, und Georg verkündete zu Anfang des Jahres 1727 dem Parlament, daß Oesterreich und Spanien den Prätendenten auf den englischen Thron setzen, den Engländern Gibraltar und Minorca entreißen und durch die Ostendesche Compagnie den englischen Handel vernichten wollten. Und in der That begann schon im Februar die Belagerung Gibraltar's durch die Spanier, während die Engländer und Holländer auf spanische und österreichische Schiffe Jagd machten. Aber die englische Regierung ging noch weiter, sie wollte Oesterreich in seinem Lande selber angreifen. Ein Heer von Hannoveranern, Hessen, Dänen und Schweden sollte in Schlesien einfallen, wogegen der Kaiser Vorbereitungen traf, Hannover anzugreifen. Jedenfalls mußten bei einem solchen Zusammenstoß die Lande Friedrich Wilhelm's der Schauplatz des Krieges werden; der König, der keine Neigung fühlte, für ihm fremde Interessen zu streiten, glaubte um so mehr die strengste Neutralität wahren zu müssen. Er verlangte deshalb von König Georg die Zusage, keinen Angriff gegen die deutschen Erblande des Kaisers zu unternehmen, wogegen er dafür zu sorgen versprach, daß Hannover nicht angegriffen würde. Und in der That führte seine entschlossene Haltung Unterhandlungen herbei, so daß schon im Mai Friedens-Präliminarien entworfen werden konnten, obgleich der Abschluß des Friedens selber sich noch längere Zeit verzögerte.

Diese Verhältnisse machten den Wunsch des Kaisers rege, Preußen ganz für sich zu gewinnen. Seckendorf hatte dabei eine schwere Aufgabe, die er jedoch durch seine außerordentliche Gewandtheit und durch reichliche Bestechung aller derer löste, welche dem Könige mit gutem Rathe hätten beistehen sollen. Er mußte den König mit leeren Versprechungen hinzuhalten und sogar Beweise dafür beizubringen, daß nur die Umtriebe der Engländer, Franzosen und Holländer, ja selbst des Papstes alle Bemühungen des Kaisers vereitelt hätten, in der bestimmten Frist eine Vermittlung mit Kurpfalz wegen der Jülich'schen Lande zu Stande zu bringen. Doch vergeblich versuchte er den König dadurch zum activen Bundesgenossen Oesterreichs zu machen, daß er ihm für Berg Ersatz aus den Eroberungen versprach, die man gemeinschaftlich machen wollte. Der König erklärte, daß er nicht Willens sei, sich mit Andrer Schaden zu bereichern und sich deshalb in fremde Händel zu mischen. Die Jülich'sche Sache aber vor den kaiserlichen Reichshofrath bringen zu lassen, dagegen sträubte sich der König ganz entschieden, da sein Recht nicht erst der Anerkennung bedürfe. Die wiederholt ausgesprochene Versicherung Seckendorf's, daß der Kaiser die Sache doch für Preußen zu einem guten Ende bringen werde, und daß er deshalb seine eignen Ansprüche — die der König übrigens nie anerkannt hatte — in Bezug auf Berg an Preußen, in Bezug auf Jülich an Pfalz-Sulzbach abtreten wolle, schien dem Könige als Beweis für die aufrichtige Gesinnung des Kaisers zu gelten, so daß er sich endlich zu einem neuen Vertrage zu Berlin am 23. December 1728 bewegen ließ.

Dieser Vertrag sollte namentlich für Pfalz-Neuburg das größte Geheimniß bleiben. Der König garantirte für sich und seine Nachkommen die Erbfolge-Ordnung des Kaisers, wie dieser wiederum die Länder des Königs. Beide versprachen sich im Falle eines Angriffs abermals 12,000, respective 10,000 Mann Hülfstruppen auf Kosten dessen, der die Truppen stellte, nur daß der, der die Truppen verlangte, für ihren Unterhalt zu sorgen hätte. In Bezug auf die Erbfolge in Berg machte sich der König anheischig, bei Lebzeiten der jetzigen Besitzer die Sache ruhen zu lassen, nur wenn von denselben das Land an einen Andern, namentlich an Pfalz-Sulzbach übergeben werden sollte, wollte der Kaiser, der auf seine Ansprüche Verzicht leistete, als oberster Richter im Reiche schleunigst und endgültig eine Einigung zwischen Preußen und Sulzbach herbeiführen. Zugleich wurde festgesetzt, daß, wenn der eine der Contrahenten gegen diesen Vertrag handeln sollte, der andere seiner Verpflichtungen überhoben wäre. Eben so behielt sich der König vor, daß er seiner Verbindlichkeit los und ledig sei, sobald der Kaiser seine Tochter Maria Theresia mit einem nicht deutschen Prinzen vermählen sollte, denn nur ein Deutscher, kein Spanier oder Franzose dürfe Kaiser in Deutschland sein.

Daß Friedrich Wilhelm in diesen Vertrag einging, der dem Kaiser unmittelbar großen Vortheil gewährte, dagegen die Erfüllung der preußischen Hoffnungen in ungewisse Ferne hinausschob, daran war namentlich schuld, daß sein Verhältniß zu England ein sehr gespanntes geworden war. Schon 1725, als das Herrenhäuser Bündniß zwischen Friedrich Wilhelm und seinem Schwiegervater Georg I. zu Stande kam, war auf den Wunsch der Königin Sophia Dorothea eine Vermählung der ältesten preußischen Prinzeß Friederike Wilhelmine mit dem Thronerben von England und Enkel Georg's I., Friedrich, besprochen worden. Als dann Georg II. 1727 seinem Vater in der Regierung gefolgt war, wurden diese Verhandlungen ernstlicher wieder aufgenommen, ja sogar sollte der Kronprinz Friedrich mit einer englischen Prinzeß vermählt werden. Der König war dieser doppelten Verbindung nicht abgeneigt; als er aber sah, daß von Seiten Englands diese Vermählung als eine Gunst betrachtet wurde, die ihm widerfahren sollte, fand er sich dadurch in seinem Ehrgefühl verletzt. „Er habe", wie er sagte, „nie nach Alliancen getrachtet und einer fremden Macht die ersten Anträge gemacht; er wolle Niemanden verletzen, sich aber auch nicht auf die Füße treten laffen." Zu dieser Erkaltung der freundschaftlichen Verhältnisse kamen dann kleinliche Streitigkeiten, so z. B. wegen Mecklenburg, wo neben Hannover auch Preußen vom Kaiser beauftragt wurde, die Wirren zwischen dem Herzog und den Ständen beizulegen. Dies Alles hatte auf jenen engeren Anschluß des Königs an Oesterreich wesentlich eingewirkt, aber noch Anderes kam hinzu, einen vollständigen Bruch mit England herbeizuführen. Georg II., von Jugend auf mit Friedrich Wilhelm zerfallen, ließ 1729 preußische Werber in Hannover gefangen setzen, ohne seinem Schwager auch nur Nachricht davon zu geben. Dieser wurde über die ihm zugefügte Beleidigung so aufgebracht, daß er bereits Befehl ertheilte, sein Heer gegen Hannover in Bewegung zu setzen. Die Erwägung jedoch, daß ein Krieg zwischen den bedeutendsten protestantischen Mächten der evangelischen Kirche zu großem Schaden gereichen müsse, bewog ihn, die Vermittlung Braunschweig's und Sachsen-Gotha's anzunehmen, durch deren Bemühen der Streit im April 1730 friedlich beigelegt wurde.

Unterdeß hatte auch Spanien eingesehen, daß der Kaiser in Bezug auf die Vermählung seiner Tochter mit dem spanischen Infanten leere Versprechungen gegeben hatte. Um für ihren Sohn zu sorgen hatte deshalb die spanische Königin im November 1729 mit Frankreich und England zu Sevilla einen Vertrag abgeschlossen, nach welchem ihr das Recht zugestanden wurde, schon jetzt eine Besatzung in die Herzogthümer Toscana ıc. zu legen, um sich des Landes zu versichern; die Königin gab dagegen den Handel ihrer amerikanischen Besitzungen nach England frei. Damit dieser Vertrag größere Wirksamkeit gewönne, suchte man auch Preußen zum Anschluß zu bewegen. Die Verhandlungen wegen der Heirath wurden deshalb wieder aufgenommen, und der englische Gesandte Hotham mit der Leitung derselben beauftragt. Der König, obgleich er einsah, in welche politische Verwicklungen er dadurch gerathen könnte, war nicht abgeneigt, in diese Verhandlungen abermals einzugehen, die Ungeschicklichkeit Hotham's jedoch ließ die Sache scheitern. Dieser verlangte nämlich nicht nur die Abberufung des preußischen Gesandten in London, sondern suchte auch den v. Grumbkow zu stürzen, da beide gegen diese englische Verbindung waren. Ersteres gab der König zu, durch die zweite Forderung und noch mehr, wie sie gemacht wurde, fühlte er sich schwer verletzt; er glaubte, daß man ihm in seinem eignen Staate und Hause Gesetze vorschreiben wolle. Dazu kam, daß bei dem Fluchtversuche des Kronprinzen im August 1730 England nicht unbetheiligt war; das Alles bestimmte den König, jede Verbindung mit England für immer entschieden abzulehnen.

Da dieser Bruch zwischen Preußen und England ein vollständiger war, ging letzteres damit um sich dem Kaiser zu nähern, um die Königin von Spanien, welche sich in ihrer Ungeduld von dem Vertrage von Sevilla losgesagt hatte, zufrieden zu stellen und sich die erhaltenen Handels-Vortheile zu sichern. Es gelang ihm auch im Verein mit Holland in dem Vertrage zu Wien (März 1731) dadurch den Kaiser zu gewinnen, daß beide Seestaaten die pragmatische Sanction anerkannten, wogegen der Kaiser die Ostende'sche Handels-Compagnie gänzlich aufhob und zugab, daß spanische Besatzung in Toscana ꝛc. gelegt würde. Dem Könige von Preußen war erst da von diesen Verhandlungen Mittheilung gemacht worden, als sie zum Abschluß gekommen waren; dennoch war er aufrichtig darüber erfreut, daß der Kaiser seine Wünsche erfüllt sah. Um so eifriger bemühte er sich überdies, auch im Reiche der pragmatischen Sanction Anerkennung zu verschaffen, was ihm in der That im Februar 1732 gelang. Der Kaiser konnte deshalb nicht umhin, seine Dankbarkeit wenigstens durch Worte zu versichern und durch manche leicht zu gewährende Dinge scheinbar zu bethätigen, wie er namentlich bei dem Könige die Idee anregte, die damals von ihrem Erzbischof vertriebenen Salzburger in Preußen aufzunehmen.

Diese Freundlichkeit des Kaisers bewog Friedrich Wilhelm, wegen einer Zusammenkunft zu verhandeln, damit er dem Kaiser persönlich seine Ergebenheit versichern möchte. Der kaiserliche Hof wurde dadurch nicht wenig in Verlegenheit gesetzt, da man Bedenken trug, den König von Preußen als gleichstehenden Souverain zu betrachten, dennoch fand (im Juli und August 1732) der Besuch Statt, bei welchem der König eine liebenswürdige Gewandtheit zeigte, und die steife Etiquette des Hofes ganz unbeachtet ließ. Beide Monarchen trafen zuerst auf dem Schlosse Kladrub bei Chlumetz (zwischen Königingrätz und Kollin) und dann noch einmal in Prag zusammen. Beim Abschiede ließ der Kaiser unter andern Geschenken ihm auch die Eventual-Belehnung mit dem Fürstenthume Ostfriesland zustellen, weshalb Friedrich Wilhelm gleich nach seiner Rückkehr Titel und Wappen dieses Fürstenthums annahm und die anderen Höfe davon in Kenntniß setzte. Der Kaiser, der die Sache geheim gehalten wissen wollte, war zwar darüber sehr ungehalten, vermochte jedoch den König nicht, seinen Schritt zurückzunehmen.

Kurz nach diesen Ereignissen traten Begebenheiten ein, welche die Stellung des Königs zum Kaiser wesentlich veränderten; sie betrafen die Thronfolge in Polen.

Schon 1656 waren dem großen Kurfürsten von dem Könige Karl Gustav von Schweden Theile des polnischen Reiches angeboten worden, doch war diese Zerstückelung der Republik wegen der späteren Gestaltung der Dinge nicht zur Ausführung gekommen. Ein neuer Theilungsplan war dann 1710 nach Karl's XII. Unglück wieder aufgetaucht.

Rußland und Preußen sollten Stücke von Polen erhalten, der Rest sollte dem Könige als ein Erbreich verbleiben. Aber auch dieser Plan zerschlug sich. Mehrere Jahre später nahm jedoch August II. denselben wieder auf; er bot 1732 Rußland, Preußen und Oesterreich Theile seines Reiches an, wenn diese Mächte ihm Beistand leisten wollten, die Erblichkeit Polens für seine Familie durchzusetzen. Rußland und Preußen hatten jedoch schon früher mit einander verabredet, dahin zu wirken, daß nach August's II. Tode weder Stanislaus Leszinski, dessen Wieder-Erwählung Frankreich beabsichtigte, noch der Sohn von August zur Wahl gelassen, Polen vielmehr aufgefordert werden sollte, einen eingebornen Magnaten aus piastischem Stamme zu wählen. Oesterreich behielt sich seine Entschließung vor und brachte später den Infanten Don Emanuel, den Bruder des Königs Johann V. von Portugal und Vetter des Kaisers, in Vorschlag. Friedrich Wilhelm, der damals mit August noch über dessen Plan verhandelte, war diesem neu vorgelegten nicht abgeneigt, und die russische Kaiserin Anna, die sich Oesterreich angeschlossen hatte, beauftragte ihren Oberstallmeister, den Grafen v. Löwenwolde, Näheres mit Preußen zu verhandeln. Dieser schloß auch im December 1732 zu Königs-Wusterhausen den s. g. Löwenwoldeschen Vertrag ab, in welchem dem Könige für einen seiner Prinzen nach dem Erlöschen des Mannsstammes in Kurland dies Herzogthum zugesagt wurde. Kurz darauf, am letzten Tage des Januars 1733, starb König August II.

Sogleich ließen Rußland und Oesterreich Truppen gegen die polnischen Grenzen aufbrechen und durch Bestechung Stimmen für Emanuel von Portugal werben; auch Friedrich Wilhelm wurde von ihnen zu gleichem Verfahren aufgefordert. Da jedoch der Löwenwoldesche Vertrag von Rußland noch nicht ratificirt worden war, erklärte er, so lange damit Anstand zu nehmen, bis das geschehen sei. Inzwischen suchte aber Frankreich den abgesetzten Stanislaus Leszinski auf die Wahl zu bringen, welcher der Schwiegervater des Königs Ludwig XV. geworden war, und der noch viele Anhänger in Polen zählte; andrerseits bewarb sich Kurfürst August III. von Sachsen um die polnische Krone, und gewann dadurch den kaiserlichen Hof für sich, daß er die pragmatische Sanction anerkennen wollte, was um so größere Wichtigkeit hatte, als er mit der Nichte des Kaisers, nämlich mit der älteren Tochter des Kaisers Joseph vermählt war. Auch Rußland wurde von ihm gewonnen, und beide kaiserlichen Höfe ließen sich seitdem seine Wahl angelegen sein, indem sie Emanuel fallen ließen.

Auch Friedrich Wilhelm war nicht abgeneigt, sich diesem Entschlusse anzuschließen, sobald nur Sachsen in die Forderungen einginge, welche er an dasselbe stellte. Er verlangte nämlich, daß August seine Ansprüche auf Berg und seinen Titel als Fürst von Ostfriesland anerkenne, ferner daß er, sobald er König von Polen wäre, dafür Sorge tragen wolle, daß Kurland an das preußische Haus käme, und die Republik Polen die preußische Königswürde anerkenne, was noch immer nicht geschehen war. Da jedoch Sachsen, der Geneigtheit Oesterreichs und Rußlands gewiß, Ausflüchte machte, weigerte er sich entschieden, die Ausschließung des Stanislaus Leszinski auszusprechen, zumal da der Löwenwoldesche Vertrag noch immer nicht ratificirt war, und Oesterreich die früher von ihm selber vorgeschlagene Vermählung des Kronprinzen Friedrich rückgängig machen wollte. Noch während dieser Verhandlungen schloß Oesterreich im Juli 1733 mit August einen Vertrag, in welchem es demselben seine Unterstützung zusagte, und Rußland trat diesem Abschlusse bei. Sachsen versprach nur, auf die Forderungen Preußens billige Rücksicht zu nehmen, falls es sich diesem Vertrage anschließen würde; man hatte sich aber sehr in Friedrich Wilhelm geirrt, wenn man glaubte, ihn durch die Gewalt der Umstände zu sich herüber ziehen zu können. Er beschloß seitdem, seine Selbständigkeit zu wahren und seinen eignen Weg zu gehen.

Durch den Erzbischof von Gnesen und Primas des Reiches Potocky wurde am 12. September 1733 zu Warschau die polnische Königswahl beinahe einmüthig auf Stanislaus geleitet, ungeachtet Rußland erklärt hatte, diese Wahl für eine Kriegs-Erklärung anzusehen. Deshalb rückte denn auch eine russische Armee in Polen ein, unter deren Schutz diejenigen, die sich nicht bei jener Wahl betheiligt hatten, am 5. October den Kurfürsten August III. von Sachsen zum Könige von Polen ernannten. Dies nahm wiederum Frankreich als eine Beleidigung auf und im Bunde mit der Pfalz, Sardinien und Spanien suchte es alsbald der Erklärung Nachdruck zu geben, daß es diejenige Macht mit Krieg überziehen würde, welche es wage, die Ausschließung Stanislaus' vom polnischen Throne auszusprechen. Rußland war ihm unangreifbar, deshalb erklärte es dem Kaiser den Krieg. Auch da zeigte sich Friedrich Wilhelm noch patriotisch genug, dem Kaiser ein Heer von 40,000 Mann anzubieten gegen die einzige Bedingung, das ihm zugesagte Berg sogleich besetzen zu dürfen. Oesterreich scheute sich, Preußen als eine ihm gleichstehende Macht anzusehen und wollte es vielmehr auf alle Weise in untergeordneter Stellung halten; es schlug deshalb diese Hülfe aus und verlangte nur die tractatenmäßige Unterstützung von 10,000 Mann. Dieser hochmüthige Entschluß ist dem Kaiser theuer zu stehen gekommen, da die beiden Seemächte England und Holland, auf die er gerechnet hatte, ihm ihre Hülfe verweigerten.

Ein französisches Heer besetzte Lothringen und drang über Kehl in Deutschland ein, ein zweites nahm die ganze Lombardei im Fluge;

Polnischer Erbfolgekrieg.

der Infant Don Carlos, damals bereits im Besitz von Parma, rückte in Neapel ein und nahm daselbst schon im Mai 1734 den Titel als König an, während der Kaiser, einen solchen Angriff gar nicht befürchtend, keine Mittel hatte, sein Land zu vertheidigen. Erst im Jahre 1734 erschienen zwei kaiserliche Heere im Felde, eins in Italien, das andere unter Eugen am Rhein, mit welchem letzteren sich auch das Reichsheer verbunden hatte, da von den Franzosen das Reichsgebiet verletzt worden war. Auch Friedrich Wilhelm hatte seiner Verpflichtung getreu 10,000 Mann zu demselben gestellt, dennoch gelang es Eugen nicht, Vortheile über den Feind zu erkämpfen. War demnach Frankreich hier in entschiedenem Vortheil, so that es doch nichts in Polen selber. So sah sich denn Stanislaus von seinen Anhängern verlassen und genöthigt nach Danzig zu fliehen, wohin nur eine geringe französische Mannschaft zur Hülfe geschickt wurde, und wohin ein russisches Heer ihm folgte. Vergeblich verwandte sich Friedrich Wilhelm für diese Stadt bei der Kaiserin Anna selber; seine Bemühungen wurden kalt zurückgewiesen, und er konnte es nicht verhindern, daß Belagerungsgeschütz durch sein Land herbeigeführt wurde, um die Stadt zu bombardiren; sie mußte sich im Juli 1734 ergeben, nachdem es Stanislaus gelungen war sich nach Königsberg zu retten. Vergeblich forderte der Kaiser Friedrich Wilhelm auf, den flüchtigen König an Rußland auszuliefern, selbst die Drohungen Rußlands konnten ihn nicht dazu vermögen, und eben so wenig ließ er sich durch die Aufforderung des Kaisers bewegen, den französischen Gesandten von seinem Hofe zu verweisen. Da er als König von Preußen nicht mit Frankreich im Kriege begriffen sei, fände er keine Veranlassung, dieser Forderung nachzugeben; aber eben so hielt er unbillige Anforderungen ab, die von Seiten Frankreichs an ihn gestellt wurden, und ihm war es zu danken, daß die Gegenden am Niederrhein vom Kriege verschont blieben.

Während Friedrich Wilhelm im Jahre 1735 bemüht war, den Frieden auf billige Bedingungen zu vermitteln, schlossen ganz insgeheim der Kaiser und Frankreich Friedens-Präliminarien, welche im October 1735 zu Wien unterzeichnet wurden. Stanislaus verzichtete auf die polnische Krone, erhielt aber dafür das Herzogthum Lothringen, das nach seinem Tode an Frankreich fallen sollte. Der bisherige Herzog von Lothringen sollte durch Toscana entschädigt werden, auf welches Don Carlos seine Ansprüche aufgab; er trat auch noch Parma und Piacenza an den Kaiser ab, erhielt aber dafür das Königreich Neapel mit der Insel Sicilien. Frankreich versprach dagegen die pragmatische Sanction anzuerkennen, und für solchen Preis erschien dem Kaiser das Opfer nicht zu groß, das er hatte bringen müssen. Jetzt eng verbunden mit denen, welche ihm noch so eben feindlich gegenüber gestanden hatten, glaubte er ganz rücksichtsloses gegen Preußen auftreten zu können. Schon während des Krieges hatte er verlangt, daß Preußen außer jenem Hülfscorps noch sein Reichscontingent stellen sollte, und dennoch mußte es nach Beendigung des Krieges sogar etwa 7000 Rthlr. für die Unterhaltung einer Schwadron Husaren zahlen, die es über die festgesetzte Truppenzahl gestellt hatte, ja es wurden ihm bittere Vorwürfe darüber gemacht, daß die preußischen Truppen sich den kaiserlichen Anordnungen nicht hätten fügen wollen. Von dem Friedens-Abschlusse wurde dem König gar keine amtliche Mittheilung und eben so wenig von der bald darauf erfolgten Vermählung der ältesten Tochter des Kaisers, Maria Theresia, mit dem Herzoge Franz Stephan von Lothringen, obgleich gerade Friedrich Wilhelm es gewesen war, durch dessen Bemühung diesem Prinzen die deutsche Königswürde zu Theil geworden war. Von dem Anfall des Herzogthums Berg war gar nicht mehr die Rede; sorgfältig wich man jeder Aeußerung darüber aus. Diese kränkende Behandlung, welche man ihm mit vieler Absichtlichkeit zu Theil werden ließ, empörte ihn um so mehr, als er sich bewußt war mit dem größten, redlichsten Eifer dem Kaiser die wichtigsten Dienste geleistet zu haben, und zu jener Zeit war es — im Mai 1736 — wo er mit Thränen des gerechtesten Unwillens im Auge jene Worte sprach auf den Kronprinzen zeigend: „Hier steht Einer, der wird mich rächen!" Friedrich hat dies Wort als das heiligste Vermächtniß seines Vaters treu bewahrt und mit eben so viel Glück als Klugheit und Heldenmuth erfüllt.

Seit dieser Zeit entzog sich der König ganz den größeren europäischen Angelegenheiten und um so mehr, da sein sonst so kräftiger Körper sich nicht von der Schwäche erholte, die ihm in Folge eines gefährlichen Krankheits-Anfalles im Jahre 1734 zurückgeblieben war. Nur die Angelegenheit wegen Berg beschäftigte ihn auch noch in den letzten Lebensjahren. Verhandlungen mit dem Kurfürsten selber, durch Geldentschädigung die Abtretung zu ermöglichen, führten zu keinem Ziele, da letzterer als eifriger Katholik es nicht über sich gewinnen konnte, sein Land in die Hände eines protestantischen Fürsten übergehen zu sehen. England, noch immer mit dem Könige gespannt, verweigerte jede Unterstützung, Holland befürchtete, daß ein zu mächtiges Preußen in seiner nächsten Nähe aufkommen möchte, und aus gleichem Grunde zerschlugen sich die Unterhandlungen mit Frankreich. Friedrich Wilhelm bereitete deshalb Alles vor, um eintretenden Falles das Land gewaltsam zu besetzen, indem er erklärte, „es sei besser mit Ehren nichts zu haben als sich wohlzubefinden in Unehre." Oesterreich suchte im Verein mit Frankreich Vorkehrungs-Maßregeln zu treffen und veranlaßte dadurch Friedrich Wilhelm sich letzterer Macht zu nähern.

Verwaltung des Landes.

Schon im Mai 1739 schloß er einen geheimen Vertrag, durch welchen wenigstens der größere Theil von Berg für Preußen in Aussicht gestellt wurde, und im folgenden Jahre wurde sogar ein Vertheidigungs-Bündniß mit Frankreich eingeleitet, doch der Tod des Königs vereitelte alle diese Pläne.

Hatte Friedrich Wilhelm den Schmerz, gegen Ende seiner Regierung die bittre Erfahrung zu machen, wie wenig seine diplomatischen Verhandlungen erwünschten Erfolg gehabt, so konnte er mit größerer Genugthuung auf die Thätigkeit zurücksehen, welche in der inneren Verwaltung des Staates die überraschendsten Resultate herbeigeführt hatte. Was man auch an des Königs rauhem und vielfach despotischem Wesen mit Recht getadelt hat, es war nicht Laune, welche die oft drückenden Verordnungen veranlaßte, sondern es war der eiserne Wille, der überall nur das Wohl des Staates im Auge hatte. „Dem Wohle des Ganzen müsse sich jeder Einzelne unterordnen!" den Grundsatz hielt er unter allen Umständen fest. Charakteristisch in dieser Beziehung für seine ganze Denkweise sind zwei Aeußerungen von ihm, welche dem Jahre 1717, also dem Anfange seiner Regierung angehören. Als nämlich die Stände von Preußen sich über seine Anordnungen und über Beeinträchtigung ihrer Rechte beschwerten und den Ruin des Landes prophezeiten, erwiederte er, „daß allerdings die Autorität der Junker werde ruinirt werden, daß er jedoch die Souveränität stabilire wie einen Rocher von Bronce." Wie aber Alles, was er anordnete, nur auf das Wohl des Landes berechnet war, dafür zeugt eine zweite Aeußerung aus eben jenem Jahre, „daß er sich ein Gewissen daraus mache, seinem getreuen Adel das Messer an die Kehle zu setzen. Der Teufel möchte lieber seine zeitliche Wohlfahrt holen, als daß so viele Leute Bettler würden und er reich." Deshalb fand aber auch das, was er nicht mehr für zeitgemäß und zweckmäßig hielt, keine Gnade vor seinen Augen; an Stelle dessen setzte er Zweckmäßiges, unmittelbar Nutzen Bringendes, und er wurde dadurch ein zweiter Gründer seines Staates. Da er der Meinung war, man könne mit der Feder nichts ausrichten, wenn die Gewalt der Waffen fehle, so war seine erste Sorge darauf gewendet, ein zahlreiches, tüchtiges, schlagfertiges Heer zu besitzen, seine zweite, die Mittel im Lande selber zu gewinnen, um solches zu unterhalten, ohne die Unterthanen mit Abgaben zu überladen, und ohne daß eine Abhängigkeit von andern Staaten in Bezug auf Hülfsgelder nöthig wurde.

Unter den beiden vorangehenden Regierungen hatte das brandenburgisch-preußische Heer von sich reden gemacht; man hatte zugeben müssen, daß in demselben ein Geist lebte, der es den ausgesuchtesten Truppen der Großmächte gleichstellte. Und die Zeit-Verhältnisse hatten es gefügt, daß die Sicherheit und Wohlfahrt eines Landes nur auf ein starkes Heer gegründet werden konnten. Wollte Preußen an den Welthändeln Theil nehmen, wozu es durch seine weit ausgedehnte Lage sogar gezwungen wurde, so war es nöthig, die militairische Macht nicht nur beizubehalten, sondern wo möglich zu vermehren, denn so Vieles in seinen äußeren Beziehungen war dem Könige Friedrich Wilhelm mißlungen, weil seine Macht noch nicht groß genug war, Preußen nur beneidet, nicht gefürchtet wurde. Deshalb ging Friedrich Wilhelm's Streben dahin, die Zahl der Truppen zu vergrößern, und es ist ihm in der That gelungen, das Heer, das bei dem Tode seines Vaters etwa 38,000 Mann zählte, fast jedes Jahr zu vermehren, — schon im ersten Jahre seiner Regierung um mehr als 6000 Mann —, so daß er seinem Sohne ein Heer von mehr als 80,000 Mann hinterließ.

Bei der Ausbildung desselben stand ihm der gleichgesinnte Fürst Leopold von Dessau treulich zur Seite, der namentlich durch die Einführung des eisernen Ladestocks (seit 1719 in der ganzen Armee üblich) und des Gleichschrittes so wie durch die weniger tiefe Aufstellung der Truppen der preußischen Armee Vorzüge verschaffte, die bald genug auch in anderen Heeren nachgeahmt wurden. Die Piken bei dem Fußvolke verschwanden, das Bajonett ersetzte dieselben; die Bekleidung war fest und gut, und wenn oft genug die Gleichmäßigkeit der Montur bis auf den Kamaschenknopf und auf die Länge des Zopfbandes als lächerlich hingestellt worden ist, so wurde doch mit großer Strenge auf solche Aeußerlichkeiten gehalten, um das Gefühl zu erwecken, daß bei den Soldaten alle gleich seien. Auch sonst sorgte der König in jeder Beziehung und mit großer Vorliebe für seine „blauen Kinder", wie auch der Fürst Leopold bei all seiner Strenge im Dienste doch als Vater von seinen Soldaten geehrt wurde. Der Stock und andere harte Strafen waren zwar im Geiste der Zeit nöthig eine strenge Disciplin in einem Heere zu unterhalten, dessen Bestandtheile aus aller Herren Ländern entnommen waren — das Heer bestand etwa zu einem Drittel aus In=, und zu zwei Dritteln aus Ausländern —, dabei war jedoch der König darauf bedacht, den Eintretenden den ihnen mangelnden Unterricht in Schulen ertheilen zu lassen; bei allen Compagnien waren zahlreiche Exemplare des neuen Testamentes vertheilt, die einen Anhang von einigen Kernliedern enthielten, welche die Soldaten durch häufigen Gebrauch auswendig lernten, und eine große Anzahl von Feldpredigern mußte namentlich an den Heldenthaten des alten Testaments die Soldaten zur Tapferkeit anfeuern. Vor allen Dingen lag aber dem Könige daran, sich ein tüchtiges Offiziercorps zu bilden. Nicht wie in anderen Heeren damals allgemein üblich konnten die Offizierstellen erkauft werden, sondern nur die Tüchtigkeit gab darauf

Anrechte; ja der König hob deshalb den früheren Gebrauch auf, daß die Obersten Fähnriche zu Lieutenants und Hauptleuten ernannten, er selber behielt sich dies Recht vor, um eine Pflanzschule tüchtiger Führer zu bekommen, und neben der Brauchbarkeit im Dienst wurde bei den zu Befördernden auf Sittlichkeit, Religiosität und Sparsamkeit so wie auf ihren Eifer, sich weiter auszubilden großes Gewicht gelegt. Er verlegte die Kadetten=Schulen aus Magdeburg und Kolberg nach Berlin, um sie unter besserer Aufsicht zu haben, und nahm vorzugs= weise nur Adlige oder französische Refugiés in das Offiziercorps auf, damit dasselbe einen abgeschlossenen Stand bildete, der mit desto grö= ßerem Ansehn gegen die Gemeinen auftreten könnte.

Da der Staat damals kaum 2½ Million Einwohner zählte, so mußte es natürlich sehr schwer fallen, ein so großes Heer aus demselben zu nehmen, ohne daß dem Landbau und dem Gewerbe thätige Hände entzogen wurden. Der König machte deshalb als Kurfürst des Reiches von dem Rechte Gebrauch, namentlich in den Reichsstädten Werbungen anzustellen, um durch Nicht=Preußen sein Heer zu ergänzen. Jede Compagnie bekam ihre besonderen Recrutengelder, vermittelst deren sie ihre Mannschaft selber sich verschaffen mußte. Da bekanntlich der König eine merkwürdige Vorliebe für besonders große Leute hatte, und bei aller sonstigen Sparsamkeit für die Herbeischaffung von solchen keine Ausgabe scheute, so kann es weniger auffallend erscheinen, daß allein in den Jahren von 1713—1735 zwölf Millionen Thaler an Werbe= geldern ins Ausland gingen, zumal da der König in einzelnen Fällen für einen außergewöhnlich großen Mann 5—8000 Rthlr. zahlte. Viel= leicht tausend Werber hatten in allen Gegenden Europa's zu thun, das Heer zu vervollständigen, und die List oder Gewalt, die vielfach von ihnen angewendet wurde, Recruten zu erhalten, brachte den König nicht selten in die unangenehmsten Verwicklungen, so mit dem Kaiser, mit Hannover, mit Holland ꝛc.

Die von Friedrich I. eingeführte Landmiliz hatte für viele junge Leute den Vortheil gewährt, sich durch Gestellung zu derselben dem Heerdienste zu entziehen. Als deshalb Friedrich Wilhelm gleich zu An= fang seiner Regierung diese Miliz als unzweckmäßig aufhob (er verbot sogar 1718 bei einer Strafe von 100 Ducaten den Namen „Miliz" auf das stehende Heer anzuwenden), verließen Viele das Land, um dem lästigen Zwange des Militairdienstes zu entgehen; selbst die Androhung, daß solche als Deserteurs betrachtet und an Leib und Leben gestraft werden sollten, konnte diesem Uebel nicht Einhalt thun. Als nun die Handwerker über Mangel an Gehülfen klagten, da diese vor Anwerbung nicht sicher wären, so wurde 1714 in der Hauptstadt jede Werbung gänzlich untersagt — dafür mußten aber Recrutengelder gezahlt werden —

und überhaupt die Verordnung erlassen, daß nur solche angeworben werden sollten, die sich freiwillig gegen Handgeld meldeten. Da dessen ungeachtet noch immer gewaltsame Werbungen vorfielen und häufig den Austritt junger Leute veranlaßten, so wurde 1721 alle Werbung im Lande selber gänzlich untersagt, und dieselbe nur auf eine gewisse Klasse von Leuten beschränkt, die sich freiwillig meldeten. Da unter solchen Umständen die Werbegelder oft genug nicht ausreichten, die Compagnien vollständig zu erhalten, so verfielen die Hauptleute auf das Mittel, einen großen Theil ihrer Leute außer der Exercierzeit zu beurlauben, damit sie durch eigne Arbeit sich nach Belieben nähren könnten. Die Löhnung und sonstige Unterhaltung dieser Beurlaubten verwendeten sie dann, wenigstens theilweise, zu Anwerbungen, welche die Begüterten im Heere namentlich unter den Unterthanen in ihren Besitzungen nach der erwähnten Vorschrift anstellten, und wobei selbst schon Kinder enrollirt wurden. Da man sich aber gegenseitig die Recruten zu nehmen suchte, erschien 1733 eine neue Verordnung, nach welcher die im ganzen Lande gezählten Feuerstellen unter die Regimenter der Art vertheilt wurden, daß sie nur in dem ihnen zugewiesenen Canton oder Bezirk Recruten enrolliren durften. Schon einige Jahre früher war auch die Landmiliz, wenn auch in verbesserter Form, wieder eingeführt. 1729 wurde zuerst in den Marken ein Berlinisches Landregiment von ausgedienten Soldaten gebildet, welche jährlich zu vierzehntägigen Uebungen zusammentraten, und deren Offiziere, Unteroffiziere und Tambours den halben Sold bezogen. Auch in Preußen wurde ein ähnliches Regiment gebildet, ebenso im Magdeburgischen und in Pommern.

Nicht weniger als für dies sorgfältig geschulte und unterhaltene Heer war der König für die Sicherheit des Landes durch Ausbau von Festungen und sonstigen festen Plätzen besorgt. In Preußen wurden Memel und Pillau, in Pommern Colberg und Stettin, in der Mark Cüstrin und Spandau, in den übrigen Ländern Magdeburg Minden, Wesel und Geldern sorgfältig unterhalten und theilweise mit neuen Werken verstärkt. Nicht mindere Sorgfalt erfuhren auch die anderen festen Plätze, deren Zahl mehr als zwanzig betrug, unter denen Königsberg in Preußen, Damm, Uckermünde und Demmin in Pommern, Löcknitz, Berlin, Oderberg und Driesen in den Marken, Peiz in der Lausitz, Reinstein im Halberstädtschen, Lingen, Sparenberg, Lippstadt, Orsoy und Mörs in den westlichen Provinzen besonders hervorzuheben sind.

Um das so bedeutende Kriegsheer zu unterhalten, war es nothwendig, bei den nur mäßigen Staats=Einnahmen die größte Ordnung einzuführen, und gerade in dieser Beziehung hat sich Friedrich Wilhelm

Abgaben.

außerordentliche und bleibende Verdienste um den Staat erworben. Etwa die Hälfte der Abgaben floß in die Kriegskasse und doch reichte dies nicht aus, alle Bedürfnisse für das Kriegswesen davon zu bestreiten, so daß noch von anderen Einnahmen hierfür verwendet werden mußte. Zu den **Kriegsgefällen** gehörten außer der schon früher üblichen **Kriegsmetze** zunächst die **Cavalleriegelder**, welche von der ländlichen Bevölkerung dafür gezahlt wurde, daß der König die Reiterei von dem Lande nach den Städten verlegt und dort casernirt hatte. Die Haupt-Einnahme aber bildete die **Accise**, welche neu und schärfer geordnet und in allen Provinzen eingeführt wurde, wo sie vorher noch nicht üblich gewesen, mit Ausnahme von Geldern. Statt dieser Accise wurde auf dem Lande die **Contribution** gezahlt, die seit 1722 nach der Aussaat erhoben und je nach der Güte des Bodens z. B. in der Mark für den Scheffel mit 3, 8 und 10 Gr. veranschlagt wurde. Diejenigen ländlichen Bewohner, welche kein Ackerwerk besaßen, wurden mit einer Art von Klassensteuer von 1—7 Rthlrn. jährlich belegt. Die Ritterschaft war von der Contribution befreit, zahlte aber dafür **Ritterpferdegelder**. Bei der gänzlich veränderten Art der Kriegführung nämlich war die früher übliche Verpflichtung der Lehnsleute, als Ersatz für ihre Abgabenfreiheit sich persönlich zu Pferde zum Kriegsdienst zu gestellen, nicht mehr ausführbar. Schon Friedrich I. hatte deshalb die Ablösung der Lehns-Verbindlichkeit durch Geldzahlungen einführen wollen, dies Vorhaben jedoch wegen der vielen sich dabei erhebenden Schwierigkeiten aufgegeben. Friedrich Wilhelm nahm diesen Gedanken wieder auf; er wollte die Lehns-Verbindlichkeit und damit das Heimfallsrecht der Lehnsgüter, die Lehnware, und die Consens-Gebühren aufgeben d. h. also die Lehnsgüter allodificiren, sobald von den Besitzern ein jährlicher Canon abgetragen würde. Schon 1713 gab er diesen Vorschlag den Landständen der Mark zur Berathung anheim. Der Adel befürchtete anfänglich dabei den Verlust seiner Vorrechte und verstand sich erst da zur Annahme, als ihm dieselben aufs neue zugesichert worden waren. 1717 wurde deshalb diese Umwandlung zunächst in der Mark, bald darauf aber auch in den übrigen Provinzen eingeführt. Am längsten leistete die Ritterschaft im Magdeburgischen Widerstand; sie reichte sogar bei dem Reichshofrathe in Wien gegen den König eine Klage ein und erwirkte ein günstiges Urtheil für sich. Der Kaiser drohte in Folge dessen dem Könige die Reichs-Execution gegen ihn anzuordnen, falls er nicht die beigetriebenen Gelder zurückgäbe und fernere Erhebungen unterließe. Da jedoch bald darauf der König sich von dem Hannöverschen Bündnisse abwandte und sich dem Kaiser anschloß, drang letzterer nicht weiter auf die Ausführung jenes Urtheils, und der magdeburgische Adel wurde durch Execution zu seiner Pflicht angehalten. — Der allgemeine Satz war 40 Rthlr. jährlich für jedes zu stellende Ritterpferd, doch wurde dabei auf die Beschaffenheit der Provinz billige Rücksicht genommen, so daß z. B. in einigen Gegenden der Neumark der niedrigste Satz 20 Rthlr., in Hinter-Pommern sogar nur etwa 17 Rthlr. war.

Außer diesen regelmäßigen Einkünften bezog der König noch andere außerordentliche, welche der von ihm angelegten Recruten-Kasse zuflossen. Es hatten nämlich alle diejenigen, welche sich um irgend einen Titel bewarben, und bei denen vorauszusehen war, daß sie demselben nicht zur Unehre gereichen würden, eine angemessene Summe zu zahlen, z. B. für den Titel eines Hofrathes 400 Rthlr., eines Kriegsrathes 500 Rthlr., eines Geheimrathes 600 Rthlr. Kein Advocat durfte plaidiren, wenn er sich nicht von der Recruten-Kasse ein Patent gelöst hatte, das für eine derartige Stellung in Berlin 160—200 Rthlr., in den Provinzen weniger betrug. Eben so mußten bei allen anderen Anstellungen — mit Ausnahme der geistlichen und Schulämter so wie der höheren Stellen, zu denen das besondere Vertrauen des Königs berief — Abgaben an jene Kasse gezahlt werden; ja es wurden wohl zu demselben Zwecke Aemter an dazu geeignete Bewerber nach dem Meistgebot vergeben, und eben so kamen die Fälle häufig vor, daß Vergünstigungen leicht zu erlangen waren, sobald nur der Betreffende eine angemessene Summe an die Recruten-Kasse zu zahlen versprach.

Alle übrigen Staats-Einnahmen flossen in die Domainen-Kasse. Dahin gehörten namentlich die Stempelgelder, die Einkünfte für das Postwesen, das manche Verbesserung erhielt und außer anderen Begünstigungen auch die genoß, daß kein Fuhrmann ein Paket unter 20 Pfd. verladen oder Briefe besorgen durfte. Ferner die Einkünfte aus der Forst-Verwaltung, die zwar neu geordnet wurde, bei der es aber noch sehr an Kenntniß und Erfahrung fehlte, so wie der Ertrag der Zölle, von denen die in den Seehäfen und auf den vielen schiffbaren Flüssen besonders ergiebig waren, zumal da auch die Städte ihre Zollfreiheit verloren, welche dieselbe bis dahin gehabt hatten. Der Salzhandel war königliches Monopol; fremdes Salz einzuführen wurde mit dem Galgen bedroht, und über den Verbrauch des Salzes, das in großer Menge zu Colberg, Halle, Unna, Minden rc. gewonnen wurde, führte man eine strenge Controlle. Für jede über zehn Jahre alte Person wurde jährlich ½ Scheffel Salz gerechnet und danach die Menge dessen bestimmt, was jede Stadt oder Landschaft aus den königlichen Magazinen zu entnehmen hatte. Noch bedeutender waren die Einkünfte aus den Domainengütern. Es ist schon oben gesagt, daß man bereits unter Friedrich I. von der Idee zurückkam, die Erbpacht bei denselben einzuführen. 1716 wurden die noch vorhandenen Erbpachtungen vollständig aufgehoben, und dafür die Zeitpacht auf je sechs Jahre eingeführt. Zu dem Ende wurden die Ländereien aufs neue vermessen, ihr Ertrag abgeschätzt und zu einer mäßigen Taxe veranschlagt.

Ueber die Verwaltung der Kriegsgefälle führte das **General-Commissariat** die Oberaufsicht, über die Domainen 2c. seit 1714 das **General-Domainen-Directorium**. Zur Prüfung der Rechnungen von beiden Behörden wurde 1714 eine **General-Rechenkammer** eingesetzt, die unmittelbar unter dem Könige stand. Da aber häufige Streitigkeiten zwischen jenen beiden Ober-Verwaltungs-Behörden vorgekommen waren, zog der König beide in eine zusammen, welche das **General-Ober-Finanz-, Kriegs- und Domainen-Directorium**, gewöhnlich kürzer das **General-Directorium** genannt wurde, für welches der König nach zehnjähriger sorgfältig gesammelter Erfahrung eigenhändig eine Instruction entworfen hatte, und welche der Geheimrath Thulemeyer überarbeiten mußte. Zu Anfang des Jahres 1723 wurde diese neue Behörde eingesetzt und vereidet. Die Mitglieder theilten die Geschäfte nach Provinzen; die allgemeine Leitung behielt sich der König selber vor. Auf diese Weise brachte er eine so musterhafte Ordnung in die Finanzen — die sämmtlichen Einnahmen betrugen jährlich etwa 7½ Million Thaler —, daß jederzeit mit leichtem Blicke die Einnahmen und Ausgaben zu übersehen waren, und daß dem Könige nicht nur die Mittel wurden, jene nicht unbedeutende Summe für die Erwerbung Pommerns baar auszuzahlen, sondern auch nach allen Seiten hin Unterstützung zu gewähren, um das Land in Aufnahme zu bringen. Alle etwa noch vorhandenen Schulden wurden getilgt, zur Ansetzung zahlreicher Colonisten wenigstens 12 Millionen Thaler gezahlt, für den Ankauf neuer Domainen 5 Millionen verwendet, für nachgeborne Prinzen mehr als 2 Millionen in Ländereien angelegt, viele Millionen zur Verbesserung der Landescultur und zum Auf- und Ausbau von Städten und Dörfern gegeben, und dennoch war bei dem Tode des Königs ein baarer Schatz von etwa 9 Millionen vorhanden, abgesehen von den vielen und werthvollen Kostbarkeiten, welche zum Theil für den äußeren Glanz in den königlichen Schlössern dienten, für den Nothfall aber leicht in baares Geld umgesetzt werden konnten. Der Werth wurde auf ein paar Millionen berechnet.

War einerseits nach Abschaffung der vielen, unter der vorigen Regierung eingeführten Steuern das Abgaben-System in feste Ordnung gebracht, und wurde in den Staats-Ausgaben die strengste Sparsamkeit beachtet, um für die wichtigeren Zwecke des Staats-Haushaltes die nöthigen Fonds zur Verfügung zu haben, so war es andrerseits des Königs angelegentlichste Sorge, das noch vielfach verödete Land mit neuer Bevölkerung zu besetzen und den Anbau und den Gewerbfleiß zu heben, um seine Einnahmequellen ergiebiger zu machen. Es ist ein großer Irrthum, wenn man denkt, schon unter den beiden vorigen Regierungen sei es gelungen, die Spuren des dreißigjährigen Krieges ziemlich ganz im Lande zu verwischen; man wird im Gegentheil überrascht, wenn man die Verzeichnisse übersieht, welche noch im Jahre 1721 in der Mark zahlreiche Wüstungen aufzählen; selbst in den kleineren Städten lagen noch Hunderte von Häusern in Trümmern, nicht zu gedenken der Verheerungen, welche die schreckliche Pest unter der vorigen Regierung in Preußen angerichtet hatte, wo in dem erwähnten Jahre nicht weniger als 60,000 Hufen Landes wüste lagen, die Dörfer verfallen, die Städte verödet waren. Deshalb erging ein Edict, daß denjenigen, welche dergleichen Wüstungen anbauen wollten, der Grund und Boden umsonst überlassen und zu dem Aufbau der Wohn= und Wirthschafts=Gebäude etwa ¼ der Kosten baar zugeschossen werden sollte. Die Anzügler erhielten während mehrerer Freijahre vollständige Abgabenfreiheit und viele andere Begünstigungen, durch welche gar Viele angelockt wurden, sich hier niederzulassen. So gelang es denn dem Könige allein in Preußen 12 Städte und 332 Dörfer meist ganz neu zu gründen, Wassermühlen anzulegen und nicht weniger als 49 neue Domainen in eigne Bewirthschaftung zu nehmen. Namentlich stand ihm hier der Fürst Leopold von Dessau treulich zur Seite, der mit dem Könige nicht nur die Vorliebe für das Militairwesen theilte, sondern auch wie dieser sich eben so sehr durch seine Umsicht und Geschicklichkeit in der Verwaltung des Landes auszeichnete. Und wie es im Großen in Preußen geschah, so sorgte der König auch in andern Gegenden seines Landes für die Cultivirung selbst von solchen Ländereien, welche bis dahin ganz unbenutzt geblieben waren. Als besonders wichtig ist in dieser Beziehung die Trockenlegung und Urbarmachung des großen Havelländischen Luches zu erwähnen, dessen beständige Nässe sowohl die Viehfütterung wie den Gewinn von Heu in hohem Grade erschwerte. Seit 1718 wurde an diesem Werke gearbeitet, bei welchem die anliegenden Ortschaften sich anfangs nur mit Widerwillen betheiligten, da sie die Ausführung für unmöglich hielten. Dennoch wurden bis 1724 mit einem Aufwande von etwa 70,000 Rthlrn. weite Landstrecken gewonnen und durch noch größere Summen Königshorst und andere passende Localitäten zu Holländereien eingerichtet, welche nicht nur einen bedeutenden Ertrag, sondern auch zugleich den Nutzen gewährten, daß hier junge Mädchen die Butter= und Käsebereitung nach holländischer Art gründlich erlernten und ihre erlangte Kenntniß in andern Provinzen verwertheten und verbreiteten. Zur Aufmunterung wurde ihnen eine Aussteuer bewilligt, ja es wurden wohl gar tüchtige Landwirthe als Ehemänner für sie ausgesucht. Auch Friedrich II. zeigte später für eben dies Institut eine so große Sorgfalt, daß er eine „ordentliche Akademie von Buttermachern" hierselbst einrichtete.

Zu den Ansiedlern, welche im preußischen Staate die wohlwollendste Aufnahme fanden, gehörten besonders die Böhmen, welche daheim in ihrem Glauben bedrückt, seit 1727 hier einwanderten und sich eine neue Heimath gründeten. In noch größerer Menge aber siedelten sich Salzburger an. Der Erzbischof von Salzburg nämlich, Ludwig Anton Eleutherius v. Firmian, versuchte die zahlreichen Protestanten in seinem Lande gewaltsam zur katholischen Kirche zurückzuführen und behandelte diejenigen unter ihnen, welche laut der Bestimmungen des westfälischen Friedens lieber auswandern wollten, als Aufrührer. Friedrich Wilhelm im Verein mit England, Holland, Dänemark und Schweden brachte es endlich beim Kaiser dahin, daß der Erzbischof die freie Auswanderung gestatten mußte. In dem härtesten Winter 1731 wurden darauf die ersten 8—900 unglücklichen Salzburger aus dem Lande gejagt; der König lud nicht nur dieselben zu sich ein und gewährte ihnen die nöthigen Reisegelder, sondern er bestellte auch Commissarien, welche diese wie die späteren Auswanderer behüten und führen mußten, und drohte an den katholischen Stiftern seines Landes Schaden=Ersatz zu nehmen, falls den Protestanten, welche nach Preußen auswandern wollten, Hindernisse in den Weg gelegt und namentlich ihr Vermögen ihnen vorenthalten würde. So siedelten denn mehr als 17,000 von ihnen nach Preußen über, während Holland und England ebenfalls mehrere Tausend aufnahm; letzteres schickte sie nach Amerika, besonders nach Virginien hinüber. Mit der größten Liebe wurden jene Unglücklichen von ihren Glaubensbrüdern in allen den Orten aufgenommen, durch welche sie zogen; große Schaaren von Bürgern so wie die Schuljugend mit Geistlichen und Lehrern an der Spitze bewillkommten sie; nicht nur wurden ihnen freier Unterhalt zu Theil, sondern auch reiche Geschenke wurden ihnen gespendet, und selbst Juden drängten sich heran, ihnen Wohlthaten zu erweisen. In Berlin empfing der König selber häufig die durchgehenden Züge, während die Königin Viele von ihnen bewirthete und reich beschenkte. Sie setzten ihren Weg durch Pommern theils zu Lande, theils zur See fort, und so viel als möglich wurden bei ihrer Ansiedlung in Preußen die Bekannten und Verwandten beisammen gelassen; ganze Dörfer mit Kirchen und Schulgebäuden wurden ihnen überwiesen, alles Nöthige an Hausgeräth, Unterhalt, an Vieh und Aussaat wurde ihnen unentgeltlich dargereicht und es wurden ihnen Freijahre bewilligt, bis ihre Wirthschaft in vollem Betriebe wäre; ja der König suchte ihnen selbst das nach Möglichkeit von dem Erzbischofe ersetzen zu lassen, was jeder von ihnen hatte im Stiche lassen müssen. Schon 1738 war die ganze Colonie so vollständig eingerichtet, daß sie in allen ihren Kirchen ein feierliches Dankfest begehen konnte.

Scheute der König keine Mühe noch Kosten, um sein Land durch neue Anbauer in größere Cultur zu bringen, so ließ er es sich nicht weniger angelegen sein, für die ältere, schon vorhandene ländliche Bevölkerung Sorge zu tragen. In Preußen z. B. hob er die Leibeigenschaft der königlichen Bauern auf und führte dagegen die mildere Form der Hörigkeit, den Zwangsdienst, ein. Durch den sorgfältigeren Anbau des Landes, bei welchem ungleich reichere Ernten eingebracht wurden, drohte zwar der Preis des Getreides so bedeutend zu sinken, daß der Anbau keinen Gewinn mehr brachte, doch hob einerseits der gesteigerte Consum in den immer volkreicher werdenden Städten dies Mißverhältniß auf, andrerseits verhinderte der König durch großartige Maßregeln, daß das Getreide nicht unter gewisse Preise herabgehen konnte. Zeigte sich nämlich hierzu durch Ueberfüllung der Märkte Neigung, so verbot er die Zufuhr von außen her und speicherte in seinen Magazinen reiche Vorräthe auf. Drohte dagegen Theurung, so ließ er diese bereitwillig öffnen, zu niedrigeren Preisen verkaufen und dem Landmann Korn zur Aussaat geben, das derselbe nach der Ernte in natura zurückzuliefern hatte. Diese Einrichtung kam zugleich den Domainenpächtern zu Statten, die auf solche Weise nie in den Fall kommen konnten, ihre Pacht nicht zu zahlen, und so groß war auch hier die Ordnung, daß keinem von ihnen die Zahlung länger als zehn Tage gestundet wurde.

Nicht mindere Sorgfalt als auf das platte Land verwendete auch Friedrich Wilhelm auf die Städte und zwar um so mehr, als ihnen jede eigne Leitung ihrer Angelegenheiten längst genommen war. Da der König allen Luxus bei Hofe verbannt, und dies gleichen Erfolg im ganzen Lande hervorgebracht hatte, so waren viele Gewerbszweige außer Thätigkeit gekommen, und es kam deshalb jetzt darauf an, neue Quellen zu öffnen, um die Gewerbthätigkeit wieder zu beleben. Zunächst bot die Ausrüstung und Unterhaltung des großen Heeres hierzu die besten Mittel, und so bedeutende Summen auch darauf verwendet werden mußten, sie kamen doch mittelbar dem Lande wieder zu gute. Vor allen Dingen erhöhte der König den Steuersatz für ausländische Waaren zum Besten der inländischen Fabriken, verbot die Einfuhr fremder Tücher und andrer Wollenwaaren und eben so die Ausfuhr von Wolle, welches letztere zwar scheinbar die Gutsbesitzer hart betraf, da nun die Preise für dies Product bedeutend herunter gingen; die bessere Verwerthung des Getreides deckte ihnen dagegen den Ausfall. Zugleich aber wurde nun eine genaue Aufsicht über die Anfertigung der Tücher angeordnet, geschickte Wollarbeiter wurden von außen her dadurch in Menge herbeigezogen, daß ihnen wichtige Rechte und Vorzüge zugestanden wurden, und schon nach wenigen Jahren konnte der König sein ganzes Heer in hier fabricirtes Tuch gut und verhältnißmäßig billig kleiden.

Große Verdienste erwarb sich hierbei der Staats-Minister v. Kraut, der das Lagerhaus in Berlin einrichtete, wo eine Menge von Fabrikanten beschäftigt und Wolle aufgespeichert wurde. Mit fortschreitender Entwicklung der Wollmanufacturen erfolgte dann 1720 der Befehl, daß Niemand andere als inländische wollene Zeuge tragen sollte, und zu Ende 1721 wurde anbefohlen, statt der Kattune und halbseidenen Stoffe, die nicht im Lande angefertigt wurden, nur linnene Gewebe zu gebrauchen; das Tragen seidner Zeuge wurde zwar nicht ganz verboten, doch beschränkt, und so bedeutenden Nachdruck wußte der König seinen Befehlen zu geben, daß bald bei Vornehm und Gering, bei Männern und Frauen keine andere als wollene und linnene Kleidung gesehen wurde, zumal da auch die Färberei gleichen Schritt mit der Wollmanufactur hielt. Die Stoffe, die man hier verfertigte, waren von so großer Güte, daß sie auch im Auslande geschätzt und gesucht wurden, und namentlich fanden sie in Folge eines besonderen Handel-Tractates nach Rußland hin bedeutenden Absatz.

Auf ähnliche Weise aber, wie der Wollen- und Leinenweberei so wie der Färberei, wurde auch den übrigen Fabrikzweigen aufgeholfen; die Leder-, Metall-, Gewehr- und andere Fabriken lieferten Erzeugnisse in so großer Menge und in solcher Güte, daß das Heer alle seine Bedürfnisse im Lande selber entnehmen konnte. Aber auch für alle anderen Gewerbe trug der König gleich große Sorge. 1720 befahl er, daß sämmtliche Handwerker, mit Ausnahme von Leinewebern, Schmieden und Stellmachern, vom Lande in die Städte übersiedeln sollten, und da in einzelnen Orten durch die zu große Anzahl von Meistern Brodlosigkeit eintrat, während es in anderen an den nöthigen Handwerkern fehlte, so ließ der König 1734 und 1735 genaue Ermittlungen hierüber anstellen und versetzte die überzähligen Meister eines Ortes nach dort hin, wo daran Mangel war. Zugleich hob er die lästigen Gebräuche bei den Zünften auf, ertheilte den Gewerken neue Gildebriefe, bestimmte die Zahl der Gesellen und Lehrlinge, die durchschnittlich ein Meister halten dürfte, so wie die Zahl der Wanderjahre für die Gesellen, damit diese an fremden Orten reiche Erfahrung einsammeln möchten. Da sämmtliche königliche Beamten bei Strafe der Cassation in den Städten wohnen mußten, die Volkszahl in den Städten aber überdies durch zahlreiche Einwanderung merklich zunahm, so hoben sich auch die Gewerbe sichtbar. Während Berlin z. B. bei dem Tode des großen Kurfürsten 20,000 Einwohner zählte, bei dem Tode Friedrich's I.

mehr als 60,000, war die Bevölkerung bis zum Jahre 1740 auf etwa 90,000 Einwohner gestiegen, die Besatzung mit eingerechnet. Der König munterte namentlich hier wie in Potsdam auf alle mögliche Weise zum Aufbau neuer Häuser auf und scheute selbst nicht Gewaltmittel, Begüterte dazu heranzuziehen. — In Bezug auf den Handel mag hier nur der Bequemlichkeit Erwähnung geschehen, daß durch das ganze Land gleiches Maß und Gewicht eingeführt wurde.

Man würde sich billig darüber wundern müssen, daß Friedrich Wilhelm so wenig wissenschaftlichen Sinn besaß, ungeachtet der Vater eine vortreffliche Erziehung genossen hatte und die Mutter eine so geistreiche und selbst gelehrte Frau war, wenn man hierbei nicht in Erwägung ziehen wollte, daß er das einzige Kind des Hauses war und ihm schon deshalb alle mögliche Nachsicht zu Theil wurde, die sogar bis zur Vernachlässigung sich steigerte, während andrerseits bei dem trocknen und pedantischen Unterricht, der ihm zu Theil geworden war, jede freie geistige Anregung gefehlt hatte. Selbst der Unterricht in der Muttersprache fehlte, und da bei Hofe und in den gebildeten Kreisen nur französisch gesprochen wurde, so lernte er die deutsche Sprache nur von der unteren Dienerschaft und aus dem Umgange mit gewöhnlichen Leuten, so daß er auch nur deren Ausdrucksweise auffaßte. Dessen ungeachtet wurde später an seinem Hofe immer nur deutsch gesprochen, wenn nicht fremder Besuch die französische Unterhaltung nöthig machte, da er ein solcher Feind alles französischen Wesens war, daß er, wie er einst äußerte, „jedesmal ausspucke, so oft er einen Franzosen sähe." Jenen Mangel an wissenschaftlicher Bildung aber ersetzte bei ihm seine natürliche Lebhaftigkeit, seine unersättliche Wißbegierde, sein überaus starkes Gedächtniß und sein praktischer Sinn, der überall das unmittelbar Nutzenbringende mit großer Gewandtheit herauszufinden wußte. So wenig deshalb die Akademie der Wissenschaften sich seiner Unterstützung und Förderung zu erfreuen hatte, so sehr er auch, wenigstens längere Zeit, gegen alle philosophischen Speculationen eingenommen war, so daß er 1723 dem Professor Wolf in Halle bei Todesstrafe befahl, Halle zu verlassen — 1733 forderte er ihn auf, wiewohl vergeblich und unter den glänzendsten Versprechungen, zurückzukehren —, so war er doch eifrig darauf bedacht, dem Medizinalwesen in seinem Lande eine neue Gestaltung zu geben, und er errichtete 1723 das Collegium Medico-Chirurgicum zu Berlin, um seinem Heere wie seinen Unterthanen geschickte Wundärzte zu bilden, nachdem er schon früher (1717) zu demselben Behufe das anatomische Theater begründet hatte. Zum praktischen Studium der jungen Aerzte und zur Unterbringung hülfloser Kranken stiftete er 1727 in Berlin das große Krankenhaus, die Charité, und dotirte dasselbe sehr reichlich, in dessen Garten, beiläufig gesagt, der erste Versuch hier zu Lande gemacht wurde, die Kartoffeln anzupflanzen.

That der König demnach auch nur wenig für die Wissenschaft, wenn sie nach seiner Meinung nicht unmittelbaren Gewinn für das Leben brachte, so war desto mehr sein Bemühen darauf gerichtet, den Volks-Unterricht in allen Theilen seines Landes zu heben. **Friedrich Wilhelm legte den Grund zur allgemeinen Volks-Bildung in dem preußischen Staate;** zu diesem Zwecke waren ihm keine Kosten zu groß. Er verpflichtete die Eltern, die Jugend zum Schulbesuch anzuhalten und verordnete, daß Niemand zum Confirmations-Unterricht zugelassen werden sollte, der nicht wenigstens lesen könnte; in Preußen allein hat er gegen 1000 Schulen angelegt. Eben diesem Streben verdankte auch 1734 das große Potsdamer Militair-Waisenhaus zum Theil seine Gründung; nicht nur überwies er demselben bedeutende Capitalien zu seiner Erhaltung, sondern sicherte ihm auch noch anderweitige reiche Einkünfte z. B. den Gewinn des damals zuerst herausgegebenen Intelligenzblattes in Berlin.

Aus inniger Ueberzeugung seines frommen Sinnes fuhr er fort, wie sein Vater als Schirm und Schutz für den Protestantismus aufzutreten nicht nur in Deutschland, sondern auch sonst überall, wo derselbe unterdrückt zu werden befürchtete. Wie er sich der Salzburger annahm, ist vorhin besprochen worden, und ähnlich verfuhr er, als 1719 die Protestanten in der Pfalz harte Bedrückungen erdulden mußten; durch Zwangs-Maßregeln, mit denen er die Katholiken seines Landes bedrohte, bewog er den Kurfürsten ein milderes Verfahren einzuschlagen. Eben so setzte er Gleiches in Polen für die Dissidenten durch, wenn er es auch 1724 nicht hatte verhindern können, daß in Thorn sogar Hinrichtungen von Protestanten erfolgten. Dabei war er tolerant und eifrig bemüht, eine allgemeine evangelische Kirche zu gründen, indem er den Unterschied zwischen Lutheranern und Reformirten nur für „Pfaffengezänt" hielt; er stellte alles das ab, was von äußeren Gebräuchen aus der katholischen Kirche übrig geblieben war, verminderte die Zahl der Feiertage, verordnete, daß die Predigten kurz und verständlich abgefaßt sein sollten, und war so wenig für bloßen Schein von Frömmigkeit, daß er auch nicht einmal besondere Betstunden abgehalten wissen wollte, dieselben vielmehr für Heuchelei erklärte. Mit großer Entschiedenheit drang er darauf, daß die Geistlichen nur für ihr Amt leben sollten, und daß man nur solche Candidaten zum Predigtamt zuließe, welche gute Studien und zwar auf den Landes-Universitäten gemacht hätten; auch bewilligte er denselben manche Vorzüge. Seine eigne fromme Gesinnung aber bezeugte der König in dem Aufbau von mehreren Hundert Kirchen, so wie er auch durch die Feier von Jubelfesten den christlich-religiösen Sinn in dem Volke zu heben bemüht war. Deshalb feierte er 1713 den Uebertritt Johann Siegmund's zur reformirten Lehre, 1717 das Reformationsfest, 1730 das Andenken an die Augsburgische Confession und 1739 den Uebertritt der märkischen Länder zur evangelischen Lehre sogar schon im Mai, weil er den Monat November nicht mehr zu erleben glaubte. Ausdrücklich wurde hierbei den Geistlichen eingeschärft, daß diese Gelegenheiten nicht etwa dazu benutzt werden sollten auf die Katholiken zu schmähen.

Mit dem frommen Sinne des Königs verband sich ein lebhaftes Rechtsgefühl, das sogar bisweilen durch seine übergroße Strenge zum Gegensatze umschlug. Schon beim Antritt seiner Regierung erklärte er, daß die Justiz auf himmelschreiende Weise verwaltet, und er sich die größte Verantwortung aufladen würde, falls er nicht für die Einführung einer bessern sorge. Diesen Gesichtspunkt hielt er auch während seiner ganzen Regierung fest, und der überaus tüchtige Minister v. Cocceji stand ihm hierbei treulich zur Seite, während der General-Auditeur Mylius die Gesetze jener Zeit in dem Corpus Constitutionum Marchicarum sammelte und sie durch den Druck allgemein zugänglich machte. Cocceji entwarf eine neue Verfassung des Kammergerichts und suchte auch die Justizhöfe in den Provinzen oder die s. g. „Regierungen" besser zu ordnen. Das Proceßverfahren mußte bedeutend abgekürzt werden, und dem Könige waren deshalb jährlich Tabellen einzureichen, welche darüber eine Uebersicht gewährten; die Zahl der Advocaten wurde bedeutend beschränkt, und es war ihnen nicht gestattet, ihren Wohnsitz wie früher auf dem Lande zu nehmen, weil man ihnen vorwarf, daß sie in den meisten Fällen den Bauer zu Processen angereizt hätten. Lästig dagegen blieb das Fiscalat, das jede Uebertretung des Gesetzes eifrig zu überwachen und die königlichen Gerechtsame wahrzunehmen hatte, durch welches aber den gehässigsten Angebereien Thür und Thor geöffnet wurde. Die bedeutenden Strafgelder, welche durch dasselbe beigetrieben wurden, hielten den König ab, es gründlich umzuändern. Die Hexenprozesse schaffte zwar Friedrich Wilhelm gleich zu Anfang seiner Regierung ab, desto strenger aber zeigte er sich in andern Criminal-Processen, wo er nicht selten die Strafe willkürlich erhöhte. 1720 wurde das Sacken oder das Ersäufen in einem Sacke für Kindesmörderinnen wieder eingeführt, weil damals dies Verbrechen sich vielfach wiederholt hatte, und auch sonst suchte man durch die furchtbarsten Todesstrafen von Verbrechen abzuschrecken, ohne daß man dadurch den beabsichtigten Zweck erreichte. Die martervollen Hinrichtungen des Kastellan Runk und des Hoffschlossers Stief, welche 1718 aus dem königlichen Schlosse große Kostbarkeiten, besonders Medaillen, im Werthe von 100,000 Rthlrn. gestohlen hatten, so wie die eines gewissen Clemens und seiner Genossen 1720, der durch verfälschte Handschriften den König glauben gemacht hatte, daß er auf Veranstaltung des Kaisers und des Kurfürsten von Sachsen entführt, und der Kronprinz katholisch erzogen werden sollte, machten selbst zu ihrer Zeit, wo man an dergleichen Grausamkeiten gewohnt war, gewaltiges Aufsehen. Gemeine Diebe und Betrüger wurden ohne Unterschied des Standes aufgeknüpft, Hausdiebe wohl gar vor dem Hause, in welchem sie ihre Unthat begangen hatten. — Merkwürdig genug bleibt es daneben, daß in jener Zeit, wo der Stock allgemein als gewöhnliches Strafmittel unbedingte Geltung hatte und von dem König eigenhändig vielfach angewendet wurde, 1738 der königliche Befehl erschien, daß kein Pächter oder Schreiber, sich unterstehen sollte, die Unterthanen bei dem Hofedienste „mit Peitschen= und Stockschlägen wie das Vieh übel zu tractiren." Für das erstmalige Vergehen der Art wurde eine sechswöchentliche Karren=, fürs zweite Mal Todesstrafe bestimmt.

Wie der König selber ein Muster von pünktlicher Ordnung, eisernem Fleiße und strenger Sparsamkeit war, so verlangte er auch ein Gleiches von allen seinen Unterthanen. Seine Thätigkeit in allen Zweigen der Verwaltung war wahrhaft bewundernswerth, selbst das Kleinste und Unbedeutendste entging seinem prüfenden Blicke nicht. Einfach in allen Dingen und Feind von allem unnützen Prunke war es seine erste Regierungs=Handlung, nachdem er die Leiche seines Vaters mit allem bis dahin üblichen Pompe bestattet hatte, den überflüssigen Hofstaat ganz abzuschaffen, die beibehaltenen Stellen aber bedeutend in den Gehältern zu kürzen. Sein Tisch war zwar anständig, doch einfach eingerichtet, noch einfacher war seine Lebensweise auf seinen Reisen. Seine liebste Erholung waren die Revüen und die Jagd so wie des Abends die Gesellschaft, welche unter dem Namen des „Tabacks=Collegiums" bekannt ist, zu der seine Vertrautesten eingeladen wurden, und wo man bei einer Pfeife Taback und einem Glase Bier auf die ungezwungenste Weise sich zu unterhalten pflegte oder eine Partie Schach oder ein anderes Brettspiel vornahm. Unter den lustigen Räthen, die hier auch für Scherz zu sorgen hatten, ist besonders der Freiherr Paul v. Gundling bekannt, ein Mann, welchem bei seiner unmäßigen Lebensweise merkwürdig genug noch Zeit übrig blieb, eine nicht unbedeutende Anzahl von Werken zu schreiben. Hoffeste waren selten, auch fehlte es meist an Leuten, welche dieselben hätten verschönern können. Die Capelle und die Oper seines Vaters hatte der König gleich anfangs verabschiedet, Komödianten, Seiltänzer :c. bedurften besondrer königlicher Erlaubniß, ihre Künste zu produciren. Nur in Berlin gestattete er häufiger dergleichen Vergnügungen, und hier machte sich der s. g. „starke

Mann" v. Eckenberg seit 1717 längere Zeit durch seine herculischen, theatralischen und Seiltänzer-Künste einen großen Namen. Seit der Krankheit, welche 1734 den König befallen hatte, war er nicht wieder zu seiner früheren Kraft gelangt, dagegen zeigte er sich milder denn je gegen seine Umgebung und gegen Arme. Der harte Winter zum Jahre 1740 scheint auf seinen kränklichen Zustand starken Einfluß gehabt zu haben. Wenige Tage vor seinem Tode empfahl er seinem ältesten Sohne Friedrich zweierlei, das Emporkommen seines Hauses und die Wohlfahrt seiner Unterthanen; er dankte laut Gott, der ihm einen so braven Sohn gegeben habe. Am 31. Mai übergab er seinem Nachfolger volle Gewalt und Souverainität, wenige Stunden darauf starb er mit frommer Ergebung und mit seiner gewohnten Ruhe.

XIV. Preußen als Großmacht.

3. Friedrich II. der Große. 1740—1786.

Friedrich Wilhelm I. hatte in seiner Ehe mit Sophie Dorothea von Hannover vierzehn Kinder erzeugt, darunter sieben Söhne. Die beiden ältesten von diesen waren im ersten Lebensjahre gestorben, der dritte Carl Friedrich, gewöhnlich Friedrich, vom Vater Fritz genannt, geboren den 24. Januar 1712, wurde deßhalb Kronprinz; der Titel „Prinz von Oranien", der ihm bei seiner Geburt beigelegt worden, wurde schon nach dem Utrechter Frieden aufgegeben, als Preußen jenes Fürstenthum an Frankreich abtrat, obgleich der König den Titel und das Wappen beibehielt.

Anfänglich stand er unter weiblicher Aufsicht und Pflege, mit Antritt seines siebenten Jahres wurde er männlicher Leitung anvertraut. Der General v. Finkenstein und der Oberst v. Kalkstein wurden seine Gouverneure, Duhan de Jandun sein Lehrer. Ihm eine gelehrte Erziehung zu Theil werden zu lassen, lag nicht in der Absicht des Vaters; die Hauptaufgabe war vielmehr die, ihn zu einem tüchtigen Soldaten, zu einem sparsamen Wirthe und zu einem guten Christen zu erziehen. Deshalb waren seine jugendlichen Spiele nur auf den Krieg berechnet, über seine ihm spärlich zuertheilten Gelder mußte er genau Buch und Rechnung führen, Psalme und geistliche Lieder mußte er fleißig auswendig lernen. Seine Vorliebe für französische Sprache und Sitte zeigte sich früh und einen für die ganze Folgezeit höchst wichtigen Einfluß hatte der Besuch, den er 1728 in Begleitung seines Vaters dem glänzenden und üppigen Hofe König August's III. in Dresden abstattete. Der lebhafte Prinz unterlag hier der Verführung, welche in so reichlichem Maße ihm geboten wurde, und vergeblich bemühten sich der Oberst v. Rochow und der Major v. Keyserlingk, die ihm 1729 bei seiner Mündigkeits-Erklärung zur Begleitung zugesellt wurden, ihn von den sinnlichen Neigungen zurückzuziehen, denen er sich seitdem unbesonnen hingegeben hatte. Für Poesie, für Musik, für eitlen Putz schwärmte er in dem Grade, daß, da seine beschränkten Mittel dafür nicht ausreichten, er leichtsinnig Schulden auf Schulden häufte; dabei wurde ihm der steife, gezwungene Militairdienst so widerlich, daß sich ein unglückliches Verhältniß zwischen Vater und Sohn bildete, das beiden auf längere Zeit das Leben verbittern sollte. Dazu kam, daß auch die religiösen Ansichten beider immer weiter von einander abwichen, und je weniger sich Friedrich entschließen konnte, den Wünschen und Anforderungen des Vaters nachzuleben, desto schroffer wurde ihre gegenseitige Stellung zu einander. Die Doppelheirath, die damals zwischen Hannover und Preußen besonders durch die Königin betrieben wurde, die Befürchtungen des Königs, daß durch diese enge Verbindung Preußen dereinst nur eine englische Provinz werden möchte, die ungeschickte Weise, mit welcher der englische Gesandte Lord Hotham die kaiserliche Partei am preußischen Hofe zu stürzen suchte, und mit welcher er zugleich das Unabhängigkeits-Gefühl des Königs tief verletzte, die entschiedene Erklärung des Kronprinzen, nur eine englische Prinzeß zur Gemahlin wählen zu wollen: dies Alles erweiterte immer mehr die Kluft zwischen Vater und Sohn. Die überaus harte, selbst thätliche Behandlung, welche der Prinz von seinem Vater bei dem Besuch des Lustlagers von Mühlberg (Mai 1730) erfuhr, hatte schon damals den Plan in ihm angeregt, nach England zu entfliehen; König August III., davon unterrichtet, verhinderte die Ausführung, die deshalb auf die Reise verschoben wurde, welche gleich darauf der König in Begleitung des Kronprinzen unternahm. Die Lieutenants v. Katte in Berlin und v. Keith in Wesel waren in dem Geheimniß und sollten die Flucht unterstützen. Da man jedoch in England, ungeachtet der eingeleiteten Verhandlungen, Friedrich nicht aufnehmen wollte, beschloß dieser nach Frankreich zu gehen. In einem Dorfe unweit Mannheim sollte am 8. August 1730 früh der Flucht-Versuch zur Ausführung kommen; der Zufall vereitelte es. Der König, durch einen seiner Pagen und durch einen aufgefangenen Brief von dem Vorhaben seines Sohnes in Kenntniß gesetzt, ließ denselben unter der sorgfältigsten Aufsicht von Frankfurt zu Schiffe nach Wesel bringen, wo man am 12. August anlangte. Hier begann das Verhör; der Prinz leugnete nicht und nannte seine beiden Mitschuldigen, die er gerettet glaubte. Doch nur dem v. Keith war es gelungen nach England zu entkommen, v. Katte dagegen wurde festgenommen. Mit der größten Vorsicht wurde Friedrich nach Mittenwalde (den 28. August) und einige Tage später (den 4. September) nach Cüstrin gebracht. Das einberufene Kriegsgericht verurtheilte v. Katte zur Cassirung und zu mehrjähriger Festungsbau-Strafe, der König änderte jedoch dies Urtheil in Todesstrafe. In

Bezug auf Friedrich hatte sich das Kriegsgericht für incompetent erklärt, da das Vorgefallene Mitglieder der königlichen Familie beträfe. Schweden, Polen, Rußland, der Kaiser u. a. verwandten sich für den Kronprinzen, der im strengsten Verwahrsam gehalten wurde. Niemand durfte zu ihm, Bücher und Schreibmaterialien wurden ihm vorenthalten, selbst seine Flöte wurde ihm abgenommen; dennoch versah ihn der Präsident der Kriegs- und Domainenkammer zu Cüstrin, v. Münchow, wenn auch auf gefährlichem Wege mit allem Nothwendigen.

Die Hinrichtung des v. Katte (den 6. November), wenn auch nicht nach dem königlichen Befehle unter dem Fenster seines Gefängnisses, doch in der Nähe desselben, erschütterte Friedrich auf die gewaltigste Weise; sein zerknirschtes Gemüth wurde den Tröstungen der Religion zugänglich, welche der würdige Feldprediger Müller ihm einsprach. Auf Verwendung desselben, als er dem Könige die aufrichtige Reue des Prinzen melden konnte, wurde für Friedrich das harte Gefängniß gemildert, nachdem er um Gnade gebeten, Besserung gelobt und sein Gelöbniß mit einem Eidschwur bekräftigt hatte. Er erhielt seinen Degen und Orden zurück, jedoch nicht die Uniform und das Portepee — er war damals Oberstlieutenant — und wurde am 21. November als jüngster Kriegs- und Domainen-Rath bei der neumärkischen Kammer in Cüstrin eingeführt. Zugleich erhielt er seine Wohnung in der Stadt angewiesen, und es wurde ihm besondrer Unterricht im Verwaltungsfache zu Theil, damit er sich praktisch wie theoretisch ausbilden möchte. Seine früheren Erzieher bekamen ungnädige Zuschriften, daß sie ihrer Pflicht nicht besser nachgekommen wären, sein Lehrer und andere Personen, die um ihn gewesen, wurden mit Verbannung nach entfernteren Provinzen bestraft, noch härter diejenigen, welche ihm Geld geliehen hatten; die sechzehnjährige Doris Ritter in Potsdam, welche kleine Geschenke vom Prinzen empfangen hatte, wurde zum Staupenschlag und dreijähriger Zwangs-Arbeit in Spandau verurtheilt.

Fast ein Jahr lang hatte der Aufenthalt Friedrich's in Cüstrin gedauert, als bei einem Besuche des Königs im August 1731 eine Versöhnung zu Stande kam, welche den Sohn die volle Liebe des Vaters erkennen ließ. Doch mußte er seine Beschäftigung auch ferner fortsetzen und namentlich die königlichen Aemter in der Nähe besuchen, um sich mit allen Theilen der Landwirthschaft vollständig vertraut zu machen; zugleich wurden ihm auch kleine Ausflüge, Jagd-Vergnügungen und anderweitiger Umgang zugestanden. Ja als seine ältere Schwester Wilhelmine sich im November 1731 mit dem Erbprinzen Friedrich von Baireuth vermählte, wurde es ihm erlaubt auf einige Tage zum Besuche nach Berlin zu kommen. Durch emsigen Fleiß in dem ihm übertragenen Amte, durch kleine Aufmerksamkeiten gegen den Vater, durch die Liebe, die er für das Heerwesen zeigte, gewann er den König immer mehr für sich, und im Februar 1732 wurde er nicht nur nach Berlin zurückgerufen, sondern auch zum Obersten ernannt.

Es war eine lange Zeit schwerer Leiden, welche Friedrich hatte durchleben müssen, und man hat wohl den Vater übergroßer Härte angeklagt, durch welche er gewaltsam den Geist des Sohnes in Fesseln gelegt habe. Friedrich selber war nicht dieser Meinung. Die Hochachtung, die er dem Vater sein ganzes Leben hindurch bewahrte, war keine bloß äußerliche, sondern wurzelte in seiner innersten Seele, und namentlich möchte seine Aeußerung, daß „weichliche Erziehung weibisch, bequem, träge und niederträchtig mache", der beste Beweis dafür sein, wie er später jene gewaltsame Zurückhaltung von unheilvoller Verirrung auffaßte. Ueber die Kraft des Königs aber muß man erstaunen, der in öffentlichen wie in häuslichen Angelegenheiten vor keiner Schwierigkeit zurückschreckte, der, in sich selber klar und jeden Augenblick seiner Zwecke bewußt, mit bewunderungswerther Beharrlichkeit sein Ziel verfolgte, der eben so in seinem Volke jene Rührigkeit und Kernhaftigkeit hervorzurufen verstand, welche das nachmalige glänzende Auftreten seines Sohnes möglich machten, wie er diesen von dem „effeminirten Wesen" gründlich heilte und, wenn auch mit blutendem Vaterherzen, auf die Bahn leitete, auf welcher er der Glanzpunkt seines Jahrhunderts geworden ist. Sehr richtig hat man deshalb gesagt, daß, wenn Friedrich den Beinamen des Großen sich erworben, man nicht vergessen darf, daß Friedrich Wilhelm es war, der ihn groß erzogen hat.

Der kaiserliche Hof hatte früher durch seinen Gesandten v. Seckendorf nicht wenig dazu beigetragen, daß die beabsichtigte Vermählung Friedrich's mit einer englischen Prinzeß nicht zu Stande gekommen war. Jetzt leitete eben derselbe eine Heirath des Kronprinzen mit der Prinzeß Elisabeth von Braunschweig-Bevern ein, welche eine Nichte der Kaiserin war. Die Verhandlungen, Friedrich mit Katharina Iwanowna von Mecklenburg-Schwerin zu vermählen, hatten sich schon früher zerschlagen, ungeachtet die Tante dieser Prinzeß, die Kaiserin Anna von Rußland, ihre Nichte adoptirt hatte, und Friedrich dadurch die Aussicht eröffnet wurde, dereinst den russischen Thron zu besteigen. So viel innere Kämpfe es auch diesem kostete, nicht nach eigner Wahl seine Gemahlin zu nehmen, so fügte er sich doch dem väterlichen Willen und verlobte sich im März 1732 mit der ihm bestimmten Prinzeß. Bald darauf trat aber der Kaiser, wie oben erzählt, mit England in ein näheres Bündniß und wandte seitdem Alles an, jene Verlobung rückgängig zu machen und nach dem Wunsche des Königs Georg II. den Kronprinzen mit einer englischen Prinzeß zu vermählen. Friedrich Wilhelm war jedoch auf keine Weise zu vermögen, sein einmal gegebenes Wort zurückzunehmen, und so fand denn im Juni 1733 die Vermählung Friedrich's mit Elisabeth zu Salzdahlum bei Wolfenbüttel Statt. In Berlin wurde den Neuvermählten das nachmalige Palais Friedrich Wilhelm's III., das jetzt für den jungen Prinzen Friedrich Wilhelm eingerichtet worden ist, überwiesen, doch nahm das junge Paar bald seinen Sitz in Ruppin, wo ein Theil des Regimentes garnisonirte, zu dessen Befehlshaber Friedrich ernannt worden war. Bald darauf wurde Rheinsberg für ihn erworben, wohin er 1736 übersiedelte, obgleich der dortige Schloßbau erst 1739 vollständig beendigt wurde.

Der Aufenthalt hierselbst gab Friedrich reichen Ersatz für die bitteren Leiden, welche er so lange erduldet hatte. Hier war es, wo er einen Kreis von geistreichen Männern um sich versammelte, mit denen er für Wissenschaft und Kunst lebte, von hier aus knüpfte er einen lebhaften Briefwechsel mit Voltaire und andern berühmten Größen an; hier wechselten die ernstesten Gespräche und die heitersten Unterhaltungen mit einander ab; hier lag Friedrich eifrig den Studien ob und suchte sich wie theoretisch so auch praktisch in alle dem zu bilden, was ihm als künftigen Regenten von Nutzen sein könnte. Deshalb betrieb er auch die militairischen Uebungen mit Eifer und hatte die Freude, sein Regiment von dem Könige gelobt zu sehen. Lernte er das Kriegswesen nur bei den Revüen kennen, so schien sich ihm im polnischen Erbfolgekriege eine günstige Gelegenheit darzubieten, den Krieg selber zu studiren. Als der Prinz Eugen 1734 das deutsche Heer, darunter auch die preußischen Truppen, gegen die Franzosen nach dem Rhein führte, war auch Friedrich mit dem Vater gegenwärtig. Sein feiner Beobachtungsgeist gewann ihm zwar die Gunst des greisen Helden, doch Eugen, um seinen Ruhm besorgt, war nicht der kühne Feldherr wie früher, und die großen Schwächen des kaiserlichen Heeres entgingen Friedrich's Scharfblicke nicht, so daß der Feldzug, so verfehlt er auch war, nicht ohne Einwirkung auf seinen Entschluß geworden ist, den Kampf gegen Oesterreich zu wagen. Nicht minder vortheilhaft war es für ihn, als er bei der 1734 eingetretenen gefährlichen Krankheit des Königs einen Theil der Regierungs-Geschäfte zugewiesen erhielt, und eben so als er 1735 auf Befehl des Königs die Provinz Preußen bereisen mußte, um sich persönlich mit den dortigen Militair- und Verwaltungs-Angelegenheiten bekannt zu machen. In seinem abgelegenen, stillen Rheinsberg suchte er die gemachten Erfahrungen für sich auszubeuten, und seine ins Jahr 1736 fallende Abhandlung „über den gegenwärtigen Zustand des europäischen Staatensystems", so wie seine im Jahre 1740 in Druck erschienene Schrift „Antimacchiavel", in welcher er die Lehre des Niccolo Macchiavelli (1469—1527) von Florenz bekämpfte, die jener in seinem „Fürsten" niedergelegt hatte, sind die sprechendsten Beweise von der großartigen Weise, wie der König seinen Beruf auffaßte, und welch freisinnige und hochherzige Ideen er in sich durchgebildet hatte.

Wenn auch nicht immer, so war doch im ganzen das Verhältniß Friedrich's zu seinem Vater ein zufriedenstellendes geworden. Der König hatte nichts mehr dagegen, daß er sich auch wissenschaftlich beschäftigte, zumal da Friedrich nicht nur durch kleine Geschenke für die königliche Tafel den Vater erfreute, sondern noch mehr durch Uebersendung besonders großer Recruten, die zu erlangen er keine Kosten scheute. Deßhalb hatte auch der König ihm nicht unbedeutende Summen zum Ankauf und Ausbau von Rheinsberg überwiesen, ebenso vermehrte er auch 1739 seine Einkünfte dadurch um etwa 12,000 Rthlr. jährlich, daß er ihm das Trakehner Gestüt in Ostpreußen überließ. Ungeachtet aber auch der Kaiser ihm jährlich 2500—3000 Ducaten durch Seckendorf zukommen ließ, um sich seine Geneigtheit zu erwerben, reichten doch alle diese Summen durchaus nicht hin, den Aufwand zu bestreiten, den Friedrich machte. Sein Hang zu Vergnügungen aller Art, auch längere Zeit zu Liebes-Abenteuern, setzten ihn oft in die peinlichste Verlegenheit. Ueberall nahm er Schulden auf, oft zu wucherischen Zinsen, obgleich hierbei die größte Behutsamkeit erforderlich war, damit dem Vater ja nicht etwas davon zu Ohren käme.

Die letzte Krankheit des Königs hatte diesen nicht nur überhaupt milder gestimmt, sondern auch ein außerordentlich herzliches Einverständniß mit Friedrich herbeigeführt. Wiederholt war dieser nach Potsdam berufen worden, wenn der König sein Ende nahe glaubte. Als eben dies wenige Tage vor seinem Tode geschah, und Friedrich mit Thränen im Auge die ihm entgegengestreckten Hände des Vaters mit Küssen bedeckte, war dieser so gerührt, daß er laut Gott für die Gnade dankte, ihm solchen Sohn geschenkt zu haben. In diesen letzten Stunden war es, wo der König seinem Sohne sein ganzes Herz ausschüttete und ihn mit klarem Urtheile über alle inneren und äußeren Angelegenheiten seines Reiches unterrichtete.

Am 2. Juni 1740 empfing Friedrich in Charlottenburg den Eid der versammelten Minister und mit rastlosem Eifer stürzte er sich in die Regierungs-Geschäfte. Weit entfernt, die Befürchtung zu bewahrheiten, daß er das System seines Vaters verwerfen würde, war er vielmehr darauf bedacht, dasselbe in seinem ganzen Umfange aufrecht zu erhalten, da es sich durchaus bewährt hatte, wenn auch in Einzelnem ein andrer Geist sich sichtbar machte. Mit kindlichem Sinne ordnete er Alles an, was seiner Mutter den Rest ihrer Lebenstage angenehm machen konnte; eben so richtete er für seine Gemahlin, die stets eine ausgezeichnete Haltung beobachtet hatte, einen höchst anständigen Hofhalt ein, wenngleich er sich fern von ihr hielt. Am 22. Juni ließ er mit angemessenem Aufwand die Leiche des Vaters in der Potsdamer Garnisonkirche beisetzen; die Riesen-Bataillons erschienen hierbei zum letzten Male in Parade; gleich darauf wurden sie aufgelös't, zum Theil drei neue Garde-Bataillons aus ihnen gebildet, für das ersparte Geld aber das Heer um 16 neue Bataillons vermehrt. Einen Monat später nahm er, den 20. Juli, die Huldigung der preußischen Stände in Königsberg an, ohne daß er, wie auch schon sein Vater gethan, besondere Gewähr für ihre alten Privilegien geleistet hätte; in Berlin erfolgte diese Huldigung für die mittleren Provinzen zu Anfang des Monats August. Bei seiner Huldigungsreise nach den westlichen Provinzen machte er im strengsten Incognito einen Abstecher nach Straßburg, um das französische Militair kennen zu lernen, gab aber die weitere Reise auf, als er sich erkannt sah. Die Aufforderung Englands gleich in den ersten Tagen seiner Regierung, ein neues Bündniß mit demselben abzuschließen, lehnte er ab; weit eher war er geneigt, ein solches mit Frankreich einzugehen, sobald ihm von dieser Macht der volle Besitz auch nur von Berg garantirt würde. Da der Cardinal Fleury sich jedoch entschieden weigerte, in diese Forderungen einzugehen, so war dies insofern von größter Wichtigkeit für Friedrich, als er sah, daß seine Absicht, sich nach Westen auszudehnen, zu großen Widerstand an Frankreich finden würde, und daß er deshalb nach andrer Richtung hin seine Wünsche zu erreichen suchen müsse. Ueberdies führten Verhandlungen mit dem Kaiser wegen der Herzenssache seines Vaters, der Erbfolge in Jülich-Berg, kein Resultat herbei; man suchte auch ihn wie seinen Vater hinzuhalten. Rußland wollte sich in diese Angelegenheiten nicht mischen, versprach dagegen Hülfstruppen, sobald Friedrich angegriffen würde. So viel lernte der junge König aus der kurzen Erfahrung während der ersten Monate seiner Regierung, daß er selber der Mann sein müsse, sich Recht zu verschaffen. Ein sonst wenig bedeutender Vorfall gab ihm Gelegenheit diesen Weg zu versuchen.

Aus der oranischen Erbschaft war 1732 auch die Herrschaft Herstall Preußen zugesprochen worden, über welche namentlich der Bischof von Lüttich die Oberlehnsherrschaft behauptete. Je besorgter König Friedrich Wilhelm gewesen war, nicht durch gewaltsame Maßregeln gegen Lüttich den Reichsfrieden zu stören, desto übermüthiger war der Bischof geworden und hatte die Bewohner jener Herrschaft gegen die preußische Autorität in Schutz genommen, so daß dieselben auch nicht eher Friedrich die Huldigung leisten wollten, bevor der König nicht von dem Bischofe und dem Kaiser als Herzoge von Brabant sich habe belehnen lassen. Da auf die gütliche Aufforderung des Königs an den Bischof, seiner angemaßten Oberherrlichkeit zu entsagen, gar keine Antwort erfolgte, so ließ er alsbald 1600 Mann in dies Gebiet einrücken, indem er zugleich ein Manifest verbreitete, in welchem er nachwies, daß die Verweigerung seines Rechtes ihn zu diesem Schritte veranlaßt hätte. Der Bischof wandte sich zwar Hülfe bittend an den Kaiser, fand es aber doch angemessener, sich in Güte mit dem Könige zu einigen. Schon am 20. October wurde ein Kauf dahin abgeschlossen, daß der König diese Herrschaft, eine anderweitige Forderung mit eingerechnet, an den Bischof für 200,000 Rthlr. überließ. Da der Kaiser aber die von dem Bischof eingereichte Klage wegen Friedensbruches eiligst den Reichsständen als eine überaus wichtige Sache vorgelegt hatte, fand sich der König veranlaßt, sich in öffentlichen Blättern gegen diese für Preußen wenig schonende Weise auszusprechen. Er lernte bei der Gelegenheit, wie wenig freundlich der Kaiser gegen Preußen gesinnt war, und traf bereits Vorkehrungen, eben so durchgreifend in der Jülich'schen Erbschaft zu verfahren, deren Eröffnung in naher Aussicht stand, als der plötzlich am 20. October erfolgte Tod Kaiser Karl's VI. seine Aufmerksamkeit auf wichtigere Dinge lenkte.

Mit Karl war die habsburg-österreichische Familie in Deutschland ausgestorben. Er hatte die Beruhigung in das Grab mitgenommen, durch die pragmatische Sanction für die Erhaltung seiner Monarchie gesorgt zu haben; da alle europäischen Großmächte dieselbe garantirt hatten, so war er der festen Ueberzeugung gewesen, daß seiner ältesten Tochter Maria Theresia das ganze Erbe unverkürzt zu Theil werden würde, und er hatte deshalb geglaubt, auf den Widerspruch Bayerns gar kein Gewicht legen zu dürfen, das jene Erbfolge nie hatte anerkennen wollen. Der damalige Kurfürst von Bayern Karl Albrecht gründete sein Recht, abgesehen von neueren Verbindungen seines Hauses mit dem kaiserlichen, namentlich seiner eignen Vermählung mit der jüngeren Tochter Kaiser Joseph's I., besonders auf die Vermählung seines Ahnen, des Herzogs Albrecht V., mit der Erzherzogin Anna, der Tochter Ferdinand's I., im Jahre 1546. Da Bayern es vorzugsweise gewesen, durch welches dem Kaiser Karl V. der glückliche Ausgang des Schmalkaldischen Krieges ermöglicht wurde, so war damals festgesetzt worden, daß nach dem Aussterben der männlichen Nachkommen Ferdinand's und Karl's das Recht der Erbfolge auf Bayern übergehen sollte. Später berief sich Oesterreich auf ein Testament Ferdinand's I., welches auch seine weibliche Erbfolge nicht unberücksichtigt gelassen hätte; doch waren nach Karl's VI. Tode die österreichischen Minister nicht wenig über das Auftreten Bayerns besorgt, zumal da in den deutschen Erblanden sich eine große Geneigtheit für Bayern zeigte, und der Kurfürst bereits die dortigen Stände aufforderte, keine Huldigung zu leisten, welche dem Hause Bayern nachtheilig sein könnte.

Die größere Gefahr für Maria Theresia ging dessen ungeachtet nicht von Bayern, sondern vielmehr von Preußen aus. Es ist oben erzählt, daß zwar auch König Friedrich Wilhelm die pragmatische Sanction garantirt hatte, doch nur unter der Bedingung, daß ihm dafür Berg zu Theil würde. Da letzteres nicht geschehen war, so mußten jene Verträge, nach der ausdrücklichen Bestimmung in denselben, ohne Kraft und Wirkung sein. Kaum daß am 28. October die Nachricht von dem Tode des Kaisers in Rheinsberg eintraf, erhob sich deshalb Friedrich, nicht sowohl um seine Anrechte auf Berg aufs neue durchzusetzen oder wohl gar den Rath zu befolgen, die Kaiserwürde an Preußen zu bringen, als vielmehr sich Schlesiens zu bemächtigen; sein Entschluß in dieser Beziehung stand so unabänderlich fest, daß er nur über das Wie den Rath seiner beiden Vertrautesten, des Ministers v. Podewils und des Feld-Marschalls v. Schwerin, verlangte. Zwei Wege standen offen, diesen Besitz zu erlangen: der eine, durch militairische und Geld-Hülfe Maria Theresia zu dieser Abtretung auf friedliche Weise zu veranlassen; der andre, sich mit Bayern und Sachsen gegen Oesterreich zu verbinden und sich Schlesien zu sichern, indem man diesen beiden Mächten zu ihrem Rechte verhülfe. In beiden Fällen schien es am gerathensten, sich in den Besitz Schlesiens zu setzen; welche Verbindungen man dann anknüpfen mochte, jederzeit blieb man dabei im Vortheil, zumal da auch Sachsen nicht übel Lust hatte, durch die Erwerbung Schlesiens eine unmittelbare Verbindung mit Polen zu erhalten.

Die Begründung der Ansprüche, welche Friedrich auf die schlesischen Fürstenthümer Liegnitz, Brieg, Wolau und Jägerndorf erhob, ist bereits oben mitgetheilt; hier mag deshalb eine gedrängte Uebersicht der historischen Verhältnisse von Schlesien genügen.

Wie die Mark Brandenburg tritt auch Schlesien erst da in die Geschichte ein, als es mit den Deutschen in Berührung kam. Beide Länder hatten zu jener Zeit slawische Bevölkerung; dort waren es Wenden, hier Polen, die durch das Sudetengebirge von den Czechen in Böhmen, durch den Queiß und Bober von den Sorben in der Lausitz getrennt wurden. Beide Länder sind im Laufe der Zeit germanisirt worden; dort geschah es auf gewaltsame, hier auf friedliche Weise. Die Zertheiltheit des Landes unter mehrere kleine Fürsten erleichterte den Deutschen die Eroberung der Marken; Schlesien wurde, Pommern ähnlich, nicht durch Druck von außen her ein deutsches Land, sondern durch allmähliche Entwicklung in seinem Innern. Als ein Theil des großen polnischen Reiches wurde es nicht von den Deutschen erobert, und bewahrte auch da seine Selbständigkeit, als es nicht mehr mit Polen verbunden war, während Pommern sich nur dadurch der Angriffe der Markgrafen erwehrte, daß es sich eng an Deutschland anschloß, seine Fürsten deutsche Herzöge wurden.

Die selbständige Stellung, welche Schlesien wesentlich von den andern deutsch gewordenen Slawenländern unterscheidet, und die der ganzen Geschichte dieses Landes ein eigenthümliches Gepräge aufdrückte, hatte, wie gesagt, seinen Ursprung darin, daß es längere Zeit mit dem übrigen Polen ein Ganzes ausmachte. So sagenhaft auch die Erhebung des Piast im Jahre 842 zum Herrscher von Polen ist, so fängt doch seit der Zeit das Land an, aus seinem bisherigen Dunkel hervorzutreten. Mit dem vierten Nachkommen jenes Piast, dem Herzoge Miesko oder Mieczislaw I. von Polen, kämpfte der Markgraf Gero glücklich wegen der Lausitz; der Uebertritt eben dieses Herzogs zum Christenthum 965 ist für alle Folgezeit für Polen von großer Wichtigkeit geworden. Sein Sohn Boleslaw I. Chrobry d. h. der Kühne (992—1025) breitete seine Macht siegreich nach Westen über die Lausitz, nach Osten bis Kiew aus. Mit Kaiser Otto III. stand er in so freundlichem Verhältnisse, daß dieser, als er im Jahre 1000 das Grab des heiligen Adalbert in Gnesen besuchte, ihn zum Könige erhob; desto hartnäckiger aber waren seine Kämpfe mit Kaiser Heinrich II., um Polen von der Abhängigkeit zu lösen, in welche es zum deutschen Reiche gerathen war. Seinen Nachfolgern fehlte seine Tüchtigkeit, und erst sein jüngerer Urenkel Boleslaw III. Schiefmaul (1102—1139) erhob das Reich wieder zu hohem Glanze. Indem er es aber unter seine Söhne theilte, veranlaßte er schwere Wirren. Der ältere Sohn Wladislaw II. suchte seinen Brüdern ihren Antheil zu nehmen, wurde aber darüber 1148 von einem derselben, Boleslaw IV., vertrieben und starb 1160 in der Verbannung. Durch Vermittlung Kaiser Friedrich's I. Barbarossa erhielten 1163 seine drei Söhne als Entschädigung für das, was der Vater besessen hatte, Schlesien, das seitdem nicht wieder polnische Provinz geworden ist.

Schlesien trägt seinen Namen von der Slenza, der heutigen Lohe, die von Nimptsch herfließend gleich unterhalb Breslau in die Oder fällt. Ursprünglich bezeichnete dieser Name nur das an diesem Flüßchen gelegene Gebiet, in welchem auch der Berg Slesie oder richtiger Zabotha (jetzt Zobten) lag, wo sich ein altes National-Heiligthum befand. Von diesem mittleren Gebiete aus breitete sich der Name Schlesien allmählich die Oder abwärts über das Land der Besuntschaner, das in der Stadt Businz, dem heutigen Beuthen, seinen Mittelpunkt hatte, ferner über das Land der Bobraner am oberen, und über das der Djedoschaner oder den Gau Diedesi am unteren Bober aus. Schon in der Mitte des zwölften Jahrhunderts war für diesen ganzen Raum der Eine Name „Schlesien" gebräuchlich. Ober-Schlesien bewahrte noch längere Zeit seinen Namen als das Land der Opulaner, nach dem Hauptorte Opul, jetzt Oppeln. Da früher der südliche Theil von Schlesien zum großmährischen Reiche gehört hatte, das 907 seinen Untergang gefunden, so blieb auch später ein Theil von Ober-Schlesien an der oberen Oder und an der Oppa zum Bisthum Olmütz gehörig; die Grafschaft Glatz, die ursprünglich zu Böhmen gehörte und nur wiederholentlich an schlesische Fürsten verliehen war, gehörte zu dem Sprengel von Prag. Von der Lausitz war ein Theil bei Schlesien geblieben, als letzteres dies Land wieder aufgeben mußte; deshalb reichte auch der Meißner Sprengel bis Queiß und Bober nach Schlesien hinein. Auf der Ostseite besaß Schlesien eine Zeit lang polnische Gebiete, welche in der geistlichen Jurisdiktion von Krakau und Posen blieben. Der nördliche Theil des Landes, der allein früh an die Deutschen verloren ging, bildete den Sprengel von Lebus, dessen oben gedacht ist. Der übrige, ungleich größere Theil des Landes endlich gehörte dem Bisthum Breslau an, so daß dies recht eigentlich das schlesische Bisthum war.

Als Mieczislaw I. zum Christenthum übergetreten war und dadurch die Bekehrung des Landes angebahnt hatte, kamen zwar italienische Geistliche in das Land, doch ein Bisthum wurde erst im Jahre 1000, bei der erwähnten Anwesenheit Kaiser Otto's III. in Gnesen, für Schlesien eingerichtet. Es hatte anfänglich seinen Sitz zu Smogra und später zu Ryczen, beides Orte, die sich nicht mehr bestimmt nachweisen lassen. Erst 1052 wurde es nach Breslau verlegt, als die dortige Domkirche von Casimir von Polen erbaut worden war. Dies Bisthum wurde später wegen seiner reichen Besitzungen das „goldene" genannt und stand seit der Mitte des vierzehnten Jahrhunderts unmittelbar unter dem päpstlichen Stuhl. Die vier Archidiakonate hatten ihren Sitz in Glogau, Liegnitz, Breslau und Oppeln, und aus einer päpstlichen Urkunde vom Jahre 1155 lernen wir die 21 Castellaneien kennen, in welche damals das ganze Land zerfiel, und deren Vorsteher bald nachher Burggrafen genannt wurden. Mit Ausnahme von Grödißberg (Grodiz), Retzen und Sandewalde (Sandewal) haben sich alle diese burggräflichen Sitze allmählich zu Städten erhoben. Als das älteste Kloster ist Leubus zu nennen, das in der Mitte des elften Jahrhunderts anfänglich von Benediktinern, 1175 von Cisterciensern aus dem Kloster Himmelpforte an der Saale besetzt wurde.

War auch Schlesien seit 1163 ein selbständiges Land geworden, dessen Fürsten wiederholentlich Ansprüche auf Polen erhoben und zeit- oder theilweise dieselben auch behaupteten, so wurde doch die Kraft des Landes dadurch außerordentlich geschmälert, daß beständige Theilungen eintraten, in Folge deren Zwistigkeiten und selbst Kriege unter den Verwandten nicht ausbleiben konnten. Dazu kam noch häufig die Verschwendung einzelner Fürsten, welche die letzte Kraft des Landes aufzehrte, so daß nach Verlauf von etwa 200 Jahren die schlesischen Fürsten ihre Selbständigkeit eingebüßt hatten. Theils List, theils Gewalt, welche namentlich von dem Könige Johann von Böhmen gegen sie angewendet wurden, machten sie zu böhmischen Vasallen und gaben die erste Veranlassung, daß allmählich alle diese Länder der Krone Böhmen anheim fielen, wenn auch einzelne von ihnen anderweitig verliehen wurden.

Es kann hier nicht im Einzelnen die Geschichte der traurigen Zerstückelung nachgewiesen werden, welche so nachtheilige Folgen für die schlesischen Fürsten des Hauses Piast herbeigeführt hat; ein kurzer Ueberblick über dieselbe mag genügen.

Die drei Söhne Wladislaw's II. theilten das Land der Art, daß der älteste von ihnen Boleslaw I. der Lange (1163—1201) Mittel-Schlesien, der zweite Conrad (1163—1178) Nieder-Schlesien, der dritte endlich Mieczislaw I. (1163—1211) Ober-Schlesien erhielt. Als aber der zweite Bruder Conrad 1178 ohne Kinder starb, und der älteste Boleslaw I. sich seines Landes bemächtigte, ohne mit seinem Bruder Mieczislaw zu theilen, benutzte dieser einen häuslichen Zwist des Boleslaw, um sich gewaltsam Recht zu verschaffen. Boleslaw hatte nämlich aus erster Ehe einen Sohn Jaroslaw, den seine zweite Gemahlin zu Gunsten ihres Sohnes Heinrich aus der Herrschaft verdrängen wollte. Es gelang dem jüngeren Bruder den Boleslaw gänzlich zu verjagen, und nur durch die Dazwischenkunft ihres Oheims Conrad II. von Polen wurde die Sache dahin vermittelt, daß dieser selber die Herrschaften Auschwitz und Beuthen an Mieczislaw abtrat, und Jaroslaw mit dem Fürstenthum Neiße abgefunden wurde. Da letzterer 1198 in den geistlichen Stand trat und Bischof von Breslau wurde, überwies er dies Erbland bei seinem Tode 1201 dem Bisthum, bei dem es auch später geblieben ist, bis im Jahre 1810 das Land secularisirt und dem Bischofe dafür ein angemessenes Einkommen zugesprochen wurde. Mittel-Schlesien blieb aber seitdem mit Nieder-Schlesien unter letzterem Namen zu einem Ganzen vereinigt.

Drei Generationen hindurch blieb Nieder-Schlesien ein Ganzes, das von Boleslaw I. auf Heinrich I. den Bärtigen (1201—1238) vererbte, den Gemahl der heiligen Hedwig, einer Prinzeß aus dem Hause Meran, und von diesem auf Heinrich II. den Frommen

(1238—1241), der in der Schlacht bei Wahlstatt gegen die Mongolen seinen Tod fand. Seitdem begannen Bruderkriege um die Erbschaft, welche erst durch die Theilung vom Jahre 1255 beendigt wurden. Es entstanden damals drei Herrschaften: Boleslaw II. der Kahle (1241—1278) erhielt Liegnitz nebst Jauer, Münsterberg und Brieg; Heinrich III. (1241—1266) erhielt Breslau nebst Oels und Schweidnitz; Conrad II. (1241—1298) endlich erhielt Glogau mit Wolau, Crossen und Sagan. Da die mittlere Linie schon 1290 ausstarb, und von ihrem Besitzthum Breslau und Schweidnitz an die ältere, Oels dagegen an die jüngere Linie fielen, so schien zwar die Möglichkeit vorhanden, daß dieser zerstückelte Besitz allmählich wieder zu einem Ganzen zusammengebracht werden könnte, doch hatten unterdeß schon 1278 in der älteren und 1280 in der jüngeren Linie neue Theilungen Statt gefunden, welche sich nachmals so oft wiederholten, als einer der Herzöge mehrere Söhne hinterließ. Ja die Theilungen gingen so weit, daß mehrere dieser Fürstenthümer in kleinere Herrschaften zerschlagen werden mußten, um den Anforderungen der vielen Glieder aus beiden herzoglichen Häusern genügen zu können. Nur wenige von diesen Herrschaften blieben in so naher Beziehung zu einander, daß ungeachtet mannichfacher Theilung sie doch immer wieder zusammenfielen, wie dies mit Liegnitz und Brieg der Fall war, zu welchen noch durch Kauf Wolau geschlagen wurde.

Nicht weniger wurde durch gleiche Erbtheilungen auch die kleinere Hälfte des Landes, Ober-Schlesien, zerstückelt und entkräftet. Auch hier war anfänglich, etwa ein Jahrhundert hindurch, unter Mieczislaw's I. Sohn Casimir (1211—1236) und seinem Enkel Wladislaw I. (1236—1278) das Land ungetheilt geblieben; seitdem beginnen auch hier die Theilungen, ohne daß die Fürstenthümer jemals wieder zusammengefallen wären. Wladislaw hinterließ nämlich vier Söhne, von denen der älteste Teschen, der zweite Beuthen, der dritte Oppeln, der vierte Ratibor und Jägerndorf erhielt. Die Besitzungen des jüngsten, Przemislaw, kamen 1340 durch Verheirathung seiner Tochter Anna mit dem Herzog von Troppau an dieses Land, wurden aber schon wieder 1361 abgetheilt, und während Ratibor 1521 durch Erbvertrag an Oppeln fiel, kam Jägerndorf, das sich 1429 von Ratibor getrennt hatte, durch die Erbtochter des Hauses an den Grafen v. Schellenberg. Dieser verkaufte 1523 das Fürstenthum an Georg von Brandenburg, dessen Sohn es 1595 der kurfürstlichen Linie überließ. Daß diese es 1623 verlor, ist bereits oben erzählt worden.

Diese unglückliche Zerrissenheit Schlesiens gab namentlich dem Könige Johann von Böhmen die gewünschte Gelegenheit, das Land von sich abhängig zu machen. Neben Geld und Gewalt brachte er Treulosigkeit und Verstellungskunst aller Art in Anwendung, um den schlefischen Fürsten ihre Selbständigkeit zu rauben, sie zu böhmischen Vasallen zu machen. Namentlich benutzte er die böhmische Grafschaft Glatz als Köder, sich durch ihre Verleihung die Geneigtheit der widerstrebenden Fürsten zu erwerben, und so gelang es ihm in nicht langer Zeit, sie fast sämmtlich zu sich herüber zu ziehen. Schon 1327 erkannten die Herzöge von Breslau, Troppau, Oppeln und Teschen die böhmische Oberhoheit an, 1329 Brieg, Liegnitz, Oels und Sagan, 1331 Glogau, 1335 Münsterberg. Am längsten hielt sich Schweidnitz, Jauer und das Bisthum Breslau mit dem Fürstenthum Neiße unabhängig. Letzteres gab erst 1359 seine weltliche Selbständigkeit auf, und nachdem die beiden ersten Fürstenthümer lange den Forderungen der böhmischen Könige Widerstand geleistet hatten, gelang endlich dem Kaiser Karl IV., was der Vater nicht hatte erreichen können. Durch die Vermählung mit Anna, der alleinigen Erbin der beiden Fürstenthümer, im Jahre 1353, erwarb sich Karl die sichre Aussicht, dereinst diese Länder an sich zu bringen. Zwar blieben sie nach dem Tode des letzten dortigen Herzogs Boleslaw III. (1326—1368) noch als Leibgedinge im Besitz seiner Wittwe, fielen aber nach deren Tode 1392 unmittelbar an Böhmen, ohne jemals wieder anderweitig verliehen zu werden. Vergeblich waren die Protestationen von Polen gegen dies Verfahren, durch welches ihm ein bedeutender Länder-Complex verloren gehen mußte, den es noch immer als einen Theil von sich ansah. Durch Gegenforderung und glückliche Kriegs-Unternehmungen zwang Johann den König Casimir II. unter Vermittlung von Ungarn, im August 1335 zu Trenczin in Ungarn, nahe der mährischen Grenze, allen seinen Ansprüchen auf Schlesien zu entsagen, welcher Vertrag im November desselben Jahres zu Wissehrad in Ungarn bestättigt wurde und später nochmals 1353 so wie 1356, als die Aussicht vorhanden war, auch Schweidnitz und Jauer zu erhalten. So konnte denn Karl IV. 1355 Schlesien feierlichst der böhmischen Krone einverleiben, indem er sich das Recht vorbehielt, die erledigten Fürstenthümer einzuziehen. Auf diese Weise wurde zwar Schlesien an das deutsche Reich gebracht, doch ohne jemals auf den Reichstagen Sitz und Stimme zu erhalten; selbst seine Stellung zu Böhmen wurde eine so abhängige, daß seine Fürsten und Stände zu den dortigen Königswahlen nicht zugelassen wurden.

Nach dem Verluste seiner Unabhängigkeit theilte Schlesien als Nebenland von Böhmen auch dessen Schicksale. Als mit Kaiser Siegmund die Luxemburger daselbst ausstarben, und die Hussiten den polnischen Prinzen Casimir wählen wollten, nahm Schlesien an den Thronstreitigkeiten keinen Antheil, sondern huldigte 1438 dem deutschen Könige Albrecht II. von Oesterreich, als dem Schwiegersohn und Erben Siegmund's. Der schon 1439 erfolgte Tod desselben ließ das Land

Schlesien ein böhmisches Lehn.

verwais't und machte es zum Schauplatz der größten Unordnungen. Als endlich der nachgeborne Sohn Albrecht's, Wladislaw, 1453 zu Prag die Huldigung Böhmens empfing, huldigten auch die schlesischen Fürsten ebendaselbst, doch weigerte sich namentlich die Stadt Breslau, jenen Reichstag zu beschicken, da sie bei der Energie des böhmischen Statthalters Georg von Podiebrad Beschränkung der Freiheiten fürchtete, die sie sich angemaßt hatte. Zwar huldigte sie dennoch, als Wladislaw 1454 nach Breslau kam, als aber dieser junge Fürst bereits 1457 starb, und Georg Podiebrad im folgenden Jahre von den Böhmen zum Könige erwählt wurde, weigerte sie sich lange Zeit, ihn als solchen anzuerkennen. Deßhalb schloß sie sich auch, als der Papst eine Bannbulle gegen Georg wegen seiner hussitischen Gesinnung erließ, 1469 seinem Gegenkönig Matthias Corvinus von Ungarn an, und mit ihr ganz Schlesien. Schwere Leiden kamen über das Land, als nach Georg Podiebrad's Tode (1471) der Sohn des Königs Casimir von Polen, Wladislaw, von der hussitischen Partei zum Könige erwählt wurde; erst der Frieden zu Olmütz 1478 endete den harten Kampf; Schlesien, Mähren und die Lausitz blieben in dem Besitze von Matthias. Doch nur von kurzer Dauer war seine Herrschaft; er starb bereits 1490, und Wladislaw wurde nun wie in Ungarn so auch in Schlesien als König anerkannt. Sein Sohn Ludwig (1516—1526) fiel in der Schlacht bei Mohacz in Ungarn gegen die Türken, und seine Länder gingen auf seinen Schwager Ferdinand I., den Bruder Kaiser Karl's V., über, obgleich Ungarn ihn erst 1540 nach dem Tode des Woiwoden von Siebenbürgen Johann von Zapolya anerkannte. Seitdem blieb Schlesien länger als zwei Jahrhunderte dem Hause Oesterreich, bis Friedrich der Große es größtentheils demselben entriß.

Während dieser Lehnsherrschaft, welche Böhmen über Schlesien gewonnen hatte, fielen allmählich fast sämmtliche Fürstenthümer daselbst der Krone Böhmen zu, je nachdem die einzelnen Linien des piastischen Hauses ausstarben. Während Lebus schon im 13., Crossen im 15. Jahrhundert für immer an die Mark kamen, Gegenden an der Obra im 14., und Severien, Auschwitz und Zator im 15. Jahrhundert meist durch Kauf an Polen zurückfielen, starben zuerst 1335 die Piasten im Fürstenthum Breslau aus, bald darauf 1368 auch die von Schweidnitz und Jauer. Dann nahm während des 15. Jahrhunderts die Herrschaft der Piasten ein Ende: 1429 zu Münsterberg, 1472 zu Sagan, 1476 zu Beuthen, 1483 zu Jägerndorf, 1492 zu Oels; im 16. Jahrhundert: 1504 zu Glogau, 1532 zu Oppeln und Ratibor; und endlich im 17. Jahrhundert: 1653 in Teschen und 1675 in Liegnitz, Brieg und Wolau. Die meisten dieser Fürstenthümer wurden unmittelbar mit der Krone Böhmen vereinigt, wurden

f. g. Erbfürstenthümer. Münsterberg, Oels und Troppau waren eine Zeit lang im Besitz der Nachkommen Georg Podiebrad's, von denen das erste 1570 an Kaiser Maximilian II. verkauft und etwa 100 Jahre später an die Grafen von Auersperg verliehen wurde, die es erst 1791 durch Kauf an Preußen überließen. Oels ging 1647 durch eine Erbtochter an Würtemberg und 1792 auf gleiche Weise an Braunschweig über. Troppau war 1453 an Böhmen verkauft worden, und Georg Podiebrad hatte es seinem Sohne Victorin übergeben. Dieser mußte es an Matthias Corvinus überlassen, dessen Sohne Johann es von Wladislaw 1496 genommen wurde. Seit 1614 gehört es den Fürsten von Lichtenstein. Eben so kam auch Matthias Corvinus während seiner Herrschaft in den Besitz von Beuthen und Glogau. Ersteres blieb eine Zeit lang im Pfandbesitz von Brandenburg, kam 1617 an Böhmen und bald darauf an die Grafen v. Henckel; Glogau dagegen mußte schon 1490 an Wladislaw von Böhmen zurückgegeben werden, der auf kurze Zeit seine Brüder damit belehnte. Sagan wurde 1472 an Sachsen verkauft, und als Moritz nach der Schlacht bei Mühlberg Kurfürst geworden war, 1549 an Ferdinand überlassen. Später ging es als Pfandstück durch mehrere Hände, auch Wallenstein hatte es als solches von 1628—1634; dann kam es bald darauf an die Fürsten von Lobkowitz und seit 1786 an die Familie Biron. Von Jägerndorf war schon oben die Rede; als es 1623 dem Hause Brandenburg entrissen wurde, gab es der Kaiser den Fürsten von Lichtenstein, in deren Besitz es sich noch jetzt befindet.

Die piastischen Fürsten, vielfach durch Heirath mit deutschen Fürstenhäusern verbunden, haben das Verdienst, die deutsche Einwanderung nach Schlesien in solchem Grade begünstigt zu haben, daß bereits im vierzehnten Jahrhundert die deutsche Sprache die allgemein gebräuchliche geworden war. In dem damals stark verwüsteten Lande fanden diese neuen Ankömmlinge bequem Raum, und sie wie die Cistercienser-Klöster brachten das Land außerordentlich in Aufnahme. Ihre politische Stellung war hier wie die in der Mark geschilderte, und die deutschen Städte sind die Mittelpunkte deutscher Bildung und deutscher Kraft geworden. Unter ihnen allen blühte besonders Breslau herrlich empor, seitdem es 1261 wie auch die anderen schlesischen Städte mit Magdeburger Recht begabt worden war. Im Knotenpunkte der alten Handelsstraßen gelegen entwickelte sich in ihm ein reicher Handel, da die östlichen Nachbarn dort die Erzeugnisse deutschen Kunstfleißes eintauschten. Daß ungeachtet dieser Germanisirung Schlesien eben so wenig wie das deutsche Ordensland Preußen ein Theil deutschen Reiches wurde, das hatte nach dem vorhin Angeführten seinen Grund darin, daß es in Lehns-Abhängigkeit von Böhmen gerieth, das selber in vielfacher Beziehung nur in loser Verbindung zum deutschen Reiche stand; vergeblich beanspruchten deshalb auch die Schlesier zu Anfang des siebzehnten Jahrhunderts die Reichsstandschaft, als sie einen festen Rückhalt gegen Oesterreich gewinnen wollten; sie wurden, als nie zum deutschen Reiche gehörig, zurückgewiesen. Der Schutz aber, den Schlesien von Böhmen erhielt, wurde dadurch lästig, daß letzteres gern den Herrn spielen wollte. Deshalb wirkte sich Schlesien 1498 vom Könige Wladislaw das Zugeständniß aus, daß der königliche Statthalter nur aus den Fürsten des Landes zu nehmen sei, daß sie ihrem Oberherzoge nur in Breslau zu huldigen hätten, und daß sie nur im eigenen Lande zu Kriegsdienst verpflichtet sein sollten. König Matthias hatte zuerst einen solchen Stellvertreter eingesetzt, und in den Erbfürstenthümern Landeshauptleute, welche wie der Ober-Statthalter ebenfalls aus dem Adel des Landes entnommen wurden. Die Macht der Fürsten war weniger durch jenen Oberhauptmann oder das Oberamt als vielmehr durch die Landstände eingeschränkt, welche besonders in den Erbfürstenthümern eine bedeutende Stellung einnahmen. Sie controllirten die Schritte der Fürsten und der Statthalter und besaßen nicht nur das Steuerbewilligungs-Recht, sondern auch überhaupt die gesetzgebende Macht. Zu den allgemeinen Landtagen wurde jeder Grund besitzende Adlige zugelassen, die Städte und die Geistlichkeit ließen sich durch Abgeordnete vertreten, deren Zahl gleichgültig war, da jeder Stand oder jedes corpus nur eine Stimme hatte. Bei der häufigen Wiederholung wurden diese allgemeinen Versammlungen aber lästig, und man einigte sich deshalb im sechzehnten Jahrhundert überall dahin, daß auch die Ritterschaft wie die Geistlichkeit und die Städte Abgeordnete schickte, aus jedem Kreise zwei bis vier, welche Besoldung erhielten, und deren Auftrag auf bestimmte Zeit lautete. Dieser engere Ausschuß trat, wenn nicht besondere Umstände es anders verlangten, regelmäßig jeden Monat oder jedes Vierteljahr einmal zusammen und erledigte die gewöhnlichen laufenden Geschäfte. Außerdem hatten die einzelnen Districte ihre Kreistage, auf welchen nur die Angelegenheiten verhandelt wurden, welche sie insbesondere betrafen.

Ordnete auf diese dreifache Weise jedes Fürstenthum für sich seine Angelegenheiten, so hatte der Fürstentag die Verhandlungen zu seiner Aufgabe, welche das gesammte Land betrafen. Der Vorsitzende desselben, der Ober-Hauptmann oder das Oberamt, sagte diese Versammlungen an, die in späterer Zeit stets in Breslau abgehalten wurden, so daß die Stadt dadurch recht eigentlich der Mittelpunkt und die Hauptstadt des gesammten Landes wurde. Der erste Stand auf diesem Fürstentage war aus den regierenden Herzögen und den Standesherren zusammengesetzt; er vertrat zugleich die Ritterschaft seines Landes. Während

jedoch jeder Herzog seine eigne Stimme hatte, besaßen alle Standes=
herren zusammen nur eine Stimme. Die Ritterschaft in den Erbfür=
stenthümern war nicht etwa durch den Landeshauptmann vertreten, son=
dern sie schickte besondere Abgeordnete in die Versammlung, die ihre
Gerechtsame wahrzunehmen hatten. Dabei fand jedoch die Eigenthümlich=
keit Statt, daß die Ritterschaft in Schweidnitz und Jauer nur für eine
Stimme zählte, und eben so die von Oppeln und Ratibor. Von den
Städten hatte jede größere eine Stimme für sich, die kleineren wech=
selten zu gegenseitiger Vertretung mit einander ab. Das General-
Steueramt hatte als eine ständische Behörde die bewilligten Abgaben
einzuziehen und nach Vorschrift zu verausgaben.

Mit diesen Fürstenthums= und allgemeinen Landständen stand die
Gerechtigkeitspflege in nahem Zusammenhange. In den älteren, polni=
schen Zeiten traten die freien Landbesitzer eines Districts zu einem Ge=
richtshof, der Zaude, zusammen und beriethen unter einem Vorsitzenden
oder Tschensch aus ihrer Mitte über die Streitigkeiten, die ihrer
Entscheidung vorgelegt wurden. Bei der Germanisirung des Landes er=
hielten viele Städte die hohe Gerichtsbarkeit für sich, die Ritterschaft
ein unabhängiges oberstes Landrecht, auch Mannrecht genannt.
Die Beisitzer dieses ständischen Gerichtshofes wurden aus dem Ritter=
und Bürgerstande genommen. In den Erbfürstenthümern trat später
das Hofgericht von größerer Bedeutung auf, das mit der Kanzlei ver=
bunden war und an welches in Criminalfällen appellirt wurde. Strei=
tigkeiten der Fürsten und Stände unter einander entschied das Ober=
recht. Unter dem Vorsitze des Oberhauptmanns versammelte sich
zweimal im Jahre für Ober=Schlesien und eben so oft in Nieder=
Schlesien der Fürstentag als Gerichtshof, von dessen Entscheidung keine
Appellation möglich war.

Die Macht des obersten Herzogs war ursprünglich nur eine geringe;
Matthias Corvinus that die ersten Schritte sie zu erweitern. Dadurch
daß die Oberherzöge sich das Wohl des Landes angelegen sein ließen,
wuchs sie im Laufe der Zeit bedeutend. Ferdinand I. führte nament=
lich eine feste Münzordnung ein und bestimmte das Breslauer Maß
und Gewicht als das allein gültige im ganzen Lande. Wie er ferner
für die Schiffbarkeit der Oder und für die Verbindung dieses Flusses
mit der Spree besorgt war, ist bereits oben erzählt. 1528 errichtete
er einen beständigen Landfrieden, da alle früheren desfallsigen
Bemühungen der Stände erfolglos geblieben waren. Zugleich suchte er
durch die 1529 erlassene Defensions=Verordnung den kriegerischen
Sinn zu erhalten und das Land gegen auswärtige Feinde zu schützen;
zu diesem Zwecke theilte er das Land in vier Quartiere, über deren
jedes in Kriegszeiten ein Fürst als Hauptmann befehligen sollte. Die

außerordentlichen Beden, die früher hier wie in der Mark erhoben worden waren, wurden seit 1527 in eine regelmäßige Besteuerung verwandelt, als die Gefahr vor den Türken immer bringender wurde. Einen gänzlichen Umschwung in diesen alten Verhältnissen führte die Reformation herbei.

Schon 1518 hatte der Freiherr v. Zedlitz auf seinem Schlosse Neukirch (zwischen Goldberg und Schönau) den Anfang gemacht, im Sinne Luther's predigen zu lassen. Von hier aus breitete sich die neue Lehre außerordentlich schnell über ganz Schlesien aus. 1522 wurden z. B. bereits die Bernhardiner aus Breslau vertrieben, auch sonst verfielen die Capellen und Klöster, und vergeblich suchte Ferdinand I. auf Ansuchen des Bischofs und des Domcapitels von Breslau sich diesen Neuerungen entgegenzustellen. Die Bewegung, welche das ganze Volk ergriff, theilte sich auch bald den Fürsten mit. Der Herzog Friedrich II. von Liegnitz und Brieg, Pfandinhaber von Glogau, war der erste unter diesen, der sich zur neuen Lehre bekannte; ihm folgte Markgraf Georg II., Herzog von Jägerndorf und Pfandinhaber von Oppeln und Ratibor, sodann Karl I., Herzog von Münsterberg, Oels und Glatz, eben so Wenzel Adam, Herzog von Teschen und Troppau ꝛc., und gleichzeitig traten auch die Städte ganz allgemein zur neuen Lehre über. Dennoch hielten sich bei dieser großartigen Bewegung mehrere Klöster, und von ihnen ging bald genug eine traurige Reaction aus. Bei so heftiger Aufregung fehlte es auch nicht an Schwärmern, von denen besonders Kaspar Schwenckfeld v. Ossig zu nennen ist, der 1528 vertrieben 1561 zu Ulm starb; seine Anhänger unterlagen erst etwa 20 Jahre später. Eben so hielten sich ungeachtet der strengsten Maßregeln die Wiedertäufer und andere Schwärmer durch das ganze sechzehnte Jahrhundert.

Den ersten Stillstand in diesen religiösen Bewegungen führte die Schlacht bei Mühlberg herbei, welche den Katholiken in ganz Deutschland ein gewaltiges Uebergewicht gab. Mit unnachsichtiger Strenge warf Ferdinand in Böhmen und in der Lausitz allen Widerstand zu Boden; für Schlesien ging dies Gewitter noch ziemlich glücklich vorüber theils durch die Bemühungen des wohlgesinnten Bischofs Balthasar v. Promnitz, theils durch die Rücksichtnahme, daß aller Verkehr zu stocken anfing, und dadurch bedeutende Ausfälle in den herzoglichen Einnahmen herbeigeführt wurden. Doch mußte das Land bedeutende Geldstrafen dafür zahlen, daß es sich geweigert hatte, Ferdinand Hülfsvölker gegen den Schmalkaldischen Bund zuzuführen; dem Adel, den Städten und den Zünften wurden viele Freiheiten entzogen, wenn auch der ursprüngliche Gedanke aufgegeben wurde, die evangelischen Geistlichen zu vertreiben. Der Augsburger Religionsfrieden so wie die gemäßigte Gesinnung des Kaisers Maximilian II. gaben dem Lande die Ruhe wieder. Unterdeß hatte sich aber der Katholicismus in sich selber vielfach gereinigt, namentlich war der Sittenlosigkeit der Geistlichen scharf entgegen gearbeitet, und kenntnißreiche und angesehene Männer waren in die oberen Stellen eingesetzt worden. Seitdem trat deßhalb der Katholicismus mit entschiedenem Vortheil gegen die evangelische Kirche auf, die in sich arg zerspalten war. Als dann seit 1570 die Jesuiten sich auch in Schlesien festsetzten, wurde von ihnen, die von dem Bischofe von Breslau und von dem Kaiser Rudolf II. begünstigt wurden, der Anfang gemacht, die evangelische Lehre wieder auszurotten. Man verlangte von den Protestanten die Herausgabe der eingezogenen Kirchen, Klöster und ihrer Güter, und wandte nicht selten Gewalt an, die Bewohner zum Katholicismus zurückzuführen. Zwar schien 1609 der Majestätsbrief des Kaisers Rudolf II. den Protestanten die Glaubensfreiheit zu sichern, doch der damalige Bischof von Breslau, Erzherzog Karl von Oesterreich, der Bruder Ferdinand's II., suchte die Wirkung desselben auf jede Weise zu vereiteln, und unter Kaiser Matthias nahm der Druck auf so gewaltige Weise zu, daß, als endlich der Aufstand in Prag 1618 erfolgte, sich auch Schlesien den Böhmen anschloß.

Die Niederlage des Königs Friedrich V. von der Pfalz auf dem weißen Berge bei Prag 1620 wurde auch für Schlesien entscheidend. Zwar schien es, als ob Ferdinand II. Gnade für Recht ergehen lassen wollte, und der Kurfürst von Sachsen verbürgte den schlesischen Protestanten die Erhaltung des Majestätsbriefes, doch bald genug zeigte es sich, wie die Katholiken ihr siegreich erkämpftes Uebergewicht zu benutzen suchten. Zunächst kehrten 1622 die Jesuiten nach Glatz zurück und vertrieben im Verein mit dem Bischof Karl, dem sein Bruder dies Land überwiesen hatte, fast alle protestantischen Geistlichen, und allen denen wurde der Proceß gemacht, die sich Friedrich V. angeschlossen hatten. Es war dies der Anfang von dem, was auch gegen das übrige Schlesien ausgeführt werden sollte. Lichtensteinische Dragoner, die sich selber die „Seligmacher" nannten, rückten in Schlesien ein und begannen auf furchtbare Weise ihr Bekehrungswerk. Zunächst waren es die Erbfürstenthümer, in denen sie ihr Werk trieben, und selbst das stolze Breslau mußte dieser Macht nachgeben. Erst das Erscheinen Gustav Adolf's und seine Siege brachten einen Stillstand dieser Bestrebungen.

Daß die Schlesier so lange glücklichen Widerstand leisteten, aller dieser Trübsale ungeachtet doch nicht ihren Glauben aufgaben, das verdankten sie ihrem wohleingerichteten Schulwesen und der deutschen Bibel, die in den Händen Aller war und auch in dem schwersten Leiden Trost gewährte. Wie tief das religiöse Gefühl war, dessen Unterdrückung man vergeblich versuchte, bezeugt namentlich das Auftreten der Schwärmer **Christoph Kotter** aus Sprottau und **Jacob Böhme** aus Altseidenberg, und welch geistige Regsamkeit überhaupt sich überall geltend machte, dafür zeugt die Thätigkeit der „**ersten schlesischen Dichterschule**", aus der hier nur **Martin Opitz** (1597 — 1639), **Andreas Gryphius** (1616 — 1664) und **Friedrich v. Logau** (1604—1655) genannt werden mögen.

Die Nördlinger Schlacht (1634) und der Prager Frieden (1635) führten neuen Nothstand herbei; von Sachsen im Stiche gelassen, an eigner Rettung verzweifelnd unterwarf sich Schlesien dem Kaiser; jeder Rest seiner alten Freiheit wurde vernichtet. Das entsetzliche Elend, das Krieg, Hungersnoth und Pest über das Land gebracht, es verödet, und seine Bevölkerung großentheils vernichtet, hatte alle Energie der Ueberlebenden gelähmt. Statt des Ober-Landeshauptmanns wurde ein kaiserliches Oberamts-Collegium, statt der Landes-Hauptmannschaften kaiserliche Regierungen eingesetzt, der Fürstentag, jetzt conventus publicus genannt, war ohne alle Bedeutung, die Unabhängigkeit der Gerichte hörte auf, königliche Fiscale sprachen Recht. Allgemeine Berathungen und Abstimmungen wurden nicht mehr erlaubt, nur kaiserliche Beamten ordneten an, und selbst in den mittelbaren Fürstenthümern wurde auf gleiche Weise die Macht der Stände vernichtet. Der Adel, verarmt, wurde durch Verleihung einträglicher Aemter für die Regierung gewonnen und versetzte den Bauernstand eben so in eine trostlose Hörigkeit wie auch im übrigen Deutschland zu der Zeit geschah. Die Städte verloren ihre selbständige Leitung, die Macht des Zunftwesens wurde gänzlich gebrochen, und wenn auch in Breslau sich noch Spuren der alten Unabhängigkeit erhielten, so war doch der alte kräftige Geist gänzlich geschwunden. Gewerbe und Handel lagen überall darnieder, das ganze Volk war matt und stumpf geworden.

Waren den Schlesiern in kurzer Zeit alle politischen Rechte entzogen worden, so kann es nicht auffallen, daß noch mehr in religiöser Beziehung ohne alle Schonung zu Werke gegangen wurde. Wie bereits während des dreißigjährigen Krieges das Werk der Bekehrung angefangen war, so wurden nun nach Beendigung desselben durch kaiserliche Verordnung vom Jahre 1653 **Reduktions-Commissionen** eingesetzt, welche mit der größten Strenge den Protestanten ihre Kirchen nahmen, das Vermögen derselben einzogen, die Geistlichen verjagten und die Gewalt der Waffen gegen die Gemeinden in Anwendung brachten, welche sich solchem Beginnen widersetzten. Als die Piasten 1675 in Liegnitz, Brieg und Wolau ausstarben, und der Kaiser gegen die früheren Verträge, nach welchen diese Länder an Brandenburg fallen sollten, dieselben einzog, wurden auch hier, wenngleich allmählicher, der durchaus protestantischen Bevölkerung die Kirchen entzogen, so daß ihr 40 Jahre später kaum noch einige derselben übrig geblieben waren. Zahlreiche Klöster erhoben und füllten sich von neuem, denn die verschiedensten Orden, namentlich aber die Jesuiten, setzten sich wieder im Lande fest. Durch pomphafte Processionen, durch wunderthätige Marien-Bilder suchte man die Protestanten zum Uebertritt zu reizen, und als dies nicht den erwünschten Erfolg hatte, ergriff man wirksamere Maßregeln. Kein Protestant durfte ein öffentliches Amt bekleiden, keiner Bürger und Meister werden, lutherische Bauern mußten ihre Güter an katholische verkaufen, selbst das Recht wurde den Protestanten verweigert. Sie wurden gezwungen, katholische Gebräuche zu beobachten, Messen und Predigten in katholischen Kirchen anzuhören, selbst evangelische Hausandacht wurde streng untersagt oder doch beschränkt. Und da die Schulmeister nach Vertreibung der Geistlichen durch Gesang und durch Vorlesung aus der Postille den evangelischen Glauben zu stärken und aufrecht zu erhalten suchten, wurden auch sie verjagt, und überall katholische Schulen eingerichtet. Namentlich waren es auch hier die Jesuiten, die den Jugend-Unterricht übernahmen und es selbst dahin brachten, daß 1702 in Breslau eine Universität gestiftet wurde, so sehr sich auch Rath und Gemeinde dagegen gesträubt hatten; ebenso bearbeiteten sie durch zahlreiche Flugschriften das Volk zu ihrem Zwecke. Und doch gelang es ihnen trotz aller dieser Mittel nicht, den Protestantismus auszurotten. Die zahlreiche Auswanderung des Glaubens wegen, namentlich in Nieder-Schlesien — in Ober-Schlesien war allerdings dieselbe kaum auszuführen — feuerte die Zurückgebliebenen zu desto festerem Glaubenseifer an, vertriebene Geistliche unterwiesen trotz aller strengen Maßregeln in Wäldern und sonstigen entlegenen Orten in der evangelischen Lehre, der Kaiser wagte die Bekehrung nur in aller Stille durchzusetzen, damit nicht zu großes Geschrei sich erhöbe und nach Deutschland durchdränge; dies Alles bewirkte, daß noch immer zahlreiche Protestanten im Lande vorhanden waren.

Von großer Wichtigkeit für dieselben wurde es, als Karl XII. von Schweden 1706 von Polen nach Sachsen ging, um August II. in seinem eignen Lande anzugreifen. Ihm klagten die protestantischen Schlesier ihre Noth, und wegen der auch Schweden übertragenen Garantie für den westfälischen Frieden zur Vermittlung verpflichtet und berechtigt versprach er sein Fürwort, so daß er überall mit fast abgöttischer Verehrung empfangen wurde. Am 22. August 1707 schloß er zu Altranstadt mit dem Kaiser eine Convention dahin ab, daß die den Protestanten entrissenen Kirchen und Schulen mit ihren Gütern und Einkünften binnen sechs Monaten wieder eingeräumt, den Protestanten auch öffentliche Aemter zugänglich gemacht werden sollten ꝛc. Und wenn auch nachmals, als nach der Schlacht bei Pultawa die Furcht vor Karl verschwunden war, von dem Kaiser nach Möglichkeit zurückgehalten wurde, so wurde doch besonders in den Fürstenthümern Liegnitz, Brieg, Wolau, Oels und Münsterberg größtentheils das Zugesagte erfüllt; in den alten Erbfürstenthümern wurden die 1648 schon bewilligten drei Gnadenkirchen zu Schweidnitz, Jauer und Glogau um sechs neue vermehrt und an jeder eine Schule verstattet. Die Protestanten hatten zwar für die Verwilligungen nicht unbedeutende Summen zu erlegen, doch war die Freude eine so allgemeine und große, daß die Begeisterung sich selbst den Kindern mittheilte und durch öffentliche s. g. Kinder-Andachten sich an den Tag legte, bei welchen von der zahlreich versammelten Jugend Kirchenlieder angestimmt und Abschnitte aus der Bibel vorgelesen wurden.

Bald aber kehrte der alte Druck wieder zurück. Mit großer Aengstlichkeit wurde der Spener'sche Pietismus überwacht, der auch in Schlesien Wurzel faßte, nicht minder jede litterarische Thätigkeit, welche über den Zustand des Landes hätte Kunde geben können. Der Volks-Unterricht war traurig bestellt, die höheren Schulen wurden großentheils eingezogen, und selbst die von den Jesuiten gegründeten Lehr-Anstalten verschlechterten sich bedeutend, seitdem sie keine Rivalität mehr zu fürchten hatten. Zwar war noch einmal die Dichtkunst in der zweiten schlesischen Dichterschule erwacht, doch selbst Christian Hoffmann v. Hoffmannswaldau († 1669) und Daniel Caspar v. Lohenstein (1635—1683) gingen unter in den Formen, welchen die Gedanken fehlten. Dennoch verdankt Deutschland den Schlesiern bedeutende Männer z. B. den schon oben genannten Philosophen Wolf, wenn auch ihre Talente nicht daheim, sondern in andern Ländern Deutschlands sich entwickelten. — Bei so hartem Drucke konnte auch der Wohlstand des Landes nicht wieder aufblühen, das Volk versank immer mehr in Schlaffheit. Man fühlte das Elend, doch Niemand hatte den Muth und die Kraft, einen besseren Zustand anzubahnen. Unter solchen Umständen war es kein Wunder, daß Friedrich bei seinem Einfall in Schlesien von Vielen als Retter und Befreier aus trostloser Lage bewillkommnet wurde, und zwar nicht bloß von Protestanten.

Der Entschluß des Königs, den Tod des Kaisers Karl VI. zu benutzen, um die altbegründeten Ansprüche Brandenburgs auf schlesische Besitzungen durchzusetzen, war von ihm schon reiflich erwogen worden, bevor noch dieses Ereigniß eintrat, das demnach nichts weniger als überraschend kam. Alles war vorher geordnet, es bedurfte nur des Zeichens zum Aufbruche. Der König sah sich weder nach Verbündeten um, noch leitete er Unterhandlungen mit Oesterreich ein; von dem Schwerte erwartete er eine schnellere und günstigere Entscheidung als durch die Feder. Und vortrefflich hatte sein Vater für Alles gesorgt. Eine tüchtige, schlagfertige Armee, von welcher der König hoffte, daß sie sich eben so gut zeigen würde wie sie schön sei, bedeutende Kriegs-Vorräthe aller Art und ein ansehnlicher baarer Schatz waren die Mittel, von denen Friedrich kräftigere Unterstützung für seinen Ehrgeiz und seine Ruhmbegierde erwartete, als er durch Verbündete hätte gewinnen können. Anfänglich ließ er, da seine kriegerischen Bewegungen nicht ganz verheimlicht werden konnten, die öffentliche Meinung in Ungewißheit, ob er es auf Jülich-Berg abgesehen habe, dann aber trat er plötzlich mit seiner Absicht hervor. Ein Manifest setzte seine Ansprüche auf schlesische Fürstenthümer aus einander, für deren langjährige Vorenthaltung er rechtlich von Maria Theresia Ersatz beanspruchen könne, ohne deshalb der pragmatischen Sanction entgegen zu treten oder auch den Weg späterer Unterhandlungen abzuschneiden; dadurch daß er sein Recht verfechten wolle, thue er keinem Unrecht an. — Den Oberbefehl bei dieser Unternehmung behielt er sich selber vor, „damit", wie er dem Fürsten Leopold von Dessau schrieb, „die Welt nicht glaube, der König von Preußen marschire mit einem Hofmeister zu Felde."

Schon am 16. December überschritt Friedrich von Crossen aus die schlesische Grenze mit einem Heere von 28,000 Mann, dem noch eine Reserve von 12,000 Mann folgte. Die günstige Stimmung der zahlreichen Protestanten kam seinem schnellen Vorrücken vortrefflich zu Hülfe, zumal da überall gute Mannszucht gehalten wurde, und der König öffentlich erklärte, alle Einwohner unter seinen Schutz und das Land nur deshalb in Besitz zu nehmen, damit er es vor den Ansprüchen eines Dritten wahre. Schon am 1. Januar 1741 langte Friedrich vor Breslau an, sicherte der Stadt Neutralität zu, und innerhalb etwa eines Monats war das ganze Land bis zum Passe Jablunka hin in preußischen Händen mit Ausnahme der drei Festungen Glogau, Brieg und Neiße, deren Eroberung bei nur schwacher Besatzung keine zu große Schwierigkeiten darzubieten schien.

Erst nachdem das preußische Heer die österreichische Grenze überschritten hatte, theilte der königliche Gesandte in Wien seine Aufträge mit, daß Friedrich geneigt sei, Oesterreich mit seiner ganzen Macht so wie mit Geldmitteln beizustehen und den Gemahl der Maria Theresia, den Großherzog Franz von Toscana, zum Kaiser befördern zu helfen, sobald ihm Schlesien abgetreten würde, auf das er gegründete Ansprüche habe, und das er einstweilen in Verwahrsam nehmen wolle. Der Ober-Hofmarschall Graf Gotter, den Friedrich gleichzeitig mit einer besonderen Sendung beauftragt hatte, suchte die Verhandlungen weiter zu führen und erklärte, daß sein König auch mit einem Theile von Schlesien zufrieden sein würde. Doch alle Besprechungen waren vergebens, Oesterreich fühlte sich durch diesen Angriff zu schwer beleidigt und erklärte, sich nicht eher in Unterhandlungen einlassen zu wollen, bevor nicht Schlesien von den Preußen geräumt worden wäre. Mit großem Vertrauen rechnete man hierbei auf die Hülfe Frankreichs; der Cardinal Fleury erklärte jedoch, daß Frankreich sich nur „unbeschadet der Rechte eines Dritten" für die pragmatische Sanction verpflichtet hätte, und man hielt die sich jetzt darbietende Gelegenheit für zu günstig, Oesterreich auf immer dadurch zu schwächen, daß man die Erblande theilte und das Kaiserthum an ein anderes Haus brächte. Da Frankreich überdies gegen Bayern von dem spanischen Erbfolgekrieg her große Verpflichtungen schuldete, wurde dem Kurfürsten Karl Albrecht im December 1740 die Zusage gemacht, daß Frankreich seine Ansprüche unterstützen würde, und gleich darauf wurde auch Preußen aufgefordert, mit beiden gemeinschaftliche Sache zu machen und um so mehr, als auch Spanien sich diesem Bündnisse anschließen würde.

Friedrich weigerte sich entschieden, ein solches Bündniß einzugehen, da er einerseits befürchtete, sich dadurch noch andere Feinde zu erwecken, und er andrerseits nicht dazu beitragen mochte, Frankreich ein Uebergewicht zu verschaffen, unter welchem er zuletzt selber leiden könnte. Sein Muth allein zu handeln, wurde überdies nicht wenig durch die günstigen Ereignisse in Schlesien beseelt. Der junge Erb-Prinz Leopold von Dessau, der Glogau eingeschlossen hielt, stürmte in der Nacht zum 9. März 1741 diese Festung mit bewundernswerther Kühnheit und mit sehr geringem Verluste. Der König erhielt dadurch freie Hand, seine Macht gegen die Oesterreicher zu wenden, welche unter dem Grafen Reipperg von Mähren heranrückten und so schnell über Neiße gegen Brieg vordrangen, daß der König mit seinem Heere abgeschnitten zu werden befürchten mußte. Am 10. April standen beide Heere, jedes etwa 19,000 Mann stark, bei Mollwitz in der Nähe von Brieg einander gegenüber, die Preußen an Fußvolk und Artillerie, die Oesterreicher an Reiterei überlegen. Letztere schien bereits das Glück für die Oesterreicher entschieden zu haben, dennoch gewann die erstaunenswürdige Festigkeit des preußischen Fußvolkes die Schlacht und zwang Reipperg zum Rückzuge. Der Verlust der Preußen soll etwa 6000, der österreichische über 8000 Mann betragen haben. Der Ruhm dieses Sieges gebührte dem Feldmarschall Schwerin, da der König im Augenblicke der höchsten Gefahr sich hatte bewegen lassen vom Kampfplatze wegzueilen, eine Schwäche, die er später stets mit Stillschweigen überging, so daß man nie davon in seiner Gegenwart zu sprechen wagte.

Gerade zu der Zeit jedoch, wo Friedrich sich hier siegreich behauptete, drohte von andrer Seite her schweres Unglück. England erklärte, seiner Zusage gemäß für die pragmatische Sanction einzustehen, und bewilligte der Maria Theresia nicht nur Hülfstruppen, sondern auch etwa zwei Millionen Thaler Subsidien. Eben so erklärte sich Holland gegen Preußen, da seine Anleihe auf Schlesien in Gefahr zu sein schien. Ihnen wollte sich auch Rußland und Dänemark anschließen; Sachsen schien dadurch von Oesterreich gewonnen zu werden, daß ihm das Fürstenthum Crossen zufallen sollte, falls es gemeinschaftlich mit den andern gegen Preußen aufträte, und selbst Polen war nicht abgeneigt, sich an diesem Bündnisse zu betheiligen, da es den Katholicismus in Schlesien bedroht sah. Aber selbst unter diesen mißlichen Umständen lehnte Friedrich das ihm abermals von Frankreich und Bayern angebotene Bündniß ab, wenigstens bis dahin, wo diese beiden Mächte mit hinreichender Truppenmacht gegen Oesterreich aufgetreten wären. Dabei traf er jedoch die Vorsicht, unter dem alten Fürsten Leopold von Dessau ein zweites Heer von 36,000 Mann bei Genthin zwischen Brandenburg und Magdeburg zusammen zu ziehen, das sich eben so leicht gegen Hannover wie gegen Sachsen wenden könnte. Diese Maßregel so wie der Sieg bei Mollwitz hatte die Folge, daß England seitdem alle möglichen Versuche machte, eine Einigung zwischen Friedrich und Maria Theresia zu Stande zu bringen. Da letztere jedoch höchstens darauf eingehen wollte, das Herzogthum Glogau zeitweilig an Preußen zu verpfänden, so schloß Friedrich am 4. Juni 1741 im tiefsten Geheimniß durch Podewils zu Breslau einen Vertrag mit Frankreich ab, durch welchen man sich gegenseitig seine Besitzungen garantirte und im Nothfall Kriegshülfe versprach, deren Höhe jedoch unbestimmt gelassen wurde. Friedrich gab zu Gunsten Bayerns seine Ansprüche auf Berg auf und versprach seine Kurstimme für Karl Albrecht abzugeben, dagegen wurde ihm der Besitz von Nieder-Schlesien mit Breslau gewährleistet.

Unterdeß hatte der König den Sieg bei Mollwitz zu benutzen gesucht. Er traf so ernstliche Anstalten zur Belagerung Brieg's, daß sich dasselbe bereits den 4. Mai ergeben mußte, dagegen wagte er nicht, Neipperg in seinem festen Lager bei Neiße anzugreifen oder zu umgehen; er lagerte sich ihm deshalb gegenüber und verwandte alle Sorgfalt darauf, sich eine bessere Reiterei zu verschaffen, bei welchem Bestreben ihm der damalige Oberst v. Zieten vortrefflich Hülfe leistete und in nicht langer Zeit eine ausgezeichnete leichte Reiterei ausbildete. Um sich den Rücken besser geschützt zu halten, ließ er durch eine List Breslau am 10. August besetzen und am folgenden Tage die Huldigung der Stadt einnehmen, da streng katholisch Gesinnte hierselbst ein heimliches Einverständniß mit dem Feinde unterhalten hatten, das ihn den Verlust der überaus wichtigen Stadt besorgen ließ.

Bereits im Mai 1741 hatte Frankreich zu Nymphenburg bei München ein festes Bündniß mit Bayern abgeschlossen, in welchem es die nöthige Kriegshülfe zusagte, um Karl Albrecht nicht nur zum deutschen Kaiserthron zu verhelfen, sondern ihm auch Böhmen, Ober= und Border=Oesterreich nebst Tyrol aus der österreichischen Erbschaftsmasse zu verschaffen. Diesem Bündnisse schloß sich Spanien, Sardinien und Sachsen an, nachdem letzterem Mähren, Ober=Schlesien und ein Theil von Böhmen zugesagt worden war. Frankreich hatte nur das für sich ausbedungen, was es namentlich in den österreichischen Niederlanden während dieses Krieges erobern würde. Am letzten Tage des Monats Juli begann Bayern den österreichischen Erbfolgekrieg mit dem Angriff auf Passau, während zwei französische Heere in der Mitte des August den Rhein überschritten. Das eine unter Maillebois stellte sich am Niederrhein auf, um im Verein mit den Truppen der Kurfürsten von Cöln und von der Pfalz zu verhindern, daß England und Holland den Oesterreichern zu Hülfe kämen; das zweite unter Belleisle ging über den Oberrhein und verband sich mit dem bayerschen Heere. In zwei Heersäulen brach dies vereinigte Heer auf, die eine zog die Donau abwärts gegen Wien, die andere rückte von der Ober=Pfalz her gegen Prag vor, wohin auch das sächsische Heer seinen Marsch richtete.

So von allen Seiten her durch mächtige Feinde bedroht entwickelte Maria Theresia einen männlichen Muth und eine bewundernswerthe Standhaftigkeit. Zwar hatte sie auf dem ungarischen Reichstage mit schwerem Herzen alle die Forderungen bewilligen müssen, welche die Stände an sie gestellt hatten, dagegen war sie am 25. Juni als Königin gekrönt, und ihr Gemahl, der Großherzog Franz von Toscana, am 21. September als Mitregent angenommen worden; außerdem hatten die Ungarn, von der Königin begeistert, ein allgemeines Aufgebot zugesagt, um ihr gegen ihre Feinde Schirm und Schutz zu gewähren. Um aber Zeit zu gewinnen, die auszuhebenden Truppen zusammen zu ziehen und zu ordnen, hielt die Königin es für angemessen, den dringenden Anforderungen Englands nachzugeben und sich mit Preußen in Unterhandlungen einzulassen. Gelang es, König Friedrich zur Niederlegung der Waffen zu bewegen, so mochte man mit desto größerem Nachdruck den übrigen Feinden begegnen. Das Anerbieten jedoch, dem Könige das österreichische Geldern, vielleicht auch Limburg zu überlassen und außerdem zwei Millionen Thaler zu zahlen, wurde von demselben mit dem größten Unwillen zurückgewiesen. Der englische Gesandte Lord Hyndford aber ruhte nicht eher mit seinen Vermittlungsversuchen, bis er den König bewog, sich persönlich mit Neipperg in Unterhandlungen einzulassen. Am 9. October fand diese Besprechung zu Kleinschnellendorf (zwischen Friedland und Steinau) Statt, und man einigte sich dahin, daß dem Könige Nieder-Schlesien nebst Neiße überlassen bleiben, dafür aber ein Waffenstillstand eintreten sollte. Das betreffende Protocoll wurde nur von Hyndford unterzeichnet; ausdrücklich ließ der König darin aufnehmen, daß noch vor dem Schlusse des Jahres der Definitivtractat zum Abschluß kommen, und über diesen Vertrag das größte Geheimniß beobachtet werden sollte, widrigenfalls er denselben als gar nicht vorhanden betrachten würde. Deshalb sollte auch Neiße nicht ohne weiteres übergeben, sondern, wenn auch nur durch eine Scheinbelagerung, genommen werden. Dieselbe dauerte auch in der That nur vierzehn Tage; schon am 31. October rückten die Preußen in diese Festung ein, und nachdem Neipperg sich nach Mähren zurückgezogen hatte, nahm ein Theil des preußischen Heeres unter Schwerin in Ober-Schlesien, ein andrer unter dem Erbprinzen Leopold in Böhmen seine Winterquartiere.

Schon wenige Tage nach Abschluß des Vertrages hatte sich die Nachricht davon mit merkwürdiger Schnelligkeit überallhin verbreitet. Friedrich mußte um so mehr darüber ungehalten sein, als man österreichischer Seits keine Anstalten traf, einen Definitivfrieden abzuschließen, und es laut aussprach, daß man schon Gelegenheit finden würde, das Angebotene wieder zu gewinnen. Er fand sich deshalb bewogen, am 4. November mit dem Kurfürsten Karl Albrecht von Bayern ein geheimes Schutz- und Trutz-Bündniß auf Grund des Nymphenburger Tractats abzuschließen, wie er auch später allen seinen Ansprüchen auf Jülich-Berg zu Gunsten der Kurpfalz nochmals entsagte. Ihm wurden dagegen die schlesischen Fürstenthümer nebst der Grafschaft Glatz garantirt, und schon am 7. November nahm er die Huldigung der niederschlesischen Stände in Breslau ein. Den Vortheil hatte allerdings Maria Theresia für den Augenblick gewonnen, die bis dahin gegen Preußen gebrauchten Truppen anderweitig verwenden zu können. Die vereinigten Heere der Bayern, Franzosen und Sachsen hatten nämlich ihre ganze Kraft nicht sowohl auf Wien als auf Prag geworfen, und wenn es ihnen auch gelang, letztere Stadt in der Nacht auf den 26. November zu nehmen, so daß am 19. December dem Kurfürsten Karl Albrecht von den meisten böhmischen Ständen daselbst gehuldigt werden konnte, so concentrirten sich doch die österreichischen Heere im Norden der Donau und setzten sich nicht nur im südlichen Böhmen fest, sondern drangen auch im Januar 1742 verheerend in Bayern ein gerade zu der Zeit, als der Kurfürst von Prag nach Frankfurt gegangen war, um dort seine Wahl zum deutschen Kaiser zu betreiben. In so gefährlicher Lage blieb ihm keine andere Rettung als die Hülfe der Preußen anzurufen. Friedrich mit Besorgniß den österreichischen Fortschritten folgend hatte inzwischen im December Schwerin vorrücken und nicht nur Troppau, sondern auch Olmütz nehmen lassen. Eben so besetzte er im Januar 1742 durch den Erbprinzen Leopold die Grafschaft Glatz (die Citadelle der Festung ergab sich erst drei Monat später) und nahm daselbst die Huldigung ein, da der Kurfürst ihm dieses Land gegen eine Entschädigung von 400,000 Rthlrn. zugesagt hatte.

In Folge jenes Hülferufes rückte Friedrich, durch sächsische und einige französische Truppen verstärkt, im Monat Februar in Mähren vor, um dies Land für Sachsen zu erobern und das österreichische Heer aus Bayern wegzulocken; er nahm Iglau, belagerte Brünn und stellte sich an der Thaya auf, indem er gleichzeitig Preßburg und Wien bedrohte; Zieten'sche Husaren streiften bis in die Nähe der letzteren Stadt und verbreiteten dort den größten Schrecken. Dennoch zagte Maria Theresia nicht. Mit der Eifersucht der Sachsen und Franzosen gegen Friedrich bekannt, wandte sie den größten Theil ihrer Macht gegen den König, der von seinen Bundesgenossen nicht unterstützt sich zum Rückzuge gezwungen sah. Er trat denselben zu Anfang April mit aller Vorsicht nach Böhmen an, wohin er den alten Fürsten Leopold aus Sachsen mit seinem Heere gerufen hatte. Ihm folgten die Oesterreicher, um Prag wieder zu gewinnen, und griffen ihn am 17. Mai bei dem Dorfe Chotusitz in der Nähe von Czaslau, südlich der Elbe, mit Uebermacht an (die Oesterreicher unter dem Prinzen Karl von Lothringen, dem Bruder des Mitregenten, zählten 38 Bataillons und 92 Schwadronen, die Preußen 30 Bataillons und 70 Schwadronen). Doch der Muth der Preußen und der scharfe Blick des Königs brachten den Sieg an die preußischen Fahnen; Friedrich ernannte auf dem Schlachtfelde den tapfern Erbprinzen Leopold von Dessau zum General-Feldmarschall und belobte nach der Schlacht seine „braven und unüberwindlichen" Truppen aller Waffenarten für ihre hingebende Tapferkeit. Weit entfernt jedoch, diesen Sieg möglicher Weise zur gänzlichen Niederbeugung Maria Theresia's zu benutzen, knüpfte er vielmehr aufs neue mit Lord Hyndford Friedens-Unterhandlungen an. Den Bemühungen desselben gelang es, schon am 11. Juni die Präliminarien zu Breslau zu Stande zu bringen, die am 28. Juli in Berlin zum definitiven Abschluß kamen. Maria Theresia überließ für immer Nieder- und Ober-Schlesien nebst der Grafschaft Glatz an Preußen mit völliger Souverainität und Unabhängigkeit von Böhmen, eben so den District von Katscher, der bis dahin zu Mähren gehört hatte; desgleichen entsagte sie allen lehnsherrlichen Gerechtsamen, welche Böhmen seit vielen Jahren über mehrere brandenburgische Gebiete inne gehabt hatte, dagegen behielt sie für sich Troppau, Teschen und alles das zurück, was jenseit der Oppa gelegen war, und gleichfalls wurde dem Hause Oesterreich das Recht vorbehalten, den Titel eines souverainen Herzogs von Schlesien zu führen. Nur mit einigem Widerstreben übernahm Friedrich die Schulden, die auf Schlesien hafteten und an England, Holland und Brabant abzutragen waren — 1,700,000 Rthlr. betrug die Forderung englischer Kaufleute, 4,800,000 Gulden die von holländischen Handelshäusern —, auch boten die Grenzbestimmungen besonders an der Oppa noch große Schwierigkeiten dar, die jedoch im Laufe des September und October glücklich beseitigt wurden. Ein Gebiet von etwa 680 Quadrat-Meilen und etwa 1½ Mill. Einwohnern wurde durch diesen Friedensschluß dem Staate zugefügt.

Der Eindruck, den des Königs rasche und glänzende Eroberung hervorrief, war ein außerordentlicher. Hatte zu Anfang des Feldzuges sein keckes Beginnen selbst in Berlin viele Stimmen gegen sich gehabt, so war jetzt die Freude über den großartigen Erfolg eine desto größere. Sowohl der französische wie der englische Premier-Minister erklärten offen, daß sich Friedrich zum Schiedsrichter von Europa emporgeschwungen habe. Dieser aber ließ sich durch die Lobsprüche, die ihm von allen Seiten her gespendet wurden, in seinem Streben nicht irre machen, gründlich die Fehler zu studiren, die er selber oder seine Gegner begangen hatten, und legte überall da Hand an, wo es ihm nöthig schien. Vor allen Dingen benutzte er die nächste Zeit nach diesem ersten schlesischen Kriege, sich vermittelst der Einnahmen, die er aus Schlesien bezog, in möglichst starke Kriegs-Verfassung zu setzen. Er vermehrte sein Heer um 18,000 Mann, verstärkte die Werke der schlesischen Festungen und verfolgte bei allen Verbesserungen, die er im Innern seines Landes traf, mit großer Spannung den weiteren Verlauf des österreichischen Erbfolgekrieges, der für Maria Theresia eine immer günstigere Wendung nahm.

Karl Albrecht von Bayern war zwar durch die Majorität der Kurstimmen am 24. Januar 1742 zu Frankfurt erwählt und am 12. Februar als Karl VII. zum Kaiser gekrönt worden, doch hatte Maria Theresia diese Wahl für ungültig erklärt, da man die Kurstimme Böhmen, als der männlichen Vertretung ermangelnd, von diesem Acte ausgeschlossen hätte; durch ihre Stände kräftig unterstützt hatte sie nicht nur Böhmen von den Feinden gesäubert, sondern auch Bayern in Besitz genommen und mit englischer Hülfe die Franzosen über den Rhein zurückgetrieben. Darauf war im September Sardinien und im December Sachsen für Oesterreich gewonnen worden; beide Mächte hatten die Gewährleistung für die pragmatische Sanction übernommen, ohne daß dabei der Abtretung von Schlesien gedacht worden wäre, vielmehr machte man gar kein Hehl daraus, daß Maria Theresia wieder in den Besitz von dem gesetzt werden müßte, was sie verloren hätte. Mit

Recht fürchtete Friedrich, daß das Unwetter sich über ihn entladen würde, sobald Frankreich sich zum Frieden bequemt hätte. Er traf deshalb alle Vorkehrungen, einem etwanigen Angriffe zuvorzukommen, und wenn es ihm auch nicht gelang, eine Verbindung der deutschen Fürsten zu Stande zu bringen, so war er doch glücklicher in dem Bemühen, Rußland und Schweden auf seine Seite zu ziehen. Durch die Vermählung der Prinzeß Sophie, nachmals Katharina II., von Anhalt-Zerbst, mit dem russischen Thronfolger Peter III., so wie durch Vermählung seiner Schwester Ulrike mit dem zum Thronfolger in Schweden bestimmten Herzog Adolf Friedrich von Holstein-Gottorp gewann er die Aussicht, mit diesen Mächten eine Triple-Allianz abzuschließen, und ungeachtet er den Breslauer Frieden abgeschlossen hatte, weil er befürchtete, von seinen damaligen Bundesgenossen im Stiche gelassen zu werden, so knüpfte er doch neue Verhandlungen mit Frankreich an. Schon am 5. Juni 1744 kam zu Paris ein Offensiv-Bündniß mit Ludwig XV. zu Stande, durch welches beide Könige in Gemeinschaft mit Hessen-Kassel und der Pfalz den Kaiser zu vertheidigen und ihm sein verlornes Land wieder zu gewinnen beabsichtigten.

So vorbereitet begann Friedrich den zweiten schlesischen Krieg. Während von zwei französischen Heeren das eine nach Bayern eindringen, das andere Hannover bedrohen sollte, brach der König im August 1744 mit 80,000 Mann „kaiserlicher Hülfstruppen" theils aus Schlesien, theils durch Sachsen nach Böhmen ein und stand bereits am 1. September vor Prag, dessen Besatzung sich am 18. kriegsgefangen ergeben mußte. Mit derselben Leichtigkeit breiteten sich darauf die preußischen Truppen weit nach dem südlichen Böhmen aus. Diesem erfreulichen Anfange entsprach jedoch der weitere Verlauf der Dinge sehr wenig. Die österreichische Armee zog sich zwar über den Rhein zurück, um sich gegen Friedrich zu wenden, doch hielten die Franzosen ihr Versprechen nicht, jetzt dem Könige zu Hülfe zu eilen, und überdies stellte Sachsen, durch englisches Geld unterstützt, ein Heer von 20,000 Mann auf, das über Eger nach Böhmen ging und sich mit den Oesterreichern vereinigte. Durch geschickte Manöver gelang es den österreichischen Befehlshabern, dem Prinzen Karl von Lothringen und dem Grafen Traun, ohne sich in eine Schlacht einzulassen, die Preußen aus Böhmen nach Schlesien zurückzudrängen, selbst Prag mußten letztere und zwar mit bedeutendem Verluste aufgeben; bis zum Schlusse des Jahres war ganz Böhmen wieder in österreichischen Händen, wozu die schwierige Stimmung der katholischen Bewohner gegen die protestantischen Preußen nicht wenig beigetragen hatte. Die Lage des Königs war eine höchst peinliche; es fehlte ihm gänzlich an Geld, die schweren Verluste zu decken, die er erlitten hatte. Er sah sich deshalb genöthigt, im December die großen silbernen Gefäße und Kronleuchter, das silberne Chor ꝛc., aus dem Berliner Schlosse heimlich zur Nachtzeit, damit das Volk nichts erführe, nehmen zu lassen und in die Münze zu schicken.

Das Jahr 1745 brachte neue Schwierigkeiten für Friedrich. Kaiser Karl hatte zwar das Glück gehabt, durch den Krieg in Böhmen wieder nach München zurückkehren zu können, doch starb er dort plötzlich im Januar 1745, und sein Sohn Maximilian Joseph, der schnell genug von den Oesterreichern wieder aus Bayern verjagt worden war, erhielt durch den im April zu Füssen geschlossenen Frieden nur dadurch sein Erbland wieder, daß er allen Ansprüchen entsagte und seine Kurstimme dem Großherzog Franz, dem Gemahl der Maria Theresia, zu geben versprach. Mit bedeutender Uebermacht drangen deßhalb die verbundenen Oesterreicher und Sachsen im Mai über Landshut in Schlesien ein, während ein zweites Heer von Oberberg die Oder abwärts zog und namentlich Kosel eroberte. Doch am 4. Juni besiegte der ungestüme Muth der etwa 60,000 Mann starken Preußen zwischen Striegau und Hohenfriedberg das vereinigte feindliche Heer, das 76,000 Mann zählte, und trieb dasselbe nach Böhmen zurück. Hatte schon kurz zuvor Zieten mit seinem Husaren-Regimente einen unglaublich kühnen Zug unternommen, so that die Reiterei an diesem Tage Wunder der Tapferkeit, aber auch kein anderer Truppentheil stand an Tüchtigkeit zurück. Friedrich selber, der die Tapferkeit aller seiner Truppen — das Dragoner-Regiment Baireuth hatte unter dem General Geßler allein 20 Bataillons über den Haufen geworfen, 67 Fahnen erbeutet und Tausende gefangen genommen — und den Löwenmuth seiner Brüder lobend anerkannte, erklärte, daß Gott seine Feinde verblendet und ihn wunderbar geschützt hätte. Ja er fügte später hinzu, daß „die Welt nicht sichrer auf den Schultern des Atlas ruhe, als Preußen auf solchem Heere!" So freudig die Stimmung war, welche dieser Sieg im ganzen Lande hervorrief — die Verbündeten hatten 17,000 Mann, die Preußen gegen 5000 Gesammt-Verlust — so vortheilhafte Wirkung brachte er auch in England hervor, um so mehr als auch die Franzosen in den Niederlanden siegreich gewesen, und der Stuart Karl Eduard in Schottland gelandet war, um das Reich seiner Väter wiederzuerobern. Schon im August kam zwischen Friedrich und England eine Einigung dahin zu Stande, daß England für den Frieden bemüht sein würde, da Friedrich keine neuen Ansprüche erheben und in die Wahl des Großherzogs Franz zum Kaiser einwilligen wollte.

Unterdeß schleppte sich aber der kleine Krieg hin, ohne daß es zu entscheidenden Schritten gekommen wäre. Friedrich war mit der Hauptmacht den Oesterreichern nach Böhmen gefolgt, und während man dort

Monate lang sich einander unthätig gegenüberstand, säuberte eine andere preußische Heeres=Abtheilung Ober=Schlesien und eroberte im October Kosel zurück. Maria Theresia aber gelang es inzwischen, ihren Gemahl als Franz I. im September zum Kaiser erwählt und am 4. October gekrönt zu sehen, ungeachtet Brandenburg und die Pfalz Widerspruch dagegen erhoben hatten. In der Mitte September endlich trat Friedrich wegen Mangels an Lebensmitteln den Rückzug nach Schlesien an, in trüber Stimmung über die Fortsetzung des Krieges, zu dem es ihm gänzlich am Gelde gebrach, da Frankreich Schwierigkeiten machte, Sub=sidien zu zahlen. Der Prinz Karl von Lothringen folgte ihm alsbald, dem gemessensten Befehle von Maria Theresia zufolge, den Preußen wo möglich eine Niederlage beizubringen. Da der König nur 19,000 Mann bei sich hatte, während die Oesterreicher mehr als 30,000 zählten, hoffte Karl um so mehr auf günstigen Erfolg, als er die Preußen in einem Lager traf, das mehrere leicht angreifbare Stellen darbot. Doch Friedrich kam am 30. September bei Soor, zwischen Elbe und Aupa, südlich von Trautenau, den Feinden zuvor und warf die Oesterreicher mit empfind=lichem Verluste zurück, wobei die Reiterei durch ihre kühne Tapferkeit sich ganz besondere Verdienste erwarb. Doch verfolgte der König den Feind nicht, sondern setzte den Rückzug nach Schlesien in der Ueber=zeugung fort, daß die von England eingeleiteten Unterhandlungen von glücklichem Erfolge gekrönt werden würden. Feindlicher Seits hielt man ihn aber für so geschwächt, daß man nicht nur das Heer in Schlesien abzuschneiden, sondern auch in die Mark selber einzubringen hoffte, zumal da man durch neue Truppen verstärkt wurde, die durch den General Grunne herbeigekommen waren. Doch schnell zog der König bei Goldberg ein Heer von 40,000 Mann zusammen, um die=selbe Zeit, wo die Oesterreicher in der zweiten Hälfte des November nach Sachsen einrückten, überschritt bei Naumburg den Queiß, um in die Lausitz einzubringen und brachte am 23. November den Sachsen bei Hennersdorf (in der Nähe von Görlitz) einen harten Verlust bei, wodurch er das Haupttheer der Oesterreicher zur Rückkehr nach Böhmen, den General Grunne nach Dresden zurückzugehen zwang. Während er dann seinen Marsch über Görlitz nach Bautzen fortsetzte, rückte auf der andern Seite der Elbe der Fürst Leopold von Dessau von Halle her über Leipzig nach Meißen und von dort gegen Dresden vor, wo die sächsische Armee unter Rutowsky, dem Bruder des Kurfürsten Au=gust III., eine feste Stellung bei Kesselsdorf genommen hatte, ver=stärkt durch den General Grunne und gestützt auf die österreichische Haupt=Armee, die sich abermals die Elbe abwärts nach Sachsen ge=wendet hatte. Ungeachtet die sächsisch=österreichische Armee, 35,000 Mann stark, auf steilen, überdies durch Schnee und Eis geschützten Höhen stand, griff Leopold, an Zahl wenig schwächer, sie dennoch herzhaft an, warf sie in wenig Stunden aus ihrer Stellung und nahm ihr 48 Stück Geschütz sowie 6500 Gefangene ab (den 15. December). Das pommersche Infanterie-Regiment v. Jeetz hatte allein 24 Geschütze erbeutet und überhaupt eine solche Tapferkeit gezeigt, daß der König sämmtlichen Offizieren den Orden Pour le mérite ertheilte, dem Regimente aber ein neues Siegel mit der Inschrift des Schlachttages. Die Sachsen zogen sich nach Pirna, die Oesterreicher nach Böhmen zurück, der König aber, der unterdeß mit seinem Heere herangerückt war, nahm am 18. von Dresden Besitz.

Die gleichzeitig erfolgte Einnahme Mailand's durch spanische Truppen, die Erklärung England's, ferner keine Subsidien an Oesterreich und Sachsen zu zahlen, wenn beide nicht den mit Friedrich verabredeten Frieden annehmen wollten, der Umstand ferner, daß Friedrich im Besitz von Sachsen sich befand, ließen den gewünschten Frieden schnell zu Stande kommen, den auch der König lebhaft wünschen mußte, da seine Geldmittel zu Ende waren, und Frankreich ihm nicht die gehoffte Unterstützung gewährte. Schon am 25. December wurde derselbe auf Grund des Breslauer Friedens zu Dresden abgeschlossen, und Friedrich erkannte Franz I. als Kaiser an. Maria Theresia entsagte dagegen nochmals Schlesien, und England verbürgte nicht lange nachher dem Könige den Besitz dieses Landes. Sachsen zahlte für die noch rückständigen Contributionen eine Million Thaler, und die Kurfürstin verzichtete für immer auf alle die Ansprüche, die ihr auf Schlesien und die Graffschaft Glatz zustehen möchten. Mit wahrhaft erhebendem Triumphe wurde der König bei seiner Rückkehr (am 29. December 1745) von seiner Hauptstadt empfangen; damals schon wurde ihm der Beiname „der Große" beigelegt.

Je glücklicher Maria Theresia den österreichischen Erbfolgekrieg anderweitig zu Ende führte — in dem Frieden zu Aachen 1748 trat sie nur Parma nebst Piacenza und Guastalla an den spanischen Prinzen Philipp ab —, desto tiefer war ihr Schmerz über den Verlust Schlesiens. Seitdem ging ihr eifrigstes Bestreben nicht nur dahin, Preußen diese wichtige Provinz wieder zu entreißen, sondern auch diese Macht wo möglich für immer zu schwächen, zumal da dieselbe ein fester Schirm und Schutz der Protestanten geworden war und überall den ehrgeizigen Planen der Kaiserin entgegentrat, welche danach trachtete, eine unumschränkte Suprematie in Deutschland zu gewinnen. In diesem Streben stand ihr besonders der Graf und nachmalige Fürst Kaunitz zur Seite, der früher ihr Gesandter am französischen Hofe gewesen, im Jahre 1753 zum Staatskanzler erhoben worden, und der persönlich dem Könige feindlich gesinnt war, da seine Mutter bedeutende Ansprüche auf

Ostfriesland machte, welches Friedrich damals in Besitz genommen hatte. Vor allen Dingen änderte sie nach preußischem Vorbilde das Kriegswesen in ihrem Staate so wie die ganze Verwaltung und suchte nach allen Seiten hin sich Bundesgenossen zu verschaffen. Am leichtesten gelang ihr dies bei Rußland, dessen Kaiserin Elisabeth, Tochter Peter des Großen, so wie ihr Günstling und Großkanzler Bestuschef von Friedrich's sarkastischem Witze oft verletzt worden waren, zumal da Friedrich sich nicht dazu verstehen mochte, durch Bestechung die Stimmung am Petersburger Hofe für sich zu gewinnen. Schweden, obgleich die Königin die Schwester Friedrich's war, hatte nicht übel Lust, Pommern wieder an sich zu bringen. Sachsen konnte den Dresdener Frieden nicht verschmerzen, schob aber, um nicht dem ersten Angriff ausgesetzt zu sein, seinen Anschluß an Oesterreich bis dahin auf, wo der Krieg gegen Friedrich eröffnet wäre. Am schwierigsten war es, Frankreich zu einem Bündnisse zu bewegen, weil der Versailler Hof die althergebrachte, Oesterreich stets feindliche Politik nicht aufgeben mochte, vielmehr Preußen wie andere deutsche Mächte dazu benutzen wollte, Oesterreich das Gegengewicht zu halten. Daß dennoch ein Bündniß zwischen diesen beiden Mächten zu Stande kam, die sich Jahrhunderte lang feindlich einander gegenüber gestanden, das hatte seinen Grund zunächst in der Schmeichelei, durch welche Maria Theresia die Maitresse König Ludwig's XV., die Marquise v. Pompadour, die Alles über den König vermochte, für sich zu gewinnen wußte; ferner daß Preußen in den beiden schlesischen Kriegen das französische Bündniß aufgegeben hatte, um seinen eignen Vortheil zu verfolgen, während Frankreich Preußen als einen Staat zweiten Ranges ansah, der sich von ihm leiten lassen müsse; endlich aber — und dies gab den Ausschlag —, daß Frankreich mit England wegen seiner Besitzungen in Nord=Amerika in Streit gerieth und sich zu Lande gesichert wissen wollte, um alle seine Kraft zur See gegen England wenden zu können.

Eben dieser Umstand aber bewog Georg II. von England, in ein näheres Verhältniß mit Friedrich einzutreten, um sein Kurfürstenthum Hannover sicher zu stellen. Die früheren Zwistigkeiten wurden ausgeglichen, namentlich wurde für die früher gekaperten preußischen Schiffe Entschädigung gezahlt, wogegen Friedrich die Summen, welche er noch an Engländer für Schlesien zu zahlen, und die er bis dahin einbehalten hatte, verabfolgen ließ. Darauf schloß der König, da sein Bündniß mit Frankreich im Juni 1756 ablief, am 16. Januar 1756 mit England zu London ein Bündniß dahin ab, daß beide Mächte sich für ihre Länder gegenseitig Gewähr leisteten und kein fremdes Kriegsvolk den deutschen Boden betreten lassen wollten. Dieses Bündniß beschleunigte den Abschluß dessen, das Kaunitz so beharrlich mit Frankreich beabsichtigt hatte. Am 1. Mai 1756 kam es zu Versailles zu Stande; Oesterreich versprach, sich in dem Kampfe Frankreichs mit England neutral zu verhalten, und beide Mächte sagten einander Hülfe zu, sobald ihr Gebiet feindlich angegriffen würde. Von allen diesen weitläuftigen Verhandlungen Oesterreichs war Friedrich durch die Verrätherei des sächsischen Kanzlisten Menzel in Kenntniß gesetzt, der von allen Depeschen zwischen den Höfen Abschrift genommen hatte. Friedrich sah von allen Seiten das Ungewitter zusammenziehen, das sich über sein Haupt entladen sollte; er beschloß deshalb ihm zuvorzukommen, anzugreifen, noch ehe die Feinde ihre ganze Macht entwickelt hätten.

So kühn der Entschluß war, einen drittten schlesischen Krieg gegen so übermächtige Feinde zu beginnen, so hoffte er doch denselben mit Vortheil bestehen zu können. Er war der Meinung, daß sein kampffertiges, kampfgeübtes und starkes Heer, sein wieder gefüllter Schatz ihm die Mittel darbieten würden, durch Schnelligkeit gleich anfangs Vortheile zu erringen, die den Krieg zu einem baldigen Ende führen müßten. Das ahnte er allerdings nicht, daß sieben schwere Jahre ihn und sein Land dem Untergange nahe bringen sollten. Wenn er ungeachtet alles des Unglücks, das ihn im Laufe dieser Jahre so tief beugte, ehrenvoll aus dem Kriege hervorging, so trug allerdings wesentlich dazu bei sein schaffender Geist, der selbst da noch Rettung wußte, wo Alle verzweifelten, die Schnelligkeit seiner Bewegungen, durch welche er sein Heer gleichsam verdoppelte, seine persönliche Leitung, durch welche er große Vortheile über die feindlichen Heerführer hatte, die in allen ihren Unternehmungen den Weisungen des Kriegsrathes daheim Folge leisten mußten, die Geschicklichkeit bewährter Feldherren und die unüberwindliche Tapferkeit seiner Soldaten, selbst derer, die nur durch den Ruhm der preußischen Waffen bewogen waren sich anwerben zu lassen. Aller dieser Vortheile ungeachtet würde er aber doch endlich haben unterliegen müssen, wenn nicht die geringe Energie seiner Feinde ihm zu Statten gekommen wäre, die wiederum in den damaligen politischen Verhältnissen ihren Grund fand. Nur durch letztere läßt sich die Möglichkeit begreifen, wie Friedrich so zahlreichen Feinden Widerstand leisten konnte.

Sein erbittertster Gegner war allerdings Oesterreich, dem mit Hülfe so mächtiger Verbündeter die Wieder-Eroberung Schlesiens gewiß zu sein schien, und das eine bedeutende Kraft dazu in Bewegung setzte; doch selbst hier herrschte in dem kaiserlichen Rathe so wie unter den Heerführern Zwietracht, da man die Verbindung mit Frankreich für gefährlich hielt, das stets feindlich gegen Oesterreich gesinnt gewesen wäre. Weit weniger noch war von den Verbündeten der Kaiserin zu fürchten. Ludwig XV. wurde nur gegen seinen Willen tiefer in den Landkrieg gezogen, als es ursprünglich in seiner Absicht lag; für Maria Theresia Schlesien wiederzuerobern mochte er sich nicht aufopfern. Nicht nur der Dauphin und die Hauptführer des Heeres waren gegen diesen Krieg gestimmt, sondern auch die Nation ergriff ganz offen Partei für Friedrich, der diese Stimmung durch alle möglichen Aufmerksamkeiten sehr geschickt zu erhalten wußte. Nicht minder günstig für den König waren die Verhältnisse an dem russischen Hofe. Wenn auch hier die englische Partei nur den Absichten Oesterreichs entgegenwirkte, so kam doch der Erfolg auch Friedrich zu Statten. Ueberdies war der Thronfolger Peter III. ein enthusiastischer Verehrer des Königs, der mehr als einmal energische Schritte Rußlands zu verhindern wußte, und der später unmittelbar nach seiner Thronbesteigung Preußen von dem Untergange rettete, der unter andern Verhältnissen unvermeidlich gewesen wäre. Noch schroffer standen die Parteien in Schweden einander gegenüber. Der König Adolf Friedrich, Friedrich's Schwager, dessen Macht von dem Reichsrathe ganz gebrochen war, hatte nur gezwungen in diesen Krieg gewilligt; er suchte nach Möglichkeit jede starke Maßregel zu lähmen, und selbst die Oberfeldherren des Heeres, die befürchten mußten, daß die königliche Partei doch wieder das Uebergewicht erlangen möchte, vermieden um so mehr jedes Handeln, als ihnen volle Verantwortlichkeit aufgebürdet, von der Regierung aber alle Sorgfalt für das Heer vernachlässigt wurde. Endlich in Deutschland stellte sich die Sache noch vortheilhafter für Friedrich. Die protestantischen Fürsten befürchteten, mit der Niederwerfung Preußens ihre alleinige Stütze gegen Oesterreichs Uebermacht vernichtet zu sehen, und selbst in katholischen Ländern, namentlich in Bayern, theilte man diese Furcht. Kein Wunder, daß der Krieg von den Reichsständen nur lässig geführt wurde. Sachsen aber, das durch den viel geltenden und erbitterten Feind Friedrich's, den Grafen Brühl, geleitet wurde, fiel dem Könige gleich beim Beginn des Krieges in die Hände, ehe es noch seine Macht entfalten konnte, und war vorzugsweise das Land, aus welchem Friedrich seine Kriegs-Bedürfnisse bestritt.

Als Friedrich die Kriegsrüstungen sah, welche Oesterreich und Rußland an der preußischen Grenze eifrig betrieben, und als er sichere Nachrichten zu haben glaubte, daß man im folgenden Jahre mit vereinter Kraft über ihn herfallen wollte, ließ er im Juli 1756 wiederholt in Wien anfragen und bat sich die bestimmte Versicherung aus, daß er weder in diesem noch in dem folgenden Jahre einen Angriff zu befürchten hätte. Auf stolz ablehnende Antwort ließ er durch den Geheimen Legationsrath v. Herzberg einen Entwurf der Ursachen bearbeiten und bekannt machen, welche ihn bewogen hätten, den Absichten des

Wiener Hofes zuvorzukommen. Gleichzeitig rückte am 29. August 1756 ein Heer von 67,000 Mann in drei Heersäulen an der Mulde, der Elbe und der Spree aufwärts in Sachsen ein, während der Feldmarschall Schwerin mit 27,000 Mann von Glaß her in Böhmen einfiel. Der König August, Kurfürst von Sachsen, war auf solchen Angriff nicht gefaßt; mit übergroßer Hast sammelten sich die sächsischen Truppen, etwa 14,000 Mann, bei Pirna in einem befestigten Lager, während Friedrich am 9. September Dresden ohne Schwertstreich besetzte. Wenige Tage darauf erfolgte ein Dehortatorium des Kaisers, daß der König Sachsen räumen und dem Kurfürsten allen Schaden ersetzen sollte, zugleich wurden alle Heerführer des Königs aufgefordert, die preußischen Dienste zu verlassen, um sich nicht schwerer Strafe von Seiten des Kaisers auszusetzen. Als Antwort hierauf ließ Friedrich aus den in Dresden vorgefundenen Original-Acten des Archivs von v. Herzberg eine „Denkschrift über die gefährlichen Anschläge des sächsischen und kaiserlichen Hofes gegen Preußen" zusammenstellen und öffentlich bekannt machen. Alle Verhandlungen des Königs mit August, um ihn zur strengsten Neutralität zu bewegen, waren vergeblich; ungeachtet die sächsischen Truppen von allen Seiten eingeschlossen waren, rechneten sie doch mit großer Zuversicht auf Befreiung durch das österreichische Heer, das von der oberen Elbe her unter Brown in Anmarsch war. Friedrich rückte demselben mit 24,000 Mann entgegen und traf bei Lowositz mit der 34,000 Mann starken österreichischen Armee am 1. October zusammen. Dem heftigen Anfalle der Preußen vermochten die Kaiserlichen nicht zu widerstehn; sie wurden, wenn auch nach tapfrer Gegenwehr zurückgeworfen. Ein zweiter Versuch, den Brown mehrere Tage später machte, den Sachsen Hülfe zu bringen, fiel eben so erfolglos aus; das sächsische Heer, das mit Verlust seines Gepäcks und der Hälfte seines Geschützes von dem linken nach dem rechten Elbufer hinübergegangen war, mußte sich endlich, aller Hülfs- und Lebensmittel beraubt, unter dem Grafen Rutowsky am 16. October gefangen ergeben. Die Offiziere wurden auf ihr Ehrenwort entlassen, die Truppen selber dem preußischen Heere einverleibt, doch gelang es nachmals den Meisten, zum Feinde überzugehen. August ging mit zweien seiner Söhne vom Königstein, wohin er sich gerettet hatte, nach Polen, das sich jedoch nicht zum Kriege gegen Preußen bewegen ließ; die Königin blieb mit dem Kronprinzen in Dresden. Friedrich nahm ganz Sachsen in „Verwahrsam", verwendete die Einkünfte zu seinen Kriegszwecken und hob überdies mehrere Tausend Recruten aus. Sein Heer verlegte er nach Sachsen in die Winterquartiere wie auch Schwerin in die schlesischen Grenzdistricte sich zurückzog.

Diesen Angriff Friedrich's benutzte Maria Theresia, um von allen Seiten her die Mächte gegen Preußen unter Waffen zu bringen. Frankreich hatte zwar in dem Mai=Bündnisse ein Hülfsheer von 24,000 Mann zugesagt, doch nur ungern mochte es sich in diesen Krieg einlassen, da ja seine Absicht darauf gegangen war, zu Lande durch jenes Bündniß gesichert zu werden, damit es seine ganze Macht gegen England zur See wenden könne. Es bot deshalb statt eines Heeres Hülfsgelder. Den Bemühungen von Kaunitz vermittelst der Pompadour, sowie den heftigen Klagen der Dauphine, der Tochter August's von Sachsen, gelang es endlich, das Bündniß zwischen Oesterreich und Frankreich dahin zu ändern, daß letzteres ein Heer von 105,000 Mann, das später noch um 29,000 verstärkt wurde, nach Deutschland schicken wollte, um die preußischen Rheinlande zu besetzen und namentlich Magdeburg zu nehmen. Schweden versprach in einem am 21. März 1757 abgeschlossenen Vertrage, gegen Geld=Unterstützung und Abtretung von Preußisch=Vorpommern 25,000 Mann ins Feld zu stellen. Eben so erweiterte auch Rußland am 22. Januar 1757 sein früheres Schutz=Bündniß, wovon die näheren Bedingungen zwar nicht bekannt sind, in Folge dessen es aber 100,000 Mann nach Preußen aufbrechen ließ. Endlich wurde auch noch auf dem Reichstage zu Regensburg, nachdem die Reichsacht über Friedrich ausgesprochen worden war, von Seiten des deutschen Reiches eine Executions=Armee von 32,000 Mann auszurüsten angeordnet. Man wollte von Seiten des deutschen Reiches so wie von Frankreich und Schweden angeblich als Garanten des westfälischen Friedens auftreten. Rechnet man zu obigen Zahlen noch etwa 150,000 Oesterreicher hinzu, so waren im Jahre 1757 gegen 430,000 Mann gegen Friedrich unter Waffen. So außerordentliche Anstrengungen auch dagegen der König machte, sein Heer zu vergrößern, so konnte er doch nicht die Hälfte an Truppen entgegenstellen. Am 11. Januar schloß er deshalb einen neuen engeren Vertrag mit England, nach welchem er 20,000 Mann zu dem englisch=hannöverschen Heere stoßen lassen wollte, wogegen England versprach, jährlich 1 Mill. Pfund Sterling zu zahlen und eine Flotte nach der Ostsee zu schicken. Da es jedoch dem Könige unmöglich fiel, soviel Truppen abzugeben, so unterblieb auch die Seehülfe ganz, und andrerseits wurden die Subsidien später auf 670,000 Pfd. ermäßigt.

Schon am 20. April 1757 brach der König in vier Colonnen nach Böhmen auf. Der Herzog von Bevern, der durch die Lausitz gezogen war und bei Reichenberg am 21. April die Oesterreicher zurückgedrängt hatte, vereinigte sich mit dem Feldmarschall Schwerin, der von Glatz her gekommen war. Auf dem West=Ufer der Elbe vereinigte sich der König mit der Abtheilung des Fürsten Moritz von Dessau; bei Prag sollten beide Haupt=Abtheilungen sich treffen, wo der

Prinz Karl von Lothringen und der General Brown auf dem rechten Ufer der Moldau neben Prag mit einer zahlreichen Armee gelagert waren. Der König ließ auf dem linken Moldau-Ufer einen Theil seines Heeres unter dem Feldmarschall Keith zur Bedrohung Prag's zurück und rückte selber mit Schwerin vereinigt am 6. Mai gegen die Oesterreicher vor, welche auf steilen Höhen hinter Wiesengründen aufgestellt waren; sein Heer mochte 64,000 Mann zählen, das der Oesterreicher vielleicht 8000 mehr. Unter den furchtbarsten Anstrengungen gelang es den Preußen, die Feinde aus ihrer überaus festen Stellung zu verdrängen, nachdem sie die feindliche Reiterei in wilde Flucht geworfen und den rechten Flügel der Oesterreicher entblößt hatten. Der Gesammt-Verlust beider Heere wird auf mehr als 40,000 Mann angegeben. Der Kern des preußischen Fußvolks hatte seinen Untergang gefunden, darunter eine überaus große Anzahl tapfrer Offiziere, vor allen aber der greise Schwerin, von dem Friedrich selber sagt, daß er allein mehr als 10,000 Mann werth gewesen. Auch der feindliche Heerführer Brown wurde auf den Tod verwundet und nach Prag gebracht, wohin der größere Theil des österreichischen Heeres sich flüchtete und nun von Friedrich eingeschlossen wurde.

Sechs Wochen lang belagerte bereits Friedrich diesen wichtigen Ort und lebte der frohen Hoffnung, daß ihm die Gefangennehmung der darin befindlichen Oesterreicher eben so gelingen werde wie die der Sachsen bei Pirna gelungen war. Leichte Truppen durchschwärmten das westliche Böhmen, die Oberpfalz und Franken, der Kurfürst von Bayern und mehrere andere Reichsfürsten unterhandelten bereits wegen des Friedens oder wohl gar der Verbindung mit Preußen, als die unglückliche Schlacht bei Kollin plötzlich diesen frohen Aussichten ein trauriges Ende machte. Der Feldmarschall Daun hatte nämlich zahlreiche Flüchtlinge des bei Prag geschlagenen Heeres gesammelt, neue Kräfte herangezogen und den ihm gegenüber stehenden Herzog von Bevern zurückgetrieben, der an Schwerin's Stelle einen Theil des preußischen Heeres befehligte. Der König kam letzterem deshalb mit einem Theile des Belagerungs-Heeres zu Hülfe und traf den Feind, 60,000 Mann stark, bei Kollin in fester Stellung. Am 18. Juni griff er ihn mit 34,000 Mann an und hatte bereits den rechten Flügel zurückgedrängt, als Unordnung in den ferneren Angriffen ihn mit schwerem Verluste zum Rückzug zwangen. Der Verlust der Preußen betrug etwa 14,000 Mann, der österreichische gegen 8000. Der König hob sogleich die Belagerung von Prag auf, blieb noch einige Wochen in Böhmen, um wo möglich den vereinigten Heeren Daun's und des Prinzen Karl eine zweite Schlacht zu liefern, ging aber, da sich der Feind nicht darauf einließ, nach Sachsen zurück. Doch er erlitt hierbei bedeutenden Verlust, da der Prinz von Preußen

August Wilhelm, der einen Theil des Heeres nach der Lausitz führte, durch verkehrte Maßregeln sich vielfach Blößen gab und namentlich den Verlust der reichen Magazine in Zittau verschuldete, welche Stadt dabei in Feuer aufging. — Wenige Tage nach dem Unglück bei Kollin starb auch die Mutter Friedrich's, Sophie Dorothea, und sein Schmerz über ihren Tod mußte um so tiefer sein, je größer die wahrhaft kindliche Verehrung gewesen, mit welcher er an der Mutter gehangen hatte.

Die Schlacht bei Kollin war für Friedrich äußerst verhängnißvoll. Durch ihren Verlust sah er sich plötzlich aus der Offensive, die er so glücklich begonnen hatte, in die Defensive zurückgeworfen und zwar für alle Feldzüge dieses Krieges. Ueberall traten die Verbündeten der Kaiserin kühn hervor, und Friedrich besaß zu geringe Mittel, überall die Spitze zu bieten. Ueberdies verfolgte ihn seitdem das Unglück mit den härtesten Schlägen. Bereits am 20. Juni drangen 30,000 Russen unter Fermor gegen Memel vor, dessen schwache Besatzung zu Lande und zu Wasser angegriffen sich bald ergeben mußte. Langsam rückte Fermor nach Tilsit und vereinigte sich in der Mitte des August mit dem mehr als doppelt so starken Heere Apraxin's. Dieser großen Uebermacht sollte der Feldmarschall v. Lehwald mit etwa 25,000 Mann entgegentreten. Ueber den Pregel zurückgedrängt griff er ihn in der That am 30. August bei Groß=Jägerndorf, südöstlich von Welau, herzhaft an, wurde jedoch mit Verlust von 5000 Mann (die Russen verloren etwa das Doppelte) zurückgeworfen und mußte sich bis in die Nähe von Königsberg zurückziehen. Doch schon am 10. September kehrte Apraxin nach Rußland zurück. Die Krankheit der Kaiserin Elisabeth, welche einen tödlichen Ausgang zu nehmen drohte, bewog nämlich den Staats=Kanzler Bestuschef im Sinne des Thronfolgers Peter III. Befehl zum Rückzug zu geben, und so ging für diesmal das drohende Ungewitter, wenn auch nicht ohne mannichfache Verheerung, glücklich für Preußen vorüber. Lehwald, der den Feinden bis Tilsit gefolgt war, erhielt darauf Befehl sich gegen die Schweden zu wenden, welche im September mit 17,000 Mann die Peene überschritten, ungehindert Pommern und die Ukermark durchzogen und ihre äußersten Posten schon bis Zehdenick vorgeschoben hatten. Als jedoch Lehwald zu Ende November in Stettin angelangt war, wurden ihnen alle Eroberungen wieder entrissen, und sie selber nach Stralsund und Rügen zurückgetrieben. Damals wurde auch Mecklenburg=Schwerin hart mitgenommen, da es sich den Feinden Friedrich's angeschlossen hatte. Pommern aber gab in jener bedrängten Zeit ein herrliches, patriotisches Beispiel, das bald darauf in der Mark und im Magdeburgischen nachgeahmt wurde; die Stände errichteten nämlich auf eigne Kosten eine Landmiliz von 5000 Mann, welche vielfachen Nutzen gewährt hat, so daß Friedrich in seinem politischen Testamente seinen Nachfolgern die Pommern als die erste Stütze des Thrones rühmte.

Gefährlicher als diese nordischen Feinde schienen die Franzosen werden zu wollen. Die mehr als 100,000 Mann starke französische Armee hatte unter dem Prinzen Soubise Cleve und Mark in „Verwahrung", Geldern aber für die Kaiserin in Besitz genommen, noch ehe der Oberbefehlshaber, der Marschall d'Etrées, selber gegen Ende des April den Oberbefehl übernahm. Dieser betrieb den Krieg äußerst lässig, bis nach der Prager Schlacht auf österreichische Vorstellungen die Sache mit größerem Eifer angegriffen und namentlich im Elsaß ein neues Heer gerüstet wurde, den Fortschritten Preußens entgegen zu treten. Durch die Niederlage des Königs bei Kollin wurde dieser Plan dahin abgeändert, daß dies zweite Heer unter Soubise mit der Reichs-Armee gemeinschaftlich operiren, d'Etrées aber von einem energischeren Feldherrn abgelös't werden sollte. Bevor letzteres zur Ausführung kam, suchte d'Etrées mit Ruhm von seinem Posten zu scheiden. Er drängte seinen Gegner, den Herzog August Wilhelm von Cumberland, den zweiten Sohn des Königs Georg II., der die Armee der Hannoveraner und ihrer Verbündeten befehligte, über die Weser zurück, nahm Ostfriesland für die Kaiserin in Besitz und griff am 26. Juli den Herzog bei Hastenbeck, in der Nähe von Hameln an. Ohne die Schlacht entschieden verloren zu haben, zog sich Cumberland zurück und gab einen großen Theil von Hannover dem Feinde preis. Der Nachfolger d'Etrée's, der Herzog von Richelieu, drängte ihn darauf in den Winkel zwischen der untern Elbe und Weser, so daß der König von Dänemark, um das ihm damals zugehörige Oldenburg besorgt, die Vermittlung zwischen den streitenden Parteien übernahm und am 9. September die Convention zu Kloster Zeven (zwischen Bremen und Stade) zu Stande brachte, nach welcher Cumberland die Hülfstruppen der Hessen, Braunschweiger ic. entließ, die hannöverschen Truppen aber theils nach Stade, theils über die Elbe nach dem Lauenburgischen führte. Darauf schickten sich die Franzosen an, in Hannover die Winterquartiere zu beziehen; zugleich breiteten sie sich bis in das Halberstädtsche aus, nahmen die kleine Bergfeste Regenstein und trieben im Magdeburgischen, in der Altmark und selbst in der Prignitz nicht unbedeutende Kriegssteuern ein so wie starke Lieferungen von Lebensmitteln.

Ganz getrennt von Richelieu, nur durch ein Corps von ihm unterstützt, vereinigte sich Soubise zu Ende August bei Erfurt mit österreichischen Truppen und mit dem Herzog Joseph von Sachsen-Hildburghausen, der die Reichs-Armee befehligte, so daß das gesammte Heer etwa 64,000 Mann zählte. Als dies vereinigte Heer über die Saale ging, brach der König von Sachsen auf und rückte demselben entgegen;

Soubise ging bis Eisenach zurück, wobei Seidlitz durch verwegenen Angriff Gotha nahm. Da unterdeß jedoch der Kroaten-General Haddick mit einem kleinen Streifcorps am 16. October Berlin genommen und dort 200,000 Rthlr. Contribution erhoben hatte, eilte der König über die Elbe zurück, konnte jenem aber nicht mehr den Rückzug abschneiden, wie er gehofft hatte. Er wandte sich deshalb wieder gegen das vereinigte Heer des Soubise, das beim Abmarsch des Königs diesem gefolgt war, die Saale überschritten hatte und Leipzig bedrohte. Da die Feinde sich hinter der Saale setzen zu wollen schienen, überschritt der König diesen Fluß und gewann am 5. November mit etwa 22,000 Mann den rühmlichen Sieg bei Roßbach, besonders durch die klugen Anordnungen des Artillerie-Führers Moller und durch die ausgezeichnete Tapferkeit von Seidlitz, der die Verbündeten, als sie die linke Flanke des Königs umgehen wollten, um ihm den Rückzug nach Merseburg abzuschneiden, auf dem Marsche angriff und ihnen eine schwere Niederlage beibrachte. Denn sie büßten an Todten und Verwundeten 3000 Mann, an Gefangenen 5000 ein und verloren 67 Stück Geschütz, während der Verlust der Preußen nicht viel über 500 Mann betrug. Die Reichs-Armee floh nach Franken, die Franzosen meist nach Hessen. Nur eine kurze Strecke weit konnte Friedrich sie verfolgen, denn schweres Unglück der Seinen in Schlesien rief ihn ungesäumt dorthin.

Mit 43,000 Preußen sollte der Herzog August Wilhelm von Bevern, den der König als Oberbefehlshaber in Sachsen zurückgelassen hatte, doppelt so viel Oesterreicher verhindern, sich in Sachsen oder Schlesien festzusetzen. Er suchte diese Absicht durch verschiedene feste Stellungen zu erreichen, die er nach einander einnahm; doch als v. Winterfeld in der Nähe von Görlitz, bei Moys, am 7. September gefallen war, zog er über den Queiß und Bober nach Schlesien, und als er durch die nachfolgenden Oesterreicher von Breslau abgeschnitten zu werden fürchtete, überschritt er die Oder, erreichte Breslau und nahm zwischen dieser Stadt und der Lohe eine feste Stellung. Seine geringen Mittel so wie seine Unentschlossenheit waren schuld, daß Schweidnitz am 12. November sich dem Feinde ergeben mußte. Durch abgeschickte Seitencorps geschwächt zählte sein Heer kaum 30,000 Mann, als Prinz Karl ihn am 22. November mit etwa 80,000 Mann angriff und, wenn auch nach hartnäckiger Vertheidigung, zum Abzuge nach Glogau zwang. Am folgenden Morgen wurde der Herzog selber gefangen und schon am zweiten Tage nach der Schlacht ergab sich das wichtige Breslau mit allen seinen Vorräthen. So groß war die Muthlosigkeit der Truppen, daß die 4—5000 Mann starke Besatzung mit wenigen Ausnahmen zu den Oesterreichern übertrat, da Alle die

Sache Friedrich's für verloren hielten, wie auch viele Schlesier Maria Theresia wieder als Oberherrin anerkannten, denn Schlesien schien auf immer wieder österreichisch geworden zu sein.

Der König war gleich nach der Schlacht bei Roßbach mit 14,000 Mann aufgebrochen, Schlesien zur Hülfe zu eilen. Mit einem geringen Corps hatte der Marschall Keith einen kühnen Einfall nach Böhmen gemacht und den Glauben veranlaßt, daß es auf Prag abgesehen sei, so daß die in Sachsen befindlichen Oesterreicher eiligst nach Böhmen zurückgingen und dadurch für Friedrich die Straße frei machten. Bei Parchwitz, wo er am 28. November eintraf, nachdem er in 16 Tagen 41 Meilen zurückgelegt hatte, führte ihm Zieten die geschlagene Armee zu; 18,000 waren der ganze Ueberrest derselben. Der Heldenmuth aber, der die Sieger bei Roßbach beseelte, theilte sich auch der entmuthigten Bevern'schen Armee mit; noch nachhaltiger wirkte die begeisternde Rede, welche der König an seine Generale und Stabs-Offiziere richtete, und in welcher er zum Kampfe auf Leben und Tod aufforderte. Die Begeisterung erglühte in dem ganzen Heere auf die großartigste Weise; mit frommem Gesange zogen die Krieger am Morgen des 5. December aus, um den mehr als 80,000 Mann starken Feind, der aus seinem festen Lager bei Breslau den Preußen entgegengerückt war, aus seiner Stellung bei Leuthen zu werfen und aus Schlesien zu verjagen. Die ausgezeichnete Disposition, die der König entworfen hatte, wurde mit einer Genauigkeit ausgeführt, wie wenn die Truppen sich auf dem Exercierplatz befunden hätten. Die genaue Kenntniß, die der König von dem Terrain hatte, da er früher oft in dieser Gegend manövrirt, erleichterte das Unternehmen. Indem er scheinbar den rechten Flügel der Oesterreicher bedrohte, warf er seine ganze Macht gegen den linken, durch vorliegende Höhen den Feinden unbemerkt, welche die Bewegungen der „Berliner Wachparade" (wie die geringe Schaar der Preußen spottweise von Oesterreichern genannt wurde) nicht zu deuten wußten. Alle Truppen und ihre Anführer thaten Unglaubliches; den Prinzen Moritz von Dessau ernannte der König auf dem Schlachtfelde zum Feldmarschall, „da er ihm bei dieser Schlacht geholfen habe, wie noch nie einer." Und wie am Morgen die Truppen ihr schweres Werk mit Kirchengesang begonnen, so endeten sie es am Abend unter Anstimmung des Liedes „Nun danket Alle Gott!", welches sämmtliche Musikchöre begleiteten. Groß war der Erfolg der Schlacht; während sie dem Könige nur 6000 Mann kostete, verloren die Feinde 27,000; Breslau mußte sich am 19. mit 18,000 Mann ergeben, und mit dem Schlusse des Jahres war ganz Schlesien von den Feinden gesäubert, mit Ausnahme von Schweidnitz, das erst im April des folgenden Jahres durch Sturm genommen wurde. Der Prinz Karl legte den Oberbefehl nieder; von dem ganzen zahlreichen Heere führte Daun nur 37,000 Mann nach Böhmen zurück.

War durch die Schlacht bei Roßbach der Enthusiasmus für Friedrich nicht nur durch ganz Deutschland, sondern auch in England und selbst in Frankreich ein so außerordentlich großer geworden, daß sein Ruhm sogar nach Asien und Afrika sich verbreitete, so hob dieser zweite Sieg jene Begeisterung wo möglich noch höher. England, unzufrieden mit der Convention von Kloster Zeven, zumal da die entlassenen Truppen die Waffen niederlegen sollten, billigte jenen Vertrag nicht, sondern beschloß die Feindseligkeiten wieder zu eröffnen, um Richelieu vom deutschen Boden zu vertreiben, wo er mit unerhörter Härte große Summen für sich zusammentrieb, dadurch aber selber die Veranlassung gab, daß sein Heer verwilderte, alle Zucht und Ordnung in demselben sich auflös'te. Auf Georg's Ansuchen schickte Friedrich den Herzog Ferdinand von Braunschweig ab, der zu Ende November den Oberbefehl über die bei Stade stehenden deutschen Truppen übernahm und noch in demselben Jahre den Herzog Richelieu nach der Weser hin zurückdrängte.

Hatten sich auf diese Weise die Angelegenheiten für Preußen bei dem Schlusse des Jahres 1757 wieder bedeutend günstiger gestaltet, so war doch nicht zu leugnen, daß sich der König in einer äußerst mißlichen Lage befand. Das alte tüchtige Heer war auf den Schlachtfeldern geblieben oder in den Lazarethen weggerafft oder zum ferneren Kriege untauglich gemacht; viele ausgezeichnete Führer waren gefallen; sein Schatz war meist erschöpft, seine Hülfsquellen beträchtlich vermindert. Es lag deshalb nahe, daß er sich nach Frieden sehnte; doch alle seine desfallsigen Bemühungen bei Frankreich und Oesterreich waren vergeblich. Man hoffte, den geschwächten König endlich durch die Uebermacht zu erdrücken, und rüstete deshalb mit neuer Kraft. Der seit dem Herbste im Amte befindliche neue englische Minister Pitt schloß mit Bewilligung des Parlaments am 11. April 1758 einen neuen Vertrag mit dem „großen und unermüdlichen" König, nach welchem England jährlich 670,000 Pfd. Subsidien zahlte, außerdem mußten Sachsen und Mecklenburg außerordentliche Kriegssteuern zahlen. Der Ruhm der preußischen Waffen lockte von allen Seiten Ueberläufer und Ausländer herbei, um an diesen Lorbeern Theil zu nehmen, und so gelang es dem Könige, sein Heer wieder auf 250,000 Mann zu bringen. Da die neuen Truppen jedoch noch ungeübt waren und sich erst in den Krieg einleben mußten, so war Friedrich's Sorge zunächst darauf gerichtet, die übermächtigen Gegner aus einander zu halten, um nicht von ihrer Menge erdrückt zu werden.

Trefflich arbeitete ihm Herzog Ferdinand hierbei in die Hand.

Als Richelieu zu Anfang des Februar den Oberbefehl niedergelegt hatte, und gleich darauf der Graf v. Clermont in seine Stelle getreten war, drang der Herzog auf diesen ein, zwang ihn zum Rückzuge, nahm in der Mitte des März die Festung Minden und setzte ihn dadurch in so große Verwirrung, daß er trotz des ungünstigen Wetters und der furchtbaren Wege fluchtähnlich nach dem Rhein eilte, den er in den ersten Tagen des April bei Düsseldorf überschritt, nachdem er außerordentliche Verluste an Mannschaft, an Vorräthen von Lebensmitteln und von Kriegs-Material erlitten hatte. Damit nun der Herzog in seinem Siegeslaufe nicht von der Seite her durch kaiserliche Truppen beunruhigt werden möchte, und damit andrerseits die Russen, welche schon im Januar unter Fermor aufs neue in Preußen eingedrungen waren, nicht irgendwie mit den Oesterreichern sich vereinigten, beschloß der König nach Mähren einzubringen, um hierher die ganze österreichische Macht zu ziehen. Während er den kaiserlichen Oberbefehlshaber Daun täuschte, als wolle er in Böhmen einfallen, brach er nach Mähren hin auf und langte bereits Ende April 1758 vor Olmütz an, das er zu belagern beabsichtigte. Die starke Befestigung und Besatzung dieses Ortes, die Schwierigkeit, hinreichende Munition herbeizuschaffen, zog die Belagerung sehr in die Länge, und als es Daun gelang, einen bedeutenden Transport von Lebensmitteln und Kriegsbedarf abzuschneiden, sah sich Friedrich genöthigt, am 1. Juli die Belagerung aufzuheben. Daun, der die Engpässe nach Schlesien besetzt hatte, glaubte Friedrich eingeschlossen zu haben; dieser aber nahm ohne allen Verlust, obgleich er einen Zug von 4000 Wagen bei sich hatte, seinen Weg nach Böhmen, das ungeschützt vor ihm lag, und langte bereits am 14. Juli bei Königingrätz an, wo er drei volle Wochen verweilte, bis schlimme Nachrichten von den Russen her ihn veranlaßten, sein Heer nach Schlesien zurückzuführen.

Da nämlich Preußen fast ganz von Truppen entblößt war, hatte Fermor Königsberg besetzt und von dem ganzen Lande seiner Kaiserin huldigen lassen (der König war über diese Unterwürfigkeit so aufgebracht, daß er nie wieder die Provinz besuchte). Um nun bei weiterem Vorrücken in seinem Rücken gesichert zu sein, wurde Preußen außerordentlich milde behandelt, wie wenn es schon eine russische Provinz wäre, während zunächst Pommern, dann die Neumark alle Greuel des Krieges zu ertragen hatte. Am 13. August langte Fermor vor Cüstrin an, das er durch ein furchtbares Bombardement großentheils in Asche legte. Der Graf Dohna, der statt des altersschwachen Lehwald den Befehl über die Truppen gegen die Schweden übernommen und zu Ende Juni die Belagerung von Stralsund aufgegeben hatte, um sich gegen die Russen zu wenden, war an die Oder gerückt, um ihnen

Schlacht bei Zorndorf.

den Uebergang über diesen Fluß zu wehren, konnte es aber nicht verhindern, daß nun die Schweden wieder vorrückten und danach strebten, bei Schwedt sich den Russen anzuschließen. — Je bringender deshalb die Gefahr war, desto mehr beeilte Friedrich seinen Marsch, um Hülfe zu bringen. Es war am 11. August, als er mit 14,000 Mann aus Schlesien aufbrach, und bereits am 21. vereinigte er sich bei Cüstrin mit Dohna, der etwa 17,000 Mann zählte. In wenig Tagen also hatten seine „Grasteufel, welche beißen", 35 Meilen zurückgelegt. Friedrich selber, die Gefährlichkeit seiner Lage sehr wohl einsehend, hatte am Tage vor seinem Aufbruch sein Testament gemacht. Nachdem er die Oder bei Güstebiese überschritten, hob Fermor die Belagerung auf und stellte sein Heer von 50,000 Mann an den Sümpfen der Mietzel zwischen Zorndorf und Quartschen in ein großes, unregelmäßiges Viereck, das der König am 25. August anzugreifen beschloß. Er überschritt deshalb weiter oberhalb die Mietzel, umging die russische Armee, griff zuerst den rechten Flügel an und sprengte ihn gänzlich aus einander, dann den linken. Die Russen hatten mit großer Ausdauer und Erbitterung gefochten, so daß das preußische Fußvolk wiederholt zurückgeworfen wurde; Seidlitz mit seiner Reiterei war auch hier der Held des Tages, ihm dankte der König vorzugsweise den Sieg. Wenn aber auch der Verlust der Russen auf 21,000 Mann veranschlagt wurde, so hatten doch auch die Preußen mehr als die Hälfte jener Zahl eingebüßt und waren von der Anstrengung des Marsches und des Kampfes so geschwächt, daß sie ihren Sieg nicht ausbeuten konnten. Die Russen setzten sich deshalb, nur in geringer Entfernung vom Schlachtfelde, zwischen Wälder und Sümpfe und zogen in der Nacht vom 26. auf den 27. auf dem einzigen Rückwege, der ihnen blieb, längs der Warte seitwärts von den Preußen vorbei, ohne daß es diesen möglich gewesen wäre, sie daran zu verhindern. Deshalb schrieb sich sogar Fermor den Sieg zu, doch zog er, nachdem er mehrere Wochen hindurch die Neumark verheert hatte, nach Pommern und zu Ende October nach Preußen zurück. Er hatte zwar hierbei den Versuch gemacht, die Festung Kolberg zu nehmen, doch hatte der Major v. d. Heyde als Commandant im Verein mit der patriotischen Bürgerschaft glücklich den Angriff zurückgewiesen. Der Graf Dohna verfolgte die zurückziehenden Russen, war aber viel zu schwach, als daß er ihnen besonderen Nachtheil hätte zufügen können; sehr bald wurde er auch mit dem größten Theile seiner Truppen nach Sachsen gerufen. Die Schweden, die sich nicht mit den Russen hatten vereinigen können, rückten langsam durch die Ukermark bis Ruppin und Fehrbellin vor und brandschatzten diese Gegend, selbst bis nach der Prignitz hin; als jedoch der General v. Wedel mit 8000 Mann gegen sie geschickt, und von Stettin aus ihre Verbindung mit

Stralsund bedroht wurde, traten sie im October den Rückmarsch an und gingen zu Anfang December über die Peene nach Schwedisch-Pommern zurück.

Friedrich hatte nicht nur die Macht, sondern noch mehr die Zeit gefehlt, den Sieg bei Zorndorf dadurch zu vervollständigen, daß er die Russen weiter verfolgte. Seine Gegenwart war in Sachsen dringend nothwendig geworden, das bisher von seinem Bruder, dem Prinzen **Heinrich**, mit ausgezeichnetem Feldherrn-Talente vertheidigt worden war. Ungeachtet derselbe nur über geringe Streitkräfte zu verfügen hatte, hatte er den kleinen Krieg mit großem Glücke geführt, Thüringen und selbst Franken gebrandschatzt und überdies die Bewegungen des Herzogs Ferdinand unterstützt. Schlimmer jedoch wurde seine Lage, als der König aus Mähren und Böhmen nach Schlesien zurückgegangen war. Die Reichs-Armee unter dem Prinzen **Friedrich von Pfalz-Zweibrück** war nach Böhmen gerufen, und während sie nun auf dem linken Elbufer über das Gebirge nach Sachsen eindrang, that Daun dasselbe auf dem rechten Ufer. Schon war der Sonnenstein bei Pirna genommen, schon war der Angriff auf die nur schwachen Preußen in und bei Dresden beschlossen, als der König, der am 3. September von Cüstrin aufgebrochen war, bereits am 9. bei Großenhayn stand, durch Truppen verstärkt, die ihm der **Markgraf Karl** (aus der königlichen Nebenlinie) aus Schlesien zugeführt hatte. Daun, um seine Magazine besser zu decken, brach, nachdem man lange gegen einander manövrirt hatte, am 5. October aus den Elbgegenden nach der oberen Spree auf. Der König folgte ihm sogleich und bezog mit etwa 42,000 Mann am 10. das verhängnißvolle Lager bei **Hochkirch**, ostwärts von Bautzen. Die Lage desselben war eine so ungünstige, daß alle Generale dagegen Einwand erhoben, doch mit einer merkwürdigen Hartnäckigkeit blieb der König bei seinem Vorhaben und verbot sogar die Vorsichts-Maßregeln, die einige Generale nehmen wollten. Da die feindlichen Vorposten nur einen Flintenschuß weit von den Preußen entfernt standen, benutzte Daun, der den Preußen um das Doppelte überlegen war, die Nacht zum 14. October zu einem Ueberfall; die Dunkelheit, durch Nebel vermehrt, begünstigte den Angriff. Das Dorf Hochkirch, auf dem rechten Flügel gelegen, wurde trotz aller Tapferkeit der Preußen genommen. Obgleich mehr als 100 Kanonen, so wie ein großer Theil der Zelte und Bagage dem Feinde in die Hände fielen, und die Preußen 9000 Mann verloren hatten, so ordnete doch der König den Rückzug mit so großer Klugheit an, daß er ½ Meile vom Schlachtfelde dem Feinde abermals eine Schlacht anbot, die Daun jedoch nicht anzunehmen wagte, da er starken Verlust an Mannschaft (6000 Mann) erlitten hatte, und sein Heer sich in größter Unordnung befand. Unter den

Gefallenen hatte Friedrich namentlich den Marschall Keith zu betrauern; Moritz von Dessau wurde durch seine Verwundung für immer unfähig zum Kampfe. Und um das Maß seines Unglücks voll zu machen, starb seine geliebteste Schwester Wilhelmine von Bayreuth an eben jenem Unglückstage.

Daun rückte der preußischen Armee näher und sperrte derselben den Weg nach Schlesien ab, damit das österreichische Heer, das in Oberschlesien eingebrochen war, ungestört die Festung Neiße belagern und erobern könnte. Doch Friedrich zog seinen Bruder mit einem Theile der Truppen bei Dresden an sich, brach am 24. October von Bautzen auf, um jenem bedrohten Platze zu Hülfe zu kommen, und erreichte durch ausgezeichnete Märsche Görlitz und die weitere Straße nach Schlesien, ohne daß Laudon, der von Daun zu seiner Verfolgung abgeschickt worden war, es verhindern konnte. Von Lauban aus ließ er den Prinzen Heinrich mit der kleineren Hälfte des Heeres nach Hirschberg und Landshut ins Gebirge rücken, während er selber über Jauer und Schweidnitz bis nach Münsterberg vorging, wo er bereits den 6. November eintraf. Obgleich die Feinde vor Neiße durch Böhmen von Daun so zahlreich verstärkt worden waren, daß sie 30,000 Mann zählten, so wagten sie dennoch nicht, sich mit dem Könige in eine Schlacht einzulassen, sondern hoben bei seiner Annäherung die Belagerung auf und zogen sich nach dem österreichischen Schlesien zurück.

Als Daun gesehen hatte, daß er den König nicht von seinem Marsche nach Schlesien abhalten konnte, war er plötzlich aufgebrochen, um im Verein mit der Reichs-Armee Dresden zu nehmen, das nur von schwachen Kräften vertheidigt und beschützt wurde. Die kleine Armee bei Dresden setzte sich auf dem rechten Elbufer in der Nähe der Stadt fest, Dohna aber und Wedel, die vom Könige zum Schutze von Dresden herbeigerufen worden waren und sich in Berlin vereinigt hatten, retteten durch ihre schnelle Ankunft Torgau und Leipzig, die beide stark bedroht waren, und der Commandant von Dresden, Graf Schmettau, vertheidigte sich, indem er den 10. November die Vorstädte abbrennen ließ, so tapfer, daß dem Könige dadurch Zeit gegeben wurde, selber herbeizueilen. Am 8. war er von Münsterberg aufgebrochen und schon am 17. war er in der Gegend von Bautzen angelangt. Daun hatte seine Ankunft nicht abgewartet; schon am 16. November hob er die Belagerung von Dresden auf und ging mit seinem ganzen Heere nach Böhmen in die Winterquartiere, das Reichsheer aber ging nach Franken, so daß gegen die Mitte des December ganz Sachsen von den Feinden befreit war.

Konnte demnach Friedrich, ungeachtet seiner mannichfachen Verluste, den diesjährigen Feldzug noch immer günstig schließen, so hatte dazu nicht wenig die große Geschicklichkeit des Herzogs von Braunschweig beigetragen, der den Franzosen so viel zu thun gab, daß die beabsichtigte Vereinigung der französischen Armee unter Soubise mit der kaiserlichen unterblieb. Ferdinand war nämlich in der Nacht zum 2. Juni bei Emmerich, nahe der holländischen Grenze, über den Rhein gegangen und hatte die Franzosen vor sich hergetrieben, bis Clermont endlich oberhalb Krefeld eine feste Stellung einnahm, welche durch eine Landwehr, d. h. einen hohen, starken Wall mit tiefen und breiten Gräben zu beiden Seiten außerordentlich geschützt war. Nur dadurch, daß der Herzog in einem kühnen Marsche durch kaum wegsame Gegenden und Engpässe mit seinem rechten Flügel den feindlichen linken umging, war es ihm am 23. Juni möglich geworden, die Franzosen zurückzuwerfen. 30,000 Verbündeten siegten hier über 47,000 Franzosen und brachten ihnen einen bedeutenden Verlust an Leuten bei, abgesehen von der reichen Beute, die während des kühnen Vorrückens ihnen in die Hände gefallen war. So große Freude dieser Sieg in England wie bei Friedrich erregte, so groß war die Bestürzung in Versailles. Clermont wurde abgerufen, in seine Stelle trat der Marquis v. Contades, dessen Heer wie das des Soubise verstärkt wurde. Letzterer war am Rhein zu nothwendig, als daß er, wie Oesterreich es verlangte, hätte nach Böhmen gehen können. Er brach von der Lahn auf, trieb das schwache Corps des Prinzen von Ysenburg nach Kassel zurück, in dessen Nähe er demselben bei Sandershausen am 23. Juli starken Verlust beibrachte, und nöthigte dadurch den Herzog Ferdinand, am 9. und 10. August bei Emmerich wieder über den Rhein zurückzugehen. Contades folgte ihm, doch ungeachtet Ferdinand durch 12,000 Engländer, die Franzosen durch 8—10,000 Sachsen verstärkt wurden, die sich dem preußischen Dienst entzogen hatten und unter den Befehl des sächsischen Prinzen Xaver gestellt worden waren, so fiel doch keine entscheidende Schlacht vor. Contades nahm seine Winterquartiere zwischen Rhein und Maas, Soubise zwischen Lahn und Main.

Ueber die Verhandlungen, welche Friedrich aufs neue einleitete, einen Frieden herbeizuführen, dessen er so sehr bedurfte, ist nichts Näheres bekannt; sie führten zu keinem Resultate, vielmehr wurde das Bündniß zwischen Oesterreich und Frankreich im December 1758 erneuert, um Preußen so zu schwächen, daß es nicht ferner für die Ruhe Deutschlands gefährlich werden könne, und daß es Schlesien wieder an die Kaiserin herausgeben, an Sachsen aber für den erlittenen Schaden Entschädigung zahlen solle. Ueberdies war auch England wenig zum Frieden geneigt; es suchte die Franzosen auf dem Festlande hinlänglich zu beschäftigen, um nicht deren ganze Macht zur See gegen sich zu haben. Schweden wurde durch russische Aufmunterung und durch fran-

Rüstungen zum neuen Feldzuge.

zöfisches Geld zur weiteren Theilnahme an dem Kriege bestimmt, ja der neue Papst Clemens XIII. (seit 1758) suchte die Fürsten gegen Preußen aufzubringen, das sich ohne päpstliche Erlaubniß den königlichen Titel angemaßt hätte. So mußte der König den blutigen Kampf weiter fortsetzen, der je länger je mehr ein bloßer Vertheidigungskrieg wurde, da alle Mittel fehlten, angriffsweise zu verfahren. Die Provinz Preußen war ganz in russischen, die Rheinlande meistens in französischen Händen, die Neumark und ein Theil von Pommern waren furchtbar verödet, die übrigen Provinzen mehr oder weniger vom Feinde ausgesogen. Seine meisten Hülfsmittel zog Friedrich deshalb aus Sachsen, Mecklenburg-Schwerin und Güstrow, zum Theil auch aus Schwedisch-Pommern und Anhalt, welches letztere, namentlich Zerbst, eine feindliche Stellung gegen ihn angenommen hatte. Die Kostbarkeiten, welche noch von seinem Vater und Großvater herrührten, mußten zu Gelde gemacht werden, und mit England wurde im December 1758 der Subsidien-Tractat erneuert. Nur mit Mühe gelang es ihm, 110,000 Mann auf die Beine zu bringen, zumal da nach den geringen Erfolgen des vergangenen Jahres der Zuzug von Ausländern sich bedeutend vermindert hatte. Mit so geringer Macht sollte er nach allen Seiten hin zahlreichen Feinden die Stirn bieten; er bedurfte daher bei so trüben Aussichten seiner ganzen Geisteskraft und zwar um so mehr, als er im Jahre 1759 vielfach von harter Krankheit heimgesucht wurde, der sein schwacher Körper unterliegen zu müssen schien.

Während der Plan der Feinde dahin ging, daß die Russen und Oesterreicher sich mit einander verbinden sollten, um den König durch Uebermacht zu vernichten, wendete dieser alles Mögliche an, diese Vereinigung zu verhindern. Deshalb hatte schon im Februar 1759 der General Wobersnow mit 4000 Mann einen Streifzug nach Polen unternommen, dort bedeutende Magazine zerstört, welche für das Vorrücken der Russen angelegt waren, und hatte den polnischen Fürsten Sultowsky gefangen mit sich geführt, der die Russen auf alle mögliche Weise zu unterstützen bemüht war. Mit eben so großem Glücke gelang es dem Prinzen Heinrich, im Monat April aus Sachsen nach Böhmen einzudringen und dort äußerst bedeutende Magazine zu vernichten. Dann wandte er sich im Mai gegen die Reichs-Armee nach Franken und richtete dort bis Bamberg und Nürnberg möglichst großen Schaden an ihren Vorräthen an, ging darauf nach Sachsen zurück und schickte von dort aus dem Grafen Dohna Verstärkung, der das Vorrücken der Russen unter Soltikof nach Kräften verhindern sollte. In der That ging Dohna bis Posen den Russen entgegen, wurde aber bis gegen die Oder zurückgedrängt. Der König übertrug deshalb dem General Wedel den unumschränkten Oberbefehl mit der Weisung, den

Feind anzugreifen, wo er ihn zu schlagen hoffen könne. Dieser wagte zwar am 23. Juli zwischen den Dörfern Palzig und Kay, westwärts von Züllichau, den Angriff gegen 73,000 Russen, verlor aber von seinen 27,000 Mann fast ⅓ und mußte über die Oder zurückweichen, während Soltikof bis Crossen vorrückte. Der Mangel an Lebensmitteln bestimmte ihn jedoch, das Heer nicht über die Oder zu führen, vielmehr ging er diesen Strom abwärts nach Frankfurt, das er bereits am 31. Juli besetzen ließ. Hier wollte er das Hülfscorps abwarten, das Daun ihm zugesagt hatte.

Diese Absendung zu verhindern, zog sich Prinz Heinrich nach Bautzen, gleich darauf aber auf Befehl des Königs nach Sagan, nachdem er den General Fink mit einem kleinen Corps zurückgelassen hatte. Er traf dort am 28. Juli ein, zog noch andere Truppen an sich, übernahm aber dann das Commando über das Heer, mit welchem der König bis dahin bei Schmottseifen in der Nähe von Löwenberg Schlesien gedeckt hatte. Friedrich stellte sich an die Spitze des bisherigen Heeres seines Bruders, ging den Bober abwärts, vereinigte sich am 6. August mit den Truppen des General Wedel bei Müllrose und lagerte sich zwischen Frankfurt und Lebus. Doch hatte er den Anschluß der Oesterreicher an die Russen nicht hindern können. Mit großer Vorsicht war Laudon in Begleitung von Habdick zwischen der preußischen Armee bei Sagan und Bautzen die Neiße abwärts marschirt, und hatte sich am 3. August glücklich mit den Russen in Frankfurt vereinigt. Habdick aber, der nur den Marsch jenes hatte decken sollen, war um so weniger über seinen Rückmarsch besorgt, als einerseits Daun mit der Haupt-Armee aus dem Gebirge hinabstieg und die Neiße und den Queiß abwärts zog, andrerseits der General Fink sich am 1. August nach der Elbe zurückgewendet hatte, um der Reichs-Armee entgegen zu treten, die Dresden bedrohte. Kaum war er jedoch bis Torgau gekommen, als er Befehl erhielt, eiligst zur Armee des Königs zu stoßen. Er erreichte ihn am 9. August in der Nähe von Lebus, und noch in derselben Nacht führte der König das vereinte Heer bei dem Dorfe Oetscher über die Oder. Der Feind, über 70,000 Mann stark, hielt sich in einem wohlbefestigten Lager zwischen Kunersdorf und Frankfurt. Mit 48,000 Mann begann der König am 12. August den Angriff gegen den linken Flügel der Feinde; anfänglich war er siegreich, die Hitze des Tages jedoch, die Schwierigkeiten der Terrains, so wie das rechtzeitige Vorrücken Laudon's entrissen ihm den Sieg. Sein Verlust betrug 18—20,000 Mann, der des Feindes war wohl nicht viel geringer. Nicht nur gingen mehr als 80 Stück Geschütze, die bereits erobert waren, wieder verloren, sondern auch fast die ganze preußische Artillerie, 172 Kanonen, fiel dem Feinde in die Hände. Fast kein General war ohne Wunden geblieben, darunter auch Seiblitz. In wilder Flucht, wie sie bis dahin nie bei den Preußen gesehen worden, eilte Alles in größter Unordnung zurück, um sich über die beiden Schiffbrücken zu retten, doch wurden die Flüchtlinge vor denselben gesammelt und erst am folgenden Tage hinüber geführt. Hätten die Feinde ihren Sieg verfolgt, so wäre das ganze preußische Heer vernichtet worden; so aber blieb dem Könige die Möglichkeit, am 18. eine feste Stellung zwischen Fürstenwalde und Müncheberg zu nehmen.

Der König war der Verzweiflung nahe, zumal da auch körperliche Leiden ihn zwangen, das Ober=Commando an den General Fink abzugeben. Er ernannte seinen Bruder zum Generalissimus des Heeres und befahl, seinem Neffen von der Armee schwören zu lassen. Nur das Gefühl seiner Pflicht gegen den Staat hielt ihn von dem furchtbaren Schritte ab, seinen Leiden gewaltsam ein Ende zu machen, und namentlich war es der Marquis d'Argens, der durch seine Theilnahme und ernste Ermahnungen dazu beitrug, daß der König wieder seiner Herr wurde. Aus Berlin, Stettin und Cüstrin versah er sich mit neuer Artillerie, zog von allen Seiten her Truppen an sich und suchte vor allen Dingen dem bedrängten Sachsen Hülfe zu gewähren.

Die Reichs=Armee war nämlich in der Mitte Juni aus der Gegend von Nürnberg aufgebrochen, durch Thüringen und über die Saale gegangen und hatte in der Mitte August Wittenberg und Torgau genommen. Dann ward Dresden eingeschlossen, welches jedoch vom Grafen Schmettau tapfer vertheidigt wurde, während Daun durch seine Stellung dem Prinzen Heinrich die Möglichkeit abschnitt, der Stadt Hülfe zu bringen. Dagegen schickte der König gegen Ende des August den General Wunsch mit Hülfstruppen ab, der zwar schnell nach einander Wittenberg und Torgau wiedernahm, doch vor Dresden erst da eintraf, als Schmettau bereits capitulirt hatte. Einerseits waren nämlich die Reichs=Truppen durch Oesterreicher verstärkt worden, andererseits hatte Schmettau gleich nach der unglücklichen Schlacht bei Kunersdorf vom Könige den Befehl bekommen, daß, wenn er sich nicht halten könnte, er besonders die königlichen Kassen in Sicherheit bringen sollte. Da er nun von dem Entsatz, der ihm so nahe war, keine Nachricht hatte, glaubte er am 4. September die vortheilhafte Capitulation annehmen zu müssen, kraft welcher er die Kriegskasse von $5\frac{1}{4}$ Million Thalern, die großen Vorräthe ꝛc. dem Könige retten konnte. Erst nach geschlossener Capitulation erhielt er den Brief des Königs, nach welchem er sich unter allen Umständen halten sollte; doch jetzt hielt er es für unmöglich, die Verhandlungen rückgängig zu machen, er räumte vielmehr am 9. die Stadt, die während des ganzen übrigen Krieges im Besitz der Feinde blieb. Der König war über diesen schweren Verlust gegen Schmettau so aufgebracht, daß er ihn ohne Abschied entließ und ihm auf immer seine Gnade entzog.

Das feindliche Heer in Sachsen wurde darauf noch durch die Truppen des Haddick, das preußische durch ein Corps unter Fink verstärkt; Daun wollte im Verein mit Soltikof Schlesien erobern. Dadurch aber, daß Prinz Heinrich von Schmottseifen aus in der Oberlausitz mehrere Magazine der Oesterreicher nahm, zwang er Daun sich hierher zurückzuziehen, indem er nur Laudon bei den Russen ließ, welche von der Armee des Königs beobachtet wurden. Darauf umging der Prinz in einem meisterhaften Marsche die Oesterreicher, vereinigte sich zu Anfang October mit dem Heere des Generals Fink und bedrohte Dresden. Schnell wandte sich deshalb Daun mit seinem ganzen Heere nach dieser Stadt, drängte zwar die Preußen nach Torgau zurück, bemühte sich jedoch vergeblich sie aus ihrer dortigen festen Stellung so wie aus Sachsen zu werfen, er erlitt vielmehr bei den beschwerlichen Märschen so wie bei den wiederholten Angriffen so schwere Verluste, daß er von diesem Vorhaben abstehen mußte.

Um ihren Magazinen näher zu sein, hatten die Russen, nachdem sie längere Zeit am linken Ufer der Oder unthätig verweilt, die Oder bei Beuthen überschritten. Da sie Glogau bedrohten, ging der König hier ebenfalls über den Fluß und stellte seine Truppen der Art auf, daß nicht etwa ein Bombardement Statt finden könnte; sich näher mit ihnen einzulassen, vermied er, da er auf ihren baldigen Abzug rechnete. In der That trat auch Soltikof gegen Ende October seinen Rückmarsch nach Polen an, da beständige Zwistigkeiten zwischen ihm und Laudon vorfielen, und er die Nachricht erhielt, daß auch Daun die Winterquartiere zu beziehen im Begriff sei. Während er nach der Warte und Weichsel zurückging, trennte sich Laudon von ihm und nahm seinen Marsch über Kalisch und Krakau nach dem österreichischen Schlesien und Mähren, unaufhörlich von preußischen Schaaren beunruhigt, welche ihm den Marsch durch Schlesien sperrten, so daß er erst am Schlusse des November bei Teschen ankam. Von seinen 20,000 Mann brachte er nur die Hälfte zurück.

Da Friedrich durch Krankheit gezwungen war in Glogau zu bleiben, sandte er nach dem Abzuge der Russen den größten Theil seines Heeres unter dem General v. Hülsen nach Sachsen, um seines Bruders Heer zu verstärken. Dadurch gelang es dem Prinzen, Daun zum Rückzuge zu nöthigen. Um diesen möglichst zu erschweren, schickte der König, der um die Mitte des November bei dem Heere eingetroffen war, den General Fink mit 12,000 Mann in den Rücken der Feinde nach Dippoldiswalde, Maxen und Dohna; doch von der Verbindung mit dem Könige abgeschnitten und von bedeutender Uebermacht angegriffen, sah sich derselbe am 21. November gezwungen, sich mit seinem ganzen Corps gefangen zu geben; selbst der General Wunsch, der bereits mit einem Theile der Truppen entkommen war, mußte zurückkehren und die Gefangenschaft theilen. Eine solche Schmach war noch nie dem preußischen Heere widerfahren, und dies Unglück wurde noch dadurch vergrößert, daß der General Dierke, der auf dem rechten Elbufer bei Meißen stand, mit 1500 der Seinen gefangen genommen wurde. Doch selbst diese harten Schläge erschütterten den Muth des Königs nicht; durch Ferdinand von Braunschweig mit 12,000 Mann auf einige Zeit unterstützt, blieb er in seiner Stellung und nöthigte dadurch Daun, auf engem Raume bei Dresden zu überwintern.

Glücklicher als der König war in diesem Feldzuge der Herzog Ferdinand gewesen, obgleich es anfänglich schien, als ob er der Uebermacht der Franzosen unterliegen würde. Schon im April hatte er nämlich den Versuch gemacht, Frankfurt zu erobern, er war jedoch bei Bergen zurückgeworfen worden. Darauf hatte der französische Oberfeldherr Contades durch wohlgeordnete Entwürfe so wie durch seine Uebermacht die Verbündeten die Fulda und Weser abwärts getrieben und sogar im Juli Minden genommen. Unterdeß war auch eine zweite französische Armee vom Rheine aufgebrochen und hatte, langsam vorrückend, Münster erobert. Der Sieg jedoch, den der Herzog Ferdinand am 1. August bei Minden erfocht, — derselbe würde noch glänzender gewesen sein, wenn nicht der englische Obergeneral Lord Sackville im entscheidenden Augenblicke die Mitwirkung der englischen Reiterei versagt hätte, — entriß den Franzosen alle ihre bis dahin errungenen Vortheile. Minden fiel unmittelbar nach der Schlacht, Münster später an Ferdinand zurück, und ungeachtet der Herzog von Broglio in die Stelle von Contades trat, mußten sich die Franzosen doch unter schweren Verlusten in die Stellungen zurückziehen, die sie zu Anfang des Feldzuges eingenommen hatten. Die Niederlage des Herzogs Karl Eugen von Würtemberg durch den Erbprinzen Karl von Braunschweig bei Fulda am Ende des November war ein so schwerer Verlust für die Franzosen, daß der Erbprinz sogar während des Winters die Armee des Königs verstärken konnte.

Der Antheil der Schweden an diesem Feldzuge war wieder ein höchst unbedeutender. Sie drangen zwar, als auch die letzten der ihnen gegenüberstehenden Preußen nach der Schlacht bei Kunersdorf zum Könige gerufen waren, durch die Ukermark bis Ruppin vor, wurden jedoch schon im September allmählich wieder zurückgedrängt und zogen zu Anfang December über die Peene zurück.

Man berechnet den Verlust, den das preußische Heer in diesem unglücklichen Jahre 1759 erlitten hatte, auf 60,000 Mann; diese furchtbare Lücke wieder auszufüllen, fehlte es um so mehr an Gelegenheit, als Oesterreich und Rußland beschlossen hatten, keine Auswechselung der Gefangenen mehr eintreten zu lassen, um den König dadurch zu zwingen, die Waffen niederzulegen, andrerseits aber schon alles Taugliche zum Kriegsdienste herangezogen war, so daß der Nachwuchs nicht hinreichte, das Heer vollständig zu recrutiren. Wenn der König sich deshalb genöthigt sah, die fernere Werbung für sein Heer förmlich in Entreprise zu geben, so war nicht zu verwundern, daß dem Heere die Tüchtigkeit fehlen mußte, durch welche es früher sich ausgezeichnet hatte. Unter solchen Umständen war der Wunsch des Königs, Frieden zu machen, ein sehr dringender, doch den Grundsatz mochte er unter keinen Umständen aufgeben, nie einen entehrenden Frieden unterzeichnen zu wollen, vielmehr rechnete er noch immer darauf, Sachsen für sich zu behalten, während der Kurfürst mit secularisirten Gebieten entschädigt würde. Schon im Herbste 1759 hatte er deshalb Verhandlungen mit Frankreich angeknüpft, wozu auch England seine Zustimmung gegeben; da jedoch Pitt seine Forderungen sehr hoch stellte, andrerseits aber Frankreich sich durch die Verträge mit seinen Verbündeten gebunden glaubte, so wurde nur der Vorschlag gemacht, einen allgemeinen Congreß zu eröffnen, worauf Friedrich nicht einging, da nur ein schneller Frieden ihm nützlich sein konnte. Eben so zerschlugen sich die geheimen Verhandlungen mit Frankreich, und gleicherweise gingen auch die Aussichten für Friedrich verloren, Dänemark, Spanien, Sardinien und die Türkei für sich zu gewinnen. Noch weniger richtete er am Petersburger Hofe aus, Rußland schloß sich vielmehr im März 1760 dem December-Bündnisse vom Jahre 1758 zwischen Oesterreich und Frankreich an, nachdem ihm die Provinz Preußen für seine Anstrengungen zugesagt worden war. Dennoch fehlte auch den Maßregeln, welche im Jahre 1760 zur Demüthigung Friedrich's ergriffen wurden, der nöthige Ernst, da gegenseitige Eifersucht unter den Verbündeten energisches Handeln verhinderte.

Jedenfalls war aber der König gezwungen, 1760 den Kampf aufs neue aufzunehmen, und zwar unter den traurigsten Aussichten. Mit 90,000 Mann sollte er mehr als 200,000 Feinden Widerstand leisten, ohne daß seine Truppen geeignet waren, kühne Angriffe zu unternehmen. Er mußte sich deshalb allein auf die Defensive beschränken. Mit etwa 40,000 Mann wollte er selber Sachsen gegen Daun decken, der mit den Reichsvölkern vereint 80,000 Mann zählte; Fouquet sollte mit etwa 10,000 Mann bei Landshut Schlesien gegen Laudon schützen, der mehr als 30,000 unter seinem Befehle hatte; der Prinz Heinrich stand auf der Grenze von Schlesien und der Lausitz, um mit 35,000 Mann entweder gegen 70—80,000 anrückende Russen verwendet zu werden ober auch Sachsen Hülfe bringen zu können, 5000 Mann endlich sollten die Schweden zurückhalten.

Der Anfang dieses Feldzuges schien nur eine Fortsetzung von den Unglücksfällen des vorigen Jahres zu werden. Laudon brach schon im März in Oberschlesien ein, zog sich jedoch nach Böhmen zurück und suchte Glatz zu nehmen. Da er zu dem Ende Fouquet aus seiner Stellung vertreiben wollte, bedrohte er Breslau und veranlaßte jenen, nach der Ebene hinauszugehen. Auf ausdrücklichen Befehl des Königs mußte er jedoch seine Stellung bei Landshut wieder einnehmen; die späteren entgegengesetzten Befehle des Königs wurden vom Feinde aufgefangen. In der Nacht zum 23. Juni wurde er von Laudon umringt und angegriffen. Mit Löwenmuth vertheidigte sich zwar die kleine Schaar gegen die mehr als dreifache Uebermacht, mußte aber endlich unterliegen. Fouquet selber, stark verwundet und nur durch seinen Reitknecht Trautschke vom Tode gerettet, gerieth mit dem größten Theil der Seinen in Gefangenschaft, nur 1500 Mann retteten sich nach Breslau. Ganz Schlesien stand den Feinden offen; die Festungen glaubte man in kurzer Zeit nehmen zu können.

Während Prinz Heinrich mit seinem Heere nach der Oder den Russen entgegenging, brach der König am 15. Juni von der Elbe auf, Schlesien zu Hülfe zu eilen. Daun suchte durch die angestrengtesten Märsche dies zu verhindern und vor ihm Görlitz zu gewinnen. Da wandte sich der König plötzlich nach Dresden zurück und begann in der Mitte Juli die Belagerung dieser Stadt, nachdem er Lascy und die Reichs-Armee zurückgeworfen hatte; selbst durch die Ankunft Daun's ließ er sich davon nicht abhalten. Der General Macquire und die 14,000 Mann starke Besatzung vertheidigten sich jedoch so tapfer, daß der König am Ende des Monats nach Meißen abzog. Dort ließ er den General Hülsen zurück, und eilte mit 30,000 Mann nach Schlesien, wo am 26. Juli nach kaum begonnener Belagerung die Festung Glatz durch die Schlaffheit des Commandanten und durch die Unzuverlässigkeit der Besatzung in die Hände der Oesterreicher gefallen war. Schlesien war zu gleicher Zeit von der österreichischen wie russischen Uebermacht bedroht.

Der Prinz Heinrich war nämlich über Frankfurt den Russen entgegen gegangen, welche namentlich in Pommern furchtbare Verheerungen anrichteten. Dies benutzte Laudon; er brach in das unbeschützte Schlesien ein und schloß am letzten Juli Breslau von allen Seiten ein. Der tapfre General v. Tauenzien widerstand mit nur 3000 Mann Besatzung allen Drohungen und Schmeicheleien der Oesterreicher, zumal da er auf Hülfe von dem Prinzen Heinrich rechnen konnte, der vor den übermächtigen Russen schon am 1. August bei Glogau über die Oder zurückgegangen war. In der That zog sich auch Laudon von der Oder zurück, und als die Russen sich am 6. Breslau genähert hatten, fanden sie statt der österreichischen die preußische Armee des Prinzen. Dieser hatte zwar durch seine Schnelligkeit die überaus wichtige Stadt gerettet, doch befand er sich in der traurigsten Lage, da er mit geringen Kräften in der Mitte von 100,000 Feinden sich befand. Er bat deshalb den König, ihn seines Postens zu entheben, da er unter so bedrängten Umständen seiner Aufgabe sich nicht gewachsen glaubte, und er den unvermeidlichen Untergang des Staates vor Augen sähe. Doch wurde er durch die Antwort des Königs zum Bleiben bewogen, der durch die Mehrzahl der Feinde nicht entmuthigt war, sondern selbst unmöglich Scheinendes versuchen wollte.

Der Marsch des Königs von der Elbe nach Schlesien ist einer der merkwürdigsten während dieses ganzen Krieges. Während Daun ihm stets zur Seite blieb, ja vorauseilte, um ihm den Weg zu vertreten, folgte ihm Lascy, ohne daß jedoch die Oesterreicher passende Gelegenheit fanden, ihn anzugreifen. Als er endlich bei Liegnitz anlangte, stand nicht nur die ganze feindliche Armee auf dem rechten Ufer der Katzbach, sondern auch Laudon war noch von Striegau herbeigekommen, und ungeachtet nun die Oesterreicher etwa 90,000 Mann stark waren, verlangten sie noch ein Hülfscorps von Soltikof, um den König einzuschließen und zu vernichten. Der König wandte sich deshalb nach Goldberg zurück, um wo möglich den linken Flügel der Feinde zu umgehen, fand aber die Zugänge ins Gebirge wohl versperrt. Er ging deshalb wieder nach Liegnitz und wollte über Parchwitz nach Breslau und hierbei auch wohl die Oder überschreiten. Aufenthalt mußte Verderben bringen, da Czernitschef mit einem russischen Corps bereits den 14. August bei Auras den Fluß passirt hatte; überdies gingen seine Lebensmittel stark auf die Neige.

Daun hatte beschlossen, ihn in früher Morgenstunde des 15. August von allen Seiten her anzugreifen; Friedrich hatte jedoch schon während der Nacht sein Lager über Liegnitz hinaus nach dem Plateau von Pfaffendorf verlegt, das er ringsum besetzte. Es war etwa 3 Uhr am Morgen, als Laudon auf seinem Marsche auf den linken, 14,000 Mann starken Flügel des Königs stieß. Er griff ihn zwar mit seinen 32,000 Mann an, unterlag aber der bewundernswerthen Tapferkeit der Preußen. Bis 5 Uhr war die Schlacht entschieden. Allein 6000 Gefangene und 82 Kanonen hatte Lauden verloren, während der König noch nicht 4000 Mann einbüßte. Der Wind hatte verhindert, daß Daun irgend etwas von dem Kanonendonner hörte; er war deshalb erstaunt, das preußische Lager vor Liegnitz leer zu finden, als er dasselbe angreifen wollte; einen Angriff auf die Pfaffendorfer Höhen wies Zieten, der den rechten Flügel commandirte, mit großem Glücke zurück, so daß ihn der König auf dem Schlachtfelde zum General der Cavallerie ernannte. Mit großer Eile brach dann Friedrich auf, alles Eroberte so wie alle Verwundeten, die nur irgend transportabel waren, mit sich nehmend und vereinigte sich glücklich mit seinem Bruder bei Breslau, da die Russen sich wieder über die Oder zurückgezogen hatten.

Diese Schlacht bei Liegnitz war der erste Sonnenblick des Glücks seit der Zorndorfer Schlacht, also nach zwei trüben Jahren. Noch war aber die Gefahr nicht überstanden. Den abziehenden Russen wurde nur ein kleines Corps gegenüber gelassen, mit 50,000 Mann brach der König zu Ende des August gegen Daun auf, um ihn nach Böhmen zurückzuwerfen. Längere Zeit stand man sich hier gegenüber, ohne Erfolge zu erringen; Daun hoffte sich endlich dadurch in Schlesien zu behaupten, daß er mit den Russen einen Angriff auf Berlin verabredete; dadurch glaubte er, den König nach der Mark zu locken. Deshalb brach Lascy zu Ende des September mit 15,000 Mann auf, um Berlin von der Südseite her anzugreifen, während die Russen, 20,000 Mann stark, unter Czernitschef und Tottleben zu beiden Seiten der Spree von Osten her anrückten. Die Stadt hatte nur drei Garnison-Bataillone zur Besatzung, doch leiteten der greise Lehwald und der noch in der Heilung begriffene Seidlitz die Vertheidigung gegen Tottleben, der am 3. October zuerst vor der Stadt anlangte und sie zur Uebergabe aufforderte, so geschickt, daß die Russen bis Köpnick zurückgingen. Darauf eilten der Prinzen Eugen von Würtemberg von Templin und der General Hülsen von Sachsen her der Stadt zu Hülfe, so daß am 7. bereits 14,000 Mann versammelt waren. Da aber unterdeß sämmtliche Russen und Oesterreicher in die Nähe der Stadt gekommen waren, beschloß man, in der Nacht zum 9. nach Spandau abzumarschiren, weil die Plünderung der Stadt zu befürchten stand, wenn man es auf eine Schlacht ankommen ließe, und diese verloren ginge. Zugleich hatte die Stadt eine Capitulation mit Tottleben geschlossen, der am Morgen des 9. zuerst einrückte. Die Stadt mußte 1½ Million Thaler Contribution und 200,000 Thaler Douceurgelder zahlen, die Garnison sich kriegsgefangen ergeben. Alles königliche Eigenthum wurde theils weggeführt, theils vernichtet, auch mehrere Bürgerhäuser geplündert. Schlimmer als hier hausten die Feinde, besonders die sächsischen Truppen, auf dem platten Lande und in königlichen Schlössern z. B. in Charlottenburg, nur in Potsdam wußte der österreichische General Esterhazy derartige Ausschweifungen zu verhindern. Auf die Nachricht, daß Friedrich aus Schlesien aufgebrochen sei, verließen die Feinde schon am 12. October eiligst die Stadt; die Russen zogen sich zu ihrer Hauptarmee zurück, die unterdeß bis Frankfurt

30

gegangen war und nun nach Droſſen ſich wandte; die Oeſterreicher eilten nach Torgau. Daß Berlin nicht mehr zu leiden hatte, verdankte die Stadt beſonders den Bemühungen des hieſigen Kaufmanns Goṭ̇kowsky und des holländiſchen Geſandten Verelſt. Die ausgezeichnet patriotiſche Haltung der Bürger bei dieſem Unglück aber bewog den König, die geſammte Contribution der Stadt zu erſeṭzen; nur befahl er, das ſtrengſte Stillſchweigen darüber zu beobachten.

Der König war in der That am 4. October aus ſeinem Lager aufgebrochen, um der heimgeſuchten Mark zu Hülfe zu kommen. Da er jedoch den Abzug der Feinde erfuhr, wandte er ſich von Guben nach der Elbe, die er am 23. bei Wittenberg erreichte, während Tags zuvor Daun, der ihm ſtets zur Seite geblieben, bei Torgau über die Elbe gegangen war. Sachſen war damals nämlich faſt ganz für den König verloren gegangen. Bei dem Abzuge des Königs von hier zu Anfang Auguſt hatte Hülſen mit 8000 Mann dies Land gegen die Reichs-Armee zu vertheidigen, welche nach der Vereinigung mit dem Corps des Haddick 35,000 Mann zählte, ungerechnet die Truppen des Herzogs Karl Eugen von Würtemberg, der auf eigne Hand Krieg führte und ſich durch Contributionen und Plünderungen ſeine Auslagen bezahlt zu machen ſuchte. So großer Uebermacht hatte Hülſen nicht Widerſtand leiſten können, und wenn er auch bei Strehla dem Feinde einen empfindlichen Verluſt beibrachte, ſo konnte er doch weder Torgau noch Wittenberg halten, und da ihm der gerade Weg nach Berlin abgeſchnitten war, führte er ſein kleines Heer in die Gegend von Coswig, wo er am 3. October eintraf. Als er gleich darauf von hier nach Berlin eilte, war Sachſen ohne allen Schuṭz den Feinden bloßgeſtellt.

Der König fand alle Elbübergänge von den Feinden beſeṭzt; er überſchritt deshalb weiter abwärts bei Roßlau am 26. October den Fluß, und vereinigte ſich mit dem Prinzen von Würtemberg und dem General Hülſen, welche von Berlin über Magdeburg nach Deſſau gegangen waren. Der Prinz hatte ſeinem Bruder, dem Herzoge, bei Köthen einen ſo empfindlichen Verluſt beigebracht, daß dieſer mit ſeinem Corps über die Saale durch Thüringen und Franken nach Hauſe zurückkehrte. Noch am Schluſſe des October wurde Leipzig von den Preußen genommen, und die Reichs-Armee zog ſich nach dem Erzgebirge zurück. Es blieb aber noch die ſchwerſte Arbeit übrig. Daun mußte aus ſeiner feſten Stellung bei Torgau gedrängt werden, da ſonſt der König befürchten mußte, daß die Ruſſen, die noch in der Neumark ſtanden, umkehren und ſich mit den Oeſterreichern vereinigen möchten; der König wäre dann von ſeinen Ländern abgeſchnitten und genöthigt geweſen, ſeine Winterquartiere an der Saale und Mulde zu nehmen. Es war jedoch kein geringes Wageſtück für die 45,000 Preußen die

Schlacht bei Torgau.

65,000 Oesterreicher unter Daun anzugreifen. Dieser stand mit äußerst zahlreicher Artillerie bei Torgau auf den Siptitzer Höhen, welche durch ihre Steilheit und durch einen davor liegenden sumpfigen Graben in der Front unangreifbar waren. Der König theilte deshalb sein Heer; mit ⅔ desselben wollte er den rechten Flügel der Feinde umgehen und sie im Rücken angreifen, mit einem Drittel sollte dann Zieten den linken Flügel anfallen, wenn der König seinen Angriff begonnen hätte. Der 3. November war zur Schlacht bestimmt, doch er schien anfänglich Verderben für die Preußen bringen zu wollen. Daun war der Marsch des Königs nicht verborgen geblieben, und er hatte seine Front umgewendet. Als nun endlich am Nachmittag der König mit dem Vortrabe den Feind umgangen, und er durch Kanonendonner von Zieten her zu dem Glauben gebracht wurde, daß dieser sich bereits in den Kampf eingelassen, griff er mit den geringen Kräften an, die ihm zu Gebote standen, und brachte nur sehr allmählich die übrigen Truppen ins Feuer. Furchtbar war der Verlust, den die Preußen durch die feindliche Artillerie erlitten; mit wechselndem Glücke schlug man sich bis 6 Uhr, wo die Dunkelheit dem Kampfe ein Ende machte. Der König brachte eine furchtbare Nacht in dem nahen Dorfe Elsnig zu, ungewiß, ob er besiegt oder Sieger sei. Unterdeß aber hatte Zieten, als er die furchtbare Kanonade hörte, seine Truppen vorgeführt, und da der Feind gegen ihn nur wenige Truppen hatte stehen lassen, war er in seinem Angriffe glücklich. Bis spät 9 Uhr war gekämpft worden, und in buntem Gemisch lagerten Preußen und Oesterreicher um die Wachfeuer. Am Morgen des 4. konnte Zieten dem Könige den Sieg verkünden, aber er war theuer erkauft. Die Preußen hatten 13,000 Mann verloren, darunter 3000 Gefangene, die Oesterreicher etwa 16,000, darunter 7000 Gefangene. Außerdem waren etwa 50 Geschütze den Preußen in die Hände gefallen.

Daun selber war in der Schlacht schwer verwundet worden; er gab Torgau auf und zog sich nach Dresden zurück, so daß er dieselbe Stellung wie am Schlusse des vorigen Feldzuges einnahm. Die Reichsarmee ging nach Thüringen, Laudon aber, der durch den General Golz an der Eroberung von Kosel verhindert wurde, räumte Schlesien bis auf wenige Punkte. Die Russen endlich, welche Pommern und die Neumark verheert und selbst die Uckermark und das Havelland geplündert hatten, zogen sich unter ihrem neuen Heerführer Butturlin nach Polen zurück.

Die Unternehmungen der Schweden waren auch in diesem Jahre eben so wenig erfolgreich wie früher. Bis Anfang September waren sie nur bis Pasewalk vorgerückt und schienen abwarten zu wollen, welchen Erfolg der Angriff der Russen auf Kolberg haben würde.

Eine starke russisch-schwedische Flotte erschien zu Ende August vor dieser Stadt und landete 8000 Mann, zu denen noch andere Truppen durch Polen her stießen. Der tapfre Major v. b. Heyde und die patriotische Bürgerschaft ließen sich durch das starke Bombardement der Russen nicht schrecken und erhielten schon am 18. September Hülfe von dem General Werner, der in Eilmärschen von Glogau her mit einer kleinen Schaar angelangt war. Die bestürzten Russen ließen 22 Geschütze im Stiche und eilten, die hohe See zu erreichen. Da gleich darauf Werner gegen die Schweden rückte und von der andern Seite der Prinz von Würtemberg heranzog, zogen sich die Schweden zu derselben Zeit zurück, als Russen und Oesterreicher in Berlin eindrangen. Der General Belling trieb dann nebst Werner die Schweden zu Ende October über die Peene zurück.

Obgleich in den Rheingegenden bedeutende Truppenmassen einander gegenüberstanden, — die Franzosen unter Broglio zählten 125,000 Mann, die Verbündeten unter Ferdinand werden auf 90,000 Mann angegeben, — so wurde doch keine Entscheidung herbeigeführt. Der Krieg hielt sich vorzugsweise in den Gegenden um die Diemel, dort suchte man durch kühne Manöver sich gegenseitig zu verdrängen. Doch wenn auch am 31. Juli die Verbündeten bei Warburg den Franzosen einen empfindlichen Verlust beibrachten, so nahmen letztere dagegen Kassel und machten sich zu Herren von ganz Hessen. Der Erbprinz Karl von Braunschweig, der sich durch seine Tapferkeit und Umsicht besondern Ruhm erwarb, unternahm zwar die Belagerung von Wesel, um die Franzosen zum Rückzug zu bewegen, doch mußte er dieselbe aufgeben, nachdem er am 16. October mit unentschiedenem Glücke beim Kloster Kamp in der Nähe von Geldern gekämpft hatte. Die Franzosen behaupteten ihre Winterquartiere an der Werra und Fulda, rechts bis Gotha, links an der Sieg bis zum Rhein.

Ungeachtet der beiden Siege, welche den preußischen Waffen neuen Glanz verliehen hatten, hatte sich die Lage des Königs so verschlimmert, daß er mit Freuden die Aussicht auf Frieden begrüßte. Als nämlich im October 1760 König Georg II. gestorben, und ihm sein Enkel Georg III. gefolgt war, benutzte Frankreich, das sich nicht minder nach Frieden sehnte, diese Thron-Veränderung, England zu einem Waffenstillstand aufzufordern, um desto bequemer über den Frieden zu berathen. Da seinen Verbündeten, vielleicht nur Oesterreich ausgenommen, ein ehrenvoller Frieden nicht weniger erwünscht war, so forderte es im März 1761 England und Preußen auf, zu diesem Zwecke Gesandte nach Augsburg zu schicken, während es noch insgeheim in London dahin arbeitete, sich unmittelbar mit England zu einigen. Doch weder hier, noch in Augsburg wurde ein Erfolg erzielt. England wie Preußen weigerten sich, zu den Verhandlungen einen kaiserlichen Gesandten zuzulassen, da der König nicht sowohl mit dem Kaiser als vielmehr mit der Königin von Ungarn und Böhmen Krieg geführt hätte. Oesterreichischer Seits bestand man hartnäckig auf dieser Forderung, und so zerschlugen sich die Verhandlungen schon bei ihrer Einleitung. Das Schwert also sollte die Entscheidung herbeiführen.

Schon im Januar 1761 machten die Franzosen von Gotha aus einen Streifzug über die Unstrut, um die dort stehende schwache Schaar der Preußen zurückzutreiben und Lebensmittel aus jenen Gegenden zusammen zu bringen, welche bis dahin sehr wenig von dem Kriege gelitten hatten. Die Preußen erlitten nicht unbedeutenden Verlust, doch durch den General Syburg von der Saale her verstärkt schlossen sie sich dem Angriffe an, den Herzog Ferdinand machte, die Franzosen wo möglich nach dem Main zurückzutreiben. Es gelang den Verbündeten, das hier gegenüberstehende sächsische Corps am 15. Februar bei Langensalza zu schlagen, ihm 2000 Mann an Gefangenen abzunehmen und es über die Werra zurückzudrängen. Syburg aber brachte aus ganz Thüringen mehr als eine Million baar als Kriegssteuer zusammen, außerordentlich große Vorräthe von Getreide und Fourage so wie eine bedeutende Anzahl von Recruten, durch welches Alles der König nicht wenig in seinen Vorbereitungen zu dem neuen Feldzuge unterstützt wurde. Dann drängten preußische Schaaren an der Saale und Elster aufwärts, vertrieben die Reichsvölker und kehrten mit reicher Beute zurück.

Ebenfalls schon früh, im April, drang Laudon, der ein selbständiges Commando erhalten hatte, in Schlesien ein, wo der General Golz zu schwach zum Widerstande war. Ihm eilte der König, der seinen Bruder Heinrich mit 30,000 Mann in Sachsen zurückließ, zu Anfang des Mai mit so großer Schnelligkeit zu Hülfe, daß er in 10 Tagen 31 Meilen zurücklegte. Da jedoch einerseits der König sein noch wenig geübtes Heer schonen mußte, andrerseits Laudon gemessenen Befehl hatte, nichts Ernstliches zu unternehmen, sondern die Ankunft der Russen abzuwarten, mit denen er sich verbinden sollte, so lag man hier lange Zeit einander unthätig gegenüber. Der Tod des Generals Golz, der jenseit der Oder den Marsch der Russen wenigstens erschweren sollte, vereitelte diese Absicht, und wenn es auch dem Könige durch gefährliche, aber glückliche Märsche gelang, die Vereinigung der Russen und Oesterreicher in Oberschlesien zu vereiteln, so konnte er doch nicht verhindern, daß die Russen unter Butturlin am 11. August bei Leubus die Oder überschritten, und Laudon bei Schweidnitz in die Ebene hinabstieg, so daß endlich bei Striegau die so lange beabsichtigte Vereinigung beider Heere zu Stande kam.

Dem feindlichen vereinigten, 130,000 Mann starken Heere hatte Friedrich nur 50,000 entgegen zu stellen. Er war deshalb auf die strengste Defensive beschränkt und bezog am 20. August ein festes Lager bei Bunzelwitz, wo er das Heer aus dem nahen Schweidnitz bequem mit Lebensmitteln versorgen konnte. Bald wurde es fast von allen Seiten vom Feinde umringt. Wenn es auch mit großer Geschicklichkeit angelegt war und durch Minen, Wolfsgruben und spanische Reiter geschützt wurde, so war es doch nicht so fest, daß es nicht, schon durch die überaus zahlreiche Artillerie der Feinde, hätte überwältigt werden können, so daß der König längere Zeit die Armee des Nachts unter dem Gewehr stehen, bei Tage ruhen ließ. Dennoch wurde von dem Feinde ein Angriff auch nicht einmal versucht. Butturlin, der bei der lebensgefährlichen Krankheit seiner Kaiserin Elisabeth es nicht bei dem Thronfolger Peter III. verderben mochte, wollte in keinen Angriff willigen, vielmehr nur dann den Oesterreichern Hülfe leisten, wenn sie von den Preußen angegriffen würden. Der Mangel an Verpflegung so wie die sichre Aussicht, daß man den König doch nicht aushungern könne, bewogen endlich die Führer, sich am 9. September zu trennen. Die Russen zogen nach der Oder und ließen nur ein Corps unter Czernitschef bei den Oesterreichern zurück. Um sie zum Rückzuge nach Polen zu veranlassen, schickte Friedrich den General v. Platen mit 8000 Mann in ihren Rücken, dem es gelang, bedeutende Vorräthe zu vernichten, und der sich über Landsberg nach Kolberg zog, als die Russen am 14. September bei Steinau über die Oder gingen und ihm den Rückweg zum Heere des Königs abschnitten.

Bis zum 25. September blieb der König in seiner Stellung, dann brach er auf und bedrohte Mähren und Glatz in der Meinung, daß Laudon ihm folgen würde. Dieser aber benutzte die Abwesenheit des Königs, eroberte am 1. October Schweidnitz durch Sturm und nahm die gegen 4000 Mann starke Besatzung gefangen. Dieses Unglück zerstörte alle Plane des Königs; dem Feinde blieb dadurch ein großer Theil von Schlesien, denn bei der vorgerückten Jahreszeit und bei seinen geringen Kräften war keine Aussicht vorhanden, daß der König in diesem Jahre die Wiedereroberung möglich machen könnte. Um gleichzeitig Breslau und Neiße zu decken, bezog er darauf bei Strehlen Kantonirungs=Quartiere, während Laudon unthätig bei Schweidnitz blieb und gegen Ende November in die Winterquartiere ging. In jener Stellung bei Strehlen war es, wo der König in Gefahr war, durch den Verrath des schlesischen Barons Warkotsch den Oesterreichern in die Hände zu fallen. Die Nacht vom 30. November war zur Ausführung bestimmt, glücklicherweise wurde aber die Ausführung durch den Jäger des Barons, Kappel, verhindert, der dem Könige die Sache entdeckte.

Verlust von Kolberg.

So unglücklich der König in Schlesien war, so traurig gestalteten sich auch die Dinge für ihn in Pommern. Dies Land sollte der Prinz von Würtemberg mit geringen Streitkräften gegen die Schweden und Russen vertheidigen, von denen die letzteren um jeden Preis Kolberg erobern wollten, um ihre Winterquartiere in Pommern nehmen zu können. Mit etwa 12,000 Mann bezog der Prinz am 4. Juni ein festes Lager in der Nähe der Stadt, das durch Sümpfe wohl geschützt war. Nach der Mitte August schloß Romanzow Stadt und Lager ein, während vor der Mündung der Persante eine starke russisch-schwedische Flotte erschien. Durch die Ankunft des Generals Platen zu Anfang October wurden zwar die Belagerten auf 16,000 Mann gebracht, doch war auch diese Macht nicht im Stande, etwas gegen die Russen zu unternehmen, da Butturlin, der sich ebenfalls nach diesen Gegenden gezogen hatte, das Belagerungscorps verstärkte. Selbst nachdem die Flotte wegen der stürmischen Jahreszeit abgesegelt war, konnte doch zur See der Mangel an Munition und Lebensmitteln von Stettin aus nicht gehoben werden, da die Schweden die Insel Wollin besetzt hielten. Platen, der zu Lande einen Transport nach der Stadt schaffen wollte, wurde nach Stettin zurückgedrängt, so daß der Prinz, da der höchste Mangel ein längeres Verbleiben nicht gestattete, am 14. November auf gefährlichem Wege längs der Küste seine Truppen rettete und sich mit Platen vereinigte. Vergeblich versuchten beide, von außen die Belagerungslinie zu durchbrechen; der tapfre Oberst v. d. Heyde sah sich deshalb am 16. December genöthigt, die Stadt nebst 3000 Mann Besatzung dem Feinde zu übergeben, und die Russen nahmen nun ihre Winterquartiere in Pommern. Der Prinz hatte sich darauf nach Mecklenburg gewendet; bei seiner Ankunft zogen sich die Schweden, gegen welche den Sommer hindurch der General Belling mit einer unbedeutenden Schaar den kleinen Krieg glücklich geführt hatte, über die Peene zurück.

Sachsen hatte der Prinz Heinrich mit 30,000 Mann gegen 50,000 unter Daun zu vertheidigen. Da letzterer gemessene Befehle hatte, nicht eher etwas Bedeutenderes zu unternehmen, bis in Schlesien der entscheidende Schlag auf den König gefallen sei, und da erst zu Anfang November ihm bedeutende Verstärkung von Laudon geschickt wurde, so verging die zum Kampf passende Jahreszeit, ohne daß irgend Wichtiges geschehen wäre. Man bezog um so früher die Winterquartiere, als man den König für so geschwächt hielt, daß man im nächsten Jahre mit leichter Mühe Sachsen und Schlesien werde nehmen können.

Bei dem oben erwähnten frühen Beginn des Feldzugs von Seiten der Franzosen war es dem Herzog Ferdinand anfänglich geglückt, die Franzosen aus Hessen zu verjagen, obgleich sie die festen Plätze, na-

mentlich Kassel, in ihrem Besitz behielten. Um bei den damals einge=
leiteten Friedens=Verhandlungen im Vortheil zu sein, beschlossen sie
zwei Heere von zusammen 170,000 Mann auszurüsten, die nothwendigen
Zurüstungen hierzu verzögerten sich aber bis in den Juni. Die beiden
Oberfeldherren, Soubise vom Rheine, Broglio von Hessen her,
vereinigten sich zwischen Ruhr und Lippe und glaubten mit 110,000
Mann den Herzog, der nur 60,000 befehligte, über die Lippe jagen zu
können. Da dieser ihnen jedoch am 15. und 16. Juli bei Villing=
hausen, in der Nähe von Hamm, starken Verlust beibrachte, trennten
sich beide wieder und suchten den Herzog von dem linken Weserufer zu
verdrängen; doch wußte sich dieser hier zu behaupten, und es gelang
den Franzosen nicht, irgend welche Vortheile zu erringen.

So traurig wie der diesmalige hatte noch kein Feldzug für Friedrich
geendet. Ein großer Theil von Schlesien, der Neumark und Pommern
war in die Hände der Feinde gefallen, seine übrigen Länder hatten
zum Theil stark gelitten. Dazu kam, daß in England ein Minister=
wechsel eintrat, der die traurigsten Folgen für Preußen herbeiführte.
Frankreich hatte im August 1761 mit Spanien und den übrigen bour=
bonischen Höfen ein Familien=Bündniß zu gegenseitigem Schutze ge=
schlossen, und Pitt hatte deshalb verlangt, daß man auch Spanien
den Krieg erklären müsse. Da er mit seiner Forderung nicht durchdrang,
legte er sein Ministerium nieder, und Lord Bute trat im October an
seine Stelle. Dieser erneuerte das mit Preußen nur immer auf ein
Jahr geschlossene Bündniß nicht wieder, und so gingen für Friedrich
die bedeutenden Subsidien verloren, die er bis dahin von England
bezogen hatte. Deßhalb schien sein Untergang so gewiß, daß Maria
Theresia auf den Rath von Daun zur Erleichterung für ihre Finanzen
20,000 Mann von ihrem Heere entließ. So sehr aber auch der König
durch alles dies gebeugt wurde, so verlor er doch nicht den Muth, zu=
mal da die patriotische Stimmung im Lande durch ehrwürdige Geist=
liche kräftig gehoben wurde; überall zeigte sich freudige Bereitwilligkeit,
Gut und Blut für König und Vaterland zu opfern, und diese Stim=
mung konnte nur vortheilhaft auf das Heer zurückwirken. Durch den
Abschluß eines Freundschafts= und Handels=Bündnisses mit der Türkei
im März 1761 eröffnete sich wenigstens die Aussicht, daß die Türkei
sich gegen Oesterreich erheben möchte. Einen gewisseren Ausgang ver=
sprachen die Verhandlungen mit dem Tataren=Khan der Krim, Kerim
Gerai, der 16,000 Mann durch Polen nach Schlesien schicken und ein
noch größeres Heer in Rußland einfallen lassen wollte.

Da aber änderten sich plötzlich die Verhältnisse. „Das Etwas,
das dort oben ist, und das aller Weisheit der Menschen
spottet", wie der König in einem Briefe an den Marquis d'Argens

sich ausdrückt, rettete Friedrich von dem Untergange, der Allen unvermeidlich schien. Die Kaiserin Elisabeth von Rußland starb am 5. Januar 1762, und ihr Neffe Peter III., dieser enthusiastische Verehrer Friedrich's, bestieg den Thron. Friedrich beeilte sich, seine Glückwünsche an diesen nach Petersburg zu übersenden, er versicherte ihn seiner alten Freundschaft und zeigte ihm an, daß er sofort alle russischen Gefangenen auf freien Fuß gesetzt habe. Der Kaiser ließ sich nicht an Großmuth übertreffen; auch er schickte sämmtliche preußische Gefangene zurück; schon am 16. März wurde zu Stargard ein Waffenstillstand und am 5. Mai zu Petersburg Frieden geschlossen, in welchem Rußland alle Eroberungen in Preußen und Pommern ohne Entschädigung zurückgab und seine Truppen von dem österreichischen Heere abrief. Schon im März hatte Czernitschef die Oder überschritten, die preußischen Provinzen wurden allmählich von dem russischen Heere geräumt. Diesen Friedensschluß benutzte auch Schweden, um einen Krieg zu beendigen, der dem Lande viel gekostet und keine Ehre gebracht hatte. Schon im April trat ein Waffenstillstand ein, am 22. Mai erfolgte der Frieden zu Hamburg. Jenem Frieden mit Rußland aber folgte schnell ein enges Bündniß, dem zufolge Czernitschef mit seinen 15—20,000 Mann auf dem Heimmarsche umkehrte und sich schon Ende Juni mit der Armee des Königs bei Lissa vereinigte.

Rührend war die Freude, welche sich in Berlin wie in dem ganzen Lande über diese ganz unerwartete Wendung des Schicksals Preußens aussprach; auch Friedrich konnte nicht Worte der Dankbarkeit genug finden für den Freundschaftsdienst, den Peter ihm erwiesen, und er that alles Mögliche, dem Kaiser seine Hochachtung zu bezeigen, da er in ihm den Retter von unvermeidlichem Untergange verehrte. Dabei wandte er aber seine ganze Sorge auf die Ergänzung seines Heeres, wobei es ihm zu Statten kam, daß die Russen auch in den von ihnen besetzt gehaltenen Landestheilen Aushebungen zuließen, während Oesterreich, durch diese Vorgänge erschreckt, bedeutend Zeit zu seinen Rüstungen nöthig hatte, um die großen Lücken zu füllen, welche durch die erwähnte Entlassung von Truppen und durch den Abzug der Russen in seinem Heere entstanden waren.

Sobald die Russen sich mit Friedrich vereinigt hatten, brach dieser von Breslau auf mit dem Vorsatz, die Oesterreicher aus Schlesien zu verdrängen und zunächst Schweidnitz wieder zu erobern. Daun, der ihm hier gegenüber stand, zog sich auf das Gebirge, nahm seine Stellung bei Burkersdorf, am Austritt der Weistritz aus dem Gebirge, über Freiburg bis nach Hohen-Friedberg und schützte dadurch Schweidnitz. Der König ließ den linken Flügel der Feinde umgehen und bedrohte die großen Magazine in Braunau. Dies bewog Daun, seine Mitte und seinen linken Flügel an das linke Ufer der Weistritz zurückzuziehen und alle entbehrlichen Truppen bis nach Braunau vorzuschieben. Darauf zog der König den größten Theil seines rechten Flügels, ohne daß der Feind es merkte, hinter seiner Armee fort, um die Verbindung zwischen Daun und Schweidnitz abzuschneiden. Da jedoch traf wie ein Donnerschlag die Nachricht am 18. Juli bei Czernitschef ein, daß Peter III. von seiner Gemahlin Katharina II. am 9. Juli vom Throne gestoßen worden, so wie gleichzeitig der Befehl erging, daß die russische Armee der Kaiserin Treue schwören und unverzüglich nach Polen zurückkehren sollte. Ueberdies kam auch bald darauf die Meldung, daß die Russen in Preußen sich anschickten, die Feindseligkeiten wieder zu erneuern. Da den Oesterreichern diese Vorfälle noch unbekannt waren, so gelang es der bewundernswerthen Ueberredungsgabe des Königs, Czernitschef zu vermögen, seine erhaltenen Befehle noch drei Tage lang unausgeführt zu lassen.

Wollte der König die Oesterreicher aus ihrer Stellung werfen, so war nicht ein Augenblick zu verlieren. Meisterhaft umging er Schweidnitz mit seinem linken Flügel und griff am 21. Juli den Feind in seiner überaus festen Stellung, von Burkersdorf östlich bis Leutmannsdorf an. Da zu gleicher Zeit in der ganzen übrigen Linie die Preußen Schein=Angriffe machten, und auch die Russen aus ihrem Lager in die Schlachtreihe einrücken zu wollen schienen, wurde Daun verhindert, seinen rechten Flügel gehörig zu unterstützen, so daß die Oesterreicher aus jener festen Stellung getrieben wurden und ihr Lager in der folgenden Nacht weiter rückwärts verlegten. Czernitschef aber zog noch an demselben Tage nach der Oder ab, um nach Hause zurückzukehren. Zum Kriege zwischen Rußland und Preußen kam es zum Glücke für den König nicht. Katharina fand in den Briefen ihres Gemahls, der am 17. Juli im Gefängnisse seinen Tod gefunden, daß Friedrich nichts weniger als zu den Neuerungen gerathen, durch welche jener sich so sehr verhaßt gemacht, und daß er Peter namentlich Milde und Rücksicht gegen seine Gemahlin anempfohlen hatte. Die Kaiserin erhielt deshalb den Frieden aufrecht, wenn sie auch das Bündniß mit Preußen nicht fortbestehen ließ. Schon zu Anfang August nahm deshalb der König vollständig von der Provinz Preußen Besitz.

Etwa gleichzeitig begann er auch die Belagerung von Schweidnitz, zu der er jedoch nur 12,000 Mann verwenden konnte, da er mit dem übrigen Heere von etwa 50,000 Mann das stärkere Daun's vom Entsatz abhalten mußte. Die Belagerung zog sich sehr in die Länge, da die Besatzung eben so stark war wie die Belagerer und tüchtige Ingenieure hatte. Nur einmal machte Daun den Versuch, der Festung zu Hülfe zu kommen; der Herzog von Bevern jedoch, der wieder zum Heere zurückgerufen war, schlug am 16. August mit Unterstützung vom Könige, namentlich an Reiterei und reitender Artillerie, bei Reichenbach den Angriff tapfer zurück. Endlich sah sich demnach die Besatzung am 11. October zur Capitulation genöthigt; noch in einer Stärke von 9000 Mann mußte sie sich kriegsgefangen ergeben. Die Heere standen später bis Ende November unthätig einander gegenüber und bezogen dann die Winterquartiere. Den Oesterreichern blieb die Grafschaft Glatz und ein Theil von Ober-Schlesien.

Der Wunsch des Königs, auch Dresden in diesem Feldzuge zu nehmen, ging nicht in Erfüllung. Prinz Heinrich war zu schwach, als daß er gegen die Oesterreicher unter Serbelloni und die Reichs-Armee unter dem Prinzen von Stolberg mit Glück etwas hätte unternehmen können. Es war schon viel, daß er sich im Erzgebirge festsetzte, Einfälle in Böhmen machte und die Reichstruppen nach Franken zurückjagte. Deßhalb wurde auch Haddick von Wien aus zum Oberbefehlshaber ernannt, der die Preußen zum Theil wieder zurückdrängte und die Reichstruppen durch Böhmen wieder an sich zog. Der König schickte nach der Einnahme von Schweidnitz seinem Bruder eine Heeres-Abtheilung zu Hülfe, und Daun that ein Gleiches an Haddick. Doch noch vor dem Eintreffen dieser Verstärkung beschloß Prinz Heinrich, die Reichsarmee und ein Corps Oesterreicher in ihrer festen Stellung bei Freiberg zu forciren. Am 29. October geschah der Angriff; der Feind, in seiner linken Flanke umgangen, wurde mit nambaftem Verlust zurückgeworfen — er verlor allein 4—5000 Mann an Gefangenen. Mit Hülfe der Verstärkung wurde dann Haddick weiter zurückgetrieben, und durch die Convention, die der herbeigeeilte König mit ihm abschloß, blieb ihm wenig mehr als die Umgegend von Dresden zu seinen Winterquartieren in Sachsen übrig. Da das Reich in diesen Vertrag nicht eingeschlossen war, so ging der General Kleist mit 6000 Mann nach Franken, erhob überall schwere Kriegssteuern — Nürnberg allein mußte 1½ Mill. Thaler zahlen — und setzte bis an die Donau hin Alles in Schrecken. Erst spät kam die Reichsarmee dem bedrängten Lande zu Hülfe, als die Preußen schon längst ihre Beute in Sicherheit gebracht hatten.

Der Wiener Hof war mit diesem Zuge der Preußen nichts weniger als unzufrieden. Die ansehnlichsten Reichsfürsten wurden dadurch gezwungen, auf eigne Hand mit Preußen wegen des Friedens zu unterhandeln, und Oesterreich sah sich dadurch der Verlegenheit überhoben, den Reichsständen, die ihm Hülfe geleistet, alle aufgewandten Kosten zu vergüten, wie es zu Anfang des Krieges versprochen hatte.

Die Franzosen hatten für diesen Feldzug zwei Heere ausgerüstet, von denen das eine 80,000 Mann stark unter dem Prinzen Soubise und dem Marschall d'Estrées in Hessen, das andere 30,000 Mann stark unter dem Prinzen Condé vom Niederrhein aus operiren sollte. Gegen das Hauptheer führte der Herzog von Braunschweig selber den Oberbefehl, gegen das kleinere der Erbprinz von Braunschweig. Nachdem es jenem gelungen war, am 24. Juni durch den Sieg bei Wilhelmsthal die Franzosen über die Fulda zurückzuwerfen, vereinigten sich im August die beiden feindlichen Heere in den Lahngegenden, um die Verbündeten mit überwiegenden Kräften anzugreifen. Die Ausführung dieses Planes gelang jedoch nicht nur nicht, sondern Kassel mußte sich sogar, von aller Hülfe abgeschnitten, den 1. November ergeben, und da gleich darauf, am 3., der vorläufige Frieden zwischen England und Frankreich zu Fontainebleau abgeschlossen wurde, so hatten die Feindseligkeiten ein Ende; der Herzog legte den Oberbefehl nieder und ging nach Braunschweig zurück. Wenn aber auch in diesem Frieden unter anderem bestimmt war, daß beide Theile ihre bisherigen Verbündeten nicht ferner unterstützen wollten, so behielten doch die Franzosen aus Rücksicht gegen Oesterreich das preußische Westfalen besetzt, und versprachen nur im Januar 1763, als Friedrich die preußischen Truppen so wie die aus englischen in seine Dienste übergetretenen Freischaaren gegen Wesel schickte, jene Länder keinen fremden Truppen zu übergeben. Erst im März nahm der König von diesen Landen wieder Besitz.

Oesterreich, aller seiner Verbündeten beraubt, war jetzt um so mehr zum Frieden geneigt, als Sachsen, um nicht seine Länder gänzlich der Verwüstung preisgegeben zu sehen, sehr lebhaft auf Abschluß desselben drang. Der sächsische Geheimrath Fritsch eröffnete dem König, wie Maria Theresia zum Frieden geneigt sei; in Folge dessen wurde v. Herzberg beauftragt, preußischerseits die Verhandlungen zu führen, die am letzten Tage des Jahres 1762 auf dem sächsischen Jagdschlosse Hubertsburg (zwischen Oschatz und Wurzen) begonnen und schon am 15. Februar 1763 unterzeichnet werden konnten, da die gegenseitigen Forderungen sehr gemäßigt waren. Die Kaiserin wollte zwar gern die Grafschaft Glatz in Händen behalten, sah sich aber zur Nachgiebigkeit genöthigt, so daß die Bestimmungen der beiden früheren Friedensschlüsse aufs neue bestättigt wurden, kein Theil anderweitige Ansprüche auf Entschädigung machte, und Preußen und Oesterreich sich gegenseitig ihre Besitzungen garantirten. Friedrich leistete abermals auf Jülich-Berg Verzicht und sicherte seine Stimme dem Erzherzog für die Kaiserwahl zu. Gleich darauf räumten beide Heere die noch in ihrem Besitze befindlichen feindlichen Gebiete; am Schlusse des Monats März kehrte der König nach Berlin zurück und entzog sich der feierlichen Einholung, welche ihm zugedacht war.

Frieden zu Hubertsburg.

Durch diesen langjährigen Kampf waren die preußischen Länder furchtbar verheert worden, die Bevölkerung hatte sich um ⅛ Million vermindert — der Verlust des Heeres allein wurde auf 180,000 Mann berechnet —, der allgemeine Wohlstand hatte außerordentlich gelitten, so daß das Genie eines Friedrich's nöthig war, demselben wieder aufzuhelfen. Wie es dem Könige möglich gewesen, einen so langen Krieg zu führen und doch aus demselben schuldenfrei hervorzugehen, während namentlich Oesterreich und Frankreich ihre Schuldenmasse gewaltig vermehrt hatten, darüber wird unten Einiges beigebracht werden. Die anfängliche Hoffnung des Königs, diesen Krieg als Angriffs- und Eroberungskrieg durchzuführen, war durch die Schlacht bei Kollin vereitelt worden; in die Defensive zurückgeworfen, die je länger je schwächer wurde, mußte er sich im Frieden darauf beschränken, das früher Erworbene festzuhalten; Ersatz für alle die Uebel, unter welchen das Land so lange gelitten, wurde ihm nicht. Wenn dessen ungeachtet dieser siebenjährige Krieg eine Glanzperiode in der Geschichte Friedrich's bildet und heut noch jeden Preußen mit Stolz erfüllt, so war es der politische Erfolg, der durch denselben gewonnen wurde. Hatte der große Kurfürst die brandenburgische Macht von einer territorialen deutschen zu einer **europäischen** erhoben, und hatte die, wenn auch einseitige Genialität Friedrich Wilhelm's I. dem königlichen Glanze, welchen der Vater gewonnen, eine reelle Grundlage verschafft, so war es erst dieser Krieg, durch welchen Preußen sich eine achtungsvolle Stellung in Europa erwarb; er bezeichnet gleichsam die **Geburtswehen**, welche die preußische **Großmacht** hervorgehen ließen. Er erfüllte nicht nur das preußische Volk mit einem stolzen Selbstbewußtsein, sondern hob auch das Nationalgefühl in ganz Deutschland, und auf allen Seiten, selbst bei den Feinden, konnte man einem so ausgezeichneten Könige und einem so heldenmüthigen, aufopferungsfähigen Volke wie dem preußischen seine Hochachtung und selbst Bewunderung nicht versagen.

Während dieser schlesischen Kriege, kurz vor dem Ausbruch des zweiten, nahm Friedrich nach dem Aussterben der Fürsten von Ostfriesland kraft früherer Belehnung dies Land in Besitz.

Das Volk der **Friesen** hatte in den ältesten Zeiten seine Sitze von den Schelde-Mündungen längs der Küste bis zur Weser hin, ja noch jenseit dieses Flusses bis zur Eider und bis nach Tondern hatten sich friesische Colonien verbreitet, obgleich dieselben in keinem näheren Zusammenhange mit der Hauptmasse dieses Volkes standen. Theils schon unter den Merowingischen Königen, theils durch Karl den Großen wurde Friesland mit dem fränkischen Reiche vereinigt; der Zuyder-See trennte damals Ost- von Westfriesland, doch wurden seit dem 15. Jahrhundert diese beiden Namen auf das Land zwischen Zuyder-See und Weser beschränkt, und das Flüßchen Lauwers (zwischen Dokkum und Gröningen zum Meere abfließend) trennte nunmehr West- und Ostfriesland. Dem Lande Westfriesland in diesem späteren Sinne ist sein Name bis heut verblieben, während diesem späteren Ostfriesland im Osten und Westen Theile entzogen wurden, dort durch die Grafen von Oldenburg, hier die jetzige Provinz Gröningen, so daß zuletzt Ostfriesland auf ein geringes Gebiet meist auf der Ostseite der Ems beschränkt wurde. Durch weite Moore auf der Südseite geschützt, hatten die Friesen lange Zeit mit den Normannen und dem Meere zu kämpfen, welches letztere noch gefährlicher als erstere durch die Sturmfluthen war, denen vergeblich Dämme entgegengestellt wurden. Nach eignen Gesetzen lebend, welche bis auf Karl den Großen zurückgeführt wurden, hielten **die sieben f.g. Seelande**, in welche Friesland zerfiel, eng zusammen und hatten ihre gemeinschaftlichen Berathungen, bis in's 14. Jahrhundert, beim Upstalsboom in der Nähe von Aurich. Einige Jahrhunderte hindurch waren sie ganz von dem deutschen Reiche getrennt, und da das Lehnswesen bei ihnen nicht üblich war, bildeten sich hier freie Gemeinde-Verfassungen, in denen erst während des 14. Jahrhunderts Häuptlinge hervortraten, welche die **Gerichtsbarkeit** oder **Herrlichkeit** in ihrem Bezirke erblich an ihr Besitzthum zu bringen und sich durch feste Burgen zu vertheidigen wußten. Solche Häuptlinge waren die **Cirksena zu Greetsyhl**, aus denen **Edzard** 1430 zum Schutzherrn des Freiheitsbundes gewählt wurde, der sich bildete, als lange Zeit innere Unruhen das Land zerrissen hatten, welche durch die Vitalien-Brüder nicht wenig genährt worden waren. Zwar löste sich dieser Bund auf, doch schon 1441 wurde Edzard's Bruder **Ulrich** von einem Theile des nachmaligen Ostfrieslands freiwillig zum Oberhaupte erwählt, 1454 vom Kaiser Friedrich III. zum **Reichsgrafen** ernannt und mit Ostfriesland belehnt, nachdem er durch Heirath wie durch kluge Maßregeln seine Macht und sein Ansehn im Lande bedeutend vergrößert hatte. 1464 wurde auch **Ostfriesland als Reichs-Grafschaft** erklärt, und damit die Wieder-Einverleibung dieses Landes in das deutsche Reich ausgesprochen. Diese Grafen von Ostfriesland wurden dann 200 Jahre später, 1654, in den **Fürstenstand** erhoben, ohne daß ihnen zunächst jedoch Sitz und Stimme unter den Reichsfürsten eingeräumt, und ihr Land selber jemals zu einem Fürstenthum ernannt worden wäre.

Verhängnißvoll wurde die Erwerbung des **Harlinger Landes** (an der Küste der Nordsee östlich von Ostfriesland), dessen Häuptlinge sich stets unabhängig von denen zu Greetsyhl erhalten hatten,

Besitznahme von Ostfriesland.

und das 1461 von den Herren zu Esens durch Erbschaft zu einem Ganzen vereinigt worden war. Aus dieser Familie beerbte Anna 1540 ihren Bruder Balthasar und brachte das Harlinger Land ihrem Gemahl zu, einem Grafen von Rietberg, mit dessen Sohn 1562 auch diese Familie in männlicher Linie ausstarb. Von den beiden Erbtöchtern beerbte wieder die jüngere, Walpurgis, die ältere und verheirathete sich 1581 an den Grafen Enno III. von Ostfriesland; doch gingen die Grafschaft Rietberg und das Harlinger Land nicht in den Besitz von Enno, sondern auf seine beiden Töchter aus dieser Ehe über, mit denen er 1604 einen Vergleich dahin traf, daß ihm gegen eine Entschädigungssumme von 200,000 Rthlrn. das Harlinger Land verbleiben sollte. Die jüngere Tochter Agnes vermählte sich bald darauf mit einem Fürsten von Lichtenstein und widerrief den Vertrag, zumal da die Entschädigungssumme nicht gezahlt war. Da auch später keine Zahlung erfolgte, die Zinsen eben so wenig abgeführt wurden, so mußte schon 1663 Fürst Georg Christian eine Schuld von ½ Million anerkennen und sein ganzes Land dafür als Pfand einsetzen. Bei völliger Unvermögenheit des Hauses Cirksena, diese Schuld zu tilgen, entstanden für dasselbe die unangenehmsten Verwicklungen, welche den Einfluß der Holländer auf das Land noch vergrößerten, da auch sie Vorschüsse hergaben. Dazu kamen harte Streitigkeiten zwischen den Ständen und den Fürsten, in Folge deren der Kaiser 1681 ein Conservatorium bestellte, und der Kurfürst Friedrich Wilhelm, einer der ernannten Schutzherrn, Greetsyhl besetzen ließ. Da ihm überdies 1685 die Lichtenstein'sche Forderung vom Kaiser überlassen worden war, blieben auch nach Aufhebung jener Schutzherrschaft 1695 nicht nur die Brandenburger im Lande, sondern Kurfürst Friedrich III. erhielt auch, wie schon oben erwähnt ist, die Anwartschaft auf Ostfriesland, in Folge deren König Friedrich Wilhelm I. 1732 eventuell mit diesem Lande belehnt wurde. Seitdem nahm er den Titel eines Fürsten von Ostfriesland an, ohne darauf zu achten, daß der Fürst Christian Eberhard 1691 mit Braunschweig-Lüneburg eine Erbverbrüderung geschlossen hatte.

Als nun am 25. Mai 1744 das Haus Cirksena mit Karl Edzard ausstarb, nahmen preußische Abgeordnete zunächst von der Stadt Emden für den König Besitz, und eben so erkannten die übrigen Stände, welche bis zuletzt mit dem Fürsten in Streit gelebt hatten, die preußische Herrschaft an. Die dänischen Truppen, welche in dem Lande standen und die Rechte der weiblichen Anverwandten des verstorbenen Fürsten vertheidigen wollten, zogen sich bei Annäherung preußischer Truppen zurück, die schwache kaiserliche Schutzwache löste sich auf, und die Holländer verließen ebenfalls das Land, nachdem Friedrich ihre Forderung auf Friesland im Betrage von 1½ Million Gulden anerkannt hatte. Hannover und eben so der Fürst Kaunitz-Rietberg, der mütterlicher Seits von der älteren Tochter Cuno's III., Sabina Katharina, herstammte, protestirten vergeblich gegen diese Besitznahme. Im Juni bereits huldigte das ganze Land dem Könige, der die alten Rechte des Landes zu achten versprach; man verdoppelte die Summe, welche den früheren Fürsten bewilligt worden war, und zahlte außerdem jährlich 16,000 Rthlr. dafür, daß keine Recruten ausgehoben werden sollten. Indem aber von jetzt an der lange innere Zwist aufhörte, blühte das Land aufs neue empor.

Oesterreich hatte zwar durch den Hubertsburger Frieden den Kriegs-Zustand mit Preußen aufhören lassen, eine Aussöhnung jedoch war nicht zu Stande gekommen; Maria Theresia konnte den Verlust von Schlesien nicht verschmerzen und sich nicht über das Unglück trösten, das alle ihre Unternehmungen gegen Preußen begleitet hatte. Nicht weniger war Frankreich mit Preußen gespannt, und andrerseits konnte die traurige Maitressen-Regierung unter Ludwig XV. Friedrich nicht Zutrauen zu dieser Macht einflößen. Eben so befand sich die Regierung von England in Händen von Günstlingen, und Friedrich war mit dem Benehmen Englands in der letzten Zeit des Krieges und namentlich beim Friedensschlusse so unzufrieden, daß er sich auch da abgestoßen fühlte. Sah aber Friedrich sein Land furchtbar verheert, seine sonst so tüchtige Armee ohne rechten Halt, seine Finanzen in der größten Verwirrung, so daß überall erst die Zeit der bessernden Hand zu Hülfe kommen konnte, die er anzulegen bemüht war, sah er überdies sein Reich bei seinen weit ausgedehnten Grenzen den Angriffen der Nachbarn überall bloß gestellt: so mußte es ihm vor allen Dingen darauf ankommen, nicht vereinzelt dazustehen, sondern er mußte einen festen Rückhalt zu gewinnen suchen, und den konnte er nirgend anders als bei Rußland finden, obgleich die Aufgabe keine geringe war, unter allen Umständen bei dieser Verbindung auch seine Selbständigkeit zu wahren. Am 11. April 1764 schloß er ein enges Bündniß mit Rußland auf acht Jahre, in welchem beide Mächte sich gegenseitig ihren Besitz garantirten und für den Fall eines Krieges sich 12,000 Mann Hülfstruppen oder die Summe von etwa ½ Million jährlich zusagten. Zugleich wurden dabei die Verhältnisse in Polen ins Auge gefaßt, wo gerade damals eine verhängnißvolle Entwicklung drohte.

König August III. von Polen war nämlich zu Anfang October 1763 gestorben; sein Sohn und Nachfolger im Kurfürstenthum Sachsen, Christian, ging schon im December desselben Jahres mit Tode ab, als er kaum angefangen, seine Wahl zum polnischen Könige zu betreiben.

Die Hoffnung, daß der unmündige Sohn desselben, Friedrich August, zu jener Würde gelangen könnte, mußte schon aus dem Grunde aufgegeben werden, weil nach der polnischen Staats-Verfassung kein Unmündiger den Thron besteigen durfte. Den Wunsch der Polen, daß der Prinz Heinrich von Preußen die Krone annehmen möchte, lehnte Friedrich ab, da er viel zu geschwächt war, als daß er sich, was die Folge davon gewesen wäre, in einen Krieg mit Rußland einer Krone wegen hätte einlassen können, deren Gewinn für sein Haus auch unter den günstigsten Umständen als ein höchst zweifelhaftes Glück angesehen werden mußte. Rußland hatte schon seit längerer Zeit Polen von sich in Abhängigkeit zu halten gewußt und dachte an nichts Geringeres als allmählich Herr von ganz Polen zu werden. Die traurigen Verhältnisse in diesem Lande selber, die Unthätigkeit der übrigen Mächte, sich Rußlands Planen offen und kräftig entgegen zu stellen, brachten Friedrich in die größte Verlegenheit, da er von dem übermächtigen Nachbar früher oder später erdrückt zu werden befürchtete, wenn er nicht bei Zeiten darauf bedacht war, demselben die große Beute so lange wie möglich zu entziehen, und falls er den Untergang Polens nicht verhindern könnte, doch dieselbe zu schmälern.

Polen war, während die übrigen Staaten mit schnellen Schritten einer kräftigeren Entfaltung entgegen eilten, in seinen mittelalterlichen Zuständen weit hinter jenen zurückgeblieben. Ein freier, kräftiger Bürgerstand fehlte; es gab nur Herren und Knechte. Die leibeignen Bauern zählten nicht mit im Volke, nur der Adlige, selbst der ärmste, hatte auf den Reichstagen Stimmrecht; ja seit der Mitte des 17. Jahrhunderts konnte das s.g. „liberum veto", die dissentirende Stimme eines Einzigen, jede Beschlußnahme vereiteln. Dadurch ward den Intriguen aller Art freies Spiel gelassen; die polnische Nation mußte an dieser übergroßen Freiheit der Einzelnen ersticken, sobald nur von irgend einer Seite her beharrlich von dem Vorrechte dieser Einzelnen Gebrauch gemacht wurde. Das that Rußland, und Friedrich schloß sich ihm an, da er es nicht verhindern konnte, und da noch gefährlicher für ihn war, Zuschauer zu bleiben.

In dem Bündniß, das Preußen mit Rußland schloß, wurde deshalb auch in einem geheimen Artikel festgesetzt, daß man die Wahlfreiheit in Polen erhalten und die Erblichkeit des Thrones verhindern wollte. Zugleich wurde Stanislaus Augustus Poniatowski, ein Günstling der Kaiserin Katharina, zum Könige bestimmt, dessen Wahl in Polen man mit vereinten Kräften durchzusetzen beschloß. Preußen stellte zu dem Ende an der polnischen Grenze ein Heer auf, während 10,000 Russen in Polen selber einrückten, unter deren Aufsicht und Einwirkung Stanislaus Augustus am 7. September 1764 zum Könige gewählt und am 25. November gekrönt wurde. Da jedoch ein großer Theil des Adels, über den Einfluß Rußlands unzufrieden, dem neuen Könige alle nur möglichen Schwierigkeiten in den Weg legte, und andrerseits dieser selber eine unabhängigere Stellung zu gewinnen suchte, fand Rußland bequeme Gelegenheit, aufs neue in die polnischen Verhältnisse einzugreifen. Es verlangte namentlich ein Schutz- und Trutz-Bündniß mit Polen und für die Dissidenten d. h. Nicht-Katholiken die Rechte zurück, die ihnen 1573 eingeräumt, aber 1733 gänzlich entzogen worden waren. Nicht bloß Preußen, sondern auch Groß-Britannien und Dänemark schlossen sich der letzteren Forderung an, und als der Reichstag sich dem nicht fügen wollte, bildete sich, von Rußland und Preußen unterstützt, die sich zu dem Zwecke noch enger mit einander verbunden hatten, 1767 unter dem Fürsten Radziwill eine General-Conföderation der Dissidenten zu Radom, welche auf Bewilligung dieser Forderung drang. Da sich der Bischof Soltyk von Krakau nebst mehreren geistlichen und weltlichen Herren diesen Anforderungen mit aller Macht widersetzte, ließ der russische Fürst Repnin, der mit einem Heere in Polen stand, diese Männer am 14. October 1767 aufheben und nach Sibirien schleppen. Im Februar 1768 wurden darauf den Dissidenten gleiche Rechte mit den Katholiken zuerkannt, und die Verfassung des polnischen Staates festgestellt.

Diese gewaltsamen Maßregeln Rußlands riefen eine gewaltige Aufregung in Polen hervor, welche durch die Geistlichkeit so wie durch die Bemühungen Frankreichs noch mehr vergrößert wurde. Der Graf Krasinski und andere angesehene Polen brachten schon im October zu Bar in Podolien eine katholische Gegen-Conföderation zu Stande, die den fremden Einfluß vernichten und sogar den König verdrängen wollte. Stanislaus Augustus rief deshalb die Russen zu Hülfe, welche jene Conföderation auseinander sprengten, die Flüchtenden auf das türkische Gebiet verfolgten und dabei das Städtchen Balta (in der Nähe des Dnjestr, hart auf der damaligen polnisch-türkischen Grenze) in Brand steckten. Darüber wurde der Sultan, durch Polen und Franzosen aufgestachelt, so erbittert, daß er (im October 1768) den Russen den Krieg erklärte. Vergeblich suchte Friedrich zu vermitteln, er konnte sich aber um so weniger dem Bündniß mit Rußland entziehen, als die Türkei auch die Wahl des Stanislaus Augustus für unrechtmäßig erklärte, für welche er die Mitgarantie übernommen hatte. Da die Russen sowohl zu Lande wie zu Wasser — sie hatten eine Flotte nach dem Mittelmeer geschickt — glücklich kämpften, wurde Oesterreich eben so besorgt über diese Fortschritte, wie es Friedrich schon war, und suchte eine Annäherung an Preußen. Zu dem Ende fanden zwischen Friedrich und Joseph II., der 1764 zum römischen Könige und nach des Vaters

Tode 1765 zum Kaiser und zum Mitregenten seiner Mutter Maria Theresia ernannt worden war, im August 1769 zu Neiße und im September 1770 zu Neustadt bei Austerlitz persönliche Zusammenkünfte Statt, bei denen man sich dahin einigte, die Uebergriffe Rußlands zu verhindern und deßhalb so bald als möglich den Frieden zwischen Rußland und der Türkei zu Stande zu bringen.

Die Verwirrung in Polen stieg unterdeß noch dadurch bedeutend höher, daß die Conföderirten den Thron für erledigt erklärten (August 1770), und gerade zu der Zeit, als Prinz Heinrich einen Besuch in Petersburg abstattete, lief die Nachricht ein, daß Maria Theresia mehrere Orte der Zipser Gespannschaft (in den hohen Karpaten im Quellgebiet des Dunajec und Hernad), welche 1412 von Siegmund, als König von Ungarn, an Wladislaw Jagiello von Polen verpfändet worden waren, und auf welche Oesterreich 1589 feierlichst Verzicht geleistet hatte, militärisch besetzen ließe. Dies regte zuerst in Katharina die Idee zu einer Theilung Polens an, in welche Friedrich um so bereitwilliger einging, als er darin das sicherste Mittel fand, einmal, für die Subsidiengelder entschädigt zu werden, die er an Rußland zu zahlen hatte, dann aber, den allgemeinen Krieg zu vermeiden, der aus dem russisch-türkischen hervorzugehen drohte. Schon im Juni 1771 legte er der Kaiserin Katharina einen Theilungsplan vor und suchte um so mehr Oesterreich und Rußland einander zu nähern, als Maria Theresia im Juli ein Bündniß mit der Türkei einging, nach welchem sie gegen Hülfsgelder letztere vor etwanigem Länder-Verlust zu schützen versprach. Als Oesterreich in der That an den Grenzen der Moldau eine Armee aufstellte, rüstete auch Friedrich mit großem Geräusch und verstärkte den Grenzcordon, den er schon im vorigen Jahre gegen Polen aufgestellt hatte, um die dort wüthende Pest von seinem Lande abzuhalten. Als aber nun gar König Stanislaus Augustus in der Nacht vom 3. November 1771 von den Conföderirten gefangen aus Warschau entführt und nur wie durch ein Wunder gerettet wurde, trat man aufs neue mit einander in Berathung und schon im Februar 1772 wurde zwischen Rußland und Preußen die Theilung Polens beschlossen; Oesterreich schloß sich erst im August diesem Vorhaben an, nachdem wegen seiner zu großen Forderungen lange Verhandlungen zwischen den Höfen geschwebt hatten. Oesterreich nahm das jetzige Galizien und Lodomirien, Rußland bedeutende Länderstriche im östlichen Polen, Preußen endlich das polnische Preußen und das Bisthum Ermland, das jetzige West-Preußen, mit Ausnahme von Danzig und Thorn, und außerdem ein Stück von Groß-Polen bis zur Netze. Schon am 13. September ließ Friedrich von diesem Lande Besitz nehmen, das sein vereinzelt liegendes Ostpreußen vortrefflich mit der Hauptmasse seiner

Staaten verband, und ließ, ungeachtet König Stanislaus Augustus dagegen Protest einlegte, am 27. zu Marienburg die Huldigung vornehmen. Der darauf zusammenberufene polnische Reichstag willigte im September 1773 in diese Abtretung, nachdem die Verbündeten ihre Forderungen in Betreff der Dissidenten hatten fallen lassen, verzichtete auf den früher vorbehaltenen Rückfall Preußens nach dem Erlöschen des brandenburgischen Hauses so wie auf die Oberlehnsherrschaft über Bütow und Lauenburg und auf die Einlösung der Starostei Draheim. Bei der Grenz-Regulirung mit Polen eignete sich Friedrich auch noch einen bedeutenden Theil südlich der Netze, den s. g. Netzdistrict an, da auch Oesterreich sich große Uebergriffe erlaubt hatte, und ließ sich im Mai 1775 zu Inowraclaw huldigen. Erst nach langen Verhandlungen gab er im August des folgenden Jahres 66 Ortschaften dieses Gebietes an Polen zurück. — Die Conföderation in Polen hatte sich unterdeß aufgelöst, und im Juli 1774 war der Frieden zu Kutschuk-Kainardsche (in der Nähe von Silistria) zwischen den Russen und Türken abgeschlossen worden, in welchem zwar letztere die bereits verloren gegangene Moldau und Wallachei zurückerhielten, dagegen bedeutende Abtretungen jenseit des Bog bewilligen mußten.

Wenn auch aus dem Erzählten von selbst erhellt, mit welcher Willkür und Ungerechtigkeit gegen Polen verfahren wurde, so hat doch später die unparteiische Beurtheilung der damaligen, äußerst schwierigen Verhältnisse den König größtentheils von den Vorwürfen freigesprochen, mit denen er zu jener Zeit überhäuft worden ist. Man hat anerkannt, daß Friedrich nicht sowohl der Urheber als vielmehr Mitschuldiger bei dieser Theilung gewesen, und daß die Aussicht, seinen Staaten im Osten eine natürliche Abrundung zu geben, zu lockend war. Außerdem verhinderte er durch seine Theilnahme, daß über kurz oder lang ganz Polen an Rußland fiele, wodurch Niemand mehr als er bedroht worden wäre, da dann der Besitz Ostpreußens aufs ärgste gefährdet wurde. Dem unsinnigen Treiben in Polen, wo durch das übergroße Freiheits-Gelüst der Einzelnen die Freiheit des Ganzen untergehen mußte, sich wirksam entgegenzustellen, dazu fehlte ihm eben so das Recht wie die Macht, und denkt man an die treulose Art und Weise zurück, wie Polen dem deutschen Orden dies Westpreußen entrissen hatte, so kann man sich des Gedankens nicht erwehren, daß die Vergeltung, wenn auch spät gekommen, doch nicht ausgeblieben ist.

Kurze Zeit nach dieser Erwerbung wurde Friedrich zum vierten Male gezwungen das Schwert zu ziehen, nicht sowohl zu seiner Vertheidigung und Vergrößerung, als vielmehr die Rechte andrer deutschen Fürsten zu schützen und noch mehr, den Planen Oesterreichs entgegenzutreten, das sich anderweit in Deutschland für den Verlust von Schlesien

Ersatz suchte. Es geschah dies im bayerschen Erbfolgekriege, in welchem er merkwürdig genug die vom Kaiser bedrohte deutsche Reichs-Verfassung vertheidigte, die er selber früher bei Seite geschoben hatte. Die jüngere Linie des Hauses Wittelsbach, von Kaiser Ludwig von Bayern (1314—1347) herstammend, war mit Maximilian Joseph, dem Sohne Kaiser Karl's VII., am 30. December 1777 ausgestorben. Die Erbfolge ging auf die ältere Linie in der Pfalz über, die sich von Kaiser Ludwig's Bruder Rudolf herleitete, und von deren sieben Zweigen zu der Zeit noch zwei vorhanden waren, Pfalz-Sulzbach und Pfalz-Zweibrück-Birkenfeld. Der Senior dieser Linie war Karl Theodor von Pfalz-Sulzbach, bei dessen Regierungs-Antritt in Bayern der im westfälischen Frieden vorausgesehene Fall eintrat, daß die achte Kur wegfiel. Seine Erbschaft wurde ihm jedoch vielfach streitig gemacht. Nicht nur traten mehrere Hochstifter mit Ansprüchen auf einzelne Ländertheile hervor, sondern auch namentlich Sachsen. Die Kurfürstin Mutter daselbst, Marie Antonie, welche die einzige Schwester des verstorbenen Maximilian Joseph war, verlangte die Allodialgüter ihres Bruders, deren Werth zu 47 Mill. Gulden veranschlagt wurde. Eben so beanspruchte Mecklenburg-Schwerin die Landgrafschaft Leuchtenberg an der Raab, mit welcher es 1612 von Kaiser Maximilian II. belehnt worden war. Dringender noch war die Forderung Oesterreichs; es verlangte Nieder-Bayern, da Kaiser Siegmund das habsburgische Haus damit belehnt habe, und wollte nicht unbedeutende Herrschaften in der Ober-Pfalz und sonst in Bayern als erledigte Lehen einziehen, wie denn auch Maximilian Joseph in der That diese Anforderungen anerkannt und die Abtretung der Ober-Pfalz zugesagt hatte. Unmittelbar nach dem Tode des Kurfürsten ließ deshalb der Kaiser Nieder-Bayern und die Ober-Pfalz militärisch besetzen und zwang schon am 3. Januar 1778 in Wien und am 14. in München den neuen Kurfürsten Karl Theodor, in die Abtretung dieser Länder zu willigen. Friedrich billigte diesen Vertrag nicht nur nicht, sondern veranlaßte auch den präsumtiven Erben Karl August, Herzog von Zweibrück, — Karl Theodor war kinderlos — gegen denselben zu protestiren; er versprach ihm wie Sachsen seinen Schutz, nachdem er sich der Zustimmung Rußlands und Frankreichs vergewissert hatte. Da seine Verhandlungen mit Oesterreich erfolglos blieben, ging er zu Anfang April 1778 zu dem Heere in Schlesien ab, während sein Bruder Heinrich, durch 18,000 Sachsen verstärkt, von Norden her in Böhmen eindringen sollte. Als dann die preußischen Heere zu Anfang Juli in Böhmen einrückten, war die Bestürzung in Wien nicht gering, wo man noch immer der Meinung gewesen war, daß Friedrich es mit der bloßen Drohung bewenden lassen werde. Doch schnell wurde das österreichische Heer in Böhmen verstärkt, und dasselbe nahm äußerst feste Stellungen von der oberen Elbe und dem Gebirge bis Prag, so daß der König jeden Angriff unterließ. Nachdem abermals lange Verhandlungen ohne Resultat geblieben waren, nöthigten endlich der Mangel an Lebensmitteln, Desertionen und verheerende Krankheiten die Preußen zum Rückzuge, ohne daß ein entscheidender Zusammenstoß Statt gefunden hatte; im October bezogen sie die Cantonirungen, im November die Winterquartiere, obgleich die kleinen Feindseligkeiten den ganzen Winter andauerten.

Die Bemühungen Frankreichs, diesem Kriege ein Ende zu setzen, die Drohung Rußlands, Preußen mit Hülfstruppen zu unterstützen, führten im März 1779 einen Waffenstillstand herbei, damit man bequemer an dem Friedenswerke arbeiten könnte. Doch erst am 13. Mai kam derselbe zu Teschen zu Stande, durch Frankreich und Rußland insbesondere verbürgt. Oesterreich erhielt von Bayern das Innviertel d. h. ein Gebiet von etwa 40 Quadr.-Meilen an dem rechten Ufer des Inn und der Salza, dagegen entsagte es allen seinen Ansprüchen auf Bayern, wo die Nachfolge dem Hause Zweibrück zugesichert wurde. Die geistlichen Stifter wurden mit geringen Entschädigungssummen abgefunden, Mecklenburg mit einigen Gerechtsamen, Sachsen mit 6 Mill. Gulden, in sechs Jahren zahlbar, sowie mit der Oberherrlichkeit schönburgischer Besitzungen in Meißen, die bis dahin von Böhmen zu Lehn gegangen waren. Preußen, dem der Krieg 29 Mill. Thaler baar und 20,000 Mann gekostet hatte, verlangte für seine Anstrengungen nichts, sondern begnügte sich damit, Oesterreichs Absichten vereitelt, selber aber eine bedeutende Stellung in Deutschland gewonnen zu haben und als der Schutz der kleinen Staaten angesehen zu werden. Nur das wurde festgesetzt, daß der voraussichtlich nahe Anheimfall von Anspach-Bayreuth an Preußen ohne Schwierigkeit erfolgen, und daß die Lehnsherrschaft Böhmens über mehrere Güter in diesem Fürstenthume aufhören solle, wogegen die Lehnsherrschaft dieses Fürstenthums über mehrere Besitzungen im Oesterreichischen wegfiel, wie schon oben erwähnt worden ist. — Die Stimmung der Völker über diesen „einjährigen" Krieg war keine günstige; in Preußen wurde er spottweise der Kartoffelkrieg, in Oesterreich der Zwetschken-Rummel genannt.

Rußland hatte seitdem ein so bedeutendes Gewicht gewonnen, daß England wie Oesterreich sich eifrig um seine Freundschaft bemühten und selbst in den Wunsch Katharina's eingehen wollten, das türkische Reich in Europa über den Haufen zu werfen und ein griechisches unter einem russischen Prinzen an seine Stelle zu setzen; ein Plan, dem Preußen nichts weniger als hold war. England, damals im Kriege mit seinen amerikanischen Colonien begriffen, die von Spanien, Frankreich und Holland unterstützt wurden, wandte Alles an, Rußland auf seine Seite zu ziehen. Seine Bemühungen gelangen aber nicht nur nicht, sondern der viel geltende Graf Panin bewog auch sogar seine Kaiserin, um Englands Uebergewicht zur See zu brechen, am 28. Februar 1780 die s. g. **bewaffnete See-Neutralität** zu erklären, wonach „**frei Schiff frei Gut**" machen sollte, welcher Neutralität sich bald Frankreich, Spanien und fast alle übrigen Staaten Europa's anschlossen. Auch Friedrich ließ sich zum Beitritt bewegen, nachdem ihm zugestanden war, daß keine Leistungen von ihm verlangt werden sollten. Zwar hatte diese Maßregel zunächst keinen weiteren Erfolg, da England 1783 Frieden schloß und die Unabhängigkeit der nordamerikanischen Freistaaten anerkannte, sie gab aber Rußland eine Bedeutung in den europäischen Angelegenheiten, die es vortrefflich für sich auszubeuten verstand.

Glücklicher als England war Oesterreich in seiner Bewerbung um die russische Freundschaft; es gelang ihm die Erneuerung des preußisch-russischen Bündnisses zu verhindern, das im Jahre 1780 ablief. Kaiser Joseph besuchte die Kaiserin Katharina in Mohilew (im Mai 1780), folgte ihrer Einladung nach Moskau und Petersburg und gewann sie durch seine Einwilligung, daß sie ihre Macht auf Kosten der Türkei vergrößern könne, in dem Grade für sich, daß der Besuch, den der preußische Thronfolger Friedrich Wilhelm im September in Petersburg abstattete, keinen ersprießlichen Erfolg für Preußen herbeiführte, zumal da der preußisch gesinnte Graf Panin in Ungnade fiel. Friedrich, der seine Absichten auf fernere Verbindung mit Rußland vereitelt sah und weder zu England noch zu Frankreich Vertrauen fassen konnte, suchte nach andrer Seite einen festen Rückhalt und fand ihn in Deutschland.

Joseph II., der nach dem Tode seiner Mutter Maria Theresia (den 29. November 1780) alleiniger Herr geworden war, suchte bei seinem lebhaften Geiste in der Vermehrung der Macht des österreichischen Hauses die Mittel, Preußen ebenso aus seiner dominirenden Stellung in Deutschland zu verdrängen, wie es ihm in Rußland gelungen war. Noch bei Lebzeiten seiner Mutter hatte er (im August 1780) die Wahl seines Bruders zum Coadjutor von Cöln und Münster durchgesetzt und dadurch seinem Hause in dem nordwestlichen Deutschland ein mächtiges Gegengewicht gegen preußische Bestrebungen verschafft; aber gerade durch diesen Schritt so wie durch vielfache andere eigenmächtige Eingriffe in geistliche und weltliche Herrschaften entfremdete er sich die Gemüther Aller in so hohem Grade, daß man sich allgemein an Preußen als den einzigen und wahren Hort deutscher Freiheit wandte.

Um Oesterreich in seiner alten hervorragenden Stellung zu beschränken, war Friedrich schon zu Anfang seiner Regierung bemüht gewesen, den Reichsständen dem Kaiser gegenüber eine selbständigere Stellung zu verschaffen. Nachdem aber seine desfallsigen, in der Zeit von 1742—44 viermal gemachten Versuche gescheitert waren, hatte er auf eigne Hand seine ganze Thätigkeit und Kraft zu Gunsten seines Hauses verwendet, um Preußen aus den beengenden Fesseln des deutschen Reichsverbandes zu lösen. Erst jene Uebergriffe des Kaisers führten die Möglichkeit herbei, seine alten Wünsche in Erfüllung gehen zu sehen, da die kleineren, geistlichen wie weltlichen Fürsten Deutschlands jetzt lebhafter als je das Bedürfniß fühlten, sich näher an einander zu schließen, um sich der Uebermacht Oesterreichs zu erwehren, obgleich bei dem Auftauchen dieses Gedankens die Meinungen noch sehr auseinander gingen, ob nur einzelne oder alle Reichsstände sich verbinden, und ob man sich dabei an Frankreich oder an Preußen anlehnen sollte. Bei so großer Meinungs-Verschiedenheit waren die einleitenden Schritte erfolglos geblieben, bis 1783 Friedrich die Sache aufs neue in die Hand nahm und diesmal seine Bemühungen mit Erfolg gekrönt sah, da neue Maßregeln des Kaisers allgemeine Aufregung in Deutschland hervorriefen.

Kaiser Joseph hatte die Idee, Bayern an sein Haus zu bringen, nicht aufgegeben; er wollte wo möglich die österreichische Macht über das ganze südwestliche Deutschland ausdehnen. In der That hatte er den Kurfürsten Karl Theodor von Bayern vermocht, sein Land gegen die österreichischen Niederlande, mit Ausschluß von Luxemburg und Namur, zu vertauschen. Da aber letztere sowohl an Areal als auch an Bevölkerung und Einkünften ungleich geringer waren als Bayern, so sollte der Kurfürst durch den Titel eines Königs von Burgund so wie durch eine Baarzahlung von 3 Mill. Gulden anderweit entschädigt werden. Frankreich wie Rußland wollten die Garantie für diesen Tauschhandel übernehmen, ja der russische Graf Romanzow suchte den Erbfolger, den Herzog Karl August von Zweibrück, durch die Drohung zur Einwilligung zu vermögen, daß die Sache auch wider seinen Willen zu Stande kommen würde. Dieser verweigerte jedoch standhaft seine Zustimmung und wandte sich zu Anfang Januar 1785 an Friedrich, der schon einmal Bayern gerettet hätte, und von dem auch jetzt allein Hülfe zu hoffen sei.

Die Nachricht von dem Plane des Kaisers versetzte ganz Deutschland in die größte Bestürzung. Man sah schon die österreichische Macht in ungetrenntem Zusammenhange längs der Donau bis zum Rhein vorgerückt, Würtemberg und Baden so wie die kleineren Herrschaften in Bayern, Schwaben und Franken in den Händen des Kaisers. Der Fürst Kaunitz versicherte zwar heilig, „daß der Kaiser an die vorgeblichen Secularisations- und Tauschplane niemals gedacht habe, und daß die vorgespiegelten Abenteuer nur in dem Munde des Verleumders, sonst aber nie und nirgends existirt hätten und nie existiren würden"; unglücklicher Weise aber gestanden die russischen Unterhändler gleichzeitig den Tauschplan offen ein und begründeten ihre Mithülfe damit, daß sie geglaubt hätten, der Tausch solle aus freien Stücken geschehen; weigere sich jedoch der präsumtive Erbe, so müsse natürlich der Vorschlag fallen. Vergeblich erklärte darauf der Kaiser, durch jenes Geständniß gezwungen, daß er den Tausch nicht habe erzwingen wollen, er hatte das Vertrauen der Reichsstände unwiederbringlich verscherzt; jede Abneigung gegen Preußen wurde vergessen, und Friedrich traf seine Maßregeln, diese günstige Gelegenheit auszubeuten.

Bereits im März 1785 wurde der Entwurf zu einem **deutschen Fürstenbunde** von Friedrich an die deutschen Höfe übersandt, welche am geeignetsten schienen sich Preußen anzuschließen, um die Verfassung des deutschen Reiches aufrecht zu erhalten und jeden Reichsstand in seinem Besitz zu schützen. Zunächst wurde Hannover und durch dieses Sachsen für den Plan des Königs gewonnen; mit beiden wurden im Juni die Verhandlungen in Berlin eröffnet, und gern willigte der König ein, den hannöverschen Entwurf zur Grundlage der Berathungen zu machen, da es ihm nur auf die Sache ankam, die Form aber gleichgültig erschien. Ueberdies war Vorsicht und Eile um so mehr nöthig, als Kaiser Joseph die Absichten Preußens dadurch zu vereiteln suchte, daß er selber einen ähnlichen Fürstenbund unter seinem Schutze zu Stande bringen wollte. Schon am 23. Juli wurde der Tractat zwischen den drei Mächten abgeschlossen, und die auswärtigen Mächte durch die Versicherung beruhigt, daß der Bund durchaus nicht offensiver Natur, sondern nur darauf berechnet sei, das deutsche und europäische Gleichgewicht aufrecht zu erhalten. Dennoch arbeitete Frankreich dem Zustandekommen des Bündnisses entgegen und empfahl nur die Einigung der mittleren und kleineren deutschen Staaten als Gegengewicht gegen Oesterreich und Preußen. Da aber letzteres weit davon entfernt war, die alleinige Leitung in seine Hand zu nehmen, so schlossen sich die angesehensten Reichsstände diesem Bündnisse an, unter ihnen auch der Erzbischof von Mainz und der Bischof von Osnabrück, und wenn auch die Folgezeit demselben nicht die Bedeutung gegeben hat, die es hätte gewinnen können, so war doch für den Augenblick seine Wichtigkeit eine nicht geringe. Friedrich hatte durch dies letzte Werk seiner politischen Thätigkeit das Uebergewicht Oesterreichs in Deutschland gebrochen, sich selber zum Schutzherrn von Deutschland gemacht und so einen außerordentlichen, moralischen Sieg für Preußen gewonnen.

Während es Friedrich gelang, in verhältnißmäßig kurzer Zeit Preußen aus dem bisherigen Zwitter=Zustande zwischen Kurfürstenthum und Königreich sogar zu einer europäischen Großmacht zu erheben, löf'te er auf eben so geniale Weise die schwierige Aufgabe, dem Staate die festen Grundlagen zu sichern, vermöge deren er sich auch dauernd auf dieser Höhe erhalten möchte. Die Einrichtungen seines Vaters kamen ihm hierbei trefflich zu Statten; an ihnen änderte er deshalb auch nur da, wo das unabweisbare Bedürfniß es erheischte.

Friedrich klagte oft, daß er eben so viel Feinde wie Nachbarn habe, und es ist oben erwähnt, wie besorgt er wiederholentlich um sich geblickt, wo er festen Rückhalt zu suchen hätte. Den sichersten fand er in seinem Geiste und in seinem Volke, das durch ihn so merkwürdig gehoben wurde. Zunächst war es natürlich das Heerwesen, dessen Tüchtigkeit und Schlagfertigkeit dem Staate das rühmlich erworbene Ansehn sichern mußte; ihm widmete deshalb der König seine größte Sorge, wie er auch gleichzeitig durch Ausbau älterer Festungen und Anlegung neuer das Land vor etwanigen Anfällen zu schützen suchte. Hatte er schon gleich zu Anfang seiner Regierung sein Heer vergrößert, so that er es noch mehr nach der Eroberung von Schlesien, und nach der Erwerbung von Westpreußen, sobald ihm nur reichere Mittel zu Gebote standen. Bei seinem Tode belief sich die preußische Armee auf fast 200,000 Mann, worunter etwa 40,000 Mann Reiterei und gegen 12,000 Mann Artillerie; ihre Erhaltung nahm von den 22 Millionen Thalern Einkünfte allein 13 Mill. weg. Zur Aufbringung eines so starken Heeres behielt er das von seinem Vater durchgeführte Werbe= und Cantonsystem bei. Die eine Hälfte des Heeres nämlich bestand aus geworbenen Ausländern, die andere aus den schon bei ihrer Geburt enrollirten Cantonisten, doch zählte in den letzten Jahren des siebenjährigen Krieges das Heer überwiegend nur Inländer, da die Anwerbung von Ausländern zum Theil unmöglich wurde. Die von seinem Vater 1721 aus der früheren Marine= gebildete Recrutenkasse behielt er, jedoch mit wesentlichen Veränderungen, unter dem Namen der Chargenkasse bei, und an dieselbe hatten namentlich diejenigen bei Antritt ihres Amtes Zahlung zu leisten, welche nicht besonderer wissenschaftlicher Vorbereitung bedurften. Von der Cantonpflicht wurden nicht nur einzelne Städte und Gemeinden (z. B. Potsdam 1741, Berlin 1746) ausgenommen, sondern auch ganze Kreise und Provinzen, so wie einzelne Gewerke und die Söhne der gebildeten und bemittelten Stände. Stellten sich von diesen Cantonfreien Leute freiwillig zum Dienste, so wurden sie zur Zahl der Ausländer gerechnet. Da die Dienstzeit 20 Jahre betrug, so war die jährliche Recrutirung eine nur mäßige; sechs Monat lang wurden die Recruten von tüchtigen Exerciermeistern ein=

geübt, ehe sie in's Regiment einrückten. Die eigentliche Dienstzeit beschränkte sich für die Hälfte der Armee jährlich nur auf zwei Monat, in welcher Zeit fleißig exercirt und manövrirt wurde, dann trat, jedoch nur für Inländer, die Beurlaubung ein; der ersparte Sold floß theils in die Recrutenkasse, theils kam er den Hauptleuten ꝛc. zu gute. In Friedenszeiten erhielt der Soldat nur Geldverpflegung, im Kriege wurden Naturalien verabreicht; die Fourage für die Reiterei und das Getreide für die Magazine hatte das Land zu bestimmten Preisen aufzubringen.

Nur während der Kriegsjahre befanden sich in der Armee weniger gut disciplinirte Schaaren, namentlich die s. g. **Freibataillons**; auch hatte die Noth vielfach dazu gezwungen, neben den **Feld-** auch **Garnison-Regimenter** in den Schlachtreihen aufzustellen, deren eigentliche Bestimmung nur der Festungs- und Garnisondienst, Beschützung der Transporte ꝛc. war. Zu den früher allein üblichen Reiterregimentern der Cürassiere und Dragoner kamen noch die **Husaren**, von denen jedes vollständige Regiment in 10 Schwadronen 1500 Mann zählte. Die vortreffliche Ausbildung der preußischen Reiterei ist Friedrich's Werk, eben so die Einführung der reitenden Artillerie so wie die außerordentliche Entwicklung der Artillerie überhaupt, die besonders nach der Schlacht bei Leuthen bedeutend vermehrt wurde. Sie war um so zahlreicher, als überdies jedes Bataillon zwei leichte Geschütze mit sich führte, welche beim Angriffe selber von Leuten gezogen wurden und die Stelle der späteren Tirailleurlinien vertreten mußten. — An Jägern zählte man in der ganzen Armee nur ein oder zwei Bataillons.

Die Grundpfeiler, auf welchen die Tüchtigkeit des preußischen Heeres beruhte, waren Ordnung, Gehorsam und Tapferkeit; es diente allen andern in Europa zu einem leuchtenden Vorbilde. Wir erinnern nur beispielsweise daran, wie die bei Hochkirch überfallenen preußischen Grenadiere, zum Theil unbekleidet, zu den Waffen griffen, sich unter dem furchtbarsten feindlichen Feuer ordneten und die Oesterreicher von der Verfolgung ihres Sieges zurückschreckten. So reichte ferner, als in der unglücklichen Schlacht bei Kunersdorf die Armee sich auflöste wie nie zuvor, wo also die Verwirrung den höchsten Grad erreicht hatte, ein einfacher Posten hin, die Flüchtlinge vom Betreten der Schiffsbrücke über die Oder abzuhalten und auf diese Weise dieselben sich wieder ordnen zu lassen. Die Manövrirkunst des Heeres hatte einen hohen Grad der Vollkommenheit erreicht, da Friedrich von dem Grundsatz ausging, daß nicht sowohl durch das Feuern der Truppen als vielmehr durch ihre gute Haltung und große Beweglichkeit der Sieg errungen werden müsse. Deshalb war es nicht allein bei Leuthen, wo der König die s. g. **schiefe Schlachtordnung** in Anwendung brachte,

sondern auch in allen andern Schlachten that er dies, wo nur irgend=
wie ihm die Möglichkeit dazu geboten wurde; sie fand sich aber um so
häufiger, als die Feinde eine feste Stellung zu nehmen gewohnt waren,
die weniger zum Angriff als zur Vertheidigung taugte.

Zur Aufrechthaltung der strengsten Disciplin waren zwar der Stock,
Spießruthen und andere harte Strafen ein wirksames Mittel, doch
wenigstens eben so hoch muß die Thätigkeit und der Diensteifer der
alten geschulten Unteroffiziere angeschlagen werden, deren Aufsicht und
Beispiel merkwürdig einwirkte. Das Offiziercorps war zahlreich und
bestand fast durchgehends aus Adligen; nur bei der Artillerie, bei den
Husaren und den Garnison=Regimentern wurden auch Bürgerliche zu=
gelassen; ein scharf ausgeprägter Corpsgeist wohnte in demselben, und
seine Stellung war eine sehr bevorzugte, um zum Kriegsdienste aufzu=
muntern. Seine Pflanzschule waren die Cadettenhäuser, deren Zahl
der König noch vermehrte; um eine größere wissenschaftliche Ausbildung
zu befördern, wurde 1765 die Militair=Akademie und 1775 die
Ingenieur=Schule eingerichtet. Alte Offiziere wurden vielfach mit
ansehnlichen Stellungen ausgestattet; alte und invalide Unteroffiziere
und Soldaten, wenn sie lesen und schreiben konnten, erhielten häufig
in Staats= und städtischen Diensten eine Versorgung oder wurden auch
wohl mit etwas Länderei ausgestattet. Der größere Theil lebte kümmer=
lich vom Gnadensolde oder auch wohl von der Bettelei, da das 1748
vollendete Invalidenhaus zu Berlin verhältnißmäßig nur wenige auf=
nehmen konnte.

Sämmtliche Truppentheile standen stets so auf dem Kriegsfuße,
daß das Heer in spätestens sechs Wochen marschfertig sein konnte. Des=
halb war für alle Bedürfnisse stets hinlänglich gesorgt, und in allen
Festungen waren die Magazine reich gefüllt. Der s. g. kleine Schatz
reichte für die Mobilmachung hin, den großen Schatz suchte der
König so zu mehren, daß er schlimmsten Falls einige Jahre Krieg
führen könnte, ohne die Steuerkraft des Volkes in Anspruch nehmen
zu müssen. Diese Schätze anzuhäufen, dazu bedurfte es bei den ver=
hältnißmäßig geringen Einnahmen einer ausgezeichneten Sparsamkeit;
schon König Friedrich Wilhelm hatte den Weg dazu gezeigt, Friedrich
verstand es eben so ausgezeichnet, das System seines Vaters fortzu=
bilden.

Von den Einnahmen des Staates brachten unter Friedrich die
Contribution oder die Grundsteuer etwa $6\frac{1}{2}$ Mill., die Do=
mänen und Forsten etwa 10 Mill., die indirecten Steuern
und Zölle $5\frac{1}{2}$ Mill. Thaler jährlich. Die Vergrößerung dieser Ein=
nahmen hatte nur sehr allmählich mit der Zunahme des Staates er=
folgen können, und namentlich war die erste, wie jede directe Steuer,

äußerst drückend. Dazu kam, daß der Landbau damals noch sehr vernachlässigt war; der wenig ergiebige Sandboden, der sich in dem größeren Theile des Staates vorfand, belohnte nur spärlich den Fleiß, der auf seine Bearbeitung verwendet wurde. Der König gab deshalb bereitwillig die Mittel her, die Aecker zu verbessern, Wiesen zu gewinnen, bessere Futterkräuter einzuführen, den Garten=, Obst= und Gemüsebau zu fördern und die Gemeinde=Aecker vertheilen zu lassen, damit mehr Land unter den Pflug genommen würde. Zahlreich ausgesetzte Prämien und die Gründung von ökonomischen Gesellschaften sollten die weitere Verbesserung des Landbaues nach Möglichkeit zu fördern suchen. Dadurch jedoch, daß von dem Lande Getreide zu gewissen Preisen in die königlichen Magazine geliefert werden mußte, daß der Handel mit diesem Producte beschränkt, die Ausfuhr sogar zeitweise ganz untersagt war wie auch die Ausfuhr von Wolle, wurde der Landbau nicht wenig behindert, so wie andrerseits durch starres Festhalten an dem Gewöhnlichen, Althergebrachten; der Anbau der Kartoffeln z. B. konnte nur erst durch Execution und Hungerjahre ermöglicht werden. Dazu kam die traurige Lage des Bauernstandes, den außer der Contribution, wozu auch die Cavalleriegelder und die Kriegsmetze zu rechnen, auch die Hörigkeit, die Hofedienste, der Vorspann, die Magazinlieferungen zu bestimmten Preisen, die viermonatliche Grasung der Cavalleriepferde nicht aufkommen ließen. Selbst bei den besten Absichten, diese traurigen Verhältnisse zu lösen, mußte der König den Versuch aufgeben, einen freien Bauernstand zu schaffen, und sich darauf beschränken, daß keine Leibeigenschaft geduldet werden sollte, und daß die Leistungen geregelt wurden, zu denen der Bauer verpflichtet war. Erst einer späteren Zeit war eine gründliche Verbesserung dieser drückenden Verhältnisse vorbehalten.

So günstig auch der Adel gestellt war, da er statt aller andrer Abgabe von seinem Eigenthum nur die Lehnspferdegelder zahlte, da er ferner bei Besetzung von Staats=Aemtern und namentlich der Offiziersstellen in der Armee außerordentliche Vorzüge genoß, so war doch seine Lage nichts weniger als beneidenswerth. Es ist schon oben gezeigt, daß z. B. der märkische Adel ursprünglich wenig reich dotirt war, und daß deshalb nach der Reformation seine Verarmung immer schärfer hervortrat. Die niedrigen Offizierstellen im Heere gewährten kaum die Existenz und machten, wie auch die angesehensten Civilämter, Zuschuß aus eignem Vermögen nothwendig. Von der Verheirathung, selbst mit reichen Bürgerstöchtern, hielten Sitte und auch wohl Gesetz ab; das oft stark verschuldete Gut durfte nur an einen andern Adligen verkauft werden, da der König nur in seltenen Fällen die Erlaubniß gab, daß Bürgerliche adlige Güter erwerben konnten; ein bürgerliches Gewerbe aber durfte von keinem Adligen betrieben werden. Dieß Alles trug dazu bei, den Adel immer mehr verarmen zu lassen, und vergeblich hatte sich der König bemüht, durch mannichfache Unterstützung zu helfen und namentlich die Errichtung von Majoraten zu befördern. Erst als der Entwurf des Kaufmanns Büring von dem schlesischen Justizminister v. Carmer und dem nachmaligen Staatsminister v. Struensee dem Könige anempfohlen wurde, eine **Landschafts-Kreditbank** zu errichten, wurde jenen Uebelständen dauernd abgeholfen. Eine solche wurde 1769 in Schlesien, 1777 in der Kur- und Neumark, 1780 in Pommern eingeführt, und der König gab hierzu nicht unbedeutende Mittel zu geringen Zinsen her, welche letztere zur Unterstützung armer abliger Wittwen und Töchter verwendet wurden. Der ablige Grundbesitzer konnte bis auf die Hälfte vom Werthe seines Gutes zu mäßigen Zinsen Capitalien erhalten, und die Schuldverschreibungen gingen bald über pari, da die Landschaft als Schuldner auftrat, das Capital mithin wohl gesichert war, und die Zinsen regelmäßig abgeführt wurden.

Den Anbau des Landes zu befördern und die Bevölkerung, die namentlich durch den siebenjährigen Krieg bedeutend verringert war, wieder zu mehren, gelang dem Könige auf eine ausgezeichnete Weise auch dadurch, daß er bisher unbenutzt liegende Länderstrecken in üppigfruchtbares Gelände umschuf. Am großartigsten bewirkte er dies durch Entwässerung des Oder-, Warte- und Netze-Bruches.

Ungeachtet man schon im 16. Jahrhundert bemüht gewesen, das hohe Wasser im Oderbruche durch Dämme zu bändigen, waren doch die damaligen wie die späteren derartigen Versuche erfolglos geblieben, bis König Friedrich Wilhelm I. in den letzten Jahren seiner Regierung ernstere Maßregeln ergriff und den südlichen Theil des Oderbruches theilweise entwässerte, doch die weitere Ausführung seinem Sohne überließ. Im Jahre 1747 setzte dieser eine besondere Commission ein, welche das Werk leiten sollte. Es wurde demnach von Güstebiese aus ein neues, $2\frac{1}{4}$ Meilen langes Bett für die Oder gegraben; der Fluß bekam dadurch ein doppelt so starkes Gefäll als früher, und bis zum Jahre 1756 wurde die Entwässerungs- und Eindeichungs-Arbeit mit einem Aufwande von mehr als 1 Mill. Rthlrn. beendigt. Wohl mochte Friedrich sagen, daß er hier ein Fürstenthum erobert, ohne Soldaten dazu gebraucht zu haben. Aus einer $7\frac{1}{4}$ Ml. langen und 1—3 Ml. breiten Niederung war eine für Ackerbau und Viehzucht ausnehmend fruchtbare Landschaft gemacht, in welcher 41 neue Dörfer und Vorwerke angelegt wurden, zu denen später noch andere zahlreiche Ansiedlungen gekommen sind. — Mit nicht geringeren Kosten, aber auch mit gleich glücklichem Erfolge nahm Friedrich in den Jahren 1767—1785 die Urbarmachung des Wartebruches vor. Auch für dieses hatte König

Friedrich Wilhelm bereits Entwürfe zur Cultivirung bearbeiten lassen, doch ebenfalls die Ausführung derselben seinem Sohne aufgespart. Eine Niederung von etwa 8 Ml. Länge und 1—2 Ml. Breite, die früher dem größeren Theile nach völlig nutzlos balag, wurde in eine der fruchtbarsten Gegenden umgewandelt. Die östliche Fortsetzung derselben, das Retzbruch, war schon früher in den Jahren 1763—1767 mit einem Aufwande von $\frac{1}{4}$ Mill. cultivirt worden, nachdem schon mehr als 100 Jahre zuvor der große Kurfürst den Anfang dazu gemacht hatte. Auf gleiche Weise verfuhr man mit dem Jinerbruche bei Ziesar, dem Drömling in der Altmark so wie mit mehreren kleineren Brüchern in der Mark, in Pommern, Preußen, Schlesien und in Ostfriesland, so daß die Zahl der neu herangezogenen Anbauer reichlich auf $\frac{1}{4}$ Million veranschlagt werden konnte.

Die bedeutenden Summen, die der König auf die Verbesserung des Landes, des Ackerbaues und der Viehzucht verwendete, konnten nur sehr allmählich für die Staatskassen rentiren; augenblickliche Vermehrung der Einkünfte war mithin nur aus den indirecten Steuern möglich. Deßhalb richtete er eben so eifrig seine ganze Aufmerksamkeit auf die Hebung der Gewerbthätigkeit und des Handels, um durch die Accise und den Zoll größere Mittel zu gewinnen, fügte schon gleich nach Antritt seiner Regierung zu den vier Abtheilungen des General=Directoriums ein fünftes Departement für Manufacturen, Fabriken und Handel hinzu und munterte durch Prämien zu Gewerbfleiß auf. Besonderen Werth legte er auf die Bearbeitung des Flachses, er richtete Spinnschulen ein und gestattete, selbst Frauenzimmer bei der Weberei zu beschäftigen. Vorzüglich im schlesischen Gebirge war dieser Industriezweig blühend, und in der letzten Zeit seiner Regierung wurden jährlich für mehr als 4 Mill. Thaler Leinwand über Spanien nach Amerika versendet. Nicht minder bedeutend war die Wollenwaaren=Manufactur. Nicht nur fuhr das Lagerhaus fort, in großartiger Weise Tuch anzufertigen, sondern auch sonst war die Tuchweberei so bedeutend, daß ebenfalls jährlich für etwa 4 Mill. Tuch ausgeführt wurde, namentlich über Rußland nach China. Die Kattundruckerei wurde 1741, die Baumwollen=Spinnerei und Weberei 1744 eingeführt. Mit der Anfertigung von Sammet= und Seidenwaaren wurde wenigstens der Anfang gemacht, besser noch gedieh die Spitzen=Klöppelei. Noch während des Krieges wurde 1761 in Berlin die Porcellanfabrik errichtet und die Fayencefabriken lieferten so viel Waaren, daß das Zinn immer mehr verdrängt wurde. Eben so geschah viel für die Aufnahme der Stahl= und Eisenfabrikation so wie für die Fabrikation von Papier, Glas, lackirten Waaren 2c. Für das Berg= und Hüttenwesen haben sich v. Heinitz und v. Reden außerordentliche Verdienste erworben.

Um der Industrie in seinem Lande aufzuhelfen, ergriff Friedrich das Mittel, das damals wenigstens überall angewendet wurde, er suchte die Einfuhr fremder Industrie-Erzeugnisse durch Prohibitiv-Maßregeln zu erschweren und die Ausfuhr von gewissen Rohstoffen ganz zu verhindern. Die Ausfuhr der Wolle z. B. war streng untersagt, 1774 sogar bei Lebensstrafe, weshalb auch die Schafzucht im Lande nicht recht gedeihen wollte, ungeachtet der König schon 1748 spanische Widder einführen ließ, um die einheimische Race zu veredeln. Nicht nur Eisen-, Stahl-, Glaswaaren, Porcellan, Fayence 2c., sondern überhaupt fast 400 Artikel waren so hoch besteuert, daß sie kaum eingeführt werden konnten. Luxusartikel glaubte der König einer besonders hohen Steuer unterwerfen zu müssen, weil dadurch der ärmere Theil des Volkes nicht gedrückt würde; deshalb nahm er auch den Vertrieb des Tabacks und des Kaffe's, deren Gebrauch damals allgemein wurde, als Monopol für sich in Anspruch. Da nach seiner Meinung die Einrichtung der Accise und der Zölle weit gewinnreicher gemacht werden konnte, berief er 1766 Franzosen in seine Staaten, denen er die Ausführung übertrug. Es wurde eine „General-Administration der königlichen Gefälle" eingesetzt, gewöhnlicher Régie genannt, an deren Spitze La Haye de Launay stand, die jedoch nicht den Gewinn brachte, welchen sich der König davon versprochen hatte; die äußerst drückenden und gewaltsamen Maßregeln dieser fremdländischen Beamten machten überdies diese Einrichtung im ganzen Lande äußerst verhaßt.

Den Handel zu heben wurde 1765 die Bank eingerichtet, welche den Kaufmann aus den Händen der Wucherer riß, und die bald in allen Haupthandelsorten des Staates Zweigbanken eröffnete. Den überseeischen Handel zu befördern, wurde 1772 die Seehandlungs-Gesellschaft gegründet; Friedrich legte selber mehr als eine Million ein und übertrug ihr den ausschließlichen Handel mit Salz und Wachs. Nach der Besitznahme von Ostfriesland tauchten auch die Ideen des großen Kurfürsten insofern auf, als der König 1750 eine asiatische Handels-Gesellschaft in Emden stiftete, welche nach China Handel treiben sollte, die sich aber eben so wenig halten konnte wie die 1753 gestiftete bengalische, die nach Ostindien Geschäfte einleitete. Während des siebenjährigen Krieges gingen beide ein. — Friedrich endlich war der erste unter allen europäischen Fürsten, der (im September 1785) mit den eben selbständig gewordenen nordamerikanischen Freistaaten ein Freundschafts- und Handelsbündniß abschloß.

Chausseen wurden unter Friedrich noch nicht gebaut, desto mehr aber war der König darauf bedacht, Wasserstraßen einzurichten und dadurch dem Binnenhandel bequeme Wege zu schaffen. Gleich zu Anfang seiner Regierung war ihm der Plan vorgelegt worden, die Elbe und

Havel durch einen Kanal zu verbinden, der die Schifffahrt von Magdeburg bis Brandenburg um 20 Meilen abkürzen könnte. Doch erst nach dem Breslauer Frieden wurde 1743 dieser Kanal bei Plaue begonnen und innerhalb zweier Jahre bis zur Elbe hin, vier Meilen weit, beendigt. Der bedeutende Salztransport von der Elbe nach der Havel und Spree wurde dadurch nicht wenig erleichtert. Noch wichtiger wurde dieser Kanal dadurch, daß zugleich der Finow=Kanal angelegt wurde, durch welchen der Weg von Berlin nach Stettin sich um 48 Meilen verkürzte. Das Andenken an den bereits von 1603—1608 hierselbst gebauten Kanal war so gänzlich verschwunden, daß man erst aus den Resten der älteren Schleusenbauten, so wie aus dem rathhäuslichen Archiv zu Eberswalde von dem früheren Vorhandensein desselben Kenntniß bekam. Der Bau des Kanals wurde 1744 mit so großem Eifer begonnen, daß sogar Militair zum Graben beordert wurde, und bereits im Juni 1746 machten Salz= und Getreideschiffe ihre Probefahrt auf demselben. Der Bau bedurfte zwar vielfacher Nachhülfe, und namentlich mußte allmählich die Zahl der Schleusen verdoppelt werden, doch schon in der letzten Zeit von Friedrich's Regierung war der Verkehr ein so lebendiger, daß jährlich 5—6000 Fahrzeuge und etwa 12,000 Floßhölzer durchgeschleus't wurden. Als Endpunkt dieser Kanäle nach dem Meere hin muß die Anlegung des Hafens an der Odermündung betrachtet werden. Zwar war die Swine schon früher schiffbar, doch veranlaßte eine Sandbank an ihrer Mündung so große Schwierigkeit für das Einlaufen der Schiffe, daß man lieber die weniger gefährliche Peene=Mündung zu nehmen pflegte, ungeachtet hier ein schwedischer Zoll entrichtet werden mußte. Schon gleich nach Antritt seiner Regierung ließ deshalb der König die nöthigen Hafenbauten vornehmen, so daß schon 1746 die Swine=Mündung für einen Hafen erklärt werden konnte. Ehe jedoch noch der westliche Damm beendigt war, unterbrach der siebenjährige Krieg die weitere Arbeit, und die Schweden bemühten sich während ihrer Besetzung der Oder=Inseln den Hafen unbrauchbar zu machen. Erst nach dem Frieden wurde das Werk wieder aufgenommen; man verlängerte den östlichen Hafendamm und führte auch den angefangenen westlichen weit ins Meer hinein. Dieser Hafenbau gab auch 1746 Veranlassung zur Anlegung von Swinemünde, welcher Ort 1764 Stadtgerechtigkeit erhielt. — Andrer kleinerer Kanalbauten hier nicht zu gedenken, muß noch der Bromberger Kanal genannt werden, den Friedrich gleich nach der Besitznahme von Westpreußen in den Jahren 1772—1775 mit einem Kosten=Aufwande von etwa $\frac{3}{4}$ Millionen zwischen Bromberg an der Brahe und Nackel an der Netze ausführen ließ, und der für die Binnenschifffahrt von so großer Bedeutung geworden ist.

Friedrich hatte den siebenjährigen Kampf durchgeführt, ohne wie seine Gegner mit unerhörter Schuldenlast aus demselben hervorzugehen. Es gelang ihm dies dadurch, daß er von seinen patriotischen Ständen bereitwilligst unterstützt wurde, und daß er die guten Münzsorten und namentlich die englischen Subsidien einschmelzen und unter fremdem Stempel zu immer geringerem Werthe ausprägen ließ. Der Schutzjude und Hofjuwelier Ephraim, der dies Umpräge-Geschäft in Pacht genommen hatte, gewann dabei bedeutende Summen; doch hatten diese schlechten Münzen, mit bitterem Spott „Ephraimiten" genannt, Cours, da sie wieder in königlichen Kassen angenommen wurden. Nach Beendigung des Krieges war es die erste Sorge des Königs, das zerrüttete Münzwesen wieder zu ordnen, und so vorsichtig er auch hierbei zu Werke ging, so konnte es doch nicht fehlen, daß dem Lande dabei tiefe Wunden geschlagen wurden, die um so schmerzhafter waren, als es durch die Uebel des Krieges unsäglich gelitten hatte. Das Edict vom 29. März 1764 setzte den Münzfuß fest, der bis in die neuste Zeit geltend geblieben ist. Mehr als alle anderen Unterthanen hatten die Civil-Beamten gelitten, denen während des Krieges das Gehalt in Kassenscheinen ausgezahlt wurde, welche nur mit schwerem Verluste gegen baares Geld umgesetzt werden konnten, und welche erst nach dem Kriege in der damals noch üblichen schlechten Münze eingelöst wurden. So schwer aber auch die damals lebende Generation an dieser Last zu tragen hatte, der König gewann dadurch für die ganze Folgezeit seiner Regierung freie Hand mit seinen geringen Mitteln Großes auszuführen, da seine weise Sparsamkeit sie gleichsam zu verdoppeln wußte.

Mit seinem eignen Beispiel ging er in dieser Beziehung voran. Von dem Etat, den er für sich auf eine Höhe von etwa 1,200,000 Rthlrn. bestimmt hatte, verbrauchte er selber nicht viel über $\frac{1}{4}$ und verwendete die ihm zur Disposition bleibende Summe auf die Verbesserung des Landes. Auf etwa 24 Mill. sind die Summen berechnet worden, welche er von 1763—1786 auf so edle Weise verausgabte. Indem er den Grund festhielt, daß der Staat da eingreifen müsse, wo die Mittel der Privaten nicht ausreichten, Verbesserungen in großartigerem Maßstabe vorzunehmen, und indem seine rastlose Thätigkeit ihn dazu trieb, überall selber zu sehen und zu untersuchen, wo und wie er das Gedeihen seines Volkes am besten fördern könnte, milderte er wesentlich das Herbe und Drückende, das seine Maßnahmen vielfach mit sich führten. Wie recht eigentlich die eine Hand nahm, damit die andere geben könnte, zeigte sich nie großartiger als nach dem Hubertsburger Frieden. Aus dem reichen Baar-Vorrath, der zur Führung des nächsten Feldzuges bestimmt war, vertheilte er mehrere Millionen an die Provinzen, die vorzüglich gelitten hatten; er erließ ihnen auf einige Zeit die Abgaben, damit sie sich leichter erholen möchten, er vertheilte mehr als 40,000 Scheffel Getreide aus seinen reich gefüllten Magazinen als Saatkorn und überließ etwa 35,000 Pferde den bedürftigen Landleuten, damit sie ihre Felder bestellen möchten. Und trotz dieser großen Unterstützungen während seiner ganzen Regierungszeit sammelte er dennoch einen Schatz von 50 und einigen Millionen, damit der Staat, wenn die Umstände es erfordern sollten, einen selbst mehrjährigen Krieg führen könnte, ohne den Unterthanen neue oder erhöhte Lasten aufzulegen.

In Bezug auf die Verwaltung des Landes behielt der König im allgemeinen die von seinem Vater getroffenen Einrichtungen bei, nur daß er überall die bessernde Hand anlegte. Namentlich bedurfte die Justiz einer gründlichen Reform. Die Tradition, daß der Müller bei Sansfouci dem Könige mit dem Kammergericht gedroht hätte, falls ihm derselbe seine Mühle mit Gewalt nehmen wollte, hat zwar nach neueren Forschungen keine Bestättigung gefunden, daß sie aber so allgemein für wahr gehalten wurde, giebt den sichersten Beweis dafür, daß die Gerechtigkeitsliebe des Königs über allen Zweifel erhaben war. Seine Aufforderung, daß er von Jedem, der eine Bitte oder eine Beschwerde einzureichen habe, eigenhändig dieselbe in Empfang nehmen wolle, seine Bereitwilligkeit, auch den Aermsten seiner Unterthanen zu hören, sein Erlaß, daß, wenn bei Streitigkeiten zwischen dem Könige und einem Privatmanne die Sache irgendwie zweifelhaft sei, lieber zu Gunsten des letzteren entschieden werden möchte, mußte natürlich die Gemüther Aller mit dem größten Vertrauen erfüllen. Als ihm im Jahre 1746 das bis dahin nur der Kurmark zustehende Recht de non appellando für alle seine Staaten vom Kaiser zugesprochen war, fing er durch v. Cocceji die Justiz-Verbesserungen an, welche auf die Umbildung der Justiz-Collegien, auf Abkürzung des Proceß-Verfahrens und auf eine neue Gesetzgebung gerichtet waren. Die Landstände erwarben sich dabei das Verdienst, durch nicht unbedeutende Summen zur Erhöhung der Gehälter für die Richter diese Bemühungen kräftig unterstützt zu haben. Schon 1748 konnte in dem Codex Fridericianus ein Entwurf zu einer neuen Gerichtsordnung bekannt gemacht werden, und so zufrieden war der König mit dem Eifer und der Gewandtheit Cocceji's, daß er ihn zum Großkanzler und Freiherrn ernannte. Der berühmt gewordene Proceß eines gewissen Arnold, welchem seine Mühle bei dem Dorfe Pommerzig im Krossen'schen Kreise wegen rückständiger Pacht 1778 genommen war, bestimmte den König, der hier eine Ungerechtigkeit voraussetzte, abermals Hand an die Verbesserung der Justizpflege zu legen. Als das höchst wichtige Resultat dieser Bemühungen trat das „Allgemeine Landrecht für die preußischen Staaten" an das Licht, das der damalige Großkanzler v. Carmer im Verein mit

Suarez und Klein bearbeitete. Im März 1784 legten diese die erste Abtheilung desselben als Entwurf dem Publikum vor, indem zugleich jeder Sachverständige nicht nur zu etwanigen Berichtigungen aufgefordert, sondern überdies Preise für Verbesserungen ausgesetzt wurden. Friedrich erlebte den Abschluß des Ganzen nicht mehr; erst im Jahre 1794 erhielt es seine rechtliche Gültigkeit.

Die Mittel Friedrich's reichten kaum hin, das materielle Wohl seines Volkes anzubahnen, sie fehlten ihm ganz für das geistige. Die Universitäten bezogen nur geringe Unterstützungen aus Staatsmitteln, doch wurde der Besuch fremder Universitäten verboten und dem Andrange Unbemittelter zum Studium nach Möglichkeit gesteuert. Kein Wunder, daß auch für höhere wie niedere Schul-Anstalten sehr wenig geschah; wurde doch vielfach Bedeutendes geleistet oder wenigstens ein besserer Weg angebahnt, so geschah es auf eigne Hand durch Männer wie Büsching, Gedike, Hecker, v. Rochow, v. Felbiger rc. Mehr jedoch ließ sich der König die Bildung des jungen Adels angelegen sein, um sich ein tüchtiges Offiziercorps zu bilden. Eben so war er gleich von Anfang seiner Regierung an darauf bedacht, die Akademie der Wissenschaften wieder herzustellen, für welche er Wolff, Maupertuis, Algarotti und andre Berühmtheiten gewonnen hatte. Eine Hauptquelle ihrer Einkünfte war für die Akademie das Kalenderwesen, doch der 1779 gemachte Versuch, die alten abergläubischen Prophezeiungen aus dem Kalender wegzulassen, gelang so wenig, daß man sich genöthigt sah, die alten lächerlichen Angaben wieder aufzunehmen. Die unbeschränkte Denkfreiheit, welche der König in seinem Lande gestattete, gab den Wissenschaften eine ungemein große Anregung, und namentlich waren es die Naturwissenschaften, die Geschichte und Geographie, welche einen frischen Aufschwung nahmen. Und wie Friedrich selber seine schönste Erholung in wissenschaftlicher Beschäftigung fand, wie er denn zahlreiche Werke schriftstellerischer Thätigkeit hinterlassen hat, so wirkte dies Beispiel so wie seine großen Thaten begeisternd nicht nur auf die dichterischen Köpfe seines Volkes, sondern ganz Deutschlands, ungeachtet Friedrich den deutschen Schriftstellern nicht gewogen war; seine Jugendbildung war allerdings in eine Zeit gefallen, in der es mit der deutschen Litteratur traurig aussah.

Daß Friedrich selber ein Meister auf der Flöte war, ist allbekannt; die Tonkunst wurde von ihm hochgeschätzt, und es bedarf nur der Erinnerung an Quanz, Graun, Fasch rc., wenn davon gesprochen werden soll, was in dieser Kunst geleistet wurde. Die Malerei und Bildhauerkunst brachten wenig Ausgezeichnetes zu Tage, da Friedrich nicht so bedeutende Mittel darauf verwenden konnte wie erforderlich gewesen wäre. Auch die Baukunst schuf nicht die Werke, wie sie

Berlin unter Friedrich I. hatte entstehen sehen; am vortheilhaftesten zeichnete sich unter den damaligen Baumeistern v. Knobelsdorf aus, der 1740—1742 das Opernhaus in Berlin baute und den Plan von Sans-souci entwarf, der 1745—1747 zur Ausführung kam. Großartiger als dies Lustschloß wurde das Neue Palais in Potsdam angelegt, dessen Bau in den Jahren 1763—1770 mit einem Aufwande von drei Millionen Thalern vollendet wurde. Unter den Kirchenbauten des Königs sind unstreitig die beiden Thürme auf dem Gensd'armen-Markt in Berlin am ausgezeichnetsten; sie wurden in den Jahren 1780—1785 aufgeführt. Das Theaterwesen arbeitete sich unter Friedrich aus dem Zustande der Possenreißerei zur Kunst empor. Zwar waren es vorzüglich die Oper und das französische Schauspiel, die sich der königlichen Unterstützung erfreuten, als aber dem letzteren 1778 beim Beginn des bayerschen Erbfolgekrieges diese Zuschüsse entzogen wurden, gelang es sowohl dem ausgezeichneten Talente der damals in Berlin auftretenden Acteurs als auch den Bemühungen von Dichtern dem seit 1771 stehend gewordenen deutschen Schauspiele ein nicht geringes Ansehn zu verschaffen.

Der Vorwurf der **Irreligiosität**, den man gar oft dem Könige gemacht hat, ist in neuerer Zeit entschieden zurückgewiesen worden. Er wollte nicht nur, daß die Jugend in wahrer Gottesfurcht erzogen würde, er war nicht nur der Meinung, daß der Soldat schwerlich seinem Herrn treu dienen und seinen Vorgesetzten rechten Gehorsam leisten werde, der Gott nicht fürchte, er verlangte nicht nur von dem Richter, so zu entscheiden, wie er es vor dem gerechten Richterstuhle Gottes verantworten könne, sondern auch sein ganzes langes, thatenreiches Leben giebt den Beweis für seine wahrhaft fromme Gesinnung, die stets und überall bemüht war dem hohen Berufe und der schweren Pflicht zu genügen. Andrerseits läßt sich jedoch nicht leugnen, daß ihm der **kirchlich-fromme** Sinn ganz fehlte, und daß er nicht selten durch unzeitigen Spott des Heiligsten hart verletzte und zu einer nicht geringen Frivolität Veranlassung gab. Erklärte er doch selber einmal, daß er gern einen Finger seiner Hand darum gäbe, wenn er die Sitten in seinem Lande wieder so rein machen könnte, wie sie unter seinem Vater gewesen seien. Sein Ausspruch, daß „Jeder nach seiner Facon selig werden müsse" hat damals wie vielfach noch heut statt Toleranz Gleichgültigkeit gegen alles religiöse Leben hervorgerufen. Er selber hielt die protestantische Lehre für die beste, die es geben könne, und wenn er auch ungern Katholiken in Civil-Aemtern sah, so war er doch weit entfernt, die Katholiken in seinem Lande irgendwie einzuschränken; er ließ ihnen volle Freiheit auf kirchlichem Gebiete, wußte aber etwanigen Uebergriffen kräftig entgegen zu treten. Ja als der Papst 1773 den

Orden der Jesuiten aufhob, nahm der König keinen Anstand, sie in seinen Staaten zu dulden und sie auch ferner für den Jugend-Unterricht zu benutzen, da er ihre Verdienste um denselben sehr wohl zu würdigen wußte. In Betreff äußerlicher Anordnungen behielt er sich sein Recht für die katholische wie für die protestantische Kirche vor. Als er 1773 den dritten Feiertag der hohen Feste aufhob und von den vier Bußtagen im Jahre nur einen bestehen ließ, willigte auch der Papst ein, daß innerhalb der preußischen Staaten von den 35 katholischen Festtagen 17 gestrichen wurden. Zum besseren inneren Zusammenhalt der evangelischen Kirche setzte er 1750 das Ober-Consistorium ein, und er hat selbst Widerspruch von demselben ertragen, sobald er nur sah, daß derselbe aus innerster Ueberzeugung hervorgegangen war.

War Preußen schon seit längerer Zeit der Zufluchtsort aller derer geworden, die wegen ihres Glaubens daheim verfolgt wurden, so bewahrte Friedrich erst recht seinem Lande dies schöne Vorrecht. So sehr er aber auch dafür sorgte, daß überall Denkfreiheit erhalten würde, so war er doch weit davon entfernt, eine unbedingte Preßfreiheit zu gestatten. Der Versuch, den er gemacht hatte, der Presse volle Freiheit zu gewähren, war so wenig befriedigend ausgefallen, daß er eine Controlle für nöthig hielt, alles das zu unterdrücken, was dem allgemeinen Wohl zum Nachtheil gereichen könnte. Er für seine Person war gegen Schmähungen gleichgültig, obwohl niemals gegen irgend einen Fürsten so viel Schmähschriften erschienen als gegen ihn. Wenn mit Recht Böses von ihm gesprochen würde — äußerte er einmal —, so müsse er dadurch zur Besserung angetrieben werden; seien es Lügen, so könne er nur darüber lachen.

Wie sein Vater den höchsten Lebensgenuß in der Arbeit gefunden hatte, so daß er dieselbe unermüdliche Thätigkeit von allen seinen Unterthanen forderte: so war auch Friedrich bis zum letzten Lebenshauche ununterbrochen mit dem Wohle des Staates beschäftigt und wußte, wenn auch auf weniger rigoröse Weise als sein Vater, durch sein Beispiel zu gleicher Thätigkeit anzufeuern. Jede Stunde des Tages, von dem frühen Morgen an, war einer bestimmten Arbeit gewidmet, wie er andrerseits zu bestimmten Zeiten des Jahres seine Länder bereis'te, nicht nur die Revüen der Truppen abzuhalten, sondern sich auch von dem Zustande und den Bedürfnissen des Landes bis in die kleinsten Einzelnheiten zu unterrichten. Und dennoch blieb ihm, bei so streng geordneter Lebensweise, die Zeit, sich durch Flötenspiel zu erheitern, durch eigne Lectüre seinem Wissensdrange zu genügen und durch schriftstellerische Arbeit seinem regen Geiste eine angenehme Thätigkeit zu verschaffen. Da er von seiner Gemahlin getrennt lebte, rauschende Vergnügungen nicht liebte, vielmehr die Stille des Landlebens in Sanssouci vorzog, schuf er einen Kreis von gelehrten und ausgezeichneten Männern um sich, in deren Umgange er die Nahrung für seinen Geist suchte, ohne welche nach seiner Ansicht das Feuer desselben erlöschen müßte. In dieser Gesellschaft, namentlich beim Mittags- und noch mehr beim Abendtische, bewegte er sich ganz ohne Zwang, ja er ließ wohl, und das nicht selten, seinem beißenden Witze freien Lauf; — es war das veredelte Tabacks-Collegium Friedrich Wilhelm's I. Hier suchte und fand er Erholung von den schweren Berufsgeschäften, und mit nicht wenigen dieser Gesellschafter knüpfte er auf königliche Weise ein enges Freundschaftsband. War doch selbst da noch sein Verhältniß zu Voltaire ein wahrhaft hingebendes, den König ganz verleugnendes, als dieser Mann alle Beweise der königlichen Freundschaft und Hochachtung mit Undank belohnte; auch nachdem Voltaire 1753 Sanssouci hatte verlassen müssen, stand der König in lebhaftem Briefwechsel mit ihm. Je mehr der Tod die Reihen dieser Freunde lichtete, je mehr die Gicht die Körperkraft des alternden Königs untergrub, desto einsamer wurde es um ihn her, desto mehr zog er sich in sich selber zurück. Er fühlte, daß seine Tage gezählt waren, und als zu Anfang des Jahres 1786 der greise Zieten starb, äußerte er, Zieten führe auch jetzt, wie er es immer gethan habe, die Avantgarde, er werde mit dem Hauptheere bald nachfolgen. Und nur zu wahr war dieser Ausspruch; am 17. August 1786 entfloh sein Geist der morschen Hülle. Nicht in Sanssouci, wie er angeordnet, sondern in der Potsdamer Garnisonkirche, ließ sein Neffe Friedrich Wilhelm II. die Leiche beisetzen. Nicht nur sein Volk, sondern ganz Europa trauerte um den Fürsten, welcher, so reichlich auch ihm sein Antheil an menschlichen Schwächen zuertheilt gewesen, doch den ausgezeichnetsten Regenten aller Völker und aller Zeiten zur Seite gesetzt werden muß, und dessen Andenken nie vergehen wird, so lange die Geschichte die Geschicke der Völker zu erzählen hat.

---

4. Friedrich Wilhelm II. 1786—1797.

Der brandenburgisch-preußische Staat hatte sich in etwa hundert Jahren aus der tiefen Zerrüttung, in welche er durch den dreißigjährigen Krieg versetzt worden war, nicht nur zu einem Königreich, sondern sogar zu einer europäischen Großmacht erhoben, welche tonangebend geworden war. Eine so außerordentliche und in verhältnißmäßig so kurzer Zeit erfolgte Macht-Entwicklung war nur durch seine ausgezeichneten Fürsten möglich gemacht worden. Die Worte, die König Friedrich Wilhelm I. gleich nach seiner Thronbesteigung aussprach, daß er sein eigner Finanz-Minister und sein eigner Feldmarschall sein würde, weil das den König von Preußen aufrecht erhalten werde, ist der Grundsatz gewesen, welchen außer ihm der große Kurfürst und König Friedrich II. gleichmäßig befolgt haben. Diese Fürsten bildeten im strengsten Sinne des Wortes den eigentlichen Mittelpunkt der Regierung; die Minister waren die Executiv-Beamten, sie hatten nur die Befehle auszuführen, die ihnen unmittelbar aus dem Kabinet zugingen; zugleich aber controllirten diese Fürsten mit einer fast peinlichen Genauigkeit bis in die kleinsten Einzelheiten alles das, was sie in Bezug auf die militärische wie Civil-Verwaltung angeordnet hatten. Die strengste Sparsamkeit in alle dem, was zum bloßen Luxus gehörte, konnte allein die Mittel erübrigen, welche zur Aufnahme des Landes nothwendig waren, besonders aber zur Unterhaltung eines ansehnlichen Heeres, durch welches Preußen überall ein bedeutendes Gewicht in die Wagschale werfen mochte, so wie zur Ansammlung eines Schatzes, um nöthigenfalls einen selbst mehrjährigen Krieg führen zu können.

Bedenkt man dabei, wie der junge emporstrebende Staat von allen Seiten mit Neidern und Feinden umgeben war, und deshalb stets bereit sein mußte, nach allen Seiten hin Front zu machen, so ergiebt sich, welche schwierige Aufgabe seine Fürsten zu lösen hatten. War es deshalb schon an und für sich nicht leicht, Nachfolger des großen Friedrich zu sein, so mußte es doppelt schwierig werden für **Friedrich Wilhelm II.**, der bei aller Liebenswürdigkeit seines Charakters, bei seiner vielfach edlen Ritterlichkeit wenig geeignet war, die Rolle seines großen Vorgängers mit gleicher Würde fortzuführen. Ihm fehlte jener eiserne Wille, der das unnachsichtlich durchsetzt, was er für richtig anerkannt hat, ihm fehlte der unermüdliche Eifer, überall selber zu sehen, zu loben und auch zu strafen, ihm fehlte endlich jene weise Sparsamkeit, welche auch mit geringen Mitteln hauszuhalten und sie zu vermehren weiß. In einem Alter von 42 Jahren zur Herrschaft gelangt hatte er bei der selbständigen Regierungsweise seines Oheims wenig oder keine Gelegenheit gehabt, sich für seinen hohen Beruf vorzubereiten; in hohem Grade zur Sinnlichkeit geneigt wollte er als König in gesetzterem Alter das nachholen, was ihm im früheren als „Prinzen von Preußen" bei den ihm kärglich zugemessenen Mitteln versagt gewesen war. Daher die Günstlinge und Maitressen, welche an dem Mark des Landes zehrten und Preußen in eine unheilvolle Bahn leiteten, und gegen welche Graf Herzberg, aus Friedrich's Schule hervorgegangen, mit dessen Ideen über die Stellung Preußens erfüllt, sich auf die Dauer nicht zu halten vermochte. Nur so lange er am Ruder war, schien Preußen seinen bisherigen Weg mit Ruhm und Glück verfolgen zu wollen; dies zeigte sich in dem ersten Auftreten des Königs nach außen hin.

Erstes Auftreten des Königs.

König Friedrich Wilhelm I. war auf Anordnung des Reichshofrathes executorisch in die Streitigkeiten eingeschritten, welche lange Zeit zwischen dem Herzog Karl Leopold von Mecklenburg-Schwerin und seinen Ständen geschwebt hatten. Da ihm seine besfallsigen Kosten nicht erstattet wurden, hatte er im Jahre 1733 die Schwerinschen Aemter Eldena, Marnitz, Plau und Wredenhagen besetzt. Friedrich II. hatte zwar über die Herausgabe derselben unterhandelt, ohne daß man jedoch zu einem befriedigenden Abschluß gekommen wäre. Es wurde nur bei dieser Gelegenheit am 14. April 1752 der Erb-Vereinigungs- und Successions-Tractat aufs neue bestättigt, den König Friedrich I. 1708 auf Grund der 1415 und 1442 eingegangenen Tractate geschlossen hatte, nach welchem der König Titel und Wappen von Mecklenburg annahm. Die feindliche Haltung Mecklenburgs gegen Preußen während des siebenjährigen Krieges konnte natürlich Friedrich II. nicht zur Nachgiebigkeit bestimmen; jene Aemter blieben in preußischem Besitz. Erst Friedrich Wilhelm war darauf bedacht, die Sache in Güte beizulegen. Nach dem Vertrage vom 15. März 1787 gab er jene vier Aemter an Mecklenburg zurück, wogegen sich Herzog Christian Ludwig zur Zahlung von 172,000 Rthlrn. verpflichtete und den Erbfolge-Tractat aufs neue bestättigte.

Gleichzeitig mit diesen Verhandlungen trat der König auch vermittelnd in Hessen-Kassel ein. Der Landgraf Wilhelm IX. hatte als Lehnsherr im Februar 1787 die Grafschaft Lippe-Schauenburg nach dem Tode des Grafen Philipp Ernst eingezogen, da er den unmündigen Sohn desselben als nicht ebenbürtig für erb-unfähig erklärte. Friedrich Wilhelm nahm sich des jungen Grafen an, zog eine Armee von 10,000 Mann gegen Hessen zusammen und zwang dasselbe, im April 1787 das Ländchen seinem rechtmäßigen Erben wieder einzuräumen.

Von größerer Wichtigkeit als diese kleinlichen Vorfälle war das Einschreiten Preußens in die holländischen Unruhen. Die Niederlande hatten seit ihrem Abfall von Spanien an ihrer Spitze die Prinzen von Nassau-Oranien, welche unter dem Titel „Statthalter" die Oberleitung besaßen. Gegen ihre Macht hatten sich wiederholentlich Parteien gebildet, welche jene wo möglich ganz aus ihrer Stellung verdrängen wollten, in den Zeiten der Noth jedoch war das Haus Oranien immer wieder zu seinem alten Ansehn gelangt. Das war namentlich auch während des österreichischen Erbfolgekrieges geschehen, und 1747 war Wilhelm IV. von Nassau-Dietz erblicher Statthalter geworden und mit größerer Macht bekleidet worden als je seine Vorfahren. Er hatte diese Macht auf seinen Sohn Wilhelm V. vererbt, der seit 1766 mündig im Verein mit seinem früheren Vormunde Ludwig Ernst von

Braunschweig die Rechte des Statthalters noch zu vergrößern strebte. Zur Zeit des Krieges, den England seit 1774 mit seinen nordamerikanischen Colonien führte, wurde, als Spanien und Frankreich sich gegen England verbündeten, auch Holland zu seinem größten Nachtheil in den Kampf gezogen; all das schwere Unglück, das die Holländer dadurch erfuhren, bürdete die democratische, antioranische Partei, die sich „die Patrioten" nannte, dem Statthalter auf, den sie des heimlichen Einverständnisses mit England beschuldigte, und suchte seine Rechte auf alle mögliche Weise zu schmälern. Deshalb erbat Wilhelm V. schon 1782 die Hülfe König Friedrich's II., mit dessen Nichte, der Prinzeß Wilhelmine, er vermählt war, der Schwester Friedrich Wilhelm's. Der König beschränkte jedoch seine Vermittlung auf schriftliche Unterhandlungen, die so geringen Erfolg hatten, daß der Erbstatthalter den Oberbefehl niederlegen mußte und sich aus dem Haag nach der Provinz Gelbern begab, wo seine Partei die mächtigere war. Aber auch hier wagten nicht nur zwei kleine Städte, Hattem und Elburg, sich den Befehlen des Erbstatthalters zu entziehen, sondern sie wurden auch von den anderen antioranisch gesinnten Landschaften offen unterstützt. Sie wurden zwar im September 1786 zum Gehorsam zurückgeführt, die Erbitterung im ganzen Lande stieg aber so sehr, daß die Provinz Holland sich loszureißen drohte, den Statthalter seiner Würde für verlustig erklärte, und ein Bürgerkrieg unvermeidlich schien. Und da noch ging Friedrich Wilhelm nicht auf die Forderung seines Schwagers ein, gewaltsam dazwischen zu treten; als aber die Erbstatthalterin im Juni 1787 nach dem Haag gehen wollte, um eine Vermittlung anzubahnen, und als sie an der Grenze der Provinz Holland zwei Tage gewaltsam festgehalten und dann auf Befehl der holländischen Regierung zurückgewiesen wurde, verlangte der König Genugthuung für die seiner Schwester angethane Schmach. Holland verweigerte sie ganz entschieden, da es einerseits der Hülfe Frankreichs vertraute, andrerseits aber nicht glauben wollte, daß Friedrich Wilhelm es zum Kriege kommen lassen würde. Deshalb rückte am 13. September 1787 ein Heer von mehr als 20,000 Mann unter dem Herzoge Ferdinand von Braunschweig bei Nimwegen und Arnheim über die Grenze. Die Preußen fanden so geringen Widerstand, daß Wilhelm V. schon am 20. nach dem Haag zurückkehren konnte; nur Amsterdam, wohin sich die exaltirtesten Patrioten begeben hatten, glaubte sich dadurch zu sichern, daß es die ganze Umgegend unter Wasser setzte und die wenigen trocknen Zugänge stark verschanzte. Als aber die Preußen einige dieser Verschanzungen durch herzhaften Angriff nahmen, ergab sich die Stadt am 8. October. — Großmüthig leistete Friedrich Wilhelm auf die Kriegskosten Verzicht, die sich auf 6 Millionen beliefen, und begnügte sich mit dem Ansehn, das auf so leichte Weise für Preußen erworben war. Am 15. April 1788 schloß er sodann mit dem Erbstatthalter und England zu Loo (in Geldern, westlich von Deventer) eine Triple=Alliance und beredete ebendaselbst am 13. Juni mit England das Nähere, diese holländischen Angelegenheiten gänzlich beizulegen.

Von außerordentlicher Wichtigkeit für die ganze spätere Politik des Königs war das feindliche Verhältniß Rußlands und Oesterreichs zur Türkei, so daß wir ausführlicher darüber sprechen müssen. Kaiser Joseph, der die Fortschritte Rußlands gegen die Türken ungern sah, sich aber außer Stande fühlte, denselben kräftig entgegen zu treten, hielt es für angemessener, eine enge Verbindung mit Rußland einzugehen, um wenigstens an der Beute Antheil zu nehmen. Deshalb schloß er sich im April 1787 zu Cherson eng an Katharina; die Türken aber, von diesem Bündniß doppelt bedroht, glaubten nicht erst den Angriff abwarten zu müssen, sondern kündigten plötzlich, im August, ihrerseits den Krieg an, obgleich sie wenig zu demselben vorbereitet waren. Gleich zu Anfang kämpften sie unglücklich gegen die Russen, und als Kaiser Joseph persönlich, ohne die Abmahnungen Preußens zu beachten, zu Anfang des Jahres 1788 mit einer Armee von 2—300,000 Mann gegen die türkische Grenze aufbrach, stand zu befürchten, daß der Sultan durch die Uebermacht erdrückt werden würde. Preußen war deshalb, wie schon in den siebziger Jahren, so auch jetzt besorgt, daß die Macht Rußlands und Oesterreichs auf bedrohliche Weise anwachsen möchte, und indem sein Minister Herzberg die Idee Friedrich's auch hier durchführen wollte, daß Preußen zur Erhaltung des europäischen Gleichgewichts als Schiedsrichter aufträte, erhielt der preußische Gesandte in Constantinopel, v. Diez, den Auftrag die Pforte zu bestimmen, bei einem Friedensschlusse die preußisch=englische Vermittlung anzurufen. Träte sie an Rußland das Land bis zum Dnjestr, an Oesterreich aber die Moldau und Walachei ab, so wolle man ihr feierlichst die Sau und Donau als Grenze auf ewige Zeiten garantiren. Für diese Abtretung, so hoffte man, würde Oesterreich geneigt sein, Galizien an Polen zurückzugeben, wogegen dies die Städte Danzig und Thorn und die Palatinate Posen und Kalisch an Preußen überlassen sollte, das dadurch eine wünschenswerthe Abrundung erhalten würde. So complicirt dieser Plan auch war, und so sehr auch Diez rieth, daß man zu dessen Durchführung gegen Oesterreich entschieden Front machen müsse, so war doch Herzberg der Meinung, daß man durch bloße diplomatische Verhandlungen zum Ziele kommen würde. Um jedoch dem Worte größeres Gewicht geben zu können, schloß Preußen zu Berlin am 13. August 1788 mit England einen Vertrag, durch welchen man sich gegenseitig Hülfe gegen jede Störung des Friedens zusagte, und in welchem England für den Nothfall außer 50,000 Mann seine ganze Flotte zu verwenden versprach. Bei folgendem Vorfall zeigte sich gleich darauf dies Bündniß wirksam.

König Gustav III. von Schweden aus dem Hause Holstein-Gottorp, das 1751 den schwedischen Thron bestiegen, hatte nicht nur die Macht des Adels gebrochen, sondern ging auch mit dem Gedanken um, die von Rußland den Schweden entrissenen Provinzen seinem Reiche wiederzugewinnen. Er hielt den damaligen Zeitpunkt für günstig, als Rußland seine ganze Macht nach dem Süden gegen die Türken geworfen hatte, und nahm keine Rücksicht darauf, daß er nach seinem eignen früheren Zugeständniß kein Recht besaß, ohne Einwilligung der Stände einen Angriffskrieg zu eröffnen. Deshalb verweigerten auch die abligen Offiziere seines Heeres, das er im Juni 1788 nach Finnland hinüber gesetzt hatte, den Gehorsam, und etwa gleichzeitig brach Dänemark von Norwegen her in Schweden ein, zufolge der Verträge, die es mit Rußland geschlossen hatte. Da jedoch traten England und Preußen dazwischen, und letzteres erklärte, unverzüglich die dänischen Staaten in Deutschland anzufallen, wenn Dänemark seine Truppen nicht zurückzöge. In Folge dessen bequemten sich die Dänen im October zu einem Waffenstillstand, der am 9. Juli 1789 in vollständige Neutralität verwandelt wurde. Gustav's Kraft war aber auch da noch zu schwach, sein Vorhaben glücklich auszuführen; im August 1790 mußte er mit Rußland einen Frieden schließen, der nur die alten Bestimmungen bestättigte.

Ungeachtet der Feldzug des Jahres 1789 für die Türken unglücklich ablief, vermochte doch der preußische Gesandte nicht die Pforte zu bewegen, in die Vorschläge Herzberg's einzugehen, der damals um so größere Hoffnung hegte, als nicht nur die Polen sich zu einem Bündniß mit Preußen geneigt zeigten, sondern auch Katharina durch ihren unzufriedenen Adel sehr bedrängt wurde, Kaiser Joseph aber durch unüberlegte Maßregeln die ganzen österreichischen Niederlande in offnen Aufstand versetzt hatte, und die Gährungen nicht nur in Ungarn, sondern auch in Böhmen und in den übrigen Erblanden immer bedenklicher wurden. Diez brachte zwar nach gewaltigem Drängen am 31. Januar 1790 ein Schutz- und Trutz-Bündniß mit der Pforte zu Stande, es entsprach aber durchaus nicht den Erwartungen, die man in Berlin gehegt hatte. Statt jener, selbst modificirten Abtretungen, welche von der Pforte gefordert werden sollten, hatte sich diese vielmehr die Wiedererlangung aller russischen Eroberungen ausbedungen. Dennoch rieth Herzberg dem Könige zur Annahme des Bündnisses, dessen Bestimmungen allerdings einige Abänderungen erfahren müßten; indem Preußen die Sympathien der Belgier, Ungarn ꝛc. gewönne und benutzte, würde

Türkisch-polnische Angelegenheiten.

es im Verein mit den Seestaaten, Polen und Schweden den Krieg gegen Oesterreich und Rußland voraussichtlich zu einem glücklichen Ausgange bringen. Daß diese Hoffnungen jedoch nicht in Erfüllung gingen, davon trugen der Tod des Kaisers Joseph und die Ausdehnung der französischen Revolution die Schuld.

Als Joseph II. im Februar 1790 gestorben war, folgte ihm sein Bruder Leopold II. (1790—1792), ein Fürst, der durch seine erprobte Staats-Weisheit in kurzer Zeit die Gefahren zu beseitigen wußte, die seinem Hause von allen Seiten her drohten. Durch Zurücknahme der schonungslosen Verordnungen seines Bruders und durch Versprechungen, die er nach allen Seiten hin gab, besänftigte er einen großen Theil seiner Länder, zugleich aber leitete er Maßregeln ein, den gefährlichsten seiner Gegner, Preußen, unschädlich zu machen. Es gelang ihm dies in außerordentlichem Grade, wenn auch bei Beginn der Verhandlungen die Aussichten nicht günstig schienen. Preußen schloß nämlich am 29. März 1790 zu Warschau mit Polen ein Bündniß, in welchem letzteres ein Hülfsheer von 12—20,000, ersteres 18—30,000 Mann zusagte, um sich gegenseitig ihren Besitz zu sichern und jede fremde Einmischung in die inneren Angelegenheiten Polens zu verhindern. Leider war aber auch hier wie bei dem türkischen Bündniß versäumt, die Forderungen Preußens obenan zu stellen, um derentwillen es sich überhaupt in diese Angelegenheiten eingelassen hatte. Die Abtretung von Danzig und Thorn sollte erst bei einem späteren Handels-Vertrage zu Sprache kommen. Dennoch zog Friedrich Wilhelm im Mai 1790 sowohl an der russischen als auch an der österreichischen Grenze Heere zusammen, ging selber im Juni nach Schlesien und nahm sein Hauptquartier zu Schönwalde, zwischen Frankenstein und Silberberg. Aber gerade jetzt, wo die Gefahr für Oesterreich am höchsten erschien, wurde der König von seinen Bundesgenossen im Stiche gelassen, gerade jetzt operirte Leopold auf äußerst geschickte Weise. Er schickte Friedens-Unterhändler nach Reichenbach und erbot sich für einen Theil von Serbien und für die kleine Walachei (westlich der Aluta), welche beiden Länder Oesterreich schon früher nach dem Frieden von Passarowitz von 1718—1739 im Besitz gehabt hatte, einen Theil von Galizien an Polen abzutreten, als die Gesandten der Seemächte, die wider Herzberg's Willen den Zutritt zu den Verhandlungen erzwungen hatten, sehr bestimmt erklärten, daß sie nie in den Entschädigungsplan Preußens einwilligen würden, daß vielmehr der frühere Zustand für die Türkei hergestellt werden müßte. Die Erwägung der Schwierigkeiten, unter solchen Verhältnissen Polen und die Türkei zur Abtretung der gewünschten Gebiete zu veranlassen, das Bedenken, daß Herzberg mit revolutionärer Hülfe seine Absichten durchführen wolle, bestimmten Friedrich Wilhelm, auf Rath von Günstlingen, seinen lang gehegten Wünschen zu entsagen, um die Sache zu einem schnellen Ende zu bringen. Seine Kriegslust war plötzlich abgekühlt, und er schloß sich den Forderungen seiner Verbündeten an. Leopold aber hatte glücklich erreicht, wozu er scheinbar sich zwingen ließ, und so erfolgte am 27. Juli 1790 der Reichenbacher Vertrag, der für Preußen so überaus folgenschwer geworden ist. Oesterreich, so hieß es in demselben, solle den Türken alle Eroberungen herausgeben; erhalte es bei den Grenzbestimmungen eine Vergrößerung, so müsse es dafür an Preußen Entschädigung abtreten. Es versprach ferner, Rußland keine Unterstützung mehr zu gewähren, während Preußen im Verein mit den Seemächten Belgien beruhigen wollte.

Hatte auch Preußen durch diesen Vertrag scheinbar sein altes Ansehn behauptet, so zeigte sich doch sehr bald, wie es von Oesterreich überflügelt worden war. Der Aufwand von etwa 10 Millionen bei diesen Verhandlungen und Rüstungen war noch der geringste Verlust, weit schlimmer war es, daß Leopold freie Hand gewonnen hatte und besonders nach seiner Kaiserkrönung (im September 1790) die erlangten Vortheile eifrig für sich ausbeutete. Zunächst trat dies bei der Beruhigung der Belgier hervor, die bis dahin außer an Preußen auch an England und Holland Rückhalt zu haben meinten. Zwar versprachen ihnen diese Amnestie und Gewährleistung ihrer alten Verfassung, gaben jedoch schon im October ihre weitere Betheiligung auf und überließen das Land seinem Schicksal. Noch zu Ende des Jahres 1790 rückten von Luxemburg aus, welche Provinz allein bei Oesterreich verblieben war, 30,000 Oesterreicher in das Land und unterwarfen es ohne Schwertstreich. Von der Wiederherstellung alter Freiheiten war natürlich unter solchen Umständen keine Rede.

Noch nachtheiliger für Preußen gestalteten sich die Lütticher Angelegenheiten. Als nämlich in den österreichischen Niederlanden die Empörung gegen Kaiser Joseph ausgebrochen war, hatten auch die Lütticher im August 1789 die Waffen ergriffen, um sich die Freiheiten wieder zu verschaffen, die ihnen hundert Jahre zuvor genommen worden waren. Der Bischof Constantin Franz willigte in ihre Forderungen, entwich aber gleich darauf nach Trier, und gleichzeitig erging vom Reichs-Kammergericht die Androhung von Execution, wenn die Lütticher sich nicht unterwerfen würden. Ihre Verhandlungen mit dem Bischofe waren erfolglos, und so wurden denn die ausschreibenden Fürsten des niederrheinisch-westfälischen Kreises Cöln, Jülich und Cleve beauftragt die Execution zu vollstrecken. Friedrich Wilhelm, als Herzog von Cleve, ließ zwar im September 1789 unter dem General v. Schlieffen einige tausend Mann, darunter auch Pfälzer und Cölner, in das Land rücken, versprach aber den Lüttichern gleichzeitig für die Erhaltung ihrer Freihätten Sorge zu tragen. Da jedoch alle seine Bemühungen bei dem Bischofe wie bei seinen Mitexecutoren und dem Reichs-Kammergericht vergeblich waren, vielmehr im December ein verschärftes Mandat erfolgte, den früheren Zustand unnachsichtlich wiederherzustellen, so zog er im April 1790 seine Truppen zurück, indem er erklärte, daß er den Reichs-Auftrag nicht mit Gerechtigkeit und Ehren durchführen könnte. Dafür wurden im Sommer 1790 andere Reichstruppen aufgeboten, welche mit so traurigem Erfolge kämpften, daß sich das Reichs-Kammergericht abermals an Preußen wandte. Der König nahm jedoch den Auftrag nicht an, da der Bischof alle seine Vorschläge hartnäckig zurückwies, und verhielt sich ganz theilnahmlos, als im Januar 1791 österreichische Truppen auch hier einrückten und jeden Widerstand zu Boden schlugen. Die Hauptschuld an der darauf erfolgenden trostlosen Reaction wurde Preußen untergeschoben, ohne dabei in Erwägung zu ziehen, daß vorzugsweise Mitglieder des Fürstenbundes es waren, die jede Verständigung vereitelt hatten.

Oesterreich hatte zwar zugesagt, Frieden mit der Türkei zu schließen, doch erst gegen Ende des Jahres 1790 zu Sistowa (an der unteren Donau) Unterhandlungen eingeleitet, die gar bald ins Stocken geriethen, da der Kaiser Forderungen aufstellte, welche der Reichenbacher Convention geradezu widersprachen, und sich auch durch neue Kriegsdrohungen Preußens nicht irre machen ließ. Die bedenkliche Entwicklung der französischen Revolution war es, welche den König von ernstlichen Maßregeln zurückhielt; er wünschte die orientalischen Angelegenheiten so schnell als möglich beendigt zu sehen, damit er in Gemeinschaft mit Oesterreich gegen Frankreich auftreten könnte. Da der Kaiser jedoch erklärte, daß an kein freundliches Zusammengehen mit Preußen gedacht werden könne, so lange Herzberg an der Spitze der Verwaltung stände, und da er sich zugleich erbot, den Fürsten Kaunitz zu verabschieden, der eben so feindlich gegen Preußen gesinnt sei wie Herzberg gegen Oesterreich, so schob Friedrich Wilhelm in der That den alten verdienstvollen Minister zur Seite, und als nun gar die Dinge in Frankreich einen höchst gefährlichen Charakter annahmen, König Ludwig XVI. in der Nacht zum 21. Juni 1791 aus Paris entflohen, auf der Flucht ergriffen und als Gefangener zurückgeführt worden war, glaubte der König Alles aufbieten zu müssen, um den Kaiser zu energischen Schritten gegen Frankreich zu veranlassen. Und da Leopold offen aussprach, jede neue Verwicklung zu vermeiden, bevor er nicht mit der Türkei im Reinen und der preußischen Hülfe gewiß sei, so genehmigte Friedrich Wilhelm Alles, was der Kaiser gegen den Wortlaut des Reichenbacher Vertrages gethan, entließ Herzberg gänzlich aus seinem Rathe und schloß durch Bischofswerder am 25. Juli 1791 zu Wien einen Vertrag, in welchem beide Mächte sich gegenseitig ihre Besitzungen garantirten und gemeinschaftliche Maßregeln gegen Frankreich berathen wollten. Zu dem Ende fand auch im August eine persönliche Zusammenkunft beider Monarchen in Pillnitz Statt, doch vermied Leopold auch da wohlweislich, bestimmte Versprechungen zu geben. Er hatte seinen Zweck erreicht, Preußen bei Seite gedrängt und fand jede Einmischung in die französischen Angelegenheiten für überflüssig, als Ludwig XVI. am 14. September 1791 die neue Verfassung beschworen hatte, durch welche Frankreich zu einer constitutionellen Monarchie gemacht wurde. Ungestört konnte indeß der Kaiser im August mit der Türkei den Frieden abschließen, der ihm wenigstens einige neue Erwerbungen brachte, ohne daß von Entschädigung für Preußen die Rede war.

Rußland hatte indeß den Krieg gegen die Türken fortgesetzt, ohne den Mahnungen der Triple=Alliance Gehör zu geben. Und auch hier erlitt Preußen eine abermalige empfindliche Niederlage. Es hatte im Frühjahr 1791 die Truppen an der russischen Grenze bis auf 80,000 Mann verstärkt, England wollte eine Flotte in die Ostsee, eine zweite ins schwarze Meer schicken, um Rußland zum Frieden zu zwingen; da erklärte sich aber das englische Parlament so entschieden gegen einen Bruch mit Rußland, daß alle Rüstungen wieder eingestellt wurden. So war auch Preußen genöthigt, Rußland auf eigne Hand handeln zu lassen, das erst da im Januar 1792 zu Jassy Frieden schloß, als ihm alle seine Eroberungen bis zum Dnjestr bewilligt worden waren.

Hatte demnach das Ansehn Preußens durch kurz auf einanderfolgende Schläge die größte Erschütterung erlitten, so konnte die bedeutende Erwerbung, die es gleich darauf in Polen machte, keinen Ersatz dafür bieten, zumal da auch bei dieser Angelegenheit das Schwanken der preußischen Politik vielfach Veranlassung gab, dieselbe auf alle Weise mit Schmähungen zu überhäufen.

Das Bündniß Preußens mit Polen war nur von kurzer Dauer. Die Verhandlungen über den vorbehaltenen Handels=Vertrag, der zugleich die Abtretung von Danzig und Thorn aussprechen sollte, wurden von den Polen sorgfältigst hinausgeschoben, dagegen im September 1790 sogar der Grundsatz festgestellt, daß nie eine Stadt oder ein Gebiet von Polen getrennt werden dürfte. Gleichzeitig aber trafen die Polen in aller Stille Vorbereitungen, ihrem Staate durch eine neue Verfassung größere Festigkeit zu geben, und ohne daß namentlich Preußen vorher irgendwie in Kenntniß gesetzt worden war, wurde plötzlich am 3. Mai 1791 diese neue Verfassung verkündigt und beschworen, durch welche Polen in eine erbliche constitutionelle Monarchie verwandelt wurde. Das liberum veto wurde für immer aufgehoben; der executiven Gewalt des Königs wurde die gesetzgebende des Reichstages zur Seite gestellt, der hinfort aus der Senatoren- und Landboten-Kammer bestand. In die letztere sollten auch die königlichen Städte Abgeordnete schicken; dem Adel wurden zwar Rechte und Vorzüge vorbehalten, seine Bauern jedoch unter den Schutz der Gesetze gestellt. Die katholische Religion sollte die herrschende sein, ohne jedoch dadurch die Glaubensfreiheit andrer Parteien einzuschränken. — Vergeblich wandte Graf Herzberg den letzten Rest seines Ansehns auf, eine entschiedene Protestation Preußens gegen diesen Staatsact zu veranlassen, indem er die Gefahr lebhaft vorstellte, welche Preußen in Zukunft von Polen drohen würde: Friedrich Wilhelm, durch Günstlinge bestimmt, sprach wenige Tage später sein Einverständniß mit dieser Veränderung gegen Polen aus und beeilte sich Sachsen zu beglückwünschen, dem nach dem Tode des Stanislaus Augustus die polnische Krone erblich zufallen sollte. In gleichem Sinne einigte er sich auch zu Pillnitz mit dem Kaiser dahin, daß die Unabhängigkeit und Untheilbarkeit Polens so wie die Thronfolge Sachsens anerkannt werden sollte, ohne daß man jedoch dies gegen Polen selber ausgesprochen hätte.

Rußland griff nicht eher in diese Angelegenheiten ein, als bis es den Frieden mit der Türkei abgeschlossen hatte. Dann aber erklärte es, daß es die neue Constitution nicht anerkennen, sondern sich auf die Seite der Conföderation stellen würde, welche von den unzufriedenen Polen unter Felix Potocki und Rzewuski am 14. Mai 1792 zu Targowicz (an einem Nebenfluß des südlichen Bug) gebildet worden war, und schon am 19. Mai ließ es eine Armee von 100,000 Mann in Polen einrücken. Zwar leisteten die Polen am 17. Juli bei Dubienka (am Bug, südöstlich von Lublin) tapfern Widerstand, doch schon wenige Tage darauf trat der König Stanislaus zur Conföderation über, und ganz Polen wurde von den russischen Truppen überschwemmt. In Folge dessen wurde auf dem im September zu Grodno eröffneten Reichstage die Verfassung vom 3. Mai 1791 aufgehoben und das alte Wahlreich wiederhergestellt.

Sachsen hatte eben so wenig wie Preußen sich bewegen lassen den Polen Hülfe zu leisten, namentlich hatte letzteres erklärt, daß es keinen Antheil an dem Entwurfe der neuen Verfassung gehabt habe und also auch nicht verpflichtet sei, für dieselbe einzustehen. Vielmehr schloß es sich insgeheim an Rußland an, das ihm die Aussicht auf die gewünschten polnischen Erwerbungen eröffnete, und sagte überdies Oesterreich seinen ferneren Beistand in dem gegen Frankreich unternommenen Kriege und zu seinen Absichten auf anderweitige Entschädigungen nur unter der Bedingung zu, daß es seinen Plänen gegen Polen keinen Widerstand entgegensetze. Als es sich dann am 4. Januar 1793 über eine abermalige Theilung Polens mit Rußland geeinigt hatte, ließ es unter dem

33

Feldmarschall v. Möllendorf nach einer Erklärung vom 6. Januar eine Armee in Polen einrücken und die Woiwodschaften Gnesen, Posen und Kalisch besetzen, um „die übelgesinnten Aufwiegler und Ruhestörer zu unterdrücken und die Ruhe und Ordnung wiederherzustellen." Noch im Januar wurde auch Thorn, im April Danzig von den Preußen besetzt, und die Bewohner der unterworfenen Gebiete mußten im Mai Preußen huldigen. Der darauf im Juni zu Grodno eröffnete Reichstag bewilligte, wenn auch mit Widerstreben, die Abtretungen an Rußland, verweigerte aber lange die preußischen Forderungen; erst im September 1793 wurden sie ihm unter Anwendung der gewaltsamsten Maßregeln abgerungen. Während Rußland die 4000 Quadr.-Meilen große Osthälfte von Polen in Besitz nahm, erhielt Preußen das Land westlich der Linie, welche von der Mündung der Bzura in die Weichsel nördlich bis zur altpreußischen Grenze, südlich bis zur Pilica gezogen wurde; diese neue Erwerbung erhielt den Namen „Süd-Preußen." Polen war durch diese neuen Verluste auf etwa ein Drittel seiner ursprünglichen Größe reducirt, mußte überdies im October ein Freundschafts-Bündniß mit Rußland eingehen und sich verpflichten, sein Heer auf 15,000 Mann zu vermindern. Eine große Anzahl unzufriedener Polen hatte das Vaterland verlassen, russische Truppen hielten noch ferner mehrere Hauptpunkte, namentlich Warschau besetzt.

Als darauf zu Anfang des Jahres 1794 die Auflösung des polnischen Heeres Statt finden sollte, brach das allgemeine Mißvergnügen in plötzlichem Aufstande hervor, veranlaßt durch die Flüchtlinge, welche in dem benachbarten Sachsen sich zur Rettung ihres Vaterlandes verschworen und geheime Verbindungen mit Gleichgesinnten daheim unterhalten hatten. Unter ihnen waren besonders Kosciusko und Jonczek thätig. Während letzterer nach Warschau zurückging, um die Truppen und Bürger dieser Stadt zu gewinnen, suchte ersterer, wiewohl vergeblich, die Türkei und Frankreich zur Hülfe zu bewegen. Er kehrte erst da nach Krakau zurück, als Madalinski, statt seine Truppen aufzulösen, sie hierher führte. Die russischen Truppen mußten die Stadt räumen, und am 24. März 1794 wurde von der schnell gebildeten Conföderation die Verfassung von 1791 wieder hergestellt, und Kosciusko zum Generalissimus mit der unbeschränkten Vollmacht eines Dictators ernannt. Vergeblich hatte der russische General Igelström, der Warschau besetzt hielt, durch eine entsandte Truppen-Abtheilung Madalinski aufzuhalten versucht, Kosciusko eilte diesen Truppen mit schnell aufgebrachter Mannschaft entgegen und brachte ihnen am 4. April bei Raclawice, in der Nähe von Krakau eine Niederlage bei. In Folge derselben brach auch in Warschau am 17. April offne Empörung aus, und die Russen wurden gezwungen nach schwerem Verluste die Stadt zu räumen. Mit wenigen Ausnahmen verbreitete sich der Aufstand über ganz Polen, und schon im Mai wurde in Warschau der Nationalrath als höchste Behörde eingesetzt. Doch bald trat wieder die alte Uneinigkeit unter den Polen hervor, und namentlich war es die democratische Partei, welche unter Mordscenen eine durchaus andere Verfassung als die constitutionelle Monarchie eingeführt wissen wollte. Kosciusko hatte sein ganzes Ansehn aufzubieten, diese wilden Regungen im Zaume zu halten.

Da rückte im Mai unter dem Könige selber eine preußische Armee von etwa 50,000 Mann in Polen ein, um den Aufstand zu unterdrücken. Nach dem Siege bei Szczekocin, an der oberen Pilica, am 6. Juni 1794, besetzten die Preußen Krakau und zwangen Kosciusko, seine Macht in und um Warschau zu concentriren, welche Stadt seit Ende Juli von den Preußen und einer russischen Heeres-Abtheilung unter Fersen belagert wurde. Die geringe Energie, mit welcher die Belagerung geleitet wurde, der Mangel an Lebensmitteln und Kriegsbedarf bei erschwerter Communication, verderbliche Krankheiten im Heere zogen sie außerordentlich in die Länge, ein allgemeiner Aufstand in Südpreußen unter Dombrowski und Madalinski machte endlich zu Anfang September ihre Aufhebung nothwendig. Unterdeß hatten sich aber auch österreichische Truppen nach Polen in Bewegung gesetzt, ein russisches Heer im August Wilna und ganz Lithauen unterworfen, während ein anderes unter Suwarow von Süd-Rußland heranrückte. Die Polen, welche sich letzterem entgegenstellten, wurden am 18. und 19. September bei Brzesc am Bug geschlagen, doch verweilte Suwarow längere Zeit hier, um sämmtliche russische Truppen zu sammeln. Desto eifriger suchte Kosciusko den General Fersen von dem Uebergange nach dem rechten Weichselufer abzuhalten. Er zog ihm entgegen, erlitt jedoch nicht nur am 10. October bei Macziewice (oberhalb Warschau an der Weichsel) eine harte Niederlage, sondern gerieth auch selber schwer verwundet in russische Gefangenschaft. Nachdem darauf Suwarow seine Truppen vereinigt hatte, rückte er gegen die Weichsel vor und nahm bereits am 4. November Praga mit Sturm, wo das entsetzlichste Blutbad jeden Widerstand vernichtete, so daß auch Warschau sich ergeben mußte. Schon am 9. November zog Suwarow dort siegreich ein, und am 18. legten die übrig gebliebenen polnischen Truppen die Waffen nieder. Der Aufstand in Süd-Preußen war schon etwas früher durch die Preußen unterdrückt worden.

Rußland benutzte sein größeres Glück in Polen auf eine für Preußen höchst verletzende Weise. Schon am 3. Januar 1795 schloß es mit Oesterreich, das sich an diesem letzten Kampfe sehr wenig betheiligt hatte, einen Vertrag, in welchem beide Mächte das zu Boden geworfene

Polen so unter einander theilten, daß für Preußen nur ein unbedeutender Rest ausgeworfen wurde. Erst nach langwierigen Unterhandlungen einigte sich Preußen am 24. October 1795 mit Rußland und am 21. October 1796 mit Oesterreich über den Antheil, der ihm zufallen sollte; ja der völlige Abschluß mit beiden Mächten zog sich noch bis in den Januar 1797 hinein. Polen hatte aufgehört zu existiren; sein bisheriger König Stanislaus, der während des ganzen Krieges sich passiv verhalten hatte, lebte seitdem in Grodno, dann in Petersburg von einem ihm bewilligten Gnadensolde, starb aber schon im Februar 1798. Als Grenze des preußischen Antheils bei dieser dritten Theilung Polens gegen den russischen wurde der nördlich gewendete Lauf des Niemen bestimmt und eine Linie von Grodno bis zum Bug hinüber unterhalb Brzesc; als Grenze gegen den österreichischen Antheil die Pilica, die Weichsel und der Bug in seinem unteren westlichen Laufe, jedoch so, daß die Landspitze zwischen den beiden letzten Flüssen und damit auch Warschau Preußen angehörte. Der südlichste Theil der neuen Erwerbung im Westen der oberen Pilica, Severien, bildete „Neu-Schlesien", der nordöstliche Theil die Provinz „Neu-Ostpreußen."

Während Preußen auf seiner Ostseite, wenn auch mit wenig Ruhm und Glück kämpfend, ein bedeutendes Gebiet gewann, führte es zugleich im Westen einen gefährlichen Krieg, der zwar seinen alten Waffenruhm vielfach aufs neue bewährte, dagegen aber auch seine Finanzen gänzlich zerrüttete. Es war dies der unglückliche Kampf gegen die neuen Ideen, welche unter Strömen von Blut in Frankreich eine neue Staats-Verfassung hervorriefen und bald alle alten Verhältnisse in Europa mit Umsturz bedrohten. Daß auch Friedrich Wilhelm sich diesem Kampfe anschloß, konnte bei seiner ritterlichen Gesinnung nicht Wunder nehmen; er theilte die Ansicht und den Irrthum mit allen übrigen Fürsten seiner Zeit. Daß er aber denselben auf eigne Hand abbrach, zum größten Verdrusse seiner Verbündeten und zum größten Aerger seiner Neider, wird jeder Unparteiische, wenn auch nicht gerade rechtfertigen, so doch jedenfalls entschuldigen müssen, wenn er die geringe Unterstützung, ja sogar die Vernachlässigung beachtet, welche ihm von seinen Bundesgenossen zu Theil wurde.

Nirgend hatte die Aufklärung des vorigen Jahrhunderts den scharfen Gegensatz zwischen den neuen Ideen und der bestehenden Wirklichkeit mehr hervortreten lassen als in Frankreich. Die Willkür Ludwig's XIV. in Allem, was er that, wurde durch den Glanz verdeckt, den seine lange Regierung über Frankreich verbreitet hatte; das Elend des Volkes wurde aber da tief gefühlt, als der liederliche Hof Ludwig's XV. ohne Scham sich die schreiendsten Ungerechtigkeiten erlaubte, und als die Ehre des Staates den Maitressen und Günstlingen geopfert wurde. Ludwig XVI. war es, der durch Leiden unerhörter Art, ja durch den Tod das Vergehen sühnte, welches seine Vorfahren begangen hatten. Bei dem edelsten Charakter fehlte ihm der klare, feste Wille und die Kraft, Reformen einzuführen, die dem Lande unumgänglich nöthig waren. Auf die schrecklichste Weise wurden sie von unten her bewirkt, und es sind dadurch Erschütterungen hervorgerufen worden, deren Ende auch jetzt noch nicht abzusehen ist.

Die unmittelbare Veranlassung zu denselben gab die grenzenlose Finanznoth, in der sich Frankreich befand, und zu deren Abhülfe die einberufenen Reichsstände am 5. Mai 1789 zusammentraten. Durch seine Kühnheit gewann der dritte Stand sehr bald ein solches Uebergewicht, daß er sich schon am 17. Juni für eine „National-Versammlung" erklärte; ihm schloß sich gleich darauf eine sehr große Zahl von Geistlichen an. Unter den Beschlüssen, die rasch nach einander gefaßt wurden, und durch welche Frankreich eine gänzlich veränderte Gestalt seiner inneren Verhältnisse erhielt, war keiner von größerer Wichtigkeit als der vom 4. August, welcher alle bisherigen Vorrechte des Adels und der Geistlichkeit aufhob und die Güter der letzteren der Nation zur Verfügung stellte. Eine große Anzahl deutscher weltlicher wie geistlicher Fürsten und Herren, welche namentlich im Elsaß bedeutende Besitzungen hatten, verloren durch jene Maßregeln so bedeutend, daß sie sich zu Anfang des Jahres 1790 mit ihren Klagen an die National-Versammlung wandten. Dieselbe stellte Entschädigung auf so ungenügende Weise in Aussicht, daß die Betheiligten den neu erwählten Kaiser Leopold II. um Hülfe baten, und als auch dessen Unterhandlungen keine befriedigende Lösung herbeiführten, ihre Sache zu Anfang 1791 vor den Reichstag brachten. Kurmainz, das ganz besonders große Einbuße erlitten hatte, nahm überdies die Hülfe des Fürstenbundes in Anspruch, und bei den Reichs-Verhandlungen wurde die Forderung gestellt, daß man bei dieser Gelegenheit die Länder wieder nehmen müsse, welche dem Reiche im Laufe der Zeit von Frankreich entrissen worden wären. Friedrich Wilhelm war es damals besonders, der diesen ungestümen Forderungen weise Mäßigung entgegensetzte und den Weg der Gewalt vermieden wissen wollte. Der Kaiser übernahm es zwar, die Reichs-Beschlüsse an König Ludwig XVI. gelangen zu lassen, bald genug aber wurde diese Sache durch wichtigere Dinge in den Hintergrund gedrängt.

Eine große Anzahl französischer Flüchtlinge hatte sich seit der Erstürmung der Bastille in Paris (den 14. Juli 1789) nach Deutschland begeben und namentlich bei dem Erzbischof von Trier in und bei Coblenz gastliche Aufnahme gefunden. Als 1791 die beiden Brüder des französischen Königs, der Graf von Artois und der Graf von

Provence ebenfalls hier eintrafen, mehrte sich die Zahl der Emigranten so bedeutend, daß sie mit Beihülfe des Erzbischofs ernstliche Anstalten trafen, mit bewaffneter Macht nach Frankreich zurückzukehren; doch konnte bei den Berathungen zu Pillnitz im August 1791, zu denen sich auch der Graf Artois eingefunden hatte, der Kaiser Leopold selbst auf Andringen Friedrich Wilhelm's nicht bewogen werden, die Sache der Emigranten zu unterstützen. Ungeachtet dieser Friedensliebe des Kaisers verwickelten sich die Verhältnisse mit Frankreich immer fester. Gleich nachdem Ludwig XVI. am 14. September 1791 die neue Verfassung beschworen hatte, trat an die Stelle der bisherigen constituirenden National-Versammlung die gesetzgebende. Frankreich erklärte alsbald durch das Treiben der Emigranten seine Freiheit bedroht, und verlangte, daß ihre Rüstungen nicht ferner im Reiche geduldet würden. So sehr auch da noch Kaiser Leopold den Bruch zu vermeiden wünschte, so verstärkte er doch zur Vorsicht seine Streitkräfte in den Niederlanden und schloß am 7. Februar 1792 in Berlin ein Bündniß mit Friedrich Wilhelm, in welchem sich beide Fürsten gegenseitig Hülfe zusagten; jene Aufforderung Frankreichs aber beantwortete er, wenn auch in sehr festem, doch in sehr ruhigem Tone. Sein Tod (den 1. März 1792) und das neue Ministerium in Frankreich, das dem Könige aus den Reihen der Opposition in der Mitte des Monats März aufgedrängt worden war, veränderten die ganze Lage der Dinge. Dumouriez, der die Leitung der auswärtigen Angelegenheiten übernommen hatte, verlangte von dem jungen Kaiser Franz II. Zurückziehung der Truppen und Auflösung der Verträge, die gegen Frankreich geschlossen seien, und als Beides verweigert wurde, wenn Frankreich nicht die aufgestellten Gegenforderungen erfüllte, erklärte letzteres am 20. April 1792 dem Kaiser den Krieg.

Zufolge des Bündnisses, das Preußen mit Oesterreich geschlossen hatte, wurde nach langen Berathungen zu Sanssouci von Preußen am 26. Juni den Franzosen der Krieg angekündigt; Katharina von Rußland hatte Hülfe zugesagt, obgleich es sich bald genug zeigte, daß es ihr nur darum zu thun war, freie Hand gegen Polen zu erhalten. Die deutschen Reichsfürsten, die früher so eifrig auf den Krieg gedrungen hatten, suchten sich jetzt wo möglich jeder Betheiligung zu entziehen, so daß die ganze Last auf Oesterreich und Preußen gewälzt war. Aber auch diese beiden Mächte boten verhältnißmäßig nur geringe Mittel auf, das alte Königthum in Frankreich wieder herzustellen; sie rechneten auf die Erhebung der königlichen Partei in Frankreich, die von den Emigranten mit großer Bestimmtheit zugesagt worden war, und überdies hatten die schon im April unternommenen Angriffe der Franzosen auf die österreichischen Niederlande den traurigen Zustand ihres Heeres

Die Preußen in der Champagne.

gezeigt. In diesem Sinne erfolgte dann auch das berüchtigte **Manifest des preußischen Oberfeldherrn, des Herzogs Ferdinand von Braunschweig**, vom 25. Juli, das jedem Orte Vernichtung drohte, der sich den Fortschritten der Verbündeten widersetzen würde, und das die National-Versammlung wie ganz Paris für die Sicherheit des Königs verantwortlich machte. Gleich darauf brach die preußische Armee, die nur 42,000 Mann zählte, und bei der sich König Friedrich Wilhelm selber befand, von Coblenz auf, ging langsam die Mosel aufwärts und überschritt von Luxemburg her am 19. August die französische Grenze. Sehr bald wurden Longwy und Verdun genommen, und der Herzog war um so mehr darauf bedacht, erst alle festen Plätze längs der Maas zu nehmen, um eine sichre Basis für den nächsten Feldzug zu gewinnen, als der Regen die Wege grundlos gemacht hatte und auf keine Contre-Revolution in Paris zu rechnen war, seitdem dort König Ludwig am 10. August unter den furchtbarsten Greuelscenen als Gefangener in den Tempel gebracht worden war. Gerade dieser Umstand aber bewog Friedrich Wilhelm, der sich bei dem Heere befand, Alles daran zu setzen, um den König aus so unwürdiger Gefangenschaft zu befreien. Er gab deshalb Befehl zu schnellem Aufbruch, der auch am 11. September erfolgte und günstigen Erfolg herbeizuführen schien. Dumouriez, der den Oberbefehl über das französische Heer übernommen hatte, war nicht im Stande, die Engpässe des Argonner Waldes zu halten, doch gelang es ihm sich mit Kellermann zu vereinigen, so daß er der preußischen Armee um etwa 20,000 Mann überlegen war. Dennoch würde er das Feld nicht haben behaupten können, wenn der Herzog nach Ueberschreitung der Aisne statt einer bloßen Kanonade bei Valmy, in der Champagne bei St. Menehould (den 20. September), einen ernsten Angriff versucht hätte. Selbst als er durch das Corps des österreichischen Generals Clairfait verstärkt worden war, ließ er sich acht Tage durch falsche Verhandlungen Dumouriez' hinhalten, zumal da die Nachricht eintraf, daß der am 21. September statt der National-Versammlung eingetretene National-Convent Frankreich für eine Republik erklärt habe. Die kostbare Zeit war verloren, die Ruhr aber richtete so furchtbare Verheerungen in der Armee an, daß man am 29. Sept. den Rückzug antrat. Um ihn in größerer Sicherheit auszuführen, wurden nun preußischer Seits neue Verhandlungen mit den Franzosen angeknüpft, als ob Preußen sein Bündniß mit Oesterreich aufgeben wolle, doch führten diese Verhandlungen den Uebelstand herbei, daß man österreichischer Seits Preußen mit mißtrauischen Augen betrachtete, während dies ungehalten darüber war, daß ein Theil der österreichischen Truppen abberufen wurde. — Der Verlust der Preußen in diesem Feldzuge wird zu 12,000 Mann angegeben.

Die gewonnenen festen Plätze in Lothringen hatte man bald wieder aufgeben müssen und sich nach Luxemburg zurückgezogen, von wo man gleich darauf sich nach dem Rhein wenden mußte, um die Franzosen zurückzudrängen, welche selber in Deutschland eingefallen waren. Denn merkwürdig genug hatte man beim Vorrücken nach der Champagne die linke Flanke so offen gelassen, daß die Franzosen unter Custine es wagen konnten, vom Elsaß her nicht nur Speyer und Worms in den letzten Tagen des September zu brandschatzen, sondern daß es ihnen auch gelang, am 21. October die für Deutschland so wichtige, aber ganz vernachlässigte Festung Mainz zu nehmen. Ueberall waren die Fürsten mit den Regierungen und den Begüterten entflohen, und auch Coblenz mit dem Ehrenbreitstein waren schon im Begriff sich zu ergeben, als noch rechtzeitig hessische und preußische Truppen dies Unheil verhinderten. Dagegen wurde Frankfurt am 22. October von den Franzosen besetzt und wie die Umgegend hart gebrandschatzt. Erst zu Anfang December wurde die Stadt von Hessen und Preußen mit Sturm erobert, während noch am Schlusse des Jahres Mainz sich für eine Republik erklärte.

Den zurückweichenden Preußen und Oesterreichern war Kellermann mit dem geringeren Theile der französischen Armee gefolgt, den ungleich größeren Theil führte Dumouriez nach Belgien, um dieses Land den Oesterreichern zu entreißen. Mit doppelter Uebermacht fiel er sie bei Jemappes, in der Nähe von Mons, am 6. November 1792 an, trieb sie trotz ihres herzhaften Widerstandes in die Flucht, breitete sich über ganz Belgien aus, nahm selbst Aachen und drängte die Oesterreicher bis über die Roer und Erft zurück. Daß man nicht schon damals das ganze linke Rheinufer aufgab, war das Verdienst Friedrich Wilhelm's, der entschlossen war, bei der Wiedereroberung von Belgien und Mainz behülflich zu sein, sobald man ihm österreichischer Seits keine Schwierigkeiten in den Weg legen würde sich in Polen zu vergrößern; er gab sogar seine Zustimmung, daß Kaiser Franz einen Tausch mit Bayern gegen die Niederlande einginge, welche jetzt allerdings erst den Franzosen wieder entrissen werden mußten. Diese Wieder-Eroberung stand aber um so mehr zu hoffen, als nach der Hinrichtung des Königs Ludwig XVI. (den 21. Januar 1793) England und Holland der Coalition gegen Frankreich sich anschlossen. Schon am 1 März 1793 begannen die Oesterreicher unter dem Befehl des Prinzen von Coburg den Feldzug. Unter schwerem Verluste wichen die Franzosen zurück, und erlitten bei Neerwinden (zwischen Lüttich und Löwen) am 18. März eine bedeutende Niederlage, während gleichzeitig Holland durch Engländer, Holländer und Preußen wieder befreit wurde, wo die Franzosen bereits nicht geringe Eroberungen gemacht hatten. Dumouriez wegen seiner Niederlage von den Gewalthabern in Paris das Schlimmste befürchtend, verhandelte mit den Verbündeten um Beistand, dem Convente ein Ende zu machen und den jungen Ludwig XVII. aus dem Gefängnisse auf den Thron zu führen; doch schon zu Anfang April mußte er sich zu den Oesterreichern retten, da seine Truppen ihm den Gehorsam versagten.

Die siegreichen Verbündeten drangen darauf in die französischen Niederlande ein und eroberten mehrere feste Plätze. Man versäumte damit die günstige Zeit, während welcher die schrecklichste Verwirrung in Frankreich für einen kühnen Marsch auf Paris die sicherste Aussicht auf Erfolg darzubieten schien. Das eilfertige Streben, kleinliche Vortheile für sich zu gewinnen, lähmte das gemeinsame Handeln und ließ den Franzosen vollkommen Zeit, durch die gewaltsamsten Maßregeln Heere aufzubringen, welche den Verbündeten die errungenen Vortheile wieder entrissen. So warf sich eine französische Uebermacht auf die Engländer, welche Dünkirchen belagerten, und zwang sie durch die Kämpfe am 6. bis 8. September bei Hondschoote zurückzuweichen; noch glücklicher war sie bei Maubeuge, da der Prinz von Coburg selbst nach dem rühmlichen Treffen bei Wattignies am 15. und 16. October es für gut fand, die Belagerung des Ortes aufzugeben und sich auf österreichisches Gebiet zurückzuziehen.

Wurde in den Niederlanden nicht mit der Energie gekämpft, die allein einen günstigen Erfolg hätte herbeiführen können, so vereitelte auch am Mittelrhein der Mangel an gemeinsamer Leitung nicht minder alle Tapferkeit, welche von den Truppen verwendet wurde. Das deutsche Reich, dessen Gebiet durch den Einfall der Franzosen auf so schreiende Weise verletzt worden war, hatte zwar schon gegen Ende des Jahres 1792 beschlossen, eine starke Kriegsmacht aufzustellen, und kündigte auch am 22. März 1793 der Republik Frankreich den Krieg an, doch mit den Leistungen vieler Stände sah es höchst traurig aus. Einige nahmen Neutralität für sich in Anspruch und scheuten sich nicht, die Franzosen namentlich mit Lebensmitteln zu versorgen, andere wollten nur gegen Hülfsgelder ihr Contingent stellen, die wenigsten waren patriotisch genug, auf eigne Kosten den Reichsfeind abzuwehren. So wurde denn auch die preußische Armee des Herzogs von Braunschweig, welche wieder auf 50,000 Mann gebracht worden war, nur durch 14,000 Mann Reichsvölker verstärkt, zu denen statt 15,000 nur 6000 Oesterreicher stießen. Ihre Aufgabe war zunächst die, Mainz den Franzosen zu entreißen. Ehe jedoch zur Belagerung geschritten werden konnte, mußte der Herzog die französische Rhein-Armee unter Custine bis über Landau hinaus zurückdrängen und ebenso eine feste Stellung gegen die Mosel-Armee einnehmen. Beides gelang nach Wunsch; da aber das

Belagerungsgeschütz zum Theil erst von Magdeburg herbeigeschafft werden mußte, so gelang es dem Grafen Kalkreuth erst am 23. Juli den Ort zu nehmen. Die Besatzung erhielt freien Abzug, mußte sich aber verpflichten, ein Jahr lang nicht gegen die Verbündeten zu dienen; sie wurde deshalb von der französischen Regierung benutzt, den royalistischen Aufstand in der Vendée niederzuwerfen.

Da Preußen in diesem Feldzuge nur als Hülfsmacht agirte und in den Conferenzen zu Frankfurt im Monat Februar nur die Eroberung von Mainz verabredet war, so trat eine längere Unthätigkeit für die Armee ein, weil erst zu Ende des Sommers die weiteren Anweisungen aus Wien eintrafen. Zugleich knüpfte der kaiserliche neue Minister, Baron Thugut, mit dem Könige neue Verhandlungen wegen Polens und Bayerns an, die Preußen um so mißtrauischer machen mußten, je mehr man dabei die Doppelzüngigkeit Oesterreichs erkannte, das an England das Versprechen gegeben hatte, auf die Erwerbung Bayerns Verzicht zu leisten, während es von Preußen selbst für den Fall Hülfe verlangte, daß die Wittelsbacher mit Gewalt zur Herausgabe ihres Landes gezwungen werden müßten. Dennoch hielt Preußen fest an dem Bündniß. Der Herzog hatte so eben (den 14. September) einen Angriff der Franzosen bei Pirmasens zurückgeschlagen; seine Reiterei und drei Bataillons hatten hingereicht 15,000 Franzosen in wilde Flucht zurückzuwerfen, die dabei 4000 Mann und 20 Geschütze verloren, während die Preußen nur 150 Mann einbüßten. Eben so siegreich drängten sie nun, da Landau genommen werden sollte, einerseits die Franzosen hinter die Saar zurück, während sie andrerseits dem österreichischen General Wurmser behülflich waren, in der Mitte October den Feind aus den festen Weißenburger Linien zu werfen und bis Strasburg zu jagen. Die Uneinigkeit der Oberfeldherren ließ nicht die Früchte dieser Siege pflücken. Wurmser wollte den Elsaß erobern, der Herzog war der Meinung, daß zuvor Landau genommen werden müsse; keiner mochte den andern bei seiner Unternehmung unterstützen. Da jedoch gab die Veränderung im Oberbefehl bei den Franzosen der Sache plötzlich eine andere, unglückliche Wendung.

Zum Oberbefehlshaber der Mosel-Armee war Hoche, der Rhein-Armee Pichegru mit der bestimmten Weisung eingesetzt worden, Landau zu entsetzen, koste es, was es wolle; an der Umsicht des Herzogs, an der Tüchtigkeit des preußisch-sächsischen Heeres brach jedoch der französische Ungestüm. Hoche vermochte weder bei Bliescastel am 17. November mit 20,000 Mann 7000 Preußen und Sachsen zu werfen, noch bei Kaiserslautern am 28. bis 30. mit 40,000 Mann die ihm gegenüberstehenden 20,000 Verbündeten, vielmehr mußte er beidemal mit großem Verluste den Rückzug antreten. Glücklicher waren dagegen die

Franzosen gegen Wurmser. Durch unaufhörliche Angriffe geschwächt, an Allem Mangel leidend, mußte dieser endlich am 30. December die Trümmer seines Heeres bei Philippsburg über den Rhein zurückführen; der Herzog Ferdinand, der nur seinen Rückzug hatte decken können, war dadurch genöthigt gewesen, die Belagerung von Landau aufzugeben und sich in den Winkel zwischen Rhein und Nahe zurückzuziehen. Die beiden Feldherren beschuldigten sich gegenseitig, die Niederlage und somit den Rückzug veranlaßt zu haben, was endlich den Herzog bewog, im Januar 1794 den Oberbefehl niederzulegen, da unter so traurigen Verhältnissen der nächste Feldzug eben so ausfallen müsse.

An seine Stelle trat der Feldmarschall v. Möllendorf, doch war es sehr fraglich, ob Preußen auch noch ferner sich an dem Kriege betheiligen würde, da seine Finanzen gänzlich erschöpft waren. Vergeblich hatte es gesucht, das Reich zu den Kriegskosten heranzuziehen; auch der Kaiser, der Preußen durch den Vertrag von 1792 gebunden hielt, schlug jede Forderung rund ab, selbst als die Seestaaten die größere Hälfte der Hülfsgelder zu zahlen sich erboten. Der König gab deshalb im März 1794 den Befehl, nur 20,000 Mann als pflichtschuldiges Contingent am Rhein zu lassen, die übrigen Truppen aber nach Hause zu führen. Erst da brachte Lord Malmesbury am 19. April im Haag einen Vertrag mit Preußen dahin zu Stande, daß letzteres ein Heer von 62,400 Mann im Felde halten, und daß ihm dafür monatlich 50,000 Pfund von England und Holland gezahlt werden sollten. Für die erste Ausrüstung wurden 300,000 Pfund bestimmt, überdies monatlich 100,000 Pfund als Zuschuß zur Verpflegung und später eine eben so große Summe bei dem Rückmarsch der Truppen. Die Verwendung dieses Heeres sollte nach dem militairischen Einverständniß der beiden Seemächte mit Preußen geschehen; aber die Bestimmung, ob die Preußen nur als Miethstruppen oder als eine mitagirende Macht anzusehen seien, war unklar geblieben; für jene sahen sie die Seemächte an, für diese der Feldmarschall, und diese Meinungs-Verschiedenheit mußte die übelsten Folgen haben.

Die Franzosen hatten durch das Schreckenssystem, dem die bis dahin herrschende Partei der Girondisten im Juni 1793 blutig unterliegen mußten, und das von Robespierre und seinen Genossen auf die äußerste Spitze getrieben wurde, die Zahl der Kämpfer außerordentlich vermehrt, mit denen sie theils die Königlichgesinnten und die Gegner der Regierung im Innern des Landes erdrückten, theils den Krieg an den Grenzen gegen die Coalition mit großer Tapferkeit und Ausdauer führten. Carnot gebührt das Verdienst, in das damalige Chaos des französischen Heeres Ordnung gebracht zu haben, und seitdem traten unter den Anführern Männer hervor, die während der ganzen Folgezeit eine wichtige Rolle gespielt haben. Das Bemühen der französischen Regierung ging zunächst dahin, die Niederlande an sich zu reißen, da dort der Angriff am leichtesten schien. Ungeachtet ihrer Uebermacht kämpften die Franzosen doch anfänglich nur mit schwankendem Glücke; als sie aber am 18. Mai bei Tourcoing (nordöstlich von Lille) einen bedeutenden Sieg errungen hatten, faßten die Oesterreicher den Entschluß, die Niederlande gänzlich zu räumen, um — wie sie laut aussprachen — ihre Kräfte für anderweitige Erwerbungen d. h. in Polen aufzusparen. Dies Vorhaben führten sie dann auch aus, als sie in der Schlacht bei Fleurus (westlich von Namur) am 26. Juni 1794 den Franzosen unterlagen; sie gingen über die Maas zurück und zwangen dadurch die englisch-holländische Armee, ebenfalls Belgien zu räumen und sich nach Holland zurückzuziehen.

Möllendorf hatte unterdeß, namentlich durch den Sieg bei Kaiserslautern am 23. Mai die Franzosen, ungeachtet ihres hartnäckigen Widerstandes, bis hinter die Saar und Queich zurückgedrängt, bei welchen Kämpfen der damalige Oberst Blücher mit seinem Husaren-Regiment am 28. Mai bei Kirweiler (südlich von Neustadt an der Hardt) so ausgezeichnete Thaten verrichtete, daß ihn der König zum General ernannte. Da aber noch keine Geldzahlung von den Seemächten erfolgt war, blieb die preußische Armee mit den verbundenen Oesterreichern lange Zeit unthätig, bis endlich am 20. Juni englische und holländische Unterhändler in Möllendorf's Lager erschienen, um ihn zum Abmarsch nach den so stark bedrohten Niederlanden zu veranlassen. Vergeblich setzte der Feldmarschall die Nothwendigkeit auseinander, seine jetzige Stellung zu behaupten und von hier aus die ihm gegenüberstehenden französischen Heere zu bedrängen, man drohte, unter solchen Umständen keine Subsidien zahlen zu wollen. Dennoch verblieb Möllendorf bei seiner Weigerung, und der König billigte gleich darauf sein Verfahren. Damit war aber das Haager Abkommen in sich zerfallen, und die schnell auf einander folgenden, für die Verbündeten so unglücklichen Ereignisse ließen keine Zeit, dasselbe wieder herzustellen. Um die Mitte Juli rückten die Franzosen mit Uebermacht heran, und so tapfer auch die Vertheidigung der Preußen, besonders in der Umgegend von Kaiserslautern war, so mußten sie doch bis zum Donnersberge, die Oesterreicher bis Mannheim zurückweichen. Ja es gelang sogar einer anderen französischen Armee, am 9. August Trier zu nehmen und dadurch dies Heer der Verbündeten am Mittelrhein von dem in den Niederlanden zu trennen. Dennoch wäre es möglich gewesen, die Verbindung wiederherzustellen, wenn der Prinz von Coburg sich an der Maas gehalten hätte; er wich aber nach der Ourte zurück und legte Ende August den Oberbefehl nieder, unwillig über alle die Hindernisse,

Auflösung des Bündnisses.

durch welche der Minister Thugut seine Absichten durchkreuzt hatte. Clairfait, der das Commando übernahm, wurde von der Ourte nach der Roer zurückgeworfen, so daß der Sieg, den die Preußen bei ihrem abermaligen Vorgehen in den Tagen vom 18. bis 20. September bei Kaiserslautern erfochten, nicht weiter von ihnen benutzt werden konnte. Denn bald genug ging Clairfait nach dem rechten Rheinufer hinüber, so daß schon in der ersten Hälfte des Octobers die Franzosen sich an dem linken Ufer von Cöln bis Coblenz festsetzen konnten. Das zwang denn auch die Preußen, am 23. October über den Rhein zu gehen und mit Ausnahme von Mainz und Luremburg alles Land auf dem linken Ufer den Franzosen zu überlassen. Zugleich hatten die Seemächte jede fernere Zahlung von Hülfsgeldern verweigert; das Haager Bündniß war demnach vollständig aufgelöst. Nur ein geringer Theil der Armee blieb noch kurze Zeit in Mainz zurück, ein Theil ging nach Westfalen, die dortigen preußischen Länder zu decken, der ungleich größere Theil setzte sich nach Polen in Marsch, um da den Aufstand unterdrücken zu helfen.

Schlimmer noch als den Oesterreichern und Preußen erging es dem englisch-holländischen Heere unter dem Herzoge von York und dem Erbprinzen von Oranien. Es war von Pichegru über die Maas zurückgedrängt worden, der den harten Winterfrost zur weiteren Verfolgung so trefflich benutzte, daß er bereits am 19. Januar 1795 seinen Einzug in Amsterdam hielt. Die englisch-hannöversche Armee zog sich nach Deutschland zurück, die holländische löste sich auf, und Holland wurde zur **batavischen Republik** gemacht.

Preußen befand sich zu Ende dieses Feldzuges in übler Lage. Ihm wurden großentheils die Unglücksfälle zur Last gelegt, von welchen die Allirten betroffen worden waren. Dabei wurden ihm keine Subsidien gezahlt, ungeachtet es sich gänzlich außer Stande sah, aus eignen Mitteln den Krieg fortzusetzen, da der Staatsschatz vollständig erschöpft war. Oesterreich trat in den polnischen Angelegenheiten ganz offen gegen Preußen auf und wollte ihm wenig oder gar nichts von dem Reste Polens zu Theil werden lassen; durch das mit Rußland abgeschlossene Schutz- und Trutz-Bündniß hielt es sich hinlänglich gesichert und hoffte sogar in Italien, in Serbien und Bayern Ersatz für das zu finden, was es in den Niederlanden verlor. Unter solchen Umständen wollte Preußen sehr gern den Kampf beenden, um seine ganze Kraft für den Osten gebrauchen zu können, und die traurigen Resultate des letzten Feldzuges ließen auch sonst in Deutschland den Wunsch nach Frieden laut werden. Deshalb knüpfte Friedrich Wilhelm durch den französischen Gesandten in der Schweiz **Barthelemy** zu **Basel Friedens-Verhandlungen** mit Frankreich an, die im December 1794 durch den Grafen

Golz begonnen und nach dessen Tode von Hardenberg zu Ende geführt wurden. Am 5. April 1795 wurde der Frieden unterzeichnet; Frankreich behielt die preußischen Gebiete auf dem linken Rheinufer, für welche Preußen bei dem allgemeinen Friedensschlusse anderweitig entschädigt werden sollte. In diesen Frieden sollten auch alle die Reichsstände aufgenommen werden, welche innerhalb drei Monaten die Vermittlung Preußens beanspruchten. Wenn die Pfalz an Frankreich fiele, wollte dieses eine Schuldforderung von $1\frac{1}{2}$ Million Thalern, die Preußen an Zweibrück machte, übernehmen, und eine Demarcationslinie sollte die Gebiete der Fürsten umziehen, welche sich dem Frieden anschließen würden. Die Franzosen versprachen, bei den ferneren Kämpfen gegen Deutschland und Oesterreich, dieselbe nicht zu überschreiten.

Diese Demarcationslinie wurde am 17. Mai in ihren Einzelheiten bestimmt; sie wurde am 5. August 1796 noch anders gezogen, als die Franzosen siegreich in Deutschland vorrückten und ernstlich in Preußen drangen, sich offen der französischen Republik anzuschließen. Für seine Abtretungen im Westen des Rheins sollte der König einen Theil vom Bisthum Münster und von dem Erzstifte Cöln erhalten, wie auch Hessen und selbst der Erbstatthalter Oranien durch ähnliche Säcularisationen in Deutschland entschädigt werden sollten.

Dieser Separatfrieden Preußens vergrößerte aufs neue die gewaltige Spannung, welche zwischen ihm und dem Hause Oesterreich bestand und durch das Bündniß vom Jahre 1792 nur vorübergehend in den Hintergrund getreten war. Ueberall in Deutschland wurde von der kaiserlichen Regierung die Stimmung gegen Preußen aufgeregt, die sich ohnehin schon bitter genug aussprach. Man bestritt Preußen, da der König auch als Kurfürst des Reiches den Frieden geschlossen hatte, das Recht, sich eigenmächtig von Kaiser und Reich getrennt zu haben, und wenn auch die Schuld, die man Preußen aufbürdete, auf gehässige Weise vergrößert wurde, so läßt sich doch nicht leugnen, daß dieser Staat sich dadurch außerordentlich schadete, daß er selber erklärte, die bedeutende Rolle, die er bis dahin in Europa gespielt hatte, nicht ferner behaupten zu können. Selbst in der Erwartung wurde er getäuscht, die deutschen Fürsten zu sich herüberzuziehen und für sie den Frieden mit Frankreich zu vermitteln. Zwar hatte Kurmainz in Regensburg den Antrag gestellt, die preußische Vermittlung in Berathung zu ziehen, und es wurde auch im Juli ein Reichsgutachten entworfen und im August eine Friedens-Deputation ernannt, doch zogen sich die Verhandlungen in die Länge, da Oesterreich, durch englische Subsidien gewonnen, ganz entschieden dagegen auftrat, obgleich es nicht hindern konnte, daß einzelne Fürsten doch einen Separatfrieden mit Frankreich abschlossen. Schon da zeigte sich die völlige Auflösung des Reiches.

Frieden zu Campo Formio.

Als dann im Jahre 1795 die Franzosen nach der Eroberung von Luxemburg erst spät den Feldzug dadurch eröffneten, daß sie über den Rhein gingen, Düsseldorf und Mannheim nahmen und das Land barbarisch verwüsteten, warf zwar Clairfait dieselben über den Rhein zurück, so daß es schien, als ob Oesterreichs Kraft allein hinreichte, den Franzosen Widerstand zu leisten, doch nur zu bald verdarben die unheilvollen Maßregeln Thugut's, was im Felde gewonnen war, und Clairfait trat aus Verdruß vom Oberbefehl zurück. Darauf drangen während des Jahres 1796 die Franzosen unter Jourdan vom Mittelrhein, unter Moreau vom Oberrhein siegreich in Deutschland ein, ersterer bis zur Naab, letzterer bis über den Lech. Baden, Würtemberg, Bayern ꝛc. schlossen Frieden mit Frankreich und zogen ihre Contingente zurück. Das siegreiche Auftreten des Erzherzogs Karl, der erst Jourdan, dann Moreau über den Rhein zurückwarf, verschaffte nicht die Vortheile, welche man sich davon hätte versprechen können, denn unterdeß hatte Buonaparte in Italien mit entschiedenem Glücke gekämpft und stand im April 1797 bereits an der Muhr und Ens, nur wenige Tagemärsche von Wien entfernt. Unter solchen Umständen sah sich Oesterreich genöthigt, am 18. April den Vertrag von Leoben (an der Muhr) einzugehen, der erst nach langen Verhandlungen zum Frieden von Campo Formio (bei Udine in Friaul, den 17. October) führte. Der Kaiser nahm keinen Anstand, dasselbe zu thun, was er an Preußen hart getadelt hatte; für die Abtretung der Niederlande und der Lombardei ließ er sich das venetianische Gebiet, das Bisthum Salzburg und einen Theil von Bayern zusprechen; diejenigen Fürsten, welche im Westen des Rheins Besitzungen verlören, sollten auf Kosten Deutschlands entschädigt werden, — nur Preußen nicht, dem seine westrheinischen Gebiete zurückgegeben werden sollten.

Während dieser kriegerischen Thätigkeit Preußens nach Osten und Westen hin war ihm ein Gebiet zugefallen, von Wichtigkeit dadurch, daß es in der Mitte Deutschlands gelegen und das zweite Stammland des Hohenzollerschen Hauses war; es war das Markgrafthum Anspach-Baireuth.

In dem früher erwähnten Gera'schen Erbvertrag vom Jahre 1598 war bestimmt worden, daß die Mark stets ungetheilt bleiben sollte, während die fränkischen Länder in zwei Länder zerlegt werden dürften. Die deutschen Linien sollten einander beerben, die preußische, herzogliche Linie erst dann, wenn jene sämmtlich ausgestorben wären. Da aber die letztere bereits 1618 aufhörte, und ihr Land an die märkische fiel, so war diese darauf bedacht, sich ihr Erbrecht auf die fränkischen Gebiete durch wiederholte Verträge zu sichern. Christian, der zweite Sohn des Kurfürsten Johann Georg, dem durch das Loos 1603 das Land oberhalb des Gebirges oder Baireuth zugefallen war, hatte zwei Söhne; die Nachkommen des älteren waren die regierenden Fürsten in Baireuth, die der jüngeren Nebenlinie hatten ihren Sitz in Culmbach. Christian Ernst (1655—1712), der Enkel und Nachfolger Christian's, war von seinem Lehnsvetter, dem Könige Friedrich I., mit großen Summen unterstützt worden, deren Abtragung so wenig zu erwarten stand, daß der König auf andere Weise Entschädigung dafür zu erhalten suchte. Er benutzte deshalb den Zwist des Markgrafen mit dem jüngeren, Culmbach'schen Zweige, daß er Christian Heinrich von Culmbach 1704 zu einem Vertrage veranlaßte, nach welchem dieser für sich und seine Erben alle Erbansprüche auf Baireuth dem Könige abtrat, und dafür außer einem Jahrgelde das Halberstädt'sche Amt Weferlingen an der oberen Aller überwiesen erhielt, wo er auch seit 1706 seinen Wohnsitz nahm und 1708 starb. Sein älterer Sohn Georg Friedrich Karl protestirte jedoch beim Kaiser gegen diesen Tauschvertrag, gab 1715 Weferlingen wieder auf und bewog endlich König Friedrich Wilhelm I., daß dieser 1724 den Vertrag von 1704 zurücknahm und sich mit einer Entschädigungssumme von 600,000 Rthlrn. abfinden ließ, doch wurde bei dieser Gelegenheit die Erbfolge Preußens nach dem Aussterben der fränkischen Markgrafen ausdrücklich anerkannt. Diesem neuen Vertrage zufolge übernahm denn auch Georg Friedrich Karl die Regierung in Baireuth, als die dort regierende Familie am 18. December 1726 ausgestorben war. Da jedoch sein Sohn Friedrich 1763, und sein Bruder Friedrich Christian 1769 ohne Söhne starben, vereinigte der Markgraf Christian Friedrich Karl Alexander von Anspach das Markgrafthum Baireuth mit seinem Lande zu Einem Ganzen. Sein Vater Karl Wilhelm Friedrich war wie der vorletzte Markgraf von Baireuth Friedrich mit einer Schwester König Friedrich's II. vermählt, und bei dieser nahen Verbindung der drei fürstlichen Häuser, die namentlich dadurch noch enger wurde, daß der König die Huldigung in Schlesien zugleich für die fränkischen Markgrafen annahm, war eine erneute Erbverbindung sehr natürlich. Deshalb wurden auch die alten Erbverträge 1752 in dem s. g. Pactum Fridericianum aufs neue bestättigt, was um so nothwendiger war, als der kaiserliche Hof den dereinstigen Anfall der fränkischen Länder an Preußen möglichst zu verhindern suchte. Namentlich trat dies Bestreben bei Gelegenheit des bayerschen Erbfolgekrieges hervor, wo der Kaiser die Forderung stellte, daß Preußen diese Länder nach ihrem Anheimfalle einem nachgebornen Prinzen überlassen oder sie gegen Mecklenburg oder gegen die beiden Lausitzen mit Sachsen vertauschen sollte. Im Teschener Frieden 1779 wurde jedoch der Anheimfall von Anspach-Baireuth ausdrücklich Preußen zugesagt; aber Friedrich II. ging in der That mit dem Plane um, von Sachsen die Ober- und Nieder-Lausitz dafür einzutauschen, da jenes Ländergebiet seinen übrigen Staaten zu entlegen war. Die desfallsigen Unterhandlungen hatten aber eben so wenig Erfolg wie die 1769 mit Christian Friedrich Karl Alexander eingeleiteten, sein Land an Preußen abzutreten. Erst am 2. December 1791 verstand sich der Markgraf, der sich meistens im Auslande aufhielt und die Regierung einem Statthalter überließ (zuletzt dem Freiherrn v. Hardenberg), zu Bordeaux in diese Abtretung einzuwilligen. Er bezog bis zu seinem Tode, den 5. Januar 1806, eine jährliche Rente von 500,000 Gulden und hinterließ keine Kinder. Durch Patent vom 3. Januar 1792 nahm Preußen von dem Lande Besitz und erklärte den dortigen rothen Adlerorden zu seinem zweiten Hausorden.

Bald aber kam die neue Regierung in unangenehme Conflicte. Sie fand, daß nicht nur viele der dort angesessenen unmittelbaren Reichsritter eigentlich Vasallen des Markgrafen wären, sondern daß auch die Reichsstadt Nürnberg sich bedeutende Besitzungen vom markgräflichen Gebiete rechtswidrig angemaßt hätte. Unnachsichtlich ließ der König 1796 jene Vasallen der Regierung unterordnen und selbst die Vorstädte von Nürnberg besetzen. Die Stadt selber bot sogar im September ihre Unterwerfung an und nahm preußische Besatzung ein; doch schon im October zog der König diese zurück, da er Anstand nahm, die bedeutende Schuldenlast der Stadt zu übernehmen. Die Betheiligten wandten sich mit ihren Klagen an den Reichshofrath, und es wurde auch zur Untersuchung der Beschwerden eine Local-Commission eingesetzt, die damaligen kriegerischen Unruhen vereitelten jedoch ihre Wirksamkeit. Daß aber Preußen durch diese gewaltthätigen Eingriffe in veraltete Rechte die Stimmung gegen sich aufbrachte, benutzte Oesterreich sehr geflissentlich, die Gemüther für sich zu gewinnen und noch mehr gegen Preußen aufzuregen.

Graf Herzberg hatte in Friedrich's Geiste Preußen seine schiedsrichterliche Stellung in Europa zu wahren gewußt. Mit seinem Rücktritt aus dem Ministerium zeigte sich sogleich der Mangel an Entschiedenheit und Consequenz, welcher in dem Grafen Haugwitz, in Lucchesini, Lombard, dem General Bischofswerder ꝛc. seine Träger fand und Preußen in eine so schiefe Stellung brachte, daß seine Feinde es selbst der Perfidie bezüchtigten. Und nicht nur von außen her, sondern auch im Lande selber wurde diese Politik schonungslos angegriffen. So freudig man nämlich auch Friedrich Wilhelm bei seiner Thronbesteigung begrüßt hatte, namentlich von den Kreisen her, wo man das strenge Regiment Friedrich's je länger, je lästiger gefunden, so bald änderte sich doch die Stimmung und rief von allen Seiten her Unzufriedenheit hervor. Diesen Umschwung der öffentlichen Meinung bewirkten besonders die Maßregeln der Regierung in religiösen Dingen. Friedrich der Große hatte in den letzten Jahren seines Lebens vielfach den Verfall der Sittlichkeit in seinem Volke tief beklagt und vergebens nach Abhülfe gesucht. Die Männer nun, welche durch ihre vorgebliche Religiosität und durch ihren Mysticismus das Vertrauen Friedrich Wilhelm's in hohem Grade zu gewinnen gewußt hatten, bestimmten den König, durch Befehle und Zwangs=Maßregeln größere Religiosität und Sittlichkeit im Volke wieder herstellen zu wollen. Der bisherige Cultus=Minister v. Zedlitz mußte abtreten, sein Nachfolger v. Wöllner veranlaßte schon am 9. Juli 1788 das Religions=Edict, welches den Geistlichen und Lehrern jede Abweichung von den einmal in der Kirche angenommenen Grundwahrheiten bei Strafe der Cassation untersagte, und bald darauf, im December, eine Censur=Verordnung, durch welche das Erscheinen irreligiöser Bücher verhindert werden sollte, welche aber überhaupt der Denk= und Schreibe=Freiheit harten Zwang anthat. Noch mehr, im August 1791 wurde eine Commission eingesetzt, der es oblag, nur solche Bewerber zu geistlichen Aemtern zuzulassen, welche ihre Rechtgläubigkeit nachgewiesen hätten.

Daß dadurch der Heuchelei Thür und Thor geöffnet werden mußte, lag nur zu nahe, und eine Pasquillen=Litteratur, wie sie in Preußen noch nicht dagewesen, schoß um so wilder hervor, je mehr neben jener scheinbaren Religiosität Ueppigkeit und Hoffahrt immer mehr überhand nahmen, und das Beispiel des Hofes den verderblichsten Einfluß auf die Hauptstadt wie auf das ganze Land gewann. Friedrich Wilhelm war seit 1765 mit Elisabeth von Braunschweig=Lüneburg vermählt gewesen, hatte sich jedoch schon 1769 von derselben scheiden lassen. Der Prinzeß wurde wegen ihres üblen Lebenswandels Stettin als Wohnort angewiesen, wo sie erst in hohem Alter starb; die einzige Tochter aus dieser Ehe wurde 1791 an den Herzog von York verheirathet. Seine zweite Gemahlin, seit 1769, war Friederike Louise von Hessen=Darmstadt, außerdem ging aber der König daneben noch in eine andere Ehe zur linken Hand mit der Gräfin Dönhoff ein, und unter seinen sonstigen Maitressen hat sich keine einen traurigeren Namen gemacht als die Gräfin Lichtenau, geborne Encke, verheirathete Rietz. Etwas der Art war noch nie bei einem Regenten des preußischen Hauses, wenigstens in den letzten 200 Jahren nicht, gesehen worden, und die Verschwen-

Innere Verhältnisse.

dung des Königs in diesen Verbindungen stand in dem grellsten Contrast mit seiner sonstigen Einfachheit.

Abgesehen von dieser Schattenseite der Regierung wurde doch manches Gute für das Land befördert. Schon 1787 wurde ein Kriegs-Directorium eingesetzt, das zunächst von dem Herzoge von Braunschweig und dem Feldmarschall v. Möllendorf geleitet wurde. Das Cantonwesen wurde neu geordnet, jede Härte bei den Anwerbungen untersagt und eine mildere Behandlung des gemeinen Soldaten ernst anbefohlen. Den Unterschleifen, welche in den letzten Jahren von Friedrich's Regierung bei dem Heere überhand genommen hatten, wurde mit Nachdruck entgegen getreten, obgleich bei der Menge fremdländischer Offiziere in der Armee der alte preußische Corpsgeist sich nicht wieder herstellte. Das Heer wurde um etwa 25,000 Mann vermehrt; mehr als ein Drittel in demselben bestand aus Ausländern. Für bessere Ausrüstung wurde Sorge getragen, eben so für die Invaliden und für die hinterbliebenen Offizierswittwen so wie für die wissenschaftliche Ausbildung der jüngeren Offiziere.

Das Unterrichtswesen, das von Friedrich wenig beachtet worden war, erfreute sich wesentlicher Verbesserung und Unterstützung unter Friedrich Wilhelm. Schon im Februar 1787 wurde das Ober-Schul-Collegium eingesetzt, das für zweckmäßige Anordnung des gelehrten wie Elementar-Unterrichts zu sorgen hatte; es wurden philologische wie Landschullehrer-Seminare begründet oder unterstützt, um besser vorbereitete Lehrer in größerer Anzahl auszubilden, und zur Prüfung von solchen so wie von den zur Universität abgehenden Gymnasiasten wurden Commissionen eingesetzt. Zur laufenden Unterstützung und Hebung des Schulwesens wurden namentlich auch Gelder aus den Einkünften der Lotterie verwendet, die durch Friedrich II. eingeführt worden war. Zur Akademie der Wissenschaften, die unter Friedrich vorzugsweise mit französischen Gelehrten besetzt worden, wurden jetzt nur deutsche herangezogen, und die Akademie der Künste erhielt zweckgemäße Erweiterung, um sie selbst für Handwerker fruchtbringend zu machen. Die Baukunst und Bildhauerei lieferte manch schönes Werk; es mag hier nur insbesondere an das Brandenburger Thor in Berlin erinnert werden. 1790 wurde die Thierarznei-Schule und 1796 die medicinisch-chirurgische Pepiniere ebendaselbst gegründet, über deren wohlthätige Wirksamkeit es keiner weiteren Worte bedarf.

Für die Verbesserung des Landes, für die Aufnahme der Fabriken, Manufacturen und des Handels wurde nicht minder Sorge getragen, und schon in dem ersten Jahre seiner Regierung verwendete der König mehr als drei Millionen Thaler zu diesem Zwecke. So wurde z. B. 1787 der Ruppiner Kanal gegraben und 1792 die erste

34 *

Chaussee, zwischen Berlin und Potsdam, gebaut. Auf Verbesserung der Pferdezucht wurden bedeutende Mittel verwendet, und nicht minder für die Seidenzucht, welche schon Friedrich mit großer Vorliebe gepflegt hatte. Eben so erfreute sich die Landschafts-Direction in Preußen 1788 eines namhaften Zuschusses, den jene Provinz vergeblich von Friedrich erbeten hatte, der es ihr nie verzeihen konnte, daß sie sich im siebenjährigen Kriege so schnell der russischen Botmäßigkeit gefügt hatte. Auch die so verhaßte Regie, das Monopol des Tabacks, des Kaffees und des Zuckers wurde bald nach Antritt der Regierung Friedrich Wilhelm's aufgehoben, doch bald wurde die Freude darüber dadurch sehr verbittert, daß, um den bedeutenden Ausfall zu decken, neue Steuern eingeführt werden mußten, die um so drückender waren, als sie die nothwendigsten Lebensbedürfnisse betrafen und durch die Stempel-Abgaben für die gewöhnlichsten Verkehrs-Verhältnisse lästig wurden. Und dennoch vermochte das Land nicht den großen Bedarf zu decken, der durch Kriege so wie durch die Freigebigkeit des Königs veranlaßt wurde; auch durch die Wieder-Einführung des Tabacks-Monopols im Jahre 1797 konnte dem überaus fühlbaren Mangel nicht abgeholfen werden. So geschah es denn, daß nicht nur der reiche Schatz, den Friedrich der Große sorgfältig angesammelt hatte, vollständig erschöpft wurde, sondern daß sich auch eine bedeutende Schuldenlast ansammelte, welche nach dem Berichte der Verwaltung der Staats-Schulden auf $35\frac{1}{2}$ Millionen berechnet worden ist, so daß mit den $12\frac{1}{2}$ Millionen alter Schuld die ganze Staats-Schuld sich auf 48 Millionen Thaler belief.

Friedrich Wilhelm starb an der Wassersucht am 16. November 1797 im 54. Jahre seines Alters, im 12. seiner Regierung.

5. Friedrich Wilhelm III. 1797—1840.

Friedrich Wilhelm III., geboren den 3. August 1770, stand in seinem 28. Lebensjahre, als er seinem Vater in der Regierung folgte. Es war dasselbe Alter, in welchem Friedrich der Große zur Herrschaft gelangt war, und wenn dieser einst gesagt haben soll, jener werde ihn wieder von vorn anfangen, so ist diese Prophezeiung allerdings vollständig in Erfüllung gegangen, wenn auch nicht auf die Weise, wie wohl der alte König gemeint hatte. Eine lange, harte Prüfung brach über König und Volk herein, so daß der Untergang des Staates unvermeidlich schien; die geistige Erstarkung des Volkes jedoch, das in neuen freien Formen seiner ganzen Kraft bewußt wurde, das innige Verhältniß der Liebe und Treue, das König und Volk auf erhebende

Weise gerade in der Zeit des schwersten Unglücks aufs innigste verband, haben Preußen nicht minder groß gemacht als zur Zeit der glänzenden Herrschaft Friedrich's des Großen.

Um nach dem Frieden zu Campo Formio auch die Angelegenheiten in Deutschland zu ordnen, wurde eine Reichsdeputation ernannt, welche selbstständig die beßfallsigen Verhandlungen führen sollte. Rastadt wurde als Congreßort bestimmt, und die Sitzungen im December 1797 eröffnet; sie führten jedoch zu keinem Resultate. Die Eifersucht zwischen Oesterreich und Preußen so wie zwischen den deutschen geistlichen und weltlichen Fürsten, immer neue, gesteigerte Forderungen der Franzosen ließen zu keinem Abschluß kommen, und die schnell sich folgenden großen Ereignisse brachen die weiteren Verhandlungen vollends ab. Der Umsturz der alten Verfassung in der Schweiz und Italien durch die Franzosen, der gewaltige Aufstand in Irland, den Frankreich lebhaft unterstützte, der abenteuerliche Zug Bonaparte's nach Aegypten (Abfahrt im Mai 1798) veranlaßten die zweite Coalition gegen Frankreich zwischen England, Rußland, Oesterreich und Neapel, welcher auch die Türkei beitrat. Preußen, durch verkehrte Maßregeln Rußlands gereizt, war nicht zu bewegen, an diesem Bündnisse Theil zu nehmen, vielmehr zeigte es eine Zeit lang entschiedene Hinneigung zu Frankreich; Deutschland dagegen wurde von den Franzosen feindlich behandelt, da es den Durchmarsch russischer Truppen erlaubte. Unter solchen Umständen löf'te sich im April 1799 der Rastadter-Congreß auf, und die Ermordung der abziehenden französischen Gesandten steigerte die Bitterkeit der gegenseitigen Stellung.

Anfänglich wurde in der Schweiz wie in Italien der Krieg mit großem Glücke für die Verbündeten geführt, die verkehrten Maßregeln Oesterreichs jedoch führten nur zu bald eine schlimme Wendung herbei. Es entfernte die Russen aus Italien und wies ihnen die Schweiz zum Kriegs-Schauplatz an. Als nun hier das eine russische Heer unter Korsakow durch die französische Uebermacht bei Zürich erdrückt worden war, das andere unter Suwarow die wildesten Theile der Schweizer Hochalpen mit schwerem Verluste übersteigen mußte, als ferner die Landung eines englisch-russischen Heeres in Holland einen schmachvollen Ausgang nahm, da trat Kaiser Paul von der Coalition zurück, und die russischen Truppen erhielten noch vor Schluß des Jahres 1799 Befehl, in die Heimath zurückzukehren. Günstiger noch stellten sich die Dinge für Frankreich, als Bonaparte aus Aegypten zurückgekehrt war, am 18. und 19. Brumaire (den 9. und 10. November) 1799 das Directorium gestürzt, das Consulat eingesetzt und sich selber zum ersten Consul hatte ernennen lassen. Sein Sieg bei Marengo (in der Nähe von Alessandria) am 14. Juni 1800, so wie der Moreau's bei Hohenlinden (in der Nähe von München) am 3. December führte schon im Februar 1801 den Frieden von Luneville herbei, der den von Campo Formio bestättigte.

Unterdeß hatte Kaiser Paul gänzlich mit England gebrochen und am 16. December 1800 die bewaffnete Neutralität im Verein mit Preußen, Schweden und Dänemark erneuert, um den immer häufigeren Uebergriffen Englands entgegen zu treten. Da letzteres in Folge dessen auch preußische Schiffe in Beschlag nahm, besetzte Preußen im März 1801 Bremen, Oldenburg und Hannover, um einerseits diese Küsten den Engländern zu sperren, andrerseits aber russische Truppen aus Deutschland fern zu halten, die im Begriff waren sich hier festzusetzen. Die Ermordung des Kaisers Paul (den 23. März 1801), die Aussöhnung seines Sohnes und Nachfolgers Alexander mit England lös'te das Neutralitäts-Bündniß schnell wieder auf, und schon im October 1801 ließ Friedrich Wilhelm die von ihm besetzt gehaltenen Länder wieder räumen.

Da durch den Frieden zu Luneville alles Land auf dem linken Rheinufer an Frankreich abgetreten worden war, so hatte abermals eine außerordentliche Reichs-Deputation die Aufgabe, für diejenigen deutschen Erbfürsten durch Säcularisationen diesseit des Rheins Entschädigungen zu bestimmen, welche jenseits Besitzungen hatten aufgeben müssen; Frankreich und Rußland sollten dabei die Vermittlung übernehmen. Während nun die betheiligten deutschen Stände in Paris durch Unterwürfigkeit und Schmeicheleien so wie durch Bestechungen aller Art günstige Ergebnisse für sich zu erzielen suchten, verhandelte Friedrich Wilhelm persönlich mit dem Kaiser Alexander zu Memel, durch Bevollmächtigte zu Amiens mit Bonaparte, mit welchem letzteren am 23. Mai 1802 eine geheime Uebereinkunft dahin abgeschlossen wurde, daß Preußen für die im Westen des Rheins abgetretenen Gebiete in einer Größe von etwa 50 Quadr.-Meilen mit 127,000 Einw. und etwa $1\frac{1}{2}$ Mill. Gulden Einkünfte eine Entschädigung erhielt, welche mehr als 170 Quadr.-Meilen betrug, 588,000 Einw. zählte und gegen 4 Mill. Rfl. jährlich abwarf. Es waren dies nämlich die Bisthümer Hildesheim, Paderborn und ein Theil von Münster, ferner kurmainzische Besitzungen in Thüringen als Erfurt, das Eichsfeld 2c., ferner die Reichs-Abteien Elten, Essen, Werden, Cappenberg, Herford und Quedlinburg, so wie die Reichsstädte Goslar, Mühlhausen und Nordhausen. Der preußische Staat erhielt dadurch eine bedeutende Abrundung, und außerdem wurden noch insofern günstige Aussichten eröffnet, als dem ehemaligen Erbstatthalter von Holland, dem Prinzen von Oranien, das Bisthum Fulda, zwei Abteien und einige Reichsstädte zugesichert wurden, die bei dem Aussterben der Oranier an Preußen fallen sollten. Dafür erkannte der Prinz die batavische Republik an, wie Preußen die in Italien. Es ward ferner in jenem Vertrage bestimmt, daß Preußen von den ihm überwiesenen Ländern Besitz nehmen könne, auch ehe die Berathung der Reichs=Deputation zu Ende gekommen wäre, und der König machte trotz kaiserlicher Abmahnung schon im Juli und August von diesem Zugeständnisse Gebrauch, während der Hauptschluß der Reichs=Deputation erst im Februar, der Abschied im Mai 1803 erfolgte. Außerdem fand zu Anfang des Jahres 1804 noch ein Austausch einzelner Gebiete mit Bayern Statt, wodurch auch die fränkischen Fürstenthümer besser arrondirt wurden.

Der Frieden, den Frankreich und England im Jahre 1802 zu Amiens geschlossen hatten, war von kurzer Dauer; schon zu Anfang des Jahres 1803 drohte er zu zerfallen. Bonaparte, seit August 1802 lebenslänglicher Consul, beschloß, da er keine Mittel besaß, England zur See anzugreifen, Hannover zu besetzen, das zwar dem Könige von England angehörte, mit dem britischen Reiche selber aber in keiner politischen Verbindung stand. Da Preußen sich nicht wegen der Besetzung des Landes mit König Georg III. einigen konnte, die hannöversche Regierung selber zögerte, Maßregeln zu eigenem Schutz zu ergreifen, so gelang es einer geringen französischen Macht, im Juni 1803 Hannover zu besetzen, in Folge dessen England die Weser und Elbe sperrte und auch dem preußischen Handel bedeutenden Nachtheil zufügte. Vergeblich versuchte Preußen, durch diplomatische Verhandlungen die Franzosen aus dem Lande zu entfernen oder doch den Druck desselben zu erleichtern; es mußte sich mit dem nichtssagenden Versprechen genügen, daß es bei allen Verhandlungen über Hannover zu Rathe gezogen werden sollte. Eben so vergeblich war sein Bemühen, abermals einen Fürstenbund zu Stande zu bringen, um mit größerem Nachdruck Frankreichs Uebergriffen entgegen zu treten, während letzteres bemüht war, Preußen zu sich herüberzuziehen.

England, allein zu schwach, es mit Bonaparte aufzunehmen, sah sich nach Bundesgenossen um, und das Ministerium Pitt, das im Mai 1804 die Leitung des Staates übernahm, benutzte auf kluge Weise die Gewaltstreiche Bonaparte's, durch welche dieser die Gemüther gegen sich aufbrachte. War doch selbst Friedrich Wilhelm sehr geneigt, die eifrig festgehaltene Neutralität aufzugeben und Partei gegen Frankreich zu nehmen, als Bonaparte eine Verschwörung gegen sein Leben entdeckt und das angebliche Haupt derselben, den bourbonischen Herzog von Enghien, auf Badischem Gebiete hatte aufheben und in Vincennes erschießen lassen (im März 1804). Scheinbar weit ruhiger verhielt sich Oesterreich; als Bonaparte am 18. Mai 1804 sich als Napoleon I. zum Erbkaiser von Frankreich hatte ernennen lassen, nahm Franz den Titel eines **Erbkaisers von Oesterreich** an (10. August 1804), verband sich aber schon im November insgeheim mit Rußland, um Napoleon nicht nur von weiteren Uebergriffen abzuhalten, sondern auch wo möglich die schon geschehenen rückgängig zu machen. Gleich darauf einigte sich zu gleichem Zwecke Schweden sowohl mit England als auch mit Rußland, während diese beiden letzteren zu Anfang des Jahres 1805 eine besondere Alliance eingingen, England Hülfsgelder zu zahlen, Rußland seine ganze Streitmacht aufzubieten versprach. Das ungestüme Auftreten Rußlands jedoch so wie die rauhe Weise, mit der Schweden gegen Preußen handelte, waren keinesweges geeignet, Friedrich Wilhelm aus seiner neutralen Stellung in jene Verbindung hinüber zu ziehen. Indem aber der König bei ausbrechendem Kriege nur die Rolle eines Vermittlers übernehmen wollte, verdarb er es mit beiden Parteien.

Der Fall, daß diese **dritte Coalition** in Wirksamkeit treten würde, ließ nicht lange auf sich warten. Napoleon verfügte aufs neue über Länder und Kronen auf eine Weise, welche die Verbündeten schwer erregen mußte. Im März 1805 ließ er sich zum König von Italien (der bisherigen cisalpinischen Republik) ernennen und im Mai mit der eisernen Krone in Mailand krönen; im Juni vereinigte er die ligurische Republik (Genua) so wie Parma mit Frankreich und schloß die Fesseln noch enger, in welchen die batavische Republik (Holland) von ihm gehalten wurde. Da er überdies im August ein bedeutendes Heer bei Boulogne gesammelt hatte, um im günstigen Augenblicke nach England überzusetzen, so hielt Oesterreich diesen Zeitpunkt für den geeignetsten loszuschlagen und Vortheile zu erringen, bevor Napoleon mit seiner ganzen Macht heranrücken könnte. Schon in den ersten Tagen des September drangen die Oesterreicher in Bayern ein, um den Kurfürsten zu zwingen, sich ihnen anzuschließen; dieser jedoch wie auch Würtemberg und Baden warf sich Napoleon in die Arme, der mit seiner gewohnten Schnelligkeit nach der Donau eilte, um hier zunächst die Oesterreicher durch seine Uebermacht zu erdrücken. Unbegreiflicher Weise hatten diese ihr eben nicht starkes Heer bis zur Iller vorgeschoben und über einen weiten Raum vertheilt. Dadurch daß Napoleon den Bernadotte durch neutrales Anspachsches Gebiet ziehen ließ, gelang es ihm den General Mack, der mit 23,000 Mann seine Stellung in und bei **Ulm** hatte, einzuschließen und am 17. October zur Uebergabe zu zwingen. In Folge dessen mußte auch das österreichische Heer in Italien den Rückzug antreten, eben so das in Tyrol und das russische unter Kutusow am Inn, da überall die zersplitterten Kräfte nicht ausreichten, der französischen Uebermacht entschiedenen Widerstand zu leisten. Selbst Wien mit seinen reichen Vorräthen fiel in der Mitte des November den Franzosen in die Hände; Kutusow hatte sich mit dem Hauptheere nach Mähren

gewendet, wo er in einer festen Stellung weitere Verstärkungen abwarten wollte, namentlich die Hülfe Preußens.

Napoleon hatte schon Ende August seinen Vertrauten Duroc nach
Berlin abgesendet, um den König zu einem Bündnisse mit Frankreich
zu bewegen, dessen Preis das von ihm noch immer besetzt gehaltene
Hannover sein sollte. Friedrich Wilhelm verharrte jedoch entschieden
bei seiner Neutralität und verstand sich nur zur Aufrechthaltung derselben
dazu, Hannover vorübergehend in Verwahrsam zu nehmen. Eben so
gewissenhaft behauptete er auch diese Neutralität, als Rußland für seine
Truppen trotzig den Durchmarsch durch Schlesien verlangte; nicht nur
wurde derselbe abgeschlagen, sondern auch die Mobilmachung des Heeres
befohlen, um nöthigen Falls Gewalt durch Gewalt zu vertreiben. Gerade während dieser Aufregung kam die Meldung, daß die Franzosen
durch das Anspachsche gezogen wären, ungeachtet aller Protestationen
der dortigen Behörden. Dadurch, daß Napoleon die Sache für ganz
unbedeutend erklärte, wurde die Lage der Dinge noch ernster. Preußen
hielt sich durch so grobe Gebiets-Verletzung aller früheren Verpflichtungen überhoben, bewilligte sogleich den Russen freien Durchmarsch
durch Schlesien, und während in Nieder-Deutschland sich ein Heer sammelte, wurden zwei andere in Westfalen und Franken schlagfertig und
mit der Besetzung Hannovers sogleich der Anfang gemacht.

Dennoch kam es von Seiten Preußens zu keinem kriegerischen
Eingreifen; man begnügte sich 66,000 Rsl. als Entschädigung anzu-
nehmen und verhandelte nur über den Beitritt zur Coalition. Der
Kaiser Alexander und der Erzherzog Anton, der Bruder des Kaisers
Franz, kamen nach Berlin, und mit ihnen so wie mit Lord Harrowby
wurde am 3. November zu Potsdam ein geheimer Vertrag dahin
abgeschlossen, daß Preußen die Vermittlung zwischen den streitenden
Mächten übernehmen und Napoleon auffordern solle, den Frieden zu
Luneville zu halten und seine Uebergriffe zurückzunehmen. Ginge dieser
bis zum 15. December nicht darauf ein, so wollte Preußen mit 180,000
Mann der Coalition beitreten, vorausgesetzt, daß England, im Fall es
zum Kriege käme, Subsidien zahle und im Frieden Gebiete abtrete oder
austausche, welche die preußische Grenze besser sichern könnten. Die
Botschaft an Napoleon übertrug man unglücklicher Weise dem Grafen
Haugwitz, der durch sein leichtsinniges und eigenmächtiges Benehmen
Preußen in die schmachvolle Lage brachte, die seine fast gänzliche Vernichtung herbeiführte. Er war nämlich kurzsichtig genug, sich von Napoleon an Talleyrand nach Wien abweisen zu lassen, und gab dadurch
dem Kaiser Zeit, einen entscheidenden Schlag auszuführen, bevor er sich
mit Preußen in Unterhandlungen einließe. Die Kampflust der Russen
that dann das Ihrige, das Unglück vollständig zu machen. Sie waren

ihres Sieges so gewiß, daß sie weder die nahe Verstärkung noch die Entscheidung Preußens abwarten mochten. So erfolgte denn am 2. December die Schlacht bei Austerlitz — die Drei=Kaiser=Schlacht nannte Napoleon sie wohlgefällig —, in der die vereinigten Russen und Oesterreicher eine schwere Niederlage erlitten. Sie war für das Schicksal Oesterreichs und Preußens entscheidend. Schon am 4. December unterhandelten Kaiser Franz und Napoleon persönlich mit einander, in Folge dessen ein Waffenstillstand eintrat, die Russen sich zurückziehen mußten, und der Frieden zu Preßburg am 26. December abgeschlossen wurde, der den Oesterreichern etwa 1200 Quadr.=Meilen mit fast 3 Millionen Einwohnern entriß.

Erst nach der unglücklichen Schlacht, die in ihren unmittelbaren Folgen das Potsdamer Uebereinkommen vollständig auflös'te, ließ sich Napoleon mit Haugwitz in Unterhandlungen ein, zu denen dieser gar keinen Auftrag hatte. Statt seine Sendung für beendigt zu erklären war Haugwitz verblendet genug, sich von Napoleon am 15. December zu Schönbrunn ein Schutz= und Trutz=Bündniß zwischen Frankreich und Preußen aufdrängen zu lassen. Zufolge dieses Tractats sollte Preußen die Markgrafschaft Anspach an Bayern abtreten, das dafür das Herzogthum Berg an Frankreich und ein Gebiet von 20,000 E. an Preußen überlassen sollte. Außerdem trat Preußen an Napoleon den Rest vom Herzogthum Cleve nebst der Festung Wesel ab, so wie das Fürstenthum Neuchatel, und erhielt für diese Abtretungen Hannover. Preußen und Frankreich verbürgten sich gegenseitig den Besitz ihrer Länder; innerhalb drei Wochen sollte die Ratification des Vertrages erfolgen. Als Haugwitz denselben nach Berlin überbrachte, war hier die Bestürzung grenzenlos; nach stürmischen Berathungen wurde beschlossen, Hannover zwar einstweilen in Verwahrung zu nehmen, dagegen durch Haugwitz neue Unterhandlungen in Paris anzuknüpfen. Napoleon jedoch, der Preußen jetzt vollständig in Händen hatte, beharrte in dem Vertrage, der am 15. Februar 1806 in Paris zum Abschluß kam, darauf, daß Preußen definitiv Hannover als Eigenthum übernähme und die Weser= und Elbmündung für englische Schiffe sperrte. Die abzutretenden Länder sollten sogleich besetzt werden, die Entschädigung Bayerns an Preußen aber wegfallen; überdies mußte Preußen die Vertreibung der Bourbonen aus Neapel anerkennen. Da Preußen sein Heer bereits auf den Friedensfuß gesetzt hatte, und Napoleon mit augenblicklichem Kriege drohte, falls der König die Forderungen nicht annähme, so blieb nichts weiter übrig als den Vertrag zu unterzeichnen; ja selbst Hardenberg mußte aus dem Ministerium entlassen werden, da er als franzosenfeindlich bezeichnet wurde, und französische Sendlinge beaufsichtigten die Sperrung der Häfen für englische Schiffe.

Die Besitznahme Hannovers als eines dauernden Eigenthums hatte den vollständigen Bruch mit England zur Folge. Preußische Schiffe in englischen Häfen wurden mit Beschlag belegt, Kaperbriefe ausgegeben, die Nordsee-Häfen gesperrt, während Schweden auf gleiche Weise gegen die Ostsee-Häfen verfuhr; die englische Kriegs-Erklärung selber erfolgte erst im Juni. Schlimmer noch als diese materiellen Verluste war die moralische Niederlage, welche Preußen hierbei erlitt. Man deutete das als hinterlistige Politik, was eine Kopflosigkeit sonder Gleichen verschuldet hatte. Der Plan Napoleon's, Preußen zu isoliren, war meisterhaft gelungen; seitdem suchte er auch Alles recht geflissentlich hervor, was dazu dienen konnte, die Ehre des Staates vollständig mit Füßen zu treten. Seine persönliche Gereiztheit fand eine gewisse Befriedigung darin, die Monarchie Friedrich des Großen mit Schmach und Hohn zu überhäufen, und er war weit entfernt von dem Gedanken, daß er durch diese maßlosen Angriffe auf Preußen den ersten Keim zu seinem nachmaligen Unglück legte. Indem er nicht nur die Macht der Regierung brach, sondern auch das Volk in alle dem verletzte, was ihm werth und heilig war, gab er selber den Anstoß zu der begeisterten Kraft-Entwicklung, zu der das preußische Volk aus tiefem, schmählichem Falle sich kühn ermannte, und die den Schimpf vergessen läßt, mit welchem der preußische Staat dem Gewalthaber erlag.

Daß das deutsche Reich mit der Begründung des Rheinbundes durch Napoleon (den 17. Juli 1806) sein Ende erreicht hatte, war eine Thatsache, die am wenigsten zu beklagen war; die gänzliche Umgestaltung der früheren Verhältnisse machte sie nothwendig, und Kaiser Franz that deshalb auch keine Schritte, die todte Form aufrecht zu erhalten; vielmehr erklärte er am 6. August sich der Verbindlichkeiten erledigt, die ihn an das Reich gefesselt hätten, und sprach auch die Stände von den ihrigen frei. Daß aber Napoleon den Rheinbund gestiftet, ohne auch nur irgendwie darüber Preußen eine Mittheilung zu machen, zumal da er dabei die Interessen der dem Hause Preußen nahe verwandten Häuser Oranien und Taris schwer verletzte, das zeugte von der absichtlichen Kränkung, die er dem Könige dabei zugedacht hatte. Zwar stellte er es dem Belieben Preußens anheim, einen ähnlichen Bund in Norddeutschland zu stiften, insgeheim aber warnte er die Fürsten und Hansestädte sich in ein Bündniß mit Preußen einzulassen, und forderte sie vielmehr auf, sich dem Rheinbund anzuschließen. Deshalb fand Friedrich Wilhelm nirgend ein geneigtes Ohr für seine Bundes-Bestrebungen. Sachsen dachte vielmehr daran, auf eigne Hand eine Union zu errichten, und selbst die Hansestädte wollten nur eine Verbindung unter sich eingehen. Selbst die Bemühung gelang nicht, auch nur eine militärische Vereinigung mit Kassel zum Abschluß zu bringen. Zeigte sich in diesen Dingen die Hinterlist Napoleon's, so war noch verletzender die Art und Weise, wie er Preußen seine Uebermacht fühlen ließ. Der neue Großherzog von Berg, Murat, der Schwager Napoleon's nahm gewaltsam die Abteien Elten, Essen und Werden in Besitz, und des Kaisers Machtwort schlug jeden Widerspruch Preußens nieder; wider die Verträge zog Napoleon die Festung Wesel unmittelbar zu seinem Reiche, und als nach dem Tode William Pitt's (Januar 1806) das Ministerium Fox friedlichere Ansichten zu hegen schien, war Napoleon, um den Frieden mit England zu vermitteln, geneigt, Hannover zurückzugeben und Preußen mit unwesentlicherem Besitz zu entschädigen. Auf gleiche Weise suchte er auch Rußland dadurch zum Frieden zu bewegen, daß er ihm einen Theil der polnischen Provinzen anbot, die im Besitze Preußens waren.

So viel Schmach, absichtlich von Napoleon auf Preußen gehäuft, erschöpfte zuletzt die Langmuth des friedliebenden Königs. Friedrich Wilhelm sah sich nach Bundesgenossen um, während er zugleich sein Heer auf den Kriegsfuß zu setzen befahl (den 9. August 1806). Oesterreich war zu erschöpft, als daß es sich in einen Krieg einlassen konnte, und versprach nur, ein Heer in Böhmen aufzustellen, um etwanigen Durchmarsch zu hindern; die schwankende Politik von Haugwitz gäbe keine Gewähr, Größeres zu thun. England schien geneigter, sich Preußen anzuschließen, es hob im September die Blokade der preußischen Häfen auf — Schweden hatte es schon einen Monat früher gethan — und fing die Verhandlung wegen eines Bündnisses zu Anfang October an; der unglückliche Kampf aber hatte bereits begonnen, die Hülfe konnte nicht mehr rechtzeitig eintreffen. Eben so bereitwillig zeigte sich zwar Rußland, doch kostete es voraussichtlich lange Zeit, ehe die russische Armee wirksam eingreifen konnte. Sachsen endlich versprach Hülfe, sobald die Preußen die Grenze überschritten hätten.

Ungeachtet Preußen unter solchen Umständen zunächst nur auf seine eigne Kraft angewiesen war, betrieb es doch seine Verhandlungen mit Napoleon auf übereilte Weise. Schon am 1. October 1806 übergab es sein Ultimatum und verlangte binnen acht Tagen Antwort, wenn nicht seine Kriegs=Erklärung erfolgen sollte. Es forderte die unverzügliche Räumung Süddeutschlands von französischen Truppen, die noch immer seit dem österreichischen Kriege vorigen Jahres dort geblieben waren, es verlangte das freie Recht, einen norddeutschen Bund zu stiften, und bestand auf die Herausgabe der Abteien Essen, Elten und Werden so wie die Ueberweisung Wesel's an Berg. Obgleich man darauf gefaßt sein mußte, daß Napoleon nichts bewilligen würde, hatte man doch den unbegreiflichen Fehler gemacht, nicht einmal die ganze Armee auf den Kriegsfuß zu setzen; man ließ in Preußen, Polen und Schlesien noch bedeutende Truppentheile zurück, die nicht mobil waren, so daß nach dem Kriegsschauplatz nur etwa 130,000 Mann zogen, welche durch 20,000 Sachsen verstärkt wurden. Der Fehler war um so unverzeihlicher, da man sehr wohl wußte, daß die Franzosen unter Soult, Ney, Davoust, Bernadotte, Augereau ꝛc. im Verein mit den Bayern und Würtembergern mehr als 200,000 Mann in Deutschland unter Waffen hatten, abgesehen von den ungeheuren Hülfsquellen, welche Napoleon in Frankreich, Holland, Italien und im Rheinbunde zu Gebote standen. Ueberdies stand die preußische Armee ziemlich weit ausgedehnt von der Elbe und Saale bis über die Weser hinüber, da man sich anfänglich defensiv verhalten wollte, und man nicht wissen konnte, wohin Napoleon seinen Angriff richten würde. Erst als man sich zur Offensive entschloß, wurden die Truppen an der Nordseite des Thüringer Waldes zusammen gezogen. Zum Oberbefehlshaber war der 71jährige Herzog Ferdinand von Braunschweig bestimmt, zwar tüchtiger Kriegsmann, doch ohne Selbstvertrauen und Energie. Ein gesondertes Corps stand unter dem Fürsten von Hohenlohe, einem zwar tüchtigen Soldaten, doch nicht geeignet, ein selbständiges Commando zu führen. Ein drittes, noch kleineres Corps endlich stand unter Rüchel, der ebenfalls zum selbständigen Anführer wenig tauglich war.

Der Unschlüssigkeit im Hauptquartier des Königs, wo man den Angriff eröffnen sollte, machte Napoleon schnell ein Ende. In aller Stille war bereits die französische Armee zusammengezogen, als Napoleon am 4. October bei derselben in Bamberg eintraf. Er beschloß sogleich, den linken Flügel der Preußen zu umgehen und sie von Berlin abzuschneiden. Dort auf dem äußersten linken Flügel wurde bereits am 9. October der General Tauenzien, der von Hof bis Schleiz zurückgewichen war, bei letzterem Orte mit Verlust zurückgeworfen; noch schwereren Verlust erlitt der Prinz Louis von Preußen am 10. October bei Saalfeld, und büßte in dem Kampfe gegen doppelte Uebermacht das Leben ein. Die Nachricht von diesem Unglück versetzte das Hauptquartier des Königs in die größte Bestürzung. Obgleich man die ganze Armee zwischen Weimar und Jena zusammengezogen hatte, beschloß der Herzog dennoch den Rückzug nach der Elbe hin, als er erfuhr, daß die Franzosen bereits bis Naumburg vorgedrungen seien. Die Hauptarmee wollte zunächst die untere Unstrut überschreiten, ihr sollte sich Rüchel anschließen, während Hohenlohe die Uebergänge über die Saale bei Jena, Dornburg und Camburg halten sollte. Doch schon am 13. October besetzte der Marschall Lannes Jena, und Hohenlohe, statt die steilen Abhänge mit leichter Mühe zu vertheidigen, zog sich westlich zurück, wodurch er dem schnell herbeieilenden Napoleon bequeme Zeit ließ, in der Nacht seine Truppen und namentlich das Geschütz auf das steile Plateau hinaufzubringen. Der dichte Nebel, der sich am Morgen des 14. auf die Gegend herabsenkte, verhinderte überdies den Fürsten Hohenlohe, die Gefahr ganz zu übersehen, in der er sich befand. Während Lannes auf der Höhe im Centrum den Kampf eröffnete und die schwachen Kräfte Tauenzien's nach Vierzehnheiligen zurückwarf, drang der linke Flügel unter Augereau und der rechte unter Soult auf die Höhe; das 6000 Mann starke preußische Corps des linken Flügels unter Holzendorf wurde gänzlich von dem Hauptcorps getrennt. Das französische Centrum, durch das Corps von Murat und die Garden unterstützt, hatte schwere Arbeit gegen den Heldenmuth Hohenlohe's, der zu spät durch Rüchel Hülfe erhielt. Auf beiden Seiten überflügelt sah sich Hohenlohe zum Rückzuge gezwungen, der sich bald in die wildeste Flucht auflös'te. Die etwa 50,000 Mann starke preußische Armee war durch die wenigstens doppelt und dreifach stärkere Armee der Franzosen zersprengt, wenn auch diese schwere Verluste erlitten hatte. Der der Preußen und Sachsen läßt sich nicht angeben, da die gleich darauf eingetretene gänzliche Auflösung der Armee die Zählung unmöglich machte.

Die Hauptarmee unter dem Herzog von Braunschweig, etwa 48,000 Mann stark, war unterdeß bis Auerstädt zwischen Sulza und Eckartsberga vorgerückt und lagerte sich dort am Abend des 13. October. Im dichten Nebel brach man früh am 14. auf, traf aber auf das mehr als 30,000 Mann starke Corps von Davoust, das bereits durch den Engpaß bei Kösen auf das Plateau heraufgekommen war. Nur vereinzelt wurden die Preußen in den Kampf geführt — überdies kam nur die größere Hälfte ins Feuer —, und gerade in dem Augenblick, wo die Schlacht bei Hassenhausen durch zahlreichere preußische Truppen eine vortheilhaftere Wendung hätte nehmen können, ward der Herzog durch eine Kugel dergestalt verwundet, daß ihm die Sehkraft beider Augen geraubt wurde. Auch andere Hauptführer wurden tödtlich verwundet, die Einheit im Oberbefehl schwand, jeder Führer war auf sich selber angewiesen. So mußte endlich der Rückzug nach schwerem Verluste angetreten werden, der anfänglich in bester Ordnung erfolgte, da auch die Franzosen etwa 7000 Mann eingebüßt hatten. Als man aber auf die in völliger Auflösung begriffenen Trümmer des Hohenlohe'schen Corps traf, wirkte dies Beispiel auch unheilvoll auf die Haupt-Armee.

Die nächsten Folgen dieser unglücklichen Doppelschlacht waren noch trauriger als die Verluste, die man in derselben erlitten hatte. Napoleon verwarf den Antrag des Königs, einen Waffenstillstand einzugehen, und sandte den größeren Theil seines Heeres durch Sachsen nach Berlin, um den König von seinen Hülfsquellen abzuschneiden. Der Herzog

Auflösung der preußischen Armee.

Eugen von Würtemberg, der die etwa 14,000 Mann starke Reserve befehligte, versuchte am 17. bei Halle Widerstand, verlor jedoch fast die Hälfte seiner Truppen und rettete sich nach Magdeburg, unter dessen Wälle auch Hohenlohe den größten Theil der geschlagenen Armeen in einem weiten Bogen über Nordhausen und den Harz geflüchtet hatte. Ohne Aufenthalt setzte er von dort seine Flucht fort, um jenseit der Oder Sicherheit zu finden. Die Franzosen hatten jedoch unterdeß Berlin erreicht, wo man nicht einmal Anstalt getroffen hatte, Waffen-Vorräthe und Kassen zu retten. Davoust, als dem Sieger von Auerstädt, wurde vom Kaiser die Ehre zu Theil, am 25. October zuerst seinen Einzug zu halten, und an eben diesem Tage capitulirte Spandau. Von hier brachen dann Lannes und Murat auf, um den flüchtigen Preußen, die von Soult und Bernadotte verfolgt wurden, den Weg zur Oder abzuschneiden. Bei Prenzlow holte man den Fürsten Hohenlohe ein, der sich mit etwa 9—12,000 Mann am 28. October ergab; dasselbe that am folgenden Tage ein etwa 6000 Mann starkes zweites Corps, und gleichzeitig übergab der 81jährige General v. Romberg die wichtige Festung Stettin an einen Trupp von 800 französischen Reitern. Auf ähnliche Weise capitulirten gleich darauf andere preußische Heerhaufen, da ihnen durch den Fall von Stettin jeder Ausweg zur Rettung versperrt war. Ehrenwerther zeigte sich der General-Lieutenant Blücher, dem der Herzog von Weimar seine Truppen zugeführt hatte, und der dadurch mehr als 25,000 Mann um sich sammelte. Da auch er von der Oder sich abgeschnitten sah, wandte er sich nach Mecklenburg, um die Feinde über die Elbe zurückzuziehen. Jedoch von Bernadotte, Soult und Murat bedrängt mußte er sich nach Lübeck wenden, wo er sich einzuschiffen hoffte. Von der bedeutenden Uebermacht angegriffen, sah er sich genöthigt am 7. November zu Ratkau (bei Lübeck) zu capituliren; doch so tapfern Widerstand hatte er mit seiner stark verringerten Schaar geleistet, daß man seine Erklärung in die Capitulation aufnehmen mußte, er ergäbe sich nur, weil ihm Brod und Munition fehle.

Wurde auf diese Weise die ganze preußische Armee, die gegen Napoleon ins Feld gezogen war, theils kriegsgefangen, theils zersprengt — unendlich Viele erlagen den Strapazen, und noch Mehrere kehrten in ihre Heimath zurück —, so wurde das allgemeine Unglück noch dadurch vergrößert, daß auch die Festungen auf dem bisherigen Kriegsschauplatz auf die schimpflichste Weise dem Feinde überliefert wurden. Hätten sie sich tapfer gehalten, so war Napoleon genöthigt, bedeutende Truppenmassen zu ihrer Einschließung und Belagerung zurückzulassen, und es wäre dem König Zeit geworden, jenseit der Oder seine eifrigen Rüstungen fortzusetzen, so wie den Russen, ihre Hülfsheere herbeizuführen.

Selber hatte sich aber der Gedanke, daß doch Alles verloren und jeder fernere Widerstand also vergeblich sei, der Befehlshaber bemächtigt. Den Anfang der Uebergabe hatte Erfurt schon am 15. October gemacht, dann waren schnell Spandau und Stettin diesem unrühmlichen Beispiele gefolgt, am 1. November Küstrin, am 8. Magdeburg mit einer 24,000 Mann starken Besatzung, am 21. Hameln, wo zugleich zwei schwache Truppencorps, die Westfalen hatten schützen sollen, kriegsgefangen wurden, am 25. die Plassenburg bei Culmbach und endlich am 26. November Nienburg. Abgesehen von dem zahlreichen Geschütz und den sonstigen Kriegs-Vorräthen wurden etwa 56,000 Mann den Siegern überliefert, und wenn auch ein großer Theil der Gefangenen sich selber befreite oder von den Franzosen in die Heimath entlassen wurde, so war doch dadurch der letzte Rest der preußischen Armee vernichtet und das ganze Nord-Deutschland der Willkür des Siegers preisgegeben, der z. B. nicht nur dem unglücklichen Herzog von Braunschweig (er starb schon am 10. November zu Ottensee bei Altona) sein Land nahm, sondern auch den Kurfürsten von Hessen-Kassel zur Flucht nöthigte, allerdings eine gerechte Strafe für sein zweideutiges Verfahren. Mit Sachsen dagegen schloß Napoleon am 11. December Frieden; der Kurfürst erhielt den Königstitel, trat dem Rheinbunde bei und stellte sogleich ein Hülfsheer gegen Preußen. Wie schon in Leipzig alles englische Gut confiscirt worden war, so erließ nun auch Napoleon am 21. November den Befehl, allen Handel und Verkehr mit England und seinen Colonien abzubrechen, alle englischen Waaren zu confisciren und jeden Engländer als kriegsgefangen zu betrachten, den man ergreifen könnte.

Daß nach solchen betäubenden Schlägen Alles angewendet wurde, den Frieden um jeden Preis zu erkaufen, lag nahe genug. Der König entschloß sich selbst dazu, alles Land westlich der Elbe, das Herzogthum Magdeburg und die Altmark ausgenommen, an Napoleon abzutreten und eine Kriegssteuer von 100 Millionen Franken zu zahlen; doch die immensen Erfolge der französischen Waffen, der Aufstand, der zu Anfang November unter Dombrowski in den preußisch-polnischen Provinzen ausbrach, steigerten die Forderungen Napoleon's aufs höchste. Lucchesini und Zastrow, die preußischen Unterhändler, unterzeichneten in der That am 16. November zu Charlottenburg die unerträglichsten Forderungen, die den ganzen Staat rettungslos in Napoleon's Gewalt gegeben haben würden, um durch solche Nachgiebigkeit auch nur einen Waffenstillstand zu erkaufen, doch der König verwarf diesen Vertrag, und Haugwitz nahm seinen Abschied, zur Freude aller Patrioten.

Während dann Napoleon von Posen aus, wo er zu Ende November eingetroffen war, sich anschickte, den Winterfeldzug zu beginnen, der ihm den Rest des preußischen Staates unterwerfen sollte, waren

Uebergabe der Festungen.

die Flügel der französischen großen Armee thätig, auch Pommern und Schlesien dem Könige zu entreißen. Wenn auch die letztere Provinz nur durch etwa 18,000 Preußen vertheidigt wurde, so waren doch die Einwohner so patriotisch, daß sehr wohl ein zäher Widerstand hätte geleistet werden können, zumal da die unter Napoleon's Bruder Jerome hier einrückenden Bayern und Würtemberger nicht viel über 20,000 Mann zählten. Aber auch hier hielt der Statthalter selber, der Minister Graf Hoym, allen Widerstand für vergeblich, ja nachtheilig, da keine Hülfe zu erwarten wäre. Zwar verwandte der Graf Götzen, der später als General=Gouverneur eingesetzt wurde, seine ganze Energie, das Land dem Könige zu erhalten, doch war der Vertheidigungsstand der Festungen ein trauriger, da man gar nicht an die Möglichkeit gedacht hatte, daß der Feind so bald hier eindringen könnte; die Besatzungen waren unzureichend, und die Polen unter ihnen desertirten oft gewaltsam. Eben so fanden sich so zahlreich Verräther, daß die Feinde sehr genau von dem unterrichtet waren, was in den Festungen vorging. Außerdem fehlte es an Allem, die waffenfähige Mannschaft im Lande in größerer Anzahl zum Entsatz der belagerten Plätze benutzen zu können. So capitulirte schon am 2. December Glogau, am 5. Januar 1807 Breslau, am 16. Januar Brieg, am 16. Februar Schweidnitz. Neisse ergab sich erst am 16. Juni, als alle Mittel der Vertheidigung erschöpft waren, und keine Hülfe sich zeigte. Glücklicher war das nur schwache Kosel, das der entschlossene Oberst Neumann und nach ihm v. Puttkammer ungeachtet der starken Desertion der polnischen Truppen und trotz Hunger und Krankheit so tapfer vertheidigten, daß es nicht in Feindes Hand fiel. Es theilte diese Ehre mit Glatz, das sich eben so tapfer hielt, obgleich beide Festungen schon den Tag in der zweiten Hälfte des Juli festgesetzt hatten, wo sie sich übergeben würden, falls kein Entsatz käme. Noch glücklicher war Silberberg, das sich auf keine Bedingungen hatte einlassen wollen. In Pommern behauptete Colberg seinen alten Ruhm. Die Bürgerschaft selber, den alten Nettelbeck an der Spitze, zeigte bei der Vertheidigung den größten Heldenmuth und die unbedingteste Hingebung, während der Lieutenant v. Schill in kecken und meist glücklichen Streifzügen dem Feinde nicht geringen Schaden zufügte. Als dann Gneisenau im April 1807 als Befehlshaber hierher entsendet und die Besatzung bis auf 6000 Mann vermehrt wurde, widerstand der kleine Ort 14,000 Belagerern, bis endlich der Frieden Erlösung brachte. Auch Graudenz, wo der 73jährige L'Homme de Courbière befehligte, wehrte tapfer jedem feindlichen Angriff. Es waren dies Lichtpunkte in dem allgemeinen Elend der damaligen Zeit, die allen Patrioten doch einigen Trost gewährten.

35

Friedrich Wilhelm, der die Trümmer seines Heeres hinter der Weichsel gesammelt hatte, war bei der weiteren Fortsetzung des Kampfes nur auf die Hülfe Rußlands angewiesen, Oesterreich war durch die Schmeicheleien und Drohungen Napoleon's von jeder Theilnahme fern gehalten. Mit nur 25,000 Mann vertheidigte der tapfre Lestocq die Uebergänge über die Weichsel und gab erst da Thorn auf, als ihm der Befehl von den inzwischen herangerückten Russen zuging, denen er untergeordnet wurde. Die Russen schienen aber nur gekommen zu sein, um sogleich wieder den Rückzug anzutreten. Erst bei Pultusk an der Narew machten sie Halt, etwa 40,000 Mann stark. Etwa halb so viel Franzosen, die jedoch im Verlauf des Kampfes verstärkt wurden, stürmten am 26. December gegen sie heran, erlitten aber empfindlichen Verlust. Dennoch zogen sich die Russen an der Narew aufwärts nach Altpreußen zurück, das Land barbarisch verwüstend, als wäre es feindliches. Die Preußen, welche auf dem rechten Flügel standen und nur mit Mühe die Verbindung mit den Russen festhielten, erwehrten sich kaum der Uebermacht und wichen über Soldau und Neidenburg bis nach Angerburg zurück. Die Absicht Napoleon's, sein Heer von Warschau und Pultusk über Neidenburg bis Elbing in die Winterquartiere zu verlegen, wurde dadurch vereitelt, daß Ney durch einen kühnen Zug Königsberg zu nehmen gedachte, die Russen unter Bennigsen aber nahe daran waren ihn abzuschneiden. Diese hatten nur ein kleineres Corps an der Narew stehen lassen und waren am 14. Januar 1807 mit ihrer Hauptmacht aufgebrochen, um den linken französischen Flügel zu sprengen und Danzig so wie Graudenz zu entsetzen. Vor ihnen zogen die Feinde, besonders nach dem ernstlichen Treffen bei Mohrungen (den 25. Januar) eiligst gegen die Weichsel zurück, doch schnell eilte Napoleon mit großer Macht herbei, wo möglich die Russen auf ihrer linken Flanke zu umgehen und nach der Weichsel hinzudrängen. Da zog Bennigsen sein Heer bei Allenstein zusammen und ging nach Preußisch-Eylau zurück, während die Preußen, durch Ney hart bedrängt und in steter Gefahr, vom Hauptheere abgeschnitten zu werden, über Osterode und Liebstadt nach eben dorthin eilten. Mit zähester Tapferkeit, wenn auch mit schwerem Verluste hielt eine Abtheilung von ihnen die Franzosen glücklich auf, so daß Lestocq seine Stellung auf dem äußersten rechten Flügel der Russen einnehmen konnte, die Bennigsen hinter Preußisch-Eylau geordnet hatte. Seinen 60,000 Mann führte Napoleon 70—80,000 entgegen. Heftig und unentschieden wurde am 7. Februar um den Besitz von Eylau gekämpft. Am folgenden Tage warf Napoleon seine ganze Macht auf den linken russischen Flügel, und wenn auch anfänglich die Franzosen dabei durch das dichte Schneegestöber in Unordnung geriethen und furchtbaren Verlust erlitten, so änderte sich doch das Glück bei der

Ankunft von Davoust's Schaaren. Die Russen, aus einer Stellung nach der andern vertrieben, begaben sich zum Theil auf die Flucht, als 6000 Preußen unter Lestocq vom rechten Flügel her zu Hülfe geschickt wurden. Ihnen hatte die Gunst des Schicksals den Ruhm vorbehalten, die Entscheidung zu bringen. Mit dem alten preußischen Heldenmuthe drangen sie unaufhaltsam vor und warfen nach kurzem Kampfe die Franzosen so heftig zurück, daß sie ihr Geschütz zum Theil im Stiche lassen mußten, und es Davoust nur erst in der Dunkelheit gelang, seine fliehenden Schaaren zum Stehen zu bringen. Vielleicht 20,000 Mann auf jeder Seite mochten kampfunfähig gemacht worden sein, das Corps Augereau's war so gänzlich vernichtet, daß die Trümmer den andern Heerhaufen überwiesen werden mußten. Selbst in Paris hielt man die Schlacht für eine Niederlage, ungeachtet sich die Russen weiter zurückzogen; auch Napoleon ging über die Passarge zurück, um seinem Heere Erholung zu gönnen und es zu ergänzen.

Wie groß der Eindruck war, den diese Schlacht auf Napoleon gemacht hatte, geht am besten daraus hervor, daß er am 16. Februar dem Könige ein Bündniß und Frieden unter günstigen Bedingungen anbot. Friedrich Wilhelm blieb jedoch fest bei dem russischen Bündniß, und Kaiser Alexander versprach bei einer persönlichen Zusammenkunft in Memel zu Anfang April feierlichst, den König nicht zu verlassen, sondern mit ihm gemeinschaftlich zu siegen oder zu fallen. Der Vertrag zu Bartenstein am 26. April setzte das Nähere fest, ihm trat Schweden bei, später auch, jedoch leider zu spät, England; daß nicht auch das schwankende Oesterreich gewonnen wurde, verhinderten die schnell auf einander folgenden Ereignisse.

Ehe Napoleon den Feldzug aufs neue begann, war er darauf bedacht, das wichtige Danzig zu nehmen. Seit März war dort der General Kalkreuth Befehlshaber, und die Besatzung wurde bis auf 20,000 Mann verstärkt, während die Belagerungstruppen bis auf 40,000 erhöht wurden. Die Absicht, Entsatz zur See herbeizuführen, mißlang, und Kalkreuth, an Allem Mangel leidend, sah sich endlich am 26. Mai zur Capitulation gezwungen. Die auf 12,000 Mann zusammengeschmolzene Besatzung erhielt freien Abzug gegen das Versprechen, ein Jahr lang nicht gegen Frankreich zu dienen. Darauf erst brach Napoleon mit etwa 200,000 Mann gegen die Russen und Preußen auf, die kaum 120,000 Mann zählen mochten. Fechtend wich Bennigsen, der wieder bis zur Passarge vorgedrungen war, nach Heilsberg an der Alle zurück, wo er am 10. Juni die Franzosen schlug, ihnen einen Verlust von vielleicht 12,000 Mann beibrachte, und wo die preußische Cavallerie neue Lorbeern pflegte. Die Erkrankung von Bennigsen veranlaßte den weiteren Rückzug der Russen. Napoleon folgte, griff sie am 14. Juni mit Uebermacht bei Friedland an und brachte ihnen eine entschiedene Niederlage bei, wenngleich auch sein Verlust 12,000 Mann betragen mochte. Bennigsen zog sich über den Pregel und Memel zurück. Lestocq, der schon früher von den Russen getrennt worden war, hatte sich nach Königsberg hineingeworfen, da er sich im offenen Felde nicht gegen die Uebermacht halten konnte. Jetzt mußte er befürchten, von den Feinden eingeschlossen zu werden, und auch er überschritt schon am 19. den Memelfluß; die Franzosen aber besetzten nach seinem Abzuge am 16. Königsberg und gleich darauf Tilsit.

Seitdem bekam im russischen Hauptquartier die Friedenspartei das Uebergewicht; man erklärte, sich nicht um der Preußen willen aufopfern zu müssen. Schon am 21. Juni trat ein Waffenstillstand zwischen den Franzosen und Russen, am 25. auch mit den Preußen ein, und gleich darauf bereitete eine persönliche Besprechung zwischen Napoleon und Alexander den Frieden vor, da Napoleon den Kaiser dadurch für sich gewann, daß er ihm den Besitz von Finnland und den Donau-Provinzen in Aussicht stellte. Die Verhandlungen zu Tilsit seit dem 25. Juni, welchen auch Friedrich Wilhelm persönlich beiwohnte, konnten für Preußen keine günstigen Bedingungen herbeiführen, und selbst die mündlichen Bitten der Königin Luise konnten den Haß Napoleon's nicht besänftigen. Am 7. Juli kam der Frieden zwischen Napoleon und Alexander zu Stande, am 9. Juli wurde der mit Preußen ohne alle weitere Unterhandlung unterzeichnet. Von etwa 5700 Quadr.-Meilen und 10 Mill. Einwohner wurde die Hälfte abgetreten. Alles westlich der Elbe gelegene Land mußte, Magdeburg mit eingeschlossen, an Napoleon überlassen werden, der Erfurt für sich behielt, Bayreuth später an Bayern gab, alles Uebrige theils zu Holland, theils zum Großherzogthum Berg, theils zu dem neu gebildeten Königreich Westfalen schlug, wo er seinen Bruder Jerome im November 1807 als König einsetzte. Die Besitzungen in der Lausitz mußten an Sachsen abgetreten werden, das dagegen andere Gebiete an Saale und Elbe an Westfalen überließ. Von den polnischen Ländern blieb nur Westpreußen und ein schmaler Streifen des Netzdistricts bei Preußen, der Grenzdistrict Bialystok fiel an Rußland, Danzig mit einem besondern Gebiete sollte freie Hansestadt werden, alles Uebrige nebst dem Culmerlande kam unter dem Namen „Großherzogthum Warschau" an Sachsen, dem später im Elbinger Vertrag (13. October 1807) auch noch der Michelauer Kreis und Neu-Schlesien abgetreten werden mußte. Für Sachsen mußte eine Heerstraße nach Warschau offen gelassen werden und später noch drei Handelsstraßen nach Warschau, Posen und Kalisch. Die Schifffahrt auf Weichsel, Netze und Bromberger Canal wurde Frankreich und seinen Bundesgenossen freigegeben, aller Handel und

Verkehr mit England untersagt. Preußen erkannte alle neuen Staats-
schöpfungen Napoleon's an. Es durfte nur ein Heer von bestimmter
Größe — nach der Convention vom 8. September 1808 auf 42,000
Mann festgesetzt — unterhalten und hatte eine Kriegssteuer von 154½
Mill. Franken zu zahlen, die 1808 durch russische Vermittlung auf
120 Mill. herabgesetzt wurde. Bis diese Summen abgezahlt oder doch
sicher gestellt wären, sollten die französischen Truppen das Land besetzt
halten, doch blieben unter allerlei Vorwänden 150,000 Franzosen bis
Ende 1808 im Lande und selbst später waren Glogau, Cüstrin und
Stettin in französischen Händen, wie ebenfalls gegen den Wortlaut des
Friedens in Danzig ein französischer Befehlshaber eingesetzt wurde.

Am 24. Juli 1807 erließ der König von Memel aus ein Schreiben
an die von ihm abgetretenen Provinzen, mit Ausnahme der polnischen,
in welchem er sie von ihrer bisherigen Unterthanen-Pflicht lossprach
und rührenden Abschied von ihnen nahm. Unter den Antwortschreiben
derselben war keins ergreifender als das aus Westfalen, während aus
den preußisch gebliebenen Provinzen eine große Anzahl von Eingaben
die Freude aussprach, daß ihnen in aller Drangsal doch das Glück zu
Theil geworden wäre, sich auch ferner Preußen nennen zu dürfen.

———

Zu dem entsetzlichen Unglück, das Preußen so schwer betroffen
hatte, kam noch der Spott und Hohn von denen, welche Preußens schnelles
und kräftiges Aufblühen stets mit neidischem Auge angesehen hatten, ja
was noch schlimmer war, im Lande selber wurden viele Stimmen laut,
welche die alte Regierungsweise bitter schmähten. Und allerdings war
es nur zu klar geworden, daß man in merkwürdiger Selbstüberschätzung
und mit außerordentlicher Zähigkeit die alten Formen festgehalten hatte,
die bei dem gewaltigen Umschwunge der Zeit längst ihren Werth verloren hatten. Einseitig aber war dieser Tadel, in sofern er sich vorzugsweise auf die alte Kriegs-Verfassung richtete, wenn auch gerade bei dem
Heere, das dem Lande Schutz gewähren sollte und nun ein so klägliches
Ende genommen, die Uebelstände sich am schreiendsten herausstellten.

Wenn auch König Friedrich selber in den letzten Jahren seine Armee nicht mehr für das hielt, was sie in den schlesischen Kriegen gewesen, so war doch ihr Ruf ein so großer, daß sie anderen zum Muster
diente, und auch noch in den Kriegs-Unternehmungen Friedrich Wilhelm's II. hatte sie den alten Ruhm ihrer Tüchtigkeit zu bewahren gewußt. Kein Wunder, daß der Glaube an ihre Unüberwindlichkeit von
dem ganzen Volke getheilt wurde, während der Unbefangene zugestehen
mußte, daß ihr ganzer Zuschnitt den Vergleich mit den neufranzösischen
Heeren nicht aushalten konnte. Das Heer zählte damals 250,000 Mann,

darunter etwa ⅓ Ausländer. Alle waren mehr oder weniger der Hefe des Volkes zugehörig, weshalb nur die strengste Disciplin Ordnung in diesen Schaaren aufrecht erhalten konnte; auch hatte dies Verhältniß den Nachtheil, daß nicht nur der Gegensatz zwischen dem Offizier und Gemeinen, sondern noch mehr zwischen dem Militär und Bürger ein sehr schreiender war. Der Soldat, zu 20jähriger Dienstzeit verpflichtet, der Offizier, der nur langsam durch Ancinnität zu den höheren Stellen aufrücken konnte, ergrauten beide im Dienste und waren bei dem besten Willen nicht im Stande, die Strapazen eines Feldzuges zu ertragen. Dazu kam, daß die Bekleidung des Soldaten eine sehr ärmliche war; dem Fußvolk namentlich fehlten die Mäntel, so daß der Gebrauch von Zelten beim Lagern nothwendig wurde. Dadurch aber wurde wieder das Gepäck, das man mit sich führen mußte, ein übermäßig großes, und ging dies verloren, so mußte bei rauher Jahreszeit das Heer große Einbuße erleiden. Eben so nachtheilig für schnelle Bewegung war die Verpflegung des Heeres aus Magazinen, während bei der neuen Kriegsführung der Franzosen das Requisitions-System in umfassendster Weise angewendet wurde. Die Bewaffnung ferner war bei dem langen Frieden eine sehr dürftige geworden; die Gewehre der Infanterie namentlich hatten zwar ein glänzendes Ansehn, waren aber kaum tauglich, ein paar Schuß mit scharfer Ladung zu machen. Außerdem war die Kriegs-Tüchtigkeit des Heeres nichts weniger als vollkommen. Die oben erwähnte Beurlaubung der halben Armee dauerte noch fort, und die Vorschläge, die seit 1803 in Bezug auf die Umformung des Heeres gemacht worden waren, kamen wegen der schnell folgenden Ereignisse nicht zur Ausführung. Denkt man überdies daran, daß jeder große Feldherr die Schwächen der bisherigen Kriegsführung durch ein neues, von ihm durchgeführtes System zu seinem Vortheil benutzt hat, so kann es nicht auffallen, daß ein so großer Kriegskünstler, wie Napoleon war, leicht das Uebergewicht über alle die gewinnen konnte, die den alten Ansichten huldigten.

Aber es war nicht das Heer allein, das an mannichfachen Gebrechen litt, auch in allen übrigen Staats-Einrichtungen zeigten sich die Uebel, welche überall da eintreten, wo nicht die bessernde Hand dieselben den Anforderungen der Zeit anzupassen weiß. Friedrich der Große hatte zwar auch den Staats-Mechanismus ziemlich eben so gelassen, wie ihn das Genie seines Vaters angeordnet hatte, beide aber,. der Vater wie der Sohn, waren die belebende Kraft, durch welche jene Maschine auf so wunderbare Weise in Bewegung gesetzt wurde; der schaffende Geist änderte von selber die Form, die seiner Wirksamkeit nicht mehr entsprechend war. Es war keine geringe Aufgabe, die Stelle jener großen Männer auszufüllen. Friedrich Wilhelm II. hatte bald genug die

Neigung wie die Kraft verloren, auf gleiche Weise wie seine großen Vorgänger den bewegenden Mittelpunkt des Staats-Organismus abzugeben; Friedrich Wilhelm III. fehlte bei seiner außerordentlichen Pflichttreue nicht die Neigung dazu, nur unterschätzte sein geringes Selbstvertrauen und seine geringe Erfahrung die ihm innewohnende Kraft, und er überließ sich gern dem Rathe derer, denen er größere Einsicht als sich selber zutraute, namentlich in den verwickelten auswärtigen Angelegenheiten. Wo er selbständig handelte, erzielte sein richtiger Tact nicht unwichtige Erfolge. So erließ er schon wenige Tage nach seiner Thronbesteigung eine eigenhändige Cabinets-Ordre an sämmtliche Landesbehörden, die Beamten zu treuer Pflicht-Erfüllung anzuhalten, und als Wöllner diese Gelegenheit benutzte, sein berüchtigtes Religions-Edict aufs neue einzuschärfen, wurde er und sein ganzer Anhang schon im März 1798 entlassen, die Ober-Examinations-Commission aufgehoben, und dafür das Ober-Consistorium wieder eingesetzt. Eben so sorgte er für bessere Besoldung des Heeres, für den Volks-Unterricht, für Hebung der Kunst und Wissenschaft und errichtete Arbeits- und Armenhäuser. Vor allen Dingen aber suchte er eine strenge Finanz-Verwaltung durchzuführen, die dem Lande dringend noth that, und setzte zu dem Ende die Ober-Rechenkammer wieder ein. Während er das verhaßte Tabacks-Monopol aufhob, machte er überall wo nur möglich Ersparniß, und so günstig war der Erfolg, daß er in den ersten Jahren seiner Regierung (bis 1805) nicht weniger als 20 Millionen ansammelte, von denen er 7 Millionen zur Verminderung der Staatsschulden verwendete. Dagegen war die Leitung der auswärtigen Angelegenheiten noch eben so schwach bestellt wie unter seinem Vater. Friedrich der Große hatte alle Staatsgeschäfte selber geleitet, seine Cabinetsräthe waren nicht viel mehr als Secretaire, welche seine Befehle für die Minister auszufertigen hatten. Eine wichtigere Bedeutung erhielten diese Cabinetsräthe unter Friedrich Wilhelm III.; als unmittelbare Rathgeber des Königs war ihr Einfluß und ihre Machtstellung ungleich bedeutender als die der Minister, zumal da keine Verantwortlichkeit mit ihrer Stellung verbunden war. Deshalb wirkte auch die Thätigkeit Lombard's so verderblich für Preußen, der mit seinem Anhange, v. Haugwitz, Lucchesini ꝛc., die Neutralität Preußens unter allen Umständen aufrecht erhalten und dabei wo möglich ohne Schwertstreich Gewinn machen wollte, in welchem Streben er durch die große Friedensliebe des Königs wesentlich unterstützt wurde. So kam jenes unglückselige Schwanken, jene heillose Unsicherheit in alle Entschlüsse, die man dem edelsten und offenherzigsten Könige für Perfidie anrechnete.

Trug somit die Staats-Verwaltung die Schuld, daß Preußen so elend zusammensank, so hatte doch auch das Volk selber nicht geringen

Antheil daran. Der König war seit dem 24. December 1793 mit Luise von Mecklenburg-Strelitz vermählt; ihre Ehe war ein Muster von Reinheit und Sittlichkeit, namentlich bezauberte die Königin durch körperlichen wie geistigen Liebreiz die Herzen Aller in so hohem Grade, daß, als sie dem Schmerze über das Unglück ihres Volkes am 19. Juli 1810 erlag, ihr Tod im ganzen Lande als eine Calamität empfunden wurde, von der Alle betroffen waren, und daß ihr Andenken für immer ein gesegnetes bleiben wird. Der Ruhm, den allein sie in Anspruch für sich nahm „sie habe viel geduldet und im Dulden ausgeharrt" wurde das hohe Vorbild, dem alle Besseren der Nation in jenen trüben Zeiten mit Eifer nachgestrebt haben. Das schöne Beispiel, das dies musterhafte Ehepaar vom Throne herab seinem Volke gab, vermochte aber um so weniger zu wirken, als eine gewisse Frivolität nicht bloß die höheren Stände ergriffen hatte, sondern auch bis in die untersten Schichten des Volkes hinabgedrungen war. Hatte schon Friedrich den Verfall der alten einfachen, tüchtigen Gesinnung in seinem Volke tief beklagt, so war die Ueppigkeit des Hofes von Friedrich Wilhelm II. wenig geeignet gewesen, Religiosität und Sittlichkeit zu heben; der äußere Zwang, den das Religions-Edict brachte, konnte nur Heuchelei hervorbringen. Dies Schein-Christenthum fiel nun zwar bei dem Beginn der Regierung von Friedrich Wilhelm, der Unglaube aber, der Leichtsinn trat dafür desto stärker hervor, und nirgend ward die flache Selbstüberhebung widerlicher gezeigt als in der Hauptstadt des Landes, in Berlin. Freute sich doch der Bürger über die Schmach des Heeres, von dem er oft genug Unwürdiges erduldet hatte. Aller Gemeinsinn war erstorben, die Meisten suchten für sich zu retten, was zu retten war, unbekümmert um Andere, schlimmsten Falls tröstete man sich damit, daß es ja noch ärger werden könnte.

Der materielle wie geistige Druck lastete auf Preußen schwerer als auf irgend einem andern deutschen Lande und schien den armseligen Trümmern, die sich aus dem großen Schiffbruch gerettet hatten, den unvermeidlichen Untergang zu bringen. Das Land war auf die schrecklichste Weise verwüstet; überall, wo die großen Heere Napoleon's gestanden hatten, namentlich in der Mark und noch mehr in Ostpreußen, war das Land systematisch ausgesogen worden. Die Felder lagen verödet, denn es fehlte an Saatkorn zu ihrer Bestellung, ja sogar an Händen, das Zerstörte wieder aufzubauen. Denn verheerende Seuchen hatten als Folge des Krieges in manchen Gegenden ein Fünftel der Bevölkerung weggerafft. Dazu kam die Noth unzähliger Familien, die all das Ihrige verloren hatten. Handel und Gewerbe stockten, namentlich durch die von Napoleon angeordnete Continentalsperre gegen England, aller Credit im Auslande war zerstört. Die Millionen, welche meist

Die Noth des Landes.

von Privatpersonen und Gesellschaften in dem preußisch gewesenen Polen zur Verbesserung des Landes angelegt worden waren, gingen mit wenigen Ausnahmen sämmtlich verloren; mehr als 7000 Beamte aus jenen Provinzen hatten oft kaum das nackte Leben gerettet, und doch war keine Möglichkeit vorhanden, ihnen Ersatz für die Zukunft zu bieten. Nicht minder machten die zahlreichen Offiziere, die aus der Gefangenschaft zurückgekehrt waren, Ansprüche auf Unterstützung von Seiten der Regierung. Dabei hörten, so lange noch Franzosen auf preußischem Boden standen, die Einquartierungen, die Contributionen und Lieferungen nicht auf und preßten dem Lande das Letzte ab, was ihm geblieben war; ja selbst nachdem die Heere abgezogen waren, verlangten die Besatzungen in den Oberfestungen jährlich fortlaufend bedeutende Summen zu ihrer Unterhaltung.

Erweitertes Gebiet, höherer Titel, selbst größere Machtfülle mochte die Rheinbundsfürsten darüber trösten, daß sie unter einer Fremdherrschaft standen, waren es doch auch sonst nicht gerade immer die Schlechtesten, welche in dem französischen Kaiser den Götzen des Tages verehrten. In Preußen rief dagegen die trostlose gegenwärtige Lage desto mehr das Andenken an vergangene glanzvolle Zeiten zurück, und je weniger die zugesagte Selbständigkeit von Napoleon beachtet wurde, desto unerträglicher wurden dem preußischen National-Gefühl die unwürdigen Fesseln, in welche der Staat geschlagen worden war. Und eine höhere Hand hat gerade in jenen Tagen der Erniedrigung und der Schmach über Preußen gewaltet. Der König, stets bereit die Stimme der Wahrheit zu hören, sammelte eine Schaar von Männern um sich, die mit weisem Rathe und starker Hand auf ruhige, gesetzmäßige Weise Reformen ins Leben riefen; das Volk wurde innerlich zu einer Freiheit erhoben, für welche es zu seiner Zeit mit Gut und Blut einen Kampf wagte, der ewig denkwürdig bleiben wird.

Nachdem der König den Charlottenburger Vertrag verworfen hatte, war im December 1806 Haugwitz von der Leitung der auswärtigen Angelegenheiten ausgeschieden. Seitdem wurden die Staatsgeschäfte nach den drei Hauptzweigen, dem Militär-Wesen, dem Innern und den Finanzen, dem Auswärtigen geschieden, und im März 1807 wurde Hardenberg zur Leitung des Letzteren berufen; bereits im Juli mußte er aber wieder entlassen werden, da Napoleon mit ihm als einem Franzosen-Feinde nicht unterhandeln wollte. Seitdem leitete der König selber von seinem Cabinet aus die Angelegenheiten. Doch bald nach dem Frieden wandte sich seine Aufmerksamkeit auf den Freiherrn v. Stein, dessen Tüchtigkeit schon früher von ihm erkannt worden war, dem er jedoch wegen seines angeblichen Eigensinns kein Vertrauen hatte schenken können. Am 5. October 1807 übernahm er zu Memel die Staats-Verwaltung, und durch die besondere Gunst des Schicksals traten ihm Männer zur Seite, deren Wirksamkeit für die innere Belebung und Erstarkung des preußischen Staates unvergeßlich bleiben wird. Vor allen Dingen verlangte und erhielt er die größte Freiheit in allen seinen Maßnahmen, daß die bisherige Cabinets-Regierung aufgehoben und das Staats-Ministerium nicht mehr nach Provinzen, sondern nach den verschiedenen Verwaltungs-Zweigen gebildet wurde, zu deren Leitung er geeignete Persönlichkeiten nach eigner Wahl heranziehen durfte. Seine Wirksamkeit dauerte nicht lange; schon im November 1808 mußte er, da er bei Napoleon in Verdacht gerathen war, entlassen werden; ja gleich darauf ward er von diesem geächtet, seine Güter eingezogen, und nur durch die Flucht entzog er sich der Gefangenschaft. Die Grundzüge jedoch, die er zur Umbildung des Staates entworfen hatte, führte nachmals der Freiherr v. Hardenberg wenigstens der Hauptsache nach aus, als er mit Einwilligung Napoleon's seit dem Jahre 1810 als „Groß-Kanzler" an die Spitze der gesammten Staats-Verwaltung gestellt worden war.

Seit dem Ende des Jahres 1808 war der Staatsrath neu gebildet worden, der unter dem Vorsitz von Ministern die fünf Zweige der Staats-Verwaltung leitete: die inneren, die äußeren, die Finanz-, Kriegs- und Justiz-Angelegenheiten. Als zunächst dem Ministerio untergeordnet traten an die Stelle der früheren Kriegs- und Domainen-Kammern die Regierungen, während die bisherigen Regierungen als Oberlandesgerichte bezeichnet wurden. Präsidenten standen an der Spitze der Provinzial-Verwaltungen und bildeten den einenden Mittelpunkt.

Schon im December 1806 hatte der König alle pflichtvergessenen Militärs mit harten Strafen bedroht; nach erfolgtem Frieden war dann eine Untersuchungs-Commission eingesetzt, welche über alle schuldigen Befehlshaber und Truppentheile genaue Forschungen anzustellen hatte — sie war bis 1812 in Thätigkeit —, doch selbst die zum Tode Verurtheilten begnadigte der König mit lebenslänglicher Gefangenschaft. Gleichzeitig wurde für die neue Organisation des Heeres eine Commission eingesetzt, an deren Spitze v. Scharnhorst stand, ihm zur Seite v. Gneisenau, v. Grolman, v. Boyen und v. Clausewitz, Männer, wie sie nicht geeigneter gefunden werden konnten. Jeder Gemeine, wenn er die Befähigung hatte, konnte Portepeefähnrich werden, im Frieden auch zum Offizier vorrücken, sobald er seine Kenntnisse und Bildung nachwies; in Kriege sollte Tapferkeit und militärischer Ueberblick dazu befähigen. Das Offiziercorps wählte zu diesen Beförderungen die Geeigneten aus, der König behielt sich die Ernennung vor. Die Gewählten rangirten bis zum Hauptmann nach dem Dienstalter; zu

Stabs-Offizieren ernannte jedoch der König, ohne auf Anciennität zu achten, diejenigen, welche sich durch ihr Talent und ihre ausgezeichneten Dienste dazu geeignet zeigten. Die Werbung, namentlich also die im Auslande hörte auf, die Exemtionen wurden beschränkt, und damit fiel auch die Nothwendigkeit der bisherigen strengen Disciplin; der Stock wurde nur noch für solche gebraucht, welche wegen grober Vergehen in die Strafsection versetzt worden waren. Ein neues Exercier-Reglement, von Scharnhorst entworfen, bezweckte die tüchtigere Ausbildung des Soldaten für den Krieg; für die größere Beweglichkeit des Heeres wurde eine neue Eintheilung desselben gemacht, und das viele Gepäck, namentlich der Gebrauch der Zelte abgeschafft. Die Beurlaubung nach erfolgter militärischer Ausbildung wurde zwar beibehalten, dafür aber neue Mannschaft eingezogen, so daß das alte Wirthschafts-System zu Gunsten der Compagnie-Chefs ganz wegfiel. Denn da Napoleon nur ein Heer von 42,000 Mann zu halten gestattete, so wurde der hinlänglich eingeübte Theil der Mannschaft unter dem Namen der „Krümper" entlassen und durch Neu-Eintretende ersetzt, so daß, als Preußen die Waffen gegen Napoleon ergriff, schnell 120,000 wohl geschulter Truppen zusammengezogen werden konnten, für welche hinlängliches Kriegs-Material angesammelt worden war.

Große Sorge machte die Regelung der Finanzen. Es war eine schwere Aufgabe, das so furchtbar ausgesogene Land bei dem lang anhaltenden Drucke der Franzosen einigermaßen wieder in Aufnahme zu bringen, um wenigstens einen Theil der Summen aus demselben zu beziehen, die man dem Sieger noch nachträglich baar zu erlegen hatte. Der König ging in dem nothwendig gewordenen Ersparungssystem mit rühmlichem Beispiel voran, indem er seinen Hofhalt möglichst einschränkte und selbst das vorhandene goldene Tafelservice in die Münze wandern ließ. Dennoch sah man sich zu Anleihen genöthigt, zu deren Sicherheit auf Domänen Pfandbriefe ausgegeben wurden; außerdem wurden auch einzelne Domänen zum Verkauf gestellt, nachdem mit Einwilligung der Stände die von Kurfürst Albrecht Achilles 1473 und von König Friedrich Wilhelm I. 1713 gegebene Bestimmung aufgehoben worden war, daß die Domänen unveräußerlich sein sollten. Ferner erklärte man 1810 alle geistlichen Güter, auch die katholischen, für Staats-Eigenthum und verwandte den Ueberschuß, nach Abzug der auch ferner davon zu bestreitenden nothwendigen Ausgaben, zu allgemeinen Staatszwecken. Nicht weniger als 7 Domcapitel, 7 Collegiatstifter und etwa 150 Klöster wurden von dieser Maßregel betroffen, und eben so nahm damals der Johanniter-Orden in der Mark ein Ende, nachdem derselbe fast 500 Jahre in eigenthümlicher Selbständigkeit hierselbst bestanden hatte. Als nämlich die Johanniter 1309 die Insel Rhodus erobert und zu ihrem Sitze erkoren hatten, waren Streitigkeiten der Ordensbrüder mit ihrem Großmeister entstanden, durch welche eine Anzahl deutscher Mitglieder veranlaßt wurde, sich 1310 auf die Ordensgüter in der Neumark zu begeben. Sie wählten hier einen „**Meister in der Mark**" und erhielten 1382 in dem Vertrage zu **Haimbach** (in der Rheinpfalz bei Neustadt an der Haardt) das Recht eingeräumt, einen besonderen **Herrenmeister der Ballei Brandenburg** zu wählen, der seinen Sitz in Sonnenburg nahm. Nach Aufhebung des Tempelherren-Ordens hatten sie einen Theil seiner Güter in Nieder-Deutschland erhalten; sie besaßen in Lagow, Lietzen, Schievelbein, Werben, **Supplingenburg** rc. Commenden und standen unter dem Schutze der **Kurfürsten** von Brandenburg, deren Prinzen längere Zeit hindurch mit der **Würde der Herrenmeister** bekleidet wurden. Sämmtliche Stiftsgüter wurden 1810 und 1811 eingezogen, und zum ehrenvollen Andenken des Ordens 1812 der preußische Johanniter-Orden errichtet, der jedoch mit dem ursprünglichen nur den Namen und das Ordenskreuz gemein hatte und seine Mitglieder, die protestantisch sein mußten, aus altadligen Familien wählte. Seit dem Jahre 1853 hat der jetzige König dem Orden insofern seine alte Wirksamkeit angewiesen, als seinen Mitgliedern ebenfalls Beförderung der Krankenpflege und geistiger Kampf gegen Unglauben zur Pflicht gemacht ist.

Mit der größten Anstrengung gelang es auf diese Weise, die Abtragung der Kriegssteuer zu sichern. Seit dem 8. September 1808 wurden dem Könige die Einkünfte aus seinen ihm übrig gebliebenen Provinzen wieder zur Verfügung gestellt und vom November ab 50 Millionen Franken in monatlichen Zahlungen von 4 Millionen baar getilgt; für die anderen 70 Millionen wurden Domainen-Pfandbriefe ausgehändigt. Am 3. December verließen darauf die letzten französischen Truppen Berlin, wo am 10. unter dem größten Jubel der Menge Preußen wieder einzogen. Der König selber und seine Gemahlin kehrten erst am 23. December 1809 in ihre Hauptstadt zurück; ihre ganze Reise von Königsberg hatte einem Triumphzug geglichen.

Wie alle Verwaltungs-Zweige neu und zweckmäßig geordnet wurden, so ward auch die größte Sorgfalt darauf verwendet, das ganze Volk geistig und materiell zu heben, seinen religiösen Sinn neu zu beleben, nicht durch Vorschriften und Anordnungen, sondern durch Entfernung unwürdiger Geistlichen, durch Verbesserung der theologischen Vorbereitungs-Anstalten, durch angemessene äußere Stellung der Geistlichen so wie durch Fürsorge für anständige Feierlichkeit des äußeren Gottesdienstes, bei der Jugend aber die Liebe zu Gott, König und Vaterland sorgfältig zu pflegen. Kam zwar in Bezug auf die Erziehung der ursprüngliche Gedanke nicht zur Ausführung, dieselbe ganz militärisch einzurichten, so geschah doch durch hervorragende Männer Großes hierin. Während Jahn für die kräftige physische Ausbildung des heranwachsenden Geschlechts durch Turnübungen viel geleistet hat, wußten Männer wie Schleiermacher, Fichte, Arndt ꝛc. für Erweckung eines sittlichen, frommen Sinnes, für Verbreitung von Wissenschaft und Gelehrsamkeit, die durch unmittelbares Eingreifen in das Leben selber fruchtbringend würde, einen neuen Geist herzustellen, deutsch und preußisch zugleich. Ja ein so großer Kreis von tüchtigen und gelehrten Männern hatte sich namentlich nach Vertreibung hallescher Gelehrten in Berlin gesammelt, daß schon eine Universität daselbst begründet werden konnte, ehe noch im Herbst 1810 die Ausstattung dieses neuen Instituts erfolgte. Auch wurde schon im folgenden Jahre die Universität Frankfurt nach Breslau verlegt und mit der dortigen katholischen Facultät zu neuem Glanze vereinigt; beide Anstalten erhielten eine für die damaligen Verhältnisse bedeutende Ausstattung. Ja der „sittlich-wissenschaftliche Verein", der unter dem Namen des „Tugendbundes" bekannter geworden ist, und der vom Könige bestättigt wurde, verbreitete sich von Königsberg aus über die ganze Monarchie, und wenn auch sein Bestehen nur kurz war, so hat er doch unendlich viel Gutes angeregt.

Um die ganze Kraft des Volkes sich frei und ungehindert entwickeln zu lassen, einem Jeden die Möglichkeit zu verschaffen, sein Vermögen und seine Kraft zu seinem eignen Vortheil und zu dem des Ganzen zu verwerthen, war es nothwendig, daß die Schranken fielen, welche bis dahin an einem geistigen Ineinanderleben gehindert hatten, und daß Jeder innerhalb seines Kreises freie Bewegung erhielt. Deshalb wurden evangelische und katholische Einwohner überall gleich berechtigt und namentlich den Juden bedeutende Vortheile zugesichert, auf Grund welcher sie mit dem übrigen Volke verwachsen sollten. Wenn nämlich auch der große Kurfürst 1671 vielen aus Oesterreich vertriebenen Juden die Erlaubniß ertheilt hatte, sich in seinen Staaten niederzulassen, und seitdem keine Verfolgungen hierselbst mehr über sie hereinbrachen, so blieb doch ihre Lage eine gedrückte, selbst nachdem Friedrich II. 1750 ein Reglement gegeben hatte, das bis 1812 in Kraft geblieben ist. Danach sollte ihre Zahl nicht vermehrt werden, und die ordentlichen Schutzjuden ihr zugestandenes Recht des Aufenthalts nur auf Ein Kind vererben dürfen; die außerordentlichen erhielten die Bewilligung zur Niederlassung nur auf ihre Lebenszeit. Jene durften später gegen Einzahlung von 70,000 Rthlrn. ihr Vorrecht auch noch auf ein zweites Kind ausdehnen, doch mußten die Betheiligten ein gewisses Quantum von inländischen Manufactur-Waaren zur Ausführung entnehmen, von welcher Verpflichtung sie sich aber später loskauften. 1757 wurde bestimmt, daß neue Schutzprivilegien nur dann ausgefertigt werden sollten, wenn die Bewerber sich erboten, neue Fabriken anzulegen. Landbau oder andere Gewerbe als Handel zu treiben war ihnen nicht gestattet; selbst die Zahl der Häuser war bestimmt, die sie besitzen durften. Während auch später noch bedeutende Abgaben von ihnen entrichtet werden mußten, wurde doch der für sie so drückende Leibzoll 1787 abgestellt. Alle diese früheren Verordnungen traten nun durch den königlichen Befehl außer Kraft, der am 11. März 1812 erlassen wurde. Alle im preußischen Staate lebenden Juden wurden für Staatsbürger erklärt unter der Bedingung, daß sie bestimmte Familien-Namen annehmen und ihre Handelsbücher 2c. in deutscher Sprache führen sollten. Seitdem trugen sie gleiche Lasten mit den übrigen Unterthanen und wurden nach gleichen Gesetzen mit diesen behandelt.

Von außerordentlicher Bedeutung für das ganze Land war die am 19. November 1808 verliehene Städte-Ordnung, durch welche den Städten die eigne Verwaltung ihrer Angelegenheiten wieder überlassen wurde. Der Unterschied zwischen mittel- und unmittelbaren Städten hörte ganz auf, dagegen wurde eine Eintheilung in kleine (bis 3500 E.), mittlere (bis 10,000 E.) und große Städte gemacht. Das Bürgerrecht in ihnen zu erlangen, wurde auf resp. 3, 6 und 10 Rthlrn. festgesetzt, und ihnen je nach ihrer Größe die Wahl von 24—36, 36—60, 60—100 Stadt-Verordneten zugesprochen. Diese, nicht nach Zünften und Corporationen, sondern von sämmtlichen stimmfähigen Bürgern gewählt, hatten das allgemeine Wohl der Stadt zu vertreten. Von ihnen geschah die Wahl der Magistrats-Mitglieder, unter denen diejenigen besoldet waren, deren ganze Zeit durch ihr Amt in Anspruch genommen wurde. Nur das behielt sich die Regierung vor, aus drei vorgestellten Candidaten den Ober-Bürgermeister zu ernennen. Das bisherige Vorrecht der Städte, daß in ihnen allein, mit wenig Ausnahmen, Gewerbe und Handel getrieben werden konnte, wurde am 2. November 1810 durch Einführung einer allgemeinen Gewerbefreiheit aufgehoben; gegen Entrichtung einer Patentsteuer erhielt jeder das Recht, ein beliebiges Gewerbe zu treiben, da fortan aller Zunftzwang aufgehoben und Jedem überlassen wurde, sein Geschäft da zu treiben, wo er am wohlfeilsten leben zu können meinte. Eben so wurde auch dem platten Lande freier Markt-Verkehr gestattet und deßfallsige alte Verkaufs-Edicte und Monopole für aufgehoben erklärt.

Erhielten durch die Städte-Ordnung die Städte ein Recht zurück, das sie ursprünglich besessen, so wurde schon im October 1807 eine Maßregel angebahnt, deren Durchführung selbst Friedrich dem Großen nicht möglich geworden war, nämlich einen freien Bauernstand zu schaffen und ihn von dem Jahrhunderte lang getragenen Drucke zu befreien. Das alte **Unterthänigkeits-Verhältniß** sollte mit dem Martini-Tage 1810 aufhören und kein neues derartiges irgendwie einzugehen erlaubt sein. Die Land-Einsassen sollten freie Leute sein, entlassen von allem Frohn- und Dienstzwang so wie vom Loskaufsgelde beim Verziehen, und freie Verfügung über ihr Grund-Eigenthum erhalten, sobald die alten Verpflichtungen gegen angemessene Entschädigung abgelös't wären. Das Mißverstehen dieser Verordnung führte zwar in Schlesien gewaltige Bewegungen unter den Bauern herbei, die Regierung trat jedoch diesen Unordnungen energisch entgegen und ließ sich durch sie nicht abhalten, entschieden in dieser Sache weiter vorzugehen, wenn auch so umfassende Verhältnisse nur langsam abgewickelt werden konnten, und mithin geraume Zeit verfloß, ehe jene Verordnung vollständig in Kraft treten konnte. Im September 1811 erschien ein neues merkwürdiges Edict, das auf die Erfahrungen gestützt, welche auf den Domainen und verschiedenen Rittergütern gemacht worden, die Entschädigungen festsetzte, welche für die Ablösung der Natural-Dienste und Verpflichtungen zu leisten waren. Diejenigen Bauerngüter, welche bisher von den Gutsherren auf gewisse oder auch unbestimmte Zeit gegen Abgaben, Pachte und Dienstleistungen vergeben worden waren, wurden gegen Rückgabe der Hälfte ihrer Ländereien an die Gutsherrschaft von allen Lasten entbunden. Diejenigen Bauerngüter dagegen, deren Inhaber ein Erbrecht an dem Hofe hatten, so daß nach ihrem Tode derselbe an ihre Erben vergeben werden mußte, traten ein Drittel ihres Besitzes an den Grundherrn ab; das Uebrige erhielt der bisherige Inhaber als ächtes und freies Eigenthum ohne alle fernere Verpflichtung. Dadurch bildeten sich nun, wenn natürlich auch langsam, freie Landgemeinden. Wie bedeutend aber das Areal war, das durch diese Maßregel zu freiem Eigenthum wurde, wird ein Beispiel deutlich machen. In Pommern zählte man nämlich etwa 1300 adlige Güter, in einer Größe von 260 Quadr.-Meilen. Von diesen kamen etwa 100 Quadr.-Meilen auf die Bauernhöfe. Nach der eben erwähnten Rückgabe an die Gutsherrschaft wurden nun etwa 60—70 Quadr.-Meilen das Eigenthum freier Leute, deren Vortheil es natürlich erfordern mußte, diesen erb- und eigenthümlichen Besitz nach Möglichkeit rentiren zu lassen. — Zur sorgfältigeren Cultur des Landes trug auch der Umstand bei, daß mehrere große königliche Aemter getheilt wurden; in der Kurmark z. B. waren es nicht weniger als 26, welche in kleinen Parcellen vererbpachtet wurden.

Wenn bei diesen Veränderungen der Adel wesentlich betheiligt war, so wurde er auch überdies vielfach von diesen Neuerungen berührt. Er erhielt das Recht, sein Besitzthum nach Belieben zu parceliren oder auch durch Hinzuziehung von Bauernhöfen zu vergrößern. Seine Güter stiegen bei der damaligen Calamität — ihm mußte, da er durch die übergroßen Kriegskosten stark verschuldet war, auf einige Jahre allgemeiner Indult zugestanden werden — dadurch bedeutend im Werthe, daß auch Nichtadlige das Recht erhielten, Rittergüter zu erwerben, und außerdem wurde ihm erlaubt, bürgerliche Gewerbe zu betreiben. Zwar wurde beabsichtigt, den Gutsherren die Polizei-Gewalt und die Patrimonial-Gerichtsbarkeit zu nehmen und eine gleichmäßige Grundsteuer ohne alle Ausnahmen einzuführen, die Sache blieb aber wegen des neu ausbrechenden Krieges eben so unausgeführt wie die Absicht, eine allgemeine Repräsentation des Landes einzuführen, zu welcher gegen Ende des Jahres 1810 dadurch der Anfang gemacht wurde, daß außer den vom Könige bestimmten Mitgliedern aus jeder Provinz zwei Mitglieder von der Ritterschaft, zwei andere von den Städten und vom Lande, außerdem aber von den Hauptstädten Berlin, Königsberg und Breslau je ein Mitglied gewählt werden sollten.

Aber auch sonst fielen die Schranken, die vielfach hemmend für die Entwicklung des Landes gewirkt hatten. Wie der Zunftzwang so hörte auch der Mühlen-, Brau- und Brennereizwang auf. Natural-Lieferungen, die Gestellung von Vorspann in Friedenszeiten wurden aufgehoben, das Zollwesen wurde vereinfacht, der Servis gleichmäßig vertheilt, die Stempel-Abgabe zweckmäßiger geordnet, und wie in Bezug auf Consumtions- und Luxussteuern alle früheren Befreiungen aufhörten und alle Bevorrechtung von Ständen für ungesetzlich erklärt wurde, so wurde selbst bis auf das Gesinde herab Sorge dafür getragen, daß Jeder vor Unrecht und Gewalt bewahrt wäre. — Diese Hauptpunkte mögen genügen, den Nachweis zu führen, wie Preußen gerade in der Zeit des allgemeinen Unglücks in sich selber erstarkte und unvermerkt die Kräfte sammelte, durch die es sich bald darauf eine so achtungswerthe Stellung wieder erkämpfte.

Die rücksichtslose Härte, die sich Napoleon nach allen Seiten hin erlaubte, brachte allmählich einen außerordentlichen Umschwung der Gemüther gegen ihn hervor. Was in Preußen und von hier aus in ganz Deutschland in aller Stille vorbereitet wurde, kam zunächst in Spanien zu offenem Ausbruch. Napoleon hatte sich 1808 der dortigen königlichen Familie bemächtigt und glaubte, das Land, ohne besonderen Widerstand zu finden, seiner Familie aneignen zu können. Er hatte seinen Bruder Joseph zum Könige eingesetzt, doch selbst die gewaltigsten Heere, durch die er dem neuen Herrscher Gehorsam erzwingen wollte, vermochten nichts gegen die zähe Wuth des spanischen Volkes, das sich diesem fremden Joche nicht beugen wollte. Um seine ganze

Macht hierher wenden zu können, suchte der Kaiser die erkaltende Freundschaft Rußlands dadurch aufs neue zu gewinnen, daß er dem Kaiser Alexander abermals Aussicht auf Erwerbungen in der Türkei eröffnete. Auf dem Congreß zu Erfurt im October 1808 sollten die näheren Besprechungen darüber gepflogen werden; zugleich glaubte er durch die glänzende Versammlung daselbst — die meisten deutschen Fürsten waren persönlich erschienen, andere durch Prinzen ihres Hauses vertreten — die Größe seiner Macht auf eine Weise zu zeigen, welche etwanige Bewegungen in Deutschland im Entstehen ersticken sollte. Dennoch entsprach den großartigen Vorrichtungen nicht der Erfolg, der sich bei diesen Unterhandlungen ergab. Die Erwartungen Alexander's wurden nicht befriedigt, selbst die Moldau und Walachai, mit denen Rußland einstweilen abgefunden werden sollte, sollten erst später der Türkei abgefordert werden, damit diese nicht im Verein mit England und Oesterreich Napoleon den Kampf in Spanien erschweren möchte. Dennoch wurde zwischen Frankreich und Rußland das Bündniß fester geschlossen, das beiden die Herrschaft über Europa sichern sollte.

Napoleon war darauf nach Spanien abgegangen, um an der Spitze von 300,000 Mann dies Land gewaltsam zur Ruhe zu bringen. Diesen Augenblick hielt Oesterreich für günstig, seine früheren Verluste wieder gut zu machen, da nur schwache Truppenmassen gegenüberstanden, über welche es zu siegen hoffte, ungeachtet seine Rüstungen selber noch nicht vollendet waren. Ein Aufruf an das Volk leitete den Kampf ein; in Tyrol, das von Oesterreich 1805 an Bayern abgetreten worden war, nahm er im April 1809 seinen Anfang, wo Andreas Hofer sich hohen Ruhm erwarb. Doch schnell erschien Napoleon bei dem Heere in Deutschland, siegte bei Eggmühl, nahm Regensburg, drängte die Oesterreicher aus Bayern und hielt schon am 13. Mai seinen Einzug in Wien. Zwar siegte der Erzherzog Karl am 21. und 22. Mai bei Aspern, doch der Rückzug des Erzherzogs Johann aus Italien, sein Verlust bei Raab (den 14. Juni) und endlich Napoleon's Sieg bei Wagram (den 5. und 6. Juli) führte zunächst einen Waffenstillstand und endlich am 14. October den Frieden zu Wien herbei, in welchem Oesterreich nicht weniger als 2000 Quadr.=Meilen abtreten und sich verpflichten mußte, sein Heer nicht über eine vorgeschriebene Zahl hinaus zu vergrößern. Alle Bemühungen Oesterreichs während dieses Krieges Preußen zur Theilnahme zu veranlassen, waren vergebens gewesen, da der König bei seinen beschränkten Mitteln nicht kräftig genug auftreten zu können meinte, und da er befürchtete, daß Oesterreich ihn später im Stiche lassen würde.

Bei dem Beginn dieses Krieges war die Hoffnung der Patrioten in Nord=Deutschland erwacht, nach dem Vorbilde Spaniens durch einen allgemeinen Aufstand das französische Joch abzuwerfen. Schon in den ersten Tagen des April 1809 hatte der ehemalige Hauptmann v. Katt im Verein mit Gleichgesinnten versucht, von der Altmark aus Magdeburg zu überrumpeln; das Unternehmen war gescheitert, doch rettete er sich selber nach Böhmen. Eben dorthin flüchtete auch v. Dörnberg, der in westfälischen Diensten stehend, Cassel zu nehmen gehofft hatte (den 23. April). Mit jenen hatte auch der Major v. Schill, damals in Berlin stehend, seine Verabredungen getroffen; am 28. April brach er aus Berlin auf, ging über die Elbe, Mulde und Saale, überall zum Aufstand ermunternd. Er sah sich aber zu wenig unterstützt und endlich genöthigt, bei Dömitz über die Elbe zurückzugehen; nach Stralsund zurückgekehrt fand er dort am 31. Mai seinen Tod. Elf Offiziere seines Corps, die gefangen worden waren, wurden nach Wesel gebracht und dort am 16. September erschossen. Glücklicher war der Herzog Friedrich Wilhelm von Braunschweig, Sohn des unglücklichen Herzogs, der bei Auerstädt die Todeswunde empfangen hatte. In seinem Fürstenthum Oels in Schlesien hatte er die Werbung eines Corps von 2000 Mann begonnen, dieselbe in Böhmen fortgesetzt, und war dann in Verbindung mit einem österreichischen Corps nach Sachsen und Franken eingedrungen; der Waffenstillstand vereitelte jedoch fernere Unternehmungen. Er handelte nun für sich, ging über Leipzig und Halberstadt, das von seiner „schwarzen Schaar" gestürmt wurde (30. Juli), hielt dann seinen Einzug in Braunschweig, schlug sich tapfer durch übermächtige Feinde und schiffte am 7. August seine Mannschaft glücklich an der Weser-Mündung nach England ein. Eben so verunglückte der Einfall einer 40,000 Mann starken englischen Armee gänzlich. Statt nach der Weser zu gehen und von dort aus Nord-Deutschland in Aufstand zu bringen, landeten die Engländer auf der Insel Walcheren, um sich der französischen Flotte auf der Schelde zu bemächtigen und die dortigen reichen Arsenale zu zerstören. Schon einen Monat später mußte man den Rückzug antreten, da man auf unerwarteten Widerstand gestoßen war.

Napoleon, jetzt auf der Höhe seines Glückes, sehnte sich danach, einen Erben für sein weites Reich zu gewinnen. Da seine Ehe mit Josephine Beauharnais unfruchtbar zu bleiben schien, ließ er sich von seiner Gemahlin scheiden, und nachdem er vergeblich um eine russische Prinzeß angehalten, vermählte er sich 1810 mit einer Tochter des Kaisers Franz, der Erzherzogin Marie Luise. Das Verhältniß mit Oesterreich wurde seitdem ein freundlicheres, namentlich als dort Metternich die Leitung der Regierungsgeschäfte übernommen hatte; das mit Rußland dagegen wurde immer kühler, und Napoleon that nicht nur nichts, dasselbe besser zu gestalten, sondern beleidigte sogar den

Kaiser Alexander auf mannichfache Weise. Da er nämlich Bedenken trug, England selber anzugreifen, indem er eine Landung versucht hätte, suchte er dessen Handel nach dem Continente zu vernichten. Es ist schon oben erwähnt, daß er zu dem Ende die Continentalsperre anordnete, der ganz Europa mit Ausnahme Portugal's beitrat. Da dennoch seine Absicht nicht vollständig erreicht wurde, ließ er zwar durch den Zolltarif von Trianon den 5. August 1810 die Einfuhr von Colonialwaaren gegen überaus hohe Abgaben zu, schloß aber alle Manufactur-Waaren aus. Dadurch aber ward der kaufmännische Credit erschüttert, aller Wohlstand vernichtet, und durch großartige Schmuggelei suchte man zu erhalten, was auf rechtlichem Wege zu beziehen nicht möglich war. Um diesen Schmuggelhandel mit einem Schlage zu vernichten, zog Napoleon 1810 das Königreich Holland ein, das er eben so zur französischen Provinz machte wie den nordwestlichen Küstenstrich von Deutschland, namentlich das Herzogthum Oldenburg, einen Theil von Hannover, sowie die Hansestädte Bremen, Hamburg und Lübeck. Gerade diese Maßregeln waren es, welche Rußland erbitterten; es protestirte gegen die Continentalsperre, mehr aber noch gegen die Entthronung des verwandten Oldenburgischen Hauses. Der Bruch war so weit gediehen, daß jede der beiden Parteien sich nach Verbündeten umsah. Rußland gewann Schweden für sich, wo 1810 der Marschall Bernadotte zum Thronfolger bestimmt worden war; Napoleon zählte nicht nur auf den Rheinbund und Oesterreich, sondern er hatte auch nicht übel Lust, dem Königreich Preußen auf ähnliche Weise ein Ende zu machen wie er es eben mit Holland gethan hatte. Die Festungen an der Oder und Weichsel, die noch in französischen Händen waren, erhielten verstärkte Besatzung, französische Truppen häuften sich an den Grenzen, der Rheinbund wie Polen rüsteten. Vergeblich hatte Hardenberg dem Kaiser ein Bündniß angeboten, lange schwankte Napoleon, ob er es annehmen sollte — und er hat es nachmals schwer bereut, daß er nicht Preußen völlig vernichtet, bevor er gegen Rußland aufgebrochen wäre —; endlich kam ein solches am 24. Februar 1812 zu Stande. Preußen sollte zum Kriege gegen Rußland 20,000 Mann stellen, ohne jedoch sein Heer deshalb zu vergrößern; mit Ausnahme von Potsdam als der Residenz des Königs sollte das ganze Land den französischen Heeren offen stehen, keine neue Aushebung durfte gemacht, keine Dislocation der Truppen vorgenommen werden, und bei dem dereinstigen Frieden sollte es nach Verhältniß seiner Lasten und Dienste Gebiets-Entschädigung erhalten. Diese harten Bedingungen schlugen den Muth der Patrioten so gänzlich nieder, daß Hunderte von Offizieren aus der Armee austraten, und daß selbst Scharnhorst und Gneisenau ihre Stellung aufgaben.

36*

Vortheilhafter war das Bündniß, das Oesterreich mit Frankreich abschloß. Es stellte ein Hülfscorps von 30,000 Mann, das unter österreichischem Oberbefehl gesondert bleiben sollte, und es wurden ihm für diese Hülfe reiche Gebiets-Vergrößerungen in Aussicht gestellt. Bei solchen Vorbereitungen waren die ferneren diplomatischen Verhandlungen mit Rußland nur bloße Formsache; sie wurden von Napoleon nur geführt, um der großen Armee Zeit zu lassen, sich allmählich gegen die russische Grenze vorzuschieben. Aufs neue wurde Preußen mit empörender Willkürlichkeit behandelt. Die Erpressungen aller Art, von den obersten französischen Befehlshabern bis zum gemeinen Soldaten herab verübt, erfüllten die Herzen der Bedrängten mit so großer Erbitterung, daß das Schlimmste zu befürchten war. Im Mai 1812 war Napoleon in Dresden, wo ihn der Kaiser Franz und Friedrich Wilhelm begrüßten, und am 22. Juni, auf dem Wege zum Niemen, verkündigte er seinem Heere den Beginn des zweiten polnischen Krieges. Von den 600,000 Mann, die auf dem Marsche nach Rußland waren, überschritten zunächst 450,000 Mann die Grenze; die Russen hatten kaum die Hälfte dieser Zahl entgegen zu stellen, wozu noch der Nachtheil kam, daß die Einheit im Oberbefehl mangelte, da der commandirende Barclay de Tolly als Liefländer den Stockrussen ein Dorn im Auge war.

Auf dem äußersten rechten Flügel der großen Armee standen die Oesterreicher unter Schwarzenberg; das preußische Hülfscorps unter York stand auf dem linken Flügel unter dem Marschall Macdonald, der seine Stellung längs des ganzen nach Nordwest gerichteten Laufes der Düna genommen hatte. In dem Centrum, das Napoleon selber führte, befanden sich gegen 300,000 Mann, denen die Russen nur ein Drittel dieser Macht entgegenstellen konnten. Sie zogen sich nach Witebsk an der oberen Düna zurück, das Napoleon im Juli erreichte. Sein Plan war, hier den ersten Feldzug zu schließen, da die Russen Alles verwüstet hatten, und das Heer nicht nur dem drückendsten Mangel ausgesetzt war, sondern auch durch Strapazen aller Art schwere Verluste erlitten hatte; seine eigne Ungeduld jedoch sowie die Rathschläge seiner Marschälle bestimmten ihn, die gute Jahreszeit zu weiterem Vordringen zu benutzen und in Moskau den Frieden zu dictiren. Bei Smolensk erst machte Barclay Halt und lieferte auf das ungestüme Andringen seiner Generale am 17. und 19. August eine Schlacht, die auf beiden Seiten schwere Opfer kostete, den Franzosen aber nur eine verwüstete Stadt und ein verödetes Schlachtfeld überließ. Die Russen, aufgebracht über Barclay's beständiges Zurückweichen, bewogen den Kaiser Alexander, dem greisen Kutusow den Oberbefehl zu übertragen, der am 7. September bei Borodino mit etwa 130,000

Mann gegen eben so viel Franzosen eine Schlacht annahm. Auf 80,000 Mann wurde der beiderseitige Verlust angeschlagen, und dennoch war die russische Armee nicht etwa aufgelös't, sondern sie zog sich in Ordnung zurück und stellte sich seitwärts von Moskau auf. In diese alte Hauptstadt zog zwar Napoleon am 14. September ein, doch fand er sie fast von allen Bewohnern verlassen, und gleich darauf ging sie in Flammen auf. Bis zum 20. waren zwei Drittheile der Stadt in Asche gelegt, die reichen Vorräthe vernichtet, von denen man den Winter über zu zehren gehofft hatte. Dennoch hielt die Hoffnung, Alexander zum Frieden zu zwingen, Napoleon bis zum 18. October hier fest; da endlich war es die höchste Zeit, die 100,000 Mann, die im September hier eingezogen waren, zu retten. Er versuchte die Straße über Kaluga zu gewinnen, die blutige Schlacht bei Malo Jaroslawecz (24. October) zwang ihn jedoch, die alte Straße nach Smolensk einzuschlagen, wo es an Allem fehlte, das Heer zu nähren. Ueberdies trat am 6. November eine furchtbare Kälte ein, die mit starkem Schneefall verbunden die entsetzlichsten Verheerungen unter den Truppen anrichtete. Alle Beute, Reihen von Wagen und Geschütz mußten im Stiche gelassen werden, nur etwa 40,000 Bewaffnete trafen den 9. November in Smolensk ein, wo man frische Truppen vorfand. Aber in wenigen Tagen lichteten sich auch diese Reihen so furchtbar, daß nur etwa 12,000 Kampffähige die Beresina erreichten. Der Uebergang wäre nicht möglich gewesen, wenn nicht Victor und Oudinot von der Düna her 18,000 Mann herbeigeführt hätten. Dadurch gelang es, am 26. und 27. November den Fluß zu überschreiten und sich durch die Russen einen Weg zu bahnen, der ganze Troß jedoch fand einen grauenvollen Untergang im Flusse oder erlag dem Schwert der Feinde. Was sich gerettet hatte, wurde von der neu eintretenden furchtbaren Kälte vernichtet, nur Wenige erreichten am 6. December Wilna. Doch auch da war ihres Bleibens nicht, die nachstürmenden Russen trieben die Unglücklichen auch von dort weiter. Von etwa 300,000 Mann, welche im Centrum gegen Moskau vorgerückt waren, sammelten sich nur einige 20,000 Mann hinter der Weichsel.

Die lügnerischen Berichte Napoleon's hatten zwar bedeutende Verluste zugegeben, welche die große Armee durch die strenge Kälte auf ihrem Rückzuge erlitten hätte, doch Niemand ahnte das Unglück, was in einer Gräßlichkeit, wie die Geschichte kein anderes Beispiel kennt, über dieselbe hereingebrochen war. Erst als Napoleon in der Mitte December plötzlich in Deutschland erschien, unaufhaltsam nach Paris eilte und dort die großartigsten Anstrengungen machte, seine Verluste zu ersetzen, durchlief die Aufregung Europa mit Windeseile. Aber was man anderswo nur ahnte, das sah man in Königsberg in seiner ganzen

Furchtbarkeit, als dort am 19. December von dem 50,000 Mann starken Corps französischer Garde etwa nur ein Bataillon zurückkehrte, dem bald unzählige Offiziere folgten, in dem traurigsten Aufzuge und ohne streitbare Mannschaft. Die wenigen Geretteten boten das schrecklichste Bild des Jammers dar und verbreiteten überall, wohin sie.kamen, pestartige Krankheiten. Langsam schleppten sich diese lebendigen Leichen durch Preußen, um jenseit der Elbe Schutz zu suchen.

Auch der Marschall Macdonald hatte nach Vernichtung des Hauptheeres von der Düna her den Rückzug angetreten, den der General v. York mit seinem Hülfscorps decken sollte. Die fluchtartige Eile dieses Rückzuges, der Fehler des Marschalls, den bei der grimmigen Kälte langsam weichenden York ohne bestimmte Anweisungen zu lassen, bewirkten, daß letzterer sehr bald durch russische Truppentheile vom Hauptcorps getrennt wurde. Unter solchen Umständen glaubte York, vor allen Dingen für die Erhaltung seiner Truppen sorgen zu müssen; er schloß deshalb am 30. December in der Mühle zu Poscherun bei Tauroggen auf Antrag der Russen mit dem General Diebitsch eine Uebereinkunft dahin ab, daß das preußische Corps für neutral erklärt und zwischen Tilsit und Memel aufgestellt werden sollte, bis diese Convention von beiden Monarchen genehmigt würde. Geschähe Letzteres von Seiten des Königs nicht, so. sollte es freien Abzug haben, doch während zweier Monate nicht gegen die Russen kämpfen. Die Franzosen waren dadurch genöthigt, vor dem andringenden Wittgenstein hinter die Weichsel zurückzugehen.

Der König, der mitten unter französischen Truppen seine Festungen noch in feindlicher Gewalt sah, die Schwäche seines Landes und die ungeheuren Hülfsmittel Napoleon's wohl erwog, verwarf am 5. Januar 1813 jene Convention, entsetzte York und Massenbach, der sich mit seinen Truppen jenem angeschlossen hatte, ihres Befehls, und befahl beide zu verhaften und vor ein Kriegsgericht zu stellen. Da jedoch dieser Befehl nur durch die Zeitungen nach Königsberg kam — den Ueberbringer des königlichen Befehls selber hatten die Russen nicht durchgelassen — so erklärte York, davon keine Kenntniß nehmen zu können und behielt das Commando seines Corps wie das in der Provinz Preußen. Napoleon seine größte Ergebenheit zu versichern, ja sogar eine Verbindung des Kronprinzen mit einer französischen Prinzeß einzuleiten, sandte der König am 11. Januar den Fürsten Hatzfeld nach Paris, während er gleichzeitig mit Kaiser Alexander wegen eines Schutz- und Trutzbündnisses insgeheim verhandelte. Kaum war dies zu Stande gekommen, so ging er mit seiner Familie und seinen Garden am 22. Januar nach Breslau, wohin er Scharnhorst berief, um die militärischen Angelegenheiten zu leiten, und wo sich auch in

Erhebung Preußens.

größter Stille Stein einfand, von Alexander mit Unterhandlungen beauftragt, in Folge deren zwischen Kutusow und Hardenberg am 27. Februar zu Kalisch das preußisch-russische Bündniß geschlossen wurde. Preußen versprach 80,000, Rußland 100,000 Mann zu stellen und die Waffen nicht eher niederzulegen, bis Preußen auf seine frühere Größe zurückgebracht worden wäre.

Unterdeß herrschte bereits in der Provinz Preußen die größte Thätigkeit sich zu bewaffnen. Stein hatte im Namen des russischen Kaisers die Stände nach Königsberg berufen, ihre freie Berathung begann am 5. Februar und schon nach wenigen Tagen erboten sie sich, zum Schutze des Landes 20,000 Mann aufzubringen, die sich auf eine Reserve von 10,000 Mann stützen sollten, außerdem aber ein Reiter-Regiment von 1000 Mann zu stellen. Die Zahl derer, die freiwillig Dienste nahmen, betrug allein 3000, und zu den Linientruppen wurden nicht weniger als 15,000 Mann ausgehoben, die zum Theil von den Russen mit erbeuteten französischen Gewehren bewaffnet wurden. Der König, hocherfreut über diesen patriotischen Eifer, ordnete Aehnliches in den andern Provinzen an. Schon am 3. Februar hatte er überall Freiwillige zum Kriegsdienst aufgeboten und am 9. jede bisherige Ausnahme von der Cantonpflichtigkeit aufgehoben; jeder Diensttaugliche vom 17. bis 24. Jahre sollte zum Heere herangezogen werden.

Der schwere Winter-Feldzug hatte auch die Russen hart mitgenommen, in weit höherem Grade als man gewöhnlich annimmt; etwa nur 100,000 Mann standen ihnen zur Verfügung, mit denen sie die Festungen in Preußen und Polen blokiren und überdies letzteres Land besetzt halten mußten. Es blieb ihnen mithin nur eine geringe Macht im offenen Felde übrig — mit nur 40,000 Mann, dem Reste von 210,000, war Kutusow im December nach Wilna gekommen —, zumal da York nur auf Befehl seines Königs zu ihnen stoßen wollte, und auch der General v. Bülow sich weigerte, mit den 12,000 Mann sich ihnen anzuschließen, die er unter den ungünstigsten Umständen zu beiden Seiten der Weichsel zusammengebracht hatte. Erst als der Abschluß des Bündnisses zwischen Preußen und Rußland in Aussicht stand, rückte Wittgenstein gegen die Oder vor, und der Oberbefehlshaber der französischen Streitkräfte, der Vicekönig Eugen von Italien, hielt sich für zu schwach Widerstand zu leisten, obgleich ein Corps von 17,000 Mann zu ihm gestoßen war; er zog sich über die Spree zurück und gab dadurch dem Kosakenführer Tschernitschef Gelegenheit, am 20. Februar den Marschall Augereau durch einen Ueberfall zur Uebergabe von Berlin zu schrecken. Zwar concentrirten darauf die Franzosen 26,000 Mann hierselbst, doch hielt es der Vicekönig für angemessener, über die Elbe zurückzugehen, und schon am 4. März rückten die ersten

Russen in Berlin ein, Wittgenstein selber mit seiner Hauptmacht am 11. März; am 17. war kein Franzose mehr diesseit der Elbe, ausgenommen in den Festungen.

Ein Kriegsgericht hatte am 11. März den General York für schuldlos erklärt; der König ernannte ihn aufs neue zum Oberbefehlshaber, und bereits am 17. März rückte er unter dem größten Jubel mit 21,000 Mann in Berlin ein. Gleichzeitig erfolgte am 16. März die Kriegs-Erklärung Preußens an Frankreich und am 17. der bekannte Aufruf des Königs „An mein Volk", der von dem Staatsrath v. Hippel entworfen worden war. Die Begeisterung, die derselbe überall hervorrief, war die großartigste, die Deutschland jemals gesehen. Von allen Seiten wurden auf das bereitwilligste die größten Opfer gebracht. Die dienstpflichtige Mannschaft strömte zu den Fahnen, ja auch Jüngere wie Aeltere drängten sich herbei, um an der Befreiung des Vaterlandes Theil zu nehmen, selbst Frauen wurden von diesem kriegerischen Feuer ergriffen. Und wem es versagt war, selber in die Reihen der Kämpfenden zu treten, der gab sogar über seine Kräfte, um diejenigen ausrüsten zu helfen, denen die Mittel dazu fehlten. Zu den Freischaaren Lützow's und Andrer strömten auch aus dem übrigen Deutschland Kampfbegierige herbei, und neben der Landwehr bildete sich der Landsturm. Schon in der Mitte Mai berechnete man die Erhöhung der vorhandenen 46,000 Mann Linientruppen auf 141,000 Mann, die Zahl der freiwilligen Jäger zu wenigstens 10,000, die der Landwehr auf 120,000 Mann, so daß Preußen damals bei einer Bevölkerung von nur 5 Millionen nicht weniger als 271,000 Mann unter Waffen hatte. Es war eine Bewaffnung des Volkes, wie sie bis dahin in Preußen unerhört gewesen, und die kirchliche Weihe, welche die Truppen vor ihrem Ausmarsch empfingen, steigerte noch wo möglich diesen Enthusiasmus.

Aber auch Napoleon war den Winter über nicht müßig gewesen, neue Schaaren auszurüsten. Im Januar 1813 war eine Aushebung von 350,000 Mann verfügt worden, und im April, nachdem die Kriegs-Erklärung Preußens erfolgt war, von noch 180,000 Mann. Schon im Laufe des März stand deshalb eine bedeutende Truppenmasse am Main vereinigt, während die Streitmacht des Vicekönigs an der Elbe etwa 60,000 Mann stark sein mochte, und eine gleiche Anzahl die Festungen in Preußen und Polen besetzt hielt. Mit so großer Eile schob aber Napoleon die Neu-Ausgehobenen nach, daß sie erst auf dem Marsche selber die nothdürftigste Ausbildung, und viele ihre Bewaffnung erst in Thüringen erhielten. Ende April stellte sich dann Napoleon in Weimar an die Spitze seiner Schaaren, um dem Feinde jeden Fuß breit Landes streitig zu machen.

Nur nach langem Zögern hatten sich die Verbündeten — zunächst waren es nur 100,000 Mann, darunter die größere Hälfte Preußen — nach der Elbe hin in Bewegung gesetzt, da einerseits Kutusow gegen einen Feldzug in Deutschland war, andrerseits den Preußen die Mittel fehlten, ihre Ausrüstung schnell genug zu betreiben. Dazu kam, daß man gern den Erfolg der Unterhandlungen namentlich mit Oesterreich und Sachsen abwarten wollte; ersteres war jedoch nicht geneigt, thatkräftig einzugreifen, und der König von Sachsen verließ lieber sein Land, um in Regensburg und später in Prag Schutz zu suchen. Endlich brach das südliche, das Haupttheer, dessen Spitzen von Blücher und Winzingerode geführt wurden, von Schlesien auf, nahm in den letzten Tagen des März Dresden und schob einzelne Corps bis Altenburg vor, während Streifcorps bis Eisenach vorgingen und zahlreiche Gefangene einbrachten. Mit diesem Haupttheere suchte sich darauf die Nordarmee unter Wittgenstein von der Mark her zu vereinigen. Der Vicekönig trat dem etwa 20,000 Mann starken Feinde am 5. April bei Möckern mit 37,000 Mann entgegen, und hier war es, wo zuerst die begeisterte Tapferkeit der Preußen unter York, Bülow und Borstell einen schönen Sieg errang und die Franzosen mit einem Verluste von 1000 Gefangenen nach Magdeburg zurückwarf. Der Weg nach Halle und Leipzig war damit eröffnet, und wenn auch der Sturm auf Wittenberg (den 17. April) nicht gelang, so wurde doch am 27. Spandow genommen, wie kurz vorher Czenstochau und Thorn; die Belagerungstruppen verstärkten sofort die Armee im Felde.

Der Tod des greisen Kutusow (am 28. April) und die Ernennung Wittgenstein's zum Oberbefehlshaber brachte größere Regsamkeit in das Heer der Verbündeten, zumal da nun Napoleon mit 120,000 Mann über die Saale vorgerückt war. Die Verbündeten waren zwar an Reiterei und Geschütz überlegen, und namentlich in den Reihen der Preußen lebte der größte Kampfesmuth, Napoleon aber hatte an Fußvolk das entschiedenste Uebergewicht, er besaß eine große Menge von Befehlshabern, deren Tüchtigkeit in zahlreichen Schlachten erprobt war, und sein Genie galt noch immer für unüberwindlich. Vor allen Dingen suchte er, nachdem er die leichten Truppen von Winzingerode am 29. April bei Weißenfels zurückgeworfen hatte, zunächst Leipzig zu gewinnen, um dort die Nord-Armee zu schlagen, deren Vereinigung mit der südlichen ihm unbekannt war. Anfänglich führte Ney die Spitze und drängte die Gegner von dem Rippach-Bache zurück, obgleich hier der Marschall Bessières, der Befehlshaber der Garde-Reiterei, tödtlich getroffen wurde. Dann schob Napoleon andere Heerhaufen von Lützen nach Leipzig vor, während Ney bei Groß- und Klein-Görschen und am Floßgraben den rechten Flügel bildete. Der Plan der Verbündeten, von Scharnhorst entworfen, war nun, sich auf Ney zu werfen und die im Marsche befindlichen französischen Heerhaufen einzeln zu überwältigen. Die Bewegungen der Verbündeten jedoch, statt in einander zu greifen, durchkreuzten sich, so daß der Angriff statt in der Frühe des 2. Mai erst zu Mittag beginnen konnte. Die Dörfer Groß- und Klein-Görschen, Rahna und Kaja, welche erst den Franzosen entrissen werden mußten und der ihnen günstige Boden ließen lange die Schlacht schwankend, bis Napoleon, eiligst mit seinen Schaaren zurückkehrend, die Wage für die Franzosen fallen machte. Immer neue Massen rückten auf den engen Raum, furchtbar schmetterte eine Batterie von 60 Geschützen auf die Verbündeten, unter deren Schutze die dichtgedrängten Angriffs-Colonnen der Franzosen den Verbündeten die errungenen Vortheile wieder entrissen. Vergeblich war auch ein kecker Reiter-Angriff Blücher's, die Dunkelheit und Hohlwege verhinderten die Ueberraschung. 68,000 Mann zählte Napoleon in dieser Schlacht, die er nach Lützen, die Preußen nach Groß-Görschen nannten, die Verbündeten 54,000, unter denen zahlreiche Reiterschaaren. Letztere büßten etwa 10,000 Mann ein, ersterer die Hälfte mehr; auch Scharnhorst war schwer verwundet und starb bald darauf in Prag, wohin er sich hatte bringen lassen. Mit einbrechender Nacht zogen sich beide Theile vom Schlachtfeld zurück.

Zwar wurde am folgenden Tage nach Berlin gemeldet, daß ein Sieg errungen sei, doch hielt man es nicht für angemessen, den Kampf am 3. zu erneuern, vielmehr zogen sich die Preußen, wenn auch mit vielem Widerstreben, nach Meißen, die Russen nach Dresden über die Elbe zurück. Napoleon's Anstrengungen, diesen Rückzug zu erschweren, hatten sehr geringen Erfolg. Am 8. Mai traf er in Dresden ein, wohin wenige Tage später auch der König Friedrich August von Sachsen zurückkehrte, da ihm nur die Wahl gelassen wurde, entweder sein Land zu verlieren oder thätiger Bundesgenosse Napoleon's zu werden. Sein Plan, sich mit Oesterreich zu einer bewaffneten Neutralität zu verbinden, scheiterte damit vollständig. Er übergab jetzt die Festung Torgau und ließ 12,000 Mann zu den Franzosen stoßen, welche die Elbe überschritten. Ney erhielt den Befehl gegen Berlin vorzurücken, da Napoleon der Meinung war, daß dorthin sich die Preußen gewendet hätten; er wurde jedoch schnell zurückgerufen, als der Kaiser sah, daß die ganze verbündete Armee ihm gegenüber stand. Letztere hatte den günstigen Augenblick versäumt, Napoleon da anzufallen, wo er sich durch die Entsendung Ney's bedeutend geschwächt hatte; man schickte vielmehr Truppen ab, um den Marschall abzuhalten sich Napoleon wieder anzuschließen. Sie waren jedoch zu schwach, diesen Auftrag auszuführen, und wurden am 19. Mai bei Königswartha von der Uebermacht zurückgeworfen, wenn sie auch dem Feinde nicht unbedeutenden Verlust zufügten.

Die Verbündeten hatten eine weit ausgedehnte Stellung hinter der Spree bei Bautzen eingenommen; etwa 28,000 Preußen standen im Centrum, 55,000 Russen auf beiden Flügeln. Diese Stellung war durch stark armirte Schanzen gedeckt, und vor derselben waren Truppen aufgestellt, die Uebergänge über die Spree zu beobachten. Napoleon rückte am 20. Mai mit etwa 130,000 Mann heran und warf nicht nur diese Truppen zurück, sondern machte auch große Anstrengungen, den linken Flügel der Verbündeten zu umgehen, so daß diese einen starken Rückhalt hierher zogen, damit sie nicht von der österreichischen Grenze abgeschnitten würden. Dennoch war dieser Angriff nur ein Schein-Manöver Napoleon's; seine Absicht ging vielmehr dahin, daß Ney den rechten Flügel umginge und den Rückzug der Verbündeten bedrohte. Am folgenden Morgen, am 21., wiederholte sich der Angriff gegen den linken Flügel, doch die Russen, zahlreich verstärkt, warfen die Franzosen zurück und brachten ihnen schwere Verluste an Mannschaft und Geschütz bei. Dagegen war Ney mit überwiegenden Streitkräften dem rechten Flügel der Verbündeten schon halb in den Rücken gekommen, und nur der ausgezeichneten Tapferkeit der Preußen sowie den Fehlern, die Ney selber beging, war es zu danken, daß die Verbündeten ihren Rückzug ohne Verlust ausführen konnten. Keine Kanone, keine Gefangene fielen in die Hände der Franzosen, deren Verlust etwa 25,000 Mann betragen mochte, während die Verbündeten 15,000 einbüßten.

Napoleon, unwillig darüber, bei so großem Verluste keine Trophäen erbeutet zu haben, stellte sich selber an die Spitze seiner Truppen, um die Verfolgung energisch zu leiten. So groß aber auch sein Ungestüm war, so gelang es ihm doch nicht Erfolge zu erzielen. Mit der größten Hartnäckigkeit und mit nicht zu erschütternder Ruhe und Umsicht benutzte die russische Nachhut unter Yermolof jede Boden-Begünstigung zum Widerstande, und als in Markersdorf der Großmarschall Duroc von einer Kanonenkugel tödlich getroffen wurde, stellte der Kaiser, durch den Verlust dieses seines einzigen Freundes aufs tiefste ergriffen, die übereifrige und doch resultatlose Verfolgung ein, da er wohl einsah, daß gegen einen solchen nicht zu ermüdenden Feind noch stärkere Kräfte von ihm aufgeboten werden müßten.

Statt über die Oder zurückzugehen, wie Napoleon es geglaubt hatte, und wie auch die Russen anfänglich Willens gewesen waren, wandten sich die Verbündeten bei Haynau nach Südosten, um bei Schweidnitz eine Stellung zu nehmen. Wittgenstein hatte nach den beiden verlornen Schlachten den Oberbefehl niedergelegt, der nun Barclay de Tolly übertragen wurde; da sich derselbe nicht beim Heere befand, führte Blücher einstweilen das Commando. Dieser gab gern die Erlaubniß, bei Haynau den verfolgenden Franzosen einen Reiter-Hinterhalt zu legen, und wenn auch dieser Ueberfall am 26. Mai nicht den gehofften Erfolg hatte, so wurden doch dem Feinde 400 Gefangene und 11 Geschütze abgenommen, und, was von ungleich größerer Wichtigkeit war, die Stimmung im Heere, die bei dem beständigen Rückzuge eine gedrückte geworden war, wieder bedeutend gehoben. Zwar ging am 3. Juni Breslau verloren, doch die schweren Verluste des französischen Heeres, sein Mangel an Reiterei, die aufgeregte Stimmung in ganz Deutschland, welche es kühnen Streifschaaren der Verbündeten möglich machte, im Rücken der Franzosen Mannschaften, Pferde, Kanonen, Munition und Gelder zu nehmen, machten in Napoleon den Wunsch nach einer Waffenruhe rege. In der That kam auch schon am 4. Juni zu Poischwitz bei Jauer ein Waffenstillstand zu Stande; beide Heere sollten bis zum 20. Juli in ihren Stellungen verbleiben, doch so, daß zwischen beiden ein Raum von 3—5 Meilen Breite — in demselben auch Breslau — neutral bliebe. Die Nachricht hiervon erfüllte ganz Preußen mit großer Trauer, da ungeachtet aller bisherigen Verluste der Kriegsmuth ungebrochen war; selbst die Versicherung des Königs, daß man den vom Feinde angebotenen Waffenstillstand nur deshalb angenommen, um die ganze Wehrkraft des Volkes in Muße entwickeln zu können, vermochte die bange Sorge nicht zu heben, daß man einen unvortheilhaften Frieden eingehen möchte. Erst die Folge sollte zeigen, daß Napoleon sich durch diesen Waffenstillstand unendlich geschadet hatte, und daß alle Vortheile nur den Verbündeten zu gute kamen.

Keine Gegend Deutschlands hat durch diesen Waffenstillstand schwerer zu leiden gehabt als die an der unteren Elbe und namentlich Hamburg. Als Berlin zu Anfang März von den Franzosen geräumt worden war, hatte sich der Oberst Tettenborn mit 1200 Kosaken und einigen anderen Reitern in Bewegung gesetzt, um auch jene Gegend von den Franzosen zu säubern. Diese hatten sich ungeachtet aller Mittel des Terrorismus in Hamburg wegen der dortigen großen Aufregung nicht mehr für sicher gehalten und am 12. März die Stadt geräumt, in welche Tettenborn am 18. seinen Einzug hielt, nachdem vorher schon Mecklenburg-Schwerin sich vom Rheinbunde losgesagt hatte. Auch die benachbarten Orte Lübeck, Harburg und Lüneburg waren gleichzeitig frei geworden. Durch anderweitige Truppen verstärkt errangen dann Russen und Preußen unter Dörnberg am 2. April bei und in Lüneburg einen Sieg, durch den gegen 3000 Franzosen gefangen genommen wurden; bis nach Bremen und Oldenburg hin schien alles Land für die Feinde verloren. Da rückte jedoch vom Rhein her Vandamme unter dem Marschall Davouſt mit 24,000 Mann heran und zeigte durch die blutige Unterwerfung Bremen's, welches Schickſal Hamburg bevorſtände. Dennoch wollte dieſe Stadt weder ihre Bürger bewaffnen noch die Mittel hergeben, eine anſehnliche Streitmacht auszurüſten, ſie rechnete vielmehr auf die Hülfe der Verbündeten, denen es ſelber an Streit= kräften fehlte. Dänemark war damals noch Willens ſich den Verbün= deten anzuſchließen und den Schutz der Stadt zu übernehmen; als es aber die Gewißheit erhielt, daß den Schweden für ihren Beitritt be= reits Norwegen zugeſichert war, warf es ſich Napoleon ganz in die Arme. So kam denn am 30. Mai die unglückliche Stadt und gleich darauf auch Lübeck in die Gewalt der Franzoſen, die erſt im April 1814 abzogen, nachdem beſonders Hamburg während dieſer langen Beſetzung die ſchwerſten Opfer hatte bringen müſſen.

Ein gleiches Schickſal war Berlin zugedacht worden, als, wie oben erwähnt, Ney dorthin aufgebrochen war. Der General v. Bülow, der nach der Schlacht bei Groß=Görſchen das eben eroberte Halle hatte aufgeben und über die Elbe zurückgehen müſſen, war beauftragt, die Hauptſtadt und die Mark zu decken, doch waren ihm nur ſchwache Truppenmaſſen zur Verfügung geſtellt; ſich namentlich durch Landwehr zu verſtärken gelang ihm nur ſehr unvollkommen, da es an Allem fehlte, die neuen Truppen auszurüſten. Es wurde deshalb die ſumpfige Nie= derung längs der Nuthe und Notte von der Havel bis zur Dahme möglichſt ungangbar gemacht, und Berlin ſelber auf ſeiner Südſeite mit einer doppelten Reihe von Schanzen verſehen, um einen etwanigen Angriff auf die Hauptſtadt wenigſtens zu erſchweren. Damals ging die Gefahr glücklich vorüber. Nach der Schlacht bei Bautzen machte Napoleon zum zweiten Male den Verſuch Berlin zu nehmen; er ſchickte Oudinot mit mehr als 20,000 Mann zu dieſem Zwecke ab, vor welchem Bülow ſich bei Hoyerswerda (am 28. Mai) zurückziehen mußte. Durch neue Zuzüge verſtärkt leiſtete er aber einige Tage ſpäter, am 4. Juni, bei Luckau nicht nur tapfern Widerſtand, ſondern nahm auch dem Feinde 1000 Gefangene ab. Der Waffenſtillſtand allein verhin= derte ihn an weiteren Fortſchritten.

Gleichzeitig erhielten die Freiſchaaren, welche im Weſten der Elbe und Saale den Franzoſen vielfachen Schaden zugefügt hatten, Befehl ſich zurückzuziehen. Mit vieler Beute beladen führten ſie ihren Rückzug glücklich aus; nur gerade die Lützower Freiſchaar, auf welche man ſo große Hoffnungen geſetzt und die den Erwartungen ſo wenig ent= ſprochen hatte, war auch jetzt höchſt unglücklich. Die verzögerte Aus= rüſtung und die mangelhafte Führung hatten gleichmäßig Schuld gehabt, daß dem Heldenmuthe der kecken Schaar ſo wenig Gelegenheit zur Auszeichnung geworden war, obgleich ſie ihre Streifzüge bis nach

Thüringen und dem Erzgebirge ausgedehnt hatte. Unbegreiflicher Weise vernachlässigte sie den rechtzeitigen Rückzug über die Elbe, wie der Waffenstillstand es vorschrieb, und unterlag am 17. Juni bei Kitzen in der Nähe von Lützen der feindlichen Uebermacht und Hinterlist; nur Wenigen gelang es sich über die Elbe zu retten.

Der Waffenstillstand, der später bis zum 10. August verlängert wurde, brachte den gegenseitigen Parteien die Muße, sowohl die größten Rüstungen auszuführen als auch wegen des Anschlusses andrer Mächte zu verhandeln. So schloß schon am 14. Juni Preußen zu Reichenbach in Schlesien ein Bündniß mit England dahin ab, daß es 80,000 Mann für diesen Krieg zu stellen versprach, wogegen für die zweite Hälfte des Jahres 1813 die Summe von 4½ Mill. Rthlrn. zugesagt wurde, die England theils baar, theils in Bewaffnung und Bekleidung der preußischen Truppen abtragen wollte. Außerdem wurde ihm die Garantie gegeben, daß es bei dem dereinstigen Frieden dieselbe Einwohnerzahl und dieselben Einkünfte erhalten sollte, die es vor 1806 gehabt hätte, doch mußte es versprechen, Hildesheim, Lingen und Ostfriesland an Hannover zu überlassen. Darauf kam am 15. Juni ein ähnlicher Vertrag mit Rußland zu Stande, dem England für eine doppelt so große Heeresmacht als die preußische die doppelte Hülfssumme zusagte. Eben so wurde für die schwedische Hülfe eine angemessene Subsidie bestimmt.

Von größtem Gewichte erschien es, auch Oesterreich auf die Seite der Verbündeten zu ziehen. Längere Zeit war dessen Stellung eine sehr unklare geblieben. Es war ihm anfänglich nur darum zu thun gewesen, sich aus der Verbindung herauszuwickeln, in welche es seit März 1812 mit Napoleon eingegangen war. Zu dem Ende hatte es im Februar 1813 insgeheim mit Rußland verhandelt, gegenseitig solche Maßregeln zu treffen, daß Oesterreich gezwungen würde, den Rückzug seines Hülfscorps aus Polen anzuordnen, ohne Verdacht bei Napoleon zu erregen. Dann fester auftretend hatte es die Anerbietungen Napoleon's zurückgewiesen, durch einen Theil der preußischen Monarchie entschädigt zu werden, vielmehr die Erklärung abgegeben, daß es aufhöre Hülfsmacht zu sein, daß es aber seinen ganzen Einfluß verwenden wolle, den Frieden zwischen Frankreich und den Verbündeten herbeizuführen. Napoleon, unwillig über das selbständige Auftreten Oesterreichs, hatte dann seine Künste beim Kaiser Alexander versuchen wollen; dieser jedoch erklärte, nur in Gemeinschaft mit Preußen Unterhandlungen anzuknüpfen. Auch da noch blieb Oesterreich schwankend. Einerseits erlaubte es dem Fürsten Poniatowski ein Corps von 18,000 Polen mit 44 Geschützen durch Mähren und Böhmen Napoleon zuzuführen, andrerseits verhandelte es aber mit den Verbündeten und versprach am 27. Juni zu

Reichenbach sich ihnen anzuschließen, wenn Napoleon die von ihm aufgestellten Friedens-Bedingungen nicht annehmen würde. Diese Forderungen waren gering genug. Es verlangte nur für sich Triest und die illyrischen Provinzen zurück und in Gemeinschaft mit Rußland und Preußen das Herzogthum Warschau. Preußen sollte auch ferner nur bis zur Elbe reichen und nicht einmal Magdeburg zurückerhalten. Der Rheinbund und die Schöpfungen Napoleon's in Deutschland sollten fortbestehen; Napoleon sollte zwar die unmittelbare Herrschaft über die norddeutschen Gebiete aufgeben, dagegen die Rheingrenze behalten. Man würde nicht begreifen können, wie namentlich Preußen auf solche Bedingungen eingehen konnte, wenn man nicht daran dächte, daß keiner der Verbündeten der Meinung war, Napoleon würde selbst diese äußerst mäßigen Forderungen zugestehen. Und in der That haben seine Organe jene Anforderungen als ehrenrührig für den Kaiser dargestellt und eben so die Verhandlungen, die Metternich in den letzten Tagen des Juni zu Dresden mit Napoleon führte, abenteuerlich herauszuputzen gewußt. Der wahre Sachverhalt dagegen war der, daß Napoleon in Folge seiner großartigen Rüstungen auch ferner seinem Glücke vertrauend durch die Gewalt des Schwertes sein altes Uebergewicht behaupten zu können hoffte, und daß er deshalb den dringendsten Vorstellungen seines Unterhändlers Caulaincourt taub blieb, den er in der ersten Hälfte des Monats Juli zum Friedens-Congreß nach Prag geschickt hatte. So verstrich der Endtermin des Waffenstillstandes, ohne daß man sich irgendwie geeinigt hätte; der Congreß lös'te sich auf, und schon am 12. August erklärte Oesterreich an Frankreich den Krieg.

Nicht weniger haben in Bezug auf die Stärke der beiderseitigen Heere die Franzosen lange Zeit den Glauben zu verbreiten gewußt, als ob die Verbündeten so überwiegend an Zahl gewesen wären, daß Napoleon nur dieser Uebermacht erlegen wäre. Allerdings hatten die Russen bedeutende Kräfte herangezogen, die Preußen eifrig an der Ausbildung ihrer ausgehobenen Mannschaft gearbeitet, und vor allen Dingen war durch den Beitritt Oesterreichs die Zahl der verbündeten Kämpfer bedeutend gewachsen; dennoch betrug die Gesammtzahl, einschließlich einer starken unregelmäßigen Reiterei, nicht ganz 500,000, von denen ein Theil zur Beobachtung von Festungen z. B. Magdeburg's verwenden werden mußte. Die Macht aber, über welche zu Anfang August Napoleon im freien Felde verfügen konnte, betrug 440,000 Mann und war nur in Bezug auf Geschütz gegen die Verbündeten im Nachtheil. Dafür hatten jedoch die Franzosen die centrale Stellung, die Einheit des Oberbefehls und die Kriegs-Erfahrenheit der Corpsführer voraus, und in ihrem Heere befand sich ein starker Kern alter Truppen, die selbst von Spanien her herangezogen werden waren.

Die Gesammtleitung hatte zwar Oesterreich durch den Fürsten Karl v. Schwarzenberg übernommen; es fehlte aber sogar viel daran, daß er selbst in dem böhmischen Heere, über welches er unmittelbar den Befehl führte, freie Hand gehabt hätte, da sich bei demselben die drei Monarchen befanden, von denen sich Alexander eine gewisse Oberleitung als Ersatz dafür vorbehalten hatte, daß keiner von seinen Generalen mit einem Ober=Commando betraut worden war. Dies böhmische Heer bestand nach den Bestimmungen, über welche man sich schon am 12. Juli zu Trachenberg in Schlesien geeinigt hatte, aus etwa 240,000 Mann, von denen die kleinere Hälfte Oesterreicher — denn diese hatten theils in Italien, theils gegen Bayern ihre übrigen Truppen verwendet —, die größere Russen (77,000) und Preußen (49,000) waren; es sollte Napoleon in seiner rechten Flanke oder wohl gar im Rücken anfallen. Eine ähnliche Aufgabe in Bezug auf den linken französischen Flügel war dem Nordheere in den Marken unter dem Kronprinzen von Schweden Karl Johann (dem früheren französischen Marschall Bernadotte) zugedacht. Es zählte mehr als 150,000 Mann, von denen eine Hälfte aus Preußen, die andere aus Russen (54,000) und Schweden (24,000) bestand. Das dritte Heer endlich, das schlesische, unter Blücher, zählte etwa 100,000 Mann, von denen fast zwei Drittel Russen, die übrigen Preußen waren. Ihm war der Auftrag, Napoleon in der Front anzugreifen. Dabei war die Verabredung getroffen, daß das Heer, welches zunächst von der französischen Uebermacht angegriffen würde, sich langsam zurückziehen sollte, um den beiden andern Zeit zu geben, sich dem Feinde in die entblößten Flanken zu werfen.

Das schlesische Heer bestand aus den beiden russischen Corps Langeron und Sacken und einem preußischen unter York. Ihm gegenüber standen die drei französischen Corps unter Macdonald, Lauriston und Ney, hinter ihnen Marmont und Sebastiani, so daß die Franzosen zusammen mehr als 130,000 Mann zählten. Noch ehe der Waffenstillstand vollständig abgelaufen war, besetzte Blücher das neutrale Gebiet zwischen beiden Heeren und nahm dadurch den Franzosen die Gelegenheit, sich irgendwo zu sammeln und festzusetzen. Dann rückte er am 17. August vor und trieb die Franzosen unter beständigen Gefechten, bei Lähn, Löwenberg ꝛc. bis zum Bober zurück. Da eilte jedoch Napoleon von Dresden her, das er zum Mittelpunkt seiner Stellung gewählt und stark befestigt hatte, mit Verstärkung herbei, um Blücher so in die Flucht zu treiben, daß er sich ungestört mit seiner ganzen Macht auf das böhmische Heer werfen könnte. Blücher trat vor der bedeutenden Uebermacht am 21. August seinen Rückzug an, jeden einigermaßen haltbaren Punkt z. B. Goldberg (den 23.)

Schlacht an der Katzbach.

aufs hartnäckigste vertheidigend. Als er jedoch hinter der Katzbach seine Stellung genommen hatte und merkte, daß Napoleon wieder abgezogen wäre, schickte er sich am 26. August aufs neue zum Angriff an. Ein Gleiches war aber Macdonald, der den Oberbefehl über die zurückgelassenen 80,000 Franzosen führte, im Begriff zu thun. Er warf die preußischen Vortruppen über die Katzbach und wüthende Neiße zurück und erstieg jenseit letzterer die steilen Ränder des Plateaus, auf welchem Blücher den Feind erwartete. Das furchtbarste Regenwasser, das schon mehrere Tage angehalten, hatte den Boden aufgeweicht, erschwerte jede Bewegung und verhinderte namentlich an diesem Tage jede Aussicht. Zuerst wurde die französische Reiterei geworfen, die ihr eignes Fußvolk in Verwirrung brachte, dann wurde auch letzteres die steilen Abhänge hinunter getrieben; Geschütz und Munitionswagen mußten im Stiche gelassen werden, und viele Menschen und Pferde fanden in den beiden furchtbar angeschwollenen Gebirgsflüssen ihren Untergang. Das hohe Gewässer, die eingebrochene Dunkelheit, der fortwährend herabströmende Regen sowie der Mangel an Lebensmitteln verhinderten die Verfolgung.

War hier mit geringem Verluste ein glänzender Sieg errungen, so waren die weiteren Erfolge noch überraschender, ungeachtet erst am 28. die hochgehende Katzbach hatte überschritten werden können. Kaum konnte man sich in den Hohlwegen durch die Trümmer des Heergeräthes hindurch arbeiten, das der Feind nebst dem größten Theile seines Geschützes zurückgelassen hatte. Die Division des französischen Generals Puthod mußte sich ergeben, da sie vergeblich versucht hatte, den wasserreichen Bober zu überschreiten. Nur bei Bunzlau leistete der linke französische Flügel, der weniger gelitten, am 30. August lange Widerstand, doch auch er wurde über den Queiß zurückgejagt. Erst dort gönnte Blücher seinem erschöpften Heere einen Ruhetag. 105 Kanonen, unzählige Wagen mit Munition und Gepäck wurden erbeutet, 20,000 Mann gefangen, und der Verlust der Franzosen überhaupt zu mehr als 80,000 Mann veranschlagt; doch auch die Verbündeten hatten schwere Verluste, namentlich die Landwehr; schlecht bekleidet, vielfach barfuß erlagen gar Viele den Strapazen oder kehrten auch wohl in die Heimath zurück. Nach der kurzen Rast brach Blücher aufs neue auf und trieb Macdonald über die Neiße nach der Spree zurück, da aber setzte Napoleon selber seinem weitern Vordringen ein Ende, und Blücher ging der Verabredung gemäß, welche unter den Verbündeten getroffen war, bis zum Queiß zurück. Seitdem hieß der greise unermüdliche Feldherr bei den Seinen der „Marschall Vorwärts", noch ehe ihm der König die Feldmarschalls=Würde ertheilte; noch später wurde er wegen seiner ausgezeichneten Verdienste zum „Fürsten von Wahlstatt" erhoben.

Als Napoleon am 20. August von Dresden aufgebrochen war, seinem Heere gegen Blücher Hülfe zu bringen, glaubte Schwarzenberg, daß der Stoß gegen das Nordheer gerichtet wäre, und brach deshalb am 21. mit 200,000 Mann des böhmischen Heeres nach Leipzig auf, um die Franzosen in den Rücken zu nehmen. Doch schon am folgenden Tage erfuhr er, daß der Kaiser sich gegen Blücher wende, und schwenkte deshalb rechts nach Dresden hin. Der Zug über die Ausläufer des Erzgebirges und über die tief eingeschnittenen Thäler war mit großer Beschwerde verbunden und konnte deshalb nur sehr langsam vor sich gehen, doch trafen schon am 25. die ersten Truppen bei Dresden ein; sie waren aber zu erschöpft und litten zu sehr an Lebensmitteln, als daß sie noch an diesem Tage die Stadt hätten angreifen können. Dadurch ging die günstige Gelegenheit verloren. Napoleon nämlich, von der Gefahr unterrichtet, in welcher die Stadt schwebte, ließ von der Verfolgung Blücher's ab und eilte in Gewaltmärschen zurück. Mit 120,000 Mann hoffte er die Verbündeten zurückzutreiben, mit andern 40,000 Mann sollte Vandamme über die beiden Brücken gehen, die er bei Königstein über die Elbe geschlagen hatte, und dem geschlagenen Feinde den Rückzug abschneiden. Erst am Nachmittag des 26. hatten die Verbündeten ihre Truppen herangezogen, als auch Napoleon in Dresden eingetroffen war und jeden Angriff tapfer zurückschlug. Während der Nacht und am folgenden Tage goß der Regen in Strömen herab, und dabei blieb der ermüdete Soldat ohne alle Nahrung, so daß er körperlich wie geistig geschwächt unfähig zu den Anstrengungen war, die ihm am 27. zugemuthet wurden. Napoleon, im Centrum sich nur vertheidigend, fiel mit voller Macht auf den linken Flügel der Verbündeten, trieb denselben zurück und nahm 13,000 Oesterreicher gefangen, während zugleich der rechte Flügel ganz aus dem Elbthal verdrängt und damit von der Hauptstraße nach Böhmen abgeschnitten wurde. Daher mußte der Rückzug unter den traurigsten Verhältnissen angetreten werden, nachdem man wenigstens 15,000 Verwundete und Todte eingebüßt hatte. Ueberdies fielen noch zahlreiche Gefangene dem Feinde in die Hände.

Auf den trostlosesten Gebirgswegen suchte man sich nach Böhmen zu retten, nirgend fand der ermüdete und verhungerte Soldat Obdach und Nahrung, der Boden war durch den anhaltenden Regen aufgeweicht, so daß unzählige Fuhrwerke im Stiche gelassen werden mußten. Dazu kam, daß auch Vandamme bereits am 26. die Elbe überschritten hatte und die Bedrängniß der Fliehenden unendlich vermehrte. Daß nicht Alles zusammenbrach, war dem Prinzen Eugen von Würtemberg zu danken, der mit 14,000 Russen auf dem äußersten rechten Flügel in Reserve gestanden hatte und nun durch 8—9000 Mann russischer Garden unter Ostermann verstärkt wurde. Mit riesenhafter

Anstrengung, wenn auch unter schwerem Verluste gelang es ihm, vor den Franzosen am 29. in das Töplitzer Thal hinabzusteigen; hier setzte er mit noch nicht 15,000 Mann auf den Rath Königs Friedrich Wilhelm Stand, und wehrte bei Kulm in dem wüthendsten Kampfe gegen den zwiefach überlegenen Vandamme jedes weitere Vordringen ab. Seine ermatteten und stark zusammengeschmolzenen Truppen wurden am Abend durch andere Truppen, die bereits vom Gebirge herabgestiegen waren, abgelös't, und am 30. standen schon 40 — 50,000 Mann den 32,000 Franzosen gegenüber. Sehnlichst erwartete deshalb Vandamme die Verstärkung, die ihm Napoleon zugesagt hatte. Statt derselben sah er plötzlich den General Kleist in seinem Rücken, der mit 35,000 Preußen die Chaussee von Nollendorf herabkam. Schnell warf Vandamme die ganze Macht seines Fußvolkes den anrückenden Preußen entgegen; sie wurde jedoch zurückgetrieben und suchte zum Theil über die steilen Gebirgs-Abhänge zu entkommen. Besser gelang es der gesammten Reiterei sich durchzuschlagen, sie wurde aber auf der Höhe von dem General Zieten zersprengt. Vandamme selber, viele andere Generale, 10,000 Mann Fußvolk mußten sich ergeben, 5000 waren todt oder verwundet, 82 Kanonen, das ganze Heergeräth fiel den Verbündeten in die Hände. — Der General Kleist aber wurde später in den Grafenstand erhoben und erhielt den ehrenvollen Beinamen „v. Nollendorf."

Gingen durch diesen Sieg die Vortheile wieder verloren, welche Napoleon bei Dresden errungen hatte, mußte der Kaiser selber gegen den ungestümen, siegreichen Blücher aufbrechen, so hatten auch seine Angriffe auf das Nordheer der Verbündeten die traurigsten Erfolge; die Einsicht und Tapferkeit der preußischen Führer und Truppen gewannen hier die schönsten Siege selbst gegen den Willen des Oberbefehlshabers, des Kronprinzen von Schweden, der überhaupt während des ganzen Krieges eine verdächtige Rolle gespielt hat.

Am 19. August war der Marschall Oudinot mit 70,000 Mann von Luckau aufgebrochen und hatte selbst, wenn auch erst nach Besiegung des hartnäckigsten Widerstandes und mit nicht geringem Verluste, die sumpfige Niederung überschritten, welche von dem Nuthegraben durchflossen wird. Es war nur noch auf dem Wege nach Berlin die weniger schwierige Sumpfwaldung zu durchziehen, an deren Nordausgange die Dörfer Groß-Beeren und Blankenfelde liegen. Der Kronprinz von Schweden war schon Willens, die Hauptstadt preis zu geben, und hatte sich nur auf die dringenden Vorstellungen der preußischen Generale dazu verstanden, auf den Höhen unmittelbar südlich von der Stadt eine Schlacht anzunehmen. Ehe jedoch am 23. der Rückzug dorthin angetreten wurde, griffen bereits die Franzosen auf ihrem rechten Flügel die

Preußen bei Blankenfelde an, wo Tauenzien 12,000 Mann, fast nur Landwehr, befehligte und seine Stellung tapfer behauptete. Das französische Centrum, von dem rechten Flügel durch ein großes Elsbruch getrennt, trieb bei Groß=Beeren die Vortruppen des Generals Bü= low zurück, der mit etwa 40,000 Mann auf eigne Gefahr hin — er hatte Befehl zum Rückzug erhalten — auf den Feind eindrang, da dieser erst allmählich aus dem Walde hervortrat und durch das furcht= barste Regenwetter an jeder freien Umsicht behindert wurde. Mit dem Bajonet und Gewehrkolben rückten die Preußen von zwei Seiten den Sachsen auf den Leib, welche Groß=Beeren besetzt hielten, und warfen sie in die Sümpfe und Gewässer zurück, wo Viele ihren Tod fanden. Die nachfolgenden französischen Truppen konnten nur noch den Rückzug weniger gefährlich machen; die Reiterei des linken Flügels erschien erst da auf dem Schlachtfelde, als die Sache entschieden war, und wurde leicht geworfen. 14 Kanonen, 1500 Gefangene waren in den Händen des Siegers, Berlin war gerettet. Der Kronprinz aber, ungeachtet er gar nichts zu diesem Siege beigetragen, wußte durch seine entstellenden Berichte den Ruhm desselben auf Kosten Bülow's sich anzueignen.

Der Marschall Davoust hatte von Hamburg her die Unternehmung Oudinot's unterstützen sollen, er war aber in Mecklenburg stehen ge= blieben; dagegen war der General Girard mit 12,000 Mann von Magdeburg aufgebrochen und bereits bis Belzig gekommen, als er die Niederlage Oudinot's erfuhr. Er war im Begriff umzukehren, als er am 27. August bei Hagelberg, im Westen der Stadt, von dem Ge= neral Hirschfeldt angegriffen wurde, der etwa eine gleiche Zahl, doch nur wenig geübte Landwehr, bei sich hatte und von wenigen Hundert Kosaken unter Tschernitschef unterstützt wurde. 4000 Franzosen wurden erschossen oder mit Kolben erschlagen, 5000 gefangen, 7 Ka= nonen erbeutet; mit kaum 1800 rettete sich Girard nach Magdeburg. Nicht weniger als 6000 Gewehre wurden auf dem Schlachtfelde aufge= lesen, eine willkommene Beute für die Landwehr, welche zum Theil nur mit Piken versehen war, und als deren Ehrentag dies Gefecht angesehen werden muß.

Napoleon, unzufrieden mit dem vereitelten Angriff Oudinot's, er= theilte an Ney den Befehl, von Wittenberg abermals gegen Berlin aufzubrechen. Derselbe drängte den linken Flügel der Nordarmee nach Jüterbog zurück, und wollte an diesem Orte vorüber nach Baruth, wo noch andere Truppen zu ihm stoßen sollten. Bei dem Dorfe Den= newitz traf er jedoch am 6. September den General Tauenzien, der auf dem äußersten linken Flügel der Verbündeten eben in Begriff war, sich mit dem weiter westlich stehenden Bülow zu verbinden, um selbst gegen den Willen des Kronprinzen die sorglos dahin ziehenden

Franzosen anzugreifen. Ney ordnete sogleich die 20,000 Mann starken Schaaren seines linken Flügels und würde Tauenzien, der nur halb so viel und noch überdieß wenig geübte Landwehr befehligte, erdrückt haben, wenn nicht zur rechten Zeit Bülow herangerückt wäre. Ein muthiger Reiterangriff jagte die Franzosen in die Flucht und brachte ihnen schwere Verluste bei; die eben eingetroffene Nachricht von Blücher's Sieg an der Katzbach vermehrte den Kampfeifer. Da aber war das Centrum der Franzosen herangekommen; nur mit Hülfe von russischem und schwedischem Geschütz gelang es den Preußen, die auch den letzten Rückhalt herangezogen hatten, diese zum Weichen zu bringen. Als jedoch auch der rechte Flügel der Franzosen auf dem Kampfplatz erschien, wurde für die Preußen die Sache gefährlich. In diesem verhängnißvollen Augenblick führte Borstell neue preußische Schaaren herbei, überdieß zog Ney ein ganzes Armeecorps von seinem linken Flügel nach dem rechten, um dort seine weichenden Truppen zu unterstützen, und wenigstens einige russische Haufen kamen den mit Erbitterung kämpfenden Preußen zu Hülfe. Da wurde zuerst der linke Flügel der Franzosen, dann das übrige Heer in wilde Flucht geworfen.

Die Preußen hatten mit 50,000 Mann den um die Hälfte stärkeren Feind besiegt, ihm 15,000 Gefangene, 80 Kanonen und mehrere Hundert Wagen abgenommen, doch auch ihr Verlust betrug fast 9000 Todte und Verwundete. Der Kronprinz von Schweden, der etwa eine Meile vom Schlachtfelde die übrigen Truppen in Unthätigkeit gehalten hatte, wußte auch diesen Sieg sich zuzuschreiben, und erst im folgenden Jahre wurde deßhalb dem Helden des Tages die Auszeichnung vom Könige zu Theil, daß er in den Grafenstand erhoben und seinem Namen Bülow der Ehrentitel „v. Dennewitz" beigefügt wurde. — Auch selbst bei der lässigen Weise, mit welcher der Kronprinz jetzt wie nach der Schlacht bei Groß-Beeren die Verfolgung betrieb, wurden dem Feinde mehrere Tausende von Gefangenen abgenommen; die ganze französische Armee hatte sich aufgelös't, erst jenseit der Elbe konnten die Trümmer allmählich wieder gesammelt werden.

In Folge dieser Siege wurde am 9. September zu Töplitz das Bündniß Oesterreichs mit den übrigen Mächten enger geschlossen; auch Oesterreich erhielt von England für das laufende Jahr etwa 9 Mill. Rthlr. Subsidien. Doch weder sein Feldherr Schwarzenberg mochte selbst bei seiner Uebermacht etwas Kühnes wagen, noch hatte Napoleon von dem Kronprinzen von Schweden etwas zu fürchten, dessen verdächtiges Benehmen nahe an Verrath streifte. Sein gefährlichster Gegner blieb der unermüdliche Blücher, dessen er sich deßhalb gern zuerst entledigen wollte.

Dieser wiederholte jedoch seine früheren Schachzüge. Als Napoleon sich zu Anfang September mit seiner ganzen Macht gegen ihn wandte, zog er sich wieder bis zur Neiße zurück; kaum war der Kaiser aber am 6. wieder nach Dresden zurückgekehrt, so ging er zum Angriff über und trieb Macdonald bis zur Spree. Schwarzenberg hatte bei dem Zurückweichen des schlesischen Heeres das Erzgebirge überstiegen, um Napoleon im Rücken anzugreifen; deßhalb wandte sich dieser von Blücher gegen das böhmische Heer und rückte bis Kulm vor, kehrte aber am 13. September wieder nach Dresden zurück, als ihm die Nachricht kam, daß Ney bei Dennewitz geschlagen wäre, und Macdonald vor Blücher sich zurückziehen müßte. Schwarzenberg war ihm gefolgt und hatte den Franzosen empfindliche Verluste beigebracht; deßhalb wandte sich Napoleon abermals gegen ihn und stieg am 17. zum zweitenmal nach Kulm hinunter, die Furcht jedoch, daß das schlesische wie das Nordheer sich auf Dresden werfen möchte, rief ihn schon am folgenden Tage dorthin zurück. Diesmal folgte das böhmische Heer nicht, sondern wartete, nach den größten Strapazen der Ruhe dringend bedürftig, die Ankunft der 60,000 Mann starken Reserve unter Bennigsen ab, und erst da, als diese am 28. September erfolgt war, schickte es sich an, über das Gebirge in die Ebenen von Leipzig hinabzusteigen, um sich dort mit den beiden andern Armeen zu vereinigen.

Unterdeß hatte Napoleon noch einmal den Versuch gemacht über Blücher herzufallen, dieser war jedoch geschickt dem Stoße ausgewichen. Da kehrte der Kaiser abermals zurück und faßte jetzt den Entschluß, das ganze rechte Elbufer zu räumen. Blücher's Absicht ging nun dahin, durch einen Seitenmarsch nach rechts die Elbe zu gewinnen, dieselbe zu überschreiten und sich mit dem Kronprinzen von Schweden zu vereinigen, den er zu einem gleichen Manöver zu bewegen gewußt hatte. Während er die Franzosen über seinen Abzug täuschte, bewirkte er den Elb-Uebergang am 3. October bei Wartenberg, dort, wo die Elbe an der Einmündung der schwarzen Elster in scharfem Winkel nach Westen umbiegt. Ney, der von der Ankunft des schlesischen Heeres keine Ahnung hatte, hielt den dortigen Uebergang durch das schwache Corps hinlänglich geschützt, das er daselbst aufgestellt hatte. Und in der That kostete der Uebergang den Preußen große Opfer. Das sumpfige, von vielen Lachen und todten Flußarmen durchschnittene Terrain gestatteten nur ein langsames Vorgehen, die Sandhöhen und Elbdämme schützten die Franzosen vor dem preußischen Feuer; dennoch drang York muthig vor und warf die Feinde mit so schwerem Verlust zurück, daß ihm später zur Anerkennung vom Könige der Grafentitel und der ehrenvolle Beiname „v. Wartenberg" verliehen wurde.

Jetzt konnte auch der Kronprinz von Schweden nicht mehr zurückbleiben; am 4. October überschritt er bei Aken und Roßlau die Elbe, rückte jedoch nur langsam vor, um bei nächster Gelegenheit wieder über diesen Fluß zurückzugehen. Napoleon aber sah, daß durch den kühnen Marsch Blücher's seine Stellung in Dresden unhaltbar geworden war; leicht konnte sich dieser mit dem böhmischen Heere in seinem Rücken verbinden, wie denn auch schon kühne Streifschaaren seine Verbindungs=linien unsicher machten. Der General Thielmann, der aus sächsischem Dienste zu den Verbündeten übergetreten war, hatte z. B. mit einem Streifcorps den Franzosen in den Saale=Gegenden namhafte Verluste beigebracht, der Oberst=Lieutenant v. d. Marwitz am 25. September die Franzosen aus Braunschweig, der General Tschernitschef am 28. den König Jerome aus seiner Residenz Kassel verjagt; dies Alles bewog Napoleon, nur eine Besatzung in Dresden zurückzulassen, selber aber nebst dem Könige von Sachsen am 7. October die Stadt zu verlassen. Er wandte sich mit großer Macht zunächst gegen Blücher, um diesen unangenehmen Dränger über die Elbe zurückzuwerfen, war jedoch nicht wenig erstaunt, bei Düben an der Mulde keine schlesische Armee mehr vorzufinden; er erfuhr, daß sie seitwärts ausgewichen sei und am 11. und 12. die Saale überschritten hätte, und daß eben dahin auch die Nordarmee gegangen wäre.

Seine Verlegenheit war nicht gering; dennoch ließ er mehrere Tage ungenützt vorüber gehen, weil er sich noch immer der Hoffnung hingab, daß er durch seine drohende Stellung wenigstens den Kronprinzen von Schweden zum Rückmarsch über die Elbe würde veranlassen können. Den abenteuerlichen Plan, selber über die Elbe zu gehen und den Krieg nach der Oder und nach Polen zu verlegen, hat er nie gehegt, wenn=gleich seine Lobredner erzählen, daß er von dessen Ausführung nur durch seine Marschälle und durch den Abfall Bayerns zurückgehalten worden sei, das am 8. October im Vertrage zu Ried bei Braunau sich den Verbündeten angeschlossen hatte. Die Nachricht hiervon ging ihm erst mehrere Tage später zu. Als endlich die Meldung kam, daß die Nord=Armee auf das rechte Elbufer zurückgegangen wäre — was sich aber bald genug als falsch erwies —, und daß die Seinen von der Ueber=macht des böhmischen Heeres zurückgedrängt würden, gab er am 13. den Befehl zum Aufbruch nach Leipzig.

Daß in den weiten Ebenen um diese Stadt endlich der Entschei=dungskampf geliefert wurde, war das Verdienst Blücher's und seiner Umgebung. Seine Beharrlichkeit hielt den Kronprinzen von Schweden ab, über die Elbe zurückzuweichen, und indem er mit seinem 56,000 Mann starken Heere von der Saale nach Leipzig aufbrach, zwang er auch die Nord=Armee, die 68,000 Mann zählte, zu folgen, wenngleich ihre Bewegungen so langsam waren, daß sie an dem Hauptkampfe wenig Antheil nahm. Eben so bewog der greise Feldherr durch sein rasches vorrücken auch das böhmische Heer zum Kampfe, obgleich Schwarzenberg, der 136,000 Mann herbeiführte, namentlich Bennigsen abwarten wollte, der noch mit 41,000 Mann zurück war. Unter solchen Umständen mochte aber Napoleon wohl darauf rechnen können, mit den 170—180,000 Mann, die er um sich hatte, den nicht viel stärkeren Verbündeten gewachsen zu sein und den Sieg zu erringen, ehe diese ihre ganze Kraft concentrirt hätten.

Als er am 14. in Leipzig anlangte, hörte er bereits von Süden her den Kanonendonner. Die von Schwarzenberg am weitesten vorgeschobenen 60,000 Mann starken Corps waren bereits mit den 50,000 des Königs Murat in scharfem Handgemenge. Mit großer Tapferkeit hatte die Reiterei der Verbündeten unter dem russischen General Pahlen bei Liebertwolkwitz der ihr überlegenen feindlichen so lange Widerstand geleistet, bis neuer Zuzug herbeikam; die Franzosen wurden geworfen, doch ließ Schwarzenberg den Sieg nicht verfolgen. Der folgende Tag wurde dann von beiden Seiten zur Aufstellung der Heere benutzt. Napoleon, der die Ankunft des schlesischen Heeres noch gar nicht so nahe glaubte, sammelte seine ganze Macht auf der Südseite in der Linie von Markkleeberg an der Pleiße über Wachau bis Liebertwolkwitz und hoffte die böhmische Armee zurückzutreiben, noch ehe Blücher Hülfe leisten könnte, zumal da Schwarzenberg seine Streitkräfte wenig vortheilhaft vertheilt hatte. 22,000 Mann sollten auf dem linken Ufer der Elster gegen Lindenau und Leipzig vorrücken, sie vermochten jedoch am ersten Hauptschlacht-Tage, am 16., nicht die halb so starken Franzosen aus ihrer festen Stellung zu drängen. 35,000 Mann waren sehr unvorsichtig in den Winkel zwischen Elster und Pleiße gestellt, wo der sumpfige, mit Buschwerk bewachsene Boden keine Aufstellung erlaubte, so daß 7000 Polen hinreichten, den beabsichtigten Uebergang über die Pleiße den ganzen Tag über zu wehren; erst am Abend gelang er, doch fiel dabei der General Mervelbt den Franzosen in die Hände. Auf dem rechten Ufer der Pleiße blieben somit nur etwa 84,000 Mann übrig, welche den dort 109,000 Mann starken Feind aus seiner überaus festen Stellung zwischen den genannten Dörfern zurücktreiben sollten. Am 16. October früh 9 Uhr begannen die Verbündeten mit einer furchtbaren Kanonade den Kampf und rückten dann in vier Sturmsäulen gegen Napoleon. Auf dem linken Flügel kämpfte Kleist den ganzen Tag um Markkleeberg, neben ihm im Centrum der Prinz Eugen von Würtemberg um Wachau. Dreimal wurde das Dorf erstürmt und wieder verloren, der Prinz mußte sich bis Gossa zurückziehen, so daß Napoleon bereits die Glocken in Leipzig zur Feier des Sieges läuten ließ. Als dann um 3 Uhr Nachmittags König Murat mit mehr als 8000 Reitern heranstürmte, schien das Centrum der Verbündeten

Schlacht bei Leipzig.

auseinander gesprengt werden zu müssen; rechtzeitig trafen aber da Verstärkungen von den äußersten Flügeln ein, und glücklich wurde dieser gefährliche Angriff überstanden. Da befahl Napoleon, daß Marmont und Ney, die auf der Nordseite von Leipzig standen, schnell herbeieilen sollten; statt ihrer kam die Nachricht, daß sie selber gegen Blücher sich nicht halten könnten. So mußte er denn mit dem Vortheile sich begnügen, die böhmische Armee eine halbe Meile weit zurückgedrängt zu haben, denn weiter zogen auch die beiden Sturmsäulen nicht zurück, welche bei Liebertwolkwitz gefochten hatten.

War auf der Südseite der Stadt Napoleon nach fast neunstündiger blutiger Arbeit Sieger geblieben, so hatte er unterdeß auf der Nordseite bedeutend an Terrain verloren. Dort war Blücher unerwartet schnell vorgedrungen und hatte bei Groß- und Klein-Wideritzsch, noch mehr aber dicht an der Elster bei Möckern lebhaften Widerstand gefunden. Lange kämpfte hier York an der Spitze von 21,000 Mann gegen die 17,000 des Marmont, bis endlich ein kühner Reiterangriff des Majors v. Sohr den Feind zum Weichen brachte, der mehr als 50 Kanonen, 6000 Todte und Verwundete und über 2000 Gefangene verlor. Aber auch den Preußen war der Sieg theuer zu stehen gekommen; auch ihr Verlust mochte 8000 Mann betragen.

Die Anstrengungen des 16. machten auf beiden Seiten den Wunsch nach Erholung rege. Die Verbündeten, wenigstens im Hauptheere, griffen nicht an, da noch ein gutes Drittel ihrer Truppen, namentlich der Kronprinz von Schweden, zurück war; Napoleon aber zog noch 12,000 Mann von Düben heran und hatte Befehl gegeben, daß die mehr als 30,000 Mann starke Besatzung von Dresden sich mit ihm vereinige. Um die Verbündeten hinzuhalten, hatte er am 17. den Monarchen durch den gefangenen General Merveldt die glänzendsten Friedens-Anträge machen lassen, die weit mehr bewilligten, als in Prag von ihm gefordert worden war. Es war jedoch zu spät, man ließ sich auf keine Unterhandlungen ein, nur erhielt Blücher den Befehl, den bereits wieder begonnenen Kampf abzubrechen, nachdem er die Franzosen von dem rechten Ufer der Partha verjagt und die Fliehenden bis in die Vorstädte von Leipzig verfolgt hatte, wobei ihnen mehrere Hundert Gefangene so wie mehrere Geschütze abgenommen wurden.

Desto allgemeiner und heftiger entbrannte die Schlacht am 18. Die Verbündeten erhielten im Laufe des Tages durch ihre Menge von etwa 300,000 Streitern das Uebergewicht, da ihnen nur etwa halb so viel Franzosen gegenüber standen. Dennoch schlug sich Napoleon mit aller Kraft und Geschicklichkeit, um sich den nothwendig gewordenen Rückzug zu sichern. Schon vor Tagesanbruch hatte er Bertrand mit 12,000 Mann nach Weißenfels abgesendet, um die Uebergänge über die Saale zu sichern. Sein Heer zog er in einen engeren Kreis zusammen, der von Connewitz an der Pleiße über Probstheyda bis Schönfeld an der Partha noch immer 2 Meilen betrug. Die Verbündeten stellten gegen den 85,000 Mann starken rechten Flügel der Franzosen, den Napoleon selber befehligte, 155,000 Mann auf, gegen das Centrum sollte der Kronprinz von Schweden anrücken, der aber erst spät am Nachmittage anlangte, und auch erst da, als ihm Blücher noch 30,000 Mann Verstärkung zugesagt hatte, so daß diesem selber nur 25,000 gegen den linken französischen Flügel übrig blieben. Gyulai endlich sollte mit 20,000 Mann den Abzug der Franzosen über Lindenau sperren, und als ihm später noch Truppen zur Verstärkung des linken Flügels abgefordert wurden, den Feind nur beobachten. Zuerst griffen die Verbündeten den rechten Flügel Napoleon's an, doch weder bei Connewitz noch bei Probstheyda konnten sie über Napoleon Vortheile gewinnen. Im Centrum ging man erst da zum Angriff über, als der Kronprinz herangekommen war. Man eroberte kurz nach einander mehrere Dörfer, und hier war es auch, wo das gegen 5—8000 Mann starke sächsische und würtembergische Corps zu den Verbündeten übertrat. Das Geschütz derselben verwendete man sogleich gegen den Feind, die Truppen selber wurden in die Reserve verwiesen. Sehr hartnäckig war der Kampf bei Schönfeld, doch hier wie auf ihrem äußersten linken Flügel wurden die Franzosen zur Stadt zurückgetrieben.

Die ganze Nacht hindurch drängte Alles durch Leipzig zu dem Einen Thore hinaus, wo der Weg über Lindenau nach Weißenfels führte. Die Verbündeten, welche von ihrer Gesammtmacht von 300,000 Mann ein Drittel noch nicht ins Feuer geführt hatten, um sie zu einem etwanigen neuen Kampfe am 19. zu verwenden, blieb nur übrig, die Stadt selber mit Sturm zu nehmen. Das preußische Corps von Bülow und drei russische übernahmen diese letzte Anstrengung, welche ihnen bis zur Mittagszeit die Stadt in die Hände gab. Dadurch, daß die einzige massive Brücke über die Elster zu früh gesprengt wurde, gerieth ein großer Theil der Franzosen in Gefangenschaft. Viele, die sich durch den angeschwollenen Fluß zu retten suchten, fanden den Tod in den Fluthen, unter ihnen der Fürst Poniatowski. Auch der König Friedrich August von Sachsen konnte nicht entrinnen; Kaiser Alexander und König Friedrich Wilhelm, die kurz nach der Besitznahme der Stadt ihren Einzug hielten, kündigten ihm Gefangenschaft an. 30,000 Franzosen lagen todt oder verwundet auf dem Schlachtfelde, fast eben so viel Verwundete und Kranke wurden in den Leipziger Lazarethen vorgefunden, 15,000 Mann wurden gefangen genommen, 300 Kanonen und 900 Wagen erbeutet. Aber auch die Verbündeten hatten in dieser großen Völkerschlacht schwere Verluste; die Zahl ihrer Todten und Verwundeten belief sich auf mehr als 50,000.

Die Verfolgung des französischen Heeres war von Schwarzenberg wenig energisch angeordnet worden. Es gelang Napoleon bei Weißenfels die Saale zu überschreiten; von dort schlug er den Weg nach Freiburg ein. In wilder Flucht stürzten die Franzosen am 21. October über die Brücken der Unstrut, als York hereneilte und den Fliehenden Wagen, Geschütz und Gefangene in nicht geringer Zahl abnahm, doch diesen Sieg nicht wohlfeil erkaufte. Auch hier gingen wieder deutsche Truppen zu den Verbündeten über, Napoleon aber gewann einen solchen Vorsprung vor dem langsam folgenden Schwarzenberg, daß er die Zeit erhielt, sein Heer in Erfurt in zwei Tagen einigermaßen zu ordnen und ausruhen zu lassen. Nur Blücher erschwerte seinen ferneren Abzug bei Eisenach und fing ein paar Tausend Nachzügler auf.

Nachdem Bayern in dem Vertrage von Ried sich sein Besitzthum und seine Königskrone gesichert hatte, erklärte es am 14. October Frankreich den Krieg. Zu den 32,000 Bayern stießen die 25,000 Oesterreicher, die ihnen bis dahin am Inn unthätig gegenüber gestanden hatten, unter dem bayerschen Oberbefehlshaber Wrede zogen beide langsam zum Main und schwächten sich dadurch, daß sie viele kleinere Seitencorps abschickten, bis auf 40,000 Mann. Ueberdies machte Wrede den Fehler, daß er, statt den engen Ausgang des Kinzigthales in die Wetterau bei Gelnhausen zu sperren, sich in der Ebene von Hanau aufstellte, wo er der französischen Uebermacht von 60,000 Mann gar nicht gewachsen war. Deshalb warf Napoleon am 30. October den linken Flügel und das Centrum des bayrisch-österreichischen Heeres zurück, schoß am 31. Hanau in Brand, nahm diese Stadt und setzte dann seinen Weg unverfolgt nach Mainz fort, wo er den Rhein überschritt. Schweren Verlust hatten die Verbündeten erlitten — gegen 10,000 Mann werden zugestanden —, weniger die Franzosen, doch wurden später noch viele Nachzügler aufgefangen.

Nur langsam rückte das Hauptheer nach, und erst am 9. November wurden die letzten Franzosen von dem rechten Rheinufer zurückgetrieben, mit Ausnahme derer, die noch in den Festungen zwischen Rhein und Weichsel standen, und deren Zahl auf 190,000 zu veranschlagen war. Von ihnen ergab sich zuerst St. Cyr mit etwa 35,000 Mann am 12. November in Dresden, vom Hunger überwältigt, Rapp am 1. Januar 1814 in Danzig mit mehr als 25,000 Mann, worunter 10,000 Kranke, und mit 1300 Stück Geschütz. Um dieselbe Zeit fielen die polnischen Festungen so wie Stettin und Torgau; Wittenberg wurde am 12. Januar 1814 erstürmt, Cüstrin Anfangs März genommen, dagegen hielten sich andere, z. B. Glogau, Magdeburg, Hamburg bis nach geschlossenem Frieden. König Jerome, der noch einmal in sein Königreich zurückgekehrt war, mußte dasselbe auf immer verlassen. Die Provinzen des Großherzogthums Berg kehrten unter ihre rechtmäßigen Herren zurück, Sachsen wurde von Preußen verwaltet, der Rheinbund löfte sich auf. Während sich der Kronprinz von Schweden gegen Dänemark wandte und dasselbe zwang, für Schwedisch-Pommern und Rügen Norwegen an Schweden abzutreten, säuberte Bülow Holland von den Franzosen, und schon am 2. December konnte der Prinz von Oranien seinen Einzug in Amsterdam halten.

Napoleon hatte von 4—500,000 Mann, die er gegen die Verbündeten geführt, nur 70,000 über den Rhein zurückgebracht, unter denen überdies das Nervenfieber die gräßlichsten Verheerungen anrichtete. Dennoch waren die Verbündeten zum Frieden geneigt; man hatte sich bereits daran gewöhnt, den Rhein als Grenze von Deutschland zu betrachten. Oesterreich mochte Frankreich nicht zu ohnmächtig werden lassen, damit es einen Rückhalt gegen Rußland hätte, dessen Uebergewicht es fürchtete; Rußland, das schon Anstand genommen hatte, den Krieg nach Deutschland zu bringen, zeigte auch jetzt wenig Interesse, noch über den Rhein zu ziehen, um die Franzosen in ihrem eignen Lande anzugreifen; England war mit den gewonnenen Resultaten im allgemeinen befriedigt, und auch Friedrich Wilhelm hielt es für unnütz, die Sache auf die Spitze zu treiben. Daher machte man zu Anfang November Napoleon sehr mäßige Friedens-Bedingungen, die glücklicher Weise von seinem Hochmuth und Trotz zurückgewiesen wurden. Der Rhein sollte die Grenze zwischen Frankreich und Deutschland bilden, die Bourbonische Dynastie in Spanien wieder hergestellt werden, Italien und Holland frei sein. Ein Congreß sollte das Nähere bestimmen. Nur die Kriegspartei unter den Verbündeten, an deren Spitze Blücher stand, war mit diesen Anerbietungen unzufrieden. Die neuen großen Rüstungen, die gerade damals Napoleon sehr geräuschvoll betrieb, verschafften ihren Vorstellungen beim Kaiser Alexander den gewünschten Anklang; man beschloß, die Waffen nicht eher niederzulegen, bis Napoleon gestürzt wäre, dabei aber versprach man dem französischen Volke durch das Manifest vom 2. December weitere Grenzen, als sie jemals unter ihren Königen gehabt hätten.

Die Aussicht der Verbündeten, selbst einen Verzweiflungskampf Napoleon's siegreich zu bestehen, war allerdings äußerst günstig. Sie hatten bedeutende Streitkräfte zur Hand, und durch den Fall der deutschen Festungen wurden noch andere zahlreich disponibel; die sämmtlichen Rheinbundsfürsten sollten ein Heer von 145,000 Mann zu ihnen stoßen lassen, König Murat von Neapel hatte sich ihnen angeschlossen, selbst sah, daß die Herrschaft Napoleon's sich mit schnellen Schritten ihrem Untergange nahte, und Wellington machte Anstalt, an der Spitze des spanisch-englischen Heeres über die Pyrenäen in Frankreich selber einzubringen. Napoleon dagegen standen augenblicklich nicht mehr als 60—70,000 Mann für den Felddienst an der Ostgrenze zu Gebote, die neuen Rüstungen gingen nur langsam vor sich, die Stimmung im Lande war eine so schwierige, daß der im December zusammenberufene gesetzgebende Körper laut nach Frieden verlangte. Mit großer Heftigkeit erklärte er am 1. Januar 1814 in dieser Versammlung, daß Frankreich binnen drei Monaten den verlangten Frieden haben sollte, oder er untergegangen sein würde, nicht ahnend, daß sein Geschick ihn beim Worte nehmen würde.

Die Hoffnung Napoleon's, daß die Verbündeten keinen Winterfeldzug beginnen, und daß ihm dadurch Zeit gelassen werden würde, die angeordnete neue Aushebung von 580,000 Mann in Ruhe zu ordnen, ging nicht in Erfüllung. Schon in den letzten Tagen des December und mit Anfang des neuen Jahres drang das böhmische Heer, zum Theil durch die Schweiz, in Frankreich ein und füllte den weiten Raum von Genf bis über Strasburg hinaus. Nur langsam schoben sich die einzelnen Heerhaufen vor, ließen vor den Festungen Truppen zurück und sammelten sich um die Mitte des Januar 1814 in dem Quellgebiet der Seine und Marne bei Langres. Das schlesische Heer bewerkstelligte seinen Uebergang über den Rhein in der Neujahrsnacht bei Mannheim, Caub und Coblenz, und schon um die Mitte des Januar war Blücher in Nancy, gegen Ende des Monats in Brienne an der Aube und stand mit Schwarzenberg in Verbindung, nachdem auch er überall vor den zahlreichen Festungen Truppen zu deren Einschließung zurückgelassen hatte. Erst später langten einzelne Heerhaufen des Nordheeres von dem unteren Rhein her an.

Die harte Kälte des Winters gebot, die Truppen stets in Cantonnements zu legen — nur die äußersten Vortruppen bivouakirten —, und sie deshalb weit auseinander zu ziehen, so daß Napoleon, der am 25. Januar zu seinem Heere abgegangen war, darauf rechnete, die einzelnen Corps der Verbündeten mit aller Macht anzufallen und auseinander zu werfen. Mit etwa 70,000 Mann wollte er seinem gefährlichsten Gegner Blücher zunächst zu Leibe gehen. Nachdem er bei St. Dizier an der Marne eine vereinzelte Abtheilung desselben geschlagen, zog er von dort auf grundlosen Wegen zur Aube hinüber durch Gegenden, von wo Blücher keinen Angriff befürchtete. Dennoch beschloß der greise Feldmarschall mit etwa 30,000 Mann bei Brienne seine Stellung zu behaupten; das weiter abwärts an der Aube stehende Corps des russischen Generals Sacken hatte kaum noch Zeit vor dem ungestümen Anbringen der Feinde sich auf das Hauptheer zurückzuziehen. Es war schon der Mittag des 29. Januar vorüber, als die Massen der Feinde heranstürmten; die russische Besatzung vertheidigte die Stadt mit großer Tapferkeit, und bei einbrechender Dunkelheit warf die Reiterei den linken Flügel der Franzosen in die Flucht, so daß Blücher die Schlacht als beendet und gewonnen ansah. Kaum war er aber nach dem hochgelegenen Schlosse des Städtchens zurückgekehrt, als er von den Franzosen, die durch Verrath ins Schloß gekommen waren, überfallen wurde, so daß er nur mit Mühe der Gefangenschaft entging, zumal da auch feindliche Reiterei in die brennende Stadt eingedrungen war. Bis Mitternacht kämpfte man wüthend um die Stadt und das Schloß, da endlich zog sich Blücher 1½ Meilen weit Fluß aufwärts zurück und nahm dort eine neue Stellung.

Durch neuen Zuzug bis auf 55,000 Mann verstärkt ging Blücher schon am 1. Februar bei La Rothière (zwischen Brienne und Bar an der Aube) wieder zum Angriff über, wo Napoleon 36,000, nach andern Angaben 50,000 Mann aufgestellt hatte. So tapfer auch die Franzosen kämpften, sie wurden endlich in wilde Flucht geworfen und fanden erst theils in Arcis an der Aube, theils in Troyes an der Seine einigermaßen die Ruhe, ihre verworrenen Reihen wieder in Ordnung zu bringen. 5000 Todte und Verwundete, 4000 Gefangene und mehr als 70 Kanonen hatten sie eingebüßt, aber auch die Verbündeten hatten schwer gelitten, namentlich die Russen, welchen der Preis des Tages gebührte.

Wäre dieser Sieg rasch und eifrig verfolgt worden, so hätte schon damals der Krieg sein Ende genommen, da Napoleon nicht die Zeit geblieben wäre, seine Kräfte wieder zu sammeln. Man glaubte aber den eingeleiteten Verhandlungen nicht vorgreifen zu müssen, bis endlich Kaiser Alexander so wie die Partei Blücher's es abermals durchsetzten, den Krieg fortzuführen, wenn auch nur, um möglichst vortheilhafte Friedens-Bedingungen zu erzwingen. So zahlreiche Truppenmassen in so ungünstiger Jahreszeit bequemer unterhalten zu können, wurde beschlossen, die jetzt vollständig vereinigte Armee wieder zu trennen. Blücher sollte mit 55,000 Mann, zu denen später noch bedeutende Verstärkungen stoßen sollten, die Marne abwärts nach Paris vordringen; ihm zur Seite wollte das große böhmische Heer die Seine hinunter eben dorthin; beide Heere sollten aber einander zu Hülfe kommen, wenn Napoleon mit Uebermacht sich auf eins derselben würfe.

Schon am 2. Februar brach Blücher vom Schlachtfelde auf und vereinigte sich mit York, der am 3. gegen den Marschall Macdonald ein glückliches Reitertreffen geliefert und ihm die beiden festen Plätze Vitry und Chalons an der Marne genommen hatte. Der Feldmarschall, nur darauf bedacht, so schnell wie möglich Paris zu erreichen, theilte abermals sein Heer; der eine Theil folgte dem Laufe der Marne auf der Hauptstraße, mit dem andern zog Blücher selber auf Nebenwegen etwas südlich von diesem Flusse. Der Eifer, den fliehenden Macdonald einzuholen, so wie die Ermüdung der Truppen veranlaßte, daß die einzelnen Corps in großen Zwischenräumen vorrückten. Blücher hielt jedoch seine linke Flanke dadurch vollständig gedeckt, daß einmal die dortige Gegend in der damaligen Jahreszeit fast nicht zu passiren war, dann aber rechnete er darauf, daß Schwarzenberg verabredetermaßen das Corps von Wittgenstein zur Verbindung der beiden Hauptheere aufstellen würde. Daß letzteres nicht geschehen war, gab Napoleon die Veranlassung, sich in Blücher's Flanke zu drängen und dessen Corps wo möglich aufzureiben. Er brach deshalb von Troyes auf, ging bei Nogent über die Seine, und stellte an diesem Flusse 30,000 Mann auf, dem äußerst langsam nachrückenden Schwarzenberg den Uebergang zu wehren, der seine größere Macht links bis zur Yonne vorschob, statt rechts die Verbindung mit Blücher festzuhalten. Mit außerordentlicher Anstrengung überwand Napoleon an der Spitze von etwa 40,000 Mann die Unwegsamkeit des Bodens nördlich der Seine zur Marne hin, schlug am 10. Februar bei Champeaubert ein 4 bis 5000 Mann starkes russisches Corps unter Olsuwief so gänzlich, daß nur 1600 Mann nach Verlust von 9 Kanonen sich zu Blücher retteten, und brachte am 11. dem Corps von Sacken bei Montmirail einen Verlust von 2—3000 Mann und 13 Kanonen bei, da York erst spät von der Marne zur Hülfe herbeikam, der übrigens auch noch gegen 1000 Mann verlor. Als dann beide bei Château Thierry nach dem rechten Ufer der Marne auswichen, büßten sie ungeachtet ihres Heldenmuthes abermals 3000 Mann ein. Darauf ließ Napoleon von weiterer Verfolgung ab, um sich gegen Blücher selber zu wenden, der mit 16,000 Mann auf dem Wege nach Montmirail war. Er zwang ihn am 14. nicht nur zum Rückzuge, sondern brachte ihm bei Vauchamps, Champeaubert und Etoges die empfindlichsten Verluste bei, ja bei dem letzt genannten Dorfe war die größte Gefahr für den Feldmarschall vorhanden, mit seinem ganzen Stabe gefangen genommen zu werden. Der ganze Verlust des schlesischen Heeres in diesen verhängnißvollen Tagen wurde auf 15,000 Mann und 50 Stück Geschütz berechnet.

Napoleon war der Meinung, Blücher auf lange Zeit kampfunfähig gemacht zu haben; zu seinem größten Nachtheil ließ er von dessen Verfolgung ab und wollte nun auf ähnliche Weise das böhmische Heer vernichten, das seine Marschälle bis auf etwa zwei Tagemärsche von Paris zurückgetrieben hatte. Er warf es am 18. Februar über die Seine zurück und brachte dem eiligst nach Troyes fliehenden Schwarzenberg einen Verlust von 7000 Mann bei; seinen Zweck jedoch, das böhmische Heer zu vernichten oder doch zu sprengen, erreichte er nicht, zumal da Blücher, der bei Chalons sein Heer wieder auf mehr als 50,000 Mann ergänzt hatte, schon am 21. kampfbereit bei Mery an der Seine stand, etwas oberhalb der Einmündung der Aube in dieselbe, und Schwarzenberg, wiewohl vergeblich aufforderte, mit jetziger Uebermacht Napoleon anzugreifen.

So höchst niederschlagend auch diese Verluste für die Verbündeten waren, so brachte doch das Unglück Umstände herbei, welche für die Lage von ganz Europa von folgereicher Wichtigkeit geworden sind. Die schon zu Ende des vorigen Jahres eingeleiteten Friedens-Unterhandlungen waren aufs neue aufgenommen worden, und am 5. Februar zu Châtillon an der Seine ein Congreß eröffnet, bei dem französischer Seits der damalige Minister des Auswärtigen Caulincourt, Herzog von Vicenza, betheiligt war. Die Niederlage bei La Rothière hatte Napoleon zu Bewilligungen bereit gemacht, doch bestand er darauf, daß der Rhein die Grenze Frankreichs sein müsse, und vor allen Dingen verlangte er einen Waffenstillstand. Die Erfolge, die er dann in der Mitte Februar errang, machten ihn so übermüthig, daß er mit immer größeren Forderungen auftrat, während schon damals Kaiser Alexander seinen Bundesgenossen offen erklärte, daß Napoleon vom Thron gestürzt werden müsse. Bei so entgegenstehenden Ansichten konnte natürlich kein Abschluß gewonnen werden, die Waffen mußten abermals die Entscheidung herbeiführen.

Da Schwarzenberg den Rückzug noch weiter fortsetzen wollte, brachte es Blücher bei dem Kaiser Alexander und dem Könige Friedrich Wilhelm dahin, daß er wieder mit gesondertem Commando auf Paris losrücken, und daß zu dem Ende sein Heer, durch die Corps von Winzingerode und Bülow verstärkt, auf 100,000 Mann gebracht werden sollte. Schon am 24. brach er eiligst nach der Marne auf, während Schwarzenberg seinen Rückzug weiter fortsetzte und sogar wegen eines Waffenstillstandes unterhandelte, den Napoleon jedoch verweigerte. Nur durch König Friedrich Wilhelm bewogen entschloß sich Schwarzenberg endlich bei Bar an der Aube Stand zu halten und eine Schlacht gegen 30,000 Mann des Marschalls Oudinot anzunehmen. Derselbe wurde am 27. von etwa nur 17,000 Mann Fußvolk der Verbündeten geschlagen und büßte dabei mehr als 3000 Mann ein.

Napoleon war bei dieser Schlacht nicht gegenwärtig gewesen; er setzte vielmehr dem überlästigen Blücher nach, der bereits einen Vorsprung von drei Tagemärschen hatte, und vor dem die Marschälle Marmont und Mortier bis Meaux zurückgewichen waren, um sich dort zum Schutze von Paris aufzustellen. Die Ankunft Napoleon's

Schlacht bei Laon.

bewog Blücher, nach dem rechten Ufer der Marne zu gehen und sich weiter nach der Aisne zurückzuziehen, um dort die Ankunft Bülow's und Winzingerode's zu erwarten. Bei Soissons, das am Tage zuvor sich an die Nordarmee ergeben hatte, überschritt er auch die Aisne am 4. März, und vereinigte sich mit jener, so daß er jetzt eine Macht von 110,000 Mann beisammen hatte. Die Erwägung jedoch, daß man die preußischen Kräfte schonen und der Hauptarmee doch auch einmal etwas zutrauen müsse, so wie die nicht ungegründete Besorgniß, daß der Kronprinz von Schweden, der nach dem dänischen Feldzuge damals in Belgien Festungen belagerte, zu Gunsten Napoleon's eine Diversion machen könnte, riethen zunächst zu langsameren Schritten. Der Kaiser suchte indeß die Aisne weiter aufwärts zu überschreiten, um den linken Flügel Blücher's zu umgehen. Er bewerkstelligte den Uebergang auf der großen Straße von Reims nach Laon, und warf die bei Craonne auf dem äußersten linken Flügel aufgestellten Russen am 7. März mit einem Verluste von 5000 zurück; doch so tapfer hatten die Russen sich geschlagen, daß Napoleon selber seinen Verlust auf 8000 Mann angab, der ihm bei seinen beschränkten Mitteln doppelt fühlbar sein mußte. Blücher hatte sich darauf nach Laon zurückgezogen und eine äußerst feste Stellung gewählt, dennoch beschloß Napoleon den Angriff. Leider erkrankte Blücher gleich am ersten Schlachttage, am 9. März, so daß dem Heere der Verbündeten dadurch die Einheit fehlte. Dessen ungeachtet waren alle wüthenden Angriffe Napoleon's an diesem Tage wie am 10. ohne Erfolg. Nach einem Verluste von 9000 Mann mußte er über die Aisne zurückgehen, namentlich war das Corps Marmont's durch York fast vernichtet oder doch zersprengt; die nahe Aussicht aber, Napoleon hier gänzlich zu vernichten, wurde durch die Anordnungen aus dem Hauptquartier so gänzlich vereitelt, daß York, im höchsten Grade aufgebracht, sein Commando niederlegte und bereits auf dem Wege nach den Niederlanden war, als er durch das briefliche Zureden Blücher's zur Umkehr bewogen wurde.

Napoleon schwankte lange, was für einen Entschluß er in seiner bedrängten Lage ergreifen sollte, plötzlich aber wandte er sich nach Reims und stürzte sich am 13. März auf ein Corps von 14,000 Mann unter dem russischen General St. Priest, dem er schweren Verlust beibrachte, ordnete dann sein Heer aufs neue, ließ Marmont und Mortier mit 30,000 Mann zurück und brach selber nach der Aube auf, wo er sich mit Oudinot vereinigte, um mit etwa 70,000 Mann gegen Schwarzenberg zu marschiren. Dieser hatte seinen Sieg bei Bar so wenig benutzt, daß er nur einige Corps nördlich der Seine und Aube geschickt, nachdem er seinem Heere volle acht Tage Ruhe gegeben hatte. Auf Alexander's Rath zog er dann seine Truppen nach dem Winkel zwischen

Seine und Aube zusammen und beschloß hier Napoleon eine Schlacht zu liefern, doch selber zum Angriff überzugehen, dazu konnte er sich nicht entschließen. Er stellte nur sein Heer etwas südlich von Arcis an der Aube in Schlachtordnung, und Napoleon, der bei dieser Stadt den Fluß überschritten hatte, zog beim Anblick der furchtbaren feindlichen Uebermacht eiligst wieder zurück, nachdem er am 20. und 21. nur mit den Vortruppen gekämpft hatte und froh war, mit einem Verluste von 4000 Mann sich zu retten.

Zu schwach sich fühlend, den Verbündeten den Weg nach Paris zu sperren, faßte er den verzweifelten Entschluß, sich in den Rücken derselben zu werfen, ihnen alle Verbindungslinien abzuschneiden, die Bevölkerung in Aufstand zu bringen und sie dadurch zum Rückzuge zu zwingen, der ihnen unter solchen Verhältnissen höchst verderblich hätte werden müssen. Um noch größere Macht um sich zu sammeln, ertheilte er den Marschällen Marmont und Mortier den Befehl, mit allen ihren Truppen zu ihm zu stoßen. Blücher war dagegen schon am 18. über die Aisne gegangen und hatte am 23. südlich der Marne zwischen Chalons und Arcis den Anschluß an die Haupt-Armee bewerkstelligt. In dem Kriegsrathe Alexander's schwankte man lange über das, was zu thun sei, als man erfuhr, daß Napoleon so unerwartete Bewegungen machte. Der General Toll war es, der den Plan vorlegte, mit dem vereinigten Heere nach Paris vorzudringen; Kaiser Alexander faßte denselben begierig auf, der Kaiser Franz war durch den kühnen Marsch Napoleon's von seinem Heere getrennt, mit ihm das ganze Diplomatencorps, so daß von der Seite kein Einspruch erfolgen konnte. Friedrich Wilhelm, der am 24. mit dem russischen Kaiser bei Vitry zusammentrat, gab seine Zustimmung, der auch Schwarzenberg sich anschloß. So wurde denn Winzingerode mit 8000 Reitern, 800 Jägern und 46 Kanonen Napoleon nachgeschickt, um diesen glauben zu machen, das ganze Heer folge ihm; dies aber, 170,000 Mann stark, setzte sich am 25. März nach Paris in Bewegung.

Die Marschälle Marmont und Mortier fanden bereits die Straße von Chalons an der Marne nach Arcis an der Aube gesperrt. Sie zogen sich deshalb zurück und wurden nicht allein selber bei Fère Champenoise geschlagen, sondern auch der General Pacthod, der dem Kaiser einen großen Transport von Kriegsbedürfnissen zuführen sollte, wurde mit den Seinen gefangen; 80 Kanonen, 250 Pulverwagen und unzähliges anderes Fuhrwerk fielen den Verbündeten in die Hände. Darauf wurde der Zug gegen Paris fortgesetzt. Das schlesische Heer zog sich rechts hinüber nach der Straße von Soissons nach Paris, das böhmische Heer nahm den linken Flügel ein, sich an die Marne lehnend, um eine gesicherte Stellung zu haben, wenn etwa Napoleon in Eilmärschen heranrückte.

Dieser hatte gerüchtweise von dem Marsche der Verbündeten auf Paris erfahren; um sich Gewißheit zu verschaffen, ob er die große Armee hinter sich habe, griff er Winzingerode bei St. Dizier an (den 26. März), und auch nach dessen Zurückweichen noch nicht überzeugt, ging er die Marne weiter abwärts nach Vitry vor, und erst dort, am 27., wurde zu seiner größten Bestürzung jene Nachricht bestättigt. Zweifelhaft, ob er sich nach Lothringen und den Vogesen werfen sollte, wurde er von seinen Generalen bestürmt, Paris zu Hülfe zu eilen. Noch an demselben Tage brach er denn nach dorthin mit nie gesehener Eile auf, obgleich die Wege grundlos waren, und die Hälfte der Truppen unterweges vor Ermattung liegen blieb. Am 29. war man in Troyes, von dort eilte Napoleon am 30. über Sens voraus nach Fontainebleau, und dennoch kam er zu spät, sein Schicksal war bereits entschieden.

Die beiden Marschälle Marmont und Mortier hatten etwa 23,000 Mann nach Paris zurückgebracht; die dortigen schwachen Bestände und die Nationalgarden eingerechnet mochten etwa 40,000 Mann zur Vertheidigung der Hauptstadt vorhanden sein. Die Kaiserin verließ am 29. mit ihrem jungen Sohne, dem Könige von Rom, die Stadt; ihrem Beispiel folgten die Großwürdenträger und unendlich viele bemittelte Einwohner, während große Schaaren von Flüchtlingen in der Hauptstadt Schutz vor dem Heere der Verbündeten suchten. König Joseph suchte zwar zu beruhigen und mit der nahen Ankunft des Kaisers zu trösten, doch auch Proclamationen der Verbündeten wurden zahlreich in der Stadt durch Royalisten verbreitet, die von jedem Widerstand abmahnten. Dennoch fiel die Stadt nicht ohne ernstlichen Kampf, da man es nicht mit dem ganzen Heere der Verbündeten zu thun zu haben meinte, sondern nur mit einem abgeschnittenen Corps. Marmont hatte die Ostseite, Mortier die nördliche zu vertheidigen übernommen; auf jener begann am Morgen des 30. der Kampf, doch anfänglich mit so schwachen Kräften, daß selbst die preußischen Garden herangezogen werden mußten, da diese zunächst zur Hand waren. Erst nach Mittag waren größere Streitkräfte herangekommen, der Angriff wurde nun ein allgemeiner. König Joseph, dem Napoleon den Oberbefehl in Paris anvertraut hatte, verließ Paris und eilte der Kaiserin nach; er bevollmächtigte nur die Marschälle zu unterhandeln und sich nach der Loire zurückzuziehen. Schon um 4 Uhr hatte Marmont seine Stellung aufgeben müssen, eben so Mortier auf der Nordseite der Stadt; überall waren die Franzosen bis an die Barrieren zurückgetrieben worden. Doch theuer genug ward dieser letzte Sieg erfochten, die Verbündeten zählten 8000 Todte und Verwundete, die Franzosen hatten einen doppelt so großen Verlust. Ein Waffenstillstand machte dem weiteren Kampfe ein Ende, und eine Uebereinkunft setzte fest, daß bis zum 31. März Morgens 7 Uhr die Stadt von den französischen Truppen geräumt sein müsse; die später noch darin vorgefunden würden, sollten kriegsgefangen sein.

Napoleon, in der Nacht von Fontainebleau nach Paris eilend, traf auf Reiterei und Geschütz, das, dem Corps Mortier's gehörig, abgeführt wurde, und erfuhr hier von dem Abschluß der Verhandlungen. Man rieth ihm dringend, nicht in die Stadt zu gehen, und dies bestimmte ihn, den ihn begleitenden Caulincourt zum Kaiser Alexander zu senden, um neue Unterhandlungen mit diesem anzuknüpfen. Er wurde jedoch gar nicht vorgelassen. Napoleon hatte in den Friedens-Verhandlungen zu Châtillon alle mäßigen Forderungen zurückgewiesen, so daß England, Rußland, Oesterreich und Preußen schon am 1. März zu Chaumont (an der oberen Marne) ein neues Bündniß auf 20 Jahre eingegangen waren, die Unabhängigkeit und das Gleichgewicht Europa's mit vereinter Macht aufrecht zu erhalten; in Folge dessen war denn auch der Congreß zu Châtillon am 19. März vollständig aufgehoben worden, als Napoleon als endgültige Erklärung die übertriebensten Forderungen gestellt hatte. Als nun am 31. März Kaiser Alexander und König Friedrich Wilhelm an der Spitze ihrer Truppen ihren siegreichen Einzug in Paris hielten, und an demselben Tage in einer Zusammenkunft mit französischen Diplomaten beschlossen wurde, die Bourbons zurückzurufen, erklärte zunächst Alexander, hinfort nicht mehr mit Napoleon zu unterhandeln. Der Senat erwählte darauf am 1. April eine provisorische Regierung und erklärte am 2. April Napoleon und seine Familie für des Thrones entsetzt.

Napoleon hatte unterdeß bis zum 3. seine Truppen bei Fontainebleau versammelt, mit 50,000 Mann wollte er gegen Paris aufbrechen; da jedoch kündigten ihm seine Marschälle, Ney an der Spitze, den Gehorsam auf; er verzichtete deshalb am 4. zu Gunsten seines Sohnes. Da ein solcher Vorbehalt verworfen wurde, ging er in dem Vertrage von Fontainebleau am 11. April in unbedingte Verzichtleistung ein, nahm am 20. von seinen Getreuen Abschied und landete am 4. Mai auf der Insel Elba, die ihm als Eigenthum zugesprochen worden war. Schon am 12. April erschien der Graf Artois in Paris als königlicher Statthalter, am 3. Mai hielt sein Bruder, König Ludwig XVIII. seinen feierlichen Einzug. Der Krieg war auf diese Weise beendet. Schon am 23. April schlossen die Verbündeten mit dem Grafen von Artois einen Waffenstillstand, in welchem Frankreich die Grenzen von 1792 zugesichert erhielt, ja in dem am 30. Mai zu Paris geschlossenen Frieden wurde sein Gebiet sogar um etwa 150 Quadr.-

Meilen und ¼ Mill. Einwohner vergrößert, um dasselbe besser abzurunden. Für alle die schweren Kriegssteuern, welche die ehemals siegreichen Franzosen den Besiegten oft mit empörender Härte auferlegt hatten, wurde kein Ersatz gefordert, selbst die geraubten Kunstschätze wurden, mehr als großmüthig, ihnen auch ferner gelassen. Unter dem Wenigen, was man zurücknahm, war namentlich die Siegesgöttin, die Napoleon in Berlin geraubt hatte; ihre Wiederaufstellung an ihrem alten Platz vergegenwärtigte lebhaft die Großthaten, durch welche Preußen die Zeiten der Erniedrigung und der Schmach glänzend gesühnt hatte. Schade war, daß seine Diplomaten an Tüchtigkeit weit hinter den Männern des Schwertes zurückstanden. Allgemein sprach sich die Unzufriedenheit darüber aus, daß man mit den früheren Unterdrückern so überaus glimpflich umgegangen wäre, und der Wunsch, daß man sie hätte fühlen lassen müssen, wie schwer sie an dem gesammten Europa gesündigt, war sehr erklärlich nach den Strömen von Blut, die geflossen waren, um das verhaßte Joch abzuwerfen.

Ein Congreß in Wien sollte die europäischen Angelegenheiten im allgemeinen, die von Deutschland insbesondere ordnen. Seine Eröffnung verschob sich bis zum 1. November, und es war vorauszusehen, daß die Verhandlungen geraume Zeit in Anspruch nehmen würden, denn seit dem westfälischen Frieden waren nicht so umfassende Verhältnisse bei irgend einem andern Friedensschlusse neu zu gestalten gewesen wie jetzt der Fall war. Fast alle Fürsten Europa's waren entweder persönlich gegenwärtig oder durch ihre Gesandten vertreten, außerdem aber aus Deutschland die Mediatisirten, die Reichs=Ritterschaft, die Stifter ꝛc., die alle Wiederherstellung ihres früheren Rechtes oder Entschädigung für das Verlorne beanspruchten. Die Bildung des Königreichs der Niederlande unter den Oraniern, die neue Constituirung der Schweiz und ähnliche Anordnungen boten noch die geringsten Schwierigkeiten dar; weit häklicher war es, für ganz Deutschland einen neuen Zustand anzubahnen und die Anforderungen der Hauptmächte zu befriedigen, welche als Sieger aus dem schweren Kampfe hervorgegangen waren. Für keine von ihnen stellte sich aber das Verhältniß so überaus ungünstig als für Preußen, das doch durch seine großartigen Anstrengungen zu dem Gelingen des Kampfes nicht zum wenigsten beigetragen hatte. Das Rechtsgefühl des Königs, das Keinem wehe thun wollte, die geringe Energie, welche Hardenberg den ärgsten Intriguen Metternich's, Talleyrand's und des äußerst keck auftretenden Bayerns gegenüber entwickelte, ließen wenig Gutes für Preußen hoffen, und während die anderen Staaten Abrundung oder auch sonstige Erweiterung ihres Gebietes erhielten, schien für Preußen kaum die Möglichkeit vorhanden, ihm auch nur die frühere Größe wiederzugeben.

Es wäre das Natürlichste gewesen, daß dem Könige Friedrich Wilhelm wenigstens alle seine früheren Besitzungen wieder zugewiesen worden wären, da sie ja alle den feindlichen Händen entrissen waren, wenn er auch sonst für alle schweren Opfer, die sein Volk mit so großer Hingebung gebracht hatte, keine anderen Entschädigungen erhielt, auf die er mehr als viele andere gerechten Anspruch hatte. Daß das nicht geschah, daran war zunächst England schuld, das sich, wie oben gesagt, schon zu Anfang 1813 Ostfriesland ꝛc. ausbedungen hatte, dann auch Rußland, welches das gesammte bisherige Großherzogthum Warschau für sich in Anspruch nahm. Während aber Rußland darauf drang, daß Preußen für seinen Verlust in Polen durch ganz Sachsen entschädigt würde, dessen König durch sein starres Festhalten an Napoleon alles Recht verwirkt habe, und das durch die Eroberung in die Gewalt der Verbündeten gekommen wäre, schloß sich Lord Castlereagh dem Fürsten Metternich an, der bald genug seine desfallsigen früheren Zusagen ganz dreist zurücknahm. Friedrich Wilhelm war mit dem russischen Vorschlage durchaus zufrieden. Seine ehemaligen polnischen Länder verlangten zu ihrer Cultivirung einen nicht geringen Geldaufwand, während er in Sachsen ein hoch cultivirtes Land mit einer betriebsamen deutschen protestantischen Bevölkerung fand. Er wollte sogar für diese Erwerbung dem Könige von Sachsen in Westfalen oder auf dem linken Rheinufer ein Gebiet überwiesen wissen, das dieser als König, seine Nachkommen als Großherzöge besitzen sollten. Anders dagegen faßte namentlich Oesterreich die Sache auf. Einerseits fürchtete es das Uebergewicht Rußlands, wenn dies in den Besitz des ganzen Großherzogthums Warschau käme, andrerseits sah es aber auch in Preußen einen gefährlichen Nachbar, wenn dasselbe auch auf der Nordseite unmittelbar mit ihm zusammenstieße und dadurch neue, wohlgelegene Angriffspunkte auf die österreichische Monarchie gewönne. Ueberdies wurde auf den Umstand aufmerksam gemacht, welche Bedenken es habe, wenn der König von Sachsen, dessen Hinneigung zu Frankreich so hart gestraft würde, jetzt dicht an der französischen Grenze Besitzthum erhalten sollte; dadurch müsse die Sicherheit Deutschlands aufs ärgste bedroht werden.

Talleyrand benutzte diese Umstände vortrefflich, um bei diesen Verhandlungen für Frankreich eine Stellung einzunehmen, die eine ganz unnatürliche genannt werden muß; er hat nicht wenig dazu beigetragen, die Angelegenheiten zu verwirren, da er durch diplomatische Verhandlungen für Frankreich wo möglich den Einfluß gewinnen wollte, den es durch den so eben beendigten Krieg verloren hatte. Unter den kleineren deutschen Staaten, deren Mißgunst gegen Preußen unter solchen Umständen erwünschte Nahrung fand, war es besonders Bayern, das entschieden gegen die Vereinigung Sachsens mit Preußen protestirte, nachdem es selber, nicht unbedeutende Vortheile zugestanden erhalten hatte, aber sich noch immer nicht befriedigt erklärte. Daß Friedrich August von Sachsen, obgleich damals noch zu Friedrichsfelde bei Berlin in Gefangenschaft gehalten, gegen Abtretung seines Königreichs Protest einlegte, war nach solchem Vorgange erklärlich genug, und die Verhandlungen gewannen bald ein so gefährliches Ansehen, daß das Schlimmste zu befürchten stand. König Friedrich Wilhelm hielt es für das Rathsamste, mit Rußland gemeinschaftliche Sache zu machen, als er sah, wie Oesterreich Alles anwandte, die preußischen Absichten auf Sachsen scheitern zu lassen. Metternich nahm darauf Veranlassung, am 3. Januar 1815 ein Bündniß mit Frankreich und England zu Stande zu bringen; jede Macht versprach 150,000 Mann zu stellen, um die gemeinschaftlichen Absichten, Rußland und Preußen zum Trotz, durchzusetzen; man suchte noch mehrere andere kleine Staaten an sich heranzuziehen, und schon trat eine Commission zusammen, um den Kriegsplan zu berathen. Doch da, als man schon offen von Krieg gegen Rußland und Preußen sprach, als bereits Rüstungen und Truppen-Bewegungen Statt fanden, lenkte denn doch Lord Castlereagh ein und drang darauf, daß man die Wiederherstellung Preußens in Bezug auf Einwohner-Zahl und Größe der Einkünfte ernstlich betreiben müßte. Dieses kräftige Auftreten so wie die bedenklichen Nachrichten aus Frankreich über die schwierige Stellung der bourbonischen Regierung bewogen auch Oesterreich zum Nachgeben. Bayern und die andern kleinen Staaten, die emsig das Feuer geschürt hatten, wurden dabei nicht weiter berücksichtigt.

In der ersten Hälfte des Februar erklärte sich darauf König Friedrich Wilhelm bereit, sich mit der größeren, doch weniger stark bevölkerten Nordhälfte von Sachsen befriedigen zu wollen und den Rest seiner Entschädigung am Rheine anzunehmen. Die Meldung, welche in den ersten Tagen des März in Wien eintraf, daß Napoleon von Elba nach Frankreich zurückgekehrt sei, beschleunigte den Abschluß der Verhandlungen. Preußen wurde am 22. März von den acht Congreßmächten autorisirt, das ihm überwiesene sächsische Gebiet nöthigenfalls gewaltsam in Besitz zu nehmen, und so sah Friedrich August sich genöthigt, am 2. Mai in die ihm auferlegten Opfer zu willigen. Am 18. Mai erfolgte dann ein Friedens- und Freundschafts-Bündniß Preußens mit Sachsen, in welchem die Grenzlinie der abzutretenden Gebiete im Einzelnen bestimmt wurde.

Unwillkührlich drängt sich bei dieser schließlichen Anordnung der preußischen Entschädigungen das Andenken an die Verhandlungen auf, welche von dem großen Kurfürsten im westfälischen Frieden geführt worden waren. Mit all der Energie, die ihm eigen war, hatte er darauf gedrungen, ganz Pommern, das ihm rechtmäßig zustand, in seinen Besitz zu bringen, und doch hatte die Gewalt der Umstände ihn genöthigt, für einen Theil desselben im mittleren Deutschland Entschädigung anzunehmen, die im Laufe der Zeit den Einfluß Brandenburgs auf die deutschen Angelegenheiten nicht wenig befördert haben. Auf ähnliche Weise verlor jetzt Preußen wider seinen Willen den größten Theil seiner polnischen Besitzungen und erhielt dafür in Sachsen und am Rhein deutsches Besitzthum, wurde also dadurch wieder ein mehr reindeutsches Land. Zwar wurde ihm dadurch die schwierige Aufgabe zu Theil, die Beschützung der offnen deutschen Grenzen gegen Frankreich zu übernehmen, es wurde aber zugleich der mächtigste deutsche Staat, der allerdings durch seine zerrissene Lage noch heut als ein unfertiger erscheint und mit Oesterreich, das bisher das unbestrittene Uebergewicht in Deutschland gehabt, in mannichfache Collisionen kommen muß, gerade durch beides aber darauf hingewiesen ist, seinen Rückhalt an dem gesammten übrigen Deutschland zu suchen, dessen Stütze wiederum nur er sein kann.

Mit der größten Spannung war Napoleon auf Elba den Berathungen in Wien gefolgt und mit unverhohlener Schadenfreude sah er das Zerwürfniß der Mächte unter einander, durch die er vom Throne gestoßen worden war. Dazu kam andrerseits, daß die Bourbons, in kläglichen Reactions-Gelüsten befangen, ganz Frankreich gegen sich aufgeregt hatten. Erwünschter konnten demnach nicht die Zustände für ihn sein; er hielt den Augenblick für ganz geeignet, nach Frankreich zurückzukehren und sich in den Besitz seiner alten Macht zu setzen. Am 26. Februar verließ er mit etwa 900 seiner alten Getreuen die Insel Elba, landete am 1. März bei Frejus und wurde überall mit so großem Enthusiasmus empfangen, daß er bereits am 20. seinen Einzug in Paris hielt, nachdem in der Nacht zuvor die Bourbons aus Paris flüchtig geworden waren. Doch war er nicht so verblendet, daß er übersehen hätte, wie die Stimmung in Frankreich eine ganz andere als früher war, wie man sich nicht geneigt zeigte, das alte imperialistische Joch wieder auf sich zu nehmen, sondern wie man vor allen Dingen von ihm erwartete, er werde in Frieden für die bürgerliche Freiheit und das Wohl seines Landes leben. Wenn auch mit innerem Widerstreben bewilligte Napoleon alle Forderungen, die an ihn gestellt wurden, indem er es der Zeit überließ, sich seine frühere Macht wieder anzueignen.

Anders jedoch sahen die Verbündeten die Sache an, sie erklärten seine Rückkehr für einen Bruch der geschlossenen Verträge und sprachen schon am 13. März die Acht über ihn aus, als sie noch die Hoffnung hegten, daß sein Unternehmen mißglücken würde. Als sie aber später sahen, wie Alles die Bourbons verließ, zögerten sie keinen Augenblick mit den nöthigen Maßregeln, ihrer Achts-Erklärung Nachdruck zu geben.

Am 25. März vereinigten sich Oesterreich, Preußen, Rußland und England zu einem neuen Bündniß, wonach jeder dieser Staaten 150,000 Streiter stellen und nicht eher ruhen wollte, bis Napoleon für immer unschädlich gemacht worden wäre. England erbot sich überdies auf ein Jahr 35 Mill. Thaler Subsidien zu zahlen, die unter seine drei Bundesgenossen gleichmäßig vertheilt werden sollten. Nicht nur die deutschen Staaten, sondern auch Portugal und Sardinien traten gleich darauf dem Bündnisse bei. Napoleon war es deshalb darum zu thun, Frankreich wenigstens vorläufig vor neuem Kriege zu bewahren, bis er vollständig gerüstet hätte. Ein Manifest vom 2. April setzte auseinander, wie er nur zurückgekehrt sei, um Frankreich vor der Unterdrückung der Bourbons zu sichern, und wie er von jetzt an nur für das innere Wohl Frankreichs leben werde; Rundschreiben an alle Regierungen sprachen noch insbesondere diese Erklärung aus. Man war aber zu oft und zu schwer von Napoleon getäuscht worden, als daß man solchen Versicherungen hätte Glauben schenken mögen, vielmehr wurden am 12. Mai alle Anträge Napoleon's von allen Mitgliedern des Wiener Congresses abgelehnt; damit wurde aber auch zugleich der Krieg zum Ausbruch gebracht.

Die Zahl der Kämpfer, welche die Verbündeten ins Feld zu stellen gedachten, belief sich auf 7—800,000 Mann; doch mußten die Heere erst auf den Kriegsfuß gesetzt und auf den vorigen Kriegsschauplatz zurückgeführt werden, so daß man vor dem 1. Juli nicht gut den Angriff eröffnen konnte. Diesen Umstand benutzte Napoleon, durch Schnelligkeit Vortheile zu erringen, bevor die ganze Macht der Verbündeten gegen ihn heranrückte. Die Truppen, über die er zunächst zu verfügen hatte, waren wesentlich verschieden von denen, welche er in den beiden vorigen Jahren hatte verwenden können, nachdem die große Armee auf den Eis- und Schneefeldern Rußlands ihren Untergang gefunden hatte. Es waren alte, versuchte Soldaten, namentlich solche, welche nach dem Pariser Frieden aus Hamburg und den übrigen festen Plätzen in die Heimath zurückgekehrt waren. Außerdem war der vorhandene Bestand der französischen Armee kein geringer, so daß Napoleon jetzt mehr als 360,000 Mann um sich sammelte, von denen er etwa zwei Drittel ins Feld führte, während der Rest zum Nachrücken in den Depots zurückbleiben sollte. Das Aufgebot des ganzen Volkes kam durch die schnelle Entscheidung der Dinge nicht zur Ausführung; es wurden zwar allmählich 150,000 Mann frischer Truppen zusammengebracht, sie gelangten aber zu keiner Thätigkeit.

Glücklicher Weise hatte Preußen noch drei Armeecorps an der französischen Grenze stehen lassen, die zwar nicht mehr vollständig waren, doch gegen den ersten Anprall Schutz gewähren konnten. Nachdem sie sich schnell gesammelt, breiteten sie sich von Charleroi an der Sambre bis nach Luremburg aus, während ein viertes Corps bei Coblenz zusammen gezogen wurde. Ihre Gesammtstärke mochte 100,000 Mann zu Fuß und 12,000 Reiter betragen; ein Fünftel des Fußvolkes bestand aus Landwehren, die noch keine Schlacht mitgemacht hatten. Rechts neben ihnen standen in den Niederlanden englisch-hannöverische Truppen, die schnell durch niederländische zc. auf etwa 100,000 Mann gebracht wurden; ihr Ober-Anführer, der Herzog v. Wellington, nahm sein Hauptquartier in Brüssel. Der preußische Oberfeldherr, Fürst Blücher, der sein Hauptquartier in Lüttich hatte, gerieth gleich anfangs in persönliche Gefahr, als die Sachsen in seinem Heere, unzufrieden mit der damals erfolgten Theilung ihres Landes, einen gefährlichen Aufstand erregten, so daß sie nach dem Rhein zurückgeschickt werden mußten. Um die entstandene Lücke zu füllen, wurden andere Truppen, zum Theil auf Wagen, herangezogen. In den letzten Tagen des Mai besprachen Wellington und Blücher die Maßregeln, welche bei einem Angriffe Napoleon's zu ergreifen wären, und die Preußen rückten näher der Grenze zusammen, während die Engländer ziemlich weit ausgedehnte Stellungen einnahmen.

Unterdeß hatte sich die französische Armee, etwa 130,000 Mann stark, an der oberen Sambre concentrirt und brach bereits am 15. Juni unter Napoleon's persönlicher Leitung zunächst gegen die Preußen auf, da Blücher der gefährlichere Gegner zu sein schien. Ungeachtet der tapfersten Gegenwehr mußten die preußischen Vortruppen den Rückzug von Charleroi nach Fleurus antreten; wenig weiter rückwärts, bei Ligny, beschloß Blücher eine Schlacht anzunehmen, obgleich er nur drei Armeecorps bei sich hatte, nachdem er von Wellington Hülfe zugesagt erhalten hatte. Sein linker Flügel unter Thielmann hatte auf den steilen Rändern des Ligny-Baches am 16. Juni eine sehr feste Stellung eingenommen, und wurde deshalb vom Feinde weniger angegriffen; sein rechter Flügel unter Zieten war namentlich durch das Dorf St. Amand wohl geschützt, und die jungen preußischen Soldaten fochten hier gegen altversuchte französische Truppen so tapfer, daß Napoleon nur mit der größten Anstrengung das Zurückweichen der Seinen verhindern konnte. Deshalb beschloß er seine ganze Macht gegen Ligny selber zu richten und dort das Centrum der preußischen Stellung zu sprengen. Die Südseite dieses Dorfes auf dem rechten Ufer des Ligny-Baches wurde namentlich der Schauplatz des furchtbarsten Kampfes. Sechs Stunden lang hielt man sich einander das Gleichgewicht, da endlich im Abenddunkel während eines schweren Gewitters, als die Preußen schon die Schlacht für beendigt hielten, gelang es Napoleon mit seinen Garden und zahlreicher Artillerie unterhalb des Dorfes über den

Schlacht bei Ligny.

Bach zu bringen. Vergeblich waren die Versuche Blücher's, den Feind zurückzuwerfen. Hier war es, wo der greise Feldherr an der Spitze seiner Reiterschaaren mit dem getroffenen Pferde zusammenbrach, doch glücklich von seinem Adjutanten, dem Grafen Nostiz, gerettet wurde. Ligny mußte nun geräumt werden, doch nur in kurzer Entfernung hinter demselben nahm mit dem Anbruch der Nacht das preußische Heer eine so feste Stellung, daß die Verfolgung der Franzosen glücklich aufgehalten wurde.

Weder über die Stärke der beiderseitigen Armeen, noch über ihren Verlust in der Schlacht sind die Berichte einig; nur das steht fest, daß Napoleon etwa 10,000 Mann weniger zählte als Blücher, wie auch der preußische Verlust bedeutender war als der französische. Die geringe Theilnahme Thielmann's an der Schlacht, die Vorsicht Napoleon's, einen Theil seiner Garden für den letzten Stoß aufzusparen, und die um die Hälfte stärkere französische Artillerie ließen die Schlacht für die Preußen unglücklich ausfallen. Merkwürdig genug hielt Napoleon die Preußen für so gänzlich geschlagen, daß sie sich vor drei Tagen gar nicht wieder würden sammeln können, und daß deshalb der Marschall Grouchy mit 32,000 Mann durchaus stark genug sei, sie in beständigem Laufen zu erhalten. Dabei war die Verfolgung eine so nachlässige, daß man gar nicht einmal wußte, wohin die Preußen sich gewendet hatten. Erst am 17. Abends erfuhr man, daß ein Theil der preußischen Armee seinen Rückzug auf Wavre an der Dyle genommen, während bereits noch am 16. Abends die ganze Armee dorthin sich gewendet hatte, um nicht die Verbindung mit der englischen Armee aufgeben zu müssen. So frisch und muthig war aber die Stimmung im Heere, trotz der eben erlittenen empfindlichen Niederlage, trotz der furchtbarsten Strapazen und trotz der durch den Regen grundlos gewordenen Wege, daß Blücher auf die Meldung Wellington's, er wolle am 18. eine Schlacht von Napoleon annehmen, falls Blücher ihm einen Theil seines Heeres zur Hülfe schicken wollte, erwidern konnte, daß er mit seinem ganzen Heere da sein werde, damit man gemeinschaftlich am 19. die Franzosen angreifen könne, wenn diese nicht am 18. eine Schlacht lieferten.

Der Marschall Ney hatte am 16. früh den Auftrag bekommen, mit 50,000 Mann auf der großen Straße von Charleroi nach Brüssel aufzubrechen, die englischen Truppen, die sich ihm in den Weg stellen würden, zurückzuwerfen und jede Verbindung zwischen Wellington und Blücher abzuschneiden. Im Laufe des Tages erhielt er dann von Napoleon den Befehl, den Preußen bei Ligny in die Flanke oder in den Rücken zu fallen. Er konnte jedoch weder das eine noch das andere möglich machen, vielmehr wurde er bei Quatrebras d. h. da, wo sich die Chaussee von Namur nach Nivelles mit der von Charleroi nach Brüssel durchkreuzt, mit niederländischen Truppen in ein Gefecht verwickelt, das dadurch ein sehr hartnäckiges wurde, daß beide Theile allmählich Unterstützung heranzogen. Hier war es, wo der Herzog Friedrich Wilhelm von Braunschweig, von feindlicher Kugel getroffen, seinen Heldengeist aushauchte. Als endlich Wellington selber mit neuer Verstärkung erschien, mußte Ney vor der Uebermacht weichen und sich in die Stellung zurückziehen, die er am Morgen gehabt hatte. Die Engländer waren zwar durch ihn verhindert worden, Blücher Hülfe zu bringen, andrerseits war es aber auch Ney nicht möglich gewesen, das preußische Heer durch Umgehung in Auflösung zu bringen.

Am 17. brach Ney abermals gegen Quatrebras auf, während Napoleon von Ligny aus heranrückte, um den Engländern in die linke Flanke zu fallen. Diese jedoch zogen sich zurück und Wellington stellte am 18. sein Heer auf dem Höhenrücken auf, der südlich von Waterloo bei dem Vorwerke Mont St. Jean von der Brüsseler Chaussee überschritten wird. An dem Süd-Abhange lag auf seinem rechten Flügel das Schloß Hougomont, vor dem Centrum das Vorwerk la Haye Sainte und vor dem linken Flügel die Vorwerke Smouhen, Papelotte und la Haye, die alle von englischen Truppen besetzt waren. Wellington hatte 68,000 Mann vereinigt, unter ihnen 24,000 Briten, die übrigen Deutsche und Niederländer. Gegen sie führte Napoleon 72,000 Mann heran, und auch hier übertraf die Zahl seiner Geschütze die der Gegner um mehr als 50. Da der heftige Gewitterregen während der Nacht den Boden aufgeweicht hatte, eröffnete Napoleon den Angriff erst gegen Mittag und hielt seinen Gegner, ungeachtet der kräftigsten Gegenwehr desselben, bereits um 2 Uhr für so erschüttert, daß er bei einem allgemeinen Angriffe sein Centrum zu durchbrechen hoffte. Fürchterlich war deßhalb in den beiden nächsten Stunden das gegenseitige Morden bei dem Hin- und Herwogen der Massen gegen einander; Wellington mußte seine Flügel, namentlich den linken schwächen, um nicht in seiner Mitte durchbrochen zu werden, dennoch neigte sich bereits der Sieg zu Gunsten Napoleon's. Die gewaltige Zähigkeit der Engländer aber gab den Preußen die Zeit, mit ganzer Macht in die Entscheidungsschlacht einzugreifen.

Am Abend des 17. hatte Blücher seine Armee zu beiden Seiten der Dyle bei Wavre gesammelt; auch Bülow's Corps war dort angelangt, und ihm wurde der erste Angriff auf die Franzosen bestimmt, da es an Kräften das frischeste war. In aller Frühe des 18. Juni brach es auf, um nach den Waldhöhen von Frischermont zur Rechten der französischen Stellung zu gehen; das zweite Armeecorps unter Pirch folgte ihm. Das erste Corps unter Zieten setzte sich auf einer

Schlacht bei Belle Alliance.

etwas nördlicheren Straße in Bewegung, um sich dem linken Flügel der Engländer bei la Haye anzuschließen; das dritte unter Thielmann behielt die Defileen von Wavre besetzt, um den heran nahenden Grouchy aufzuhalten. Napoleon hätte mit leichter Mühe den Preußen die schwierigen Zugänge zum Schlachtfelde sperren können; er hatte es aber unterlassen, weil er bestimmt darauf rechnete, daß er mit den Engländern fertig sein würde, ehe die Hülfe herangekommen wäre. Er begnügte sich deshalb damit, einen Theil von seiner noch zahlreichen Reserve nach der Gegend Front machen zu lassen, von wo die Preußen zu erwarten waren. Und in der That schien es, als ob das Glück sich seiner Berechnung fügen wollte. Der Marsch der Preußen auf den von Regengüssen grundlos gemachten Wegen war so äußerst schwierig, daß nur die belebende Gegenwart des greisen Feldherrn den Soldaten ermuthigen konnte, seine ganze Kraft zusammen zu nehmen. Deshalb blieb dann auch keine Zeit, erst alle Truppen zu sammeln, um mit vereinter Macht anzugreifen; die Gefahr für die Engländer war so groß, daß Blücher beschloß, mit den Truppen den Angriff zu beginnen, die eben zur Hand waren.

Es war um ½5 Uhr, als dieselben aus ihrer verdeckten Stellung hervorbrachen, das Geschütz feuernd voran, um den Engländern die Ankunft der Preußen zu melden und die Franzosen abzuhalten noch mehr Kräfte gegen jene zu verwenden. Mit großer Heftigkeit drangen die Preußen gegen das Dorf Planchenois vor, das auf der Ostseite der Chaussee liegt, auf und längs welcher den Franzosen der Rückzug allein möglich war. Zugleich schlossen sich die ersten Truppen von Zieten dem linken Flügel der Engländer an, und Pirch war im Begriff, den Raum zwischen hier und Bülow auszufüllen. In diesem bedenklichsten Augenblicke verstärkte Napoleon seine Reihen gegen die Preußen und sammelte den Rest seiner Garden, um Wellington den Todesstoß zu versetzen. Schon waren die Vorwerke vor dem Centrum und dem linken Flügel genommen, schon war die erste englische Schlachtreihe durchbrochen, als das siegreiche Vorgehen des rechten Flügels der Engländer und die gerade jetzt erfolgende Ankunft Zieten's auf dem linken Flügel die glücklichste Wendung der Dinge herbeiführte. Denn auch die Garden Napoleon's mußten weichen, doch zogen sie sich vor der ganzen vorwärts bringenden Linie der Engländer in ziemlich guter Ordnung bis zur Meierei Belle Alliance in der Nähe von Planchenois zurück. Als aber gerade da dies Dorf von den Preußen gestürmt wurde, begann die heilloseste Verwirrung in dem französischen Heere, in der auch die Trümmer der Garde keine Ordnung mehr aufrecht zu erhalten vermochten; jeder suchte auf dem kürzesten Wege sich zu retten. Da war es, wo Wellington und Blücher sich bei Belle

Alliance trafen, ein Umstand, der Blücher bewog, nach diesem Punkte die Schlacht zu benennen, während die Engländer sie nach ihrem letzten Hauptquartier als die von Waterloo bezeichneten.

War der Sieg selber ein glänzender, so wurden es noch mehr seine Erfolge durch die unermüdliche Verfolgung der geschlagenen Armee. Da die Engländer zu erschöpft und aufgelös't waren, übernahm Gneisenau diese Arbeit. Unaufhaltsam stürmten seine Schaaren den flüchtigen Franzosen nach, ließen ihnen nirgend Ruhe und erbeuteten außer den unabsehbaren Reihen von Gepäck und Geschütz auch den Reisewagen Napoleon's. Selbst Hut und Degen hatte der fliehende Kaiser im Stiche gelassen, um nicht den Preußen in die Hände zu fallen. Erst jenseit Quatrebras gebot die gänzliche Erschöpfung der Sieger Halt, zugleich verschwand der Feind gänzlich aus den Augen der Verfolger; in dem Dunkel der Nacht hatten sich die Fliehenden nach allen Seiten hin zerstreut. Es war die Sühne, welche die Preußen auf ausgezeichnete Weise für die Schlacht bei Jena nahmen. Abgesehen von dem übrigen ungeheuren Kriegsmaterial war fast alles Geschütz der Franzosen verloren gegangen, und wenn diese ihren Verlust nur auf 25,000 Mann angeben, so stimmt das wenig mit dem überein, was sich später von Flüchtlingen wieder zusammenfand. Aber auch nicht gering war der Verlust der Verbündeten gewesen; alle Angaben übersteigen weit 20,000 Mann, darunter 7000 Preußen. Traurig genug, daß später von englischer Seite die Ehre des Tages allein in Anspruch genommen worden ist, während es feststeht, daß die kleinere Hälfte von Napoleon's Armee mit noch frischer Kraft gegen die Preußen verwendet werden konnte. Die zähe Ausdauer der Engländer vereint mit dem ungestümen Muthe der Preußen konnte allein so überraschende Resultate herbeiführen.

Ist aber auch der Ruhm der Preußen bei Belle Alliance von ihren Bundesgenossen geschmälert worden, so steht doch um so unzweifelhafter fest, daß ihnen die Ehre gebührt, die Macht Napoleon's vollends vernichtet und den Frieden herbeigeführt zu haben, und zwar durch eine eifrige Verfolgung, die lebhaft an den Ungestüm erinnert, mit welchem Friedrich der Große den Sieg bei Leuthen auszubeuten wußte. Dem Fürsten Blücher und seinen tapfern Waffengefährten war es vorbehalten, das Unglück und die Schmach Preußens bei Jena an eben dem Feinde zu rächen, der sich damals gerühmt hatte, in wenig Tagen die Monarchie Friedrich des Großen zu Boden geworfen zu haben. Und damit es gleichsam auch nicht an einem Seitenstück zu der damaligen schimpflichen Uebergabe von Festungen fehlen möchte, so wurden auch jetzt im Vorüberfluge mehrere feste Plätze genommen, da deren Befehlshaber ebenfalls Alles verloren glaubten. Mit vieler Mühe sammelte Soult die Trümmer der französischen Armee in Laon und bewegte

Einnahme von Paris.

sich bald rückwärts, um sich bei Soissons mit Grouchy zu vereinigen. Dieser war am 18., während Napoleon bei Belle Alliance kämpfte, mit dem dritten preußischen Armeecorps unter Thielmann bei Wavre in ein heftiges Treffen verwickelt worden. Mit der lobenswertheften Tapferkeit hatten 15,000 Preußen daselbst die dreizehnmal wiederholten Angriffe von 32,000 Franzosen abgewehrt, bis es endlich Grouchy gelungen war, oberhalb Wavre über die Dyle vorzudringen und die Preußen zurückzuwerfen, nachdem sie einen Verlust von 2—3000 Mann erlitten hatten. Als dann am 19. die Nachricht von der Niederlage Napoleon's eingetroffen war, hatte Grouchy seinen Rückmarsch nach Namur angetreten, war an der Maas unter dem Schutze der dortigen Festungslinie aufwärts gezogen und hatte sich dann an der Aisne abwärts nach Soissons gewendet, um möglichst schnell nach Paris zu gelangen. Blücher scheute indeß selbst Nachtmärsche nicht, um den Franzosen zuvorzukommen, so daß die englische Armee um zwei Tagemärsche zurückblieb. Von der Sambre wandte er sich zur Oise hinüber und warf sich auf die Rückzugslinie der Franzosen; nach Verlust von mehreren Tausenden gelang es diesen jedoch, vor den Preußen Paris zu erreichen. Vor dieser Stadt traf Blücher aber schon am 28. Juli ein, nachdem er jeden Antrag auf Waffenstillstand abgelehnt und sich auch nicht durch die Nachricht hatte aufhalten lassen, daß Napoleon zu Gunsten seines Sohnes abgedankt habe.

In Paris mochten, die Reserven und die Nationalgarde eingeschlossen, wohl 80—90,000 Mann vereinigt sein, von denen etwa 60—70,000 im Stande gewesen wären, Blücher's 62,000 Preußen im offenen Felde entgegen zu treten, ehe noch die 50,000 nachrückenden Engländer herangekommen wären; die allgemeine Bestürzung ließ aber solche Maßregel nicht wagen, vielmehr zog man es vor, hinter starken Verschanzungen den Angriff abzuwarten. Blücher jedoch schob seine Armee mit großer Schnelligkeit und Geschicklichkeit seitwärts an Paris vorüber, nachdem die Engländer in seine bisherige Stellung eingerückt waren, überschritt bei St. Germain die Seine und rückte über Versailles gegen die Südseite der Hauptstadt vor. Vergeblich stellte sich hier die Hälfte der französischen Armee den Preußen entgegen, sie wurde bei Sèvres und bei Issy, noch näher zur Stadt, geschlagen. Das führte schnell zu Unterhandlungen mit der provisorischen Regierung, die am 4. Juli ihren Abschluß erhielten; Paris mußte übergeben werden, die Armee ungefährliche Stellungen hinter der Loire einnehmen.

Erst als der Hauptschlag bei Belle Alliance bereits gefallen war, schickten sich die übrigen verbündeten Armeen an, in Frankreich einzudringen. Wrede überschritt bei Mannheim am 19. Juni zuerst den Rhein, die russische Hauptarmee acht Tage später. Die Franzosen waren viel zu schwach, als daß sie ernstlichen Widerstand hätten leisten können. Die Südarmee, aus Oesterreichern bestehend, hatte indeß die schwachen Kräfte Suchet's über die Alpen getrieben und nahm am 12. Juli Lyon durch Vertrag. Andere Truppentheile rückten nach, so daß allmählich sich gegen 900,000 Mann auf französischem Boden festsetzten. Die Preußen dehnten ihre Stellung zwischen der Loire und dem Kanal bis in die Halbinsel Bretagne aus, neben ihnen bis an die niederländischen Grenzen hielten die Engländer das Land besetzt. An der Saone und dem Rhone bis zum Meere hinab waren Oesterreicher aufgestellt, und endlich zwischen ihnen und dem englischen Heere die Russen, Bayern und die übrigen deutschen Truppen. Da sich die Friedens-Unterhandlungen bedeutend in die Länge zogen, so wurde den Franzosen auch der bittere Schmerz nicht gespart, den breiten Festungsgürtel an ihrer Ostseite bis zum September allmählich in die Gewalt der Verbündeten fallen zu sehen. Den Preußen war die Ueberwältigung der Festungen im Sambre- und Maasgebiet zugewiesen, und der Prinz August löste diese Aufgabe mit so vieler Umsicht und Kraft, daß nur noch wenige feste Plätze unerobert waren, als endlich die Vorberathungen zum Friedens-Entwurfe so weit gediehen waren, daß die Feindseligkeiten eingestellt werden konnten.

Napoleon hatte, wie oben erwähnt, nach seiner Niederlage Soult den Auftrag gegeben, die Armee wieder zu sammeln. Dann war er nach Paris gegangen, wo er am 21., dem Tage seiner Ankunft, den Verlust der Schlacht bekannt machen ließ, der durch die Kopflosigkeit oder den Verrath von Uebelgesinnten herbeigeführt worden wäre. Darauf erklärte er seine Abdankung zu Gunsten seines Sohnes Napoleon II., der damals vier Jahr alt war, setzte für denselben die derzeitigen Minister als Regierungsrath ein und verlangte für sich selber zwei Fregatten zur Ueberfahrt nach Amerika. Die versammelten Kammern billigten diese Anordnungen nicht, erklärten vielmehr den Thron für erledigt und setzten eine provisorische Regierung ein, an deren Spitze Fouché stand. Napoleon erhielt vorläufig das nahe Schloß Malmaison zum Aufenthaltsort angewiesen. Die Besorgniß, hier von den nahe stehenden Preußen aufgehoben zu werden, bewog ihn, sich am 29. früh auf den Weg nach Rochefort zu begeben; als er jedoch erfuhr, daß die Engländer diesen Hafen streng blokirten, machte er Halt und bot sich der provisorischen Regierung als General an, um wo möglich von den Verbündeten bessere Bedingungen zu erkämpfen. Unterdeß hatte sich aber Paris ergeben, die verbündeten Truppen verhinderten nach ihrem Einmarsch die ferneren Sitzungen der Kammern, und schon am 8. Juli hielt Ludwig XVIII., der dem englischen Heere gefolgt war, seinen Einzug. Für Napoleon wuchs dadurch die Gefahr, in die Gewalt der Bourbons zu

Zweiter Pariser Frieden.

gerathen; nachdem er in einem Schreiben an den Prinz-Regenten von England um Aufnahme und Schutz gebeten hatte, begab er sich am 16. an Bord des englischen Kriegsschiffes Bellerophon vor Rochefort, das ihn nach England hinüberbrachte. Dort wurde er nicht ans Land gelassen, vielmehr wurde ihm am 3. August die Meldung, daß ihm St. Helena zum Wohnsitze angewiesen sei. Am 7. August geschah seine Einschiffung auf dem Northumberland und am 17. October ging er dort ans Land, wo er nicht als gefangen gehaltener Kaiser, sondern als General behandelt wurde. — Sein Tod erfolgte daselbst etwa sechs Jahre später, am 4. Mai 1821.

Seine Familie wurde flüchtig und 1816 aus Frankreich verbannt. Sein Schwager Murat, der im Jahre zuvor sein Königreich Neapel durch rechtzeitigen Abfall von Napoleon für sich gerettet hatte, bei der Rückkehr des Kaisers aber durch voreiligen Angriff auf Oesterreich dessen Gunst wieder gewinnen wollte und darüber schon im Mai aus seinem Reiche vertrieben worden war, faßte jetzt den abenteuerlichen Plan, dasselbe wieder zu erobern. Er wurde jedoch bei seiner Landung in Calabrien ergriffen und nach dem Ausspruch eines Kriegsgerichts am 13. October 1815 erschossen.

Erst im September hatten sich die Verbündeten über die Forderungen geeinigt, auf Grund welcher sie mit Frankreich verhandeln wollten; die Präliminarien wurden zwar am 2. October entworfen, doch erst am 20. November kam der zweite Pariser Frieden zum Abschluß. So beharrlich auch Preußen darauf gedrungen hatte, jetzt den Elsaß und Lothringen wieder an Deutschland zu bringen, so wenig wurde es doch von Oesterreich und selbst den übrigen kleineren deutschen Staaten in diesen Forderungen unterstützt. Für sich selber mußte es sich mit einer unbedeutenden Vergrößerung begnügen und einwilligen, daß Frankreich die Grenzen behalte, welche es 1789 besessen hatte. Auch die Contribution, die es in einer Höhe von 1200 Mill. Franken Frankreich auferlegt wissen wollte, wurde durch Kaiser Alexander's Vermittlung auf 700 Millionen herabgesetzt, in fünf Jahren zahlbar. Ein Sechstel dieser Summe wurde zu den Grenzbefestigungen gegen Frankreich bestimmt, der Rest wurde unter die Verbündeten vertheilt. Bis zur vollständigen Abtragung dieser Kriegssteuer sollte eine Macht der Verbündeten von 150,000 Mann unter Wellington's Oberbefehl auf französischem Boden bleiben und auf Kosten des Landes unterhalten werden; zu diesem Zwecke wurden ihnen achtzehn Festungen an der niederländischen und deutschen Grenze eingeräumt. Durch Blücher's Bemühen war auch die Forderung durchgegangen, daß die von den Franzosen geraubten Kunst- und literarischen Schätze den betreffenden Eigenthümern zurückgestellt würden.

XIV. Preußen als Großmacht.

Es ist oben der verwickelten Verhandlungen Erwähnung geschehen, welche auf dem Wiener Congreß in Bezug auf die Entschädigung Preußens, namentlich für seine früheren polnischen Besitzungen, durch Sachsen hervorgerufen wurden, und daß kaum die Mittel sich fanden, Preußen auf seine frühere Größe zurückzubringen, geschweige denn, ihm für seine außerordentlichen Anstrengungen eine besondere Genugthuung zu verschaffen, wie es billig gewesen wäre. Daß Preußen sich durch seine Großthaten außerordentlich hervorgethan hatte, das konnte auch der bitterste Neid nicht in Abrede stellen; es fehlte aber viel daran, daß es bei den für ihn so ungünstigen Verhandlungen sich als Großmacht gezeigt hätte. Seine Diplomaten verstanden es nicht oder verschmähten es, wie es nöthig gewesen wäre und wie es selbst kleinere Staaten mit großem Erfolge thaten, sich vorzudrängen und das große Wort zu führen, und einer späteren Zeit blieb es vorbehalten, dem Staate das Gewicht unter den Großmächten Europa's zu sichern, das bereits Friedrich II. bei einer halb so großen Macht mit allgemeiner Anerkennung behauptet hatte. Zunächst mußte es sich damit begnügen, wenigstens äußerlich seinen alten Platz einzunehmen. Die Wiener Congreß-Akte, die am 9. Juni 1815 unterzeichnet wurde, räumte ihm denselben wieder ein. Die nachfolgenden Bemerkungen sollen eine kurze Uebersicht der Besitzungen gewähren, welche ihm zugesichert wurden.

Von dem Großherzogthum Warschau erhielt Preußen die altpreußischen Gebiete: das Culmerland nebst Thorn so wie den ihm 1807 entzogenen Theil des Netz-Districts zurück, ferner die jetzige Provinz Posen, deren Länder-Complex mit dem Titel „Großherzogthum" bezeichnet wurde, und außerdem das seit 1807 zu einer freien Stadt erklärte Danzig.

Von den sächsischen Gebieten, die ihm jetzt überwiesen wurden, hatte es schon im März 1813 die ihm vor 1807 zugehörig gewesenen Länder Cotbus und Peiz wieder an sich genommen; mit ihnen wurden andere Gebiete verbunden, welche ebenfalls, wenn auch in noch früherer Zeit, zur Mark gehört hatten. Es war dies zunächst die Nieder-Lausitz, die von 1303—1368 Eigenthum der Mark gewesen, dann von Kaiser Karl IV. mit Böhmen verbunden und im Prager Frieden 1635 an Sachsen als Eigenthum überlassen worden war. Gleichzeitig fielen auch von der Ober-Lausitz zwei Fünftel zurück, namentlich Löbau, Lauban und Görlitz, und der Kaiser entsagte am 18. Mai 1815 der Lehnshoheit, die er als König von Böhmen bis dahin über die gesammte Lausitz behauptet hatte, behielt sich aber das Rückfalls-Recht nach dem Aussterben der Hohenzollern vor. Die Abtei Neuzelle, zu der außer dem Städtchen Fürstenberg an der Oder noch 40 Dörfer gehörten, und die 1268 von dem Markgrafen Heinrich dem Erlauchten

Entschädigung Preußens durch sächsische Länder.

von Meißen gestiftet worden war, wurde 1818 auf Grund der Verordnung vom 3. October 1810 wegen der geistlichen Stifter eingezogen. Westlich neben der Lausitz liegt ein zweites Gebiet, das früher, wenn auch nicht zur Mark, lange Zeit jedoch dem askanischen Hause angehört hatte und jetzt als „Wittenberger Kreis" an Preußen fiel. Ein verhältnißmäßig kleines Gebiet um Wittenberg war es, auf welches nach Heinrich des Löwen Sturz die Würde eines Herzogs von Sachsen übertragen worden war. Mit demselben wurde um die Mitte des dreizehnten Jahrhunderts nach dem Aussterben der Grafen von Dornburg, welche die Burggrafen-Würde in Brandenburg besessen hatten, die ihnen zugehörige Grafschaft Belzig an der oberen Plane (einem südlichen Zufluß der Havel) verbunden und 1290 auch die Grafschaft Brehna, zu beiden Seiten der Mulde, Elbe und schwarzen Elster, deren Hauptort zuletzt Herzberg gewesen war. Dies gesammte Land wurde 1422 nach dem Aussterben der dortigen Askanier dem Hause Wettin übertragen und erhielt damals den Namen „Kurkreis", da auf ihm die Kurwürde beruhte; bei der Erhebung Sachsens zur Königswürde 1807 wurde sein Name in „Wittenberger Kreis" geändert. — Zu diesem Kreise gehörten zwei kleine Gebiete an der Elbe unterhalb der Saale-Mündung, rechts das Amt Gommern, links die Grafschaft Barby, die jetzt ebenfalls an Preußen kamen. Das Amt Gommern nebst einigen kleineren Besitzungen war zum Unterhalt der Burggrafen von Magdeburg ausgesetzt worden und, wenn auch erblich, magdeburgisches Lehn. Als 1269 die Herren von Querfurt, die mehr als 100 Jahre lang das Burggrafen-Amt verwaltet hatten, ausgestorben waren, ging diese Würde an die damaligen askanischen Herzöge von Sachsen über, von denen Albrecht II. schon 1294 seine Jurisdiction käuflich der Stadt Magdeburg abtrat, und Albrecht III. 1419 auch die burggräflichen Besitzungen für 5000 Schock Groschen verpfändete. Mit der Erhebung des Hauses Wettin zu Kurfürsten von Sachsen ging auch die burggräfliche Würde an dasselbe über, das 1538 die verpfändeten Güter für 22,000 Rfl. wieder einlös'te. Im Eisleben'schen Permutations-Vertrag 1579 entsagte zwar Kurfürst August allen burggräflichen Rechten im Erzstifte, behielt aber die burggräflichen Besitzungen, über welche Magdeburg seine Lehnsherrschaft aufgab, als es durch den westfälischen Frieden ein weltliches Herzogthum wurde. — Das seit 1497 zur Grafschaft erhobene Barby gehörte zu den ältesten Besitzungen der Abtei Quedlinburg; die Besitzer derselben, zugleich Grafen von Mülingen, starben 1659 aus. Darauf zog Sachsen, das seit 1366 die Schutzgerechtigkeit über das Stift ausgeübt und die Lehnsherrschaft über Barby gewonnen hatte, diese Grafschaft ein. Sie wie das Amt Gommern hatten 1808 von Sachsen für Cotbus an das Königreich Westfalen überlassen werden müssen.

Nach der Mühlberger Schlacht 1547 hatte Johann Friedrich der Großmüthige, aus der älteren, Ernestinischen Linie, namentlich den Kurkreis und damit die Kurwürde an seinen Vetter Moritz aus der Albertinischen Linie des Hauses Wettin abtreten müssen. Das Gebiet, das ihm geblieben war, wurde dadurch noch bedeutend zerstückelt, daß eine Zeit lang nicht weniger als elf Zweige dieser älteren Linie sich bildeten, von denen jetzt nur noch vier vorhanden sind. Aber auch in dem Kurhause bildeten sich durch die vier Söhne des Kurfürsten Johann Georg I. vier Zweige, von denen jedoch die drei jüngeren herzoglichen innerhalb 100 Jahre ausstarben. Während nämlich Johann Georg II. (1656—1680) die Kurlinie fortpflanzte, stiftete August die Linie Weißenfels (1652—1746), Christian I. die Linie Merseburg (1656—1738) und der jüngste Moritz die Linie Naumburg-Zeitz (1653—1717). Nach ihrem Aufhören fiel ihr gesammter Besitz wieder dem Kurhause zurück; und gerade diese Besitzungen sind es, die mit geringen Ausnahmen 1815 sämmtlich an Preußen kamen.

Kaiser Otto I. hatte 968 das Bisthum Zeitz gestiftet, das 1029 nach Naumburg verlegt wurde. Die Reformation fand hierselbst so allgemeinen Eingang, daß das Hochstift seit 1564 von Sachsen administrirt und 1653 für den genannten Herzog Moritz als das Hauptland einer besonderen Regierung abgezweigt wurde. Da dessen Sohn Moritz Wilhelm wieder zur katholischen Kirche übertrat, ward er abgesetzt und sein Land mit dem Kurlande vereinigt. Dieser Linie hatte auch ein Theil der Grafschaft Henneberg angehört, von der oben erwähnt worden, daß ein Theil von ihr eine Zeit lang bei der Mark gewesen war. Zwischen den Grafen derselben und dem Hause Sachsen und Hessen war 1544 ein Erbvertrag geschlossen worden, den Kaiser Maximilian II. 1572 bestättigte; als nun kurz darauf die Henneberger Grafen 1583 ausstarben, entstand über die Erbschaft ein Streit, der 1660 dahin beigelegt wurde, daß namentlich die Aemter Suhl und Schleusingen (auf der Südseite des Thüringer Waldes) der Albertinischen Linie und zwar den Herzögen von Sachsen-Zeitz zugewiesen wurden. Sie fielen jetzt mit dem Hauptlande an Preußen.

Gleichzeitig mit Zeitz war das Bisthum Merseburg gegründet, dessen Besitzthum wie jenes von der Saale nach der weißen Elster hinüberreichte. Als mit der Reformation auch hier 1561 die Bischöfe aufhörten, administrirte der Kurfürst von Sachsen das Hochstift, und an ihn fiel es auch 1738 wieder zurück, als die hier regierende Nebenlinie ausgestorben war. Es behielt wie Zeitz seine eigne Verwaltung und fiel mit geringer Ausnahme jetzt an Preußen.

Die Herzöge von Sachsen-Weißenfels besaßen fast ganz Thüringen, so weit es der Albertinischen Linie angehörte. Bei der Theilung der sächsischen Lande 1485 war nämlich die Nordhälfte von Thüringen an der Unstrut entlang von der Saale bis zur Werra hinüber der jüngeren Linie zugefallen, mit welchem Gebiete, dem Thüringer Kreise, dann später die Weißenfelser Nebenlinie ausgestattet wurde. Mit dem Anfall dieses Landes an Preußen kamen zugleich Theile der alten Pfalz Sachsen (an der unteren Unstrut) zur Monarchie, die früher der Mark angehörig gewesen waren; außerdem aber auch die früheren Weißenfelsischen Besitzungen: der sächsische Antheil an der Grafschaft Mansfeld und das Fürstenthum Querfurt.

Als erster Graf von Mansfeld, einem nicht unbedeutenden Gebiete am Ost-Abhange des Harzes und an der oberen Wipper, wird Ribbag genannt, den Kaiser Otto I. zum Markgrafen von Meißen bestellte, und der 985 starb. Als seine Familie 1230 erlosch, brachte die Erbtochter das Land an die Herren von Querfurt, die das neue Besitzthum noch beträchtlich erweiterten und sich 1475 in zwei Hauptlinien spalteten, die „vorder- und hinterortische." Erstere wurde so zahlreich, daß sie sich wieder in nicht weniger als sechs Linien theilte, von denen die Bornstädt'sche 1690 das Fürstenthum Fondi in Neapel und gleichzeitig die deutsche Reichsfürsten-Würde erhielt. Sie blieb katholisch, überbauerte die anderen Nebenlinien und starb 1780 aus. Der bekannte Parteigänger im dreißigjährigen Kriege Peter Ernst v. Mansfeld gehörte, wenn auch nicht als ebenbürtiger Sohn, doch vom Kaiser für legitim erklärt, der Nebenlinie Friedeborn an. Die hinterortische Linie, von der sich auf kurze Zeit die mittelortische trennte, hieß auch die Eisleben'sche; sie wurde evangelisch und endete schon 1710. Die vielfachen Theilungen der älteren, vorderortischen Linie, der ungemessene Aufwand, den die Familie trieb, die mannichfachen Kriege, in welche sie verwickelt wurde, hatten die Grafen in so schwere Schuldenlast (mehr als 2 Mill. Rsl.) gestürzt, daß zu befürchten stand, die Gläubiger würden zum Nachtheil der Lehnsherren das Land unter sich theilen. Es wurde deshalb mit Einwilligung der Grafen das Besitzthum der vorderortischen Linie, etwa $\frac{4}{5}$ des Ganzen, seit 1570 von den Lehnsherren sequestrirt, nämlich von Magdeburg und von Kursachsen, das 1573 auch die Halberstädter Lehnstücke eintauschte. Als dann 1710 die jüngere Linie ausstarb, wurde auch deren Antheil mit Sequester belegt, der aber schon 1716 von Magdeburger d. h. damals bereits preußischer Seite aufgehoben wurde, während der sächsische Antheil in dem alten Verhältnisse bis zum völligen Aussterben der Mansfelder Grafen (1780) blieb. Damals zogen beide Lehnsherren ihre eröffneten Lehen ein, Preußen etwa $\frac{2}{5}$, Sachsen $\frac{3}{5}$; jetzt 1815 kam auch Letzteres an Preußen.

Als Brandenburg zufolge des westfälischen Friedens das Hauptland von Magdeburg, den Saalkreis längs der Saale mit dem Hauptort

Halle, den Holzkreis weiter abwärts an der Elbe um Magdeburg, den Jerichowschen Kreis auf dem rechten Elbufer bis zur Havelmündung, und den Luckenwaldischen Kreis an der oberen Dahme in Besitz nahm, wurde Sachsen der Besitz der Aemter Querfurt, Jüterbog, Dahme und Burg bestättigt, die ihm bereits im Prager Frieden 1635 zugesprochen worden waren. Da der große Kurfürst die Lehnsherrschaft über diese Aemter in Anspruch nahm, einigte man sich 1687 dahin, daß er sich mit dem Besitz von Burg begnügte und die Lehns=Ansprüche auf die drei anderen Aemter aufgab. Von diesen waren Jüterbog und Dahme schon zu Anfang des 12. Jahrhunderts durch die Erzbischöfe den Slaven abgenommen worden, Querfurt war 1496 nach dem Aussterben seiner Besitzer, eines Nebenzweiges der Mansfelder, von Magdeburg eingezogen worden, ungeachtet des Protestes der Grafen. Als Sachsen in den Besitz dieser Aemter gekommen war, legte es namentlich noch das Amt Heldrungen (am Durchbruch der Unstrut aus der thüringischen Ebene) hinzu, das seit 1484 den Grafen v. Mansfeld gehört hatte, bei der eingetretenen Sequestration ihrer Güter aber von Sachsen angekauft worden war. Sämmtliche Aemter wurden 1663 zum **Reichs= fürstenthum Querfurt** erhoben und fielen jetzt an Preußen.

Es waren nicht allein der Wittenberger und Thüringer Kreis, die zugleich mit den beiden Hochstiftern Merseburg und Naumburg an Preußen überlassen werden mußten, sondern auch von den übrigen Kurländern trat Sachsen nicht unbedeutende Gebiete ab, namentlich von dem Meißner, Leipziger und Neustädter Kreise.

Der **Meißner Kreis** zu beiden Seiten der Elbe war aus der Markgrafschaft Meißen hervorgegangen, die bekanntlich 1127 von Kaiser Lothar dem Grafen Conrad von Wettin verliehen worden war. Von den 14 Aemtern dieses Kreises kam **Torgau** ganz an Preußen, und Theile von **Großenhayn** und **Mühlberg**, desgleichen die beiden Aemter **Senftenberg** und **Finsterwalde**, die eigentlich zur Lausitz gehörten, von Sachsen aber angekauft (ersteres im 15., letzteres im 17. Jahrhundert) und zu Meißen geschlagen worden waren. Finsterwalde hatte der Merseburger Linie zugehört. — Neben diesem Kreise lag zu beiden Seiten der Mulde, Elster und Pleiße der **Leipziger Kreis**, mit dem die alte Mark Landsberg vereinigt worden war. Von seinen 14 Aemtern fielen **Delitzsch** und **Zörbig** (die der Merseburger Linie überwiesen gewesen), **Düben** und **Eilenburg** ganz, **Leipzig** und **Pegau** (welches letztere der Zeizer Linie angehört hatte) zum Theil an Preußen, das auch als eine Enclave von dem **Neustädter Kreise** das Amt Ziegenrück an der Saale erhielt so wie eine noch kleinere diesen Fluß aufwärts im **Vogtländischen Kreise**. Beide Kreise waren Eigenthum der Zeizer Linie gewesen. — Außerdem ging die sächsische Oberhoheit über die Grafschaft Stolberg, die Solms'schen Herrschaften Baruth und Sonnewalde so wie über Anhaltische und Schwarzburgische Lehnsstücke über. Durch Austausch wurden letztere beide mit Preußen verbunden; von den Grafen v. Solms wird unten gesprochen werden, in Bezug auf die Grafschaft Stolberg genüge die Bemerkung, daß ihre Grafen zu den angesehensten Grafengeschlechtern Deutschlands gehören, die ihr ursprüngliches Besitzthum im Laufe der Zeit nicht wenig vergrößert haben, namentlich 1429 nach dem Aussterben der alten Grafen von Wernigerode, mit denen sie einen Erbvertrag geschlossen hatten. Sie spalteten sich in verschiedene Linien; bei der letzten Theilung 1683 bildete sich die ältere Linie Stolberg-Gedern (Schloß am Vogelsberge), von deren drei Zweigen nur noch einer, Stolberg-Wernigerode, übrig ist. Die jüngere Linie theilt sich seit 1706 in die beiden Zweige Stolberg-Stolberg und Stolberg-Roßla.

Wegen dieser erworbenen Gebiete nahm hinfort Friedrich Wilhelm den Titel „Herzog von Sachsen, Markgraf der Ober- und Nieder-Lausitz, Landgraf von Thüringen und gefürsteter Graf von Henneberg" an; die völlige Grenztheilung mit Sachsen erfolgte erst im August 1819.

Während Preußen durch diese Erwerbungen seine Besitzungen an der Elbe, wo ihm natürlich die Altmark, Magdeburg, Halberstadt 2c. wieder zufielen, bedeutend erweiterte und abrundete, verlor es nicht unwichtige Gebiete gegen Hannover, da es nicht nur dies Land selber dem Könige von Groß-Britannien überlassen mußte, wogegen ihm Anspach und Bayreuth wieder gegeben werden sollten, sondern auch namentlich die niedere Grafschaft Lingen und das Fürstenthum Ostfriesland, die ihm seit längerer Zeit angehörten, nebst einem Theile von Münster so wie das Bisthum Hildesheim und die Stadt Goslar, die ihm 1803 zugefallen waren. Wie oben erzählt hatte Preußen diese Abtretung 1813 versprechen müssen, als es von England Hülfsgelder erhielt. Der Ersatz, der Preußen für diese Abtretung wurde, war von hannöverscher Seite ein sehr geringer. Außer kleinen Austauschungen war es das altmärkische Amt Klöze zwischen der Aller und Ohre, das der Mark im 14. Jahrhundert entfremdet worden war, und das kleine Herzogthum Lauenburg auf dem rechten Ufer der unteren Elbe, das Hannover nach dem 1689 erfolgten Aussterben der dort regierenden Askanier durch Geld-Entschädigung von Sachsen an sich gebracht hatte. Außerdem wurden ihm drei Heerstraßen durch Hannover bewilligt und Handels-Erleichterungen im Hafen von Emden. Da Lauenburg jedoch für Preußen sehr unbequem gelegen war, suchte es durch Verhandlungen mit Dänemark einen Austausch zu treffen. Der Kronprinz von Schweden hatte sich, wie oben erzählt worden ist, nach der Leipziger Schlacht mit schwedischen, russischen und deutschen Truppen gegen die Dänen gewendet und dieselben im Januar 1814 zu einem Frieden genöthigt, in welchem sie Norwegen an Schweden abtreten mußten, das ihnen dafür das schwedische Pommern nebst der Insel Rügen überließ. Diesen letzten Theil von Pommern tauschte nun Preußen durch den Vertrag vom 4. Juni 1815 gegen Lauenburg von Dänemark ein, mußte aber außerdem noch bedeutende Geld-Entschädigung hinzufügen. Es hatte nämlich an Dänemark 600,000 Rthlr. in 2 Monaten und 2 Mill. Rthlr. innerhalb 2 Jahren zu zahlen. Außerdem mußte es noch an Schweden $3\frac{1}{2}$ Mill. Rthlr. und dem Kronprinzen insbesondere $1\frac{1}{4}$ Mill. Rthlr. entrichten, so daß diese Erwerbung außer Lauenburg mit den sonstigen Nebenkosten und Zinsen einen baaren Aufwand von fast 8,100,000 Rthlrn. nöthig machte.

Die aufgeführten Entschädigungen reichten, wie leicht einzusehen, nicht hin den Verlust zu decken, den Preußen durch seine Abtretungen an Rußland und Hannover erlitten hatte; am einfachsten war es nun das Fehlende aus den Besitzungen zu entnehmen, die nach dem Aufhören der französischen Gewalt wieder für Deutschland disponibel geworden waren d. h. aus den Gebieten im Westen des Rheins, deren erbliche Besitzer durch Länder im Osten dieses Flusses entschädigt worden waren, so wie aus den früher geistlichen Besitzungen, deren Herren nicht wieder mit weltlicher Macht bekleidet wurden. Da aber auch dies noch nicht hinreichte, so wurde durch weitere Mediatisirung das Fehlende ersetzt, bis endlich Preußen auf seine frühere Einwohnerzahl von etwa 10 Millionen gebracht worden war. So sehr auch dadurch der preußische Staat aus einander gezerrt, so ungünstig seine Grenzvertheilung wurde, so hatte diese Anordnung doch wider Willen derer, die sie trafen, den Vortheil, daß das slawische Element dem neuen Staatskörper bis auf wenige Reste entzogen wurde, und Preußen dagegen mehr als je in Deutschland hineinwuchs und zu dessen Schwerpunkt sich gestaltete.

Den Kern zu diesen neuen Erwerbungen bildeten die alten preußischen Besitzungen an der Weser und dem Rhein, die Grafschaften Lingen (zum Theil), Tecklenburg, Ravensberg und Mark, die Fürstenthümer Minden und Mörs und das Herzogthum Cleve nebst dem Ober-Quartier von Geldern. Daran reihten sich dann von den Entschädigungen, die Preußen 1803 für seine damals aufgegebenen westrheinischen Besitzungen erhalten hatte, das Bisthum Paderborn, Theile von Mainz und Münster, die Reichsstädte Mühlhausen und Nordhausen so wie die Abteien Quedlinburg, Herford, Elten, Essen, Werden und die Propstei Cappenberg. Dazu kamen ferner die Herzogthümer Jülich und Berg, die für Anspach-Bayreuth von Bayern eingetauscht wurden. Innerhalb der Grafschaft Ravensberg wurde Preußen die Abtei Herford zugesprochen, eine Stiftung aus den Zeiten Karls des Großen, der bereits

1647 die Stadt durch den großen Kurfürsten entzogen worden war, und eben so kamen an Preußen die drei Abteien, die früher unter dem Schutze von Cleve gestanden hatten: das reichsfreie adlige Frauenstift **Elten** am Rhein, an der äußersten Nordwest-Ecke des preußischen Staates, 968 gegründet und reich ausgestattet, die reichsfreie Benedictiner Manns-Abtei **Werden** 778 und die gefürstete Benedictiner **Nonnen-Abtei Essen** 877 gestiftet, an der Ruhr gelegen. Zur Grafschaft Mark gehörte das halbe **Lippstadt**. Diese Stadt war 1150 **durch** den Grafen Bernhard II. von Lippe erbaut worden und 1376 **als** Unterpfand an die Grafen von der Mark übergegangen. Erst 1445 gaben sie die eine Hälfte der Stadt an Lippe zurück und behielten die andere Hälfte erb- und eigenthümlich für sich. Von ihnen ging dieser Besitz an Brandenburg über, das namentlich das Besatzungs- und Festungsrecht allein ausübte. Erst 1850 hat Lippe-Detmold seinen Antheil gegen eine Geldrente an Preußen überlassen. Mit dem Herzogthum **Jülich** fielen zugleich die Herrschaft **Wickerath** und die Grafschaft **Kerpen** an Preußen, und mit dem Herzogthum Berg die Herrschaften **Broich, Hardenberg** und **Schöller** zwischen Ruhr und Wipper, die Herrschaften **Odenthal** und **Wildenburg**, so wie die Grafschaften **Homburg** und **Gimborn** zwischen Wipper und Sieg, welche letztere 1818 von den Grafen v. Walmoden der preußischen Krone durch Verkauf überlassen worden ist. Es ist dies dieselbe Grafschaft, welche im 16. Jahrhundert durch Heirath an die Familie Schwarzenberg gekommen war, aus welcher der in der brandenburgischen Geschichte so bekannte Graf Adam noch das ganze Amt Neustadt und andere kleine Besitzungen hinzu erworben hatte.

Von den zu Anfang dieses Jahrhunderts säcularisirten Bisthümern wurde zunächst **Münster** dem preußischen Staate einverleibt. Dasselbe war 791 von Karl dem Großen gestiftet worden und hatte im 12. Jahrhundert seinen ursprünglichen Namen Mimigardeverde in den noch jetzt üblichen verwandelt. Das Besitzthum des Hochstiftes zog sich von der Lippe nach der Pisel, Vechte und Ems hinüber, so daß es nachmals in das Ober- und Unterstift getheilt wurde. Der Sturz Heinrichs des Löwen (1180) verschaffte auch dem Bischofe die Reichsunmittelbarkeit; Kaiser Otto IV. erhob ihn zum Reichsfürsten. Kaiser **Friedrich II.** gab dem Domcapitel freie Bischofswahl, bei welcher lange Zeit hindurch die benachbarten gräflichen Familien vorzugsweise berücksichtigt wurden. Ihr kriegerisches Auftreten erwarb dem Hochstifte bedeutendes Gebiet, das noch durch Kauf vergrößert wurde. Der gewöhnliche Sitz der Bischöfe war Coesfeld, westlich von Münster. Die Reformation, die hier zahlreiche Anhänger fand, führte durch das Auftreten der Wiedertäufer, namentlich des fanatischen Johann von Leyden, die furchtbarsten Excesse herbei. Erst im Juni 1535 gelang es dem bischöflichen Heere sich der Stadt Münster zu bemächtigen, wo Johann seinen Königssitz aufgeschlagen hatte. Nicht minder große Beschwerden mußte das Land im dreißigjährigen Kriege erdulden. Der kriegerische Bischof Bernhard v. Galen kämpfte längere Zeit auf Seiten König Ludwig's XIV. und brachte dadurch neues Unglück über das Land. In der letzten Zeit seines Bestehens war das Hochstift mit Cöln vereinigt und wurde zugleich mit diesem 1803 durch den Reichsdeputations-Hauptschluß säcularisirt. Damals erhielt Preußen die Osthälfte des Stiftes nebst der Prämonstratenser Propstei Cappenberg an der Lippe; die Westhälfte wurde zur Entschädigung für das benutzt, was mehrere Fürsten auf dem Westufer des Rheins eingebüßt hatten. 1809 zog Napoleon das Fürstenthum Münster großentheils zum Großherzogthum Berg, 1810 zum französischen Kaiserthum selber. 1815 ging es fast ganz an Preußen über, indem auch die kleineren Herrschaften des westlichen Theiles seiner Oberhoheit untergeordnet wurden. Es waren dies die Besitzungen der Häuser Croy, Looz, Salm und Bentheim.

Als durch den Frieden zu Luneville 1801 der Rhein als Grenze zwischen Deutschland und Frankreich festgesetzt und die erblichen Fürsten für ihre Verluste auf dem linken Rheinufer durch Säcularisationen auf dem rechten Rheinufer entschädigt wurden, blieb auch den kleineren die Reichsunmittelbarkeit. Als aber 1806 das deutsche Reich aufgelös't, der Rheinbund gebildet, und Preußen schmählich zu Boden geworfen worden war, retteten nur drei von diesen kleineren Fürsten innerhalb des jetzigen preußischen Staates ihre Souverainität, der Herzog von Aremberg und die Fürsten von Salm=Salm und Salm=Kyrburg. Doch auch diese wurden mediatisirt, als durch Senats=Beschluß vom 13. December 1810 Holland und das deutsche Küstengebiet nördlich der Linie von Wesel bis Lübeck dem französischen Kaiserreiche einverleibt wurde, und sie erhielten auch 1815 ihre Souverainität nicht zurück; nur gewisse Vorrechte wurden ihnen zugestanden, namentlich wie den anderen früher reichsunmittelbaren Fürsten der Titel „Durchlaucht", den Grafen der Titel „Erlaucht." Die Herzöge von Croy und die von Looz, besonders in den Niederlanden begütert, waren im Münster'schen entschädigt worden; erstere hatten einen Theil des Amtes Dülmen im Südwesten der Stadt erhalten, letztere einen Theil von den Aemtern Rheina und Wolbeck an der Ems, wegen welcher Besitzungen sie nun preußische Standesherren wurden. Die Besitzungen des Hauses Salm waren aus denen der Grafen von Salm, von Reifferscheid so wie aus denen der Wild- und Rheingrafen allmählich zusammengewachsen, lagen jedoch vereinzelt vom Oberrhein bis in die Niederlande hinein. Der Ursprung der Grafen von Salm geht in sehr frühe Zeiten hinauf; schon um die Mitte des

11. Jahrhunderts wurden ihre Besitzungen der Art getheilt, daß die eine Linie die obere Grafschaft Salm im Wasgau, westlich von Straßburg erhielt, die andere die niedere Grafschaft am Fluß gl. N., der zur Ourthe abfließt, auf der Grenze der jetzigen belgischen Provinzen Lüttich und Luxemburg. Diese letztere Linie erlosch 1413, ihr Besitzthum ging an die verwandten Herren v. Reifferscheid über, welche in der Eifel, im Quellgebiet der Ahr, begütert waren, und welche noch vielfach Besitzungen hinzuerwarben. Sie spaltete sich später in zwei Hauptlinien, von denen jedoch nur die jüngere Salm-Reifferscheid-Dyck (das Schloß liegt südwestlich von Düsseldorf) unter preußischer Oberhoheit steht und 1816 in den Fürstenstand erhoben worden ist. Die Grafschaft der älteren Linie Ober-Salm ging 1475 durch Heirath der Erbtochter in den Besitz der Wild- und Rheingrafen über, die auf dem Hundsrück begütert waren, und von denen ein Zweig nun den Titel der Grafen v. Salm annahm. Auch diese ältere Linie erwarb in den Niederlanden Besitzungen und spaltete sich wieder in mehrere Zweige. Salm-Salm und Salm-Kyrburg (Schloß bei Kirn an der Nahe) wurden in den Fürstenstand erhoben, erhielten 1803 die Münster'schen Aemter Ahaus und Bocholt, hart an der jetzigen preußischen Grenze gegen die Niederlande, zur Entschädigung, und 1825 hat Kyrburg seinen Antheil gegen eine Rente an Salm abgetreten. Von den andern Linien, welche den Titel der Wild- und Rheingrafen beibehalten hatten, starb Dhaun (auf dem Hundsrück) 1750 aus, die Linie Grumbach (an der Glan) erhielt 1803 das Münster'sche Amt Horstmar, wurde 1817 in den Fürstenstand erhoben, nennt sich jetzt Salm-Horstmar und hat ihren Sitz in Coesfeld.

Von Münster'schem Gebiet umgeben lagen auch die Besitzungen der Grafen v. Bentheim, die ebenfalls preußische Standesherren und 1817 in den Fürstenstand erhoben wurden. Der Ursprung der Grafen (an der Vechte begütert) geht ins 10. Jahrhundert hinauf; 1122 starben diese alten Dynasten aus, 100 Jahre später kamen ihre Güter an die Herren v. Gütersworck, welche durch Heirath auch die Herrschaft Steinfurt erwarben. Dieselbe wurde 1495 zur Reichsgrafschaft erhoben, jedoch nur in Bezug auf Schloß, Stadt und Kirchspiel, während die übrigen Ortschaften unter Münster'scher Oberhoheit blieben. Ebenfalls durch Heirath erwarben die Grafen im 16. Jahrhundert die Grafschaften Tecklenburg, Rheda an der oberen Ems, Limburg an der Lenne ıc., doch wurde dieser nicht unbedeutende Besitz durch Theilungen des Hauses zersplittert. Es ist schon oben erzählt, wie Tecklenburg 1707 an Preußen überlassen werden mußte. Die Linie, die es bis dahin besessen, behielt nur den Titel; von den beiden andern starb Bentheim 1803 aus, die beerbende Steinfurt löste erst 1823 das an Hannover verpfändete Erbe ein, blieb jedoch für Bentheim der hannöverschen Oberhoheit unterworfen, wegen Steinfurt der preußischen.

Das zweite säcularisirte Bisthum, das an Preußen fiel, war **Paderborn**. Dasselbe war gegen Ende des 8. Jahrhunderts gegründet und hatte die Aufgabe erhalten, die Sachsen an der Diemel, von den Quellgegenden der Lippe und Ems bis zur Weser hin, zum Christenthum hinüber zu führen. Seine vollständige Einrichtung erhielt das Hochstift erst durch den angesehenen und reichen Bischof Meinwerk zu Anfang des 11. Jahrhunderts; nach Heinrichs des Löwen Sturz wurde es reichsunmittelbar und vermehrte seitdem sein Besitzthum so, daß es 4 größere und 20 Landstädte umfaßte. Das Eggegebirge theilte es in den ober- und unterwaldischen Kreis. Die Reihe von mehr als 50 Bischöfen schloß mit Franz Egon v. Fürstenberg, der 1802 das stark verschuldete Land an Preußen überließ, doch eine Rente von 5000 Rthlrn. erhielt. Vorübergehend gehörte Paderborn zum Königreich Westfalen. — In dem Sprengel des Hochstifts lag die Benedictiner-Abtei **Neu-Corvey**, die von Kaiser Ludwig dem Frommen 815 im Sollinger Walde auf dem rechten Weserufer gegründet, einige Jahre später aber nach dem linken Ufer bei Höxter verlegt wurde. Die ersten Mönche waren von Corbie bei Amiens hergekommen, und schon in den ersten Jahren seines Bestehens zeichnete sich das Kloster durch die fromme und gelehrte Richtung seiner Mönche aus, von denen der berühmte **Ansgar** der Apostel des Nordens wurde (von 826—865 thätig). Wenn auch das Kloster nur einen kleinen Länderbesitz hatte (5 Quadr.-Meil.), so war es doch sonst mit reichen Einkünften versehen und wurde 1782 unmittelbar unter den Papst gestellt, der 1794 den Abt zum Bischof erhob. 1803 wurde es säcularisirt und fiel mit andern Entschädigungen an das Haus Oranien, das damals seiner Erbstatthalterschaft in Holland entsagte. Durch Austausch gelangte es 1815 an Preußen und wurde 1840 zum Fürstenthum erhoben.

Der Sage nach wurden die Bisthümer Trier und Cöln schon zur Zeit der Apostel gegründet. Petrus habe nämlich von Rom drei Boten über die Alpen den Rhein abwärts gesendet, um dort das Christenthum zu predigen. Der eine von ihnen **Maternus**, derselbe der schon als Jüngling von Christus zu Nain vom Tode auferwecket worden, wäre im Elsaß gestorben, durch Auflegung des Bischofstabes Petri jedoch zum zweiten Male ins Leben zurückgerufen und wäre 30—40 Jahre lang Bischof von Cöln und Trier gewesen. Historisch läßt sich in Cöln erst 314 ein Bischof nachweisen. Diese Stadt war eine Anlage des deutschen Volksstammes der Ubier, welche im Jahre 36 v. Chr. auf dem linken Ufer des Rheins von den Römern angesiedelt wurden. Agrippina, die Gemahlin des Kaisers Claudius, schickte 50 n. Chr. eine

Das Erzbisthum Cöln.

bedeutende Anzahl von Veteranen hierher, und seitdem hieß der Ort nach ihr Colonia Agrippina. Sie blühte bald zu bedeutendem Ansehn auf, gerieth 462 in die Gewalt der Franken und wurde später durch Kaiser Otto I. zur freien Stadt erhoben. Schon zu Anfang des 13. Jahrhunderts war sie ein Hauptort der deutschen Hanse, nämlich die Hauptstadt des niederrheinisch-westfälischen Quartiers. Dieser Wohlstand brachte sie in feindliche Stellung zu den Erzbischöfen; standhaft wußte sie ihre Reichs-Unmittelbarkeit zu behaupten, so daß die Erzbischöfe 1261 ihren Sitz nach Bonn verlegten.

Karl der Große hatte ums Jahr 800 Cöln, das früher unter Mainz stand, zum Erzbisthum erhoben und ihm die sächsischen Bisthümer Bremen, Minden, Osnabrück und Münster so wie die friesischen Utrecht und Tongern oder Lüttich untergeordnet. Bremen war jedoch 858 selber ein Erzstift geworden, desgleichen Utrecht 1560; Minden wurde 1648 säcularisirt. Das Ansehn der Erzbischöfe stieg noch mehr, als Papst Leo IX. dieselben 1052 als Erzkanzler des römischen Stuhles bestättigte, in Folge dessen ihnen auch die Würde eines Erzkanzlers des H. R. Reiches durch Italien übertragen wurde. Seitdem war es Sitte, daß die Erzbischöfe die Kaiser auf ihren Zügen nach Italien begleiteten. Da ferner der alte Königssitz Aachen in ihrer Diöcese lag, so stand ihnen auch das Recht zu, den R. König zu krönen. Da auch Mainz dasselbe für sich in Anspruch nahm, wurde der Streit 1657 der Art geschlichtet, daß die Krönung abwechselnd von beiden Erzbischöfen erfolgen sollte, sobald sie außerhalb ihrer Sprengel Statt fände. Bei so ausgezeichneter Stellung der Erzbischöfe kam es, daß sie auch da zur Kaiserwahl herangezogen wurden, als diese das Vorrecht der mächtigsten deutschen Fürsten geworden war. Seit dem 13. Jahrhundert übten sie dieses Recht, das ihnen 1338 zu Rense und 1356 durch die goldne Bulle ausdrücklich bestättigt wurde.

Unter den Erzbischöfen von Cöln sind nicht wenige berühmte Namen. Hanno, der sich die Vormundschaft über den jungen Heinrich IV. angemaßt hatte, verschaffte in dieser Stellung seinem Erzstifte bedeutende Bereicherungen, welche in der Folge noch ansehnlich vermehrt wurden. Philipp v. Heinsberg erhielt 1180 nach dem Sturze Heinrichs des Löwen das Herzogthum Westfalen an der oberen Ruhr und Lenne und gegen bedeutende Zahlungen den Titel eines Herzogs von Engern und Westfalen. Damit vereinigte Kuno v. Falkenstein 1368 die Grafschaft Arnsberg, die er von dem damaligen Grafen, seinem Vasallen, für 130,000 Goldgulden erkaufte. Conrad v. Hochsteden legte 1248 den Grund zum Cölner Dom, sein Nachfolger Engelbert II. v. Falkenberg brachte 1262 das Vest oder die Grafschaft Recklinghausen, zwischen Ruhr und Lippe, zum Erzstift, die zwar 1449 an die Grafen von Schauenburg verpfändet, doch 1576 wieder eingelös't wurde. Vergeblich versuchte Gebhard II. Truchseß von Waldburg die Reformation einzuführen; er wurde 1583 abgesetzt, und seitdem waren es etwa 200 Jahre lang bayrische Prinzen, welche zu Erzbischöfen gewählt wurden. Sie hielten während des dreißigjährigen Krieges die katholische Partei in Nord-Deutschland aufrecht, schlossen sich später Ludwig XIV. an und standen auch König Friedrich II. feindlich gegenüber. Das Jahr 1802 hob das Erzstift auf, als alle seine Besitzungen auf dem linken Rheinufer an Frankreich gefallen waren.

Dieser Haupttheil des Erzstiftes zog sich von Andernach 20 Meilen weit den Rhein hinab in einer nur unbedeutenden Breite, die durchschnittlich 3 Meilen betragen mochte. Eine Querlinie oberhalb Cöln theilte das Land in das Ober- und Unterstift, welche eben so wie das westfälische Erzstift 1815 unmittelbar an Preußen fielen, das Lippesche Niederstift Recklinghausen jedoch nur mittelbar, nämlich als Standesherrschaft der Herzöge von Aremberg. Dieses Haus, ursprünglich in den Niederlanden begütert, gelangte 1547 durch Heirath in den Besitz der kleinen Grafschaft Aremberg (auf der Eifel an der Ahr), die 1644 zu einem Herzogthum erhoben wurde. Bei Abtretung dieser und einiger anderen Besitzungen auf dem linken Rheinufer, z. B. der benachbarten Grafschaft Schleiden, erhielten die Herzöge jene Grafschaft Recklinghausen so wie das Münster'sche Amt Meppen; wegen der ersteren traten sie unter preußische Oberhoheit, wegen letzterer unter hannöversche, da jener nördliche Theil des Hochstiftes Münster an Hannover überwiesen worden war.

Noch älter als Cöln ist die Stadt Trier; schon Cäsar nennt sie die Hauptstadt der Trevirer, und eine Zeit lang, namentlich unter Kaiser Constantin, war sie die Hauptstadt von ganz Gallien. In der Mitte des 5. Jahrhunderts kam sie wie Cöln in die Gewalt der Franken und seit 870, wo Lothringen zwischen Frankreich und Deutschland getheilt wurde, blieb sie dem deutschen Reiche. Ihr Streben nach Reichs-Unmittelbarkeit gelang nicht; nach langem Streite wurde sie 1585 ausdrücklich der erzbischöflichen Gewalt untergeordnet. — Der erste Bischof, der sich hierselbst historisch nachweisen läßt, war Agroetius, der auf den Wunsch der Kaiserin Helena, der Mutter von Kaiser Constantin, hier eingesetzt worden sein und zwei werthvolle Reliquien, einen Nagel vom Kreuze Christi und dessen ungenähten Rock, als Geschenk der Kaiserin 314 hierher gebracht haben soll. Wann Trier zum Erzbisthum erhoben wurde, ist ungewiß; ihm waren die drei lothringischen Bisthümer Metz, Toul und Verdun untergeben. Es besaß die Erzkanzler-Würde des H. R. Reiches durch Gallien und das Königreich Arelat und behielt diesen Titel auch da noch bei, als nur noch wenige

Stücke von letzterem Königreich zum deutschen Reiche gehörten. Bei der Kaiserwahl hatte es zunächst nach Mainz seine Stimme als die zweite im Kurfürsten-Collegio abzugeben und wechselte bei andern Berathungen mit Cöln im Vorrange ab.

Die weltliche Macht der Erzbischöfe von Trier war durch königliche Schenkungen im 9. Jahrhundert begründet worden; anderweitige Schenkungen, Eroberungen und Ankäufe vermehrten allmählich das Besitzthum, das sich zu beiden Seiten der Mosel von der Saar bis über den Rhein bei Coblenz hinüber 20 Meilen weit hinabzog und in das Ober- und Niederstift getheilt wurde. Da der Erzbischof sich zur Zeit der ersten französischen Revolution besonders der Emigranten annahm und sich für ihre Rückkehr nach Frankreich thätig zeigte, bemächtigten sich schon 1794 die Franzosen seines Landes. — Die gefürstete **Abtei Prüm** (an dem gleichnamigen Flusse, der von der Schnee-Eifel zur Sure und Mosel hinabfließt), welche von König Pipin 762 gestiftet sein soll, hatte sich in der Mitte des 14. Jahrhunderts in den Schutz von Trier begeben und war 1579 durch den Papst dem Erzstifte einverleibt worden. Auch sie kam gleichzeitig mit Trier an Preußen.

Die Gründung des Erzbisthums **Mainz** verlegt zwar die Sage ebenfalls in die Apostelzeit, historisch läßt sich jedoch das Bestehen desselben erst seit 368 nachweisen. Die Erzbischöfe nahmen unter den Kurfürsten des Reichs die erste Stelle ein, und wie der größte Theil von Deutschland ihrer geistlichen Obhut unterworfen war, so hatten sie auch das Erzkanzler-Amt durch Germanien und leiteten alle Reichsgeschäfte. Die Säcularisirung des Erzstiftes erfolgte 1803; von seinen Besitzungen, die weit zerstreut lagen, kamen namentlich Erfurt und das Eichsfeld mit Treffurt an Preußen.

Die Stadt **Erfurt**, früher Erphesfurt genannt, war 741 durch den Apostel der Deutschen Bonifacius zum Sitz eines Bischofs für Thüringen bestimmt worden, doch kam dasselbe trotz päpstlicher Genehmigung nicht zu Stande, und Mainz übernahm deshalb selber die geistliche Aufsicht in diesen Gegenden. Die Stadt strebte zwar nach Reichs-Unmittelbarkeit, doch gelang es ihr nicht, dieselbe zu erringen, wenngleich sie sich bedeutender Vorrechte zu erfreuen hatte. 1483 übernahm das Haus Sachsen die Schirmvogtei über die Stadt und deren bedeutendes Gebiet, überließ jedoch 1667 seine Rechte an Kur-Mainz, als dasselbe seine Oberhoheit durchzusetzen suchte, die Reichsacht über die Stadt herbeigeführt und dieselbe erobert hatte. Seitdem war ein erzbischöflicher Statthalter hierselbst. 1803 wurde die Stadt Preußen überwiesen, 1807 nahm sie Napoleon in seinen unmittelbaren Besitz, aus dem sie 1813 wieder in preußischen überging.

Das **Eichsfeld**, auf der Grenze von Thüringen und Sachsen in dem Quellgebiet der Leine und Unstrut gelegen, zerfiel stets in zwei Theile. In dem südlichen, dem oberen Eichsfelde mit dem Hauptorte Heiligenstadt, hatte Mainz schon früh Güter erworben und kaufte 1294 das übrige Land von den damaligen Besitzern, den Grafen von Gleichen, an sich. Der nördliche Theil, das untere Eichsfeld mit dem Hauptorte Duderstadt, war durch Schenkung des Kaisers Otto II. 974 an das Stift Quedlinburg gekommen, dessen Aebtissin 1236 den Landgrafen Heinrich Raspe von Thüringen für 1120 Mark Silber damit belehnte. Als nach dessen Tode 1247 das eröffnete Lehn an das Stift zurückfiel, verlieh die Aebtissin dasselbe für 500 Mark an die Herzöge von Braunschweig, die es theils im 14., theils im 15. Jahrhundert an Mainz verkauften, so daß dies seitdem das ganze Eichsfeld besaß. 1802 kam es als „Fürstenthum" an Preußen, das 1815 bei der Wiedererwerbung das untere Eichsfeld an Hannover abtrat. — Zugleich mit dem Eichsfelde kam auch die daneben liegende Vogtei Dorla und die Gan- (d. h. Gemein-) Erbschaft Treffurt an der Werra zu Preußen. Die früheren Herren der letzteren, denen auch ein Theil von Dorla gehörte, verloren 1329 ihr Besitzthum, als sie wegen ihrer Raubzüge von den Landgrafen von Hessen und Thüringen so wie von dem Erzbischof von Mainz angegriffen wurden, die das eroberte Ländchen gemeinschaftlich verwalteten, bis Hessen 1736 sein Drittel an Kursachsen abtrat, das wiederum später seine beiden Antheile an Treffurt im Austausche für Cotbus dem Königreiche Westfalen überließ, so daß jetzt das Ganze an Preußen kam.

Außer diesen fünf säcularisirten Erz- und Bisthümern und den genannten kleineren Stiftern war es noch namentlich Quedlinburg, das jetzt Preußen überwiesen wurde und von dem schon oben die Rede war, ferner die Benedictiner-Abtei Cornelis Münster bei Aachen, aus der Zeit Karls des Großen herrührend, und endlich die Benedictiner-Abtei Malmedy auf der Eifel in Luxemburg. Dieselbe war nebst der nahe gelegenen Abtei Stablo schon um die Mitte des 7. Jahrhunderts gestiftet, und beide standen unter Einem Abte, der als Reichsfürst vom Kaiser belehnt wurde. Stablo gehörte dem Sprengel von Lüttich, Malmedy dem von Cöln an. 1815 wurden beide von einander getrennt, indem jenes den Niederlanden, dieses Preußen zugewiesen wurde.

Was die mediatisirten Reichsstädte betrifft, die an Preußen kamen, so ist von Nordhausen und Cöln bereits die Rede gewesen. Außerdem waren es noch vier andere. Mühlhausen an der oberen Unstrut erscheint schon im 10. Jahrhundert als Stadt und im 12. als reichsunmittelbar. Hier war es, wo Thomas Münzer so bedeutenden Anhang fand, daß er der Schrecken Thüringens wurde. Als er 1525 bei Frankenhausen geschlagen und hingerichtet worden war, mußte die Stadt schwer büßen und verlor auf längere Zeit ihre Selbständigkeit; später begab sie sich in sächsischen Schutz. Ihr Gebiet umfaßte auf 4 Quadr. Meilen mehr als 20 Orte. — Wetzlar an der Lahn, eine sehr alte Stadt, wurde durch Kaiser Friedrich I. zu einer freien Stadt erhoben und zahlte anfänglich den Grafen von Nassau, später den Landgrafen von Hessen Schutzgeld. Sie erlangte dadurch eine größere Bedeutung, daß 1693 der Sitz des Reichs-Kammergerichts von Speyer hierher verlegt wurde. Dies verlangte zwar 1751 seine Verlegung nach Frankfurt, doch machte die Auflösung des deutschen Reiches den desfallsigen Verhandlungen ein Ende. — Aachen gehört zu den ältesten Städten in der preußischen Monarchie; ihr Ursprung geht ins 2. Jahrhundert der christlichen Zeitrechnung zurück. Schon die Merovingischen Könige wählten diesen Ort längere Zeit zu ihrem Sitze; noch größeres Ansehn erhielt sie, seit Karl der Große diese seine Geburtsstadt zu seinem gewöhnlichen Aufenthalte nahm und sie zur freien Stadt erhob. Von Ludwig dem Frommen bis auf Ferdinand I., von 813—1553, wurden hier die deutschen Könige gekrönt; das Münster bewahrte die königlichen Insignien auf, und die Stadt führte deshalb auch den Ehrennamen „Königlicher Stuhl." Ihre Bürger genossen durch das ganze Reich die größten Vorrechte; selbst Geächtete fanden innerhalb ihrer Mauern sichern Schutz. Wie die Normannen zuerst zur Zeit Karls des Dicken sie verheerten, so hat sie auch im Laufe der folgenden Jahrhunderte durch Kriege wie durch innere Unruhen vielfach zu leiden gehabt, namentlich zu Anfang des 17. Jahrhunderts, wo die Protestanten gewaltsam vertrieben wurden, denen auch später nicht erlaubt war öffentlich Gottesdienst zu halten. Die Stadt selber war in neun Grafschaften getheilt, ihr umliegendes Gebiet wurde das „Reich von Aachen" genannt. Sie stand unter der Schirmvogtei von Jülich, das noch 1769 seine Rechts-Ansprüche gewaltsam durchsetzte. — Die Stadt Dortmund an der Emscher verdankte Karl dem Großen ihre städtischen Freiheiten und gelangte später dadurch zu bedeutendem Ansehn, daß sie der Hanse beitrat und daß sie der Hauptstuhl des Vehmgerichtes wurde. Ihr Gebiet ist aus einer alten Grafschaft hervorgegangen, deren eine Hälfte 1343, die andere 1504 der Stadt bestättigt wurde. Die Grafen von der Mark besaßen seit 1300 die kaiserliche Schirmgerechtigkeit über sie, die nachmals an Brandenburg-Preußen überging.

Außer den vorhin erwähnten mediatisirten Herrschaften, die innerhalb der beschriebenen Hauptländer an Preußen fielen, waren es noch die Grafschaften Sayn, Solms und Wied, die jetzt ebenfalls dem preußischen Staate einverleibt wurden.

Die alten Grafen von Sayn (das Stammschloß liegt nördlich von Coblenz auf dem Westerwald), welche 1246 ausstarben, gelten für einen Seitenzweig des Nassauischen Hauses. Eine Erbtochter brachte dies Land an die Grafen von Sponheim, und ihre Enkel theilten 1264 der Art, daß der ältere Sponheim, der jüngere Gottfried Sayn erhielt, das er noch durch die Grafschaft Homburg „an der Mark", zwischen Berg und der Mark nördlich von der Sieg, vergrößerte. Seine Söhne Johannes und Engelbert theilten abermals, doch beerbte 1606 die jüngere Linie die ältere und erwarb noch die Grafschaft Wittgenstein (an der oberen Lahn und Eder). Von ihr bestehen noch drei Zweige. Der älteste erhielt das Amt Berleburg an der Eder, die Herrschaft Homburg nebst anderen kleinen Besitzungen, und wurde 1792 zur Reichsfürstenwürde erhoben. Der jüngste Zweig erhielt den südlichen Theil von der Grafschaft Wittgenstein; aus ihm stammt der oben genannte Graf Johann, der von dem großen Kurfürsten die Herrschaften Lohra und Klettenberg bekam und sich auch da noch Sayn-Wittgenstein-Hohenstein nannte, als diese Herrschaften wieder an Brandenburg zurückgingen. 1804 wurde auch diese Linie gefürstet. Der mittlere Zweig starb schon 1636 aus; sein Besitzthum wurde zersplittert. Sayn fiel an Trier und dadurch jetzt an Preußen, das auch noch einen zweiten Theil, Sayn-Altenkirchen (nördlich von dem ersteren), von Nassau eintauschte.

Auch die Grafen von Solms stammen von dem Hause Nassau ab, und ihre Güter liegen an der Lahn und in der Wetterau, wurden jedoch durch wiederholte Theilungen in der zahlreichen Familie sehr zersplittert. 1409 bildeten sich zwei Hauptlinien, die Bernhard'sche und Johannische. Von den drei Zweigen jener älteren blüht noch der jüngste, der den Namen Solms-Braunfels (Schloß südlich der Lahn in der Nähe von Wetzlar) angenommen hat, 1742 in den Reichsfürstenstand erhoben und 1815 zu preußischen Standesherren erklärt wurde. Die jüngere Linie erwarb theils durch Heirath, theils durch Kauf (so 1532 Sonnewalde und 1596 Baruth in der Lausitz) ansehnliches Besitzthum, spaltete sich aber in nicht weniger als sieben Zweige, von denen ein älterer seit 1718 den Titel Solms-Lich und Hohensolms (Hohensolms nördlich, Lich östlich von Wetzlar, an der Wetter) annahm, 1792 gefürstet wurde und 1815 zufolge eines Vertrages mit Nassau an Preußen kam. Dasselbe geschah mit den Grafen von Solms-Baruth und Solms-Sonnewalde, die dem jüngeren, dem Laubach'schen Zweige, angehören.

Die Grafschaft Wied an dem gleichnamigen Flusse, der bei der 1653 gegründeten Stadt Neuwied in den Rhein fällt, kam ums Jahr 1250 durch eine Erbtochter an die benachbarten Grafen von Isenburg und 1595 auf gleiche Weise an die Herren von Runkel (an der Lahn). 1698 theilte sich diese Familie in die beiden Linien Wied-Runkel

Nassauische und kurpfälzische Gebiete. 627

und Wied-Neuwied, von denen jene die obere, diese die untere Grafschaft erhielt; letztere wurde 1784, erstere 1791 in den Reichsfürstenstand erhoben. Für ihre westrheinischen Besitzungen erhielten sie 1803 Stücke von Trier und Cöln und wurden 1806 mediatisirt, da sie sich dem Rheinbunde nicht anschließen wollten. Wied-Runkel blieb seitdem unter Nassauischer Herrschaft, Neuwied dagegen wurde gegen Oranische Stammlande von Preußen eingetauscht. Jetzt besitzt diese jüngere Linie auch die obere Grafschaft, da jene ältere Linie 1824 ausstarb.

Zwischen den säcularisirten Erzbisthümern Cöln und Trier so wie dem Herzogthum Jülich lagen auf der Eifel das Fürstenthum Aremberg, die Grafschaften Schleiden, Meifferscheid, Manderscheid ꝛc., deren frühere Besitzer anderweitig entschädigt worden waren, und die nun Preußen überwiesen wurden. Dazu kamen noch Theile der beiden Provinzen Limburg und Luxemburg, die von Oesterreich an das neu gebildete Königreich Holland überlassen worden waren, so wie nach dem zweiten Pariser Frieden, als Frankreich auf seine Grenzen von 1789 zurückgeführt wurde, ein kleiner Theil von Lothringen an der Mosel und Saar mit Saarlouis, ferner einige Theile von früher nassauischem und pfälzischem Gebiete.

Die Herren von Laurenburg an der Lahn, die sich auf einen Bruder des deutschen Königs Conrad I. zurückführen lassen, nahmen seit 1158 den Namen von der Burg Nassau an, mit der sie von dem Erzbischof von Trier beliehen worden waren. Von ihrer Spaltung in die Walram'sche und Ottonische Linie (1255) ist schon oben gesprochen worden. Der älteren von beiden Linien gehörte die Grafschaft Saarbrück, und zwar dem Zweige Usingen (der 1816 ausgestorben und von dem allein übrig gebliebenen Zweige Weilburg beerbt wurde, dem noch jetzt in Nassau regierenden herzoglichen Stamme); derselbe hatte diese Grafschaft im Frieden zu Luneville gegen anderweitige Entschädigung an Frankreich abgetreten. Von der jüngeren, Ottonischen Linie, in welcher der Zweig Dietz der Erbe des Namens und Landes des ältesten Zweiges derselben Linie, Nassau-Oranien, geworden war, wurden alle Erbländer und früheren Entschädigungen theils an Preußen, theils an die beiden Zweige der älteren Linie Usingen und Weilburg überlassen. Unter diesen Besitzungen war es namentlich das Fürstenthum Siegen (auf dem Westerwalde im Quellgebiet der Sieg), das mit einem Theile des anstoßenden Fürstenthums Dillenburg Preußen zufiel.

Die Pfalzgrafen am Rhein, welche im Namen des Kaisers in der königlichen Pfalz Aachen Recht zu sprechen hatten, waren zu ihrem Unterhalte mit Gütern am Mittelrhein ausgestattet worden, die namentlich durch Conrad, den Bruder des Kaisers Friedrich I. Barbarossa,

40*

bedeutend erweitert wurden. Seine Tochter Agnes brachte das Erbe durch Heirath an Heinrich den Schönen, einen jüngeren Sohn Heinrichs des Löwen, und dessen Tochter wieder, ebenfalls Agnes genannt, an Otto den Erlauchten von Bayern, welchem Hause seitdem die Rheinpfalz verblieb. Ruprecht III. von der Pfalz aus der älteren Linie des bayrischen Hauses, der von 1400—1410 als Kaiser regierte, kaufte die Grafschaft Simmern auf dem Hundsrück, nachdem kurz zuvor die Grafschaft Zweibrück der Pfalz theils durch Kauf, theils durch Anfall einverleibt worden war. Seine vier Söhne theilten das Land der Art, daß der älteste das Kurland erhielt, die drei jüngeren mit Nebenländern abgefunden wurden. Von diesen vier Zweigen beerbte der von Simmern-Zweibrück bis zum Jahre 1569 die übrigen. Darauf spaltete sich das Haus abermals in die beiden Linien Simmern und Zweibrück, von denen die ältere, die kurfürstliche, unter Friedrich V. (zugleich König von Böhmen) nach der Schlacht auf dem weißen Berge auf einige Zeit die Kurwürde verlor und 1685 ausstarb. Der Erbe war die jüngere Linie Zweibrück, die sich aufs neue und zwar in drei Zweige spaltete, von denen der jüngste Birkenfeld bis 1799 die übrigen beerbte und noch jetzt mit königlichem Titel in Bayern regiert, wo die jüngere Wittelsbachsche Linie, von Kaiser Ludwig herstammend, mit Kaiser Karl Albert zur Zeit des zweiten schlesischen Krieges ausgestorben war, wie oben erzählt worden ist. Im Frieden zu Luneville waren nun sämmtliche pfälzische Länder gegen bedeutende Entschädigungen im Donaugebiete an Frankreich abgetreten, jetzt erhielt Bayern die heutige Rheinpfalz zurück, an Preußen aber kam Bacharach und Kaiserswerth (unterhalb Düsseldorf, früher zur Kurpfalz gehörig), von dem Fürstenthum Simmern der größere Theil, von dem Fürstenthum Veldenz, das 1444 als Grafschaft durch Heirath an das pfälzische Haus gekommen war, der Theil an der Mosel, von der Grafschaft Sponheim, die im 15. Jahrhundert zum Theil an die Pfalz gefallen war (den anderen Theil hatten die Markgrafen von Baden erhalten), die ganze vordere Grafschaft, vom Soonwald bis zur Nahe, mit Kreuznach ıc., und der größere Theil der hinteren Grafschaft an der Mosel mit Trarbach ıc., die früher theils zu Baden, theils zu Pfalz-Zweibrück gehört hatte.

Wie Oldenburg mit früher Sponheim'schen Besitzungen (Fürstenthum Birkenfeld), Homburg daneben mit dem Zweibrück'schen Ober-Amte Meisenheim ausgestattet wurde, so hatte ebenfalls von dem letzteren Fürstenthume Sachsen-Coburg einen Antheil erhalten, der als Fürstenthum Lichtenberg (jetzt Kreis St. Wendel) 1834 gegen eine jährliche Rente von 80,000 Rthlrn. an Preußen abgetreten wurde. Eben so überließ und zwar schon 1815 der Graf Pappenheim, dem

Innere Verhältnisse.

die Nassauische Herrschaft Ottweiler bestimmt war, dieses Land gegen eine Rente von 30,000 Rthlrn. an Preußen; endlich wurde auch Mecklenburg-Strelitz 1819 mit einer Summe von 1 Mill. Rthlrn. für die Gebiete abgefunden, welche ihm im Quellgebiet der Ahr und Roer zugesprochen worden waren.

In Folge dieser neuen Erwerbungen wurde nach einer königlichen Verordnung vom Jahre 1817 zu dem bisherigen Titel die Bezeichnung „Großherzog vom Niederrhein, Herzog zu Engern und Westfalen, Fürst zu Paderborn, Münster, Eichsfeld und Erfurt" hinzugefügt. Der Titel „Graf von Hohenzollern", der seit 1684 vom großen Kurfürsten angenommen worden war, und der ursprünglich nur die Ansprüche auf dieses bezeichnen sollte, wurde unter König Friedrich Wilhelm IV. vollständiger Besitztitel, da die Fürsten von Hohenzollern-Hechingen und Sigmaringen im April 1850 ihre Länder an Preußen abtraten zufolge des Vertrags vom 7. December 1849, durch welchen ihnen eine Rente von 35,000 Rthlrn. zugesichert wurde. Endlich, um auch die neuste Erwerbung Preußens hier anzuschließen, ward 1854 ein kleines Gebiet am Jahde-Meerbusen zur Anlegung eines Kriegshafens in Besitz genommen, nachdem Preußen für dasselbe dem Großherzog von Oldenburg $\frac{1}{4}$ Mill. Rthlr. zugesichert hatte.

Es mußte die erste Sorge der Regierung sein, die Verhältnisse der alten Provinzen aufs neue zu ordnen und die neu erworbenen Länder, wenn auch zunächst nur äußerlich, mit den älteren Staats-Gebieten zu Einem Ganzen zu verschmelzen. Deshalb wurde durch die Verordnung vom 30. April 1815 der Staat in zehn, nachmals in acht Provinzen getheilt, diese in Regierungs-Bezirke und diese wieder in landräthliche Kreise. In jedem Bezirke leitete die „Regierung" mit einem Präsidenten an der Spitze die Geschäfte und die Ober-Regierungsräthe theilten sich die einzelnen Zweige der Verwaltung; an die Spitze der Provinzen wurden Ober-Präsidenten für die Civil-, Generale für die Militär-Angelegenheiten gestellt. Schon früher, im Juni 1814, war das Staats-Ministerium neu geordnet; dem Staatskanzler blieb jedoch die Oberleitung. Am 31. März 1817 endlich trat der Staatsrath, ebenfalls neu ins Leben gerufen, in Thätigkeit und begann seine legislatorische Wirksamkeit mit der Berathung eines neuen Steuersystems und der Entwerfung einer Verfassungs-Urkunde. Außer den Prinzen des königlichen Hauses und den Ober-Präsidenten bestand derselbe auch aus solchen Personen, die das besondere Vertrauen des Königs besaßen.

In welchem Zustande sich das Land nach so schweren Kriegen und nach so lang andauerndem Drucke befand, läßt sich leicht ermessen.

Die Anforderungen, welche an daſſelbe gemacht worden, waren ins Unglaubliche gegangen, und wenn man verſucht hat, auch nur annähernd die Laſt zu berechnen, welche die 1807 dem Staate verbliebenen Provinzen in dem Zeitraume von 1806—14 zu tragen gehabt haben, und dabei auf die Summe von 330 Mill. Rthlrn. gekommen iſt, ſo läßt ſich wohl annehmen, daß hierbei verhältnißmäßig nur ein geringer Theil in Rechnung gebracht worden iſt. Aus der franzöſiſchen Contribution, aus den engliſchen Subſidien, durch den Verkauf von Gütern ſo wie durch Anleihen gewann zwar der Staat die Mittel, dem Lande auf ſeine Verluſte 130 Millionen baar zurückzuzahlen, doch mußte man ſehr haushälteriſch mit denſelben umgehen, um nach Möglichkeit für die Wiederaufnahme des Landes Sorge tragen zu können. Viele Feſtungsſtädte waren bombardirt, ihre Vorſtädte niedergebrannt; Heerſtraßen, Kanäle und Häfen bedurften bringend der Herſtellung; neue Chauſſeen mußten angelegt, die Feſtungen zum Theil neu gebaut, die Kriegsvorräthe ergänzt, alle Verwaltungszweige neu eingerichtet werden. Der Landbau bedurfte der Aufhülfe, die Künſte und Wiſſenſchaften der Pflege, zur Regelung der däniſch-ſchwediſchen Angelegenheiten, zur Entſchädigung der Mediatiſirten ꝛc. waren bedeutende Summen nothwendig, ſo daß in der Zeit von 1815—19 nicht weniger als 70—80 Millionen zu dieſen Zwecken verwendet werden mußten.

Es war eine Rieſenarbeit, in dies Chaos Licht zu bringen, alle dieſe Verhältniſſe zu ordnen und endlich die Höhe der Staatsſchulden endgültig feſtzuſtellen, um von nun an einen geregelten Haushalt führen zu können, nicht mehr von der Hand in den Mund leben zu müſſen. Mit der größten Anſtrengung hatte man endlich im Laufe des Jahres 1819 alle Schwierigkeiten überwunden. Laut Bekanntmachung vom 17. Januar 1820 wurde die Schuldenlaſt auf 218 Mill. Rthlr. normirt, 11¼ Mill. unverzinslicher Papiergelder eingerechnet. Zugleich ſetzte der König feſt, daß hinfort die Aufnahme eines neuen Darlehns nur unter Bewilligung und Garantie der einzuberufenden Reichsſtände geſchehen könne, und daß eine ſelbſtändige Commiſſion das Staatsſchuldenweſen controlliren und für die richtige Abführung der Zinſen ſo wie die geſetzmäßige Tilgung des Schuldcapitals Sorge tragen ſolle. Und mit ſo großer Gewiſſenhaftigkeit ging man hierbei zu Werke, daß von jenen 218 Mill. zu Anfang des Jahres 1848 nur noch 137¼ Mill. Rthlr. Schulden übrig waren, nachdem bis dahin 80½ Mill. getilgt und an Zinſen 173½ Mill. gezahlt worden. Und dabei war in eben dieſer Zeit noch überdies ein Schatz von mehr als 40 Mill. Rthlrn. baar geſammelt, der allerdings durch die politiſchen Verhältniſſe im Jahre 1830 und 1840 um die Hälfte vermindert wurde.

So glänzende Erfolge in den Finanz-Verhältniſſen konnten nur durch die große Ordnung und Sparsamkeit ermöglicht werden, welche für alle Zweige der Verwaltung in Anwendung kamen. Der König ging mit seinem eignen Beispiele rühmlich voran. Von dem Kron=Fideicommiß d. h. dem Ertrage aus den Domänen der alten Provinzen, welche stets als Eigenthum der königlichen Familie gegolten haben, wurde nur ein Theil zum Unterhalt des königlichen so wie der sämmtlichen prinzlichen Hofstaaten verwendet, während der Ueberschuß in die allgemeine Staatskasse floß. Zugleich erfuhr das Steuer=system eine gänzliche Umgestaltung, obgleich der Schritt Vielen gewagt erschien, eine sichere Einnahme aufzugeben und dafür eine Abgabe ein=zuführen, deren Ertrag noch ungewiß war. Mit der vollen Gewerbe=freiheit, wie sie bereits in Preußen bestand, konnten aber die alten Hemmnisse nicht ferner bestehen, die mit der Erhebung der bisherigen Accise unzertrennlich verbunden waren. Das Gesetz vom 26. Mai 1818 hob nun die Thoraccise auf, sprengte damit alle inneren Zoll= und Accisenlinien und verlegte sie an die Grenzen des Reiches. Nur für Branntwein, Bier, Most und Taback ward auch ferner die innere Be=steuerung beibehalten, und eben so das Salz=Monopol. Zugleich wurde die Gewerbe= und Stempelsteuer neu geordnet, die Revision der Grund=steuer dagegen wurde nach dem Gesetze vom 30. Mai 1820 verschoben, da sie den größten Schwierigkeiten darbot, und deshalb eine gründliche Berathung mit den Provinzialständen vorangehen sollte. Statt aller andern indirecten Steuern wurde für 136 Städte der Monarchie die **Schlacht**= und **Mahlsteuer** eingeführt, für das platte Land aber, wo die Erhebung dieser Steuer unmöglich war, die **Klassensteuer**. Indem aber die bisherigen Zollgrenzen fielen, war es wünschenswerth, die vielfach zerrissenen Grenzen des Staates, die zu ihrer Beaufsichti=gung bedeutende Mittel erforderten, dadurch abzurunden, daß mit andern deutschen Staaten desfallsige Verträge geschlossen wurden. Der Anfang damit wurde schon 1827 gemacht, während durch gleiches Bedürfniß getrieben ähnliche Vereine auch unter andern deutschen Staaten zum Abschluß kamen. Dennoch vergingen mehrere Jahre, ehe die Idee einer allgemeinen deutschen Zolleinigung erwünschten Eingang fand, und nur durch augenblickliche bedeutende Einbußen gelang es Preußen endlich, dieselbe zur Durchführung zu bringen. Am 1. Januar 1834 trat der **preußisch=deutsche Zollverein** ins Leben, der je länger je mehr seinen wohlthätigen Einfluß bewährt und die materielle Einigung Deutschlands angebahnt hat. Die Finanz=Minister v. Motz und Maaßen haben sich dabei außerordentliche Verdienste erworben.

Aber nicht an diese eine Seite des Staatslebens allein wurde die bessernde Hand gelegt, sondern nach allen Richtungen hin wurde der durch die Befreiungskriege unterbrochene innere Ausbau des Staats=

Gebäudes mit Rüstigkeit und Kraft gefördert. Das Justizwesen erhielt neue Einrichtungen, für Kunst, Wissenschaft und Schulen wurde Außerordentliches geleistet oder doch die Bestrebungen ausgezeichneter Persönlichkeiten kräftig unterstützt. Es mag hier nur an die neu eingerichtete Universität Halle 1817 erinnert werden, mit der die ältere Wittenberg vereinigt wurde, so wie an die Begründung der Universität Bonn im Jahre 1818, in Bezug auf das Schulwesen aber an den Minister v. Altenstein, der die Kräfte tüchtiger Mitarbeiter sowohl für höhere wie niedere Schulen zu concentriren verstand und dem preußischen Unterrichtswesen eine so große Achtung verschaffte, daß aus allen Staaten Europa's, selbst aus Amerika Männer abgesendet wurden, die dasselbe hier kennen lernen sollten. Der fromme Sinn des Königs war ferner bemüht, wahre und ungeheuchelte Gottesfurcht zu kräftigen und zu pflegen. Die lang bestandene Spaltung in der evangelischen Kirche zwischen Lutheranern und Reformirten hob er bei der Feier des Reformationsfestes 1817 durch die Union auf, ohne irgendwie Zwang anwenden zu wollen, doch fand die neue Agende, welche der König gern bei allen evangelischen Gemeinden als äußeres Zeichen ihrer Vereinigung eingeführt wissen wollte, vielfach lebhaften Widerspruch. Nicht minder sorgte er dafür, daß auch die katholische Kirche in den königlichen Landen eine feste Einrichtung erhielt. Zufolge eines mit dem Papste 1821 abgeschlossenen Vertrages wurden für die preußischen Katholiken die beiden Erzbisthümer Cöln und Gnesen-Posen errichtet, so wie die Bisthümer Münster, Trier und Paderborn in den westlichen, Breslau, Culm und Ermland in den östlichen Provinzen. Dabei aber war er darauf bedacht, daß nicht von Seiten der Geistlichkeit Uebergriffe in die politischen Verhältnisse gemacht würden, und als z. B. der Erzbischof von Cöln, Droste zu Vischering, sich 1837 gegen sein Versprechen erlaubte, bei gemischten Ehen zwischen Katholiken und Protestanten die Erziehung sämmtlicher Kinder in der katholischen Lehre zu verlangen, ging der König sogar so weit, den Erzbischof vom Amte zu suspendiren und ihn in einer Festung unter Aufsicht zu stellen.

Während auf diese Weise der innere Ausbau des Staates mit Eifer betrieben wurde, ward nicht weniger für die Sicherheit nach außen gesorgt. Bereits im September 1814 war bestimmt worden, daß jeder Waffenfähige, sobald er das zwanzigste Lebensjahr erreicht hätte, zum Heerdienste verpflichtet sei; alle früheren Befreiungen wurden ohne Ausnahme aufgehoben. Die bewaffnete Macht bestand fortan aus dem stehenden Heere und der Landwehr. Zu ersterem wird der größte Theil der jungen Mannschaft ausgehoben, die sich in dem Alter von 20—25 Jahren befindet; sie bleibt drei Jahre bei den Fahnen, zwei Jahre in der Reserve. Diejenigen, welche nicht in dem Heere

Platz finden, so wie die, welche ihre fünfjährige Dienstzeit durchgemacht, werden bis zu ihrem 32. Lebensjahre dem ersten Aufgebot der Landwehr zuertheilt, das im Falle eines Krieges zur Unterstützung des stehenden Heeres benutzt werden soll, während in Friedenszeiten eine mehrwöchentliche Waffen-Uebung im Jahre Statt findet. Für den Kriegsfall wurde festgesetzt, daß auch die Landwehr zweiten Aufgebots (vom 32. bis 39. Lebensjahre) herangezogen werden soll und zwar zum inneren Dienste; für diesen Fall soll auch überdies der Landsturm (Dienstfähige vom 40. bis 60. Lebensjahre) gebildet werden. Das Gesetz vom 21. November 1815 enthielt die vollständige Bestimmung über die Landwehr. — Wie auch noch anderweitig für den Schutz des Landes Sorge getragen wurde, dafür mag hier nur beispielsweise an den Bau der Festungen Ehrenbreitstein und Posen erinnert werden.

Die verbündeten Monarchen waren kurz nach der zweiten Besitznahme von Paris durch Blücher und Wellington am 10. Juli 1815 in dieser Hauptstadt eingetroffen. Auf Anregung des Kaisers Alexander wurde unter ihnen hierselbst am 26. September die heilige Alliance geschlossen, welche für die Folge ähnliche Zustände verhüten sollte, wie sie in den letzten 25 Jahren zum größten Unheil ganz Europa erschüttert hatten; durch Gerechtigkeit und Liebe sollte hinfort der Frieden der Völker aufrecht erhalten werden. Es war eine sittliche Idee, welche zwar durch keine Staats-Verträge festgestellt wurde, doch allgemeine Anerkennung fand; nur England und der Papst verweigerten den näheren Anschluß, auch haben die schnell auf einander folgenden Ereignisse ihr keine lange Dauer gelassen.

Von größerer praktischer Wichtigkeit, deshalb aber auch mit unendlichen Schwierigkeiten verbunden war die Neugestaltung Deutschlands, welche auf dem Wiener Congreß ihre Erledigung fand. Die Fürsten des früheren Rheinbundes hatten sich, als sie sich der Sache der Verbündeten anschlossen, durch besondere Verträge ihre bisherige Souverainität garantiren lassen, so daß selbst Metternich ursprünglich der Ansicht war, daß man sich mit einer einfachen Alliance der deutschen Fürsten unter einander begnügen müßte. Das schien jedoch England wie Rußland eine gefährliche Sache; sie befürchteten mit Recht, daß unter solchen Verhältnissen Deutschland jedem Angriff von Seiten Frankreichs preis gegeben sein würde, und drangen deshalb auf eine engere Vereinigung der deutschen Fürsten. Es war aber keine geringe Aufgabe, die passende Form zu finden, unter welcher diese Einigung herbeigeführt werden könnte. Die Verhandlungen darüber wurden im October 1814 einem Ausschuß übergeben, der aus Vertretern von Oesterreich, Preußen, Bayern, Hannover und Würtemberg bestand, doch war gegenseitige Verständigung unmöglich, da Würtemberg und noch mehr Bayern durchaus unumschränkte Freiheit in allen Staatshandlungen beanspruchten, neben welcher natürlich ein gewisses Verschmelzen der deutschen Interessen undenkbar war. Der Widerstand dieser beiden Mächte wurde durch das unklare Benehmen Oesterreichs unterstützt, das wo möglich die früheren Rheinbundsfürsten enger an sich ketten wollte. Stein war es auch damals, der wirksam hierbei eingriff; einerseits nahm er die Vermittlung des russischen Kaisers in Anspruch, andrerseits zeigte er den kleineren Staaten Deutschlands die Gefahr, welche es für sie haben würde, falls keine Conföderation zu Stande käme. Dennoch lös'te sich nach wochenlanger vergeblicher Berathung der deutsche Ausschuß auf, und die drohende Stellung, welche damals Oesterreich, England und Frankreich im Verein mit den deutschen Mittelstaaten gegen Preußen und Rußland einnahmen, so daß der Krieg unvermeidlich schien, ließ das deutsche Verfassungswerk gänzlich bei Seite legen.

Als dann der Sturm glücklich vorüber gegangen war, wurden die Verhandlungen aufs neue aufgenommen. Den Plan, das Kaiserthum wieder herzustellen, ließ man fallen, da keine Aussicht vorhanden war, daß eine der beiden deutschen Großmächte sich der anderen unterordnen würde, und da selbst die Mittelstaaten nur gewaltsam zur Unterwerfung hätten gebracht werden können. Auf Antrieb der kleineren Staaten nahm dann der Congreß selber die Sache in die Hand, und die Rückkehr Napoleon's und das Andringen Rußlands brachten endlich im Juni 1815 den **deutschen Bund** zum Abschluß, obgleich die Bundesakte den Wenigsten genügte. Man tröstete sich jedoch damit, daß es besser sei, einen unvollkommenen als gar keinen Bund zu schließen, und gab sich der Hoffnung hin, daß bei den künftigen Berathungen des Bundestages die vorhandenen Mängel durch die Praxis selber würden ausgemerzt werden können. Dieser Erwartung wurde jedoch weder durch die Schlußakte vom Jahre 1820, noch durch die Erläuterungen und Ergänzungen vom Jahre 1832 genügt.

Oesterreich übernahm bei dem am 5. November 1816 eröffneten **Bundestage** den Vorsitz, weil es damals unter allen deutschen Staaten die meisten Einwohner zählte, und weil man ihm im Andenken an die früher von ihm getragene Kaiserwürde eine Auszeichnung gewähren wollte. Wenn aber den griechischen Amphiktyonien des Alterthums der Vorwurf gemacht worden ist, sie hätten deshalb keinen Halt in sich gehabt, weil die kleineren Städte oder Völkerschaften gleiches Stimmrecht mit den größeren ausgeübt, so war das Verhältniß nicht weniger auffallend, wie in dem deutschen Bunde das Stimmrecht vertheilt wurde. Während in der engeren Bundes-Versammlung für jede der beiden Hauptmächte, Oesterreich und Preußen, nur eine Stimme festgesetzt wurde, ungeachtet beide fast zwei Drittel der Einwohner Deutschlands umfaßten, wurden dem letzten, wenn auch größeren Drittel 15 Stimmen zu Theil, und dasselbe auffallende Verhältniß wurde auch für die Plenar-Versammlungen festgehalten, da Oesterreich und Preußen je vier, die übrigen Staaten dagegen 61 Stimmen überwiesen erhielten.

Die Bundesakte hatte sich mit der einfachen Bestimmung begnügt, daß in allen Bundesstaaten Landstände eingerichtet werden sollten; der Antrag Preußens, daß auch zugleich das Minimum der Rechte festgesetzt würde, welche denselben bewilligt werden sollten, war nicht angenommen worden. Friedrich Wilhelm ging deßhalb seinen eignen Weg. Schon im Mai 1815 hatte er angeordnet, daß in den Provinzen, in welchen die Stände noch in einiger Wirksamkeit wären, dieselben wieder zeit- und zweckgemäß hergestellt, und wo keine vorhanden gewesen, sie neu eingeführt werden sollten. Aus ihnen sollten dann die Landes-Vertreter gewählt werden, für deren Sitzungen Berlin bestimmt wurde. Die Thätigkeit derselben sollte sich auf die Berathung der Gesetzgebung mit Einschluß der Steuer-Bewilligung erstrecken. Der indeß wieder ausgebrochene Krieg verschob jedoch die Ausführung dieser Verordnung, und eben so nahmen noch längere Zeit hinterher andere dringende Geschäfte die ganze Thätigkeit der Regierung in Anspruch. Erst im März 1817 erhielt der Staatsrath die Weisung, mit dem Verfassungs-Entwurf vorzugehen. Zu dem Ende bereis'te eine Commission die Provinzen, um sich an Ort und Stelle mit den Bedürfnissen und Wünschen der einzelnen Landestheile bekannt zu machen, und überdies wurden die Provinzial-Behörden aufgefordert, anderweitiges Material zu diesem Zwecke zu sammeln und einzureichen. Wurde schon dadurch die Angelegenheit nur langsam gefördert, so wurde sie noch mehr verzögert, als Symptome auftauchten, welche die Regierungen in Deutschland bedenklich machten. Die Unzufriedenheit mit der neuen Organisirung Deutschlands war so allgemein, daß sie sich überall durch die Presse Luft zu machen suchte, und daß, als ihr dies Organ entzogen wurde, sich geheime Gesellschaften bildeten, gegen welche schon zu Anfang des Jahres 1816 in Preußen ein Edict erlassen wurde, das auf die im Landrecht angeordneten Verbote und Strafen hinwies. Als dann bei der Reformations-Feier im October 1817 durch die auf der Wartburg zahlreich versammelte akademische Jugend große Aufregung entstand, als ferner im März 1819 der Studiosus Sand den russischen Staatsrath v. Kotzebue zu Mannheim ermordete, der wegen seiner Berichte an Rußland über die deutschen Zustände als Vaterlands-Verräther verhaßt war, so glaubte man von Seiten der Regierungen den revolutionären Bestrebungen entgegentreten zu müssen, und man berieth deßhalb 1819 zu Karlsbad über gemeinsame Maßregeln gegen diese „demagogischen Umtriebe." Die burschenschaftlichen Verbindungen auf den

Universitäten wurden aufgehoben, letztere selber überwacht, die Turnplätze geschlossen, und Viele, darunter auch Jahn, gefänglich eingezogen; die überall angeordneten Untersuchungen zogen sich Jahre lang hin. — Durch dies Alles aber geschah es, daß erst im August 1823 das Gesetz erschien, das die Provinzialstände in Preußen anordnete und die weitere Ausbildung der ständischen Gesetzgebung auf spätere Zeit verschob.

Die Bewegung, welche man in Deutschland durch die Karlsbader Beschlüsse zu unterdrücken hoffte, durchlief in kurzer Zeit fast ganz Europa; gegen sie schritt die heilige Alliance ein, der sich auch Frankreich angeschlossen hatte, nachdem auf Beschluß des Congresses zu Aachen 1818 die Verbündeten ihre Besatzungs-Truppen zurückgezogen hatten. Auf dem Congreß zu Troppau 1820 und zu Laibach 1821 ordnete die Alliance zunächst die italienischen Wirren; von ihr beauftragt unterdrückte Oesterreich den Aufstand in Neapel und Piemont durch Waffengewalt. Eben so nahm der Congreß zu Verona 1822 die spanischen Angelegenheiten in die Hand, in Folge dessen eine französische Armee in die Halbinsel einrückte und die Revolution in kurzer Zeit bändigte. Bei dem Aufstande der Griechen 1821 zögerten jedoch die Mächte lange sich einzumischen; selbst Alexander, obgleich sein Staats-Vortheil einen Krieg gegen die Türkei wünschenswerth machte, hielt zurück, da die Alliance zu zerfallen drohte, falls er zu Gunsten der Griechen eingriffe. Als aber Ibrahim von Aegypten den Aufstand der Griechen mit eiserner Strenge zu Boden schlug, traten die Großmächte dazwischen, und Rußland insbesondere erklärte 1828 den Türken den Krieg, bei dessen Abschluß zu Adrianopel 1829 König Friedrich Wilhelm die Rolle eines Vermittlers auf ehrenvolle Weise übernahm. Alle diese Bewegungen waren aber nur das Vorspiel der Revolution, welche im Juli 1830 die Bourbons aus Frankreich vertrieb und die Orleans auf den Thron setzte. Schon einen Monat später waren die Niederlande, im November Polen in vollem Aufstande. Damit zerfiel die heilige Alliance thatsächlich. Während Rußland in Polen vollauf zu thun hatte, Oesterreich die frühere Ordnung in Italien zurückführte, begnügte sich Friedrich Wilhelm damit, am Rhein so wie an der polnischen Grenze Truppen aufzustellen, welche den Krieg von seinen Landen abhalten sollten, so daß Preußen während dieser aufgeregten Zeit sich der Ruhe erfreute.

Die Anspruchslosigkeit und Einfachheit, welche Friedrich Wilhelm sein ganzes Leben hindurch bewahrte, die Gerechtigkeitsliebe, welche er in allen Verhältnissen an den Tag legte, hatten ihm im Lande wie bei den Nachbarn außerordentliche Hochachtung und Verehrung erworben. Seine vortrefflichen Eigenschaften aber waren die Frucht einer innigen,

Tod Friedrich Wilhelm's III.

tiefen Frömmigkeit, die ihn auch das schwerste Leiden mit Ergebung und Vertrauen hatte ertragen laſſen. Das reinſte Glück ſuchte und fand er in ländlicher Stille innerhalb ſeines Familienkreiſes, was ihn auch, als alle ſeine Söhne und Töchter vermählt waren, im Jahre 1824 bewog, eine morganatiſche Ehe mit der Gräfin Auguſte v. Harrach einzugehen, der nachmaligen Fürſtin zu Liegnitz. — Er ſtand bereits in ſeinem ſiebzigſten Lebensjahre, als im Frühjahr 1840 eine Krankheit ſich in ihm entwickelte, gegen welche keine Kunſt der Aerzte etwas vermochte. Am 1. Juni, als der Grundſtein zum Friedrichs-Denkmal in Berlin gelegt wurde, konnte er nur von ſeinem Fenſter aus der Feierlichkeit zuſehen. Sehr bald verſchlimmerte ſich ſein Zuſtand ſo, daß die ganze Familie ſich um ihn ſammelte, um Abſchied von ihm zu nehmen; von ihr umgeben ſchlief er am 7. Juni ſanft und ruhig ein. Nach ſeinem Wunſche fand er im Mauſoleum zu Charlottenburg ſeine Ruheſtätte an der Seite der Königin Luiſe, deren Bild in ſeinem Herzen ſtets lebendig geblieben war. Die Trauer des Volkes aber war eine allgemeine und ungeheuchelte; es hatte in ihm nicht den König ſondern den Vater verloren. Eine lange Reihe von mehr als vierzig Jahren, in Leid und Freud' mit einander durchlebt, hatte die Bande ſeiner Liebe und Verehrung feſt und unauflöslich mit dem geknüpft, deſſen „Zeit mit Unruhe, deſſen Hoffnung aber in Gott" geweſen war.

Anhang.

A. Benutzte Hülfsmittel.

Außer den Chroniken von Angelus, Hafftiz ꝛc., den größeren Werken von Pauly, Buchholz u. a. und den hierher gehörenden Vereinsschriften sind es besonders folgende:

Abel, Preuß. und Brandenb. Reichs- und Staats-Historie. 1735. — Preuß. und Brand. Reichs- und Staats-Geographie. 1735. — Fürstenth. Halberstadt. 1754 in 4. — Allgelt, Die Grafen und Herren von Mörs. 1815. — Barthold, Geschichte von Pommern und Rügen. 5 Thle. 1840. — Geschichte des großen deutschen Krieges. 2 Thle. 1842. — v. Bassewitz, Die Kurmark Brandenburg in den J. 1806—8. 2 Thle. 1851. — Beck, Burg Landsberg. 1824. — Beckmann, Kurmark Brandenburg. 2 Bde. in Fol. 1751. — Fürstenth. Anhalt. 2 Bde. in Fol. 1710. — Beitzke, Geschichte des deutschen Freiheitskrieges. 3 Thle. 1854. — Bergbaus, Landbuch der Mark Brandenburg. 3 Thle. 1854. — v. Bernhardi, Die Befreiungskriege. In Sybel's Zeitschrift. 1859. — Boll, Land Stargard. 2 Thle. 1846. — Bratring, Die Grafschaft Ruppin. 1799. — Brüggemann, Vor- und Hinter-Pommern. 3 Thle. in 4. 1779. — De l'Homme de Courbière, Brandenb.-preuß. Heeres-Verfassung. 1852. — Cosmar, Graf Schwarzenberg. 1828. — Versuch einer Geschichte des wirklichen geheimen Staatsrathes. 1805. — v. Damitz, Feldzug von 1815. 2 Thle. 1857. — Dreyhaupt, Saalkreis. 2 Thle. in Fol. 1749. — Droysen, Preuß. Politik. 3 Thle. 1855. — Faßmann, Friedrich Wilhelm I. 1735. — Fidicin, Geschichte der Stadt Berlin. 5 Thle. 1837. — Die Gründung Berlin's. 1840. — Karl's IV. Landbuch der Mark Brandenburg. 1856 in 4. — Territorien der Mark Brandenburg. 3 Thle. in 4. 1857. — Fix, Uebersichten zur äußeren Geschichte des preuß. Staates. 1858 in 4. — Territorialgeschichte des brand.-preuß. Staates. 1860. — Förster, Wallenstein. 1834. — Friedrich Wilhelm I. 3 Thle. 1834. — Friedrich der Große. 2 Thle. 1847. — Franklin, Kurfürst Friedrich I. 1851. — Friedrich Wilhelm III. Leipzig 1821. — Fritsch, Quedlinburg. 2 Thle. 1828. — v. Gansauge, Geschichte des Krieges von 1675. Berlin 1834. — Friedrich von Hessen-Homburg. 1840. — Brandenb.-preuß. Kriegswesen. 1839. — Gercken, Fragmenta Marchica. 2 Bde. 1755. — Diplomataria Vet. Marchiae. 2 Thle. 1765. — Bisth. Brandenburg. 1766 in 4. — Codex diplom. Brandenb. 8 Thle.

A. Benutzte Hülfsmittel.

in 4. 1769. — Vermischte Abhandlungen. 3 Thle. 1771. — v. Gundling, Kurfürst Friedrich I. 1715. — Kurfürst Friedrich II. 1725.

Häusser, Deutsche Geschichte seit dem Tode Friedrichs des Großen. 4 Thle. 1858. — Hesster, Stadt Brandenburg. 1840. — Graffchaft Henneberg. 3 Thle. in 4. 1794. — v. Herzberg, Handbuch Kaiser Karl's IV. 1781 in 4. — Heydenreich, Pfalzgrafen von Sachsen. 1740 in 4. — Hoffmann, Stadt Magdeburg. 3 Thle. 1845. — Holsche, Graffchaft Tecklenburg. 1788. — v. Höpfner, Der Krieg von 1806. 4 Thle. 1855. — J. G. Horn, Markgrafsch. Landsberg. 1725 in 4. — Franz Horn, Friedrich Wilhelm der Große. 1814. — Friedrich III. 1816.

Jülich-Clevischer Succeffionsstreit. 1739.

v. Klöden, Geognostische Kenntniß der Mark Brandenburg. 1828. — Die Quitzows. 4 Thle. 1836. — Berliner Stadtbuch. 1838. — Berlin und Köln. 1839. — Friedrich Wilhelm III. 1840. — Stellung des Kaufmanns während des Mittelalters. 1841. — Erwiderung auf Fidicin's Schrift. 1841. — Markgraf Waldemar. 4 Thle. 1844. — Der Oberhandel. 1845. — Klopp, Geschichte von Oftfriesland. 3 Thle. 1853. — Knapp, Cleve, Mark 2c. 3 Thle. 1831. — Das Erzstift Köln. 1783. König, Geschichte von Berlin. 7 Thle. 1791. — Die Juden in Preußen. 1790. — Kosmann, Friedrich Wilhelm II. 1798.

v. Langenn, Kurfürst Moritz von Sachsen. 2 Thle. 1841. — v. Lancizolle, Bildung des preuß. Staates. 2 Abthl. 1828. — v. Ledebur, Land und Volk der Bructerer. 1827. Feldzüge Karl's des Großen. 1829. — Allgemeines Archiv für die Geschichtskunde des preuß. Staates. 21 Thle. 1840. — Die sieben Seelande Frieslands. 1836. — Schauplatz der Thaten Friedrich Wilhelm's des Großen. 1840. — Streifzüge durch die Felder des K. Preuß. Wappens. 1842. — Lenz, Bisth. Halberstadt. 1749 in 4. — Bisth. Havelberg. 1750 in 4. — Erzbisth. Magdeburg. 1750. — v. Leutsch, Markgraf Gero. 1828.

Märkische Forschungen. 6 Thle. 1841. — Möhsen, Geschichte der Wissenschaften in der Mark Brandenburg. 1781 in 4. — Möller, Territorialgeschichte Preußens. 1822. Morgenbesser, Geschichte Schlesiens. 1833. — F. Müller, Die deutschen Stämme und ihre Fürsten. 5 Thle. 1840. — K. A. Müller, Der böhmische Krieg von 1618—21. 1841. — Ad. Müller, Die Reformation in der Mark Brandenburg. 1839. — v. Mülverstedt, Verfassung der Landstände in der Mark Brandenburg. 1858.

v. Orlich, Kurfürst Friedrich Wilhelm. 1836. — Geschichte des preuß. Staates im 17. Jahrhundert. 1838. — Schlesische Kriege. 2 Thle. 1839.

Preuß, Friedrich der Große. 5 Thle. 1832. — v. Puffendorf, De rebus gestis Friderici Wilhelmi. 1695 in Fol.

Ranke, Neun Bücher preuß. Geschichte. 3 Thle. 1847. — v. Raumer, Die Kurmark Brandenburg. 1830. — Codex continuatus. 2 Thle. in 4. 1831. — Regesta historiae Brandenb. 1836 in 4. — Die Neumark Brandenburg. 1837 in 4. — Riedel, Die Mark Brandenburg im J. 1250. 2 Thle. 1831. — Codex diplomat. Brandenb. 23 Thle. in 4. 1838. — Erwerbung der Mark Brandenburg durch das Luxemburg. Haus. 1840. — Zehn Jahre aus der Geschichte der Ahnherren der preuß. Königshauses. 1851. — Die Ahnherren des preuß. Königshauses. 1854 in 4. — Verbindung der Mark Brandenburg mit Mähren. 1856. — Ritter, Meißnische Geschichte. 1780. — Rudloff, Geschichte von Mecklenburg. 2 Thle. 1780. — v. Rummel, Philipp der Großmüthige. 3 Thle. 1830.

Theilung Sachsens. 1818. — Schafarik, Slawische Alterthümer. 2 Thle. 1843. — Schely, Ober- und Nieder-Lausitz. 1847. — Schneidawind, Der Ueberfall von Rathenow. 1841. — v. Schöning, Geschichte der brandenbnrg.-preuß. Artillerie. 3 Thle. 1844. - Schwarz, Geographie von Norder-Deutschland. 1745. — Stadt und Herrschaft Schwedt. 1834. — Sedt, Geschichte von Prenzlau. 2 Thle. in 4. 1785. — Sell, Geschichte von Pommern. 3 Thle. 1819. — Stenzel, Anhaltische Geschichte. 1820. — v. Stillfried und Märcker, Hohenzollerische Forschungen. 1847. — Stuhr, Brandenb.-preuß. Kriegs-Verfassung. 1819. — Der siebenjährige Krieg. 1834. — v. Sydow, Thüringen und der Harz. 7 Thle. 1839.

Tempelhoff, Der siebenjährige Krieg. 6 Thle. in 4. 1783. — Toeppen, Geographie von Preußen. 1858.

J. Voigt, Geschichte von Preußen. 9 Thle. 1827. — F. Voigt, Historischer Atlas der Mark Brandenburg. 1845. — . Abtretung von Danzig, Dirschau rc. 1847 in 4.

Wagner, Die Stadt Rathenow. 1803. — Watterich, Gründung des deutschen Ordensstaates in Preußen 1857. — Webbigen, Grafsch. Ravensberg. 1790. — Webekind, Die Neumark Brandenburg. 1848. — v. Werfebe, Die Gaue zwischen Elbe und Weser. 1829 in 4. — Niederländische Colonien in Nord-Deutschland. 1815. — Willen, Geschichte Berlin's. 8 Thle. 1820. — Wohlbrück, Geschichte des Bisth. Lebus. 3 Thle. 1829. — Geschichte der Altmark. 1855. — Wolf, Geschichte des Eichsfeldes. 1792 in 4. — Wuttke, König Friedrich's Besitz-Ergreifung von Schlesien. 2 Thle. 1842.

Zimmermann, Märkische Städte-Verfassungen. 3 Thle. 1837. — Joachim I. und II. 1841.

B. Größe des Staates.

(Nach Dieterici's Handbuch der Statistik des preuß. Staates. Berlin 1858. S. 18 ff.)

Friedrich I.	Die Altmark		81 ☐Ml.	
	Prignitz		61	„
	Ein Theil der Ukermark		52	„
	Mittelmark		230	„
			424	„
	Anspach-Bayreuth		112	„
				536 ☐Ml.
Friedrich II.	Die Neumark		150	„
	Theile der Ukermark		13	„
	Cotbus und Peiz		22	„
	Wernigerode		5	„
			190	„
				726 „
Albrecht Achilles.	Theile der Ukermark		5	„
	Crossen und Züllichau		34	„
	Anspach erweitert		3	„
			42	„
				768 „
Johann Cicero.	Zossen		7	„
	Davon geht ab Anspach-Bayreuth	115		
			— 108	„
				660 „
Joachim I.	Herrschaft Ruppin		32	„
				692 „
Johann Georg.	Beeskow und Storkow		23	„
				715 „
Johann Sigismund.	Cleve		33	„
	Mark		50	„
	Ravensberg		17	„
	Herzogthum Preußen		657	„
			757	„
				1472 „
Friedrich Wilhelm.	Hinterpommern mit Cammin nebst Lauenburg und Bütow	362		„
	Magdeburg, Halberstadt, Mansfeld, Hohenstein und Derenburg	149		„
	Minden		22	„
	Schwiebus		8	„
			541	„
				2013 „

41

Anhang.

			Transport 2013
Friedrich III. (I.)	Mörs	4 □Ml.	
	Lingen	13 „	
	Tecklenburg	7 „	
	Neufchatel	14 „	
		38 „	
	ab Schwiebus	8 „	
		30 □Ml.	
			2043 „
Friedrich Wilhelm I.	Geldern	22 „	
	Vor-Pommern	94 „	
		116 „	
			2159 „
Friedrich II.	Schlesien mit Glatz	680 „	
	Ostfriesland	54 „	
	Westpreußen (ohne Danzig und Thorn) nebst dem Netz-District	645 „	
		1379 „	
			3538 „
Friedrich Wilhelm II.	Anspach-Bayreuth	159 „	
	Neu-Ostpreußen	819 □Ml.	
	Südpreußen	1015 „	
	Neu-Schlesien	11 „	
	Thorn	4 „	
	Danzig	17 „	
		1896 „	
		2055 „	
	Im Frieden zu Basel jenseit des Rheins an Frankreich abgetreten	43 „	
			2012 „
			5550 „
Friedrich Wilhelm III.	Im Frieden zu Luneville 1801 u. im Reichs-Dep. Schluß 1803 erh. Preußen:		
	Das Eichsfeld	21 „	
	Mühlhausen und Nordhausen	5 „	
	Erfurt	13 „	
	Hildesheim mit Goslar	30 „	
	Paderborn	44 „	
	Münster	54 „	
	Quedlinburg, Elten, Essen u. Werden	11 „	
		178 „	
	Bestand zu Anfang 1806		5728 „
	Im Tilsiter Frieden 1807 abgetreten:		
	Die poln. Erwerb. Friedr. Wilh. II.	1896 „	
	Von Westpreußen u. d. Netzdistricte	231 „	
	Von Cotbus und Peitz	18 „	
	Anspach-Bayreuth	159 „	
	Altmark und Wernigerode	84 „	
	Von Magdeburg, Halberstadt, Mansfeld und Hohenstein	101 „	
	Minden	22 „	
	Mark, Ravensberg und Cleve	82 „	
	Ostfriesland	51 „	
	Die Entschädigungsländer von 1803	178 „	
	Tecklenburg und Lingen	21 „	
	Neufchatel	14 „	
		2860 „	
	Bestand im Jahre 1807		2868 „

B. Größe des Staates.

                                              Transport 2868

Nach dem Befreiungskriege kamen an Preußen:

a) an alten Gebieten:

Ravensberg, Mark, ein Theil v. Cleve	82	☐M.
Magdeburg, Halberstadt, Mansfeld und Hohenstein	101	„
Minden	22	„
Von Tecklenburg und Lingen	11	„
Die Entschädigungsländer von 1803 ohne Hildesheim, Goslar und andere kleinere Stücke	133	„
Altmark und Wernigerode	84	„
Cotbus und Peiz	18	„
Von dem früheren Südpreußen und Neu-Ostpreußen	391	„
Von Westpreußen und dem Netz-District, und Danzig	252	„
Neuschatel	14	„
		1108 ☐M.

b) an neuen Gebieten:

Schwedisch-Vorpommern	80	„
Von Sachsen (Thüringer u. a. Kreise, die Stifter Merseburg u. Naumburg, die Nieder- und ein Theil der Ober-Lausitz, Stolberg)	379	„
Vom Königreich Westfalen (Barby, Gommern, Klötze, sächs. Mansfeld, Corvey, Rietberg)	24	„
Die mediatisirten Fürsten Salm, Aremberg, Bentheim, Looz	74	„
Herzogthum Westfalen u. Grafschaft Wittgenstein	77	„
Von Siegen, Wied und Wetzlar	45	„
Vom Herzogthum Berg	59	„
Von Frankreich auf der Westseite des Rheins (darunter Mörs u. Theile von Cleve und Geldern)	371	„

		1109 „
Bestand im Jahre 1815		5085 „
1834 Fürstenthum Lichtenberg		11 „
		5096 „

Friedrich Wilhelm IV. 1850 Hohenzollern, 1853 Jahde-

Gebiet	22	„
Neuschatel abgetreten	14	„
		8 „
		5104 „

41*

C. Stammtafeln.

I. Das Haus Anhalt.

Esico, Graf von Ballenstädt.

Albrecht der Reiche, † 1076. Gem.: Adele von Orlamünde.

- **Otto der Reiche**, Gr. v. Ballenstädt, † 1123. Gem.: Eilike von Sachsen.
- **Siegfried**, Gr. v. Orlamünde.
- **Adele.**

Albrecht der Bär, 1134 Markgraf, † 1170.

- **Otto I.** Markgraf, † 1184.
- **Otto II.** Markgraf, † 1205.
  - Gem.: Otto I. Gr. v. Anhalt, nach v. Brandenburg.
- **Hermann**, Gr. v. Orlamünde, Sohn Hans., † 1203.
- **Dietrich**, Gr. v. Werben, † 1183.
- **Albrecht**, Gr. v. Caftrif.
- **Bernhard**, Gr. v. Anhalt, seit 1180 Hz. v. Sachsen.

- **Mechtilde.** Gem.: Otto I. Mfgr. v. Brandenbg.
- **Heinrich**, Gr. v. Anhalt, † 1251.
  - Gem.: G. Gr. v. Magdeb.
- **Johann I.**, † 1192. Gem.: Mechtilde von Landsberg.
- **Otto III.**, † 1207. Gem.: Beatr. v. Böhmen.

- **Gertrud.** Gem.: Walter, Gr. v. Arnstein.
- **Heinrich**, Stammvater der Hz. Sachsen-Lauenburg († 1421).
- **Albrecht**, Stammvater der Hz. v. Sachsen-Wittenberg († 1422).

Johann II. † 1251. Gem.: Sophie v. Pommern.
- **Conrad.** Gem.: Sgnes v. Bayern.
- **Heinrich.** † 1251. Gem.: Sophie v. Pommern, † 1319.
- **Johann III.** der Prager, † 1266. Gem.: Jutta, Gr. v. Arnstein, alte Braut.
- **Otto V.** der Lange, † 1298. Gem.: Hedwig v. Breslau.

- **Beatrix.** Gem.: Boleslaus v. Jauer.
- **Mechtilde.** Gem.: Heinr. v. Breslau.
- **Hermann der Lange**, † 1304. Gem.: Hana v. Brandbg.
- **Mechtilde.** Gem.: Barnim v. Pommern.

- **Johann IV.** † 1305. Gem.: Sophie v. Brandenbg.
- **Otto VI.** † 1304. Gem.: Sgnes v. Magdb.
- **Waldemar.** † 1319. Gem.: Sgnes v. Brandenbg.
- **Sophie.** Gem.: Sgnes v. Brandenbg.
- **Heinrich.** † 1321.

- **Agnes.** Gem.: 1) Markgraf Waldemar. 2) Otto v. Braunschweig.
- **Jutta.** Gem.: Heinrich v. Hennebg.
- **Johann V.** † 1317.
- **Margaretha.** Gem.: 1) Przemislaw v. Polen. 2) Nicol. v. Roftock. Beatrix. Gem.: Heinrich der Löwe von Mecklenburg.

- **Otto VII.** † 1287.
- **Albrecht III.** † 1301.

C **Stammtafeln.**

II. Das Haus Wittelsbach.

Otto v. Wittelsbach, 1180 Herz. v. Bayern, † 1183.

Ludwig II. † 1294.

Rudolf † 1319. Stifter des kurpfälzischen Hauses.	Agnes. Gem.: Heinrich von Landsberg.	Ludwig, seit 1314 deutscher Kaiser. † 1347.				
		Ludwig der Aeltere † 1361. Gem.: 1) Margarethe v. Dän. 2) Margarethe Maultasch.	Stephan † 1375. Herz. v. Nieder-B.	Ludwig der Römer † 1365. Otto der Faule † 1379.		
Ruprecht III. Deutscher König † 1410.		Meinhard † 1363.	Ingolstadt. Ludwig d. Bärtige. † 1447.	Landshut. Friedrich. Heinrich.	Elisabeth Gem.: Kf. Friedr. I. v. Brandenburg.	München. Albrecht IV. erhält 1503 ganz Bayern.
Ludwig III. Stifter der älteren Kurlinie.	Stephan. Simmern.	Zweibrüd.	Ludwig der Bucklichte † 1445.	† 1503.		
† 1559.	Kurwürde. 1559.					Maximilian 1623 Kurfürst.
Friedrich V. König v. Böhmen † 1632.	Neuburg. Wolfgang Wilhelm erbt Jülich-Berg. † 1685.	Sulzbach.	Zweibrüd. Karl XII., Kön. von Schweden. Karl Theodor 1742 Kurfürst von der Pfalz. 1777 Kf. v. Bayern. † 1799.	Birkenfeld. erbt 1733 Zweibrüd. Max. Joseph 1799 Kurf. von Pfalz-Bayern. Stammvater der jetzigen Könige v. Bayern.	Max. Maria Emanuel. Joseph Ferdinand, Erbe von Spanien. † 1699.	Karl VII. Albert Kaiser † 1745.
			1685 Kurwürde. † 1742.	† 1731.		† 1777.

III. Das Haus Luxemburg.

Heinrich, Graf v. Luxemburg, 1308 Kaiser, † 1313.
|
Johann. † 1346.
Gem.: Elisabeth von Böhmen.
|
- Karl IV., Kön. v. Böhmen, Kaiser 1347. † 1378.
- Joh. Heinrich, Mgr. v. Mähren. Gem.: Margar. Maultasch (bis 1342).

Kinder Karls IV.:
- **Wenzel.** † 1419.
- **Siegmund.** † 1437. Gem.: Maria v. Ungarn.
  - Elisabeth von Ungarn u. Böhmen. Gem.: Albrecht (V.) II. v. Oesterreich. 1438 deutscher König.
- **Johann,** Hz. v. Görlitz, Markgraf der Neumark † 1396.
  - Elisabeth v. Luxemb. Gem.: Johann v. Holland.
- **Jobst,** Mgr. von Mähren, Kurfürst v. Brandenb. 1397, deutsch. König 1410. † 1411.
- **Procop,** Mgr. von Mähren. † 1402.
- **Elisabeth.** Gem.: Wilhelm der Einäugige von Meißen.

Kinder Albrechts II. und Elisabeths:
- **Anna.** Gem.: Wilhelm III. v. Meißen.
- **Elisabeth.** Gem.: Casimir v. Polen.
- **Wladislaw posthumus,** Kön. v. Ungarn u. Böhmen. † 1457.

Wladislaw IV. König v. Ungarn u. Böhmen.
|
- **Anna.** Gem.: Ferdinand von Oesterreich.
- **Ludwig,** König von Ungarn und Böhmen. † 1526.

C. Stammtafeln.

IV. Die Grafen von Hohenzollern.

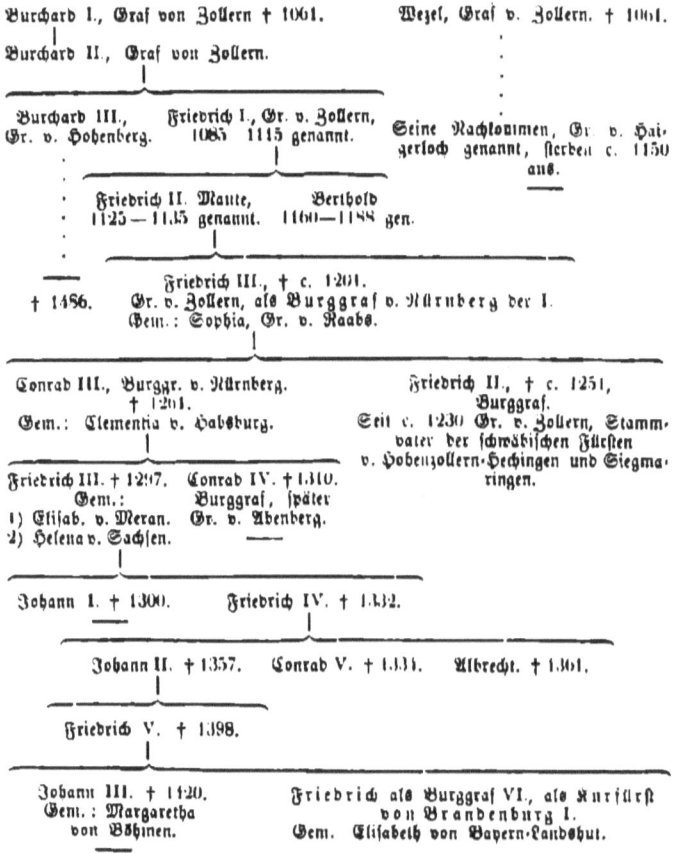

v. Die Hohenzollernschen Kurfürsten.

a.

Friedrich I. † 1440.

- **Johann der Alchymist † 1464. Bayreuth.**
  Dorothea, Stammmutter b. Könige von Dänemark.
- **Albrecht Achilles. † 1486. Ansbach.**
  - Johann Cicero. † 1499.
    - **Joachim I. † 1535.**
      - Albrecht, † 1545. Erzbisch. v. Mainz u. Magdeb., Bisch. v. Halberstadt.
    - **Joachim II. † 1571.**
      - Johann, † 1571. Cüstrin.
      - **Johann Georg. † 1598.**
        - Friedrich, † 1552. Administrator v. Magdeburg u. Halberstadt.
        - Sigismund, † 1566. Administrator v. Magdeburg u. Halberstadt.
        - Margaretha. Gem.: 1) Georg v. Pommern. 2) Johann v. Dessau.
        - Sophie. Gem.: Freiherr v. Rosenberg.
    - Anna. Gem.: Friedr. I v. Dänemark.
  - Friedrich d. Fette. † 14.., —
  - Friedrich, † 1536, seit 1495 auch Bayreuth.
  - Casimir, † 1527. Bayreuth (Kulmbach).
  - Albrecht Alcibiades. † 1557. —
  - Georg d. Fromme. † 1543. Ansbach, seit 1527 auch Jägerndorf.
  - Georg Friedrich, † 1603. Ansb., Bayr. u. Jägernb.
  - Margaretha. Gem.: 1) Albrecht von Schwerin. 2) Ludw. v. P. Ingolstadt.
  - Dorothea. Gem.: Heinrich von Schwerin.
  - Magdalena. Gem.: 1) Bartislam v. Stettin. 2) Friedrich v. Lüneburg.
  - Barbara. Gem.: Heinrich v. Glogau u. Crossen.
  - Sibylla. Gem.: Wilhelm IV. v. Jülich-Berg.
  - Albrecht, † 1568. Seit 1511 Hochmeister, seit 1525 Hz. in Preußen.
  - Albrecht Friedrich, † 1618. Gem.: Maria Eleonore von Jülich.
  - Anna. Gem.: Kurf. Johann Sigismund.
  - Eleonore. Gem.: Kurf. Joachim Friedrich.
  - Magdalena Sibylla. Gem.: Georg I. v. Sachsen.

C. Stammtafeln. 649

II.

Johann Georg. † 1598.

Joachim Friedrich.	Johann Georg. † 1624. 1592 Bisch. v. Straßburg, 1607 Hz. v. Jägerndorf.	Ernst, Herrenmeister in Sonnenburg, Statth. in Cleve. † 1613.	Christian. † 1655. Bayreuth.	Joachim Ernst. † 1625. Ansbach.	Friedrich, Herrenmeister in Sonnenb. † 1611. Georg Alb., bgl. † 1615. Sigismund, Statthalter in Preußen u. Cleve. † 1640.
Johann Sigismund. † 1619.	Ernst. † 1642. Statth.	Christian Wilhelm. † 1665. Administr. v. Magdeburg.			
Georg Wilhelm. † 1640.	Maria Eleonore. Gem.: Gustav Adolf v. Schw. Katharina. Gem.: Bethlen Gabor v. Siebenbürgen.	Anna Cath., Gem.: Christ. IV. v. Dän.	Christian Ernst. † 1712.	Christian Heinrich. Culmbach. † 1708.	Karl Wilhelm Friedrich. † 1757.
Friedrich Wilhelm. † 1688. Gem.: 1) Louise Henriette v. Oranien. 2) Dorothea v. Holstein-Sonderb.-Glücksburg.		Philipp Wilhelm. † 1711. Nebenlinie Schwedt.	Georg Wilhelm. † 1726.	Georg Friedrich Karl. † 1735.	Christian Friedrich Karl Alexander, erbt Bayreuth 1769, tritt Ansbach-Bayr. an Preußen ab 1791. † 1806.
Karl Emil. † 1674.	Friedrich III. † 1713.	Ludwig. † 1687.		Friedrich. † 1763.	Friedrich Christian. † 1769.

† 1788.

VI. Die Könige von Preußen.

Friedrich (III.) I. † 1713.

Friedrich Wilhelm I. † 1740.

Friedrich II. † 1786.   August Wilhelm, † 1758.   Heinrich, † 1802.   Ferdinand, † 1813.
                                    Prinz v. Preußen.

Friedrich Wilhelm II.   Wilhelmine, Gem.:   Louise, Gem.:   Friederike, Gem.: Friedrich v. Bayreuth.
† 1797.   Wilhelm V. v. Oranien.   Ant. v. Radziwill.   Louise, Gem.: Karl Wilh. Friedr. v. Anspach.
                                                                                                  Louise Ulrike, Gem.: Adolph Friedrich von Schweden.

Friedrich Wilhelm III. † 1840.   Ludwig, † 1796.   Wilhelmine, Gem.: Wilh. I. v. Holland.   Heinrich, † 1846.   Wilhelm, † 1851.
Gem.: Louise v. M.-Strelitz.   Auguste, Gem.: Wilh. v. Hessen-Kassel.
(Auguste, Fürstin zu Liegnitz.)   Auguste.

Friedrich Wilhelm IV.   Wilhelm,   Karl,   Albrecht.   Charlotte, Gem.: Nicolaus v. Rußland.
Gem.: Elisab. v. Bayern.   Prinz v. Preußen,   Gem.: Maria   Alexandrine, Gem.: Paul Friedr. v. Schwerin.
                     seit 1858 Regent.   v. Sachsen-   Louise, Gem.: Friedr. d. Niederlande.
                     Gem.: Auguste v.   Weimar.
                     Sachsen-Weimar.

         Friedrich Wilhelm,   Louise,   Alexander,   Georg,   Adalbert.   Elisabeth, Gem.: Karl v. Hessen.
         Gem.: Victoria, princess   Gem.: Friedr.   geb. 1820.   geb. 1826.   † 1819.   Maria. Gem.: Max v. Bayern.
         royal v. England.   v. Baden.

             Friedrich Wilhelm Victor Albert   Albrecht,   Friedrich Karl,   Alexandrine,
                     geb. 1859.   geb. 1837.   Gem.: Maria Anna von   geb. 1842.
                                                             Dessau.

C. Stammtafeln.

VIII. Theilungen in Pommern.

Swantibor. † 1107.

Wartislaw I. Ratibor.
Slawien.

Swantepolk. Bogislaw.
Pomerellen.

Castmir I. Bogislaw I.
† 1182. † 1187.
Seit 1170 Herzöge v. Pommern.

Swantepolk. † 1266.

Bogislaw II. Castmir II. Mestwin II. Wartislaw.
† 1295. † 1272.

Barnim I. Bogislaw III. Wartislaw III. Barnim.
† 1278. † 1264.
vereinigt ganz
Pommern.
Neue Theilung
1295:

Bogislaw IV. Barnim II. Otto I.
Wolgast. Stettin.

Rügen 1325
Theilung 1372.
Otto III. † 1464.

Wolgast.
diesseit | der Swine. | jenseit

Wolgast. Rügen.

Wolgast. Gützkow. Rügen. Bart. Stargard. Stolpe.

Bogislaw X. vereinigt ganz Pommern. † 1459.
† 1523.

Georg I. † 1531. Barnim XI.
Stettin.
Philipp I. † 1560. † 1573.
Wolgast.

Johann Friedrich. Bogislaw XIII. Ernst Ludwig. Barnim XII.
† 1600. † 1606. † 1592. † 1603.
Stettin. Bart. Wolgast. Rügenwalde.
Seit 1603 auch Stettin. Seit 1600 auch
Stettin.

Philipp Julius
† 1625.

Bogislaw XIV.
Seit 1625 Herr von ganz Pommern.
† 1637.

VIII. Schlesische Piasten.

Wladislaw II. † 1159. Theilung 1163.

Boleslaw I. † 1201. Mittel-Schlesien, erbt 1178 Nieder-Schlesien. | Conrad I. † 1178. Nieder-Schlesien. | Mieczislaw I. † 1211. Ober-Schlesien.

Heinrich I. der Bärtige. † 1238. Gem.: Hedwig von Meran. | Jaroslaw. † 1201. Neiße an d. B. Breslau.

Boleslaw I. verkauft Lebus an Brandenburg 1249. | Heinrich II. der Fromme. † 1241. Theilung 1255. | Theilung 1278.

Boleslaw II. † 1278. Liegnitz. | Heinrich III. † 1266. Breslau. † 1290. | Conrad II. † 1273. Glogau. | Casimir II. † 1306. Teschen. | Boleslaw I. † 1313. Oppeln. | Przemislaw † 1306. Ratibor 1319 an Troppau. Theilung 1301:

Heinrich V. † 1296. Liegnitz, 1290 Breslau. | Boleslaw I. † 1303. Schweidnitz.

Bolesl. III. † 1352. Brieg. | Heinr. VI. † 1335. Breslau. | Wladisl. † 1329. Liegnitz. | Bernh. † 1326. Schweidnitz. | Heinr. I. † 1345. Jauer. | Bolesl. II. † 1341. Münsterberg. | Conrad I. † 1366. Oels. | Heinr. IV. † 1338. Sagan. | Theilung 1410. | † 1532. | Ratibor. | Troppau.

Wenzel. † 1364. Liegnitz. | Ludwig I. † 1398. Brieg. | Boleslaw III. † 1368. | † 1429. | † 1492. | Auschwitz. † 1494. | Teschen. † 1625.

† 1420. | Ludwig II. † 1436. Brieg u. Liegnitz. | Heinrich IX. † 1421. Lüben. | Johann I. † 1439. Sagan. | Heinrich X. Glogau. † 1467. | Ratibor. † 1521. | Jägerndorf. † 1523. | † 1453.

Friedrich I. † 1488. Brieg u. Liegnitz. | Johann II. † 1504. | Heinrich XI. † 1476. Gem.: Barbara v. Brandenburg.

Friedrich II. † 1547. Liegnitz. | Georg I. † 1521. Brieg.

Friedrich III. † 1570. Liegnitz. † 1596. | Georg II. † 1586. Brieg u. Wolau.

Joh. Christian. † 1639. | Georg Rudolf. † 1653. Wolau. † 1675.

Brieg † 1664. | Liegnitz † 1663.

IX. Die Jülich'schen Lande.

Cleve.	Altena.	Berg, früher mit Altena vereinigt.	Ravensberg, früher Calverla.	Jülich.
Teisterbant im 9. Jahrh. davon getrennt.		Adolf I. †1218. E.-B. v. Cöln.	Engelbert. †1225.	
	Adolf III. †1249. Gr. v. d. Mark.	Irmgard. Gem.: Heinrich IV. von Limburg.		
		Adolf II. †1255. Berg. | Walram. Limburg.		
		Adolf IV. †1348.		
Margaretha. . . .	Gem.: Adolf IV. †1347.	Margaretha. . . . Gem.: Otto IV. †1320.	Bernh. †1346.	Wilhelm VII. (I.) †1361. ——— 1357 Herzog.
Engelb. III. Mark. †1391.	Adolf V. †1394. 1368 Cleve, 1392 Mark.	Margaretha. . . . Gem.: Gerhard I. †1361. erbt 1346 Ravensb., 1348 Berg.		Wilhelm II. †1392. Gem.: Maria v. Geldern.
Adolf VI. †1448. 1417 Herz. v. Cleve.		Wilhelm I. †1408. Berg und Ravensberg. 1380 Herz. v. Berg.		Wilh. III. Jülich. †1402.	Reinhold IV. †1423. Geldern, 1402 auch Jülich.
		Adolf I. †1437. Berg, 1423 auch Jülich.	Wilhelm. †1428. Ravensberg.	Jülich an Berg. Geldern an Egmont.
		Gerhard II. †1475, erbt 1437 Jül. u. Berg.		
		Wilhelm II. †1511.		
Johann III. †1539. Gem.: . . . . Maria.				
Sibylla. Gem.: Kf. Johann Friedrich von Sachsen.	Anna. Gem.: Heinrich VIII. von England.		Wilhelm d. Reiche. †1592. Gem.: Maria v. Oesterreich.	
Maria Eleonore. Gem.: Albrecht Fr. von Preußen.	Anna. Gem.: Ph. Ludw. v. Neuburg.	Magdalena. Gem.: Johann v. Zweibrück.	Sibylla. Gem.: Karl v. Burgau.	Joh. Wilh. †1609.
Anna. Gem: Kurfürst Joh. Sigismund.	Wolfgang Wilhelm.			

Berichtigungen.

Seite 40 Zeile 11 von oben muß es statt 1225 heißen: 1226.
„   43 „   11   „   „   „   „   1280   „   1286.
„ 115 „   5   „   „   „   „   1368   „   1369.
„ 119 „   6 von oben   „   „   1372   „   1376.
„ 151 „   10 von unten   „   „   1479   „   1472.
„ 177 „   3   „   „   „   1515   „   1516.

www.ingramcontent.com/pod-product-compliance
Lightning Source LLC
Chambersburg PA
CBHW021220300426
44111CB00007B/372